凤凰文库
宗教研究系列

如来藏经典与中国佛教

RULAIZANGJINGDIANYUZHONGGUOFOJIAO

（下）

杨维中 著

江苏人民出版社

第四节 示现涅槃行

依据灌顶的划分,由北本《现病品》至《高贵德王品》为"示现涅槃行"部分,北本为第十一卷至二十六卷,南本则为第十卷后半卷至二十四卷。北本具体排列为:第十一卷前半卷《现病品》,《圣行品》由第十一后半卷至第十四卷,《梵行品》第十五至二十卷前半,第二十卷后半为《婴儿行品》,《高贵德王品》由第二十一卷至第二十六卷。南本的排列为:第十卷后半卷为《现病品》,《圣行品》则由第十一卷至第十三卷,《梵行品》由第十四卷至第十八卷前半,《婴儿行品》为第十八卷后半,《高贵德王品》由第十九卷卷至第二十四卷。二者品目一致,仅仅是卷次不一致。

关于这一部分的宗旨,灌顶概括说:"然秘藏渊凝,非行不到。善巧方便,示现令前,所之右胁而卧,默无所说,示现病行。迦叶推请,乃加趺融怪,说三指一,菩萨奉行五行十德,是故名为'示涅槃行'。"①而从具体内容角度,灌顶又将此部分分为两大层次:"从此品去,是第三涅槃行。其文有二:先,明修五行。次,明证十德。初文,为五:一、病行。二、圣行。三、梵行。四、天行。五、婴儿行。"②而《高贵德王品》则主要宣说十德。

一、现病明病为示现而非真

《现病品》顾名思义就是佛陀显现出"病容"。但前文已经明言如来无病,所以此品的内容实际上是"由前品末授记付嘱竟,即云'我今背痛,举体皆痛,如彼小儿及常患'者,从此义故,题《现病品》。由现此病,致有三推、三请,明如来无病"③。灌顶等将此品分为四层次:"就文,为四:一、明推请。二、现无病相。三、大众供养。四、广明无病。"④下文即依据此序略叙此品内容。

---

① 隋灌顶撰述、唐湛然再治《大般涅槃经疏》卷一,《大正藏》第38卷,第42页中。
②③④ 隋灌顶撰述、唐湛然再治《大般涅槃经疏》卷一三,《大正藏》第38卷,第120页上。

《现病品》第一"明推请"部分的内容主要是迦叶代表会众请求佛陀向公众说明,为何无病而显示出"病容"。经中叙述得很详细,而核心如下:"世尊,如来已免一切疾病,患苦悉除,无复怖畏。世尊,一切众生有四毒箭,则为病因。何等为四?贪欲、瞋恚、愚痴、憍慢。若有病因,则有病生,所谓爱热、肺病、上气吐逆、肤体瘤瘤,其心闷乱,下痢哕噎,小便淋沥,眼耳疼痛,背满腹胀,癫狂干消,鬼魅所著,如是种种身、心诸病,诸佛世尊悉无复有。今日如来何缘顾命文殊师利,而作是言'我今背痛,汝等当为大众说法'?"①又说:"何故不治诸恶比丘受畜一切不净物者?世尊实无有病,云何默然,右胁而卧?……世尊,菩萨如是已于无量百千万亿那由他劫发是誓愿,令诸众生悉无复病,何缘如来乃于今日唱言有病?"②而尤其严重的是:"世有病者,身体羸损,若偃,若侧,卧著床褥。尔时,家室心生恶贱,起必死想。如来今者,亦复如是。当为外道九十五种之所轻慢,生无常想。彼诸外道当做是言:不如我等,以我性常自在时节微尘等法,而为常住,无有变易。沙门瞿昙无常所迁,是变易法。以是义故,世尊今日不应默然,右胁而卧。"③这里所说的两个方面很重要,是佛教在面临佛涅槃之事时,必须作出解释的。前者面对的是普通大众的可能怀疑,后者则面临的是外道的可能诋毁。

《现病品》第二"佛示无病相"的内容是,通过"光明利益"、"莲华利益"、"化佛利益"三方面来显示如来并无病相。"而此三意有事有理。事者,病色萎悴,健色光悦。今放光晃耀,即无病相,莲华是瑞,非是病相。化佛者,如来所作。若是病人,不能所为。有所为者,则非病相。表理者,光从身出,表法身;华能含果,表解脱;佛是觉慧,表般若。三德具足,宁当有病?"④

所谓"光明利益"是指世尊"即从卧起,结跏趺坐,颜貌熙怡,如融金聚,面目端严,犹月盛满,形容清净,无诸垢秽,放大光明,充遍虚空,其光大盛,

---

① 北凉昙无谶译《大般涅槃经》卷一一,《大正藏》第12卷,第428页中。
② ③ 同上书,第429页上。
④ 隋灌顶撰述、唐湛然再治《大般涅槃经疏》卷一三,《大正藏》第38卷,第120页下。

过百千日,照于东方、南、西、北方、四维、上下诸佛世界。惠施众生大智之炬,悉令得灭无明黑暗,令百千亿那由他众生安止不退菩提之心"①。

所谓"莲华利益"是指当时世尊"以三十二大人之相、八十种好庄严其身,于其身上一切毛孔一一毛孔出一莲华,其华微妙,各具千叶,纯真金色,瑠璃为茎,金刚为须,玫瑰为台,形大团圆,犹如车轮。是诸莲华,各出种种杂色光明,青、黄、赤、白、紫、颇黎色。是诸光明皆悉遍至阿鼻地狱、想地狱、黑绳地狱、众合地狱、叫唤地狱、大叫唤地狱、焦热地狱、大焦热地狱,是八地狱其中众生常为诸苦之所逼切,所谓烧煮、火炙、斫刺剖剥。遇斯光已,如是众苦悉灭无余,安隐清凉,快乐无极。是光明中宣说如来秘密之藏,言诸众生皆有佛性。众生闻已,即便命终,生人天中"②。

所谓"化佛利益"是指"是一一花各有一佛,圆光一寻,金色晃曜,微妙端严,最上无比,三十二相、八十种好庄严其身。是诸世尊,或有坐者,或有行者,或有卧者,或有住者,或有震雷音者,或澍雨者,或放电光,或复兴风,或出烟焰,身如火聚……"③。又说:"复有世尊,或说阴、界诸入,多诸过患;或复有说四圣谛法,或复有说诸法因缘,或复有说诸业烦恼皆因缘生,或复有说我与无我,或复有说苦、乐二法,或复有说常、无常等,或复有说净与不净。复有世尊,为诸菩萨演说所行六波罗蜜,或复有说诸大菩萨所得功德,或复有说诸佛世尊所得功德,或复有说声闻之人所得功德,或复有说随顺一乘,或复有说三乘成道。或有世尊,左胁出水,右胁出火,或有示现初生、出家、坐于道场菩提树下、转妙法轮、入于涅槃。或有世尊作师子吼,令此会中有得一果、二果、三果至第四果,或复有说出离生死,无量因缘。"④

其后,如来应会众的请求为大众宣说了其中奥妙:"迦叶,我今言病,亦复如是,亦是如来秘密之教。是故顾命文殊师利:吾今背痛,汝等当为四众

---

① 北凉昙无谶译《大般涅槃经》卷一一,《大正藏》第12卷,第429页下。
② 同上书,第429页下—430页上。
③ 同上书,第430页上。
④ 同上书,第430页中。

说法。迦叶,如来正觉实无有病,右胁而卧,亦不毕竟入于涅槃。迦叶,是大涅槃即是诸佛甚深禅定,如是禅定非是声闻、缘觉行处。迦叶,汝先所问,如来何故倚卧不起,不索饮食,戒敕家属,修治产业?迦叶,虚空之性,亦无坐起、求索饮食、敕戒家属、修治产业,亦无去来、生灭、老壮、出没、伤破、解脱、系缚,亦不自说,亦不说他,亦不自解,亦不解他,非安非病。善男子,诸佛世尊,亦复如是。犹如虚空,云何当有诸病苦耶?"①如此等等,其意甚明。

二、《圣行品》

《圣行品》较长,北本有四卷之多。关于其品名的含义,灌顶等解释说:"'圣'者,诸佛、菩萨之所行故,故名《圣行》。此含两意,菩萨所行,即次第行;诸佛所行,即非次第。乃是复有一行,是如来行。"②灌顶认为这是对于"圣行"的"通解",如从"别"解释,则可以说"'圣'名为正,菩萨所行,前浅后深,真不知俗,俗不知中,偏而非正,但通称圣行,未为别意。若复有一行是如来行,一行一切行,一智一切智,故知'圆行'名'正'名'圣'"③。前者大致是指"通教"之解释,后者是指"别教"的解释。在此品的开头,佛就告诉迦叶等会众:"菩萨摩诃萨应当于是《大般涅槃经》专心思惟五种之行。何等为五?一者圣行,二者梵行,三者天行,四者婴儿行,五者病行。善男子,菩萨摩诃萨常当修习是五种行,复有一行是如来行,所谓《大乘大涅槃经》。"④关于此中所说的"六行",灌顶等解释说:"是大乘经名为佛乘,如是佛乘,最胜最上,圆根性人行于佛乘,修'如来行'。"而"梵行者,'梵'者净也;涉有同尘,尘不能染,就功能立名。'天行'者,就谛理立名。'婴儿行'者,就譬喻立名。'病行'者,就所治立名。'如来行'者,就圆人立名。通称'行'者,不住名'行',自证不著,令他不住,故称为'行'。文列五行一行,而圣行在初。从初立名,故称《圣行品》"⑤。

---

① 北凉昙无谶译《大般涅槃经》卷一一,《大正藏》第12卷,第431页中。
②③ 隋灌顶撰述、唐湛然再治《大般涅槃经疏》卷一三,《大正藏》第38卷,第121页下。
④ 北凉昙无谶译《大般涅槃经》卷一一,《大正藏》第12卷,第432页上。
⑤ 隋灌顶撰述、唐湛然再治《大般涅槃经疏》卷一三,《大正藏》第38卷,第122页上。

（一）解说"圣行"

而《圣行品》对"圣行"是从"戒"、"定"、"慧"三学的角度去说明的,在慧行中较多地涉及涅槃、如来藏思想。

关于"戒"学,此品又从"戒行"和"戒果"两方面去说明。如经中说:有信向者"即至僧坊,若见如来及佛弟子,威仪具足,诸根寂静,其心柔和,清净寂灭。即至其所,而求出家,剃除须发,服三法衣。既出家已,奉持禁戒,威仪不缺,进止安详,无所触犯乃至小罪,心生怖畏护戒之心,犹如金刚"[1]。如此等等,解释了四重、僧残、偷兰、波逸提、吉罗等罪。也解释了"不次第戒",如"枝本"、"事理"、"轻重"等戒,以及"具誓愿"（制心为"誓",要期为"愿"）等。

关于"定",此品主要解释了两方面,即"次第定"、"圆定"。而"次第定"在此品涉及了"特胜"、"背舍"两项内容。对于"特胜",经中说:"菩萨摩诃萨圣行者,观察是身,从头至足。其中唯有发、毛、爪、齿不净垢秽,皮、肉、筋、骨,脾、肾、心、肺、肝、胆、肠、胃,生熟二藏,大小便利,涕、唾、目泪、肪膏、脑膜、骨髓、脓血,脑、胲诸脉。菩萨如是专念观时,谁有是我？我为属谁？住在何处？谁属于我？复作是念:骨是我耶？离骨是耶？"[2]此中所言是通过观察自身的内外而证入"无我",而"具论备须'苦'、'空'、'无常'"[3]。而"八背舍观"又称为"八解脱",即八种背弃舍除三界烦恼之系缚的禅定。第一为"内有色想,观外色解脱",是指心中若有色（物质）的想念,就会引起贪心来,应该观想到外面种种的不清净,以使贪心无从生起,故称之为"解脱"。此如经中所说:"菩萨尔时,除去皮肉,唯观白骨。复作是念:骨色相异,所谓青、黄、赤白及以鸽色,如是骨相亦复非我。何以故？我者,亦非青、黄、赤、白及以鸽色。菩萨系心,作是观时,即得断除一切色欲。"[4]第二为"内无色想,观外色解脱",即心中

---

[1] 北凉昙无谶译《大般涅槃经》卷一一,《大正藏》第12卷,第432页上—中。
[2] 同上书,第433页下。
[3] 隋灌顶撰述、唐湛然再治《大般涅槃经疏》卷一四,《大正藏》第38卷,第123页下。
[4] 北凉昙无谶译《大般涅槃经》卷一二,《大正藏》第12卷,第434页上。

虽然没有想念色的贪心,但是要使不起贪心的想念更加坚定,就还要观想外面种种的不清净,以使贪心永远无从生起,因此称之为"解脱"。第三为"净解脱、身作证、具足住",一心观想光明、清净、奇妙、珍宝的"色",叫"净解脱"。观想这种"净色"的时候,能够不起贪心,则可以证明其心性,已是解脱,所以叫做"身作证"。又因为观想已经完全圆满,能够安住于定之中了,所以叫"具足住"。第四为"空无边处解脱",是指灭"有对色想",成就"空无边处"之行相。第五为"识无边处解脱",是指弃背"空无边心"而成就"识无边"之行相。第六为"名无所有处解脱",是指弃背识无边之心而成就"无所有"之行相。第七为"非想非非想处解脱",是指弃背"无所有心",无明胜之想而住"非无想"之相。第八为"灭受想解脱",若有灭除受想的"定功",则一切皆可灭除,所以叫"灭尽定"。前三解脱是以"无贪"为其体,前二者分别依于初禅、二禅,第三解脱依于第四禅,第四、五、六、七、八的"无色解脱"则以"四无色定"为体。本著的这一解释是依据世亲《十地经论》而作的,兹不引证《大涅槃经》的内容。

其后说明"圆定行"。迦叶菩萨问佛说:"世尊,菩萨未得住不动地。净持戒时,颇有因缘,得破戒不?"①而佛明确地又反问迦叶:"有菩萨未得住不动地,有因缘故,可得破戒?"②接着佛回答说:"若有菩萨知以破戒因缘,则能令人受持、爱乐大乘经典,又能令其读诵通利、书写经卷,广为他说,不退转于阿耨多罗三藐三菩提。为如是故,故得破戒。菩萨尔时,应作是念:我宁一劫,若减一劫,堕于阿鼻地狱,受罪,要必当令如是之人不退转于阿耨多罗三藐三菩提。迦叶,以是因缘,菩萨摩诃萨得毁净戒。"③而文殊菩萨则强调说:"世尊,若有菩萨摄取护持如是之人,令不退于菩提之心,为是毁戒,若堕阿鼻,无有是处。"④文殊的说法得到佛的赞许。在此就有一个问题,为何以"戒"的内容来说明"圆定行",《涅槃经

---

①② 北凉昙无谶译《大般涅槃经》卷一二,《大正藏》第 12 卷,第 434 页中。
③ 同上书,第 434 页中—下。
④ 同上书,第 434 页下。

疏》自设问答解释这一问题,回答是:"若非圆戒,何得即毁而持?既持毁自在,例定亦然。即散而静,不起圆定而行,于杀仍是圆定。戒既可解,即戒而定,不复烦文。是故指此名圆定行。"①

关于"慧圣行",此品解释甚为详细,兹略述之。灌顶解释说,此品是从"次第慧"、"圆慧"两方面去解释的。而"次第慧"为三:"一、释四谛慧。二、释二谛慧。三、释一实慧。"②此经在此有一个过渡环节,即由"四谛"进而论述"二谛",最后论说"一实谛",即落定于涅槃思想上。以下逐次论说。

1. 四谛慧

四谛慧即苦、集、灭、道谛,灌顶说,此品列出了三种四谛,并且讲了在此品之中的起讫。"'若言苦者逼迫相'去,即有作四谛。'若言解苦无苦而有真谛'去,则是无生四圣谛。'若从苦有无量相'去,则是无量四圣谛。此三种四谛悉是菩萨观境。菩萨住于大乘大般涅槃者,即是无作四谛慧。能、所合论,备有四种。"③

关于"苦谛",早期佛教讲得很多,限于篇幅,对于此品的讲述姑且略之不述,仅罗列最后结论:"菩萨摩诃萨于是八苦解苦无苦。善男子,一切声闻、辟支佛等不知乐因,为如是人于下苦中说有乐相。唯有菩萨住于大乘大般涅槃,乃能知是苦因乐因。"④

作为众生轮回六道的总根源,"集谛"的内容非常多,而"昔教以业烦恼为集,烦恼之中具足十使。今但言烦恼,不明于业,本是烦恼,烦恼润业,于烦恼中,偏说贪、爱,爱是系地之惑,润业故生死"⑤。灌顶此语概括了此品所言"集谛"的特点,也就是以"爱"作为主干。经中明确地指出:"所谓集者,还爱于有。爱有二种:一、爱己身。二、爱所须。复有二种。

---

① 隋灌顶撰述、唐湛然再治《大般涅槃经疏》卷一四,《大正藏》第38卷,第124页上—中。
②③ 同上书,第124页中。
④ 北凉昙无谶译《大般涅槃经》卷一二,《大正藏》第12卷,第440页上。
⑤ 隋灌顶撰述、唐湛然再治《大般涅槃经》卷一五,《大正藏》第38卷,第127页中—下。

未得五欲,系心专求。既求得已,堪忍专著。复有三种,欲爱、色爱、无色爱。"①又说:"凡夫爱者,名之为集,不名为谛。菩萨爱者,名之实谛,不名为集。何以故?为度众生,所以受生。不以爱故而受生也。"②

这里注意两点,一是为何以爱作为"集谛"的核心,二是菩萨之爱与凡夫之爱是不同的。前一个问题的答案是菩萨之爱是为度化众生的,后一个问题在此品下文有较为详细的说明。

迦叶菩萨询问佛说:"世尊,如佛世尊于余经中为诸众生说业为因缘,或说憍慢,或说六触,或说无明,为五盛阴而作因缘。今以何义说四圣谛独以爱性为五阴因?"③佛的回答很多,而要点是:"譬如大王若出游巡,大臣、眷属悉皆随从。爱亦如是,随爱行处,是诸结等亦复随行。"④如此等等,还有几个譬喻来说明同样的道理。而如何从此之中解脱出来则更为重要,经中说:"菩萨摩诃萨住是大乘大般涅槃,深观此爱,凡有九种:一、如债有余。二、如罗刹女妇。三、如妙华茎中有毒蛇缠之。四、如恶食,性所不便而强食之。五、如淫女。六、如摩楼迦子。七、如疮中息肉。八、如暴风。九、如彗星。"⑤经中说:"菩萨摩诃萨住于大乘大般涅槃,观察爱结,如是九种。"⑥由此可见,"爱"的作用就是如此,须以上述九种譬喻所昭示者去理解。

在此后,经中提出一个很有意味的问题,即"谛"的本意是指真理,而灭谛、道谛是指向解脱的,因此,四谛对于凡夫和二乘、菩萨便有不同的意义。经中说:"诸凡夫人有苦无谛,声闻、缘觉有苦有苦谛而无真实,诸菩萨等解苦无苦。是故无苦而有真实。诸凡夫人有集无谛,声闻、缘觉有集有集谛,诸菩萨等解集无集,是故无集而有真谛。声闻、缘觉有灭非真,菩萨摩诃萨有灭有真谛。声闻、缘觉有道非真,菩萨摩诃萨有道有真谛。"⑦由此可见:"道、灭二谛不论凡夫者,唯二乘与菩萨道灭。二谛有真伪之异,以二

---

① 北凉昙无谶译《大般涅槃经》卷一三,《大正藏》第12卷,第440页上。
②③④⑤ 同上书,第440页中。
⑥⑦ 同上书,第441页上。

乘人不能观灭谛非谛故非真,菩萨能知故是真实。"①

关于"灭谛",此品解释说:"云何菩萨摩诃萨住于大乘大般涅槃,见灭见灭谛?所谓断除一切烦恼。若烦恼断则名为常,灭烦恼火则名寂灭,烦恼灭故则得受乐,诸佛、菩萨求因缘故,故名为净。更不复受二十五有,故名出世。以出世故,名为我常。"②此后即重复了前述道谛、灭谛有真、伪的差别,而二乘人不能观灭谛非谛故非真,菩萨能知故是真实。"住、灭,苦、乐、不苦不乐,不取相貌故,名毕竟寂灭真谛。善男子,菩萨如是住于大乘大般涅槃,观灭圣谛。"③

关于"灭谛",经中说:"云何菩萨摩诃萨住于大乘大般涅槃,观道圣谛?善男子,譬如暗中,因灯得见粗细之物。菩萨摩诃萨,亦复如是。住于大乘大般涅槃,因八圣道见一切法,所谓常、无常,有为、无为,有众生、非众生,物、非物,苦、乐,我、无我,净、不净,烦恼、非烦恼,业、非业,实、不实,乘、非乘,知、不知,陀罗骠、非陀罗骠,求那、非求那,见、非见,色、非色,道、非道,解、非解。善男子,菩萨如是住于大乘大般涅槃,观道圣谛。"④

此后佛为会众解释了为何以八正道作为道谛之核心内容的原因,并且将此经中所说与其他经文所言作了会通。而此经所言八正道的显著特点就是加入了"常乐我净"的内容。此后还有讨论四种四谛的内容,此一并从略。

2. 二谛慧

"二谛"即真谛、俗谛。灌顶引用南北朝涅槃师的解释:"旧云:合四谛为二谛。或言苦、集世间,是世谛。道、灭出世,是真谛。或言:三谛是世谛,唯灭是真谛。或言:四谛皆是世谛,明因果故,无相因果,乃是

---

① 隋灌顶撰述、唐湛然再治《大般涅槃经疏》卷一五,《大正藏》第38卷,第128页中。
②③ 北凉昙无谶译《大般涅槃经》卷一三,《大正藏》第12卷,第441页上。
④ 同上书,第441页上—中。

真谛。"①

这里的核心问题是,能否简单地将四谛的苦谛、集谛看做俗谛,灭谛、道谛当做真谛。灌顶认为不能如此,而其经疏中以智𫖮的观点作了解释,此从略,仅以经文本身作论述。

关于"二谛"的正确理解,此品是以"二体相即不离"去解释的,如经中首先所说的"世谛者,即第一义谛"②。这是实质,而佛"善方便,随顺众生,说有二谛。善男子,若随言说,则有二种:一者,世法。二者,出世法。善男子,如出世人之所知者,名第一义谛。世人知者,名为世谛。善男子,五阴和合,称言某甲。凡夫众生随其所称,是名世谛。解阴,无有某甲名字。离阴,亦无某甲名字。出世之人,如其性相而能知之,名第一义谛。复次,善男子,或复有法有名有实。或复有法有名无实。善男子,有名无实者,即是世谛。有名有实者,是第一义谛"③。此中所说的"有名无实"是"世谛"的特性,而"有名有实"则是真谛的特性。此后还有一些枝节的讨论,不赘。

3. 一实慧

此中所言的核心是"一实谛",而其要义是"常住佛果"。这一思想在此前流通的《胜鬘经》中曾经出现过,此品则又作了论证。

关于这一问题的核心观点是:"言实谛者,名曰真法。善男子,若法非真,不名实谛。善男子,实谛者,无颠无倒。无颠倒者,乃名实谛。善男子,实谛者,无有虚妄。若有虚妄,不名实谛。善男子,实谛者,名曰大乘。非大乘者,不名实谛。善男子,实谛者,是佛所说,非魔所说。若是魔说,非佛说者,不名实谛。善男子,实谛者,一道清净,无有二也。善男子,有常,有乐,有我,有净,是则名为实谛之义。"④此一段话中有七个以"善男子"起头的句子,灌顶等解释说是从"约境"、"约心"、"约言说"、"据

---

① 隋灌顶撰述、唐湛然再治《大般涅槃经疏》卷一五,《大正藏》第38卷,第130页下。
②③ 北凉昙无谶译《大般涅槃经》卷一三,《大正藏》第12卷,第443页上。
④ 同上书,第443页中。

人"、"约教"、"约因体"、"约果体"七个方面来说明如何认识"一实谛"的①,其后又依顺序对"一实谛"作了说明。

第一,约"境"。文殊师利问佛说:"世尊,若以真实为实谛者,真实之法即是如来、虚空、佛性。若如是者,如来、虚空及与佛性,无有差别。"②这是问如来、虚空、佛性三种与"一实谛"有何差别。佛回答说:"有苦有谛,有实有集,有谛有实;有灭有谛,有实有道,有谛有实。"③对此,灌顶解释说:"苦是'苦境',谛是'苦教',亦是'苦智','实'是苦谛之理,不二为实。"④而佛接着说:"如来非苦非谛,是实;虚空非苦非谛,是实;佛性非苦非谛,是实。"⑤对此,灌顶解释:"非苦者,非境。非谛者,非教。是实者,是理。后三谛亦尔。如来、虚空、佛性亦尔。显时,名如来;隐,名佛性;虚空,取隐、显不二。"⑥这一问题的结语是:"文殊师利,所言苦者,为无常相,是可断相,是为实谛。如来之性,非苦非无常,非可断相,是故为实。虚空、佛性,亦复如是。复次,善男子,所言集者,能令五阴和合而生,亦名为苦,亦名无常,是可断相。是为实谛。善男子,如来非是集性,非是阴因,非可断相,是故为实。虚空、佛性,亦复如是。善男子,所言灭者,名烦恼灭,亦常、无常。二乘所得,名曰无常;诸佛所得,是则名常,亦名证法,是为实谛。善男子,如来之性,不名为灭、能灭烦恼,非常非无常,不名证知,常住无变,是故为实。虚空、佛性,亦复如是。善男子,道者,能断烦恼,亦常无常,是可修法,是名实谛。如来非道,能断烦恼,非常无常,非可修法,常住不变,是故为实。虚空、佛性,亦复如是。"⑦这是从"四谛"方面来解释"一实谛","实谛"即是四谛中之实。

第二,"据心"。经中说:"一切颠倒皆入苦谛,如诸众生有颠倒心,名

---

① 参见隋灌顶撰述、唐湛然再治《大般涅槃经疏》卷一五,《大正藏》第38卷,第131页下。
② 北凉昙无谶译《大般涅槃经》卷一三,《大正藏》第12卷,第443页中一下。
③ 同上书,第443页下。
④ 隋灌顶撰述、唐湛然再治《大般涅槃经疏》卷一五,《大正藏》第38卷,第131页下。
⑤⑦ 北凉昙无谶译《大般涅槃经》卷一三,《大正藏》第12卷,第443页下。
⑥ 隋灌顶撰述、唐湛然再治《大般涅槃经疏》卷一五,《大正藏》第38卷,第132页上。

为颠倒。善男子,譬如有人不受父母、尊长教敕,虽受,不能随顺修行。如是人等,名为颠倒。如是颠倒,非不是苦,即是苦也。"①

第三,"约言说"。经中说:"一切虚妄皆入苦谛,如有众生欺诳于他,以是因缘堕于地狱、畜生、饿鬼。如是等法,名为虚妄。如是虚妄,非不是苦,即是苦也。声闻、缘觉、诸佛世尊,远离不行,故名虚妄。如是虚妄,诸佛、二乘所断除故,故名实谛。"②

第四,就"人"。文殊师利问佛:"如佛所说,大乘是实谛者,当知声闻、辟支佛乘则为不实。"③佛回答说:"文殊师利,彼二乘者亦实,不实。声闻、缘觉断诸烦恼,则名为实;无常不住,是变易法,名为不实。"④

第五,就"教"。文殊问佛说:"若佛所说名为实者,当知魔说则为不实。世尊,如魔所说,圣谛摄不?"⑤佛回答:"文殊师利,魔所说者,二谛所摄。所谓苦、集,凡是一切非法非律,不能令人而得利益,终日宣说,亦无有人见苦、断集、证灭、修道,是名虚妄。如是虚妄,名为魔说。"⑥

第六,释约"因体"。文殊师利问言:"如佛所说,一道清净无有二者。诸外道等亦复说言,我有一道清净无二。若言一道是实谛者,与彼外道有何差别?若无差别,不应说言一道清净。"⑦佛回答说:"诸外道等有苦、集谛,无灭、道谛。于非灭中而生灭想,于非道中而生道想,于非果中而生果想,于非因中而生因想。以是义故,彼无一道清净无二。"⑧

第七,"据果体"。文殊师利言:"如佛所说,有常、有我、有乐、有净是实义者,诸外道等应有实谛,佛法中无。"⑨这一问难的要点在于佛为会众澄清佛果的常乐我净与外道所言"实法"的区别。——此见于下文详论,此从略。

(二)总结"圣行"

以此品的对话对象看,先是迦叶菩萨与佛,中间是文殊菩萨与佛,最

---

① 北凉昙无谶译《大般涅槃经》卷一三,《大正藏》第12卷,第443页下—444页上。
②③④⑤⑥⑦⑧⑨ 同上书,第444页上。

后又回到迦叶与佛的对话。此部分的起首是佛告诉迦叶菩萨:"是名菩萨住于大乘大涅槃经所行圣行。"①于是,迦叶又重问"圣行"的含义,佛则顺次总结此品所讲的内容:"是诸世尊安住于此大般涅槃,而作如是开示,分别演说其义。以是义故,名曰圣行。声闻、缘觉及诸菩萨,如是闻已,则能奉行,故名圣行。"②也就是说,"圣行"是成就佛的方法,具体讲就是安住于大涅槃。

本品的理路是由"行"至"果",而此部分内容则属于"果地"。此品说:"是菩萨摩诃萨得是行已,则得住于无所畏地。"③这是说,菩萨在修行上述"圣行"之后,即住于"无畏地"。

对于"无畏地"的含义,经中解释说:"若有菩萨得住如是无所畏地,则不复畏贪、恚、愚痴、生、老、病、死,亦复不畏恶道地狱、畜生、饿鬼。善男子,恶有二种:一者,阿修罗。二者,人中。人中,有三种恶:一者,一阐提。二者,诽谤方等经典。三者,犯四重禁。善男子,住是地中诸菩萨等,终不畏堕如是恶中。亦复不畏沙门、婆罗门、外道邪见、天魔波旬。"④对于此中所说的含义,灌顶等解释说:"此文与《地经》合,彼解初地离五怖畏。今文亦然。在名小异,意义则同。"⑤这是说,此处所言与《十地经》相合,因而此"无畏地"应该说的是"十地"之中的"初地"。具体解释是:"'不畏贪恚'下,无不活畏,无死畏。'不畏恶道'下,无恶道畏。'恶有二种'下,无恶名畏。'亦复不畏沙门'下,无大众威德畏,无死畏,即常无不活、恶道畏,即乐无恶名畏,即净。无大众畏,即我具四德。无五怖,是故此地名无畏地。"⑥

对于"无畏地"之"地体",经中解释说:"亦复不畏受二十五有,是故此地名无所畏。善男子,菩萨摩诃萨住无畏地,得二十五三昧,坏二十五

----

① 北凉昙无谶译《大般涅槃经》卷一四,《大正藏》第12卷,第448页上。
② 同上书,第448页上—中。
③④ 同上书,第448页中。
⑤⑥ 隋灌顶撰述、唐湛然再治《大般涅槃经疏》卷一六,《大正藏》第38卷,第134页下。

有。善男子,得无垢三昧,能坏地狱有;得无退三昧,能坏畜生有;得心乐三昧,能坏饿鬼有;得欢喜三昧,能坏阿修罗有;得日光三昧,能断弗婆提有;得月光三昧,能断瞿耶尼有;得热炎三昧,能断郁单越有;得如幻三昧,能断阎浮提有。得一切法不动三昧,能断四天处有;得难伏三昧,能断三十三天处有;得悦意三昧,能断炎摩天有;得青色三昧,能断兜率天有;得黄色三昧,能断化乐天有;得赤色三昧,能断他化自在天有;得白色三昧,能断初禅有;得种种三昧,能断大梵王有;得双三昧,能断二禅有;得雷音三昧,能断三禅有;得霔雨三昧,能断四禅有;得如虚空三昧,能断无想有;得照镜三昧,能断净居阿那含有;得无碍三昧,能断空处有;得常三昧,能断识处有;得乐三昧,能断不用处有;得我三昧,能断非想非非想处有。"①此处所说的是菩萨之所证,"此地得二十五三昧,名诸三昧王,一切三昧悉入其中,即是中道第一义三昧,总摄诸三昧。所谓俗谛三昧、真谛三昧,皆来摄属,故得称王。一谛三谛,即是其体"②。此中所说的"二十五三昧"古代解释不同,灌顶以智颛在《法华玄文》第四卷中的解释为是,兹不俱引。

关于"无畏地"之"用"(功能),分"力用"和"生用"两方面。对于"力用"的说明有三个层次:其一,"依、正为一双",即经文"菩萨摩诃萨入如是等诸三昧王,若欲吹坏须弥山王,随意即能。欲知三千大千世界所有众生心之所念,亦悉能知"。此文中,"须弥"是"依","众生心"是正。其二,"自、他为一双"。即经文"欲以三千大千世界所有众生内于己身一毛孔中,随意即能,亦令众生无迫迮想。若欲化作无量众生,悉令充满三千大千世界中者,亦能随意"③。此中纳他进入己身指"己",即化己为"他"。其三,"少、多为一双",即经中说:"欲分一身以为多身,复合多身以为一身。虽作如是,心无所著,犹如莲华。善男子,菩萨摩诃萨得入如是三昧王已,即得住于自在之地。"④

---

① 北凉昙无谶译《大般涅槃经》卷一四,《大正藏》第12卷,第448页中—下。
② 隋灌顶撰述、唐湛然再治《大般涅槃经疏》卷一六,《大正藏》第38卷,第134页下—135页上。
③④ 北凉昙无谶译《大般涅槃经》卷一四,《大正藏》第12卷,第448页下。

所谓"生用自在"是指菩萨的"生处",即是十界。经中说:"菩萨得住是自在地,得自在力,随欲生处,即得往生。善男子,譬如圣王领四天下,随意所行,无能障碍。菩萨摩诃萨,亦复如是,一切生处,若欲生者,随意往生。善男子菩萨摩诃萨若见地狱一切众生有可化令住善根者,菩萨即往而生其中。菩萨虽生,非本业果。菩萨摩诃萨住自在地力因缘故,而生其中。善男子,菩萨摩诃萨虽在地狱,不受炽然、碎身等苦。"①灌顶解释说:"坏须弥包世界,散合十方而不染,游处地狱而不苦,即地之用。"②

(三)"五味"说

此部分的内容是佛为住无垢藏王菩萨以牛出乳等五味相生的譬喻来说明佛说法次第增胜乃至说大般涅槃之义。

当时,会众中有一位名为"住无垢藏王"的菩萨赞叹说:"世尊,如佛所说,诸佛、菩萨所可成就功德智慧无量无边,百千万亿实不可说。我意犹谓故不如是大乘经典。何以故?因是大乘方等经力故,能出生诸佛世尊阿耨多罗三藐三菩提。"③那时,佛赞叹说:"善哉!善哉!善男子,如是如是,如汝所说。是诸大乘方等经典,虽复成就无量功德,欲比是经不得为喻,百倍千倍百千万亿倍,乃至算数譬喻所不能及。善男子,譬如从牛出乳,从乳出酪,从酪出生酥,从生酥出熟酥,从熟酥出醍醐。醍醐最上,若有服者,众病皆除,所有诸药,悉入其中。善男子,佛亦如是。从佛出生十二部经,从十二部经出修多罗,从修多罗出方等经,从方等经出般若波罗蜜,从般若波罗蜜出大涅槃,犹如醍醐。言醍醐者,喻于佛性。佛性者,即是如来。善男子,以是义故,说言如来所有功德,无量无边,不可称计。"④

上述说法,对于南北朝乃至隋唐的判教理论影响很大。限于篇幅和主旨,不赘述。

---

① 北凉昙无谶译《大般涅槃经》卷一四,《大正藏》第 12 卷,第 448 页下。
② 隋灌顶撰述、唐湛然再治《大般涅槃经疏》卷一六,《大正藏》第 38 卷,第 135 页上。
③ 北凉昙无谶译《大般涅槃经》卷一四,《大正藏》第 12 卷,第 448 页下—449 页上。
④ 同上书,第 449 页上。

(四)佛为迦叶授记

在听佛说毕"五味"说之后,迦叶菩萨在佛及会众前发誓弘持此经。如经中所叙述的:"世尊,我于今者实能堪忍剥皮为纸,刺血为墨,以髓为水,折骨为笔,书写如是大涅槃经。书已,读诵,令其通利,然后为人广说其义。世尊,若有众生贪著财物,我当施财,然后以是大涅槃经,劝之令读。若尊贵者,先以爱语而随其意,然后渐当以是大乘大涅槃经劝之令读。"①如此等等。

佛对迦叶此举大加称赞,并且随即为其授记说:"汝今以此善心因缘,当得超越无量无边恒河沙等诸大菩萨,在前得成阿耨多罗三藐三菩提。汝亦不久,复当如我广为大众演说如是大般涅槃、如来佛性、诸佛所说秘密之藏。"②其后,佛为迦叶讲述了一段因缘,这一部分内容即一般所说的"雪山童子半偈语"之因缘。

佛叙述说:在过去佛未出世而自己作婆罗门时,住于雪山,"我于尔时,独处其中,唯食诸果。食已,系心思惟坐禅,经无量岁,亦不闻有如来出世大乘经名。善男子,我修如是难行苦行时,释提桓因等诸天、人,心大惊怪,即共集会,各各相谓而说偈言:'各共相指示,清净雪山中,寂静离欲主,功德庄严王,以离贪、瞋、慢,永断谄愚痴。口初未曾说,粗恶等语言。'尔时,众中,有一天子,名曰欢喜,复说偈言:'如是离欲人,清净勤精进,将不求帝释,及以诸天耶?若是外道者,修行诸苦行,是人多欲求,帝释所坐处。'尔时,复有一仙天子,即为帝释而说偈言:'天主憍尸迦,不应生此虑。外道修苦行,何必求帝处?'"③如此等等,释提桓因自变其身,作罗刹像,形甚可畏,下至雪山,去其不远而便立住。是时,罗刹心无所畏,勇健难当,辩才次第,其声清雅,宣过去佛所说半偈:"'<u>诸行无常,是生灭法</u>。'说是半偈已,便住其前。所现形貌,甚可怖畏。顾眄遍视,观于

---

① 北凉昙无谶译《大般涅槃经》卷一四,《大正藏》第12卷,第449页上。
② 同上书,第449页中。
③ 同上书,第449页中—下。

四方。是苦行者,闻是半偈,心生欢喜。"①此处的半偈语,"但说无常一边,不说常边,故言半偈。有为三相,何故但明生灭而不言住?"②因此,在道理上应有下文,因此会有其后所叙述的求取后半偈语之事。

　　佛叙说自己当时听闻此半偈,心中欢喜,但不知说者是谁。四顾不见余人,只见罗刹。"我于尔时,复作是念:我今无智,而此罗刹或能得见过去诸佛,从诸佛所闻是半偈,我今当问。即便前至是罗刹所……善男子,我时即复语罗刹言:'大士,若能为我说是偈竟,我当终身为汝弟子。大士,汝所说者,名字不终,义亦不尽。以何因缘,不欲说耶?夫财施者,则有竭尽。法施因缘,不可尽也。虽无有尽,多所利益。我今闻此半偈法已,心生惊疑。汝今幸可为我除断。说此偈竟,我当终身为汝弟子。'罗刹答言:'汝智太过,但自忧身,都不见念今我定为饥苦所逼,实不能说。'我即问言:'汝所食者,为是何物?'罗刹答言:'汝不足问。我若说者,令多人怖'。我复问言:'此中独处,更无有人。我不畏汝,何故不说?'罗刹答言:'我所食者,唯人暖肉。其所饮者,唯人热血,自我薄福,唯食此食。周遍求索,困不能得。世虽多人,皆有福德,兼为诸天之所守护,而我无力,不能得杀。'善男子,我复语言:'汝但具足说是半偈。我闻偈已,当以此身奉施供养。'……罗刹复言:'汝若如是能舍身者,谛听!谛听!当为汝说其余半偈。'善男子,我于尔时,闻是事已,心中欢喜,即解己身所著鹿皮,为此罗刹敷置法座,白言:'和上,愿坐此座。'我即于前叉手长跪,而作是言:'唯愿和上,善为我说其余半偈,令得具足。'罗刹即说:'<u>生灭灭已,寂灭为乐</u>。'尔时,罗刹说是偈已,复作是言:'菩萨摩诃萨汝今已闻,具足偈义。汝之所愿为悉满足。若必欲利诸众生者,时施我身。'"③其后,雪山童子兑现诺言,于大树之上"自投树下。下未至地时,虚空中,出种种声,其声乃至阿迦尼咤。尔时,罗刹还复释身,即于空中

---

① 北凉昙无谶译《大般涅槃经》卷一四,《大正藏》第12卷,第450页上。
② 隋灌顶撰述、唐湛然再治《大般涅槃经疏》卷一六,《大正藏》第38卷,第136页中。
③ 北凉昙无谶译《大般涅槃经》卷一四,《大正藏》第12卷,第450页中—451页上。

接取我身,安置平地。……善男子,如我往昔为半偈故,舍弃此身。以是因缘,便得超越足十二劫,在弥勒前成阿耨多罗三藐三菩提。善男子,我得如是无量功德,皆由供养如来正法"①。

此处所讲的两个半偈语合起来就是:"诸行无常,是生灭法。生灭灭已,寂灭为乐。"对于此偈语的含义,前半偈言"不常"而未言及"常",因而不完整。"寂灭为乐"一句则言"涅槃之体非生非灭",是为涅槃之"乐"②。

三、《梵行品》、《婴儿行品》

《梵行品》较长,而《婴儿行品》很短,兹将后者并入此部分叙述论说。

关于《梵行品》品名的含义,古代解释很多。灌顶在《涅槃经疏》中综合诸说有一解释:"'梵'者,名净。净义有三,谓净净、不净净、非净净非不净净。云何净净?所谓七善、四无量心、三品六念,如是等法,悉是出世涅槃净道。今以梵行遍净诸净。文云:谁是一切诸善根本?当言慈是。是名净净。云何不净净?我说是慈有无量门,所谓神通、调象、调狂、治眼、治疮,慈游世间,悲入汤镬,慈善根力,无所不现,使诸不净,悉皆得净。是名不净净。云何非净净非不净净?所谓大乘大般涅槃,非因非果,非自非他,非染非净,毕竟清净,即是如来常、乐、我、净。文云:慈若有无,是有是无,是声闻慈。慈若有无,非有非无,如是之慈,是如来慈。如来慈者,乃是非净净非不净净。若此三慈,纵横并别,非妙非净,即一而三,即三而一,不可思议,乃得名为清净梵行。从三得名,名《梵行品》。"③由此可知,所谓"梵行"也就是"净"。而此解释切合于此品的内容,即言说"七善"、"四无量心"、"戒行"三大部分内容。

(一) 七善

所谓"七善"就是七种善法。此品起首即说:"云何菩萨摩诃萨梵行?

---

① 北凉昙无谶译《大般涅槃经》卷一四,《大正藏》第12卷,第451页上—中。
② 隋灌顶撰述、唐湛然再治《大般涅槃经疏》卷一六,《大正藏》第38卷,第136页中。
③ 隋灌顶撰述、唐湛然再治《大般涅槃经疏》卷一七,《大正藏》第38卷,第136页下—137页上。

善男子，菩萨摩诃萨住于大乘大般涅槃，住七善法，得具梵行。何等为七？一者，知法。二者，知义。三者，知时。四者，知足。五者，自知。六者，知众。七者，知尊卑。"①对此，灌顶解释说："此七善者，前三通自、他。次两，专自行。后两，是化他。若旁、正言之，正是化他，旁是自行。"②这是说，"知法"、"知义"、"知时"三者贯通"自行"、"化他"两方面，"知足"、"自知"则指"自行"，"知众"、"知尊卑"属于"化他"的内容。

1. 知法

经中说："云何菩萨摩诃萨知法？善男子，是菩萨摩诃萨知十二部经，谓修多罗、祇夜、受记、伽陀、优陀那、尼陀那、阿波陀那、伊帝目多伽、阇陀伽、毗佛略、阿浮陀达摩、优波提舍。"③此后逐次对十二部经作了解释。兹从略。

2. 知义

经中说："云何菩萨摩诃萨知义？菩萨摩诃萨若于一切文字、语言，广知其义。是名知义。"④这是说，须知晓十二部经所诠之理。

3. 知时

什么叫"知时"？经中解释说："菩萨善知如是时中，任修寂静。如是时中，任修精进。如是时中，任修舍定。如是时中，任供养佛。如是时中，任供养师。如是时中，任修布施、持戒、忍辱、精进、禅定、具足般若波罗蜜。是名知时。"⑤

4. 知足

对于"知足"，经中解释说："菩萨摩诃萨知足，所谓食饮、衣药、行住坐卧、睡寤、语默。是名知足。"⑥

5. 自知

对于"自知"，经中解释说："是菩萨自知我有如是信，如是戒如是多

---

①③ 北凉昙无谶译《大般涅槃经》卷一五，《大正藏》第12卷，第451页中。
② 隋灌顶撰述、唐湛然再治《大般涅槃经疏》卷一七，《大正藏》第38卷，第137页上。
④⑤⑥ 北凉昙无谶译《大般涅槃经》卷一五，《大正藏》第12卷，第452页上。

闻,如是舍,如是慧,如是去来,如是正念,如是善行,如是问,如是答。是名自知。"①

6. 知众

对于"知众",经中解释说:"是菩萨知如是等是刹利众、婆罗门众、居士众、沙门众,应于是众如是行来,如是坐起,如是说法,如是问答。是名知众。"②

7. 知尊卑

对于"知众",经中解释说:"云何菩萨摩诃萨知人中尊卑?善男子,人有二种:一者,信。二者,不信。菩萨当知,信者是善,其不信者不名为善。复次,信有二种:一者,常往僧坊。二者,不往。菩萨当知,其往者善,其不往者不名为善。往僧坊者,复有二种:一者,礼拜。二、不礼拜。菩萨当知,礼拜者善,不礼拜者不名为善。其礼拜者,复有二种:一者,听法。二者,不听。菩萨当知,听法者善,不听法者不名为善。其听法者,复有二种:一、至心听。二、不至心。菩萨当知,至心听者是则名善,不至心者不名为善。至心听法,复有二种:一者,思义。二、不思义。菩萨当知,思义者善,不思义者不名为善。其思义者,复有二种:一、如说行。二、不如说行。如说行者是则为善,不如说行不名为善。如说行者,复有二种:一、求声闻,不能利安饶益一切苦恼众生。二者,回向无上大乘,利益多人,令得安乐。菩萨应知,能利多人得安乐者,最上最善。"③

(二)四心

此处所言的"四心"即一般所称的"四无量心"。此品先解释了"四心"的内容,其后解释了"四心果"。

1. "次第四心"

这一部分实际上谈论的是"慈"、"悲"、"喜"、"舍"四无量心之间的关

---

① 北凉昙无谶译《大般涅槃经》卷一五,《大正藏》第12卷,第452页上—中。
②③ 同上书,第452页中。

系。经文共开五难,依照含义可合并成为三难,即,难"四令三"、难"四令一"、难"四令二"。四种情形讨论的核心是慈、悲、喜、舍之心似乎有重合之处,不应分成四种言之,而应该合并成三、二种,甚至一种。

关于这一疑问,佛先以三方面破除对于此法一定分为四种或者一定不分为四种的执著:第一,佛教导众生所说之法的广略不同,或为众生说一因缘,此即"一切有为之法";或者说二种,即"因缘"及"果";或者说三种,即"烦恼"、"业"、"苦";乃至十二种,十二因缘等。"无量心法亦复如是。善男子,以是义故,于诸如来深秘行处,不应生疑。"①第二,"反常不定",或谓"口密不定"。②经中说:"如来世尊有大方便,无常说常,常说无常;说乐为苦,说苦为乐;不净说净,净说不净;我说无我,无我说我;于非众生说为众生,于实众生说非众生;非物说物,物说非物;非实说实,实说非实;非境说境,境说非境;非生说生,生说非生;乃至无明说明,明说无明;色说非色,非色说色;非道说道,道说非道。善男子,如来以是无量方便,为调众生,岂虚妄耶?"③第三,"治惑不定",或称"身密不定"。经中说:"或有众生贪于财货,我于其人自化其身,作转轮王,于无量岁,随其所须种种供给,然后教化,令其安住阿耨多罗三藐三菩提。……如来如是于无量岁,以种种方便,令诸众生安住阿耨多罗三藐三菩提,岂虚妄耶?诸佛如来虽处众恶,无所染污,犹如莲华。善男子,应如是知四无量义。"④

其后,佛正面回答了迦叶菩萨代表会众所提出的"五难",其核心是:"是无量心,体性有四。若有修行,生大梵处。善男子,如是无量伴侣有四,是故名四。夫修慈者,能断贪欲。修悲心者,能断瞋恚。修喜心者,能断不乐。修舍心者,能断贪欲、瞋恚众生。善男子,以是义故,得名为四,非一、二、三。"⑤至于对于"五难"的批驳,兹从略。

---

①②③④ 北凉昙无谶译《大般涅槃经》卷一五,《大正藏》第12卷,第453页上。
⑤ 同上书,第453页上—中。

2. 圆四心

关于"慈心",有"大慈"和"小慈"的区分。所谓"小慈",实际上是说对于"众生中三品分别:一者,亲人。二者,怨憎。三者,中人。于亲人中复作三品,谓上、中、下。怨憎亦尔。是菩萨摩诃萨于上亲中与增上乐,于中、下亲亦复平等与增上乐,于上怨中与少分乐,于中怨所与中品乐,于下怨中与增上乐。菩萨如是转复修习,于上怨中与中品乐,于中下怨等与增上乐。转复修习,于上、中、下等与上乐,若上怨中与上乐者,尔时,得名慈心成就。菩萨尔时,于父母所及上怨中得平等心,无有差别。善男子,是名得慈,非大慈也"①。这一"慈心"尽管已经甚为珍贵,但仍然不是"大慈",因为"久于过去无量劫中,多集烦恼,未修善法,是故不能于一日中调伏其心"②。此后经中又列举四譬来说明"惑"强"慈"弱,因而不得名为"大慈"。

而"大慈"是菩萨住于初地才可具有的。经中说:"菩萨摩诃萨住于初地,名曰大慈。何以故?善男子,最极恶者,名一阐提,初住菩萨修大慈时,于一阐提心无差别,不见其过故不生瞋。以是义故,得名大慈。善男子,为诸众生除无利益,是名大慈。"③

此品在解释了"慈心"之后,简单地论及了大悲、大喜、大舍,其文很简要:"欲与众生无量利乐,是名大悲。于诸众生心生欢喜,是名大喜。无所拥护,名为大舍。若不见我、法相、己身,见一切法平等无二,是名大舍。自舍己乐,施与他人,是名大舍。"④

3. 四无量心是善本

此品着力强调四无量心是"善本",即为善之根本。经文分三层论述:其一,为六度之本:"唯四无量能令菩萨增长,具足六波罗蜜。其余诸行,不必能尔。"⑤其二,为发心之本:"菩萨摩诃萨先得世间四无量心,然

---

①② 北凉昙无谶译《大般涅槃经》卷一五,《大正藏》第12卷,第453页下。
③④⑤ 同上书,第454页上。

后乃发阿耨多罗三藐三菩提心,次第方得出世间者。"①其三,为"自相"之本:"因世无量,得出世无量。以是义故,名大无量。"②

其后,此品有一段文字论说"当知菩萨四无量心,是实思惟,非不真实"③。古代注家称其为"明虚实"④。经中说:"云何名为真实思惟?谓能断除诸烦恼故。善男子,夫修慈者,能断贪欲。修悲心者,能断瞋恚。修喜心者,能断不乐。修舍心者,能断贪恚及众生相。以是故,名真实思惟。"⑤

总之,"四无量"确实是为善之本。首先,它能为大乘善本。其次,它能为三乘善本。对于前者的论述以"施"为例,文繁不全论之,仅举一段:"菩萨摩诃萨于慈心中,施灯明时,常作是愿:我今所施悉与一切众生共之。以是因缘,令诸众生光明无量,安住佛法。愿诸众生常得照明,愿诸众生得色微妙光泽第一,愿诸众生其目清净,无诸翳网。愿诸众生得大智炬,善解无我、无众生相、无人无命;愿诸众生皆得睹见清净佛性,犹如虚空;愿诸众生肉眼清净,彻见十方恒沙世界;愿诸众生得佛光明,普照十方;愿诸众生得无碍明,皆悉得见清净佛性;愿诸众生得大智明,破一切暗及一阐提;愿诸众生得无量光,普照无量诸佛世界;愿诸众生然大乘灯,离二乘灯;愿诸众生所得光明,灭无明暗,过于千日普照之功;愿诸众生得火珠明,悉灭三千大千世界所有黑暗;愿诸众生具足五眼,悟诸法相,成无师觉;愿诸众生无见无明;愿诸众生悉得大乘大般涅槃微妙光明,示悟众生真实佛性。善男子,菩萨摩诃萨于慈心中,施灯明时,常应勤发如是誓愿。"⑥如此等等。

此后论说"四无量"为三乘善本。经文说:"一切声闻、缘觉、菩萨、诸佛如来,所有善根,慈为根本。善男子,菩萨摩诃萨修习慈心,能生如是

---

①② 北凉昙无谶译《大般涅槃经》卷一五,《大正藏》第12卷,第454页上。
③⑤ 同上书,第454页中。
④ 隋灌顶撰述、唐湛然再治《大般涅槃经疏》卷一七,《大正藏》第38卷,第139页上。
⑥ 北凉昙无谶译《大般涅槃经》卷一五,《大正藏》第12卷,第456页上—中。

无量善根,所谓不净、出息入息、无常生灭、四念处、七方便、三观处、十二因缘、无我等观,暖法、顶法、忍法、世第一法,见道、修道、正勤、如意诸根、诸力、七菩提分、八圣道、四禅、四无量心、八解脱、八胜处、一切入、空、无相、愿,无净三昧,知他心智及诸神通,知本际智、声闻智、缘觉智、菩萨智、佛智。善男子,如是等法,慈为根本。"①此中以"慈摄一切法,无法不遍圆慈之义,转更明显。然善本者,即是利他。利他之中,慈、悲最胜"②。故而如此宣说。此后有很长的一段经文讲说"慈"的大功用,其最后的结语是:"慈若有无,非有非无,如是之慈,非诸声闻、辟支佛等所能思议。"③总之,"善男子,慈若不可思议,法不可思议,佛性不可思议,如来亦不可思议。善男子,当知皆是慈善根力,令彼女人见如是事。悲、喜之心亦复如是。善男子,以是义故,菩萨摩诃萨修慈思惟,即是真实,非虚妄也。善男子,夫无量者,不可思议。菩萨所行,不可思议。诸佛所行,亦不可思议。是大乘典《大涅槃经》,亦不可思议"④。又回到了对《大涅槃经》的赞颂上。

4. 三心极爱地果

关于此一"四心果",经中说:"菩萨摩诃萨修慈、悲、喜已,得住极爱一子之地。"⑤这一果究竟与"十地"之中的何地相当,古代解释争议很多。有说其是第八地的,而灌顶则认为:"已云初地。此明梵行,即是化他。先之自行,已入初地,化他何容但是性地?何容超至八地已上?斯皆若过,若不及,正是初地证化他果。"⑥这是说,将其看做"初地"为"不及",而看做"八地"是"过",正确的应该是"初地证化他果"。之所以称之为"三心果"是因为此果直接与"慈心"、"悲心"、"舍心"密切相关。

---

① 北凉昙无谶译《大般涅槃经》卷一五,《大正藏》第12卷,第456页中。
② 隋灌顶撰述、唐湛然再治《大般涅槃经疏》卷一七,《大正藏》第38卷,第139页下。
③ 北凉昙无谶译《大般涅槃经》卷一五,《大正藏》第12卷,第456页下。
④⑤ 北凉昙无谶译《大般涅槃经》卷一六,《大正藏》第12卷,第458页下。
⑥ 隋灌顶撰述、唐湛然再治《大般涅槃经疏》卷一七,《大正藏》第38卷,第140页下。

经中有文:"云何是地名曰极爱,复名一子?善男子,譬如父母见子安隐,心大欢喜。菩萨摩诃萨住是地中,亦复如是。视诸众生,同于一子,见修善者,生大欢喜。是故此地名曰'极爱'。"①这是"极爱"的含义,而"一子"的含义则是:"譬如父母见子遇患,心生苦恼,悯之愁毒,初无舍离。菩萨摩诃萨住是地中,亦复如是。见诸众生为烦恼病之所缠切,心生愁恼,忧念如子,身诸毛孔,血皆流出。是故此地名为'一子'"②此"果"的核心是佛、菩萨应视一切众生如自己之子。而在此处又解释了如来昔日为国王时曾经断绝过婆罗门命以及曾经骂过调达等事。如经中说:"若有能杀一阐提者,则不堕此三种杀中。善男子,彼诸婆罗门等一切皆是一阐提也。譬如掘地、刈草、斫树、斩截死尸、骂詈鞭挞,无有罪报。杀一阐提,亦复如是,无有罪报。何以故?诸婆罗门乃至无有信等五根,是故虽杀,不堕地狱。"③如此等等,从略。

5. 舍心空平等地果

前述"极爱一子地果"是在修行慈、悲、喜无量心而获得的,而修"舍心"时,住于"空平等地"。关于此"地"与"十地"的关系,古代有不同说法,如灌顶《涅槃经疏》记载:"旧有二解:一云'七地',引经云:'七地能入寂灭'。二云'八地',空、有并观,故是平等。今云:初地与一子地,理同能异,故立别名,何得浅深?例圣行中,戒、定之果,同在初地。"④灌顶认为此"地"与前述"极爱一子地"相同,都属于初地。

此"地"的基本内容是:"菩萨摩诃萨住空平等地,则不见有父母、兄弟、姊妹、儿息、亲族、知识、怨憎中人,乃至不见阴、界、诸入众生寿命。……菩萨摩诃萨见一切法,亦复如是,其心平等,如彼虚空。何以

---

① 北凉昙无谶译《大般涅槃经》卷一六,《大正藏》第12卷,第458页下。
② 同上书,第458页下—459页上。
③ 同上书,第460页中。
④ 隋灌顶撰述、唐湛然再治《大般涅槃经疏》卷一七,《大正藏》第38卷,第141页下。

故？善能修习诸空法故。"①此中,"不见父母"、"众生寿命"等,即是"生空"。"不见阴、界",即是"法空"。

关于"云何名空？",此品于此罗列了十一种空:"空者,所谓内空、外空、内外空、有为空、无为空、无始空、性空、无所有空、第一义空、空空、大空。"②其后,对此十一空逐次作了解释。

"内空"、"外空"、"内外空"为一组。关于"内空",经中说:"是菩萨摩诃萨观内法空,是内法空,谓无父母、怨亲中人、众生寿命、常、乐、我、净、如来、法、僧、所有财物。是内法中,虽有佛性,而是佛性非内非外。所以者何？佛性常住,无变易故。是名菩萨摩诃萨观于内空。"③关于"外空",经中说:"外空者,亦复如是,无有内法。"④而"内外空者,亦复如是。善男子,唯有如来、法、僧、佛性,不在二空。何以故？如是四法常、乐、我、净,是故四法不名为空。是名内、外俱空"⑤。

"有为空"、"无为空"为一组。经中说:"有为空者,有为之法悉皆是空。所谓内空、外空、内外空,常、乐、我、净空,众生寿命,如来、法、僧、第一义空。是中佛性非有为法,是故佛性非有为法空。是名有为空。"⑥而"无为空"是说:"是无为法,悉皆是空。所谓无常、苦、不净、无我、阴、界、入、众生寿命相、有为有漏、内法、外法,无为法中佛等四法,非有为非无为,性是善故非无为,性常住故非有为。是名菩萨观无为空。"⑦

"无始空"是说:"是菩萨摩诃萨见生死无始,皆悉空寂。所谓空者,常、乐、我、净,皆悉空寂,无有变易,众生寿命、三宝、佛性及无为法。是名菩萨观无始空。"⑧关于此"空",古代有两种解释:"无始空者,一云:破外道冥初,故言无始。二云:远讨其根,无初来处,非今始空,始破明无无,无有始。"⑨

关于"性空",经中解释说:"是菩萨摩诃萨观一切法本性皆空,谓阴、界、入常无常,苦乐、净不净、我无我,观如是等一切诸法,不见本性。是

---

①②③④⑤⑥⑦⑧ 北凉昙无谶译《大般涅槃经》卷一六,《大正藏》第12卷,第461页中。
⑨ 隋灌顶撰述、唐湛然再治《大般涅槃经疏》卷一七,《大正藏》第38卷,第142页上。

名菩萨摩诃萨观于性空。"①

"所有空":"如人无子,言舍宅空,毕竟观空,无有亲爱;愚痴之人言诸方空,贫穷之人言一切空;如是所计,或空或非空。菩萨观时,如贫穷人,一切皆空。是名菩萨摩诃萨观无所有空。"②

关于"第一义空",经中说:"菩萨摩诃萨观第一义时,是眼生时,无所从来;及其灭时,去无所至;本无今有,已有还无。推其实性,无眼无主。如眼无性,一切诸法,亦复如是。何等名为第一义空?有业有报,不见作者。如是空法,名第一义空。是名菩萨摩诃萨观第一义空。"③

对于"空空",经中说这是小乘最为迷惑的:"是有是无,是名空空。是是非是是,是名空空。善男子,十住菩萨尚于是中通达少分,犹如微尘,况复余人?善男子,如是空空,亦不同于声闻所得空空三昧。是名菩萨观于空空。"④

关于"大空",经中解释说:"言大空者,谓般若波罗蜜,是名大空。"⑤此言言简意赅,而古代解释甚多,如:"有人言:大空即般若空者,色大故般若大。释论解大空有事理。事者,东方空乃至十方空。理者,即涅槃第一义空。大品指涅槃,涅槃、般若更互相显。今约三谛释十一空,内空者真谛空,外空者俗谛空,内外空者即二俱空,有为空者生死俗空,无为空者涅槃真空。无始空者,三谛相即,不见元祖,名无始空。性空者,三谛体性,本来自空,故名性空。第一义空者,真即是中,中即是真,名第一义空。空空者,一空一切空。大空者,三谛俱空。"⑥灌顶的解释是以自家之宗义为主的,可以参考。

总之,此品如此言"空",是为了说明"菩萨摩诃萨得如是空门,则得住于虚空等地"⑦,即获得"舍心空平等地果"⑧。而"菩萨摩诃萨住是地

---

① 北凉昙无谶译《大般涅槃经》卷一六,《大正藏》第12卷,第461页中—下。
②③④⑤ 同上书,第461页下。
⑥ 隋灌顶撰述、唐湛然再治《大般涅槃经疏》卷一七,《大正藏》第38卷,第142页中—下。
⑦ 北凉昙无谶译《大般涅槃经》卷一六,《大正藏》第12卷,第461页下。
⑧ 隋灌顶撰述、唐湛然再治《大般涅槃经疏》卷一七,《大正藏》第38卷,第140页下。

已,于一切法中无有滞碍系缚拘执心,无迷闷。以是义故,名虚空等地。善男子,譬如虚空,于可爱色不生贪著,不爱色中不生瞋恚。菩萨摩诃萨住是地中,亦复如是。于好恶色,心无贪恚。善男子,譬如虚空,广大无对,悉能容受一切诸法。菩萨摩诃萨住是地中,亦复如是。广大无对,悉能容受一切诸法。以是义故,复得名为虚空等地"①。

6."空平等地果"所具之"知见"

关于证入"空平等地果"之后所获得"知见",经中罗列出"知十三法"、"得八种知见"、"得四无碍智"等三个层次的内容。

"十三法"如下:"菩萨摩诃萨住是地中,于一切法亦见亦知。若行,若缘,若性,若相,若因,若缘,若众生心,若根,若禅定,若乘,若善知识,若持禁戒,若所施。如是等法一切知见。"②

"八知见"即:第一"知非处",指知晓外道"如是等法,能为无上解脱因者,无有是处。是名为知。云何不见? 菩萨摩诃萨不见一人行如是法,得正解脱,是名不见"③。第二"知是处","菩萨摩诃萨亦见亦知。何等为见? 见诸众生行是邪法,必堕地狱,是名为见。云何为知? 知诸众生从地狱出,生于人中。若能修行檀波罗蜜,乃至具足诸波罗蜜,是人必得入正解脱。是名为知"④。这是说,菩萨明了佛教所说的善恶报应律令。第三"知共行","菩萨摩诃萨复有亦见亦知。云何为见? 见常无常、苦乐、净不净、我无我,是名为见。云何为知? 知诸如来定不毕竟入于涅槃,知如来身金刚无坏,非是烦恼所成就身,又非臭秽腐败之身,亦复能知一切众生悉有佛性。是名为知"⑤。这是指菩萨明了"无常"与"常"、"苦"与"乐"、"无我"与"我"、"不净"与"净"的真正内涵。第四"知因果",菩萨摩诃萨"知是众生心信成就,知是众生求于大乘,是人顺流,是人逆流,是人正住,知是众生已到彼岸。顺流者,谓凡夫人。逆流者,从须陀

---

① 北凉昙无谶译《大般涅槃经》卷一六,《大正藏》第12卷,第461页下。
②③④ 同上书,第462页上。
⑤ 同上书,第462页上—中。

洹乃至缘觉。正住者,诸菩萨等。到彼岸者,所谓如来、应、正遍知。是名为知。云何为见?菩萨摩诃萨住于大乘大涅槃典修梵行心,以净天眼,见诸众生造身、口、意三业不善,堕于地狱、畜生、饿鬼,见诸众生修善业者命终当生天上人中,见诸众生从暗入暗,有诸众生从暗入明,有诸众生从明入暗,有诸众生从明入明。是名为见"①。此中特别强调求大乘是知因,到彼岸是知果。第五"知转障",菩萨摩诃萨"知诸众生修身、修戒、修心、修慧,是人今世恶业成就,或因贪欲、瞋恚、愚痴,是业必应地狱受报。是人直以修身、修戒、修心、修慧,现世轻受,不堕地狱。云何是业能得现报?忏悔发露所有诸恶。既悔之后,更不敢作。惭愧成就故,供养三宝故,常自呵责故,是人以是善业因缘,不堕地狱现世受报。所谓头痛、目痛、腹痛、背痛、横罗死殃,呵责骂辱、鞭杖闭系、饥饿困苦,受如是等现世轻报。是名为知。云何为见?菩萨摩诃萨见如是人不能修习身戒心慧,造少恶业,此业因缘应现受报,是人少恶,不能忏悔,不自呵责,不生惭愧,无有怖惧。是业增长,地狱受报,是名为见"②。

第六"知佛性",分三个层面:根据凡夫而言佛性,"复有知而不见。云何知而不见?知诸众生皆有佛性,为诸烦恼之所覆蔽,不能得见,是名知而不见"③。根据"十住菩萨"言佛性,"复有知而少见。十住菩萨摩诃萨等知诸众生皆有佛性,见不明了,犹如暗夜所见不了"④。就诸佛而言佛性,"复有亦见亦知,所谓诸佛如来亦见亦知"⑤。

第七"知二谛",即真谛、俗谛。经中说:"复有亦见亦知,不见不知。亦见亦知者,所谓世间文字、言语、男女、车乘、瓶盆、舍宅、城邑、衣裳、饮食、山河、园林、众生寿命,是名亦知亦见。云何不见不知?圣人所有微密之语,无有男女乃至园林,是名不见不知。"⑥此中"不知不见"是知真谛,"亦知亦见"是知俗谛。

---

①② 北凉昙无谶译《大般涅槃经》卷一六,《大正藏》第12卷,第462页中。
③ 同上书,第462页中—下。
④⑤⑥ 同上书,第462页下。

第八"知二智",即"实智"和"权智"。经文说:"复有知而不见。知所慧施,知所供处,知于受者,知因果报,是名为知。云何不见?不见所施、供处、受者及以果报,是名不见。"①根据古德的解释,知"慧施"等是知"权","不见所施"等是知"实"。

"空平等地果"所具的"四无碍智"是"法无碍"、"义无碍"、"词无碍"、"乐说无碍"。对此,经中解释说:"法无碍者,知一切法及法名字。义无碍者,知一切法所有诸义,能随诸法所立名字而为作义。辞无碍者,随字论、正音论、阐陀论世辩论。乐说无碍者,所谓菩萨摩诃萨,凡所演说无有障碍,不可动转无所畏省,难可摧伏。善男子,是名菩萨能如是见知,即得如是四无碍智。"②此后,经中又从"知三乘义,悉皆归一"以及"遣著无著"等方面来说明此"四无碍智",此后又以譬喻以及"往因"作了解释。前者从略,关于后者,略作解释。

经文说:"菩萨摩诃萨于无量无边阿僧祇劫修行世谛。以修行故,知法无碍。复于无量阿僧祇劫修第一义谛故,得义无碍。亦于无量阿僧祇劫习毗伽罗那论故,得辞无碍。亦于无量阿僧祇劫修习说世谛论故,得乐说无碍。"③这里特别强调,此无碍智是菩萨能够证得,而声闻、缘觉不可能证得。在此,迦叶菩萨又问:"若诸声闻、缘觉之人,一切无有四无碍者,云何世尊说舍利弗智慧第一、大目犍连神通第一、摩诃拘絺罗四无碍第一?若其无者,如来何故作如是说?"④佛则回答说:"譬如恒河有无量水,辛头大河水亦无量,博叉大河水亦无量,悉陀大河水亦无量,阿耨达池水亦无量,大海之中水亦无量。如是诸水虽同无量,然其多少其实不等。声闻、缘觉及诸菩萨四无碍智,亦复如是。善男子,若说等者,无有是处。善男子,我为凡夫说摩诃拘絺罗四无碍智为最第一。汝所问者,

---

① 北凉昙无谶译《大般涅槃经》卷一六,《大正藏》第12卷,第462页下。
② 北凉昙无谶译《大般涅槃经》卷一七,《大正藏》第12卷,第462页下—463页上。
③ 同上书,第463页下。
④ 同上书,第464页上。

其义如是。善男子,声闻之人或有得一,或有得二,若具足四,无有是处。"①

此后,在迦叶与佛讨论"无所得知见"时又一次提到著名的"本有今无偈",其核心观念是:"菩萨摩诃萨实无所得。无所得者,名四无碍。"②此从略不论。

(三) 持戒

《梵行品》第三层次内容是"戒行为梵行"。原因在于,以戒为本才能化他。根据灌顶的划分,此部分内容又分为三层次:"一、持戒。二、护法。三、六念。以持戒故,能护法;以护法故,能修念;次第相成,法尔故也。"③

1. 持戒

对此问题,经中首先指出如何获得上述"清净行","唯当深心修持净戒。善男子,菩萨尔时,以是因缘,于未来世在在生处,戒常清净。善男子,菩萨摩诃萨以戒净故,在在生处,常无憍慢、邪见、疑网,终不说言如来毕竟入于涅槃。是名菩萨修持净戒。戒既清净,次修禅定。以修定故,在在生处,正念不忘,所谓一切众生悉有佛性,十二部经、诸佛世尊常、乐、我、净,一切菩萨安住方等大涅槃经,悉见佛性。如是等事,忆而不忘。因修定故,得十一空,是名菩萨修清净定。戒、定已备,次修净慧。以修慧故,初不计著身中有我,我中有身,是身是我,非身非我。是名菩萨修习净慧"④。

其次,经中强调戒、定、慧三法皆以戒为本,三法相互依持相资。"以修慧故,所受持戒,牢固不动。善男子,譬如须弥不为四风之所倾动。菩萨摩诃萨亦复如是,不为四倒之所倾动。善男子,菩萨尔时,自知、见、觉,所受持戒,无有倾动。是名菩萨所知、见、觉,非世间也。"⑤——这是

---

①② 北凉昙无谶译《大般涅槃经》卷一七,《大正藏》第12卷,第464页上。
③ 隋灌顶撰述、唐湛然再治《大般涅槃经疏》卷一八,《大正藏》第38卷,第144页中。
④⑤ 北凉昙无谶译《大般涅槃经》卷一七,《大正藏》第12卷,第466页下。

对慧资戒的说明。此后说明戒资慧,其文曰:"菩萨见所持戒牢固不动,心无悔恨。无悔恨故,心得欢喜。得欢喜故,心得悦乐。得悦乐故,心则安隐。心安隐故,得无动定。得无动定故,得实知、见。实知、见故,厌离生死。厌离生死故,便得解脱。得解脱故,明见佛性。是名菩萨所知、见、觉,非世间也。善男子,是名世间不知、见、觉,而是菩萨所知、见、觉。"①

特别是,经中强调:"云何菩萨修持净戒,心无悔恨,乃至明了,见于佛性?"②论证过程如下:首先,不净持戒,不能相资:"世间戒者,不名清净。何以故?世间戒者,为于有故,性不定故,非毕竟故,不能广为一切众生。以是义故,名为不净。以不净故,有悔恨心。以悔恨故,心无欢喜。无欢喜故,则无悦乐。无悦乐故,则无安隐。无安隐故,无不动定。无不动定故,无实知、见。无实知、见故,则无厌离。无厌离故,则无解脱。无解脱故,不见佛性。不见佛性故,终不能得大般涅槃。是名世间戒不清净。"其次,明确界定"净戒":"菩萨摩诃萨清净戒者,戒非戒故,非为有故,定毕竟故,为众生故,是名菩萨戒清净也。善男子,菩萨摩诃萨于净戒中,虽不欲生无悔恨心,无悔恨心自然而生。善男子,譬如有人执持明镜,不期见面,面像自现。亦如农夫,种之良田,不期生芽而芽自生。亦如然灯,不期灭暗而暗自灭。善男子,菩萨摩诃萨坚持净戒,无悔恨心自然而生,亦复如是。"③

在上述"以戒为本"、"三法相资"的基础上,引出合于此经主题的重要观念——"成大涅槃,皆由于戒"④。于此,迦叶提问:"喜之与乐,有何差别?"⑤佛回答说:"菩萨摩诃萨不作恶时,名为欢喜。心净持戒,名之为乐。善男子,菩萨摩诃萨观于生死,则名为喜。见大涅槃,名之为乐。下名为喜,上名为乐。离世共法,名之为喜。得不共法,名之为乐。以戒净

---

① ② ③ 北凉昙无谶译《大般涅槃经》卷一七,《大正藏》第12卷,第467页上。
④ 隋灌顶撰述、唐湛然再治《大般涅槃经》卷一八,《大正藏》第38卷,第144页下。
⑤ 同上书,第467页中。

故,身体轻柔,口无粗过。菩萨尔时,若见若闻,若嗅若尝,若触若知,悉无诸恶。以无恶故,心得安隐。以安隐故,则得静定。得静定故,得实知、见。实知见故,厌离生死。厌生死故,则得解脱。得解脱故,得见佛性。见佛性故,得大涅槃。是名菩萨清净持戒,非世间戒。"①此中,包含四重解释,"后展转深入,成大涅槃,皆由于戒。然五受根中,则乐浅喜深;禅定之中,则喜浅乐深。各有所据,今同禅支"②。

其次,菩萨摩诃萨所受净戒五法佐助。云何为五?"一、信。二、惭。三、愧。四、善知识。五、宗敬戒。离五盖故,所见清净。离五见故,心无疑网。离五疑故:一者,疑佛。二者,疑法。三者,疑僧。四者,疑戒。五者,疑不放逸。菩萨尔时,即得五根,所谓信、念、精进、定、慧。得五根故,得五种涅槃,谓色解脱乃至识解脱。是名菩萨清净持戒,非世间也。善男子,是名世间之所不知、不见、不觉,而是菩萨所知、见、觉。"③此中所说的"五种涅槃"是指脱五阴之系缚而得涅槃的意思。

2. 护法

"护法即是护戒,护戒既牢即是持戒,持戒不牢由无护法心。"④此中所说的"护法"是指维护大乘法,特别是《大涅槃经》所说之法。略言之,核心如下:"若欲受持者,说大涅槃者,说佛性者,说如来秘藏者,说大乘者,说方等经者,说声闻乘者,说辟支佛乘者,说解脱者,见佛性者,先当清净其身;以身净故,则无呵责;无呵责故,令无量人于大涅槃生清净信;信心生故,恭敬是经。若闻一偈一句一字,及说法者,则得发于阿耨多罗三藐三菩提心。当知是人,则是众生真善知识,非恶知识,是我弟子,非魔眷属。是名菩萨,非世间也。善男子,是名世间之所不知、不见、不觉,而是菩萨所知、见、觉。"⑤

3. 六念

所谓"六念",也叫"六念处",即"念佛、念法、念僧、念戒、念施、念天"。

---

①③ 北凉昙无谶译《大般涅槃经》卷一七,《大正藏》第12卷,第467页中。
②④ 隋灌顶撰述、唐湛然再治《大般涅槃经疏》卷一八,《大正藏》第38卷,第144页下。
⑤ 北凉昙无谶译《大般涅槃经》卷一七,《大正藏》第12卷,第467页下—468页上。

此中所得的念佛是"念佛如来、应、正遍知、明行足、善逝、世间解、无上士、调御丈夫、天人师、佛世尊"①即十种佛的名号,并非中土后来流行的念阿弥陀佛。经中较为详细地解释了佛所具的十号。其他从略,兹将此经对于"佛"之名的解释罗列如下:"云何为佛?佛者,名觉。既自觉悟,复能觉他。善男子,譬如有人觉知有贼,贼无能为。菩萨摩诃萨能觉一切无量烦恼,既觉了已,令诸烦恼无所能为,是故名佛。以是觉故,不生不老,不病不死,是故名佛。"②至于"念佛"的功德,经中简要概括为:"若男若女,能如是念佛者,若行,若住,若坐,若卧,若昼,若夜,若明,若暗,常得不离,见佛世尊。"③

此后说,"念佛"是"念佛因",即成佛之因,如六度、四无量、"五十四心"为因。"五十四心"如下:"又复菩萨于昔无量阿僧祇劫,修集、信、念、进、定、慧根,于诸师长恭敬供养,常为法利,不为食利。菩萨若持十二部经,若读若诵,常为众生令得解脱,安隐快乐,终不自为。何以故?菩萨常修出世间心及出家心、无为之心、无净讼心、无垢秽心、无系缚心、无取著心、无覆盖心、无无记心、无生死心、无疑网心、无贪欲心、无瞋恚心、无愚痴心、无憍慢心、无秽浊心、无烦恼心、无苦心、无量心、广大心、虚空心、无心、无无心、调心、不护心、无覆藏心、无世间心、常定心、常修心、常解脱心、无报心、无愿心、善愿心、无语心、柔软心、不住心、自在心、无漏心、第一义心、不退心、无常心、正直心、无谄曲心、纯善心、无多少心、无坚硬心、无凡夫心、无声闻心、无缘觉心、善知心、界知心、生界知心、住界知心、自在界心,是故今得十力、四无所畏、大悲、三念处常乐我净,是故得称如来乃至婆伽婆。是名菩萨摩诃萨念佛。"④

"念法",如经中所说:"菩萨摩诃萨思惟诸佛所可说法,最妙最上。因是法故,能令众生得现在果,唯此正法,无有时节。……非生非灭,永离生灭而

---

① 北凉昙无谶译《大般涅槃经》卷一八,《大正藏》第12卷,第468页上。
②③ 同上书,第469页下。
④ 同上书,第470页上。

亦是灭,非相非非相,断一切相而亦是相,非教非不教而亦是师,非怖非安,断一切怖而亦是安,非忍非不忍,永断不忍而亦是忍,非止非不止,断一切止而亦是止一切法顶,悉能永断一切烦恼,清净无相永脱诸相,无量众生毕竟住处,能灭一切生死炽火,乃是诸佛所游居处常不变易。是名菩萨念法。"①

"念僧",如经中说:"云何念僧?诸佛圣僧如法而住,受正直法,随顺修行,不可睹见,不可捉持,不可破坏,无能娆害,不可思议。一切众生,良祐福田,虽为福田,无所受取,清净无秽,无漏无为,广普无边,其心调柔,平等无二,无有扰浊,常不变易。是名念僧。"②

"念戒","菩萨思惟:有戒不破不漏,不坏不杂。虽无形色而可护持,虽无触对善修方便,可得具足无有过咎。诸佛、菩萨之所赞叹,是大方等大涅槃因"③。

"念施","菩萨摩诃萨深观此施,乃是阿耨多罗三藐三菩提因,因诸佛、菩萨亲近修集,如是布施,我亦如是亲近修集。若不惠施,不能庄严四部之众。……菩萨施时,令诸众生不求而得,是故成佛,得自在我。以施因缘,令他得力,是故成佛获得十力。以施因缘,令他得语,是故成佛,得四无碍。诸佛、菩萨修集是施,为涅槃因。我亦如是修习集施,为涅槃因"④。

"念天",经中说:"云何念天?有四天王处,乃至非想非非想处,若有信心得四天王处,我亦有分。若戒多闻、布施、智慧得四天王处,乃至得非想非非想处,我亦有分。然非我所欲。何以故?四天王处乃至非想非非想处,皆是无常。以无常故,生、老、病、死。以是义故,非我所欲。譬如幻化,诳于愚夫,智慧之人所不惑著。如幻化者,即是四天王处,乃至非想非非想处。愚者,即是一切凡夫。我则不同凡夫愚人。我曾闻有第一义天,谓诸佛、菩萨常不变易。以常住故,不生不老,不病不死。我为众生精勤求于第一义天。何以故?第一义天能令众生除断烦恼。犹如意树,若我有信,乃至有慧,

---

① 北凉昙无谶译《大般涅槃经》卷一八,《大正藏》第12卷,第470页上—中。
②③ 同上书,第470页中。
④ 同上书,第470页下。

则能得是第一义天。当为众生广分别说第一义天,是名菩萨摩诃萨念天。善男子,是名菩萨非世间也。是为世间不知、见、觉而是菩萨所知、见、觉。"①此中的"天"与中土传统宗教信仰之中的完全不同,需要注意。

(四)叹经并说阿阇世王的因缘

"叹经"简单地说就是感叹佛所说经的不可思议。此部分很长,"初,尽此卷,叹经生善。后两卷,叹能灭恶。初,生善,文为三:一、正叹经。二、叹弘经人。三、叹兴衰。此三次第者,良由五行,能显于道,复有亡身弘道之人。人弘故兴,不弘故衰。"②限于篇幅,这些内容都从略,仅仅罗列对于此经的定位。经中说:"《大涅槃经》悉是一切诸佛秘藏。何以故?诸佛虽有十一部经,不说佛性,不说如来常、乐、我、净,诸佛世尊永不毕竟入于涅槃。是故此经名为如来秘密之藏,十一部经所不说故,故名为藏。"③

在这部分之中,用了一卷多的篇幅来叙述阿阇世王之事。关于这一部分内容与此品主题的关系,灌顶《涅槃经疏》有一个总结:"叹经灭恶之能。'恶'即阐提,四重、五逆皆能灭之。旧解阇王是实逆,经力能灭。非无此义。而《密迹经》云:阇王是方便示现灭逆之方,例知调达破僧,定非实破。亦如善星,示为阐提,实非阐提。那提犯重,亦非实犯。此经威力能除重恶,令实犯者决定归依,即显梵行,令不净净。"④这里涉及阿阇世王是真实的历史人物,还是"方便示现"的问题,此暂不论及。然依此说可知,阿阇世王皈依佛的因缘与此经的一个重要主题即"一阐提是否有佛性"有密切关系。

阿阇世王是佛世时中印度摩揭陀国频婆娑罗王,意译"未生怨王"、"法逆王"。其母名韦提希,故亦称阿阇世韦提希子。后弑父王自立,大张中印度霸权。其处于母胎时,占师预言此子降生后将弑父,父王听占

---

① 北凉昙无谶译《大般涅槃经》卷一八,《大正藏》第12卷,第470页下。
② 隋灌顶撰述、唐湛然再治《大般涅槃经疏》卷一八,《大正藏》第38卷,第146页中。
③ 北凉昙无谶译《大般涅槃经》卷一八,《大正藏》第12卷,第472页中。
④ 隋灌顶撰述、唐湛然再治《大般涅槃经疏》卷一九,《大正藏》第38卷,第147页下。

师预言,十分惊恐,遂自楼上将之投弃,然仅折断手指而未死,故又称婆罗留支,并以其未生前即已结怨,而称之为"未生怨"。及长,立为太子,因听信提婆达多之唆使,幽禁父王于地牢中,欲致之死。即位后,并吞邻近诸小国,威震四方,奠定印度统一之基础。后因弑父之罪而遍体生疮,至佛前忏悔即平愈,遂皈依佛陀。佛陀灭度后,为佛教教团之大护法。摩诃迦叶于七叶窟结集经典时,阿阇世王为大檀越,供给一切之资具。此经则描述了其被佛教化度而皈依的过程。

我们从一位名叫耆婆的大医前来拜会阿阇世王开始分析。经中说到,阿阇世王由于罪恶而身患疮疾,许多人都前来试图医治,但都没有任何效果。最后,耆婆前来拜会。

耆婆先肯定阿阇世王有五德,因此是可治疗的。前四德是:"一、王有惭愧。二、王能忏悔。三、王能发露。发露与忏悔,大势相似,不无小异。忏是忏谢,悔是悔愆言。发露者,向人说过。四、明王有信心。"①文中未直接言说"近善友之德",但古代注疏都说从下文中已经可以见出,因而经文省略。经中说,"无五德"就是一阐提:"云何罪人?谓一阐提。一阐提者,不信因果,无有惭愧,不信业报,不见现在及未来世,不亲善友,不随诸佛所说教戒。如是之人,名一阐提。诸佛世尊所不能治。何以故?如世死尸,医不能治。一阐提者,亦复如是,诸佛世尊所不能治。大王,今者非一阐提,云何而言不可救疗?"②

其后,耆婆向王说:"大王当知,迦毗罗城净饭王子,姓瞿昙氏,字悉达多,无师觉悟,自然而得阿耨多罗三藐三菩提,三十二相、八十种好庄严其身,具足十力、四无所畏、一切知见,大慈大悲,怜悯一切如罗睺罗,随善众生如犊逐母,知时而说,非时不语,实语、净语、妙语、义语、法语、一语,能令众生永离烦恼。善知众生诸根心性,随宜方便,无不通达。其

---

① 隋灌顶撰述、唐湛然再治《大般涅槃经疏》卷一九,《大正藏》第38卷,第148页中。
② 北凉昙无谶译《大般涅槃经》卷一九,《大正藏》第12卷,第477页下—478页上。

智高大,如须弥山;深邃广远,犹如大海。是佛世尊有金刚智,能破众生一切恶罪。若言不能,无有是处。今者,去此十二由旬,在拘尸城娑罗双树间,而为无量阿僧祇等诸菩萨僧演种种法。"①耆婆竭力鼓励阿阇世王前去拜访如来。

然而,阿阇世王说:"吾今既是极恶之人,恶业缠裹其身,臭秽系属地狱,云何当得至如来所?吾设往者,恐不顾念,接绪言说。卿虽劝吾,令往佛所,然吾今日,深自鄙悼,都无去心。"②此时空中传来声音:"大王,佛若去世,王之重恶,更无治者。大王,汝今已造阿鼻地狱极重之恶,以是业缘,必受不疑。……大王,我今定知王之恶业,必不得免。唯愿大王,速往佛所,除佛世尊,余无能救。我今悯汝,故相劝导。"③阿阇世王经过询问得知,这位是其死去的父王发出的声音,阿阇世王听后,闷绝躄地,身疮增剧,臭秽倍前。这时,世尊在双树间,见阿阇世闷绝躄地,即告大众:"我今当为是王,住世至无量劫,不入涅槃。"④对此语的含义,佛解释说:"如我所言,为阿阇世不入涅槃。如是密义,汝未能解。何以故?我言'为'者,一切凡夫。阿阇世者,普及一切造五逆者。又复'为'者,即是一切有为众生。我终不为无为众生而住于世。何以故?夫无为者,非众生也。阿阇世者,即是具足烦恼等者。又复'为'者,即是不见佛性众生。若见佛性,我终不为久住于世。何以故?见佛性者,非众生也。阿阇世者,即是一切未发阿耨多罗三藐三菩提心者。又复'为'者,即是阿难、迦叶二众。阿阇世者,即是阿阇世王、后宫妃后及王舍城一切妇女。又复'为'者,名为佛性。言阿阇者,名为'不生'。'世'者,名'怨'。以不生佛性故,则烦恼怨生。烦恼怨生故,不见佛性。以不生烦恼故,则见佛性。以见佛性故,则得安住大般涅槃,是名'不生',是故名为为阿阇世。善男

---

① 北凉昙无谶译《大般涅槃经》卷一九,《大正藏》第12卷,第478页上。
② 同上书,第480页上。
③ 同上书,第480页上—中。
④ 北凉昙无谶译《大般涅槃经》卷二〇,《大正藏》第12卷,第480页下。

子,'阿阇'者,名'不生不生'者,名涅槃。'世',名'世法'。'为'者,名'不污'。以世八法所不污故,无量无边阿僧祇劫不入涅槃。是故我言'为阿阇世,无量亿劫不入涅槃'。"①此中所说,颇为复杂。关于"无为",是指八地已上的菩萨,或如古德所说是"登地已上真证,乃是无为"②,即初地以上的菩萨。第三种解释是说,"此文自说无为者非众生也,当知佛果方乃称为无为众生。"③最主要的是,此文对阿阇世王的界定,颇多对立之处。如《涅槃经疏》所归纳的:"文云'为者为一切',又云'为五逆'。'五逆'与'一切',不同。又云'为未发心'者,下文又云'汝于毗婆尸佛已曾发心'。'发心'与'未发心',不同。又云:'阇王者,不见佛性,具烦恼人。'又:'阇王者,名不生。不生者,名涅槃。'涅槃者,宁不见性? 他云:'夫密语者,所解不同。'今谓如来密语,岂可定作深浅远近?"④此中,灌顶先举出对立之处,但归结为如来密语,这也是经中的说法。

尔时,世尊"为阿阇世王入月爱三昧。入三昧已,放大光明,其光清凉,往照王身,身疮即愈,郁烝除灭。王觉疮愈,身体清凉"⑤。耆婆告诉阿阇世王:"大王当知,如是瑞相即是如来,入月爱三昧所放光明。"⑥

其后,耆婆告诉阿阇世王:"大王,世尊亦尔。于一阐提辈,善知根性而为说法。何以故? 若不为说,一切凡夫当言如来无大慈悲。有慈悲者,名一切智。若无慈悲,云何说言一切智人? 是故如来为一阐提而演说法。大王,如来世尊见诸病者,当施法药。病者不服,非如来咎。"⑦此后,关于"一阐提",经中作了分类:"大王,一阐提辈,分别有二:一者,得现在善根。二者,得后世善根。如来善知一阐提辈,能于现在得善根者,则为说法。后世得者,亦为说法。今虽无益,作后世因。是故如来为一

---

① 北凉昙无谶译《大般涅槃经》卷二〇,《大正藏》第12卷,第480页下。
②③ 隋灌顶撰述·唐湛然再治《大般涅槃经疏》卷一九,《大正藏》第38卷,第149页上。
④ 同上书,第149页上一中。
⑤ 北凉昙无谶译《大般涅槃经》卷二〇,《大正藏》第12卷,第480页下—481页上。
⑥ 同上书,第481页上。
⑦ 同上书,第482页中。

阐提演说法要。一阐提者，复有二种：一者，利根。二者，中根。利根之人，于现在世能得善根。中根之人，后世则得。诸佛世尊不空说法。"①如来"见诸众生堕三恶道，方便救济，令得出离。是故如来为一阐提而演说法"②。此时，阿阇世王终于答应前去拜会佛陀。

佛陀以种种法开导阿阇世王，以经中的话讲就是"为阿阇世作决定心"③。

第一，凡夫应当以二十事观身，古注疏将"二十事"归纳为"十对"④。第一对"无无漏真法"与"无有漏似解"："一、谓我此身中空，无无漏。二、无诸善根本。"第二对"有生死恶因"与"堕三途恶果"，即"三、我此生死未得调顺。四、堕坠深坑，无处不畏。"第三对，"无道前智慧方便"与"无道前修定之力"，即"五、以何方便得见佛性？六、云何修定得见佛性？"第四对，"四倒、生死，唯苦无常"与"不脱八难"，即"七、生死、常、苦，无常、我、净。八、八难之难，难得远离。"第五对，"怨"与"雠"，即"九、恒为怨家之所追逐。十、无有一法能遮诸有。"第六对，"不免三途苦果"与"不免苦因"，即"十一、于三恶趣未得解脱。十二、具足种种诸恶邪见。"第七对，"无始无终"，即"十三、亦未造立度五逆津。十四、生死无际，未得其边。"第八对，"空"与"有"，即"十五、不作诸业，不得果报。十六、无有我作，他人受果。"第九，因与果，即"十七、不作乐因，终无乐果。十八、若有造业，果终不失。"第十对，痴与逸，即"十九、因无明生，亦因而死。二十、去、来、现在常行放逸。"凡夫通过如是二十种观，即可不乐生死，"不乐生死，则得正观。尔时，次第观心生相、住相、灭相、定、慧、进、戒，亦复如是。观生、住、灭已，知心相乃至戒相，终不作恶，无有死畏、三恶道畏。若不系心观察如是二十事者，心则放逸，无恶不造"⑤。

---

①② 北凉昙无谶译《大般涅槃经》卷二〇,《大正藏》第12卷,第482页中。
③ 同上书,第482页下。
④ 参见隋灌顶撰述、唐湛然再治《大般涅槃经疏》卷一九,《大正藏》第38卷,第151页上。经文见北凉昙无谶译《大般涅槃经》卷二〇,《大正藏》第12卷,第483页上。
⑤ 北凉昙无谶译《大般涅槃经》卷二〇,《大正藏》第12卷,第483页上。

阿阇世王对佛说,由于自己未如此观身,因而父王无辜,横加逆害,必定当堕阿鼻地狱。而佛为了激励王改恶从善,而告诉王:"一切诸法性、相无常,无有决定。王云何言必定当堕阿鼻地狱?"①其后,佛"以于诸法推求捡觅,父不可得。若就世谛,天性尊重,父、子炳然。若就真空,诸法平等,无有差别。既无父、子之殊,宁有能杀、所杀之色?"②在此,又归结至无常观:"大王,色是无常,色之因缘亦是无常。从无常因生,色云何常?乃至识是无常,识之因缘亦是无常。从无常因生,识云何常?以无常,故苦;以苦,故空;以空,故无我。若是无常、苦、空、无我,为何所杀?杀无常者,得常涅槃,杀苦得乐,杀空得实,杀于无我而得真我。大王,若杀无常、苦、空、无我者,则与我同。我亦杀于无常、苦、空、无我,不入地狱,汝云何入?"③

这时,阿阇世王如佛所说,观色乃至观识。作是观已,即白佛言:"世尊,我今始知色是无常,乃至识是无常。我本若能如是知者,则不作罪。"④此后,阿阇世王对耆婆说:"耆婆,我今未死,已得天身。舍于短命而得长命,舍无常身而得常身,令诸众生发阿耨多罗三藐三菩提心,即是天身、长命、常身,即是一切诸佛弟子。"⑥阿阇世王以偈颂赞佛。

此时,世尊为大众简要地宣讲了阿阇世王前世的因缘:"大王,汝昔已于毗婆尸佛初发阿耨多罗三藐三菩提心。从是以来,至我出世,于其中间,未曾堕地狱受苦。大王,当知,菩提之心乃有如是无量果报。大王,从今已往,常当劝修菩提之心。何以故?从是因缘,当得消灭无量恶故。"⑦

《梵行品》至此结束。

(五)婴儿行

关于此品品名的含义,灌顶总结前人之说认为:"有师言:借譬得名,

---

① 北凉昙无谶译《大般涅槃经》卷二〇,《大正藏》第12卷,第483页中。
② 隋灌顶撰述、唐湛然再治《大般涅槃经疏》卷一九,《大正藏》第38卷,第151页中。
③ 北凉昙无谶译《大般涅槃经》卷二〇,《大正藏》第12卷,第484页中。
④⑥ 同上书,第484页下。
⑦ 同上书,第485页中。

权智为体,化物为用。今明,涅槃非大、小,亦得论大小。'小'即婴儿行,'大'即如来行。'权智'为体,可施黄叶,此不得在如来之行。"①这里是说,因如来行如同婴儿,因此,名之为此。此品甚短,分为三层。

1. 解释"婴儿行"的含义

经中说:"云何名婴儿行?善男子,不能起、住、来、去、语言,是名婴儿。"②以婴儿此四特点来看待如来,则"不能起者,如来终不起诸法相。不能住者,如来不著一切诸法。不能来者,如来身行无有动摇。不能去者,如来已至大般涅槃"③。与婴儿不起、不住、不来、不去相对应的如来行是不起不著一切诸法、如来身行无有动摇、如来已至大般涅槃。

而关于"不语",经中从四个方面去解释:"不能语者,如来虽为一切众生演说诸法,实无所说。何以故?有所说者,名有为法。如来世尊,非是有为,是故无说。"④——这是指第一、二层"究竟故不能语,已至大涅槃故"以及"说即无说故不能语"。第三层,佛所说秘密之言众生不解因而故不能语。经文是:"又无语者,犹如婴儿,语言未了。虽复有语,实亦无语。如来亦尔,语未了者,即是诸佛秘密之言。虽有所说,众生不解,故名无语。"⑤第四层,随类不同,故不能语。经文说:"又婴儿者,名、物不一,未知正语。虽名、物不一未知正语,非不因此而得识物。如来亦尔,一切众生方、类各异,所言不同,如来方便随而说之,亦令一切因而得解。"⑥

此后,经中将婴儿分为五类来譬喻如来行。

第一类"大字婴儿"。对于经中所说的"又婴儿者,能说大字",灌顶等解释说:"譬中言'大字'者,婆和是也。正取'和'字而为大字,即是六度菩萨婴儿。此菩萨三僧祇劫百劫种相,志求作佛。此佛是有为半字无

---

① 隋灌顶撰述、唐湛然再治《大般涅槃经疏》卷一九,《大正藏》第38卷,第152页上。
②③④⑤⑥ 北凉昙无谶译《大般涅槃经》卷二〇,《大正藏》第12卷,第485页中。

常之佛,故知是和字婴儿。"①经文说:"如来亦尔,说于大字,所谓婆啝。啝者,有为。婆者,无为。是名婴儿。啝者,名为无常。婆者,名为有常。如来说常,众生闻已,为常法故,断于无常。是名婴儿行。"②此中所说的"和"字即梵语的一个音。

第二类"无知婴儿"。经文说:"又婴儿者,不知苦乐、昼夜、父母。菩萨摩诃萨亦复如是,为众生故,不知苦乐,无昼夜相。于诸众生其心平等,故无父母、亲疎等相。"③此中,"无苦乐"与菩萨之"不取舍"相应,"无昼夜"与菩萨之"无憎爱"相应。

第三类"不作婴儿"。经文说:"又婴儿者,不能造作大小诸事。菩萨摩诃萨亦复如是。菩萨不造生死作业,是名不作。大事者,即五逆也。菩萨摩诃萨终不造作五逆重罪。小事者,即二乘心。菩萨终不退菩提心,而作声闻、辟支佛乘。"④

第四"黄叶婴儿"。经文说:"又婴儿行者,如彼婴儿啼哭之时,父母即以杨树黄叶而语之言:莫啼!莫啼!我与汝金。婴儿见已,生真金想,便止不啼。然此黄叶,实非金也。木牛、木马、木男、木女,婴儿见已,亦复生于男女等想,即止不啼。实非男女,以作如是男女想故,名曰婴儿。如来亦尔,若有众生欲造众恶,如来为说三十三天常、乐、我、净,端正自恣,于妙宫殿受五欲乐,六根所对无非是乐,众生闻有如是乐故,心生贪乐,止不为恶,勤作三十三天善业,实是生死,无常,无乐,无我,无净,为度众生方便,说言常、乐、我、净。"⑤这里说的是如来、菩萨方便教化的方法。譬喻的具体所指是:杨树譬妄常,黄叶譬妄净,木牛马譬妄乐,木男女譬妄我。

第五"欣厌婴儿"。经文说:"又婴儿者,若有众生厌生死时,如来则为说于二乘。然实无有二乘之实,以二乘故,知生死过,见涅槃乐。以是

---

① 隋灌顶撰述、唐湛然再治《大般涅槃经疏》卷一九,《大正藏》第38卷,第152页中。
② 北凉昙无谶译《大般涅槃经》卷二〇,《大正藏》第12卷,第485页中—下。
③④⑤ 同上书,第485页下。

见故,则能自知有断不断,有真不真,有修不修,有得不得。"①此中,"有断不断"是从集谛言之的,"正使有断,习气不断。'有真不真',此约苦谛,生死中无涅槃,则不真;离生死,有涅槃,此则有真。'有修不修',此约道谛,四倒惑等是不修,四念处等是修。'有得不得',此约灭谛,利使、钝使名不得,见道、修道名为得"②。根据此解,此是与四谛相应的。

2. 释婴儿譬意

对此譬喻的含义,经中作了说明:"如彼婴儿,于非金中而生金想。如来亦尔,于不净中而为说净。如来已得第一义故,则无虚妄。如彼婴儿,于非牛马作牛马想。若有众生于非道中作真道想,如来亦说非道为道。非道之中,实无有道,以能生道微因缘故,说非道为道。如彼婴儿,于木男女生男女想。如来亦尔,知非众生说众生想,而实无有众生相也。"③

3. 婴儿行果

根据此品的结论:"若于众生破众生相者,是则能得大般涅槃。以得如是大涅槃故,止不啼哭,是名婴儿行。"④其关键是:"若于众生作众生想者,但是婴儿非婴儿行。以于众生不作众生想故,能破众生相,即婴儿行成。以行成故,止不啼哭。以果成故,得大涅槃。"⑤简言之,是以中道方法来看待众生。

四、《光明遍照高贵德王菩萨品》

此品之所以称之为《光明遍照高贵德王菩萨品》,是因为其内容是如来以"光明遍照高贵德王菩萨"为主要对话人而展开的。当然,此菩萨的

---

① 北凉昙无谶译《大般涅槃经》卷二〇,《大正藏》第12卷,第485页下。
② 隋灌顶撰述、唐湛然再治《大般涅槃经疏》卷一九,《大正藏》第38卷,第152页下。
③ 北凉昙无谶译《大般涅槃经》卷二〇,《大正藏》第12卷,第486页上。
④ 同上书,第486页上。
⑤ 隋灌顶撰述、唐湛然再治《大般涅槃经疏》卷一九,《大正藏》第38卷,第153页上。

名字与此品内容构成一种象征关系。对此,灌顶解释说:"对告者,'光明遍照',论外化广。'高贵德王',辨内行深。又'光明是'般若,'高贵'是法身,'德王'是解脱。'解脱'摄法,故如'王'。般若理周,故'遍照'。法性尊极,故'高贵'。三德具足,以目一人,从德名人,从人题品。"①可见,此品的内容涵盖般若、法身、解脱三德。

具体言之,此品宣说的修《大涅槃经》所具的十大功德,简称为"十德"。关于此品所讲的"十德"与前述"五行"的关系,古代有不同解释。灌顶在列举了瑶亮、太昌宗、光宅、开善、河西等五家的不同说法之后,提出新解释。他说:"今依经文,菩萨当修五种之行,行即是修。文云:菩萨修《大涅槃经》,得十事功德,岂非是证?前三圣行,各说行果,亦是于证,其文则少。后十功德,非不明修而证,文多,其事显故,判行为修,以德为证。"②这是说,前述"五行"属于"修",也属于"证",而此品之"十德"是以"证"显"修"的。下文逐次解释"十功德"。

(一)第一功德

菩萨修行如是《大涅槃经》所获得的第一功德包含五个方面即"五事":"一者,所不闻者,而能得闻。二者,闻已,能为利益。三者,能断疑惑之心。四者,慧心正直无曲。五者,能知如来密藏。"③关于此"五事"之间的关系,南北朝时期的涅槃师多从"闻慧"、"思慧"、"修慧"的角度去解释。灌顶(也许应是湛然)并不同意,并作了批驳。他说:"私谘后学,请观初德五法之文,'不闻而闻',犹参因相,'闻已利益'等四,全是果上之名。初既多立果名,余九纵似修因,亦是证中之行。"④依照这一解释,此第一功德的"五事",第一事仍然有"因相"的成分,其后的"四事"全属于"果相"。因此,其他九个功德都属于"证中之行"。

---

① 隋灌顶撰述、唐湛然再治《大般涅槃经疏》卷二〇,《大正藏》第38卷,第153页下。
② 同上书,第153页中一下。
③ 北凉昙无谶译《大般涅槃经》卷二一,《大正藏》第12卷,第487页上。
④ 隋灌顶撰述、唐湛然再治《大般涅槃经疏》卷二〇,《大正藏》第38卷,第154页上。

此品对于这一功德叙述颇为详细,先是直接正面地解释了"五事"的基本含义,其后又对此"五事"以对话讨论的方式作了颇为细致的阐释,特别是针对"不闻而能得闻"所涉及的涅槃思想作了颇为全面的论说。鉴于此,下文先对五事作逐次说明,其后就"议论"部分与涅槃观念相关的部分内容作些说明,其他部分则从略。

1. 不闻而能得闻

此条说的是菩萨能够听闻二乘无从听闻之法。经文罗列了三方面的内容:

第一是"不闻而闻"第一义谛。对于"所不闻者而能得闻",经中解释说:"所谓甚深微密之藏,一切众生悉有佛性;佛、法、众僧,无有差别;三宝性相常、乐、我、净;一切诸佛无有毕竟入涅槃者,常住无变;如来涅槃。"①此中所言五个方面——佛性、一体三宝、四德、涅槃常住、如来涅槃是如来藏经典最为核心的观念。对此,有一个概括解释:"非有非无,非有为非无为,非有漏非无漏,非色非不色,非名非不名,非相非不相,非有非不有,非物非不物,非因非果,非待非不待,非明非暗,非出非不出,非常非不常,非断非不断,非始非终,非过去非未来非现在,非阴非不阴,非入非不入,非界非不界,非十二因缘非不十二因缘。如是等法,甚深微密,昔所不闻而能得闻。"②这二十句核心理路是中道。

第二是"不闻而闻"俗谛。经中说:"复有不闻,所谓一切外道经书,四毗陀论、毗伽罗论、卫世师论、迦毗罗论,一切咒术、医方、技艺、日月博蚀、星宿运变、图书谶记,如是等经,初未曾闻秘密之义。今于此经而得知之。"③此中罗列了四外道的经书,代表了现今所说的世俗社会的一般文化信仰等方面的内容。

第三是"不闻而闻"真谛法。此义之下强调因此经而听闻如此深密

---

① ② 北凉昙无谶译《大般涅槃经》卷二一,《大正藏》第12卷,第487页上。
③ 同上书,第487页上—中。

之义。

2. 闻已能得利益

这一条是说听闻了即可获得利益。具体内容如经所说："若能听受是大涅槃经,悉能具知一切方等大乘经典甚深义味。譬如男女于明净镜,见其色像了了分明。大涅槃镜亦复如是,菩萨执之,悉得明见大乘经典甚深之义。亦如有人在暗室中执大炬火,悉见诸物。大涅槃炬亦复如是,菩萨执之,得见大乘深奥之义。亦如日出有千光明,悉能照了诸山幽暗,令一切人远见诸物。是大涅槃清净慧日,亦复如是,照了大乘深邃之处,令二乘人远见佛道。所以者何？以能听受是大涅槃微妙经典故。"①

3. 能断疑惑之心

此条是说,通过听闻此经,能够断除各种疑心。

经中解释说："疑有二种：一者,疑名。二者,疑义。听是经者,断疑名心。思惟义者,断疑义心。"②这是须断除的第一层次的疑心,即对于经名和经义的怀疑。其后,可断除"八倒"："疑有五种：一者,疑佛定涅槃不。二者,疑佛是常住不。三者,疑佛是真乐不。四者,疑佛是真净不。五者,疑佛是实我不。听是经者,疑佛涅槃则得永断,书写、读诵,为他广说,思惟其义,其疑永断。"③此中,"疑佛涅槃"是无常倒,其后则是"常倒",其内容对应的是断除对涅槃的颠倒认识。第三层,则是远离在"权"、"实"上的疑心。经中说："疑有三种：一、疑声闻为'有'为'无'。二、疑缘觉为'有'为'无'。三、疑佛乘为'有'为'无'。听是经者,如是三疑永灭无余,书写、读诵,为他广说,思惟其义,则能了知一切众生悉有佛性。"④

前述是对此条的简要解释,此后又有"广离。又三：一、离众多疑,以无常为首者,即离实法上疑。次,复次色是我去,即是离假名上疑。三、

---

① 北凉昙无谶译《大般涅槃经》卷二一,《大正藏》第12卷,第487页中。
② 同上书,第487页中—下。
③④ 同上书,第487页下。

四重五逆下,是离依、正两报上疑。五逆、四重就正报论重恶,有佛性、无佛性就正报论极善,世界有边、无边是依报。"①——此从略。

4. 慧心正直无曲

此条是说,菩萨修行如是《大涅槃经》能获得正直之智,而此智慧之心是远离二边、正直而无有邪曲的。经中对此的解释分为凡夫所具的邪曲与二乘所见的邪曲。前者是指:"于有漏中见常、乐、我、净,于如来所见无常、苦、不净、无我,见有众生寿命、知见,计非有想非无想处以为涅槃,见自在天有八圣道,有见断见,如是等见名为邪曲。菩萨摩诃萨若得闻是大涅槃经,修行圣行,则得断除如是邪曲。"②而声闻、缘觉所见的邪曲主要是指对于佛八相成道等相关问题的错误看法。

5. 能知如来密藏

此条是说,菩萨修行如是《大涅槃经》能够知晓如来深密之义。经文从"果深密"、"因深密"以及"不思议深密"三方面来说明。"如来大般涅槃"是指"果深密",而"因深密"如下:"众生悉有佛性,忏四重禁,除谤法心,尽五逆罪,灭一阐提,然后得成阿耨多罗三藐三菩提,是名甚深秘密之义。"③第三层"不思议深密"是:"虽知众生,实无有我,而于未来不失业果。虽知五阴于此灭尽,善恶之业终不败亡。虽有诸业,不得作者。虽有至处,无有去者。虽有系缚,无受缚者。虽有涅槃,亦无灭者。"④

此后是"论议部分"。如果从佛对话的菩萨角度划分,此部分可分为"德王论"、"瑠光论"、"无畏论"、"德王重论"四部分。限于篇幅,下文仅仅归纳出与涅槃思想密切相关的几个问题作些说明分析。

6. 涅槃之常、乐、我、净

对于上文提到的涅槃之常乐我净,光明遍照高贵德王菩萨摩诃萨代表会众提出几点疑问。关于涅槃之"常",有七重反诘,佛陀则作了逐次

---

① 隋灌顶撰述、唐湛然再治《大般涅槃经疏》卷二〇,《大正藏》第38卷,第154页下。
② 北凉昙无谶译《大般涅槃经》卷二一,《大正藏》第12卷,第488页上。
③④ 同上书,第488页中。

回答,具体内容见下文专门分析。

7. 一阐提与佛性

在说明六度为涅槃因的时候,涉及犯五逆罪的一阐提是否有佛性的问题。光明遍照高贵德王菩萨代表会众提出了五个问题,灌顶等将其分为三层含义。第一、第二层涉及的是"一阐提"有无佛性的问题,此处从略,下文再详论之。

第三层"不定"问较长:"犯四重禁,名为不定。谤方等经,作五逆罪,及一阐提,悉名不定。如是等辈若决定者,云何得成阿耨多罗三藐三菩提?得须陀洹,乃至辟支佛,亦名不定。若须陀洹至辟支佛是决定者,亦不应成阿耨多罗三藐三菩提。世尊,若犯四重不决定者,须陀洹乃至辟支佛,亦不决定。如是不定,诸佛如来,亦复不定。若佛不定,涅槃体性亦复不定,至一切法亦复不定。云何不定?若一阐提。除一阐提,则成佛道,诸佛如来亦应如是入涅槃已,亦应还出不入涅槃?若如是者,涅槃之性则为不定,不决定故。当知无有常、乐、我、净,云何说言一阐提等当得涅槃?"①这里引出了"恶人不定"、"诸法不定"、"善人不定"、"如来不定"等"不定",其指向是:"此中作不定难。一切不定,则一切无常,则涅槃亦是一切之限,亦应无常。"②

对此问题,经中回答得很详尽。简要回答是:"一阐提者,亦不决定。若决定者,是一阐提,终不能得阿耨多罗三藐三菩提。以不决定,是故能得。"③此后又分为"明恶人不定"、"明诸法不定"、"明善人不定"、"明如来不定"四个层次来说明之。

对"恶人不定"的说明,篇幅不多,说的是一阐提也是不定的;而从"决定"角度说,其最终不能获得无上菩提。

对于"诸法不定",主要是通过譬喻来说明的。经文说:"色与色相,

---

① 北凉昙无谶译《大般涅槃经》卷二二,《大正藏》第12卷,第493页中—下。
② 隋灌顶撰述、唐湛然再治《大般涅槃经疏》卷二一,《大正藏》第38卷,第159页中。
③ 北凉昙无谶译《大般涅槃经》卷二二,《大正藏》第12卷,第493页下。

二俱不定。香、味、触相、生相至无明相、阴入界相、二十五有相、四生,乃至一切诸法,皆亦不定。"①有三个譬喻:第一"譬如幻师,在大众中化作四兵车步象马,作诸璎珞严身之具、城邑、聚落、山林、树木、泉池、河井,于彼众中,有诸小儿,无有智慧,睹见之时,悉以为实。其中智人,知其虚诳,以幻力故,惑人眼目。善男子,一切凡夫,乃至声闻、辟支佛等,于一切法见有定相,亦复如是。诸佛、菩萨于一切法,不见定相"②。第二"譬如小儿,于盛夏月,见热时焰,谓之为水。有智之人,于此热焰,终不生于实水之想。但是虚焰,诳人眼目,非实是水。一切凡夫、声闻、缘觉,见一切法,亦复如是,悉谓是实。诸佛、菩萨于一切法,不见定相"③。第三"譬如山涧,因声有响,小儿闻之谓是实声。有智之人,解无定实,但有声相,诳于耳识。善男子,一切凡夫、声闻、缘觉,于一切法亦复如是,见有定相。诸菩萨等解了诸法,悉无定相,见无常相、空寂等相、无生灭相。以是义故,菩萨摩诃萨见一切法是无常相。善男子,亦有定相。云何为定?常、乐、我、净。在何处耶?所谓涅槃"④。此通过三个譬喻来说明"一切法"以"智者"(菩萨)的角度来看,都是无定相的。然而须注意,此中所说的"一切法"不包括涅槃,涅槃四德是"定相"。

关于"善人不定"中的"善人"是指须陀洹果等。经文说:"须陀洹果亦复不定。不决定故,经八万劫,得阿耨多罗三藐三菩提心。斯陀含果亦复不定。不决定故,经六万劫,得阿耨多罗三藐三菩提心。阿那含果亦复不定。不决定故,经四万劫,得阿耨多罗三藐三菩提心。阿罗汉果亦复不定。不决定故,经二万劫,得阿耨多罗三藐三菩提心。辟支佛道亦复不定。不决定故,经十千劫,得阿耨多罗三藐三菩提心。"⑤这是说,上述"善人"通过修行可以获得无上菩提。

此品对于"如来不定"的说明很详细,分为两大层次。

---

①②③ 北凉昙无谶译《大般涅槃经》卷二二,《大正藏》第 12 卷,第 494 页上。
④ 同上书,第 494 页上一中。
⑤ 同上书,第 494 页中。

第一层次的经文如下:"如来今于拘尸城娑罗双树间,示现偃卧师子之床,欲入涅槃,令诸未得阿罗汉果众弟子等及诸力士生大忧苦,亦令天、人、阿修罗、干闼婆、迦楼罗、紧那罗、摩睺罗迦等大设供养,欲使诸人以千端氀缠裹其身、七宝为棺、盛满香油、积诸香木,以火焚之,唯除二端不可得烧,一者俸身,二最在外。为诸众生分散舍利以为八分。一切所有声闻弟子咸言:如来入于涅槃,当知如来亦不必定入于涅槃。何以故?如来常住不变易故,以是义故,如来涅槃亦复不定。"①这里的要义是,如来今日表面上要入涅槃、烧身、分散舍利等,但是并不如声闻弟子所见的如来必定进入涅槃,因为如来是常住不变的。

对于"如来不定"的第二层次的说明甚为复杂,共有二十句,其中十六句有较为详细的解释,四句在列出"章门"之后未再解释。未解释的四句是:非名非非名,非有非无,说非非说,非如来非不如来。以下依照经文的顺序对其余十六句作些说明分析:

"如来非天"分为四个层次,"何以故?有四种天:一者,世间天。二者,生天。三者,净天。四者,义天。世间天者,如诸国王。生天者,从四天王乃至非有想非无想天。净天者,从须陀洹至辟支佛。义天者,十住菩萨摩诃萨等。以何义故,十住菩萨名为义天?以能善解诸法义故。云何为义?见一切法是空义故。善男子,如来非王亦非四天,乃至非有想非无想天,从须陀洹至辟支佛、十住菩萨,以是义故,如来非天"②。对于此四句,经中的解释是:"何故如来不名世天?世天者,即是诸王。如来久于无量劫中,已舍王位,是故非王。非非王者,如来生于迦毗罗城净饭王家,是故非非王。非生天者,如来久已离诸有故,是故非生天非非生天。何以故?升兜率天,下阎浮提故,是故如来非非生天。亦非净天。何以故?如来非是须陀洹乃至非辟支佛,是故如来非是净天非非净天。何以故?世间八法所不能染,犹如莲华不受尘水,是故如来非非净天。

---

①② 北凉昙无谶译《大般涅槃经》卷二二,《大正藏》第12卷,第494页中。

亦非义天。何以故？如来非是十住菩萨故，是故如来非义天也非非义天。何以故？如来常修十八空义故，是故如来非非义天。"①

此四句中又有一层解释："然诸众生亦复称佛为天中天。是故如来非天非非天，非人非非人，非鬼非非鬼，非地狱、畜生、饿鬼，非非地狱、畜生、饿鬼。"②因此，后文解释说："如来非人。何以故？如来久于无量劫中，离人有故，是故非人。亦非非人。何以故？生于迦毗罗城故，是故非非人。如来非鬼。何以故？不害一切诸众生故，是故非鬼。亦非非鬼。何以故？亦以鬼像化众生故，是故非非鬼。如来亦非地狱、畜生、饿鬼。何以故？如来久离诸恶业故，是故非地狱、畜生、饿鬼。亦非非地狱、畜生、饿鬼。何以故？如来亦复现受三恶诸趣之身，化众生故，是故非非地狱、畜生、饿鬼。"③

从上述分析中，此四句可有两种归纳：第一种是如来非世间天非非世间天、非生天非非生天、非净天非非净天、非义天非非义天。第二种归纳则是如来非天非非天、非人非非人、非鬼非非鬼、非地狱畜生饿鬼非非地狱畜生饿鬼。

第五句是如来"亦非众生。何以故？久已舍离众生性故，是故如来非众生。亦非非众生。何以故？或时演说众生相故，是故如来非非众生。"④

第六句是"如来非法。何以故？诸法各各有别异相，如来不尔，唯有一相，是故非法。亦非非法。何以故？如来法界故，是故非非法。"⑤

第七句是"如来非色。何以故？十色入所不摄故，是故非色。亦非非色。何以故？身有三十二相、八十种好故，是故非非色。"⑥

第八句是"如来非长。何以故？断诸色故，是故非长。亦非非长。

---

①③ 北凉昙无谶译《大般涅槃经》卷二二，《大正藏》第12卷，第494页下。
② 同上书，第494页中—下。
④ 同上书，第494页下—495页上。
⑤⑥ 同上书，第495页上。

何以故？一切世间无有能见顶髻相故,是故非非长。"①

第九句是"如来非短。何以故？久已远离憍慢结故,是故非短。亦非非短。何以故？为瞿师罗长者示三尺身故,是故非非短。"②

第十句是"如来非相。何以故？久已远离诸相相故,是故非相。亦非非相。何以故？善知诸相故,是故非非相。"③

第十一句是"如来非心。何以故？虚空相故,是故非心。亦非非心。何以故？有十力心法故,亦能知他众生心故,是故非非心。"④

第十二句是"如来非有为。何以故？常、乐、我、净故,是故非有为。亦非无为。何以故？有来、去、坐、卧、示现涅槃故,是故非无为。"⑤

第十三句是"如来非常。何以故？身有分故,是故非常。云何非常？以有知故。常法无知,犹如虚空;如来有知,是故非常。云何非常？有言说故。常法无言,亦如虚空;如来有言,是故无常。有姓氏故,名曰无常。无姓之法,乃名为常,虚空常故,无有姓氏;如来有姓,姓瞿昙氏,是故无常。有父母故,名曰无常;无父母者,乃名曰常。虚空常故,无有父母;佛有父母,是故无常。有四威仪,名曰无常;无四威仪,乃名曰常。虚空常故,无四威仪;佛有四威仪,是故无常。常住之法,无有方所,虚空常故,无有方所;如来出在中天竺地,住舍婆提或王舍城,是故无常。以是义故,如来非常,亦非非常。何以故？生永断故。有生之法,名曰无常;无生之法,乃名为常;如来无生,是故为常。常法无姓;有姓之法,名曰无常;如来无生无姓,无生无姓故常。有常之法,遍一切处,犹如虚空,无处不有;如来亦尔,遍一切处,是故为常。无常之法,或言此有,或言彼无;如来不尔,不可说言是处有,彼处无,是故为常。无常之法,有时是有,有时是无;如来不尔,有时是有,有时是无,是故为常。常住之法,无名无色,虚空常故,无名无色;如来亦尔,无名无色,是故为常。常住之法,无

---

①②③④ 北凉昙无谶译《大般涅槃经》卷二二,《大正藏》第12卷,第495页上。
⑤ 同上书,第495页上一中。

因无果,虚空常故,无因无果;如来亦尔,无因无果,是故为常。常住之法,三世不摄;如来亦尔,三世不摄,是故为常。"①

第十四句是"如来非幻。何以故？永断一切虚诳心故,是故非幻。亦非非幻。何以故？如来或时分此一身为无量身,无量之身复为一身,出壁直过,无有障碍,履水如地,入地如水,行空如地;身出烟焰,如大火聚;云雷震动,其声可畏;或为城邑、聚落、舍宅、山川、树木,或作大身,或作小身、男身、女身、童男、童女身。是故如来亦非非幻。"②

第十五句是"如来非定。何以故？如来于此拘尸那城娑罗双树间,示现入于般涅槃故,是故非定。亦非非定。何以故？常、乐、我、净故,是故如来亦非非定。"③

最后解释的是在"列章名"段落中排序第十二的"非有漏非无漏"句。也许是因为此句在其中特别重要,也许是因为对其解释得太详细,因此,排在最后。

对于"非有漏"的解释最长,分为"非三漏"和"非七漏"两个层次。"非三漏"是:"如来非有漏。何以故？断三漏故,故非有漏。三漏者,欲界一切烦恼除无明,是名欲漏。色、无色界一切烦恼除无明,是名有漏。三界无明,名无明漏;如来永断,是故非漏。"④"非七漏"之"漏"是指"见漏"、"思惟漏"、"根漏"、"恶漏"、"亲近漏"、"受漏"、"念漏"。"见漏"指种种邪见,菩萨于"见道位"断除。"修漏"指贪、瞋、痴,菩萨于"修道位"断除。"根漏"指依眼、耳、鼻、舌等根而生的烦恼,是约诸根门为能生诸烦恼之外缘而立的。"恶漏"是指由一切恶象、恶王、恶知识、恶国等恶事、恶法而生的烦恼。"亲近漏"指由亲近衣服、饮食、房舍、医药等四事而生的烦恼。"受漏"指苦、乐、舍等三受,此三受能生贪、瞋、痴,故名为"受漏"。"念漏"指邪念,邪念能生烦恼,故名"念漏"。此中,"受漏"与"念漏"为烦恼生起之主因,"恶漏"与"亲近漏"则为烦恼生起之内缘。

①②③④ 北凉昙无谶译《大般涅槃经》卷二二,《大正藏》第12卷,第495页中。

关于这七漏,灌顶解释说:"前两是漏体,后五是漏缘,'见'是利使,'思'是钝使,'根'是内五根,'恶'是外恶法,'近'是恶人,'受'是受取色欲等法,'念'是昼夜念念不断。"①经文对此"七漏"作了解释,但解释中无"思漏",又"恶漏"作"离漏",这是因为"能离"是"道"、"所离"是"恶"的缘故。此处限于篇幅,不再赘述,仅仅罗列其最终的结语如下:"如是,菩萨尚无诸漏,况佛如来而当有漏?是故诸佛不名有漏。"②

对于"如来非无漏"的解释很简要,经文是:"云何如来非无漏也?如来常行有漏中故,有漏即是二十五有,是故声闻、凡夫之人言佛有漏,诸佛如来真实无漏。"③然对于"如来常行有漏"一句有不同解释。灌顶《涅槃经疏》记载说:"数人云:有漏、无漏逐境为判。若缘漏境,名为有漏。缘无漏境,即名无漏。此中明如来有漏,似数人解,何故尔?文云:如来常行有漏,有漏即是二十五有,故知是从二十五有境为名。论人:从心何时逐境?我体清净无烦恼时。虽缘漏境,心不成漏。"④这里所说的两种解释,前一种是一切有部的观点;后一种标明"论人",不知确切所指,经考索灌顶《涅槃经疏》中的用语习惯,有两种可能,一是指"地论师",一是指"成论师"。第一种解释是说,如来之有漏、无漏应该以所缘之境来判定,所缘境是有漏的,判定为有漏;所缘境属于无漏的,则判定为无漏。而后一种解释则认为,如来之心何曾逐境?虽然以有漏之境为所缘,但心并不是有漏。而灌顶不同意此二说,他认为:"此中具明如来非有漏非无漏。非有漏者,乃明如来无复诸漏。非无漏者,明佛犹有漏。此漏无漏,欲明佛是非有漏非无漏。漏、无漏双非,何曾云是有漏、无漏?"⑤灌顶认为,经中的原意是说如来是非有漏非无漏的。此说最符合经文的原意。而此观念是佛教中重要的教义之一,因而上述"数人"和"论人"的解释不是针对此经而言。但涉及的观念应该已被般若学所修正。

① 隋灌顶撰述、唐湛然再治《大般涅槃经疏》卷二一,《大正藏》第38卷,第160页中。
②③ 北凉昙无谶译《大般涅槃经》卷二二,《大正藏》第12卷,第502页上。
④⑤ 隋灌顶撰述、唐湛然再治《大般涅槃经疏》卷二一,《大正藏》第38卷,第162页下。

最后,经文又回到对"涅槃"与"大涅槃"之区别的议论上,具体内容见下文分析。

至此,修行《大涅槃经》具足成就的初分功德解释完毕。

(二) 第二功德

菩萨摩诃萨修《大涅槃经》所成就具足的第二功德即"六通"。经中起首即说:"菩萨摩诃萨修大涅槃,昔所不得而今得之,昔所不见而今见之,昔所不闻而今闻之,昔所不到而今得到,昔所不知而今知之。"①此中所说的六个方面如古德的解释:"今指此文亦名'六通'。'不得而得',即漏尽通。'不闻而闻',即天耳通。'不见而见',即天眼通。'不至而至',即如意通。'不知而知',即他心、宿命二通。"②至于为何此经中于此不出现上述"六通"的名称,古德解释说是为了与小乘作区分。

1. 昔所不得而今得之

菩萨修行大涅槃所得,与声闻、缘觉不同处在于,"二乘所作神通变化,一心作一,不得众多"③。具体言之,则有两方面:一是菩萨一心中神通圆满具足,菩萨于一心中,则能具足现五趣身。二是显身心自在具足。菩萨身得自在,心也得自在。而"凡夫所有身、心不得自在,或心随身,或身随心"④。

2. 昔所不至而今得至

菩萨修行大涅槃,"所现身相,犹如微尘。以此微身,悉能遍至无量无边恒河沙等诸佛世界,无所障碍,而心常定,初不移动。是则名为'心不随身',是亦名为'昔所不到而今能到'"⑤。

3. 不闻而闻

菩萨先取声相,"所谓象声、马声、车声、人声、贝声、鼓声、箫笛等声,歌声、哭声而修习之。以修习故,能闻无量三千大千世界所有地狱音声。

---

①③④ 北凉昙无谶译《大般涅槃经》卷二四,《大正藏》第12卷,第504页上。
② 隋灌顶撰述、唐湛然再治《大般涅槃经疏》卷二一,《大正藏》第38卷,第164页上。
⑤ 北凉昙无谶译《大般涅槃经》卷二四,《大正藏》第12卷,第504页中。

复转修习,得异耳根,异于声闻、缘觉天耳。何以故?二乘所得清净耳通,若依初禅,净妙四大,唯闻初禅,不闻二禅。乃至四禅,亦复如是。虽可一时得闻三千大千世界所有音声,而不能闻无量无边恒河沙等世界音声。以是义故,菩萨所得异于声闻、缘觉耳根。以是异故,昔所不闻而今得闻"①。这是概括的解释,其他解释从略。

4. 不见而见

菩萨摩诃萨修大涅槃微妙经典,"先取明相,所谓日月星宿、烛燎灯烛、珠火之明、药草等光。以修习故,得异眼根"②。而尤其是,"菩萨所得清净天眼,异于声闻、缘觉所得。以是异故,一时遍见十方世界现在诸佛。是名菩萨昔所不见而今得见。以是异故,能见微尘,声闻、缘觉所不能见。以是异故,虽见自眼,初无见相,见无常相,见凡夫身三十六物不净充满,如于掌中观阿摩勒果。以是义故,昔所不见而今得见"③。

5. 不知而知

此部分包括"知他心"和"知宿命"两方面。

关于"知他心",经文说:"菩萨摩诃萨虽知凡夫贪、恚、痴心,初不作心及心数相,不作众生及以物相,修第一义毕竟空相。何以故?一切菩萨常善修习空性相故。以修空故,昔所不知而今得知。云何为知?知无有我,无有我所。"此外,菩萨"知诸众生皆有佛性。以佛性故,一阐提等舍离本心,悉当得成阿耨多罗三藐三菩提。如此皆是声闻、缘觉所不能知,菩萨能知。以是义故,昔所不知而今得知"④。

此外,此处所说的"知他心",还包含了"横知六道"、"竖知十六心"的内容。经中说:"菩萨摩诃萨修大涅槃微妙经典,得他心智,异于声闻、缘觉所得。云何为异?声闻、缘觉以一念智知人心时,则不能知地狱、畜

---

① 北凉昙无谶译《大般涅槃经》卷二四,《大正藏》第12卷,第504页下。
② 同上书,第505页中。
③ 同上书,第505页中—下。
④ 同上书,第505页下。

生、饿鬼、天心。菩萨不尔,于一念中遍知六趣众生之心。是名菩萨昔所不知而今得知。复次,善男子,复有异知,菩萨摩诃萨于一心中,知须陀洹初心次第至十六心。"①

关于"知宿命",经文说:"菩萨摩诃萨修大涅槃微妙经典,念过去世一切众生所生种姓、父母、兄弟、妻子、眷属、知识、怨憎。于一念中得殊异智,异于声闻、缘觉智慧。云何为异?声闻、缘觉所有智慧,念过去世所有众生种姓、父母乃至怨憎,而作种姓至怨憎相。菩萨不尔,虽念过去种姓、父母乃至怨憎,终不生于种姓、父母、怨憎等相,常作法相空寂之相。是名菩萨昔所不知而今得知。"②

(三)第三功德

这一"功德",从经文自身看是说明"慈"的,与《梵行品》的内容相衔接。从内容上说,应该包含"慈"、"悲"、"喜"、"舍"四心,而现在的译本仅仅说明"慈"者:"一云:特是文略,义应具有。二云:慈尚是一切善法根本,何意不得?即是三心。舍偏得圆,举一知三,略不说之。"③

经中说:"菩萨摩诃萨修大涅槃,舍慈得慈。得慈之时,不从因缘。"④根据此中所说,此一功德的核心是"舍慈得慈"。下文分五个层次对此作了说明:

第一,约二谛。经文说:"慈名世谛。菩萨摩诃萨舍世谛慈,得第一义慈。第一义慈,不从缘得。"⑤

第二,约凡、圣。经文说:"云何舍慈得慈?慈若可舍,名凡夫慈。慈若可得,即名菩萨无缘之慈。"⑥

第三,约阐提对如来,即是善恶。经文说:"舍一阐提慈,犯重重禁慈,谤方等慈,作五逆慈,得怜悯慈,得如来慈、世尊之慈、无因缘慈。"⑦

第四,约卑鄙对菩萨,即是胜劣。经文说:"云何复名舍慈得慈?舍

---

①③ 北凉昙无谶译《大般涅槃经》卷二四,《大正藏》第12卷,第505页下—506页上。
② 同上书,第505页下。
④⑤⑥⑦ 同上书,第506页上。

黄门慈,无根、二根、女人之慈,屠脍、猎师、畜养鸡猪如是等慈,亦舍声闻、缘觉慈。得诸菩萨无缘之慈。"①

第五,无著。经文说:"不见已慈,不见他慈,不见持戒,不见破戒。虽自见悲,不见众生。虽有苦受,不见受者。何以故?以修第一真实义故。"②

(四)第四功德

第四功德包含"十事",如经文所说:"菩萨摩诃萨修大涅槃,成就具足第四功德,有十事。何等为十?一者,根深,难可倾拔。二者,自身生决定想。三者,不观福田及非福田。四者,修净佛土。五者,灭除有余。六者,断除业缘。七者,修清净身。八者,了知诸缘。九者,离诸怨敌。十者,断除二边。"③以下逐次作些说明。

1. 根深难可倾拔

对此问题,经中以"根"所举的五种譬喻意义给予说明:"初事中,具足五义:一、根本。二、根深。三、根广。四、根长。五、根胜。"④

经文所说"所言根者,名不放逸"对应的是"根本"义。"不放逸者,为是何根?所谓阿耨多罗三藐三菩提根。"⑤对此,灌顶解释说:"深穷实相,到际即真,是菩提根,故言深也。"⑥经文所说的"一切诸佛诸善根本皆不放逸",即对应于"根广"义。"不放逸故,诸余善根,转转增长"⑦,即对应于"根长"义。

关于"根胜"义,经文说:"以能增长诸善根故,于诸善中最为殊胜。善男子,如诸迹中,象迹为上。不放逸法,亦复如是,于诸善法最为殊胜。善男子,如诸明中,日光为最。不放逸法亦复如是,于诸善法最为殊胜。……善男子,如诸众中,佛、僧为上。不放逸法亦复如是,于善法中

---

①②③ 北凉昙无谶译《大般涅槃经》卷二四,《大正藏》第12卷,第506页上。
④⑥ 隋灌顶撰述、唐湛然再治《大般涅槃经疏》卷二二,《大正藏》第38卷,第165页上。
⑤ 北凉昙无谶译《大般涅槃经》卷二四,《大正藏》第12卷,第506页上—中。
⑦ 同上书,第506页中。

为最为上。善男子,如佛法中大涅槃法为最为上。不放逸法亦复如是,于诸善法为最为上。善男子,以是义故,不放逸根,深固难拔。"①此中有十三个譬喻来说明"不放逸法"的殊胜。

其后,又重释"根长"。经文说:"云何不放逸故而得增长?所谓信根、戒根、施根、慧根、忍根、闻根、进根、念根、定根、善知识根,如是诸根不放逸故而得增长。以增长故,深固难拔。"②此中列举了"十根",具此十义,深固难拔。"以是义故,名为菩萨摩诃萨修大涅槃根深难拔。"③

2. 自身生决定想

对于"云何于身作决定想?",经中分为"定身"和"定心"两层作了回答。对于前者的解释是:"于自身所生决定心,我今此身于未来世,定当为阿耨多罗三藐三菩提器。"④此含义如灌顶的解释:"'定身'中,观身是'有',是生死器。观身是'无',是涅槃器。今观身非有非无,正显中道,即三菩提器,名'身决定'。"⑤对于"定心",经文的解释是:"心亦如是,不作狭小,不作变易,不作声闻、辟支佛心,不作魔心及自乐心、乐生死心,常为众生求慈悲心。是名菩萨于自身中,生决定心。我于来世当为阿耨多罗三藐三菩提器。"⑥此中,"若狭小者,即自为心。'变易',二义:若论修因,生灭无常,名为变易。若论受果,变易生死,名为变易。声闻、辟支,从人标心,此属无为边。魔心即魔天,自乐心通诸天,乐生死心通三界。此三心是有边非决定。求慈,慈于无;求悲,悲于有,是为决定"⑦。

3. 不观福田及非福田

对于"云何菩萨不观福田及非福田",总体的回答是:"菩萨摩诃萨悉观一切无量众生无非福田。何以故?以善修习异念处故。有异念处善修习者,观诸众生无有持戒及以毁戒。"⑧对于此句的含义,灌顶解释说:"此中自修,宜用平等。又前诫出家,令遵戒行。今诫在家,修亡相檀。

---

① 北凉昙无谶译《大般涅槃经》卷二四,《大正藏》第12卷,第506页中。
②③④⑥⑧ 同上书,第506页下。
⑤⑦ 隋灌顶撰述、唐湛然再治《大般涅槃经疏》卷二二,《大正藏》第38卷,第165页上。

异念处者,异于二边,正观中道。"①可见,这一条是说,修行大涅槃者是以平等的心态看待众生的。准确地讲应该以中道来看待众生的持戒及犯戒等事。此后的经文以布施为例来说明这一问题。

关于"施",有四种:第一,施主清净、受者不净。经中解释说:"施主具有戒、闻、智慧,知有慧施及以果报。受者破戒,专著邪见,无施果报。是名施净、受者不净。"②第二,施主不净,受者清净。经文解释说:"施主破戒,专著邪见,言无慧施及以果报。受者持戒、多闻、智慧,知有慧施及施果报。是名施主不净、受者清净。"③第三,施、受俱净。经文的解释是:"施者、受者,俱有持戒、多闻、智慧,知有慧施及施果报,是名施、受二俱清净。"④第四,二俱不净。经文解释说:"施者、受者,破戒邪见,言无有施及施果报。若如是者,云何复言得净果报?以无施无报故,名为净。善男子,若有不见施及施报,当知是人不名破戒,专著邪见。若依声闻言不见施及施果报,是则名为破戒邪见。若依如是《大涅槃经》,不见慧施及施果报,是则名为持戒正见。"⑤

总之,菩萨摩诃萨以"中道观"来修习故,"不见众生持戒、破戒,施者、受者及施果报,是故得名持戒正见。以是义故,菩萨摩诃萨不观福田及非福田"⑥。概言之,即是在修行檀度时,应该对福田与非福田不作分别。

4. 修净佛土

"净佛国土"也就是清净的佛土。经文的解释是将"十善"与菩提心和合而行。譬如第一"不杀生"条,经文的解释是:"菩萨摩诃萨修大涅槃微妙经典,为阿耨多罗三藐三菩提,度众生故,离杀害心。以此善根,愿与一切众生共之,愿诸众生得寿命长,有大势力,获大神通。以是誓愿因

---

① 隋灌顶撰述、唐湛然再治《大般涅槃经疏》卷二二,《大正藏》第 38 卷,第 165 页上—中。
②③ 北凉昙无谶译《大般涅槃经》卷二四,《大正藏》第 12 卷,第 506 页下。
④ 同上书,第 506 页下—507 页上。
⑤⑥ 同上书,第 507 页上。

缘力故,于未来世成佛之时,国土所有一切众生,得寿命长,有大势力,获大神通。"①其余"离偷盗心"、"离淫欲心"、"离妄语心"、"远离两舌"、"远离恶口"、"离无义语"、"远离贪嫉"、"远离恼害"、"远离邪见"等九善的解释从略。

5."灭除有余"与"断除业缘"

在回答"云何菩萨摩诃萨灭除有余"的问题时,经中说:"有余有三:一者,烦恼余报。二者,余业。三者,余有。"②因此,古德认为:"释第五、第六两章,义势相关,合为一释。解者不同:一云:此中开章明三种'有余',初两事释第五'灭除有余',后一事释第六'断除业缘'。二云:'烦恼余报'释'灭除有余','余业'释上断除业缘。"③可见,经文是将上述两个问题合并解释的。

对于"烦恼余报"的概念,灌顶解释说:"若以习、报分门,则'习因'为'烦恼','报因'为'业'。今分'习'、'报'之异,故言'烦恼余报'。然感'报'由'业','烦恼'但能滋润此'业'。"④而经中说:"云何名为烦恼余报?若有众生习近贪欲,是报熟故,堕于地狱。从地狱出,受畜生身,所谓鸽、雀、鸳鸯、鹦鹉、耆婆耆婆、舍利伽鸟、青雀、鱼、鳖、猕猴、麈鹿。若得人身,受黄门形、女人、二根、无根婬女。若得出家,犯初重戒。是名余报。"⑤从经中的表述看,"余报"应该是指烦恼之直接果报后仍然延续于后世的报应。经中共以四个"复次"讲了四种情况,第一种如上引文字所示,后面三种从略。其最后的结论是:"如是等名烦恼余报。如是余报,菩萨摩诃萨以能修习大涅槃故,悉得除灭。"⑥由此可见,修习大涅槃则可以去除"烦恼余报"。

关于"余业",经中解释说:"谓一切凡夫业,一切声闻业,须陀洹人受

---

① 北凉昙无谶译《大般涅槃经》卷二四,《大正藏》第 12 卷,第 507 页上。
②⑤ 同上书,第 507 页下。
③④ 隋灌顶撰述、唐湛然再治《大般涅槃经疏》卷二二,《大正藏》第 38 卷,第 165 页中。
⑥ 北凉昙无谶译《大般涅槃经》卷二四,《大正藏》第 12 卷,第 508 页上。

七有业,斯陀含人受二有业,阿那含人受色有业。是名余业。"①而这些"余业",菩萨摩诃萨以能修习大涅槃的缘故,都能得以断除。

关于"余有",经中解释说:"阿罗汉得阿罗汉果,辟支佛得辟支佛果,无业无结而转二果,是名余有。"②对于"无业无结而转二果"的含义,古来解释很多,但灌顶之说也甚为模糊,不论。此中的结论是:"如是三种有余之法,菩萨摩诃萨修习大乘大涅槃经故,得灭除,是名菩萨摩诃萨灭除有余。"③

6. 修清净身

此中所说的菩萨修清净身就是"三十二相"和"八十好"。经文说:"菩萨摩诃萨修不杀戒有五种心,谓下、中、上、上中、上上,乃至正见亦复如是。是五十心,名初发心。具足决定,成五十心。是名满足。如是百心,名百福德。具足百福,成于一相。如是展转,具足成就三十二相,名清净身。所以复修八十种好……为此众生修八十好,以自庄严,是名菩萨清净之身。"④

7. 了知诸缘

关于"菩萨了知诸缘",经中的解释是:"菩萨摩诃萨不见色相,不见色缘,不见色体,不见色生,不见色灭,不见一相,不见异相,不见见者,不见相貌,不见受者。何以故?了因缘故,如色一切法亦如是。"⑤从字面意思看,此知因缘和合即是世谛。其实不然。"'不见色相'是'行支'灭,'不见色缘'是'无明'灭,'不见色体'是识、名色、六入、触、受灭,'不见色生'是爱、取、有、生等灭,'不见色灭'是老死灭,'不见一相'是不见十二因缘空,'不见见者'是不见因缘假,真、俗双亡,二谛俱泯,亦不见'中',如是通达了知因缘。为若此,云何只是世谛耶?一切法亦如是。"⑥灌顶

---

①②③ 北凉昙无谶译《大般涅槃经》卷二四,《大正藏》第12卷,第508页上。
④ 同上书,第508页上—中。
⑤ 同上书,第508页中。
⑥ 隋灌顶撰述、唐湛然再治《大般涅槃经疏》卷二二,《大正藏》第38卷,第166页上。

此释是将"十二因缘"与"中道"此联系起来贯通的。

8. 离诸怨敌

关于"菩萨离诸怨敌",经文解释说:"一切烦恼是菩萨怨敌,菩萨摩诃萨常远离故,是名菩萨坏诸怨敌。五住菩萨视诸烦恼不名为怨。所以者何?因烦恼故,菩萨有生。以有生故,故能展转教化众生。以是义故,不名为怨。"①而"怨"是指诽谤方等经,"一切菩萨有八种魔,名为怨家,远是八魔,名离怨家"②。对此,河西道朗解释说:"'八魔'者,谤方等等四恶是四魔,即生死魔,无常、无我等四即涅槃魔。"③

9. 断除二边

关于"菩萨远离二边",经中解释说:"言二边者,谓二十五有及爱烦恼。菩萨常离二十五有及爱烦恼,是名菩萨远离二边。"④

(五) 第五功德

菩萨摩诃萨修大涅槃所具足成就的第五功德有五事:"一者,诸根完具。二者,不生边地。三者,诸天爱念。四者,常为天、魔、沙门、刹利、婆罗门等之所恭敬。五者,得宿命智。"⑤此中,前四是"报果",后一是"习果"。

上述"五事",佛在其他经典曾经说过,"若有善男子、善女人修于布施,则得具成五事功德,今云何言因大涅槃得是五事?"此中需要解释的就是为何将其又列入修习大涅槃所获得的第五功德之内。经中解释如下:"施得五事,不定不常,不净不胜,不异非无漏,不能利益、安乐、怜悯一切众生。若依如是《大涅槃经》所得五事,是定,是常,是净,是胜,是异,是无漏,则能利益、安乐、怜愍一切众生。"⑥此中,"'定'是乐,'胜'是我,'常、净'可见。'异',是中道不共,'无漏'是证中道。'利益'、'安乐'等,是化他。"⑦

---

①②④ 北凉昙无谶译《大般涅槃经》卷二四,《大正藏》第12卷,第508页下。
③ 隋灌顶撰述、唐湛然再治《大般涅槃经疏》卷二二,《大正藏》第38卷,第166页上。
⑤⑥ 北凉昙无谶译《大般涅槃经》卷二四,《大正藏》第12卷,第509页上。
⑦ 隋灌顶撰述、唐湛然再治《大般涅槃经疏》卷二二,《大正藏》第38卷,第166页中。

此后具体解释了此"五事":"夫布施者,则离饥渴。《大涅槃经》,能令众生悉得远离二十五有渴爱之病;布施因缘令生死相续,《大涅槃经》能令生死断不相续。因布施故,受凡夫法。因大涅槃,得作菩萨。布施因缘能断一切贫穷苦恼,《大涅槃经》能断一切贫善法者。布施因缘有分有果,因大涅槃得阿耨多罗三藐三菩提,无分无果。"①此中,"'离渴爱',是释定、释'乐'。'生死断不相续',是释'常'。'得作菩萨',是释'净'。'断一切贫善法',是释胜、释'我'。'无分无果',是释'异'、释不共,兼得释无漏、利益众生"②。如此即可构成菩萨摩诃萨修大涅槃微妙经典所具足成就的第五功德。

(六) 第六功德

第六功德是金刚三昧,概括性说明是:"菩萨摩诃萨修大涅槃,得金刚三昧,安住是中,悉能破散一切诸法。见一切法皆是无常,皆是动相恐怖因缘,病、苦劫盗,念念灭坏,无有真实。一切皆是魔之境界,无可见相。"③至于为何以"金刚"命名此三昧,经中解释说:"譬如金刚,若在日中,色则不定。金刚三昧亦复如是,在于大众,色亦不定。是故名为金刚三昧。善男子,譬如金刚,一切世人不能评价。金刚三昧亦复如是,所有功德,一切人、天不能评量,是故复名金刚三昧。善男子,譬如贫人得金刚宝,则得远离贫穷、困苦、恶鬼、邪毒。菩萨摩诃萨亦复如是,得是三昧,则能远离烦恼诸苦、诸魔、邪毒,是故复名金刚三昧。"④而此三昧的化他功德是:"菩萨摩诃萨住是三昧,虽施众生,乃至不见一众生。实为众生故,精勤修习尸波罗蜜,乃至修习般若波罗蜜,亦复如是。菩萨若见有一众生,不能毕竟具足成就檀波罗蜜,乃至具足般若波罗蜜。"⑤这是概括性说明。具体言之,则分为四个方面:

---

① 北凉昙无谶译《大般涅槃经》卷二四,《大正藏》第 12 卷,第 509 页上。
② 隋灌顶撰述、唐湛然再治《大般涅槃经疏》卷二二,《大正藏》第 38 卷,第 166 页中。
③⑤ 北凉昙无谶译《大般涅槃经》卷二四,《大正藏》第 12 卷,第 509 页中。
④ 同上书,第 510 页上一中。

第一,变身如佛。经文说:"若有菩萨安住如是金刚三昧,于一念中变身如佛,其数无量,遍满十方恒河沙等诸佛世界,而是菩萨虽作是化,其心初无憍慢之想。何以故?菩萨常念:谁有是定,能作是化?唯有菩萨安住如是金刚三昧,乃能作耳。"①

第二,还本处。经文说:"菩萨摩诃萨安住如是金刚三昧,于一念中遍到十方恒河沙等诸佛世界,还其本处。虽有是力,亦不念言我能如是。何以故?以是三昧因缘力故。"②

第三,断他惑。经文说:"菩萨摩诃萨安住如是金刚三昧,于一念中能断十方恒河沙等世界众生所有烦恼,而心初无断诸众生烦恼之想。何以故?以是三昧因缘力故。"③

第四,三密示现。经文说:"菩萨住是金刚三昧,以一音声有所演说,一切众生各随种类而得解了。示现一色,一切众生各各皆见种种色相,安住一处,身不移易。能令众生随其方面,各各而见,演说一法。若界,若入,一切众生各随本解而得闻之。菩萨安住如是三昧,虽见众生,而心初无众生之相;虽见男、女,无男、女相;虽见色法,无有色相;乃至见识,亦无识相;虽见昼夜,无昼夜相;虽见一切,无一切相;虽见一切烦恼诸结,亦无一切烦恼之相;虽见八圣道,无圣道相;虽见菩提,无菩提相;虽见于涅槃,无涅槃相。何以故?善男子,一切诸法本无相故,菩萨以是三昧力故,见一切法如本无相。"④

(七) 第七功德

第七功德涉及的是有四种法为大涅槃而作近因:"一者,亲近善友。二者,专心听法。三者,系念思惟。四者,如法修行。"⑤

第一,"善知识"是指佛、菩萨、辟支佛、声闻、人中信方等者。具体言之,"善知识者,能教众生远离十恶,修行十善。以是义故,名善知识。复

---

①②③④ 北凉昙无谶译《大般涅槃经》卷二四,《大正藏》第12卷,第510页上。
⑤ 北凉昙无谶译《大般涅槃经》卷二五,《大正藏》第12卷,第510页中。

次,善知识者,如法而说,如说而行。云何名为如法而说,如说而行?自不杀生,教人不杀,乃至自行正见,教人正见。若能如是,则得名为真善知识。自修菩提,亦能教人修行菩提。以是义故,名善知识。自能修行信、戒、布施、多闻、智慧,亦能教人信、戒、布施、多闻、智慧,复以是义名善知识。善知识者,有善法故。何等善法?所作之事,不求自乐,常为众生而求于乐。见他有过,不讼其短,口常宣说纯善之事。以是义故,名善知识"①。而"若有亲近善知识者,本未有戒、定、慧、解脱、解脱知见,即便有之;未具足者,则得增广。何以故?以其亲近善知识故。因是亲近,复得了达十二部经甚深之义"②。

第二,听法。"若能听是十二部经甚深义者,名为听法。听法者,则是大乘方等经典。听方等经,名真听法。真听法者,即是听受大涅槃经。大涅槃中,闻有佛性、如来毕竟不般涅槃,是故名为专心听法。"③

第三,思惟。对此,经文解释说:"譬如病人,虽闻医教及药名字,不能愈病,以服食故能得差病。虽听十二深因缘法,不能得断一切烦恼,要以系念善思惟故,能得除断。是名第三系念思惟。复以何义名系念思惟?所谓三三昧,空三昧、无相三昧、无作三昧。空者,于二十五有不见一实。无作者,于二十五有不作愿求。无相者,无有十相,所谓色相、声相、香相、味相、触相、生相、住相、灭相、男相、女相。修习如是三三昧者,是名菩萨系念思惟。"④

第四,为如法修行。经文解释说:"如法修行即是修行檀波罗蜜,乃至般若波罗蜜。知阴、入、界真实之相,亦如声闻、缘觉、诸佛同于一道而般涅槃。法者,即是常、乐、我、净,不生不老,不病不死,不饥不渴,不苦不恼,不退不没。善男子,解大涅槃甚深义者,则知诸佛终不毕竟入于涅槃。"⑤

---

①② 北凉昙无谶译《大般涅槃经》卷二五,《大正藏》第 12 卷,第 510 页下—511 页上。
③ 同上书,第 511 页上—中。
④⑤ 同上书,第 511 页中。

此部分对于"如法修行"的详细解释,颇细致而又条理分明,兹略作罗列:其一,止行二善:"断诸恶法,修习善法。是名菩萨如法修行。"① 其二,明空、无常解:"见一切法,空无所有,无常、无乐、无我、无净。以是见故,宁舍身命,不犯禁戒。是名菩萨如法修行。"第三,明七种知见:"修有二种:一者,真实。二者,不实。不实者,不知涅槃、佛性、如来、法、僧、实相、虚空等相。是名不实。云何真实?能知涅槃、佛性、如来、法、僧、实相、虚空等相,是名真实。"②

尤其重要的是,此中对于上述"七见"的简要解释:

第一,知涅槃。此中提出三涅槃,即佛涅槃、凡夫涅槃、声闻涅槃。

首先须"知涅槃相":"涅槃之相,凡有八事。何等为八?一者,尽。二、善性。三、实。四、真。五、常。六、乐。七、我。八、净。是名涅槃。"这是佛涅槃。而"复有八事。何等为八?一者,解脱。二者,善性。三者,不实。四者,不真。五者,无常。六者,无乐。七者,无我。八者,无净"。这是指凡夫涅槃:"若有众生,依世俗道断烦恼者,如是涅槃则有八事解脱不实。何以故?以不常故。以无常故,则无有实。无有实故,则无有真。虽断烦恼,以还起故,无常,无我,无乐,无净。是名涅槃解脱八事。"③ 而二乘涅槃是:"复有六相。一者,解脱。二者,善性。三者,不实。四者,不真。五者,安乐。六者,清净。"④ 具体言之,"声闻、缘觉断烦恼故,名为解脱,而未能得阿耨多罗三藐三菩提故,名为不实。以不实故,名为不真。未来之世,当得阿耨多罗三藐三菩提故,名无常。以得无漏八圣道故,名为净、乐。善男子,若如是知,是知涅槃,不名佛性、如来、法、僧、实相、虚空"⑤。

第二,"知佛性"。佛性有六:"一、常。二、净。三、实。四、善。五、当见。六、真。"⑥

―――――――――――――――――

①②③④⑤ 北凉昙无谶译《大般涅槃经》卷二五,《大正藏》第12卷,第512页下。
⑥ 同上书,第513页上。

第三,"知如来相"。"云何菩萨知如来相?如来即是觉相、善相,常、乐、我、净、解脱、真实。示道可见,是名菩萨知如来相。"①

第四,知法章。"云何菩萨知于法相?法者,若善、不善,若常、不常,若乐、不乐,若我、无我,若净、不净,若知、不知,若解、不解,若真、不真,若修、不修,若师、非师,若实、不实。是名菩萨知于法相。"②

第五,知僧。"云何菩萨知于僧相?僧者,若常、乐、我、净,是弟子相,可见之相,善真不实。何以故?一切声闻得佛道故。何故名真?悟法性故。是名菩萨知于僧相。"③

第六,知实相。"云何菩萨知于实相?实相者,若常、无常,若乐、无乐,若我、无我,若净、无净,若善、不善,若有、若无,若涅槃、非涅槃,若解脱、非解脱,若知、不知,若断、不断,若证、不证,若修、不修,若见、不见,是名实相。非是涅槃、佛性、如来、法、僧、虚空,是名菩萨因修如是大涅槃故,知于涅槃、佛性、如来、法、僧、实相、虚空等法差别之相。"④

第七,知虚空。对此分三层次去说明:其一,"明真空"。经文说:"菩萨摩诃萨修大涅槃微妙经典,不见虚空。何以故?佛及菩萨虽有五眼所不见故,唯有慧眼乃能见之,慧眼所见无法可见,故名为见。若是无物名虚空者,如是虚空乃名为实。以是实故,则名常无。以常无故,无乐、我、净。"⑤其二,明事断之空。经文说:"空名无法,无法名空。譬如世间无物,名空。虚空之性亦复如是,无所有故,名为虚空。"⑥其三,涅槃空。经文说:"众生之性与虚空性,俱无实性。何以故?如人说言:除灭有物,然后作空,而是虚空实不可作。何以故?无所有故。以无有故,当知无空。是虚空性,若可作者,则名无常;若无常者,不名虚空。善男子,如世间人说言:虚空无色无碍,常不变易。是故世称虚空之法为第五大。善男子,而是虚空实无有性,以光明故,故名虚空,实无虚空。犹如世谛,实无其

---

① ② ③ ⑤ 北凉昙无谶译《大般涅槃经》卷二五,《大正藏》第 12 卷,第 513 页上。
⑥ 同上书,第 513 页上—中。

性,为众生故,说有世谛。善男子,涅槃之体,亦复如是。无有住处,直是诸佛断烦恼处,故名涅槃。涅槃即是常、乐、我、净。"①

尤其应该重视的是,此中关于涅槃乐的叙述。经文说:"涅槃虽乐,非是受乐,乃是上妙寂灭之乐。诸佛如来有二种乐:一、寂灭乐。二、觉知乐。实相之体,有三种乐:一者,受乐。二、寂灭乐。三、觉知乐。佛性一乐,以当见故,得阿耨多罗三藐三菩提时,名菩提乐。"②

(八) 第八功德

第八功德包含"九事":除断五事、远离五事、成就六事、修习五事、守护一事、亲近四事、信顺一实、心善解脱、慧善解脱。

菩萨断除"五事"之"五事"是指"五阴",即"色"、"受"、"想"、"行"、"识"。而"阴"的含义是:"能令众生生死相续,不离重担,分散聚合,三世所摄,求其义理,了不可得。以是诸义故,名为阴。"对于"五阴","菩萨摩诃萨虽见色阴,不见其相。何以故?于十色中,推求其性,悉不可得。为世界故,说言为阴,受有百八。虽见受阴,初无受相。何以故?受虽百八,理无定实。是故菩萨不见受阴,想、行、识等亦复如是。菩萨摩诃萨深见五阴是生烦恼之根本也。以是义故,方便令断"③。对此,灌顶解释说:"而菩萨实未全除五阴,而复不为阴之所盖。"④

菩萨远离"五事"之"五事"即"五见":"身见"、"边见"、"邪见"、"戒取"、"见取",凭借此"五见"生六十二见。"因是诸见,生死不绝。是故菩萨防护不近。"⑤

菩萨成就"六事"之"六事"是指"六念处":念佛、念法、念僧、念天、念施、念戒。

菩萨修习"五事"之"五事"即"五定":知定、寂定、身心受快乐定、无乐定、首楞严定。"修习如是五种定心,则得近于大般涅槃,是故菩萨勤

---

①② 北凉昙无谶译《大般涅槃经》卷二五,《大正藏》第12卷,第513页中。
③⑤ 同上书,第515页上。
④ 隋灌顶撰述、唐湛然再治《大般涅槃经疏》卷二二,《大正藏》第38卷,第169页上。

心修习。"①此中前是"四禅",后是"般若"。"知定即初禅,以有觉观故。寂定即二禅,无觉观故,亦名圣;默然故,名为寂。受快乐即三禅,乐受极故。无乐定即四禅,已断苦乐,是舍受故。首楞严者,自有通、别。通则亘于十地乃至地前,别则于十地中,更修百八三昧,方得此定。"②

菩萨守护"一事"即守护谓菩提心,"因护如是菩提心故,得阿耨多罗三藐三菩提;因得阿耨多罗三藐三菩提故,常、乐、我、净具足而有。即是无上大般涅槃,是故菩萨守护一法。"③

菩萨亲近四事即"四无量心",大慈、大悲、大喜、大舍。"因是四心,能令无量无边众生发菩提心,是故菩萨系心亲近。"④

菩萨信顺"一实"即"菩萨了知一切众生皆归一道。一道者,谓大乘也。诸佛、菩萨为众生故,分之为三。是故菩萨信顺不逆。"⑤

菩萨"心善解脱",即永远断灭贪、恚、痴之心。

菩萨"慧善解脱",即"菩萨摩诃萨于一切法知无障碍,是名菩萨慧善解脱。因慧解脱,昔所不闻而今得闻,昔所不见而今得见,昔所不到而今得到"⑥。

此部分最重要的内容是对于第八"心解脱"的详细讨论。

光明遍照高贵德王菩萨代表会众提出三难:

第一"本无难":若心本有烦恼,此亦不可。本无烦恼,此亦不可。定有烦恼,此亦不可。定无亦不可。此难又分为三层:

第一层,正难"无缚无脱":"心本无系。所以者何? 是心本性不为贪欲、瞋恚、愚痴诸结所系。若本无系,云何而言心善解脱?"⑦

第二层,偏明"无缚"。经文说:"世尊,若心本性不为贪结之所系者,何等因缘而能得系? 如人㰇角,本无乳相,虽加功力,乳无由出。㰇于乳之者,不得如是,加功虽少,乳则多出。心亦如是,本无贪者,今云何有?

---

① 北凉昙无谶译《大般涅槃经》卷二五,《大正藏》第12卷,第515页上。
② 隋灌顶撰述、唐湛然再治《大般涅槃经疏》卷二二,《大正藏》第38卷,第169页中。
③④⑤⑥⑦ 北凉昙无谶译《大般涅槃经》卷二五,《大正藏》第12卷,第515页中。

若本无贪,后方有者,诸佛、菩萨本无贪相,今悉应有。世尊,譬如石女,本无子相,虽加功力无量因缘,子不可得。心亦如是,本无贪相,虽造众缘,贪无由生。世尊,如钻湿木,火不可得。心亦如是,虽复钻求,贪不可得。云何贪结能系于心?世尊,譬如压沙,油不可得。心亦如是,虽复压之,贪不可得。当知贪、心,二理各异。设复有之,何能污心?"①这是说明无所系缚,其后说明"无能缚":"譬如有人安橛于空,终不得住。安贪于心,亦复如是,种种因缘,不能令贪系缚于心。"②

第三层,偏明"无解"。首先说明"无解":"若心无贪名解脱者,诸佛、菩萨何故不拔虚空中刺?"③其次,说明"无得解者":"过去世心不名解脱,未来世心亦无解脱,现在世心不与道共。何等世心,名得解脱?"④最后,说明"无得解"之道:"如过去灯不能灭暗,未来世灯亦不灭暗,现在世灯复不灭暗。何以故?明之与暗,二不并故。心亦如是,云何而言心得解脱?"⑤

第二"据本有"再作两问。第一问是若本有者,应善心中有贪。德王菩萨说:"贪亦是有。若贪无者,见女相时,不应生贪。若因女相而得生者,当知是贪真实而有。以有贪故,堕三恶道。"⑥此中的含义,如灌顶说:"若言心本有贪,是亦不可。本有则不从因缘。既借他色而生贪者,当知非有。又心本有贪,不可令无,应不得脱,心应常贪。"⑦第二问是说,如此,境中也应有贪:"世尊,譬如钻木而生于火,然是火性众缘中无,以何因缘而得生耶?世尊,贪亦如是,色中无贪,香、味、触、法亦复无贪,云何于色、香、味、触、法生于贪耶?若众缘中,悉无贪者,云何众生独生于贪,诸佛、菩萨而不生耶?"⑧以境对心,境中也应有贪。

第三"据不定为难"。也有三层:第一层,心不定。德王说:"心亦不

---

① 北凉昙无谶译《大般涅槃经》卷二五,《大正藏》第12卷,第515页中—下。
②③④⑤⑥⑧ 同上书,第515页下。
⑦ 隋灌顶撰述、唐湛然再治《大般涅槃经疏》卷二二,《大正藏》第38卷,第169页下。

定。若心定者,无有贪欲、瞋恚、愚痴。若不定者,云何而言心得解脱?"①第二,贪不定。德王说:"贪亦不定。若不定者,云何因之生三恶趣?"②第三,贪及境俱不定。德王说:"贪者、境界,二俱不定。何以故?俱缘一色,或生于贪,或生于瞋,或生愚痴。是故贪者及与境界,二俱不定。若俱不定,何故如来说言:菩萨修大涅槃,心得解脱?"③

对于上述问难,世尊先作了一个概括性的回答,其后则有较为详细的反驳。经中说:"心亦不为贪结所系,亦非不系,非是解脱非不解脱,非有非无,非现在非过去非未来。何以故?善男子,一切诸法无有自性故。"④这一结论不出"中道"观的范畴。其后的回答可分为以下几层次去理解。

第一,破除两种"定执"。

先破计"有"。经中引用外道的观点作为破斥的对象:"有诸外道作如是言:因缘和合,则有果生。若众缘中,本无生性而能生者,虚空不生,亦应生果。虚空不生,非是因故。以众缘中,本有果性,是故合集而得生果。……以能生果故,当知因中必先有性。若无性者,一物之中,应当出生一切诸物。若是可取,可作,可出,当知是中必先有果。若无果者,人则不取,不作,不出。唯有虚空无取、无作故,能出生一切万物。以有因故,如尼拘陀子作尼拘陀树,乳有醍醐,缕中有布,泥中有瓶。"⑤对此,世尊破斥说:"一切凡夫无明所盲,作是定说。色有著义,心有贪性,复言凡夫心有贪性,亦解脱性。遇贪因缘,心则生贪。若遇解脱,心则解脱。虽作此说,是义不然。"⑥

再破其执无。经中引用的凡夫观点是:"有诸凡夫复作是言:一切因中悉无有果。因有二种:一者,微细。二者,粗大。细即是常,粗则无常。从微细因,转成粗因。从此粗因,转后成果。粗无常故,果亦无常。善男子,有诸凡夫复作是言:心亦无因,贪亦无因。以时节故,则生贪心。"⑦对

---

① 北凉昙无谶译《大般涅槃经》卷二五,《大正藏》第12卷,第515页下。
②③④⑤⑥ 同上书,第516页上。
⑦ 同上书,第516页上—中。

于这种无因无缘说,世尊破斥说:"如是等辈,以不能知心因缘故,轮回六趣,具受生死。……一切凡夫,亦复如是。已得解脱,无所有处,唯未得脱非非想处,而复还来至三恶趣。何以故?一切凡夫惟观于果,不观因缘,如犬逐块,不逐于人。凡夫之人亦复如是,惟观于果,不观因缘。以不观故,从非想退还三恶趣。"①

第二,以中道观之,无所定执。

经文说:"诸佛、菩萨终不定说,因中有果、因中无果及有无果,非有非无果。若言因中先定有果及定无果、定有无果、定非有非无果,当知是等皆魔伴党。系属于魔,即是爱人。如是爱人,不能永断生死系缚,不知心相及以贪相。"②这是说,不能以"因中先定有果及定无果、定有无果、定非有非无果"四句来看待因果。而应以中道来观之。"虽说诸法非有非无而不决定。所以者何?因眼因色,因明因心,因念识则得生。是识决定不在眼中,色中,明中,心中,念中,亦非中间,非有非无。从缘生故,名之为有;无自性故,名之为无。是故如来说言诸法非有非无。"③

第三,心之有贪,非有非无,因缘故有。

首先,心性本净不定,非有非无。经文说:"诸佛、菩萨终不定说心有净性及不净性,净、不净性心,无住处故。从缘生贪,故说非无;本无贪性,故说非有。善男子,从因缘故,心则生贪。从因缘故,心则解脱。"④可见,"贪"是由因缘而产生的,因此,它是可以去除的。而有随于生死的因缘和"随大涅槃"的因缘。

关于"心"与"贪"的关系,有四种情况:"有因缘故,心共贪生,共贪俱灭。有共贪生,不共贪灭。有不共贪生,共贪俱灭。有不共贪生,不共贪灭。"⑤

第一种,"心"与"贪"一起生生灭灭。"若有凡夫未断贪心,修习贪

---

① ② ③ 北凉昙无谶译《大般涅槃经》卷二五,《大正藏》第12卷,第516页中。
④ 同上书,第516页中—下。
⑤ 同上书,第516页下。

心，如是之人，心共贪生，心共贪灭。一切众生不断贪心，心共贪生，心共贪灭。如欲界众生一切皆有初地味禅，若修、不修常得成就，遇因缘故即便得之。言因缘者，谓火灾也。一切凡夫亦复如是，若修、不修，心共贪生，心共贪灭。何以故？不断贪故。"①这是指凡夫的情况。

第二种，"心共贪生，不共贪灭"。如经中所说这是指佛弟子："声闻弟子有因缘故，生于贪心。畏贪心故，修白骨观。是名心共贪生，不共贪灭。复有心共贪生，不共贪灭。如声闻人未证四果，有因缘故，生于贪心。证四果时，贪心得灭。是名心共贪生，不共贪灭。菩萨摩诃萨得不动地时，心共贪生，不共贪灭。"②这里讲了三类佛弟子修行中的"性"的变化情况。

第三种，"不共贪生，共贪俱灭"。经中说："若菩萨摩诃萨断贪心已，为众生故，示现有贪。以示现故，能令无量无边众生咨受善法，具足成就。是名不共贪生，共贪俱灭。"③

第四种，"不共贪生且不共贪灭"。经中说："谓阿罗汉、缘觉、诸佛、除不动地其余菩萨，是名不共贪生，不共贪灭。"④

由于上述种种理由，"诸佛、菩萨不决定说心性本净，性本不净。善男子，是心不与贪结和合，亦复不与瞋、痴和合。善男子，譬如日月，虽为烟、尘、云、雾及罗睺罗之所覆蔽，以是因缘令诸众生不能得见。虽不可见，日月之性终不与彼五翳和合。心亦如是，以因缘故生于贪结，众生虽说心与贪合，而是心性实不与合。若是贪心，即是贪性。若是不贪，即不贪性。不贪之心，不能为贪。贪结之心，不能不贪。善男子，以是义故，贪欲之结不能污心"⑤。这是说，"心"自身是不与"贪"和合的。由于因缘的作用，心与贪时有结合，但"心性"确实不与"贪"和合。这个结论在佛教心性思想中非常重要，对中国佛教影响巨大。

---

①②③④ 北凉昙无谶译《大般涅槃经》卷二五，《大正藏》第12卷，第516页下。
⑤ 同上书，第516页下—517页上。

第四,因缘和合故有"系缚"、"解脱"。

由于"心"并不与"贪"俱时和合,因此,"诸佛、菩萨永破贪结,是故说言心得解脱。一切众生从因缘故,生于贪结。从因缘故,心得解脱"①。对于这一结论,经中从"缚脱"之境和"缚脱"之人两个方面作了解释。

经中以譬喻说明:"譬如国王,安住己界,身、心安乐。若至他界,则得众苦。一切众生,亦复如是。若能自住于己境界,则得安乐。若至他界,则遇恶魔,受诸苦恼。自境界者,谓四念处。他境界者,谓五欲也。"②此中,"系缚"之境是"五欲","解脱"之境则是"四念处"。

对于"缚脱之人"的说明,也分为"缚人"和"脱人"两方面。关于"缚人",分为四层:

其一,起倒故缚。经文说:"云何名为系属于魔?有诸众生无常见常,常见无常,苦见于乐,乐见于苦,不净见净,净见不净,无我见我,我见无我,非实解脱横见解脱,真实解脱见非解脱,非乘见乘,乘见非乘。如是之人名系魔。系属魔者,心不清净。"③

其二,取相故缚。经文说:"若见诸法真实,是有总、别定相,当知是人若见色时,便作色相;乃至见识,亦作识相;见男,男相;见女,女相;见日,日相;见月,月相;见岁,岁相;见阴,阴相;见入,入相;见界,界相。如是见者,名系属魔。系属魔者,心不清净。"④

其三,我见故缚。经文说:"若见我是色,色中有我,我中有色,色属于我,乃至见我是识,识中有我,我中有识,识属于我。如是见者,系属于魔,非我弟子。"⑤

其四,非法故缚。经文说:"我声闻弟子远离如来十二部经,修习种种外道典籍,不修出家寂灭之业,纯营世俗在家之事。……有诸弟子,不为涅槃,但为利养,亲近听受十二部经,招提僧物及僧鬘物,衣著贪啖,如

---

①② 北凉昙无谶译《大般涅槃经》卷二五,《大正藏》第 12 卷,第 517 页上。
③ 同上书,第 517 页上—中。
④⑤ 同上书,第 517 页中。

自己有……。如是之人当知即是魔之眷属,非我弟子。以是因缘,心共贪生,心共贪灭,乃至痴心共生、共灭,亦复如是。善男子,以是因缘心性不净,亦非不净。是故我说心得解脱。"①

对于"得解之人",经文说:"若有不受不畜一切不净之物,为大涅槃,受持、读诵十二部经,书写、解说,当知是等真我弟子,不行恶魔波旬境界,即是修习三十七品。以修习故,不共贪生,不共贪灭。"②

(九)第九功德

菩萨修大涅槃微妙经典所具足成就的第九功德成就"五事":信、直心、戒、亲近善友、多闻。

1. 信

关于"信体",经中说:"菩萨摩诃萨信于三宝施,有果报。信于二谛、一乘之道,更无异趣。为诸众生速得解脱,诸佛、菩萨分别为三。信第一义谛,信善方便,是名为信。"③依据此说,"信"包含信三宝、信因果、信二谛、信一乘、信三谛等五方面的内容。

关于"信德",经中说:"如是信者,若诸沙门,若婆罗门,若天魔、梵,一切众生所不能坏。因是信故,得圣人性。修行布施,若多,若少,悉得近于大般涅槃,不堕生死。戒、闻、智慧,亦复如是。是名为信。虽有是信,而亦不见。"④对此,灌顶解释说:"此'信'坚固无能坏者,何故不坏?得圣人性以为根本,即是见性之信深固难拔。以根深故,即能增长近大涅槃,成就戒等。"⑤

2. 直心

"直心"包含以不谄为直心和以忏悔为直心两方面。

关于不谄为直心,经文说:"菩萨摩诃萨于诸众生作质直心。一切众

---

① 北凉昙无谶译《大般涅槃经》卷二五,《大正藏》第12卷,第517页中。
② 同上书,第517页中—下。
③ 北凉昙无谶译《大般涅槃经》卷二六,《大正藏》第12卷,第517页下。
④ 同上书,第517页下。
⑤ 隋灌顶撰述、唐湛然再治《大般涅槃经疏》卷二三,《大正藏》第38卷,第170页下。

生若遇因缘,则生谄曲。菩萨不尔。何以故?善解诸法悉因缘故。"①在此,特别举例给予说明:"菩萨摩诃萨虽见众生诸恶过咎,终不说之。何以故?恐生烦恼。若生烦恼,则堕恶趣。如是菩萨若见众生有少善事,则赞叹之。云何为善?所谓佛性。赞佛性故,令诸众生发阿耨多罗三藐三菩提心。"②对此,灌顶解释说:"初见恶不说,后见善则叹。疑者云:见恶应说而不说者,乃是不直。何名直心?即释云:恐生烦恼。即复疑云:既见恶不说,见善亦应不说,乃是直心。次明不尔。即释云:赞佛性故,令得菩提。"③

此中一项特别的内容是对于一阐提事都包含在上述"赞佛性故,令诸众生发阿耨多罗三藐三菩提心"之内。德王菩萨说:"如是之人当得阿耨多罗三藐三菩提故,一阐提辈以佛性故,若闻、不闻悉亦当得阿耨多罗三藐三菩提故。世尊,如佛所说,何等名为一阐提耶?谓断善根。如是之义,亦复不然。何以故?不断佛性故。如是佛性,理不可断。云何佛说,断诸善根?"④

对此,世尊回答说:"一阐提辈若遇善友、诸佛、菩萨闻说深法及以不遇,俱不得离一阐提心。何以故?断善法故。一阐提辈,亦得阿耨多罗三藐三菩提。所以者何?若能发于菩提之心,则不复名一阐提也。善男子,以何缘故,说一阐提得阿耨多罗三藐三菩提?一阐提辈实不得阿耨多罗三藐三菩提。"⑤正如得了不治之症的病人,纵然遇到良医,其病也是无法治愈的。一阐提也是如此,纵然是遇到善友、佛、菩萨也是无法发无上菩提的。

世尊又说:"一阐名信,提名不具。不具信故,名一阐提。佛性非信,众生非具,以不具故,云何可断?一阐名善方便,提名不具。修善方便不

---

① 北凉昙无谶译《大般涅槃经》卷二六,《大正藏》第12卷,第517页下。
②④ 同上书,第518页上。
③ 隋灌顶撰述、唐湛然再治《大般涅槃经疏》卷二三,《大正藏》第38卷,第171页上。
⑤ 北凉昙无谶译《大般涅槃经》卷二六,《大正藏》第12卷,第519页上。

具足故,名一阐提。佛性非是修善方便,众生非具。以不具故,云何可断?一阐名进,提名不具。进不具故,名一阐提。佛性非进,众生非具。以不具故,云何可断?一阐名念,提名不具。念不具故,名一阐提。佛性非念,众生非具,以不具故,云何可断?一阐名定,提名不具。定不具故,名一阐提。佛性非定,众生非具,以不具故,云何可断?一阐名慧,提名不具。慧不具故,名一阐提。佛性非慧,众生非具。以不具故,云何可断?一阐名无常善,提名不具。以无常善不具足故,名一阐提。佛性是常,非善非不善。何以故?善法要从方便而得,而是佛性非方便得,是故非善。何故复名非不善耶?能得善果故。善果即是阿耨多罗三藐三菩提。又善法者,生已得故。而是佛性非生已得,是故非善。以断生得诸善法故,名一阐提。"①对此,灌顶解释说:"前言若不断佛性亦应不断善根,只善根即是佛性,佛性即是善根。今答佛性中道,不同善根。何者?一阐名信,提名不具,佛性非信,亦复非具,云何可断?佛性非善非恶,阐提但能断善,云何断性?"②而且"善法者,名生已得,依数人义,善有二种:一、生得善。二、方便善。世间慈孝,名生得善。阐提亦无,故言已断"③。

在此,经中说:"如汝所言若一阐提有佛性者,云何不遮地狱之罪?善男子,一阐提中无有佛性。"④又说:"众生佛性,亦复如是,无有住处。以善方便,故得可见。以可见故,得阿耨多罗三藐三菩提。一阐提辈,不见佛性,云何能遮三恶道罪?善男子,若一阐提信有佛性,当知是人不至三恶,是亦不名一阐提也。以不自信有佛性故,即堕三恶。堕三恶故,名一阐提。"⑤

关于以忏悔明直心,经中解释说:"云何菩萨质直心也?菩萨摩诃萨常不犯恶,设有过失,即时忏悔。"⑥此如灌顶的解释:"若有失不悔,则非

---

① 北凉昙无谶译《大般涅槃经》卷二六,《大正藏》第12卷,第519页上—中。
②③ 隋灌顶撰述、唐湛然再治《大般涅槃经疏》卷二三,《大正藏》第38卷,第171页下。
④⑤ 北凉昙无谶译《大般涅槃经》卷二六,《大正藏》第12卷,第519页中。
⑥ 同上书,第519页下。

直心。犯忿发露,乃名直心。"①

3. 戒

关于"离恶戒",经中说:"云何菩萨修治于戒?菩萨摩诃萨受持禁戒,不为生天,不为恐怖,乃至不受狗戒、鸡戒、牛戒、雉戒,不作破戒,不作缺戒,不作瑕戒,不作杂戒,不作声闻戒。"②

关于"得善戒",经中说:"受持菩萨摩诃萨戒、尸罗波罗蜜戒,得具足戒,不生憍慢,是名菩萨修大涅槃,具足第三戒。"③

4. 善友

关于菩萨亲近善友,简明的解释是:"菩萨摩诃萨常为众生说于善道,不说恶道;说于恶道,非善果报。善男子,我身即是一切众生真善知识,是故能断富伽罗婆罗门所有邪见。善男子,若有众生亲近我者,虽有生于地狱因缘,即得生天。如须那刹多等应堕地狱,以见我故,即得断除地狱因缘,生于色天。"④

5. 具足多闻

此项是指菩萨为大涅槃十二部经书写、读诵、分别解说等。如经中所说:"除十二部经,若能受持是大涅槃微妙经典,书写、读诵、分别解说,是名菩萨具足多闻。除是经典,具足全体,若能受持一四句偈。复除是偈,若能受持如来常住性无变易,是名菩萨具足多闻。复除是事,若知如来常不说法,亦名菩萨具足多闻。何以故?法无性故。如来虽说一切诸法,常无所说。是名菩萨修大涅槃,成就第五具足多闻。"⑤

最后,关于此第九功德有一总结:菩萨具足此"五事",即证得法性空寂。经中说:"菩萨摩诃萨实无所见。无所见者,即无所有。无所有者,即一切法。菩萨摩诃萨修大涅槃,于一切法悉无所见。若有见者,不见佛性,不能修习般若波罗蜜,不得入于大般涅槃。是故菩萨见一切法性

---

① 隋灌顶撰述、唐湛然再治《大般涅槃经疏》卷二三,《大正藏》第38卷,第172页上。
②③④ 北凉昙无谶译《大般涅槃经》卷二六,《大正藏》第12卷,第519页下。
⑤ 同上书,第520页中。

无所有。善男子,菩萨不但因见三昧而见空也,般若波罗蜜亦空,禅波罗蜜亦空,毗黎耶波罗蜜亦空,羼提波罗蜜亦空,尸波罗蜜亦空,檀波罗蜜亦空,色亦空,眼亦空,识亦空,如来亦空,大般涅槃亦空。是故菩萨见一切法皆悉是空。"①

(十)第十功德

菩萨修大涅槃微妙经典所具足的最后第十功德是:"菩萨修习三十七品,入大涅槃常、乐、我、净,为诸众生分别解说大涅槃经,显示佛性。若须陀洹、斯陀含、阿那含、阿罗汉、辟支佛、菩萨信是语者,悉得入于大般涅槃。若不信者,轮回生死。"②

此后,世尊又对于《大涅槃经》于以后的信仰和不信仰的情形作了授记。兹从略。

第五节　问答涅槃义

《师子吼品》为"问答涅槃义"部分,北本为第二十七卷至三十二卷,南本则为第二十五卷至三十卷。这一品的品名是以师子吼菩萨之名命名的。而师子吼菩萨的名字具有象征意义。"若师子子足满三季,则能哮吼。又若能师子吼,赞于大悲,能吼无量。"③古代的解释大多以为师子吼是师子子,而真正的(成)师子是佛。"'师子'拟王,'菩萨'拟子,'吼'通两处。"④此解释也许与原意相去不远。又有说:"'师'有他化之能,故知'师'者,拟佛,明矣。'子'者,训资,弟子之礼受禀于师。若从师者,日新月益。故知'子'字者,拟菩萨,明矣。吼通两处者,'吼'是口密,通有六位。"⑤这一说法,明显是以汉语语义去揣度,属于过度诠释。

关于此品的内容,灌顶解释说:"今明此品是第四'问答涅槃义',是

---

① 北凉昙无谶译《大般涅槃经》卷二六,《大正藏》第12卷,第521页中。
② 同上书,第521页下。
③④⑤ 隋灌顶撰述、唐湛然再治《大般涅槃经疏》卷二三,《大正藏》第38卷,第173页中。

'师子子'问,是'师子王'答。若从其文,应言问答佛性义。前章皆称涅槃,相从称为涅槃义。涅槃只是佛性,佛性只是涅槃。涅槃名总,佛性名别,总摄于别。"①这一品是由师子吼菩萨发问,佛世尊回答,内容则有关佛性。而之所以称之为"问答涅槃义",是因为佛性与涅槃有相同之处。

从结构看,分为两大部分。第一部分是说明佛性,后一部分是叹经。第一部分又分为"明佛性"、"明中道"、"明缚解"、"明修道"四部分。以下仅将说明佛性部分的内容作些分析说明,"叹经"部分则从略。

一、明佛性

师子吼菩萨向佛询问六大问题:"世尊,云何为佛性?以何义故,名为佛性?何故复名常、乐、我、净?若一切众生有佛性者,何故不见一切众生所有佛性?十住菩萨住何等法不了了见,佛住何等法而了了见?十住菩萨以何等眼不了了见,佛以何眼而了了见?"②这六个问题,前三个问题问佛,后三个问题问见性人。在灌顶《涅槃经疏》中未列出较全面回答第三个问题的经文,仅仅有个别文句与第三问"何故复名常、乐、我、净"有联系。这部分还有反复议论以及劝修、叹经等内容。此具体内容见下文分析,此从略。

二、明缚解

"明缚解"这一部分,有两大内容"系缚"和"解行",即"众生虽有佛性,为惑所覆,不能得见,须修万行,解生惑尽,佛性理彰,故明缚解"③。经文的内容是五大层次,即师子吼菩萨与佛的五番问答。

第一番问答是围绕"生灭"而展开的。师子吼说:"世尊,如佛所说,一切诸法有二种因:一者正因。二者缘因。以是二因,应无缚解。是五

---

① 隋灌顶撰述、唐湛然再治《大般涅槃经疏》卷二三,《大正藏》第38卷,第173页下。
② 北凉昙无谶译《大般涅槃经》卷二七,《大正藏》第12卷,第523页上。
③ 隋灌顶撰述、唐湛然再治《大般涅槃经疏》卷二六,《大正藏》第38卷,第186页上。

阴者,念念生灭。如其生灭,谁有缚解？世尊,因此五阴生后五阴,此阴自灭,不至彼阴。虽不至彼,能生彼阴。如因子生芽,子不至芽。虽不至芽,而能生芽。众生亦尔,云何缚解？"①这是说,若正因不生不灭,应无缚解。缘因念念不住,又无缚解。此惑即起即灭,云何此惑能缚众生？既其无缚,也即无解。对此问难,世尊先回答系缚,后回答"解行"。

就系缚,又分为"死阴"、"中阴"、"生阴"三层次去说明。

关于"死阴",经中说:"如人舍命受大苦时,宗亲围绕,号哭懊恼,其人惶怖,莫知依救。虽有五情,无所觉知,肢节战动,不能自持,身体虚冷,暖气欲尽,见先所修善、恶报相。……众生业果,亦复如是。此阴灭时,彼阴续生。"②这就是一般所说的死亡。

关于"中阴",经中说:"如蜡印印泥,印与泥合,印灭文成,而是蜡印不变在泥。文非泥出,不余处来。以印因缘而生是文。现在阴灭,中阴阴生。是现在阴终不变为中阴、五阴,中阴、五阴亦非自生,不从余来,因现阴故,生中阴阴。如印印泥,印坏文成,名虽无差,而时节各异。是故我说,中阴、五阴非肉眼见,天眼所见。是中阴中,有三种食:一者思食。二者触食。三者意食。中阴二种:一、善业果。二、恶业果。因善业故,得善觉观。因恶业故,得恶觉观。"③

关于"生阴",经中说:"父母交会判合之时,随业因缘,向受生处,于母生爱,于父生瞋,父精出时,谓是已有,见已心悦,而生欢喜。以是三种烦恼因缘,中阴阴坏,生后五阴。如印印泥,印坏文成。生时诸根有具、不具,具者见色,则生于贪;生于贪故,则名为爱;狂故生贪,是名无明。贪爱、无明二因缘故,所见境界,皆悉颠倒。无常见常,无我见我,无乐见乐,无净见净,以四倒故,作善、恶行。烦恼作业,业作烦恼,是名系缚。以是义故,名五阴生。"④

由于上述三类"阴"的系缚,众生于六道中轮回不休。而"是人若得

---

①②③④ 北凉昙无谶译《大般涅槃经》卷二九,《大正藏》第12卷,第535页下。

亲近于佛及佛弟子、诸善知识,便得闻受十二部经,以闻法故,观善境界。观善境界故,得大智慧。大智慧者,名正知见。得知见故,于生死中而生悔心。生悔心故,不生欢乐。不生欢乐故,能破贪心。破贪心故,修八圣道。修八圣道故,得无生死。无生死故,名得解脱。如火不遇薪,名之为灭。灭生死故,名为灭度。以是义故,名五阴灭"①。如此则摆脱系缚,超越轮回。这就是"明解"的内容。

第二番问答是围绕师子吼菩萨的问难展开的:"空中无刺,云何言拔?阴无系者,云何系缚?"②这实际上是追问能系缚之阴是"系"于何处的?如其无"系",则上述所说的道理就会讲不通。

对此,佛回答说:"以烦恼锁系缚五阴。离五阴已,无别烦恼。离烦恼已,无别五阴。善男子,如柱持屋,离屋无柱,离柱无屋。众生五阴,亦复如是。有烦恼故,名为系缚。无烦恼故,名为解脱。善男子,如拳合掌,系结等三,合散生灭,更无别法。众生五阴,亦复如是。有烦恼故,名为系缚。无烦恼故,名为解脱。善男子,如说名色系缚众生。名色若灭,则无众生。离名色已,无别众生。离众生已,无别名色。亦名名色系缚众生,亦名众生系缚名色。"③此回答的内在逻辑就是五阴本身就是系缚,系缚本身就是五阴。

第三番问答是从上述回答引出的。此如师子吼所言:"世尊,如眼不自见指,不自触刀,不自割受,不自受,云何如来说言,名色系缚名色?何以故?言名色者即是众生,言众生者,即是名色。若言名色系缚众生,即是名色系缚名色。"④

佛回答说:"如二手合时,更无异法而来合也。名之与色,亦复如是。以是义故,我言名色系缚众生。若离名色,则得解脱。是故我言众生解脱。"⑤

第四番问答是从师子吼所言"若有名色是系缚者,诸阿罗汉未离名

---

①②③④⑤ 北凉昙无谶译《大般涅槃经》卷二九,《大正藏》第12卷,第536页上。

色,亦应系缚"①展开的。

佛回答说:"解脱二种:一者,子断。二者,果断。言子断者,名断烦恼。阿罗汉等已断烦恼,众结烂坏,是故子结不能系缚。未断果故,名果系缚。诸阿罗汉不见佛性,以不见故,不得阿耨多罗三藐三菩提。以是义故,可言果系,不得说言名色系缚。善男子,譬如燃灯,油未尽时,明则不灭;若油尽者,灭则无疑。善男子,所言油者,喻诸烦恼;灯,喻众生。一切众生烦恼油故,不入涅槃;若得断者,则入涅槃。"②

第五番问答是从世尊的前述回答中引申出来的。师子吼菩萨说:"灯之与油二性各异,众生烦恼则不如是。众生即是烦恼,烦恼即是众生;众生名五阴,五阴名众生;五阴名烦恼,烦恼名五阴。云何如来喻之于灯?"③

由于这是从譬喻引申出来的问题,所以佛先从譬语的类型说起。经中先举出八种譬喻类型,即顺喻、逆喻、现喻、非喻、先喻、后喻、前后喻、遍喻,然后指出:"凡所引喻,不必尽取。或取少分,或取多分,或复全取。如言如来面如满月,是名少分。善男子,譬如有人初不见乳,转问他言:乳为何类?彼人答言:如水、蜜、贝。水则湿相,蜜则甜相,贝则色相。虽引三喻,未即乳实。善男子,我言灯喻,喻于众生,亦复如是。善男子,离水无河。众生亦尔,离五阴已,无别众生。善男子,如离箱舆、轮轴、辐辋,更无别车,众生亦尔。"④将此原理引用于此譬喻,则知:"炷者,喻于二十五有;油者,喻爱;明,喻智慧;除破黑暗,喻破无明;暖,喻圣道。如灯油尽,明焰则灭。众生爱尽,则见佛性;虽有名色,不能系缚。虽复处在二十五有,不为诸有之所污染。"⑤

---

① 北凉昙无谶译《大般涅槃经》卷二九,《大正藏》第12卷,第536页上—中。
②③ 同上书,第536页中。
④⑤ 同上书,第537页上。

三、明修道

"修道"的目的自然是摆脱系缚,达至涅槃。这部分,古德将其分为四部分:"初,明道可修。二、正明修道。三、修道之用。四、劝修。此四次第者,诸法虽毕竟空而道可修,是故正修;修能断惑,是故有劝。"①其内容是一个有机的系统。然由于篇幅的限制,最后一部分激励修行(劝修)部分从略。

(一)道可修

这一部分的核心是说明,"道"是可修的。也就是众生可以通过修习达至解脱境界。经文有三番问答,在此仅从前两番问答简略地对此问题作些说明分析。

师子吼菩萨首先问佛:"世尊,众生五阴空无所有,谁有受教修习道者?"②这是问,作为众生之主体的五阴既然是空的,那么,谁是受佛教育而修道者呢?佛回答说:"一切众生皆有念心、慧心、发心、勤精进心、信心、定心。如是等法,虽念念生灭,犹故相似,相续不断,故名修道。"③这是说,念念相续不断的心,虽然是念念生灭的,但却是连接的,因而可以凭借此心修道。

师子吼菩萨于是追问说:"如是等法皆念念灭,是念念灭亦相似相续,云何修习?"④佛说世间法是念念相续的,心也是如此,如此怎么修呢?佛回答说:"如灯虽念念灭而有光明除破暗冥。念等诸法,亦复如是。善男子,如众生食,虽念念灭,亦令饥者而得饱满。譬如上药,虽念念灭,亦能愈病。日月光明,虽念念灭,亦能增长树林、草木。"⑤在此,世尊纠正了前述问题中所有蕴含的错误观念,即唯有一个固定不变的心作为主体才能承担修道的任务。而佛教以为,如同念念生灭的光仍然能除

---

① 隋灌顶撰述、唐湛然再治《大般涅槃经疏》卷二六,《大正藏》第38卷,第186页下—187页上。
② 北凉昙无谶译《大般涅槃经》卷二九,《大正藏》第12卷,第537页上。
③④⑤ 同上书,第537页中。

掉黑暗一样,念念相续的心是能够作为修道的主体的。

师子吼于此第三次问佛:"如佛所说,须陀洹人得果证已,虽生恶国,犹故持戒,不杀、盗、淫、两舌、饮酒。须陀洹阴即此处灭,不至恶国。修道亦尔,不至恶国。若相似者,何故不生净妙国土?若恶国阴,非须陀洹阴,云何而得不作恶业?"①这是询问,依照前述所讲,初果人的善法五阴,应该是相似相续的,也应该生于清净国土,哪能又生于恶国土呢?佛回答说:"须陀洹者,虽生恶国,终不失于须陀洹名。阴不相似,是故我引犊子为喻,须陀洹人虽生恶国,以道力故,不作恶业。"②其后又举六譬来说明之,从略。

(二)正明修道

此部分又分为两层次,第一是"明修道",其后是"明修道因缘"。

"明修道"部分的主体内容是解释"修戒"、"修定"、"修慧"的具体方法,兹从略。应该特别注意的是,在其后的"论义"部分,世尊与师子吼菩萨讨论了几个修道中的重要问题。经文共七番问答,前三番讨论涅槃,后四番讨论佛性。

第一番,师子吼言:"如佛所说,若不生灭名大涅槃者,生亦如是不生不灭,何故不得名为涅槃?"③这一提问是说,凡人的一期生命,从生至老,不更生故,故名"不生"。而复未灭,亦是"不灭"。可见,这也是"不生不灭",为何不是"涅槃"呢?世尊的回答是:"如汝所言,是生虽复不生不灭,而有始终。"④这是说,从一期而言,是不生不灭的,但从三世看,并非如此。

第二番,师子吼菩萨说:"是生死法亦无始终。若无始终,则名为常。常,即涅槃。何故不名生死为涅槃耶?"⑤这是说,从轮回的整体看,不是常说轮回是无始无终的吗?佛则回答说:"是生死法悉有因果。有因果

---

① 北凉昙无谶译《大般涅槃经》卷二九,《大正藏》第12卷,第537页中—下。
② 同上书,第537页下。
③④⑤ 同上书,第538页下。

故,不得名之为涅槃也。何以故?涅槃之体,无因果故。"①这里又引入因果来论说生死不是涅槃。

第三番,师子吼菩萨说:"夫涅槃者,亦有因果。如佛所说:'从因故生天,从因堕恶道。从因故涅槃,是故皆有因。'……世尊,涅槃如是,岂非果耶?云何说言,涅槃之体无因无果?"②佛则回答说:"我所宣说涅槃因者,所谓佛性。佛性之性,不生涅槃。是故我言涅槃无因。能破烦恼故,名大果。不从道生故,名无果。是故涅槃无因无果。"③

讨论佛性义的四番如下:

第一番,就共有、不共有为难。师子吼言:"世尊,众生佛性为悉共有?为各各有?若共有者,一人得阿耨多罗三藐三菩提时,一切众生亦应同得。世尊,如二十人同有一怨,若一人能除,余十九人皆亦同除。佛性若尔,一人得时,余亦应得。若各各有,则是无常。何以故?可算数故。然佛所说,众生佛性不一不二,若各各有,不应说言诸佛平等,亦不应说佛性如空。"④

佛回答说:"众生佛性不一不二,诸佛平等,犹如虚空,一切众生同共有之。若有能修八圣道者,当知是人则得明见。善男子,雪山有草,名曰忍辱。牛若食之,则成醍醐。众生佛性,亦复如是。"⑤

第二番,难忍辱草譬。

师子吼言:"如佛所说,忍辱草者,一耶?多耶?如其一者,牛食则尽。如其多者,云何而言众生佛性亦如是耶?……如其有尽,一人修已,余则无分。若道多者,云何得言具足修习?亦不得名萨婆若智。"⑥

佛回答说:"如平坦路,一切众生悉于中行,无障碍者。……能遮止是医,治此舍彼。圣道佛性,亦复如是。"⑦ 这是说,佛性是一,随多人修,各各得之,不相妨碍。

---

①② 北凉昙无谶译《大般涅槃经》卷二九,《大正藏》第12卷,第538页下。
③ 同上书,第538页下—539页上。
④⑤⑥⑦ 同上书,第539页上。

第三番,师子吼说:"世尊,所引诸喻,义不如是。何以故?先者在路,于后则妨。云何而言无有障碍,余亦皆尔?圣道佛性,若如是者,一人修时,应妨余者。"①此仍然是从路喻引申出来的问题。

佛回答说:"如汝所言,义不相应。我所喻道,是少分喻,非一切也。善男子,世间道者,则有障碍。此、彼之异,无有平等。无漏道者,则不如是,能令众生无有障碍,平等无二,无有方处,此、彼之异。如是正道,能为一切众生佛性而作了因,不作生因,犹如明灯照了于物。善男子,一切众生皆同无明因缘于行,不可说言一人无明因缘行已,其余应无。一切众生悉有无明因缘于行,是故说言十二因缘一切平等。众生所修无漏正道,亦复如是。等断众生烦恼、四生、诸界有道,以是义故,名为平等。其有证者,彼此知见,无有障碍。是故得名萨婆若智。"②此中所述,如路等譬喻属于少分喻。圣道之路,则不如是。

第四番,师子吼说:"一切众生身不一种,或有天身,或有人身、畜生、饿鬼、地狱之身。如是多身,差别非一,云何而言佛性为一?"③

佛回答说:"譬如有人,置毒乳中,乃至醍醐皆悉有毒。乳不名酪,酪不名乳,乃至醍醐,亦复如是。名字虽变,毒性不失,遍五味中,皆悉如是。若服醍醐,亦能杀人,实不置毒于醍醐中。众生佛性,亦复如是。虽处五道,受别异身,而是佛性常一无变。"④

"明修道"部分占篇幅最多的是"明修道因缘"。限于篇幅,从略不赘述。

(三)明修道力用

根据灌顶等的判释,这一部分可分为三部分:"初,明三法。次,辨二法相资。三、明力用。"⑤其基本内容是修习方法及其所产生的"力用"(功效)。

---

① 北凉昙无谶译《大般涅槃经》卷二九,《大正藏》第12卷,第539页上—中。
②③④ 同上书,第539页中。
⑤ 隋灌顶撰述、唐湛然再治《大般涅槃经疏》卷二六,《大正藏》第38卷,第190页中。

1. 三法

此部分内容是由师子吼菩萨所提的"何等比丘能断十相?"而引出的。此中所说的"十相"是指大涅槃所无的"十相"。"涅槃名为无相",因为其无十相故。"何等为十?所谓色相、声相、香相、味相、触相,生、住、坏相,男相、女相,是名十相。无如是相,故名无相。"①相反,"夫著相者,则能生痴。痴故,生爱。爱故,系缚。系缚故,受生。受生故,有死。死故,无常"②。而"不著相者,则不生痴。不生痴故,则无有爱。无有爱故,则无系缚。无系缚故,则不受生。不受生故,则无有死。无有死故,则名为常。以是义故,涅槃名常"③。

在此,佛回答说:"若有比丘,数数修习三种相者,则断十相。数数修习三昧定相,数数修习智慧之相,数数修习舍相,是名三相。"④此中所说的"三法"不是戒、定、慧三法,而是定、慧、舍三法。

对此"三法",经中有明确的解释。在此,将其较为独特的部分作些叙述。经中说:"言三昧者,名善三昧,一切众生真实未有,云何而言不须修习?以住如是善三昧中,观一切法,名善慧相。不见三昧智慧异相,是名舍相。"⑤关于此三法的不同名称,经中也有说明:"奢摩他者,名为能灭,能灭一切烦恼结故。又奢摩他者,名曰能调,能调诸根恶不善故。又奢摩他者,名曰寂静,能令三业成寂静故。又奢摩他者,名曰远离,能令众生离五欲故。又奢摩他者,名曰能清,能清贪欲、瞋恚、愚痴三浊法故。以是义故,故名定相。毗婆舍那,名为正见,亦名了见,名为能见,名曰遍见,名次第见,名别相见,是名为慧。忧毕叉者,名曰平等,亦名不诤,又名不观,亦名不行,是名为舍。"⑥

经中说:"若取色相,不能观色常、无常相,是名三昧。"⑦这是言"定体"。"慧体"是:"若能观色常、无常相,是名慧相。"⑧与二者相应,"舍

---

①②③④ 北凉昙无谶译《大般涅槃经》卷三〇,《大正藏》第12卷,第546页下。
⑤⑥⑦⑧ 同上书,第547页上。

体"是:"三昧、慧等观一切法,是名舍相。善男子,如善御驾驷,迟疾得所。迟疾得所,故名舍相。"①

"三法"在修习中的情形如下:"若三昧多者,则修习慧。若慧多者,则修习三昧。三昧慧等,则名为舍。善男子,十住菩萨智慧力多,三昧力少,是故不得明见佛性。声闻、缘觉三昧力多,智慧力少,以是因缘,不见佛性。诸佛世尊定、慧等故,明见佛性,了了无碍,如观掌中菴摩勒果。见佛性者,名为舍相。"②

2. 定慧相资

"定慧相资"也即一般所说的"定慧相即"。根据此经前文的表述,也应该论说"舍",经中仅仅提及。"又舍无别法,定、慧均平,即名为舍"③,因而省略之。

这一部分的内容是由师子吼菩萨的提问引出的:"若毗婆舍那能破烦恼,何故复修奢摩他耶?"④如前所述,"毗婆舍那"为"慧","奢摩他"为"定"。

佛回答说:"一切诸法有二种灭:一者性灭。二者毕竟灭。若性灭者,云何而言智慧能灭?若言智慧能烧烦恼,如火烧物。是义不然。何以故?如火烧物,则有遗烬。智慧若尔,应有余烬。如斧伐树,斫处可见。智慧若尔,有何可见?慧若能令烦恼离者,如是烦恼应余处现。如诸外道离六大城,拘尸那现。若是烦恼不余处现,则知智慧不能令离。善男子,一切诸法性若自空,谁能令生?谁能令灭?异生、异灭,无造作者。善男子,若修习定则得如是正知正见。以是义故,我经中说,若有比丘修习定者,能见五阴生灭之相。善男子,若不修定,世间之事尚不能了,况于出世?"⑤因此,正确的方法就是定慧相资。此经提出了菩萨修行

---

①② 北凉昙无谶译《大般涅槃经》卷三〇,《大正藏》第12卷,第547页上。
③ 隋灌顶撰述、唐湛然再治《大般涅槃经疏》卷二七,《大正藏》第38卷,第191页上。
④ 北凉昙无谶译《大般涅槃经》卷三一,《大正藏》第12卷,第547页下。
⑤ 同上书,第548页上。

的一个原则,即:"若有菩萨摩诃萨善知定时、慧时、舍时及知非时,是名菩萨摩诃萨行菩提道。"①具体的经文不俱引。

3. 修道力用

根据灌顶等的判释,"修道力用"部分分为两大层次,"初,明感乐得涅槃。后,明离苦转障"②。前者是说明所得涅槃的"圆相",后者则是说明入涅槃时应该远离的苦障业行。限于篇幅,仅仅将前者作些略述,后者则全部从略。

经中指出,若有菩萨修习上述慧、定、舍三法相,即可得无相涅槃。上文言"无十相故名大涅槃",此处又言涅槃十法:"无因缘故,故名无生。以无为故,故名无出。无造业故,故名无作。不入五见故,名屋宅。离四瀑水,故名为洲。调众生故,故名归依。坏结贼故,故名安隐。诸结火灭,故名灭度。离觉观故,故名涅槃。远愦闹故,名为寂静。永断必死,故名无病。一切无故,名无所有。善男子,若菩萨摩诃萨作是观时,即得明了,见于佛性。"③此"十法"是涅槃的别名,也是涅槃所具的"无相"之"相"。

其后,应师子吼菩萨的要求,世尊向会众宣说能"明见涅槃无相"的十法:第一信心具足,"深信佛、法、众僧是常。十方诸佛方便示现一切众生及一阐提悉有佛性,不信如来生、老、病、死及修苦行、提婆达多真实破僧出佛身血、如来毕竟入于涅槃、正法灭尽,是名菩萨信心具足"④。第二净戒具足,即戒律方面的规定。第三亲近诸善知识,"善知识者,若有能说信、戒、多闻、布施、智慧,令人受行,是名菩萨善知识也"⑤。第四乐于寂静,"寂静者,所谓身、心寂静,观察诸法甚深法界,是名寂静"⑥。第五精进,"所谓系心观四真谛。设头火然,终不放舍,是名精进"⑦。第六念具足,"所谓念佛、念法、念僧、念戒、念天、念舍,是名念具足"⑧。第七软

---

① 北凉昙无谶译《大般涅槃经》卷三一,《大正藏》第12卷,第548页下。
② 隋灌顶撰述、唐湛然再治《大般涅槃经疏》卷二七,《大正藏》第38卷,第192页中。
③ 北凉昙无谶译《大般涅槃经》卷三一,《大正藏》第12卷,第548页下—549页上。
④ 同上书,第549页上。
⑤⑥⑦⑧ 同上书,第549页中。

语,"所谓实语、妙语、先意问讯时语、真语,是名软语"①。第八护法,"所谓爱乐正法,常乐演说,读诵书写,思惟其义,广宣敷扬,令其流布。若见有人书写、解说、读诵、赞叹、思惟义者,为求资生而供养之,所谓衣服、饮食、卧具、医药,为护法故不惜身命,是名护法"②。第九,"菩萨摩诃萨见有同学同戒有所乏少,转从他乞熏钵、染衣、瞻病、所须衣服、饮食、卧具、房舍而供给之"③。第十具足智慧,"所谓观于如来常、乐、我、净,一切众生悉有佛性,观法二相,所谓空、不空,常、无常,乐、无乐,我、无我,净、不净,异法可断、异法不可断,异法从缘生、异法从缘见,异法从缘果、异法非缘果,是名具足智慧"④。

第六节 折摄涅槃用

依据灌顶的划分,《迦叶品》、《㤭陈如品》为"折摄涅槃用"部分,北本为第三十三至四十卷,南本则为第三十一至三十六卷。这是四十卷本《大般涅槃经》的第五大部分内容。

关于这一部分的宗旨,灌顶概括说:"然佛性之体非善非恶,善恶双用,弥满无涯。且囊括梗概,以略该广,用善则罗云被摄,用恶则善星堪收。二子既然,余皆可例。又体非邪正,邪正双用,用正则始摄陈如五人,用邪则终收邪徒十外。初后既尔,中亦例然,名涅槃用。"⑤根据这一概括可知,此两品是言涅槃佛性于"善"、"恶"两方面所能发挥的功用。

《迦叶品》是由迦叶菩萨发问开始的,品名的来由是从人立名。关于此品及《㤭陈如品》与前述内容的不同,灌顶有意解释:"一、义用异。前品明中道佛性义,为菩提种子。今品明佛性胜用,能摄极恶阐提、偏邪外道。二、因果异。前品明因性在因不在果,果性在果不在因。此品明一切恶阴皆是佛性,此即因性。从恶五阴生善五阴,此亦果性。又云,佛性

---

① ② ③ ④ 北凉昙无谶译《大般涅槃经》卷三一,《大正藏》第 12 卷,第 549 页中。
⑤ 隋灌顶撰述、唐湛然再治《大般涅槃经疏》卷一,《大正藏》第 38 卷,第 42 页中—下。

有三世,有非三世,圣人果性通三世、不通三世。由来解果性通三世是应身佛性,不通三世是法身佛性。此不然。只说果性通于因果,何须分应、法两身?若善五阴佛性通因果,因中佛性即三世摄,果佛性即非三世。三、开合异。前品生死河合四果,离三乘。此品涅槃河离四果,合三乘。四、通别异。前品通明五种佛性,天、人六道皆有佛性。此品专明正因佛性,阐提由正因故,还生善根。前品别据万善了因佛性,今品通据善、恶皆是佛性,故云善根人有,阐提人无;阐提人有,善根人无。五、前品对告一人,今品再对迦叶。诸异乃多。"[1]此文将《迦叶品》的独特内容作了准确归纳。特别是有关佛性思想的部分尤其重要。

《憍陈如品》也是以人名立品名的。憍陈如是释迦成道最初度化的弟子,在佛临涅槃时又守在佛的身边。灌顶解释说:这一安排,"其义甚多,且出四意:在先得道,是最初上座;左面右面,前佛灭度;持法领法,于今、未来;耆年长德,为最后座首;佛欲善始令终,故对其人。二、初转法轮,最先对之布衍甘露;后转法轮,复更对之,以开秘藏。三、本行理外,最初翻邪。今因其人,最后破外。四、初对之,令五人见谛。后对之,令十仙见理。以是义故,从人得名。若作付法,对陈如者。若领受言教,应在阿难。若住持绍继,应在迦叶。弘阐大旨,应在文殊。而诸大弟子,或已灭度,或复未来,耆年长德,见佛始终。必借上座堪任付嘱,故对告之,流通遗命"[2]。作为四十卷本的最后一品,应该有属于全经的"流通分"。而现行的昙无谶译本缺乏明显的"流通分"段落。因此,古代一直以为此译本翻经未尽。对此问题,灌顶有一解释:"若引昙无谶言'此经义足而文未尽'。若《引居士请僧经》云'三品未来'。又引下文命阿难,则有二事:一、令化须跋。二、应付嘱。命化已竟,未见付嘱,当知未尽。言有流通者,一、摄邪归正流通。二、付嘱流通。虽无付嘱之文,而有摄邪,故言

---

[1] 隋灌顶撰述、唐湛然再治《大般涅槃经疏》卷二八,《大正藏》第38卷,第197页上。
[2] 隋灌顶撰述、唐湛然再治《大般涅槃经疏》卷三二,《大正藏》第38卷,第219页上—中。

有流通分。"①

《迦叶品》、《憍陈如品》的主要内容是讲涅槃用。《迦叶品》是讲"摄恶用",《憍陈如品》是讲"摄邪用"。灌顶等将《迦叶品》分为"明佛性用"和"叹经"两大部分,又将"叹经"分为三层:"一、正就教叹。二、就行叹。三、就佛叹。初正叹教,能生中道佛性,遂使阐提还生善根,是故叹教。依教而行,此行希有,是故叹行。佛是教主,是故叹佛。此即叹三宝也。"②而"明佛性用"又分为"明断善"和"明生善"两大层次。而《憍陈如品》则分为"结正观行"和"破诸邪说"两大部分,前一部分较简短,后一部分则破十外道,其中第十位则涉及阿难,并且四十卷本就此结束。为了节省篇幅,《迦叶品》中的"叹经"部分、《憍陈如品》中的破第一至第九外道部分的内容全部省略不论,其余部分则略作论述。为行文便利,直接以内容拟小标题,不出品名。而"明断善"部分是专门论述一阐提的,在下一节再详论,此从略。

一、明生善

这部分的内容是说明,由于众生皆有佛性,因而可以生善。灌顶判释说,这部分包含"双明中道生善"、"单明中道"、"单明生善"三部分。从灌顶《涅槃经疏》的表述看,第一部分不但涉及"中道",也涉及"生善",因而名之为"双明",后二者则分别论及"中道"和"生善"。其中"双明中道生善"、"单明中道为成生善"部分,集中论述了佛性思想,留待下文专门论述,此从略。仅仅将"单明生善"部分作一论述。

这一部分是询问烦恼众生何以会产生"善"。迦叶菩萨问佛:"世尊,一切众生皆从烦恼而得果报。言烦恼者,所谓恶也。从恶烦恼所生烦恼,亦名为恶。如是,烦恼则有二种:一、因。二、果。因恶,故果恶。果

---

① 隋灌顶撰述、唐湛然再治《大般涅槃经疏》卷三二,《大正藏》第38卷,第219页中。
② 隋灌顶撰述、唐湛然再治《大般涅槃经疏》卷三一,《大正藏》第38卷,第216页下。

恶,故子恶。如纴婆果,其子苦故,华、果、茎、叶一切皆苦。犹如毒树,其子毒故,果亦是毒。因亦众生,果亦众生。因亦烦恼,果亦烦恼。烦恼因、果,即是众生,众生即是烦恼因、果。若从是义,云何如来先喻雪山亦有毒草、微妙药王?若言烦恼即是众生,众生即是烦恼,云何而言,众生身中有妙药王?"①烦恼为众生,众生即是烦恼。烦恼为众生,即是因苦而无善。众生即是烦恼,即是果苦而不善。如此,都因果都属于不善,众生为何而得以生出善法?

佛回答说:"雪山喻者,即是众生。言毒草者,即是烦恼。妙药王者,即净梵行。善男子,若有众生,能修如是清净梵行,是名身中有妙药王。"②至于"云何众生有清净梵行?"佛回答说:"犹如世间从子生果。是果有能与子作因,有不能者,有能作者,是名果子。若不能作,唯得名果,不得名子。一切众生亦复如是,皆有二种:一者,有烦恼果是烦恼因。二者,有烦恼果非烦恼因。是烦恼果非烦恼因,是则名为清净梵行。"③此中所说,众生亦不尽具有此梵行。如世果子,其已是果,但此果不必并生于子。众生如果不能修行,烦恼果上复生烦恼因。如果修善,则只有惑果,无有惑因,这就是众生身中有清净梵行的意思。这是此问题的简要回答,经中的其他繁复说法从略。

二、破邪

"破邪"部分的内容是世尊破除十位外道之邪说邪见邪行。前九位依次是婆罗门阇提首那、梵志阿私咃、先尼、迦叶、富那、清静、犊子、纳衣、婆罗门弘广等,佛一一为之说法解答,使其获得正果。这时,阿难在娑罗林外为魔所挠,佛赞阿难为多闻藏,具八善法,能持十二部经,派遣文殊摄归阿难,并令其与梵志须跋陀同来见佛,佛度须跋陀得阿罗汉果,

---

① 北凉昙无谶译《大般涅槃经》卷三七,《大正藏》第12卷,第583页中—下。
②③ 同上书,第583页下。

大众皆得法益。此位须跋陀即是世尊临涅槃时化度的第十位外道。

须跋陀拜见世尊之后说："世尊,我已先调伏心。"①佛问他："汝今云何能先调心?"须跋陀回答说："世尊,我先思惟,欲是无常、无乐、无净。观色即是常、乐、清净。作是观已,欲界结断,获得色处。是故名为先调伏心。次复观色,色是无常,如痈,如疮,如毒,如箭。见无色常清净、寂静。如是观已,色界结尽,得无色处。是故名为先调伏心。次复观想,即是无常、痈、疮、毒、箭。如是观已,获得非想非非想处。是非想非非想处,即一切智寂静清净,无有堕坠,常恒不变。是故我能调伏其心。"佛说："汝云何能调伏心耶? 汝今所得非想非非想定,犹名为想。涅槃无想,汝云何言获得涅槃? 善男子,汝已先能呵责粗想,今者云何爱著细想? 不知呵责如是非想非非想处,故名为想,如痈,如疮,如毒,如箭。善男子,汝师郁头蓝弗利根聪明,尚不能断如是非想非非想处,受于恶身,况其余者?"②

然后,世尊讲了一番"无相之想名为实想"的道理。经文说："一切法无自相、他相及自他相,无无因相、无作相、无受相,无作者相、无受者相,无法非法相,无男女相,无士夫相,无微尘相,无时节相,无为自相,无为他相,无为自他相,无有相、无无相,无生相、无生者相,无因相、无因因相,无果相、无果果相,无昼夜相,无明暗相,无见相、无见者相,无闻相、无闻者相,无觉知相、无觉知者相,无菩提相、无得菩提者相,无业相、无业主相,无烦恼相、无烦恼主相。善男子,如是等相,随所灭处,名真实相。善男子,一切诸法皆是虚假。随其灭处,是名为实。是名实相,是名法界,名毕竟智,名第一义谛,名第一义空。善男子,是相法界毕竟智、第一义谛、第一义空,下智观故,得声闻菩提;中智观故,得缘觉菩提;上智观故,得无上菩提。"③

---

① ② 北凉昙无谶译《大般涅槃经》卷四〇,《大正藏》第12卷,第603页中。
③ 同上书,第603页中—下。

须跋陀罗由此得阿罗汉果。四十卷《大般涅槃经》至此结束。

第七节 《大般涅槃经》的涅槃佛性思想要义

从上述详细分析可以看出,《大般涅槃经》确实是一部如来藏经典的集大成者。举凡前期如来藏经典讨论的问题、命题,在此经中都得到了充分的展开。尤其是,这部经典具有早期如来藏经典所不具备的三大融合性特征:一是将如来藏、佛性思想与作为"果位"的涅槃思想紧密地结合在一起;二是充分地将如来藏、涅槃思想坚实地奠基于般若中观思想的基石之上;三是将早期如来藏经典已经开显出来的"修证"特质发展到新的高度。这三点,在本著所罗列的早期如来藏经典中仅仅是零星地出现,而至《大般涅槃经》中才蔚为大观。本节在前述详细分析说明之后,拟分四大问题提纲挈领地总结一下此经有关佛性、涅槃方面的论述。

一、如来常住不变

从上述详细分析中已经可以看出,《大般涅槃经》所具有的不同于早期如来藏经典的展开背景,即佛陀临近涅槃时所显现出的"病容"。尽管现存的汉译四十卷本《大般涅槃经》没有涉及佛陀涅槃、烧身、分舍利、建塔供养等内容,但这部经的内容之所以形成的大背景本身就决定了此经迫切需要解释的问题是佛陀"色身"的"可灭"与如来常住之间的不协调。我们将在此标题下回顾一下此经解释此问题的基本框架。

释迦牟尼成道,经过四十年说法,于八十岁在拘尸那揭罗城外的沙罗双树林下入灭。这一事件对于当时的佛教信仰者来说是一件令人震惊的事情,对于后世的信众也需要一种与其信仰协调的解释。对佛陀从诞生到入涅槃的历程,小乘佛教以"有余涅槃"和"无余涅槃"来解释。"有余涅槃"为圣者生身所证,"无余涅槃"为圣者灭后所证。"有余"、"无余涅槃"所证的境界都是灭尽有漏、成就净行、所作已了、正智解脱的境界,而其不同则在于"有余涅槃"者尚存五根,以"色身"显现,"无余涅槃"则已经舍弃了"色身"。

对于世尊舍依身入涅槃,原始佛教佛典已有解释。《中阿含经》说:"云何无余涅槃?比丘行当如是,我者无我,亦无我所,当来无我,亦无我所,已有便断,已断得舍,有乐不染,合会不著,行如是者,无上息迹,慧之所见,而已得证。我说彼比丘不至东方可,不至西方、南方、北方,四维上下,便于现法中息迹灭度。"①这是《中阿含经·七法品善人往经》中的一段话。此经中世尊先宣示了"七善人所往至处"之后,以上述语言解释了"无余涅槃"。由此可见,此中所说的"无余涅槃"比"七善人所往至处"的"涅槃"要超越得多。此正如《杂阿含经》卷三二所说:"若说如来后有生死者,是则为色;若说如来无后生死,是则为色,如来者色已尽,心善解脱,言有生死者,此则不然。如来若有若无,若有无,若非有非,无后生死,不可记说。"②一般以为这里所说就是《中阿含经·七法品善人往经》中所言的"无余涅槃"之境界。但应该指出,早期佛典所使用的"无余涅槃"总是与佛相关联。而大乘佛教"涅槃类经典"所说的"大涅槃"也是如此,总是与佛以及七地之后的菩萨相关。

"如来常住不变"的说法在《大般涅槃经》中几乎无所不在,"初分"品名本身就体现出了这一意蕴。法显等翻译的《佛说大般泥洹经》卷二有《长寿品》和《金刚身品》的名目。而这两品的内容在昙无谶译本中则统一于《寿命品》之中。

《长寿品》中,迦叶所提首要问题就是"何因得长寿,金刚不坏身?"③世尊的回答可归纳如下:

第一,"如是菩萨修长寿业,一切众生如一子想,于诸众生大慈大悲,大喜大舍,受持净戒,不害众生,立一切众生于五戒十善业迹,随其力能,

---

① 东晋僧伽提婆等译《中阿含经》卷二,《大正藏》第1卷,第427页下。
② 刘宋求那跋陀罗译《杂阿含经》卷三二,《大正藏》第2卷,第226页中。
③ 东晋法显译《大般泥洹经》卷二,《大正藏》第12卷,第863页下。

济诸地狱、饿鬼、畜生为断一切恶趣业缘,未脱者脱未度者度,志念坚强成方便智。因此业行得依果报果,长寿无极,成大妙智,无畏自在。菩萨如是永离死法"①。这一表述实际上是说,自己之所以"长寿"也是因为如此修行而致,其结语是:"是故当知,菩萨摩诃萨等视众生如一子想,修习如是平等三昧,心不怀害,是为菩萨长寿之业智慧自在。"②

第二,迦叶菩萨又问佛:"世尊亦复如是,言菩萨摩诃萨视一切众生如一子想,缘是功德便得长寿,智慧自在常住不死。而今世尊同人间寿,得无世尊无数劫中,常于一切众生怀刀剑想耶?怪哉!世尊,受斯短寿,害众生果,同其世人百岁寿命。尚非菩萨,况复如来?"③此中提及世尊的寿数为何"同其世人百岁寿命",而世尊却又说"菩萨视一切众生如一子想,缘是功德便得长寿,智慧自在常住不死"。对此,世尊告诉会众:"莫于如来应供等正觉前发斯粗言!汝善男子当知,如来长寿无量。当知如来是常住法,当知如来非变易法,当知如来非磨灭法。"④

第三,迦叶菩萨又问佛:"云何得知如来长寿?"⑤佛告诉迦叶等:"如阎浮提八大河及诸泉流悉归于海,无有尽极,当知大海泉流之器。如来亦然。诸天世人,一切寿命皆归如来寿命大海。以是义故,当知如来其寿无量。又复迦叶,譬如虚空常住不变,如来常住,亦复如是。亦如醍醐清凉之药能除热恼,如来应供等正觉常以清凉醍醐法药,广为众生除诸患难,是故如来常住清凉,无诸患恼。"⑥此中以几个譬喻来说明如来常住不变。

第四,迦叶菩萨又问佛:"世尊,若当如来长寿无量,又欲安乐一切众生者,今日世尊。应当住世一劫若过一劫,以清凉法水普雨众生。唯愿世尊,哀愍住世。"⑦佛告迦叶:"莫于如来作尽灭想。若比丘、比丘尼、优婆塞、优婆夷及诸外道,尚有五德,能住寿一劫,若过一劫,经行虚空,坐

---

① 东晋法显译《大般泥洹经》卷二,《大正藏》第12卷,第864页上。
②③④⑤⑥ 同上书,第864页下。
⑦ 同上书,第864页下—865页上。

卧自在,左胁出火,右胁出水,从身出烟,能令自身大而无极,细入无间。有此五德,便得如是自在神力。岂况如来成就一切无量功德,而力不能住世一劫,若过一劫,是故当知如来常住,非变易法,非磨灭法。当知此身非秽食身,于此世界应化之身,如毒药树今当舍之。是故迦叶当知,如来法身常住,非变易法,非磨灭法。"①此中,世尊强调如来常住自在,如来法身常住不变,然非凡夫所能理解。由此引出了迦叶菩萨的下一个问题。

第五,迦叶菩萨又问佛:"世尊,世间者出世间者,有何等异？佛言'如来常住',世人亦言常住。我迦叶种说,先师梵天其神有常,周游往来。若如来常住者,世间法离世间法未见其异？"②佛告诉迦叶等:"众生愚痴,亦复如是。正法淳泽,深广妙义。佛既灭度,如牛主死,彼诸众生在生死旷泽,如彼野人,以世俗智于佛正法淳泽律仪作颠倒想,言有众生我人寿命。此是解脱,此是常生,是诸众生邪惑所覆,不识解脱,不识常住,习诸异见,不得出要,远离真谛律仪行处,不知如来是常住法……唯有如来常住不灭。是故,善男子,当做方便,离诸狐疑,勤思如来是常住法。"③

《金刚身品》宗旨就是宣说如来法身常住、金刚不坏以及所成就的无量微妙功德,并说明之所以成就此金刚身是由于护持正法的因缘。而此品品名"金刚"就是用来譬喻如来之"身"的。"金刚"就是"譬法身至极,摄一切法,体坚牢固,譬常住不动"④。

在此品的起首,佛明确地告诉会众:"如来身者是常住身、不可坏身、金刚之身,非杂食身,即是法身。"⑤迦叶菩萨代表会众对此提出疑问:"如佛所说如是等身我悉不见,唯见无常破坏、微尘杂食等身。何以故？如

---

①② 东晋法显译《大般泥洹经》卷二,《大正藏》第12卷,第865页上。
③ 同上书,第865页上一中。
④ 隋灌顶撰述、唐湛然再治《大般涅槃经疏》卷八,《大正藏》第38卷,第82页中。
⑤ 北凉昙无谶译《大般涅槃经》卷三,《大正藏》第12卷,第382页下。

来当入于涅槃故。"①对此,经中有一较长的解释,这一回答,准确统计共有一百六十句,简称为一百句。

对于此一百六十句,"依经又三番,前三句为一番,明非人、天身,似如非俗入真"②。经文是:"汝今莫谓如来之身不坚可坏如凡夫身。善男子,汝今当知,如来之身无量亿劫坚牢难坏,非人天身,非恐怖身,非杂食身。"③其后的"八十句为一番,明非身是身,似如非真出俗"④。其经文是:"如来之身非身是身,不生不灭,不习不修,无量无边,无有足迹,无知无形,毕竟清净,无有动摇,无受无行,不住不作,无味无杂,非是有为,非业非果,非行非灭,非心非数,不可思议,常不可思议,无识离心亦不离心,其心平等,无有亦有,无有去来而亦去来,不破不坏,不断不绝,不出不灭,非主亦主,非有非无,非觉非观……非性住性,非合非散,非长非短,非圆非方,非阴、入、界亦阴、入、界,非增非损,非胜非负。如来之身成就如是无量功德。"⑤最后,"后十七句为一番,明无有知者无不知者,似如双非二边"⑥。其经文是:"无有知者无不知者,无有见者无不见者,非有为非无为,非世非不世,非作非不作,非依非不依,非四大非不四大,非因非不因,非众生非不众生,非沙门非婆罗门,是师子大师子,非身非不身,不可宣说,除一法相,不可算数,般涅槃时不般涅槃。"⑦

灌顶《涅槃经疏》说:"然古旧相承,不解百非,唯释非身是身一句。"⑧灌顶罗列了七家,较贴切者如:"兴皇云:法身不为是之与非,是所不能是,非所不能非,绝百非,非百是,无是无非,能是能非,故言是身非身。观师云:是身非身,因缘相成;法身非身,不妨是身;终日是身而复非身,终日非身而复是身。文一云:是空离空,虽不常住,非念念灭。此两家是

---

① 北凉昙无谶译《大般涅槃经》卷三,《大正藏》第12卷,第382页下—383页上。
②④⑥ 隋灌顶撰述、唐湛然再治《大般涅槃经疏》卷八,《大正藏》第38卷,第84页中。
③⑤ 北凉昙无谶译《大般涅槃经》卷三,《大正藏》第12卷,第383页上。
⑦ 同上书,第383页上—中。
⑧ 隋灌顶撰述、唐湛然再治《大般涅槃经疏》卷八,《大正藏》第38卷,第83页上。

一意。"①兴皇法朗和慧观法师上述解释是对于经中"如来之身非身是身"一句的解释。

此后迦叶菩萨又问佛言:"如来法身金刚不坏,而未能知所因云何?"②佛言:"迦叶,以能护持正法因缘故,得成就是金刚身。迦叶,我于往昔护法因缘,今得成就是金刚身常住不坏。"③此后有一较为详细的回答,兹从略。此品最后的结论是:"如来身者,即是金刚不可坏身。"④

二、涅槃四德——常乐我净

在明确了如来是常住不灭之后,经中竭力突出的就是如来之"涅槃"与一般所理解的"涅槃"以及所谓一般"圣者"的"涅槃"不同。这种不同首先就体现在如来涅槃具有"四德",即"常乐我净"。为了突出这一区别,经中有几处明确地将如来的涅槃称之为"大涅槃",《德王菩萨品》即有集中论述。

对于"涅槃"之"常乐我净",光明遍照高贵德王菩萨摩诃萨代表会众提出几点疑问。关于涅槃之"常",有七重反诘,佛陀则逐次作了回答:

(1) 光明遍照高贵德王菩萨摩诃萨的提问是:"断烦恼者,名得涅槃。若未断者,名为不得。以是义故,涅槃之性,本无今有。若世间法本无今有,则名无常。譬如瓶等,本无今有,已有还无,故名无常。涅槃亦尔,云何说言常、乐、我、净?"⑤

对上问,世尊回答说:"涅槃之体,非本无今有。若涅槃体本无今有者,则非无漏常住之法。有佛无佛,性相常住。以诸众生烦恼覆故,不见涅槃,便谓为无。菩萨摩诃萨以戒、定、慧勤修其心,断烦恼已,便得见之。当知涅槃是常住法,非本无今有,是故为常。善男子,如暗室中井,

---

① 隋灌顶撰述、唐湛然再治《大般涅槃经疏》卷八,《大正藏》第38卷,第83页上—中。
②③ 北凉昙无谶译《大般涅槃经》卷三,《大正藏》第12卷,第383页中。
④ 同上书,第384页下。
⑤ 北凉昙无谶译《大般涅槃经》卷二一,《大正藏》第12卷,第491页下。

种种七宝,人亦知有暗故不见。有智之人善知方便,然大明灯,持往照了,悉得见之。是人于此终不生念:水及七宝本无今有。涅槃亦尔,本自有之,非适今也。烦恼暗故,众生不见。大智如来以善方便然智慧灯,令诸菩萨得见涅槃常、乐、我、净,是故智者于此涅槃不应说言本无今有。"①此中是说,涅槃之体,并非本无今有,如果这样看待,便不是无漏常住之法。化解这一疑问的理路就是佛与众生之"见"不同。涅槃之体是佛体,因而是性相常住的。而众生则被烦恼所遮蔽,不能见涅槃,便以为涅槃是无。而经又以譬喻来说明。这一回答直接开启了南北朝时期佛性"本有"与"始有"的讨论。如灌顶所概括的:"地人作真、缘两修释,言真修是本有,缘修是始有。三论师用正、因缘因释,正因是本有,缘因是始有。"②

(2)德王菩萨第二个提问是:"凡因庄严而得成者,悉名无常。涅槃若尔,应是无常。何等因缘?所谓三十七品、六波罗蜜、四无量心、观于骨相、阿那波那、六念处、破析六大,如是等法,皆是成就涅槃因缘,故名无常。"③这是说,依照世俗的常识,凡是凭借"庄严"而成之事物,必然是无常的。而涅槃是凭依三十七道品、六度等"修为"而成的,因而也应该是"无常的"。

对此,世尊回答说:"汝言因庄严故,得成涅槃应无常者,是亦不然。何以故?善男子,涅槃之体非生非出,非实非虚,非作业生,非是有漏有为之法,非闻非见,非堕非死,非别异相亦非同相,非往非还,非去来今,非一非多,非长非短,非圆非方,非尖非邪,非相非想,非名非色,非因非果,非我我所。以是义故,涅槃是常恒不变易,是以无量阿僧祇劫修集善法以自庄严,然后乃见。"④此中首先否定的是将涅槃当做"修为"才"产生"的观念。此后的三个譬喻着力说明的正是此点。经文说:"譬如地下

---

① 北凉昙无谶译《大般涅槃经》卷二一,《大正藏》第12卷,第492页上。
② 隋灌顶撰述、唐湛然再治《大般涅槃经疏》卷二〇,《大正藏》第38卷,第159页上。
③ 北凉昙无谶译《大般涅槃经》卷二一,《大正藏》第12卷,第491页下。
④ 同上书,第492页上一中。

有八味水,一切众生而不能得。有智之人施功穿掘,则便得之。涅槃亦尔。譬如盲人,不见日月,良医疗之,则便得见。而是日月非是本无今有。涅槃亦尔。先自有之,非适今也。善男子,如人有罪,系之囹圄,久乃得出,还家得见父母、兄弟、妻子、眷属。涅槃亦尔。"①正如"八味水"、日月等是原本存在的一样,涅槃也是如此,涅槃本身是常恒不变易的,菩萨只是通过修集善法而庄严了她,使其显现出来而已。

(3) 德王菩萨第三层提问是:"有名无常。若涅槃是有,亦应无常。如佛昔于阿含中说声闻、缘觉、诸佛世尊皆有涅槃。以是义故,名为无常。"②

(4) 德王菩萨第四层提问是:"可见之法,名为无常。如佛先说,见涅槃者,则得断除一切烦恼。"③

(5) 德王菩萨第五层提问是:"譬如虚空,于诸众生等无障碍,故名为常。若使涅槃是常等者,何故众生有得、不得涅槃?若尔,于诸众生不平等者,则不名常。世尊,譬如百人共有一怨,若害此怨,则多人受乐。若使涅槃是平等法,一人得时,应多人得;一人断结,应多人亦断;若不如是,云何名常?"④

(6) 德王菩萨第六层提问是:"譬如有人恭敬、供养、尊重、赞叹国王、王子、父母、师长,则得利养,是不名常。涅槃亦尔,不名为常。何以故?如佛昔于阿含经中告阿难言:若有人能恭敬涅槃,则得断结,受无量乐。以是义故,不名为常。"⑤

(7) 德王菩萨第七层提问是:"若涅槃中有常、乐、我、净名者,不名为常。如其无者,云何可说?"⑥

世尊以五因、二因说一并回答上述五问。

五因是"生因"、"和合因"、"住因"、"增长因"、"远因"。"生因者,即

---

① 北凉昙无谶译《大般涅槃经》卷二一,《大正藏》第 12 卷,第 492 页中。
② 同上书,第 491 页下。
③ 同上书,第 491 页下—492 页上。
④⑤⑥ 同上书,第 492 页上。

是业烦恼等及外诸草木子,是名生因。云何和合因?如善与善心和合,不善与不善心和合,无记与无记心和合,是名和合因。云何住因?如下有柱,屋则不堕;山河、树木因大地故,而得住立;内有四大无量烦恼,众生得住。是名住因。云何增长因?因缘衣服、饮食等故,令众生增长。如外种子,火所不烧,鸟所不食,则得增长。如诸沙门、婆罗门等,依因和上善知识等而得增长。如因父母,子得增长。是名增长因。云何远因?譬如因咒,鬼不能害,毒不能中;依凭国王,无有盗贼;如芽依因地、水、火、风等;如水、钻及人,为苏远因;如明、色等为识远因;父母精血为众生远因;如时节等,悉名远因。"①其结语是:"涅槃之体非是如是五因所成,云何当言是无常因?"②

"二因"是指"作因"、"了因"。经文说:"如陶师轮绳,是名作因。如灯烛等照暗中物,是名了因。善男子,大涅槃者不从作因而有,唯有了因。了因者,所谓三十七助道法、六波罗蜜,是名了因。善男子,布施者,是涅槃因,非大涅槃因,檀波罗蜜乃得名为大涅槃因。三十七品是涅槃因,非大涅槃因,无量无边阿僧祇助菩提法,乃得名为大涅槃因。"③此中的理路是,能够成就大涅槃的这些方法都属于"了因",而不属于"作因"。属于"作因"方是"无常",因此,大涅槃应属于"常"。此又对涅槃与"大涅槃"作了区别,经中有辨析,见下文。

在昙无谶译本第二十三卷,德王菩萨又问佛说:"如佛上说,菩萨摩诃萨修大涅槃,闻不闻中有涅槃、有大涅槃。云何涅槃?云何大涅槃?"④依据灌顶等的解释,佛的回答可分为两层次:"一者,举大、小相对,是就相待义答。二者,就绝待义答其大涅槃问。"⑤

所谓"相待义"是指以"比较"的方法来说明,即先举"十譬",后以"五

---

① 北凉昙无谶译《大般涅槃经》卷二一,《大正藏》第12卷,第492页中。
②③ 同上书,第492页下。
④ 北凉昙无谶译《大般涅槃经》卷二三,《大正藏》第12卷,第502页上。
⑤ 隋灌顶撰述、唐湛然再治《大般涅槃经疏》卷二一,《大正藏》第38卷,第162页下。

事",来比照说明涅槃、大涅槃的区别。"十譬"是:"如世人言:有海、大海,有河、大河,有山、大山,有地、大地,有城、大城,有众生、大众生,有王、大王,有人、大人,有天、天中天,有道、大道。涅槃亦尔,有涅槃,有大涅槃。"①此后有详解,此处从略,仅将"五事"作些说明。

所谓"五事"是:"如人饥饿,得少饭食,名为安乐。如是安乐,亦名涅槃。如病得差,则名安乐。如是安乐,亦名涅槃。如人怖畏,得归依处,则得安乐。如是安乐,亦名涅槃。如贫穷人获七宝物,则得安乐。如是安乐,亦名涅槃。如人观骨,不起贪欲,则得安乐。如是安乐,亦名涅槃。"②这里列举日常生活中五个方面的事情,说明稍微灭除一些苦、痛、恐怖等不适的感受,一般也有将其当做"涅槃"的,但"如是涅槃,不得名为大涅槃也。何以故?以饥渴故,病故,怖故,贫故,生贪著故,是名涅槃,非大涅槃"③。

此后,经中又举断伏之灭来说明涅槃。先言凡夫等:"若凡夫人及以声闻,或因世俗,或因圣道,断欲界结,则得安乐。如是安乐,亦名涅槃,不得名为大涅槃也。能断初禅,乃至能断非想非非想处结,则得安乐。如是安乐,亦名涅槃,不得名为大涅槃也。何以故?还生烦恼有习气故。"再言二乘:"声闻、缘觉有烦恼气,所谓我身、我衣、我去、我来、我说、我听,诸佛如来入于涅槃,涅槃之性无我、无乐,唯有常、净。"④因此,二乘所得非大涅槃,因为其并非"常、乐、我、净"。如此,其最后结论是:"常、乐、我、净,乃得名为大涅槃也。"⑤

所谓"绝待释"其实只是对于大涅槃的直接描述。第一层,大涅槃不可思议。经文说:"大名不可思议。若不可思议,一切众生所不能信,是则名为大般涅槃。唯佛、菩萨之所见故,名大涅槃。"⑥第二层,"可说"。

---

①② 北凉昙无谶译《大般涅槃经》卷二三,《大正藏》第12卷,第502页上。
③ 同上书,第502页上-中。
④⑤ 同上书,第502页中。
⑥ 同上书,第502页下。

经文说:"以何因缘,复名为大?以无量因缘然后乃得,故名为大。善男子,如世间人,以多因缘之所得者,则名为大。涅槃亦尔,以多因缘之所得故,故名为大。"①其后,逐次对于"大我"、"大乐"、"清净"作了解释。

关于"大我",经中首先明确说:"有大我故,名大涅槃。涅槃无我,大自在故,名为大我。"②此后,设定了"大自在"的标准,"有八自在,则名为我"③。

第一,一多。经文说:"能示一身以为多身,身数大小,犹如微尘,充满十方无量世界。如来之身实非微尘,以自在故,现微尘身。如是自在,则为大我。"④

第二,小大。经文说:"示一尘身满于三千大千世界,如来之身实不满于大千世界。何以故?以无碍故,直以自在故,满三千大千世界。如是自在,名为大我。"⑤

第三,轻重。经文说:"能以满此三千大千世界之身,轻举飞空,过于二十恒河沙等诸佛世界,而无障阂。如来之身实无轻重,以自在故,能为轻重,如是自在,名为大我。"⑥

第四,色心。经文说:"以自在故而得自在。云何自在?如来一心,安住不动。所可示化,无量形类,各令有心。如来有时或造一事,而令众生各各成办。如来之身,常住一土,而令他土一切悉见。如是自在,名为大我。"⑦

第五,根。经文说:"根自在故。云何名为根自在耶?如来一根亦能见色、闻声、嗅香、别味、觉触、知法,如来六根亦不见色、闻声、嗅香、别味、觉触、知法,以自在故,令根自在。如是自在,名为大我。"⑧

第六,得。经文说:"以自在故,得一切法。如来之心,亦无得想。何以故?无所得故。若是有者,可名为得。实无所有,云何名得?若使如来计有得想,是则诸佛不得涅槃,以无得故,名得涅槃。以自在故,得一

---

① ② ③ ④ ⑤ ⑥ 北凉昙无谶译《大般涅槃经》卷二三,《大正藏》第12卷,第502页下。
⑦ 同上书,第502页下—503页上。
⑧ 同上书,第503页上。

切法,得诸法故,名为大我。"①

第七,说。经文说:"说自在故,如来演说一切之义,经无量劫,义亦不尽。所谓若戒,若定,若施,若慧,如来尔时,都不生念,我说彼听,亦复不生一偈之想。世间之人,若四句为偈,随世俗故,说名为偈。一切法性亦无有说,以自在故,如来演说。以演说故,名为大我。"②

第八,见。经文说:"如来遍满一切诸处,犹如虚空。虚空之性,不可得见。如来亦尔,实不可见。以自在故,令一切见。如是自在,名为大我。如是大我,名大涅槃。以是义故,名大涅槃。"③

此外,又以宝藏作譬喻来说明"大我":"譬如宝藏多诸珍异,种种具足,故名大藏。诸佛如来甚深奥藏,亦复如是。多诸奇异,具足无缺,名大涅槃。复次,善男子,无边之物,乃名为大。涅槃无边,是故名大。"④

关于"大乐",经文是分为两层说明的。

第一层是解释"四乐":"有大乐故,名大涅槃。涅槃无乐,以四乐故,名大涅槃。"⑤四种如下:

第一,无苦、无乐之乐。经中解释说:"断诸乐故。不断乐者,则名为苦。若有苦者,不名大乐。以断乐故,则无有苦。无苦无乐,乃名大乐。涅槃之性,无苦无乐,是故涅槃名为大乐。以是义故,名大涅槃。"此外,"乐有二种:一者,凡夫。二者,诸佛。凡夫之乐,无常败坏,是故无乐。诸佛常乐,无有变异,故名大乐。"⑥其后,"有三种受:一者,苦受。二者,乐受。三者,不苦不乐受。不苦不乐,是亦为苦。涅槃虽同不苦不乐,然名大乐。以大乐故,名大涅槃。"⑦

第二,无喧无静,名大寂静,也名之为乐。经文说:"大寂静故,名为大乐。涅槃之性是大寂静。何以故?远离一切愦闹法故。以大寂故,名大涅槃。"⑧

---

①②③④⑤⑥ 北凉昙无谶译《大般涅槃经》卷二三,《大正藏》第12卷,第503页上。
⑦ 同上书,第503页上—中。
⑧ 同上书,第503页中。

第三,非知非无知乃名大知,名之为乐。经文说:"一切知故,名为大乐。非一切知,不名大乐。诸佛如来一切知故,名为大乐。以大乐故,名大涅槃。"①

第四,身不坏为乐。经文说:"身不坏故,名为大乐。身若可坏,则不名乐。如来之身金刚无坏,非烦恼身,无常之身,故名大乐。以大乐故,名大涅槃。"②这是说,非生死非涅槃之身是不坏的,因而名为大乐。

第二层是以有因缘、无缘来解释"大乐"。先言有因缘,再辨无因缘。涅槃即同无有因缘,这也是"绝待"之意。此是以若干譬喻来说明的,兹略。

关于大涅槃之"净"的解释相对较简要。经文说:"譬如有法,不可称量,不可思议,故名为大。涅槃亦尔,不可称量,不可思议故,得名为大般涅槃。以纯净故,名大涅槃。"③其后,以四种含义解释"净"。

第一,"二十五有名为不净。能永断故,得名为净。净,即涅槃。如是涅槃,亦得名有,而是涅槃实非是有。诸佛如来随世俗故,说涅槃有。譬如世人,非父言父,非母言母,实非父母而言父母。涅槃亦尔,随世俗故,说言诸佛有大涅槃。"④

第二,"业清净故。一切凡夫业不清净,故无涅槃。诸佛如来业清净故,故名大净。以大净故,名大涅槃。"⑤

第三,"身清净故。身若无常,则名'不净'。如来身常故,名大净。以大净故,名大涅槃。"⑥

第四,"心清净故。心若有漏,名曰'不净'。佛心无漏故,名大净。以大净故,名大涅槃。"⑦

最后,这部分还有一重要内容就是经中反复出现的涅槃与大涅槃的区分。在此,有一明确界定,"不见佛性而断烦恼,是名涅槃非大涅槃。

---

①② 北凉昙无谶译《大般涅槃经》卷二三,《大正藏》第12卷,第503页中。
③④⑤⑥⑦ 同上书,第503页下。

以不见佛性故,无常,无我,唯有乐、净。以是义故,虽断烦恼,不得名为大般涅槃。若见佛性,能断烦恼,是则名为大般涅槃。以见佛性故,得名为常、乐、我、净。以是义故,断除烦恼,亦得称为大般涅槃"①。此后有一段文字分十一层解释涅槃的含义:

> 涅者,言不;槃者,言织。不织之义,名为涅槃。槃又言覆,不覆之义乃名涅乐。槃言去、来,不去不来,乃名涅槃。槃者,言取,不取之义,乃名涅槃。槃言不定,定无不定,乃名涅槃。槃言新故,无新故义,乃名涅槃。槃言障阂,无障阂义,乃名涅槃。善男子,有优楼迦迦毗罗弟子等言:槃者,名相无相之义,乃名涅槃。善男子,槃者言有,无有之义,乃名涅槃。槃名和合,无和合义,乃名涅槃。槃者言苦,无苦之义,乃名涅槃。
>
> 善男子,断烦恼者,不名涅槃。不生烦恼乃名涅槃。
>
> 善男子,诸佛如来烦恼不起,是名涅槃。所有智慧于法无碍,是为如来。如来非是凡夫、声闻、缘觉、菩萨,是名佛性。如来身、心智慧,遍满无量无边阿僧祇土,无所障碍,是名虚空。如来常住,无有变易,名曰实相。以是义故,如来实不毕竟涅槃。②

尽管上述引文未将"涅槃"与"大涅槃"作区别,但一般以如来涅槃或菩萨所能证得之涅槃都属于大涅槃境界。

三、涅槃常乐我净与外道学说的区别

在《圣行品》有一段文殊菩萨代表会众与佛讨论如来常乐我净的理解问题。文殊师利言:"如佛所说,有常、有我、有乐、有净是实义者,诸外道等应有实谛,佛法中无。"③这一问难的要点在于借此佛为会众澄清佛

---

① 北凉昙无谶译《大般涅槃经》卷二五,《大正藏》第12卷,第514页下。
② 同上书,第514页下—515页上。
③ 北凉昙无谶译《大般涅槃经》卷一三,《大正藏》第12卷,第444页上—中。

果的"常乐我净"与外道所言"实法"的区别。文殊菩萨代表会众所作的问难中有二十四个"复次",分别陈述了外道对于有"常、乐、我、净"的执著。世尊则针对这些观点,逐次作了批驳。以下则先叙述问难,再分析说明世尊的反驳。

(一) 外道计执"常"与世尊的反驳

文殊菩萨归纳了外道执"常"的八个方面理由:

第一,以因果故知有"常"。经中归纳说:"诸外道辈亦复说言诸行是常,云何是常?可意、不可意诸业报等受不失故。可意者,名十善报。不可意者,十不善报。若言诸行悉皆无常,而作业者于此已灭,谁复于彼受果报乎?以是义故,诸行是常。"①以现代的语言概括,这一条理由是善恶需有一个"常"者作为承担者。

第二,如有杀生之因必然应得恶果,此中因果须"常"。经中归纳说:"杀生因缘,故名为常。世尊,若言诸行悉无常者,能杀、可杀,二俱无常。若无常者,谁于地狱而受罪报?若言定有地狱受报,当知诸行实非无常。"②这一条与前一条相比,可算做是其事例。

第三,据能专念故"常"。经中归纳说:"系心专念,亦名为常。所谓十季所念,乃至百季亦不忘失,是故为常。若无常者,本所见事,谁忆谁念?以是因缘,一切诸行非无常也。"③此中的"念"大致可以以修行中的"观"来理解。

第四,举忆想据所念故"常"。经中归纳说:"一切忆想亦名为常。有人先见他人手足、头项等相,后时若见,便还识之。若无常者,本相应灭。"④此中的"念"大致可以以今日习惯说的"记忆"来理解。

第五,举修习故有"常"。经中归纳说:"诸所作业以久修习,若从初学,或经三季或经五季,然后善知,故名为常。"⑤这是从信众"修行"的角度说的。

---

①②③④⑤ 北凉昙无谶译《大般涅槃经》卷一三,《大正藏》第12卷,第444页中。

第六,举筭数故有"常"。经中归纳说:"算数之法,从一至二,从二至三,乃至百千。若无常者,初一应灭。初一若灭,谁复至二?如是常一,终无有二。以一不灭故,得至二,乃至百千,是故为常。"①这是从计数角度说的。

第七,据读诵故有"常"。经中归纳说:"如读诵法,诵一阿含至二阿含,乃至三、四阿含。如其无常,所可读诵终不至四。以是读诵增长因缘,故名为常。"②此中所举例子属于佛教之例,说的是从诵读记忆经典的角度说应有"常"。

第八,据形相故有"常"。经中归纳说:"瓶、衣、车乘,如人负责,大地形相,山河树林,药木草叶,众生治病,皆悉是常,亦复如是。世尊,一切外道皆作是说,诸行是常。若是常者,即是实谛。"③这一条大致可以与今日所说的客观世界或客观事物来理解。

世尊反驳说:"善男子,若有沙门、婆罗门有常、有乐、有净、有我者,是非沙门、非婆罗门。"④这一句是针对文殊菩萨所举的对于"常乐我净"四方面之执著的总体批驳。此后有一段很长的经文破斥上述外道对于"常"的理解与执著。

首先有一段总体性的批驳。世尊说:"善男子,我观诸行悉皆无常。云何知耶?以因缘故,若有诸法从缘生者,则知无常。是诸外道无有一法不从缘生。善男子,佛性无生无灭,无去无来。非过去、非未来、非现在,非因所作、非无因作,非作、非作者,非相、非无相,非有名、非无名,非名、非色,非长、非短,非阴、界、入之所摄持,是故名常。善男子,佛性即是如来,如来即是法,法即是常。善男子,常者,即是如来。如来即是僧,僧即是常。以是义故,从因生法,不名为常。是诸外道,无有一法不从因生。"⑤此中有两层要义:一是外道所讲的"法"无不是从因缘而生的,因

---

①②③ 北凉昙无谶译《大般涅槃经》卷一三,《大正藏》第12卷,第444页中。
④ 同上书,第445页上。
⑤ 同上书,第445页中—下。

此,这些"法"都是"无常"的。二是"佛性"与之相反,佛性即是如来,即是法,是非生非灭的,如此等等,所以是"常"。

正是在上述逻辑下,世尊直接指出:"诸凡夫人,先见瓶衣、车乘、舍宅、城郭、河水、山林、男女、象马、牛羊,后见相似,便言是常。当知其实非是常也。善男子,一切有为皆是无常。虚空无为,是故为常。佛性无为,是故为常。虚空者,即是佛性。佛性者,即是如来。如来者,即是无为。无为者,即是常。常者,即是法。法者,即是僧。僧即无为。无为者,即是常。"①一言以蔽之,"有为法"都是"无常","无为法"是"常",外道所说之"法"全属"有为法",所以他们是以"无常"为"常"。

第二,世尊从"色"、"心"两个角度阐明上述道理。经中说:"有为之法凡有二种:色法,非色法。非色法者,心、心数法。色法者,地、水、火、风。"②

第三,"心"是"无常"的。经中说:"心名无常。何以故?性是攀缘,相应分别故。"③其后,经中部分"六识"、"六尘"的内容不同,而"眼识相应异,乃至意识相应异,是故无常"④。因为六识所相应的"对象"不同,可见,"心"一定是"无常"的。"心若常者,眼识应独缘一切法。善男子,若眼识异,乃至意识异,则知无常。以法相似,念念生灭,凡夫见已,计之为常。善男子,诸因缘相可破坏故,亦名无常。所谓因眼、因色、因明、因思惟,生于眼识。耳识生时,所因各异。非眼识因缘,乃至意识异亦如是。"⑤最后的结论必然是"心名无常"。

再以"三圣"、"凡夫"之心不同来论说"心"无常。经中说:"心性异故,名为无常。所谓声闻心性异,缘觉心性异,诸佛心性异。一切外道心有三种:一者,出家心。二者,在家心。三者,在家远离心。乐相应心异,苦相应心异,不苦不乐相应心异。贪欲相应心异,瞋恚相应心异,愚痴相应心异。一切外道心相亦异,所谓愚痴相应心异,疑惑相应心异,邪见相

---

①②③④⑤ 北凉昙无谶译《大般涅槃经》卷一三,《大正藏》第12卷,第445页下。

应心异,进止威仪其心亦异。"①

第四,正面破斥前述八个方面的理由,但不是一一对应,有一些是放在批驳有"我"论时论及的。限于篇幅,暂不作对应性解释。经中说:"心若常者,亦复不能分别诸色,所谓青、黄、赤、白、紫色。善男子,心若常者,诸忆念法,不应忘失。善男子,心若常者,凡所读诵,不应增长。复次,善男子,心若常者,不应说言已作、今作、当做。若有已作、今作、当做,当知是心,必定无常。善男子,心若常者,则无怨亲,非怨非亲。心若常者,则不应言我物、他物,若死,若生。心若常者,虽有所作,不应增长。善男子,以是义故,当知心性各各别异,有别异故,当知无常。"②这些反诘,从印度逻辑上说应该是有充分的说服力的。

第五,"色"是"无常"。经中分为十句,兹略加罗列:"是色无常,本无有生,生已灭故。内身处胎,歌罗逻时,本无有生,生已变故。外之牙茎,本亦无生,生已变故。是故当知一切色法悉皆无常。……诸色可灭故,知无常。歌罗逻灭时异,乃至老灭时异,牙灭时异,乃至果灭时异故,知无常。凡夫无知见相似生计以为常,以是义故,名曰无常。"③

(二)外道计执"乐、净"与世尊的反驳

外道对于有"乐"的解释:

第一,据因果。"有诸外道复言有乐,云何知耶?受者定得可意报故。世尊,凡受乐者,必定得之。所谓大梵天王、大自在天、释提桓因、毗纽天及诸人、天。以是义故,名定有乐。"④

第二,据有求。"有诸外道复言有乐,能令众生生求望故。饥者求食,渴者求饮,寒者求温,热者求凉,极者求息,病者求差,欲者求色。若无乐者,彼何缘求?以有求者,故知有乐。"⑤

---

① ② 北凉昙无谶译《大般涅槃经》卷一三,《大正藏》第12卷,第446页上。
③ 同上书,第446页上—中。
④ 同上书,第444页中。
⑤ 同上书,第444页中—下。

第三,据乐因。"有诸外道复作是言,施能得乐。世间之人好施沙门、诸婆罗门、贫穷困苦,衣服、饮食、卧具、医药、象马车乘、秣香、涂香、众华屋宅、依止灯明,作如是等种种惠施,为我后世受可意报。是故当知,决定有乐。"①

第四,据乐缘。"有诸外道复作是言,以因缘故,当知有乐。所谓受乐者,有因缘故,名为乐触。若无乐者,何得因缘?如无兔角,则无因缘。有乐因缘,则知有乐。"②

第五,据三品。"有诸外道复作是言,上、中、下故,当知有乐。下受乐者,释提桓因。中受乐者,大梵天王。上受乐者,大自在天。以有如是上、中、下故,当知有乐。"③

外道对于有"净"的解释:第一,据净因。"有诸外道复言有净。何以故?若无净者,不应起欲。若起欲者,当知有净。"④第二,据净缘。"又复说言,金银、珍宝、瑠璃、颇黎、砗磲……灯烛之明,如是等物,悉是净法。"⑤第三,据净器。"谓五阴者,即是净器,盛诸净物。所谓人、天诸仙、阿罗汉、辟支佛、菩萨、诸佛。以是义故,名之为净。"⑥

上述理解,明显是以生活常识为根据的。换言之,其对于"乐净"的理解都是世俗性的,而从"解脱"的角度来说,这些"乐"、"净"恰恰是"非乐"、"非净"的。经中批驳说:"若无常即是苦,若苦即是不净。善男子,我因迦叶上问是事,于彼已答。"⑦这是说,《大般涅槃经》此前对此问题已经有过回答,此从略。如"是《四倒品》中具说净、乐等倒。此中不复委悉,但略破乐、净,故指上也"⑧。这是说,《四倒品》所说可作为对此外道错误理解的批驳,此从略。

关于外道对"我"的计执以及世尊的反驳,见本著结语部分,此从略。

---

① ② ③ ④ ⑤ ⑥ 北凉昙无谶译《大般涅槃经》卷一三,《大正藏》第12卷,第444页下。
⑦ 同上书,第446页中。
⑧ 隋灌顶撰述、唐湛然再治《大般涅槃经疏》卷一六,《大正藏》第38卷,第133页下。

四、佛性思想

从现代人习惯的纯粹"思想"的角度看待佛性问题,《如来性品》和《师子吼菩萨品》无疑最为集中,也最受当代学者重视。本著的主题是如来藏思想研究,但没有采取学者习惯的寻章摘句的研究方法,而是不厌其烦地先从总体上梳理《大般涅槃经》的结构和内容之后再将相对集中地议论佛性问题的几大段经文完整地切割出来,置于佛性思想的标题下作一些分析研究。笔者以为,只有这样的一种研究方法才能使我们有可能避免简单的由现代思维所导出的"先入之见"式的研究结论。

(一)"佛性"之"我"

《大般涅槃经》卷八《如来性品》之五讨论"二十五有"悉有"佛性"之"我"的问题。对于迦叶"二十五有有我不耶?"的提问,"佛以两譬答之。初譬,则明本有不可见。次譬,不即得说以释疑。"①经中说:"我者即是如来藏义,一切众生悉有佛性,即是我义。如是我义从本已来,常为无量烦恼所覆,是故众生不能得见。"②这是此品的核心观念。此中明确地说"我"即如来藏,即佛性。一切众生皆有此佛性,不过从本以来被无量烦恼所覆盖,不能得见而已。

此品在上文之后还有一段较长的经文来论说如何来理解"中道",其标志宗旨的经文是:"有无之法,体性不定。如来亦尔,于诸众生犹如良医,知诸烦恼体相差别而为除断,开示如来秘密之藏,清净佛性常住不变。"③在此,就转入对于涅槃思想很关键的如何理解"清净佛性常住不变"之义上。

首先讨论的是佛性"有"还是"无"的问题,灌顶解释为"约诸法有无

---

① 隋灌顶撰述、唐湛然再治《大般涅槃经疏》卷一一,《大正藏》第38卷,第102页下。
② 北凉昙无谶译《大般涅槃经》卷七,《大正藏》第12卷,第407页中。
③ 同上书,第410页下。

显中道"①。经文说:"若言有者,智不应染。若言无者,即是妄语。若言有者,不应默然。"②此三句的含义,灌顶记载说:"初句云'智不应染'者,有二解:一云:智闻佛说,佛性是有,不应染著。愚便责其现用处所,或六根中,或遍身中。二若闻佛性是有,应知佛意不定专在于有,有即表无。'无即妄语'者,是第二句破无,亦二意:一云:道理不无,定无乖理,故是妄语。二云:佛性虽有,未有现用,故言是'无'。汝有智人,不应云'妄'。'若言有'者,是第三句,为执有情多故,更重破。'不应默然'者,若有佛性,应能现瑞,何以默然?二云:若定有有者,就汝推捡,何以默然?"③依据这一解释,上述三句经文的含义是:若说佛性是"有",智者对此不会产生执著,而愚者则会追问佛性到底存在于何处,是在六根之中还是遍于身中。应该明白,尽管佛说佛性是"有",但此"有"并非可以执实,此"有"也是"表无"。但是,如果因此而说佛性是"无",则是妄语。

究竟应该如何演说佛性呢?经中说:"若说于苦,愚人便谓身是无常。说一切苦,复不能知身有乐性。若说无常者,凡夫之人,计一切身皆是无常,譬如瓦坏;有智之人应当分别,不应尽言一切无常。何以故?我身即有佛性种子。若说无我,凡夫当谓一切佛法悉无有我;智者应当分别无我,假名不实,如是知已,不应生疑。若言如来秘藏空寂,凡夫闻之生断灭见;有智之人应当分别如来是常,无有变易。若言解脱譬如幻化,凡夫当谓得解脱者即是磨灭;有智之人应当分别,人中师子虽有去来,常住无变。"④此中提出了两种角度,即"凡夫"和"有智之人"。依前者,只言"苦"、"一切无常"、"无我"、如来藏空寂、解脱犹如幻化,而依后者则应是"乐"、"常"、"我"、"清净"。

《大般涅槃经》卷一六《梵行品》在说明菩萨修行所获得的"知佛性"之功德时,分三个层面说及佛性。根据凡夫而言佛性,"复有知而不见。

---

① 隋灌顶撰述、唐湛然再治《大般涅槃经疏》卷一一,《大正藏》第38卷,第107页上。
②④ 北凉昙无谶译《大般涅槃经》卷八,《大正藏》第12卷,第410页下。
③ 隋灌顶撰述、唐湛然再治《大般涅槃经疏》卷一一,《大正藏》第38卷,第107页上—中。

云何知而不见？知诸众生皆有佛性，为诸烦恼之所覆蔽，不能得见，是名知而不见"①。根据"十住菩萨"言佛性，"复有知而少见。十住菩萨摩诃萨等知诸众生皆有佛性，见不明了，犹如暗夜所见不了"②。就诸佛而言佛性，"复有亦见亦知，所谓诸佛如来亦见亦知"③。

(二) 回答师子吼菩萨"佛性"之问

《师子吼菩萨品》对于佛性的议论更是详尽。师子吼菩萨向佛询问六大问题："世尊，云何为佛性？以何义故，名为佛性？何故复名常、乐、我、净？若一切众生有佛性者，何故不见一切众生所有佛性？十住菩萨住何等法不了了见，佛住何法而了了见？十住菩萨以何等眼不了了见，佛以何眼而了了见？"④这六个问题，前三个问题问佛，后三个问题问见性人。在灌顶《涅槃经疏》中未列出较全面回答第三个问题的经文，仅仅有个别文句与第三问"何故复名常、乐、我、净"有联系。下文拟较为详细地分析说明之。

1. 云何为佛性？

世尊首先为大众回答师子吼菩萨所提出的第一个问题："云何为佛性？"⑤

此经于此品明确地界定"佛性"之"体"。经中说："佛性者，名第一义空。第一义空，名为智慧。所言空者，不见空与不空。智者见空及与不空，常与无常，苦之与乐，我与无我。空者，一切生死。不空者，谓大涅槃。乃至无我者，即是生死。我者，谓大涅槃。见一切空，不见不空，不名中道。乃至见一切无我、不见我者，不名中道。中道者，名为佛性。以是义故，佛性常恒，无有变易。"⑥此中最为关键的一句话是：佛性是中道，而此中道之法是常恒不变的。

---

① 北凉昙无谶译《大般涅槃经》卷一六，《大正藏》第12卷，第462页中—下。
②③ 同上书，第462页下。
④⑤ 北凉昙无谶译《大般涅槃经》卷二七，《大正藏》第12卷，第523页上。
⑥ 同上书，第523页中。

此后,世尊为会众较为详细地解释了"不见佛性者"及其原因。经文说:"无明覆故,令诸众生不能得见。声闻、缘觉见一切空,不见不空,乃至见一切无我,不见于我。以是义故,不得第一义空,不得第一义空故,不行中道。无中道故,不见佛性。"①这是说,声闻、缘觉被无明所遮蔽,囿于空见,所以不能见佛性。这是第一层原因。其后,经中说:"不见中道者,凡有三种:一者定乐行。二者定苦行。三者苦乐行。定乐行者,所谓菩萨摩诃萨怜悯一切诸众生故,虽复处在阿鼻地狱,如三禅乐。定苦行者,谓诸凡夫。苦乐行者,谓声闻、缘觉,声闻、缘觉行于苦乐,作中道想。以是义故,虽有佛性而不能见。"②凡夫被心所惑,即便作"中道"想,但不能见佛性,因此是"定苦行"。二乘自己修行而不知化他,虽作中道之想,但仍不见第一义空,故名"定苦乐行"。菩萨慈悲,甘、苦如乐,因而是"定乐行",但"即是偏假故,不见第一义空。如此三种,虽同名中道,与上名相违。相违故,无圆遍之义,是故不见"③。此中所说,凡夫、二乘不见佛性较好理解,而对于菩萨不见佛性,古代一直有不同理解,前引灌顶的解释基本可以贯通经义。

2. 以何义故,名为佛性?

对于"以何义故,名为佛性"的含义,灌顶的解释很准确:"'义'者,名之所以,有何所以称为佛性。"④世尊对此问题的回答分为"总举圆义"和"别举遍义"两个层次。而"圆义"就一句话:"佛性者,即是一切诸佛阿耨多罗三藐三菩提中道种子。"⑤对于此句的含义,灌顶有一解释:"佛是圆人,'性'是圆法,人、法合称,故言'佛性'。又一切诸佛是圆人,菩提是圆果,兼得涅槃果果也。既言果与果果,即知此果从因,因生此果,果从因生。中道者,非因非因因,非果非果果。皆显现者,悉由佛性为种子故,如此中道即是佛性。佛性既为种子,种子能生两因两果。此两因果,又

---

①② 北凉昙无谶译《大般涅槃经》卷二七,《大正藏》第12卷,第523页中。
③④ 隋灌顶撰述、唐湛然再治《大般涅槃经疏》卷二三,《大正藏》第38卷,第175页下。
⑤ 北凉昙无谶译《大般涅槃经》卷二七,《大正藏》第12卷,第523页下。

是种子,能显中道,即是更互以为种子。"①这一解释,看似繁琐,却无可替代。总体一句话,佛性是指成就无上菩提的"中道"的种子。这里将"佛性是中道"与"佛性是成佛的种子"结合起来,构成中国佛性思想经常用的"因果圆融"的诠释理路。"别举遍义"部分列举了"四种遍有中道"即"颠倒上下"、"生死"、"断常"、"因果"。

第一,颠倒上下。

关于此"上"、"下"两方面对于"中道"的错误理解,经中说:"道有三种,谓下、上、中。下者,梵天无常,谬见是常。上者,生死无常,谬见是常;三宝是常,横计无常。何故名上?能得最上阿耨多罗三藐三菩提故。中者,名第一义空,无常见无常,常见于常。第一义空,不名为下。何以故?一切凡夫所不得故,不名为上。何以故?即是上故。诸佛、菩萨所修之道,不上不下。以是义故,名为中道。"②此中,"下者"是指外道邪见,错误地以"无常"的梵天以为涅槃,而此并非涅槃,仍然属于生死。所言"上者,即是凡夫,未免八倒,无常计常,常是上法,当得上果,故名为'上'。所言中者,第一义空智慧,无常见无常,如理而见,不同外道,故不名'下';不同凡夫,故不名'上'"③。对于上引经文中所说的"何以故?即是上故",灌顶等解释说:中道"而是两边之上,故言是'上'。又言与佛不异,故言'上'"④。可见,"中道"之"中"不能理解为中文标识方位的上、中、下之"中",而是说"中道"是超越凡夫和外道之见的。

第二,"不生不死中道"。

这一"偏有中道"是从生死的角度去说的。众生不断于无明、爱惑,以惑心求佛,则有生、老、病、死,不见中道。诸佛体之,不生不死,得见中道。

经文说:"生死本际,凡有二种:一者,无明。二者,有爱。是二中间,

---

① 隋灌顶撰述、唐湛然再治《大般涅槃经疏》卷二三,《大正藏》第38卷,第175页下。
② 北凉昙无谶译《大般涅槃经》卷二七,《大正藏》第12卷,第523页下。
③④ 隋灌顶撰述、唐湛然再治《大般涅槃经疏》卷二四,《大正藏》第38卷,第176页中。

则有生、老、病、死之苦,是名中道。如是中道,能破生死,故名为中。以是义故,中道之法,名为佛性。是故佛性常、乐、我、净。"①此文中,以"无明"与"爱"之间的"生死"为"中道",颇为独特。对此,灌顶解释说:"现在世识名未来生,现在六入等名未来老死,中间即是生死义。言中道者,两因夹一果,一果居中。如此论'中',方是妙'中',破生死义,云何只以因缘因果不生不灭,名为中道？今作易解,无明与爱即现过见烦恼道也。点烦恼道即是般若,中间是苦道即是法身,法身即中道。若是中道,则无生死。无生死故,名破生死。"②如此一来,"以是义故,中道之法,名为佛性。是故佛性常、乐、我、净"③。

第三,不断不常。

这一"偏有中道"是从"断"与"常"的角度立论的。二乘厌恶生死,背"常"入涅槃,是向"断",不见中道。而诸佛体之,非常非断,超越二乘法而得见中道。

经文说:"众生起见,凡有二种:一者,常见。二者,断见。如是二见,不名中道。无常无断,乃名中道。无常无断,即是观照十二缘智。如是观智,是名佛性。二乘之人,虽观因缘,犹亦不得名为佛性。"④此中的关键是,二乘虽观十二因缘,但仍然被无明所遮蔽,其断见或常见,不见佛性。而菩萨则以中道观十二因缘,因此,"是观十二因缘智慧,即是阿耨多罗三藐三菩提种子。以是义故,十二因缘名为佛性。善男子,譬如胡瓜,名为热病。何以故？能为热病作因缘故。十二因缘,亦复如是"⑤。由此可见,之所以说十二因缘是佛性,是因为十二因缘能够为菩萨成佛作因缘的。

第四,约因果明中道。

这一义项是从"因果"关系角度说明中道。经文分为"有因有果"、

---

① ③ ④ 北凉昙无谶译《大般涅槃经》卷二七,《大正藏》第 12 卷,第 523 页下。
② 隋灌顶撰述、唐湛然再治《大般涅槃经疏》卷二四,《大正藏》第 38 卷,第 176 页中。
⑤ 北凉昙无谶译《大般涅槃经》卷二七,《大正藏》第 12 卷,第 524 页上。

"非因非果"、"亦是因果亦非因果"三方面去分析说明的。

第一种,有因有果。经文说:"佛性者有因,有因因,有果,有果果。有因者,即十二因缘。因因者,即是智慧。有果者,即是阿耨多罗三藐三菩提。果果者,即是无上大般涅槃。"①此中讲了两因两果,即"因"、"因因"、"果"、"果果"。灌顶解释说:"寻此文意,不得以因家之因为因因,而得以果家之果为果果,得以因家之果为因因,得以果家之果为果果。何故尔?单因是境,重因是观;单果是菩提,重果是涅槃。境但是因,不从因至于因,但因非因因,观智从因至于因故,得是因因;菩提但是果,不从果至于果,但果非果果,涅槃从果至于果故,得是果果。"②这是说,"因因"并非是"因"之"果",因为作为十二因缘的"因"属于"境",而作为"因因"的智慧属于"观"。"果"与"果"的关系与此不同。

第二种"非因非果"即中道正性。经文说:"十二因缘不出不灭,不常不断,非一非二,不来不去,非因非果。"③

第三种"亦是因果亦非因果"。经文说:"是因非果,如佛性。是果非因,如大涅槃。是因是果,如十二缘所生之法。非因非果,名为佛性。非因果故,常恒无变。"④

感叹佛性甚深部分最后的结语是:"以是义故,十二因缘名为佛性。佛性者,即第一义空。第一义空,名为中道。中道者,即名为佛。佛者,名为涅槃。"⑤古代注疏家称之为"五佛性"。具体是:"十二因缘名为佛性者,结因性。第一义空,结因因性。中道者,结正因性。即名为佛,结果性。涅槃,结果果性。"⑥

3. 若佛与佛性无差别者,一切众生何用修道?

世尊在宣说完上述义理之后,师子吼菩萨又对佛说:"世尊,若佛与

---

① ③ ④ 北凉昙无谶译《大般涅槃经》卷二七,《大正藏》第12卷,第524页上。
② 隋灌顶撰述、唐湛然再治《大般涅槃经疏》卷二四,《大正藏》第38卷,第176页下。
⑤ 北凉昙无谶译《大般涅槃经》卷二七,《大正藏》第12卷,第524页中。
⑥ 隋灌顶撰述、唐湛然再治《大般涅槃经疏》卷二四,《大正藏》第38卷,第177页下。

佛性无差别者,一切众生何用修道?"①此问在如来藏思想中非常重要,因此,特作些分析说明。世尊的回答分为两层次,先答"无差别亦有差别",后答"何用修道"。

世尊首先明确回答:"佛与佛性,虽无差别,然诸众生悉未具足。……一切众生定得阿耨多罗三藐三菩提故,是故我说一切众生悉有佛性。一切众生真实未有三十二相、八十种好。"②可见,说一切众生都有佛性,甚至说佛与佛性并无差别,但一切众生并不真实地具有佛的"相"、"好"。

在此,此经又一次引用"本有今无偈"来说明此问题。偈语如下:"本有今无,本无今有。三世有法,无有是处。"此有一解释:"有者,凡有三种:一、未来有。二、现在有。三、过去有。一切众生未来之世当有阿耨多罗三藐三菩提,是名佛性。一切众生现在悉有烦恼诸结,是故现在无有三十二相、八十种好。一切众生过去之世有断烦恼,是故现在得见佛性。以是义故,我常宣说一切众生悉有佛性,乃至一阐提等亦有佛性。一阐提等无有善法,佛性亦善,以未来有故。一阐提等悉有佛性。何以故?一阐提等定当得成阿耨多罗三藐三菩提故。"③这是正面解释,其后又举一譬喻:"譬如有人家有奶酪,有人问言:汝有酥耶?答言:我有酪。实非酥,以巧方便定当得故,故言有酥。众生亦尔,悉皆有心。凡有心者,定当得成阿耨多罗三藐三菩提。以是义故,我常宣说一切众生悉有佛性。"④此中经义甚为明了,不赘述。

对于是否须修道的回答,经中是从两种"毕竟"的区分开始的。有二种"毕竟",一者称为"庄严毕竟",二者称之为"究竟毕竟"。前者是"世间毕竟",后者是"出世毕竟"。"庄严毕竟者,六波罗蜜。究竟毕竟者,一切众生所得一乘。一乘者,名为佛性。以是义故,我说一切众生悉有佛性。

---

①② 北凉昙无谶译《大般涅槃经》卷二七,《大正藏》第 12 卷,第 524 页中。
③ 同上书,第 524 页中—下。
④ 同上书,第 524 页下。

一切众生悉有一乘,以无明覆故,不能得见。"①这是说,众生等有"一乘正性",但还应须修于"六度庄严"。若不修,则不得"正性"。

其后,世尊又解释了"出世毕竟"和"世间毕竟"。经文说:"佛性者,即首楞严三昧,性如醍醐,即是一切诸佛之母,以首楞严三昧力故,而令诸佛常、乐、我、净。一切众生悉有首楞严三昧,以不修行故,不能得见,是故不得成阿耨多罗三藐三菩提。善男子,首楞严三昧者,有五种名:一者,首楞严三昧。二者,般若波罗蜜。三者,金刚三昧。四者,师子吼三昧。五者,佛性。随其所作,处处得名。"②此中所说的"首楞严",意译应为"坚固",属于"出世毕竟"。

其后又说:"一切众生具足三定,谓上、中、下。上者,谓佛性也。以是故言,一切众生悉有佛性。中者,一切众生具足初禅。有因缘时,则能修习。若无因缘,则不能修。因缘二种:一谓火灾,二谓破欲界结。以是故言,一切众生悉具中定。下定者,十大地中,心数定也。以是故言,一切众生悉具下定。"③此中,"下"、"中"即世间毕竟,"上定"即出世毕竟。而"上定"即"首楞严三昧"。"一切众生悉有佛性,烦恼覆故不能得见。十住菩萨虽见一乘,不知如来是常住法,以是故言,十地菩萨虽见佛性而不明了。善男子,首楞者,名一切事毕竟。严者,名坚。一切毕竟而得坚固,名首楞严。以是故言,首楞严定名为佛性。"④

最后,世尊又强调了"佛性我"的准确含义:"是佛性者,实非我也。为众生故,说名为我。善男子,如来有因缘故,说无我为我,真实无我。虽作是说,无有虚妄。善男子,有因缘故,说我为无我,而实有我。为世界故,虽说无我而无虚妄。佛性无我,如来说我。以是常故,如来是我而说无我,得自在故。"⑤由此可见,佛性非我而说为"我",不应定执"佛性

---

①② 北凉昙无谶译《大般涅槃经》卷二七,《大正藏》第12卷,第524页下。
③ 同上书,第524页下—525页上。
④ 同上书,第525页上。
⑤ 同上书,第525页上—中。

我",因为如来自在,或以"我"为"无我","无我"为"我"。古代也有一解:"在因佛性,故言无我。在果佛性,故言有我。"①

4. 若一切众生有佛性,以何义故一切众生不能得见?

对于师子吼菩萨所提的"若一切众生悉有佛性,如金刚力士者,以何义故,一切众生不能得见?"②的问题,世尊是通过七个譬喻给予说明的。

第一层,三譬譬有而不见。

其一"盲人譬":"譬如色法,虽有青、黄、赤、白、长、短、质、像,盲者不见。虽复不见,亦不得言无青、黄、赤、白、长、短、质、像。何以故?盲虽不见,有目见故。佛性亦尔,一切众生虽不能见,十住菩萨见少分故,如来全见。十住菩萨所见佛性如夜见色,如来所见如昼见色。"③

其二"眼病譬":"如眼肤翳,见色不了。有善良医而为治目,以药力故,得了了见。十住菩萨亦复如是,虽见佛性,不能明了。以首楞严三昧力故,能得明了。善男子,若有人见一切诸法无常、无我、无乐、无净,见非一切法亦无常、无我、无乐、无净,如是之人不见佛性。一切者,名为生死。非一切者,名为三宝。声闻、缘觉见一切法无常、无我、无乐、无净,非一切法亦见无常、无我、无乐、无净。以是义故,不见佛性。十住菩萨见一切法无常、无我、无乐、无净,非一切法分见常、乐、我、净。以是义故,十分之中,得见一分。诸佛世尊见一切法无常、无我、无乐、无净,非一切法见常、乐、我、净。以是义故,见于佛性,如观掌中阿摩勒果。以是义故,首楞严定名为毕竟。"④此中,举十地菩萨、凡夫、二乘、十住如来等来说明所"见佛性"之不同,如来全"见",菩萨"见"一部分,凡夫、二乘全"不见"。

其三"初月譬":"譬如初月,虽不可见,不得言无。佛性亦尔。一切凡夫虽不得见,亦不得言无佛性也。善男子,佛性者,所谓十力、四无所畏、大悲、三念处。一切众生悉有三种,破烦恼故,然后得见。一阐提等

---

① 隋灌顶撰述、唐湛然再治《大般涅槃经疏》卷二四,《大正藏》第38卷,第178页下。
②③④ 北凉昙无谶译《大般涅槃经》卷二七,《大正藏》第12卷,第525页中。

破一阐提,然后能得十力、四无所畏、大悲、三念处。以是义故,我常宣说一切众生悉有佛性。"①

第二层,一譬譬平等皆有。

这一譬是以众生都具十二因缘来譬喻一切众生平等地具有佛性。经文说:"十二因缘,一切众生等共有之,亦内亦外。……以定得故,故名众生平等,具有十二因缘。善男子,佛性亦尔,一切众生定当得成阿耨多罗三藐三菩提故。是故我说,一切众生悉有佛性。"②

第三层,三譬明待缘方见。

其一"雪山譬"。经文说:"雪山有草,名为忍辱。牛若食者,则出醍醐。更有异草,牛若食者,则无醍醐。虽无醍醐,不可说言,雪山之中,无忍辱草。佛性亦尔。雪山者,名为如来。忍辱草者,名大涅槃。异草者,十二部经。众生若能听受、咨启大般涅槃,则见佛性。十二部中,虽不闻有,不可说言无佛性也。"③

其后,对照此譬说明佛教的道理。经文说:"佛性者,亦色非色,非色非非色;亦相非相,非相非非相;亦一非一,非一非非一;非常非断,非非常非非断;亦有亦无,非有非无;亦尽非尽,非尽非非尽;亦因亦果,非因非果;亦义非义,非义非非义;亦字非字,非字非非字。"④此中包含了九层二十七句。

此后有逐次解释:"云何为色?金刚身故。云何非色?十八不具非色法故。云何非色非非色?色非色,无定相故。云何为相?三十二相故。云何非相?一切众生相不现故。云何非相非非相?相、非相不决定故。云何为一?一切众生悉一乘故。云何非一?说三乘故。云何非一、非非一?无数法故。云何非常?从缘见故。云何非断?离断见故。云

---

① 北凉昙无谶译《大般涅槃经》卷二七,《大正藏》第 12 卷,第 525 页中—下。
② 同上书,第 525 页下。
③ 同上书,第 525 页下—526 页上。
④ 同上书,第 526 页上。

何非非常非非断？无终始故。云何为有？一切众生悉皆有故。云何为无？从善方便而得见故。云何非有非无？虚空性故。云何名尽？得首楞严三昧故。云何非尽？以其常故。云何非尽非非尽？一切尽相断故。云何为因？以了因故。云何为果？果决定故。云何非因非果？以其常故。云何名义？悉能摄取，义无碍故。云何非义？不可说故。云何非义非非义？毕竟空故。云何为字？有名称故。云何非字？名无名故。云何非字非非字？断一切字故。云何非苦非乐？断一切受故。云何非我？未能具得八自在故。云何非非我？以其常故。云何非我非非我？不作不受故。云何为空？第一义空故。云何非空？以其常故。云何非空非非空？能为善法作种子故。"①

其二黑铁譬。经文说："譬如黑铁，入火则赤，出冷还黑。而是黑色，非内非外，因缘故有。佛性亦尔，一切众生烦恼火灭，则得闻见。"②

其三种子譬。经文说："如种灭已，芽则得生。而是芽性，非内非外，乃至花果亦复如是，从缘故有。"③佛性也是种子，机缘成熟，自然得见。

5. 菩萨具足成就几法得见佛性而不明了？

师子吼菩萨第五问是："菩萨具足成就几法，得见佛性而不明了？诸佛世尊成就几法，得了了见？"对此，世尊分为十章门作回答："菩萨具足成就十法，虽见佛性而不明了。云何为十？一者，少欲。二者，知足。三者，寂静。四者，精进。五者，正念。六者，正定。七者，正慧。八者，解脱。九者，赞叹解脱。十者，以大涅槃教化众生。"④对此"十法"，经中分为五番作了解释，在此仅仅将初番的解释介绍如后。

第一，少欲、知足，有何差别？经文说："少欲者，不求不取。知足者，得少之时，心不悔恨。少欲者，少有所欲。知足者，但为法事，心不愁恼。……欲者，名为二十五爱，无有如是二十五爱，是名少欲。不求未来

---

① 北凉昙无谶译《大般涅槃经》卷二七，《大正藏》第12卷，第526页上。
②③④ 同上书，第526页中。

所欲之事,是名少欲。得而不著,是名知足。不求恭敬,是名少欲。得不积聚,是名知足。"①

具体言之,"亦有少欲不名知足,有知足不名少欲,有亦少欲亦知足,有不知足不少欲。少欲者,谓须陀洹。知足者,谓辟支佛。少欲知足者,谓阿罗汉。不少欲不知足者,所谓菩萨。善男子,少欲知足,复有二种:一者,善。二者,不善。不善者,所谓凡夫。善者,圣人菩萨。一切圣人,虽得道果,不自称说;不称说故,心不恼恨。是名知足。善男子,菩萨摩诃萨修习大乘大涅槃经,欲见佛性,是故修习少欲、知足"②。

第二,云何寂静?经文说:"寂静有二:一者,心静。二者,身静。身寂静者,终不造作身三种恶。心寂静者,亦不造作意三种恶。是则名为身、心寂静。……身、心寂静者,谓佛、菩萨。身、心不寂静者,谓诸凡夫。何以故?凡夫之人,身、心虽静,不能深观无常、无乐、无我、无净。以是义故,凡夫之人不能寂静身、口、意业,一阐提辈犯四重禁、作五逆罪。如是之人,亦不得名身、心寂静。"③

第四,关于第四"精进"至第九"赞叹解脱",经文说:"若有比丘欲令身、口、意业清净,远离一切诸不善业,修习一切诸善业者,是名精进。是勤精进者,系念六处,所谓佛、法、僧、戒、施、天,是名正念。具正念者所得三昧,是名正定。具正定者,观见诸法犹如虚空,是名正慧。具正慧者,远离一切烦恼诸结,是名解脱。得解脱者,为诸众生称美解脱,言:是解脱,常恒不变。是名赞叹解脱。"④

第五,关于"以大涅槃教化众生",经文说:"涅槃者,即是烦恼诸结火灭。又涅槃者,名为室宅。何以故?能遮烦恼恶风雨故。又涅槃者,名为归依。何以故?能过一切诸怖畏故。又涅槃者,名为洲渚。何以故?

---

① 北凉昙无谶译《大般涅槃经》卷二七,《大正藏》第12卷,第526页中—下。
② 同上书,第526页下。
③ 同上书,第526页下—527页上。
④ 同上书,第527页上。

四大暴河不能漂故。何等为四？一者，欲暴。二者，有暴。三者，见暴。四、无明暴。是故涅槃名为洲渚。又涅槃者，名毕竟归。何以故？能得一切毕竟乐故。若有菩萨摩诃萨成就具足如是十法，虽见佛性而不明了。"①

6. 十住菩萨以何眼故虽见佛性而不了了？

师子吼菩萨第六问是："十住菩萨以何眼故，虽见佛性而不了了？诸佛世尊以何眼故，见于佛性而得了了？"②对于此问题，经中分两部分回答：先明"了"与"不了"，后明"眼见闻见"。

关于第一部分，经文说："慧眼见故，不得明了。佛眼见故，故得明了。为菩提行故，则不了了。若无行故，则得了了。住十住故，虽见不了。住不住故则得了了。菩萨摩诃萨智慧因故，见不了了。诸佛世尊断因果故，见则了了。一切觉者，名为佛性。十住菩萨不得名为一切觉故，是故虽见而不明了。"③ 这是说，"十住菩萨"因"慧眼见故"、"为菩提行故"、"住十住故"等五个方面而"不得了了"。佛则不如此。

关于"眼见闻见"，经文说："见有二种：一者，眼见。二者，闻见。诸佛世尊眼见佛性，如于掌中观阿摩勒果，十住菩萨闻见佛性，故不了了。十住菩萨唯能自知，定得阿耨多罗三藐三菩提，而不能知一切众生悉有佛性。善男子，复有眼见，诸佛如来、十住菩萨眼见佛性。复有闻见一切众生，乃至九地闻见佛性。菩萨若闻一切众生悉有佛性，心不生信，不名闻见。"④对于此段经文，灌顶解释说："眼见闻见中，有两番：初，以十住为闻见，佛地为眼见。次番，以九地已还为闻见，第十住为眼见。此中应作四句。第十住亦闻见亦眼见，九地已下但有闻见，佛地但有眼见。"⑤

此后，在"劝修"部分，又讨论到涅槃的"因果"问题，由于所涉及的

---

① 北凉昙无谶译《大般涅槃经》卷二七，《大正藏》第12卷，第527页上。
②③ 同上书，第527页下。
④ 同上书，第528页上。
⑤ 隋灌顶撰述、唐湛然再治《大般涅槃经疏》卷二四，《大正藏》第38卷，第181页上。

"生因"、"了因"的说法对中国佛教影响很大,因此,有必要在此占些篇幅分析说明一番。

问题起源于师子吼菩萨所提的问题:"世尊,若因持戒得不悔果,因于解脱得涅槃果者,戒则无因,涅槃无果。戒若无因,则名为常。涅槃有因,则是无常。若尔者,涅槃则为本无今有。若本无今有,是为无常。犹如然灯。涅槃若尔,云何得名我、乐、净耶?"①此中蕴含的逻辑是:"戒是众行之本,有果而无因,应是真常。涅槃居在诸行之末,有因而无果,应是无常。"②如此一来,说涅槃是"常乐我净"就不能成立。世尊的驳难分为两层次,第一层次暂不论之,第二层次回答对"涅槃是果而无因"之说的怀疑。

经中首先明确"是果非因,谓大涅槃"③。经文说:"涅槃无因而体是果。何以故?无生灭故,无所作故,非有为故,是无为故;常不变故,无处所故,无始终故。"④此中,"无生灭"即"无世间因","无所作"即"无报因","非有为"即"无生因","常不变"等三句即指"无相待因"。至于为何非得说涅槃无因,是因为"若涅槃有因,则不得称为涅槃也。盘者言因,般涅言无。无有因故,故称涅槃"⑤。在此,经中明确了涅槃与佛性的根本区别:"一切诸法悉无有我,而此涅槃真实有我。以是义故,涅槃无因而体是果。是因非果,名为佛性,非因生故。是因非果,非沙门果故,名非果。何故名因?以了因故。"⑥一言以蔽之,涅槃是果非因,佛性是因非果。

关于"因",经中指出:"因有二种:一、生因。二、了因。能生法者,是名生因。灯能了物,故名了因。烦恼诸结,是名生因。众生父母,是名了因。如谷子等,是名生因。地、水、粪等,是名了因。"⑦而将此理论引用至佛性问题,即是:"复有生因,谓六波罗蜜、阿耨多罗三藐三菩提。复有了因,谓佛性、阿耨多罗三藐三菩提。"⑧此中说,"六度"是"事",为"生

---

① 北凉昙无谶译《大般涅槃经》卷二八,《大正藏》第12卷,第529页中。
② 隋灌顶撰述、唐湛然再治《大般涅槃经疏》卷二五,《大正藏》第38卷,第181页下。
③④⑤ 北凉昙无谶译《大般涅槃经》卷二八,《大正藏》第12卷,第529页下。
⑥⑦⑧ 同上书,第530页上。

因";佛性是"理",为"了因"。再如:"复有了因,谓六波罗蜜、佛性。复有生因,谓首楞严三昧、阿耨多罗三藐三菩提。"①后者从"定"的角度言之,前者则相应为"非定"。又说:"复有了因,谓八正道、阿耨多罗三藐三菩提。复有生因,谓信心、六波罗蜜。"②

关于"生因"、"了因"的讨论,暂告一段落,经文又回到了"眼见闻见佛性"的问题。师子吼菩萨说:"世尊,如佛所说,见于如来及以佛性,是义云何?世尊,如来之身无有相貌,非长非短,非白非黑,无有方所,不在三界,非有为相,非眼识识,云何可见?佛性亦尔。"③

佛回答说:"佛身二种:一、常。二、无常。无常者,为欲度脱一切众生,方便示现,是名眼见。常者,如来世尊解脱之身,亦名眼见,亦名闻见。佛性亦二种:一者、可见。二、不可见。可见者,十住菩萨、诸佛世尊。不可见者,一切众生。眼见者,谓十住菩萨、诸佛如来眼见众生所有佛性。闻见者,一切众生、九住菩萨闻有佛性。如来之身,复二种:一是色。二、非色。色者,如来解脱。非色者,如来永断诸色相故。佛性二种:一是色。二、非色。色者,阿耨多罗三藐三菩提。非色者,凡夫,乃至十住菩萨。十住菩萨见不了了,故名非色。善男子,佛性者,复有二种:一是色。二、非色。色者,谓佛、菩萨。非色者,一切众生。色者,名为眼见。非色者名为闻见。"④此中,对于"佛身"、"佛性"等与"眼见"、"闻见"的关系作了综合说明,是这一问题的结论。

(三)回答狮子吼菩萨"中道佛性"之问

在《师子吼菩萨品》中反复出现的一种表述就是佛性即中道。在为会众宣讲了佛性诸义之后,世尊又为大众宣讲了"中道"诸义。依照灌顶等的判释,这一部分分为三部分:"一、略标中道。二、广破边执。三、结叹佛性。"⑤第一部分和第三部分都非常简略,主要内容则是第二部分广破边执。

---

① ② ③ 北凉昙无谶译《大般涅槃经》卷二八,《大正藏》第12卷,第530页上。
④ 同上书,第530页中。
⑤ 隋灌顶撰述、唐湛然再治《大般涅槃经疏》卷二五,《大正藏》第38卷,第182页下。

1. 略标中道

"略标中道"部分仅仅三句话:"佛性者,非内非外。虽非内、外,然非失坏。故名众生悉有佛性。"①此中的关键在于第一句的理解。灌顶《涅槃经疏》先引了两种旧解:"旧解云:不定在众生身内,故言'非内'。复不离众生,即此识神而得成佛,故言'非外'。观师解云:非在众生身内,故言'非内'。亦不在众生身外,故言'非外'。"②第一种未标名,第二种是道场寺慧观的观点。而灌顶不同意二说,而以天台三谛圆融观作解释。灌顶解释说:"今皆不然。旧说取舍,如步屈虫。次说如鸟除二翅。何者?众生五阴是因缘生法,即是空,不在谛,故'非外'。此法即假,不在真谛,故'非内'。此法即'中',故不俱在二谛;此法遍一切处,故不独在'中道谛';此法不可思议,不纵不横,不并不别,岂作单能说之?"③由此引申,灌顶如此解释第二句:"此句释成上'非内非外',而复即'中',故言'不坏';而复双照,故言'不失'。"④第三句"故名众生悉有佛性"的解释是:"观师云:虽非内、外,亦不有、无,而假名为有。今相释上'不失不坏',即遍一切处,故名悉有。"⑤这三种解释,第一种解释"即此识神而得成佛"的表述不准确,灌顶的解释偏于天台的宗义,相形之下,慧观的解释恐怕更符合经文的原义。

在上述正面表述之后,经文以更大的篇幅来"破因中有果"和"因中无果"两种偏执。对此,灌顶解释说:"第二,广破边执。文为二:先,破因中有果执,成上非内。次,破因中无果执,成上非外。此执若除,不失不坏,佛性中道,悉皆可解。"⑥

2. 破因中有果

灌顶解释说:"就破因中有果,更为四:一、据佛教。二、据世情。三、据缘因。四、据正因。初,据教者,近据前文,故名一切众生悉有佛

---

① 北凉昙无谶译《大般涅槃经》卷二八,《大正藏》第12卷,第530页中。
②③ 隋灌顶撰述、唐湛然再治《大般涅槃经疏》卷二五,《大正藏》第38卷,第182页下。
④⑤⑥ 同上书,第183页上。

性;远据前品,贫女宝藏、力士额珠,此皆内有,宁言非内?世情者,世人求酪取乳,求油取麻。若无油、酪,人何故取?举缘因者,内若无正,何须外缘?如谷无牙,不须水、土。举正因者,由外有缘,使正得生。此皆据于因中有果,显众生中悉有佛性,性应在内。"①其中,第一部分"据佛所教",主要是反复分析"奶酪"、贫女宝藏、力士额珠等譬喻来说明,不可定执因中定有果。此从略,兹从"据世情"部分开始分析。

"据世情"部分仍然是从分析"奶酪"关系开始的。

师子吼说:"世尊,我今定知乳有酪性。何以故?我见世间求酪之人,唯取于乳,终不取水。是故当知,乳有酪性。"②佛否定了这一结论。世尊仍然是以譬喻来说明的。其中的"世人骋妻生子"譬喻说:"世人无子,是故娉妇。妇若怀妊,不得言女。若言是女有儿性故,故应娉者,是义不然。何以故?若有儿性,亦应有孙。若有孙者,则是兄弟。何以故?一腹生故。是故我言,女无儿性。若其乳中有酪性者,何故一时不见五味?……善男子,乳色时异,味异,果异。乃至醍醐,亦复如是。云何可说乳有酪性?善男子,譬如有人明当服酥,今已患臭。若言乳中定有酪性,亦复如是。"③

"据缘能发因中之果"部分是从"正因"、"缘因"和"了因"的概念开始讨论的。师子吼菩萨说:"世尊,一切众生有佛性。性如乳中酪性,若乳无酪性,云何佛说有二种因?一者,正因。二者,缘因。缘因者,一醪,二暖。虚空无性故,无缘因。"④对此,佛反问道:"若使乳中定有酪性者,何须缘因?"师子吼菩萨则说:"世尊,以有性故,故须缘因。何以故?欲明见故。缘因者,即是了因。世尊,譬如暗中先有诸物,为欲见故,以灯照了。若本无者,灯何所照?如泥中有瓶故,须人水、轮、绳、杖等而为了

---

① 隋灌顶撰述、唐湛然再治《大般涅槃经疏》卷二五,《大正藏》第38卷,第183页上。
② 北凉昙无谶译《大般涅槃经》卷二八,《大正藏》第12卷,第530页下。
③ 同上书,第531页上。
④ 同上书,第531页中。

因。如尼拘陀子,须地、水、粪而作了因。"①这一辩难中将缘因、了因当做同一概念交替使用。而贯穿其中的逻辑就是因为乳中有酪性的缘故,须有缘因方才出酪。"乳中醝、暖,亦复如是,须作了因。是故虽先有性,要了因,然后得见。以是义故,定知乳中先有酪性。"②

世尊则反驳说:"若使乳中定有酪性者,即是了因。若是了因,复何须了?"③这一反驳的含义,灌顶解释说:"言性即是'了'者,'了'本'了'其令出。若已有性,性自是'了',何须他'了'?乳已有酪性,性自是'了',何须酵、暖而'了'出之?"另外,"若是了因性是'了'者,常应自'了'。若自不'了',何能'了'他?"④这里的关键就是"了因"与"酪性"的区分是不确定的。"若言了因有二种性:一者,自了。二者,了他。是义不然。何以故?了因一法,云何有二?若有二者,乳亦应二。若使乳中无二相者,云何了因而独有二?"⑤

将此辨析用之于佛性,其最后的结论就是:"一切众生有佛性者,何故修习无量功德?若言修习是了因者,已同酪坏。若言因中定有果者,戒、定、智慧则无增长。我见世人本无禁戒、禅定、智慧,从师受已,渐渐增益。若言师教是了因者,当师教时,受者未有戒、定、智慧。若是了者,应了未有,云何乃了戒、定、智能,令得增长?"⑥此中特别强调,如果说修习是"了因",则不应该说通过戒、定、慧使佛性增长。由此可见,"因中定有果"是不成立的。

此后,在与师子吼菩萨的反复讨论中,世尊又向会众提出"佛性当有"的说法。世尊说:"我今转答。如世人言有乳有酪者,以定得故,是故得名有乳有酪。佛性亦尔,有众生,有佛性,以当见故。"⑦对此,师子吼菩萨代会众提出质难:"世尊,如佛所说,是义不然。过去已灭,未来未

---

①②③ 北凉昙无谶译《大般涅槃经》卷二八,《大正藏》第12卷,第531页中。
④ 隋灌顶撰述、唐湛然再治《大般涅槃经疏》卷二五,《大正藏》第38卷,第184页上。
⑤ 北凉昙无谶译《大般涅槃经》卷二八,《大正藏》第12卷,第531页中—下。
⑥⑦ 同上书,第531页下。

到,云何名有?若言当有,名为有者,是义不然。如世间人见无儿息,便言无儿。一切众生无佛性者,云何说言一切众生悉有佛性?"①

世尊的回答是从区分不同的"有"开始的。第一是"过去有":"过去名有。譬如种橘,芽生子灭,芽亦甘甜。乃至生果味,亦如是,熟已,乃醋。善男子,而是醋味,子、芽乃至生果,悉无随本。熟时,形色、相貌则生醋味,而是醋味本无今有。虽本无今有,非不因本。如是本子,虽复过去故得名有。以是义故,过去名有。"②第二是"未来有":"云何复名未来为有?譬如有人种植胡麻,有人问言:何故种此?答言:有油。实未有油,胡麻熟已,取子熬、烝、捣、压,然后乃得出油。当知是人非虚妄也。以是义故,名未来有。"③此中,"未来有"即是"当有"。依此视角看待佛性,世尊告诫会众说:"众生佛性亦复如是。欲见佛性,应当观察时节、形色。是故我说,一切众生悉有佛性,实不虚妄。"④由此也就过渡到"据正因破破因中有果"上。

"据正因破破因中有果"主要是以譬喻为线索的。师子吼说:"一切众生无佛性者,云何而得阿耨多罗三藐三菩提?以正因故,故令众生得阿耨多罗三藐三菩提。何等正因?所谓佛性。"⑤这就是所谓"据正因"。其后,师子吼菩萨提出一个譬喻:"世尊,若尼拘陀子无尼拘陀树者,何故名为尼拘陀子,而不名为佉陀罗子?"⑥这是说,如果尼拘陀树的种子中没有尼拘陀树之性,为何它叫尼拘陀子而不会被称为佉陀罗子呢?

佛说:"若言子中有尼拘陀者,是义不然。如其有者,何故不见?善男子,如世间物有因缘故,不可得见。……若言细障故不见者,是义不然。何以故?树相粗故。若言性细,云何增长?若言鄣故不可见者,常应不见。本无粗相,今则见粗。当知是粗,本无其性。本无见性,今则可

---

① 北凉昙无谶译《大般涅槃经》卷二八,《大正藏》第12卷,第531页下。
②③④⑤⑥ 同上书,第532页上。

642

见。当知是见,亦本无性。子亦如是,本无有树,今则有之,当有何咎?"①此中要义是,若尼拘陀子应有障而是其中的尼拘陀树不可见,那么,此障应常成为障,此树应该常不可见。而事实并非如此,可见,此种籽(子)中并无"树性"。

此时,师子吼又说:"如佛所说有二种因:一者,正因。二者,了因。尼拘陀子以地、水、粪、作了因故,令细得粗。"②这是说,此树种子因地、水等"了因"的缘故,由"细"至"粗"方至可见的树。

世尊回答说:"若本有者,何须了因?若本无性,了何所了?若尼拘陀中,本无粗相,以了因故,乃生粗者,何故不生佉陀罗树?二俱无故。"③这是说,如果说,此种子中本有此树,何须了因呢?如果本无此"树性","了因"便无所"了"。如果此种子中无此"树性",何故不从中出生别的树呢?如果说,"若细不见者,粗应可见。譬如一尘则不可见,多尘和合则应可见。如是子中,粗应可见。何以故?是中已有芽、茎、华、果。一一果中,有无量子。一一子中,有无量树。是故名粗。有是粗故,故应可见"④。如此等等并非如此。另外,"若一切法本有生灭,何故先生后灭,不一时耶?以是义故,当知无性"⑤。可见,不能说因中定有果。

此时,师子吼菩萨又追问说:"世尊,若尼拘陀子本无树性而生树者,是子何故不出于油?二俱无故。"⑥这是说,如果尼拘陀种子本无树性而出生树,为何不从中出生油呢?世尊的回答是:"如是子中,亦能生油。虽本无性,因缘故有。"⑦然由于此树种子能够压子油汁出,因此有因缘故有的回答。鉴于此,师子吼又问:"何故不名胡麻油耶?"世尊回答说:"非胡麻故。善男子,如火缘生火,水缘生水。虽俱从缘,不能相有。尼拘陀子及胡麻油复如是,虽俱从缘,各不相生。尼拘陀子性能治冷,胡麻油者性能治风。善男子,譬如甘蔗,因缘故生石蜜、黑蜜。虽俱一缘,色相各

---

①②③④⑤ 北凉昙无谶译《大般涅槃经》卷二八,《大正藏》第12卷,第532页中。
⑥ 同上书,第532页中—下。
⑦ 同上书,第532页下。

异,石蜜治热,黑蜜治冷。"①从这些譬喻中引申出来对于佛性的看法:随缘各异,受名不同,不得名麻油,得名尼拘陀油。众生佛性也是如此,众生中有佛性,有因缘故而当来显现。

3. 破因中无果执。

在"因中定有果"被破斥之后,自然会归向另一极端,即"因中无果"。师子吼菩萨说:"世尊,如其乳中无有酪性,麻无油性,尼拘陀子无有树性,泥无瓶性。一切众生无佛性者,如佛上说一切众生悉有佛性,是故应得阿耨多罗三藐三菩提者,是义不然。"②简言之,如果"因中有果"是错误的,那么,一切众生应该无佛性。此后,狮子吼菩萨分为七个方面对其作问难,世尊则针对此难一一作了回答。经中原本的顺序是先难后答的,回答的顺序也与问难的顺序不完全一致。下文则将问难与回答穿插对应起来作分析说明。

第一,"行业为难":"人、天无性。以无性故,人可作天,天可作人。以业缘故,不以性故。菩萨摩诃萨以业因缘故,得阿耨多罗三藐三菩提。"③此是说,以"无性"言,菩萨但以业缘而得成佛,非谓佛性。

佛回答说:"善哉!善哉!善男子,汝已久知佛性之义,为众生故,作如是问。一切众生实有佛性。"④这一回答非常简短,颇难理解。灌顶解释说:"止有八字,具答问意。举人、天由业,不关佛性,亦应由业致佛,不关佛性。佛答:人、天不须佛性,只由于业致有往反,不关佛性。佛性常故作佛,亦当知有佛性。"⑤将经文与灌顶的解释结合起来理解,似乎是说,不能以人天之果由业而致来说成佛也是如此。

第二,"就断善作难":"若诸众生有佛性者,何因缘故,一阐提等断诸善根,堕于地狱?若菩提心是佛性者,一阐提等不应能断。若可断者,云

---

①②③ 北凉昙无谶译《大般涅槃经》卷二八,《大正藏》第 12 卷,第 532 页下。
④ 同上书,第 533 页上。
⑤ 隋灌顶撰述、唐湛然再治《大般涅槃经疏》卷二五,《大正藏》第 38 卷,第 185 页上。

何得言佛性是常？若非常者,不名佛性。"①这是说:"若众生有性善,不可断,堕于地狱,以佛性力应止地狱。夫佛性是常,常何可断？既断于善,即知无常。若无常者,则无佛性。"②

对此难,世尊回答说:"此菩提心实非佛性。何以故？一阐提等断于善根,堕地狱故。若菩提心是佛性者,一阐提辈则不得名一阐提也。菩提之心,亦不得名为无常也。是故定知,菩提之心实非佛性。"③这里明确地讲,菩提心非佛性,阐提不发菩提心,然而佛性并不断绝。

第三,"据初发心难":"若诸众生有佛性者,何故名为初发心耶？"④这是说,"若本有性,应本发心。心既始发,知本无性。又佛性无发,发则非性"⑤。

对此难,佛回答说:"心非佛性。何以故？心是无常,佛性常故。"⑥此中所说的"心非佛性"之"心"颇为微妙。

第四,"据退、不退为难":"云何而言是毗跋致、阿毗跋致？毗跋致者,当知是人无有佛性。"⑦此中所说的"毗跋致"是退转的意思,而"阿毗跋致"是不退转的意思。其既有退,则知其无佛性。

对于师子吼菩萨的七层问难的回答,数这一问回答得最详细,也置于最后回答。答文分为四层次:

在"明退转行"部分讲了十三法、六法、五法、二法。十三法如下:"萨摩诃萨有十三法,则便退转。何等十三？一者,心不信。二者,不作心。三者,疑心。四者,吝惜身财。五者,于涅槃中,生大怖畏,云何乃令众生永灭？六者,心不堪忍。七者,心不调柔。八者,愁恼。九者,不乐。十者,放逸。十一者,自轻己身。十二者,自见烦恼无能坏者。十三者,不乐进趣菩提之法。"⑧"六法"如下:"复有六法坏菩提心。何等为六？一

---

①③ 北凉昙无谶译《大般涅槃经》卷二八,《大正藏》第12卷,第533页上。
②⑤ 隋灌顶撰述、唐湛然再治《大般涅槃经疏》卷二五,《大正藏》第38卷,第185页上。
④⑥⑦ 北凉昙无谶译《大般涅槃经》卷二八,《大正藏》第12卷,第532页下。
⑧ 同上书,第533页中。

者,吝法。二者,于诸众生起不善心。三者,亲近恶友。四者,不勤精进。五者,自大憍慢。六者,营务世业。如是六法,则能破坏菩提之心。"①又有五法退菩提心:"一者,乐在外道出家。二者,不修大慈之心。三者,好求法师过恶。四者,常乐处在生死。五者,不喜受持、读诵、书写、解说十二部经。是名五法,退菩提心。"②又有二法退菩提心:"一者,贪乐五欲。二者,不能恭敬、尊重三宝。以如是等众因缘故,退菩提心。"③

其后,世尊讲到"不退之愿"。经文说:"云何复名不退之心?有人闻佛能度众生生、老、病、死,不从师咨,自然修习,得阿耨多罗三藐三菩提。若菩提道是可得者,我当修习,必令得之。以是因缘发菩提心,所作功德若多若少,悉以回向阿耨多罗三藐三菩提。作是誓愿:愿我常得亲近诸佛及佛弟子,常闻深法,五情完具。若遇苦难,不失是心。复愿诸佛及诸弟子,常于我所生欢喜心,具五善根。……善男子,若有能发如是愿者,是名菩萨终不退失菩提之心。亦名施主,能见如来明了佛性,能调众生度脱生死,善能护持无上正法,能得具足六波罗蜜。善男子,以是义故,不退之心,不名佛性。"④

此后,世尊说,有退和不退两种人,此是以譬喻来说明的。二人一同去七宝山寻宝,一人退缩,一人勇往直前达到目的。经中说:"七宝山者,喻大涅槃。甘美之水,喻于佛性。其二人者,喻二菩萨初发心。险恶道者,喻于生死。所逢人者,喻佛世尊。有盗贼者,喻于四魔。砂砾、棘刺,喻诸烦恼。无水草者,喻不修习菩提之道。一人还者,喻退转菩萨。其直往者,喻不退转菩萨。善男子,众生佛性常住不变,犹彼崄道。不可说言,人悔还故,令道无常。佛性亦尔。善男子,菩提道中,终无退者。善男子,如向悔者,见其先伴获宝而还,势力自在,供养父母,给足宗亲,多受安乐,见是事已,心中生热,即复庄严,复道还去,不惜身命,堪忍众难,

---

①②③ 北凉昙无谶译《大般涅槃经》卷二八,《大正藏》第12卷,第533页中。
④ 同上书,第533页中—下。

遂便到彼七宝山中。退转菩萨,亦复如是。善男子,一切众生定当得成阿耨多罗三藐三菩提。以是义故,我经中说,一切众生乃至五逆、犯四重禁及一阐提,悉有佛性。"①

最后,经中较为详细地讲了"不退之行",如有曰:"若有菩萨修习如来三十二相业因缘者,得名不退,得名菩萨摩诃萨,名不动转,名为怜悯一切众生,名胜一切声闻、缘觉,名阿毗跋致。善男子,若菩萨摩诃萨持戒不动,施心不移,安住实语,如须弥山。以是业缘,得足下平如奁底相。……善男子,若菩萨摩诃萨修习如是三十二相业因缘时,则得不退菩提之心。"②

第五,"据万行难":"世尊,菩萨摩诃萨一心趣向阿耨多罗三藐三菩提,大慈大悲,见生、老、死、烦恼过患,观大涅槃无生、老、死、烦恼诸过,信于三宝及业果报,受持禁戒。如是等法,名为佛性。若离是法有佛性者,何须是法而作因缘?世尊,如乳不假缘,必当成酪。生酥不尔,要得因缘,所谓人功、水瓶、钻绳。众生亦尔。有佛性者,应离因缘,得阿耨多罗三藐三菩提。"③这是说,若本有性,何须万行?须修万行,则知其无佛性。

对此难,世尊回答说:"汝言众生若有佛性不应假缘,如乳成酪者,是义不然。何以故?若言五缘成于生酥,当知佛性亦复如是。譬如众石有金,有银,有铜,有铁,俱禀四大一名一实,而其所出各各不同。要假众因缘、众生福德、炉冶人功,然后出生,是故当知本无金性。众生佛性不名为佛,以诸功德因缘和合,得见佛性,然后得佛。"④这是说,"佛性"与"佛"不同,而上述问难是将二者混为一谈而推出结论的。"汝言众生悉有佛性,何故不见者,是义不然。何以故?以诸因缘未和合故。善男子,以是义故,我说二因,正因、缘因。正因者,名为佛性。缘因者,发菩提心。以

---

①② 北凉昙无谶译《大般涅槃经》卷二八,《大正藏》第12卷,第534页下。
③ 同上书,第532页下—533页上。
④ 同上书,第533页下—中。

二因缘得阿耨多罗三藐三菩提,如石出金。"①可见,由佛性显现而成佛,是需要因缘的。

第六,"据退万行为难":"若定有者,行人何故见三恶苦、生、老、病、死而生退心?亦不须修六波罗蜜,即应得成阿耨多罗三藐三菩提。如乳非缘而得成酪,然非不因六波罗蜜而得成于阿耨多罗三藐三菩提。以是义故,当知众生悉无佛性。"②这是说,佛性如果是"常",何得有退?既显三恶而有退,则知无佛性。

对此难,世尊回答说:"汝言何故有退心者,实无退心。心若有退,终不能得阿耨多罗三藐三菩提。以迟得故,名之为退。"③这里直接否定了难中所引的"退转",实际上不存在退,只是迟得,简言为"退"。

第七,"据三宝为难":"如佛上说僧宝是常,如其常者,则非无常。非无常者,云何而得阿耨多罗三藐三菩提?僧若常者,云何复言一切众生悉有佛性?"④这是说,如佛所说三宝是常,僧既是常,只应常住,何得进修,令后成佛?进修则应是无常,无常故无性,何故云一切众生悉有佛性?

对此难,世尊回答说:"汝言僧常,一切众生无佛性者,善男子,僧名和合。和合有二种:一者,世和合。二者,第一义和合。世和合者,名声闻僧。义和合者,名菩萨僧。世僧无常,佛性是常,如佛性常义,僧亦尔。复次,有僧谓法和合。法和合者,谓十二部经。十二部经常,是故我说,法、僧是常。善男子,僧名和合。和合者,名十二因缘。十二因缘中亦有佛性。十二因缘常,佛性亦尔,是故我说僧有佛性。又复僧者,谓诸佛和合,是故我说僧有佛性。"⑤此中,从四层"和合"义来说明,僧有佛性。一般所说的"僧无常",乃是世僧,而非菩萨僧等。

4. 结叹佛性

"结叹佛性"部分文字不多,但颇受重视,因为其将诸种佛性说归纳

---

①⑤ 北凉昙无谶译《大般涅槃经》卷二八,《大正藏》第 12 卷,第 533 页中。
②③④ 同上书,第 533 页上。

在一起,古人称之为"五佛性"。

经文说:"一切众生不可思议,诸佛境界、业果佛性亦不可思议。何以故?如是四法,皆悉是常。以是常故,不可思议。一切众生烦恼覆障,故名为常。断常烦恼故,故名无常。若言一切众生常者,何故修习八圣道分?为断众苦。众苦若断,则名无常。所受之乐,则名为常。是故我言,一切众生烦恼覆障,不见佛性。以不见故,不得涅槃。"①

对此段文字,灌顶归纳说:"此文具五种佛性。众生即正因,诸佛境界即果性、果果性,业果即了因佛性,即境界性。又一解:众生是正因,诸佛境界是境界性,业是了因性,果是果性、果果性。"②其总体结论是:一切众生、诸佛境界、业果佛性皆不可思议,不可思议故"常"。灌顶说,这就是"圆义"。

(四)回答迦叶菩萨"中道生善"之问

在《迦叶菩萨品》中,迦叶菩萨就"中道佛性"与依凭佛性而"生善"的问题作了议论。在此谨将与佛性密切相关的"双明中道生善"和"单明中道为成生善"两个层次的内容分析说明如下。

"双明中道生善"部分内容,是由迦叶菩萨与佛的五番对话构成。灌顶分其为三层次:"初一番,明生善时节。次一番,明不断佛性。三、三番因性生善。"③

第一番问答,迦叶菩萨问佛:"世尊,如是之人,何时当能还生善根?"④此中所说的"如是之人"指断善的一阐提。此中问的是生善的时节。佛回答说:"是人二时还生善根,初入地狱,出地狱时。"⑤对此,灌顶解释说:"利人初入,钝者后出。道理应有中根之人,在中生善,在狱受苦,无暇能生,是故不说。"⑥依据灌顶的解释,断善而入地狱的众生,利

---

① 北凉昙无谶译《大般涅槃经》卷二八,《大正藏》第12卷,第535页中。
② 隋灌顶撰述、唐湛然再治《大般涅槃经疏》卷二五,《大正藏》第38卷,第185页下。
③⑥ 隋灌顶撰述、唐湛然再治《大般涅槃经疏》卷二九,《大正藏》第38卷,第203页下。
④⑤ 北凉昙无谶译《大般涅槃经》卷三五,《大正藏》第12卷,第570页下。

根者在入地狱之时已经开始生善,而钝根者则迟至出地狱之时才生善。照理,此处也应该说及"中根者",但经略而未说。

其后,世尊为会众就"生善而论断善,但断现善,不断过、未。由有此善,令善得生"①。经文是:"善有三种:过去、现在、未来。若过去者,其性自灭。因虽灭尽,果报未熟。是故不名断过去果。断三世因故,名为断。"②过去、未来二世之善不可能断,作为"因"的"现善"灭,即无当来之善。当来之善不起,即为"断"未来善之义。既无现在、未来之善,过去的也已经过去,也可以看做是"断"。这就是俱断三世之善。

第二番问答,说明佛性不断。迦叶菩萨又问佛:"若断三世因,名断善根,断善根人,即有佛性。如是佛性,为是过去?为是现在?为是未来?为遍三世?若过去者,云何名常?佛性亦常。是故当知,非过去也。若未来者,云何名常?何故佛说一切众生必定当得?若必定得,云何言断?若现在者,复云何常?何故复言必定可见?"③这是将佛性和"断善"的问题与三世对应起来考虑。其后,迦叶菩萨又问"可断不可断",经文是:"如来亦说佛性有六:一、常。二、真。三、实。四、善。五、净。六、可见。若断善根有佛性者,则不得名断善根也。若无佛性,云何复言一切众生悉有佛性?若言佛性亦有亦断,云何如来复说是常?"④

佛在回答这一提问前先说明了四种回答问题的方式,即"定答"、"分别答"、"随问答"、"置答",然后以"分别答"和"置答"的方式回答了迦叶的上述提问。先回答佛性"常":"如来十力、四无所畏、大慈大悲、三念处、首楞严等八万亿诸三昧门、三十二相、八十种好、五智印等三万五千诸三昧门、金刚定等四千二百诸三昧门,方便三昧无量无边,如是等法是佛、佛性。如是佛性,则有七事:一、常。二、我。三、乐。四、净。五、真。六、实。七、善。是名分别答。善男子,后身菩萨佛性有六:一、常。

---

① 隋灌顶撰述、唐湛然再治《大般涅槃经疏》卷二九,《大正藏》第38卷,第203页下。
②④ 北凉昙无谶译《大般涅槃经》卷三五,《大正藏》第12卷,第570页下。
③ 同上书,第570页下—571页上。

二、净。三、真。四、实。五、善。六、少见。是名分别答。"①此中说,如来之"佛性"有"七事","后身菩萨"之佛性有"六事"。

其后,世尊回答"断善根人有佛性"之问。世尊说:"是人亦有如来佛性,亦有后身佛性。是二佛性,障未来故,得名为无;毕竟得故,得名为有。是名分别答。"②这是说,"断善人"有此七种、六种等性,虽有而无。

最后,世尊分别逐次回答了如来佛性、后身佛性以及九住菩萨至"初住菩萨"之佛性。其一,"如来佛性非过去,非现在,非未来。后身佛性,现在、未来少可见故,得名现在。未具见故,名为未来。如来未得阿耨多罗三藐三菩提时,佛性因故,亦是过去、现在、未来,果则不尔。有是三世,有非三世。后身菩萨佛性因故,亦是过去、现在、未来,果亦如是。是名分别答"③。其二,"九住菩萨佛性,六种:一、常。二、善。三、真。四、实。五、净。六、可见。佛性因故,亦是过去、现在、未来,果亦如是"④。其三,"八住菩萨下至六住佛性,五事:一、真。二、实。三、净。四、善。五、可见。佛性因故,亦是过去、现在、未来,果亦如是"⑤。其四,"五住菩萨下至初住佛性,五事:一、真。二、实。三、净。四、可见。五、善不善"⑥。最后的结论是:"是五种佛性、六种佛性、七种佛性,断善根人必当得故,故得言有。是名分别答。"⑦

耐人寻味的是,这一句经文:"若有说言,断善根者,定有佛性,定无佛性。是名置答。"而"我闻不答,乃名置答。如来今者,何因缘答而名置答?"⑧佛回答说:"我亦不说置而不答,乃说置答。善男子,如是置答,复有二种:一者,遮止。二者,莫著。以是义故,得名置答。"⑨本人的悬测,这一回答既是"遮止",又是"莫著"。

"因于佛性而生善"部分有三番问答,依照灌顶的解释:"初,明因果性。次,正明因性生善。三、释疑。"⑩

---

① 北凉昙无谶译《大般涅槃经》卷三五,《大正藏》第12卷,第571页下—572页上。
②③④⑤⑥⑦⑧⑨ 同上书,第571页中。
⑩ 隋灌顶撰述、唐湛然再治《大般涅槃经疏》卷二九,《大正藏》第38卷,第204页下。

第一番,迦叶菩萨问佛:"如佛所说,云何名因亦是过去、现在、未来,果亦过去、现在、未来,非是过去、现在、未来?"①灌顶解释说:"初番问意言,如来果性非三世摄,可是佛性因中因果是三世者,何名佛性?"②

佛回答说:"五阴二种:一者,因。二者,果。是因五阴是过去、现在、未来,是果五阴亦是过去、现在、未来,亦非过去、现在、未来。善男子,一切无明烦恼等结,悉是佛性。何以故?佛性因故。从无明、行及诸烦恼,得善五阴,是名佛性。从善五阴乃至获得阿耨多罗三藐三菩提。是故我于经中先说,众生佛性,如杂血乳。血者,即是无明、行等一切烦恼。乳者,即是善五阴也。是故我说从诸烦恼及善五阴得阿耨多罗三藐三菩提,如众生身皆从精血而得成就。"③在此,五阴以及一切无明烦恼结业恶是佛性的原因在于,它们是"佛性之因",这就是"因佛性",而从无明烦恼等生善五阴,即是果佛性。

第二番,迦叶菩萨问佛:"五种、六种、七种佛性,若未来有者,云何说言断善根人有佛性耶?"④这是问,上述佛性既在未来而有,云何言有而能生善?

佛回答说:"如诸众生有过去业,因是业故,众生现在得受果报。有未来业,以未生故,终不生果。有现在烦恼。若无烦恼,一切众生应当了了现见佛性。是故断善根人,以现在世烦恼因缘,能断善根。未来佛性力因缘故,还生善根。"⑤

第三番问答是由前一问答引出的。迦叶又问:"世尊,未来,云何能生善根?"⑥

佛回答说:"犹如灯、日,虽复未生,亦能破暗。未来之生,能生众生。未来佛性亦复如是。"⑦这是说,一旦未来因缘际会,一定会生善。

---

① 北凉昙无谶译《大般涅槃经》卷三五,《大正藏》第12卷,第571页中。
② 隋灌顶撰述、唐湛然再治《大般涅槃经疏》卷二九,《大正藏》第38卷,第204页下。
③ 北凉昙无谶译《大般涅槃经》卷三五,《大正藏》第12卷,第571页中—下。
④⑤⑥⑦ 同上书,第571页下。

"单明中道为成生善"部分,说明众生由"中道之理"而生善。"文为三:一、明非内非外中道。二、非有非无中道。三、约诸法广明中道。"①第三部分内容较繁复,在此仅仅就"破外道执虚空佛性"之论作些分析说明。

第一,非内非外中道。

这一观念在前面已经论述过,在此则从众生"解行"的角度作一重申。

经文说:"我为众生得开解故,说言佛性非内非外。何以故?凡夫众生或言,佛性住五阴中,如器中有果;或言,离阴而有,犹如虚空。是故如来说于中道,众生佛性非内六入,非外六入。内、外合故,名为中道。是故如来宣说,佛性即是中道,非内非外故,名中道。是名分别答。"②

第二,佛性非有非无。

这一部分是先正面论述,其后的"广破执"部分很繁复,兹从略。在此仅将第一"明宗"部分的内容作些简述。此又分为三层次:"先,明非有非无。次,明亦有亦无。三、结非有非无。"③其一,非有非无。经中说:"众生佛性非有非无。所以者何?佛性虽有,非如虚空。何以故?世间虚空,虽以无量善巧方便,不可得见。佛性可见。是故虽有,非如虚空。佛性虽无,不同兔角。何以故?龟毛、兔角虽以无量善巧方便,不可得生。佛性可生。是故虽无,不同兔角。是故佛性非有非无。"④其二,亦有亦无,经文说:"亦有亦无。云何名有?一切悉有。是诸众生不断不灭,犹如灯焰,乃至得阿耨多罗三藐三菩提,是故名有。云何名无?一切众生现在未有一切佛法常、乐、我、净,是故名无。有、无合故,即是中道。"⑤其三,结论:"是故佛说,众生佛性非有非无。"⑥

---

① 隋灌顶撰述、唐湛然再治《大般涅槃经疏》卷二九,《大正藏》第38卷,第205页上。
② 北凉昙无谶译《大般涅槃经》卷三五,《大正藏》第12卷,第572页上。
③ 隋灌顶撰述、唐湛然再治《大般涅槃经疏》卷二九,《大正藏》第38卷,第205页中。
④⑤⑥ 北凉昙无谶译《大般涅槃经》卷三五,《大正藏》第12卷,第572页中。

第三,破外道执虚空佛性

对于此部分内容,灌顶有一简明解释:"前明佛性有同虚空、不同虚空,此乃法王正典,有同、不同。破外道虚空者,此乃破世性眼所见之虚空。"①佛性与虚空实际上构成的是一种譬喻的关系。正是鉴于此,此品是分为"同义"和"异义"两部分论述的。

问题是由迦叶菩萨的提问引出的:"世尊,如佛所说,众生佛性犹如虚空,云何名为如虚空耶?"②佛的回答有三:"先明佛性同虚空,非三世摄。次明同虚空,非内非外。三明同虚空,无罣碍。"③

先看第一层次:"虚空之性,非过去非未来非现在。佛性,亦尔。善男子,虚空非过去。何以故?无现在故。法若现在,可说过去。以无现在故,无过去。亦无现在。何以故?无未来故。法若未来,可说现在。以无未来故,无现在。亦无未来。何以故?无现在过去故。若有现在过去,则有未来。以无现在过去故,则无未来。以是义故,虚空之性,非三世摄。善男子,以虚空无故,无有三世。不以有故,无三世也。如虚空华,非是有故,无有三世。虚空亦尔,非是有故,无有三世。善男子,无物者,即是虚空。佛性亦尔。善男子,虚空无故,非三世摄,佛性常故,非三世摄。善男子,如来已得阿耨多罗三藐三菩提,所有佛性、一切佛法常无变易,以是义故,无有三世,犹如虚空。"④此中实际上是以无三世的虚空来譬喻佛性的。

第二层次,佛性同虚空,非内非外。经文说:"虚空无故,非内非外。佛性常故,非内非外。故说佛性犹如虚空。"⑤

第三层次,佛性同虚空,无罣碍。经文说:"如世间中,无罣碍处,名为虚空。如来得阿耨多罗三藐三菩提已,于一切佛法无有罣碍,故言佛

---

① ③ 隋灌顶撰述、唐湛然再治《大般涅槃经疏》卷三〇,《大正藏》第 38 卷,第 211 页下。
② 北凉昙无谶译《大般涅槃经》卷三七,《大正藏》第 12 卷,第 580 页下。
④ 同上书,第 580 页下—581 页上。
⑤ 同上书,第 581 页上。

性犹如虚空。以是因缘,我说佛性犹如虚空。"①

第二部分说明佛性异于虚空之义,有两番问答。

第一番,迦叶菩萨问佛:"如来、佛性、涅槃非三世摄,而名为有。虚空亦非三世所摄,何故不得名为有耶?"②这是问,正言佛性、涅槃、虚空等并非三世,佛性等非三世而说其是"常",而虚空非三世为何不是"常"呢?

佛回答说言:"为非涅槃名为涅槃,为非如来名为如来,为非佛性名为佛性。云何名为非涅槃耶?所谓一切烦恼有为之法,为破如是有为烦恼,是名涅槃。非如来者,谓一阐提至辟支佛,为破如是一阐提等至辟支佛,是名如来。非佛性者,所谓一切墙壁、瓦石无情之物,离如是等无情之物,是名佛性。善男子,一切世间无非虚空,对于虚空。"③这是说,涅槃、如来、佛性都是相待而说的,虚空无相待,因而不名为"常"。经中又说:"涅槃是有,可见,可证,是色,足迹、章句是有,是相,是缘,是归依处,寂静,光明,安隐,彼岸,是故得名非三世摄。虚空之性,无如是法,是故名无。"④

五、一阐提与佛性

从古以来都以为《大般涅槃经》的"前分"、"后分"在佛性思想方面有一些差异,主要是一阐提是否有佛性的问题。关于"一阐提",此前流传的经典中已屡有说明,特别是早期的如来藏类经典如《央掘摩罗经》、《胜鬘经》、《大法鼓经》、《大方等无想经》等都有相关论述,本著于上一章在分析说明这些经典的思想内容时已经作过论述。而《大般涅槃经》对此问题的论述有两大特点:一是最为系统,二是将其与佛性思想联系在一起讨论。

(一)一阐提的界定

关于一阐提的定义,在昙无谶《大般涅槃经》卷五《如来性品》之二

---

①②③ 北凉昙无谶译《大般涅槃经》卷三七,《大正藏》第12卷,第581页上。
④ 同上书,第581页上一中。

（南本标为《四相品》之余）中有一初步界定，即一阐提为"无信之人"。经中有文曰："世间疮疣凡有二种，一者可治，二不可治。凡可治者，医则能治。不可治者，则不能治。"①而"阎浮提内众生有二：一者有信，二者无信。有信之人则名可治。何以故？定得涅槃，无疮疣故。是故我说治阎浮提诸众生已。无信之人名一阐提，一阐提者名不可治。除一阐提余悉治已，是故涅槃名无疮疣"②。此中说，一阐提是无信之人并且是"不可治"的。

第二处比较完整的对一阐提的界定，在《一切大众所问品》。此品的解释如下：首先，通过区别持戒、毁戒的差别除去一阐提获得大果报的可能，即经文所说的："破戒者，谓一阐提。其余在所一切布施，皆可赞叹，获大果报。"③其一，诽谤佛法："若有比丘及比丘尼、优婆塞、优婆夷，发粗恶言，诽谤正法，造是重业，永不改悔，心无惭愧。如是等人，名为趣向一阐提道。"④其二，犯四重、五逆罪："若犯四重，作五逆罪，自知定犯如是重事，而心初无怖畏、惭愧，不肯发露，于佛正法，永无护惜建立之心，毁訾轻贱，言多过咎。如是等人，亦名趣向一阐提道。"⑤其三，说言"无佛法众，拨无因果"："若复说言无佛法僧，如是等人亦名趣向一阐提道。唯除如此一阐提辈，施其余者一切赞叹。"⑥此品仍然强调一阐提之罪不可消除："彼一阐提亦复如是，烧灭善根，当于何所而得除罪？善男子，若生善心，是则不名一阐提也。"⑦

这些特征在其他部分也有论述。如关于"不信"佛法：《梵行品》之五说："一阐提者，不信因果，无有惭愧，不信业报，不见现在及未来世，不亲善友，不随诸佛所说教诫。"⑧《梵行品》之六说："如来尚为一阐提等演说法要，一阐提者，不信，不闻，不能观察，不得义理。"⑨《德王菩萨品》之六

---

①② 北凉昙无谶译《大般涅槃经》卷五，《大正藏》第12卷，第374页下。
③④⑤⑥⑦ 北凉昙无谶译《大般涅槃经》卷一〇，《大正藏》第12卷，第425页中。
⑧ 北凉昙无谶译《大般涅槃经》卷二〇，《大正藏》第12卷，第477页下。
⑨ 同上书，第481页中。

说:"一阐提辈,若遇善友诸佛菩萨闻说深法,及不遇,俱不离一阐提心。"①如此等等,不再赘述,在此将焦点放在一阐提"断灭善根"之后是否仍然有佛性的问题上。

(二)"前分"关于一阐提有无佛性的说法

由于在南北朝佛教史上发生的一桩著名事件(即竺道生被摈出建康),《大般涅槃经》前后分关于一阐提有无佛性问题上表述的差异备受瞩目。从现存的两种汉语译本看,前分的表述要模糊得多。

署名法显翻译的《佛说大般泥洹经》卷一即有经文:"尔时,虺蛇毒螫诸恶虫类,魔鬼罗刹杂咒蛊道,皆生慈心,不相侵害,如视一子,唯除一阐提辈。"②与此对应的内容,在昙无谶译本中则译为:"陀那婆神阿修罗等,悉舍恶念,皆生慈心,如父如母,如姊如妹,三千大千世界众生,慈心相向,亦复如是,除一阐提。"③尽管文字有所不同,但二者所表达的意思一致,即一阐提未能发"慈心"。

与前述同类的表述还有,《大般涅槃经》卷七:"复有比丘说佛秘藏甚深经典,一切众生皆有佛性,以是性故,断无量亿诸烦恼结,即得成于阿耨多罗三藐三菩提,除一阐提。"④此中,也有被理解为"一切众生皆有佛性除一阐提"的空间,但笔者以为也许应理解为"一切众生断无量亿诸烦恼结,即得成于阿耨多罗三藐三菩提,除一阐提"。以后者去解释,则可知,一阐提不能断烦恼结,不能得无上菩提。

昙无谶译本《大般涅槃经》卷九详细地列出一阐提者不能生起菩提心的根本原因。如经中说:"唯一阐提发菩提心无有是处。复次,善男子!譬如焦种虽遇甘雨,百千万劫终不生芽。芽若生者无有是处,一阐提辈亦复如是。虽闻如是《大般涅槃》微妙经典,终不能发菩提心芽。若

---

① 北凉昙无谶译《大般涅槃经》卷二六,《大正藏》第12卷,第519页上。
② 东晋法显《佛说大般泥洹经》卷一,《大正藏》第12卷,第857页下。
③ 北凉昙无谶译《大般涅槃经》卷一,《大正藏》第12卷,第371页中。
④ 北凉昙无谶译《大般涅槃经》卷七,《大正藏》第12卷,第404页下。

能发者无有是处,何以故?是人断灭一切善根如彼焦种,不能复生菩提根芽。复次,善男子!譬如明珠置浊水中,以珠威德,水即为清,投之淤泥,不能令清,是《大涅槃》微妙经典亦复如是。置余众生、五无间罪、四重禁法浊水之中,犹可澄清发菩提心;投一阐提淤泥之中,百千万岁不能令清起菩提心,何以故?是一阐提灭诸善根,非其器故。假使,是人百千万岁听受如是《大涅槃经》,终不能发菩提之心,所以者何?无善心故。"① 此例明确说的是一阐提不能发菩提心。

昙无谶译《大般涅槃经》卷九中又说:"是大乘典《大涅槃经》亦复如是,于诸众生有欲无欲悉能令彼烦恼崩落,是诸众生乃至梦中梦见是经恭敬供养,喻如大王恭敬良医。是大良医知必死者终不治之,是大乘典《大涅槃经》亦复如是,终不能治一阐提辈。复次,善男子,譬如良医善知八种悉能疗治一切诸病,唯不能治必死之人,诸佛菩萨亦复如是,悉能救疗一切有罪,唯不能治必死之人一阐提辈。"② 此中以医生来譬喻诸佛菩萨不能治疗必死如一阐提者。

昙无谶译《大般涅槃经》卷九又说:"譬如莲花为日所照,无不开敷,一切众生亦复如是。若得见闻大涅槃日,未发心者,皆悉发心,为菩提因。是故我说大涅槃光所入毛孔,必为妙因。彼一阐提,虽有佛性而为无量罪垢所缠,不能得出,如蚕处茧,以是业缘,不能生于菩提妙因,流转生死无有穷已。"③ 从此表述来看,一阐提者还是具有"佛性"的,但因为罪障深重而难以解脱。此文所引经文,在署名法显的译文中为:"譬如莲华,日光照已,无不开敷。一切众生亦复如是,此《摩诃衍般泥洹经》一闻经耳,若未发意,不乐菩提,是等必为菩提之因。彼一阐提,于如来性所以永绝,斯由诽谤作大恶业,如彼蚕虫绵网自缠而无出处,一阐提辈亦复

---

① 北凉昙无谶译《大般涅槃经》卷九,《大正藏》第12卷,第418页上。
② 同上书,第420页中。
③ 同上书,第419页中。

如是,于如来性不能开发起菩提因,乃至一切极生死际。"①后者译文完全否认一阐提者具有佛性。二者的差异,一般而言,原本差别所致的可能性大一些。也就是昙无谶译本所依据原本与法显从摩揭提国请回来的本子可能有所不同。

除上举的例子外,还有一个例子可说明两种译本所依据的原本是有差别的。昙无谶译《大般涅槃经》卷五:"又希有者譬如婴儿,其齿未生渐渐长大,然后乃生。解脱不尔,无有生与不生。又解脱者,名曰虚寂,无有不定。不定者,如一阐提,究竟不移,犯重禁者,不成佛道,无有是处。何以故? 是人若于佛正法中,心得净信,尔时即便灭。一阐提,若复得作优婆塞者,亦得断灭。于一阐提,犯重禁者,灭此罪已,则得成佛。是故若言,毕定不移,不成佛道,无有是处。真解脱中,都无如是灭尽之事。又虚寂者,堕于法界,如法界性即真解脱,真解脱者即是如来。又一阐提若尽灭者,则不得称一阐提也。何等名为一阐提耶? 一阐提者断灭一切诸善根,本心不攀缘一切善法,乃至不生一念之善,真解脱中都无是事。无是事故即真解脱,真解脱者即是如来。"②署名法显的《佛说大般泥洹经》卷三则说:"譬如婴儿,其齿未出,不能令生。真解脱者亦复如是,非时得者,无有是处。如一阐提,懈怠懒惰,尸卧终日,言当成佛。若成佛者,无有是处。假使信法,诸优婆塞,欲求解脱,度彼岸者,亦无是处,况彼尸卧。所以者何? 性非他成故。是故解脱无能为者,其解脱者即是如来。"③这一例子,两种译本差异很大。昙无谶译本的核心含义是:"于一阐提,犯重禁者,灭此罪已,则得成佛。"而后一种译本的表述也很明了:"如一阐提,懈怠懒惰,尸卧终日,言当成佛。若成佛者,无有是处。"如此的差异,不应该仅仅是翻译的问题,基本可以肯定是法显带回的本子对于一阐提不能成佛的表达很坚决。而昙无谶所依据的本子则表达得较

---

① 东晋法显《佛说大般泥洹经》卷六,《大正藏》第12卷,第893页上。
② 北凉昙无谶译《大般涅槃经》卷五,《大正藏》第12卷,第393页中。
③ 东晋法显《佛说大般泥洹经》卷三,《大正藏》第12卷,第873页下。

为含混。

在分析了"前分"对于一阐提的相关说法之后,以下将展开对后分相关内容的分析说明。

(三)断善根者名一阐提

《德王菩萨品》之二在说明六度为涅槃因的时候,涉及犯五逆罪的一阐提是否有佛性的问题。德王菩萨第一层两问问四罪:"若犯重禁、谤方等经、作五逆罪一阐提等有佛性者,是等云何复堕地狱?世尊,若使是等有佛性者,云何复言无常、乐、我、净?"①第二层两问问一阐提:"若断善根,名一阐提者,断善根时,所有佛性云何不断?佛性若断,云何复言常、乐、我、净?如其不断,何故名为一阐提耶?"②这是问阐提断善,应断佛性。不断佛性,为何名阐提呢?

对于上述四个问题,经中的回答较为简要。对于第三"断善问"的回答是:"如汝所言,佛性不断,云何一阐提断善根者,善男子,善根有二种:一者,内。二者,外。佛性非内非外,以是义故,佛性不断。复有二种:一者,有漏。二者,无漏。佛性非有漏非无漏,是故不断。复有二种:一者,常。二者,无常。佛性非常非无常,是故不断。"③因为佛性是非内非外、非有漏非无漏、非常非无常的,因此,佛性是不断的。

此后的经文是:"若是断者,则应还得。若不还得,则名不断。若断已,得名一阐提。"④这是对于第一、二、四问的回答。此命题成立的前提是"阐提不定"。依照灌顶等的解释,"彼虽作罪,终不断性,明罪不定。以不定故,得三菩提。本取断已,名一阐提。性非已得,云何可断?既非定有,岂能遮堕?答第一问,若非定有,遣第二问。又断已得,方名阐提。今性非已得,亦遣第四问。"⑤这是说,阐提犯罪,其"性"不断,这是因为阐

---

①② 北凉昙无谶译《大般涅槃经》卷二二,《大正藏》第12卷,第493页中。
③ 同上书,第493页下—494页上。
④ 同上书,第494页上。
⑤ 隋灌顶撰述、唐湛然再治《大般涅槃经疏》卷二一,《大正藏》第38卷,第159页下。

提之"佛性"并非"已得",因此无可断之。

在说明六度为涅槃因的时候,涉及犯五逆罪的一阐提是否有佛性的问题。光明遍照高贵德王菩萨代表会众提出了五个问题,灌顶等将其分为三层含义。

第三层"不定"问较长:"犯四重禁,名为不定。谤方等经,作五逆罪,及一阐提,悉名不定。如是等辈若决定者,云何得成阿耨多罗三藐三菩提?得须陀洹,乃至辟支佛,亦名不定。若须陀洹至辟支佛是决定者,亦不应成阿耨多罗三藐三菩提。世尊,若犯四重不决定者,须陀洹乃至辟支佛,亦不决定。如是不定,诸佛如来,亦复不定。若佛不定,涅槃体性亦复不定,至一切法亦复不定。云何不定?若一阐提。除一阐提,则成佛道,诸佛如来亦应如是入涅槃已,亦应还出不入涅槃?若如是者,涅槃之性则为不定,不决定故。当知无有常、乐、我、净,云何说言一阐提等当得涅槃?"①这里引出了"恶人不定"、"诸法不定"、"善人不定"、"如来不定"等"不定",其指向是:"此中作不定难。一切不定,则一切无常,则涅槃亦是一切之限,亦应无常。"②对此问题,回答得很详尽。简要回答是:"一阐提者,亦不决定。若决定者,是一阐提,终不能得阿耨多罗三藐三菩提。以不决定,是故能得。"③

说明"恶人不定"的内容不多,经文是:"犯四重者,亦是不定。若决定者,犯四重禁,终不能得阿耨多罗三藐三菩提。谤方等经,亦复不定。若决定者,谤正法人,终不能得阿耨多罗三藐三菩提。作五逆罪,亦复不定。若决定者,五逆之人,终不能得阿耨多罗三藐三菩提。"④这是说,犯四重禁戒以及犯五逆罪者,也是不定,从"决定"角度说,其最终不能获得无上菩提。

---

① 北凉昙无谶译《大般涅槃经》卷二二,《大正藏》第12卷,第493页中一下。
② 隋灌顶撰述、唐湛然再治《大般涅槃经疏》卷二一,《大正藏》第38卷,第159页中。
③ 北凉昙无谶译《大般涅槃经》卷二二,《大正藏》第12卷,第493页下。
④ 同上书,第494页上。

（四）断善种种

《迦叶菩萨品》以善星比丘为例说凡夫以虚妄力断善。根据灌顶等的判释，分为三部分："一、明断善人。二、明断善相。三、明断善见。断善人者，即善星是。断善相者，不定根性是。闻不定教，执成定解。断善见者，分别推求诸法道理。"①以下略作分析叙述。

1. 明断善人

此品所说的断善人就是善星比丘。南传巴利文佛教经典说他出身于毗舍离城的王族，此品则说他与罗睺罗同为释尊之子。又说他与佛的胞弟难陀以及堂弟阿难、提婆达多，及罗侯罗等释迦族子弟同时出家，为佛的侍者，然不顺从，常怀邪恶之心。后来还俗，常毁谤释尊与佛教，投身苦行派。《大般涅槃经》经中较为详细地叙述了善星比丘所做恶事，并且以善星为一阐提（断善根者），谓彼主张无佛、无法、无涅槃之恶邪见，生堕阿鼻地狱。

2. 明断善之相

第二"断善之相"部分，主要叙述一阐提所断之善的内容。经文分为三层次："初，正明断善。二、明根性不定，故断善。三、明说教不定，故断善。"②

第一层次是强调一阐提确实断除了善法，如经中说："一阐提辈断善根故，众生悉有信等五根，而一阐提辈永断灭故。世尊，一阐提者，终无善法，是故名为一阐提耶？"③在此，特别强调一阐提断善法而未断佛性。

经中说："断有二种：一、现在灭。二、现在障于未来。一阐提辈具是二断，是故我言断诸善根。善男子，譬如有人没圊厕中，唯有一发毛头未没。虽复一发毛头未没，而一毛头不能胜身。一阐提辈亦复如是。虽未来世当有善根，而不能救地狱之苦。未来之世虽可救拔，现在之世无如

---

① 隋灌顶撰述、唐湛然再治《大般涅槃经疏》卷二八，《大正藏》第38卷，第197页中。
② 同上书，第198页中。
③ 北凉昙无谶译《大般涅槃经》卷三三，《大正藏》第12卷，第562页中。

之何,是故名为不可救济。以佛性因缘则可得救。佛性者,非过去非未来非现在,是故佛性不可得断。如朽败子不能生牙,一阐提辈亦复如是。"①

迦叶菩萨又问:"世尊,一阐提辈不断佛性,佛性亦善,云何说言断一切善?"②佛的回答是:"若诸众生现在世中有佛性者,则不得名一阐提也。如世间中,众生我性、佛性是常,三世不摄。三世若摄,名为无常。佛性未来以当见故,故言众生悉有佛性。以是义故,十住菩萨具足庄严,乃得少见。"③这是说,佛性是善,此善不断,名不断性。又佛性是常,实不可断。而一阐提所具的佛性是"未来以当见"的佛性,而并非说其"现在世中有佛性"。扩大言之,"众生佛性虽现在无,不可言无。如虚空性虽无,现在不得言无。一切众生虽复无常,而是佛性常住无变,是故我于此经中说,众生佛性非内非外,犹如虚空,非内非外。如其虚空有内、外者,虚空不名为一、为常,亦不得言一切处有。虚空虽复非内非外,而诸众生悉皆有之。众生佛性,亦复如是"④。

第二层次"明根性不定",因此,一阐提会断善。从略不赘述。

第三层次"明说教不定"部分,佛为会众详细地说明针对不同的根机众生曾经说的不同道理。如经中说:"如是众生,于佛灭后作如是说:如来毕竟入于涅槃,或不毕竟入于涅槃。或说有我,或说无我;或有中阴,或无中阴;或说有退,或说无退;或言如来身是有为,或言如来身是无为;或有说言十二因缘是有为法,或说因缘是无为法;或说心是有常,或说心是无常;或有说言受五欲能障圣道,或说不遮;或说世第一法唯是欲界,或说三界;或说布施唯是意业,或有说言即五阴;或有说言有三无为,或有说言无三无为;复有说言或有造色,复有说言或无造色;或有说言有无作色,或有说言无无作色;或有说言有心数法,或有说言无心数法;或有

---

①②③ 北凉昙无谶译《大般涅槃经》卷三三,《大正藏》第12卷,第562页中。
④ 同上书,第562页下。

说言有五种有,或有说言有六种有;或有说言八戒斋法、优婆塞戒具足受得,或有说言不具受得;或说比丘犯四重已比丘戒在,或说不在;或有说言须陀洹人、斯陀含人、阿那含人、阿罗汉人皆得佛道,或言不得;或说佛性即众生有,或说佛性离众生有;或有说言犯四重禁、作五逆罪一阐提等皆有佛性,或说言无;或有说言有十方佛,或有说言无十方佛。"①这是概括性说明,此后经中详细地叙述分析了这些"诤论之相"。"开善云'二十诤论',冶城云'二十一诤论'。"②南北朝涅槃师将其分为二十或二十一个方面。

"广说诤论之相"的第十九个是"明佛性离众生即众生",因与本著主题密切相关,略列举之。世尊说:"我于此经说言:'佛性具有六事:一、常。二、实。三、真。四、善。五、净。六、可见。'我诸弟子闻是说已,不解我意,唱言:'佛说众生佛性离众生有。'善男子,我又说言:'众生佛性,犹如虚空。虚空者,非过去非未来非现在,非内非外,非是色、声、香、味、触摄。佛性亦尔。'我诸弟子闻是说已,不解我意,唱言:'佛说,众生佛性离众生有。'善男子,我又复说:'众生佛性犹如贫女宅中宝藏,力士额上金刚宝珠,转轮圣王甘露之泉。'我诸弟子闻是说已,不解我意,唱言:'佛说,众生佛性离众生有。'善男子,我又复说:'犯四重禁一阐提人谤方等经,作五逆罪,皆有佛性。如是众生都无善法,佛性是善。'我诸弟子闻是说已,不解我意,唱言:'佛说,众生佛性离众生有。'善男子,我又复说:'众生者即是佛性。何以故?若离众生不得阿耨多罗三藐三菩提,是故我与波斯匿王说于象喻,如盲说象,虽不得象,然不离象。众生说色,乃至说识是佛性者,亦复如是。虽非佛性非不佛性,如我为王说筌筷喻。佛性亦尔。'善男子,我诸弟子闻是说已,不解我意,作种种说,如盲问乳,佛性亦尔。"③

---

① 北凉昙无谶译《大般涅槃经》卷三三,《大正藏》第 12 卷,第 563 页中—下。
② 隋灌顶撰述、唐湛然再治《大般涅槃经疏》卷二八,《大正藏》第 38 卷,第 199 页中。
③ 北凉昙无谶译《大般涅槃经》卷三四,《大正藏》第 12 卷,第 568 页下—569 页上。

3. 明断善见

这一部分是明确说明善星比丘所断善根的具体内容。灌顶等将其分为四部分:"文为四:一、有六复次,明无施业。二、六复次,明无父母。三、三复次,明无因果。四、九复次,明无圣人。夫福从缘生,施、受缘合,自能生福。如种良田,天雨地水,因缘具足,则能生芽。岂容施贫,还得贫报?贫是劣果,施得胜报,不应种谷而变为稗,田瘠收少,置而不论。"①以下依照此说略述之。

第一,无施业。如经中说:"心自思惟,无有施物。何以故?施者,即是舍于财物。若施有报,当知施主常应贫穷。何以故?子、果相似故。是故说言,无因无果。若如是说无因无果,是则名为断善根也。……"②

第二,无父母。如经中说:"复作是念:无父无母。若言父母是众生因,生众生者,理应常生,无有断绝。何以故?因常有故。然不常生,是故当知,无有父母。……"③

第三,无因果。如经中说:"复作是念:一切世间无善恶果。何以故?有诸众生具十善法,乐于惠施,勤修功德,是人亦复疾病集身,中季夭丧,财物损失,多诸忧苦。有行十恶,悭贪、嫉妒、懒惰、懈怠,不修诸善,身安无病,终保年寿,多饶财宝,无诸愁苦,是故当知无善恶果。复作是念:我亦曾闻诸圣人说,有人修善,命终多堕三恶道;有人行恶,命终,生于人、天中。是故当知无善恶果。复作是念:一切圣人有二种说,或说杀生得善果报,或说杀生得恶果报。是故当知,圣说不定。圣若不定,我云何定?是故当知无善恶果。"④

第四,无圣人。如经中说:"复作是念:一切世间无有圣人。何以故?若言圣人应得正道,一切众生具烦恼时,修正道者,当知是人正道、烦恼

---

① 隋灌顶撰述、唐湛然再治《大般涅槃经疏》卷二九,《大正藏》第38卷,第203页中。
② 北凉昙无谶译《大般涅槃经》卷三五,《大正藏》第12卷,第569页下。
③ 同上书,第569页下—570页上。
④ 同上书,第570页上—中。

一时俱有。若一时有,当知正道不能破结。若无烦恼而修道者,如是正道,为何所作?是故具烦恼者,道不能坏;不具烦恼,道则无用。是故当知,一切世间无有圣人。复作是念:无明缘行,乃至生缘老死,是十二因缘一切众生等,共有之。八圣道者,其性平等,亦应如是。一人得时,一切应得。一人修时,应一切苦灭。何以故?烦恼等故,而今不得。是故当知,无有正道。……"①

《大般涅槃经·迦叶菩萨品》对此问题的结论是:"或有佛性,一阐提有,善根人无。或有佛性,善根人有,一阐提无。或有佛性,二人俱有。或有佛性,二人俱无。善男子,我诸弟子若解如是四句义者,不应难言'一阐提人定有佛性定无佛性'。若言众生悉有佛性,是名如来随自意语。如来如是,随自意语。"②

从总体言之,昙无谶译《大般涅槃经》对一阐提有无佛性回答最为明确清晰者,数《师子吼菩萨品》中的下属经文:"一切众生定当得成阿耨多罗三藐三菩提。以是义故,我经中说,一切众生,乃至五逆犯四重禁及一阐提悉有佛性。"③

---

① 北凉昙无谶译《大般涅槃经》卷三五,《大正藏》第 12 卷,第 570 页中。
② 北凉昙无谶译《大般涅槃经》卷三六,《大正藏》第 12 卷,第 574 页下。
③ 北凉昙无谶译《大般涅槃经》卷二八,《大正藏》第 12 卷,第 534 页下。

第四章　后期如来藏经的思想及其在中土的影响

如前第一章所论,我们划定后期如来藏经典的标准是涅槃思想系统化之后所出而早于唯识学的如来藏思想文本,它们以融入唯识思想为显著特征,重要者有《圆觉经》、《楞伽经》、《密严经》和《楞严经》等。此章拟对《圆觉经》、《楞伽经》和《楞严经》三部佛经的结构、基本内容以及如来藏思想作一分析说明。

第一节　《圆觉经》的如来藏思想

迟至唐代方才翻译成汉语流通的《大方广圆觉修多罗了义经》一卷,很受古今佛教界的重视,并且对唐代之后的禅宗、华严宗等的发展产生了重要影响。这一部经对于如来藏的叙述,尽管未曾出现明确的融汇唯识思想的语句,但宗密等人以《大乘起信论》的理路解释其经义,倒也显得十分切贴。从各种迹象判断,此经的出现应该是比较晚的,大致应在《大涅槃经》流行之后。本节依据古今几种《圆觉经》的批注、讲义,对此经的思想作一分析叙述。由于此经仅仅一卷,而且其"正宗分"的内容几乎全部与如来藏思想密切相关,因此,本节直接按照"正宗分"本身的内容标示标题。

一、《圆觉经》的汉译及其真伪之争

尽管在唐代方才流通,《圆觉经》却颇得僧俗喜爱,在中国佛教界很有影响力。但是,近代以来,此经却颇受质疑,一些学者将其判定为"伪经",甚至有人言之凿凿地说此经是宗密伪造的。其实,《圆觉经》的"疑伪"缘由也在于目前所存的关于此经翻译的时间、地点等事项的记载存在不同说法而已。

最早记录《圆觉经》翻译过程的是智昇。他在《开元释教录》卷九中记载:

> 《大方广圆觉修多罗了义经》一卷,右一部一卷其本见在。
>
> 沙门佛陀多罗,唐云"觉救",北印度罽宾人也。于东都白马寺,译《圆觉了义经》一部。此经近出,不委何年。且弘道为怀,务甄诈妄。但真诠不谬,岂假具知年月耶?①

智昇在《续古今译经图记》卷一、圆照在《贞元新定释教目录》卷一二都照抄了上引表述。直至北宋赞宁撰写《宋高僧传·觉救传》也没有多少新材料补充:"释佛陀多罗,华言觉救,北天竺罽宾人也。赍多罗夹,誓化支那。止洛阳白马寺,译出《大方广圆觉了义经》。此经近译,不委何年。且隆道为怀,务甄诈妄。但真诠不谬,岂假具知年月耶?救之行迹,莫究其终。大和中,圭峯密公著《疏》判解经本一卷,后分二卷成部。续又为《钞》,演畅幽邃。今东京、太原、三蜀盛行讲演焉。"②赞宁仅仅是增加了宗密为《圆觉经》作《疏》的情况,而在照抄智昇的几句话时,连语气都未改,特别是"此经近译"一句,殊觉不妥。

正是由于可以暂时称之为"原始记载"的智昇没有说出《圆觉经》翻译的准确时间,而译主的身世又不详,因此,后来就有了不同的说法,正

---

① 唐智昇《开元释教录》卷九,《大正藏》第55卷,第564页下至565页上。
② 宋赞宁《宋高僧传》卷二,《大正藏》第50卷,第717页下。

好给近代欲将其当做伪经的学者找到了口实。

宗密不辞辛苦收集有关《圆觉经》的章疏,最终获得四种前人所作《圆觉经》注疏。他自叙其经过说:

> 宗密为沙弥时,于彼州,因赴斋请,到府吏任灌家。行经之次,把著此《圆觉》之卷,读之两三纸,已来不觉身心喜跃,无可比喻。自此躭翫,乃至如今。不知前世曾习,不知有何因缘,但觉躭乐彻于心髓。访寻章疏,及诸讲说匠伯,数年不倦。前后遇上都报国寺惟慤法师《疏》一卷,先天寺悟实禅师《疏》两卷,荐福寺坚志法师《疏》四卷,北都藏海寺道诠法师《疏》三卷。皆反复研味,难互有得失,皆未尽经之宗趣分齐。①

从上文可知,宗密寻找到的注疏:一种是报国寺惟慤法师《疏》一卷,第二种是先天寺悟实禅师《疏》两卷,第三种是荐福寺坚志法师《疏》四卷,第四种是北都藏海寺道诠法师《疏》三卷。唐代的"北都"也称之为"北京",就是当时习称的晋阳,现在的太原。上述四位为《圆觉经》撰写注疏的僧人,只有报国寺惟慤法师于《宋高僧传》卷六中有本传,不过非常简短,主要记载其撰写《楞严经疏》的经过,大概是赞宁仅仅收集到当时仍然流通的《楞严经疏》中的一些记载。在同书卷四,宗密又补充了前三位疏主的简况,其文曰:

> 惟慤者,是《佛顶疏》主。悟实者,少小出家,曾禀荷泽之教。高节志道,戒行冰洁,久在东都,恩命追入内,住先天寺。八十六岁方终,焚得舍利数百粒。坚志者,实之弟子。②

关于惟慤的说法与其他资料所说一致。而悟实、坚志则为荷泽神会传人,二僧为师徒关系,宗密在此后的文字中,对于坚志等人的疏文作了

---

① 唐宗密《圆觉经大疏释义钞》卷一之下,《新纂卍续藏》第9册,第748页上。
② 唐宗密《圆觉经大疏释义钞》卷四之上,《新纂卍续藏》第9册,第537页下。

批评。

关于《圆觉经》的翻译过程，在早于《圆觉经大疏钞》的《圆觉经大疏》中，宗密综合几种资料作了这样的记载：

> 九、叙昔翻传者。《开元释教目录》云：沙门佛陀多罗，唐言觉救，北印度罽宾人也，于东都白马寺译。不载年月。《续古今译经图记》亦同此文。北都藏海寺道诠法师《疏》又云：羯湿弥罗三藏法师佛陀多罗，长寿二年龙集癸巳，持于梵本，方至神都，于白马寺翻译，四月八日毕。其度语、笔受、证义诸德，具如别录。不知此说，本约何文？素承此人，学广道高，不合孟浪。或应国名无别，但梵音之殊。待更根寻，续当记载。①

根据宗密的这一叙述，道诠法师在其注疏中说，《圆觉经》是天竺僧人佛陀多罗在长寿二年（693）于洛阳白马寺翻译出来的，完成的时间为当年的四月八日。宗密又说："坚志法师《疏》说译主年月，并与藏海疏同。唯云'天竺三藏羯湿弥罗'为异耳。"②根据现今学者考据，"羯湿弥罗"与"罽宾"在唐代时都是现在的克什米尔的异名。可见，几种《圆觉经》经疏所记是一致的。

在后来所撰的《圆觉经大疏释义钞》卷四，宗密对于上述文字作了若干疏解，重要的有以下两点：

第一，解释了"龙集"含义。宗密说："言'龙集'者，有释云：'高宗大帝，当其年龙飞，以王天下。'此说恐谬。曾见有处说，长寿年是则天之代。然今亦未委其指的也，待更寻检。"③宗密的这一解释，暴露了其对于当时纪年习惯的陌生，反而增加了近代学人的疑惑。其实，"龙集"犹言"岁次"，"龙"指岁星，"集"的含义是到达即"次于"的意思，是古人以星纪

---

① 唐宗密《圆觉经大疏》上卷之二，《新纂卍续藏》第 9 册，第 335 页上。
② 唐宗密《圆觉经大疏释义钞》卷四之上，《新纂卍续藏》第 9 册，第 537 页下。
③ 同上书，第 537 页中。

年的惯常表述,与一般常见的"岁在某某年"意思相同。而宗密所看到的经疏的解释恐怕是误记传言,而高宗朝影响较大的飞龙显现事件发生在显庆六年(661)二月,《旧唐书·高宗本纪》记载:"二月乙未,以益、绵等州皆言龙见,改元。曲赦洛州。龙朔元年三月丙申朔,改元。"①

第二,对于道诠等著述者所说"其度语、笔受、证义诸德具如别录"之中的"别录",宗密作了补充性解释:"《疏》'具如别录'者,复不知是何图录？悉待寻勘。有释云:'证义大德是京兆皇甫氏范氏沙门复礼、怀素。'又指度语、笔授云:'在白马寺《译经图记》。'此等悉难信用。谓证义、笔授等,何得半在此记,半在彼《图》。乍可不知,不得妄生异说。"②宗密在此提供了一个极其重要的信息,即有一本被称之为《译经图记》的书,书中记录了翻译《圆觉经》的各类人员的情况。但是,宗密由于对于自己收集的几种经疏的粗糙极度不满,因此,不信任这种记载。经过笔者考证,上文所说的承担《圆觉经》证义的复礼是唐代高宗、武周朝的"译经大德",被玄奘的弟子惠立称赞为"译主"。

复礼参与翻译的日程如下：

其一,从高宗永隆元年(680)至天后垂拱末年(689),参与日照译场,于两京东京太原寺及西京弘福寺,助其译出经典18部合34卷。

其二,从永昌元年(689)至天授二年(691),参与提云般若译场,助其译出佛教经典6部合7卷。

其三,从武周证圣元年(695)至久视元年(700),参与实叉难陀译场,助其译出佛教经典凡19部合107卷。

其四,从久视元年(700)至睿宗景云二年(711),参与义净译场,助其翻译出佛教经典56部总230卷。

作为唐高宗、武则天任命的"译经大德",从高宗仪凤元年(676)至唐

---

① 《旧唐书》卷四,第81页,北京:中华书局,1975年5月。
② 《圆觉经大疏释义钞》卷四之上,《新纂卍续藏》,第9册,第537页下。

睿宗景云二年(711)的35年间,复礼参加了当时大多数朝廷"敕命"的翻译活动。但是,经过仔细考辨智昇《开元释教录》和《续古今译经图纪》留下来的相关记载,我们发现,唯独缺长寿二年(693)至证圣元年(695)三年的参译记录。而这三年,在东都洛阳有如下三起翻译佛典活动:

其一,宝思惟译场。《续古今译经图纪》卷一记载:"沙门阿儞真那,唐云宝思惟,北印度迦湿蜜罗国人。刹帝利种,幼而舍家,禅诵为业。进具之后,专精律品,复慧解超群,学兼真俗。以长寿二年届于洛都,敕于天宫寺安置。即以天后长寿二年癸巳,至中宗神龙二年景午,于授记、天宫、福先等寺,译《不空羂索陀罗尼自在王咒经》一部(三卷)、《浴像功德经》一卷、《校量数珠功德经》一卷、《观世音菩萨如意摩尼陀罗尼经》一卷、《文殊师利根本一字陀罗尼经》一卷、《大陀罗尼末法中一字心咒经》、《随求即得大自在陀罗尼神咒经》,凡七部合九卷。罽宾沙门尸利难陀译,沙门慧智等同证梵文,婆罗门李无谄译语,沙门德感、直中书李无碍等笔受。"①这一译场是从武周长寿二年开始的,也是由朝廷敕命成立的。

其二,慧智译场。《续古今译经图纪》卷一记载:"沙门释慧智,父印度人也,婆罗门种,因使游此而生于智。少而精锐,善梵书语。三藏地婆诃罗、提云若那、宝思惟等,所有翻译皆召智为证,兼令度语。智以天后长寿二年癸巳,于东都佛授记寺自译《赞观世音菩萨颂》一卷。"②这一译场也是从武周长寿二年开始的,也是由朝廷敕命成立的。

其三,菩提流志译场。《续古今译经图纪》卷一记载:沙门菩提流志,"暨天后御极,方赴帝京。以长寿二年癸巳创达都邑,即以其年于佛授记寺译《宝雨经一部》十卷,中印度王使沙门梵摩同宣梵本。又于大周东寺及佛授记寺译《文殊师利所说不思议佛境界经》……已上二十部合三十卷,沙门行感等同译,沙门战陀、婆罗门李无谄译语,沙门慧智证译语,沙

---

① 唐智昇《续古今译经图纪》卷一,《大正藏》第55卷,第369页下—370页上。
② 同上书,第369页中。

门处一等笔受,沙门思玄等缀文,沙门圆测、神英等证义,司宾寺丞孙辟监译。后至和帝龙兴神龙二年丙午随驾归京,敕于西崇福寺安置译《大宝积经》一部一百二十卷……暨乎睿宗先天二年癸丑方始毕席。……逮睿宗嗣历,复于北苑白莲花亭及大内甘露等殿别开会首,亦亲笔受。并沙门思忠及东印度大首领伊舍罗、直中书度颇具等译梵文,北印度沙门达摩、南印度沙门波若丘多等证梵义,沙门慧觉、宗一、普敬、履方等笔受,沙门胜庄、法藏、尘外、无著等证义,沙门复礼、神睬、云观、道本等次文"①。根据这一记载,复礼未参加菩提流志第一阶段即从长寿二年开始直至武周末年的翻译活动,而参加了第二阶段即神龙二年(705)至先天二年(713)的翻译活动。

综上所述可见,长寿二年,武周朝廷下敕在洛阳设立了三个译场,而一直参与各类译场翻译的"译主"(唐慧立称赞复礼时所说)复礼却都没有参加。这多少显得不合乎常规。从这个角度考虑,上述宗密所转引的《圆觉经疏》所说佛陀多罗译场的"证义大德"是复礼,也是有可能的。不过,笔者未查到怀素参与译场的材料,他是以律学见长的,早年拜玄奘为师,应该是参加过翻译的。

此外,宗密在《圆觉经大疏释义钞》卷四中又补充了一条材料:

> 余又于丰德寺难经中见一本《圆觉经》,年多虫食,悉已破烂。经末两三纸才可识辨,后云:"贞观二十一年岁次丁未七月乙酉朔十五日己亥,在潭州宝云道场译了。翻语沙门罗睺昙犍,执笔弟子姜道俗,证义大德智晞、注纮、慧今、宝证、道脉。"然未详真虚。或恐前已曾译,但缘不能闻奏,故滞于南方,不入此中之藏。不然者,即是诈谬也。②

上述记载中,丰德寺在长安附近的终南山,道宣在未被朝廷征调到西明

---

① 唐智昇《续古今译经图纪》卷一,《大正藏》第55卷,第371页上—下。
② 《圆觉经大疏释义钞》卷四之上,《新纂卍续藏》第9册,第537页下。

寺之前，就在此寺研究弘扬律学。这座寺院，在唐代中期之前，很是活跃。寺院里有许多佛典抄本，有一些是其他寺院的僧人从别处带来置于此寺的。宗密看到的这本《圆觉经》的题记所写，其他内容已经无法考实，但经过笔者核对，其干支纪年以及纪日都是正确的。这至少说明，这一题记的形成很早，不大像接近宗密所处时段的人所写。宗密撰述这些著作在长庆二年(823)、三年，而贞观二十一年(647)远在此前的176年，假设此经本破损之前已经存在流通五十年，也说明这一题记中的说法其来有自，否则的话就是专业的作伪者所为。一个直接的反证就是上文所辨析的关于"龙集"，不但宗密收集的几种经疏作了错误解释，就连宗密自己也没有搞清楚。从这个角度说，《圆觉经》在贞观年已经有一个译本是有可能的。

此外，编写于北宋的《佛祖统纪》卷三九又有一说法：唐高宗永徽六年(655)"罽宾国佛陀多罗，于白马寺译《大方广圆觉修罗了义经》一卷"①。这一记载一是晚出，二是没有说明任何依据，因此，完全是误传或者误置。

综上所述，《圆觉经》在近代被当做"伪经"的际遇，完全是由古代对于其翻译过程记载分歧所导致的结果。而之所以如此，首先在于此经的翻译是在国家出面组织的译场非常普遍的情况下，由个别僧人自发组织的"民间译场"完成翻译的。翻译出来之后，又未履行向朝廷申报入藏的程序。其次，与前者及其疏忽相联系，翻译出来之后未曾同时编订记载此经翻译过程的经录，或者是编了但流通不广，且未能被编写者如智昇等所收集。于是，佛教史家依据言必有据的原则书写，便成上引智昇所作的最初著录。其后，宗密访得流通于教界的《圆觉经》抄本并且多方收集当时的注疏，编写出几种优秀的注疏，此经便逐渐在佛教界流通，不久就风靡佛教界，对于唐代中期之后的中国佛教发生了重大影响。

---

① 宋志磐《佛祖统纪》卷三九，《大正藏》第49卷，第367页上。

从上引的古人的相关说法可知,智昇、宗密都仅仅是怀疑关于此经翻译过程之记载的不完全或者舛误,从来未曾怀疑《圆觉经》的"真经"身份。如唐宗密在《圆觉经大疏释义钞》卷四之上中对智昇的说法作了评论:"余谓但云'不知年月'即得,何必加此数言?"①宗密认为智昇后面几句话是画蛇添足,而近代以来力主其"伪"的学者将其当做智昇的委婉说法,他们认为智昇实际等于说此经为"伪经"。在此,我们明确指出,智昇所言正如宗密所评论的,有画蛇添足的嫌疑,但也是中国古代史学的传统的要求所致。但是,今人断章取义的引申性的解释,有强加于智昇之嫌疑。智昇明明说译出年月不详,不影响此经为真经,而现代学者非说这是智昇有意识的"曲说"。这是当代学者在考辨古代佛教译籍之时常常出现的方法方面之失当的体现,喜欢"疑古"者往往将经录中"疑惑"部与"伪经"混为一谈,一旦对于译时、译地、译者以及流通过程等等环节的记载发生一处或几处分歧,便决然地将其统统当做"伪经论"。对于《圆觉经》的"伪经"判定不出这一原因。《楞严经》"伪经"说的形成,也是如此。

二、《圆觉经》的宗旨及结构

在此,依据古今经注家对《圆觉经》的解释,对此经经题、宗旨、结构以及"序分"、"流通分"的内容作些分析说明。

(一)经题含义及结构、宗旨

此经的全名为《大方广圆觉修多罗了义经》,其中"大方广"也亦称"方等",为十二部中之"方广部",唯大乘经典有之,小乘经则无,因而凡大乘经皆称"方广"。关于"圆觉"的含义,以唐代宗密最为权威。在其所著《〈大方广圆觉修多罗了义经〉略疏》卷一解释说:"'圆觉'是法,'大方广'是义。经是教法,'修多罗了义',叹教胜能。"②又说:"'圆觉'者,直指

---

① 唐宗密《圆觉经大疏释义抄》卷四之上,《新纂卍续藏》第9册,第537页中。
② 唐宗密《〈大方广圆觉修多罗了义经〉略疏》卷一,《大正藏》第39卷,第527页上。

法体。若不克体标指,则不知向来说何法'大'、说何法'广'。'圆'者,满足周备,此外更无一法。'觉'者,虚明灵照,无诸分别念想。……此是释如来藏心生灭门中本觉之文也。故知此觉,非离凡局圣,非离境局心,心境、凡圣本空,唯是灵觉,故言'圆'也。"①总之,"圆觉"之"圆"即"圆满"之义,"觉"为"虚明灵照"之义。然此"圆觉"之性,即一切法之平等真如性,而宗密则借用《大乘起信论》中的"本觉"概念来解释。"圆觉"也可解释为"圆满菩提",此正好说明了此经是依于"佛果"而来说明菩萨之修行成佛的"因行"、"境果"的。

"修多罗",中国教界习称"契经",取"契理"、"契机"之义。而以梵文本义来解释即是"线"的意思,也就是将佛语书于贝叶,以线穿之,使成一贯,以垂后世,故云"契经"。"了义"的反义词是"不了义"。其一,是"终了"之"了",也就是圆满充足,就叫"了义"。这是以"略说"、"概论"相对而言的。其二,是"明了"之"了",所说明白透彻者为"了义",隐约不露而旁敲侧击者为"不了义"。从上述角度,佛教有"了义经"和"不了义经"的区分。此经题中标示"了义经"就是为了强调此经所说的如来藏思想最为究竟。

现存的关于此经宗旨的最早概括就是唐代宗密以及与宗密同时代的宰相裴休。裴休在为宗密所著《圆觉经略疏序》中说:"夫血气之属必有知,凡有知者必同体,所谓真净明妙、虚彻灵通、卓然而独存者也。是众生之本源,故曰'心地';是诸佛之所得,故曰'菩提';交彻融摄,故曰'法界';寂静常乐,故曰'涅槃';不浊不漏,故曰'清净';不妄不变,故曰'真如';离过绝非,故曰'佛性';护善遮恶,故曰'总持';隐覆含摄,故曰'如来藏';超越玄閟,故曰'密严国';统众德而大备,烁群昏而独照,故曰'圆觉'。其实皆一心也,背之则凡,顺之则圣,迷之则生死始,悟之则轮回息。亲而求之,则止观定慧;推而广之,则六度万行;引而为智,然后为正智;依而为因,然后为正因。其实皆一法也。终日圆觉,而未尝圆觉者

---

① 唐宗密《〈大方广圆觉修多罗了义经〉略疏》卷一,《大正藏》第39卷,第527页下。

凡夫也。欲证圆而未极圆觉者,菩萨也。具足圆觉,而住持圆觉者,如来也。离圆觉无六道,舍圆觉无三乘;非圆觉无如来,泯圆觉无真法;其实皆一道也。三世诸佛之所证,盖证此也。如来为一大事出现,盖为此也。"①这一段极富文彩的文字,将此经所言之核心"圆觉"的含义说得很清楚,兹不再解释。

此经的结构自然也需以流行的三分法来划分。"序分"、"流通分"很短,"正宗分"为全经的核心。《圆觉经》是透过文殊师利、普贤菩萨、普眼菩萨、金刚藏菩萨、弥勒菩萨、清净慧菩萨、威德自在菩萨、辩音菩萨、净诸业障菩萨、普觉菩萨、圆觉菩萨、贤善首菩萨等十二菩萨与佛陀的问答,而宣说"大圆觉"的妙理,并为不同根机众生开示各种修行方法,使众生能随顺悟入圆觉。古今依据此结构,将全经分为十二章,文殊菩萨章跨"序分"和"正宗分",而最后一位贤善首菩萨的提问与佛的回答则构成"流通分"。

《圆觉经》的"正宗分"由"文殊菩萨章"至"圆觉章",共十一大段,每段先长行,后重颂。关于其内容的概括,宗密在《大方广圆觉经大疏》卷一中判释说:"自下大文第二,正宗分中有十一菩萨相次请问法门,节节佛答,总十一段,束之为二:初一问答,令信解真正,成本起因;后十问答,令依解修行,随根证入。此乃前顿信解,后渐修证也。亦可初一信,次五解,次四行,后一证。"②宗密在此作了两种解释,但内在逻辑一致,即"信"、"解"、"行"、"证"。

关于此《圆觉经》的宗旨,宗密结合此经的结构分十门作了解释。宗密所说前三门是:"一、显示因行有本故,圆照净觉,了无明空;发清净心,方修万行。二、泯绝果相成圆故,本无菩提涅槃,唯是清净觉性,故无始终增减,方为究竟之果。三、决择悟理应修故,普贤问意云'觉性本圆一

————————
① 唐宗密《〈大方广圆觉修多罗了义经〉略疏》卷一,《大正藏》第39卷,第523页中一下。
② 唐宗密《圆觉经大疏》上卷之一,《新纂卍续藏》第9册,第342页下。

切如幻,幻空无体,谁曰修行?如其不修,何因证觉?'佛说因起幻智以除诸幻,幻尽智泯,觉心圆明。然今唯说空幻者,溺在无修。修习之徒,缚于有得,良由悟修之意,似反而符,故最难明,理须决择。"①此中强调说,"圆觉"为成佛之"本",而"因"、"果"泯绝,方成就究竟之果。而领悟"圆觉"之理应奋起修行,为使信众领会,须有所抉择,这就是一般所说的,此经第四章之后的主旨是"抉择"。

其次,宗密说:"四、穷尽甚深疑念故,菩萨难意云:众生本佛,今既无明,十方如来后应烦恼。佛答意云:即此分别便是无明,故见圆觉亦同流转,如云驶月运等,但一念不生,则前后际断,如翳差华亡等。众生即佛,人罕能知,知而寡信,信而鲜解,解亦难臻此境。今经决了,实谓穷源。苟能精通,群疑自释。五、除断轮回根本故。发业成种,无明为根;润业受生,贪爱为本。若不识其相,贼即能为;若不达其空,永不可断。故答文殊、弥勒究了,尽其根源。六、搜索菩提隐障故。谓我人众生寿命,虽名同诸教,而行相深密。从粗至细,展转难除,故净'业一章'重重搜索。七、少文能摄多门故,文唯二十八纸,义具顿渐空有,悟修性相。八、一法。一一文中,无不标依圆觉,结入圆觉。巧被三根故,普眼观门被上根,三观诸轮被中根,道场加行被下根。九、令修称性深禅故,三观皆以悟净圆觉为本。十、劝事离相明师故,佛本是而勤修,惑元无而须断。无轨可则,无迹可依,必须离相明师,触向晓喻,故令亲近尽命亡躯等。"②

本节对于《圆觉经》"正宗分"的分析,主要依据宗密的上述分析,将十一章分为四部分去解释。第一章单独列出,第二至第六章为一部分,第七至第十章为一部分,第十一章为"正宗分"的结语。依照宗密的概括,上述四部分的内容依次对应于"信"、"解"、"行"、"证",这主要是依据《华严经》的说法来分判的,尽管并不完全能够对应起来,但大致的段落

---

① 唐宗密《〈大方广圆觉修多罗了义经〉略疏》卷一,《大正藏》第39卷,第524页下。
② 同上书,第525页上。

划分是合乎《圆觉经》基本面貌的。本著采用这一划分,然在章旨的解释上则适当参考其他注家的解释。

(二) 序分

《圆觉经》的"序分"不很长,与一般大乘经没有大的区别,包含"证信序"和"发起序"两层次。"序分"由"如是我闻。一时,婆伽婆入于神通大光明藏"①开始,至"时,文殊师利菩萨奉教欢喜,及诸大众默然而听"②结束。

"证信分"一般须说明"闻"、"时"、"主"、"处"、"众"五事以证信。此经所明说法之处与其他经不同,其他经多说常人所见之处所,而此经处所,并非世间境界之国土处所,而是佛入定于出世间的"不二"净土。如经中所说:佛"入于神通大光明藏,三昧正受,一切如来光严住持,是诸众生清净觉地,身心寂灭,平等本际,圆满十方,不二随顺,于不二境现诸净土"③。其后叙述"同闻之众",经文说:"与大菩萨摩诃萨十万人俱,其名曰:文殊师利菩萨,普贤菩萨,普眼菩萨,金刚藏菩萨,弥勒菩萨,清净慧菩萨,威德自在菩萨,辩音菩萨,净诸业障菩萨,普觉菩萨,圆觉菩萨,贤善首菩萨等而为上首;与诸眷属皆入三昧,同住如来平等法会。"④此中具名的十二位菩萨即随后向佛提问请教者。

"发起序"则具体说明佛于此说如此"法"的因缘。《圆觉经》的"发起序"由文殊菩萨的提问开始。当时,文殊师利菩萨在大众中,即从座起,顶礼佛足,右绕三匝,长跪叉手而问佛说:"大悲世尊!愿为此会诸来法众,说于如来本起清净因地法行,及论菩萨于大乘中,发清净心,远离诸病,能使未来末世众生求大乘者不堕邪见。"⑤文殊菩萨所提的这一问题即为《圆觉经》的核心。所提问题可分为三层:其一,问如来本起清净因地法行;其二,请教菩萨发清净心、远离诸病的方法;其三,能使末世求大乘者,使其不堕于邪见。此后佛的回答则如宗密所解释的分"信"、"解"、

---

① 唐佛陀多罗译《大方广圆觉修多罗了义经》,《大正藏》第17卷,第913页上。
②④⑤ 同上书,第913页中。
③ 同上书,第913页上一中。

"行"、"证"诸义。而至"普觉章"之末,有文云:"尽于虚空,一切众生,我皆令入,究竟圆觉。于圆觉中,无取无证,除彼我人,一切诸相,如是发心,不堕邪见。"①此语与文殊所提之问,遥遥相对。古德据此判定此句为全经的核心。

最后,如来赞许文殊菩萨能为大众请问佛法,并答允为会众解说此问。由此进入"正宗分"。

(三)流通分

《圆觉经》第十二贤善首菩萨章属于全经的"流通分"。"流通分"的起首是:"于是贤善首菩萨,在大众中,即从座起,顶礼佛足,右绕三匝,长跪叉手而白佛言:'大悲世尊!广为我等及末世众生,开悟如是不思议事。世尊!此大乘教,名字何等?云何奉持?众生修习得何功德?云何使我护持经人?流布此教至于何地?'作是语已,五体投地,如是三请,终而复始。"②贤善首菩萨的询问包含五层:一是"名字",二是"奉持",三是"功德",四是"护持",五是"布至何地"。

1. 答名字何等

佛回答说:"是经名《大方广圆觉陀罗尼》,亦名《修多罗了义》,亦名《秘密王三昧》,亦名《如来决定境界》,亦名《如来藏自性差别》,汝当奉持!"③依据此说,此经可有五个经名:第一个经名中有"陀罗尼"三字,是因为"文殊章"讲到"大陀罗尼门"。而第三个经名称《秘密王三昧》是因为"圆觉三昧"为一切三昧之"总持",因此称之为"王";又因为此是佛独证的真实究竟境界,因此称为"秘密"。第四个经名《如来决定境界》,是说此经所言是如来极证之境界,等觉以还之众生望之为"秘密",因此称之为"如来决定"。第五《如来藏自性差别》的经名,直接指出此经的核心是如来藏,如来藏是"在缠"的"圆觉",虽在幻妄而不为幻妄所变,是为

---

① 唐佛陀多罗译《大方广圆觉修多罗了义经》,《大正藏》第17卷,第920页下。
②③ 同上书,第921页下。

"自性",随缘而起诸幻化方便行位及诸功德,是为"差别"。①

2. 答流布何地

关于此问,世尊回答说:"是经唯显如来境界,唯佛如来能尽宣说。若诸菩萨及末世众生,依此修行,渐次增进,至于佛地。"②这是说,此经所显是如来果上之境界,因此,只有佛才能够宣说。而菩萨及末世众生,如果能够依此经而修行,其功德渐次增进,则必至于"佛地"。

3. 答云何奉持

关于此问,世尊回答说:"是经名为顿教大乘,顿机众生从此开悟,亦摄渐修一切群品。譬如大海不让小流,乃至蚊虻及阿修罗,饮其水者皆得充满。"③此经之教法属于大乘顿教,所以奉持者一定是顿机众生,扩大言之则也可摄渐修的一切众生。

4. 答所得功德

关于此问,世尊回答说:"假使有人纯以七宝积满三千大千世界以用布施,不如有人闻此经名及一句义。善男子!假使有人教百恒河沙众生得阿罗汉果,不如有人宣说此经,分别半偈。"④

5. 答云何护持经人

关于此问,世尊回答说:"若复有人闻此经名,信心不惑,当知是人非于一佛二佛种诸福慧,如是乃至尽恒河沙一切佛所种诸善根,闻此经教。汝善男子!当护末世是修行者,无令恶魔及诸外道恼其身心,令生退屈。"⑤闻此经名,产生信仰之心,已属难得,而已生决定不惑的信心者尤其难得!如此难得之人,一定能得到外护之护持。其后,会中有火首金刚、摧碎金刚、尼蓝婆金刚等八万金刚及其眷属,大梵王、二十八天王并须弥山王、护国天王等,大力鬼王名吉盘荼与十万鬼王,如此等等纷纷表

---

① 参见太虚《〈圆觉经〉略释》,《太虚大师全书》第15卷,第249页,北京:宗教文化出版社,全国图书馆文献缩微复制中心,2005年1月。
②③ 唐佛陀多罗译《大方广圆觉修多罗了义经》,《大正藏》第17卷,第921页下。
④ 同上书,第921页下—922页上。
⑤ 同上书,第922页上。

态愿意护持。"佛说此经已,一切菩萨、天龙、鬼神、八部眷属,及诸天梵王等一切大众,闻佛所说,皆大欢喜,信受奉行。"①——全经结束。

三、如来之境

在"发起序"中,文殊菩萨代表会众提出,请求佛为会众宣说"如来本起清净因地法行"②,世尊答应文殊等的请求,为会众宣说此法。关于此章的宗旨,宗密解释说:"夫欲运心修行,先须信解真正,以为其本。若不正,所修一切皆邪,纵使精勤,徒为劳苦。权宗多云先且渐修,功成后自顿悟。若《华严》、此经,教相仪式,皆先顿同佛解,方能修证,故彼经十信位满,便成正觉,然说三贤十圣,历位修行通妨云云。故此文殊段中,顿彰信解之境,后普贤等十菩萨,节级显示总别观行。"③此中所说的"权宗"是指华严宗之外的其他隋唐佛教宗派。而宗密说《华严经》与"此经"(即《圆觉经》)的教相一致,都是由"信"、"解"、"行"、"证"构成的。由此观之,尽管此章所言是"如来之境",但从菩萨修行的角度言之,仍然可归入"信"的范畴。

世尊首先说:"无上法王有大陀罗尼门,名为圆觉,流出一切清净真如、菩提、涅槃及波罗密,教授菩萨。一切如来本起因地,皆依圆照清净觉相,永断无明,方成佛道。"④这一句是全经的总纲。"无上法王"是佛的别名。陀罗尼也称"总持",是总摄一切、持之不失的意思。这是说,一切如来本起之"因地",此都是依此"圆明普照"之"清净觉相"为"境"。菩萨欲达佛果,也必须依此"总持"一切清净功德的"圆觉陀罗尼门"之"理"为"境相"。由此"流出"清净真如、菩提而获得涅槃等。

与此"觉相"相对的是"无明",下文则作一解释。经中说:"云何无明?善男子!一切众生从无始来,种种颠倒。犹如迷人,四方易处。妄

---

① 唐佛陀多罗译《大方广圆觉修多罗了义经》,《大正藏》第17卷,第922页上。
② 同上书,第913页中。
③ 唐宗密《圆觉经大疏》上卷之一,《新纂卍续藏》第9册,第342页下。
④ 唐佛陀多罗译《大方广圆觉修多罗了义经》,《大正藏》第17卷,第913页中。

认四大为自身相,六尘缘影为自心相。病目、目有眚翳之类。眚翳为病,故见空华、二月,以喻无明为病,故见身心之相。善男子!空实无华,病者妄执。由妄执故,非唯惑此虚空自性,亦复迷彼实华生处。由此妄有轮转生死,故名无明。"①此中,通过譬喻说明,"真如心"之中,本无一切相,但因为无明妄执的缘故而有身心之相。此"妄执"不但迷惑了虚空的自性,而且认为此迷惑所生的"身心相"应有另外的生存根据或根基。由此迷"真"起"妄"而有轮转生死,这就是"无明"。而真实的是:"此无明者,非实有体。如梦中人,梦时非无,及至于醒,了无所得。如众空华灭于虚空,不可说言有定灭处。何以故?无生处故。"②这是说,"无明"本身是虚妄的,没有一个"体"存在。

关于"觉相",经中说:"如来因地修圆觉者,知是空华,即无轮转,亦无身心受彼生死。非作故无,本性无故。彼知觉者,犹如虚空;知虚空者,即空华相;亦不可说无知觉性。有无俱遣,是则名为净觉随顺。"③这是说,一切如来于"因地"发心修行圆觉时,即有觉照之智,知晓此身心、世界、生死、苦乐当下都是空,就如同空中之华一样是无生无灭的,因此无轮转生死,也无有轮转生死之身心。如此有、无俱遣,相对心无从安立,这就叫"随顺于净觉",也就是经中所说的"净觉随顺"。须注意,此"净觉"也就是前引经文中所说的"圆照清净觉相"。

对于"觉相",经中又有一解释:"何以故?虚空性故,常不动故,如来藏中无起灭故,无知见故,如法界性究竟圆满遍十方故。"④这里强调说,"清净觉相"是不动的,因为如来藏是无起无灭的,无知无见的。此一切法界皆真如性,而此"觉性"是究竟圆满而普遍十方的。

此后有长行偈颂,世尊总结前说,偈颂中有数句说:"一切诸如来,从于本因地,皆以智慧觉,了达于无明。"⑤此中所说的"智慧觉"即圆照清

---

① 唐佛陀多罗译《大方广圆觉修多罗了义经》,《大正藏》第17卷,第913页中。
② 同上书,第913页中—下。
③④⑤ 同上书,第913页下。

净觉相,此"圆觉"是诸众生清净觉地平等本际,成道时乃究竟证之,非由外来,非是始起,因此说"成道亦无得"。其余不赘述。

四、依境起行

关于《圆觉经》的结构,太虚有一解释:"此经根本在前三章,而文殊一章又为根本中之根本。何以故?本经名顿教大乘,当机受益,非智莫属。文殊菩萨者,梵语文殊师利,译为妙吉祥,亦云妙德,依华严表根本智。首先启请,为本经发起之人,以示佛智境界故也。境乃佛智之境,惟一平等,故不必分。若能直下承当,所谓当下即是者,则境与行亦不必分。但义虽如此,而众生根机未必皆顿,即能顿与佛智相应而顿入佛地;故于本章之后,仍有普贤、普眼之问,以明如何修行,使诸菩萨直趋佛果而得实现如此之义,故仍有此三章也。"①太虚在《圆觉经略释》中将此经的前三章合并在一起解释,而以文殊章宣说"境",其后的普贤、普眼章宣说"行"。而又在同一书中说:"此经注重在行,上章已示所观之境,即应从境起行;自此以下十章,皆明修行之事。普贤菩萨,行极广大,首先代表发问,亦有深意。"②这一解释与唐代宗密的解释一致。鉴于古代最权威的宗密《圆觉经疏》华严宗义过于强烈,本著则在分层次时将宗密释与太虚的解释综合起来,因此将第二章至第六章宣说"修行"内容的部分归并在"依境起行"的标题下予以分析说明。

(一)普贤章

普贤章是以普贤菩萨的提问开始的:"大悲世尊!愿为此会诸菩萨众,及为末世一切众生修大乘者,闻此圆觉清净境界,云何修行?"③这是总问,其后则有连续的问题提出,而宗密将其所提诸问分为三层解释:

其一,"难以幻修幻":"世尊!若彼众生知如幻者,身心亦幻,云何以

---

① 参见太虚《〈圆觉经〉略释》,《太虚大师全书》第15卷,第111页。
② 同上书,第122—123页。
③ 唐佛陀多罗译《大方广圆觉修多罗了义经》,《大正藏》第17卷,第913页下。

幻还修于幻？"①这是说，依照此"圆觉清净境界"可知身心俱"幻"，如此则所修之行也应该是"幻"，而以"幻心"去修"幻行"，难道不是助长了"幻法"吗？

其二，"断灭谁修问"："若诸幻性一切尽灭，则无有心，谁为修行？云何复说修行如幻？"②这是说，如果幻性一切尽灭，则"心"也应灭尽，那么，谁在修行呢？换言之，何为修行的主体呢？

其三，"遮不修之失"："若诸众生本不修行，于生死中常居幻化，曾不了知如幻境界，令妄想心云何解脱？"③这是说，若是因此便不修行，也是不对的；众生本来不修行，常在幻化中轮转生死，也未曾了知这是幻境，此心已堕在妄想之中，如此怎么能解脱妄想而证得"圆觉"呢？

其四，"请修之方便"："愿为末世一切众生作何方便，渐次修习，令诸众生永离诸幻？"④普贤菩萨所问的内容，是为了有情众生求取解脱而代为设问的，因此说希望为末世一切众生请教渐次修行的方法。这也可称为"饶益有情问"。

对于普贤菩萨的上述提问，依据宗密的解释，世尊的回答也可分为四个层次：

其一，幻从觉生，以为义本。经中说："善男子！一切众生种种幻化，皆生如来圆觉妙心，犹如空华从空而有，幻华虽灭，空性不坏。"⑤这是一个总括性的回答。一切众生身心之"相"，都是由于无明虚妄颠倒所致，此即经中所说的"种种幻化"。而此中所说的"圆觉妙心"，也即众生本具之"真如法性"。一切众生迷"真"而起"妄"，此即经中所说的"种种幻化皆生如来圆觉妙心"的含义。重要的是，此虽说"生"，实无"生处"，不过犹如空华一样，虽说从空而有，但空中无有实花产生之处。然"幻华虽灭"，而空性不坏。

其二，幻尽觉满，以释前疑。经中说："众生幻心，还依幻灭；诸幻尽

---

①② 唐佛陀多罗译《大方广圆觉修多罗了义经》，《大正藏》第 17 卷，第 913 页下。
③ 同上书，第 913 页下—914 页上。
④⑤ 同上书，第 914 页上。

灭,觉心不动。依幻说觉,亦名为幻;若说有觉,犹未离幻;说无觉者,亦复如是。是故幻灭,名为不动。"①这是说,众生的这种"幻心",还须依于幻的身心修行,才能得以除灭。迨至所有幻法除灭之后,而"觉心"不动。这是对前述"云何以幻还修于幻"之疑的回答。此外,在此"幻"里,"觉"亦是幻;因为依幻来说"觉",此便不是"真觉",也只能是"幻"。无论说"有觉",说"无觉",都是相对而言的,仍然未离开"幻"。所以要到"幻"已尽灭,方名为不动的"真觉"。这是对前述"云何复说修行如幻"的回答。

其三,令离幻显觉,正示用心。经中说:"一切菩萨及末世众生,应当远离一切幻化虚妄境界;由坚执持远离心故,心如幻者亦复远离,远离为幻亦复远离,离远离幻亦复远离,得无所离,即除诸幻。譬如钻火,两木相因,火出木尽,灰飞烟灭,以幻修幻,亦复如是。诸幻虽尽,不入断灭。"②这是说,菩萨修行应该远离所有"幻化"境界。在此需明了,不但"幻化"境界应当远离,"幻境之心"也是如幻,也应当远离。更进一步,远离幻心之"心"也是如幻的,也应当远离。这就是前引经文所说的"远离为幻亦复远离"。如此须重重深入,必至离无可离,乃为诸幻尽灭,故云"得无所离,即除诸幻"。其后则以譬喻来说明,"火出"譬喻遣虚妄之幻境,"木尽"譬喻除遣境之幻心,"灰飞"譬喻除心之幻亦离,"烟灭"譬喻"离幻至于澈底"。"诸幻已尽",即是圆满觉性,故云"不入断灭"。

其四,幻觉不俱,结酬其请。经中说:"知幻即离,不作方便;离幻即觉,亦无渐次。一切菩萨及末世众生,依此修行,如是乃能永离诸幻!"③这一层次是此章长行的结语。从根本上说,"知幻即离",不用再作方便修行;"离幻即觉",也无须别立渐次。一切菩萨及末世众生,如果依此修行,即能离幻成觉。

(二) 普眼章

普贤菩萨章所讲的"如幻三昧"方法,一般讲是地上菩萨之行,初学

---

①②③ 唐佛陀多罗译《大方广圆觉修多罗了义经》,《大正藏》第17卷,第914页上。

者难于措手。普眼菩萨善能观察众生根性,悲悯新学,因而请求佛宣讲"地前"菩萨入"地"之"行"。

在此章,普眼菩萨向佛请求:"大悲世尊!愿为此会诸菩萨众,及为末世一切众生,演说菩萨修行渐次:云何思惟?云何住持?众生未悟,作何方便普令开悟?"①依据古德的解释,这是针对初学者所提出的请求,因而核心在于"修行渐次",并详问"云何思维、住持"等,并且请求佛解释使其开悟的"方便"。其后,普眼菩萨请求说:"世尊!若彼众生无正方便及正思维,闻佛如来说此三昧,心生迷闷,即于圆觉不能悟入。愿兴慈悲,为我等辈及末世众生,假说方便。"②

世尊的回答分长行和偈颂两大部分。而长行部分,依据宗密《圆觉经大疏》卷中的判释,分为四层次:

1. "起行方便"

此部分是佛回答普眼之问的导语。经文说:"善男子,彼新学菩萨及末世众生欲求如来净圆觉心,应当正念,远离诸幻。"③由此可见,此章的核心即是阐明"远离诸幻"的方法。宗密《圆觉经大疏》卷中解释说:"离幻用心,以为起行之本。若执法定实,则观行不成,故须蹑前为方便矣。言'正念'者,则无念也。……正念与离幻反复相成。由离幻故正念,正念故离幻。何以故?外存有法,则内起缘念。内有缘念,则外见有法。"④

2. 观行成就

关于"观行成就"的内容分为两部分,先言"戒定"和"观慧"等具体的修行方法,后言所获得的"真理"。

"戒定"很简要,其文说:"先依如来奢摩他行,坚持禁戒,安处徒众,宴坐静室。"⑤此中,"奢摩他"为"止",以为"奢摩他"为一切如来因地之行,因而说"如来奢摩他行"。"安处徒众,宴坐静室",是说在"止"、"戒"

---

①②③⑤ 唐佛陀多罗译《大方广圆觉修多罗了义经》,《大正藏》第 17 卷,第 914 页中。
④ 唐宗密《圆觉经大疏》卷中之一,《新纂卍续藏》第 9 册,第 357 页上—中。

的基础上,可以进修禅观了。

关于"观慧"部分,经文叙述稍详。宗密将其分为"二空观"和"法界观"两部分。"二空观"即"人空"和"法空"。

关于"人空",经中说:"恒作是念:我今此身四大和合,所谓发毛、爪齿、皮肉、筋骨、髓脑、垢色,皆归于地;唾涕、脓血、津液、涎沫、痰泪、精气、大小便利,皆归于水;暖气归火,动转归风。四大各离,今者妄身当在何处?"①这一段是将从"外"至"内"依次观"身空"。其次是观"心空",经文说:"即知此身毕竟无体,和合为相,实同幻化。四缘假合,妄有六根;六根、四大中外合成,妄有缘气,于中积聚,似有缘相,假名为心。善男子!此虚妄心,若无六尘,则不能有。四大分解,无尘可得,于中缘、尘各归散灭,毕竟无有缘心可见。"②这一观"人空"的方法即是对于普眼菩萨所提"云何思维"的回答。

关于"法空",经中说:"善男子,彼之众生幻身灭故,幻心亦灭。幻心灭故,幻尘亦灭。幻尘灭故,幻灭亦灭。"③对于此,宗密《圆觉经大疏》卷中解释说:"前于身心之中推求无我,故名我空。此则身心及境一一自空,故名法空。然身等本空,非今始灭。故经云'色即是空,非色灭空'。但以迷时执有,今执尽始无。义言'灭'也,'幻灭亦灭'者,情计即见幻生,智观即见幻灭。灭对于生,智对于情,对待之法,皆属缘生。缘生即空,故皆'灭'也。"④由此可见,不但"身心"以及"外境"皆空,而且大致对应于当今人们常说的"理念"层面的"法空"、"幻灭"也应该灭除,也是"空"。

在宣说"二空"之后,世尊告诉会众说:"幻灭灭故,非幻不灭。譬如磨镜,垢尽明现。"⑤宗密解释说:"即二空所显真如理也。由前执尽故此理现,如云散月出、尘尽镜明,非谓无云,便名为月,但于无云之处而见月

---

① 唐佛陀多罗译《大方广圆觉修多罗了义经》,《大正藏》第17卷,第914页中。
② 同上书,第914页中—下。
③⑤ 同上书,第914页下。
④ 唐宗密《圆觉经大疏》卷中之一,《新纂卍续藏》第9册,第359页下。

矣。非谓无幻,便是真如,但于无幻之处见真理矣。"①可见,经过修行即可于"幻灭之法"灭尽中显现出清净的"真如"。

对于"法空"的这段经文,太虚判释说:"此节正答云何住持。思维明思所成慧,住持明修所成慧。自此以下,为菩萨入地后所修之行。彼、指欲求净圆觉心之人,依于上来所说渐次思维等,修习纯熟,即可渐空我法诸相而随顺圆觉矣。"②这一说法与宗密的表述略有不同,但基本含义则一致。

宗密将其后论述"清净心"的一大段经文判释为"法界观",尽管有明显的自宗色彩,但也并非没有道理,因为在华严宗教义中,"法界"与"真如"、"清净心"是一个层面的概念。如果不单纯以华严宗自家的概念命名,也可以以此经自身的"圆觉"一词来概括。宗密将这一部分内容分为三部分:"初,印前显后。二,拂迹入玄。三,圆彰法界。"③

其一,"印前二空,显后圆通法界"。经中说:"当知身心皆为幻垢,垢相永灭,十方清净。善男子!譬如清净摩尼宝珠,映于五色,随方各现。诸愚痴者,见彼摩尼实有五色。善男子!圆觉净性,现于身心随类各应,彼愚痴者,说净圆觉,实有如是身心自相,亦复如是,由此不能远于幻化。"④上文以明镜上的污垢来譬喻无明之幻,但仍然恐误会"净圆觉心"实有"无明之性",因此在此又设宝珠之喻以示圆觉本净而幻垢妄生的道理。宝珠随方映现五色,"圆觉"随类应现五阴。此中的"随类"是指众生六道中某一"道"受五阴身心,随其而应现出与其相似的身心影像。而愚痴者却错误地执持身、心诸相,并且说清净的"圆觉"也是实有如此身、心的自相,因此而不能远离"幻化"。其实,"圆觉妙心"本无一切,是"无相"的。

其二,"拂迹入玄"。经中说:"是故我说身心幻垢,对离幻垢,说名菩

---

① 唐宗密《圆觉经大疏》卷中之一,《新纂卍续藏》第9册,第360页中。
② 太虚《〈圆觉经〉略释》,《太虚大师全书》第15卷,第133页。
③ 唐宗密《〈大方广圆觉修多罗了义经〉略疏》卷一,《大正藏》第39卷,第541页中。
④ 唐佛陀多罗译《大方广圆觉修多罗了义经》,《大正藏》第17卷,第914页下。

萨。垢尽对除,即无对垢及说名者。"①对于此,宗密解释说:"以众生妄执幻化,故佛说云'幻垢';众生依教离垢,故复说名菩萨。幻垢既如珠中之色,当知本无,故云'垢尽'。所离之垢既无,对离之智何立?故云'对除'。既无对离之智,何有起智之人?深浅之执本无,何有说教之者?故云即'无对垢及说名者'。"②可见,众生常在幻化之中,不能出离,而此"幻垢"是可对治远离的,若能对治远离于幻垢,即说是人名为菩萨。如果"垢尽"、"对除"、"对离幻垢"之事是无,而对离垢幻之人也不可得而名之。

其三,"圆彰法界"。经文说:"善男子!此菩萨及末世众生,证得诸幻灭影像故,尔时便得无方清净,无边虚空觉所显发。"③此处所说的"菩萨及众生"是指上文"对离幻垢乃至垢尽对除"之人。"诸幻灭影像"应解读为"诸幻影像尽灭"。于证得诸幻影像尽灭之时,即得无限量的清净。原来认为的"无边晦昧之虚空",今则因"觉性显发"而转成清净圆明。一言以蔽之,在此时说,把"无明"的心转为圆明觉悟的心。以佛学术语说,即"根本无分别智"亲证"真如"、泯事相而显出"理性"。此句是概略叙述,下文则有更详细的说明,而宗密则以华严宗的"一真法界"、"理事无碍法界"、"周遍含容观"来解释。

第一层,"一真法界":"觉圆明故,显心清净;心清净故,见尘清净;见清净故,眼根清净;根清净故,眼识清净;……六尘清净故,地大清净;地清净故,水大清净;火大、风大亦复如是。善男子!四大清净故……如是乃至八万四千陀罗尼门,一切清净。善男子!一切实相性清净故,一身清净;一身清净故,多身清净;多身清净故,如是乃至十方众生圆觉清净。善男子!一世界清净故,多世界清净;多世界清净故,如是乃至尽于虚空,圆裹三世,一切平等,清净不动。善男子!虚空如是平等不动,当知

---

①③ 唐佛陀多罗译《大方广圆觉修多罗了义经》,《大正藏》第17卷,第914页下。
② 唐宗密《圆觉经大疏》卷中之一,《新纂卍续藏》第9册,第361页上。

觉性平等不动；四大不动故，当知觉性平等不动；如是乃至八万四千陀罗尼门平等不动，当知觉性平等不动。"①这里接续上文而言，诸幻永灭，即是觉性圆明而得清净，本来清净也就完全显露出来了。而一切世出世间法都是"真如"而为实相的，真如性净，故一切清净。一切同归一性清净，而非对染之净，这是真净，因而称为"平等"。"不动"是约三世常净而言的。

第二层，"理事无碍法界"。经文说："觉性遍满清净不动圆无际故，当知六根遍满法界；根遍满故，当知六尘遍满法界；尘遍满故，当知四大遍满法界，如是乃至陀罗尼门遍满法界。"②华严宗所说的"理事无碍法界"有十层含义，而宗密解释说：此文字中所说遍满法界，主要说明了"事遍于理门"兼于余门义理。"谓此即理之诸法与理不异，故一一自遍法界。……既遍法界即知动静无碍，一一周遍。言'觉性圆无际故当知六根遍满'者，由前门已显六根等与觉性平等；平等者，即无分毫之异也。既与觉性不异，觉性圆无际故，六根亦圆无际，故遍满法界。若不遍满，即是有际。有际即与觉性成异，异则乖于前门，故蹑前云'圆无际'。"③可见，前文依理以成事，泯事以显理，此段经文则以"事"随"理"遍，而示"理事无碍"。无边虚空，都是"觉"所显发，圆裹三世，平等不动，因而说"觉性遍满法界"，而根、尘、四大乃至陀罗尼门等都是以真如实性为性，因而一一遍满法界。一法虽遍而非别法隐没，因而一一遍满而不相碍，故一一法皆圆无际，这就是"理事无碍法界"。

第三层，周遍含容观。经文说："由彼妙觉性遍满故，根性、尘性、无坏无杂；根尘无坏故，如是乃至陀罗尼门无坏无杂。如百千灯，光照一室，其光遍满，无坏无杂。"④这是说，觉性普遍圆无际，如此则根性、尘性也如觉性般圆满无际，因而这些也是无坏无杂的，推而至于陀罗尼门之性，也是如此。其后则另设譬喻来说明。"百千灯"譬喻一一法，"光"譬

---

① 唐佛陀多罗译《大方广圆觉修多罗了义经》，《大正藏》第17卷，第914页下—915页上。
②④ 同上书，第915页上。
③ 唐宗密《圆觉经大疏》卷中之二，《新纂卍续藏》第9册，第367页下。

喻法遍,"室"譬喻法界,光光各满一室,也即如法法各遍法界。一一光互摄互入,一一法互融互遍,此即性相不二的不思议境。这就是华严宗说的"事事无碍法界"。

3. 顿同佛境

这一内容说的是,菩萨经过修行所得的觉心成就之"相"。宗密说有三"同":"于中三:一、用心同。二、见境同。三、称实同。"①

第一层,"用心同":"觉成就故,当知菩萨不与法缚,不求法脱,不厌生死,不爱涅槃,不敬持戒,不憎毁禁,不重久习,不轻初学。何以故?一切觉故。譬如眼光,晓了前境,其光圆满,得无憎爱。何以故?光体无二,无憎爱故。"②此中的"觉成就"即指重重观修成功所悟入的圆觉妙心。菩萨因了达诸法皆空故,不被系缚,不求解脱。菩萨了达生死本空,即知涅槃亦空,因此不厌生死也不爱乐涅槃。其后,设譬喻再予说明。"眼光"譬喻觉性,"前境"譬喻一切法。

第二层,"见境同":"此菩萨及末世众生,修习此心得成就者,于此无修亦无成就,圆觉普照,寂灭无二。于中百千万亿阿僧祇不可说恒河沙诸佛世界,犹如空华乱起乱灭,不即不离,无缚无脱,始知众生本来成佛,生死、涅槃犹如昨梦。"③此中,"此心"指"净圆觉心"。修习此心之人而获得与佛相同的境界。

第三层,"称实同":"如昨梦故,当知生死及与涅槃,无起无灭,无来无去。其所证者,无得无失,无取无舍;其能证者,无作无止,无任无灭。于此证中,无能无所,毕竟无证,亦无证者,一切法性平等不坏。"④这是说,修性者以"觉成就"的缘故,即如昨梦已醒,反观生死及涅槃起灭来去之相,自不可得。此真如心,即是恒常如此,寂灭无二,更无梦事可得,此即经中所说"无起无灭,无来无去"。所证的"涅槃之法"与能证的"种种

---

① 唐宗密《圆觉经大疏》卷中之二,《新纂卍续藏》第 9 册,第 368 页上。
②③④ 唐佛陀多罗译《大方广圆觉修多罗了义经》,《大正藏》第 17 卷,第 915 页上。

求证涅槃之行"都是如此。于此"证"中,无"能"无"所",毕竟无有所证之法以及能证之人,一切法性平等而不坏。

4. 结语

此章长行的结语是:"善男子!彼诸菩萨如是修行,如是渐次,如是思惟,如是住持,如是方便,如是开悟,求如是法,亦不迷闷。"①

(三) 金刚藏章

本章的提问者金刚藏菩萨之名具有象征意味。"金刚"为"坚利"之义,"藏"为"最深"之义。金刚藏菩萨智慧坚利,能入如来秘密之藏,因而承当本主题的发问者。

金刚藏菩萨首先说:"世尊!若诸众生本来成佛,何故复有一切无明?"②这一句针对的是前章"始知众生本来成佛"之语。金刚藏菩萨的提问分为三层,这是第一层,有无明即名为众生,无一切无明方才成佛,而现又说众生本来成佛,那么,众生不应复有无明。针对会众的这一误解,金刚藏菩萨特提出此问。

第二层,"若诸无明众生本有,何因缘故如来复说本来成佛?"③这是说,若说众生本有无明,即非本来成佛,何故复说众生本来成佛?

第三层,"十方异生,本成佛道后起无明;一切如来何时复生一切烦恼?"④再进一层问,假设众生本来成佛,无明非本有而是后起的;则一切已成之佛,都应退转而再起无明,即此而问如来何时再生烦恼。

宗密在《圆觉经大疏》中将世尊的回答分为四层:

1. 反复起疑之本

经文说:"一切世界始终生灭,前后有无,聚散起止,念念相续,循环往复,种种取舍,皆是轮回。未出轮回而辩圆觉,彼圆觉性即同流转。若免轮回,无有是处。"⑤这一层是说,世界,包括众生,无非念念相续,循环

---

① 唐佛陀多罗译《大方广圆觉修多罗了义经》,《大正藏》第17卷,第915页上。
②③④ 同上书,第915页中。
⑤ 同上书,第915页下。

往复,不能免于轮回相。以未出轮回的众生的角度来辩"圆觉",他们所说的"圆觉境界"其实与流转不休的虚妄世界没有不同,若欲以此虚妄之见闻而求免除轮回,绝对没有这个道理。

其后,则有几个譬喻:"譬如动目,能摇湛水。又如定眼,由回转火,云驶月运,舟行岸移,亦复如是。"①眼睛数动而会晕眩,"湛水"即清净的水。月亮因飘动的云的比照使人误以为月在运动;河岸以舟行而看起来似乎在移动。这些都是人们的错幻,因而见不到"真"。此中以这些譬喻说明未出轮回的妄心对于"圆觉"的理解,不能触及"真如觉性"。

依此譬喻来理解,其结论是:"诸旋未息,彼物先住尚不可得,何况轮转生死垢心,曾未清净,观佛圆觉而不旋复!是故汝等,便生三惑。"②此中,"诸旋未息"是指"目动"、"眼定"、"云驶"、"舟行"等,未曾有止息。此等轮转生死垢心,久远以来,在妄法之中,未曾暂时清净过,以此等垢心观于"圆觉",注定为所执的虚妄境界,其所计度之圆觉性,未有不同于流转,如上述诸物般旋复。你们用此生灭妄心测度"圆觉",而不知圆觉本具,无明本空,因而不能见到众生本来成佛之真实义理,因此才有你提出的三种疑惑。

2. 喻释现起之疑

宗密所划分的这一部分包括两个譬喻,即"空中华无起灭喻"和"金中矿不重生喻"。

关于第一个譬喻,经文说:"譬如幻翳妄见空华,幻翳若除,不可说言此翳已灭,何时更起一切诸翳。何以故?翳、华二法非相待故。"③此中,"幻翳"即遮蔽眼睛的翳障,譬喻无明;"空华"即空中的花,譬喻身心。"幻翳"除则"空华"灭,无明除则身心世界空。"无明"如同"幻翳"一样,都是虚妄之法,并无实体性,灭除之后就不再生起。因此,经中更进一步说:"亦如空华灭于空时,不可说言虚空何时更起空华。何以故?空本无

---

①②③ 唐佛陀多罗译《大方广圆觉修多罗了义经》,《大正藏》第17卷,第915页下。

华,非起灭故。"①此中,虚空譬喻"圆觉",即真如净性,也就是佛性。"空华"是眚者妄见,非实有生起灭除之物,虚空之中也无空华起灭之处所。说言于虚空中有"花"生灭,不是正常的眼识所观察到的,更不能指出虚空之中确实有花的起灭。如经所说"空本无花,非起灭故"②。——这一譬喻是间接回答上述第三层疑难。

"圆觉性"中本无一切烦恼,不应论其复生,更不得问一切如来何时复生一切烦恼。其结论是:"生死、涅槃同于起、灭,妙圆觉照离于华、翳。善男子!当知虚空,非是暂有,亦非暂无,况复如来圆觉随顺而为虚空平等本性!"③生死如空华,涅槃如华灭。虚空之中本来无华,同理,妙圆觉照,本来无妄,实与无明妄法毫不相干。虚空等世俗法尚不同华之起灭,何况如来随顺圆觉湛然真常是虚空之体性耶?——这一段经文,间接解释了上述第二层问难。

关于"金矿"喻,经文说:"如销金矿,金非销有,既已成金,不重为矿。经无穷时,金性不坏,不应说言本非成就;如来圆觉,亦复如是。"④此中,"销"及冶炼。众生如矿,佛如金,无明如沙泥等杂质。由众生修习永断无明至于成佛,即如同以钢矿炼销除一切杂质而成纯金。金不是在冶炼中产生的,可见金本来是有。虽说矿中之金本来是有,但矿中仍有杂质。同理,虽说众生本来成佛,但众生仍有无明。这一层含义可以解释第一层疑问。既已成金,不能再为矿,也即成金之后不再有杂质。同理,经过修行而成佛,不会再退转重有无明。如同久长时金性不坏,如来之性也是如此。这一层可以解释第三层疑问。不应说言本非成就,如矿中本有杂质之时,也可说金本来已成就;同理,众生虽有无明,也可说本来成佛。这一层可以解释第二层疑问。

3. 显浅难造深

这一层含义,如上引述宗密所解释的,"所造"即"果"是离念的"圆觉",而"能造"之"声闻"浅薄而难于窥见如来圆觉之真实面目。

---

①②③④ 唐佛陀多罗译《大方广圆觉修多罗了义经》,《大正藏》第 17 卷,第 915 页下。

经文首先说"所造离念":"一切如来妙圆觉心,本无菩提及与涅槃,亦无成佛及不成佛,无妄轮回及非轮回。"①此处所说的"一切如来妙圆觉心",如太虚的解释:"即示修大乘者欲求圆觉,即应立定脚跟,以圆觉心为立场而生其正见,不得复以二乘小慧、凡夫世智、辗转测度,自堕戏论。"②这是此章的核心所在。"在众生位有烦恼、有生死,因而可相对烦恼生死而说菩提、涅槃。换言之,成佛不成佛、轮回非轮回,都是就众生立场而言的。而以一切如来妙圆觉心为立场而说,本来无对待烦恼而说之菩提法,及对待生死而说之涅槃法,其成佛不成佛及轮回非轮回,亦不成问题。"③也就是一般所说的,离开生死无涅槃,离开轮回无非轮回。

关于"能造浅陋",经文说:"但诸声闻所圆境界,身心、语言,皆悉断灭,终不能至彼之亲证所现涅槃。何况能以有思维心,测度如来圆觉境界!"④声闻所成的境界,身心、语言都得以断灭,无有三界受生之事。但"法执"犹存,终不能证得清净的"圆觉心",因此,他们无法测度如来圆觉境界,更不能亲证所现涅槃。其后,经有一譬喻:"如取萤火烧须弥山,终不能著。以轮回心,生轮回见,入于如来大寂灭海,终不能至。"⑤此中,"萤火"譬喻世俗智慧,即以思维心产生轮回见。萤火似火而非真火,世智似智而非无漏之真智。以如此的世俗智慧和轮回见,无法进入如来大涅槃海。

此层含义的结语是:"是故我说一切菩萨及末世众生,先断无始轮回根本。善男子!有作思惟从有心起,皆是六尘妄想缘气,非实心体,已如空华。用此思维辩于佛境,犹如空华复结空果,辗转妄想,无有是处。善男子,虚妄浮心,多诸巧见,不能成就圆觉方便。"⑥此句是勉励修行者息灭妄心的意思。"轮回根本"即"妄心",妄心依于无明而起,妄心断灭则真实心显现。以攀缘心而起的思维,都是由六根、六尘相缘而起的,是妄想,如同空中的花一样,并无实体存在。以此妄想之心去辨别佛的境界,

---

①④⑤ 唐佛陀多罗译《大方广圆觉修多罗了义经》,《大正藏》第17卷,第915页下。
②③ 太虚《〈圆觉经〉略释》,《太虚大师全书》第15卷,第153页。
⑥ 唐佛陀多罗译《大方广圆觉修多罗了义经》,《大正藏》第17卷,第915页下—916页上。

是不能获得真意的,也不能成就圆觉方便。

4. 问不当理

此章长行部分的最后结语是:"如是分别,非为正问。"①这是说,前述金刚藏菩萨代会众所提的疑难,不是正确合适的提问方式。这说的不是金刚藏菩萨,而是说凡夫、声闻等不应该有如此的疑问。

(四)弥勒章

关于弥勒菩萨章的宗旨,宗密概括为"深究轮回之根","谓穷其展转根元,推其差别种性故。"②也就是说,此章的宗旨是推究众生轮回六道的根源。

弥勒菩萨代表会众向佛请教说:"大悲世尊!广为菩萨开秘密藏,令诸大众深悟轮回,分别邪正;能施末世一切众生无畏道眼,于大涅槃生决定信,无复重随轮转境界起循环见。世尊!若诸菩萨及末世众生,欲游如来大寂灭海,云何当断轮回根本?于诸轮回有几种性?修佛菩提几等差别?回入尘劳,当设几种教化方便度诸众生?"③此中有三层提问:其一,怎样断轮回根本?其二,诸轮回有几种性?其三,修佛菩提几等差别?其四,回入尘劳当设几种教化方便度诸众生?下文依据此顺序,将世尊的长行回答作一分析说明。

1. 答轮回根本问

经文说:"一切众生,从无始际,由有种种恩爱贪欲,故有轮回。若诸世界一切种性,卵生、胎生、湿生、化生,皆因淫欲而正性命。当知轮回,爱为根本。由有诸欲,助发爱性,是故能令生死相续。欲因爱生,命因欲有,众生爱命,还依欲本。爱欲为因,爱命为果。"④此中说,种种的恩爱与贪欲,是轮回的根本。——此义在其他类型经典中也很常见,兹不赘述。

2. 答轮回有几种性问

此经下文回答轮回之性有三:一是恶种性,二是善种性,三是不动

---

①③ 唐佛陀多罗译《大方广圆觉修多罗了义经》,《大正藏》第17卷,第916页上。
② 唐宗密《圆觉经大疏》卷中之二,《新纂卍续藏》第9册,第374页中。
④ 唐佛陀多罗译《大方广圆觉修多罗了义经》,《大正藏》第17卷,第916页中。

性。此经文说:"由于欲境,起诸违顺。境背爱心而生憎嫉,造种种业,是故复生地狱。饿鬼。"①这是说"恶种性"。"知欲可厌,爱厌业道,舍恶乐善,复现天、人。"②这是说"善种性",厌恶恶业,勤修善道,上品生天,中品生人,下品修罗。"又知诸爱可厌恶故,弃爱乐舍,还滋爱本,便现有为增上善果。"③这是说"不动性"。不动业是禅定所感,应通指"色界"及"无色界"。色界有身,无色界有心,既有身心,便有爱著,其所爱著者,即所修之禅定。由于未能离爱,所现善果,仍属有为范畴。

其后,世尊说:"皆轮回故,不成圣道。是故众生欲脱生死,免诸轮回,先断贪欲,及除渴爱。善男子!菩萨变化示现世间,非爱为本;但以慈悲令彼舍爱,假诸贪欲而入生死。"④恶种性、善种性、不动性都是轮回性,不成圣道。欲脱生死免于轮回,须先断贪欲,再断渴爱。而菩萨只是以"变化身"示现于世间,而无渴爱著,是故非爱为本。

3. 答修佛菩提几等差别问

此中说明"五性差别",而造成此差别的是"二障"。如经中说:"一切众生,由本贪欲,发挥无明,显出五性差别不等,依二种障而现浅深。云何二障? 一者,理障,碍正知见。二者,事障,续诸生死。"⑤这是说,众生依据"理障"和"事障"而有五性差别。"理障"也即"所知障",对于可知法(或曰道理)的迷惑,它可障碍"正知见"(正觉)生起,因此而称之为"所指障"。"事障"也即"烦恼障"。众生有贪、瞋、痴、慢等无量烦恼,此烦恼心发动而造种种有漏不净之业,善业者生人天,恶业者堕三涂,轮回六道("续诸生死"即是此义)。

值得注意的是,此经提出了"未成佛"的概念。经中说:"云何五性?善男子!若此二障未得断灭,名未成佛。"⑥对此,宗密解释说:"本以发心修证约断二障,故成五性。此都不断,故非五数。亦未发心遇教,故言

---

①②③④⑥ 唐佛陀多罗译《大方广圆觉修多罗了义经》,《大正藏》第17卷,第916页中。

未熏。若据《楞伽》之文，即当第五'无性'。"①此处将为发心修行者排除于五性之外，因为"未成佛"未知断障，也未能断障，所以不入五性之数。

"五性"的前二性为声闻性、缘觉性。经文说："若诸众生永舍贪欲，先除事障，未断理障；但能悟入声闻、缘觉，未能显住菩萨境界。"②此中所说，永远舍弃贪欲，除灭了烦恼障，但"法执"犹在，即未除去所知障，其中，若依四谛而修断者为"声闻性"，若依十二因缘而修断者为"缘觉性"。此二者均未能至菩萨境界，即经中所说"未能显住菩萨境界"。

第三种即"菩萨性"。经文说："若诸末世一切众生，欲泛如来大圆觉海，先当发愿，勤断二障。二障已伏，即能悟入菩萨境界。若事理障已永断灭，即入如来微妙圆觉，满足菩提及大涅槃。"③此种性是想由凡夫地渡到"如来地"之人，其先当发起勤断二障的大愿，此勤修断勤功夫之时，其二障完全伏灭，即为"登地菩萨"。不过是已伏而未断，仍然在由众生至佛的修行过程中，因此名之为"菩萨性"。

第四种即"不定性"。经文说："一切众生皆证圆觉，逢善知识，依彼所作因地法行，尔时修习，便有顿渐：若遇如来无上菩提正修行路，根无大小，皆成佛果。"④此"不定性"其修行以及最终成就不一。从其本性上说，皆可证得"圆觉"。然此等众生欲求断障，必须寻找善知识以为师友。如其所遇声闻乘作为善知识，则修四谛法；如遇缘觉作为善知识，则修十二因缘法；如遇菩萨乘作为善知识，则修六度法。也就是说，其所修教的顿渐，或大乘或小乘，都依所逢善知识而不定，因此就称之为"不定性"。

第五种即"阐提性"。经文说："若诸众生，虽求善友，遇邪见者，未得正悟，是则名为外道种性；邪师过谬，非众生咎。"⑤此处对于"阐提性"的解释，与前述诸经略有不同。有心向道然未遇到善友，而跟随所遇邪见

---

① 唐宗密《〈大方广圆觉修多罗了义经〉略疏》卷二，《大正藏》第39卷，第552页下。
②③ 唐佛陀多罗译《大方广圆觉修多罗了义经》，《大正藏》第17卷，第916页中。
④ 同上书，第916页中—下。
⑤ 同上书，第916页下。

之人,依其不正之行,虽有修习,而成邪见,此即为"外道种性"。上述四种种性,虽有差别,但都是"正悟",可作为成佛之因。唯独外道种性违反成佛正因,也名之为"断佛种"。

4. 答回入尘劳度生方便问

这一部分内容是世尊回答弥勒菩萨所提的如何进入世间,以何种教化方便济度众生的问题。经中说:"菩萨唯以大悲方便,入诸世间,开发未悟,乃至示现种种形相,逆顺境界,与其同事。化令成佛,皆依无始清净愿力。"①此中需要关注的是"逆顺境界"的解释。修诸正行名"顺境界",作诸非法名"逆境界"。菩萨在教化众生时,与其作同类之事,则亲近易化,最后则使其成就佛果。

(五) 清净慧章

"清净慧章"的宗旨是叙述"修证之位"。关于此章在《圆觉经》中的地位,宗密在《大疏》中解释说:"既显觉智之源,复究轮回之本。已知圆觉染净无殊,但未辨随顺圆觉之心从凡至圣如何差别,故次明之。"②可见,此章的主题是菩萨修行阶位的抉择,由凡夫至佛,依境修行,必然以般若为核心,因而以"清净慧菩萨"为发问者。

清净慧菩萨向佛请求说:"愿为诸来一切法众,重宣法王圆满觉性,一切众生及诸菩萨、如来世尊所证所得,云何差别,令末世众生,闻此圣教,随顺开悟,渐次能入?"③这是说,佛从因地依圆觉境,修圆觉行,至成佛时,始圆满此觉性,修行中必经过菩萨阶位,不知须证何种理,始得何等位? 问辞之意不仅为会众,而且注重末世众生,使其能以此能入果位。

世尊的长行回答,宗密将其分为"圆觉无证"、"对机说证"两大层次,而第二层次又可分为"渐次随顺觉性"和"顿证觉性"两部分。在此则直接将第二层次的两部分单列出,构成三个小标题叙述分析:

---

①③ 唐佛陀多罗译《大方广圆觉修多罗了义经》,《大正藏》第17卷,第916页下。
② 唐宗密《圆觉经大疏》卷中之四,《新纂卍续藏》第9册,第384页中。

1. 圆觉无证

这一层面的主旨是,从圆觉自性真实相中言之,实无差别。经文说:"圆觉自性,非性性有,循诸性起,无取无证,于实相中,实无菩萨及诸众生。何以故?菩萨众生皆是幻化,幻化灭故,无取证者。"①此中,"圆觉自性"即"真如法性","非性性有"是指此差别性并非其自性中本有,"循诸性起"是指遵循诸众生、菩萨之性而起差别。在此,世尊为会众说明,不可以以"圆觉"为所取所证之法,而以众生、菩萨为能取能证之人。在"真如实相"即"圆觉自性"上,实在无菩萨及众生可言。因为菩萨、众生之名如同幻化般无体,幻化之体即是"圆觉",并非在幻化之体之外而别取证于圆觉。

其后,又以一个譬喻说明之:"譬如眼根不自见眼,性自平等,无平等者。"眼根与"见性"平等无二,眼根不自见眼,以此譬喻"圆觉"不自取证"圆觉"。因此,以"实相"观之,此"圆觉性"本来自平等,实无从众生至佛的差别,这就是"性自平等,无平等者"的含义。

2. 渐次修行之随顺觉性

这部分是说明众生如何"随顺觉性"而修行成佛。经中说:"众生迷倒,未能除灭一切幻化,于灭未灭妄功用中便显差别。若得如来寂灭随顺,实无寂灭及寂灭者。"众生未能发心,未悟"圆觉",也即未除灭一切幻化。但是,如果已发心修行,则于一切幻化,或已断而除,或虽伏而未灭,由于伏断之功力不同,便显出种种差别。如果达到如来寂灭的境界,也即能证之智与所证之理平等无二,实无寂灭及寂灭者。这是对此问题的概括性说明,以下则分为四个层面说明由众生至佛之渐次修行的差别。

其一,"凡夫随顺觉性"。经文说:"一切众生,从无始来,由妄想我及爱我者,曾不自知念念生灭,故起憎爱,耽著五欲。若遇善友,教令开悟净圆觉性,发明起灭,即知此生性自劳虑。若复有人劳虑永断,得法界净,即彼净解为自障碍,故于圆觉而不自在,是名凡夫随顺觉性。"凡夫一

---

① 唐佛陀多罗译《大方广圆觉修多罗了义经》,《大正藏》第 17 卷,第 917 页上。

向执"我"而不知念念生灭的是妄想,如果获得善友的教诲,能悟知清净圆满的觉性,则可了知此生灭的妄想是忧悲苦痛之劳虑所生。但是,凡夫仅仅了知而未加修断,因此,属于"凡夫随顺觉性"。这是泛泛的解释,而依照古德解释,则对应于"十信位"。

其二,"菩萨未入地者随顺觉性"。经文说:"一切菩萨见解为碍,虽断解碍,犹住见觉,觉碍为碍而不自在,此名菩萨未入地者随顺觉性。"①修行至此的菩萨,在"定"中可以断此"解碍",然在"散心"时则不能,此即"虽断解碍,犹住见觉"的意思。此"觉"仍然为解脱的障碍,且于"觉性"未能自在随顺,因此名为"菩萨未入地者随顺觉性"。

其三,"菩萨已入地者随顺觉性"。经文说:"有照有觉,俱名障碍。是故菩萨,常觉不住,照与照者同时寂灭。譬如有人自断其首,首已断故,无能断者;则以碍心自灭诸碍,碍已断灭,无灭碍者。修多罗教,如标月指,若复见月,了知所标毕竟非月;一切如来种种言说开示菩萨,亦复如是。此名菩萨已入地者随顺觉性。"②此如太虚大师的解释,"见解为碍,仍是有照;犹住见觉,仍是有觉。以其仍有照与觉之功用,故俱名障碍。此中菩萨,指登地以上之菩萨。不住者,不须用功之意。此菩萨不假功用而无时不照,故云常觉不住。照、谓所照之碍,照者、谓能照之觉。寂灭者,虽常照觉而无照觉之相,故云照与照者同时寂灭。"③此后则以譬喻说明之。"地上菩萨",既从自心之智慧证真如性,即如已能见月之人,则一切如来种种言说,亦同如标月之指而已。

其四,"如来随顺觉性"。经文说:"一切障碍即究竟觉,得念失念无非解脱,成法破法皆名涅槃,智慧愚痴通为般若,菩萨外道所成就法同是菩提,无明真如无异境界,诸戒定慧及淫怒痴俱是梵行,众生国土同一法性,地狱天宫皆为净土,有性无性齐成佛道,一切烦恼毕竟解脱,法界海

---

① 唐佛陀多罗译《大方广圆觉修多罗了义经》,《大正藏》第17卷,第917页上。
② 同上书,第917页上—中。
③ 太虚《〈圆觉经〉略释》,《太虚大师全书》第15卷,第177—178页。

慧照了诸相犹如虚空,此名如来随顺觉性。"①对此,太虚大师解释说:"此明佛地一切智智境界,性相事理无复别二,平等照了一切诸法。在此平等智慧之中,一切有为诸相,皆为圆满觉性,自在无碍。上自十信净解自障,三贤觉碍为碍,至入地常觉不住,虽已远离诸碍,但既离碍而常觉,则仍未免以碍为碍,未得圆融。今显佛地即碍即觉,乃为圆融自在,故云一切障碍,即究竟觉;所谓'从来真是妄,到此妄皆真'也。"②此等圆融自在无碍,为菩萨以还之所不及不知。今明如来随顺,故能融会,同归圆觉。

3. 顿根无层次之随顺

关于此部分,宗密称之为"忘心顿证"。他解释说:"由前普示教迹,说有浅深,今直指当根,安心随顺。前是随相,此当离相。亦如《华严》先说差别位地因果,后以平等因果融之。即差别中之平等,平等中之差别。此中意趣,正同彼也。"③

经文说:"但诸菩萨及末世众生,居一切时不起妄念,于诸妄心亦不息灭,住妄想境不加了知,于无了知不辩真实。彼诸众生闻是法门,信解、受持不生惊畏,是则名为随顺觉性。"④此中菩萨及众生,即指根性猛利即渐次而无渐次以随顺觉性的上等根机之人。他们遇境逢缘,不起我、法二执,不更增生妄念,不依前述凡夫、菩萨等渐次修断。因为妄境是缘生而无性的,虽任运而知而不加意计度分别;虽无计度分别之心,而非辨别此是真实、彼是虚妄,故说其不辩真实。此类圆顿根机之众生,为能闻此法门而起信生解,受以自修,持以教人,无所惊畏,不是其人所能达到的。如此即渐次无渐次,不再有差别,即是"随顺觉性",而"如是众生,已曾供养百千万亿恒河沙诸佛及大菩萨,植众德本,佛说是人名'为成就一切种智'"⑤。

---

① 唐佛陀多罗译《大方广圆觉修多罗了义经》,《大正藏》第17卷,第917页中。
② 太虚《〈圆觉经〉略释》,《太虚大师全书》第15卷,第179页。
③ 唐宗密《圆觉经大疏》卷中之四,《新纂卍续藏》第9册,第388页下。
④⑤ 唐佛陀多罗译《大方广圆觉修多罗了义经》,《大正藏》第17卷,第917页中。

五、行法

《圆觉经》从"威德自在章"以下四章阐述"行法",即具体的修行法门。"威德自在章"阐述"单法门","辩音章"宣示"复法门","净诸业障章"则阐述修行过程中所遇到的邪思、邪见等"自心病","普觉章"则阐述如何防止跟从邪师邪友。

(一)威德自在章

此章的宗旨是阐述修行的具体方法。威德自在菩萨之名具有象征含义,内心具圆妙之德而外能现庄严之威,因此称为"威德自在"。此菩萨的"行"与"圆觉"相应,因此由他代表会众向佛请问行法。

威德自在菩萨请求佛:"世尊!譬如大城,外有四门,随方来者,非止一路;一切菩萨庄严佛国及成菩提,非一方便。唯愿世尊广为我等宣说一切方便渐次,并修行人总有几种。令此会菩萨及末世众生求大乘者,速得开悟,游戏如来大寂灭海。"①进入大城市必有四门可供选择,而求"圆觉"的菩萨修行也不只是一方便。菩萨济度众生,使众生都有福德,即称为"庄严佛国"。庄严佛国象征"悲",成就菩提象征"智"。威德自在菩萨请教的是有关"一切方便渐次"以及修行人的类型的问题。

世尊的长行回答,核心是"三止"。如经中说:"无上妙觉遍诸十方。出生如来与一切法,同体平等,于诸修行实无有二。方便随顺,其数无量,圆摄所归,循性差别,当有三种。"②此中所说,"妙觉"即"妙圆觉心",一切法以"圆觉"为体,则修行都以证此圆觉体为究竟,实无差别可言。如果随顺众生之根性机宜,则修行方便多至无量,故说"方便随顺,其数无量"。然从机性差别的根本归纳,则有三种"行法"。

1. 奢摩他

经文说:"若诸菩萨悟净圆觉,以净觉心取静为行,由澄诸念,觉识烦

---

①② 唐佛陀多罗译《大方广圆觉修多罗了义经》,《大正藏》第17卷,第917页下。

动,静慧发生,身心客尘从此永灭,便能内发寂静轻安。由寂静故,十方世界诸如来心于中显现,如镜中像。此方便者,名奢摩他。"①此中说,菩萨先悟后修方名真修,所悟之境为"净圆觉",能悟之智即"净觉心"。菩萨悟得圆觉,即以此心而依"奢摩他"等方便以精进修行。

"奢摩他",意译为"止",是佛家止息一切纷乱烦动的方法。此引文说"取静为行",是指取净觉心上之寂静为观行之本,而先由澄清一切妄念入手。妄念澄清之后,即可觉得识心上烦动之相。在"能觉烦动"之时,坚定地在静上用功,如是功用能引"静慧发生"。其后,此种昏扰不住之相,即从静慧发生而永远息灭,此即"身心客尘从此永灭"的意思。菩萨内依寂静定力而发轻安,如人已释重负,得休息处,故名寂静轻安。而此寂静心体即是湛然常寂之"净圆觉心"。

2. 三摩钵提

经文说:"若诸菩萨悟净圆觉,以净觉心,知觉心性及与根尘皆因幻化,即起诸幻以除幻者,变化诸幻而开幻众。由起幻故,便能内发大悲轻安,一切菩萨从此起行,渐次增进。彼观幻者,非同幻故,非同幻观皆是幻故,幻相永离;是诸菩萨所圆妙行,如土长苗。此方便者,名三摩钵提。"②

"三摩钵提",意译为"等持",也称为"三摩提"、三昧。经中以"观"称呼,是指"定"后之观照。以"净觉心",了知六根、六尘、六识皆因幻化而有。以幻化所依之无明,起诸如幻之智,即以除灭无明,由此幻而发"大悲轻安"。一切菩萨即从此起行而渐次增进,直至得无所离,即"幻相永离"。至此,幻境既空,幻智亦亡,心境、能所俱亡,而净圆觉性随而圆证。此即"三摩钵提"之行法。

3. 禅那

经文说:"若诸菩萨悟净圆觉,以净觉心,不取幻化及诸静相,了知身

---

①② 唐佛陀多罗译《大方广圆觉修多罗了义经》,《大正藏》第17卷,第917页下。

心皆为挂碍,无知觉明不依诸碍,永得超过碍、无碍境。受用世界及与身心,相在尘域,如器中锽,声出于外,烦恼涅槃不相留碍,便能内发寂灭轻安;妙觉随顺寂灭境界,自他身心所不能及,众生寿命皆为浮想。此方便者,名为禅那。"①

"禅那",即静虑。修禅那之菩萨,于悟净圆觉之后,以此净觉心,了知幻化身心皆为挂碍。经中说的"无知觉明",即指净觉心上无妄想分别了知之觉明体。以不取幻化,则能超过"碍境";不取静相,则能超过"无碍境",随之可内脱身心,外遗世界。从此不堕于世法之烦恼亦不住于出世法之涅槃的观行功夫,即"能内发寂灭轻安"。此种境界,只能妙觉随顺,而非自身他身、自心他心所能造作、所能识知。此即"禅那"方便之"行"。

上述三种法门,名为"三止",也可名为"三观"。经中总结说:"此三法门,皆是圆觉亲近随顺,十方如来因此成佛,十方菩萨种种方便一切同异,皆依如是三种事业。若得圆证,即成圆觉。"②以此三种法门,随顺修习都可直证圆觉而成佛。

(二)辩音章

承接上述"三观","辩音章"接着说明二十五种定轮,其特征在于以"三法"而变化离合。辩音菩萨善于分辩法者之差别,因而作为此章发问者。

辩音菩萨问佛:"世尊,此诸方便一切,菩萨于圆觉门有几修习,愿为大众及末世众生,方便开示,令悟实相。"③而佛则以"二十五种清净定轮"来回答。

1. 单修

"若诸菩萨唯取极静,由静力故永断烦恼,究竟成就,不起于座便入涅槃。此菩萨者,名单修奢摩他。"④这是对"单修止"的说明,修止即是取静为行,故说"唯取极静"。

---

① 唐佛陀多罗译《大方广圆觉修多罗了义经》,《大正藏》第 17 卷,第 917 页下—918 页上。
②③ 同上书,第 918 页上。
④ 同上书,第 918 页中。

"若诸菩萨唯观如幻,以佛力故变化世界种种作用,备行菩萨清净妙行,于陀罗尼不失寂念及诸静慧。此菩萨者,名单修三摩钵提。"①这是对"单修观"的说明。

"若诸菩萨唯灭诸幻,不取作用,独断烦恼,烦恼断尽,便证实相。此菩萨者,名单修禅那。"②这是对"单修止观不二之禅那"的说明。

2. 以"止"为首的"复修"

(1)"若诸菩萨先取至静,以静慧心照诸幻者,便于是中起菩萨行。此菩萨者,名先修奢摩他,后修三摩钵提。"③这是"先止后观"的修行方法。

(2)"若诸菩萨,以静慧故证至静性,便断烦恼,永出生死。此菩萨者,名先修奢摩他,后修禅那。"④这是"先止后禅那"的修行方法。

(3)"若诸菩萨以寂静慧,复现幻力,种种变化度诸众生,后断烦恼而入寂灭。此菩萨者,名先修奢摩他,中修三摩钵提,后修禅那。"⑤这是"先止次观后禅那"的修行方法。

(4)"若诸菩萨以至静力,断烦恼已,后起菩萨清净妙行,度诸众生。此菩萨者,名先修奢摩他,中修禅那,后修三摩钵提。"⑥这是"先止次禅那后观"的修行方法。

(5)"若诸菩萨以至静力,心断烦恼,后度众生,建立世界。此菩萨者,名先修奢摩他,齐修三摩钵提、禅那。"⑦这是"先修止齐修观及禅那"的修行方法。

(6)"若诸菩萨以至静力,资发变化,后断烦恼。此菩萨者,名齐修奢摩他、三摩钵提,后修禅那。"⑧这是"齐修止观后修禅那"的修行方法。

(7)"若诸菩萨以至静力,用资寂灭,后起作用,变化世界。此菩萨者,名齐修奢摩他、禅那,后修三摩钵提。"⑨这是"齐修止及禅那后修观"的修行方法。

---

①②③④⑤⑥⑦ 唐佛陀多罗译《大方广圆觉修多罗了义经》,《大正藏》第17卷,第918页中。
⑧ 同上书,第918页中一下。
⑨ 同上书,第918页下。

3. 以"观"为首之"复修"

(1)"若诸菩萨以变化力,种种随顺而取至静。此菩萨者,名先修三摩钵提,后修奢摩他。"① 这是"先观后止"的修行方法。

(2)"若诸菩萨以变化力,种种境界而取寂灭。此菩萨者,名先修三摩钵提,后修禅那。"② 这是"先修观后修禅那"的修行方法。

(3)"若诸菩萨以变化力而作佛事,安住寂静而断烦恼。此菩萨者,名先修三摩钵提,中修奢摩他,后修禅那。"③ 这是"先观次止后禅那"的修行方法。

(4)"若诸菩萨以变化力无碍作用,断烦恼故,安住至静。此菩萨者,名先修三摩钵提,中修禅那,后修奢摩他。"④ 这是"先观次禅那后止"的修行方法。

(5)"若诸菩萨以变化力方便作用,至静、寂灭二俱随顺。此菩萨者,名先修三摩钵提,齐修奢摩他、禅那。"⑤ 这是"先修观齐修止及禅那"的修行方法。

(6)"若诸菩萨以变化力种种起用,资于至静,后断烦恼。此菩萨者,名齐修三摩钵提、奢摩他,后修禅那。"⑥ 这是"齐修观、止后修禅那"修行方法。

(7)"若诸菩萨以变化力资于寂灭,后住清净无作静虑。此菩萨者,名齐修三摩钵提、禅那,后修奢摩他。"⑦ 这是"齐修观及禅那后修止"的修行方法。

4. 以"禅那"为首的"复修"

(1)"若诸菩萨以寂灭力而起至静,住于清净。此菩萨者,名先修禅那,后修奢摩他。"⑧ 这是"先修禅那后修止"的修行方法。

(2)"若诸菩萨以寂灭力而起作用,于一切境寂用随顺。此菩萨者,名先修禅那,后修三摩钵提。"⑨ 这是"先修禅那后修观"的修行方法。

(3)"若诸菩萨以寂灭力种种自性,安于静虑而起变化。此菩萨者,名先修禅那,中修奢摩他,后修三摩钵提。"⑩ 这是"先修禅次修止后修

---

①②③④⑤⑥⑦⑧⑨⑩ 唐佛陀多罗译《大方广圆觉修多罗了义经》,《大正藏》第17卷,第918页下。

观"修行方法。

(4)"若诸菩萨以寂灭力无作自性,起于作用,清净境界,归于静虑。此菩萨者,名先修禅那,中修三摩钵提,后修奢摩他。"① 这是"先禅那次观后止"的修行方法。

(5)"若诸菩萨以寂灭力种种清净,而住静虑起于变化。此菩萨者,名先修禅那,齐修奢摩他、三摩钵提。"② 这是"先修禅那齐修止、观"的修行方法。

(6)"若诸菩萨以寂灭力资于至静,而起变化。此菩萨者,名齐修禅那、奢摩他,后修三摩钵提。"③ 这是"齐修禅那及止后修观"的修行方法。

(7)"若诸菩萨以寂灭力资于变化,而起至静清明境慧。此菩萨者,名齐修禅那、三摩钵提,后修奢摩他。"④ 这是"齐修禅那与观后修止"的修行方法。

5. 圆修

此章所讲最后一种修行方法是"圆修"的方法。经文说:"若诸菩萨以圆觉慧圆合一切,于诸性相无离觉性。此菩萨者,名为圆修三种自性,清净随顺。"⑤ 菩萨以圆觉慧,圆融契合于三种法门,即是圆顿之人,随顺法性,一修一切修,因此,如经文所说"以圆觉慧圆合一切"。

(三) 净诸业障章

净诸业障章及下一章,特别提出在止观修行方面会产生的病患。"净诸业障"则是去除修行上之病患的方法,因此,本章以"净诸业障菩萨"作为发问者。

净诸业障菩萨问佛说:"若此觉心本性清净,因何染污,使诸众生迷闷不入?唯愿如来广为我等开悟法性,令此大众及末世众生,作将来眼。"⑥ 这是说,若觉心本净,不应染污而有众生。又诸如来悟入圆觉,众

---

①②③④⑤ 唐佛陀多罗译《大方广圆觉修多罗了义经》,《大正藏》第17卷,第919页上。
⑥ 同上书,第919页中。

生亦应同悟,不应迷闷不入!

佛则以"四相"来回答这一问题:"一切众生,从无始来,妄想执有我、人、众生及与寿命。"①因众生执有"我相"、"人相"、"众生相"、"寿命相"而有上述问题。"认四颠倒为实我体,由此便生憎、爱二境,于虚妄体重执虚妄;二妄相依,生妄业道;有妄业故,妄见流转;厌流转者,妄见涅槃。"②此"四相"均是颠倒之见,今不知颠倒而认为实我,以执有"我"的本体存在,以顺我者为"爱",违我者为"憎",以此虚妄之"我"上再加虚妄的"憎爱"。这两种虚妄相依,则产生种种妄业尔后招致善恶六道。"由此不能入清净觉,非觉违拒诸能入者。有诸能入,非觉入故。是故动念及与息念,皆归迷闷。"③凡夫妄想未除,用心皆非,不但凡夫之起惑造业,也就是"动念归于迷闷";二乘沉空滞寂,也就是息念也归之于迷闷。这是对于"四相"之祸患的总回答。以下则分而言之。

1. 我相

经文说:"云何我相?谓诸众生心所证者。善男子!譬如有人,百骸调适,忽忘我身,四肢弦缓,摄养乖方;微加针艾,即知有我,是故证取方现我体。善男子!其心乃至证于如来,毕竟了知清净涅槃,皆是我相。"④此中说,"我相"既深且细,修行者于禅定之中,必然于自心有所取证方可使其显现出来。不过,此"我相"为求道之障。修道者其心证至诸佛境界,了知清净涅槃,但此所证取其实都是"我相"。而如来涅槃既然是觉体清净之相,非别有可证。如果认定涅槃为可证取之法,必然执持别有能证之心,"能"、"所"未忘,即是"我相",这就是大乘佛教所言的"解脱"。

2. 人相

经文说:"云何人相?谓众生心悟证者。善男子!悟有我者,不复认我,所悟非我,悟亦如是。悟已超过一切证者,悉为人相。善男子!其心

---

①②③④ 唐佛陀多罗译《大方广圆觉修多罗了义经》,《大正藏》第17卷,第919页中。

乃至圆悟涅槃俱是我者,心存少悟,备殚证理,皆名人相。"①简言之,"人相"是诸众生心中所悟所证而成。修行者悟所证取有"我相"存在,心知其非,随即不认其为"我"。既然悟知所证取者非"我","悟"本身也是如此。然而,修行者又不忘此能悟之心,其随即又成为变相的"我",恍如别有他人之相。此种"相",即对"我相"名为"人相",由我而推及于人,因此而名为"人相"。

3. 众生相

经文说:"云何众生相?谓诸众生心自证悟所不及者。善男子!譬如有人,作如是言:我是众生,则知彼人说众生者,非我非彼。云何非我?我是众生,则非是我。云何非彼?我是众生,非彼我故。善男子!但诸众生了证了悟,皆为我、人,而我、人相所不及者?存有所了,名众生相。"②

在了悟"我相"、"人相"皆非之后,修行中仍会感受到隐微的"我相"存在,此相名为"众生相"。追根究底说,心中所持非我相、非人相本身即表明心中仍然有隐微之相存在。文中所说的"存有所了"的意思是:"证"与"悟"为所"了",二者都不存在,但心中仍然存有"能了之智"。这就是"众生相"的真实含义。

4. 寿命相

经文说:"云何寿命相?谓讲众生心照清净觉所了者。一切业智所不自见,犹如命根。若心照见一切觉者,皆为尘垢。觉所觉者,不离尘故。如汤销冰,无别有冰知冰销者;存我、觉我,亦复如是。"③此相是以譬喻得名的,此"相"隐微,是修行者不能感知到的,犹如"命根"潜在地延续,因而名之为"寿命相"。

5. "四相"之病患

经中指出:"末世众生不了四相,虽经多劫勤苦修道,但名有为,终不能成一切圣果,是故名为正法末世。"④可见,上述"四相"是修行的病患。

---

① ② ③ ④ 唐佛陀多罗译《大方广圆觉修多罗了义经》,《大正藏》第17卷,第919页下。

修道者若不了此"四相",不能成就"圣果"。

在分析原因时,首先说明上述"四相"的核心是"我",如经中说:"何以故?认一切我为涅槃故;有证有悟名成就故。譬如有人以贼为子,其家财宝,终不成就。"①修行者之所以不能成就圣果,是因为其妄认一切"我相"为涅槃,如以自己有证而已成就,以自己有悟已成就,以自己有"了"已成就,以自己有"觉"已成就。如此等等,妨碍成就圣果。

对于"我相"的危害,经中又有分析:"有我爱者,亦爱涅槃,伏我爱根为涅槃相。有憎我者,亦憎生死,不知爱者真生死故,别憎生死名不解脱。"②妄认"我",必然产生爱憎之心,由此会以此心而爱涅槃,此即为"法爱"。有憎"我"之心,憎恶生死,而不知爱涅槃之爱才是生死的真正原因。此中的关键是,爱憎是众生系缚于生死的原因,暂伏"我爱"并非真涅槃,爱涅槃便成"法爱"。如此修习,不能解脱。

至于为何知涅槃法而仍不能解脱,经中解释说:"云何当知法不解脱?善男子!彼末世众生习菩提者,以微证为自清净,犹未能尽我相根本。"③这是说,这是修行者以微证为清净,未尽"我相","若复有人赞叹彼法,即生欢喜,便欲济度;若复诽谤彼所得者,便生瞋恨;则知我相坚固执持,潜伏藏识,游戏诸根,曾不间断。善男子!彼修道者,不除我相,是故不能入清净觉。"④

其后,经中又接着论述不了"四相",必然产生二谬:第一,窃佛德以为己功;第二,以少得而起增慢。经中说:"末世众生不了四相,以如来解及所行处为自修行,终不成就。或有众生,未得谓得,未证谓证,见胜进者,心生嫉妒。由彼众生未断我爱,是故不能入清净觉。"⑤

最后,佛激励会众说:"末世众生希望成道,无令求悟,唯益多闻,增长我见。但当精勤降伏烦恼,起大勇猛,未得令得,未断令断,贪、瞋、爱、

---

①②③ 唐佛陀多罗译《大方广圆觉修多罗了义经》,《大正藏》第17卷,第919页下。
④⑤ 同上书,第920页上。

慢、谄曲、嫉妒对境不生,彼我恩爱一切寂灭。佛说是人,渐次成就,求善知识,不堕邪见。若于所求别生憎爱,则不能入清净觉海。"①

(四)普觉章

此章的宗旨是阐述修行过程中要避免跟从邪师。普觉菩萨是普能觉知一切邪见之人,因而由此菩萨发问。

普觉菩萨问佛说:"大悲世尊!快说禅病,令诸大众得未曾有,心意荡然,获大安隐。世尊!末世众生,去佛渐远,贤圣隐伏,邪法增炽,使诸众生:求何等人?依何等法?行何等行?除去何病?云何发心?令彼群盲不堕邪见!"②此中有五个小问题,佛一一作出回答。

1. 求何人

经中说:"末世众生将发大心,求善知识欲修行者,当求一切正知见人。心不住相,不著声闻、缘觉境界,虽现尘劳,心恒清净。示有诸过,赞叹梵行,不令众生入不律仪。求如是人,即得成就阿耨多罗三藐三菩提。"③此等众生应该寻找"正知见"之人,方可得以成就无上菩提。对于"正知见人","应当供养,不惜身命。彼善知识四威仪中,常现清净,乃至示现种种过患,心无憍慢,况复搏财、妻子眷属?若善男子于彼善友不起恶念,即能究竟成就正觉,心华发明,照十方刹"④。

2. 依何等法

经中强调的是应远离"四病":

第一,"作病":"若复有人作如是言:我于本心作种种行,欲求圆觉。彼圆觉性非作得故,说名为病。"⑤此中说,即是欲求圆觉,而妄以起心造作为能事。而此"圆觉心"非作得,如上所说则名为"病"。

第二,"任病":"若复有人作如是言:我等今者不断生死,不求涅槃,涅槃生死无起灭念,任彼一切,随诸法性,欲求圆觉。彼圆觉性非任有

---

① 唐佛陀多罗译《大方广圆觉修多罗了义经》,《大正藏》第17卷,第920页上。
② 同上书,第920页上—中。
③④⑤ 同上书,第920页中。

故,说名为病。"①此中的"任"是"任其自然"的含义,此"任病"与前"作病"相反。欲求圆觉而有任其自然之心,而不知圆觉净性实际并非任其自然之所能有,如上所说则名为"病"。

第三,"止病":"若复有人作如是言:我今自心永息诸念,得一切性寂然平等,欲求圆觉。彼圆觉性非止合故,说名为病。"②此中的"止"是"止息妄念"的意思。这是误会奢摩他的真实意义,不知妄念愈息愈多,也就是息妄之心仍是妄念,单单执持"息妄",即成"止病"。

第四,"灭病":"若复有人作如是言:我今永断一切烦恼,身心毕竟空无所有,何况根尘虚妄境界? 一切永寂,欲求圆觉。彼圆觉性非寂相故,说名为病。"③此中"灭"的意思是"心境俱灭",身心、根尘一切永寂,以此寂灭之心来求圆觉。误会禅那中所言寂灭及断烦恼等义,不知觉体灵明,寂照不二,单单执持"灭"而忽视"寂照不二"即成病。

3. 行何等行

经中说:"末世众生欲修行者,应当尽命供养善友,事善知识。彼善知识欲来亲近,应断憍慢;若复远离,应断瞋恨。现逆顺境,犹如虚空。了知身心毕竟平等,与诸众生同体无异。如是修行,方入圆觉。"④此中罗列了"应行之事",核心在于"供养善友,事善知识"。

4. 除去何病

经中说:"末世众生不得成道,由有无始自他憎爱一切种子,故未解脱。若复有人观彼怨家,如己父母,心无有二,即除诸病;放诸法中自他、憎爱,亦复如是。"⑤此答语先回答病之所在,也就是分别自他而起憎、爱,此憎爱种子未能解脱,是以触处现行。此即为诸病。要除去这些病,须是以平等之心观人。观人如此,观法亦然。

---

①② 唐佛陀多罗译《大方广圆觉修多罗了义经》,《大正藏》第17卷,第920页中。
③ 同上书,第920页中—下。
④⑤ 同上书,第920页下。

5. 云何发心

经中说:"末世众生欲求圆觉,应当发心作如是言:尽于虚空一切众生,我皆令入究竟圆觉,于圆觉中无取觉者,除彼我人一切诸相。如是发心,不堕邪见。"①发心即发愿,此中叙述了应发之"心相"。"尽于虚空一切众生"相当于一般所说的"广大心","我皆令入究竟圆觉"相当于一般所说的"第一心","于圆觉中无取觉"相当于"常心","除彼我人一切诸相"相当于"不颠倒心"。如是发心,则不堕邪见。

六、圆觉法门

从"圆觉菩萨章"开始,内容属于道场加行。对此,宗密解释说:"下根修证得道之处,名曰'道场',谓于此处,誓志克期加功用行,以求证入,故名'加行'。'下根修证'者,谓虽信解前法,而障重心浮,须入道场,自为制勒,缘强境胜,则功用有期。"②此章所说是本经的精要,体现出此经所言圆觉法门的特点。因此,以圆觉菩萨为发问者。

圆觉菩萨提出两大问题:"若佛灭后末世众生未得悟者,云何安居修此圆觉清净境界?此圆觉中三种净观,以何为首?"③其一是如何安居修圆觉行,其二是三种净观以何为首。佛的回答也与此相对应。

1. 道场行相

经中说:"一切众生,若佛住世,若佛灭后,若法末时,有诸众生具大乘性,信佛秘密大圆觉心欲修行者,若在伽蓝,安处徒众,有缘事故,随分思察,如我已说。"④此中的含义,如太虚大师的解释:"一切众生之中,不论佛住于世之时,成佛灭后正法、像法乃至末法最远之时,有一类之人,宿有闻熏之种,已具大乘根性,虽未得悟圆觉,而能信佛秘密大圆觉心,发心欲修圆觉行者。若在下、结前已说。梵谓僧伽蓝,乃和合僧众同住

---

① 唐佛陀多罗译《大方广圆觉修多罗了义经》,《大正藏》第17卷,第920页下。
② 唐宗密《圆觉经大疏》卷下之三,《新纂卍续藏》第9册,第410页上。
③④ 同上书,第921页上。

之园,即今寺院丛林之义。谓此类欲修行者,若在伽蓝中,因为有安处徒众等众人缘上之事,不能专心修习,即可随其自己可能之分量,将三种法门思维体察。如我已说者,如普眼章所说。"①

"若复无有他事因缘,即建道场,当立期限:若立长期百二十日,中期百日,下期八十日,安置净居。"②这是对于安居修圆觉行的说明。其后解释修习之行相:"若佛现在,当正思维。若佛灭后,施设形像,心存目想,生正忆念,还同如来常住之日。悬诸旛华,经三七日。稽首十方诸佛名字,求哀忏悔。遇善境界,得心轻安,过三七日,一向摄念。"③

经中又说:"若经夏首,三月安居,当为清净菩萨止住,心离声闻,不假徒众。至安居日,即于佛前作如是言:我比丘——比丘尼、优婆塞、优婆夷——某甲,踞菩萨乘,修寂灭行,同入清净实相住持,以大圆觉为我伽蓝,身心安居平等性智,涅槃自性无系属故。今我敬请,不依声闻,当依十方如来及大菩萨三月安居,为修菩萨无上妙觉大因缘故,不系徒众。善男子!此名菩萨示现安居,过三期日,随往无碍。"④这是说,结期遇夏,不能入众安居,不为犯律。如此等等,解释从略。

2. 加行修证

先言"止",经中说:"若诸众生修奢摩他,先取至静,不起思念,静极便觉;如是初静,从于一身至一世界,觉亦如是。善男子!若觉遍满一世界者,一世界中有一众生起一念者,皆悉能知;百千世界,亦复如是。非彼所闻一切境界,终不可取。"⑤

再言"观",经中说:"若诸众生修三摩钵提,先当忆想十方如来,十方世界一切菩萨,依种种门,渐次修行勤苦三昧,广发大愿,自熏成种。非彼所闻一切境界,终不可取。"⑥

其后言"禅那",经中说:"若诸众生修于禅那,先取数门。心中了知生住

---

① 太虚《〈圆觉经〉略释》,《太虚大师全书》第15卷,第236页。
②③④ 唐佛陀多罗译《大方广圆觉修多罗了义经》,《大正藏》第17卷,第921页上。
⑤⑥ 同上书,第921页中。

灭念分齐头数。如是周遍四威仪中,分别念数无不了知,渐次增进,乃至得知百千世界一滴之雨,犹如目睹所受用物。非彼所闻一切境界,终不可取。"①

最后总结"三观":"是名三观首初方便,若诸众生遍修三种,勤行精进,即名如来出现于世。"② 上述所言重在显示入手方便。遍修三观,勤行不舍,精进不懈,即是圆觉之行已备。如此之人,其观行即佛,此即经中所说"即名如来出现于世"的意思。这是利根者的修为。"若后末世钝根众生,心欲求道,不得成就,由昔业障,当勤忏悔;常起希望,先断憎、爱、嫉妒、谄曲,求胜上心。三种净观,随学一事。此观不得,复习彼观,心不放舍,渐次求证。"③ 钝根者即可于三观之中,随其乐欲修习一观。如所修此种法门不成,再改修彼种法门。此"随学"有二义:一是"专修",即于一期之中,专修一"观",期满不成,即于次期改修另一"观"。二是"试修",即于一期之中试取一"观"修习,经相当时日,自知此"观"未合,不得成就,即又改修另一"观"。如是"三观"互修,不少退堕,则时至机熟,必可成就。

第二节 《楞伽经》的如来藏思想

在如来藏思想发展史上,《楞伽经》是中期如来藏思想与后期如来藏思想的一个分界。这部经大量而较为系统地涉及唯识思想,属于本著所竭力主张如来藏思想被融会进入早期唯识思想之中而不具备独立系统的直接证据。从中国佛教而言,《楞伽经》一方面产生了重大而深远的影响,另一方面在近代以来受到许多学者的质疑,特别是对南北朝时期的两种汉译本的批评一直持续不断。本节暂时将这些质疑和批评搁置一边,主要从汉译经典本身来阐述分析此经的思想。

一、《楞伽经》的汉译本

根据古代经录的记载,从公元 420 年至 704 年之间,《楞伽经》出现

①②③ 唐佛陀多罗译《大方广圆觉修多罗了义经》,《大正藏》第 17 卷,第 921 页中。

过四种汉语译本,现存三种。以下依照时间顺序略作说明考辨。

第一种译本的译者是北凉时期的昙无谶(385—433)翻译的。而关于翻译《楞伽经》的记载,今人的理解有分歧。昙无谶所译的经,依据《出三藏记集》为 12 部 117 卷,《历代三宝纪》记载 24 部 151 卷,《开元释教录》刊定为 19 部 131 卷。《出三藏记集》所列的十二部未包含《楞伽经》,但在同书卷一四的《昙无谶传》中,却说其翻译的总数是 20 部。隋代的《历代三宝纪》列出昙无谶 24 部译籍,其中包含《楞伽经》四卷[1]。而《开元释教录》卷四则罗列了 19 部 135 卷,《楞伽经》四卷也包含其中。由上述记载看,昙无谶曾经翻译过《楞伽经》应该是可信的。不过此译本早已失传。

第二种译本是刘宋元嘉二十年(443)由印度僧人求那跋陀罗于道场寺译出,慧观笔受,全称为《楞伽阿跋多罗宝经》四卷,四品,但品名均为"一切佛语心品"。

第三种译本是延昌二年(513)由印度僧人菩提流支译出,沙门僧朗、道湛笔受,经名为《入楞伽经》,十卷,共十八品。具体翻译过程见第一章所述。

第四种是唐实叉难陀翻译,全名为《大乘入楞伽经》,七卷。关于翻译此经的过程,从武则天御制《大乘入楞伽经序》可窥见一斑:

> 朕虔思付嘱,情切绍隆。以久视元年岁次庚子,林钟纪律,炎帝司辰。于时避暑箕峰,观风颍水,三阳宫内,重出斯经。讨三本之要诠,成七卷之了教。三藏沙门于阗国僧实叉难陀大德,大福先寺僧复礼等,并名追安远,德契腾兰,袭龙树之芳猷,探马鸣之秘府,戒香与觉花齐馥,意珠共性月同圆,故能了达冲微,发挥奥赜。以长安四年正月十五日,缮写云毕。[2]

---

[1] 隋费长房《历代三宝纪》卷九,《大正藏》第 49 卷,第 84 页中。
[2]《大正藏》第 16 卷,第 587 页上—中。

从此文可知,此本的翻译是武周久视元年(700)开始的,文中未记载具体月份,经录又记载:"《大乘入楞伽经》七卷,第四出,与宋功德贤等出者同本。久视元年五月五日,于东都三阳宫内初出,至长安四年正月五日缮写功毕。"①值得注意的是,上文记载译竟抄写完毕的时间迟至长安四年(704)正月十五日,延续长达四年。

七卷本《大乘入楞伽经》翻译的时间如此长,一种可能表明其严谨,而更大的可能是上述"缮写云毕"时间属于最终上报朝廷的时间。如僧传记载,这一年实叉难陀申请回国。如《开元释教录》卷九记载:"至长安四年,实叉缘母年老,请归觐省,表书再上,方蒙允许,敕御史霍嗣光送至于阗。"②而法藏《入楞伽心玄义》中说:

> 实叉难陀"于神都佛授记寺译《华严》了,寻奉敕令再译《楞伽》。文犹未毕,陀驾入京,令近朝安置清禅寺,粗译毕,犹未再勘,三藏奉敕归蕃。至长安二年有吐火罗三藏弥陀山,其初曾历天竺廿五年,备穷三藏,尤善《楞伽》,奉敕令共翻经沙门复礼、法藏等,再更勘译。复礼缀文,御制《经序》,赞述云尔。"③

参照二者所说可知,实叉难陀于长安二年之前已经将《楞伽经》初步翻译出来,但没有修订,而沙弥山来中土之后,与复礼、法藏等一起修订完成,而完成之后上报朝廷的时间即为长安四年。

关于沙弥山,留存的资料很少。《开元释教录》卷九记载:

> 沙门弥陀山,唐言寂友,睹货逻国人也。幼小出家,游诸印度,遍学经论,于《楞伽》、《俱舍》最为精妙。志弘像法,无恡乡邦,杖锡而游,来臻皇阙。于天后代,共实叉难陀译《大乘入楞伽经》。后于

---

① 唐智昇《开元释教录》卷九,《大正藏》第55卷,第565页下。
② 同上书,第566页上。
③ 唐法藏《入楞伽心玄义》,《大正藏》第39卷,第430页中。法藏此说易引起误解的是关于实叉难陀归国的说法。也许会有人解读出实叉难陀于长安二年之前归国。而参照其他记载,则可知法藏此说大概是因言简而致误解。

天后末年,共沙门法藏等译《无垢净光陀罗尼经》一部。译毕进内,辞帝归邦。天后厚遗,任归本国。①

上文中"天后末年"语义模糊,后世或理解为长安四年(704),或理解为神龙元年(705)。根据史书记载,神龙元年正月,武则天病危,宰相张柬之等联络文武官员多人率领禁军入宫,逼迫武则天退位,拥戴中宗复位,恢复国号为唐,上太后尊号为则天大圣皇帝,徙居上阳宫。这年十一月,武则天病逝。从上文记叙"天后"赏赐沙弥陀之语来看,弥陀山似应该是在长安四年回国的。由上述考辨可知,弥陀山于长安二年(702)至长安城,与实叉难陀一起修订《大乘入楞伽经》,完成之后,大概于长安四年与法藏等一起翻译出《无垢净光陀罗尼经》,翻译完毕,当年回国。

上述现存的三种《楞伽经》汉译本,一般认为宋译四卷本文体比较古奥,代表《楞伽经》的古貌,译者多采用直译;北魏菩提流支十卷本文字较繁复而意义隐晦,唐译七卷本文字练达明畅,易于研读。不过,从影响上来说,宋译本直接启发了禅宗的形成,其影响一直绵延不绝,而近代批评"本觉"思想的学者对于魏译本给予了相当的关注。本著限于篇幅,暂时仅仅以四卷本为主适当地引用其余译本来分析说明《楞伽经》的思想,至于三种译本较为全面的比较,则只得留待他日再作钻研。

二、《楞伽经》的经题含义及结构

现存的三种汉译本经题,四卷本为《楞伽阿跋多罗宝经》,十卷本为《入楞伽经》,七卷本为《大乘入楞伽经》,而古代经家从词语本身的含义及其象征含义等几方面对其作了解释。

关于经题"楞伽"的译名,可先引唐代法藏的解释作为根据:"梵言'楞伽',此云'难入',亦云'险绝',复云'可畏',亦曰'庄严'。阿伐哆陀罗,此云'下入'。以梵语中'下入'、'上入'悉有别名。唯从上,'下入'别

---

① 唐智昇《开元释教录》卷九,《大正藏》第 55 卷,第 566 页中—下。

有此名,如入菩萨等。"①法藏这一解释,针对的是唐代七卷本的译名。法藏特别指出,"楞伽"为"难入"之义,而"难入"之"入"的梵文原词取的是"上入",即从上进入的意思。而梵音"阿伐哆陀罗"的意思就是"下入"的意思。七卷本经题偏取"上入"。

古人一致认为,此经是以佛说法的场所为核心语词命名的,七卷本《入楞伽经》的起首就说:"一时,佛住大海滨摩罗耶山顶楞伽城中"②,即是此说的证明。如上所说,"楞伽"为梵文音译,意译为"难入",这是指摩罗耶山陡削险绝,为常人所难到。如法藏说:"有二义:此摩罗耶山居南海中,孤峙削成,故名'险绝'。二、山顶有城,回无门户,名为'难入'。非直山无入路,亦乃城绝户扉,唯有神通者飞空下入,方预其中。故名此城以为'难入'。佛及大众应机降迹,故名为'入'。即从天及处用以题名。罗刹居中,复名'可畏'。众宝校饰,复曰'庄严'。"③可见,"楞伽"是"难入"之城的意思。

至于四卷本经题中的"阿跋多罗宝"的含义,古来一直有争议。四卷本的解释是"无上宝"的意思。如唐澄观解释说:"经题云《楞伽阿跋多罗宝经》,'阿'言'无','跋多罗'云'上宝',即此方之言。又'多罗'亦是'宝'义,则译人双存。"④这是说,"阿跋多罗"是"无上宝"的意思,而四卷本的译者既取音译又取意译,因而成"阿跋多罗宝"一语。然而,法藏已经指出:"四卷者,翻为'无上',此甚讹也。勘诸梵本及十卷中,都无'宝'字。十卷中翻为'入'者,当名也。"⑤这是说,四卷本经中说"阿跋多罗"为"无上宝"是错讹所致。法藏说"阿伐哆陀罗"(即宋译本"阿跋多罗")是从"下入"的意思。而且梵本原文没有"宝"字。如果信从法藏的解释,即四卷本经题中,"楞伽"是"难从上入"的意思,而"阿跋多罗"是"难从下入"的意思。不过,许多佛经都描述,楞伽山多宝,被当做宝山,因而古今

---

①③⑤ 唐法藏《入楞伽心玄义》,《大正藏》第39卷,第429页下。
② 唐实叉难陀译《大乘入楞伽经》卷一,《大正藏》第16卷,第587页中。
④ 唐澄观《华严经随疏演义抄》卷八五,《大正藏》第36卷,第668页下。

以来大多数都沿袭了"无上宝"的解释。

关于此经题的象征意义,仍然以法藏的解释为依据给予说明。法藏在解释了经题的字面含义之后,又分五个方面解释其象征含义:

> 三、显用者,有二义:一、城为难入,佛能入之。二、罗刹难化,入中化之,果用垂降。至此二难,故云入难入也。
>
> 四、显德者,谓一心真性,周绝四句,迥超情表,犹崖城绝户,故云难入;垂言巧辨,宣示悟入,故云能入。此即教入义而义现也。
>
> 五、表法者,有三义:一、城表理玄。二、罗刹表障重。三、入显行成。行成离罗刹之障,证难入之城。对法论中,转依略有三义:一转成,谓行成也。二转离,谓灭障也。三转显,谓证理也。此中三义当知亦尔。
>
> 六、辨行者,谓真理性融,掩绝图度,圣智玄悟,妙证相应,故云入难入也。此则以智入理也。
>
> 七、表玄者,自觉圣智,举体是真,更无余智,能证此真,故名难入。还令即真之智证此即智之真,此即无入入,入而即无入,名难入也。①

将法藏上述解释综合起来可知,此经题的含义是:此经所言义理深微难入的意义,而唯有佛能入而化度居于此的罗刹,使其悟入"一心真性"。

《楞伽经》三种译本,四卷本只有一品,名为《一切佛语心品》,魏译有十八品,唐译有十品。魏译《入楞伽经》的品题为:第一《请佛品》、第二《问答品》、第三《集一切佛法品》、第四《佛心品》、第五《卢迦耶陀品》、第六《涅槃品》、第七《法身品》、第八《无常品》、第九《入道品》、第十《问如来常无常品》、第十一《佛性品》、第十二《五法门品》、第十三《恒河沙品》、第十四《刹那品》、第十五《化品》、第十六《遮食肉品》、第十七《陀罗尼品》、第十八《总品》。唐译《大乘入楞伽经》的品题是:第一《罗婆那王劝请

---

① 唐法藏《入楞伽心玄义》,《大正藏》第39卷,第429页下—430页上。

品》、第二《集一切法品》、第三《无常品》、第四《现证品》、第五《如来常无常品》、第六《刹那品》、第七《变化品》、第八《断食肉品》、第九《陀罗尼品》、第十《偈颂品》。

关于上述三种译本与梵本的关系,古来记载不一,今人因此而有不同说法,印顺导师说:

> 传说《楞伽经》有大本,凡十万颂,虽确否难知,而现存《楞伽经》,则似为残本。大慧发一百八问,而所答不多;经末无流通分;题"一切佛语心品第一"而无余品;多氏传系火后之一品,皆足为残阙不全之证。唐、魏二译,前有罗婆那王"请佛品",后有"陀罗尼品"、"偈颂品",亦不足以言足本。就中唐译"偈颂品",非本经制断肉章以前所有。而魏译作"总品",则制断肉章以前重颂,除百八句颂以外,亦全部含摄在中。此"总品",应为总集"楞伽"重颂而别行者。所有偈颂,应并有长行问答。虽长行有所阙佚,而以总颂别行,犹得传诵不失,乃附于残本之后。唐译见部分偈颂重出,乃删去之,改名为偈颂。此虽无古本可勘实,以理论之,其演变当如是。①

印顺导师依据西藏多罗那他《印度佛教史》的记载以及对于内容的判定,认为现存的三种汉译本都不完整。而大略对照,则可知魏译、唐译比宋译多出几品,但仍然不完整。这是一种看法。而也有日本学者认为,宋本所依据的梵文本早出,不一定就不完整,而魏译、唐译本所依据的梵文本可能要晚出一些。

关于四卷《楞伽经》的《一切佛语心》品名的含义,古来一直有不同理解。如唐代法藏说过:"何故四卷都名'佛语心品'者?准下文,此经一部俱是楞伽心也。'佛语'者,准梵语正翻名为佛教。于佛教楞伽中,此为中心要妙之说,非是缘虑等心,如般若心等。此是满部之都名,非别品

---

① 印顺《〈楞伽阿跋多罗宝经〉释题》,载《华雨集》第1册,第160—161页。

目。"①而后世楞伽宗等也都是这样理解的。

四卷《楞伽经》的结构,古代经疏家将本经经前一百零八句作为一段,这是提问部分。其后则为三十九门或四十一门的回答。武则天所撰经序又言曰:"一百八义,应实相而离世间。三十九门,破邪见而宣正法。"②而现存的藏译本经疏也有三十九章的划分。由此可见,至少在武周时期已有将这部分内容分为三十九门的做法。迨至后代,又有四十一门的科判,如清代的续法有《〈楞伽经〉乘性宗顿教四十一法门》文,将其又分为四十一门。然而古代的注家也未完全将答文与前述一百零八问完全对应起来。近代佛学家欧阳竟无《楞伽疏决》说:"雅颂失所,琴瑟不调,增安繁芜,安能纯绎!读杂乱书,倍阻机颖。"以为本经杂乱无序,索性将本经割裂拆散,问与答放在一处,类为六聚,而使前后连贯一体。太虚大师《楞伽义记》则将经后四十一门判分为"境"、"行"、"果"三类,"果"中又分"共果"、"不共果"。

印顺导师则另有一科判。他说,《楞伽经》正宗分有两大部分,第一是"总问略答直示佛心",此即大慧菩萨所提的问题。第二是"随问广答渐入自心",也即古代注家所说的四十一门或三十九门。在第二部分随问广答中,印顺导师又将其分为四门:第一,入胜解行地。此与唯识宗"资粮位"、"加行位"相似,属于地前菩萨阶段,对于诸法有殊胜了解。第二,入心量地。相当于唯识宗的"通达位"及"修道位",从初地至七地,证悟一切唯心所现,此为"有心地"。第三,入无所有地。于此,不但了解一切唯心所现而能使心寂灭不生,相当于八、九二地,得"根本无分别智"。第四,入最胜地。此包括十地与佛地,唯识五位中之"修习位"后分与"究竟位"之全分。③ 在此,我们以印顺导师的科判为主,参考古代特别是宋代正受的《楞伽经注》等,再参之以太虚大师的有关《楞伽阿跋多罗宝经》

---

① 唐法藏《入楞伽心玄义》,《大正藏》第39卷,第430页上—中。
② 唐实叉难陀译《大乘入楞伽经》卷一,《大正藏》第16卷,第587页上。
③ 印顺《〈楞伽阿跋多罗宝经〉释题》,载《华雨集》第1册,第162—163页。

第四章　后期如来藏经的思想及其在中土的影响

的讲义,对四卷本《楞伽经》的思想作一分析说明。

三、大慧一百零八问

此经的发起序之后,大慧菩萨以偈赞佛之后又对佛说:"我名为大慧,通达于大乘;今以百八义,仰谘尊中上。"①此后,大慧菩萨连续提出一百零八个问题。以下依照所提问题的类别作一罗列。

1. 问迷悟根元:"云何净其念?云何念增长?云何见痴惑?云何惑增长?"②

2. 问诸佛教化之相:"何故刹土化,相及诸外道?云何无受次?何故名无受?何故名佛子?解脱至何所?谁缚、谁解脱?何等禅境界?云何有三乘?"③

3. 问世间诸法缘起:"缘起何所生?云何作所作?云何俱异说?云何为增长?"④

4. 问禅定差别:"云何无色定?及与灭正受?云何为想灭?何因从定觉?"⑤

5. "云何所作生,进去、及持身?云何现分别?云何生诸地?破三有者谁?何处身云何?往生何所至?云何最胜子?何因得神通,及自在三昧?云何三昧心?"⑥

6. 问唯识无我:"云何名为藏?云何意及识?云何生与灭?云何见已还?云何为种性,非种及心量?云何建立相,及与非我义?云何无众生?云何世俗说?"⑦

7. 表二见相违:"云何为断见,及常见不生?云何佛外道,其相不相违?云何当来世,种种诸异部?"⑧

8. 问世间有为相:"云何空何因?云何刹那坏?云何胎藏生?云何

---

①②③④ 宋求那跋陀罗译《楞伽阿跋多罗宝经》卷一,《大正藏》第16卷,第480页中。
⑤ 同上书,第480页中—下。
⑥⑦⑧ 同上书,第480页下。

世不动？何因如幻、梦，及犍闼婆城，世间热时焰，及与水月、光？"①

9. 问漏无漏法："何因说觉支，及与菩提分？云何国土乱？云何作有见？"②

10. 问觉世成佛："云何不生灭，世如虚空华？云何觉世间？云何说离字？离妄想者谁？"③

11. 悟世间如虚空："云何虚空譬？"④

12. 问菩萨境智："如实有几种？几波罗密心？何因度诸地？谁至无所受？何等二无我？云何尔焰净？诸智有几种？几戒、众生性？"⑤

13. 问五明工巧诸法："谁生诸宝性，摩尼、真珠等？谁生诸语言，众生种种性？明处及伎术，谁之所显示？伽陀有几种，长颂及短句？成为有几种，云何名为论？"⑥

14. 问世间诸法："云何生饮食，及生诸爱欲？云何名为王，转轮及小王？云何守护国？诸天有几种？云何名为地，星宿、及日月？"⑦

15. 问出世诸法："解脱、修行者，是各有几种？弟子有几种？云何阿阇黎？佛复有几种？复有几种生？"⑧

16. 问我法假说："魔及诸异学，彼各有几种？自性及与心，彼复各几种？云何施设量？"⑨

17. 问有情、器世间："云何空、风、云？云何念、聪、明？云何为林树？云何为蔓草？云何象、马、鹿？云何而捕取？云何为卑陋？何因而卑陋？云何六节摄？云何一阐提？男、女及不男，斯皆云何生？"⑩

18. 问修所得法："云何修行退？云何修行生？禅师以何法，建立何等人？众生生诸趣，何相、何像类？云何为财富？何因致财富？云何为释种？何因有释种？云何甘蔗种？"⑪

19. 问内外律仪："云何长苦仙？彼云何教授？如来云何于一切时刹

---

①②③④⑤ 宋求那跋陀罗译《楞伽阿跋多罗宝经》卷一，《大正藏》第16卷，第480页下。
⑥ 同上书，第480页下—481页上。
⑦⑧⑨⑩ 同上书，第481页上。

现,种种名色类,最胜子围绕?云何不食肉?云何制断肉?食肉诸种类,何因故食肉?"①

20. 问世界诸相:"云何日月形,须弥及莲华,师子胜相刹,侧住、覆世界,如因陀罗网;或悉诸珍宝,箜篌、细腰鼓,状种种诸华;或离日月光,如是等无量?"②

21. 问佛法僧三宝:"云何为化佛?云何报生佛?云何如如佛?云何智慧佛?云何于欲界不成等正觉?何故色究竟离欲得菩提?善逝般涅槃,谁当持正法?天师住久如?正法几时住?悉檀及与见,各复有几种?毗尼、比丘分,云何、何因缘?彼诸最胜子,缘觉及声闻,何因百变易?云何百无受?云何世俗通?云何出世间?云何为七地?唯愿为演说!僧伽有几种?云何为坏僧?云何医方论?是复何因缘?"③

22. 再问佛法僧三宝:"何故大牟尼,唱说如是言:'迦叶拘留孙,拘那含是我'?何故说断、常,及与我、无我?何不一切时,演说真实义;而复为众生,分别说心量。何因男女林,诃梨、阿摩勒?鸡罗及铁围,金刚等诸山,无量宝庄严,仙、闼婆充满?"④

应该指出,《楞伽经》文中一直强调"百八句",但现存的版本都不足此数。梵本、藏译本为一百零四句,宋译、魏译仅一百零五句,唐译为一百零六句。至于其中的内容之分疏,古今说法甚多。此处仅依照太虚大师的分析为据作上述说明。

上述一百零八问涵盖了"五法"、"三自性"、"八识"、"二无我"等如来藏及唯识学的基本教义。

四、入胜解行地

"入胜解行地"与唯识宗"资粮位"、"加行位"相似,属于地前菩萨阶段,

---

① 宋求那跋陀罗译《楞伽阿跋多罗宝经》卷一,《大正藏》第16卷,第481页上—中。
②③④ 同上书,第481页中。

对于诸法有殊胜了解。这是讲地前菩萨对佛法要有彻底的认识,也就是要"成就胜解",对佛法要善辨中道,了解深密义理。在善辨中道中,佛陀开示了诸法"性"、"相"之理,要菩萨能深知心、意、意识及诸法自性,乃至二种无我,同时要远离凡夫、外道之有、无、一、异、常、断之增、减二边妄执。菩萨至此才能体会到性空非实、藏心无我等佛法中的深密之境界。若约地前菩萨阶位说,相当于十住(包括十信)、十行、十回向之三贤位及暖、顶、忍、世第一法之四加行位,或者说与唯识宗"资粮位"及"加行位"相似。

(一)诸识生灭门

此一部分所涉及的问题是大慧菩萨提出的:"世尊!诸识有几种生住灭?"① 此中所问的是具有"生住灭"特性的众生之心的具体分类问题,也就是一般所说的"八识"。如来其后的回答分为七层次。

第一,解释"生灭"。经文说:"诸识有二种生住灭,非思量所知。诸识有二种生,谓流注生及相生。有二种住,谓流注住及相住。有二种灭,谓流注灭及相灭。"② 此中所说的"流注",魏译、唐译均作"相续",即连续不断的意思,"相"为"相状"的含义。

第二,回答诸识,经文说:"诸识有三种相,谓:转相、业相、真相。大慧!略说有三种识,广说有八相。何等为三?谓真识、现识及分别事识。大慧!譬如明镜,持诸色像,现识处现,亦复如是。"③ 此中的关键是将唯识学所言的"诸识"分为三个层次还是两个层次。魏译、唐译则仅分为两个层次,如唐译为:"大慧,诸识有二种生住灭,非臆度者之所能知。所谓相续生及相生,相续住及相住,相续灭及相灭。诸识有三相,谓转相、业相、真相。大慧,识广说有八,略则唯二,谓现识及分别事识。大慧,如明镜中现诸色像,现识亦尔。现识与分别事识,此二识无异相互为因。"④ 尽管如此,唐译仍然说"诸识有三相"。

---

① ② ③ 宋求那跋陀罗译《楞伽阿跋多罗宝经》卷一,《大正藏》第16卷,第483页上。
④ 唐实叉难陀译《大乘入楞伽经》卷一,《大正藏》第16卷,第593页中。

宋译《楞伽经》的这一段经文在当时引出了各种不同的解释，其分歧一直延续到了现代。如明代《楞伽阿跋多罗宝经批注》说："据后经文，即合上真识、现识为一藏识，开上分别事识为七识，谓意根意识、眼识、耳识、鼻识、舌识、身识也。然此诸识广略、开合不同者，良以如来藏是善不善因，随染净缘熏变不同，众生无始恶习所熏，唯逐染缘故。如来藏转名识藏，次第转生诸识。此全真成妄，全理成事也。若能随于净缘，了达诸识皆即真智，如来藏无复转名，则即事而理，反妄归真矣。镜喻现识者，以现识是能生诸法之本，造因招果，如镜之照物，妍丑不差也。"①然而这样的解释，遭到近代佛学家的批评。于是有一新解释：在坚持"八识"说的背景下，便应该将宋译本中的"真识"及其"真相"理解为转依之后与所得的"四智"相应的清净无漏识及其"相"。

总之，"现识"便是阿赖耶识的异名，鉴于一切诸法都依阿赖耶识而现起，故名之"现识"。"分别事识"便是指前七识，即眼识、耳识、鼻识、舌识、身识、意识、末那识，鉴于这七种识与色、声、香、味、触、法诸境相对而起虚妄分别，故名之"分别事识"。"转相"、"业相"分别是前七识和第八识之相。由以前所造之业，引此八识受此业报，第八识为果报之主体，因而称之为业报识；第七识依凭第八识转转而生并且系缚执第八识为真实存在的"我"，而六识则依凭第七识而存在，此七识之相统称为转相。

第三，回答"识"的生灭。经文说："现识及分别事识，此二坏不坏相展转因。大慧！不思议熏及不思议变，是现识因。大慧！取种种尘及无始妄想熏，是分别事识因。大慧！若覆彼真识种种不实诸虚妄灭，则一切根识灭，是名相灭。大慧！相续灭者，相续所因灭则相续灭，所从灭及所缘灭则相续灭。大慧！所以者何？是其所依故。依者，谓无始妄想熏；缘者，谓自心见等识境妄想。"②此中的"坏不坏相"是指识的变化与

---

① 明宗泐、如玘《楞伽阿跋多罗宝经批注》卷一，《大正藏》第39卷，第350页中。
② 宋求那跋陀罗译《楞伽阿跋多罗宝经》卷一，《大正藏》第16卷，第483页上。

"转移"。如宋代的正受解释说:"五识'坏不坏相'者,眼等识一念得尘即灭名'坏色',习气转入六识名'不坏'。七识'坏不坏相'者,七识缘六识,造善恶业,念念生灭,名'坏业';习依如来藏得未来生死,名'不坏'。"① 而第八"现识"与前七"分别事识"二者无异,相互为因。"现识"以不思议熏变为因;"分别事识"以虚妄分别境界及各种戏论、习气为因。而阿赖耶识虚妄分别各种习气灭,即一切根识皆灭,此为"相灭";所谓相续灭者,即所依之因、缘皆灭,此为"相续灭"。所依之因者,如无始戏论、虚妄习气等;而所缘者,即自心所见之虚妄分别境界。

第四,辨析"识"不灭义。经文说:"譬如泥团微尘,非异非不异,金庄严具亦复知是。大慧!若泥团、微尘异者,非彼所成,而实彼成。是故不异。若不异者,则泥团、微尘应无分别?如是,大慧!转识、藏识真相若异者,藏识非因;若不异者,转识灭,藏识亦应灭,而自真相实不灭。是故大慧!非自真相识灭,但业相灭。若自真相识灭者,藏识则灭。大慧!藏识灭者,不异外道断见论议。"② 此是以譬喻来说明"真识"③ 与藏识、转识的关系的,文中出现了"藏识真相"以及"自真相识灭者,藏识则灭"等语词、文句,也印证了此段文字的核心在于讨论此议题。

如此理解,"泥团"喻"分别事识","微尘"则譬喻"藏识"及其"真相"。同泥团与微尘既非异又非不异,也如金与各种由金做成的器具非异又非不异,"藏识"与分别事识若异,则藏识则非是彼七转识之因;若不异者,转识灭后,藏识也应灭,但实际上,"藏识之真实相"是不灭的。"藏识之真相"不灭,而其业相则有生灭。如果藏识真相灭,此则与外道之断灭论无异。

---

① 宋正受《楞伽经集注》卷一,《续藏经》第37卷,第234页上。
② 宋求那跋陀罗译《楞伽阿跋多罗宝经》卷一,《大正藏》第16卷,第483页上—中。
③ 关于此句是说明"真识"与八识的关系,还是说明第八识与前七识之间的关系,历来有不同解释。在此之前有一句经文:"若覆彼真识种种不实诸虚妄灭,则一切根识灭,是名相灭",此处使用了"真识"的概念,而在前述经文中三种译本都出现了"诸识"之"三相"的说法。综合这些证据,本著以为此处是对于"真识"与"藏识"的关系的说明。

第五,破外道。在此部分有一重要内容,即"七种自性"。四卷本经文说:"有七种性自性,所谓集性、自性性、自性相性、自性大种性、自性因性、自性缘性、自性成性自性。"① 而七卷本译为:"有七种自性:所谓集自性、性自性、相自性、大种自性、因自性、缘自性、成自性。"②《注大乘入楞伽经》解释说:"自下重明染净二缘真妄识体。此七自性,成上妄识生灭身也。谓烦恼体性,能集善恶等业,故名烦恼为'集自性'。既有集因,必有未来苦果性,故言'性自性'。既有苦果,必有形相,故言'相自性'。既有形相,即从四大种生,故言'大种自性'。既有四大,即从因缘所成,故言'因自性'、'缘自性'、'成自性'。然妄无别体,随所执得名。"③ 这是说,此"七种自性"主要是阐明染、净两种缘起,也就是真识、妄识之"体"的。

其后,四卷本经文说:"大慧,有七种第一义,所谓心境界、慧境界、智境界、见境界、超二见境界、超子地境界、如来自到境界。"④ 七卷本经文说:"大慧,有七种第一义:所谓心所行、智所行、二见所行、超二见所行、超子地所行、如来所行、如来自证圣智所行。"⑤ 对此,古代解释分歧。如宋代宝臣等解释说:"第一义谛道理无二,为人不同,证有优劣。此七成上真识不生不灭法身也。'所行',一本作'境界',即'所行境界'也。谓发心菩萨缘第一义法性如来藏心,故名'心所行胜解行地菩萨'等。各起十种智慧,缘于真如,故名'智所行初地菩萨'。正证真如,见二种无我,故名'二见所行'。八地菩萨起二乘,超七地,故名'超二见所行'。十地超九地,九地名'一子地',后二所行即佛地也。"⑥ 这是从菩萨"十地"修行解释的。

对于上述经文,吕澂先生有一解释,颇为精辟。他认为,这一段经文是阐述"境之有无义"。他说:"境随事随心而有分别,随事有七种自

---

① ④ 宋求那跋陀罗译《楞伽阿跋多罗宝经》卷一,《大正藏》第 16 卷,第 483 页中。
② ⑤ 唐实叉难陀译《大乘入楞伽经》卷一,《大正藏》第 16 卷,第 593 页下。
③ 宋宝臣《注大乘入楞伽经》卷二,《大正藏》第 39 卷,第 445 页下。
⑥ 同上书,第 446 页上。

性。……随心区别,亦有七种,泛泛言之,则有心所行(虚妄分别、不定正确)、智所行(正分别)、慧所行(超分别),此三为一类也。其次为二见所行与超二见所行,此二又一类也。再次为超子地所行、如来自证圣智所行;子谓佛子,超子地者,意谓邻圣,即将成佛也;如来自证,即佛境也。境依事判,乃世俗说;随心而言,乃胜义说,究竟说也。合此十四种心相以观境之有无,乃三世诸佛说法之心要。"①此正如经中所说:"此是过去、未来、现在诸如来应供等正觉,性自性第一义心。以性自性第一义心,成就如来世间出世间、出世间上上法,圣慧眼入自共相建立。如所建立,不与外道论恶见共。"②此中是说,"佛以圣慧眼观见真俗境之自共相,随应安立种种差别,所谓世间安立,即世俗说,出世安立……此之安立不与外道相共,外道有种种恶见,不境界自心现,妄起有无等见,佛知境由现识所现,不离于心,故无有无可执。……而外道谓境有实质,离心存在,分别其有无,以是与佛说大相扞格也"③。

第六,判迷悟。经文说:"妄想三有苦灭,无知、爱、业缘灭,自心所现幻境随见;今当说。"④此句,文义倒装,晦涩难解。唐译则谓:"我今当说:若了境如幻自心所现,则灭妄想三有苦及无知爱业缘。"⑤可见,了达唯心,妄想不起,三界生死之苦及无明、爱、业缘等随即灭除。这就是迷悟之转换。

第七,明修正观。经文说:"是故欲得如来随入身者,当远离阴、界、入心,因缘所作方便,生住灭妄想虚伪,唯心直进。观察无始虚伪过妄想习气因,三有;思惟无所有,佛地无生,到自觉圣趣。自心自在,到无开发行,如随众色摩尼,随入众生微细之心,而以化身随心量度,诸地渐次,相

---

① 吕澂《吕澂佛学论著选》(二),第1242—1243页,济南:齐鲁书社,1990年版。似有整理错误,标点酌有改动。
②④ 宋求那跋陀罗译《楞伽阿跋多罗宝经》卷一,《大正藏》第16卷,第483页中。
③ 吕澂《吕澂佛学论著选》(二),第1243页。第一个省略号所省略的文字似乎有整理错误,不能读通。引文标点稍有调整。
⑤ 唐实叉难陀译《大乘入楞伽经》卷一,《大正藏》第16卷,第593页下。

续建立。是故大慧！自悉檀善,应当修学。"①佛告诉大慧,大菩萨欲得佛身,应当远离蕴界处诸法,远离心因缘所生之各种生灭法,远离各种戏论及种种虚妄分别,但住于远离一切能缘所缘如来真证心量,观察三界无始以来为妄习所熏而起生死种种分别,思维无相无生之佛境界,自证圣法,得心自在无碍之功用,犹如如意宝珠,随宜现身,达于唯心之境,渐渐入于佛地。因此一切大菩萨于此法应当善于修学。

(二) 藏识境界门

接续前文对于八识的分疏,大慧菩萨又请求佛说:"世尊！所说心意意识、五法、自性、相,一切诸佛菩萨所行,自心见等所缘境界不和合,显示一切说成真实相,一切佛语心。为楞伽国摩罗耶山海中住处诸大菩萨,说如来所叹海浪藏识境界法身。"②此中所提出的请求佛宣说"藏识境界法身",其实就是请教诸识缘起。一般以为,四卷本《楞伽经》题"一切佛语心品",正指此段文义,此经所示四种法门,皆荟萃于此。

佛对此问题的回答分为两大层次,先是直接回答,其后大慧又有追问,佛再答。直接回答部分内容如下：

1. 明转识缘起

世尊告大慧菩萨言:"四因缘故眼识转。何等为四？谓自心现摄受不觉,无始虚伪过色习气,计著识性自性,欲见种种色相。大慧！是名四种因缘。水流处,藏识转识浪生。大慧！如眼识,一切诸根、微尘、毛孔俱生,随次境界生,亦复如是。譬如明镜现众色像;大慧！犹如猛风吹大海水。外境界风飘荡心海,识浪不断;因所作相异不异。合业生相,深入计著,不能了知色等自性,故五识身转。大慧！即彼五识身俱,因差别分段相知,当知是意识因。彼身转,彼不作是念:我展转相因。自心现,妄想计著转,而彼各各坏相俱转,分别境界,分段差别,谓彼转。"③此中是

---

① 宋求那跋陀罗译《楞伽阿跋多罗宝经》卷一,《大正藏》第16卷,第483页下—484页上。
②③ 同上书,第484页上。

以"眼识转"来类推说明其他"转识"。

上述"四缘"是：第一，不觉知外境是自心之所显现，而虚妄分别执著。第二，从无始以来，为色之妄想所迷惑熏习。第三，识之自性即在于思量、了别。第四，喜乐见诸色相。正是由此四缘的缘故，藏识大海生眼识等诸识浪。眼识是这样，耳、鼻、舌、身诸识也是如此，于一切根尘毛孔，眼等诸转识顿生，譬如明镜一照，众色像顿时显现；或渐生，如风吹大海，波浪随着生起。如来藏心海也是如此，外境风吹，诸转识则起，造业受报，生死不绝。

2. 显藏识深细

第八藏识深微，在修行时除灭也难。佛就此对大慧等说："如修行者入禅三昧，微细习气转而不觉知，而作是念：识灭，然后入禅正受。实不识灭而入正受，以习气种子不灭故不灭，以境界转、摄受不具故灭。大慧！如是微细藏识究竟边际，除诸如来及住地菩萨，诸声闻、缘觉、外道、修行所得三昧智慧之力，一切不能测量决了。"①这是说，除大菩萨之外，那些浅智修行者，其第六识视其浅深而伏灭，但第七末那及阿赖耶仍持种不灭。在圣位"灭尽定"时污染的末那虽然不现起，而净末那仍然现起，因此，那些持邪见邪定执著身心断灭的，都是错误的。在禅定中，不但有微细的六识，无想灭受想定仍然有七、八二识的活动，并且不但第七、第八识不灭，第六及前五识的习气种子仍旧含藏于识中。修行者出定之后，这些遇缘又能起现行；不过，前六识如未缘取境界，暂能伏住，此即"摄受不具"的含义。

上文强调说，"藏识"生住异灭的四相，甚微甚细，唯佛与住地菩萨方能了知。而修二乘及诸外道之禅定、智慧者，都不能了知。那么，如何才能达至了知的境界呢？下文有回答。

佛继续对大慧等说："余地相智慧，巧便分别，决断句义，最胜无边善

---

① 宋求那跋陀罗译《楞伽阿跋多罗宝经》卷一，《大正藏》第16卷，第484页上。

根成熟,离自心现妄想虚伪,宴坐山林,下中上修,能见自心妄想流注。无量刹土诸佛灌顶,得自在力神通三昧,诸善知识佛子眷属;彼心意意识自心所现自性境界虚妄之想。生死有海,业爱无知,如是等因悉已超度。是故大慧!诸修行者,应当亲近最胜知识。"①此中,"余地相智慧"指住地菩萨。如实了达诸法大修行者,以智慧善巧方便力,了诸地相,依最胜处修诸善根,离自心之妄想,宴处山林,渐经诸修行位,由"资粮"至"加行",逐次修习圆满,能见种现流注生灭;遍入诸佛大集会中,蒙佛为之灌顶,菩萨为其眷属,知心识等唯心境界。以了知故,无明爱业诸有悉空,超生死海。在此,佛激励学者当亲近诸菩萨等如实修行的大善知识,不可与二乘、外道为伍。

佛在直接回答了大慧的上述提问之后,大慧菩萨又进一步提问。佛的回答则构成对上述内容的补充。

3. 问答见相分

大慧菩萨以偈问佛说:"青赤诸色像,众生发诸识,如浪种种法,云何唯愿说!"②这是问,为何青赤等色像是由眼等诸识所显现的?依照唯识学的术语言之,则可以"见分"和"相分"的关系来诠释。

世尊则以偈回答说:"青赤诸杂色,波浪悉无有;采集业说心,开悟诸凡夫。彼业悉无有,自心所摄离;所摄无所摄,与彼波浪同。受用、建立、身,是众生现识;于彼现诸业,譬如水波浪。"③这是说,青赤诸色像等都是"相分",且是识的"自证分"所变现出来的"见分"所参与勾画和了别的。犹如海中的波浪,均空无自性。心因采集业的缘故,变缘根身器界,实际上其当体即空,八识是自取自离而已,实则本无所取,岂有所离?无能摄心,无所摄法,唯是一心,如同海浪。"受用"、"建立"是指资财及器界,"身"即"根身"。"众生识"即"藏识","能现"为"业","所现"为"相",这些

---

①② 宋求那跋陀罗译《楞伽阿跋多罗宝经》卷一,《大正藏》第16卷,第484页中。
③ 同上书,第484页下。

都是"识"所妄现。

其后又有一问一答,说明凡夫不能通达了解心相本如幻并无境界可得等道理。从略。

4. 开示观行

凡夫不能了知上述道理,是由于缺乏相应的智慧。因而,佛于此向大慧等开示"观行"。

第一,根本慧。经文说:"若菩萨摩诃萨欲知自心现量,摄受及摄受者妄想境界,当离群聚、习俗、睡眠,初中后夜常自觉悟,修行方便;当离恶见经论言说,及诸声闻、缘觉乘相,当通达自心现妄想之相。"①"观行"先须得"根本慧",大心菩萨若欲了知能摄取及所摄取之见相皆唯心所现者,当离嚣俗昏散诸过,于夜间也须修行。更须远离外道言论及二乘之法执,破虚妄,显自心,如此方可获得根本慧。

第二,上圣智。经文说:"菩萨摩诃萨建立智慧相住已,于上圣智三相,当勤修学。何等为圣智三相当勤修学? 所谓无所有相,一切诸佛自愿处相,自觉圣智究竟之相。修行得此已,能舍跛驴心智慧相,得最胜子第八之地,则于彼上三相修生。大慧! 无所有相者,谓声闻、缘觉及外道相,彼修习生。大慧! 自愿处相者,谓诸先佛自愿处修生。大慧! 自觉圣智究竟相者,一切法相无所计著,得如幻三昧身,诸佛地处进趣行生。大慧! 是名圣智三相。若成就此圣智三相者,能到自觉圣智究竟境界。是故大慧! 圣智三相,当勤修学。"②菩萨修习唯心观且获得根本智慧之后,需继续修学上圣智"三相":其一,无所有相,谓初地离去虚妄分别人法我执,空无形像之二空智。其二,自愿处相,即八地由诸佛加持圆成大悲本愿。其三,自觉圣智相,即十地进趣究竟佛地之自觉圣智境界。修此三相,即舍懈怠心及二乘偏空智,进入菩萨地。至第八地增长慧,不计着一切法,得如幻三昧,直趋向佛地。如此修行,即可得究竟圆满无上

---

①② 宋求那跋陀罗译《楞伽阿跋多罗宝经》卷一,《大正藏》第16卷,第485页上。

菩提。

（三）有无妄计门

大慧菩萨闻佛说"藏识"境之后，即知大众心中欲知因缘所生妄想自性之法门，"以分别说妄想自性故，则能善知周遍观察人法无我，净除妄想；照明诸地，超越一切声闻、缘觉及诸外道诸禅定乐；观察如来不可思议所行境界，毕定舍离五法、自性；诸佛如来法身智慧，善自庄严，起幻境界，升一切佛刹兜率天宫乃至色究竟天宫，逮得如来常住法身。"①

佛告诉大慧等："有一种外道，作无所有妄想计著：觉知因尽，兔无角想；如兔无角，一切法亦复如是。大慧！复有余外道，见种、求那、极微、陀罗骠、形处、横法，各各差别，见已计著；无兔角横法，作牛有角想。"②这是说，有一种外道，见一切法随因而灭，遂生分别想。兔本无角，起于无见，如兔角无，一切诸法也是这样。又有外道，见四大和合而能生物，一切根身尘境缘末散时，形量千差万别，故而生兔无角、牛有角之想。此堕虚妄分别之见，不明了万法唯是自心，但于自心妄加分别。一切众生及国土世间，一切正报及依报，一切诸法皆是自心虚妄分别所现。应知兔角离于有无，诸法也是这样，勿生分别。因牛有角，而兔则无角，相对待而言，故言兔角无。但牛角之有，乃至世间一切诸法，其自体性，都不可得，佛之智慧远离此种种有无之见，因此，于此不应妄加分别。

经中特别指出："彼堕二见，不解心量，自心境界妄想增长，身、受用、建立妄想根量。大慧！一切法性，亦复如是，离有无不应作想。大慧！若复离有无而作兔无角想，是名邪想。彼因待观，故兔无角不应作想，乃至微尘分别事性，悉不可得。大慧！圣境界离，不应作牛有角想。"③此为破执。外道堕于有、无二见之中，于不有处计一切无，于此方"无"计他方"有"，并且于自心增长妄想分别，而不了解这些其实是"依他所起"。

---

①②③ 宋求那跋陀罗译《楞伽阿跋多罗宝经》卷一，《大正藏》第16卷，第485页中。

夫一切依报、正报之"根"、"身"、"器界"都是自心分别所现,不应依"有"计"无",依"无"计"有",因为这一切都是远离有无之相的。

(四)净除现流门

此节的内容是清除"现识等流"而现证"真如"。经中说:"大慧菩萨为净除自心现流故,复请如来,白佛言:'世尊!云何净除一切众生自心现流,为顿、为渐耶?'"①如文显示,此文涉及中国佛教重要的主题,即"顿修"与"渐修"的问题。

1. 二净渐顿

佛首先回答说有顿净和渐净两种"净除现流"的方法,而两种方法略有分工,即"事"须以渐净,而"理"须以顿悟。

关于"事须渐除",经文说:"渐净非顿,如庵罗果渐熟非顿,如来净除一切众生自心现流,亦复如是渐净非顿。譬如陶家造作诸器,渐成非顿,如来净除一切众生自心现流,亦复如是渐净非顿。譬如大地渐生万物,非顿生也,如来净除一切众生自心现流,亦复如是渐净非顿。譬如人学音乐、书、画、种种技术,渐成非顿,如来净除一切众生自心现流,亦复如是渐净非顿。"②此处以四个譬喻来说明"事须渐除"。第一庵摩罗果譬,此果由生逐渐成熟。第二陶工造器譬,陶工制器皿是逐次分步完成的。第三大地草木譬,大地上的草木也有一个逐渐生长的过程。第四工巧技术譬,各种技术也非一日可学成,必经长期学习始可有所成就。以此可知,世间事务皆由渐来,而"众生自心现流"也须渐渐治伏。

关于"理则顿悟",也是以譬喻来说明的。第一,以明镜顿现一切色像而无分别来说明菩萨修行由"加行位"进入"通达位"时所顿证的"二无我"所显现的"一真法界",顿断无始分别所起的"人我执"、"法我执",顿遍照了一切法真如性而无能所分别之相。如经文说:"譬如明镜,顿现一

---

① 宋求那跋陀罗译《楞伽阿跋多罗宝经》卷一,《大正藏》第 16 卷,第 485 页下。
② 同上书,第 485 页下—486 页上。

切无相色像,如来净除一切众生自心现流,亦复如是顿现无相无有所有清净境界。"①第二,以日月光明普遍无碍来譬喻"登地"菩萨,尚须彻底离自心现无始有漏习气过患,顿为示现下可思议诸佛如来智慧境界。如经文说:"如日月轮,顿照显示一切色像,如来为离自心现习气过患众生,亦复如是,顿为显示不思议智最胜境界。"②第三,譬如藏识顿现一切众生及诸佛国土,报身佛能于一时成熟一切众生,而现他受用身安住色究竟天,遍入诸国土而成佛。第四,法性身现报身、化身佛,光明照耀遍于法界,自证圣智境界也是这样,顿现法相而为照耀,令一切众生离于有无之恶见。如经文所说:"譬如藏识,顿分别知自心现及身、安立、受用境界,彼诸依佛亦复如是,顿熟众生所处境界,以修行者安处于彼色究竟天。譬如法佛,所作依佛,光明照耀,自觉圣趣亦复如是,彼于法相有性、无性恶见妄想,照令除灭。"③

2. 三身佛

于此,佛为大慧解释佛之三身。

第一,报身佛。经文说:"法依佛说一切法,入自相、共相自心现习气因,相续妄想自性计著因,种种不实如幻,种种计著不可得。复次、大慧!计著缘起自性,生妄想自性相。大慧!如工幻师,依草木瓦石作种种幻,起一切众生若干形色,起种种妄想,彼诸妄想亦无真实。如是大慧!依缘起自性,起妄想自性,种种妄想心,种种相行事妄想相,计著习气妄想,是为妄想自性相生。大慧!是名依佛说法。"④此中的"法依佛"即指法性能依之报身佛。报身佛说一切自相、共相法,是自心本识习气因相以及妄计所执因相。众生虚妄执著种种幻事以为真实,而其实均无自性,悉不可得。自相、共相一切诸法也是这样,本无自性,依他缘而起,犹如幻事,而诸众生虚妄计度,执以为实,此即是妄计自性执著缘起自性而起,此即是报身佛之法相。

---

①②③④ 宋求那跋陀罗译《楞伽阿跋多罗宝经》卷一,《大正藏》第16卷,第486页上。

第二,有两段经文说明法身佛。第一段说:"法佛者,离心自性相,自觉圣所缘境界,建立施作。"①此处的"法佛"即法身佛,法身佛依自觉圣智所缘清净无漏境界,建立施设,离一切心意识所分别自性相,唯是真如。第二段经文说:"大慧! 又法佛者,离攀缘,攀缘离,一切所作根量相灭,非诸凡夫、声闻、缘觉、外道、计著我相所著境界,自觉圣究竟差别相建立。是故大慧! 自觉圣究竟差别相,当勤修学;自心现见,应当除灭。"②法身佛即"法性",攀缘不及而无所缘,本来如是,非假造作。此非凡夫、二乘及诸外道执著我法者所了知之境界,是依究竟自觉最胜相而建立。

第三,化身佛。经文说:"化佛者,说施、戒、忍、精进、禅定、及心智慧,离阴、界、入,解脱识相分别,观察建立,超外道见,无色见。"③化身佛说六度法门,或为声闻而说四谛,为缘觉而说十二因缘法门。了达诸法皆诸识变现相,及诸解脱破我法执,是由"妙观察智"所建立,超外道见及无色界诸定。

3. 三乘证别

此部分是说明声闻、缘觉、菩萨所证之差别。经文说:"大慧! 有二种声闻乘通分别相:谓得自觉圣差别相,及性妄想自性计著相。"④这是说,声闻乘有二种差别相,其一是与菩萨相通,其二是与菩萨不同。在"自觉圣智差别相"方面与菩萨相同,而在"性妄想自性计著相"方面则与菩萨不同。"计著相"指"法","妄想自性"即"执","性妄想自性计著相"即"法执",菩萨已远离之,而二乘未能远离。

上述是对于三乘所证差别的总体说明,其后则分为两方面作说明。

首先解释"自觉圣差别相"。经文说:"云何得自觉圣差别相声闻? 谓无常、苦、空、无我境界真谛,离欲寂灭,息阴、界、入自共相,外不坏相如实知,心得寂止。心寂止已,禅定、解脱、三昧、道果,正受解脱。不离

---

① 宋求那跋陀罗译《楞伽阿跋多罗宝经》卷一,《大正藏》第 16 卷,第 486 页上。
②④ 同上书,第 486 页中。
③ 同上书,第 486 页上—中。

习气、不思议变易死,得自觉圣乐住声闻,是名得自觉圣差别相声闻。大慧!得自觉圣差别乐住菩萨摩诃萨,非灭门乐、正受乐,顾悯众生及本愿,不作证。大慧!是名声闻得自觉圣差别相乐。菩萨摩诃萨于彼得自觉圣差别相乐,不应修学。"①此中说,声闻乘圣智所觉的境界是远离凡夫四颠倒见,证得四谛理而离欲寂灭,如实了知根身尘界自相、共相等外缘不坏相。由于心获得寂止,因而得心解脱及慧解脱,脱离了三界烦恼生死苦,但仍然未离无明习气及变易生死。而菩萨虽然也同得此智证境,但以悲愍众生故,不取寂灭乐及正受乐。而声闻沉浸于此,乐此不疲,菩萨则不应修学。

其次解释"性妄想自性计著相"。经文说:"云何性妄想自性计著相声闻?所谓大种,青、黄、赤、白、坚、湿、暖、动,非作生自相、共相,先胜善说。见已,于彼起自性妄想。菩萨摩诃萨于彼应知应舍,随入法无我相,灭人无我相见,渐次诸地相续建立,是名诸声闻性妄想自性计著相。"②声闻对于地、水、火、风四大及显色等坏不坏相,虽知并非外道所执著的"作者"所生,但仍然执其为实法,且说自相、共相实有自性。菩萨则不如此,知晓此妄执应舍,以知晓应舍弃的缘故,不但灭除了声闻所灭的"人我执",且悟入无我法相,渐入"诸地"安立,因而菩萨不同声闻,未有此妄想自性计著相。

(五) 常不思议门

这一部分是关于佛所说的"常不思议第一义境界"与外道所说的"不思议因缘"的区别。如经中大慧菩萨问佛说:"世尊!世尊所说常不思议自觉圣趣境界,及第一义境界。世尊!非诸外道所说常不思议因缘耶?"③问题较为明确,佛回答则涉及了五种性等问题。

1. 正答"外无内有"

"外无"即外道无"常不思议",经中于此有两段文字说明这一问题。

---

①②③ 宋求那跋陀罗译《楞伽阿跋多罗宝经》卷一,《大正藏》第16卷,第486页中。

首先，经中指出："非诸外道因缘得常不思议，所以者何？诸外道常不思议，不因自相成。若常不思议不因自相成者，何因显现常不思议？复次，大慧！不思议若因自相成者，彼则应常。由作者因相故，常不思议不成。"①此中反对的是外道所说的诸法的"作者"是"常不思议"的，但是，其立"作者"之因与所立"作者"之自相，都是不成立的，因此，不能依之说常不思议。

其次，经中说："外道常不思议，无常性、异相因故，非自作因相力故常。复次，大慧！诸外道常不思议，于所作性非性无常，见已思量计常。大慧！我亦以如是因缘，所作者性非性无常；见已，自觉圣境界，说彼常无因。大慧！若复诸外道因相成常不思议，因自相性非性同于兔角，此常不思议，但言说妄想。诸外道辈，有如是过。所以者何？谓但言说妄想，同于兔角，自因相非分。"②这是说，外道所说的常不思议，以无常变异为因，非是以自觉所行相为因，因而是"无常不思议"，不是"常不思议"。外道所谓"常不思议"，以世间"所作法"生而还灭、有而还"无"，此属"无常"非是"常"。外道以此等"无常因相"说"常不思议"，此"因相"本身即不真实，其所说"常不思议"唯是妄想言说，因为其因相非是常因，如同兔角故。

"内有"是指佛教自身所言是真正的"常不思议"，也有两段经文说明之。

经文说："我第一义常不思议，第一义因相成，离性非性，得自觉相故有相，第一义智因故有因，离性非性故。譬如无作、虚空、涅槃灭尽，故常。如是大慧！不同外道常不思议论。如是大慧！此常不思议，诸如来自觉圣智，所得如是，故常不思议自觉圣智所得，应当修学。"③这是说，佛所说的"第一义常不思议"，有自觉圣智所证之第一义境界，故"自相"

---

① 宋求那跋陀罗译《楞伽阿跋多罗宝经》卷一，《大正藏》第16卷，第486页中—下。
②③ 同上书，第486页下。

成;有远离有无之"自觉圣智",故"因相"成;以实证第一义之无分别智即是"了因",所证第一义是"自相"。譬如三乘共知之虚空、择灭、非择灭无为是"常",此佛智第一义常不思议,也是如此。

其次,经中说:"我常不思议,因自觉得相故,离所作性非性,故常;非外性非性无常,思量计常。大慧!若复外性非性无常思量计常,不思议常,而彼不知常不思议自因之相,去得自觉圣智境界相远,彼不应说。"①这是说,佛所说的"常不思议"是以"自证圣智"为因的,并不是以外在无常变易之"法"为因。实际上,如果不懂得自因之相离有无、超情识,而妄计在"自证圣智所行相"外有"常",如此所谓"常不思议"是不应说的。

最后,佛又向大慧等指出,小乘也无"常不思议"。经中说:"诸声闻畏生死妄想苦而求涅槃,不知生死涅槃差别一切性妄想非性,未来诸根境界休息,作涅槃想,非自觉圣智趣藏识转。是故凡愚说有三乘,说心量趣无所有。是故大慧!彼不知过去、未来、现在诸如来自心现境界,计著外心现境界,生死轮常转。"②这是说,诸声闻畏怖生死轮回之苦而趣求涅槃,不知生死涅槃差别之相,实是虚妄分别的结果,妄以灰身灭智、诸根境灭为涅槃,不知证自智境、转染成净为大涅槃,彼愚痴人以生死异涅槃,为此愚夫说断生死入涅槃,故说三乘种性,彼愚痴人以为此三乘说为究竟义,不说一切唯心,心外无境。此诸声闻不知过去、未来、现在三世诸佛所说自心境界,取心外之境,常于六道轮回不绝。

2. 辨初治地五性差别

在宣说了如来显"常不思议",唯修大乘行、证如来智者可得证成,非凡夫、外道及二乘所有。其原因就在于初发心修行者有五性差别。于是,就有关于五种性的说明。这是如来藏佛性思想的重要文献。经中有长行和重颂两部分,在此仅对长行部分的内容作些说明

---

①② 宋求那跋陀罗译《楞伽阿跋多罗宝经》卷一,《大正藏》第 16 卷,第 486 页下。

分析。

经中指出:"有五无间种性。云何为五?谓声闻乘无间种性,缘觉乘无间种性,如来乘无间种性,不定种性,各别种性。"①此中所说的"无间"是契证的意思。这是总说,以下则逐次说明。

第一,声闻乘种性。经文说:"云何知声闻乘无间种性?若闻说得阴界入自共相断知时,举身毛孔熙怡欣悦,及乐修相智,不修缘起发悟之相,是名声闻乘无间种性。"②这是说,若修行者于五阴、十八界、十二入、自共相如实能证知,而断诸法颠倒分别,一旦闻佛所说法,则全身获得法喜,知乐修习,对缘起法不发悟不起修,是名"声闻乘无间种性"。这一种性,如果在悟后继续修行,"无间见第八地,起烦恼断,习烦恼不断,不度不思议变易死,度分段死,正师子吼:我生已尽,梵行已立,不受后有,如实知。修习人无我,乃至得般涅槃觉"③。一般说,阿罗汉初果为"二地",乃至得"四果"为"八地"。阿罗汉果,能断烦恼但不能断无明习气;虽已度过分段生死,而变易生死未度。度"分段生死",也即超越了三界内的生死;而"变易生死"为出世三乘所有,依声闻乘种性所证,本可不受此死,然由大悲愿力的资助,先存能受生死的"业种",受身上求下化,非业力所缚之业系苦相。若成佛时,此"业识"转为清净识,不受熏、不变。正因为如此,文中说可作师子吼。

第二,各别种性。经文说:"各别无间者,我、人、众生、寿命、长养、士夫,彼诸众生作如是觉,求般涅槃。复有异外道说:悉由作者,见一切性已,言此是般涅槃。作如是觉,法无我见非分,彼无解脱。大慧!此诸声闻乘无间外道种性,不出出觉,为转彼恶见故,应当修学。"④这是指"声闻乘无间外道种性"。此有两种情况,第一有一类众生求证涅槃,妄计觉知我、人、众生、寿者等各各差别,谓此是涅槃;另有一类众生说言一切诸法,因神我而有,谓此即是涅槃。这两类众生不得解脱,因为都未能通达

---

①②③④ 宋求那跋陀罗译《楞伽阿跋多罗宝经》卷一,《大正藏》第16卷,第487页上。

法无我,未出离苦海而自以为已超脱生死。然这类众生应勤修习,舍此种种恶见,以期趣入如来种性。

第三,缘觉乘种性。经文说:"缘觉乘无间种性者,若闻说各别缘无间,举身毛竖,悲泣流泪。不相近缘,所有不著,种种自身,种种神通,若离若合种种变化,闻说是时,其心随入。若知彼缘觉乘无间种性已,随顺为说缘觉之乘,是名缘觉乘无间种性相。"①缘觉乘无间种性的基本特征是听闻缘起诸法,喜乐修学,无所染著,并且于闻说时现种种身,或一身分为多身,或多身合为一身,神通变化,无碍自在。当知此即是缘觉乘种性,应为其说缘觉乘法。

第四,如来乘种性。经文说:"彼如来乘无间种性,有四种:谓自性法无间种性,离自性法无间种性,得自觉圣无间种性,外刹殊胜无间种性。大慧!若闻此四事一一说时,及说自心现身、财、建立不思议境界时,心不惊怖者,是名如来乘无间种性相。"②入如来乘种性有四种所证法:其一,证法相三自性法("妄计自性"、"缘起自性"、"成自性")而能悟入。其二,证法性三无自性(无自性、生无自性、胜义无自性)而能悟入。其三,由证得佛自觉圣智,即一切种智。其四,证了等虚空器世界无量无边佛刹广大之相。趋证此四及闻观内外法一切唯心,顿入无畏,是名如来乘无间种性相。

第五,不定性。经文说:"不定种性者,谓说彼三种时,随说而入,随彼而成。"③又有一类众生,若闻三乘法,随说生信,欢喜证入。可见,"不定性"是说三乘不定。

经中特别强调:"此是初治地者,谓种性建立,为超入无所有地故,作是建立。彼自觉藏者,自烦恼习净,见法无我,得三昧乐住声闻,当得如

---

① 宋求那跋陀罗译《楞伽阿跋多罗宝经》卷一,《大正藏》第16卷,第487页上。
② 同上书,第487页上—中。
③ 同上书,第487页中。

来最胜之身。"①如来之所以说三乘五种性差别,乃是为初发心者能够逐渐证入一切法毕竟无所有之诸法"实相"而假施设建立的。声闻、缘觉等众,如果能从耽著三昧乐而起,遇佛胜缘,见法无我,仍当发心成佛。

3. 别辨一阐提

首先是一阐提的定义:"一阐提,有二种:一者,舍一切善根,及于无始众生发愿;云何舍一切善根?谓谤菩萨藏,及作恶言:此非随顺修多罗、毗尼解脱之说。舍一切善根故,不般涅槃。二者,菩萨本自愿方便故,非不般涅槃一切众生而般涅槃。大慧!彼般涅槃,是名不般涅槃法相,此亦到一阐提趣。"②此中特别列出的是"无信一阐提",即不信世间有此解脱,毁谤三宝不顺法戒舍善根者。此外,也有一种是因悲悯无始众生本愿力故,如菩萨永远在生死流转中度众生,众生度尽方证菩提。于此可知,善根之舍,由于谤菩萨藏而作恶言,更不顺从经律之说,一切出世善根均皆断绝,不得解脱。至于菩萨本愿方便,悯众生故不取涅槃,若一众生未入涅槃者,终不先入也。然众生无尽,而此类菩萨亦永不得涅槃,故入一阐提趣,是名不涅槃法相。

顺此思路,大慧问佛说:"世尊!此中云何毕竟不般涅槃?"③佛告诉大慧等说:"菩萨一阐提者,知一切法本来般涅槃已,毕竟不般涅槃,而非舍一切善根一阐提也。大慧!舍一切善根一阐提者,复以如来神力故,或时善根生。所以者何?谓如来不舍一切众生故。以是故,菩萨一阐提不般涅槃。"④大慧问此二种一阐提,何种"毕竟不般涅槃"。佛答以菩萨一阐提达一切法空,本来即涅槃相,别无涅槃可得,故此菩萨"毕竟不般涅槃"。此中又指出,舍善根之阐提,如果遇到诸佛菩萨慈悲神力的加被,仍可熏发佛种,因为佛永不舍弃众生的缘故。

---

①②③ 宋求那跋陀罗译《楞伽阿跋多罗宝经》卷一,《大正藏》第16卷,第487页中。
④ 同上书,第487页中—下。

4. 就五法相辨三自性

此后所说是从"名"、"相"、"觉想"、"正智"、"如如"五法的角度来说明唯识三性的含义。佛直接告诉大慧等说:"菩萨摩诃萨当善三自性。云何三自性?谓妄想自性,缘起自性,成自性。大慧!妄想自性从相生。"①此中的"妄想自性"即一般所说的遍计所执自性,"缘起自性"即依他起自性,"成自性"即圆成实自性。

大慧在此提问说:"云何妄想自性从相生?"②佛告大慧:"缘起自性事相相,行显现事相相,计著有二种妄想自性,如来应供等正觉之所建立,谓名相计著相及事相计著相。名相计著相者,谓内外法计著。事相计著相者,谓即彼如是内外自共相计著。是名二种妄想自性相。若依若缘生,是名缘起。云何成自性?谓离名相事相妄想,圣智所得及自觉圣智趣所行境界,是名成自性如来藏心。"③此段经文非常重要,因为涉及"三性"与唯识三性的关系问题。

因缘所生法各有"自相",又有在生灭迁流行上所显差别之相("行显现事相相"),于此起计著,则有二种妄计性生,即"名相计著相"及"事相计著相",前者是在"名言"上起执,后者是在"事相"上起执。至于对二者的解释,四卷《楞伽经》有一误置,将二者的解释颠倒了。如唐译为:"事计著相者,谓计著内外法相。计著相者,谓即彼内外法中计著自、共相。是名二种妄计自性相。"③此中的"自相"、"共相"较难解释。明代《楞伽阿跋多罗宝经批注》解释为:"自相者,自证之法也。共相者,化他之法也。"④不过这一解释不是针对此中的经文。太虚大师则解释说:"离言说为自相,有言说为共相,今非此之自共相。此中如言色、受、想、行、识为相,则五阴一名为共相。除意根之五根及六尘为自相,则色法亦名为共相。"⑤

---

① ② 宋求那跋陀罗译《楞伽阿跋多罗宝经》卷一,《大正藏》第16卷,第487页下。
③ 唐实叉难陀译《大乘入楞伽经》卷二,《大正藏》第16卷,第597页下—598页上。
④ 明宗泐、如玘《楞伽阿跋多罗宝经批注》卷一,《大正藏》第39卷,第351页中。
⑤ 太虚《〈楞伽阿跋多罗宝经〉义记上》,《太虚大师全书》第13卷,第218页。

这一解释针对的是宋译本的经文。综上所述,简言之,"事相计著相"是指执著内法和外法之相,而"名相计著相"则是指执著内法、外法之自相和共相。——这是此经对于"遍计所执自性"的说明。

关于"依他起性"、"圆成实性",四卷本《楞伽经》翻译为:"大慧,诸法从因缘而生,此即名缘起自性。何谓圆成实性?谓离名相事相一切分别,自证圣智所行之真如境界,此即如来藏自性清净心。"①七卷本《楞伽经》说:"从所依所缘起,是缘起性。何者圆成自性?谓离名相事相一切分别,自证圣智所行真如。大慧,此是圆成自性如来藏心。"②此中以缘生解释"缘起性"即"依他起性",如以唯识学来解释,即是依"种子"作为亲因从众缘而起。而"圆成实性"则是依缘起法上远离名相事相上的计著妄想,也即正智所得的真如境界,也称之为"圆成自性如来藏心",或曰"如来藏自性清净心"。

此后,世尊又以偈颂总结这些道理:"名、相、觉想,自性二相;正智、如如,是则成相。"③——这就是唯识学中重要的"五法"说。"名"为能诠之言,"相"为所诠之法,都是依他缘起自性。"觉想"则属于妄想,因为凡夫都以"觉想"为分别的缘故。前文说"妄想从相生",是因为"相"属于缘起自性,而计著其"名"且执其为实有,则"名"及"觉想"皆摄入遍计所执自性。"正智"及"如如"都是圆成实自性,"正智"是"有为无","如如"是"无为无漏",都属于"无为法"。

5. 就阴界入辨二无我

《楞伽经》在这一部分中,以"五蕴"、"十二处"、"十八界"的角度说明"人无我"和"法无我"。

关于"人无我",经中解释说:"云何人无我?谓离我、我所,阴、界、入聚无知业爱生。眼、色等摄受,计著生识,一切诸根,自心现器身藏,自妄

---

①③ 宋求那跋陀罗译《楞伽阿跋多罗宝经》卷一,《大正藏》第16卷,第487页下。
② 唐实叉难陀译《大乘入楞伽经》卷二,《大正藏》第16卷,第598页上。

想相施设显示。如河流、如种子、如灯、如风、如云,刹那展转坏,躁动如猿猴,乐不净处如飞蝇,无厌足如风火。无始虚伪习气因,如汲水轮生死趣有轮,种种身色如幻术、神咒、机发像起。善彼相知,是名人无我智。"①这是说,五蕴、十二处、十八界一切诸法都无其主宰、实在之性。一切无知爱业之所生起,眼等诸识取著于色而虚妄执著,乃至一切可见之国土世间,都是如来藏自性清净心之所显现,刹那相续,念念不住。众生由六识思量计较施设名相,生灭之种子,乃至如虚假变幻之机发像动,总显刹那转坏,虚伪无实,躁动不静。修行者应该知晓并无"我"及"我所",应该善观察五阴幻质及所缘之幻境悉空,即可获得"人无我智"。

关于"法无我",经中说:"云何法无我智?谓觉阴界入妄想相自性。如阴界入离我我所,阴界入积聚因业爱绳缚,展转相缘生,无动摇;诸法亦尔,离自共相,不实妄想相,妄想力,是凡夫生,非圣贤也;心意识、五法、自性离故。大慧!菩萨摩诃萨当善分别一切法无我。"②知晓蕴、界、处诸法都是遍计所执,仅仅积集烦恼业,此业由因缘辗转相生,实在是"无我"、"无作者",一切诸法都是由虚妄分别而显现的。这样观察一切诸法,远离一切心意识以及"五法",即可获得"法无我智"。获得此智慧,知人、我皆妄,即入"初地",由之次第渐进乃至十地。住此地后,有大宝宫殿莲花王座,菩萨成就如幻三昧,坐其上而受佛位,同行菩萨前后围绕,一切诸佛从十方来,以手摩顶授予佛位,如转轮王授太子王位,超菩萨地,获如来身。

(六)建立诽谤门

这一部分,佛应大慧菩萨等的请求,为会众宣说"诽谤相"。大慧菩萨对佛说:"世尊!建立诽谤相,唯愿说之!令我及诸菩萨摩诃萨离建立、诽谤二边恶见,疾得阿耨多罗三藐三菩提。觉已,离常建立,断诽谤见,不谤正法。"③此中,"非有计有"称之为"建立执","非无计无"称之为

---

①② 宋求那跋陀罗译《楞伽阿跋多罗宝经》卷一,《大正藏》第16卷,第487页下。
③ 同上书,第488页上。

"诽谤执"。"二边"破则中道得以显现,修行者即获得大菩提。

佛回答说:"有四种非有有建立。云何为四?谓非有相建立,非有见建立,非有因建立,非有性建立;是名四种建立。又诽谤者,谓于彼所立无所得,观察非分而起诽谤。是名建立、诽谤相。"①以四种"非有"建立为"有","无"而计"有",与诸法实相相违背。以下分别解释。

首先,解释"非有相建立相"。经中说:"云何非有相建立相?谓阴界入非有自共相而起计著:此如是,此不异,是名非有相建立相。此非有相建立妄想,无始虚伪过种种习气计著生。"②这是说,"阴"、"界"、"入"本非有"自相"、"共相",而众生计著此自相如是,此共相不异此,所以妄在"非有相"上以建立"相"。此种妄计,皆由无始来虚妄过患种种习气所生。

第二,"非有见建立相"。经中说:"非有见建立相者,若彼如是阴、界、入、我、人、众生、寿命、长养、士夫见建立,是名非有见建立相。"③众生所执著的阴、界、入、我、人、众生、寿命、长养、士夫、作者等,都是"能见之我"妄起种种"我见"而成立的。

第三,"非有因建立相"。经中说:"非有因建立相者,谓初识无因生,后不实如幻,本不生眼、色、明、界、念、前生,生已实已还坏,是名非有因建立相。"④这一译文晦涩难懂,唐译本为:"谓初识前无因不生,其初识本无,后眼色明念等为因,如幻生,生已有,有还灭,是名无有因建立因。"⑤参照二者可知,这是说,众生的"初识"从"种子"生"现行",从现行生种子,于是妄计在阿赖耶识之外,另有一常住不坏之因,然后有眼、色、明、界等为缘。但是,生之后为"有","有"后仍归于灭,其实是以"非有因"而建立相。

第四,"非有性建立相"。经中说:"非有性建立相者,谓虚空、灭、般

---

① 宋求那跋陀罗译《楞伽阿跋多罗宝经》卷一,《大正藏》第16卷,第488页上。
② 同上书,第488页上—中。
③④ 同上书,第488页中。
⑤ 唐实叉难陀译《大乘入楞伽经》卷二,《大正藏》第16卷,第598页中。

涅槃、非作、计著性建立。此离性非性,一切法如兔、马等角,如垂发现,离有非有,是名非有性建立相。"①这是针对小乘而言的。小乘计三种无为法(涅槃、虚空、非择灭)为实有,此三无为虽不似外道所计"作者"之过患,然不应执为实法。盖此三法离于有、无,一切诸法犹如毛轮兔角,此名"非有性建立性"。

(七)空无生性门

这部分是世尊为大慧菩萨等解释"空"等四法。大慧菩萨问佛说:"惟愿世尊为我等说一切法空、无生、无二、离自性相。我等及余诸菩萨众,觉悟是空、无生、无二、离自性相已,离有无妄想,疾得阿耨多罗三藐三菩提。"②

对此,经中有一概括性回答:"空、空者即是妄想自性处。大慧!妄想自性计著者,说空、无生、无二、离自性相。"③然后逐次解释。

1. 空

关于"空",此经以"七空"作解释,在中土影响甚为广泛。"七种空"是:"谓相空、性自性空、行空、无行空、一切法离言说空、第一义圣智大空、彼彼空。"④

所谓"相空"是指:"一切性自共相空,观展转积聚故,分别无性自共相不生,自、他、俱性无性故相不住,是故说一切性相空,是名相空。"⑤此中"相"即法上所具之"相",众生于此"法"上分别立名字,再赋予"名"以意义,构成"自相"和"共相",如此展转积聚互相对待而有"相",其实"相"并非"法体"。"自相"之法既"无","共相"之义也是"无"。简言之,"相"不能存在,所以说"相空"。

所谓"性自性空"是指:"自己性自性不生,是名一切法性自性空,是故说性自性空。"⑥此也称之为"性空",也就是诸法并无自性。一切法都是假名言而安立的,因此说"法性"自性是空。

---

① 宋求那跋陀罗译《楞伽阿跋多罗宝经》卷一,《大正藏》第16卷,第488页中。
② 同上书,第488页中—下。
③④⑤⑥ 同上书,第488页下。

所谓"行空"是指:"阴离我我所,因所成,所作业方便生,是名行空。大慧!即此如是行空,展转缘起自性无性,是名无行空。"①此中的"行"是迁流造作的意思,刹那不停,才生即灭,随灭又生,因而说为"行空"。

所谓"无行空"是指:"即此如是行空,展转缘起自性无性,是名无行空。"②相对于"有为法"而说"无为法",有为法为"行","无为法"为"无行",即无迁流造作。"有为法空"即说为"无为法",并非另有一无为法存在,因而以"自性无性"称呼之。

所谓"一切法离言说空"是指:"妄想自性无言说,故一切法离言说,是名一切法离言说空。"③此中的"言说"有二层含义:一是"显义言说",简单解释就是语言文字;二是"显境言说",乃"心"、"心所"了别的种种境界。所谓"言语"能显"义","了别"能显"境"。但一切法离开"言说"别无可得,因而说"一切法离言说空"。

所谓"一切法第一义圣智大空"是指:"谓得自觉圣智,一切见过习气空,是名一切法第一义圣智大空。"④此中,"第一义"即真谛,"不思议圣智"即是"自觉圣智"。菩萨从"金刚道"入"解脱道",一刹那间"大圆镜智"与"第八识"相应,转为清净真如,则无始微细习气皆空,此即名"圣智大空"。

所谓"彼彼空"是指:"于彼无彼空,是名彼彼空。大慧!譬如鹿子母舍,无象、马、牛、羊等,非无比丘众而说彼空;非舍舍性空,亦非比丘比丘性空,非余处无象马,是名一切法自相彼于彼无彼,是名彼彼空,是名七种空。彼彼空者,是空最粗,汝当远离。"⑤此中,"彼彼"是"彼此相无"之意,言彼中无此,此中无彼。譬如牛栏中无马,马中亦无牛,故彼彼空,也叫彼此空,鹿子母之精舍,无象、马、牛、羊耳,非无比丘,亦非无精舍,故不可说比丘及精舍亦无,一切法自相彼此皆空。

2. 无生

关于"无生",经中说:"不自生,非不生,除住三昧,是名无生。"⑥诸

---

①②③④⑤⑥ 宋求那跋陀罗译《楞伽阿跋多罗宝经》卷一,《大正藏》第16卷,第488页下。

法都从众缘所起,不自生,也不他生,亦不共生,然并非"不生"。这是说,仅仅有"缘"而无"法",所以"生"即"不生"。关于"除住三昧"的含义,经家都说是指入"地"菩萨证得三昧之后才真正得"无生",如《注大乘入楞伽经》解释说:"'除住',八地如幻三昧以上,是名真无生。"①

3. 离自性

关于"离自性",经中说:"离自性即是无生,离自性刹那相续流注及异性,现一切性离自性,是故一切性离自性。"②缘起法上之"生"本来就是"无自性性",因为诸法是刹那生灭,相续迁流的。随见此法即非此法,绝无定相可取,此即"相无自性性"。如果以"相"来求取"诸法",则属妄计。"相"本无故,离相无相之"圆成实性"也不可得,于此"三性"成"三无性",因此说"一切性离自性"。

4. 无二

关于"无二",经中说:"谓一切法,如阴热,如长短,如黑白。大慧!一切法无二,非于涅槃彼生死,非于生死彼涅槃;异相因有性故,是名无二。如涅槃、生死,一切法亦如是。"③有为无为、有漏无漏、一切相对法,都是"二"。一一法皆无,"一"既不有,于"二"何成?譬如生死与涅槃,表面上看似乎很不同,但在生死外无涅槃,涅槃外并无生死,一切法都应如此观,这就是"无二"。

(八) 如来藏心门

此部分的内容直接涉及如来藏思想。大慧菩萨问佛说:"世尊!世尊修多罗说:如来藏自性清净,转三十二相入于一切众生身中。如大价宝垢衣所缠,如来之藏常住不变,亦复如是,而阴、界、入垢衣所缠,贪欲、恚、痴不实妄想尘劳所污。一切诸佛之所演说,云何世尊同外道说我,言有如来藏耶?世尊!外道亦说有常作者,离于求那,周遍不灭。世尊!

---

① 宋宝臣《注大乘入楞伽经》卷三,《大正藏》第39卷,第456页上。
② 宋求那跋陀罗译《楞伽阿跋多罗宝经》卷一,《大正藏》第16卷,第488页下。
③ 同上书,第488页下—489页上。

彼说有我。"①此中"离于求那"是指当时印度的"胜论派"讲的"六句义",即"实句"、"德句"(梵语求那,德性义)、"业句"、"大有句"、"同异句"、"和合句"。第四、五、六句统指一切法,前三各别,是说人身各有德性及有作用。"我"属"实句"所摄,异于"德句",因此经中说"离于求那"。

世尊分三层次来解释立如来藏的必要性,见下文。

(九) 四大修行门

依照古今经疏家的解释,上述八门是解释"唯识境",依照修行论去考虑,属于"所观境",而佛言此境的目的是修行者能够继起"能观"之"行"。因此从这一门开始,涉及的论题是"观行"方面的内容。

大慧菩萨请求世尊为诸菩萨摩开示修行的"大方便法门",世尊则以四门回答:"菩萨摩诃萨成就四法,得修行者大方便。云何为四?谓善分别自心现,观外性非性,离生住灭见,得自觉圣智善乐,是名菩萨摩诃萨成就四法得修行者大方便。"②下文则有简要解释。

1. 善自心现

关于菩萨"善分别自心现",经中解释说:"谓如是观三界唯心分齐,离我、我所,无动摇,离去来,无始虚伪习气所熏,三界种种色行系缚,身、财、建立妄想随入现,是名菩萨摩诃萨善分别自心现。"③此是说,修行者善能观察三界一切法都是唯心所现,远离"我"、"我所",心并无主宰,三界生死也无去、来。"根"、"身"、"器界"都是无始虚妄分别习气"现行"而为业报。简言之,具足一切唯心观,则为"善自心现"。

2. 观外性非性

关于菩萨"外性非性",经中解释说:"谓焰、梦等一切性,无始虚伪妄想习因,观一切性自性。菩萨摩诃萨作如是善观外性非性,是名菩萨摩诃萨善观外性非性。"④所谓"善观外性非性"是指善能观察一切法都是

---

① 宋求那跋陀罗译《楞伽阿跋多罗宝经》卷二,《大正藏》第16卷,第489页上。
② 同上书,第489页中—下。
③④ 同上书,第489页下。

"识"所缘起的,心外无有"自体"存在,而"法"、"我"等都如同阳焰、梦幻一样都是分别所执的结果。

3. 离生住灭见

关于菩萨"离生住灭见",经中解释说:"云何菩萨摩诃萨善离生住灭见?谓如幻、梦一切性,自、他、俱性不生,随入自心分齐,故见外性非性。见识不生及缘不积聚,见妄想缘生于三界,内外一切法不可得,见离自性。生见悉灭,知如幻等诸法自性,得无生法忍。得无生法忍已,离生住灭见,是名菩萨摩诃萨善分别离生住灭见。"①菩萨观一切法如梦、如幻,自相、他相、共相都不生,观诸法都是"自心"之所显现,此即是前述的"见外性非性"。其后,观众因缘本无积聚,三界诸法因缘而有,如是观时,内外一切诸法皆无自性,悉不可得,即"见离自性"。远离生见,证如幻性,得"无生法忍"。获得"无生法忍"之后,则远离于"生、住、灭见"矣。

4. 得自觉圣智

关于菩萨"善分别自心现",经中解释说:"云何菩萨摩诃萨得自觉圣智善乐?谓得无生法忍,住第八菩萨地,得离心意意识、五法、自性、二无我相,得意生身。"②获得"无生法忍"即住于第八地,远离心、意、意识、五法体相,得二无我境,获"意生身"。前"离生住灭见",虽也说得"无生法忍",但二乘不过转得第六"妙观察智"之生空一部分,菩萨获得二空智,八地常得现前,升至"十地"等觉,其后进入"佛地"始具"四智",即是离过绝非"无漏不思议智",离心(第八识)、意(第七识)、意识(前六识)等差别,真如平等,离一切相,即一切法。所以八地以上,能得六、七二识所起之"意生身"。

在此,佛应大慧菩萨的请求解释"意生身"的"因缘"。经文说:"意生身者,譬如意去迅疾无碍,故名意生。譬如意去石壁无碍,于彼异方无量由延,因先所见忆念不忘,自心流注不绝,于身无障碍生。大慧!如是意生身,得一时俱。菩萨摩诃萨意生身,如幻三昧、力、自在、神通,妙相庄

---

①② 宋求那跋陀罗译《楞伽阿跋多罗宝经》卷二,《大正藏》第16卷,第489页下。

严圣种类身一时俱生,犹如意生,无有障碍。随所忆念本愿境界,为成就众生,得自觉圣智善乐。"①一般而言,"意生身"是"妙观察智"、"平等性智"所起,意念无碍,念所忆处,当念即现,忆所经境,无能遮障,无问远近;向所睹者,由忆而现,念念相续,无能为阻。佛教经典说,"意生身"也可同时能现无量身,神通自在,妙相庄严,随广大本愿入无量世界,为成就众生,得"自觉圣智善乐"。

（十）诸法因缘门

此门是对"资粮位"的解释。大慧菩萨对世尊说:"惟愿为说一切诸法缘因之相,以觉缘因相故,我及诸菩萨离一切性有无妄见,无妄想见渐次、俱生。"②资粮位菩萨,能伏治分别而未能断除。"资粮"即指修习六度万行之福智,为入地之资粮,乃以修一切法唯识因缘观为纲。观因缘相,虽与二乘略同,而唯识观不与之共。以觉知因缘相故,离有无妄见,妄见离即得无分别智。

佛对此的回答首先从"缘"、"因"的定义开始。

关于"缘",经中说:"一切法二种缘相,谓外及内。外缘者,谓泥团、柱、轮、绳、水、木、人工、诸方便缘,有瓶生。如泥瓶、缕迭、草席、种芽、酪酥等方便缘生,亦复如是,是名外缘前后转生。云何内缘?谓无明、爱、业等法,得缘名;从彼生阴、界、入法,得缘所起名。彼无差别,而愚夫妄想,是名内缘法。"③此中所说的"外缘"是指"无情法",相当于今日习用的客观事物。"内缘"指"有情法",是指能够被"心"执受为"自体"的对象。

关于"因",经中说:"彼因者,有六种:谓当有因、相续因、相因、作因、显示因、待因。当有因者,作因已,内外法生。相续因者,作攀缘已,内外法生阴种子等。相因者,作无间相相续生。作因者,作增上事,如转轮王。显示因者,妄想事生已,相现作所作,如灯照色等。待因者,灭时作相续断,不妄想性生。"④所谓"当有因"是指由无明所发、爱所润等业种

---

① 宋求那跋陀罗译《楞伽阿跋多罗宝经》卷二,《大正藏》第16卷,第489页下。
②③④ 同上书,第490页上。

因成就,当来有果,即内法、外法由此"当生"。"相属因"是指所现境界属于能现之心,而攀缘后熏成种子。"相因"是指前心灭后,后心刹那续生,不能同时,无间相续。"作因"是指能作增上缘者。"显示因"是指为能显示于境,也即能被"见分"以"相分"的形式"所见",如灯照见物体一样。"待因"者,待世间万物灭时作无想,所谓观"有"计"无"等想。

在此,世尊对于"因缘"作了解释。经中说:"彼自妄想相愚夫,不渐次生,不俱生。所以者何?若复俱生者,作所作无分别,不得因相故。若渐次生者,不得相我故,渐次生不生;如不生子,无父名。大慧!渐次生相续方便,不然,但妄想耳。因、攀缘、次第、增上缘等,生所生故。大慧!渐次生不生,妄想自性计著相故。渐次、俱不生,自心现受用故,自相、共相外性非性。大慧!渐次、俱不生,除自心现,不觉妄想故相生。是故因缘作事方便相,当离渐次、俱见。"①此中说,"因缘法"非渐生也非俱生。如计执"俱生",则因果相不能成立,能作之因、所作之果就不能分别。"渐生"则"果"尚未生,因何由而说其已经为此"法"呢?譬如父因有子而为"父",在无子之前,未得"父"名。因此,"渐次生"也不成立。"俱生"、"渐次生"都是虚妄计度,因此,菩萨修行应当远离"俱生"、"渐次生"之见。

(十一)言说妄相门

依照古来的判释,这一部分是对"加行位"的说明。佛教认为,"心"能积聚名言习气,而生起言语分别相,所以,观照根源,以通达能诠之名言及所诠之法相,遣除二执无始妄习,证得"无分别智",生起"后得智",直趋无上菩提,如此,已经进入"资粮位"的菩萨,由"加行"位而力图进入"通达位"的重要门径便是"观言说妄相"。

大慧菩萨对佛说:"世尊,惟愿为说《言说妄想相心经》。世尊,我及余菩萨摩诃萨,若善知《言说妄想相心经》,则能通达言说、所说二种义,

---

① 宋求那跋陀罗译《楞伽阿跋多罗宝经》卷二,《大正藏》第16卷,第490页上。

疾得阿耨多罗三藐三菩提,以言说、所说二种趣,净一切众生。"①佛回答说:"有四种言说妄想相:谓相言说、梦言说、过妄想计著言说、无始妄想言说。"②对于"言说",佛教有独特的解释,"言说"依于妄想,妄想也依于"言说"。而"言说"又分为"能诠之名"和"所诠之相"两个方面,"名"、"相"不离,且为第六识之所了别。在瑜伽行派的修行论中,在加行位之"暖"、"顶"位菩萨,必须修四寻思观:其一,观察一切法名言,但是名言而无实事。其二,观察一切法之"事实",仅仅是"事实",而离于名言。其三,观察一切法"自性",仅仅是"自性",离于其余。其四,观察一切法"差别",仅仅是"差别",也离其余。由此四法分明修行,即由"顶位"进入"忍位",得"四如实智"。由"下忍"而"中忍"再至"上忍"、"世第一位"。以下逐次说明之。

所谓"相言说"是指"从自妄想色相计著生",即执著色等诸相而生的"言语"。所谓"梦言说"是指"先所经境界,随忆念生,从觉已境界无性生"③,即从前所经历之事,至今觉醒,浑如一梦,其实,觉醒之后才知所有境界都是"无性"(虚妄)所生。所谓"过妄想计著言说",是指"先怨所作业,随忆念生",即过去时所有冤雠罪业,忆念懊悔而发种种言说。所谓"无始妄想言说",是指"无始虚伪计著过,自种习气生"④,即无始来种种虚妄分别习气种子熏习而生种种言说。此中第四是"总相",前三种则都是此无始妄习所生起。

对于上述内容,大慧菩萨又请教世尊:"惟愿更说言说妄想所现境界。世尊!何处、何故、云何、何因众生妄想言说生?"⑤佛告诉大慧说:"头、胸、喉、鼻、唇、舌、断、齿、和合出音声。"⑥此中是说,"言说妄想所现境界"是由面部、喉、鼻、唇、舌、断、齿等和合而发出音声,形诸一种可记别意义的符号。这是对言说之"生"的回答。

其后,大慧菩萨又问"言说"与"妄想"是"异"还是"不异"。佛告诉大

---

①②③④⑤⑥ 宋求那跋陀罗译《楞伽阿跋多罗宝经》卷二,《大正藏》第 16 卷,第 490 页中。

慧说:"言说、妄想,非异非不异。所以者何?谓彼因生相故。大慧!若言说妄想异者,妄想不应是因。若不异者,语不显义,而有显示。是故非异非不异。"①对于"言说"与"妄想"的关系,佛的回答是"非异非不异"。"言说"以"妄想"为因而生,因而说二者"非异"。但"妄想"不显现"义",而"言说"能显现"义",因而说二者"非不异"。

最后,大慧菩萨又询问"能说"之语言文字为第一义还是"所说"之法相义理为第一义。"第一义"即"诸法实相"。佛则告诉大慧等说:"非言说是第一义,亦非所说是第一义。所以者何?谓第一义圣乐,言说所入是第一义,非言说是第一义。第一义者,圣智自觉所得,非言说妄想觉境界,是故言说、妄想不显示第一义。言说者,生灭动摇展转因缘起,若展转因缘起者,彼不显示第一义。大慧!自、他相无性故,言说相不显示第一义。复次,大慧!随入自心现量,故种种相外性非性,言说、妄想不显示第一义。是故,大慧!当离言说诸妄想相。"②此中说,"语言"与"所说"均非第一义,因为第一义是自证圣智三昧乐处,因言而入,但非即是言说本身;第一义是自证圣智境界,非是语言分别智境界,言语分别不能显示第一义,因为言语生灭不定,从众缘生,属无常,故言语不能显示第一义。第一义无"自相"、"他相",而言语乃是有相,故不能显示第一义;只有证入自性真心,心外无法,才能获得第一义。

五、入心量地

依照印顺法师的科判,《楞伽经》正宗分第二大部分的主题是"入有心量地"修行法门,相当于唯识宗所言"五位"的"通达位"以及"修道位"第一部分。通达位,也名为"见道位"。在通达位中,所缘之境和能缘之智皆无,这就是"唯识"。"通达"意为体会贯通,即以无分别智体会真如理体。"通达位"为"加行位"所得之果,其为时极短,盖前一刹那为"世第

---

①② 宋求那跋陀罗译《楞伽阿跋多罗宝经》卷二,《大正藏》第16卷,第490页下。

一位",后一刹那即入于"修习位"。"修习位",也名"修道位"。在"修习位",菩萨已经成就无所得之"空",已经远离能取之识和所取之境,其证得的这种智慧妙用难测、不可思议,属于出世间智。这一阶段,菩萨证悟了一切唯心所现,但此时还是"有相有功用地",所以称之为"有心量地"。此部分又可分为"能入之道"及"所入之地"部分。"能入之道"是说,菩萨必须正观缘起、善解果智及远离一切妄想。"所入之地"即是指菩萨所证的"自觉圣智"。

《楞伽经》"入有心量地"部分,则涉及从"初地"至第七地的修行内容和基本方法。这一阶位之菩萨已舍除了烦恼、所知二障,此位要经"十地",修十胜行,断十重障,证十真如。而"修道位"的"前分"是指初地至第七地。七地包含的内容依次是:初地以后的菩萨具足了第一"自觉圣智",就能获第二"得意生身",能于一百世界中化身说法度生,从此证入第三"无间解脱"、第四"悟佛知见"、第五"等佛法身"、第六"证本位法"、第七"不住二边",并且兼通"宗通"与"说通"。

(一)远离四句门

大慧菩萨向佛请教说:"惟愿为说离一异、俱不俱,有无,非有非无,常无常,一切外道所行,自觉圣智所行。离妄想自相、共相,入于第一真实之义。"①在未进入"初地"的菩萨未证得真如,不离"四句"。此中"四句"即"一异"、"俱不俱"、"有无"、"常无常"。"一、异"是指"法"的同相、异相及其关系。"俱、不俱"是指"法"能和合与不和合等关系,"有、无"与"常、无常"则前文涉及已多,不多言。"真如"是远离四句的,大慧菩萨在此请教的就是远离四句的方法。

1. 明执四句

经中首先指出了修行者执著四句的原因。佛告诉大慧等:"不知心量愚痴凡夫,取内外性,依于一异、俱不俱,有无、非有非无、常无常,自性

---

① 宋求那跋陀罗译《楞伽阿跋多罗宝经》卷二,《大正藏》第16卷,第490页下。

习因，计著妄想。凡夫无智，计内根身，计外尘境，取心外法，不明唯识如幻之意；动辄依于四句，因无始妄习而执我执法。"[①]此中是说，凡夫计著妄想，执著四句，是因为其不明了唯识的道理。这是总说，其后则有更具体的说明。

其一，以譬喻说明对于"识境"计著，共有七个譬喻。经文说："譬如群鹿，为渴所逼，见春时焰而作水想，迷乱驰趣，不知非水。如是愚夫，无始虚伪妄想所熏习，三毒烧心，乐色境界，见生住灭，取内外性，堕于一异、俱不俱、有无、非有非无、常无常想，妄见摄受。如犍闼婆城，凡愚无智而起城想，无始习气计著相现，彼非有城非无城。如是外道无始虚伪习气计著，依于一异、俱不俱、有无、非有非无、常无常见，不能了知自心现量。"[②]第一个譬喻是群鹿焰而作水想，第二个譬喻是犍闼婆城（香阴城，唯有影可见，而非有城），这些都说明外境非有，虚妄计著而有。此后，又有"梦喻"、"画像喻"、"翳目垂发喻"、"火轮非轮喻"、"水泡喻"，其意相同。

其二，经中说："有三种量，五分论，各建立已，得圣智自觉，离二自性事，而作有性妄想计著。大慧！心意意识，身心转变，自心现摄、所摄诸妄想断，如来地自觉圣智修行者，不于彼作性非性想。若复修行者，如是境界性非性摄取相生者，彼即取长养及取我人。大慧！若说彼性自性自共相，一切皆是化佛所说，非法佛说。又诸言说，悉由愚夫希望见生，不为别建立趣自性法，得圣智自觉三昧乐住者分别显示。"[③]此中"三种量"即现量、比量、非量。"五分"指宗、因、喻、合、结的"因明"格式。"自觉圣智"，离于妄想及缘起自性。但凡外愚痴起妄想分别，执此二性，乃至以为有此"二性"可离，于是妄想执著。菩萨因修转变八识身心，能取、所取我法二执俱空，不于此作有无之想。

[①][②] 宋求那跋陀罗译《楞伽阿跋多罗宝经》卷二，《大正藏》第16卷，第491页上。
[③] 同上书，第491页中。

2. 应离

在明确了四句是外道凡夫所计著之后,佛告诫会众应远离四句。经中说:"是故欲得自觉圣智事,当离生住灭、一异、俱不俱、有无、非有非无、常无常等恶见妄想!"①

不离四句,不能证得佛自觉境界。"如来说法,离如是四句,谓一异、俱不俱、有无、非有非无、常无常,离于有无、建立诽谤。分别结集,真谛、缘起、道、灭、解脱,如来说法以是为首。非性、非自在、非无因、非微尘、非时、非自性相续,而为说法。"②诸佛说法,离于四句,离于有无、断常等,为了净除众生的烦恼障、所知障二障而说一百八句都非,一切法无所有。

3. 明四禅

此章门的最后则说有四种禅:"谓愚夫所行禅,观察义禅,攀缘如禅,如来禅。"③此四禅是"云善分别诸乘及诸地相"的方法,因为禅定也是修唯识行所需采用的方法。

其一,愚夫所行禅。经中说:"云何愚夫所行禅?谓声闻、缘觉外道修行者,观人无我性,自相、共相、骨锁、无常、苦、不净相,计著为首。如是相不异观,前后转进,相不除灭,是名愚夫所行禅。"④此中所说包含小乘兼及外道所习之禅。此是观察一切无非是苦、无常、不净、无我,而计著一切法自相、共相。至"观"成时,渐次转进乃至"灭定",亦不除灭"相",此即"愚夫所行禅"。"所行"即"所观",有所观之"相",所以是小乘和外道禅。

其二,观察义禅。经中说:"谓人无我自相共相,外道自、他、俱无性已,观法无我,彼地相义渐次增进,是名观察义禅。"⑤此一层次的禅观已觉知诸法自相、共相都是"无我",远离外道、小乘对其的执著,能随顺进入"初地"之无相义。因为这是菩萨在"资粮"及"加行位"之后渐进修习,

---

① 宋求那跋陀罗译《楞伽阿跋多罗宝经》卷二,《大正藏》第16卷,第491页下。
②③④⑤ 同上书,第492页上。

因依"言说"理解观一切空无相之义,尚未如"修习位"般如实亲证,因而名之为"观察义禅"。

其三,攀缘如禅。经中说:"谓妄想二无我,妄想如实处不生妄想,是名攀缘如禅。"①此中的"攀缘如"是缘真如之禅观。此观于所遣计我计法之妄执,及能遣之二无我观亦无,所谓如实了知人我、法我本来是空,不起妄想分别,亲证真如,此乃是"通达位"菩萨入于"初地"以上亲证真如"所行"。

其四,如来禅。经中说:"谓入如来地,得自觉圣智相三种乐住,成办众生不思议事,是名如来禅。"②此"如来禅",由证真如究竟,得佛"自觉圣智",住第一义境界,得三种"意生身",发不思议的妙用,使众生安乐,此是"八地"以上到于"佛地"的"妙觉果"上所行。

在说明了大涅槃之后,佛为会众又说在菩萨进入初地后,佛以两种神力加持菩萨。二种神力是"三昧正受为现一切身面言说神力及手灌顶神力"。

关于前者,经中说:"菩萨摩诃萨初菩萨地,住佛神力,所谓入菩萨大乘照明三昧。入是三昧已,十方世界一切诸佛以神通力,为现一切身面言说,如金刚藏菩萨摩诃萨及余如是相功德成就菩萨摩诃萨。大慧!是名初菩萨地。"③菩萨进入大乘照明三昧,由佛的加持力,使身庄严及智能增长,在佛前能为其他菩萨说法或请问于佛。从经文看,进入初地的菩萨即可获得佛的加持力。初地菩萨获得"三昧正受神力,于百千劫积习善根之所成就,次第诸地对治所治相,通达究竟。至法云地,住大莲华微妙宫殿,坐大莲华宝师子座,同类菩萨摩诃萨眷属围绕,众宝璎珞庄严其身,如黄金、薝卜、日月光明。诸最胜子从十方来,就大莲华宫殿座上而灌其顶,譬如自在转轮圣王及天帝释太子灌顶,是名菩

---

①② 宋求那跋陀罗译《楞伽阿跋多罗宝经》卷二,《大正藏》第16卷,第492页上。
③ 同上书,第492页中—下。

萨手灌顶神力"①。从此可见,初地菩萨经过修行,至第十法云地,即获得佛灌顶神力。而"若菩萨摩诃萨住二种神力,面见诸佛如来,若不如是,则不能见"②。文中提及的金刚藏菩萨,即《华严经》所说被佛所加被之菩萨,即如见诸世界,初地可见百世界,二地见千,三地见万,皆有限量;蒙佛力加持之后,则能无量数。如此等等。

在佛作了上述回答之后,大慧菩萨又问佛说:"以何因缘如来应供等正觉,菩萨摩诃萨住三昧正受时,及胜进地灌顶时,加其神力?"③佛告大慧说:"为离魔业烦恼故,及不堕声闻地禅故,为得如来自觉地故,及增进所得法故,是故如来应供等正觉咸以神力建立诸菩萨摩诃萨。若不以神力建立者,则堕外道恶见妄想,及诸声闻,众魔希望,不得阿耨多罗三藐三菩提。以是故,诸佛如来咸以神力摄受诸菩萨摩诃萨。"④佛答有四种因缘,若不加持,则不能速离魔业烦恼、不免堕二乘、不能速得自觉圣智、不能显示大乘功德等。

由大慧这一问题,经中又插入一段关于"缘起"问题的讨论。

(二) 分别缘起门

大慧菩萨又闻佛说:"世尊! 佛说缘起,即是说因缘,不自说道。世尊! 外道亦说因缘,谓胜、自在、时、微尘生,如是诸性生。然世尊所谓因缘生诸性言说,有间悉檀、无间悉檀? 世尊! 外道亦说有无有生,世尊亦说无有生,生已灭。如世尊所说无明缘行乃至老死,此是世尊无因说,非有因说。世尊建立作如是说,此有故彼有,非建立渐生;观外道说胜,非如来也。所以者何? 世尊! 外道说因不从缘生,而有所生。世尊说观因有事,观事有因,如是因缘杂乱,如是展转无穷!"⑤

大慧菩萨上述提问,包含了深刻的内容:第一,佛说十二缘起皆由"因"而"果",非自心起,唯心所现,与外道所言的有一"作者"的说法似乎

---

①②③ 宋求那跋陀罗译《楞伽阿跋多罗宝经》卷二,《大正藏》第16卷,第492页下。
④ 同上书,第492页下—493页上。
⑤ 同上书,第493页上。

相同。第二,而外道也说种种因缘造作,所谓由"胜性"、"自在天"、"时节"、"微尘"等而产生一切法。第三,佛说诸言说也是因缘所生,应如何理解?第四,外道说由"作者"从无生有,"有"仍归"无";佛说诸法本"无",因缘和合而生,"生"又还灭,这与外道似乎也有相似。第五,佛说无明缘行乃至老死,以十二因缘展转相因,则无确实的"因"为诸法建立次等,反不如外道说有一"作者"作为"能生因"渐次产生诸法便于理解。第六,外道说最终的"因"不从缘生,以能生万物者为"因",此"因"能生万物然却不为万物所生。而佛乃说观"因"有"果",观"果"有"因",因又为果,果又为因,岂非因缘错乱?这些都是会众可能对于佛教因缘观的误解,大慧菩萨代会众作此提问。

佛以偈语告诉大慧等:"我非无因说、及因缘杂乱说。此有故彼有者,摄所摄非性,觉自心现量。大慧!若摄所摄计著,不觉自心现量,外境界性非性,彼有如是过;非我说缘起。我常说言:因缘和合而生诸法,非无因生。"①佛所说不是"无因"说,也并不混乱。外道计著能取、所取,以之摄受心外境界,对一切法都产生"有无见"。而佛了达诸法"非有生"也"非无生",只是唯心所现,无能取、所取,因此,佛说的此有故彼有非是"无因"说,也无因缘过失。

其后,大慧菩萨又追问说:"世尊!非言说有性,有一切性耶?世尊!若无性者,言说不生,是故言说有性,有一切性。"②不是因为"言说"才有一切法,而是因为有一切法而始有言说。法有"自体",因而说其"有性"。因此,一定是先有一切法而始有言说,佛说只有言说而无法体,不合道理。

佛回答说:"无性而作言说,谓兔角、龟毛等世间现言说。大慧!非性非非性,但言说耳。如汝所说'言说有性,有一切性'者,汝论则坏。大慧!非一切刹土有言说,言说者、是作耳。或有佛刹瞻视显法,或有作

---

①② 宋求那跋陀罗译《楞伽阿跋多罗宝经》卷二,《大正藏》第16卷,第493页上。

相,或有扬眉,或有动睛,或笑,或欠,或謦欬,或念刹土,或动摇。大慧!如瞻视及香积世界,普贤如来国土但以瞻视令诸菩萨得无生法忍、及诸胜三昧。是故非言说有性有一切性。大慧!见此世界蚊蚋虫蚁,是等众生无有言说而各办事。"①虽无诸法,也有言说,譬如世间并无龟毛、兔角、石女儿等,但世人却于中皆起言说。诸法非有亦非非有,只有言说而已。如果一定要说有言说必有诸法,此论则大坏。实际上,非一切国土皆有言说,言说只是假立而已。大慧,非由言说才有诸法,此世界中蝇蚁等虫,虽无言说,而事相宛然。

(三)常声如幻门

此一章是世尊应大慧菩萨的请求为会众宣说如何理解"常"义以及"诸法如幻"的问题。

大慧菩萨问佛说:"世尊!常声者,何事说?"②这是问,究竟依何种法而可以"常"来言说。佛回答说:"为惑乱。以彼惑乱,诸圣亦现而非颠倒。大慧!如春时焰、火轮、垂发、犍闼婆城、幻、梦、镜像、世间颠倒,非明智也;然非不现。大慧!彼惑乱者有种种现,非惑乱作无常。所以者何?谓离性非性故。"③依照此说,依妄法而说"常",此诸妄法,圣人亦未尝不见,但知其妄而不为其所颠倒,如阳焰乃至镜像等种种妄法,然世人颠倒,无不以惑为真,唯智者知其并非如此。由此可明惑乱之法,并非认定为"无常",而是其本身就是"无常",因为它是离于有、无。虽"有"而如幻故,离"有";虽幻而愚夫惑为"有"故,非"无"。如恒河、天眼见为琉璃,人见为水,牛、羊亦见为水,鱼、龙见为云气,饿鬼见之为火。如是恒河,不可谓定有无,此趣见、彼趣不见,故非有性;此趣不见彼趣见,故非无性。所以一切万物,皆恒如幻,非有非无,随有情之心量不同,而有各别缘起幻境。

---

① 宋求那跋陀罗译《楞伽阿跋多罗宝经》卷二,《大正藏》第16卷,第493页上—中。
②③ 同上书,第493页中。

此后，经中又就三乘所见作了讨论，兹从略。

就"如幻"问题，大慧菩萨又有四层提问，佛一一作答。

第一问答。大慧菩萨问佛说："世尊！惑乱为有为无？"①佛告诉大慧说："如幻，无计著相；若惑乱有计著相者，计著性不可灭，缘起应如外道说因缘生法。"②惑乱如幻，非有非无。此妄法如幻影，不可以有无计著，若执著有性相者，即是真实不可转，如此则诸缘起妄法，这与外道以有作者生一切法相类。

第二问答。大慧菩萨又问佛："世尊！若惑乱如幻者，复当与余惑作因？"③这是问，如果"惑乱"之法如幻，其怎能为其他惑乱之法作"因"呢？佛则告诉大慧说："非幻惑因，不起过故。大慧！幻不起过，无有妄想。大慧！幻者、从他明处生，非自妄想过习气处生，是故不起过。大慧！此是愚夫心惑计著，非圣贤也。"④这是说，不是"幻法"为惑之因，幻法本如幻，不起过恶故；幻现时，亦不起分别妄想。譬幻具成幻象，非幻具自生幻，乃幻师及其咒术生。故幻法系依他起，自身不能作主，在三性中，属无覆无记，随无始业力缘起，圣人虽见幻法，不起颠倒，故幻法不起。而愚夫心中执著而起幻法。

第三问答。大慧菩萨问佛说："世尊！为种种幻相计著，言一切法如幻，为异相计著？若种种幻相计著言一切性如幻者，世尊！有性不如幻者。所以者何？谓色种种相非因。世尊！无有因色种种相现，如幻。世尊！是故无种种幻相计著相似性如幻。"⑤这是说，一切法有如幻、有不如幻两种情况，譬如"色尘"显现出的种种相，并非都是无因而出现的。佛告诉大慧说："非种种幻相计著相似一切法如幻。大慧！然不实一切法，速灭如电，是则如幻。大慧！譬如电光刹那顷现，现已即灭，非愚夫现。如是一切性，自妄想自共相，观察无性，非现色相计著。"⑥一切法并

---

①②③④⑤ 宋求那跋陀罗译《楞伽阿跋多罗宝经》卷二，《大正藏》第16卷，第493页下。
⑥ 同上书，第493页下—494页上。

非由计著时才说其如幻,而是当体如幻。诸法刹那即灭,速如电光,凡夫不觉,只见到其相续的假相,故不能知其如幻。也就是说,诸法本来即是幻,并非由愚夫计著而始为幻,于妄想上所执之自、共相观察无性,方见诸法如幻。

第四问答。大慧又问佛说:"如世尊所说,一切性无生及如幻,将无世尊前后所说自相违耶?说无生性如幻。"①佛曾说一切法无生,今又说一切法如幻,二者是否相违呢?佛告诉大慧等说:"非我说无生性如幻前后相违过。所以者何?谓生无生,觉自心现量,有非有,外性非性,无生现。大慧!非我前后说相违过,然坏外道因生,故我说一切性无生。大慧!外道痴聚,欲令有无有生,非自妄想种种计著缘。大慧!我非有无有生,是故我以无生说而说。大慧!说性者,为摄受生死故,坏无见、断见故,为我弟子摄受种种业受生处故,以性声说摄受生死。大慧!说幻性自性相,为离性自性相故。堕愚夫恶见相希望,不知自心现量,坏因所作生,缘自性相计著,说幻、梦自性相一切法,不令愚夫恶见希望计著自及他一切法,如实处见,作不正论。大慧!如实处见一切法者,谓超自心现量。"②佛说"生"即无生,因而说无生即如幻,无生又无灭,即"有"而"非有"。妄计之法绝对是"无",故依遍计所执自性说无生,显依他起自性说如幻,总体言之,无生正显如幻。外道计著另有一从无而有、从有而无之"异因"为能生,佛教欲破之故曰无生。又说阴、界、入种种法,显有生死轮回流转因果,以破外道断灭之见。佛又说一切法自性相如幻,是为了使二乘凡夫远离诸法的执持。凡夫挟有一"作者"能生诸法自性相,佛为使其远离此执,如实知一切法,了达一切唯心、唯识,超脱自心现业报境,远离一切妄分别。

此后,有一段辨析"名句"的经文。如佛所说偈言:"名身与句身,及

---

①② 宋求那跋陀罗译《楞伽阿跋多罗宝经》卷二,《大正藏》第16卷,第494页上。

形身差别,凡夫愚计著,如象溺深泥。"①此是说明"声明"。佛嘱诸菩萨善观能诠之"名"、"句"、"文身",而后可以自觉觉他,不为所缚。"名"、"句"、"文"都是音声上之分位假,不为所惑,方得其用。一切法皆唯心,何况"名"、"句"、"文身"为声之分位? 随文计着,则是不了如幻,自陷陷他,如象溺深泥,是难以出离的。

(四)四果差别门

此章,大慧菩萨请佛为会众解释须陀洹、斯陀含、阿那含、阿罗汉四果所修方便行相及所得果。佛的回答则广泛涉及涅槃诸方面。佛的回答分为以下六个方面:

1. 答四果

佛告大慧:"有三种须陀洹、须陀洹果差别。云何为三? 谓下、中、上。下者,极七有生。中者,三、五有生而般涅槃。上者,即彼生而般涅槃。此三种有三结:下、中、上。云何三结? 谓身见、疑、戒取。是三结差别,上上升进,得阿罗汉。……"②佛说须陀洹果有上、中、下三种。下者未断欲界之惑,须人间、天上七往返方能证得阿罗汉界;中者或三生、五生得阿罗汉果,上者即此一生得阿罗汉果。此三种人断除"身见"、"疑见"、"戒禁取见",以上上之智,断种种惑见,证得阿罗汉果。所谓"身见"有"俱生"与"分别"两种,是依缘起而有妄计性。如依止缘起性,故种种妄计执著性生,非有非无,非亦有亦无,愚昧凡夫妄加执著,犹如渴兽于阳焰妄生水想,此即分别身见,执有我、我所,因无智慧的缘故,从无始世以来即与它相应。须陀洹能见人无我,实时可得舍此分别身。所谓"俱生身见",即普观自身及与他身,受、想、行、识诸蕴与色俱有名无体,无自性相;观色蕴从四大种所造,辗转相因而生。四大既无主宰,谁能合集以成色? 色蕴如此,余四蕴亦然,如是观察,明见有无俱妄不实,五蕴无体,

---

① 宋求那跋陀罗译《楞伽阿跋多罗宝经》卷二,《大正藏》第16卷,第494页中。
② 同上书,第494页下—495页上。

身见即断。所谓"疑相",即于所证之四圣谛法善见其相,断除先前所说的二种身见,于诸法中不生疑心,亦不生于尊者以为尊相,是净与不净,如此是名"疑相"。为何须陀洹不取"戒禁取见"?因为须陀洹不取未来受生之戒,知有生处即有诸苦故。取此戒禁取见者,盖由于诸愚痴凡夫,于三有中,求五欲乐,苦行修习,愿生彼处,须陀洹人不取未来受生处五欲乐,唯求所证最胜无漏四真谛理无分别法,方便受持,修行正戒,是名断戒禁取见。总之,须陀洹人舍身见、疑见、戒禁取见三种惑障,离贪瞋痴三大根本烦恼。

关于斯陀含果,经中说,不了色相自性,起色分别,故尚须一往来于人天,善修禅定智慧,至我见不生,诸苦尽除,而得涅槃,此是名斯陀含。

关于阿那含果,经中说,于过去、现在、未来三世诸法自性无实,见凡有生处即有诸苦,烦恼习不起,舍离诸惑,更不还生欲界,是名阿那含。

关于阿罗汉,经中说:修行四禅及三三昧,了"八解脱",分证"十力","三明"、"六通"都已成就,招致诸苦之烦恼业悉已断尽,是名阿罗汉。而阿罗汉有三种,即趣寂定性罗汉、已退还发菩提心之不定种性罗汉、佛所变化示现罗汉。此中所说是趣寂定性罗汉。

2. 明二觉

其后,佛又指出,有"观察觉"及"妄想相摄受计著建立觉"两种需要修行。

所谓"观察觉","谓若觉性自性相,选择离四句不可得,是名观察觉。"①也就是远离"一异"、"俱不俱"、"有无非有非无"、"常无常"四句。

所谓"妄想相摄受计著建立觉","谓妄想相摄受计著,坚、湿、暖、动不实妄想相四大种,宗、因相、譬喻计著,不实建立而建立,是名妄想相摄

---

① 宋求那跋陀罗译《楞伽阿跋多罗宝经》卷二,《大正藏》第16卷,第495页中。

受计著建立觉。"①此中针对的是执取四大种为实有,于其上立一宗,立一因,又立一喻,又以言说而建立之,这都是心外取法相之过,应远离而觉悟。菩萨观此二种觉,澈了二乘过患,乃能通达二乘所断之人我及不能断之法我,于是究竟成就人法二无我相智,入于初地,得种种百法门,法利无尽;渐登十地而得佛觉,不舍离华严十无尽大愿,乃至菩萨果后亦不离此,自觉觉他,安住三昧。

3. 四大造色

这里所说的"菩萨摩诃萨当善四大造色",其实是说菩萨应该对于所谓"四大造色"的说法有一个正确的理解。

经中说:"菩萨摩诃萨作是觉:彼真谛者,四大不生。于彼四大不生,作如是观察。观察已,觉名相妄想分齐,自心现分齐,外性非性,是名心现妄想分齐,谓三界。观彼四大造色性离,四句通净,离我我所,如实相,自相分段住,无生自相成。"②此中说,大菩萨应如是观察,彼诸大种真实不生,乃至三界都是妄心分别,唯是心之显现,无有外法。如是观察时,四大种所造悉皆离四句、无自性、无我、我所,住于如实之处而成就无生之相。

经中又说:诸外道妄想有津润之性为水大种,生内外水界(内水如血、汗,外水如河、海等),有炎热之性为火大种,生内外火界(内火如体内热气,外火如自然之火),有飘动之性为风大种,生内外风界(内则气息运行,外则空气流动,有色质之性为地大种,生内外地界(内则皮肉筋骨,外则田地高原),外道妄计有坚、湿、暖、动四性离于虚空,由妄想执著,不了五蕴虚假积聚,本无有性,故言四大种造色。五蕴妄识,由迷真心执著种种言语境界,作业受生,于诸趣中相续不断。大慧,地等造色实乃妄心所现,非由四大种所造,为何这么说呢?因为若有法者,即有形相,即是所

---

① 宋求那跋陀罗译《楞伽阿跋多罗宝经》卷二,《大正藏》第16卷,第495页中一下。
② 同上书,第495页下。

作,非离形相而有诸法。此大种造色乃是外道所说,非是佛说。

4. 五阴性相

佛告诉大慧等,菩萨应该观察"五阴"的"自体性相"。经中说:"彼四阴非色,谓受、想、行、识。大慧!色者,四大及造色各各异相。大慧!非无色有四数,如虚空。譬如虚空过数相,离于数,而妄想言一虚空。"①首先分析"色"。所谓"色"是指"四大"及所造色,四阴非色,说为四者,以虚空喻,虚空离于数。在妄想分别上可说为一虚空,四阴亦然,在分别上假说为"四",非如色法有各各异相。受、想、行、识诸蕴也是这样,因其离诸数相,离于有无。数相者,愚夫所说,非圣者说,圣者虽见五蕴,但了知此等诸蕴皆妄心分别所作,只是假名施设,相虽是有,而无其实,皆如影如幻,别无自体。不了如来所证境界,见有诸蕴,执著分别,常现在前,此即是妄想诸蕴自性相。大慧,这种分别你应当远离。舍离此等分别执著之后,说诸法实相,断一切外道邪见,了知诸法无我,入纯无相观之"远行地",成就无量自在三昧,获意生身,达如幻三昧,神通自在,犹如大地,利益群生。

5. 辨涅槃相

存目,内容见下文。

6. 辨妄想相

此章最后,佛为会众宣说十二种"妄想相"。经中列举出:"谓言说妄想,所说事妄想,相妄想,利妄想,自性妄想,因妄想,见妄想,成妄想,生妄想,不生妄想,相续妄想,缚不缚妄想,是名妄想自性分别通相。"②

第一妄想是指在音乐歌诵言说上起计著。第二是指在圣智所知离言说诸法实际上,依佛方便假立言说,在所说之事上计著。第三是指在诸佛菩萨所证离言实际,不了唯心,起五阴、四大等一切法自共相计著。

---

① 宋求那跋陀罗译《楞伽阿跋多罗宝经》卷二,《大正藏》第16卷,第496页上。
② 同上书,第496页中。

第四是指贪利计著。第五是指此一法自性如此,决定不同于别法,计著法之自性。第六是指在因缘上分别有无,因中有果无果,而起因缘有无计著。第七是指计著四句见,唯自己之见为独一无二。第八是指计著我、我所与心相应而起。第九是指诸法由何因缘,或无因而生,于生计著。第十是指一切法之本有一无种无因无生而自有者,本无生故,计著不生。第十一是指计著诸法为我之所有,如针穿线,线为针之所有。第十二是指计著有能缚所缚及能解所解者。

上述十二差别妄想,是凡夫不了解唯识,计"有"计"无",妄计分别,菩萨不应计著。

（五）圣智一乘门

此章以下数章集中说明大菩提果。大菩提果即是"自觉圣智",内容复杂,此先说明菩萨成佛自证果——圣智一乘门。

经中说:"前圣所知,转相传授,妄想无性。菩萨摩诃萨独一静处,自觉观察,不由于他离见妄想,上上升进,入如来地,是名自觉圣智相。大慧!云何一乘相?谓得一乘道觉,我说一乘。云何得一乘道觉?谓摄所摄妄想,如实处不生妄想,是名一乘觉。大慧!一乘觉者,非余外道、声闻、缘觉、梵天王等之所能得,唯除如来,以是故说名一乘。"①这是说,"一乘道觉"是过去诸佛之遗教流传,前授后承。菩萨离名绝相,自然觉悟,同佛知见,进入如来地,即"自觉圣智相",又为"一乘道觉"。

其后,佛应大慧菩萨的请求回答了"何故说三乘而不说一乘"的道理。佛告诉大慧菩萨说:"不自般涅槃法,故不说一切声闻、缘觉一乘。以一切声闻、缘觉,如来调伏,授寂静方便而得解脱,非自己力,是故不说一乘。复次,大慧!烦恼障业习气不断,故不说一切声闻、缘觉一乘。不觉法无我,不离分段死,故说三乘。大慧!彼诸一切起烦恼过习气断及觉法无我,彼一切起烦恼过习气断,三昧乐味著非性,无漏界觉;觉已,复

---

① 宋求那跋陀罗译《楞伽阿跋多罗宝经》卷二,《大正藏》第16卷,第497页中。

入出世间上上无漏界满足众具,当得如来不思议自在法身。"①此中说,"一乘"知生死无自性、生死即是涅槃,声闻、缘觉二乘无自性涅槃法,但依厌离世间、调伏修行而求解脱,如来应二乘根机,是故不说一乘,而说三乘法。又,声闻、缘觉未断所知障及业习气,不觉法无我,末度生死变易死,是故我说三乘之法。彼等若能断除以上诸过习,觉法无我,其时乃离于涅槃想,于无漏界而得觉悟。觉悟之后,自知住有余地,进而精进修行,使诸功德圆满,其时即得如来自在法身。

（六）意生身相门

此章的主题是阐述"意生身"之"相"。"意生身"又称"意成身",指初地以上的菩萨所成之身,因无碍自在、如心如意故,名之"意生身"。

佛告诉大慧说:"有三种意生身。云何为三？所谓三昧乐正受意生身,觉法自性性意生身,种类俱生无行作意生身。修行者了知,初地上上增进相,得三种身。"②

关于"三昧乐正受意生身",经中解释说:"谓第三、第四、第五地,三昧乐正受故,种种自心寂静,安住心海,起浪识相不生,知自心现境界性非性,是名三昧乐正受意生身。"③此身原为初地至七地得,此中举第三地而涵盖了前"地"。"三昧乐正受三昧"在三、四地才显现发光。由是自心所现种种之相,绝不分别,心无动摇,不为识浪所转,了一切法无性而能现身无碍。虽然安住三昧,常上求下化,这即是意生身的功用。

第二种是第八至十地菩萨可得,第三种则唯佛独有。经中说:"云何觉法自性性意生身？谓第八地观察觉了如幻等法,悉无所有,身心转变,得如幻三昧及余三昧门,无量相、力、自在、明,如妙华庄严迅疾如意;犹如幻、梦、水月、镜像,非造非所造,如造所造,一切色种种支分具足庄严,随入一切佛刹大众,通达自性法故,是名觉法自性性意生身。"④菩萨于七

---

① 宋求那跋陀罗译《楞伽阿跋多罗宝经》卷二,《大正藏》第 16 卷,第 497 页中。
②③ 宋求那跋陀罗译《楞伽阿跋多罗宝经》卷三,《大正藏》第 16 卷,第 497 页下。
④ 同上书,第 497 页下—498 页上。

地以前修行,尚须用功以自精进,至八地观行成熟故,于无相观中得无功用行,了知第一义空。"身心转变"是指转"我爱执藏"之根本依而获得无量三昧及无量相好、神力、自在、光明而迅疾如意,如此等等。

关于"种类俱生无行作意生身",经中解释说:"所谓觉一切佛法,缘自得乐相,是名种类俱生无行作意生身。"①此属于佛地,显现正觉而现佛身,乃至异种异类之身,随感而应。"无行作"是指不假造作功用之境界。

(七)五无间业门

此章的主题是讨论为什么佛说"若男子、女人行五无间业不入无择地狱"②。"五无间罪业"也就是一般所说的五逆罪,"无择地狱"就是一般所说的阿鼻地狱。一般而言,犯五逆罪者,不能成佛,现生不能解脱,此等男女必堕阿鼻地狱。但佛也说过上述话语,大慧菩萨代会众询问其中的道理。

经中首先列出"五无间业"的名目:"所谓杀父母及害罗汉、破坏众僧、恶心出佛身血。"③其后分两层次作解释。

首先是"内五无间",经中说:"云何众生母?谓爱更受生,贪喜俱;如缘母立。无明为父,生入、处聚落。断二根本,名害父母。彼诸使不现,如鼠毒发,诸法究竟断彼,名害罗汉。云何破僧?谓异相诸阴和合积聚,究竟断彼,名为破僧。大慧!不觉外自共相,自心现量七识身,以三解脱无漏恶想,究竟断彼七种识佛,名为恶心出佛身血。若男子、女人行此无间事者,名五无间,亦名无间等。"④这里的解释显然不同于其他经文的解释。以佛教自身的语言讲是指对自己内心所作的"无间事"而言的,以现代语言讲是象征性的讲法。

"众生母"是"爱",因贪爱润生,贪、喜相俱,滋养众生招生死之业种,因此,以"母"譬喻"爱",杀母即杀此贪爱。又"无明"为父者,因无明为发业之惑,以"父"譬喻"无明","杀父"即杀此无明。此二烦恼为牵自心受

---

①②③④ 宋求那跋陀罗译《楞伽阿跋多罗宝经》卷三,《大正藏》第16卷,第498页上。

生死身之根本,故须断。

因为"烦恼"眠伏于藏识中,微细不现,如鼠噬人,疮虽已愈,遇缘微发,究竟断此惑习,名"杀阿罗汉"。三宝中之僧乃五蕴和合之身,明了五蕴如幻不实,远离色受想行识五蕴异相和合成身之见,是名"破和合僧"。不明了五蕴诸法自相、共相悉是自心显现,虚幻不实,妄计有八识身,即有妄想觉知种种境界。觉境界者名为佛,以空、无相、愿三无漏智,断除八识妄觉污染,是名"恶心出佛身血"。这就是佛于此所说的"内五无间业"。若有作此业者,迅即得自觉圣智,证得一乘道。

其次是"外五无间",经中说:"有外无间,今当演说。汝及余菩萨摩诃萨闻是义已,于未来世不堕愚痴。云何五无间?谓先所说无间,若行此者,于三解脱一一不得无间等法。除此已,余化神力现无间等;谓声闻化神力,菩萨化神力,如来化神力。为余作无间罪者除疑悔过,为劝发故,神力变化现无间等。无有一向作无间事,不得无间等。除觉自心现量,离身、财妄想,离我我所摄受,或时遇善知识,解脱余趣相续妄想。"①

上述引文是说,众生愚痴,或不明"内五无间业"的密意,而实造"五无间业",并且误其为解脱。造外五无间,定堕无间狱。今重新解释"外五无间",使众生及诸菩萨闻是义后,于未来世不生疑惑。所谓"外五无间",即各教中所说之五无间业,若有作此业者,不得三解脱,唯除佛菩萨及大声闻,见其作无间业者,为规劝诱导,令其除疑悔过,以神力变现其事,如阇王杀父,身生恶疾,晦过之后,终得解脱。此等皆是化现,非是实事,若有实造无间业者,则无现身得解脱之事。只有觉了自心所现之根身器界,离我、我所虚妄分别,方能证得解脱。

(八) 诸佛知觉门

此章说明"佛之知觉"。"佛之知觉"即诸佛体性之"自觉圣智",也即"大菩提果"。

---

① 宋求那跋陀罗译《楞伽阿跋多罗宝经》卷三,《大正藏》第16卷,第498页上—中。

佛告诉大慧菩萨说:"觉人法无我,了知二障,离二种死,断二烦恼,是名佛之知觉。声闻、缘觉得此法者,亦名为佛,以是因缘故我说一乘。"①佛之知觉,断人我、法我二执,断烦恼、所知二障,了分段、变易二生死,断根本、枝末二烦恼。若二乘能得之,也成佛矣。这就是"一乘"。

此后数章具体地说明佛之智慧。

(九)四等密意门

大慧菩萨又对佛说:"世尊!何故世尊于大众中唱如是言:我是过去一切佛;及种种受生,我尔时作曼陀转轮圣王,六牙大象,及鹦鹉鸟,释提桓因,善眼儒人,如是等百千生经说?"②佛对此进行了解释,提出了"四等"的说法,即"字等、语等、法等、身等,是名四等。以四种等故,如来应供等正觉,于大众中唱如是言"③。

关于"字等",经中解释说:"若字称我为佛,彼字亦称一切诸佛;彼字自性无有差别,是名字等。"④此中的"字"即文字。因为"佛"字相等、平等、均等故,"佛"即是一切佛,一切佛即"我"。所谓"我",本无"我相",乃是诸法假名。

关于"语等",经中解释说:"谓我六十四种梵音言语相生,彼诸如来应供等正觉亦如是六十四种梵音言语相生,无增无减,无有差别,迦陵频伽、梵音声性。"⑤此中的"六十四种梵音"也就是梵文的字母。佛说法须用语言,所谓"语平等"是说佛圆音一演,均等普遍,佛佛功用,无有差别。"迦陵频伽"是天竺叫声最美妙的鸟,在此譬喻佛音声超一切声。以语平等的缘故,"我"即所说"法语"。

关于"身等",经中解释说:"谓我与诸佛法身及色身相好,无有差别,除为调伏彼彼诸趣差别众生故,示现种种差别色身,是名身等。"⑥这是指诸佛法身平等平等。应身三十二相,八十种好,无二无别;化身示现随

---

①② 宋求那跋陀罗译《楞伽阿跋多罗宝经》卷三,《大正藏》第16卷,第498页中。
③ 同上书,第498页中—下。
④⑤⑥ 同上书,第498页下。

机,别而不别。以身平等故,"法身"即"色身","色身"即法身。

关于"法等",经中解释说:"谓我及彼佛,得三十七菩提分法,略说佛法无障碍智。"①这是说,诸佛同证三十七菩提分及一切智无碍,如此等等都相同,"我"即"彼",无二无别。

(十)依二密法门

大慧菩萨对佛说:"如世尊所说:我从某夜得最正觉,乃至某夜入般涅槃,于其中间乃至不说一字,亦不已说、当说,不说是佛说。世尊!如来应供等正觉何因说言:不说是佛说?"②佛说"不说是佛说",意思是毕竟无所说。大慧代会众询问,为何会有这一说法。佛告诉大慧等说:"我因二法故,作如是说。云何二法?谓缘自得法及本住法,是名二法。因此二法故,我如是说。"③

关于"缘自得法",经中解释说:"若彼如来所得,我亦得之,无增无减。缘自得法,究竟境界,离言说妄想,离字二趣。"④这是说,佛的境界是"自得"之法,远离言说妄想,因此,无须以语言来说明。

关于"本住法",经中解释说:"谓古先圣道,如金银等性,法界常住,若如来出世,若不出世,法界常住。如趣彼城道,譬如士夫行旷野中,见向古城平坦正道,即随入城,受如意乐。"⑤这是说,如来出世或不出世,法界法性常住不变,又如遵循古道而行,行道入城受乐,"道"与"城乐"皆是现成,非造作所成。佛说法并非造作,佛出世不出世,法界众生之真性常住,恒转法轮而无一字可得。

(十一)法离有无门

此章,佛应大慧菩萨所请,为会众宣说"一切法有无有相"。佛以"依有"及"依无"两种"世间依"来分别回答,也就是此世众生专依"有"、"无"二种以起种种分别,堕有无二见,不能出离解脱。

关于"世间依有",经中说:"谓有世间因缘生非不有,从有生非无有

---

①②③④⑤ 宋求那跋陀罗译《楞伽阿跋多罗宝经》卷三,《大正藏》第16卷,第498页下。

生。大慧！彼如是说者,是说世间无因。"①有人这样说:实有因缘而生诸法,因而"缘"并非不真实;实有诸法从因缘生,因而"法"是真实的生。而如此说,是不了万法唯心所现的结果。

关于"世间依无",经中说:"谓受贪、恚、痴性已,然后妄想计著贪、恚、痴性非性。大慧！若不取有性者,性相寂静故,谓诸如来、声闻、缘觉,不取贪、恚、痴性为有为无。"②这是说,世间众生先计贪瞋痴诸法为"有",后灭之为"无",此即为"无见"。又有人见如来、声闻、缘觉等无贪、瞋、痴之性,因而说"无"如来、声闻、缘觉。此二种都是佛法的破坏者。

对此,经中说:"非但贪、恚、痴性非性为坏者,于声闻、缘觉及佛亦是坏者。所以者何？谓内外不可得故,烦恼性异不异故。大慧！贪、恚、痴若内若外不可得,贪、恚、痴性无身故,无取故,非佛、声闻、缘觉是坏者。佛、声闻、缘觉自性解脱故,缚与缚因非性故。大慧！若有缚者,应有缚,是缚因故。大慧！如是说坏者,是名无有相。大慧！因是故,我说'宁取人见如须弥山,不起无所有增上慢空见',大慧！无所有增上慢者,是名为坏。堕自共相见希望,不知自心现量,见外性无常刹那展转坏,阴界入相续流注变灭,离文字相妄想,是名为坏者。"③因为烦恼无性、无体,内外不可得,非异非不异,不可取著;声闻、缘觉、如来三乘本性解脱,无能缚及缚因,若有能缚及其缚因烦恼,则有所缚之众生,这种说法,显然是违背佛法的,先取烦恼为有,俊灭之为无者,则是破有为无相,依于此义,佛作此说:宁可起我见如须弥山,不起空见怀增上慢。若起空见,则是破坏佛法,因其堕入有无、自共相见解之中,不能了知诸法唯心所现。因不能了知诸法唯心所现,见有外法刹那生灭,无常辗转,成差别蕴界处诸法相,相续流转,起后还灭,虚妄分别,离名字法,如此则是违背、破坏佛法。

---

①② 宋求那跋陀罗译《楞伽阿跋多罗宝经》卷三,《大正藏》第16卷,第499页上。
③ 同上书,第499页上—中。

（十二）宗通说通门

此章的主题是"宗通"。大慧菩萨问佛说："世尊！惟愿为我及诸菩萨说宗通相，若善分别宗通相者，我及诸菩萨通达是相；通达是相已，速成阿耨多罗三藐三菩提，不随觉想及众魔外道。"①此中的"宗通"是修行正法之宗趣的意思，也是圣智内心自证境界。

佛告诉大慧："一切声闻、缘觉、菩萨，有二种通相，谓宗通及说通。"②所谓"宗通"，"谓缘自得胜进相，远离言说文字妄想，趣无漏界自觉地自相，远离一切虚妄觉想，降伏一切外道、众魔，缘自觉趣光明辉发，是名宗通相"③。这是说，"宗通相"是证得殊胜真实相，远离一切虚妄分别，趣佛无漏自觉境界，降伏外魔，慧光遍照。

所谓"说通相"则是"说九部种种教法，离异不异、有无等相，以巧方便随顺众生如应说法，令得度脱，是名说通相"④。"说通"是指善能应机说法，以悉檀宗旨，离四句执著广度众生。佛告诫大慧菩萨"宗通"、"说通"，都应该修学。

六、入无所有地

《楞伽经》第三部分是"入无所有地"，相当于唯识宗"修道位"中间一分，属于菩萨第八"不动地"及第九"善慧地"阶位。此中，菩萨不但了解到一切唯心所现，而且能使心地寂灭不生，无相无功用，获得身心转依。此中也分"能入道"及"所入地"。在"能入道"境界中，八地菩萨至此能做到"境空心寂"，外不被境界所惑，内不被烦恼所染，因而"不动"，这时才能真正做到舍妄识、依圣智了。

（一）虚妄分别门

此章的主题是说明虚妄分别相因何而生。大慧菩萨问佛说："世尊！

---

① 宋求那跋陀罗译《楞伽阿跋多罗宝经》卷三，《大正藏》第16卷，第499页中。
③ 同上书，第499页中一下。
④ 同上书，第499页下。

惟愿为说不实妄想相,不实妄想云何而生?说何等法名不实妄想?于何等法中不实妄想?"①大慧所问三层次:虚妄分别之相何故生?何名妄想?于何法中妄想?

佛告诉大慧"种种义,种种不实妄想计,妄想生。大慧!摄所摄计著,不知自心现量,及堕有无见,增长外道见妄想习气,计著外种种义。心心数妄想计著,我我所生"②。此中,"义"为境界的意思。凡夫于种种境,不知唯心所现,摄受计著则不实妄想生。这是对第一问的简要回答。"摄所摄计著"一句是对第二问的回答。最后一句是对第三问的简要回答。

大慧菩萨又追问说:"若如是,外种种义相堕有无相,离性非性,离见相。世尊!第一义亦如是,离量根分譬、因相。世尊!何故一处妄想不实义,种种性计著妄想生,非计著第一义处相妄想生?将无世尊说邪因论耶?说一生、一不生。"③大慧这一段话的意思是:外道、世俗种种执著,于离有、无之性,起各种境相,那么,第一义谛也是这样,离妄想诸根、三种量及五分论等,世尊何故于外道、世俗种种义言起分别?而于第一义中却不言起分别呢?大概不至于世尊所说的违背道理吧?不然为什么一处言起,一不言起?

佛解释说:"非妄想一生一不生。所以者何?谓有无妄想不生,故外现性非性,觉自心现量妄想不生。大慧!我说余愚夫,自心种种妄想相故,事业在前,种种妄想性相计著生。云何愚夫得离我我所计著见?离作所作因缘过,觉自妄想心量,身心转变,究竟明解一切地,如来自觉境界,离五法、自性事见妄想。以是因缘故,我说妄想从种种不实义计著生,知如实义,得解脱自心种种妄想。"④这一段话的意思是:不是说世俗法生妄想分别,第一义灭妄想分别,因为不应起于"有"与"无"的分别,一

---

①② 宋求那跋陀罗译《楞伽阿跋多罗宝经》卷三,《大正藏》第16卷,第499页下。
③ 同上书,第499页下—500页上。
④ 同上书,第500页上。

切所见外法皆幻有实无,都是自心之所显现,只因愚痴凡夫虚妄分别自心,执著种种外境外法,所以才那么说,目的是使他了达一切外境外法皆是自心所现,断除我、我所及其他一切执著,弃除作者及所作法等恶因缘,觉了一切诸法唯是自心,转心、意、识,明解诸"地",入如来境,舍离五法、三自性等分别见,所以说虚妄分别相及种种执著乃是自心所现,如能如实了知其义,则可以得到解脱。

（二）善于语义门

此章的主题是菩萨如何通过语言表达"法义"。大慧菩萨问世尊"菩萨摩诃萨当善语义"这句话的含义。"云何为菩萨善语义？云何为语？云何为义？"①这一层含义相当于"依义不依语句"。

佛告大慧："云何为语？谓言字妄想和合,依咽喉、唇、舌、齿、龂、颊辅,因彼、我言说妄想习气计著生,是名为语。大慧！云何为义？谓离一切妄想相、言说相,是名为义。大慧！菩萨摩诃萨于如是义,独一静处,闻思修慧,缘自觉了,向涅槃城,习气身转变已,自觉境界,观地地中间,胜进义相,是名菩萨摩诃萨善义。"②这里,对于"语"、"义"的含义进行了解释,"语"是"言"与"字"于意识层面妄想和合并且依靠种种发音器官生出音声,而"义"则是于言语上离去言说相、文字相、心缘相、分别相,也就是佛教所说的真如法性。菩萨于此"义",即契入如实智,得无分别,证得真如,趣入佛地,历诸"地",增进自觉乃至成佛。这就是善观语义的菩萨。

其后,佛为会众解释了菩萨如何"观""语义"。经中说:"善语义菩萨摩诃萨,观语与义非异非不异,观义与语,亦复如是。若语异义者,则不因语辩义,而以语入义,如灯照色。"③此中是说,大菩萨应善知"语"与"义"是不一不异的。若"义"异于"语",则二者不相应,则"语"不应显

---

①② 宋求那跋陀罗译《楞伽阿跋多罗宝经》卷三,《大正藏》第16卷,第500页中。
③ 同上书,第500页下。

"义",但实际上"语"是显"义",此如灯之照物。因语言之灯而入于"义"。但"义"又非"语",因而不得言"一"。因此,大菩萨应因"语"入于离语言之自证境界。如不是如此,则堕"建立"及"诽谤见"。

于此章的最后,经中又论说了应该"依智不依识"。经中说:"智识相今当说。若善分别智识相者,汝及诸菩萨则能通达智识之相,疾得阿耨多罗三藐三菩提。"①而实现"依智不依识"则须明了"智"。此章则说明有三种智,即"世间智"、"出世间智"、"出世间上上智"。

关于"世间智",经中解释说:"谓一切外道、凡夫计著有无",也就是凡夫计著有无之智。关于"出世间智",经中解释说:"谓一切声闻、缘觉堕自共相希望计著",也就是二乘所获仍然计度有无我、无为涅槃之自相、共相的智慧。关于"出世间上上智",经中解释说:"谓诸佛菩萨观无所有法,见不生不灭,离有、无品,如来地,人法无我,缘自得生。"②——此为佛菩萨之智,佛菩萨观一切法唯心无所有,自证毕竟二无我境界而生此智。

此中有一段关于"智"与"识"的区分,在唯识学中特别重要。经中说:"彼生灭者是识,不生不灭者是智。复次,堕相无相及堕有无种种相因是识,超有无相是智。复次,长养相是识,非长养相是智。复次,有三种智:谓知生灭,知自共相,知不生不灭。复次,无碍相是智,境界种种碍相是识。复次,三事和合生方便相是识,无事方便自性相是智。复次,得相是识,不得相是智。自得圣智境界,不出不入故,如水中月。"③此中,以六层次来区别"智"与"识"。其中,观生灭即有为法的是"识",观不生灭法即无为法的是"智"。"堕相无相"一句是指堕入遍计所执相无相以及堕有无见种种异因。"超有无相"指超脱上所执之相、因。"长养相"是指八识种子现行熏习集起之相,"非长养"则指佛智。"知生灭、知自共相、

---

① ② 宋求那跋陀罗译《楞伽阿跋多罗宝经》卷三,《大正藏》第 16 卷,第 500 页下。
③ 同上书,第 500 页下—501 页上。

知不生不灭"的三种智是指上文所说世智、出世智、出世上上智。"无碍"即离缚解脱,"境界种种碍"是指烦恼束缚不得解脱。"三事和合"指"根"、"尘"、"识"和合而生。"无事"是指无此三事自性清净。"得相"是指取相著相,"不得相"则反之。总之,佛及菩萨"根本无分别智"始可称"智",其余均为"识"。

于上述区分之后,经中特别指出外道有"九种转变论"。经中说:"外道有九种转变论外道转变见生,所谓:形处转变,相转变,因转变,成转变,见转变,性转变,缘分明转变,所作分明转变,事转变。大慧!是名九种转变见,一切外道因是起有无,生转变论。云何形处转变?谓形处异见,譬如金、变作诸器物,则有种种形处显现,非金性变;一切性变亦复如是。或有外道作如是妄想,乃至事变妄想,彼非如非异妄想故。如是一切性转变,当知如奶酪、酒果等熟。外道转变妄想,彼亦无有转变,若有若无,自心现,外性非性。大慧!如是凡愚众生,自妄想修习生。"①此中是说明,外道总依转变立论,所以,外道与佛教相反,外道依识不依智。

(三)相续解脱门

此章所讲的"相续解脱"有特殊的含义。关于"相续",古代还有另外两种译法,一是"节",为"关节"义,如真谛翻译的《解节经》,二是"深密",为"幽深坚密"义,如唐玄奘翻译《解深密经》以及唐译《楞伽经》。魏译《楞伽经》与宋译相同,都译为"相续"。"节"的译法强调的是通达第一义而去除妄想的关节,"深密"的译法则强调解脱深密之妄想的含义,而"相续"的译法则为解脱相续之妄想的意思。大慧菩萨问佛说:"世尊!惟愿为说一切法相续义,解脱义。若善分别一切法相续、不相续相,我及诸菩萨善解一切相续巧方便,不堕如所说义计著相续,善于一切诸法相续、不相续相,及离言说文字妄想觉。"②这一问题的实质,如古来的解释:"如来

---

① 宋求那跋陀罗译《楞伽阿跋多罗宝经》卷三,《大正藏》第 16 卷,第 501 页上。
② 同上书,第 501 页中。

说法,为令众生了达诸法本无性执,而反于言说起见者名相续相。若于文字性离,名'不相续',即'解脱相'。此'相续'、'不相续',乃生死解脱之根本,所以大慧请说斯义。若'善分别'等,谓如来若为善巧分别此二种相,则能善解此法,不堕如所说'义计著相续'及离'言说文字虚妄分别妄想觉'即'分别'也,故能普入一切佛刹。"①可见,本章所破斥的是对于佛所说法于语言层面的"执著"。

关于大慧所提的上述问题,佛直接回答说:"无量一切诸法,如所说义计著相续,所谓:相计著相续,缘计著相续,性非性计著相续,生不生妄想计著相续,灭不灭妄想计著相续;乘非乘妄想计著相续,有为无为妄想计著相续,地地自相妄想计著相续,自妄想无间妄想计著相续,有无品外道依妄想计著相续,三乘、一乘无间妄想计著相续。"②此中讲了十一个"计著相续",如古德的解释:"答中先示诸相续相。言'无量'等者,谓十界依正、色心,始于言说,终于无言,推其著心,盖无适而非相续,故曰'如所说义计著相续',所谓随语生解也。于中,初约世间法,谓'相'即五阴,'缘'即所缘尘境也,'性非性'即有无也,'生不生'即生死也,'灭不灭'即寂灭不寂灭也。'乘非乘'即内教与外道,言乘以运载为义,大小乘则能运出生死而至涅槃;外道所乘不能运出生死故,云'非乘'也。'有为无为'即世出世间法,亦'作'与'无作','地地自相'谓分别诸地名相也。'自妄想无间',《入楞伽》云'自分别现证执著',所谓法爱者是也。'有无品',外道所计之根本也。'三乘一乘无间',谓于大小乘教,分别无间断也。"③

凡夫执著上述"相续",而菩萨则"无"。经中说:"此及余凡愚众生自妄想相续,以此相续故,凡愚妄想,如蚕作茧,以妄想丝自缠缠他,有无有相续计著。复次,大慧!彼中亦无相续及不相续相,见一切法寂静,妄想

---

① 明宗泐、如玘《楞伽阿跋多罗宝经批注》卷三,《大正藏》第39卷,第394页中。
② 宋求那跋陀罗译《楞伽阿跋多罗宝经》卷三,《大正藏》第16卷,第501页中。
③ 明宗泐、如玘《楞伽阿跋多罗宝经批注》卷三,《大正藏》第39卷,第397页中—下。

不生故,菩萨摩诃萨见一切法寂静。复次,大慧!觉外性非性,自心现相无所有,随顺观察自心现量,有无一切性无相,见相续寂静故,于一切法无相续、不相续相。"①若了达诸法唯心所现,实无外物,皆同无相,随顺观察,则能于有、无,一切诸法悉见寂静。所以无有缚、非缚相,不但本无缚相,亦无有解,不见诸法实义的人,只是妄见"缚"与"解"而已,因为一切诸法若有若无,求其体性,均不可得。此外,愚痴凡夫有三种缚,即贪瞋痴、爱来生富乐果报以及贪喜俱行。因有这三种缚,使得诸众生于五趣生死轮回,相续不断。相续缚若断,则无相续、非相续相。此外,若有执著根、境、识缘和合生起诸法,诸识相续缚则次第生起。因有执著,则有相续缚,若离三和(根、境、识)合识,得三解脱门(空、无相、无作),则一切相续缚都不生。

此后大慧就上述法义与佛还有两番问答,兹略。

(四)智不得境门

此章说明的是"智"与"境"的关系问题。此经上文说"智"不得"境",即愚夫妄执诸法自性所缘诸法境界,智慧皆不可得,不能得诸法自相,因而所摄、能摄皆假无有。假智不能证实,缘假名相故不得"境";"实智"不缘妄执诸法,因而也说不得"境"。针对此,大慧菩萨又问佛说:"云何世尊为不觉性自相共相、异不异故智不得耶?为自相共相种种性自性相隐蔽故智不得耶?为山岩、石壁、地水火风障故智不得耶?为极远、极近故智不得耶?为老小盲冥、诸根不具故智不得耶?世尊!若不觉自共相异不异智不得者,不应说智,应说无智;以有事不得故。若复种种自共相性自性相隐蔽故智不得者,彼亦无智,非是智。世尊!有尔焰故智生非无性,会尔焰故名为智。若山岩、石壁、地水火风、极远、极近、老小盲冥、诸根不具、智不得者,此亦非智,应是无智,以有事不可得故。"②此中是在问

---

① 宋求那跋陀罗译《楞伽阿跋多罗宝经》卷三,《大正藏》第16卷,第501页下。
② 同上书,第502页下。

难,即便是实有"境"而"智",应说无智,不应说"智"。之所以名为"智"是因为其能了知境界,如有"境"而不能了知,不应称之为"智"。如"智"不具足,应正名称之为"无智"。

佛告诉大慧等说:"不如是。无智、应是智,非非智。我不如是隐覆说攀缘事智慧不得,是施设量建立,觉自心现量,有无有外性非性,知而事不得,不得故智于尔焰不生,顺三解脱,智亦不得。非妄想者无始性非性虚伪习智,作如是知。是知彼不知,故于外事处所相性无性妄想不断,自心现量建立,说我我所相摄受计著,不觉自心现量,于智尔焰而起妄想。妄想故,外性非性观察不得,依于断见。"①此中是说,佛说"智"正是"智",并非说隐覆于所缘之境而不知。"施设量"所建立的是"假智"所缘的假名相法,而自证真实智不以此假智之"假名相"为所攀缘之处。以"正智"中实在了知,心外之法皆不可得,愚夫计有计无都非"正智",菩萨毕竟了知唯心,无心外境若事若因可取,无所缘故亦无能缘之"智"。地前菩萨经信、住、行、向位,修四加行,在"下忍"境不取,在"中忍"智不得,在"上忍"则达"境"、"智"双不存,由是"境智"双忘而进入"初地"。而愚夫种种虚妄分别,不能如实了知"正智"之所知,于所计心外之法上,有性无性分别不断,不了唯心假立名相,更著内我、外物,于所妄取之法,观察有无不得而生断见。

(五) 勿习世论门

此章是说明"世间诸论种种辩说,慎勿习近;若习近者,摄受贪欲,不摄受法"②的道理。其核心思想是以下的经文:"我不说世论,亦无来去,唯说不来不去。大慧!来者、趣聚会生,去者、散坏,不来不去者、是不生不灭。我所说义,不堕世论妄想数中。所以者何?谓不计著外性非性,自心现处,二边妄想所不能转,相境非性,觉自心现,则自心现妄想不生。

---

① 宋求那跋陀罗译《楞伽阿跋多罗宝经》卷三,《大正藏》第16卷,第502页下—503页上。
② 同上书,第503页中。

妄想不生者,空、无相、无作,入三脱门,名为解脱。"①

佛所说与世论的区别在于:佛不说世论生灭法,佛所说的是诸法不来不去。所谓"来"者,也即集生之义;所谓"去"者,也即坏灭之义,不来不去,亦即不生不灭。佛之所说不同外道堕妄想分别之中,因为佛法远离外道所执之有、无之见,了达诸法唯自心之显现,无能取、所取,不生境相分别,入空、无相、无愿之门而得解脱。

其他详细辩说从略。

七、入最胜地门

《楞伽经》的第四部分是"入最胜地",相当于第十"法云地"及"佛地",也是唯识学五位中之"修道位"后分及"究竟位"。此中说及"如来藏心"的概念。

（一）涅槃差别门

关于"涅槃",在前述"大般涅槃门"和"四果差别门"已经作了说明。从内容来看,前面是就"自证"而为菩萨而说,此中则是就菩萨化他悟他而作说明的。此中较多地涉及对外道相关观念的破斥。内容见下文。

（二）如来觉性门

在前面宣说的如来"知见"的基础上,此章则在化他悟他上更进一步抉择讨论。大慧菩萨问佛说:"世尊! 如来应供等正觉,为作耶? 为不作耶? 为事耶? 为因耶? 为相耶? 为所相耶? 为说耶? 为所说耶? 为觉耶? 为所觉耶? 如是等辞句,为异为不异?"②大慧略举五对以问佛,而世尊一一作了否定,如经中所说:"如来应供等正觉,于如是等辞句,非事非因。所以者何? 俱有过故。"③这表明佛的自性是不可揣度、不可言说的。这一段经文较长,现依据明宗泐、如玘《楞伽阿跋多罗宝经批注》卷

---

① 宋求那跋陀罗译《楞伽阿跋多罗宝经》卷三,《大正藏》第16卷,第503页下。
②③ 宋求那跋陀罗译《楞伽阿跋多罗宝经》卷四,《大正藏》第16卷,第505页中。

四的批注给予分段解释。

第一,"若如来是事者,或作、或无常,无常故一切事应是如来,我及诸佛,皆所不欲。若非所作者,无所得故,方便则空,同于兔角、盘大之子,以无所有故。大慧!若无事、无因者,则非有非无,若非有非无,则出于四句。四句者、是世间言说;若出四句者、则不堕四句,不堕四句故智者所取。一切如来句义,亦如是,慧者当知。"①关于此段的含义,古德解释说:"正言如来若惟是'事因',则堕'有作'之过。若非'事因',则堕'无所有'过也。言'如来是事'等者,谓若如来定须用因果等事,则是无常。若是无常,则一切所作之法应是如来。然我及诸佛,皆不欲同彼'事'也。若非'所作'等,即核上非事因句,谓非所作,则无所得;无所得,则智慧方便皆为徒设,同于兔角、石女儿也。又言'无事无因'者,谓法身既非有作,则离有无之过。离有无过,则出于四句之外。四句者,即一异、俱不俱、有无非有非无、常无常等四句也。不堕此四句,是为如来句义,为智者之所取也。"②此解甚为明晰,不赘。

第二,"如我所说一切法无我,当知此义、无我性是无我。一切法有自性,无他性,如牛、马。大慧!譬如非牛、马性,非马、牛性,其实非有非无,彼非无自性。如是大慧!一切诸法非无自相,有自相;但非无我愚夫之所能知,以妄想故。如是一切法空、无生、无自性,当如是知。"③关于此段的含义,古德解释说:"上明如来句义不堕四句,恐未达者谓如来句义亦非实性,故引例以显。如'我所说'等,佛谓'我常说一切法无我、无我'者,谓无性执之性,非无性分之性,故云'有自性无他性',他者对己之谓也,意谓如来句虽离诸句,非无法身常住自性故。又以喻显,如牛但有牛之性而无马性,马但有马之性而无牛性,故云非有非无。谓彼各有自性而无他性,《入楞伽》云'一切诸法亦复如是,无有自相而非有即有',谓非

---

① 宋求那跋陀罗译《楞伽阿跋多罗宝经》卷四,《大正藏》第 16 卷,第 505 页中—下。
② 明宗泐、如玘《楞伽阿跋多罗宝经批注》卷四,《大正藏》第 39 卷,第 404 页上。
③ 宋求那跋陀罗译《楞伽阿跋多罗宝经》卷四,《大正藏》第 16 卷,第 505 页下。

但有自性，亦有自相。'但非无我'者，无我即声闻，谓但非凡小之所能知，而不知者由妄想分别之所蔽也。'如是一切法空'等，谓一切法无我既然，以例一切法空。如来之性不空，一切法无生，如来法身乃生，一切法无自性，而如来有常住之性，故云'当如是知'。"①此解甚为明晰，不赘。

第三，"如是如来与阴非异非不异；若不异阴者，应是无常；若异者，方便则空。若二者，应有异。如牛角，相似故不异，长短差别故有异；一切法亦如是。大慧！如牛右角异左角，左角异右角，如是长短种种色各各异。大慧！如来于阴、界、入非异非不异。"②关于此段的含义，古德解释说："'如来如是'下，谓法身与五阴对论，异非不异。'阴'即苦道，苦道即法身，故非异。迷悟有殊，故非不异。若言法身不异五阴，则是无常生灭之法。若谓异者，则如来无全体起用方便益物之相，故云则空。所以法身与阴，非异非不异也。若不了阴即是法身，则二者有异故。又以牛角为喻，牛角相似则不异，长短差别则有异。'一切诸法亦如是'者，谓法身与一切法非异非不异亦如是也。又以牛角左右异为喻者，谓法身本一，而诸法有异，亦犹牛之左右角之不同耳。"③此解甚为明晰，不赘。

第四，"如是如来、解脱非异非不异，如是如来以解脱名说，若如来异解脱者，应色相成；色相成故，应无常。若不异者，修行者得相应无分别，而修行者见分别，是故非异非不异。"④关于此段的含义，古德解释说："此'法身如来'对'解脱之德'而论，言'如来以解脱名说'者，如来之所究显，盖由了结业即解脱故也。此如来与解脱非异非不异。若云异者，解脱应身色相成则是无常。若不异者，则修行之人与解脱相应，无因果、人法之异。然有能、所分别，故结云'非异非不异'也。"⑤此解甚为明晰，不赘。

第五，"如是智及尔焰非异非不异。大慧！智及尔焰非异非不异者，

---

① 明宗泐、如𡵛《楞伽阿跋多罗宝经批注》卷四，《大正藏》第39卷，第404页中。
②④ 宋求那跋陀罗译《楞伽阿跋多罗宝经》卷四，《大正藏》第16卷，第505页下。
③ 明宗泐、如𡵛《楞伽阿跋多罗宝经批注》卷四，《大正藏》第39卷，第404页中—下。
⑤ 同上书，第404页下。

非常非无常,非作非所作,非有为非无为,非觉非所觉,非相非所相,非阴非异阴,非说非所说,非一非异,非俱非不俱。非一非异、非俱非不俱故,悉离一切量。"①关于此段的含义,古德解释说:"此约'般若'与'智障'相对而论,智即般若,'尔焰'即'智障'。例前合云,若异则离障无智,若不异则障岂是智,但云'非异非不异'者,文之略耳。此'般若与智障非异非不异'者,则与法身解脱无二无别,故复总结而例通之。曰'非常非无常'等,总不出非二边显中道,非能所显一相,非四句显忘言故。又云'离一切量','量'即'数'也。"②此解甚为明晰,不赘。

第六,"离一切量,则无言说;无言说则无生;无生则无灭;无灭则寂灭;寂灭则自性涅槃;自性涅槃则无事无因;无事无因则无攀缘;无攀缘则出过一切虚伪;出过一切虚伪则是如来;如来则是三藐三佛陀。"③关于此段的含义,古德解释说:"夫离诸言量,则是无生寂灭自性涅槃而已。既彰本性,乃复宗。结示曰'无事无因'等,惟一法身迥然独立,不见诸法为所攀缘,故出一切虚伪,名为如来三藐三佛陀。重言'佛陀'者,翻知觉之异,双结二名也。"④此解甚为明晰,不赘。

(三)不生不灭门

此章的主题是讨论"不生不灭"是无法之义还是如来的异名。大慧菩萨问佛说:"世尊!若一切法不生者,则摄受法不可得,一切法不生故。若名字中有法者,惟愿为说。"⑤大慧的意思是:若一切法不生,则一切法亦不可得,是法既不可得,又何得有不生不灭法是如来异名耶?

佛告诉大慧说:"我说如来非无性,亦非不生不灭摄一切法,亦不待缘故不生不灭,亦非无义。大慧!我说意生、法身,如来名号。彼不生者,一切外道、声闻、缘觉、七住菩萨非其境界。大慧!彼不生,即如来异

---

① 宋求那跋陀罗译《楞伽阿跋多罗宝经》卷四,《大正藏》第16卷,第505页下—506页上。
② 明宗泐、如玘《楞伽阿跋多罗宝经批注》卷四,《大正藏》第39卷,第404页下。
③⑤ 宋求那跋陀罗译《楞伽阿跋多罗宝经》卷四,《大正藏》第16卷,第506页上。
④ 明宗泐、如玘《楞伽阿跋多罗宝经批注》卷四,《大正藏》第39卷,第405页上。

名。"①此中是说,佛并非以无法说为"不生不灭",也不是非摄取不生不灭而为如来,亦非待缘而有,也非有其说而无义。佛说的"不生不灭"就是如来的别名。依最胜"意生身"、"法身"而说为"不生不灭",但非外道、二乘乃至七地以前的菩萨所能知晓而已。

其后,经中又有一段文字强调佛法是远离文字言说的。经中说:"一切言说堕于文字,义则不堕,离性非性故,无受生,亦无身。大慧!如来不说堕文字法,文字有无不可得故,除不堕文字。大慧!若有说言如来说堕文字法者,此则妄说!法离文字故。是故大慧!我等诸佛及诸菩萨,不说一字,不答一字。所以者何?法离文字故。非不饶益义说。言说者、众生妄想故。大慧!若不说一切法者,教法则坏,教法坏者,则无诸佛、菩萨、缘觉、声闻。若无者,谁说为谁?是故大慧!菩萨摩诃萨莫著言说,随宜方便广说经法。以众生希望、烦恼不一故,我及诸佛为彼种种异解众生而说诸法,令离心意意识故,不为得自觉圣智处。大慧!于一切法无所有,觉自心现量,离二妄想,诸菩萨摩诃萨依于义不依文字。若善男子、善女人依文字者,自坏第一义,亦不能觉他,堕恶见相续而为众说,不善了知一切法、一切地、一切相、亦不知章句。若善一切法、一切地、一切相、通达章句,具足性义,彼则能以正无相乐而自娱乐,平等大乘建立众生。"②

最后,大慧又问,佛的"不生不灭"与外道的"不生不灭"有何区别?佛告诉大慧说:"我说不生不灭,不同外道不生不灭。所以者何?彼诸外道有性自性,得不生不变相,我不如是堕有无品。大慧!我者、离有无品,离生灭,非性非无性。如种种幻梦现故非无性。云何无性?谓色无自性相摄受,现不现故,摄不摄故。以是故,一切性无性非无性,但觉自心现量,妄想不生,安隐快乐,世事永息。……无相者,妄想不生,不起不

---

① 宋求那跋陀罗译《楞伽阿跋多罗宝经》卷四,《大正藏》第16卷,第506页上—中。
② 同上书,第506页中—下。

灭,我说涅槃。大慧!涅槃者,如真实义见,离先妄想心心数法,逮得如来自觉圣智,我说是涅槃。"①此中说,佛说"不生不灭"异于外道,外道取实有一法自体而说其为"不生不灭",佛说一切种种法如幻梦唯心所现,离有无生灭故不生不灭,以如幻故,诸色无自性相,以或现或不现,或摄取或不摄取故,因此说其"非性非无性"。只要了知唯心,则何来妄想?因此,见一切法如幻无所有,为最胜行,即是无分别之不生不灭,即是涅槃,即是清净无漏真实第一义,即离有漏虚妄心心所聚,即得如来"自觉圣智"。如此等等,与外道所计"不生不灭"大相径庭。

此后解释"无生"、"无性"的一短经文从略。

(四) 拣别无常门

此章的主题是说明"一切行无常"的道理。大慧菩萨问佛说:"世尊!一切外道皆起无常妄想,世尊亦说一切行无常,是生灭法,此义云何?为邪、为正?为有几种无常?"②

经中首先罗列了外道七种无常观:"彼有说言'作已而舍,是名无常'。有说'形处坏,是名无常'。有说'即色是无常'。有说'色转变中间,是名无常。无间自之散坏,如乳、酪等转变,中间不可见,无常毁坏一切性转'。有说'性无常'。有说'性无性无常'。有说'一切法不生无常,入一切法'。"③

破第六种"四大":"大慧!性无性无常者,谓四大及所造自相坏,四大自性不可得,不生。"④这是说,四大之性都无自性,"能造"及"所造"相皆归变坏,因而说"无常",四大自性本来不生,不生即"无",有何可灭而其"无常"呢?后面一层是破斥对于"无常"的执持。

破第七种"计非常非无常":"彼不生无常者,非常无常,一切法有无不生,分析乃至微尘不可见,是不生义非生,是名不生无常相。若不觉此

---

① 宋求那跋陀罗译《楞伽阿跋多罗宝经》卷四,《大正藏》第16卷,第507页中。
②③④ 同上书,第508页中。

者,堕一切外道生无常义。"①《楞伽阿跋多罗宝经批注》卷四解释说:"言'非常'等者,佛谓常与无常一切有无,诸相对,法体本不生,乃至分析至于微尘亦无所见,以是义故说名'无生'。此为如来所说不生无常之相。若不了此义,则堕外道所计生无常义。以外道不达无生之旨,虽说'无生'实为有生,故斥云'生无常'也。"②

破第五种"性无常",这一观点是认定于万物外别有一物,其体是"常",能令万物无常。对此,经中反驳说:"如杖瓦石破坏诸物,现见各各不异,是性无常事;非作所作有差别,此是无常,此是事。作所作无异者,一切性常,无因性。"③如同以杖打坏瓦罐,被坏者坏了,而"能坏者"却不坏。现见诸法各自无常,并无能作无常者与所作无常事之差别可得,也不能指出此是无常,彼是此无常所成之果。如果所计之性无常,是一物,则堕万物中,诸法坏,此"性无常"亦应坏;"性无常"坏,则无能作无常之因,余法应"常",而一切不究竟无常。如此等等,加之外道妄计之四大不坏的观念不能成立,更从何得此"性无常"不坏呢?

批驳第一种"离始造无常":"离始造无常者,非四大,复有异四大,各各异相,自相故,非差别可得。彼无差别,斯等不更造,二方便不作,当知是无常。"④这一观点认为万物始起即灭。从物之始造计无常,四大各各异相,不能互造;自相亦不能造自相,他造、自共造都不可能。"造"既不可得,何从计始造之无常呢?

批驳第二种"形处坏无常":"彼形处坏无常者,谓四大及造色不坏,至竟不坏。大慧!竟者,分析乃至微尘,观察坏四大及造色,形处异见,长短不可得,非四大,四大不坏,形处坏现,堕在数论。"⑤这一种观点以"形处"的变化计无常,他们以为能造四大及所造之色分析至微,所造上假现之形处坏灭,而四大能所造之"色体"不坏。此则堕于"数论派"的诸

---

① ③ 宋求那跋陀罗译《楞伽阿跋多罗宝经》卷四,《大正藏》第 16 卷,第 508 页中。
② 明宗泐、如玘《楞伽阿跋多罗宝经批注》卷四,《大正藏》第 39 卷,第 410 页下。
④ ⑤ 宋求那跋陀罗译《楞伽阿跋多罗宝经》卷四,《大正藏》第 16 卷,第 508 页下。

法皆常仅仅是形转变质之泥沼中。

批驳第三种"色即无常":"色即无常者,谓色即是无常,彼则形处无常,非四大。若四大无常者,非俗数言说。世俗言说非性者,则堕世论。见一切性但有言说,不但自相生。"①此观点认为,是"能造"、"所造"之有形法无常,而非无形之四大自性无常。若四大皆空,则世事无有,堕于世论外道,但有言说而无自相。

批驳第七种"转变无常":"转变无常者,谓色异性现,非四大;如金作庄严具,转变现,非金性坏,见庄严具处所坏。如是余性转变等,亦如是。"②这一观点认为,色现异相,相变而四大不变,如金具展转相变,但金具屡改而金性不改。此中以四大不变,而转转变化之相无常。

总之,上述"如是等种种外道无常见妄想,火烧四大时自相不烧,各各自相相坏者,四大造色应断"③。如火烧四大,四各差别,自相不烧。这是错误的。他们以为各各自相坏,则能造、所造皆断,以后不能再有。殊不知劫火洞然,一切皆坏。外道于妄见无常外妄计有常、无论其见有常、见无常,皆是异见妄执。

最后,经中从正面评破外道的"无常观":"大慧!我法起非常非无常。所以者何?谓外性不决定故,唯说三有微心,不说种种相有生有灭。四大合会差别,四大及造色故,妄想二种事摄所摄,知二种妄想,离外性无性二种见,觉自心现量。妄想者,思想作行生,非不作行。离心性无性妄想,世间、出世间、出世间上上一切法,非常非无常;不觉自心现量,堕二边恶见相续。一切外道不觉自妄想,此凡夫无有根本,谓世间、出世间、出世间上上,从说妄想生。非凡愚所觉。"④佛说一切法缘起非常非无常,因为佛法了知唯心,心外之法不可得,故非决定有四大和合之能造所造有种种相生灭,故远离外道之妄计妄见。凡夫妄想造作,非不造作,必

---

①②③ 宋求那跋陀罗译《楞伽阿跋多罗宝经》卷四,《大正藏》第16卷,第508页中。
④ 同上书,第508页中—下。

离此有无妄想心,修习世间、出世间上上一切法智,才能远离外道。而凡夫无根本智,故终不觉知此三种法。

(五)入灭现证门

此章的主题是为言说"灭正受次第相续"。"若善于灭正受次第相续相者,我及余菩萨终不妄舍灭正受乐门,不堕一切声闻、缘觉、外道愚痴。"①此中的"灭正受"即"灭受想定"。

经中先说"三乘次第":"六地菩萨摩诃萨及声闻、缘觉入灭正受。第七地菩萨摩诃萨念念正受,离一切性自性相正受,非声闻、缘觉。诸声闻、缘觉堕有行觉,摄所摄相灭正受。是故七地非念正受,得一切法无差别相,非分得种种相性,觉一切法善不善性相正受,是故七地无善念正受。大慧!八地菩萨及声闻、缘觉,心意意识妄想相灭,初地乃至七地菩萨摩诃萨,观三界心意意识量,离我我所自妄想修,堕外性种种相,愚夫二种自心摄所摄,向无知不觉无始过恶虚伪习气所熏。大慧!八地菩萨摩诃萨,声闻、缘觉涅槃,菩萨者,三昧觉所持,是故三昧门乐不般涅槃。若不持者,如来地不满足,弃舍一切有为众生事故,佛种则应断。诸佛世尊为示如来不可思议无量功德。声闻、缘觉三昧门得乐所牵故,作涅槃想。大慧!我分部七地善修心意意识相,善修我我所,摄受人法无我,生灭自共相,善四无碍,决定力、三昧门,地次第相续,入道品法。不令菩萨摩诃萨不觉自共相,不善七地,堕外道邪径,故立地次第。"②此中明确地罗列了菩萨于十地修行所获得的"定"。从初地至第六地,入"灭正受",至第七地即无间常住定中,了一切法无有别别自性可得,实无有法动心,不同二乘取法,起作意觉入定。善观察心相,离人法二执,入二无我,不著生灭法自共相,入第八地;善四无碍,为第九地;决定力则达第十地;而正时时加持,不令堕入凡外过患,故立地次第。

---

① 宋求那跋陀罗译《楞伽阿跋多罗宝经》卷四,《大正藏》第16卷,第509页上。
② 同上书,第509页上—中。

其后，佛又说："彼实无有若生若灭，除自心现量，所谓地次第相续及三界种种行，愚夫所不觉。愚夫所不觉者，谓我及诸佛说地次第相续，及说三界种种行。"①而八地以至佛，以种种方便而利他，虽得涅槃，方便不坏，离过患尽而得"无生法忍"，于所证第一义，毕竟无所有，即次第而无次第，得寂灭法。

（六）常无常义门

大慧菩萨于此询问佛："世尊！如来应供等正觉为常？为无常？"②此中所问是如来法体是"常"还是"无常"。具体内容见下文。

（七）蕴处生灭门

这一章的主题是有为法生灭的承担者或"主体"为何的问题。大慧菩萨又问佛说："世尊！惟愿世尊更为我说阴、界、入生灭，彼无有我，谁生谁灭？愚夫者依于生灭，不觉苦尽，不识涅槃。"③此中首先须明确，所谓"我"是恒常、统一、主宰的含义。既然有情众生"无我"，则此色身已无有恒常、统一、主宰，那究竟谁生谁灭，又是谁相续不绝呢？这一章的内容是《楞伽经》的核心所在。具体内容见下文。

（八）四法差别门

此章的主题是辨明"五法"、"自性"、"识"、"二种无我究竟分别相"等"四法"的内涵。大慧菩萨问佛说："世尊！惟愿为说五法、自性、识、二种无我究竟分别相，我及余菩萨摩诃萨于一切地次第相续，分别此法入一切佛法。入一切佛法者，乃至如来自觉地。"④对此问题的简要答案是："五法、自性、识、二种无我分别趣相者，谓名、相、妄想、正智、如如。若修行者修行，入如来自觉圣趣，离于断常、有无等见，现法乐正受住现在前。大慧！不觉彼五法、自性、识、二无我，自心现外性，凡夫妄想作诸圣

---

① 宋求那跋陀罗译《楞伽阿跋多罗宝经》卷四，《大正藏》第 16 卷，第 509 页中。
② 同上书，第 509 页下。
③ 同上书，第 510 页上—中。
④ 同上书，第 510 页下。

贤。"①这是说,善能观察"名"、"相"、"妄想"、"正智"、"如如",则能进入自觉圣趣而离于二见,现证法乐。如不觉知五法、自性、诸识、无我,法皆唯心所现,则非圣智,而是凡夫的妄想。

1. "五法"及其关系

关于"相"与"名",经中解释说:"愚夫计著俗数名相,随心流散。流散已,种种相像貌,堕我、我所见,希望计著妙色。计著已,无知覆障,故生染著。染著已,贪、恚、痴所生业积集。积集已,妄想自缠,如蚕作茧,堕生死海、诸趣旷野,如汲井轮。以愚痴故,不能知如幻、野马、水月,自性离我我所,起于一切不实妄想。离相所相及生住灭,从自心妄想生,非自在、时节、微尘、胜妙生,愚痴凡夫随名相流。"②由此可见,"相"、"名"来源于凡夫的计著妄想,文中描述了"相"、"名"形成的过程。愚痴凡夫不知"名"是假立,心随流动见有诸法,计著我及我所,执著于色等外法,覆障圣智,起贪、瞋、痴各种烦恼,造作诸业,如蚕作茧以自缚,堕于六道生死轮回之中,如汲水轮,循环不息;不知诸法如幻、如焰、如水中月,自心所现,而虚妄分别,不知离于能取、所取及生住灭,而妄心外缘,随顺自在,时、微尘、我等而生,随名相而流转。

关于"相"、"名"、"妄想",经中还解释说:"彼相者,眼识所照名为色,耳、鼻、舌、身、意、意识所照,名为声、香、味、触、法,是名为相。大慧!彼妄想者,施设众名,显示诸相,如此不异象、马、车、步、男、女等名,是名妄想。"③据此中所说,所谓"相"包括:眼识所见名之为"色",耳、鼻、舌、身所得名为声、香、味、触、法。所谓"妄想",也即施设种种名号,显示种种差别相,称之为象、马、男、女等,因有此等名称,即有象、马、男、女等性相起,说此是象、马,那是男、女,计著如此种种名相,是名"妄想"(唐译本作"分别")。

---

① 宋求那跋陀罗译《楞伽阿跋多罗宝经》卷四,《大正藏》第16卷,第510页下—511页上。
②③ 同上书,第511页上。

关于"正智"和"如如",经中解释说:"正智者,彼名相不可得,犹如过客,诸识不生,不断不常,不堕一切外道、声闻、缘觉之地。复次,大慧!菩萨摩诃萨以此正智;不立名相,非不立名相,舍离二见——建立及诽谤,知名相不生,是名如如。"①所谓"正智"者,亦即以正智观察,物无当名之实;名无得物之功,自性本无,故俱互为客,如此观察,则不起分别心识,亦即不堕常断等外道二乘境界,这就是"正智"。而大菩萨以其正智观察名相,非有非无,远离二边恶见,名相及识,相自不起,此法即名"如如"。

而"菩萨摩诃萨住如如者,得无所有境界故,得菩萨欢喜地。得菩萨欢喜地已,永离一切外道恶趣,正住出世间趣,法相成熟,分别幻等一切法,自觉法趣相,离诸妄想,见性异相。次第乃至法云地,于其中间,三昧、力、自在、神通开敷。得如来地已,种种变化圆照示现,成熟众生,如水中月,善究竟满足十无尽句,为种种意解众生分别说法。法身离意所作,是名菩萨入如如所得"②。大菩萨亲证真如,一切相无所有,是为初地菩萨。于是离一切所应证,离一切所能证,次第而至十地,神通功德,究竟圆满,而仍不违本愿,成熟众生,普应普现,不假造作,如如不动,圆成一切佛事。这就是"菩萨入如如所得"。

2. 通摄三性

大慧菩萨又问佛说:"世尊!云何世尊为三种自性入于五法?为各有自相宗?"③这是询问"五法"和"三性"之间的关系。佛告诉大慧说:"三种自性及八识、二种无我,悉入五法。"④

首先是"五法"与"三性",经中说:"彼名及相,是妄想自性。大慧!若依彼妄想生心心法,名俱时生,如日光俱,种种相各别分别持,是名缘起自性。大慧!正智、如如者,不可坏故,名成自性。"⑤文中说,"三自性"、

---

①② 宋求那跋陀罗译《楞伽阿跋多罗宝经》卷四,《大正藏》第16卷,第511页上。
③④⑤ 同上书,第511页中。

八识及二种无我都入于此五法中。"名"与"相"是"妄想自性",即一般所说的"遍计所执自性"。若以依彼分别心、心所法,必带名相一并生起,如日与光,同时而有,是名"缘起自性",即一般所说的"依他起自性"。"正智"、"如如",非是作法,不可坏灭,是"成自性",即一般所说的"圆成实性"。

其次,关于"八识"与"五法",经中解释说:"自心现妄想八种分别,谓识藏、意、意识及五识身相者,不实相妄想故。"①这是说,执著于自心所现分别法,即有八种分别,即藏识、意、意识以及眼、耳、鼻、舌、身五识,而其实八识都是虚妄不实,只是虚妄计著而已。

最后,此章指出:"我、我所二摄受灭,二无我生。是故大慧,此五法者、声闻、缘觉、菩萨、如来、自觉圣智,诸地相续次第,一切佛法悉入其中。"②自心妄想现八识之名相,起八识之分别,然皆不实妄想,远离我、我所,得二无我正智。声闻、缘觉、菩萨、如来自证圣智诸境界,一切佛法也都摄入此五法中。

(九)佛如恒沙门

此章的内容是佛为会众解释"诸佛如恒河沙"句的含义。

佛回答说:"莫如说受!三世诸佛量,非如恒河沙。所以者何?过世间望,非譬所譬。以凡愚计常,外道妄想长养恶见生死无穷。欲令厌离生死趣轮,精勤胜进故,为彼说言。"③诸佛数量非恒沙可比,以超世间所知数量故。为令凡夫、外道众生离生死轮回,勇猛精进,而说有此易见之数,非如难遇之优昙钵罗(金莲华)。如来既不可比以恒沙之多,亦非如金莲华之难值,此皆如来为令众生发心离妄想故而说,并非建立自通。"自觉圣智境界,无以为譬,真实如来,过心意意识所见之相,不可为譬。"④

其后,经中又解释说:"如来应供等正觉自觉圣智恒河,大力神通自

---

①② 宋求那跋陀罗译《楞伽阿跋多罗宝经》卷四,《大正藏》第16卷,第511页中。
③④ 同上书,第511页下。

在等沙,一切外道诸人兽等一切恼乱,如来不念而生妄想,如来寂然无有念想,如来本愿以三昧乐安众生故,无有恼乱,犹如恒沙等无有异。……如来法身如恒沙不坏。大慧!譬如恒沙无有限量,如来光明亦复如是,无有限量;为成熟众生故,普照一切诸佛大众。大慧!譬如恒沙,别求异沙,永不可得。如是大慧!如来应供等正觉无生死生灭,有因缘断故。大慧!譬如恒沙增减不可得知。如是大慧!如来智慧,成熟众生不增不减,非身法故。身法者,有坏,如来法身非是身法。如压恒沙油不可得;如是一切极苦众生逼迫如来,乃至众生未得涅槃,不舍法界自三昧愿乐,以大悲故。大慧!譬如恒沙,随水而流,非无水也。如是大慧!如来所说一切诸法随涅槃流,是故说言如恒河沙。如来不随诸去流转,去是坏义故。大慧!生死本际不可知,不知故,云何说去?大慧!去者断义,而愚夫不知。"①此中的核心在于,如来法身如恒沙而不坏,虽历三世间而平等不动。如来光明及度众生无量,亦如恒河无有限量。如来正智等同如如,无有增减,如恒沙之增减不可得知。众生虽以极苦之法压逼如来,而如来决不起烦恼,如沙中不能逼油出,皆以大悲心不舍众生。总之,如来恒常不坏,当处即是,坐断三际,更无来去,以是故,说佛可喻恒沙,但此不能被不知生死本际的凡夫所能知。

(十)诸法刹那门

此章的主题是佛为会众宣说"一切诸法刹那坏相"。这一问题的缘由是佛常说一切众缘起法,随生即灭,不待他缘,如果一定执刹那变坏,如何有常住无为法呢?

佛首先指出:"略说心、意、意识及习气,是五受阴因。是心、意、意识习气,长养凡愚善、不善妄想。"②这是说,八识是一切善法、不善法的根源,而"修三昧乐,三昧正受现法乐住,名为贤圣善无漏"。

---

① 宋求那跋陀罗译《楞伽阿跋多罗宝经》卷四,《大正藏》第16卷,第511页下—512页上。
② 同上书,第512页上。

关于八识与一切法的关系，经中解释说："善、不善者，谓八识。何等为八？谓如来藏名识藏心、意、意识及五识身，非外道所说。大慧！五识身者，心、意、意识俱，善、不善相，展转变坏，相续流注，不坏身生，亦生亦灭，不觉自心现，次第灭余识生，形相差别，摄受意识，五识俱相应生，刹那时不住，名为刹那。"①此中以"如来藏名识藏心"来称呼第八识，"意"为第七识，"意识"和"五识身"分别指第六识和前五识。其中，眼、耳、鼻、舌、身五识取尘，意识造善恶业相，辗转差别，善恶业相，相续不断，五识身生，此五识身念念不住。此五识不觉诸法乃自心所现，取种种尘，随取随灭，实时第六识生起，意识与前五识一起，取于种种形相差别，刹那不住，经中称这些名"刹那法"。

其后，经中又说："刹那者，名识藏如来藏意俱生识习气刹那，无漏习气非刹那，非凡愚所觉。计著刹那论，故不觉一切法刹那非刹那，以断见坏无为法。七识不流转，不受苦乐，非涅槃因。大慧！如来藏者，受苦乐，与因俱，若生若灭。四住地、无明住地所醉，凡愚不觉，刹那见，妄想熏心。"②第八"如来藏名藏识与前七识俱名"刹那无漏习气，熏如来藏藏识，离念相应，即非刹那，此非愚痴凡夫、刹那论者之所能知，他们不知诸法有刹那、非刹那之分，以无漏真如同于诸有为法，堕于断常、生灭等见。五识身无自性，不能流转六道，也不知苦乐，也非涅槃因。如来藏是常，随其染净熏习转变，以其作依持，能令诸识知苦乐，与因一起，若生若灭。而愚痴凡夫为四种习气之所迷覆，不知如来藏是常，起刹那见。

听闻如上解释，大慧又产生一个问题：如何修六度满足而非刹那生灭呢？换言之，即是如何理解"六波罗蜜满足得成正觉"的含义。佛告诉大慧说："波罗蜜有三种分别，谓世间、出世间、出世间上上。大慧！世间波罗蜜者，我、我所摄受计著，摄受二边，为种种受生处，乐色、声、香、味、触故，满足檀波罗蜜。戒、忍、精进、禅定、智慧，亦如是。凡夫神通及生

---

①② 宋求那跋陀罗译《楞伽阿跋多罗宝经》卷四，《大正藏》第16卷，第512页中。

梵天。大慧！出世间波罗蜜者，声闻、缘觉，堕摄受涅槃故，行六波罗蜜，乐自己涅槃乐。出世间上上波罗蜜者，觉自心现妄想量摄受、及自心二故，不生妄想。于诸趣摄受非分，自心色相不计著，为安乐一切众生故，生檀波罗蜜。起上方便，即于彼缘妄想不生戒，是尸波罗蜜。即彼妄想不生忍，知摄所摄，是羼提波罗蜜。初中后夜精勤方便，随顺修行方便，妄想不生，是毗梨耶波罗蜜。妄想悉灭，不堕声闻涅槃摄受，是禅波罗蜜。自心妄想非性，智慧观察，不堕二边，先身转胜而不可坏，得自觉圣趣，是般若波罗蜜。"①有世间波罗蜜、出世间波罗蜜和出世间上上波罗蜜。愚痴凡夫执著于我、我所，执取二边，求三有身，贪著于色、声、香、味、触境，如此修行布施、持戒、忍辱、精进、禅定、般若，得五神通世间之法，生于六欲梵世，这就是世间波罗蜜。如声闻、缘觉，欣趣涅槃，追求自我解脱，如此修行六度，是出世间波罗蜜。大菩萨了知人、我二法唯是自心所现，不起妄想，不生执著，不取色相，为利益一切众生，而常修行布施波罗蜜；于诸境界不起分别，知法性无染，离五欲过，随顺修行持戒波罗蜜；知法性无苦，离诸瞋恼，随顺修行忍辱波罗蜜；时刻勤修，毫不懈怠，随顺修行精进波罗蜜；不生分别，不起外道之见，知法性常定，随顺修行禅定波罗蜜；以智慧观察不起妄心分别，不堕于二边之见，转染成净，随顺修行般若波罗蜜。——这就是出世间上上波罗蜜。

（十一）如来变化门

此章的主题是宣说"如来变化"，也就是如来境界。如大慧菩萨所问："世尊记阿罗汉得成阿耨多罗三藐三菩提，与诸菩萨等无差别？一切众生法不涅槃，谁至佛道？从初得佛至般涅槃，于其中间不说一字，亦无所答？如来常定故，亦无虑，亦无察？化佛化作佛事？何故说识刹那展转坏相？金刚力士常随侍卫？何不施设本际？现魔魔业，恶业果报，旃

---

① 宋求那跋陀罗译《楞伽阿跋多罗宝经》卷四，《大正藏》第16卷，第512页中—下。

遮摩纳,孙陀利女,空钵而出,恶业障现,云何如来得一切种智而不离诸过?"①

对于第一层提问,佛回答说:"为无余涅槃故说,诱进行菩萨行者故。此及余世界修菩萨行者,乐声闻乘涅槃,为令离声闻乘进向大乘,化佛授声闻记,非是法佛。大慧!因是故记诸声闻与菩萨不异。大慧!不异者,声闻、缘觉、诸佛如来,烦恼障断,解脱一味,非智障断。"②二乘仅解脱分段生死,仍属于有余涅槃,为引诱修菩萨行者使其进入不退堕境界,而不必多走此二乘路,佛授记说二乘与菩萨不异。不过,应该注意,经中所说佛与二乘无差别,仅仅就断除烦恼障而言,非指"所知障"。

其次,经文说:"智障者,见法无我,殊胜清净。烦恼障者,先习见人无我断,七识灭;法障解脱,识藏习灭,究竟清净。因本住法故,前后非性。无尽本愿故,如来无虑无察而演说法。正智所化故,念不妄故,无虑无察。四住地、无明住地、习气断故,二烦恼断,离二种死,觉人法无我及二障断。"③这里说,"所知障"要至见法无我时,才会断除。"烦恼障"只见人无我,在舍离七转识,断除诸法障碍藏识习气等,才会究竟清净。

最后,经中说:"心、意、意识、眼识等七,刹那习气因,善无漏品离,不复轮转。大慧!如来藏者,轮转涅槃苦乐因。空乱意大慧愚痴凡夫所不能觉。……愚夫依七识身灭,起断见;不觉识藏故,起常见。自妄想故,不知本际;自妄想慧灭故,解脱;四住地、无明住地、习气断故,一切过断。"④七种识以妄想习气为因,是刹那无常性,离无漏善,不能往来六道,如来藏性常,能持生死流转,是涅槃、苦乐之因,凡夫不知,妄著于空。愚痴凡夫见此身灭,不见未来生,故起断见,不知"藏识"念念流注,故起常见,自心妄分别想是其生死本际,所以说本际不可得。离开这种虚妄分别,即得解脱,四住烦恼俱断,远离一切过失,也就趋向佛地。

---

①② 宋求那跋陀罗译《楞伽阿跋多罗宝经》卷四,《大正藏》第16卷,第513页上。
③④ 同上书,第513页上—中。

(十二) 遮断肉食门

《楞伽经》汉译本的最后一章是有关断除肉食的问题。此处略作归纳。

佛告诉大慧:"有无量因缘,不应食肉。然我今当为汝略说:谓一切众生从本已来,展转因缘,尝为六亲,以亲想故不应食肉。驴、骡、骆驼、狐、狗、牛、马、人兽等肉,屠者杂卖故,不应食肉。不净气分所生长故,不应食肉。众生闻气,悉生恐怖,如旃陀罗及谭婆等,狗见憎恶,惊怖群吠故,不应食肉。又令修行者慈心不生故,不应食肉。凡愚所嗜,臭秽不净,无善名称故,不应食肉。令诸咒术不成就故,不应食肉。以杀生者,见形起识,深味著故,不应食肉。彼食肉者,诸天所弃故,不应食肉。令口气臭故,不应食肉。多恶梦故,不应食肉。空闲林中,虎狼闻香故,不应食肉。令饮食无节量故,不应食肉。令修行者不生厌离故,不应食肉。我常说言:'凡所饮食,作食子肉想,作服药想'故,不应食肉;听食肉者,无有是处。"①

如此等等,从略。

八、《楞伽经》的如来藏思想

在如来藏经典中,《楞伽经》的重要性在于,一方面以"五法"、"三性"、"八识"、"二无我"为纲要,构成唯识学的体系,另一方面则以倡第八识与如来藏的同一将如来藏思想融入于唯识思想之中。由于南北朝时期的中国佛教非常重视佛性思想的探讨,所以此经一译出就受到中土僧众的高度重视和欢迎,不但对于南北朝时期的佛学发展起了重要的推动作用,更重要的是对于隋唐及其以后的中国佛教也产生了巨大的影响。此经的基本内容在前文依据其本身的结构顺序已经作了较为详细的诠释,在此谨将此经有关如来藏思想的若干重要论题略作归纳。

---

① 宋求那跋陀罗译《楞伽阿跋多罗宝经》卷四,《大正藏》第 16 卷,第 513 页下。

(一) 立如来藏的必要性

《楞伽经》卷一"如来藏心门"中，大慧菩萨问佛说："云何世尊同外道说我，言有如来藏耶？"①世尊分三层次来解释立如来藏的必要性。——此问题拟在结论中详细论说，此处从略。

(二) 关于涅槃

1. "大般涅槃门"论涅槃

第一，如来涅槃。

佛告诉大慧说："一切自性习气，藏意识见习转变，名为涅槃。诸佛及我，涅槃自性空事境界。复次，大慧！涅槃者，圣智自觉境界，离断常妄想性非性。云何非常？谓自相共相妄想断，故非常。云何非断？谓一切圣去来现在得自觉，故非断。大慧！涅槃不坏不死：若涅槃死者，复应受生相续；若坏者，应堕有为相。是故涅槃离坏、离死，是故修行者之所归依。复次、大慧！涅槃非舍非得，非断非常，非一义非种种义，是名涅槃。"②

关于大涅槃，在前述《大涅槃经》中有几种叙述，但此经在此的解释很独特，因为它是以唯识学的角度来解释的。在上述引文中，"一切自性习气，藏意识见习转变，名为涅槃"，即充分表明了其特质。此中，"藏、意、意识"分别指第八识、第七识和前六识。"见习"指"我见习气"和"法见习气"，须将此"我执习气"及"有支习气"转舍为清净无漏，即成就大涅槃。佛"圣智自觉境界"非常非断，非有性非无性。因为断绝了对于自相、共相的妄想，因而"非常"；因为远离妄想而为圣智能亲证第一义，因而"非断"。涅槃"不坏不死"，因为其无生死相续，非有为相，所以无成住坏空。

第二，二乘涅槃。

---

① 宋求那跋陀罗译《楞伽阿跋多罗宝经》卷二，《大正藏》第16卷，第489页上。
② 同上书，第492页中。

与如来大涅槃不同,有声闻、缘觉涅槃。经中说:"声闻、缘觉涅槃者,觉自相共相,不习近境界,不颠倒见,妄想不生,彼等于彼作涅槃觉。复次,大慧!二种自性相,云何为二?谓言说自性相计著,事自性相计著。言说自性相计著者,从无始言说虚伪习气计著生。事自性相计著者,从不觉自心现分齐生。"①此中,二乘觉知诸法的自相、共相,远离而不习近六尘境,不生倒见,不生妄想,他们以此为"涅槃觉"。但是,二乘仍然有两种自性相计著,即"名相计著"及"事相计著",前者属于对语言概念的计著,后者则属于对诸法的相状的计著。

第三,辨涅槃相。

在此,佛又指出:"诸外道有四种涅槃。云何为四?谓性自性非性涅槃,种种相性非性涅槃,自相自性非性觉涅槃,诸阴自共相相续流注断涅槃;是名诸外道四种涅槃,非我所说法。大慧!我所说者,妄想识灭名为涅槃。"②此中外道所计的"法自性非性涅槃"是指计先"本无"后灭"无"为涅槃。"种种相性非性涅槃"是指诸法实有种种法体而绝灭之,计无色界涅槃。"自相自性非性觉涅槃"是指觉心、心所悉皆断灭,计无想定涅槃。"诸阴自共相相续流注断涅槃"是指五阴自共灭,三界灭,此小乘之所计。此中强调,佛所说的涅槃,乃虚妄分别之识灭。在此指第六识虚妄境界分别灭,断有漏六识称为涅槃。

其后,大慧问佛,在立八识的背景下,为何只强调离意识而非七识呢?唯识学中的遍计所执通于第六、第七识,佛立八识,修行成佛时遍计执的第六、七识皆断,所以大慧才会有此问。

佛告诉大慧说:"彼因及彼攀缘故,七识不生。意识者,境界分段计著生,习气长养藏识,意俱我我所计著,思惟因缘生,不坏身相,藏识因攀缘自心现境界计著心聚生,展转相因。譬如海浪,自心现境界风吹,若生

---

① 宋求那跋陀罗译《楞伽阿跋多罗宝经》卷二,《大正藏》第16卷,第492页中。
② 同上书,第496页上。

若灭,亦如是。是故意识灭,七识亦灭。"①这是说,因第六种种计著熏习长养藏识中之我执种子,第七我执由此相续不断,执有不坏我相,故第七识又以藏识中我执种为因,而藏识现行又为第七之所缘。八识心聚展转相生,初地后,六、七同转,藏识内习气渐渐除灭,入于如来智境。此后,上引偈颂又以喻说明之,海流喻染第八,浪喻染前七识;言诸境皆由自心现,不了知即是无明,喻为境界风吹起种种识浪。无明者,即第六不明一切境界皆自心现,第六如悟境唯心现,所以浪灭海平。故染第六识灭,染识尽灭。因此,佛说妄想识灭即涅槃。

2. "涅槃差别门"论涅槃

关于"涅槃",在前述"大般涅槃门"和"四果差别门"已经作了说明。从内容来看,前面是就"自证"而为菩萨说,此中则是就菩萨化他悟他而作说明的。此中较多地涉及对外道相关观念的破斥。

此中先罗列了二十一种外道的"涅槃"观念:第一,"或有外道:阴、界、入灭,境界离欲,见法无常,心心法品不生,不念去、来、现在境界,诸受阴尽,如灯火灭,如种子坏,妄想不生。斯等于此,作涅槃想。"②此是计如火灭种坏以为涅槃。第二,计从生方至于灭方,以为涅槃。境界想息,犹如风止。第三,以不见能觉之心、所觉之境的变化计为涅槃。第四,"见常无常作解脱想"。第五,以相起想,想能招苦,计无相为涅槃,即无相外道。第六,以一切法之各各自共相历经三世不作坏想以为涅槃。第七,以一切法皆坏,唯我人相不坏,计我永存以为涅槃。第八,以恶慧取数论二十五谛第一之冥性、与二十五之神我,转变作一切物以为涅槃。第九,以烦恼及福非福业自然会尽,不须智慧而得解脱,以为涅槃。第十,以能见到大自在天造作者为涅槃。第十一,以祖、父、孙展转相生,父母、子孙世代流传,别无异因以为涅槃。第十二,以得见十六谛或二十五

---

① 宋求那跋陀罗译《楞伽阿跋多罗宝经》卷二,《大正藏》第16卷,第496页上。
② 宋求那跋陀罗译《楞伽阿跋多罗宝经》卷三,《大正藏》第16卷,第503页下。

谛为涅槃。第十三,以见诸德所起和合之一异义为涅槃。第十四,以见事事物物显色自然如此为涅槃。第十五,以"觉真实谛"为涅槃。第十六,以礼拜六方受六德护国为涅槃。第十七,以时为涅槃。第十八,以见有物为涅槃。第十九,以见无物为涅槃。第二十,以见有物无物为涅槃。第二十一,以见有涅槃之觉与涅槃有别为涅槃。

对于上述涅槃观,经中批驳说:"有如是比种种妄想,外道所说,不成所成,智者所弃。大慧!如是一切悉堕二边,作涅槃想。如是等外道涅槃妄想,彼中都无若生若灭。大慧!彼一一外道涅槃,彼等自论;智慧观察,都无所立。如彼妄想,心意来去,漂驰流动,一切无有得涅槃者。"①

在列举并批驳了上述外道(有几项也包含了小乘佛教)的涅槃观之后,佛告诉大慧菩萨等说:"如我所说涅槃者,谓善觉知自心现量,不著外性,离于四句,见如实处,不堕自心现妄想二边,摄所摄不可得,一切度量不见所成。愚于真实不应摄受,弃舍彼已,得自觉圣法,知二无我,离二烦恼,净除二障,永离二死。上上地,如来地,如影幻等诸深三昧,离心意意识,说名涅槃。"② 此中的要点是:于四句,住如实见,乃能离一切外道之所堕,进修于诸佛菩萨之所行,得大三昧。文中"离心意意识",即指远离"八识",知一切唯心,不生妄想。

(三)关于"常"

1. 如来"非常非无常"

佛告诉大慧说:"如来应供等正觉非常非无常,谓二俱有过。若常者,有作主过。常者,一切外道说,作者无所作,是故如来常非常,非作常,有过故。若如来无常者,有作无常过。阴所相相无性,阴坏则应断,而如来不断。大慧!一切所作皆无常,如瓶、衣等,一切皆无常过。一切智众具方便,应无义,以所作故。一切所作,皆应是如来,无差别因性故。

---

①② 宋求那跋陀罗译《楞伽阿跋多罗宝经》卷三,《大正藏》第16卷,第505页上。

是故大慧！如来非常非无常。"①此中所言的核心是，说如来"常"或者说如来"无常"都是有过错的。如果说"常"，则同外道计执的常住造作的"神我"难于区分；如果说如来"无常"，则有将如来当做"所作"的过患。因此，如来是"非常非无常"的。

关于如来"非常"，经中解释说："如来非如虚空常，如虚空常者，自觉圣智众具无义过。大慧！譬如虚空非常非无常，离常无常、一异、俱不俱。常无常过故，不可说，是故如来非常。复次、大慧！若如来无生常者，如兔、马等角；以无生常故，方便无义。以无生常过故，如来非常。"②此以虚空作譬喻来说明。如来"常"，虚空也是常，如来岂同于顽空？虚空也离于四句，如来岂在四句？如来若以无生为"常"，如兔、马等也是"无生"，又怎么能以之等同如来呢？

关于如来"常"，经中解释说："更有余事知如来常。所以者何？谓无间所得智常，故如来常。大慧！若如来出世，若不出世，法毕定住。声闻、缘觉、诸佛如来、无间住，不住虚空，亦非愚夫之所觉知。大慧！如来所得智，是般若所熏。大慧！如来心意意识，彼诸阴、界、入处所熏。大慧！一切三有，皆是不实妄想所生，如来不从不实虚妄想生。"③然而，从如来自觉圣智所亲证的清净法性言之，如来可以说是"常"。如来出世与否，法性常住，所谓诸法本来面目，离言说思虑等，证时不证时都是本来如此，所证之理是"常"，能证之智是"常"，因此，说如来"常"。

关于如来"非常非无常"，经中解释说："以二法故有常、无常，非不二。不二者，寂静，一切法无二生相故，是故如来应供等正觉非常非无常。大慧！乃至言说分别生，则有常无常过。分别觉灭者，则离愚夫常无常见不寂静慧者，永离常、无常，非常无常熏。"④佛法不二，有二即有动作，不二故，不说常、无常，以一切法皆寂静故。如来者，即诸法如义，

---

① 宋求那跋陀罗译《楞伽阿跋多罗宝经》卷四，《大正藏》第16卷，第509页下—510页上。
②③④ 同上书，第510页上。

应除二分别觉,以寂静慧离言说、离分别、离愚夫见。

2. 如来藏与八识

"蕴处生灭门"这一章的主题是回答有为法生灭的承担者或"主体"为何的问题。大慧菩萨又问佛说:"世尊!惟愿世尊更为我说阴、界、入生灭,彼无有我,谁生谁灭?愚夫者依于生灭,不觉苦尽,不识涅槃。"①此中首先须明确,所谓"我"是恒常、统一、主宰的含义。既然有情众生"无我",则此色身已无有恒常、统一、主宰,那究竟谁生谁灭,又是谁相续不绝呢?这一章的内容是《楞伽经》的核心所在。

第一,关于第八识与如来藏的关系,经中说:"如来之藏是善不善因,能遍兴造一切趣生,譬如伎儿,变现诸趣,离我、我所,不觉彼故,三缘和合,方便而生。外道不觉,计著作者,为无始虚伪恶习所熏,名为识藏。生无明住地,与七识俱,如海浪身,常生不断。离无常过,离于我论,自性无垢,毕竟清净。"②此中所说是早期如来藏思想与唯识思想结合的显著例证。依照古德讲法,如来藏是第八识之自体,其性无覆,并无烦恼心所与之相应。然无始来前七识所造惑业,都存于此"藏识"中,即有漏习气种子,逐业受报。"受报"者,即是第八之自体,持有漏业,因而经中称之为"善"或"不善"报之因,也为"善"或"不善业"之果,且兴造诸趣。尽管从究极意义上说,八识远离"我"、"我所",凡夫不觉,取内根、外尘而与"识"三者和合,如此则成发业润种、招生死流转之果。此第八识转生七识无明住地(即无明起之始),"从此根本乃生枝末无明,故喻之曰'如海浪身,常生不断'。此随染缘,从细至粗也。若能一念回光,能随净缘,则离无常之过、二我之执,自性清净,所谓性德如来则究显矣"③。

第二,关于前七识:"其余诸识,有生有灭。意、意识等念念有七,因不实妄想,取诸境界、种种形处,计著名相,不觉自心所现色相,不觉苦

---

① 宋求那跋陀罗译《楞伽阿跋多罗宝经》卷四,《大正藏》第16卷,第510页上—中。
② 同上书,第510页中。
③ 明宗泐、如𣏌《楞伽阿跋多罗宝经批注》卷四,《大正藏》第39卷,第415页中。

乐,不至解脱,名相诸缠,贪生生贪、若因、若攀缘,彼诸受根灭,次第不生。余自心妄想,不知苦乐,入灭受想正受、第四禅。"①这是说,其余七识,念念生灭,妄想为因,境相为缘,而生三界生死法。不了知色等一切诸法,乃自心所现,执著名相,起诸烦恼,造善恶业,感苦乐报,既从贪生,生后又生贪欲,如因及缘,流转生死,无解脱期。若爱取诸根灭,不相续生,除自心妄想分别,不生苦乐受,这种修行者,或得心和心所不起之"灭定",或得能离欲界惑障之四禅定,或入于四谛解脱。

第三,"善真谛解脱,修行者作解脱想,不离不转名如来藏识藏,七识流转不灭。所以者何?彼因、攀缘诸识生故,非声闻、缘觉修行境界,不觉无我,自共相摄受生阴、界、入;见如来藏五法、自性、人法无我则灭。"②关于此,《楞伽阿跋多罗宝经批注》解释说:"'善真谛解脱'等,即声闻所修。于此'灭定'作解脱想,非究竟灭也。"③因为此时尚未舍弃虚伪习气,未能转识成智,非真解脱。若无藏识,七识无依,习气亦灭,此乃真解脱。因为藏识是所依、所缘,其余诸识方得生。当然,此非外道二乘等修行者之境界,因为他们只见人无我,不达法无我,执苦于蕴界处诸法之自、共相。

第四,关于入"地"之后的修行:"地次第相续转进,余外道见不能倾动,是名住菩萨不动地。得十三昧道门乐,三昧觉所持,观察不思议佛法,自愿不受三昧门乐及实际,向自觉圣趣,不共一切声闻、缘觉及诸外道所修行道,得十贤圣种性道及身智意生,离三昧行。是故大慧!菩萨摩诃萨欲求胜进者,当净如来藏及识藏名。"④对此,《楞伽阿跋多罗宝经批注》解释说:"由前悟入,得预'初地'次第增进,位深德著,不为外道邪见所动。至第八不动地,于此得十种三昧乐门,为诸佛三昧力所持。'觉'即佛也,即能观察诸佛之法及本愿力,不同小乘著三昧乐及不住实

---

①②④ 宋求那跋陀罗译《楞伽阿跋多罗宝经》卷四,《大正藏》第16卷,第510页中。
③ 明宗泐、如玘《楞伽阿跋多罗宝经批注》卷四,《大正藏》第39卷,第415页下。

际,则起化利物也。获自证智,岂与凡、小所修行同?'得十贤圣种性道'者,即十地圣种性也。十地皆圣,兼言贤者对极位而言也。'及身智意生'者,谓由十地至于佛地。'身'即法身,'智'即报身,'意生'即化身。既得三身,离于三昧因行,故诫劝云'欲胜进'。至如来地者,当净如来藏识藏之名,如来之藏本无可净,净其垢者耳。识藏以名言者,由迷如来藏转成妄识,无有别体故但有名。若无识藏之名,则转妄识为如来藏也。"①

第五,关于如来藏:"大慧!若无识藏名如来藏者,则无生灭。大慧!然诸凡圣悉有生灭。修行者自觉圣趣,现法乐住,不舍方便。大慧!此如来藏、识藏,一切声闻、缘觉心想所见,虽自性清净,客尘所覆故犹见不净,非诸如来。大慧!如来者,现前境界,犹如掌中视阿摩勒果。"②若无藏识之名,则无生灭,然而诸凡夫及圣人悉有生灭,所以一切修行者,虽见自住境地,住现法乐三昧,但不舍方便进趣佛地。此如来藏藏识本性清净,为客尘所染,而为不净,一切二乘及诸外道,妄意起见,不能现证;如来现见此清净如来藏,如视掌中庵摩罗果。

第六,引往昔所说经为证,兹略。

(四)佛性

在佛性论方面,《楞伽经》也同样具有融摄、调和之特点。此特点之主要表现有二:一是融汇各宗、各种经典关于一阐提有无佛性的说法。在这个问题上,各个佛教宗派、各种佛教经典说法不一,因之导致佛教界在这个问题上长期争论不休。

大而言之,相宗及其所依据的佛教经典,如《瑜伽师地论》、《佛地经论》、《显扬圣教论》、《大乘庄严经论》等,把众生种性分为五类,即声闻乘种性、缘觉种性、如来乘种性、不定、无出世功德种性,认为有一类众生不具佛性,永远不能成佛,如断尽善根之一阐提;反之,另一类大乘经典,如

---

① 明宗泐、如玘《楞伽阿跋多罗宝经批注》卷四,《大正藏》第39卷,第415页下—416页上。
② 宋求那跋陀罗译《楞伽阿跋多罗宝经》卷四,《大正藏》第16卷,第510页中—下。

《华严经》《法华经》《大般涅槃经》等,则主张一切众生包括断尽善根之一阐提,悉有佛性,都能成佛。

《楞伽经》在佛性问题上的说法十分圆通,它不但语及"五种种性说",而且直接谈到一阐提能否成佛问题,但是其观点与相宗却迥然异趣:《楞伽经》首先分一阐提为二,指出一阐提有两种,即"菩萨一阐提"(亦即平常所说的"大悲一阐提")和"舍善根一阐提",当大慧菩萨问及"此中何者毕竟不入涅槃"时,佛说:是菩萨一阐提毕竟不入涅槃,非舍善根一阐提。为什么这么说呢?经中解释说:"舍善根一阐提,以佛威力故,或时善根生,所以者何?佛于一切众生无舍时故。"①明确地主张一阐提也具有佛性,也能成佛。

《楞伽经》对于一阐提的这一说法,对于中国佛教的佛性理论影响至深至广,以至可以这么说,"一切众生悉有佛性"的佛性理论之所以会成为中国佛教佛性理论的主流,与《楞伽经》的这一思想有着密切的关系。就连盛倡"一分无性"说的法相唯识宗创始人玄奘,也差点因为《楞伽经》的这一说法而放弃其"一分无性"说,只是因为其师戒贤的坚决反对而未果。

《楞伽经》在佛性问题上的融通性,还表现在对于声闻、缘觉二乘能否成佛问题的看法上。对于二乘能否成佛,佛教史上诸宗派、诸经典说法不一,或二乘不能成佛,如小乘;或曰"定性二乘",不能成佛,如无相宗、法相宗;或曰"定性二乘"也能回心入大,成菩萨作佛,如实相宗。《楞伽经》既语及佛为声闻授菩提记,但又说此是方便秘密说;既分阿罗汉为三种,即"趣寂"、"退菩提愿"、"佛所变化",又说:声闻、缘觉"若彼能除一切过习,觉法无我,是时乃离三昧所醉,于无漏界而得觉悟已,于出世上上无漏界中,修诸功德,普使满足,获不思议自在法身"②。《楞伽经》中这

---

① 唐实叉难陀译《大乘入楞伽经》卷二,《大正藏》第16卷,第597页下。
② 唐实叉难陀译《大乘入楞伽经》卷三,《大正藏》第16卷,第607页上。

种佛为声闻授记、二乘也能最终获如来法身的思想,后来也成为"一切众生悉有佛性"、都能成佛思想的重要经典根据之一。

另外,《楞伽经》关于"语"、"义"关系的论述,也颇具特色,并且对于禅宗产生了深刻的影响。前文已经论及,此从略。

第三节 《楞严经》的佛学思想及其意义

《楞严经》在中国佛教中有着特殊的地位和影响。自从唐代中叶译出之后,此经就被一部分佛教学者怀疑为"伪经",至近现代,疑伪之论更是甚嚣尘上。这是一方面。另一方面,此经一经译出便得到了佛教界的广泛注意。自宋以后,此经更是盛行于僧俗、禅教之间。实际上,更多的佛教学者是将其作为佛教教、观的总纲看待的。《楞严经》译出后,中国佛教诸宗,如禅宗、天台、华严、净土等,都十分重视,纷纷从中吸取营养,强化了其理论基础。《楞严经》有关观世音菩萨的说法,在中国佛教信众之中,影响则更为深远。在此,我们对《楞严经》的基本内容以及对中国佛教的影响等问题,作一分析。

一、《楞严经》的传译与真伪之争

《楞严经》是在唐代中叶译成汉语并开始流通的。唐代著名的佛经目录学家智昇将其列入《开元释教录》中。稍后,释元照撰写《贞元新定释教目录》也收录了此经。由北宋初年我国雕刊的第一部汉文大藏经《开宝藏》起,一直至清朝乾隆年间刊印的《龙藏》,无一例外地将其列入"正藏"加以流通。但是,关于《楞严经》的传译情况,早在此经流传之初就有不同说法。而这一点正是后来真伪之争的焦点所在。

唐释智昇是最早记录《楞严经》传译情况的权威学者。但是,他在撰写于同一年的两部著作中,对此经的翻译情况却作了略有差别的记载。智昇在《开元释教录》卷九中说:

> 沙门释怀迪,循州人也。住本州岛罗浮山南楼寺。其山乃仙圣游居之处。迪久习经论,多所该博,九流弋略,粗亦讨寻。但以居近海隅,数有梵僧游止,迪就学书语,复皆通悉。往者三藏菩提流支译《宝积经》,远招迪来,以充证义。所为事毕,还归故乡。后因游广府,遇一梵僧,赍梵经一夹,请共译之,勒成十卷,即《大佛顶万行首楞严经》是也。迪笔受经旨,缉缀文理。其梵僧传经事毕,莫知所之。有因南使,流经至此。①

智昇于上述引文中说,此经是沙门怀迪与"梵僧"共同翻译的。同样的记述还见于同书卷一二:"大唐循州沙门怀迪共梵僧于广州译,新编入录。"②但是,《开元释教录》卷一七则干脆记为"大唐沙门怀迪于广州译"。③ 至于与怀迪共译此经的"梵僧",智昇于《开元释教录》卷九有一小注:"未得其名。"④因为未曾知晓译《楞严经》的梵僧的大名,所以智昇就索性将译者署为怀迪一人。这一在智昇当时并非深思熟虑的作法,却埋下了后世千年诤讼难息的一个由头。此段记述还有第二处疑误,也就是怀迪参与翻译《楞严经》的时间问题。据《开元释教录》所载,怀迪翻译《楞严经》是于京城译完《大宝积经》之后。但这一时间,与《续古今译经图记》所记又不能完全契合。

智昇在《续古今译经图记》中说:

> 沙门般剌蜜帝,唐云"极量",中印度人也。怀道观方,随缘济度,展转游化,达我支那。乃于广州制旨道场居止。众知博达,祈请亦多。利物为心,敷斯秘赜。以神龙元年龙集乙巳五月己卯朔二十三日辛丑,遂于灌顶部诵出一品《大佛顶如来密因修证了义诸菩萨万行首楞严经》一部十卷。乌苌国沙门弥迦释迦语,菩萨戒弟子、前

---

① ④ 唐智昇《开元释教录》卷九,《大正藏》第55卷,第571页下。
② 同上书,第603页上。
③ 同上书,第669页下。

正谏大夫、同中书门下平章事、清河房融笔受,循州罗浮山南楼寺沙门怀迪证译。其僧传经事毕,泛舶西归。有因南使,流通于此。①

这一记载,颇为全面。不但补充出了《开元释教录》中未曾记载的"梵僧"的情况,而且记述了房融承任笔受的情形。应该说,与智昇在《开元释教录》中的记载相比,《续古今译经图记》当更为详细准确些。在笔者看来,智昇的上述两种记载,表面相同的只是"沙门释怀迪"曾经参与译事。实际上,智昇的两种说法,并非截然对立②,而是互相印证、互相补充的。至于为什么有简、繁两种说法,最可能的解释是,智昇撰写两书的时候所得到的资料有简、繁的差别。可以肯定的是,《开元释教录》撰写于前,《续古今译经图记》撰写于后。这可以从他在《续古今译经图记》中所加的小注看出,此注说:"欲若题壁,请依《开元释教录》。"③那么,为什么在得到较为全面的资料后,智昇并未修改《开元释教录》的记述呢?最合理的解释大致有两条:其一,大概智昇认为署"沙门怀迪译"并不算错,因而他在记录了新说后,仍然提醒来者应依《开元释教录》;其二,《开元释教录》撰成不久,便进呈于朝廷④。因而智昇可能不便再去修改旧说。上述两条原因,前者的分量可能要重一些。这也就是说,在智昇看来,《楞严经》的汉译工作是"梵僧"提供原典,怀迪与其共译并承担笔受,房融则仅仅承担笔受。其中,以怀迪贡献为最大。这与后世将房融和"梵僧"般刺蜜帝列为首要略有差别,也是后世生起诤讼的原因之一。

---

① 唐智昇《续古今译经图记》,《大正藏》第 55 卷,第 371 页下。
② 大凡对《楞严经》持怀疑立场的学者,均认为智昇的记载是互相矛盾的。而信其为真的学者则坚信《续古今译经图记》的记载,并不大重视《开元释教录》的说法。本著则对此作了另外的解析,请读者参考。
③ 《大正藏》第 55 卷,第 372 页下。智昇在《续古今译经图记》卷尾自附的小注,还有数语,兹录于下:"前记所载,依旧录编,中间乖殊,未曾删补;若欲题壁,请依《开元释教录》。"此处所言"旧录",虽不详其所指,但是,可以肯定的是,此条注释针对的是《译经图记》全书,绝非全适用于《楞严经》。其后一语又云:"除此方撰集外,余为实录矣!"可见,智昇对此书中译籍的记述是有信心的。
④ 《佛祖统纪》"开元十八年"条记载:"西京崇福寺沙门智昇进所撰《开元释教录》二十卷,以五千四十八卷为定数,敕附入大藏。"见《大正藏》第 49 卷,第 374 页下。

怀迪等翻译《楞严经》的时间，依照《续古今译经图记》的记载，为唐神龙元年，即公元705年。而怀迪曾应召入京参译《大宝积经》。据考，《大宝积经》是菩提流支于神龙二年创译，至先天二年（706）完成的。智昇既然记载《楞严经》为神龙二年所译，那么怀迪翻译《楞严经》之事应该在其入京之前，而决不可能是《开元释教录》所记的离京之后，方遇梵僧，尔后译经。智昇的这一疏忽，是《楞严经》真伪之争中最难解开的疑团。

智昇在《续古今译经图记》中所载的主译为"沙门般次蜜帝"，并言其译经事毕，即"泛舶西归"。因般次蜜帝未再出现于内地，故不为时人所知。后来就有人进而怀疑其系子虚乌有。这一疑问，颇难疏解。近代学者罗香林吸取日本学者的研究成果，认为义净《大唐西域求法高僧传》卷下《重归南海传》中所载的"贞固"可能就是"般次蜜帝"①。这一说法可以参考。

房融笔受《楞严经》之事，经智昇等记述，后续说法很多。然而怀疑者仍然坚持说："智昇《续译经图记》录传闻之辞，《楞严》是神龙元年五月二十三日极量所译，房融笔受。融以神龙元年二月甲寅（四日）流高州，州去京师六千二百余里（《旧唐书》卷四一），关山涉水，日数十里，计百数日，几不达贬所，安能从容于广州笔受而即成其所译耶？"②这一疑问，自有其道理在。但是，他们却忽略了一个问题，即房融完全可能只参加了刹尾的笔受工作，而时人却感于其特殊身分而署写其名。将此与智昇未修订《开元释教录》的有关记载联系起来看，这种可能性是很大的。

关于此经的流传经过，也有不同说法。智昇说："有因南使，流通于此。"③宋代的文献则根据经疏中的记载补充了若干细节。北宋初僧人子璇在《首楞严义疏注经》中说：

---

① 参见罗香林《唐相国房融在光孝寺笔受〈首楞严经〉翻译问题》，《现代佛教学术丛刊》第35册，第330页至331页。另见日本学者见足立喜《〈大唐西域求法高僧传〉译注》。
② 吕澂《〈楞严〉百伪》，载于《吕澂佛学论著选集》（一），第371页，济南：齐鲁书社，1991年版。
③ 唐智昇《续古今译经图记》，《大正藏》第55卷，第372页上。

> 房融知南诠,闻有此经,遂请对译。房融笔受,乌苌国沙门弥伽释迦译语。翻经才竟,三藏被本国来取。奉王严制,先不许出。三藏潜来,边境被责。为解此难,遂即回去。房融入奏,又遇中宗初嗣,未暇宣布,目录缺书。时禅学者因内道场得本传写,遂流此地。大通在内,亲遇奏经,又些随身,归荆州度门寺。有魏北馆陶沙门慧振搜访灵迹,常慕此经。于度门寺遂遇此本。①

这里,提供了两种说法。其中,房融奏入,由禅学者内道场传出之说,与智昇的说法是一致的。

比子璿稍早一些的赞宁,在其撰写的《宋高僧传》列有《惟悫传》,而此位惟悫法师是最早的《楞严经疏》的撰著者。此传中说:

> 释惟悫,俗姓连氏,齐大夫称之后,本凭翊人,官居上党为潞人也。九岁割爱,冠年纳戒。母氏昆弟归于法门,故悫从其受教。澜漪内湛葳蕤外发,嗜学服勤,必无倦色。乃辞渭阳,寻师隶业。或经筵首席,或论集前驱,或参问禅宗,或附丽律匠。其志渊旷,欲皆吞纳之。年临不惑,尚住神都。受旧相房公融宅请,未饭之前,宅中出经函云:"相公在南海知南诠,预其翻经,躬亲笔受《首楞严经》一部,留家供养。今筵中正有十僧,每人可开题一卷。"悫坐居第四,舒经见富楼那问生起义,觉其文婉、其理玄,发愿撰疏,疏通经义。及归院,矢誓写文殊菩萨像,别诵名号计一十年。厥志坚强,遂有冥感。忽梦妙吉祥乘狻猊自悫之口入,由兹下笔若大觉之被善现谈般若焉。起大历元年丙午也,及将彻简,于卧寐中见由口而出。在乎华严宗中,文殊智也。勒成三卷,自谓从浅智中衍出矣。于今盛行。②

此条记载,疑伪者乐常引用以说明《楞严经》的流传也有可疑③。实际上,

---

① 宋子璿集《首楞严义疏注经》卷一之一,《大正藏》第39卷,第825页下。
② 宋赞宁《宋高僧传》卷六,《大正藏》第50卷,第738页中。
③ 参见周叔迦撰《楞严经》一文,《中国佛教》(三),第81至82页,(上海)知识出版社,1989年版。

此文是说，房融家藏有一部亲笔写经，房公于筵前拿出是让在座十僧"开题"的。而惟慤经过十一年努力准备，于大历元年（766）开始撰写《楞严经疏》，后来成书三卷。上引文字中说，从看到《楞严经》之后"矢誓写文殊菩萨像，别诵名号计一十年"，则此事发生于玄宗天宝十四年（755）。应该指出，此文中所说的"饭僧"之人是房融之子房绾，房绾时年五十九岁，官至太子右庶子，后转宪部侍郎。这一记载仅仅是说惟慤是在房公家第一次看到《楞严经》的，此文并未明确说《楞严经》最初是从房融家中传出的。

而在同文中，赞宁也记述了另外一种关于《楞严经》流通的传闻：

> 一说：楞严经，初是荆州度门寺神秀禅师在内时得本，后因馆陶沙门慧震于度门寺传出。慤遇之，著疏解之。后有弘沇法师者，蜀人也，作《义章》开释此经，号"资中疏"，其中亦引震法师义例，似有今、古之说。此岷蜀行之，近亦流江表焉。①

这里所说的，《楞严经》最初是由禅学者内道场传出，而惟慤则"遇之"，遂著疏解之。从惟慤个人的角度说，一说从房公家初次看到，后来又说获得的是度门寺传出的本子，二说并不矛盾。因为前者是说"初阅"而并非获得"全经"。可以设想，房绾会不会因为惟慤的请求而将其父留下来的这部抄本奉送呢？考虑到当时书籍的流通仍然以抄写为主，房家大概也不会提供时间让惟慤在房府抄写。更何况第二年，安史之乱就爆发了。因此，这一记载并不能当做此经最初流通于世的情形去理解。

经过这样一番疏解，智昇的说法虽然简略，然而却是确实可信的。也就是，《楞严经》在翻译出来不久，就将抄本上报朝廷。尽管后来说成神秀所为，附会穿凿之迹较为明显，但此经是从内宫传出而流通于佛教界，是可以肯定的。因此，我们认为《楞严经》并不存在"此经的流传深有

---

① 宋赞宁《宋高僧传》卷六，《大正藏》第50卷，第738页下。

可疑"①的问题。

不过,此经流传于世不久,却于中、日两国都出现怀疑的论调。《楞严经》是由日本僧人普照入唐携回的。流传不久,日本僧界就对其真实性产生了怀疑。日僧玄叡《大乘三论大义钞》记载了两种不同的说法。据玄叡说,公元724至748年间,日本皇帝曾经召集三论、法相二宗法师就此经的真伪作过辩论。"两宗法师相勘云:是真佛经。"②但是,此次并未平息论争。日本宝龟年间(770—782)"使德清法师等遣唐检之。德清法师承大唐法详居士云:'《大佛顶经》是房融伪造,非真佛经也。智昇未详,谬编正录。'然法详所出伪经之由,甚可笑也"③。从这一记载看,早于唐代中叶,中土就有人怀疑此经的真实性,并影响了日本佛教界的相关看法。

唐代之后,对《楞严经》的怀疑不绝如缕,但这并未影响僧俗对此经的喜爱和崇信。到了近代,可能是受疑古风气的影响,指责《楞严经》为伪经的论述渐渐多了起来。其中最激烈者莫过于梁启超、吕澂和何格恩。梁启超在《古书真伪及其年代》一书中认为,《楞严经》是剽窃道教以及中国传统思想而来的:"真正的佛经并没有《楞严经》一类的话,可知《楞严经》一书是假书。"吕澂更是断言:"《楞严》一经,集伪说之大成。"④吕澂以"邪说不除,则正法不显"⑤的心态撰写《〈楞严〉百伪》一文,从译传和思想等多方面论证此经非真的观点。何格恩、周叔迦等学者也从不同角度对"伪经"说作了补充。但是,不可忽视的是,这种论调同样也没有压倒"真经"论。相对而言,无论是古代,还是近现代,崇信《楞严经》者仍然占据多数。即便是持"伪经"说的人,也认为"至于《楞严经》伪造,谁也拿不出真凭实据,不过见仁见智,点点滴滴,只是一些怀疑"⑥。对此经

---

① 周叔迦撰《楞严经》一文,《中国佛教》(三),第82页。
② 日本玄叡《大乘三论大义钞》卷三,《大正藏》第70卷,第151页中。
③ 同上书,第151页中—下。
④⑤《〈楞严〉百伪》,《吕澂佛学论著选集》(一),第370页。
⑥《现代佛教学术丛刊》第35册,第362页。

的怀疑,虽说头绪繁多,众说纷纭,但不外乎传译和义理两方面。传译方面,正如前面所述,有智昇记述的原因,也有后人理解的不同。义理方面,或者是择取经文中的片言只语以己意解析,或者对此经不同于他经之处加以拒斥。无论是论证方法,还是分析结论,都难于尽信。这说明,围绕着《楞严经》的真伪之争,其实只是事出有因,查无实据而已。

二、《楞严经》的结构及其主要内容

《楞严经》是一部大乘佛教的单译经,内容鸿富,素有佛教全书之称。在此,拟从经题、经文结构的角度,对此经的主要内容作一概括介绍。

《楞严经》的全名为《大佛顶如来密因修证了义诸菩萨万行首楞严经》,或简称为《大佛顶首楞严经》,又名《中印度那烂陀大道场经》。佛经之立题,依照古德所判,有七种方式:以人、法、喻三字,单方面的全名立题可有三种,双字两方面立题可有三种,三字三方面立题则有一种。《楞严经》的全名是以人、法而略兼于喻立题。"如来"是果地之人,菩萨是因地之人;"了义"是教法,"万行"是行法,"首楞严"是果法。以"佛顶"二字直称法体,以表征此经所说之法的胜妙。因为其并非以同类事物相喻,故只说其略兼于喻。至于以《中印度那烂陀大道场经》为经名,来源于古经本经题下的小注:"一名《中印度那烂陀大道场经》,于灌顶部录出别行。"[①]此名大概是时人的方便指称,不必过于执实。因此,后来流行的经本已不再题写此经名。

《楞严经》是佛在"首楞严会"中以阿难受摩登伽女幻术诱惑为由头,宣说而成的。全部经文共十卷,约七万余言。古代佛经分卷一般兼顾义理的完整和文字的多寡两方面。为了装藏的方便,通常以前者添就后者。所以,多卷本佛经往往只能做到每一卷内义理的相对完整,而难于周全地兼顾二者。此释译正文是依原经的分卷为顺序划分单元的,因而

---

① 唐般剌蜜帝等译《楞严经》卷一,《大正藏》第19卷,第106页中。

有时难免将同一内容分隔于两卷之中。为方便阅读,在此,参照古德判经的惯例,以"三分"古制为框架,打乱原经文本的分卷,仅仅以义理的完整为标准,分析此经的结构和内容。

依照古来注疏家的观点,全经十卷可以划分为三部分:第一部分称为"经序分",起自经首"如是我闻"①至"提奖阿难及摩登伽归来佛所"②,也即卷一第一部分。这是全经的序言。第二部分称为"经宗分",紧接经序,是宣讲经义的正文。起自"阿难见佛,顶礼悲泣,恨无始来一向多闻,未全道力"③,直至卷一〇的末尾"传示将来末法之中诸修行者,令识虚妄,深厌自生,知有涅槃,不恋三界"④。第三部分称为"经益分",也称"流通分",即全经的结束语,紧接"经宗分"直至经尾。"经序分"中,佛受波斯匿王的邀请,带领众徒及大菩萨至王宫受斋。阿难先受别请,未预斋筵。阿难从外乞食毕,路过淫所,遭摩登伽女幻术的控制,将毁戒体。佛预知此事,匆匆结束斋筵,返回祇洹精舍与比丘及无数"辟支无学"举行法会,演说深奥佛法。佛陀于法会演说神咒,并且敕令文殊依凭此咒前去解救阿难回归佛所。"经益分"中,佛宣说弘扬、持诵此经所得的无量功德,以此劝请众生念诵、受持。至此,佛于此会欲讲说的内容已经全部宣说完毕,所有与会大众皆满心欢喜,礼佛而去。"经宗分"部分,内容复杂,是全经的主干,应该对其进行重点解析。

《楞严经》是有一个严密而完整的思想体系的,其内容以理、行、果为框架,几乎将大乘佛学的重要理论都囊括其中。而最能体现这一特质的,无疑就是"经宗分"了。元代沙门惟则在《〈大佛顶首楞严经〉会解叙》中说:"科经者,合理、行为正宗,离正宗为五分:一见道,二修道,三证果,四结经,五助道。谓见道而后修道,修道而后证果,此常途之序。"⑤以下

---

① 唐般剌蜜帝等译《楞严经》卷一,《大正藏》第19卷,第106页中。
②③ 同上书,第106页下。
④ 唐般剌蜜帝等译《楞严经》卷一〇,《大正藏》第19卷,第155页上。
⑤ 元释惟则《大佛顶首楞严经会解叙》,《新纂卍续藏》第12册,第693页上。

就依照这一科判,对"经宗分"的内容作一概括。

一般认为,在"见道"部分之前,有数句是对全经内容的概括和暗示。它就是接续于"经宗分"的首句而出的一小段文字。在此,阿难"殷勤启请十方如来,得成菩提妙奢摩他、三摩、禅那最初方便"①。这也可以看做"经宗分"的总纲。

自卷一"佛告阿难:'汝我同气,情均天伦'"②起,直至卷四的"如何自欺尚留观听"③,属于"见道"部分。此部分是围绕着佛于"经宗分"的起始所提出的一个基本观点而展开的。此观点就是:"生死相续,皆由不知常住真心性净明体,用诸妄想。此想不真,故有轮转"④。为了使阿难及其会众领悟这一原理,佛以层层剥笋式的递进逻辑和多方巧妙的比喻,阐述了此"常住真心"实际上就是如来藏心。大致而言,可分四层去理解。

第一层,是卷一的剩余部分。佛首先针对阿难"如是爱乐,因于心目"⑤的想法,七次反诘阿难:此识心到底"今何所在?"阿难的七次回答都遭到佛的驳斥。这就是著名的"七次征心"。然后,佛告诉阿难,世间一切修学人都"皆由不知两种根本":一是生死根本,二是"无始菩提涅槃元清净体"。前者为妄,即众生眼、耳等六根产生的妄识;后者为真,即常住真心。世间众生"执此生死妄想,误为真实",因而"不得漏尽"解脱。最后,佛又以拳与手为喻力图使阿难等开悟而未获成功。

第二层,由卷二起首至同卷"王闻是言,心知身后舍身趣生,与大众踊跃欢喜,得未曾有"⑥。此处,波斯匿王向佛请教,外道认为"此身死后断灭","云何证知此心不生灭地?"佛以"观河"及面皱两个比喻说明"汝面虽皱,性未曾皱"。而此不变之性就是真性圆明常住之理。

第三层,跨卷二和卷三。接续前层直至卷三"舜若多性可销亡,烁迦

---

① ② ④ 唐般剌蜜帝等译《楞严经》卷一,《大正藏》第 19 卷,第 106 页下。
③ 唐般剌蜜帝等译《楞严经》卷四,《大正藏》第 19 卷,第 122 页上。
⑤ 唐般剌蜜帝等译《楞严经》卷一,《大正藏》第 19 卷,第 107 页上。
⑥ 唐般剌蜜帝等译《楞严经》卷二,《大正藏》第 19 卷,第 110 页下。

罗心无动转"①。佛首先以八种比喻加以说明,它们是:明还日轮、暗还黑月、通还户牖、雍还墙宇、缘还分别、顽虚还空、郁垹还尘、清明还霁。此八种"见"都是有因有据才存在的,而众生的"见性无还",不生也不灭。此"见性"就是众生的清净本心。其二,佛又为大众宣示,众生之所以轮回世间,是因为"二颠倒分别见妄"。此"二妄"即别业妄见和同分妄见。前者是指发生于众生个体身上的虚妄幻相,后者是指所有世间众生共同的虚妄见解。其三,佛告诉阿难"如是觉元,非和合生及不和合"②,所有"幻妄"都是依于此"妙觉明体"而生起。为论述此说,佛以五阴、六入、十二处、十八界合为"四科",系统地分析了此"四科"之根本并不是因缘和自然性,而是以"如来藏常住妙明,不动周遍,妙真如性"为其根本的。这一部分篇幅最大。其四,佛又向大众说明"七大"与如来藏的关系。"七大",即地、水、风、火、空、见、识。虽然其作用、色相是虚妄的,其体性却圆融无碍、周遍法界。因为其体性就是如来藏妙真如性,只是由于众生的分别计度方才显现出来,是虚妄暂时的存在,没有真实的意义。其五,阿难诵出偈语赞颂佛的微妙开示。

第四层,由卷四起首直至"所愿从心,得大富饶,方悟神珠非从外得"③。佛以"世界相续"、"众生相续"及"业果相续"三种颠倒相续解释世间有为诸相的生起和迁流。此三种相续都是因众生的妄想执著而有,其性本来就是空。它们本来就是苦、集、灭、道"四谛"之理,也是如来藏真性所显。在此层,佛多次以演若达多迷头而狂奔为喻说明"识迷无因,妄无所依"④的道理。佛并且指出,只要众生放弃对三种颠倒相续的分别计度,就可证悟菩提。由此,也就过渡到了"修道"部分。

由卷四"阿难及诸大众闻佛示诲疑惑销除"⑤直至卷七"我以宝杵殒

---

① 唐般剌蜜帝等译《楞严经》卷三,《大正藏》第19卷,第119页中。
② 唐般剌蜜帝等译《楞严经》卷二,《大正藏》第19卷,第113页下。
③ 唐般剌蜜帝等译《楞严经》卷四,《大正藏》第19卷,第121页下。
④ 同上书,第121页中。
⑤ 同上书,第122页上。

碎其首，犹如微尘，恒令此人所作如愿"①，属于"修道"部分。佛于此部分为众生指明了"捐舍小乘，毕获如来无余涅槃本发心路"②，也就是摄伏攀缘心，"得陀罗尼，入佛知见"③之道。此部分也可分为四层去理解。

第一层，由"修道"部分的首句直至卷五"妙理清彻，心目开明，叹未曾有"④。此层的核心是初发菩提心所应具有的"二决定义"：其一是因地发心；其二是审详烦恼根本。第一义，在于以无生灭之心为修习之因地心，然后才能圆满果地修证。第二义，众生现前的六根就是烦恼的根本所在。在卷五的第一部分，佛明确指出，证悟无上菩提的关键就在于从六根中解脱出来。最后，佛亲自说偈总结此"二决定义"。

第二层，由卷五"阿难合掌顶礼白佛"⑤至同卷"是名菩萨从三摩地得无生忍"⑥。此层重点讲述"六解一亡"的道理，佛是以"华巾"作比喻对此进行说明的。佛取出一华巾，当众顺次结成六个结，向大众说明"六结"是众生无始妄心累积而显现的尘境。此"六结"为五阴郁结而成，由微至著依次为识结、行结、想结、受结、色结，前四阴各一结，色阴则分根、尘两结。解结则依照由著至微的顺序次第解开。先断除前三结而证人空，再断除想结、行结而证法空。二空证成，识结则随之解开而得无生法忍。

第三层，接续前层直至卷六"皆发无等等阿耨多罗三藐三菩提心"⑦。应佛的指示，诸位大士、菩萨自叙最初证悟所选择的圆通法门：其一，憍陈如五比丘、优波尼沙陀、香严童子、普贤菩萨、优波离、大目犍连等叙述十八界中除耳根之外的十七种圆通法门。其二，乌刍瑟摩、持地菩萨、月光童子、琉璃光法王子、虚空藏菩萨、弥勒菩萨、大势至菩萨各自叙说选择"七大"之一作圆通法门而证悟的过程。其三，观音菩萨详细叙述了耳根圆通，以熏闻修金刚三昧无作妙力，成三十二应身，入诸国土救度众生

---

① 唐般剌蜜帝等译《楞严经》卷七，《大正藏》第19卷，第138页上。
②③ 唐般剌蜜帝等译《楞严经》卷四，《大正藏》第19卷，第122页上。
④⑤ 唐般剌蜜帝等译《楞严经》卷五，《大正藏》第19卷，第125页上。
⑥ 同上书，第125页中。
⑦ 唐般剌蜜帝等译《楞严经》卷六，《大正藏》第19卷，第131页中。

等。其四,文殊师利法王子应佛之命作偈赞叹上述二十五种圆通法门。

第四层,由卷六"阿难整衣服于大众中合掌顶礼"①至卷七"我以宝杵殒碎其首,犹如微尘,恒令此人所作如愿"②。在此,阿难向佛请教"云何令其安立道场,远诸魔事,于菩提心得无屈退?"③佛分三方面回答了阿难的提问:其一,在强调"三决定义"即戒、定、慧"三学"的基础上,重点讲述了以戒淫、戒杀、戒盗、戒妄语为核心的四项"决定清净明诲"④。其二,如果上述四种律仪还不能灭除宿习,就须诵持"佛顶光明摩诃萨怛多般怛罗无上神咒"⑤一百八遍。为此,佛详细讲解了建立道场以及如何诵咒的诸种仪轨。其三,应阿难的请求,佛陀令佛顶佛重宣此"大白伞盖神咒"⑥,然后又为会众宣示了此神咒对诸佛和诸众生分别所具有的十种无上法力。会中无数金刚、梵王、天帝释、四大天王及其眷属听了佛的讲述,纷纷表示愿意护持诵持此咒的无量众生。

由卷七"阿难即从座起,顶礼佛足而白佛言"⑦直至卷八"作是观者,名为正观;若他观者,名为邪观"⑧,属于"证道"部分,也即修证三摩地直至涅槃之道。阿难又向佛提出三个问题:"云何名为乾慧之地?四十四心至何渐次得修行目?诣何方所名入地中?"⑨佛分三方面回答阿难的提问。

第一层,由此部分起首至卷七尾句。佛说:"欲修真三摩地,直诣如来大涅槃者,先当识此众生、世界二颠倒因。颠倒不生,斯则如来真三摩地"⑩。妄心熏以成业,因业感而妄相生起,此即众生颠倒。众生以无明妄力建立了过去、现在、未来三世以及东、南、西、北四方的界限。三世与四方和合相涉,变化出世界及其十二类众生。十二类众生的成因各自略有不同,但却都是以世界虚妄轮回为其主因的。此十二类众生即卵生、

---

①③④ 唐般剌蜜帝等译《楞严经》卷六,《大正藏》第19卷,第131页下。
②⑦⑨ 唐般剌蜜帝等译《楞严经》卷七,《大正藏》第19卷,第138页上。
⑤ 同上书,第133页上。
⑥ 同上书,第133页下。
⑧ 唐般剌蜜帝等译《楞严经》卷八,《大正藏》第19卷,第142页下。
⑩ 唐般剌蜜帝等译《楞严经》卷七,《大正藏》第19卷,第138页中。

胎生、湿生、化生、有色、无色、有想、无想、非有色、非无色、非有想、非无想。这一观念是《楞严经》特有的分类。

第二层,由卷八首句至同卷"是则名为第三增进修行渐次"①。"三种渐次"就是:其一,修习除去助因,也即断世间五种辛菜;其二,真修刳其正性,也即断除淫欲和杀生;其三,增进违其现业,也即尽灭六根向外尘的流逸。

第三层,由卷八"阿难,是善男子欲爱干枯"②至同卷"作是观者,名为正观;若他观者,名为邪观"③。佛由此开始宣说菩萨五十五修行圣位。第一位为乾慧地,第一个十位即"十信":信心住、念心住、精进心、慧心住、定心住、不退心、护法心、回向心、戒心住、愿心住。第二个十位即"十住":发心住、治地住、修行住、生贵住、具足住、正心住、不退住、童真住、王子住、灌顶住。第三个十位即"十行":欢喜行、饶益行、无瞋恨行、无尽行、离乱行、善现行、无著行、尊重行、善法行、真实行。第四个十位即"十回向":救护一切众生离众生相回向、不坏回向、等一切佛回向、至一切处回向、无尽功德藏回向、随顺平等善根回向、随顺等观一切众生回向、真如相回向、无缚解脱回向、法界无量回向。"十回向"之后,即是"四加行位":暖地、顶地、忍地、世第一地。第五个十位即"十地":欢喜地、离垢地、发光地、焰慧地、难胜地、现前地、远行地、不动地、善慧地、法云地。经过以上五十五位的渐次修行,方证得等觉、妙觉二圣位。应该指出,关于菩萨五十五修行圣位的名目及顺序,佛教各经典的说法略有差别。《楞严经》的说法尤为独特,因而于此特将其列出以备查考。

第四层,自卷八"尔时,文殊师利法王子在大众中即从座起"④至同卷"汝当奉持"⑤,此属于"结经"部分。文殊师利菩萨请问"当何名是经?"⑥佛答之以五名。经前题名是综合此五名而命名之。

---

①② 唐般剌蜜帝等译《楞严经》卷八,《大正藏》第19卷,第142页上。
③④ 同上书,第142页下。
⑤⑥ 同上书,第143页上。

第四章 后期如来藏经的思想及其在中土的影响

自卷八"说是语已,实时阿难及诸大众"①直至卷一〇"令识虚妄,深厌自生,知有涅槃,不恋三界"②。此属于"助道"部分。可分其为三层去理解。

第一层,由卷八此部分起首至卷九"作是说者,名为正说;若他说者,即魔王说"③。佛应阿难所请,向大众详细叙述了"七趣"的成因及其相状,也就是业报轮回的理论。所谓"七趣"即地狱趣、鬼趣、畜生趣、人趣、仙趣、天趣、阿修罗趣。"七趣"囊括欲界、色界、无色界"三界"共二十五有情众生。正如许多论者所说,一般佛经经典只言"六趣"或称"六道",而此经独加"仙趣"以成"七趣"。所谓"仙趣",经中是这样说的:"复有从人不修正觉修三摩地,别修妄念,存想固形,游于山林人不及处,有十种仙。"④"十仙"的名目是:地行仙、飞行仙、游行仙、空行仙、天行仙、通行仙、道行仙、照行仙、精行仙、绝行仙。佛告诉大众,"七趣"乃众生"妄想受生,妄想随业"⑤,皆因"此等众生不识本心,受此轮回"⑥。众生应当除惑而正入修行路以证得菩提。

第二层,由卷九"实时如来将罢法座"⑦至卷一〇"汝当恭钦十方如来究竟修进最后垂范"⑧。佛于法会将罢之时,无问自说修习三摩地之中容易出现的五阴魔事。五阴即色、受、想、行、识。经文中将修习三摩地中因受五阴所障而产生的五十种"邪见"或"狂解",称之为"魔",以提醒修行者注意剔除。因"魔"作祟,修行者得不到正受、正知和圣解,从而堕入外道或者无间地狱。只有将五阴之中的妄想销尽,六根互用无碍,清净如"净琉璃",修行者才能超越五十五位菩萨修行位而入"如来妙庄严海圆满菩提"⑨。

第三层,由卷一〇"阿难即从座起,闻佛示诲"⑩至"令识虚妄,深厌

---

① 唐般剌蜜帝等译《楞严经》卷八,《大正藏》第19卷,第143页上。
② 唐般剌蜜帝等译《楞严经》卷一〇,《大正藏》第19卷,第155页上。
③⑤⑥⑦ 唐般剌蜜帝等译《楞严经》卷九,《大正藏》第19卷,第147页上。
④ 唐般剌蜜帝等译《楞严经》卷八,《大正藏》第19卷,第145页下。
⑧⑨⑩ 唐般剌蜜帝等译《楞严经》卷一〇,《大正藏》第19卷,第154页中。

自生,知有涅槃,不恋三界"①。阿难在此又提出了三点疑问:一是五阴为何以妄想为本?二是五阴是顿灭还是渐灭?三是破除五阴的界限为何?佛应阿难所问,宣讲了五阴以妄想为本的五条原因,五阴是"重叠生起"②因而要次第销,以及破除五阴的界限等道理。

应该指出,也有人将上述第三层单独列为一单元。因为从其内容看,一方面是对破除五阴诸魔以归依清净圆觉之本心等相关问题的概要回答,另一方面这三个问题也含有对"经宗分"所阐述的思想进行总结的意思。

此"助道"部分太虚大师将其判为"保绥菩萨初心",第一层意为"明七趣生报以匡扶第二渐次"③,第二层意为"辨五阴魔境以匡扶第三渐次"④。这一解释准确地揭示了"助道"的含义以及此部分在全经中的地位,可作理解经文的参考。

三、《楞严经》佛学思想的特色

上一节,我们已经依照经文本身的逻辑顺序对《楞严经》的内容作了初步介绍。在此,我们将通过对其佛性论、心性论、修行论以及密教内容的分析,概括出此经的基本特色。

佛教的心性论思想是主要围绕着如来藏系经典发展出来的。《楞严经》尽管不能单纯归于如来藏系,但其所包含的如来藏思想,在传入中国的此类经典之中,也是相当独特的,因而也是相当重要的。与其他经典相比,至少有三点是非常突出的:其一是对"如来藏真心"的说明和强调;其二就是借助于此"如来藏真心"建构了一个对世间之成因的说明;其三是从这一"如来藏真心"引申出其独具特色的修行观。正如明代高僧憨山德清大师在《首楞严经悬镜》中所说:"而此经者,盖以一味清净法界如

---

①② 唐般剌蜜帝等译《楞严经》卷一〇,《大正藏》第19卷,第155页上。
③《太虚大师全书》第15卷,第20页,北京:宗教文化出版社,国家图书馆文献缩微复制中心,2005年1月。
④ 同上书,第37页。

来藏真心为体,以此一心建立三观,修此三观,还证一心。故曰无不从此法界流,无不还此法界流。"①因此,准确地理解此经中所阐述的如来藏思想,是打开此经思想宝库的钥匙。

可能因其系晚出的原因,《楞严经》并未着力于阐述"一切众生皆有如来藏"这一佛性论命题,而是着力于将其落实于众生的心性层面和修行层面。这是此经与其他如来藏系经典的最大区别。卷一中,佛明确指出,诸修行人不知无上菩提,未能解脱成佛,都是因为不知晓两种根本。"一者,无始生死根本,则汝今者与诸众生用攀缘心为自性者。二者,无始菩提涅槃元清净体,则汝今者,识精元明,能生诸缘,缘所遗者。"②所谓"生死根本"是指众生的六识攀缘心,众生不知其为妄体,以其攀缘诸尘之境,妄生爱憎,由此就堕入生死轮回。而作为众生解脱成佛根据的"无始菩提涅槃元清净体",是《楞严经》较为独特的提法。一般的如来藏系经典都用"如来藏自性清净心"的名称。而此经的这一提法,包含了三方面的含义:菩提、涅槃、识精。元释惟则这样疏解:"不染烦恼,名菩提;不涉生死,名涅槃;不染不涉,故号元清净体;识精,陀那性识也。"③此处的菩提,也就是菩提心,属于解脱之因;涅槃,也就是成佛的境界,为修行所得之果。而菩提、涅槃的自体都是本来清净的,并非澄之使然,本来就远离烦恼之浊,因此就显现为真性菩提;也并非修之使净,本来就远离生死之染,因此就显现为性净涅槃。综合二说,所谓"元清净体"也就大致同于"如来藏自性清净心"。当然,二者也有不同之处,容下再谈。最应注意的是"识精"的提法。这一名相,在此经中甚为常见。从上述引文看,"无始菩提涅槃元清净体"实际上就是"识精"。然而,《楞严经》中并未明确地界定"识精"的所指。历来的解经者,大多将其解释为第八识。但是,唯识学中的第八识其性并非全真,因而难于与"元清净体"等同。仔

---

① 明德清《首楞严经悬镜》,《新纂卍续藏》第12册,第510页下。
② 唐般剌蜜帝等译《楞严经》卷一,《大正藏》第19卷,第108页下。
③ 元释惟则《大佛顶首楞严经会解》卷一,《新纂卍续藏》第12册,第711页中。

细推敲经文之义,"识精"应该是指众生心识之中原本清净、不生不灭的常住真心。将上述三方面含义合于一体,"无始菩提涅槃元清净体"就成为《楞严经》将佛性论、心性论、修行解脱论合于一体的中心名相。事实也正是如此。《楞严经》卷一中,佛告诉阿难及其会众:"一切众生,无始来生死相续,皆由不知常住真心性净明体,用诸妄想。此想不真,故有轮转。"①而此经正是围绕着这一命题而展开的。实际上,"无始菩提涅槃元清净体"不仅是众生色身、识心的依据或本体,也是一切诸法和世间万物之所以存在的最终依据,更是众生解脱成佛的依据。

众生生死和解脱的关键既然在于此"无始菩提涅槃元清净体",那么,此体究竟位于何处呢?卷一中,佛连续七次反诘阿难,识心究竟"今何所在",阿难分别作了回答。前六次回答如下:"如是识心实居身内"②;"我心实居身外"③;"知在一处"④,也就是潜伏于眼根里;"有藏则暗,有窍则明"⑤,也就是说心是各种器官的综合功能;"心则随有"⑥,也就是说心是随着外尘的生灭而生灭的;"当在中间"⑦,也就是位于根、尘之间。上述六种关于心的错误见解当即受到佛的驳斥,阿难于是以"无著"的"觉知分别心性"为"心"。佛又以双遣有、无的方法反拨了阿难的说法。这就是"七处征心"的梗概。在此,《楞严经》着力驳斥的是心的实体化观念,以及以"活动"为"心"、将心的功能当做"心"本身的见解。前四次针对的是前者,后三次针对的是后者。实际上,佛反问阿难时所指的"心"应当是"真心",而阿难却以妄心来回应。因此,"七次征心"所昭示的实际上是"妄识"无体的思想,也就是妄心并非实体性的存在,更不能以"分别心"为"心"。

不过,《楞严经》于卷二中又指出,"真妄、虚实、现前生灭与不生灭"⑧

---

① 唐般剌蜜帝等译《楞严经》卷一,《大正藏》第19卷,第106页下。
② 同上书,第107页下。
③④ 同上书,第107页中。
⑤⑥ 同上书,第107页下。
⑦ 同上书,第108页上。
⑧ 同上书,第110页上。

并非两体,而是并存于众生的身心之中。佛以河与河水、人的面容与"本性"的关系为例说明,众生的身心"变者受灭,彼不变者元无生灭"①。因此,众生身心虽有可灭,但其并非断灭,而自有不生灭性存在。此"不生灭性"也就是"常住真心"。但是,此纯真无妄之心无可指称,难于实指,只可以以妄显真。《楞严经》以五阴、六入、十二处、十八界"四科"凸现众生身心之中的这一常住真心。《楞严经》卷二云:"幻妄真相,其性真为妙觉明体,如是乃至五阴、六入,从十二处至十八界,因缘和合,虚妄有生;因缘别离,虚妄名灭。殊不能知生灭去来,本如来藏常住妙明、不动周遍、妙真如性!性真常中,求于去来迷悟死生,了无所得。"②这里,明确指出,与众生密切相关的阴、入、处、界等有"生灭去来"的"幻妄"之体,都是本于如来藏"常住妙明、不动周遍"的"妙真如性"。也就是说,五阴、六入、十二处、十八界,就其相而言,都是因缘和合而有,因缘消散而亡;就其性而言,都是本于如来藏妙真如性。概括而言,其乃依真起妄,因此应该说其为"性真相妄"。这样,一切众生所具的此"无始菩提涅槃元清净体"就成为众生色身和识心的依据或本体。

与《华严经》所言"三界唯心"的思想相近,《楞严经》也有类似的思想,并且对其作了更为系统的发挥。《楞严经》卷二说:"一切众生从无始来迷计为物,失于本心,为物所转。故于是中,观大观小。若能转物,则同如来。身心圆通,不动道场,于一毛端,遍能含受十方国土。"③值得注意的是,这种表述将世间万物以及六道轮回中的所有众生之所以存在,归结为"一切众生从无始来迷计为物,失于本心"④的结果。也就是说,所有虚妄的存在都是"妄心"之执著所成,而此"妄心"则是一切众生"不知常住真心性净明体"⑤而依真起妄的结果。这一命题,《楞严经》从不同角度反复作了说明。将散见于各卷的论说归纳起来,大致有"七大"、

---

① 唐般剌蜜帝等译《楞严经》卷一,《大正藏》第 19 卷,第 110 页下。
② 唐般剌蜜帝等译《楞严经》卷二,《大正藏》第 19 卷,第 114 页上。
③④⑤ 同上书,第 111 页下。

"三种相续"、十二类众生颠倒之相和"七趣"之成因等四个理论环节。

在卷三中,佛首先指出通常所说"四大"和合产生世间万物的见解是不能成立的,然后着重对于"七大"产生万物的观念进行了详细批驳。所谓"七大"也就是在地、水、火、风"四大"之上再加空、见、识而构成。《楞严经》认为,不管是"四大"还是"七大",都不能作产生万物的根源,而只有周遍于法界的如来藏才是万物的最终依据。《楞严经》的结论就是:"汝元不知如来藏中,性色真空,性空真色,清净本然,周遍法界。随众生心,应所知量,循业发现。世间无知,惑为因缘及自然性。"①而"七大"自身本来就是"性真圆融"的,"皆如来藏,本无生灭"。只是由于无知之众生以识心对其加以分别计度,它们方才显现出来。实际上,"七大"是"但有言说,无有实义"的。诸大种又是圆融的,所以,约事而论,诸大之相不但不相互陵灭,而且是兼容的;约理而论,诸大之性本是妙觉圆明真心,只是因众生的妄执妄见才显现出诸大之相。通过如此解析,《楞严经》否定了"四大"及"七大"产生万物的观点,而确立了如来藏妙真如性周遍于法界的观念。

既然一切根、尘、阴、处、界以及"七大"等,都是如来藏清净本然,为何能生出山河大地诸有为相呢?《楞严经》卷四是以"三种相续"解释这一疑问的。"三种相续"是世界相续、众生相续和业果相续。"性觉必明,妄为明觉。觉非所明,因明立所。所既妄立,生汝妄能。"②这是说,真觉之心的体性必定是明,众生错误地将此真觉当做妄觉。"觉"并不是所要明的对象,众生以加明为因而妄立它的存在。这样,也就产生了众生的妄想之能。此妄想之能一经产生,就在没有同和异之分别的一体中,突然显现出不同的差别之境,并使这些差别之境相互对立。由此再进一步设立了无有差别的虚空境界。同与异的两种境界既然已经产生,又接着

---

① 唐般剌蜜帝等译《楞严经》卷三,《大正藏》第19卷,第117页下。
② 唐般剌蜜帝等译《楞严经》卷四,《大正藏》第19卷,第120页上。

妄想出既不是同,也不是异的境界。本来清净的如来藏性就是因为如此的扰乱,便在同与异的对立中产生了粗识劳虑。此劳虑相续不断,便产生了尘相。此尘相使心识浑浊不清而引起诸业相,即染污不净、扰动不安的八万四千烦恼。由此无明妄力熏变而成地、水、火、风之四大。如此诸因缘辗转相续,便产生了成、住、坏、空的有为世界。这就是世界相续的内容,其主要是说明世间有为诸法的生起原由。《楞严经》又以"众生相续"和"业果相续"说明众生之生起与迁流。妄心辗转而生色、声、香、味、触、法六尘,根、尘相缘便引起四生系缚。同业相缠便有胎、卵类众生。不因父、母之缘,只依己缘,或者合湿而成形,此类叫湿生。或者离旧而赴新,叫化生。这是"众生相续"的内容。此四生都是以杀、盗、淫三种根本贪求为业因,以业力之强弱而有卵、化、湿、胎的生起和生死的轮回流转。这是"业果相续"的内容。卷四的最后结论是:"如是三种颠倒相续,皆是觉明明了知性因了发相,从妄见生山河大地诸有为相次第迁流。因此虚妄,终而复始。"[1]这里突出的仍然是虚妄心的辗转相熏。

上述"三种相续"的"世界相续"侧重于解释世间的成因,而"众生相续"、"业果相续"除了可以解释有为诸法的成因之外,实际上已经涉及生死轮回的成因问题。卷七、卷八、卷九又从不同角度,对生死轮回为何仍以如来藏为体的问题作了详细分析。

卷七以"众生颠倒"和"世界颠倒"重申,依于如来藏妙真如心而起妄念方才有世间十二类众生的存在。所谓"妙性圆明,离诸名相,本来无有世界、众生。因妄有生,因生有灭"[2],由此依真起妄就生出了妄惑妄业。实际上,妄性并无实体,不能作为所依。但此虚妄之心却据其熏以成业,而业感相生便有了众生颠倒。无明与众生的根身相互织持凝结而成虚妄的根身,并且由此而确立了三世、四方的界限。其实,无明本来是空,

---

[1] 唐般剌蜜帝等译《楞严经》卷四,《大正藏》第19卷,第120页中。
[2] 唐般剌蜜帝等译《楞严经》卷七,《大正藏》第19卷,第138页中。

并不是真实存在的根由；世界本来也是空，并没有常住的境相。但是，由无明妄力所结成的根身念念生灭、迁流不息，因而有了过去、现在、未来三世与东、南、西、北四方的分别。三世与四方和合相涉，变化出十二类不同的众生。以色、声、香、味、触为对象的"六乱妄想成业性故，十二区分由此轮转"，"乘此轮转颠倒相故，是有世界卵生、胎生、湿生、化生、有色、无色、有想、无想、若非有色、若非无色、若非有想、若非无想"①十二种类众生。

卷八中，阿难又起疑问："若此妙明真净妙心本来遍圆，如是乃至大地、草木、软动念灵本元真如，即是如来成佛真体。佛体真实，云何复有地狱、饿鬼、畜生、修罗、人、天等道？世尊，此道为复本来自有？为是众生妄习生起？"②这一发问，又一次触及了此经的核心思想，即依真起妄何以可能的问题。这里，《楞严经》又提出了"内分"和"外分"的概念。所谓"内分"即是"众生分内因诸爱染发起妄情"，就是众生身体内部的心理活动，"外分"也就是众生以身体为根据而发生向外辐射的能量。这两种倾"情想"正是诸趣升、坠的原因。在卷八的后一部分即卷九的第一部分，《楞严经》详细阐述了"七趣"的成因。文长，难于再析，兹略。在此，只指出一点，依真起妄，因妄见而有"内分"和"外分"两种染尘执想，是"七趣"的根本成因。这可以看做是此经对于生死轮回问题的独特解释。

我们说，《楞严经》以如来藏思想为中心形成了严密的理论体系，而这一点，也体现于其修行论思想之中。在此经中，"二决定义"和"六解一亡"两个环节既是连接"理"和"行"的关键，也是将佛性论、心性论落实于修行层面的典范。此层的核心是初发菩提心所应具有的"二决定义"：其一是"观因地发心与果地觉为同为异？"③；其二是"应当审详烦恼根本"④。对于第一义而言，众生错以"五迭浑浊"构成的生灭心为修习之

---

① 唐般剌蜜帝等译《楞严经》卷七，《大正藏》第19卷，第138页中—下。
② 唐般剌蜜帝等译《楞严经》卷八，《大正藏》第19卷，第143页上。
③ 唐般剌蜜帝等译《楞严经》卷四，《大正藏》第19卷，第122页上—中。
④ 同上书，第122页下。

因。所谓"五迭浑浊"即劫浊、见浊、烦恼浊、众生浊、命浊。它们是众生身中由地、水、火、风结成的"四缠"将其"湛圆妙觉明"之心分为视、听、觉、察四种分别功能。这样,众生的圆明真心就被"五迭浑浊"所遮蔽。因此,修行解脱的第一要义就是"应当先择死生根本,依不生灭圆湛性成。以湛旋其虚妄灭生,伏还元觉,得云明觉无生灭性为因地心,然后圆成果地修证"①。这里的"死生根本"就是"六识攀缘心"。因此,修此无上妙法的首要之处就在于灭伏虚妄的六识,以无生无灭之心为修习之因地心,然后才能圆满果地修证。对于第二义而言,众生现前的眼、耳、鼻、舌、身、意六根无始以来缠缚交织,"自劫家宝",形成虚妄的有情众生世界。"由此无始众生世界生缠缚故,于器世间不能超越。"②这就是烦恼的根本所在,六根就成为众生轮转生死的"结根"。因此,证悟无上菩提的关键也就在于六根。"结、解同源,缚脱无二"③,修此无上妙法的第二要义也就在于入至一真无妄之地,使六根清净。《楞严经》指出,本来圆明清净的如来藏性因明上"加"觉而变成妄明妄觉,失去了真实体性而方有六根的功能。众生若脱离有为诸相,随顺于一根就可从六根之妄中拔脱,就是"六解一亡"的修行法门。经中详细讲述了二十五种圆通法门,此处不赘,仅就其包含的修行原则略说一二。

卷五言:"阿难,今汝诸根若圆拔已,内莹发光。如是浮尘及器世间诸变化相,如汤销冰,应念化成无上知觉。"④这是说,修习"六解一亡"法门可得二种妙德:一是于有情界脱离缠缚而得六根互用;二是于器界超越得证纯真圆觉,也就是"无始菩提涅槃元清净体"。由此,我们就可以看出《楞严经》为何不取常见的"如来藏自性清净心",而别出心裁用"无始菩提涅槃元清净体"。菩提为因,正好对应于因地发心;涅槃为果,正

---

① 唐般剌蜜帝等译《楞严经》卷四,《大正藏》第19卷,第122页中。
② 同上书,第122页下。
③ 同上书,第124页下。
④ 唐般剌蜜帝等译《楞严经》卷五,《大正藏》第19卷,第123页下。

好对应于果地之觉。这样,"无始菩提涅槃元清净体"就完全符合"二决定义"的第一义,即因地之心与果地之觉的合一。经过如此诠释,我们就很容易看出《楞严经》修行论的特色实际上是返归本源、还归本觉的。这一特色的形成,也是其将如来藏思想落实于修行论的具体表现。

《楞严经》的另一重要内容是密教思想。卷七几乎用全卷的文字讲述了建立道场、诵念神咒的规则,还宣示了长达三千六百余字的神咒咒文,宣讲了诵持神咒的法力。卷五、卷六,诸位大士、菩萨自述圆通部分中,也有不少密教内容。特别是观世音菩萨三十二应身的说法,明显属于密教。从经题而言,神咒应该是此经的核心,至少应该是除如来藏思想之外的另一中心。所以,中国历代经录都将其列入"秘密部"。尽管目前还未发现《楞严经》的梵文原本,但从其流入中国的时间,我们仍然可以大致推定它是属于印度大乘佛教中、后期的作品。而公元6世纪至7世纪印度佛教逐渐密教化,《楞严经》自然免不了受此潮流影响。但是,此经又与纯粹的密教经典不完全相同,理、行两方面都与"显教"有许多关联。因此,即便它确实是一部密教经典,也应该说其走的是"显密结合"的路子。这也可以看做《楞严经》的特色之一。

正因为《楞严经》是一部晚出的经典,所以它在内容方面就显得十分庞杂和丰富,具有明显的兼容并蓄的性质。一般而言,印度大乘佛学有四系经典,即般若中观学、瑜珈唯识学、如来藏系以及密教经典。而《楞严经》所包含的思想既不完全属于上述一系,也未脱离上述任何一系。纵观全经,理、行结合而显现的理论的严密性,显、密结合而呈现的综合性和包容性,是《楞严经》的最大特色。而以如来藏思想为核心而形成的佛性论、心性论、修行论合一的严密的理论体系,正是其之所以在中国佛教中享有特殊地位的深层原因。

四、《楞严经》对中国佛教的影响

《楞严经》译出不久,尽管受到少数人的怀疑,但是却受到了中国佛教僧、俗两界的普遍欢迎。不但有数家注疏问世,并且很快传入日本、西藏。经文译语的优美流畅,更博得历朝历代文人士大夫的喜爱。由于此经内容的广博和包容性,更多的信众将其当做大乘佛教的概论式的经典去阅读。更为重要的是,此经对唐代以后天台、华严、净土、禅宗以及佛事仪轨都产生了很大影响。

值得一提的是,尽管《楞严经》历来都被列入"秘密部",但其在中国佛教发生的影响却并不在密教方面。它虽然在唐代密宗"三大士"大规模翻译密教典籍之前已经译出并且流通,但是对唐代汉密的形成并未发生明显影响。尽管其于汉译不久就被译成藏文,但是也没有留下有关影响藏密发展的史料。难怪有人要对其长期以来编入"秘密部"提出异议。[1] 有趣的是,《楞严经》本为密教经典,却对显教产生了巨大影响。"楞严咒"未能被唐代密教采纳,但其却成为后来显教佛事仪轨的重要组成部分。元代修订完成的《敕修百丈清规》赫然将《楞严咒》列为禅林必诵之咒。实际上,至迟从元代起,此咒已经成为各宗寺庙所做功课之一,直至今日,未曾改变。不过,公允地说,《楞严经》对中国佛教的影响确实更多地在于其显教方面。

从上述对《楞严经》的介绍可以看出,此经既包含了《法华经》诸法实相的思想,而且也包括了《法华经》开佛知见、三乘归一的内容。明释真鉴于《大佛顶首楞严经正脉》中所归纳的此经的十条贡献,有五条与《法华经》及其天台宗有关。这五条是:毕竟废立、直指知见、发挥实相、改无常见以及引入佛慧等。天台宗的一念三千、一心三观以及三谛圆融的思想,都可以从此经中找到依据以加强其理论渗透力。《楞严经》的戒、定、慧"三学"并重的思想,与天台宗止观双修的思想恰有异曲同工之妙。如此等等原因,不少台宗大德都对《楞严经》备加重视,纷纷宣讲、制作注疏。宋代天台宗的"山家"、"山外"派都很重视《楞严经》,智圆、仁岳等专

---

[1] 参见李富华《楞严经释译》第322页,高雄:佛光出版社,1996年初版。

门撰写注疏弘扬此经。明代台宗大师真觉、传灯、智旭三代相承弘传《楞严经》,均有《楞严经》的注疏行世。经过宋、明的弘扬,《楞严经》在天台宗中的地位是稳固的,经中的许多内容已经渗入到天台宗的宗义之中。

现存的《楞严经》四十余家注疏中,属于台宗就有三分之一。主要书目如下:宋仁岳《楞严经集解》十卷、《楞严经熏闻记》五卷;宋智圆《楞严经谷响钞》十卷;宋宗印《楞严经释题》一卷;宋思坦《楞严经集注》十卷;真觉《楞严经百问》一卷;一松《楞严经秘录》十卷;明智旭《楞严经玄义》二卷、《楞严经文句》十卷;清灵耀《楞严经观心定解》十卷、《楞严经科文》一卷、《楞严经大纲》一卷。近代台宗大德也有这方面的著述,不再赘列。

《楞严经》与《华严经》也有许多相近的地方。《楞严经》所说三界六道"唯心所现"的思想与《华严经》"三界唯心"的思想非常相像,而将其"唯心"思想贯彻于轮回观念之中,又恰好可以弥补《华严经》这方面的简略之处。其次,于一毛端现宝王刹以及坐于微尘转大法轮的楞严大定与《华严经》的华严三昧,也有许多相通之处。第三,《楞严经》所说的菩萨修行的"五十五阶位"与《华严经》所强调的菩萨"十地"恰好可以互相补充。第四,《楞严经》所体现的圆融思想对华严宗的法界圆融思想,是一个非常有力的支持。第五,《楞严经》所弘扬的常住真心思想恰好是华严宗赖以立宗的心性论根据。第六,《楞严经》所讲的阴、处、界以及诸法都依于如来藏而起的思想,实际上成为了后期华严宗论述"不变随缘、随缘不变"理论的又一典据。正是由于上述原因,历来的华严大德都将其视为己宗的宝典,以华严宗义解释《楞严经》的做法代代相承,直至当代仍然未曾断绝。宋代华严宗的大师戒还、子璿、净源等连续数代都相当重视《楞严经》,不光撰有《楞严经》注疏,子璿还署"长水疏主《楞严》大师"之号。明代贤首宗大师诛宏、德清也都很注意对《楞严经》的弘传。可以说,以《楞严经》经义充实华严宗义,反过来,以华严宗义解释《楞严经》,是这些华严大师一贯的做法。这种思路,与台宗以天台宗义解释《楞严经》的结论在许多方面都有不同。因此,二宗为此还常常发生争论。

现存的《楞严经》注疏,属于华严宗的最多。主要书目如下:宋子璿《楞严经义疏》二十卷、《楞严经科文》一卷;宋怀远《楞严经义疏释要钞》五卷;宋戒环《楞严经要解》二十卷;明真鉴《楞严经悬示》一卷、《楞严经正脉疏》十卷、《楞严经科文》一卷;明诛宏《楞严经摸象记》一卷;明德清《楞严经悬镜》一卷、《楞严经通义》十卷、《楞严经提纲》一卷;明圆澄《楞严经臆说》一卷;明通润《楞严经合辙》十卷;明观衡《楞严经悬谈》一卷;明广莫《楞严经直解》十卷;明真界《楞严经纂注》十卷;清续法《楞严经灌顶疏》;清通理《楞严经指掌疏》十卷、《楞严经悬示》一卷、《楞严经事义》一卷;清溥畹《楞严经宝镜疏》十卷、《楞严经悬谈》一卷、《楞严经科文》一卷。近代尊宿以贤首宗义解释《楞严经》的也不在少数,兹略。

《楞严经》对于宋代之后的禅宗也产生了巨大的影响。之所以如此,原因是多方面的,大要如下:首先,贯注于《楞严经》之中的一个很重要的观念就是"悟入实相",而返归归心源的修证之道与禅宗之"悟"也非常相像。第二,"三种渐次"以及"六解一亡"的修行观本身就存在着顿悟和渐修结合的倾向。第三,《楞严经》所言的"楞严大定"本身就是一种禅观。第四,卷一〇所言的修习禅定于五阴之中容易出现的五十种魔境或邪计,事实上成为后世坐禅者的指南。第五,值得深思的是,"楞严咒"正是首先被引入禅门,成为丛林规式之后,才逐渐渗透到其他宗派的。禅宗僧人念诵《楞严经》,应该说是始于唐代,尽管将其记在神秀头上十分牵强,但是说此经译出未久就引起了禅宗僧人的注意是不会有错的。至宋代,永明延寿对《楞严经》很推崇。他的态度对以后的禅宗吸收《楞严经》起了很大作用。元代禅僧天如惟则于《楞严经》用力最勤,以至于有些学者认为"惟则之思想从《楞严经》、《圆觉经》、《华严经》得来"[①]。综合而言,禅宗僧人对于《楞严经》的吸收有两条路子:一是将其当做"教"典,走禅教合一之路;二是从中汲取禅悟的话头。

[①] [日]忽滑谷快天《中国禅学思想史》,朱谦之译,第684页,上海古籍出版社,1994年版。

禅宗僧人不光喜欢念诵《楞严经》，而且撰写了不少以禅家观点解释《楞严经》的注疏，主要有：宋德洪《楞严经合论》十卷；宋咸辉《楞严经义海》三十卷；宋可度《楞严经笺》二十卷；元惟则《楞严经会解》十卷、《楞严经前茅》二卷、《楞严经圆通疏》十卷；明函昰《楞严经直指》十卷；明大韶《楞严经击节》一卷；明真可《楞严经释》一卷；明乘旹《楞严经讲录》十卷；明元贤《楞严经略疏》十卷；明曾凤仪《楞严经宗通》十卷；清济时《楞严经正见》十卷；清净挺《楞严经问答》十卷。

《楞严经》对净土宗也有相当重要的影响。卷五大势至菩萨自述圆通章成为历代净宗大德弘扬净土法门的有力典据之一。现代净宗大师印光法师将其单独列出为《大势至菩萨念佛圆通章》，并且纳入净土立宗经典，成为"净土五经"之一。随着净土法门影响的日益扩大，此章愈来愈受重视。在《楞严经》中，大势至菩萨的念佛三昧依照"七大"本身的顺序应该排在第二十三位。但是，经文为了突出念佛圆通法门的殊胜，特意将其置于第二十四位。净土宗大德都认为，念佛圆通是与观世音菩萨的耳根三昧等量齐观的法门。这就是此章对于净土宗所具的特殊意义，也是《楞严经》对净土宗的最大影响。

《楞严经》自述圆通部分的顺序确实是经过特殊安排的。所言二十五圆通是十八界加上"七大"，而观世音菩萨所述耳根圆通法门却被排列于第二十五位。不光文字比其他部分长了许多，而且经中又借文殊师利之口称赞此耳根圆通："未来修学人，当依如是法。我亦从中证，非唯观世音。诚如佛世尊，询我诸方便，以救诸末劫，求出世间人。成就涅槃心，观世音为最。自余诸方便，皆是佛威神。即事舍尘劳，非是常修学，浅深同说法。"①这是说，观世音菩萨所说的耳根法门是最好的"成就涅槃心"的法门，最适合阿难及其会众以及末世众生。与其他法门相比，此法门最深、最殊胜。此经卷六所说的观世音菩萨"三十二应身"与《法华经》

---

① 唐般剌蜜帝等译《楞严经》卷六，《大正藏》第19卷，第131页中。

"普门品"所言的"三十三身"一起,逐渐被演化成为具有中国特色的"三十三观音"形象。《楞严经》中所言的观世音菩萨所具有的"十四种无畏功德"和"四种不思议无作妙德"等随机显化之力,更成为观世音信仰的重要原动力之一。《楞严经》卷六的这部分经文,与《法华经》"普门品"、《华严经》"入法界品"一起成为观世音信仰的三大典据之一。

在中国,弥陀净土、观音菩萨几乎是家喻户晓,妇孺皆知。古语所云"家家有弥陀,户户有观音"正反映了净土法门和观音信仰在中国大地的盛行情况,以及在民众之中的深远影响。《楞严经》在这两方面的影响,标志着其思想已经渗透到了民俗层面,可以说是将佛教典籍的渗透力发挥到了极致。同时,《楞严经》也是文人士大夫非常喜爱的经典,历来的注疏极多。重要的有:宋王安石《楞严经疏义》;宋张无尽《楞严经海眼》;明锺惺如《楞严经说》十卷;明焦弘《精解评林》三卷;陆西星《楞严经说要约》一卷、《楞严经述旨》十卷;清钱谦益《楞严经述解蒙钞》十卷;清凌弘宪《楞严经证疏广解》十卷;清刘道开《楞严经贯释》十卷。

这样,从宗派思想到文人士大夫,再到民间信仰及其民风民俗,《楞严经》都发挥了不可忽略的影响。明代智旭在《阅藏知津》中说,《楞严经》:"为宗教司南,性、相总要,一代法门之精髓,成佛作祖之正印。"像《楞严经》这样既有深邃的理论,又可具体指导佛门修行实践,并且又影响到民众心理层面的佛教经典,确实是不多见的。虽然此经译出不久就有种种怀疑的论调,但并未影响中国僧俗两界对其所投入的崇敬和热情,也未影响中国民众对其所言净土、观音法门的信仰。因此,无论此经的真或伪,都不能动摇其在中国佛教发展史上逐渐确立的历史地位,也不能动摇现代佛教信众继续对其投入热情和信仰。

第五章　如来藏论典的思想及其影响

在印度出现了不少有关如来藏思想的论典,而传入中国并产生重要影响者数《宝性论》、《佛性论》和《大乘起信论》最为重要。近代以来有认为《大乘起信论》是在中国撰述的观点,本人经过研究,坚定地认为此论为真谛所翻译。在此,将此三部如来藏论典的思想体系略作分析说明。

第一节　《宝性论》

一般认为,如来藏思想是以佛经为主体流传的,论典不多,然《宝性论》一方面形成时间较早,一方面是梵、藏、汉文本都得以保存下来,所以很受近代以来佛学界的重视,研究成果非常丰富。本节依据学术界的研究成果,特别是借鉴印顺导师、恒清法师、谈锡永先生等人的成果,以本著的经学研究方法对此论的思想作一分析说明。

一、《宝性论》的汉译

一般以为,如来藏思想的重要论典《究竟一乘宝性论》是由勒那摩提翻译完成的。如释恒清说:"但是为何《历代三宝记》和《内典录》说勒那摩提和菩提流支合译的是《宝积经论》和《十地经论》,而非《开元录》的

《宝性论》？高崎直道认为这可能是《开元录》的作者费长房误续二录所致。从三经录的记载分析，高崎直道的推测很有可能。勒那摩提和菩提流支因教理之争而不和的事相传已久，不过这是在合译《十地经论》时发生的，与《宝性论》的翻译无关。因此，吾人可以论定《宝性论》是由勒那摩提单独译出，自古并未有另一译本存在。"①然而笔者则主张《宝性论》也是勒那摩提和菩提流支合作翻译的。

《历代三宝纪》在菩提流支名下则为："《弥勒菩萨所问经论》十卷，于洛阳赵欣宅出，僧朗笔受。《实性经论》四卷。"②在勒那摩提名下，费长房记载："《究竟一乘宝性论》四卷，亦云《宝性分别七乘增上论》，或三卷，于赵欣宅出。见宝唱录。"③而比费长房编订的《历代三宝纪》略早的法经《众经目录》卷五中记载："宝性论四卷，后魏世菩提留支译。"④。在略晚于费长房的隋彦琮《众经目录》卷一也有同样的记载⑤，而在勒那摩提名下则无此记载。

上述记载中最需引起注意的细节是翻译《宝性论》的地点——"洛阳赵欣宅"。在《历代三宝纪》等经录中都记载菩提流支在此地翻译了《文殊菩萨所问经》及其《论》。现今许多学者倾向于认定《宝性论》为勒那摩提独译，但如果联系到翻译地点，这一说法的缺陷就显露无遗了。正是从这个角度考虑，我们认定菩提流支与勒那摩提如前所述的合作翻译方式延续了较长时间，并非仅仅限于《十地经论》，至少在《宝性论》的翻译上仍然是如此的。

关于《宝性论》翻译过程的这一说法，费长房的记载被唐代的道宣《大唐内典录》、智昇的《开元释教录》所沿袭。特别是智昇的说法被今人广泛引用，但误解也多。智昇在《开元释教录》中说：

---

① 释恒清《佛性思想》，第78页，台北：三民书局，1997年2月初版。
②③ 隋费长房《历代三宝纪》卷九，《大正藏》第49卷，第86页上。
④ 隋法经《众经目录》卷五，《大正藏》第55卷，第141页中。
⑤ 隋彦琮《众经目录》卷一，《大正藏》第55卷，第185页下。

《究竟一乘宝性论》四卷,亦云《宝性分别七乘增上论》,或三卷,或五卷,于赵欣宅出。见《宝唱录》,第二译,与菩提留支出者同本。

……

　　当翻经日,于洛阳内殿,菩提留支传本,勒那、扇多参助。其后三德乃徇流言,各传师习,不相访问。帝以弘法之盛,略叙曲烦,敕三处各翻讫乃参校。其间隐没,互有不同,致有文旨,时兼异缀,后人合之,共成通部。见宝唱等录。所以,《法华》、《宝积》、《宝性》等论,各有两本耳。①

智昇在此所说,除"敕三处各翻"之"三处"外,其余内容与费长房所记一致。费长房尽管也提及开始译经是三僧合作的,但文中只涉及菩提流支和勒那摩提的分歧,他可能是暗示佛陀扇多是置身事外的。而"敕三处各翻"的说法来自于道宣《续高僧传·菩提流支传》:"敕三处各翻讫,乃参校。其间隐没,互有不同,致有文旨,时兼异缀。后人合之,共成通部。见宝唱等录。"②一般认为,《宝唱录》至唐代已经失传,道宣的文字大多来自于费长房等人的转录。从这个角度考虑,"三处各翻"可能出于道宣的臆改。智昇采纳道宣的说法,即便是在上引文字中也不能自洽。智昇明确说,《法华》、《宝积》、《宝性》等论各有两本,不是三本也不是一本。然而,对于智昇的上述文字,今人谈锡永质问道:"如上所记,似觉混乱,既云后来各自翻译,何以勒那的'第二译'竟又会跟菩提流支'同本'？然则今传的译本,到底是第一译抑或第二译？"其实,如上文所分析,此中的"与菩提留支出者同本"是指梵文原本之"同"而非其他,而至今流传的本子自然是菩提流支、勒那摩提两种译本的综合。而谈先生的下属推论则纯属臆测,无任何根据:"其实这记载混乱很容易弄清。所谓第一译,应即指今本卷一,亦即根本论;第二译,则为今本卷二以下,亦即释论。这

---

① 唐智昇《开元释教录》卷六,《大正藏》第55卷,第540页中。
② 唐道宣《续高僧传》卷一,《大正藏》第50卷,第429页上。

样说来,即根本论为勒那摩提独立翻译,释论则跟菩提留支合作翻译(所谓'同本')。"①

总之,笔者以为,在没有新的资料可以推翻费长房的记载的情况下,应该认定《究竟一乘宝性论》四卷为勒那摩提、菩提流支合作翻译,时间不详,地点在位于洛阳的赵欣的宅第。

二、《宝性论》的结构及其基本内容

《宝性论》的中文全名是《究竟一乘宝性论》。梵文本全称的意思是"宝性分别大乘最上秘义论"。对照可知,汉译本是取其前半意思而名为《宝性论》,藏译本则取其后半而称此论为《大乘最上秘义论》。

关于其作者,有几种说法。中国佛教的传统说法,《宝性论》全论是坚慧所造,但依藏传,论本偈是弥勒菩萨造而"释论"则是由无著菩萨所造。梵文本亦称"论本偈"是弥勒造的,但未提及无著释论。尽管对此问题,学术界作了很多努力,力求恢复事实真相,但从目前的证据看,此问题仍然无法解决。

关于《宝新论》的结构,现存的三种文本略有差别②。梵本、藏本正分只分四品,即《如来藏品》、《证菩提品》、《如来功德品》、《如来事业品》。根据谈先生介绍,藏译本此论又可分为"三宝建立"、"成就建立"两部分。汉译本分四卷十一品,包括"论本偈"和"释论"两大部分。"论本偈"即是五言四句的偈颂,总共三百偈,是以偈颂方式揭示本论的中心思想。"释论"则是对于"论本偈"的批注,先引述前述偈颂,然后有"注释偈"和长行的"释疏",前者以偈颂方式解释"论本偈",后者则以长行批注"论本偈"或"注释偈"。

汉译的十一品分别为:第一《教化品》,第二《佛宝品》,第三《法宝

---

① 参见谈锡永《如来藏论集》,第207页,台北:全佛文化事业有限公司,2006年2月。
② 香港谈锡永先生依据梵文、藏译文和汉译本有《宝性论新译》一书(台北:全佛文化事业有限公司,2006年1月),下文有关此论的结构参照了此书的叙述。

品》,第四《僧宝品》,第五《一切众生有如来藏品》,第六《无量烦恼所缠品》,第七《为何义说品》,第八《身转清净成菩提品》,第九《如来功德品》,第十《自然不休息佛业品》,第十一《校量信功德品》。梵文和藏译本只有五品:第一《如来藏品》,包括汉译的第二至第七的六品;第二《成菩提品》,第三《如来功德品》,第四《佛业品》,第五《校量信功德品》。汉译第一品《教化品》的十八偈,梵、藏均缺。对照三者可知,汉译本第一品大致相当于"序分"或者"序品",第十一《校量信功德品》相当于"流通分"。

关于《宝性论》的内在思想线索,论中有"七种金刚句"的说法。汉译本《宝性论》说:"应知此论,广门有十一品,中则七品,略唯一品。初释一品,具摄此论法义体相。应知偈言:'佛、法、僧宝、性,菩提、功德、业,略说此论体,七种金刚句。'"①由此可见,此论十一品可以从义理上归结为"七种金刚句"。而之所以"言'金刚'者,犹如金刚难可沮坏,所证之义亦复如是,故言'金刚'。所言'句'者,以此论句能与证义为根本故。此明何义。内身证法无言之体,以闻思智难可证得,犹如金刚。名字章句以能诠彼理中证智,随顺正道,能作根本故,名为'句'。此复何义?有二义故。何谓二义?一难证义,二者因义,是名为'义'。金刚字句应如是知"②。

关于七句各自的含义,卷一也有简要解释,然其解释均是引用佛经的若干说法以说明此七层面的内容在佛教教义体系中的重要性,并不是七句义的确切含义。如关于"佛义",论中说:"所言如来者,非可见法,是故眼识不能得见故。"③关于"法义",论中说:"所言法者,非可说事,以是故非耳识所闻故。"④关于"僧义",论中说:"所言僧者,名为无为,是故不可身心供养礼拜赞叹故。"⑤此正如学者的研究,以上三义汉译未明引自何经。梵文本说是引自《坚固意品》。"它对三宝的定义侧重否定式含有

---

① 北魏勒那摩提等译《宝性论》卷一,《大正藏》第31卷,第820页下。
② 同上书,第820页下—821页上。
③④⑤ 同上书,第821页上。

般若味道的表达。'释论'所以引用它，可能取其'难证义'。"①其后关于"众生义"、"菩提义"、"功德义"、"业义"也是如此，仅仅是简略提要性解释，具体内容则见于其后各品的解释。

应该引起注意的是第四句的名称。前引汉译本的偈颂中以"性"即佛性来表达，而在其后的长行注释中，却说是"众生"。如《宝性论》说："何谓七义？一者佛义。二者法义。三者僧义。四者众生义。五者菩提义。六者功德义。七者业义。"②对此，论中解释说："依众生义故。如来经中告舍利弗言：舍利弗，言众生者，乃是诸佛如来境界。一切声闻、辟支佛等，以正智慧不能观察众生之义，何况能证毛道凡夫？于此义中唯信如来。是故舍利弗，随如来信此众生义。舍利弗，言众生者，即是第一义谛。舍利弗，言第一义谛者，即是众生界。舍利弗，言众生界者，即是如来藏。"③由此可见，此论所说的"众生义"其实就是一切众生皆有如来藏义。

汉译本全论虽然分七金刚句、十一品，然而几乎全论的四分之三的篇幅用于批注前四句（佛、法、僧宝、性），尤其是"性"这项。"可见《宝性论》的宗旨着重在阐扬佛性（如来藏）与众生的关系，重要的是要众生体悟本具的清净三宝因性，随之而来的当然就是'自然无分别'的菩提、功德和业用了。"④

如上所述，北魏勒那摩提译《究竟一乘论》的十一品，中间的"正宗分"九品是与"七种金刚句"对应的，其中有关"佛性"的部分被分为三品。可将"七金刚句"与各品的关系列举如下：

第一金刚句，《佛宝品》第二。

第二金刚句，《法宝品》第三。

第三金刚句，《僧宝品》第四。

---

① 释恒清《佛性思想》，第82页。
②③ 北魏勒那摩提等译《宝性论》卷一，《大正藏》第31卷，第821页上。
④ 释恒清《佛性思想》，第84页。

第四金刚句,《如来藏品》第五,《烦恼所缠品》第六,《为何义说品》第七。

第五金刚句,《身转清净成菩提品》第八。

第六金刚句,《如来功德品》第九。

第七金刚句,《佛业品》第十。

下文我们就依据"七种金刚句"为线索,对此论的思想作一分析说明。

三、佛法僧三宝

《宝性论》首先从"佛义"、"法义"和"僧义"开始阐述佛教教义体系。此三者佛教惯常称之为"三宝",因此,藏文将这一部分称之为"三宝建立"。如《究竟一乘宝性论》中说:"应知归敬三宝者。此明何义?所有如来教化众生,彼诸众生归依于佛,尊敬如来,归依于法,尊敬如来。归依于僧。依于三宝,说十二偈。"①

(一)佛宝

《宝性论·佛宝品》主要是以佛宝所摄八种功德来阐述"佛"的。前有四偈颂,其后则是对其的解释,主要是以"八种功德"来诠释佛德的。"何等为八?一者无为体。二者自然。三者不依他知。四者智。五者悲。六者力。七者自利益。八者他利益。"②对于"八功德",经中又有三偈颂来说明:"非初非中后,自性无为体,及法体寂静,故自然应知。唯内身自证,故不依他知。如是三觉知,慈心为说道。智悲及力等,拔苦烦恼刺。初三句自利,后三句利他。"③

根据其后的长行解释,"无为体"是:"远离有为,名为无为。应知又有为者,生住灭法,无彼有为。是故佛体非初中后,故得名为无为法

---

① 北魏勒那摩提等译《宝性论》卷一,《大正藏》第31卷,第822页中。
②③ 北魏勒那摩提等译《宝性论》卷二,《大正藏》第31卷,第822页下。

身。"①由此可见,所谓"无为体"就是法身。而所谓"自然",是指"远离一切戏论虚妄分别,寂静体故,名为'自然应知',偈言'寂静'故"②。关于"自然",谈锡永先生翻译为"无功用",其在《新译宝性论》中翻译为:"以一切戏论及虚妄分别,皆完全止灭故,是即离作意无功用。"③由此可见,所谓"自然"是指远离作意的"寂静"境界。

关于"不依他知",谈锡永先生翻译为"不依他觉"。北魏译本解释说:"'不依他知'者,不依他因缘证知故。不依他因缘证知者,不依他因缘生故。不依他因缘生者,自觉不依他觉故。如是依于如来无为法身相故,一切佛事无始世来,自然而行,常不休息。如是希有不可思议诸佛境界,不从他闻。不从他闻者,不从师闻,自在智无言之体而自觉知。"④由此可见,此中所说其实是指佛的境界是诸佛自己亲自证得的。

关于"智"和"悲",论中解释说:"既自觉知已,然后为他生盲众生令得觉知,为彼证得无为法身说无上道,是故名为无上智悲应知。"⑤这是说,诸佛以智慧和大悲精神为众生演说无上佛法,使其解脱。

关于上引偈语"智悲及力等,拔苦烦恼刺",论中解释说:"如是三句'刀'、'金刚杵譬喻'示现。又以何者为苦根本?略说言之,谓三有中生名色是。又何者为烦恼根本?谓身见等,虚妄邪见疑戒取等。又名色者,是彼所摄所生苦芽。应知如来智慧、慈悲心等,能割彼芽。以是义故,说刀譬喻。偈言佛能执持彼智慧慈悲刀故,割截诸苦芽故。又邪见疑所摄烦恼,见道远离,以世间智所不能知,稠林烦恼不能破坏,如世间中树林墙等。彼相似法以如来力能破坏。彼以是故,说'金刚杵喻'。偈言及妙金刚杵故,摧碎诸见山覆藏颠倒意及一切稠林故。"⑥由此可见,诸佛以上述"智"、"悲"和"力"摧毁众生的烦恼根本。

此品在解释了上述六功德之后,解释说:"又此六句次第,初三种句

---

① ② ④ ⑤ 北魏勒那摩提等译《宝性论》卷二,《大正藏》第31卷,第822页下。
③ 谈锡永译《宝性论梵本新译》,第38页,台北:金佛文化事业有限公司,2006年1月。
⑥ 北魏勒那摩提等译《宝性论》卷二,《大正藏》第31卷,第823页上。

谓无为等功德来法身相应,示现自利益;余三种句,所谓智等示现他利益。又复有义:以有智慧故,证得第一寂静法身,是故名为'自利益'。又依慈悲力等二句转大法轮,示现他利益。"①根据这一解释可知,"无为体"、"自然"、"不依他知"三者属于佛之"自利益",而"智"、"悲"、"力"三者属于佛之"他利益"。

(二)法宝

关于此品与上一品的关系,论中说:"依彼佛宝有真法宝,以是义故,次佛宝后示现法宝。"②关于叙说"法宝"的四偈之宗旨,"论释"说:"此偈略明法宝所摄八种功德。何等为八?一者,不可思议。二者,不二。三者,无分别。四者,净。五者,显现。六者,对治。七者,离果。八者,离因。"③下文的解释是从第八逆推而来。

关于第八"离因"功德,有偈语说:"灭谛、道谛等,二谛摄取离。彼各三功德,次第说应知。"④关于此功德与前六功德的关系,论中解释说:"前六功德中,初三种功德不思议、不二及无分别等,示现彼灭谛摄取离烦恼。应知余残有三句,净、显现、对治,示现彼道谛摄,取断烦恼因。应知又证法所有离,名为灭谛;何等法修行断烦恼,名为道谛,以此二谛合为净法,以二谛相名为离法。"⑤这是说"法宝"所摄前六种功德中,"不可思议"、"不二"、"无分别"属于灭谛法,能离烦恼;而"净"、"显现"、"对治"等三种则属于道谛法,能离烦恼因。"灭谛"为解脱法,如何修行始能解脱烦恼则为"道谛"。以此二谛双运,即为"净法",以"灭谛"、"道谛"之"相"、"名"则为"离法"。

其后,从作为"离因"的"灭谛"而言"不可思议"功德。论中说:"灭谛有三种法,以是义故不可思议。应知以何义故不可思议。有四义故。何等为四?一者为无。二者为有。三者为有无。四者为二。偈言非有亦

---

① 北魏勒那摩提等译《宝性论》卷二,《大正藏》第31卷,第823页上。
② 同上书,第823页中。
③④⑤ 同上书,第823页下。

非无,亦复非有无,亦非即于彼,亦复不离彼故。灭谛有三种法应知者,此明何义?灭谛非可知,有三种法。何等为三?一者,非思量境界故,偈言不可得思量。非闻慧境界故。二者,远离一切声响名字章句言语相貌故,偈言出离言语道故。三者,圣人内证法故,偈言内心知故。"①由此可见,"不可思议"是对于"灭谛"是非思量境界、远离言语等以及为圣人内心所自证的说明、引申。总体上,由此可推论,灭谛也是不可思议的。

在此语境下理解,"不二"、"无分别"其实是对"灭谛"的说明。论中说:"又灭谛云何不二法者,及云何无分别者,如《不增不减经》中如来说言:'舍利弗,如来法身清凉。以不二法故,以无分别法故。'"②至于"二而说不二",论中解释说:"所言二者,谓业烦恼。言分别者,所谓集起业烦恼因及邪念等。以知彼自性本来寂灭不二,无二行。知苦本来不生,是名苦灭谛。非灭法故,名苦灭谛。"③

关于"净"、"显现",论中解释说:"又以何因得此灭谛如来法身?谓于见道及修道中无分别智三种日,相似相对法应知,偈言'彼真妙法日故'。何等为三?一者,日轮清净相似相对法,以远离一切烦恼垢故,偈言'清净无尘垢故'。二者,显现一切色像相似相对法,以一切种一切智能照知故,偈言'大智慧光明故'。三者,对治暗相似相对法。以起一切种智对治法故,偈言'普照诸世间故'。"④这是说,通过灭谛,由见道及修道中现证即证得如来法身。论中以日的三种义来譬喻这一过程:第一层是日轮清净,如"道"远离一切烦恼垢;第二层是日照显现一切色相,如"道"能照知一切法;第三层是日光破暗,如"道"能对治障碍,证胜义谛。

关于"对治",论中解释说:"又以何者是所治法?所谓依取不实事相,虚妄分别念,生贪瞋痴结使烦恼。此明何义?愚痴凡夫依结使烦恼,取不实事相,念故起于贪心,依瞋恚故起于瞋心,依于无明虚妄念故起于

---

① 北魏勒那摩提等译《宝性论》卷二,《大正藏》第31卷,第823页下—824页上。
②③ 同上书,第824页上。
④ 同上书,第824页上—中。

痴心。又复依彼贪瞋痴等虚妄分别，取不实事相，念起邪念心，依邪念心起于结使。"①此中列举了修证过程中需要除去的烦恼等障。

(三) 僧宝

关于《僧宝品》与上述内容的联系，论中有一解释："依大乘法宝，有不退转菩萨僧宝。以是义故，次法宝后示现僧宝。"②此品实际上包含了两部分内容，前一部分由一切众生本来清净说到菩萨修行，再到菩萨为众生作归依；后一部分则是对于三宝部分的总结。

第一，关于众生本来清净。论中解释说："以如实见本际，以来我空法空应知。偈言'正觉正知者，见一切众生，清净无有我，寂静真实际故。'又彼如实知无始世来，本际寂静，无我无法，非灭烦恼证时始有。此明何义？此见自性清净法身。略说有二种法。何等为二？一者，见性本来自性清净。二者，见诸烦恼本来寂灭。偈言'以能知于彼，自性清净心，见烦恼无实故，离诸烦恼故。'又自性清净心本来清净，又本来常为烦恼所染。此二种法于彼无漏真如，法界中善心不善心俱，更无第三心。"③

第二，关于"如实修行及遍修行"。论中说："如实修行者，谓见众生自性清净佛性境界故，偈言'无障净智者，如实见众生，自性清净性，佛法身境界'故。遍修行者，谓遍十地一切境界故，见一切众生有一切智故。又遍一切境界者，以遍一切境界，依出世间慧，见一切众生乃至畜生有如来藏。应知，彼见一切众生有真如佛性。初地菩萨摩诃萨以遍证一切真如法界故，偈言'无阂净智眼，见诸众生性，遍无量境界'故。如是内身自觉知，彼无漏法界无障无阂。"④

第三，关于"智"，论中说："谓出世间如实内证真如法智，不共二乘凡夫人等应知。此明何义？菩萨摩诃萨出世间清净证智，略说有二种，胜

---

① 北魏勒那摩提等译《宝性论》卷二，《大正藏》第 31 卷，第 824 页中。
② 同上书，第 824 页中。
③ 同上书，第 824 页下。
④ 同上书，第 825 页上。

声闻辟支佛证智。何等为二？一者无障，二者无碍。无障者，谓如实修行，见诸众生自性清净境界，故名无障。无阂者，谓遍修行，以如实知无边境界，故名无阂。"①

第四，"菩萨摩诃萨依如实见真如证智，是故能与一切众生天龙八部、声闻、辟支佛等作归依处。"②此中特别强调，"以何义故，不明归依声闻僧宝？"答曰："菩萨僧宝功德无量，是故应供。以应供故，合应礼拜赞叹供养。声闻之人无如是义，以是义故，不明归依声闻僧宝。"③

第五，菩萨有十种胜义，因而超过诸声闻、辟支佛。"何等为十？一者观胜。二者功德胜。三者证智胜。四者涅槃胜。五者地胜。六者清净胜。七者平等心胜。八者生胜。九者神力胜。十者果胜。观胜者，谓观真如境界，是名观胜，偈言境界故。功德胜者，菩萨修行无厌足，不同二乘少欲等，是名功德胜，偈言功德故。证智胜者，证二种无我，是名证智胜，偈言证智故。涅槃胜者，教化众生故，是名涅槃胜，偈言涅槃故。地胜者，所谓十地等，是名地胜。偈言诸地故。清净胜者，菩萨远离智障，是名清净胜，偈言净无垢故。平等心胜者，菩萨大悲遍覆，是名平等心胜，偈言满足大慈悲故。生胜者，诸菩萨生无生故，是名生胜，偈言生于如来家故。神力胜者，谓三昧自在神通等力胜，是名神力胜，偈言具足三昧自在通故。果胜者，究竟无上菩提故，是名果胜，偈言果胜最无上故。"④

此后是对于三宝义的总结，兹从略。

四、如来藏佛性

《宝性论》的核心是第四如来藏句义，篇幅最大，有三品之多。《一切众生有如来藏品》起首有一解释，可看做这一金刚句的导言。先有偈语："真如有杂垢，及远离诸垢，佛无量功德，及佛所作业。如是妙境界，是诸

---

①② 北魏勒那摩提等译《宝性论》卷二，《大正藏》第 31 卷，第 825 页上。
③④ 同上书，第 825 页中。

佛所知。依此妙法身，出生于三宝。"①其后长行解释说："此偈示现何义？如向所说，一切众生有如来藏。彼依何义故，如是说偈言：'佛法身遍满，真如无差别，皆实有佛性，是故说常有。'此偈明何义？有三种义，是故如来说一切时一切众生有如来藏。何等为三？一者，如来法身遍在一切诸众生身，偈言'佛法身遍满'故。二者，如来真如无差别，偈言'真如无差别'故。三者，一切众生皆悉实有真如佛性，偈言'皆实有佛性'故。此三句义，自此下论依如来藏修多罗，我后时说应知。"②这里，明确说明了立一切众生有如来藏的三种理由，而论本偈为："一切众生界，不离诸佛智。以彼净无垢，性体不二故。依一切诸佛，平等法性身，知一切众生，皆有如来藏。"③这就是《宝性论》的宗旨所在，下文就是依据这一纲目展开论说的。

（一）《一切众生有如来藏品》

此品如偈本所言有十种义："体及因、果、业，相应及以行。时差别、遍处，不变、无差别。"④论释说："依此十种说第一义实智境界佛性差别应知。何等为十？一者，体。二者，因。三者，果。四者，业。五者，相应。六者，行。七者，时差别。八者，遍一切处。九者，不变。十者，无差别。"⑤此品即是以此十者为线索解释如来藏思想的。

1. 体、因

"本论"有一偈："自性常不染，如宝、空、净水。信法及般若，三昧大悲等。"⑥对于此偈颂，论中分为两层解释。

此初半偈是从此品起首所说的"佛法身遍满、真如无差别、皆实有佛性"⑦三种义开始论说的。论中说："彼三种义，次第依于自相同相。如来法身三种清净功德，如如意宝珠虚空净水，相似相对法应知。此明何义？思者依如来法身，所思所修皆悉成就故。"⑧此中又说，依其别相及共相而言，说如来藏与如意宝珠相似，与虚空相似，与水相似。具体以

---

① 北魏勒那摩提等译《宝性论》卷三，《大正藏》第31卷，第828页上。
② 同上书，第828页上—中。
③④⑤⑥⑦⑧ 同上书，第828页中。

"别相"言之,以佛法身具有力用,能满一切愿,说其与如意宝珠相似;以真如自性一味无异,说其不变如同虚空;以如来藏之普施润泽,大悲利益诸有情,说其平等如水。而依其共相言之,以其本来清净圆满,不染垢障,故依相似法说其如同宝、虚空和水。

后半偈是将众生界分为三类:"一者,求有。二者,远离求有。三者,不求彼二。"①世间有执著世间法、求离世间法以及不执世间也不求舍离世间的众生。

而"求有众生"又有二种:"一者,谤解脱道无涅槃性,常求住世间,不求证涅槃。二者,于佛法中阐提同位,以谤大乘故。"②前者谤解脱道,认为无涅槃性而常求住世间,后者则诽谤大乘法,与一阐提无异。

而"远离求有众生"也有二种:"一者,无求道方便。二者,有求道方便。"③前者也分为二:"一者,多种外道种种邪计,谓僧佉卫世师尼揵陀若提子等,无求道方便。二者,于佛法中同外道行,虽信佛法而颠倒取。"④前者是指外道,后者则是指小乘如犊子部等。"有方便求道众生"也有二种:"一者,声闻。偈言'怖畏世间苦'故,声闻故。二者,辟支佛,偈言'舍离诸众生'故,及自觉故。"⑤

至于第三种"不求彼二者"是指超越"求有"和"远离求有"的"第一利根众生诸菩萨摩诃萨"。论中解释说:"以诸菩萨不求彼有如一阐提故,又亦不同无方便求道种种外道等故,又亦不同有方便求道声闻、辟支佛等故。何以故?以诸菩萨见世间涅槃道平等故,以不住涅槃心故,以世间法不能染故,而修行世间行、坚固慈悲、涅槃心故,以善住根本清净法中故。"⑥

在此品最后,论中又论及"余有四种众生。何等为四。一者阐提。二者外道。三者声闻。四者辟支佛。彼四众生有四种障故,不能证故,

---

① ② ③ ④ 北魏勒那摩提等译《宝性论》卷三,《大正藏》第 31 卷,第 828 页下。
⑤ ⑥ 同上书,第 829 页上。

不能会故,不能见如来之性。何等为四？一者,谤大乘法一阐提障;此障对治,谓诸菩萨摩诃萨信大乘故,偈言'信法故'。二者,横计身中有我诸外道障,此障对治,谓诸菩萨摩诃萨修行般若波罗蜜故,偈言'及般若故'。三者,怖畏世间诸苦声闻人障,此障对治,谓诸菩萨摩诃萨修行虚空藏首楞严等诸三昧故,偈言'三昧故'。四者,背舍利益一切众生舍大悲心辟支佛障;此障对治,谓诸菩萨摩诃萨修行大悲,为利益众生故,偈言'大悲故'。是名四种障,障四种众生。为对治彼四种障故,诸菩萨摩诃萨信修行大乘等四种对治法,得无上清净法身,到第一彼岸。"①

2. 果、业

"本论"有一偈:"净我乐常等,彼岸功德果。厌苦求涅槃,欲愿等诸业。"②对于此偈颂,论中分为两层解释。

前半偈讲的是:"略说四句义,四种颠倒法。于法身中倒,修行对治法。"③此中的要义是对治四颠倒而获得"净我乐常如来法身果"。"四颠倒"即"谓于色等无常事中起于常想,于苦法中起于乐想,于无我中起于我想,于不净中起于净想,是等名为四种颠倒"④。论中说:"又此四种如来法身功德波罗蜜从因向果,次第而说净我乐常。应知。云何次第从因向果？谓诽谤大乘一阐提障,实无有净而心乐著取世间净。此障对治,谓诸菩萨摩诃萨信大乘修行,证得第一净波罗蜜果,应知。于五阴中见有神我诸外道障,实无神我而乐著取我。此障对治,谓诸菩萨摩诃萨修行般若波罗蜜,证得第一我波罗蜜果。"⑤此中明确说,以四种对治方法逐次去除四障即可获得"四种功德波罗蜜果"即"常波罗蜜"、"乐波罗蜜"、"我波罗蜜"、"净波罗蜜"。"四种功德果"须以"信"起,因而说"信"为佛性宝清净因。于法身中具四种胜义清净功德,即为"清净果"。此佛法身四种胜义功德,从"因"向"果"次第而说,其次第为"净"、"我"、"乐"、"常"。

---

① 北魏勒那摩提等译《宝性论》卷三,《大正藏》第31卷,第829页上—中。
②③④ 同上书,第829页中。
⑤ 同上书,第829页下。

在此,对于"我"义,论中有一解释:"而如来无彼我无我相。何以故。以一切时如实见知不虚妄故。非颠倒故。此以何义。以即无我名为有我。即无我者。无彼外道虚妄神我。名有我者。如来有彼得自在我。是故偈言:'如清净真空,得第一无我。诸佛得净体,是名得大身。'"①关于此"大身",涅槃学派习称其为"大我"。"'得大身'者,谓如来得第一清净真如法身,彼是诸佛如来实我,以得自在体,以得第一清净身,偈言'诸佛得净体'故。以是义故,诸佛名得清净自在,偈言'是名得大身'故。以是义故,依于此义诸佛如来于无漏界中得为第一最自在我。又复即依如是义故,如来法身不名为有,以无我相、无法相故。以是义故,不得言有,以如彼相如是无故。又复即依如是义故,如来法身不名为无,以唯有彼真如我体,是故不得言无法身,以如彼相如是有故。依此义故,诸外道问'如来死后为有身耶?为无身耶?有如是等',是故如来不记不答。"②此中特别强调,"大我"与外道所言的"有"是不同的,因为"大身"是没有法相的。

其后,论中解释了用来对治四种颠倒法的"四句义",也称之为"四法"。论中说:"诸菩萨摩诃萨信及般若、三昧、大悲四种修行。如是次第,得如来身净我乐常四种功德波罗蜜果,应知。又复有义,依此四种如来法身名为广大,如法界究竟,如虚空尽未来际。此明何义?信修行大乘,是故诸佛如来常得清净法界到第一彼岸,是故说言'广大如法界'。修行般若波罗蜜,是故诸佛如来成就虚空法身,以器世间究竟无我。以修行虚空藏等无量三昧,以是义故,于一切处一切法中皆得自在,是故说言'究竟如虚空'。以修行大悲,于一切众生无限齐时,得慈悲心平等,是故说言'尽未来际'。"③此中所说的"四法"即是"信"、"般若"、"三昧"、"大悲"。

---

① 北魏勒那摩提等译《宝性论》卷三,《大正藏》第 31 卷,第 829 页下。
② 同上书,第 829 页下—830 页上。
③ 同上书,第 830 页上。

关于"厌苦求涅槃,欲愿等诸业"的含义,论释中又有一偈语来说明:"若无佛性者,不得厌诸苦。不求涅槃乐,亦不欲不愿。"①其后的长行引用《胜鬘经》的话来说明:"《胜鬘经》言:'世尊,若无如来藏者,不得厌苦,乐求涅槃,亦无欲涅槃,亦不愿求。'如是等此明何义?略说佛性清净正因于不定聚众生能作二种业。何等为二?一者,依见世间种种苦恼,厌诸苦故,生心欲离诸世间中一切苦恼。偈言'若无佛性者,不得厌诸苦'故。二者,依见涅槃乐悕寂乐故,生求心欲心愿心,偈言'若无佛性者,不求涅槃乐,亦不欲不愿'故。又欲者,求涅槃故。求者,悕涅槃故。"②此中强调说,如果无佛性(如来藏),则众生不会厌离世间苦而乐求涅槃。

此后又有一偈语来说明:"见苦果乐果,此依性而有。若无佛性者,不起如是心。"③长行解释说:"凡所有见世间苦果者,凡所有见涅槃乐果者,此二种法,善根众生,有一切依因真如佛性,非离佛性,无因缘故,起如是心。偈言'见苦果乐果',此依性而有故。若无因缘生如是心者,一阐提等无涅槃性应发菩提心,偈言'若无佛性者,不起如是心'故。以性未离一切客尘烦恼诸垢,于三乘中未曾修习一乘信心。又未亲近善知识等,亦未修习亲近善知识因缘,是故《华严·性起》中言:次有乃至邪见聚等,众生身中皆有如来日轮光照,作彼众生利益,作未来因善根,增长诸白法故。向说一阐提常不入涅槃,无涅槃性者,此义云何?为欲示现谤大乘因故。此明何义?为欲回转诽谤大乘心不求大乘心故,依无量时故,如是说。以彼实有清净性故,不得说言彼常毕竟无清净性。"④此中关于一阐提是否有佛性的问题,其回答较为温和。

3. 相应

所谓"佛性"的"相应义"是如来藏与其圆满清净之"因"、"果"相应。"本论"有一偈:"大海器宝水,无量不可尽。如灯明触色,性功德如是。"⑤

---

①②③ 北魏勒那摩提等译《宝性论》卷三,《大正藏》第31卷,第831页上。
④ 同上书,第831页上—中。
⑤ 同上书,第831页中。

对于此偈颂,论中分为两层解释。

对于前半偈示的含义,也有一偈解释:"佛法身慧定,悲摄众生性。海珍宝水等,相似相对法。"①此是说所谓"佛性"的"相应义"是如来与其圆满清净之"因"相应。对此中的含义,有一长行解释:"以有三处故,次第有三种大海相似相对法。何等三处?一者,法身清净因。二者,集佛智因。三者,得如来大悲因。法身清净因者,信修行大乘器相似相对法,以彼无量不可尽故,偈言'佛法身'故,海相似相对法故。集佛智因者,般若三昧珍宝相似相对法,偈言'慧定'故,珍宝相似相对法故。得如来大悲因者,大慈悲心水相似相对法,偈言'悲摄众生性'故,水相似相对法故。又修行智慧三昧门宝相似相对法,以彼无分别不可思议、有大势力功德相应故。又修行菩萨大悲水相似相对法,以于一切众生柔软大悲,得一味等味相行故。如是彼三种法,此三种因和合,毕竟不相舍离。故名相应。"②此中是将法义与大海水譬喻结合起来说明的,"佛性相应义"与大海有三种相似。其中,第一"法身清净因"内涵是信大乘教法,此与大海蕴藏宝藏相似,以如实般若及无量无尽如水大悲,皆为所摄。第二"集佛智因"的内涵是修证般若及作修习止观,此与大海水蕴藏的如意宝珠相似,以其具无分别不可思议力用。第三"菩萨大慈悲心",此与水相似,以其于一切有情平等润泽故。如此三种法与此三因和合,故谓如来藏与清净因相应。

关于后半偈的含义,也有一偈解释:"神通与漏尽,以及无漏智。如灯焰热色,不分离相似。"③此是指佛性与其清净果相应,而"果"的三法以灯来譬喻。对此中的含义,有一长行解释:"有三处次第,三种灯相似相对法,于如来法界中依果相应义,应知。何等三处?一者,通。二者,知漏尽智。三者,漏尽。此以何义?通者,有五通光明相似相对法,以受用事能散灭,彼与智相违,所治暗法能治相似相对法故,偈言通故明故。知

---

① 北魏勒那摩提等译《宝性论》卷三,《大正藏》第31卷,第831页中。
② 同上书,第831页中—下。
③ 同上书,第831页下。

漏尽智者,无漏智暖相似相对法,以能烧业烦恼无有余残,能烧相似相对法故,偈言智故暖故。漏尽者,转身漏尽色相似相对法,以常无垢清净光明具足相无垢相似相对法故,偈言无垢故色故。又无垢者,以离烦恼障故;清净者,以离智障故;光明者,如自性清净体,彼二是客尘烦恼。如是略说六种无漏智,离烦恼无学身所摄法,于无漏法界中彼此迭共不相舍离,不差别法界平等毕竟,名相应义。"①第一,"神通"如灯之焰,以其具足驱散黑暗本能,黑暗则为妨碍通达真谛之因。第二"无漏智"除烦恼业力如灯之热,以其能尽焚业力及烦恼。第三"漏尽"为熏习,可比为灯之色,以其具无垢圆满清净光明故,"无垢"是因其除烦恼障的缘故,"清净"是因为除所知障的缘故,"光明"是因为其是"清净体"的缘故。如此,不为污垢所染的"神通"、能除一切垢染的"无漏智"以及全部去除二障的"漏尽",都与无漏法界无二之无学圣者不相舍离,因此说如来藏与无二真如相应。

4. 行

所谓"行"即如来藏的"行相"。"本论"有一偈:"见实者说言,凡夫圣人佛。众生如来藏,真如无差别。"②对于此偈颂,论释中也有一偈解释:"凡夫心颠倒,见实异于彼。如实不颠倒,诸佛离戏论。"③

论中的长行解释说:"向明如来法界中一切法,真如清净明同相,依般若波罗蜜无分别智法门等,为诸菩萨摩诃萨说。此以何义?略明依三种人。何等为三:一者,不实见凡夫。二者,实见圣人。三者,毕竟成就如来法身。是名三种行应知。"④这是说,佛依于般若波罗蜜多及自证智法门,为诸菩萨说圆满清净一切法真如共相,此即名为"如来藏"。佛针对三种人而言之。其一是取不实见的凡夫,为"取颠倒者",如论中说:"取颠倒者,谓诸凡夫三种虚妄想心见故,偈言凡夫心颠倒故。"⑤其二是已证真如的圣者,为"离颠倒者",如论中说:"离颠倒者,以圣人远离虚妄

---

① ② ③ 北魏勒那摩提等译《宝性论》卷三,《大正藏》第 31 卷,第 831 页下。
④ ⑤ 同上书,第 831 页下—832 页上。

想心见故,偈言见实异于彼故。"①其三,是毕竟成就如来法身的佛,为"离戏论者",如论中说:"离戏论者,正离颠倒及诸戏论,以烦恼障、智障及烦恼习气诸佛如来根本永尽故。"②

5. 差别

从上述凡夫、圣者以及佛为据导出三种差别。"本论"有一偈:"有不净、有净、及以善净等,如是次第说,众生、菩萨、佛。"③对于此偈颂,论释中也有一偈解释:"体等六句义,略明法性体,次第三时中,说三种名字。"④

论中的长行解释说:"谓向所明无漏法性,如来广说种种法门。彼诸法门略说依于六种句义,所谓摄聚体、因、果、业、相应及行,偈言'体等六句义,略明法性体'故。"⑤这是对于上述如来藏六义的概括。论中又说:如来于三时中,次第以三种名字命名之,"谓不净时名为众生,偈言'有不净'故。不净净时名为菩萨,偈言'有净'故。于善净时名为如来,偈言'及以善净'故"⑥。这是说,如来藏于众生位为"不净",于菩萨位为"不净净",于如来位为"善净"。

6. 如来法性遍一切处

从上述如来藏三种境界差别引出如来藏遍一切处的观念。"本论"有一偈:"如空遍一切,而空无分别,自性无垢心,亦遍无分别。"⑦对于此偈颂,论释中也有一偈解释:"过功德毕竟,遍至及同相。下中胜众生,如虚空中色。"⑧

论中的长行解释说:"所有凡夫、圣人、诸佛如来,自性清净心平等无分别。彼清净心于三时中,次第于过失时、于功德时、于功德清净毕竟时,同相无差别。犹如虚空在瓦、银、金三种器中平等无异,无差别一切时有。以是义故,经中说有三时次第。如《不增不减经》言:舍利弗,不离众生界有法身,不离法身有众生界。众生界即法身,法身即众生界。舍利弗,此二法者义一名异故。"⑨这是说,所有凡夫、圣者及诸佛如来所具

---

① 北魏勒那摩提等译《宝性论》卷三,《大正藏》第 31 卷,第 831 页下—832 页上。
②③④⑤⑥ 同上书,第 832 页上。
⑦⑧⑨ 同上书,第 832 页中。

的自性清净心是平等无分别的。依三种境界则可分别说为具过失、具功德及究竟圆满，然其本是遍一切处的、平等的；如瓦、铜、金三种器中的虚空，是本来平等无异无别的。

7. 不变不异

从凡夫、圣者以及诸佛而言，如来藏有染净之别，但其本身是不变不异的。对此，论释以偈颂的形式作了概括，其偈曰："诸过客尘来，性功德相应，真法体不变，如本后亦尔。"①这就是如来藏的要义，如来真如性即"佛体"是不变不异的，无论其为染为净都是如此。论本有十五偈，依照前述"不净时"、"不净净"以及"善净"分为三层。

第一，如来藏于不净时不变不异，本论有十一偈论说。

本论中有三偈以虚空为譬喻来说明如来藏的不变性。偈曰："如虚空遍至，体细尘不染。佛性遍众生，诸烦恼不染。如一切世间，依虚空生灭，依于无漏界，有诸根生灭。火不烧虚空，若烧无是处，如是老病死，不能烧佛性。"②偈语甚为明了，兹不重释。

此后又有水等譬喻，论释除加以引用之外，另外作三偈以重申其意："不正思惟风，诸业烦恼水。自性心虚空，不为彼二生。自性清净心，其相如虚空。邪念思惟风，所不能散坏。诸业烦恼水，所不能湿烂。老病死炽火，所不能烧燃。"③其后有长行解释："如依邪念风轮起业烦恼水聚，依业烦恼水聚生阴、界、入世间。而自性心虚空不生不起。偈言'不正思惟风，诸业烦恼水。自性心虚空，不为彼二生'故。如是依邪念风灾，业行烦恼水灾，老病死等火灾，吹浸烧坏阴、入、界世间，而自性清净心虚空常住不坏。如是于不净时中，器世间相似相对法，诸烦恼染业染生染，有集有灭。诸佛如来无为之性，犹如虚空不生不灭，常不变易示现法体。

---

① 北魏勒那摩提等译《宝性论》卷三，《大正藏》第31卷，第832页中。
② 同上书，第832页下。
③ 同上书，第832页下—833页上。

此自性清净法门虚空譬喻。"①这是说,由如同风轮的邪念所生起的烦恼之水,聚合而成五蕴、十二处、十八界等世间诸法,而如来藏自性心其实如同虚空,是常住不坏的。此后引用了《虚空藏经》来证明。总之,"一切诸法皆无根本,皆无坚实,无住无住本,根本清净,无根本故"②。而且"老病死火,于不净时中不能变异彼如来藏。是故圣者《胜鬘经》言:'世尊,生死者,依世谛故说有生死。世尊,死者诸根坏。世尊,生者新诸根起。世尊,而如来藏不生不死,不老不变。何以故?世尊,如来藏者,离有为相境界。世尊,如来藏者,常恒清凉不变故'"③。

第二,依净不净时不变不异故。本论中有二偈:"菩萨摩诃萨,如实知佛性。不生亦不灭,复无老病等。菩萨如是知,得离于生死。怜愍众生故,示现有生灭。"④此后的长行解释说:"此老病死等苦火于不净时依业烦恼本生,如世间火依薪本生。以诸菩萨得生意生身,于净不净时毕竟永灭尽。以是义故,诸业烦恼等常不能烧燃,而依慈悲力故,示现生老病死,而远离生等,以见如实故。以是义故,诸菩萨摩诃萨依善根结使生,非依业烦恼结使生,以依心自在力生,依大悲力现于三界,示现生,示现老,示现病,示现死,而彼无有生、老、病、死诸苦等法。以如实见真如佛性不生不灭,是名不净净时。"⑤

第三,依善净时不变不异故。本论中二偈:"佛身不变异,以得无尽法。众生所归依,以无边际故。常住不二法,以离妄分别。恒不热不作,清净心力故。"⑥这是说:"如来性于佛地时,无垢清净,光明常住,自性清净,以本际来常故不生;以离意生身故,以未来际恒故不死,以离不可思议变易死故;以本后际来清凉故不病,以离无明住地所摄故。若如是者,不堕三世,彼则不变,是故不老。"⑦可见,处于"善净"位的如来藏即是佛

---

① ② 北魏勒那摩提等译《宝性论》卷三,《大正藏》第31卷,第833页上。
③ ④ 同上书,第833页中。
⑤ 同上书,第833页下。
⑥ 同上书,第835页上。
⑦ 同上书,第835页上—中。

身,是光明常住,自性清净,不生、不死、不病、不老的。

8. 无差别

所谓"无差别"是指如来藏于圆满清净境界中所具的极清净无二性。本论中有一偈:"法身及如来,圣谛与涅槃。功德不相离,如光不离日。"① 论释中分为两层来解释。

关于前半偈,论释中说:"无漏法界中依如来藏有四种义,依四种义有四种名,应知。何等四义?偈言:佛法不相离,及彼真如性。法体不虚妄,自性本来净。"② 这是依据《胜鬘经》的经义而来。"佛法不相离",如《胜鬘经》所说:"不空如来藏,过于恒沙不离不脱,不思议佛法故。"③ 而"及彼真如性"是指"六根如是,从无始来毕竟究竟诸法体故。"④"法体不虚妄"是指《六根聚经》中所说"第一义谛者,谓不虚妄涅槃是也。何以故?世尊,彼性本际来常以法体不变故。"⑤ 而"自性本来净"则是指"如来应正遍知本际以来入涅槃故"⑥。依此四义而有四种名,即法身、如来、第一义谛、涅槃。论引用《不增不减经》和《胜鬘经》证明,如来藏即是法身,不离法身有如来藏,不离如来藏有法身,涅槃即如来法身。

关于后半偈的含义,论释解释说:上述四种名称,"于如来法身无漏界中一味一义不相舍离,是故虽复有四种名,而彼四义不离一法门,不离一法体。此以何义?所证一切法,觉一切智,及离一切智障、烦恼障习气。此二种法于无漏法界中,不异不差别,不断不相离"⑦。这是说,此四名相于无漏界中唯同如来藏一义,由此,证得法、获得觉智以及远离一切所知障和烦恼习气,即名为涅槃,即名为佛,即名为法身。

(二)《无量烦恼所缠品》

在《如来藏品》叙述了如来藏十义之后,《无量烦恼所缠品》则叙述如来藏被烦恼所缠之义。论释说:"向依如来藏说无始世界来彼法恒常住

---

①② 北魏勒那摩提等译《宝性论》卷三,《大正藏》第31卷,第835页中。
③ 刘宋求那跋陀罗译《胜鬘经》,《大正藏》第12卷,第221页下。
④⑤⑥⑦ 北魏勒那摩提等译《宝性论》卷三,《大正藏》第31卷,第835页下。

法体不转变,明如来藏有十种义。自此以下依无始世界来烦恼藏所缠,说无始世界来自性清净心具足法身,以九种譬喻明如来藏。过于恒沙烦恼藏所缠。"①此九种譬喻为:"萎华中诸佛,众蜂中美蜜。皮糩等中实,粪秽中真金。地中珍宝藏,诸果子中芽。朽故弊坏衣,缠裹真金像。贫贱丑陋女,怀转轮圣王。焦黑泥模中,有上妙宝像。众生贪瞋痴,妄想烦恼等。尘劳诸垢中,皆有如来藏。"②又说:"华蜂糩粪秽,地果故坏衣。贫贱女泥模,烦恼垢相似。佛蜜实真金,宝牙金像王。上妙宝像等,如来藏相似。"③上述九种譬喻即《如来藏经》所说,具体内容已经在上述分析《如来藏经》时作过概括分析,此从略。仅将其要义略述如下:

第一,此品中说,此譬喻与九种烦恼对应。如论释中说:"略说有九种烦恼,于自性清净如来法身界中,如萎华等九种譬喻,于诸佛等常外客相诸烦恼垢亦复如是,于真如佛性常客尘相。何等以为九种烦恼:一者,贪使烦恼。二者,瞋使烦恼。三者,痴使烦恼。四者,增上贪瞋痴结使烦恼。五者,无明住地所摄烦恼。六者,见道所断烦恼。七者,修道所断烦恼。八者,不净地所摄烦恼。九者,净地所摄烦恼。此如是等九种烦恼,以彼九种譬喻示现应知。"④

第二,此九种烦恼一一在修行中断除。具体对应如下:第一至第三所说:"世间贪等众生身中所摄烦恼,能作不动地业所缘,成就色界无色界果报,出世间智能断,名为贪瞋痴使烦恼。"⑤第四譬喻所说:"又增上贪瞋痴众生身中所摄烦恼,能作福业罪业行缘,但能成就欲界果报,唯有不净观智能断,名为增上贪瞋痴等结使烦恼。"⑥第五譬喻所说:"又阿罗汉身中所摄烦恼,能作无漏诸业行缘,能生无垢意生身果报,唯如来菩提智能断,名为无明住地所摄烦恼。"⑦第六譬喻所说:"凡夫身中所摄烦

---

①② 北魏勒那摩提等译《宝性论》卷四,《大正藏》第31卷,第837页上。
③ 同上书,第837页上—中。
④⑤ 同上书,第837页中。
⑥⑦ 同上书,第837页下。

恼,初出世间心见出世间法智能断,名为见道所断烦恼。"①第七譬喻所说:"圣人身中所摄烦恼,如先见出世间法修道智能断,名为修道所断烦恼。"②第八譬喻所说:"又不究竟菩萨,谓从初地乃至七地所摄烦恼,七住地中所对治法,八地已上三住地中,修道智能断,名为不净地所摄烦恼。"③第九譬喻所说:"又毕竟究竟菩萨身中所摄烦恼,八地已上三地修道智所对治法,金刚三昧智能断,名为净地所摄烦恼。"④

其后,论释中又说:"又复即此九种烦恼,依八万四千众生行故,有八万四千烦恼差别,如如来智无量无边故。有如是无量无边烦恼缠如来藏故,言无量烦恼藏所缠如来藏。"⑤

第三,论释中,有三种如来藏之"实体"与九种譬喻构成"对应"关系。文曰:"谓依法身自性清净心如来藏等三种实体,有诸佛等九种譬喻相似相对法应知。三种实体者,偈言:法身及真如,如来性实体。三种及一种,五种喻示现。"⑥这是说,下述三种譬喻示现如来法身。"三种譬喻者,所谓诸佛美蜜坚固,示现法身。偈言'法身'故。一种譬喻者,所谓真金示现真如,偈言'真如'故。又何等为五种譬喻:一者,地藏。二者,树。三者,金像。四者,转轮圣王。五者,宝像。能生三种佛身,示现如来性,偈言'如来性'故。"⑦论中又将"法身"分为二种:"一者,寂静法界身,以无分别智境界故。如是诸佛如来法身,唯自内身法界能证应知,偈言'清净真法界'故。二者,为得彼因,谓彼寂静法界说法,依可化众生说。"⑧此中说法身示现有二种。第一是圆满清净证无分别智境界,此为诸佛内自所证胜义谛自性身。第二为成就之因,是诸佛依有情根器说与众生相应之法,是为诸佛法身自性流露之教法。进一步,论中说:"诸佛美蜜及坚固等三种譬喻,此明如来真如法身有二种义。一者,遍覆一切众生。二者,遍身中有无有余残,示现一切众生有如来藏。"⑨佛、蜜、实等三个譬

---

①②③④⑤ 北魏勒那摩提等译《宝性论》卷四,《大正藏》第31卷,第837页下。
⑥⑦⑧ 同上书,第838页中。
⑨ 同上书,第838页下。

喻,说明如来法身周遍一切有情,无有例外,故说一切有情皆具如来藏。而以众生界而言,实无一有情离如来法身,实无一有情在如来智外。如偈言:"譬如诸色像,不离于虚空。如是众生身,不离诸佛智。以如是义故,说一切众生,皆有如来藏,如虚空中色,以性不改变,体本来清净。如真金不变,故说真如喻。"①真如即如来之性与被烦恼等遮蔽的众生身中的自性清净心,"无异无差别,光明明了,以离客尘诸烦恼故"②,依真如无差别,不离佛法身,因而说诸众生皆有如来藏。

第四,如来藏为成佛之因。以即宝藏、(芽所生)树、金像、转轮圣王、宝像五种譬喻"能作三种佛法身因,以是义故,说如来性因"③。此后又引用《胜鬘经》来说明,如来藏是法界藏,出世间法身藏,出世间上上藏,自性清净法身藏。"一切众生有如来藏。此明何义?依法性依法体,依法相应,依法方便。此法为如是为不如是,不可思议。一切处依法,依法量,依法信,得心净,得心定,彼不可分别,为实为不实,唯依如来信。"④这是说,对于如来藏,唯依如来而信。

第五,有凡夫、声闻、辟支佛以及初发菩提心菩萨四种众生不识如来藏,其后,论释中引用《胜鬘经》等经义来说明,此从略。

此品最后,有偈言:"不空如来藏,谓无上佛法。不相舍离相,不增减一法。如来无为身,自性本来净,客尘虚妄染,本来自性空。"⑤此后引用了《胜鬘经》中"空如来藏"和"不空如来藏"之义来说明。

(三)《为何义说品》

此品的核心在于回答这样的问题:既然如来藏义非上述四种众生所常证知,为何如来还要为其宣说此义呢?如论中说:"真如佛性如来藏义住无障阂究竟菩萨地。菩萨第一圣人亦非境界,以是一切智者境界故。

---

①② 北魏勒那摩提等译《宝性论》卷四,《大正藏》第31卷,第838页下。
③ 同上书,第839页上。
④ 同上书,第839页中。
⑤ 同上书,第840页上。

若如是者,何故乃为愚痴颠倒凡夫人说?"①

本论中有四偈,前二为问,后二为答。答偈为:"以有怯弱心,轻慢诸众生,执著虚妄法,谤真如佛性,计身有神我。为令如是等,远离五种过,故说有佛性。"②其中"五种过"的具体解释是:第一,怯懦心:"以众生不闻,不发菩提心,或有怯弱心,欺自身诸过。"③第二,轻慢心:"未发菩提心,生起欺慢意,见发菩提心,我胜彼菩萨。"④第三,执著虚妄法:"如是憍慢人,不起正智心,是故虚妄取,不知如实法。"⑤第四,谤真如:"妄取众生过,不知客染心,实无彼诸过,自性净功德。"⑥第五,诸憍慢:"以取虚妄过,不知实功德,是故不得生,自他平等慈。"⑦而"闻彼真如性,起大勇猛力,及恭敬世尊,智能及大悲,生增长五法,不退转平等,无一切诸过,唯有诸功德,取一切众生,如我身无异,速疾得成就,无上佛菩提"⑧。此品无长行解释,大概是因为其意自明的缘故。

五、菩提、功德、业

《宝性论》第五至第七金刚句是"菩提"、"功德"和"业"。汉译本分别为第八至第十品。在此一并分析说明。如论中说:"已说有垢如,自此以下说无垢如,应知。无垢如者,谓诸佛如来,于无漏法界中远离一切种种诸垢,转杂秽身得净妙身。"⑨依据此中所说,上述三品所叙说的是"有垢如来藏",也就是有些经典所说的"在缠如来藏"。而此以下所说则为"无垢如来藏",即诸佛如来。

(一)《身转清净成菩提品》

此品是对于佛所证得的"真如性无漏法身"的说明。如本论偈所说:"净得及远离,自他利相应。依止深快大,时数如彼法。"⑩此中说,可以分八种句义来说明"智"。即"一者实体,二者因,三者果,四者业,五者相

---

① 北魏勒那摩提等译《宝性论》卷四,《大正藏》第31卷,第840页中。
②③④⑤⑥⑦⑧ 同上书,第840页下。
⑨⑩ 同上书,第841页上。

应,六者行,七者常,八者不可思议"①。下文逐次有偈颂解释。

第一,"实体"和"因"。关于"实体",谈锡永翻译为"自性",而古代汉译本则解释说:"实体者,向说如来藏不离烦恼藏所缠,以远离诸烦恼转身得清净,是名为实体。"②可见,所谓"实体"其实就是指远离烦恼而得的自性清净体。而"因者,有二种无分别智:一者,出世间无分别智,二者依出世间智。得世间、出世间依止行智,是名为因"③。

本论中以三偈来解释"实体"、"因":"向说佛法身,自性清净体。为诸烦恼垢,客尘所染污。譬如虚空中,离垢净日月,为彼厚密云,罗网之所覆。佛功德无垢,常恒及不变,不分别诸法,得无漏真智。"④上述偈颂的主旨是说明"转身实体清净",而"清净"又有二种:"一者,自性清净。二者,离垢清净。自性清净者,谓性解脱,无所舍离,以彼自性清净心体,不舍一切客尘烦恼,以彼本来不相应故。离垢清净者,谓得解脱,又彼解脱不离一切法,如水不离诸尘垢等而言清净,以自性清净心远离客尘诸烦恼垢更无余故。"⑤此中很精辟地说明,有本来清净之心和离垢清净之心两类。

第二,"果",即依持于"离垢清净"而得的"果"。论中解释说:"果者,即依此得得证智果,是名为果,偈言'远离'故。"⑥本论有四偈说明之:"如清净池水,无有诸尘浊。种种杂花树,周匝常围绕;如月离罗睺,日无云翳等。无垢功德具,显现即彼体;蜂王美味蜜,坚实净真金。宝藏大果树,无垢真金像。转轮圣王身,妙宝如来像。如是等诸法,即是如来身。"⑦此后论释又有偈颂作解释,没有长行。

第三,"业"。论释解释说:"业者,有二种远离:一者,远离烦恼障。二者,远离智障,如是次第,故名远离。如是远离,自利、利他成就,是名

①②③④⑥ 北魏勒那摩提等译《宝性论》卷四,《大正藏》第31卷,第841页上。
⑤ 同上书,第841页中。
⑦ 同上书,第841页中—下。

871

为业,偈言'自他利'故。"①经典中说以二种智依自利、利他业,这两种智即"出世间无分别智"和"依出世间无分别智","转身得身行,因远离烦恼得证智果故。又何者是成就自利?谓得解脱,远离烦恼障,远离智障,得无障碍清净法身,是名成就自身利益。又何者是成就他利益?既得成就自身利已,无始世来自然依彼二种佛身,示现世间自在力行,是名成就他身利益。"②可见,此中所说的"业",也就是远离两种烦恼而获得的自利、利他的功德。

对于上述含义,本论以四偈来说明:"无漏及遍至,不灭法与恒。清凉不变异,不退寂净处。诸佛如来身,如虚空无相。为诸胜智者,作六根境界。示现微妙色,出于妙音声。令嗅佛戒香,与佛妙法味。使觉三昧触,令知深妙法。细思惟稠林,佛离虚空相。"③这是强调,依第一义,诸佛如来清净法身自体之相如同虚空,不能以"色身"去求。其后则引用《金刚般若波罗蜜经》来说明:"不以相成就得见如来。须菩提,若以相成就观如来者,转轮圣王应是如来,是故非以相成就得见如来故。"④

第四,"相应"。论释中解释说:"相应者,自利、利他得无量功德,常毕竟住持,是名相应。"⑤此中所说的"相应"是强调如来所得的两种功德是常常显示而毕竟住持的。对此,本论中有二偈解释:"如空不思议,常恒及清凉。不变与寂静,遍离诸分别。一切处不著,离阂粗涩触。亦不可见取,佛净心无垢。"⑥此中以虚空作譬喻来说明诸佛如来无为诸功德不离佛法身,于所有诸有,得不可思议胜大方便业、胜大悲业,胜大智业,为与一切众生乐相无垢清净三种佛身,所谓实佛、受法乐佛及化身佛,常不休息,常不断绝,自然修行,以为利益一切众生,应知,以不共余人唯诸佛如来法身相应故。⑦

---

① ⑤ 北魏勒那摩提等译《宝性论》卷四,《大正藏》第31卷,第841页上。
② 同上书,第841页下—842页上。
③ 同上书,第842页上。
④ ⑥ 同上书,第842页中。
⑦ 同上书,第842页下。

第五,"行"。在此品起首的解释是将"行"、"常"与其后的"不思议"连在一起的,而从论中的内容看,此"行"是正面叙述如来的"法身"的。卷一将下述八偈表述为"法身偈"①,而此品则说:"以依此身相应诸行差别故,说八偈。"②此八偈如下:"非初非中后,不破坏不二,远离于三界,无垢无分别。此甚深境界,非二乘所知。具胜三昧慧,如是人能见。出过于恒沙,不思议功德,唯如来成就,不与余人共。如来妙色身,清净无垢体,远离诸烦恼,及一切习气。种种胜妙法,光明以为体,令众生解脱,常无有休息。所作不思议,如摩尼宝王,能现种种形,而彼体非实。为世间说法,示现寂静处,教化使淳熟,授记令入道。如来镜像身,而不离本体,犹如一切色,不离于虚空。"③

第六,"常",这是叙述如来"法身常住"之义的。卷一将下述二偈表述为"如来常住身偈"④,而此品则解释说:"自此以下,即依如是三种佛身,为乐众生利益众生。"⑤本论中二偈为:"世尊体常住,以修无量因。众生界不尽,慈悲心如意。智成就相应,法中得自在,降伏诸魔怨,体寂静故常。"⑥

第七,"常不思议"。此品起首解释说:"常不思议者,谓三种佛法身,无始世界来作众生利益,常不休息,不可思议。"⑦而其后又解释说:"诸佛如来依法身转得无上身,不可思议。"⑧本论中有二偈说明之:"非言语所说,第一义谛摄。离诸觉观地,无譬喻可说。最上胜妙法,不取有涅槃,非三乘所知,唯是佛境界。"⑨

(二)《如来功德品》

此品的主题很明确,是叙述如来功德的。如论所说:"已说无垢真如法身,次说依彼无垢真如法身一切功德。如摩尼宝不离光明形色诸相,

---

①④ 北魏勒那摩提等译《宝性论》卷一,《大正藏》第31卷,第816页下。
②③ 北魏勒那摩提等译《宝性论》卷四,《大正藏》第31卷,第842页下。
⑤⑥ 同上书,第843页中。
⑦ 同上书,第841页上。
⑧⑨ 同上书,第843页下。

如来法身无量无边自性清净无垢功德,亦复如是。"①

本论中有二偈从总体上作概括:"自利亦利他,第一义谛身;依彼真谛身,有此世谛体。果远离淳熟,此中具足有,六十四种法,诸功德差别。"②其后则有偈分别说明十力、四无畏、十八不共佛法、三十二大人相。

在一一说明上述四大类六十四种功德之后,"又复依此四处,次第有四种喻,谓金刚杵及师子王、虚空譬喻、水中月等,有九行偈"③。此从略。

(三)《自然不休息佛业品》

此品的主题是叙述诸佛如来之业常行不辍。如论中所说:"已说无垢诸佛功德,次说诸佛如来作业。彼诸佛业自然而行,常不休息,教化众生,应知。此依略说,有二种法自然而行,以是义故,依诸佛业自然而行,常不休息,常作佛事故。"④本论中即以六偈说明佛教化众生的事业。如:"于可化众生,以教化方便,起化众生业,教化众生界。诸佛自在人,于可化众生,常待处待时,自然作佛事……"⑤如此等等。

其后,此品专设一问答。提问的内容是:"如向所说诸佛如来不生不灭。若如是者,即无为法。无为法者,不修行业。云何自然不休息常教化众生事?"⑥回答是:"为示现彼诸佛大事断诸疑惑,是故依彼不可思议无垢清净诸佛境界,示现大事故。"问的是,佛是无为,凭借何等教化众生?回答是,佛凭借其不可思议的无垢境界教化众生。

其后有一偈以譬喻说明之:"帝释、妙鼓、云、梵天、日、摩尼。响及虚空、地,如来身亦尔。"⑦此中蕴含九种譬喻,即"帝释镜像"、"天中妙鼓"、"云"、"梵天"、"日"、"摩尼"、"响"、"虚空"、"地",论中广说有六十六偈。此从略。

以《宝性论》本身的结构来叙述分析如来藏思想,大要如此。概括言之,则可知其核心不出一切众生皆有如来藏以及如来藏是法身藏,如来藏

---

① 北魏勒那摩提等译《宝性论》卷四,《大正藏》第31卷,第843页下—844页上。
② 同上书,第844页上。
③ 同上书,第844页下。
④⑤ 同上书,第845页下。
⑥⑦ 同上书,第846页上。

乃诸佛如来体证所得。而作为早期的如来藏论典，一方面体现为其引用的佛典全系早期如来藏佛典，另一方面则体现为其思想仍未涉及如来藏与第八识的关系。而其后的《佛性论》和《大乘起信论》与此则大为不同。

第二节 《佛性论》

《佛性论》对隋唐佛学影响巨大，但由于仅有一个汉译本而屡屡被当今学者怀疑。笔者坚持认为《佛性论》为真谛的译籍。如此一来，《佛性论》所具有的融合如来藏思想于唯识思想之中的特色便不是偶然的了。与其他类似的经论合观，即可证明，如来藏思想被摄取被吸收于瑜伽行派之中确实是事实。本节先对此论的结构作说明，其后则以论点本身的结构顺序对其思想作叙述分析。

一、《佛性论》的翻译

关于《佛性论》，近代以来由日本学者开其端，一直有人认为其并非翻译作品，且有学者直接认为是真谛所撰写。此正如恒清法师所综述："真谛之所以被认为可能是《佛性论》的作者，其来有自。真谛学的特色在于融合如来藏说和瑜伽学的阿赖耶说。他常在其翻译的瑜伽典籍中，加入如来藏思想的字句。例如，在他翻译世亲造的《摄大乘论释》中，如与玄奘译本，或藏本相比较，就可发现真谛确实随自己意思引入如来藏说。而《佛性论》中'显体分'，也可以清楚地看出其作者是以'三自性'、'三无性'等瑜伽学理论来解说、比对如来藏学。再者，《大乘起信论》也是一种无梵文原典、真谛译的含有会通如来藏和瑜伽思想的重要论。以上种种难免令人觉得真谛为了阐扬如来藏和瑜伽的融合思想，可能是这些典籍的作者。"① 对于日本学者的这些说法，恒清法师也表示难以同意。

---

① 恒清法师《佛性思想》，第146页。

他又说:"不过,《佛性论》之中有十七处'释曰'、'记曰',以注解本文。如果真谛是《佛性论》的作者的话,不会有'释曰'、'记曰'的情况出现。较有可能的是真谛在翻译的过程中,加入自己对论文的注解,故有'释曰'等的字样出现。《历代三宝记》中除了记载真谛的译作之外,亦记有真谛自己的著述二部:《无上依经疏》四卷,《佛性义》三卷,可惜的是二者均已佚失。《佛性义》可能是《佛性论》的注疏,而现存《佛性论》中的'释曰'、'记曰',很有可能是出自真谛的《佛性义》。"①笔者完全赞同这一评述,但对于其所作的"到目前为止,有关《佛性论》的作者是否为真谛,尚无定论"②的结语,持保留态度。

综合怀疑者的"证据"有:其一,此论现今仅有汉译本存世,未发现梵文本,也无藏译本。其二,关于此论的作者问题,有人说:"《佛性论》四卷,原无作者,自《开元释教录》始题为世亲所造。"其三,翻译的具体时间不详。其四,以此论的思想与真谛接近而与现今学者所认定的世亲的思想相差较大。在笔者看来,这些根本就不是理由,都是无端的猜测,远不足以推翻古代的记载。其中,第一、第三、第四属于悬测,勿需论说,第二条则与事实不符,在此略作考辨,以正视听。

经过查阅现存资料可知,尽管隋代的费长房没有记载此论的撰著者,但至少在唐初中土已经传说此论的作者是世亲,尤其重要的是,玄奘的门下也是如此说的。玄奘弟子法宝《俱舍论疏》卷一说:

> 世亲论主,意无朋执,依第一时制造此论。同第一时,依第二时造《般若论》,说诸法皆空。同第二时意,依第三时《释摄论》等,旨趣同其《解深密》意。依第四时述《法华论》,明二乘无灭。与前三教别,依《如来藏》、《无上依经》等诸大乘经,述《佛性论》,会经中说一分决定无涅槃法,以为不了。③

---

①② 恒清法师《佛性思想》,第146页。
③ 唐法宝《俱舍论疏》卷一,《大正藏》第41卷,第458页上。

而同书同卷又说:"世亲菩萨。依《方等经》述《佛性论》,破小乘执品破有部等计,顺大乘故。后代读瑜伽者,以声闻地破有性故,《涅槃经》说一切众生悉有佛性,是不了义,《佛性论》伪惑之甚也。而不知瑜伽于菩萨地后五识相应地,立一切众生悉有佛。"①这两条资料说得很明确,《佛性论》是世亲所作,尽管后来瑜伽行派内部确实也有批评的声音,但有一点是毫无疑义的,即此论一定是世亲所作。退一步,这一结论至少是玄奘及其门下所一直坚持的。此外,唐代澄观《大方广佛华严经随疏演义钞》卷三一说:"况世亲造《佛性论》,广用《胜鬘疏》。"②

综上所述,《佛性论》是世亲所作,疑点并不像想象的那么多。再退后一万步,说《佛性论》为翻译作品,无任何问题。当代学者从现代人自己所立的"义理"标准出发的怀疑论调,没有任何说服力。至于译者问题,在古代只有一种记载,并且在无古人提出怀疑的情况下,没有理由怀疑此论是真谛所译的事实。

关于《佛性论》的翻译,现存的各种经录都未能记载翻译的具体时间。隋法经《众经目录》卷五记载:"《佛性论》四卷,陈世真谛译。"③费长房《历代三宝纪》卷九在真谛入陈之后的译籍项下列出《佛性论》四卷④。唐智昇《开元释教录》卷一二记载:"《佛性论》四卷,天亲菩萨造,陈天竺三藏真谛译单本。"⑤如上文的考辨,入陈之后,真谛走过南康、豫章、临川、晋安、梁安、广州等六地从事翻译,而以最后的七八年相对稳定一些,出的译籍也多一些。从这个角度考虑,《佛性论》以翻译于广州的可能性最大。至于日本学者武邑尚邦推测,《佛性论》即在558年前后完成的⑥,其根据是《无上依经》的翻译时间。虽说不是毫无道理,但理由不充分,

---

① 唐法宝《俱舍论疏》卷一,《大正藏》第41卷,第459页中。
② 唐澄观《大方广佛华严经随疏演义钞》卷三一,《大正藏》第36卷,第236页上。
③ 隋法经《众经目录》卷五,《大正藏》第55卷,第141页中。
④ 隋费长房《历代三宝纪》卷九,《大正藏》第49卷,第87页下。
⑤ 唐智昇《开元释教录》卷一二,《大正藏》第55卷,第608页下。
⑥ 参见[日]武邑尚邦,《佛性论研究》,第6页,京都:百华苑,1977。

仅仅是可能性之一。

二、《佛性论》的结构及其基本内容

真谛翻译的《佛性论》共四卷，共四分，即"缘起分"、"破执分"、"显体分"、"辩相分"。

第一"缘起分"叙述佛家造论的缘由、目的及其宗旨，乃佛学论典的一般通式。此分的内容是解释"佛何因缘说于佛性"①，论中的回答是"如来为除五种过失，生五功德故，说一切众生悉有佛性"②。撰著此论的目的是要断除自卑、高慢、虚妄、诽谤正法和我执五种过失，长养正勤、恭敬、智慧、正行和慈悲五种功德。其宗旨，乃是重新阐释、说明《大般涅槃经》所提出的"一切众生悉有佛性"的命题。此分未分品。——此问题拟在结论中详细论说，此处从略。

第二"破执分"就佛性问题，对小乘、外道、大乘所存在的谬执，进行了逐一破斥。分为《破小乘执品》、《破外道品》、《破大乘见品》三品。

第三"显体分"分为《三因品》、《三性品》、《如来藏品》三品。《佛性论》对于佛性实相的说明，是分别从佛性之"体"与"相"两个方面出发的。《显体分》中，从三个方面阐述佛性之"体"。首先，从"三因"上讲"三种佛性"，"三因"即指"应得因"、"加行因"与"圆满因"。其二是从"三性"上讲真谛佛性。"三性"分别指"无相性"、"无生性"、"无真性"的"三无性"，以及"分别性"、"依他性"、"真实性"的"三自性"。其三则从"如来藏"上讲"佛性"。

第四"辩相分"则是从"相"和"果"上来叙说佛性。此部分篇幅最长，分为《自体相品》、《明因品》、《显果品》、《事能品》、《总摄品》、《分别品》、《阶位品》、《遍满品》、《无变异品》、《无差别品》等十品。

四分中，"缘起分"、"破执分"为第一卷，"显体分"和"辩相分"前四品为第二卷，"辩相分"第五品至第八品为第三卷，"辩相分"第九、十两品为

---

①② 陈真谛译《佛性论》卷一，《大正藏》第31卷，第787页上。

第四卷。对于如此结构,恒清法师有一评论:"以佛性为中心议题的《佛性论》作者,并没有直截了当地以'何谓佛性'作为论文的开始,而是首先探讨'佛陀为什么要说佛性'(佛何因缘说于佛性),接着在'破执分'中就外道、小乘、大乘执空见者对佛性的偏执加以评破。论主之所以采取如此的进路有两个原因。第一:由于佛性思想含有非常强烈的肯定义涵,佛性常被误解成有神我色彩的实体性存在。《佛性论》作者因此不先论述佛性'是'什么,而先澄清佛性'不是'什么,然后再在这个基础上建立正确的佛性意义。第二:《佛性论》作者认为佛性不是静态的形而上本体。他强调佛性是动态的修行历程和圆成,因此,他先说明佛陀教示佛性的意趣,以突显佛性在宗教实践和解脱论(soterioorgy)上的重要性。"①

三、破执分

此分的宗旨是,破除小乘和外道等在佛性问题上产生的各种错误的理解。如论中说:"佛性有无,成破立义。应知,破有三种:一破小乘执。二破外道执。三破菩萨执。"②在对于错误观念的批驳之中,彰显己说。依据此线索,此分又分为三品。

(一)《破小乘执品》

依据此论所说:"佛为小乘人说'有众生不住于性,永不般涅槃故'。于此生疑,起不信心。"③此后专门批评了分别部、毘昙萨婆多等诸部对于佛性的错误解释。

分别部的观点是:"一切凡圣众生,并以空为其本。所以凡圣众生,皆从空出故。空是佛性,佛性者即大涅槃。"④

毘昙萨婆多等诸部的观点是一切众生无有"性得佛性"⑤,仅仅有"修得佛性"⑥。如此则将众生分为三种:第一,定无佛性,永不得涅槃,

---

① 恒清法师《佛性思想》,第149页。
②③④⑤⑥ 陈真谛译《佛性论》卷一,《大正藏》第31卷,第787页下。

即一阐提。第二,不定有无,"若修时即得,不修不得,是贤善共位以上人故"①。第三,定有佛性,即声闻(从苦忍以上即得佛性)、独觉(从世法以上即得佛性)、菩萨(十回向以上是不退位时得于佛性)。

对小乘有情无性的执见,《佛性论》以"五难六答"的论难加以评破。这一部分很可能是根据《瑜伽师地论》的"五难六答"而演绎成的。唐窥基《成唯识论掌中枢要》卷一说:"决择六十七,有五难无性有情:一、说无疑起难。二、有情无根难。三、诸界互转难。四、应具诸界难。五、无应转有难。答即有六:一、教、理并违答。二、假设非例答。三、非喻乖理答。四、互喻无别答。五、背法不齐答。六、纵转不成答。"②日本僧最澄在《守护国界章》中,将世亲《佛性论》中的"五难六答"与《瑜伽师地论》卷六七中上述内容的对应关系列举如下③:一、说无起疑难,教理并违答,世亲破云"执不平等难"。二、有情无根难,假设非例答,世亲破云"二失同故难"。三、诸界互转难,非喻乖理答,世亲破云"无决定相难"。四、应具诸界难,互喻无别答,世亲破云"定何所属难"。五、无应转有难,背法不齐答,世亲破云"并成无用难";纵转不成答,世亲破云"三种过失难"。《瑜伽师地论》的"五难六答"是用以建立"一分无性论"的,而《佛性论》却引用其以成立此论所提倡的"有性论"。下文依据日本最澄《守护国界章》的解释作一分析说明。

第一,"说无起疑难",即对于有"无性众生"发起批评。

有佛性论者首先问难:"云何有无性众生,永不涅槃?"④无性论者的问答是:"众生既有种种粗妙不同,故知理有有性、无性。汝若不信有无性众生永不涅槃,而信有众生有种种粗妙等界者,是义不然。何以故,执不平等故。"⑤这是说,因为众生有善恶种种不同,因此从道理上讲,就有有性与无性众生之别。——此即最澄所说的"执不平等难"。

---

① ④ ⑤ 陈真谛译《佛性论》卷一,《大正藏》第31卷,第787页下。
② 唐窥基《成唯识论掌中枢要》卷上之本,《大正藏》第43卷,第611页中。
③ 参见日本最澄《守护国界章》卷下之中,《大正藏》第74卷,第230页下—231页上。

第二,有情无根难。

有佛性论者问难:"汝信有众生种种粗妙等界,即令信有无性众生者亦应信有无根众生耶?何以故?众生由有根无根故,有种种粗妙等界。汝若不信有无根众生者,云何信有粗妙等界?若谓有粗妙等界不关有根、无根者,我亦信有粗妙等界不关有性无性之义。有何过失?若汝言无有无根众生者,我亦说无有无性众生。"①这是说,如果你认为众生因有粗妙不同,所以有无性众生,则你也应信有无根众生,因为由众生之有根、无根,才有种种粗妙境界。若你说不会有无根众生,我也可说无有无性众生。

无性论者答辩说:"汝以有根、无根例我有性、无性,是义不然。何以故?汝谓无根者,为是众生?为非众生?若是众生,有二过失:一者,泰过过失。若无六根而是众生者,则一切无情草木石等皆是众生,同无根故。二者,不及过失。本说六根以为众生,既无六根,更说何物?为众生耶?而汝说无根众生,是义不然。故知不为有根、无根说粗妙等界,正为有性无性说粗妙耳。"②这是说,如果以无根者为众生,则有"泰过"和"不及"二种过失。前者是说若无六根而仍是众生,则一切无情草木石等皆是众生。后者是说,众生本来就应具六根,既无六根,何能称之为众生?因而"无根众生"这个名词根本不能成立。因此不能以有根、无根治说来比拟有性、无性说众生之粗妙。

对以上的论辩,有性论者又答辩说:"汝立犯重一阐提人无有佛性永不得涅槃,亦有二失:一者,泰过过失。众生本以我见无明为凡夫法。寻此无明,由违人空故起。既起无明,故有业报;若不违人空,则无无明业报。既无无明业报等三轮,若尔,应是圣人作于凡夫。若谓众生无佛性者,但圣为凡,无凡得圣。此成泰过。二者,不及过失。若汝谓有众生无佛性者,既无空性,则无无明。若无无明,则无业报。既无业报,众生岂

---

① ② 陈真谛译《佛性论》卷一,《大正藏》第31卷,第788页上。

有？故成不及。而汝谓有众生无佛性者,是义不然。何以故？汝既不信有无根众生,那忽信有无性众生。以二失同故。"①针对上述所说,此难指出,立无性有情也有二类过失。"泰过"过失是指：众生因违人空故起无明,进而造业受报。若不违人空,则无无明业报等,亦即可超凡入圣。但是若说众生无佛性,则造成圣、凡混同,即成"泰过"过失。"不及"过失在于：佛性即空性,如无佛性即无空性,既然无空执,则不会起无明等等,乃至无有众生,如此则有"不及"过失。因此,既然不信有无众生,亦不可信有无性众生。这就是最澄所说的"二失同故难"②。

第三,诸界互转难。

有性论者论说："汝说有众生无佛性者,如刹底利种,为具有四性,及地狱人天等性,为不具有。若言不具有者,人应常人,永无作诸道义。若具足有者,则违经。如经中说,如来性力能了种种粗妙等界。此众生性,既其平等,经不证故。又若汝谓有众生永不般涅槃者,义亦不然。如人先为刹底利,后作婆罗门,或人或天,无决定相故。"③这是说,如果说有众生没有佛性,那么像刹底利这样种姓的人,是具有菩萨的四善行以及地狱、人、天等种子,还是不具有？如果说他们不具有这些种子,那么他就应该永远像他现在一样的做人,而不会轮回六道。如果说他们具有这些种子,则与经典所说之义相违。因为佛经曾说,如来以其性智慧力观照一切众生有各种粗陋或胜妙的不同境界,而你这里则说众生常处一道,没有变化,这在经典中是找不到证据的。又说有众生永远不能达到涅槃境界,此义也有错误。如有的人前世做过刹底利,后世又变做婆罗门,或人或天人,并没有永久不变的固定身分。这就是最澄所说的"无决定相难"④。

有性论者又有一反驳："若汝说不具足者,则与立譬相违。何以故？俱不具故。汝说无佛性众生永不得佛,如人无天性,则应永无天报。若

---

① 陈真谛译《佛性论》,《大正藏》第31卷,第788页上。
②④ 日本最澄《守护国界章》卷上之本,《大正藏》第74卷,第230页下。
③ 陈真谛译《佛性论》卷一,《大正藏》第31卷,第788页上—中。

无天性而得天报者,亦应有无佛性众生而得涅槃。"①如果你说一个人不具有人、天等各种种子,则与理相违。为什么这样呢?因为应该同时都不具有。你为什么偏说没有佛性的众生永远不能证入涅槃境界,就如同人没有天人的种子应永远不会达到天人的果报。如果说没有天人种子也可以得到天人的果报,如上文所谓人可以轮回诸道,即无佛性的众生照理也可以证得涅槃境界。

第四难:应具诸界难。

论中说:"复次若具足性与譬相似者,则无佛性众生应具有佛性。若有有、无二性,为相违不?若相违者,则应一有一无,是义不可。若无涅槃性众生,则不应有涅槃性。汝言具二性者,义亦不然。何以故?如刹底利、无婆罗门性,二性相违,决定无故,后则不得为婆罗门,乖世道故。又若俱有性义者,后时决得。若不具性义者,后决不得。若一人具此二义,定何所属?"②这是说,若无性论者言"有"、"无"二性相违,则有"乖世道",因为若刹帝利、无婆罗门性二性相违,则后决不得为婆罗门,但这有违事实。又者,若言二性不相违而具二性,则具有佛性,后时必得涅槃,反之,则不得。而若一人具此二性,到底是"何所属"呢?这就是最澄所说的"定何所属难"③。对照可知,《佛性论》于此并未完全征引《瑜伽师地论》卷六七中的内容。

第五,无应转有难。

有性论者难曰:"汝立无佛性众生。始终定无,为不定无?譬如大地,初无金性,后时或有,有已更无。汝立无佛性,亦如是不?若如此者,则应得二乘性竟,后更不得;得大乘性竟,后应更失;得定性已,后更不定。虽修得通达解脱等功德后,还更失,则修道无用。决定立性,并成无用故。"④这是说,众生无有佛性是定无或不定无?譬如大地,初无金性,

---

①②④ 陈真谛译《佛性论》卷一,《大正藏》第 31 卷,第 788 页中。
③ 日本最澄《守护国界章》卷下之中,《大正藏》第 74 卷,第 230 页下。

后时或有,有已更无。立无佛性亦如是否?若如此者,则得二乘性之后不能再得大乘,得大乘性之后不能再失去。也即虽修得解脱等功德之后再会失去,如此则修道无用。这些都是有违佛法的。此即最澄所说的"并成无用难"①。

其后的一难即最澄所说的"三种过失难"②。第一种过失是:"汝立无定性众生如地,或时转为金宝等物。无佛性众生住于下性,是人性不定故,能转为涅槃者,为今生转,为未来转?若汝谓今生转者,云何得转?为值三宝得解脱三善根故转,为不值而能得转?若言修功德分故现在转者,何谓无佛性众生永住下性?是义自坏。若汝谓今世虽修善根终不得转,未来方转,故名'住下性'者,此性于未来中,为修善故转,不修故转?若修故转,今修何故不转?若言未来不修善自然转者,现在未修,何故不转?又若汝谓无佛性,是定无者,如火定热性,不可转为水冷性。佛性亦尔,有无应定,皆不可转。若不可转者,汝立此定,为由因故定,不由因故定?若由因故定,此定不成定。何以故?本时未是定,由因方定故。若说不由因而定者,则无穷过失。……如汝说定等共无因,若尔,非理之事并应得成,"③此中首先诘问所立无定性众生住于下性,是人性不定故,若能转为涅槃,是今生转或未来转呢?而说今生转如何得转?是遇到三宝转还是无须遇也能转呢?若说修功德故现在转,则"无佛性众生永住下性"④不能成立。相反的,若说今世虽修善根终不能转,未来才转故名住下性,那么,此性于未来中是因修善才转还是不修善也能转?若修故转,为何今世修不能转呢?若说未来不修善自然能转,则现在若未修,为何也不能转呢?另外,如果你说有的众生无佛性是说其永远没有,就像火永远是固定的热性,不可能转变为像水一样的冷性。佛性也是一样,有就有,没有也不可能从无生有。如果你认为众生有无佛性都是固定不变

---

①② 日本最澄《守护国界章》卷下之中,《大正藏》第74卷,第231页上。
③ 陈真谛译《佛性论》卷一,《大正藏》第31卷,第788页中—下。
④ 陈真谛译《佛性论》卷四,《大正藏》第31卷,第788页下。

的,那么你所谓的这个固定性是由某种原因造成的,那么这个固定性也就不能说是固定性。为什么这样说呢？因为其本来是不固定的,是由于某种原因才造成现在这个固定的状态。如果说这个固定性是没有任何原因促成,而是自然如此的话,那么又陷入无因的多种可能性的过失之中。若说定等共无因,则不符合道理之事也都应该成立。

第二种过失是："二者,不平等过失。如人谓石女生两儿,一白一黑。亦如兔有两角,一利一钝。若人不由因说,此不平等义,亦应得成。如汝所说,此若不成,汝亦不立。"①此中是说,如果说事物的存在可以没有原因,那么就会犯所谓不平等的过失。如人们可以说石女会生两儿,一白一黑;也可以说兔子有角,一利一钝。这些说法,都是由于无因说的错误所致。就像你所说的一样,如果没有无因说,也就不会产生这些错误。再则,持无因说就会犯与外道邪说一样的错误。有本来就有,你不能说它会消无;无本来也就没有,你不能无中生有。你之所以失同外道,乃是由于你错误地执著于有众生无佛性的谬理所致。

第三种过失是："三者,失同外道,有本定有,无本定无,有不可灭,无不可生。此等过失,由汝邪执,无性义生故。"②这是说,持无因说就会犯与外道邪说一样的错误。有本来就有,你不能因它会消失而说其为无;无本来也就没有,你不能无中生有。你之所以与外道有同样的过失,乃是由于你错误地执著于有众生无佛性的谬理所致。

此品的最后有一问答是其结语。问曰："若尔云何佛说众生不住于性,永无般涅槃耶？"③佛经中有一阐提不住于性而永不能获得大涅槃的说法,如何会通此说便是一个问题。对此,论中回答说："若憎背大乘者,此法是一阐提因。为令众生舍此法故,若随一阐提因,于长时中,轮转不灭。以是义故,经作是说。若依道理,一切众生,皆悉本有清净佛性。若永不得般涅槃者,无有是处。是故佛性决定本有,离有离无故。"④这是

---

①②③④ 陈真谛译《佛性论》卷一,《大正藏》第31卷,第788页下。

说,佛经之所以有一阐提永能涅槃的说法是为了刺激一阐提舍弃对于大乘法的诽谤以及其他忤逆。而实质上说,一切众生皆有佛性,佛性确实是本有的。这就是此论的立场。

(二)《破外道品》

此品的主题是破斥外道对于佛性的误解,主要针对的是"鞞世师"即胜论以及僧佉师即数论师的说法。下文简要论之。

胜论师说:"一切诸法皆有自性,等有不空,性各异故。若诸法悉空,无自性者,则水火、色心、生死、涅槃,并无自性。自性既无,应可转火为水,转于涅槃更作生死。何以故?等无自性故,现见火性定热,不可为水,水性定湿,不可为火。涅槃、生死,亦复如是,不可互相转作。如此二法,并有自性故。若互可转,则修道无用。故知诸法各有自性,是故不空。"①诸法各有自性因而不空,且其自性定而各异,如水性定湿,火性定热,涅槃生死,也是如此,不可互相转作,因其各有自性。他们认为若互可转,则修道无用。

此论则是以佛教的无我论来批驳上述说法。论中说:"自性决定不可得故。决定者,离此泰近泰远八种不可见因外。若物定有,则应可见。若物定无,则不可见。譬如兔角及蛇耳等,以决定智,依道理觅,决不可得,定永无故。诸法自性,亦复如是。故知诸法无自性故空。"②此中的核心思想是一切法的自性确实是不可得的。因为除了最近及最远、根坏、心不定、细微及覆障、伏逼、相似聚等八种不可见的因缘外,如果我们说一个事物一定存在的话,那么我们应该可以看见。如果说一个事物一定不存在,那我们也看不见。而法的自性是根本不可能见到的,因而其一定永远不会存在。既然一切法都无自性,因而诸法皆空。

另外,论中又说:"汝言由自性有故有言说及生智慧。今既是异故,知无言说。无言说故,智慧不生,有、无即离,皆不可得故,自性定无。又若汝

---

① 陈真谛译《佛性论》卷一,《大正藏》第31卷,第788页下—789页上。
② 同上书,第789页上。

说'汝言亦空,是故一切诸法不空'者,此义不然。何以故?如是语言入诸法摄故,语言亦空,故知诸法皆空。若汝说语言可闻故不空者,是义不然。何以故?语言自性不可得故。语言因缘种种异故,异相者有八事:一、觉。二、观。三、功用。四、风气。五、八处,八处者,脐胸喉舌根项齿鼻唇。六、音声。七、名字。八、开闭。具此八义故,言声得生,分别语言,并入一切诸法摄,故知同皆是空。"①此中批驳的是由语言之存在去说明诸法有自性的观点。论中的文字较多,引文是说:即便语言虚幻不实但诸法仍然有自性之说是错误的。以语言由于可以为人们所听闻来说明诸法不空,也是不对的。因为语言根本没有什么不变永恒的自性可言,语言是由种种不同的因缘合而成,主要有八种因素:一、觉察事相。二、观照事相。三、身、口、意之动作。四、讲话时的出入呼吸。五、八处。所谓八处,系指讲话时涉及的人体八种器官,其分别为脐、胸、喉、舌根、项、牙齿、鼻、唇等。六、说话发出的声音。七、标识事物的概念名称。八、说话时口的开合运动。只是同时具足这样八种因素,语言声音才能够产生。由于组成语言的上述八种因素。也分别归属于不同的现象存在,所以和一切现象一样,语言都是虚幻不实的。

针对僧佉义即数论师的主张,论中说:"汝义云'声有自性,与自性不异故'者,是义不然。何以故?若声有自性,则声应为耳本故。若说声是耳,耳即是声,可说自性即声,声即自性。若不许耳即是声者,亦不许汝声即自性。若汝说'声是所闻,耳不尔'者,是义不然。何以故?汝声与耳,为一为异?若汝说声是所闻,与耳异者,已所闻故与自性亦异。若说声与耳不异者,何故不说声能闻耳?若汝说'德如耳'者,是亦不然。何以故?若声灭时,耳应俱灭,声、耳是一故。如耳声一物不成例,余成不成亦尔。故知诸法决无自性,悉皆是空。"②引文中批驳的是数论学派通过对声有自性的论证来确立诸法有自性的理路。首先,如果说声有自

---

① 陈真谛译《佛性论》卷一,《大正藏》第31卷,第789页中。
② 同上书,第790页中。

性,那么声理应为能闻之耳的根本。如果说声即是耳,耳即是声,两者殊无二致,才可以说声即是自性,自性即是声音。如果耳与声为异,那么也不能说声与自性是同。其次,如果说声是所闻,耳不如此,是为能闻,这也是错误的。因为如果说声是所闻,与能闻之耳相殊异,那么所闻之声亦理应与自性相殊异,声无自性。如果说声与耳不相殊异,为什么不说声是能闻,耳是所闻?其三,如果你承认可以如此推论的话,仍然是错误的。如果说声、耳无有差别,那么声灭之时理应耳应随之一起灭,但现量所观的现象并非如此,所以说能闻之耳与所闻之声是同物无别。总之,想以此义来证明一切现象与其自性同体不二的说法是不可能的。

此品的核心是诸法自性是不有不无的,诸法本空。这是中观学的基本立场,也是如来藏思想所坚持的。

(三)《破大乘见品》

《佛性论》此品对大乘见的评破,主要针对的是"有"、"无"和二谛的偏执理解。如论中所引:"一切有,皆由俗谛;一切无,皆由真谛。"[①]对此,论中分为两层进行驳难。

第一层问答是明确"何者是真实,何者是俗谛"[②]的。回答是:"一切诸法无有自性,是为真实。于无自性法中,说有自性,是名俗谛,以于无中假说有故。"[③]这一回答是本论不能同意的,于是有一追问。

问曰:"是执无有自性,为当依世俗言故有,为当唯是语言?若依世俗言有此执者,此执则不可说。何以故?执是无故。若此执唯是语言,则无所诠世俗语言不成就故。若不成就,是世俗者,是义不然。"[④]

第二层问答针对的是"于无自性中,执有自性,是名为俗。若执有者,云何是无?"[⑤]回答是:"为颠倒品类故,故无中说有,乃至于无常乐,我等诸法说言皆有,常等诸德,其体实无,但假说有。如此执者,为四倒摄。是故虽执是有,而得是无。"[⑥]这一回答是本论不能同意的,于是有一追问。

[①][②][③][④][⑤][⑥] 陈真谛译《佛性论》卷一,《大正藏》第 31 卷,第 793 页下。

问曰:"如此颠倒为有? 为无?"而"若是有者,一切诸法无有自性。是义不然。若是无者,此执颠倒亦不得成"①。可见,单说"有"、"无"都属于偏执。然而,"若'无性中执有自性为俗谛'者,是义不然。何以故? 二谛不可说有,不可说无,非有非无故。真谛不可说有不可说无者,无人、法故。不可说有,显二空故。不可说无,俗谛亦尔"②。如此,以"三性"观之,"分别性故,不可说有;依他性故,不可说无。复次,真谛不定,有无人法,无不无二,空有不有。俗谛亦尔,分别性故,非决定无,依他性故,非决定有"③。

此品核心观点是否定了"真谛中无,俗谛中有"的传统二谛观,而强调正确的理解是非有非无。而在论证中引入瑜伽行派的"三性"说。

三、显体分

"显体分"是此论的核心,分为三品,分别从"三因"、"三性"以及如来藏所具三义来说明如来藏的"体性"。

(一)《三因品》

此品所说的"佛性体"指"三因三种佛性"。所谓"三因",即"应得因"、"加行因"、"圆满因"。由此三因中的"应得因"而细分出三种佛性。

关于"应得因",论中定义为:"二空所现真如。由此空故,应得菩提心及加行等,乃至道后法身,故称'应得'。"④关于"加行因",论中定义为:"谓菩提心。由此心故,能得三十七品、十地、十波罗蜜助道之法,乃至道后法身,是名'加行因'。"⑤关于"圆满因",论中定义为:"即是加行。由加行故,得因圆满及果圆满。因圆满者,谓福慧行。果圆满者,谓智、断、恩德。"⑥论中又指出:"此三因,前一则以无为如理为体,后二则以有为愿行为体。"⑦佛性三因的根本在于第一"应得因",因为其体是人无我和

---

①② 陈真谛译《佛性论》卷一,《大正藏》第31卷,第793页下。
③ 同上书,第793页下—794页上。
④⑤⑥⑦ 陈真谛译《佛性论》卷二,《大正藏》第31卷,第794页上。

法无我所显现出的真如。由此"应得因"则引生菩提心及其由菩提心引生的三十七品、十地、十波罗蜜助道之法,此即为"加行因"。"圆满因"指"因圆满"和"果圆满",前者是指福慧行,后者则包括智德、断德、恩德。"智德"则四智成就,照了一切法。"断德"是指断一切烦恼业无余。"恩德"即乘大愿力救护一切众生。

此品所言"三种佛性"是从"应得因"中引申出来的。论中说:"应得因中具有三性:一、住自性性。二、引出性。三、至得性。记曰:住自性者,谓道前凡夫位。引出性者,从发心以上,穷有学圣位。至得性者,无学圣位。"[①]从这一说明中可知,这三种佛性是修行成佛过程中的三个阶段所显现出来的。"住自性佛性"隐含在道前凡夫身中,也就是说道前凡夫,虽未真正踏上修行成佛之道,但其仍然本具"住自性佛性",只是未显现而已。而佛教的修行者从初发心一直到最后的"有学圣位"(包括初发心、十信、十住、十行、十回向、十地等阶位),这一佛性即可称之为"引出性佛性"。"至得性佛性"则指"无学圣位",也就是佛果位。"三种佛性"因修证历程而有不同名称,但都源自于"应得因"即真如。

(二)《三性品》

《佛性论·三性品》又以瑜伽行派的"三性"来解释佛性。"三性"即"三自性"和"三无性"。

此品首先解释"三性":"三无性者,一无相性,二无生性,三无真性。此三性摄如来性尽。何以故?以此三性通为体故。无相性者,一切诸法但名言所显,自性无相貌故,名无相性。无生性者,一切诸法由因缘生故,不由自能生,自他并不成就故,名无生性。无真性者,一切诸法离真相故,无更别有实性可得故,名无真实性。复次,三种性者,一分别。二

---

① 陈真谛译《佛性论》卷二,《大正藏》第31卷,第794页上。

依他,三真实。"①此中所说与瑜伽行派的其他经典基本一致。而独特的是,此品以"十种义"来说明"三性":"一分别名,二缘成,三摄持,四体相,五应知,六因事说,七依境,八通达,九若无等,十依止。"②

第一,"分别名"实际上是对"三性"名称的含义的解释。论中说:"为随名言假说故,立分别性。若无此名言,则分别性不成,故知。此性但是名言所显,实无体相,是名分别性。依他性者,是十二因缘所显道理,为分别性作依止故,故立依他性。真实性者,一切诸法真如,圣人无分别智境,为清净二性,为解脱三,或为引出一切诸德故,立真实性。是名分别名。"③

第二,"缘成"义指出:"分别性"是"由缘相名相应故得显现","依他性"则"缘执分别性故得显现","真实性"则"由分别依他二性极无所有故得显现"。

第三,"摄持"义指出:"性有三种,法有五分。言三性者,所谓分别、依他、真实。五法者,一相,二名,三分别思惟,四圣智,五如如。前三是世间智,圣智是出世智,如如是无为境。"④此中"五法"摄前三性。这也是瑜伽行派其他经典叙述过的。

第四,"体相"义有二:"一通,二别。通者,由此三性通能成就一切诸余真谛,或二三四七谛等法,故诸真谛不出三性,是以三性为诸真谛通体。二、别体者,于三性中,各有实义。何者实义?一者,分别性体,恒无所有,而此义于分别性中,非不为实。何以故?名言无倒故。二者,依他性体,有而不实,由乱识根境故是有,以非真如故不实。何以故?因缘义无倒故,是以对分别性故名为有,对后真性故非实有,是名有不真实。三者,真实性体,有无皆真如如之体,非有非无故。"⑤

第五,"应知"分"应知"和"不应知"两部分来说明。关于前者,论中指

---

① 陈真谛译《佛性论》卷二,《大正藏》第31卷,第794页上—中。
②③④ 同上书,第794页中。
⑤ 同上书,第794页下。

出:"由知三性能通达三解脱门,能除三障故。知分别性,能通达空解脱门,能除肉烦恼。知依他性,通达无愿解脱门,能除皮烦恼,知真实性。能通达无相解脱门,能除心烦恼。又初解脱障,次禅定障,后一切智障故。"①此中"不应知"大概是应该除去的"解脱障"、"禅定障"和"一切智障"。

第六,"因事说"是指"诸佛说法有二种:一了义经,二不了义经。不了义经者,由此三性,是故佛说不了义经。如缘有灯故,知物在暗中,后时因灯能得了现暗中之物,如来亦尔,由有着三性者故,说不了义经。达三性者,自然显了,名了义经"。此中意图是为说明"佛因三性说故,有了不了义经"②。如论中说:如来约"无相性"言"一切诸法无生无灭、本来寂静、自性涅槃"③。如来约"无生性"说一切诸法譬如幻化。如来约"真实性"说一切诸法譬如虚空。

第七,"依境"义是说"三性为何智境":"分别性者,唯是凡惑境,非圣智境。何以故?无体相故。依他性者,为圣凡俗智境,是俗有故。真实性者,唯为无分别圣智境,如量如理故。如量则摄一切,如理则无颠倒。"④

第八,"通达"义是说"修观行人,若通达分别性者,为当可说行执相中,为不可说行执相中耶?"⑤答案是:"若由世俗智分别,可说行执相中。若由出世无分别智通达者,可说不行于执相中。是故依他与分别同一无相,如分别依他。真实亦如是。"⑥

第九,"若无等"义是说明如无三性有何过失。关于无"分别性"的过失,答案是:"若无分别性,则名言不立。名言不立故,则依他性不得成就,乃至净不净品,并皆不立。"⑦关于无"依他性"的过失,答案是:"若无依他性,一切烦恼不由功用,应自能灭。若尔,净品亦不得成。"⑧关于无"真实性"的过失,答案是:"若无真实性,则一切、一切种清净境不得成

---

①②③ 陈真谛译《佛性论》卷二,《大正藏》第31卷,第795页上。
④⑤⑥⑦⑧ 同上书,第795页中。

故。一切者,别摄真俗尽。一切种者,通摄真俗故。"①

在此门下,有一重要问答。问题是:"是真实性者,为可立净?为立不净?"②回答是:"不可得说定净不净。若定净者,则一切众生不劳修行,自得解脱故。若定不净者,一切众生修道即无果报。若定净者,则无凡夫法。若定不净者,则无圣人法。何以故?净、不净品皆以如为本故。若其定净,不即无明。若其不净,不即般若。此两处如性不异,故此真如非净非不净。何以故?欲显真如异眼等诸根,异禅定心等故。异眼等诸根者,诸根既不被染,亦应得同如理清净。而不然者,以有漏业为因故,从本不净。真如不尔,在于佛地本性清净,无有从本。是不净义故异诸根。异定心等者,定体本性自净,可得同真,而为四惑所瞰故,转成不净。真如之理,本来清净,则不如是,虽复在无明瞉中,终不为彼所污。"③此中即认定"真实性"为一切、一切种染净所依,又强调"真实性"是超越染净的。它非定净或定不净。若定净的话,则无凡夫,众生皆可不经修行而解脱,而事实并不如此。反之,若定不净,则无有圣人法,因为众生修行将徒劳无功。如此则染净法皆不成立。然由于净与不净性空不异,故真如实性虽为染净依,约其本性净而言,它是"非染非不染",约其客尘染而言,则"非净非不净"。

第十,"依止"义言"三法"依何而成。关于"分别性依何法得成",答案是:"依三法故成。何者三?一相,二名,三思惟。依此三故,分别性立。"④关于"依他性依何得成",答案是:"依四法成。四法者,谓相、名、分别、圣智等。依此四法故,依他性成。"关于"真实性依何法得成",答案是:"此性无住无著无有依处,境无分别。"⑤

(三)《如来藏品》

此品的核心是说如来藏的三种含义,即"所摄藏"、"隐覆藏"、"能摄

---

①② 陈真谛译《佛性论》卷二,《大正藏》第31卷,第795页中。
③ 同上书,第795页中—下。
④⑤ 同上书,第795页下。

藏"。这一思想在如来藏思想体系中具有十分重要的地位。

第一,"所摄藏"。论中的解释颇为详细,先有一总解释:"所摄名藏者,佛说约住自性如如,一切众生是如来藏。"①这是将其与《三因品》中的"住自性佛性"对应起来解释的。其后则分别解释"如"、"来"、"藏"三个语词的含义。

关于"如"与"来",论中的解释是:"言如者,有二义:一如如智,二如如境。并不倒,故名如如。言来者,约从自性来,来至至得,是名如来。"②这是第一层解释,此后又说:"故如来性虽因名,应得果名。至得其体不二,但由清浊有异。在因时,为违二空故起无明,而为烦恼所杂故名染浊;虽未即显,必当可现,故名应得。若至果时,与二空合,无复惑累,烦恼不染,说名为清;果已显现,故名至得。"③这是以"因"、"果"解释。其后又说:"譬如水性,体非清浊,但由秽不秽故,有清浊名,若泥滓浊乱故不澄清;虽不澄清,而水清性不失,若方便澄渟,即得清净。故知净、不净名,由有秽无秽故得,非关水性自有净秽。应得、至得二种佛性亦复如是,同一真如,无有异体,但违空理故起惑著,烦恼染乱故名为浊。若不违二空,与如一相,则不起无明,烦惑不染,所以假号为清。"④这是以譬喻来说明。

关于"藏",有两层解释。首先是:"所言藏者,一切众生悉在如来智内,故名为藏。以如如智称如如境故,一切众生决无有出。如如境者,并为如来之所摄持,故名所藏,众生为如来藏。"⑤其后又说:"藏有三种:一、显正境无比,离如如境,无别一境出此境故。二、显正行无比,离此智外,无别胜智过此智故。三、为现正果无比,无别一果过此果故,故曰无比。由此果能摄藏一切众生故,说众生为如来藏。"⑥综合二者,"藏"可以从"智"、"境"、"果"的角度去解释。

---

①② 陈真谛译《佛性论》卷二,《大正藏》第 31 卷,第 795 页下。
③ 同上书,第 795 页下—796 页上。
④⑤⑥ 同上书,第 796 页上。

上述解释贯穿其中的逻辑线索就是"所摄"。

第二,关于"隐覆藏",论中说:"隐覆为藏者,如来自隐不现,故名为藏。"①这是总解释。关于"如来"的解释:"言如来者,有二义:一者,现如不颠倒义。由妄想故,名为颠倒。不妄想故,名之为如。二者,现常住义。此如性从住自性性来至至得,如体不变异,故是常义。"②如来是"如"即"不颠倒",如来是"常",如此"藏"即是"如来性住道前时,为烦恼隐覆,众生不见故名为藏"③。这里明显的逻辑线索就是"隐覆"。

第三,"能摄藏"。论中解释说:"能摄为藏者,谓果地一切过恒沙数功德,住如来应得性时,摄之已尽故。若至果时,方言得性者,此性便是无常。何以故。非始得故。故知本有,是故言常。"④尽管从"因"位讲,如来藏是"隐覆"的,至"果"位方才显现出来,但如来藏也是"常",因为其果地功德于因位时已经完全蕴藏。

从上述分析可知,此中以"所摄藏"、"隐覆藏"、"能摄藏"三方面来叙说如来藏,从此论言之,是对《三因品》思想的深化,另一方面,则继续强调强化了如来藏从"因"至"果"的修行论意义。从修行的角度言之,如来藏是"动态"的,因而与"基体"范式的本体论并无多少共同性。

四、辩相分

"辩相分"之"相"是指佛性的"相状"。《辩相分·自体相品》的起首说:"佛性一切种相有十义应知。言十相者:一、自体相。二、因相。三、果相。四、事能相。五、总摄相。六、分别相。七、阶位相。八、遍满相。九、无变异相。十、无差别相。"⑤从此"分"的内容观之,上述内容实际上是对于此论前面内容的引申和发挥,其侧重点在于佛性在修行之中所体现出来的变化,如佛性的性质、作用、功德等问题。这一部分占了

---

①②③④ 陈真谛译《佛性论》卷二,《大正藏》第31卷,第796页上。
⑤ 同上书,第796页中。

《佛性论》的八分之五,有两卷九品之多。

(一)《自体相品》

所谓佛性的"自体相"也就是佛性本身的"属性"或者"相状"。论中分为"别相"和"通相"两方面去说明。

"别相"又分为"如意功德性"、"无异性"和"润滑性"。

关于"如意功德相"有五层含义:"一、如来藏,自性是其藏义。一切诸法不出如来自性,无我为相故,故说一切诸法为如来藏。二者,正法藏,因是其藏义。以一切圣人四念处等正法,皆取此性作境,未生得生,已生得满,是故说名,为正法藏。三者,法身藏,至得是其藏义。此一切圣人信乐正性,信乐愿闻,由此信乐心故,令诸圣人得于四德及过恒沙数等一切如来功德,故说此性名法身藏。四者,出世藏,真实是其藏义。世有三失:一者,对治,可灭尽故名为'世',此法则无对治故名'出世'。二、不静住故名为'世',由虚妄心果报,念念灭不住故。此法不尔,故名'出世'。三、由有倒见故,心在世间则恒倒见,如人在三界,心中决不得见苦法忍等,以其虚妄故名为'世'。此法能出世间故名真实。为'出世藏'。五者,自性清净藏,以秘密是其藏义。若一切法随顺此性,则名为内,是正非邪,则为清净。若诸法违逆此理,则名为外,是邪非正,名为染浊。故言自性清净藏。"[1]这一解释来源于《胜鬘经》所说的"佛性者,是如来藏,是正法藏,是法身藏,是出世藏,是自性清净藏"[2]。由于如来藏有此"五藏义",其如意功德而得显现。佛经中的"如意宝珠"譬喻即可说明这一道理。

关于"无别异性",论中解释说:"凡夫、圣人及诸佛无分别心性过失,功德究竟清净,处平等遍满。譬如虚空,又如土银金器,此三虽异,而其

---

[1] 陈真谛译《佛性论》卷二,《大正藏》第31卷,第796页中。
[2] 同上。而刘宋求那跋陀罗译《胜鬘经》译文为:"世尊,如来藏者,是法界藏,法身藏,出世间上上藏,自性清净藏。"(《大正藏》第12卷,第222页中。)

性等皆是空。空处不别故,名无别异性。"①此中的"过失"是指凡夫。"功德"是指有学圣人,"究竟清净"即诸佛。此三类虽有不同,但其性不异。此中的譬喻,"土"喻凡夫,"银"喻有学,"金"喻诸佛,三器虽然有差别,但其空性不变。

关于"润滑性",论中解释说:"润滑者,润以显其能摄义,滑者显其背失向德义。譬如水界,亦有二能:一则能摄散物,唯滑不涩故。由润故,能摄;由滑故,不涩故。以润者为因,以滑者为果,故曰现因果义。"②由此可见,"润滑"是指佛性所具有的促使众生"违背"上述"过失"而转向"功德清净"的功能。由此"辩如来性,于众生中,现因果义,由大悲于众生软滑为相故"③。论中以有"体"、"大"、"别异"三方面来论述"大悲"的含义。

关于"体",论中解释说:"体义者,以般若为体。般若有二,一无分别真智,二有分别俗智。今取有分别智,为大悲体,以大悲缘众生起故。"④从"润滑性"即"因果义"来看,佛性以般若为"体"。

关于"大",论中解释说:"大义者,有五:一为资粮,二为相,三为行处,四为平等,五为最极。一、资粮者,能作大福德智慧,二行资粮故。二为相者,能观三苦众生悉济拔故。三为行处者,通三界众生为境界故。四为平等者,为于一切众生处,起平等心故。五、最极者,过此修外无更胜行故。"⑤从五方面可显出佛性之"大","资粮"即福德、智慧二行,"相大"即拔济众生出离苦海。

关于"别异义",论中分为八种:"一为自性差别,悲无量者,以无瞋为性,大悲者以无痴为性。二为相差别,悲者以苦苦为相,大悲者以三苦为相。三为行处差别,悲者以欲界为境界,大悲者通三界为境界。四为地差别,悲者以第四禅为其地,大悲者以无流如来果为其地。五、境界差

---

①②④⑤ 陈真谛译《佛性论》卷二,《大正藏》第31卷,第796页下。
③ 同上书,第797页上。

别,悲者以凡夫及二乘为境界,大悲者唯菩萨与佛为境界。六为德差别,悲者以离欲欲界德,大悲者离欲三界德。七为救济有差别,悲者但有拔苦之心无拔苦事,大悲者有心有事。八为究竟不究竟差别,悲者能小暂救济,不能真实救,大悲者能永救济,恒不舍离故。"①此中从"自性差别"、"相差别"、"行处差别"、"地差别"、"境界差别"、"德差别"、"救济有差别"、"究竟不究竟有差别"八个方面将"大悲"与他者作了区分。

关于"佛性"之自体相的"通相",论中说:"自性清净是其通相义者,如前实空水界等譬,并自性清净,是其通相故。"②此中说"自性清净"是佛性"通相"。而下文又说:"如来性在烦恼中无所染污故,此四相为四惑障故,为非四人所得故,为四德作本故,为离四倒故,为灭生死对治故。"③此中所说的"四惑"指"我痴"、"我见"、"我慢"、"我爱"四烦恼;"四人"指凡夫、声闻、缘觉、菩萨四种阶位之人;"四德"是指涅槃的常、乐、我、净四德相;"四倒"则有二种解释:一是将生死之无"常、乐、我、净"而执为有"常乐我净",这是凡夫四倒,二是指涅槃之境有"常乐我净"而执无"常乐我净",此为二乘四倒。

此外,上述引文中的"四相"有人以为"四"字是衍文,于是"此相"是指前述"自性清净相"。然而后文有文说:"故说四相,通一别三。一通相者,唯有自性清净相。三别相者,一不可思惟,二应得,三无量功德。是名自体相。"④此中所说的"四相"是否与前述"四相"一致呢?如果不一致,则此中所说的"别相"与前述"如意功德性"、"无异性"和"润滑性"之"别相"是否一致,对于解释"四相"之"四"是否为衍文也很关键。关于"三别相","不可思惟"是指佛性之相并非思惟可以了知;"应得"是指佛性遍满一切众生,一切众生必将借修习之功而于未来证得此性;而"无量功德"则指佛性具有无量功德。上述解释与前述"如意功德性"、"无异

---

① 陈真谛译《佛性论》卷二,《大正藏》第31卷,第796页下—797页上。
②③④ 同上书,第797页上。

性"和"润滑性"的含义大不相同。由此可见,此品所言"通相"即"自性清净"又具有"三别相",如此,则说明"如来藏自性清净"是"不可思惟",是"应得"的,具有"无量功德"。

(二)《明因品》

此品说明佛性具有四种因。凭借"四因"即"能除四障,得如来性义"①。四因是:"一、信乐大乘。二、无分别般若。三、破虚空三昧。四、菩萨大悲。"②此中所说的"四障"是指"憎背大乘"、"身见计执"、"怖畏生死"、"不乐观利益他事"。其中,"初障阐提,二障外道,三障声闻,四障独觉。由此四惑,能令四人不能得见自性清净法身"③。如此,构成"四障"分别障碍阐提、外道、声闻、独觉而以上述"四因"分别去除的动态系统。

第一,此品先言"世间有三种众生:一、乐生死恒有。二、乐灭生死有。三、两俱不乐,有灭并忘"④。

关于"乐生死有者",论中又分为两种:"一、憎背解脱道,无涅槃性,决乐生死,不乐涅槃。二、已堕定位。定位者,非圣非凡,进退无取,而是佛法内人背大乘法。因此人故,佛说是言:'我非是其师,其非我弟子。舍利弗,此人从轻暗入重暗,复从重暗,入于盲暗,取暗为友,复取阐提为友。是故我说此人如是。'"⑤这是对一阐提的说明。

关于"乐灭生死有者",论中也分为"堕非方便"和"堕方便中"两种。而"堕非方便"是指"九十六种外道"和"佛法内人,与外道同执,约正法起邪执我见故,于正教义不能了达"⑥。而"堕方便中"是指声闻和独觉。

上述两种众生包含了阐提、外道、声闻、独觉等四种众生。

关于"俱不乐者",论中说:"谓修行大乘最利根人,既不同阐提乐生死有,亦不堕非方便中同外道执,亦不堕方便中如二乘人。是故此人具行生死涅槃平等之道,住无住处,虽行生死而不染,虽行涅槃亦非净,但

---

① ② ③ 陈真谛译《佛性论》卷二,《大正藏》第31卷,第797页上。
④ ⑤ ⑥ 同上书,第797页中。

为大悲故,不舍生死,为般若故,不舍涅槃。不离涅槃者,异声闻执,永住无为;不舍生死者,异一阐提乐于生死。"①这是指大乘种性,"是人在正定聚中,离发行大乘修习无障道人之外。所余阐提、外道、声闻、独觉等四人有四种障故,不见佛性"②。

关于"四障",论中也有解释。其一,"憎背大乘,是阐提障。为对治此故,佛说菩萨修习信乐大乘之法。"③其二,"于诸法中起我见执,是外道障。为对治此故,佛说菩萨修习般若波罗蜜。"④其三,"怖畏生死",而"于生死中,定执苦想及厌怖心,是声闻障。为对治此故,佛说菩萨修习破空三昧。空三昧者,从初地以上能得此三昧,则破虚空等执,入观之时,不即有无,不离有无,喻如八地真俗双观。而异八地者,八地以上无出入观。初地入时则同,出时则异。"⑤其四,"不乐观利益他事"也"即背众生利益事,作舍众生意,是独觉障。为对治此故,佛说修习菩萨大悲。"⑥

此品最后指出:"以信乐等四种为因,令诸菩萨修习此因,得至无上法身清净波罗蜜,是名佛性清净因。"⑦由此,佛子可四义,即"因"、"缘"、"依止"、"成就"。第一,"因"指"佛性"和"信乐"两方面,"此两法,佛性是无为,信乐是有为。信乐,约性得佛性为了因,能显了正因性故。信乐,约加行为生因,能生起众行故。"⑧第二,"缘"即指般若波罗蜜,"能生菩萨身,是无为功德家缘故。"⑨第三,"依止"即"破空定等","菩萨修破空三昧,能除彼执。由此定力,是故菩萨法身坚固,则不羸弱。"⑩第四,"成就"即"菩萨大悲利益他事无尽故,由真如不尽,众生无数故,利益事亦复无尽。"⑪上述"四义","因"如父身分,"缘"如母,"依止"如胞胎,"成就"如乳母故,合言之则知"诸菩萨由此四义,名为佛子"⑫。

(三)《显果品》

此品说明佛性所具的"果相",也就是"法身四德":"一常波罗蜜,二

---

①②③④⑤ 陈真谛译《佛性论》卷二,《大正藏》第31卷,第797页下。
⑥ 同上书,第797页下—798页上。
⑦⑧⑨⑩⑪⑫ 同上书,第798页上。

乐波罗蜜,三我波罗蜜,四净波罗蜜。"①而凡夫等常有"四倒",即"于色等五阴实是无常,起于常见。实苦起乐见,实无我起我见,实不净起净见,是名四倒。倒者有三义:一见所灭,二修所灭,三非二所灭。见真谛时,能除见倒。定破思惑,能除想倒。非二所灭,能除心倒。为对治此四,说四无倒"②。"四无倒"也就是上述"四德",如论中说:"若约佛性,常等四德,此四无倒还成颠倒。为对此倒,是故安立如来法身四德。"③

《佛性论》此品贯穿了如来藏思想的一贯逻辑,也就是"修证"。论中说:"果相者,有二处:一者,地前凡、圣二位不得四德。二者,十地诸位。地前有如是信乐等德为清净佛性因,为对治四倒,如来法身四相功德波罗蜜是其果。"④此中是说,"地前"为凡夫、菩萨,"地上"为法身菩萨,地前的凡、圣二位未证涅槃四德。

关于如来法身四德,此品先有一概括说明:"如来法身是常等四波罗蜜,以如来法身一切烦恼习气皆灭尽故,是名极净;一切我无我虚妄执灭息故,故名大我;意所生身因果究竟尽故,故名大乐;生死涅槃平等通达故,故名大常。"⑤此后则分别解释之,顺序与此引文相同而与"四德"的一般顺序不同。下文则依照一般顺序分析说明之。

关于"常德",论中解释说:"复有二种因缘,说如来法身有大常波罗蜜:一、无常生死不损减者,远离断边。二、常住涅槃无增益者,远离常边。由离此断、常二执故,名大常波罗蜜。故《胜鬘经》说:'若见诸行无常,是名断见,不名正见。若见涅槃常住,是名常见,非是正见。'是故如来法身离于二见,名为大常波罗蜜。"⑥此中对于"如来常"的解释是从生死与涅槃的关系上去界定的,论中有言:"由此如实法界道理门故,即是涅槃,即是生死,不可分别,即是得入不二法门,亦不一不二,住无住处故。由灭诸惑,不住生死;由本愿故,不住涅槃。由般若故,诸惑得灭。

---

①②④⑤ 陈真谛译《佛性论》卷二,《大正藏》第31卷,第798页上。
③ 同上书,第798页中。
⑥ 同上书,第799页下。

由大悲故,本愿得成。"①

关于"乐德",论中解释说:"复有二种因缘,说如来法身有大乐波罗蜜。一、由一切苦集相灭尽无余故,拔除习气相续尽故。二、由一切苦灭相证得故,三种意生身灭不更生故。苦灭无余,是名大乐波罗蜜。"②

关于"我德"的论证,见本著结语部分,此处从略。

关于"净德",论中解释说:"有二因缘故,说如来法身有大净波罗蜜:一者,本性清净名为通相。二者,无垢清净故名别相。本性清净通圣、凡有,故名为通。无垢清净但佛果有,所以名别。"③这是说,"本性清净"凡夫、圣位都有,因此称之为"通相";而"无垢清净"则仅属于佛果,因而称之为"别相"。

(四)《事能品》

此品是说明佛性的"事能相义"。如前所说,佛性的"通相"为"自性清净",而"此清净性事能有二:一、于生死苦中能生厌离。二、于涅槃欲求乐愿。若无清净之性,如是二事,则不得成"④。简言之,佛性能使众生在生死苦海之中产生厌离之心,且能对涅槃境产生追求乐愿之心。

此品从四个方面言说"欲求愿乐":第一,"欲",也叫"信"。"信"也有四种:"一、信有。二、信不可思议。三、信应可得。四、信有无量功德。具是四义故名为'欲'。"⑤此"信"包含四方面,即相信涅槃是有非无、涅槃不可思议、信众生可证得佛性、信涅槃有无量功德。第二,"求":"为至得此法,心恒勤求,无有退悔,名之为求。"⑥坚持不懈地追求涅槃境界。第三,"乐":"思择如不如方便。如方便者,谓涅槃;不如方便,谓生死。思择涅槃,不求速证;思择生死,不求舍离,故名为乐。"⑦可见,此"乐"是以大乘生死、涅槃不二为内容的。第四,"愿":"从今发愿,穷未来际,恒

---

①④⑤⑥ 陈真谛译《佛性论》卷二,《大正藏》第 31 卷,第 799 页下。
② 同上书,第 799 页中—下。
③ 同上书,第 799 页中。
⑦ 同上书,第 799 页下—800 页上。

以愿摄一切众生,未曾舍离。随所行道,并入菩提愿海所摄,以自利故,不舍涅槃;为利他故,不舍生死。"①此"愿"的内容是摄化众生、将自己所修之功德回向一切众生,使之都能证入菩提之道。

于上述佛性"四能相"中引申出"二观"以证成佛性。论中说:"一、于生死观苦过失。二、于涅槃观乐功德。故净分人,由清净性,此观得成。"②而所谓的"净分人"则须具备"福德分"、"解脱分"、"通达分"三个方面的条件。所谓"福德分"是指"宿世善根能感此身,具足诸根,为受法器"③。所谓"解脱分"是指"已下功德种子,能感未来世中解脱果报"。而"通达分"则是指"由圣道故,能通达真如,是名净分"④。乐求涅槃者以此"净分"为"缘"、"净性"为因,则可成就上述"二观"。

在其后,论中分析了一阐提为何不能最终成佛,因为"阐提人无涅槃性应得此观,而一阐提既无此观,故知定须因缘观,方可现是清净性不为客尘之所染污"⑤。而一阐提"随三乘中未起一乘信乐,又复未能亲事善知识等,乃至四种圣轮亦未相应"⑥,因而不能最终成佛。"四种圣轮"即"住如法国土"、"依善知识"、"调伏自身"、"宿植善根"。论中有具体解释,此处从略。其最终结论是:"总此四义,譬之为轮。四若少一轮,则不成解脱之名,无由得立。由此四法和合故,能得解脱道者,如轮能运能转,至解脱时,无复此能,如圣王轮,备有四物,所谓毂辋辐轴,若无此四轮则不成。以是义故,若未与四轮相应者,是时厌离生死观及涅槃功德观并不得成。故经中说'一阐提人堕邪定聚'。"⑦不过,此品对于一阐提有无佛性问题作了圆融的解释。

论中说:"有二种身,一本性法身,二随意身,佛日慧光照此二身。法身者,即真如理。随意身者,即从如理起。佛光明为怜愍阐提二身者,一为令法身得生,二为令加行得长修菩提行,故观得成。"⑧此中是说,因为

---

①②③④⑤⑥ 陈真谛译《佛性论》卷二,《大正藏》第31卷,第800页上。
⑦⑧ 同上书,第800页下。

阐提众生也本有法性之身，只为无明所覆，佛因为怜悯阐提，所以以智慧光明照耀阐提，使其法身得以显现。这一说法属于阐提"有性"说。论中又说："复有经说'阐提众生决无般涅槃性'。若尔二经，便自相违。会此二说，一了、一不了，故不相违。言有性者，是名了说。言无性者，是不了说。故佛说若不信乐大乘，名一阐提。欲令舍离一阐提心故，说作阐提时决无解脱。若有众生有自性清净净永不得解脱者，无有是处。故佛观一切众生有自性故，后时决得清净法身。"①于此，《佛性论》明确说，阐提有性说是了义，而阐提无性说则属于不了义。

（五）《总摄品》

此品的主题是说明佛性的"总摄相"。论中说："摄有二种：一者由因，二者由果。"②简言之，就是从"因"与"果"的角度来说明佛性及其佛性的"显现"过程。

1. 因摄

从"因摄"的角度看，"是如来性清净有四种因"②，此"四种因"即指下文所讲的"生依"、"灭依"、"善熟思量果"、"法界清净等四相"。而关于"如来性清净"可以以"三种法"和"三譬"去解释，如论所说"三种法与三譬，相似故取海为喻"，即三法都可以以大海作为譬喻得到说明。

第一，"法身清净因"。文中说"修习信乐大乘"者应知"法身清净因"，而"修习信乐大乘者，与器相似，此中有无量定慧，大宝所遍满故，故说与器相似"③。此中是以大海如同容器般可容纳无量无边的宝物来譬喻"法身"中包容了无量的"定"与"慧"。

第二，"佛智德生因"。论中说，"修习般若及禅定"者应知"佛智德生因"，而"修习般若禅定与宝相似者，般若无分别故，禅定不可思惟，功德所依止故。般若如净宝，禅定如如意宝"④。这是以大海中所容纳的

---

① 陈真谛译《佛性论》卷二，《大正藏》第31卷，第800页下。
②③④ 陈真谛译《佛性论》卷三，《大正藏》第31卷，第801页上。

"宝"作譬喻来说明"佛智"的,般若之智犹如清净珍宝,禅定之功犹如如意宝珠。

第三,"佛恩德因"。论中说,"修习菩萨大悲"者应知"佛恩德因",而"修习菩萨大悲,如清净水,于一切世间众生,润滑一味故。譬如大海唯一醎味,菩萨大悲润诸众生亦复如是"①。这是以大海水来譬喻佛恩的,修习菩萨大悲摄世,犹如清净之水,不起分别之心,平等摄受世间一切众生。就像大海一般,都是咸味,菩萨大悲摄受众生也是如此,没有分别之心。

总之,上述"三法于因地中,为所依、能依,故说'总摄',名'如来法海'。是名因摄"②。

2. 果摄

关于"果摄",论中说:"明如来法身有三种法,与三譬相似,故能总摄。三譬相似者,如日有三:一体,二光,三明,此与三身相似故。三法者,一神通,二流灭,三显净。"③从"果"的角度言之,如来法身有三法,而此"三法"又可以三个譬喻去说明。

第一,"神通"。论中说:"神通者,譬日有明,能除障自境界无明之暗,以为事用故,与日明相似。"④如来法身所具的"神通"可与日所具的大光明相似,因为其能够去除障碍自己清净境界的黑暗。

第二,"流灭"。论中说:"流灭者,谓尽无生智能烧除业烦恼,令无余以为事用故,与日光相似。所言灭者,即是真智正能除惑故。与灭名尽者,即惑无时,名为解脱,故与尽称。"⑤如来法身所具的烧毁业烦恼的功能,与日所具的光焰相似。

第三,"显净"。论中说:"显净者,谓尽无生境,名转依。极清净故,无垢故,澄静故,与日轮相似。清净者,解脱障灭故;无垢者,一切智障灭故;澄静者,客尘所不能染,以本性清净故。"⑥如来法身所显示的清净的

---

①②③④ 陈真谛译《佛性论》卷三,《大正藏》第31卷,第801页上。
⑤ 同上书,第801页上—中。
⑥ 同上书,第801页中。

905

相状,与日轮相似。

本品的主题就是"因摄"和"果摄"两部分,其后的内容则是对此二者的细化或深化。为眉目清晰,下文单独列出标题。

3. 转依四相

关于"转依"的含义,论中说:"转依者,胜声闻、独觉、菩萨三人所依止法故。又有四种相应知:一者,为生依。二、灭依。三、善熟思量果。四、法界清净相。"①唯识学一般将"转依"定义为转变所依,而此中所说"转依"是胜于声闻、缘觉、菩萨三人所依止法,从语言表述看,似乎与上述"果摄"之三"显净"的含义相关。然此品开始又有"四因"的说法,因而也可将其归之于"因"。而如以"转依"的全部内涵讲,既属于"因",又属于"果",是一个由"因"至"果"的修证过程。

其一,"生生依":"佛无分别道相续依止,若不缘此法,无分别道即不得生。以依缘此故,名此法为道生依。"②诸佛的"无分别道"也就是佛的涅槃境界,如果不假缘此转依之法,即不能证得。因此,此转依法即为道"生"的依止。

其二,"灭依":"一切诸惑及习气究竟灭不生,无所依止故。若不依此转依法究竟灭惑者,则声闻、独觉与佛灭惑不异,由不同故。故知,此法为究竟灭惑依止。"③一切妄惑及其余习,究竟断灭,不再生起,因为其无所依止。如果不假借此转依之法究竟断灭一切妄惑,则小乘证果与佛境就没有区别。由于小乘极果不同于佛境,所以可知,转依之法为究竟断灭一切妄惑的根本。

其三,"善熟思量果":"善正通达,长时恭敬,无间无余等修习,所知,真如是转依果。若在道中,转依为因。若在道后,即名为果。若转依非是善熟思量果者,则诸佛自性应更熟思量,更灭更净。而不然者,故知转依为善熟思量之果。"④通过正确思维、恭敬之心以及精进修行等,可以

---

①②③④ 陈真谛译《佛性论》卷三,《大正藏》第31卷,第801页中。

证达真如之果。如果在修道过程中,"转依"是成道之"因",而如果在成道之后,"转依"则即涅槃正果。

其四,"法界清净相":"一切妄想于中灭尽故,此法界过思量过言说所显现故,故以法界清净为相。此即心行处灭,言语道断,不可诠诂,方是得无所得真如理故。"①所谓"法界清净相",是说法界已断灭一切妄想烦恼,非凡夫思虑、言语可以显现,因而称之为清净。这也就是一般所说的止灭一切心念,摒除一切言语,至此才契合真如之理。

4. 如来转依摄持八种功德

论中又说"如来转依有八种法摄持"。八法是:"一、不可思量。二、无二。三、无分别。四、清净。五、照了因。六、对治。七、离欲。八、离欲因。"②而此"八法"中后面二法具有涵盖性,可涵摄前六法,如论所说:"此八合有二意:一、离欲,是灭谛。二、离欲因,即是道谛。前不可思量等三句,属灭谛摄。次,清净等三句,属道谛摄。"③

第一,"离欲"包含了"不可思量"、"无二"、"无分别"三句,属于灭谛所摄。

对于"不可思量",论中解释说:"于有无等四句,觉观思量,不能通达故。一切众生言语名句味等,不能诠辩故。唯圣人无分别智所证知故,故名不可思量。"④"转依"是因为能觉观思量,通达有、无、亦有亦无、非有非无等四句,诠辩一切众生言语名句,证知无分别智,因而说其"不可思量"。

对于"无二",论中引经说明:"舍利弗,诸佛法身无二法,无分别法。所言二者,烦恼及业,是名为二。如来法身无此二法,故名无二。"⑤也就是如来转依是远离"烦恼"和"业"的。

对于"无分别",论中解释说:"分别者,烦恼业家习不正思惟,由不正

---

①②③ 陈真谛译《佛性论》卷三,《大正藏》第31卷,第801页中。
④ 同上书,第801页中—下。
⑤ 同上书,第801页下。

思惟故起二,由通达自性故灭二。是二及分别,不应不行。不应者,上心烦恼不相应共行。不行者,随眠烦恼不共随行。即不应不行,此二处故。故说如来法身苦灭究竟永无生起。云何如此? 非为除灭一法故名为灭,以本来不生故名为灭。"①世间法由人、我二执分别,因而有种种差别,"烦恼"与"业"就相继而起。但是,法身本来是远离二执分别的,了达自性就可以断除烦恼和业。而烦恼、业等分别妄法不有起用,谓之"不应不行"。所谓"不应"是指贪、瞋、痴等根本烦恼不得生起。所谓"不行"是指随眠烦恼不得生起。既然根本与随眠二种烦恼不得生起,所以说如来法身已断灭一切苦,烦恼永不生起。此中,并不是因为断灭一法,才名之为"灭",而是因为一切法本来不生,所以才谓之为"灭"。

其后,论中又有一段释文:"心者即六识心,意者阿陀那识,识者阿梨耶识。于此三中,不得生故。此中若无三识,则无分别。分别既无,亦无不正思惟等。既无三识,则不得起无明。是以如来法身离不正思惟故,则不起无明。若不起无明,十二有分不为生缘,故名不生。"②此引入了唯识学"八识"来说明,如来法身不但本性上离一切烦恼,而且"不离、不脱、不异一切不可思议的如来功德"③,故说如来法身的"不可思量"、"无二"、"无分别"是灭谛所摄的"离欲"境界。

第二,"离欲因",包含了"清净"、"照了因"、"对治"三句,属于道谛所摄。

论中说:"由境界故说无分别智有三义,与日相似。无流清净故,与日轮相似。能照了一切境界故,与日明相似。能对治一切真见暗障故,与日光相似。"④这是说,"离欲因"是奠基于"无分别智"的,而"无分别智"所具有的"清净"、"照了因"、"对治"三义分别于日轮、日明、日光相似。无分别智如同日轮般清净,无分别智又如日明般照了一切境界,其又与

---

①②③ 陈真谛译《佛性论》卷三,《大正藏》第31卷,第801页下。
④ 同上书,第801页下—802页上。

日光般能对治一切黑暗。

关于"离欲因",论中有一段话作解释。所谓真见暗障,是指具足想烦恼、业和果报。所谓"具足想"是指以随眠烦恼为内因,以色、声、香、味、触等五境为外缘,以不合真理的思想为助因,具足这些条件,名之为"具足想"。此"想"能障碍真实见道,不能了达离欲法身的境界,因而名之为"烦恼"。如果要证见离欲法身境界,必须"如实思量,不见想及不见境。境者,名分别性。想,名依他。不见分别依他二性故,名为真实见知一界。又想者,人;境者,法。不见此人、法想境,故名二空。如是一切诸法,如来悉见悉知,由平等平等已通达如真实故,境、智等无增减,是名平等观。此观能除真实见暗障,是如来法身至得家因,见、修二道所摄故"①。此中的关键点是"平等观"。了达"人"、"法"均虚妄不实,没有自性,也就是证得"二空"。如来能了知一切法,以平等之心观照一切,断除见道的障碍。这种平等无分别之心的观照方法,即是证得法身的根本,是见、修二道的基本内容之一。因此,"离欲因"必须凭借"见"、"修"二道才能成就。论中对于如何成就"离欲因"也作了说明:"以是义故。此离欲因,不离二修,而得成就。二修者,一如理修,二如量修。"②此中的关键便是"如理修"和"如量修"。

关于"二修",论中先有一概括解释:"世间所知,唯有二种,一人二法。若能通达此二空者,则为永得应如实际,是故名为如理。如量际者,穷源达性,究法界源,故名为际。"③"如理修"也即修"如理智","如理智"又名"根本智"、"无分别智"等。"如量修"即修"如量智","如量智"又名"后得智"、"有分别智"等。前者是指证此人、法二空之理,后者则是了达一切法的本性,穷究其根源,故名之为"际"。

对于"如理智",论中解释说:"如理修者,不坏人、法。何以故?如此人、法本来妙极,寂静为性故,无增无减,离有离无。寂静相者,自性清

---

① ② ③ 陈真谛译《佛性论》卷三,《大正藏》第31卷,第802页上。

净,诸惑本来无生,见此二空,名寂静相。自性清净心名为道谛,惑本无生净心不执名为灭谛,是心有自性清净及有烦恼惑障。如此两法,无流界中,善心、恶心独自行故。于一念中,两心不相应故。此两法难可通达。"①所谓"如理修",并不是说要断灭一切人、法。因为人、法本来是空,以"寂静"为性,而"寂静"是指其自性清净,一切妄惑本来不生,但无始时来又为烦恼客尘所覆。然而,此人、法在法界中流动,善心与恶心各自独立流行,因而在一念中,染心与净心并不相应,二法难于通达。正如论中说:"如《胜鬘经》说:'世尊,善心念念灭不住,诸惑不能染;恶心念念灭,诸惑亦不染。世尊,烦恼不触心,心不触烦恼,云何无触法而能得染心?'如此而知名如理智。"②

对于"如量智",论中解释说:"究竟穷知一切境,名如量智。若见一切众生乖如境智,则成生死。若扶从境智,则得涅槃。一切如来法,以是义故,名为如量。"③由此可见,所谓"如量智"是究竟知晓所有一切境之智,即一般所说的菩萨住于世间救度众生的智慧。

关于上述"二智",论中解释说:"至初地菩萨得此二智,以通达遍满法界理故,生死、涅槃二法俱知。又此两智是自证智见,由自得解,不从他得,但自得证知,不令他知故,名自证知见。又此二智有二种相:一者无著,二者无碍。言无著者,见众生界自性清净,名为无著,是如理智相。无碍者,能通达观无量无边界故,是名无碍,是如量智相。又此二智有二义,如理智为因,如量智为果。言如理为因者,能作生死及涅槃因。如量为果者,由此理故,知于如来真俗等法具足成就。又如理智者,是清净因。如量智者,是圆满因。清净因者,由如理,智三惑灭尽。圆满因者,由如量智三德圆满故。"④此处分别对于二智的不同属性作了对照说明。其义甚为明晰,不再赘述。

---

①② 陈真谛译《佛性论》卷三,《大正藏》第31卷,第802页上。
③ 同上书,第802页上—中。
④ 同上书,第802页中。

5."转依法身有七种名"

在此品的最后,论著作者又分七方面对"法身"作了说明。论中说:"一、沉没,沉没取阴故。二、寂静,诸行无生故。三、弃舍,弃舍诸余伴故。四、过度,出二苦故。五、拔除,拔除本识故。六、济度,济度五怖畏故。七、断,断于六道果报故。"①

第一,沉没取阴。

此中,"取"名"贪爱","阴"则主要有两层含义:"一、能生取凡夫五阴,能为取因缘故。二、从取生,即此五阴是取家果故,故言取阴。而言'沉没'者,于法身中,因、果俱无,故称'沉没'。取为对治,故沉。阴为报尽,称没。故说法身约取阴永无,是名沉没。"②

第二,寂静诸行。

此中,一切有为法名"行"因为其有生、异、住、灭等四相。"一切有为法,约前际与生相相应,约后际与灭相相应,约中与异住相相应,行役不息,故名为'行'。如来法身则不如是,约前无生,约后无灭,中无病老,湛然常住。无生故说'寂',无灭故说'静'。约前不更生,离意生身故。约后不更死,已过不可思惟退堕故。约前后际不被损污,过无明住地烦恼病故。"③此相当于自性清净。

第三,弃舍诸余。

此中的"诸余"是说二乘有三种余:"一、烦恼余,谓无明住地。二、业余,即无漏业。三、果报余,谓意生身。一烦恼余应灭,二道余应修,三虚妄余应除。如来已离虚妄,说名'无余'。二乘未离,故名为'余'。如来转依法身,已度四种生死故,一切烦恼虚妄已灭尽故,一切道已修故,弃生死舍道谛故。此二无四德故,唯法身独住,四德圆满故,是名弃舍诸余。"④可见,这一名称是说诸佛四德圆满,无二乘仍然具有的三种烦恼。

---

① 陈真谛译《佛性论》卷三,《大正藏》第 31 卷,第 802 页中。
②③ 同上书,第 802 页下。
④ 同上书,第 802 页下—803 页上。

第四,过度二苦。

论中说:"二苦者,一凡夫苦、乐二受,二圣人行苦即舍受。又二者,一身苦,二心苦。又二者,一名苦,二色苦。又二者,一二乘界内苦,二菩萨界外苦。故法身地中无二乘粗苦,故名为'过'。无菩萨四种生死细苦,故名为'度'。是名过度二苦。"①这是说,佛法身无二乘之"粗苦",无菩萨四种生死细苦。

第五,拔除阿梨耶。

"阿梨耶"即第八识。此论中说:"阿梨耶者,依隐为义,是生死本,能生四种末故。四末者,烦恼有二:业一,果报一。初烦恼本二者:一者,一切诸见,以无明为本,无相解脱门为治道。二者,离诸见外一切烦恼,以贪爱为本,无愿解脱为对治道。次业本一者,以凡夫性为本。凡夫性者,即是身见故。次果报本一者,一切生死果报,依阿梨耶识为本故,以未离此识果报不断。于法身中,由两道故,二世灭尽,故说拔除。言两道者,一无分别智,能除拔现在虚妄,能清净法身,即名尽智。二、无分别后智,能令未来虚妄永不得起,圆满法身,即无生智。拔者,清净,灭现在惑;除者,圆满,断未来惑,故名拔除。"②可见,此中所说,拔除第八识之后的法身,具有无分别智和后得智,"拔"为清净,"除"为圆满,此二词在此义中应理解为动词。

第六,济五怖畏。

五种"怖畏"是"自责畏"、"畏他责"、"畏治罚"、"畏恶道"、"畏众集"。"自责畏"是指"如人作诸罪恶,昼夜怖畏"③。"他责畏"是指"既自作恶,恒恐他及冥中天神见之,而怀怖畏"④。"治罚畏"则是指"身所作恶恒惧王治"⑤。"恶道畏"是"既有罪自随畏生恶道"⑥。"众集畏"是"三业不净,兼知解不深,恒怖畏德众"⑦。而"已证见法身,则离此五畏,故说法身为济五怖畏。"⑧

---

①②③④⑤⑥⑦ 陈真谛译《佛性论》卷三,《大正藏》第31卷,第803页上。
⑧ 同上书,第803页上—中。

第七,断六道果报。

"六道"即地狱、饿鬼、畜生、天、人、阿修罗。"如来法身无复此道,若有余涅槃业尽,众生轮转果未尽,无余涅槃因果二种俱尽,故名断灭六道。"①

其后,论中说及"法身相"、"法身味"、"法身事"。所谓"法身相"即"诸苦静息,是法身相,为静苦缘故"②。所谓"法身味"之"味"有两层含义:"一、不退堕故名为味。二、安乐故名为味。众生在生死中,乃至梦中并未曾见。若修正行人,求见此法。得见之时,即得不退安乐故,以安乐为味。"③所谓"法身事"即"无相"和远离戏论事。关于"戏论"的内容,此品讨论甚为细致,为避枝蔓,兹从略。

法身既是无相的,也可能面临这样的质疑:"如汝所立,法身应决定是无,不可执故。若物非六识所得,决定是无,如兔角。兔角者,非六识所得,定是无故。法身亦尔。"④外道以为法身一定是"无",也就是不存在。对此问难,《佛性论》于此品有两个反驳⑤。

其一是:"汝言非六识所见故法身无者,是义不然。何以故?以由方便能证涅槃故,想、称、正行是名方便。是故法身可知可见。"⑥引文说,法身即涅槃,而涅槃的体证是由方便而得,包括观想禅定、称名念佛及其他正行等。换言之,法身涅槃是属于自身体证的层次,而非六识等感官的认知。

其二,论中说:"若法身无者,则诸正行皆应空失。以正见为先行,摄戒定慧等善法故,所修正行不空无果。由此正行能得果故,故知法身非无。"⑦此论证再次强调法身既不是虚无断灭,也不是神我性的存在,而是修持、自我转化和证悟最圆满的成果。

(六)分别相、阶位相、遍满相

《佛性论·辩相分》第六至第八品《分别品》、《阶位品》、《遍满品》分

---

①②③ 陈真谛译《佛性论》卷三,《大正藏》第31卷,第803页中。
④ 同上书,第803页下。
⑤ 参见恒清法师《佛性思想》,第188—189页。
⑥⑦ 陈真谛译《佛性论》卷三,《大正藏》第31卷,第804页上。

别阐述了佛性的"分别相"、"阶位相"、"遍满相"。此三品的共同特征是分凡夫、圣人、如来三类来说明佛性的,因而可归并分析说明。

1.《分别相品》

此品是从"分别相义"来说明佛性,如论中所说:"故约此性分别众生,是名分别相。"① 而通观此品是说明佛性于三类众生中所处的相状。

此品起首先言佛性的"通相",如论中说:"分别者,是如来性,明一切法,如如清净,是其通相。如《般若》等经中所说,一切法者,即三性法。如如者,俗如即真如,真如即俗如,真、俗二如,无别异故。清净者,有二种:一者,因中如如,未得无垢果地,如如无复垢秽故。二者,因果俱净,因中是无染清净,至果无垢清净故。如此等义,是佛性通相。"② 此中以"如如"和"清净"两个方面来说明佛性,并且将"如如"分为"因中"和"果地"来说明,从上述引文可知,"如如"既是"真如",又是"清净"。

为说明上述"因"、"果"之"如如佛性",论中引经据典作论证:"为显此义故,佛说《般若波罗蜜》等诸经,是佛性中,分别众生,自有三种:一者,不证见佛性。名为凡夫。二者,能证见佛性,名为圣人。三者,证至此理究竟清净,说名如来。"③ 此中依据佛性于其中的状况,分众生为凡夫、圣人和如来三众。其后则进入此品的主题,佛性之"事用"。

论中约此佛性,将"众生事用"分为三种:"一者,颠倒为事。二者,无颠倒为事。三者,无颠倒、无散乱、有别法为正事。颠倒者,一切凡夫。无倒者,一切有学圣人。无倒、散者,道后法身。有别法为正事者,是应、化二身,为度众生,皆由大悲本愿力故。"④ 这与上述凡夫、圣人、如来是对应的。

凡夫的"颠倒之义"有三种,这即是所谓"想倒"、"见倒"、"心倒"三种烦恼,也可以比喻为皮烦恼、肉烦恼和心烦恼。而所谓"无颠倒"之义,是"无惑、无行二种倒故,即一切菩萨有学圣人。惑倒者,违逆真如故,起一

---

① 陈真谛译《佛性论》卷三,《大正藏》第 31 卷,第 805 页下。
②④ 同上书,第 806 页上。
③ 同上书,第 805 页下—806 页上。

切烦恼,名为惑倒。行倒者,二乘人应修常等四德,翻四颠倒,行菩提道;而今不修,但修无常苦等,为解脱因故名行倒,此明是无小乘偏修之行。离此两倒故,说大乘有学圣人"①。

第三类"无倒散有别法为正事者,是灭除禅定、解脱、一切智等三障故,法界澄净澄故,静寂净故,无垢不舍正事,大悲本愿,恒化众生,名为如来"②。

2.《阶位品》

此品的主题是说明佛性的"阶位相"。论中说:"阶位义者,于种种法门中,若有分别广说无流法界不出六种:一自性,二因,三果,四事,五总摄,六分别。"③

关于"自性",论中说:"为显无流界自体故,先说自性,依止此性故,起信、乐等四种胜因。由此因故,得常住等四德之果。由佛性故,起厌恶生死、乐求涅槃事用得成。由此自性故,得离欲。得离欲因,名为总摄。约佛性故,故得分别三种众生。如来所说八万四千法门,为六种所摄,次第在三位中。三位者:一不净位,谓众生界;二者,净位,谓菩萨地。三者,最清净位,即是佛地。"④以佛性的阶位相而言,亦可分成三种:(1)众生界的不净位,(2)菩萨圣人的净位,(3)如来的最清净位。

3.《遍满品》

此品的主题是说明佛性的"遍满相"。所谓"遍满相"是说凡夫、圣人及诸如来都无分别地具有佛性。不过,凡夫"颠倒虚妄",圣人是"无倒圣道",如来具有"四德究竟清净"。"此三处平等通达相,并随道理遍满故。譬如土、银、金等器中虚空遍满,平等无差别。如来法界遍满三位中亦复如是。"⑤

(七)《无变异品》

此品的宗旨是说明佛性是"无变异"的。论中先列举了"六义":

---

①②③ 陈真谛译《佛性论》卷三,《大正藏》第31卷,第806页上。
④ 同上书,第806页上—中。
⑤ 同上书,第806页中。

"一、无前后际变异。二、无染净异。三、无生异。四、无转异。五、无依住异。六、无灭异。"①文中详细地解释了第一"无前后际变异",而对于其他五义仅作了简单解释。在此先对后面的五义作一解释,再较为详细地解释第一义。

第二"无染净变异"的含义是:"法身不为生死阴界入等所污,故言'无染';非智数所作,故言'无净'。"②此中后半句是说,法身是本来清净的,并非有"智"方才清净。第三"无生变异"的含义是:"法身无生,故非起成。非起成故,非是始有,不论变异。"③这是说,法身是无生的,因而不能以变异论之。第四"无老变异"的含义是:"法身无动转故,无所改异,故言无老。"④第五"无依住变异"的含义是:"若法有依有住,即有变异。法身不由他故,无依无所的在,故言无住。"⑤这是说,法身是无依无所的存在,因而是无住的,也是无不变异的。第六"无灭变异"的含义是:"法身常住,不可破坏故。言无灭变异,是名无变异。"⑥法身不可坏灭,所以是无变异的。

论中又将"六种别义究竟"合为三方面:"一、前后寂静,谓无前后际异。二、无流,即无染净异。三、无为,谓无四相生住灭等故,无有变异。"⑦此中其实是将上述"六义"中的后四义合并为一。然之所以如此三分,也有理由:"一切妄想诸法有三变异:一、果报尽,故变异。二、对治所破,故变异。三、刹那念念灭,故变异。法身不尔,离三过失故:一、前后寂静故,无果报尽变异。二、无流故,无对治破变异。三、非有为法故,无念念坏变异故,名无变异。"⑧这是说,法身无果报尽变异、无对治破变异、无念念坏变异没,因而法身是无变异的。

此品着重说明的是第一"无前后际变异"。以下依照《佛性论》本身的顺序作一分析说明。

---

① 陈真谛译《佛性论》卷四,《大正藏》第31卷,第806页下。
②③④⑤⑥⑦⑧ 同上书,第811页下。

对于这一问题,论首先引用了《解深密经》的一偈语:"客尘相应故,有自性德故。如前后亦尔,是无变异相。"①然后解释说:"不净位中,有九种客尘,非所染污,故不净。净位中,常乐我净四德及如来恒沙功德,恒相应故,故说如来性前后无变异。"②这里分两个层面解释了佛性于前后际无变异。在成佛前,也就是引文中所说的"不净位"的凡夫、罗汉等,尽管有九种客尘,但"客尘"并不污染佛性之体。而净位中的如来,佛性四德以及如来功德与佛性恒相应。因此,不管在"不净位"还是在"净位",佛性都是无变异的。

九种"客尘烦恼"如下:"一者,随眠贪欲烦恼。二、随眠瞋。三、随眠痴。四、贪瞋痴等极重上心惑。五、无明住地。六、见谛所灭。七、修习所灭。八、不净地。九、净地惑。"③

论中将前三种"随眠"一并解释:"若烦恼在世间离欲众生相续中,为不动业增长家因,能生色、无色界,为出世无分别智所灭,是名随眠欲、瞋、痴等三毒。"④此后论中有对于上述文句的逐次解释。值得注意的是关于"烦恼在"三字的解释:"一、有体说在。二、无体。约因在,故说在。言体在者,即见谛,随眠未得治道,故言在。约因在者,即思惟随眠,已得治道故,以思惟用见谛为因。思惟虽灭,由有见谛,为思惟因,故言因在。思惟必由见谛而生,若除思惟因,有根本见谛惑在,后更能生思惟之惑故,言思惟因在。"⑤此中从"体"、"因"等方面说明了烦恼之"在"的含义。其后解释烦恼灭:"有二种灭:一者,性灭。二,治道灭。一性灭者有二:谓念念灭及相违灭。相违灭又有二种:一等类相违,如贪违瞋等。二不等类相违,如正思惟违欲瞋等,是名性灭。二、治道灭者,有二种:一通二别。通道者,谓观真如,灭三界烦恼。二、别道者,如不净观等,能灭贪瞋等烦恼;如苦谛观,灭苦谛惑。不灭集谛惑故,名随眠欲瞋痴等。"⑥

---

① 陈真谛译《佛性论》说此偈为《解节经》中文,而玄奘译《解深密经》及真谛译《解节经》中均无此偈。
②③④⑤⑥ 陈真谛译《佛性论》卷四,《大正藏》第31卷,第806页下。

第四"三毒极重上心惑"是指:"有诸烦恼在欲行众生相续中,为罪、福两行增长家因,但生欲界,修不净观等所破,是名贪瞋痴极重上心烦恼。"①

第五"无明住地惑"是指:"在阿罗汉相续中,为无流业生家因,能生意所生身,为如来菩提所破,是名无明住地惑故,阿罗汉约安立谛观能破诸烦恼,此无明住地,非安立谛观所能破故。犹在罗汉相续中,为无流业生家因。"②此中的"无流"之"流"是指:"流入三界生死。""二、退失,如失欲界流往色界,或失色界流下欲界,则随生死不定一处故名为流。三者,流脱功德善根。失戒定慧。"③无此"三流"故名"无流"。此"无流业"能生四种生死。

第六"见谛所灭惑":"有二种学人,一凡夫,二圣人。此惑在学道凡夫相续中,无始已来未曾见理,因初出世圣道所破,名为见谛。"④

第七"修道所灭惑"是指:"在学道圣人相续中,昔已曾见出世圣道所破,是名由修道所灭惑。"⑤

第八"不净地惑"是指:"在未究竟行菩萨相续中,对障菩萨七地为无相无功用道所破对障故。"⑥

第九"净地惑"是指:"在究竟行菩萨相续中,能障八地以上三地,譬金刚定慧所破。言究竟者,八地以上见境皆周,无更别境所未见者,故名究竟。"⑦

论中又说,从上述九种烦恼言之,可立四种众生,即凡夫、罗汉、有学、菩萨。"此四种众生,依无流界,由四烦恼故不净。第一众生由四烦恼故不净,第二众生由一烦恼故不净,第三众生由两烦恼故不净,第四众生由两烦恼故不净。"⑧具体说则是:"凡夫由四惑者,前三是'随眠贪瞋痴'等,后一即'上心烦恼',由此四故不净。"⑨罗汉则由"无明住地"故不

---

①②③ 陈真谛译《佛性论》卷四,《大正藏》第31卷,第807页上。
④ 同上书,第807页上—中。
⑤⑥⑦ 同上书,第807页中。
⑧ 同上书,第807页中—下。
⑨ 同上书,第807页下。

净。第三有学圣人由"思惟烦恼"故不净。而"从初地已上至七地菩萨,由'不净地惑'故不净。若从八地已上三地,由'净地惑'故不净。"①

此后,论中较为详细地分析说明了九种烦恼、四种众生和《如来藏经》有关如来藏的九喻之间的关系。《佛性论》又以如来藏九譬与如来三自性相比对,以说明其无变异性。如来三自性是法身、如如、佛性。具体内容从略。

此外,《佛性论》此品又以"五相"、"五种功德"来说明法身。

"五相"如下:

第一是"无为相",指远离生、老、病、死等四种变灭之相,是指法身永灭烦恼、功德圆满的境界。

第二相是"无一异相",指真谛与俗谛不一不异,可从两方面去说明。"约法辩不一不异者,为真通故,不可言异。以俗别故,不得言一。"②这是说,真、俗的本性都是真如、无有差别;然而真与俗毕竟不同,故不得言一。其次,"约人论真俗不一不异者,若真与俗一,凡人见俗则应通真,若通真者,应是圣人。以不见真故,故知不一。若言异者,圣人见俗不应通真,若不通真,即是凡夫。以圣人见故,不得为异,是故不一不异。"③

第三是"离二边相",法身能超越六种边见,因而能随顺与其对应的六种中道。六种边见如下:其一,"执可灭灭":若谓"一切诸法毕竟可灭,是名一边,毕竟灭尽是名为空,复是一边"④。正确的是法非可灭非不灭,非灭非不灭,此即名中道。其二,"执可畏畏","可畏"是指对分别性所起之身心世界,执为实苦,而生怖畏。"畏"者,对依他起的诸法,执有实苦而有怖畏。其三,"执可执执",指分别执与所执为实有,离此二边,即是中道。其四,"执正与邪":"正者,通达位中真实观行分别为正,未通达前分别为邪。"⑤当无分别智生时,则邪正分别泯灭,随即契入中道。其

---

① 陈真谛译《佛性论》卷四,《大正藏》第31卷,第807页下。
②③④ 同上书,第809页上。
⑤ 同上书,第809页下。

五,"执有作无作","有作者,有人执言,欲修智慧,必先作意,然后事成。无作者,有人执言,智慧无事无能。何以故?由解、惑相对,由解生故,惑自然灭,非解能除,故说智慧无事无能。"①此中说,修行者虽不作意其能灭惑,惑确由智生而灭,但是若"作意"智慧能灭惑,即落入"有作"一边;若说"无明"自灭不由智慧,则落入"无作"一边。必须离此二边,才能契入中道。其六,"执不生同生":"不生执者,譬如凡夫相续中烦恼恒起,未曾生道,由惑碍故,未来亦尔,故知永不解脱,即是一边。"②而"同生者,明诸惑于无始长时本有,若对治道与惑同时起者,可能灭惑。若道始生,此道力弱不能灭惑,故知永不解脱"③。由此可见,所谓"不生"指执解脱道永不生,"同生"谓诸烦恼无始来即存在,若对治道与烦恼同时生起者,才可灭惑。二者都是障碍修道解脱的错误执著,解脱道不会永"不生"也不必与烦恼"同生",远离此二见,即获中道。

第四相是"离障相"。障有三种:"一、烦恼障,如果能了脱此障,但可证得慧解脱阿罗汉果。二、禅定障,如果能了脱此障,得到灭尽定的境界,就能证得俱解脱阿罗汉及独觉果。三、一切智障,此障唯有菩萨境界方能破除,了脱此障,即证契佛智。如来法身在不同阶位,虽有上述三障缠缚,但其本性清净,不为此障所染污。"④

第五相是"法界清净相"。论中举四种譬喻说明,每一譬喻又分别有四义。第一四义如下:"法身不改如金,如如清净如水,第一义谛无相如空,大般涅槃显了如觉。"⑤第二四义如下:"神通转变如金,慈悲润泽如水,自性不舍众生如空,般若解净如觉。"⑥第三四义如下:"因本清净无染如金,胜道洗浣如水,解脱无累如空,果体显现如觉。"⑦第四四义如下:"乐性利益如金,净体清洁如水,常德无坏如空,我义无著如觉。"⑧前二约空如来藏,

---

① 陈真谛译《佛性论》卷四,《大正藏》第31卷,第809页下。
② 同上书,第809页下—810页上。
③④⑤⑥⑦ 同上书,第810页上。
⑧ 同上书,第810页中。

后二约不空如来藏而言,以显法身自性清净和果德业用圆满。

上述"五相","初无为相者,显常住。二、无别异相者,显真实义。三、离二边相者,显对治义。四、离一切障相者,显解脱义。五、法界清净者,显自性清净义。"①而"五义次第"是:"一、自性故说无为。二、无分别故,说不一不二。三、圣智境界故,说离二边。四、自性清净故,说离一切障。五、究竟成就故,说法界清净。"②

法身"五德"是"不可量"、"不可数"、"不可思"、"无与等"、"究竟清净"。第一,"不可量"有四义:"一、由时节久故不可量。二、功用大故不可量。三、无余不足故不可量。四、无中间故不可量。"③第二,"不可数"是说此不可量功德,"其数无穷,过恒沙数"④。第三,"不可思"是说"非觉观境界故"。第四,"无与等"是说"不与声闻、独觉、菩萨三乘等共得故"。第五,"究竟清净"是指"无明住地永灭无余故"⑤。

关于此品对于法身的强调之意义。正如恒清法师所说:"'无变异品'中广说法身的意义。作者的目的无非是要再三强调法身并非代表如神我之类的形而上主体,而是传统佛教行证的圆满显现。《论》中以五相、五功德、五义等以诠释法身在解脱论上的特性,同时排除其在形而上主体性的含义。五相的第一相是'无为相','离生老病死等四相过失'。法身是无为的,没有生老病死等的有为相,但这并非说法身是永恒不变的神我。"⑥

此品实际上是在佛"三身"的框架下说明法身的,此后又有对"应身"、"化身"与佛性之不变异性之间关系的论证,从略。

(八)《无差别品》

此品的宗旨是说明如来境界。此品开头即说:"无差别者,此如来性已至极清净位。若略说,是无流界中,约如来性有四义。因此四义,故立

---

① 陈真谛译《佛性论》卷四,《大正藏》第31卷,第810页上。
② 同上书,第810页上—中。
③ 同上书,第810页中。
④⑤ 同上书,第810页下。
⑥ 恒清法师《佛性思想》,第195页。

四名。约于四人,显以四德。"①可见,此品的逻辑即是四义、四名、四人、四德。

如来性四义是:第一,"一切佛法前后不相离"②。论中引用《胜鬘经》来说明:"世尊,如来藏不空,过恒沙数等不相离不舍,智不可思惟,诸佛功德故。知如来藏由如来功德故,不空。不空者,即明佛具足一切功德故。"③第二,"一切处皆如":"一切诸法无自性故。如《无上依经》说:一切众生有阴界入,胜负种类,内外所现,无始时节,相续流转,法然所得,至明妙善。以是义故,故知一切处皆如。"④第三"非妄想倒法":"如《解节经》中说:'佛告无尽意菩萨:善男子,如来性者,是真实谛。若如来出世及不出世,性相常然,非虚妄法。'由此经故,知无妄想倒法,名真实谛。"⑤第四,"本性寂静":"如《文殊师利遍行经》说:'佛言文殊师利,诸佛如来本性,自般涅槃,不生不灭。'以是义故。故知本来自性寂静。"⑥

如来四名是:与"由佛法不相离"对应,说名法身。与"一切处皆如"对应,说名如来。与"无虚妄颠倒法"对应,说名"真实谛"。与"本来寂静"对应,说名"般涅槃"。由此四义、四名,"于如来性,无有差别故,说无差别相"⑦。

四人是指:第一,"非身见众生境界。由此真性是邪执对治故,为身见人,说名法身。"⑧所谓"身见众生"是指"诸凡夫色等诸阴无有此性,强横执有我及有我所,由此人、法二执,染污其心。……凡夫所执,既非真实故,不俱在,不得名身。为对如是身见凡夫,立名为身。"⑨可见,"法身"之名是为了对治身见凡夫而立名的。第二,"对颠倒人,说名如来。颠倒人者,谓二乘人。如来常住应修应行,而翻倒修无常想等。何以故?此修依于虚妄境起,故名倒修;乐我净等亦复如是。由倒行故,一切二乘

---

① ② ③ ④ 陈真谛译《佛性论》卷四,《大正藏》第31卷,第811页下。
⑤ 同上书,第811页下—812页上。
⑥ ⑦ ⑧ ⑨ 同上书,第812页上。

不能进修,得与如来道果相称,是故常等真如非其境界。"①第三,"对散动心人,说名真谛。"②所谓"散动心人"是指迷于如来藏的失修大乘者,"有二种人:一者,唯信灭除诸法名之为空。一切诸法,未分析时,是名为有。若分析竟,乃名为空。二者,谓有实法,名之为空。我今应修应得,此二人者迷如来藏。前则执无故迷,后人执有故迷"③。第四,对十地菩萨,说名涅槃。"唯佛一人能得涅槃,余诸菩萨不能至故。"④

四功德是:第一,"一切功德""即是第八不动地位,无分别,无穿漏,无中间,自然成。菩萨圣道恒相应故,诸佛如来无流界中一切功德皆得成就。"⑤第二,"无量功德"即"第九善慧地位,无数禅定陀罗尼门海,能摄无量功德智所依止故,无量功德皆得成就"⑥。第三,"不可思惟功德"即"第十法云地位,一切如来秘密法藏证见明了智慧所依故,故不可思惟皆得成就"⑦。第四"究竟清净"即"一切惑及习气一切智障已灭尽故,由灭尽智障故究竟清净,功德圆满,成就涅槃"⑧。

总之,"与此四功德相摄不相离故,唯佛得涅槃。余人未得,是故如来性于此四义、四名、四人、四德无有差别,故言无差别德"⑨。

第三节 《大乘起信论》的如来藏思想

笔者认为,《大乘起信论》确实是印度论典,根本不存在近代以来学术界所指"中土伪撰"的事实。在所有如来藏经典中,对于中国佛教影响最巨大的自然数《大乘起信论》。《大乘起信论》以"一心开二门"模式将本体之性与主体之心合于"一心",以本体论原理与主体性原理的融贯,为中国佛教心性论的发展创出了一条新路。在此,依据前述研究方法,对《起信论》思想作一申论,以见其对中国佛学之影响与贡献。

---

① 陈真谛译《佛性论》卷四,《大正藏》第31卷,第812页上一中。
②③ 同上书,第812页中。
④⑤⑥⑦⑧⑨ 同上书,第812页下。

一、《大乘起信论》汉译考辨

隋代以来除《法经录》之外的各种经录都在真谛的译籍项下列入《大乘起信论》，但是由于资料欠缺等原因，数种资料的记载有一些差异，再加之唐代玄奘所传唯识学与真谛系统的不同，近代以来遵奉玄奘所传的学者，使用严格的文献考据方法，对于真谛翻译《大乘起信论》的真实性产生怀疑，并且力主其为"中土撰述"。而一些过分崇奉佛教本土化者也随之认同这种"中土撰述"说。总体言之，近代以来，关于《大乘起信论》的争论是在两个层面展开的：一是"文献考据"层面，集中在梁译本是否真的是真谛所译还是中土人士所伪托撰写以及唐译是否为"译本"等问题上。二是在义理层面，主要围绕由此论所推动的"本觉"思想是否是"合法"的佛教思想的问题。本节拟从第一层面入手来清理围绕真谛翻译《大乘起信论》所产生的争论。

已故华裔著名哲学家傅伟勋曾经说过："在现存的所有汉文佛教典籍之中，《大乘起信论》应可视为第一部奇书。一千四百年来不但有关此书作者姓名的谜题一直未获解答，连有关成书时地的考证问题，也是众说纷纭，莫衷一是，谜上加谜，愈形复杂。"①这一总结归纳表面上看来颇有道理，甚至近半个世纪以来一说起这部著作，人们都似乎都这么说。其实，这是一个极大的误解。正如前文所论述的，《大乘起信论》从其译出，特别是进入佛教界流通以来，佛教界都一直是明明白白地知晓其为译籍的身份。从这个角度说，其"谜上加谜，愈形复杂"并不是一千四百年来，而是近百年来的事情。近百年前，此事的转折发生在日本学者最先引用的所谓均正《四论玄义》关于此论的两段文字。正是由于学界对于这两段文字的过分重视，本来并无问题的事情才演变成了一件长达一个世纪而最终被视为永无公认之结论的所谓"公案"。

---

① 傅伟勋《〈大乘起信论〉义理新探》，《中华佛学学报》第 3 期，1990 年 4 月出版。

如黄夏年先生之文的结论部分说:"关于真伪的问题目前只好到此为止,在没有新材料发现之前,就只能以假说为主了。实际上对这个问题,学术界在二十世纪下半叶已经开始淡化,《起信论》的真伪,作者是谁,不再成为学者们讨论的中心了,人们只是倾向于此论应是中国撰述,作者现还暂不能定,这种看法应该说是事实求是的。"①他又说:

> 二十世纪讨论《起信论》的问题虽然以真伪开始,但是要指出的是,通过争论所得到的最重要的结果是关于此论的思想价值和影响。早期关于《起信论》真伪的争论,虽然反映的是僧界和居士界的两种截然不同的对立看法,实际上是牵涉到中国佛教思想特点的实质问题。人们通过梳理《起信论》思想的特点和渊源,又从各种佛教理论对其进行比较,由是才得出对《起信论》之"真如缘起说"的肯定,以此就说明了中国佛教理论的发展已经到了一个全新的高度,而且这一点均为后来的中国学者给予了充分的肯定,这是当年最早发起这场争论的大师们所未料到的情况。《起信论》之所以能被人们认识,也正是基于这一点。所以《起信论》真伪之争,加深了中国学术界对中国佛教思想,尤其是对中国佛教哲学的认识,从后来人们对《起信论》的思想的特点之分析,以及看待它对后世的影响,所有这一切表明了二十世纪,像《起信论》这样一部佛教的经典能起到这样大的影响,还是不多的,大概只有禅宗的《坛经》研究能与之相提并论。②

显然,黄先生认为《起信论》的真伪问题在现有资料框架内是无法解决的。"在这个新的百年里,《起信论》的研究仍然会受到人们的重视,这是毫无疑问的事情。但是关于这个问题的研究的深度和广度与过去相比,将会发生一些变化,也许人们对它的真伪会越来越淡漠,但对它的思想价值将会越来越重视,而且也会进一步修正一些原有的观点,《起信论》

---

①② 黄夏年《二十世纪〈大乘起信论〉研究述评》,《华林》第1卷,北京:中华书局,2001年。

对中国佛教各宗派思想和儒学与道教的影响是未来研究的重点,对它的研究也将会进一步细致化和体系化,可以说,新的百年,将是《起信论》研究精致化的时代。"①这一预言,显露出来的是对于《起信论》所昭示的"本觉"路径的充分信心。汉语系的大多数学者态度都是如此。

然而,树欲静而风不止。从上世纪90年代兴起的"批判佛教"思潮又重新祭起了反"本觉"思想大旗,而且比以前更明确地提出"如来藏思想不是佛教"的口号。面对这一挑战,《大乘起信论》的"真伪"之争,恐怕是躲不掉的焦点之一。

综合归纳《大乘起信论》"疑伪说"的文献依据有三方面:一是隋唐时期的经录关于其翻译者及其时间的不同记载。二是"伪托"惠恺的《〈大乘起信论〉序》成为此论为伪的反证。三是在日本流传的关于《大乘起信论》为地论师所撰写的传言。此外,有学者认为实叉难陀翻译两卷本《大乘起信论》是"作伪者"的欲盖弥彰之举。本节则拟逐一对这些论证进行考辨与反驳。

(一)隋唐经录关于《起信论》译者的记载考辨

翻开《大乘起信论》"疑伪说"的起源史,一个鲜明的事实是隋唐时期并不存在时人怀疑其是印度撰述、中国人翻译的身世。近代学人对于《大乘起信论》的怀疑首先或者主要导源于古代经录对其记载的分歧。而隋代法经编写的《众经目录》的记载是这一纷争的总根源。法经将此论编入"众经疑惑部",其文曰:

《大乘起信论》一卷,人云真谛译,勘《真谛录》无此论,故入疑。②

《法经目录》是隋开皇十四年(594)编的。而三年之后费长房等奉隋文帝之命编撰《历代三宝纪》十五卷。在这一经录中,费长房在此著卷一一记载:

---

① 黄夏年《二十世纪〈大乘起信论〉研究述评》,《华林》第1卷。
② 隋法经《众经目录》卷五,第55卷,第142页上。

>《十七地论》五卷,太清四年于富春陆元哲宅为沙门宝琼等二十余名德译。
>
>《大乘起信论》一卷,同四年在陆元哲宅出。
>
>……
>
>《起信论疏》二卷,太清四年出。①

而脱胎于费长房《历代三宝纪》的《大唐内典录》,却如此记载:

>《十七地论》五卷,太清四年于富春陆元哲宅为沙门宝琼等二十名德译。
>
>《大乘起信论》,大同四年在陆元哲宅出。②
>
>……
>
>《起信论疏》二卷,太清四年出。③

依照费长房的记载,《大乘起信论》是真谛于梁太清四年(550)在富春陆元哲的宅第翻译出来的,而《大唐内典录》的记载却变成了大同四年(538)译出,而众所周知,此时真谛尚未来到中土。那么,道宣《大唐内典录》的这一说法是如何形成的呢?是否也属于某些当代学者所说的有意作伪而露出"破绽"之例证呢?非也。仔细阅读费长房的表述即可知晓,《历代三宝纪》说"同四年"是同于前述《十七地论》的翻译时间太清四年,而《大唐内典录》的"大同四年"的形成原因是什么呢?再仔细揣摩上引《大唐内典录》的表述,《大乘起信论疏》的翻译时间与费长房所说一致,都是太清四年。如此一来,就形成一个明显的矛盾,即论典本身未出而论疏先行出现。作为一个以严谨著称于世的佛教史家,这样的差错,他怎么能够看不出来呢?从这一角度观之,我们断定,《大唐内典录》的"大同四年"是"同四年"的误写,而且这一误写很大程度上并非道宣所犯,而

---

① 隋费长房《历代三宝纪》卷一一,《大正藏》第49卷,第99页上。
② 唐道宣《大唐内典录》卷四,《大正藏》第55卷,第266页上。
③ 同上书,第266页中。

是后来传抄之误所致。①

在当代学者关于早期经录对《大乘起信论》的著录文句的理解上,还有两个细节需要澄清:一是是否有经录将《大乘起信论》的译出时间"转到陈世"的问题,二是有无"太清四年"的纪年问题。

先辨析第一个问题。引起这一问题的是隋代彦琮《众经目录》的记载,其书卷一记载:

> 《起信论》一卷。
>
> 《三无性论》一卷。
>
> 右二论陈世真谛译。②

对于这一问题,有前辈学者评论说:"又过五年,隋仁寿二年(602)彦琮等重订《众经目录》卷一,谓《起信论》一卷,'陈真谛译',不载有疏两卷,并将译出时间模糊,由梁世转到陈世。"③这一解释沿用者甚众,有些说得更为直白,如"随后仁寿(公元六〇二年)彦琮等重订隋开皇十四年的《众经目录》时,再次肯定真谛是《起信论》译者,不过将译书时间改为陈代"④。这一解释暗示的是编定于费长房之后的彦琮《众经目录》关于《大乘起信论》的记载,其一,否定了费长房的说法。其二,也许是无根据的乱改,力图掩盖什么,如将译时改为陈代。对于这一问题的疏解,有如下几点:首先,彦琮等重订《众经目录》,并非针对的是费长房的《历代三宝纪》,而是对于法经《众经目录》的修订,而从内容看,既无针对费长房的意思,也似乎没有参考《长房录》。最重要的是,"陈世真谛译"五个字的意思并非说

---

① 在校对此稿时,接到方广锠先生电邮相告:"今日收到日本古写经资料。七寺本《大唐内典录》卷四证实了你的猜测……。该本为:'《大乘起信论》,同四年在陆元哲宅出。'"特此向方先生致谢。
② 隋彦琮《众经目录》卷一,《大正藏》第55卷,第153页下。
③ 杜继文《〈大乘起信论〉述评》,《中国佛教与中国文化》,第300页,北京:宗教文化出版社,2003年10版。本文原为《〈大乘起信论〉全译·导读》(成都:巴蜀书社,1992年版)。
④ 龚隽《〈大乘起信论〉与佛教中国化》,《中国佛教学术论典》第31册,第210页,高雄:佛光出版社,2001年6月初版。

上列诸经论就是陈代所译的。

在隋唐经录中,朝代、年号等历史概念运用最"专业"的是《长房录》和《开元录》。而《开元录》之后的《贞元录》则基本沿袭了智昇的说法。此外的几部经录,如隋代的《法经录》、《彦琮录》以及唐代的《静泰录》、《大周录》等等,对于跨朝代的译者、著者一般以"静态"的方式注出,并不针对具体的译籍译出时的朝代来注出译者的时代归属。具体到真谛,费长房、智昇都将真谛于梁代、陈代的译籍分别罗列,而《法经录》、《彦琮录》则并非如此。如《法经录》卷五:"《如实论》二卷,陈世真谛译。"①卷一则记载:"《金光明经》七卷,北凉世昙无谶译。后三卷,陈时真谛译。"②如前所考辨,各家都公认,这两本经论毫无疑问都是真谛在梁代所翻译。经过检索《法经录》和《彦琮录》,只有"陈真谛"的说法,而无一处写做"梁真谛"。

至于说彦琮有意模糊《起信论》的译出时间是针对费长房的错误,这一猜测,也很难成立。因为《法经录》、《彦琮录》记载的真谛译籍都无具体时间,对于其他人的译籍,譬如鸠摩罗什,列出具体时间的也不多。因此,即便是法经、彦琮知晓《起信论》的译出时间而不列出,也是符合其编写凡例的。

而《大唐内典录》基本综合了几部隋代经录的资料,因此,在真谛的记载上显得无所适从,疏于照应。如《大唐内典录》卷六记载:"《起信论》,二十三纸,陈真谛译。《知(如)实论》,二十三纸,陈真谛译。"③而对于《金光明经》的翻译,如《大唐内典录》卷四所记载:"《金光明经》七卷,承圣元年于正观寺及杨雄宅出,是第二译。"④《大唐内典录》卷五:"《金光明经嘱累品银主品》,凉世昙无谶出四卷,梁世真谛出。"⑤而《大唐内典录》卷六则是另一番描述:"《金光明经》,六卷或七卷、八卷,一百一十五

---

① 隋法经《众经目录》卷五,第55卷,第141页中。
② 隋法经《众经目录》卷一,第55卷,第115页上。
③ 唐道宣《大唐内典录》卷六,《大正藏》第55卷,第295页下。
④ 唐道宣《大唐内典录》卷四,《大正藏》第55卷,第266页上。
⑤ 唐道宣《大唐内典录》卷五,《大正藏》第55卷,第276页中。

纸。北凉昙无谶译前四卷,后三卷者陈时真谛译。"①由此可见,正如不能面对道宣卷六中所说《金光明经》为陈真谛译就认定道宣以为《金光明经》就是真谛入陈之后所翻译一样,也不能因为彦琮、道宣等在《大乘起信论》项下注明"陈真谛译",就推定他们认为此论翻译于陈代。

关于太清四年的纪年问题,确实在一般的纪年表中太清年号只有三年,但《梁书·元帝本纪》中说:"大宝元年,世祖犹称太清四年。"②又有如此的说法:"大宝二年,世祖犹称太清五年。"③又"大宝三年,世祖犹称太清六年"④。此中的"大宝"为梁简文帝的年号,而简文帝是被侯景所控制的傀儡。仍然为藩王的萧绎不承认由侯景所立的皇帝,因而继续称承圣元年(554)之前数年为太清年,直至他于太清六年十一月做了皇帝,时为梁元帝,才改年号为承圣元年。这一点,连智昇也搞不明白,他在《开元释教录》卷六中说:"《涅槃经本有今无偈论》一卷,房云'太清四年出'。检诸年历,太清不至四年。已下并同。"⑤他在《开元释教录》中说,费长房《历代三宝纪》以太清年号记载这一年是错误的。这一错误指责被当今指责费长房的学者所沿袭,并且成为费长房"伪造翻译时间"的证据。

经过检索,在《大正藏》所收的文献中,除《历代三宝纪》之外,涉及"太清四年"的有十六次(也包括智昇就此问题批评费长房的几处用例在内),仅有一次与真谛译籍无关,而与真谛译籍有关者,经过核对基本可以肯定都源出于《历代三宝纪》。例外的一次是《弘赞法华传》卷六的记载:

> 梁太清四年,湘东王号为承圣。遣大尉王僧辩征侯景。次南陵,僧辩遣冯法慧至江北督军资。法慧暴亡,经五日便稣,说云:"至阎罗王所阶下,见一僧。王先唤僧。上问:'生时何业?'答云:'诵

---

① 唐道宣《大唐内典录》卷六,《大正藏》第55卷,第287页上。
② 《梁书》卷五,第114页,北京:中华书局校本,1973年5月。
③ 同上书,第116页。
④ 同上书,第121页。
⑤ 唐智昇《开元释教录》卷六,《大正藏》第55卷,第538页中。

《法华经》。'王遣人取高座,座至精妙。僧升座,诵得四纸许。王起到座前,顶礼三拜,遣人送之上生天道。"①

耐人寻味的是,这一个例外,也是与梁元帝萧绎直接有关。

这里显示出一个重要问题:透过太清四年这一年号的使用,我们似乎可以从中见出费长房关于真谛的记载确实是有所本的,而且这个"本"(依据)确实有可能是法经所没有收集到的。因为真谛后来遇到的广州太守萧勃是受命于梁元帝的,而且,如前文所考辨的,真谛太清四年在富春的译经活动是在侯景控制下的县令的襄助下进行的。所以,真谛译经目录的编者后来在追叙这一译经过程时,特意使用了梁元帝在其治下的纪年方法。这说明,作为费长房编排真谛译经目录之依据的材料是相当原始的。而费长房在编写时是忠实于原始表述的,这才有后来智昇的疑问和批评。

这里需要探讨一下费长房编订真谛译经目录的原始依据。如前所引,法经在《众经目录》中说自己看到的真谛译经录中并无《大乘起信论》,而费长房则列入了此论。这就有一个问题,法经所见的真谛录与费长房所见是否为同一经录?

我们先考察费长房的依据。《历代三宝纪》卷九:

> 右四十八部,合二百三十二卷,周武帝世,西天竺优禅尼国三藏法师拘那罗陀,陈言亲依,又别云真谛,起陈氏永定元年丙子,至太建初己丑,凡十四年,既怀道游方,随在所便译,并见曹毘《三藏历》、《传》云。②

同书卷一一则记载:

> 右一十六部,合四十六卷。武帝末世,至承圣年,西天竺优禅尼国三藏法师波罗末陀,梁言真谛,远闻萧主菩萨行化,搜选名匠,轨范圣贤,

---

① 唐慧详《弘赞法华传》卷六,《大正藏》第51卷,第31页上—中。
② 隋费长房《历代三宝纪》卷九,《大正藏》第49卷,第88页上。

怀宝本邦,来适斯土。所赍经论树叶梵文凡二百四十夹,若具足翻应得二万余卷,多是震旦先所未传。属梁季崩离,不果宣吐,遇缘所出,略记如前,后之所翻,复显陈录载序。其事多在曹毗《三藏传》文。①

由上可见,费长房所记是依据曹毗所撰《真谛三藏历》、《真谛三藏传》而作出的。而唐初道宣在《续高僧传·真谛传》中说:

今总历二代,共通数之。故始梁武之末,至陈宣即位,凡二十三载,所出经论记传六十四部,合二百七十八卷。微附华饰,盛显隋唐。见曹毗《别历》及唐贞观《内典录》。②

而道宣在《大唐内典录》中基本沿袭了费长房的做法,分别在卷四记录真谛在梁朝的译籍,在卷五记载真谛入陈之后的译籍。由此可见,费长房与道宣在《续高僧传·真谛传》、《大唐内典录》中所记载的真谛译籍的数字完全一致。而且道宣二书的依据是一致的,不存在"道宣对《起信论》的记载则没有注明来自《别历》"③的问题,因为道宣在《大唐内典录》卷五罗列了真谛在梁代的译籍(包括《大乘起信论》在内)之后,明确说"并见曹毗《三藏历》、《传》云"④。

再来分析一下法经编订的《众经目录》。此著仅仅在涉及《大乘起信论》和《遗教论》两部论时,才提到其依据是《真谛录》。如此书卷五:"《遗教论》一卷,人云真谛译,勘《真谛录》无此论,故入疑。"⑤《法经录》虽由此将此书列入众论疑惑部,但并未以伪论看待它。《法经录》的体裁,是将"疑惑"与"伪妄"分为两类的。关于"疑惑"部,法经自己订有体例:"多以题注参差,众录疑,文理复杂,真伪未分,事须更详,且附疑录。"⑥依照这

---

① 隋费长房《历代三宝纪》卷一一,《大正藏》第49卷,第99页上。
② 唐道宣《续高僧传》卷一,《大正藏》第50卷,第430页中。
③ 杜继文《〈大乘起信论〉述评》,《中国佛教与中国文化》,第300页,北京:宗教文化出版社,2003年10月。
④ 唐道宣《大唐内典录》卷五,《大正藏》第55卷,第273页下。
⑤ 隋法经《众经目录》卷五,《大正藏》第55卷,第143页下。
⑥ 隋法经《众经目录》卷二,《大正藏》第55卷,第126页下。

个标准,《大乘起信论》"可疑"的是译者,而不是论本身,因此不能列入"伪妄"部。但法经又不将其列入"失译"部,这是因为当时的人以为此论的译者是真谛,因而不能将其列入"失译"部。法经的谨慎是对的,但其收集资料的不完整,也是造成近代以来围绕《起信论》屡起纷争的源头之一。

经过笔者的统计,法经在《众经目录》各卷中仅列出真谛的译籍25部,共78卷或80卷,列入疑惑部2部2卷。这一数字与现存的真谛作品30部90卷的数字也有较大的差距,而后代包括近代以来无争议的真谛译籍也共有76部315卷。这说明,《法经录》对于真谛译籍的记录是不完整的。而从《法经录》编定的原则看,他是忠实于原始依据的,这样只能说明法经看到的《真谛录》肯定不是后来费长房以及道宣所看到的《曹毗别历》。

如此看来,关于真谛所翻译的佛典,当时有几种不同的目录。出现这种情况也是正常的,原因如下:一是战乱时期,真谛是随翻随行,因此,完整地编制经录困难很大。二是真谛是经论、批注一同翻译出来,特别是真谛的批注应算做译籍还是著述,历来编写经录的作者做法不一,如智昇就是将其批注从译籍目录中一律删去的。其三,费长房以及道宣等所依据的《曹毗别历》应该是较为完整的,而法经则依据的是一个不完整的本子,以至当时的人们都说,也许正在流通的《大乘起信论》、《遗教论》论本都题写真谛译的字样,而法经等人却以一本不完整的《真谛录》上无此二论而将这两部论典列入"疑惑"部。而《法经录》的这一拘谨的做法,却是日后,特别是近代百年来,《起信论》真伪之争的源头之一。

《法经录》的拘泥不通,例子很多。就真谛而言,不知是其看到的《真谛录》原本就未曾列出,还是法经作了删减,《法经录》中很少列出真谛的义疏、义记。另外,法经对材料的辨别也有些问题,正如智昇在《开元释教录》卷一〇中所批评的:"余检寻此录,非无差错。即如昙摩罗刹,晋言法护,总是一人,《录》中分二,云'各出《须真天子经》二卷',编为重译。不识梵晋之言,一误也。如《律二十二明了论》,总是一经,《录》中分为二部。《律》二十二卷,编在《律》中,《明了论》一卷在于是论录。一经之题

933

分二上录,二误也。其《律二十二》乃是《明了论》半题,今云'二十二卷',误之甚也。真谛《摄论》十二卷与十五卷者,二本不殊,存其二部而言重译,三误也。以《仁王经》、《起信论》等编在疑录,四误也。不能备陈,略述如此。"①智昇所举的"四误"、"三误"都与真谛译籍有关。

从道宣特别是智昇的看法言之,《法经录》的问题失误很多,而《历代三宝纪》所受的指责和苛评,可以说在隋唐经录中是最严重的。有很多当代学者多次用"伪造历史"这样的严重字眼来评论费长房。这样的看法,也是近代以来,关于《大乘起信论》的真伪屡起纷争的原因之一。

我们首先应该承认,正如古人以及当代学者所言,《历代三宝纪》在某些方面有不完善之处。譬如唐初佛教史学家道宣就说过:"至于入藏,瓦玉相谬,得在繁富,失在核通,非无凭准,未可偏削。"②但是,同时我们也应该看到,并不能因为这样的一些缺点就否定此书中关于《大乘起信论》的记载。人们相信法经的怀疑,而否定费长房所记《起信论》的译者、译时、译地,这一看法,与前文道宣的评语多少有些关系。其实,如前所论,《法经录》的问题,特别是在真谛译籍的登录上,漏洞很多。在编写《众经目录》时,如法经自己所说,掌握的资料不是很全面。法经在编撰完毕之后,上隋文帝的表中说:"僧众既未获尽见三国本,校验异同,今唯且据诸家目录,删简可否,总摽纲纪,位为九录,区别品类。"③也正因为如此,在法经编完经录三年之后,隋文帝又命费长房等人编写新的经录。而在实际上,《历代三宝纪》所引用的史料要比法经的《众经目录》多得多。具体到《起信论》上,费长房所据的《曹毗别历》就比法经所依据的《真谛录》要详尽些。

(二)《大乘起信论·序》的真伪

对于费长房《历代三宝纪》中关于《大乘起信论》的译者、译时、译地

---

① 唐智昇《开元释教录》卷一〇,《大正藏》第55卷,第575页下。
② 唐道宣《大唐内典录》卷五,《大正藏》第55卷,第279页下。
③ 隋法经《众经目录》卷七,《大正藏》第55卷,第149页上。

的记载,构成一定冲击的是标明智恺撰的《大乘起信论序》。而近世以来,屡屡有学者称此序为"伪作",并有学者直截了当地断言此序是为了掩盖"中土撰述"的真相而有意作伪的重要证据①。笔者经过慎重考证,认为此序是后人依据当时遗留下来的材料加工而成的。正如陈寅恪先生所考据的,此文中所蕴含的真史料是后人伪造不了的,因此,此文所说的《大乘起信论》的译者、译时、译地一定是有所本的,因而是可靠的。

经过归纳,《大乘起信论序》存在的疑问有:其一,翻译《起信论》的过程。其二,关于真谛的名字以及来华路径。其三,"扬州僧智恺作"的署名。下文依次作些考辨。

《大乘起信论序》这样叙述《起信论》翻译的过程:

> 遂嘱值京邑英贤慧显、智韶、智恺、昙振、慧旻,与假黄钺大将军太保萧公勃,以大梁承圣三年岁次癸酉九月十日,于衡州始兴郡建兴寺,敬请法师敷演大乘,阐扬秘典,示导迷徒,遂翻译斯论一卷,以明论旨。《玄文》二十卷,《大品玄文》四卷,《十二因缘经》两卷,《九识义章》两卷。传语人天竺国月支首那等,执笔人智恺等,首尾二年方讫。

关于上述引文,解释得最透彻的是陈寅恪。陈先生在《梁译大乘起信论伪智恺序中之真史料》一文又指出其中包含真实史实,具体言之,主要有:其一,萧勃的"新"(其他史籍所未见)名号。其二,真谛与萧勃在始兴的时间重合。其三,慧显等确实曾为真谛的弟子。

萧勃,《南史》卷五一在《萧景传》后有一简略的附传:

> 勃,位定州刺史,封曲江乡侯。大宝初,广州刺史元景仲将谋应侯景,西江督护陈霸先攻景仲,迎勃为刺史。时湘东王绎在荆州,虽

---

① 上世纪20年代起,凡是声称《起信论》为中土撰述的日本学者一直以"有意作伪"来论说此序,较近的秉此观点的有杜继文先生和徐文明兄。如徐文明兄即在《梁译〈大乘起信论序〉考证》一文中断言:"然学者多以此序为伪序,并非只由其是伪托智恺之作,更重要的是它提供了伪证,其伪的目的就是为了证明真谛确实译过此论,为此作者煞费苦心,有意篡改历史,以达到其目的。"(《国学研究》第4卷,1997年。)

承制授职,力不能制,遂从之。勃乃镇岭南,为广州刺史。后江表定,以王琳代为广州,以勃为晋州刺史。魏克江陵,勃复据广州。敬帝承制,加司徒。绍泰中,为太尉,寻进为太保。及陈武禅代之际,举兵不从,寻败,遇害。①

根据上文可知,萧勃为萧景之子,为梁武帝之侄,原为定州刺史,曲阳乡侯。梁太清三年(549),侯景作乱,时广州刺史元仲景欲回应侯景,为都护陈霸先所杀,陈霸先迎萧勃为广州刺史。其时湘东王萧绎承制,但尚未控制局势,只能承认此事,便于大宝元年(550)以萧勃为镇南将军,广州刺史,后萧绎平灭侯景,天下初定,便以勃为晋州刺史。《资治通鉴》卷一六五于梁承圣三年(554)下记之稍详:

> 广州刺史曲江侯勃,自以非上所授,内不自安,上亦疑之。勃启求入朝。五月,乙巳,上以王琳为广州刺史,勃为晋州刺史。②
>
> 八月,曲江侯勃迁居始兴,王琳使副将孙玚先行据番禺。③
>
> 十一月,帝征广州刺史王琳为湘州刺史,使引兵入援。④

承圣三年(554)十一月,江陵陷落,元帝被俘,十二月元帝被杀。承圣四年(555)二月,敬帝承制,以广州刺史萧勃为司徒。三月,孙玚闻江陵陷,弃广州,曲江侯勃复据有之。太平元年(556)十二月,进太尉、镇南将军勃为太保、骠骑将军,太平二年(557)二月,萧勃起兵谋反;三月,失败被杀。

陈寅恪以为,《大乘起信论序》中称萧勃为"假黄钺大将军",此当为萧勃后来举兵反抗时自立之名号,以此号令群下。而这一称号是依晋武陵王遵承制故事,据《晋书》,东晋元兴三年(404)安帝为桓玄所逼,不能处理朝政,便密令武陵王遵代摄朝政,总理百官,文称制书,谓之"承制"。

---

① 《南史》卷五一,第1263—1264页,北京:中华书局校本,1975年6月。
② 《资治通鉴》卷一六五,第5115页,北京:中华书局,1956年6月。
③ 同上书,第5117页。
④ 同上书,第5119页。

因而"承制"实际是摄理朝政、代行皇帝的职事,非同一般。梁武帝、元帝、敬帝未即位之前,皆称"承制",可见"承制"往往也是登上帝王之位的必要准备。然而据此序,萧勃唯称"假黄钺大将军",未称"承制","假黄钺"也是一种难得的殊荣和特殊权力的象征,"黄钺"本为皇帝专用之仪杖,有权借用皇帝之仪杖也非一般大臣所能具。"假黄钺"或与"承制"并加于一身,如《梁书·世祖纪》载"太清三年三月侯景寇没京师,四月太子舍人萧歆至江陵,宣密诏,以世祖为侍中、假黄钺、大都督中外诸军事、司徒承制,余如故"①;或为单独的称号,如《梁书》卷五载承圣元年"四月乙巳,益州刺史、新除假黄钺、太尉武陵王纪窃位于蜀,改号天正元年"②。萧勃起兵时远在岭南,未用"承制"之号亦合情理。而其所谓"假黄钺大将军"之号也只能解释为其自立之号。据《梁书·元帝纪》、《梁书·敬帝纪》和《南史·萧勃传》,萧勃未有"假黄钺大将军"之职。若《论序》所言非虚,也只能是萧勃自立名号。陈氏以为,后世不涉政事之僧徒不可能如此了解南朝政事官制掌故,因此可以证明此段所述为真史料。

《续高僧传·真谛传》记载:

> 三年二月,还返豫章。又往新吴、始兴,后随萧太保度岭,至于南康。并随方翻译,栖遑靡托。逮陈武永定二年七月,还返豫章,又止临川晋安诸郡。③

如上文所叙述,从梁承圣三年(554)二月至陈武帝永定二年(558)短短的四五年,真谛竟然移住了五个地方。承圣三年二月,真谛抵达豫章(今江西南昌),住于宝田寺,在此寺翻译出《弥勒下生经》一卷、《仁王般若经》一卷,又出《仁王般若经疏》六卷。

真谛一行接着又到新吴(今江西奉新县西),住于美业寺。新吴在当

---

① 《梁书》卷五,第113页。
② 同上书,第127页。
③ 唐道宣《续高僧传》卷一,《大正藏》第50卷,第429页下—430页上。

时属于豫章郡管辖。真谛一行在这两个地方停留不过数月,就从新吴南下至始兴郡(今广东绍关)。在始兴,真谛一行遇到了梁皇室宗亲萧勃。现存的《大乘起信论序》说,《大乘起信论》是真谛在萧勃的支持下,以大梁承圣三年(554)九月十日于衡州始兴郡建兴寺完成的。而从上述引文中已经可以见出,萧勃从承圣三年八月至承圣四年三月驻扎于始兴。《历代三宝纪》卷九记载:"《随相论中十六谛疏》一卷,于始兴郡出。"①永定元年二月②,真谛跟随萧勃北上了。这就是《续高僧传·真谛传》所说的"后随萧太保,度岭至于南康"的时间。《梁书》等正史记载,梁曲江侯萧勃从广州反陈霸先,举兵北伐,过五岭而最终将统帅部设在南康。三月,萧勃在南康德知欧阳頠等兵败,军中惊慌,带领一部分部将南逃,在始兴被部将陈法武、谭世远所斩杀。

又据《历代三宝记》卷一一的记载,"《弥勒下生经》一卷,梁承圣三年,于豫章宝田寺,第二译,为沙门慧显等名德十余僧出"③。可见,梁承圣三年二月慧显等人确实追随真谛至豫章(江西南昌)译经。此处所说的慧显与《论序》所说的慧显应是同一人。而名不见经传的智韶(或作智宠)、昙振、慧文等或许即是与慧显共同追随真谛的"名德十余僧"之辈。由此可见,慧显、智恺等人助真谛于始兴译经一事或非杜撰。

总之,陈寅恪先生所说:"'值京邑英贤慧显、智宠、智恺、昙振、慧文与假黄钺大将军萧公勃以大梁承圣三年岁次癸酉九月十日于衡州始兴郡建兴寺敬请法师敷演大乘,阐扬秘典,示导迷途,遂翻译斯论一卷'一节为真史料,非后人所能伪造。"④这是不易之论,无人能够动摇。现在的问题是究竟如何看待这一段话与《论序》全文的关系。

正如徐文明的解读:依陈氏原意,只谓伪序中包含真史料,"至此序

---

① 隋费长房《历代三宝纪》卷九,《大正藏》第49卷,第88页上。
② 这一年以南朝言,有三个年号:即绍泰二年九月,以梁敬帝名义改元太平。而至十月,陈霸先就逼迫梁敬帝禅让,改元为永定。由于这些复杂情况,费长房所记有疏漏。
③ 隋费长房《历代三宝纪》卷一一,《大正藏》第49卷,第98页下。
④ 徐文明《梁译〈大乘起信论序〉考证》,《国学研究》第4卷,1997年。

为托名智恺之作,则不待论"①。而日本学者镰田茂雄则进一步认为"现存的智恺序中,此部分必为智恺所写,其他部分或有增补或修改,始成现存的序"②。对于力图将此序的作者归之于智恺名下的观点,本人也不大认同。因为纵观此序全文,确实也有几处无法辩解的错误。

《大乘起信论序》在叙述真谛简历时说:

> 故前梁武皇帝,遣聘中天竺摩伽陀国取经,并诸法师,遇值三藏拘兰难陀,译名真谛。其人少小博采,备览诸经,然于大乘偏洞深远。时彼国王应即移遣,法师苦辞不免,便就泛舟,与瞿昙及多侍从,并送苏合佛像来朝。③

短短数语,三大错误相当醒目:其一,说"梁武皇帝遣聘中天竺国摩伽国取经并诸法师",依照史传,梁武帝遣使送扶南国(今柬埔寨)贡使回国,并请诸名德及经论等,此序说成遣使中天竺,与其他史籍所说严重不一致。顺便指出,此文只说真谛是从中天竺摩伽陀国派至中土的,没有说真谛是此国人。其二,史传均说,真谛有两个名字,一个的汉语译名为"亲依",一个的汉语译名为"真谛",而此序文所说"三藏拘兰那陀,译名真谛"是错误的,拘兰那陀的意译应为"亲依"。其三,说真谛"与瞿昙及多侍从"一起来华,也缺乏其他文献支持,可能是作者听信传闻的结果,而非当时人的陈述。这样的几条错误相加,确实很难使人相信此文是跟随真谛多年的高足所写。

此外,也有多位学者指出,此《序论》所记载的真谛在始兴翻译的经论目录也有误。《论序》中说,真谛除译《起信论》外,还译有《玄文》二十卷,《大品玄文》四卷,《十二因缘经》两卷,《九识义记》两卷。《玄文》二十卷,《大品玄文》四卷不知何指,而《长房录》、《开元录》等未曾记载真谛译

---

① 徐文明《梁译〈大乘起信论序〉考证》,《国学研究》第4卷,1997年。
② [日]镰田茂雄《中国佛教通史》第四卷,关世谦译,第78页,高雄:佛光出版社,1993年2月版。
③ 《大正藏》第32卷,第575页上。

有《十二因缘经》。《九识义记》两卷,《历代三宝记》记载:"《九识义记》二卷,太清三年,于新吴美业寺出。"①而日本学者镰田茂雄考证,"太清三年"应为"承圣三年"之误,因为太清三年真谛不在新吴美业寺。这一考证是正确的。从这些情形看,"《玄文》二十卷,《大品玄文》四卷,《十二因缘经》两卷,《九识义章》两卷"的记载是缺乏根据的。

还需要讨论的问题是,上文记载的《起信论》的"传语人"月支首那是否真的参与了翻译。道宣在《续高僧传·真谛传》中附有其简历:

> 时有中天竺优禅尼国王子月婆首那,陈言高空,游化东魏。生知俊朗,体悟幽微,专学佛经,尤精义理,洞晓音韵,兼善方言。译《僧伽咤经》等三部七卷。以魏元象年中,于邺城司徒公孙腾第出,沙门僧昉笔受。属齐受魏禅,蕃客任情,那请还乡,事流博观,承金陵弘法,道声远肃,以梁武大同年辞齐南度。既达彼国,仍被留住。因译《大乘顶王经》一部,有敕令那总监外国往还使命。至太清二年,忽遇于阗僧求那跋陀,陈言德贤,赍《胜天王般若》梵本,那因期请,乞愿弘通。嘉其雅操,豁然授与。那得保持,用为希遇。属侯景作乱,未暇翻传。携负东西,讽持供养。至陈天嘉乙酉之岁,始于江州兴业寺译之。沙门智昕笔受陈文,凡六十日,覆疎陶练,勘阅俱了。江州刺史黄法𣰏为檀越,僧正释惠恭等监掌,具经《后序》。那后不知所终。②

上述文字未曾涉及与真谛合作的问题,但从月婆首那的简历看,二者的合作是极有可能的:其一,二者都是优禅那国人,如在中土相逢自然有亲切感,相随行走也是可能的。其二,更重要的是从上述文字中推理,二人有见面的时空条件。根据上文以及《胜天王般若波罗蜜经后序》所言:"太清二年六月,于阗沙门求那跋陁,陈言德贤,赍一部梵文,凡十六品,始浈京师。时中天竺优禅尼国王子月首那,生知后朗,世传释学,无精义

---

① 隋费长房《历代三宝纪》卷一一,《大正藏》第 49 卷,第 99 页上。
② 唐道宣《续高僧传》卷一,《大正藏》第 50 卷,第 430 页下—431 页上。

味,兼善方言,避难本邦,登仕梁室,被敕揔知外国使命。"①此中有很重要的两个关节:一是真谛于太清二年(548)八月到建业面见梁武帝,而求那跋陀是此年六月到达建业的。二是首那受梁武帝之命专门负责接待外国使者包括来华僧人,而他正是利用这一便利,"忽见德贤有此经典,敬恋宜怀,如对真佛,因从祈请,毕命弘宣。德贤嘉雅操灵心,授与首那"②。可见,首那的这一职责便利,完全可以在两月后真谛至建业之时发挥效用。因此,这一年八月之后,首那与真谛在建业见面是不可避免的。而首那"即又碱敕,求使顾表,奉迎《杂华经》。辞阙甫尔,便值侯量称丘寇乱,顶戴逃亡,未暇翻译"③。这年十月,侯景围困建业。与真谛一样,首那也慌忙逃离建业。史传记载,真谛后来逃到了富春,其后在侯景邀请下回到建业。侯景败亡,真谛又逃离建业至豫章、新吴,再至始兴。上引文字说,首那"携负东西,讽持供养"是指在流离各地的时候,一直随身携带从求那跋陀处获得的《胜天王般若经》的梵本。史籍未曾有首那流离各地的具体路线之记载,但从他与真谛一定相识且应有交往的背景考虑,此论序说他参与了《起信论》的翻译,应该是有一定的可信度的。

至于有些学者所说,在始兴时期,真谛是否需要一个"传语人"的问题④,参照《续高僧传·真谛传》即可明了:

> 三年二月,还返豫章,又往新吴、始兴。后随萧太保度岭,至于南康。并随方翻译,栖遑靡托。逮陈武永定二年七月,还返豫章,又止临川、晋安诸郡。真谛虽传经论,道缺情离,本意不申,更观机壤,遂欲泛舶往楞伽修国。道俗虔请,结誓留之。不免物议,遂停南越。便与前梁旧齿,重复所翻。其有文旨乖竞者,皆镕冶成范,始末伦通。⑤

---

① 《胜天王般若波罗蜜经》,《大正藏》第8卷,第725页下—726页上。
②③ 同上书,第726页上。
④ 如杜继文先生就根据慧恺的《俱舍释论序》来证明真谛于此时已经不需要"度语人",因此,"《起信论序》强加一'传语人',更显虚假。"(《〈大乘起信论〉述评》,《中国佛教与中国文化》,第301页。)
⑤ 唐道宣《续高僧传》卷一,《大正藏》第50卷,第429页下—430页上。

这段文字中叙述的是真谛于梁承圣三年(554)二月至陈天嘉二年(561)之间的活动,而《起信论序》所讲的翻译时间为承圣三年九月。上引文中说,真谛在到达晋安之后,在"前梁旧齿"的襄助下,将先前所翻译的经论重新作了核定,使其"镕冶成范,始末伦通",在一定程度上才成为定本。而慧恺在《阿毗达磨俱舍释论序》所说是指真谛翻译的最后一个阶段所达到的境界。慧恺说:

> 仍事徙居于南海郡内,续更敷说。法师游方既久,精解此土音义。凡所翻译,不须度语,但梵音所目,于义易彰。今既改变梵音,词理难卒符会。故于一句之中,循环辩释,翻覆郑重,乃得相应。慧恺谨即领受,随定随书,日夜相系,无懈暴刻。①

慧恺说,真谛至此时(564)来华日久,翻译时候不需要"度语"。这是不是有可能暗示,真谛早期翻译时候,在条件具备时候是有"度语"的,至此才无有"度语"呢?——很有可能是如此。

最后,我们来辨析此论序的作者。现存的真谛译《大乘起信论》前所录的序文都标明"梁扬州僧智恺作",正如当今学者所公认的,此署名是假托的。"智恺",史籍中也作"慧恺",道宣《续高僧传·真谛传》时作"慧恺",时作"智恺",二者实际上是指一人。而关于其昔日住寺,《续高僧传》卷一记载:"智恺,俗姓曹氏,住杨都寺。初与法泰等前后异发,同往岭表,奉祈真谛。"②而此杨都寺就是建业当时最著名的寺院之一祇桓(洹)寺③。南朝时期的"扬州"大多数是指现今南京,当时有"东扬州"指现今的扬州,但往往也归建业管辖。因此,"梁扬州僧智恺"的说法没有错误,文中以"京邑英贤"来称呼智恺也没有问题。但是,正如学者所公

---

① 《阿毗达磨俱舍论》,《大正藏》第29卷,第161页中。
② 唐道宣《续高僧传》卷一,《大正藏》第50卷,第431页中。
③ 北宋守一辑《律宗会元》卷二载讲道僧伽跋摩在"杨都为诸僧尼等,于南林寺坛,重受具戒。于时祇桓寺僧慧照等五十人,影福寺尼慧果等三百二十三人,同从重受"。此段文字中有一个夹注:"祇桓即此土杨都寺名也。"(《续藏经》第50册,第875页下。)

认的,此论序不是智恺本人所作。那么,又是何人所作呢?其实,此文的结尾已经作了交代,不知为何没有引起学者的充分注意。

《大乘起信论序》最后一段说:

> 马鸣冲旨,更曜于时,邪见之流,伏从正化,余虽慨不见圣,庆遇玄旨,美其幽宗,恋爱无已。<u>不揆无闻</u>,<u>聊由题记</u>,<u>傥遇智者</u>,<u>赐垂改作</u>。①

上文画线的四句,如果逐字逐句推敲解读,会得出什么结论呢?此中的关键词是"题记"。什么"题记"呢?是否是写于《大乘起信论》抄本上的有关翻译过程的"题记"呢?更进一步说,是否是陈寅恪所认定的一定为"真"的哪一长句呢?如果将上述画线的四句话连起来解释,其意思是:我没有揣度自己的狭隘见闻,仅仅凭借题记(就写了此文),倘若遇到智者,希望能够改作。

如果本人对这一段话的解读不谬的话,其结论就是清楚的:其一,现今序文上的署名并不是此文最初流通时就有,而是后人不知何时想当然地加上去的。也不排除此署名出现于智昇之后。其二,此文产生的时代已经难以准确断定。有两种可能。其一,产生于陈隋之际。这里边有两个问题:一是费长房看没看到此文?二是法经所说的"人云"是暗示自己看到了《起信论》上的题记呢?还是看到了此论序?从隋代以及唐初,包括道宣编写《大唐内典录》时都未提及此文来看,此论序也可能产生较晚。——这是第二种可能。现存文献中,最早接受此说的是唐代法藏的《大乘起信论义记》,因而可以猜测此序论也可能产生于道宣编订《大唐内典录》之后至法藏撰述《起信论义记》之间的几十年。然而,这样的推断不是全无根据,但也只是盖然性的。因为其立论依据奠定在编写经录者未曾看见此论序,而不是经录编写者虽看到了此论序,但都喜好以"真谛译经目录"类文献为依据编经录,因而将其有意忽略。而智昇则依据

---

① 《大正藏》第32卷,第575页中。

《论序》的记载。上述两种可能都不能遽然排除,因此说,《论序》的产生时间难以断定。

此外,还需要辨析的一个问题是,现存的《大乘起信论序》在纪年上有一个错误。这就是梁承圣三年的干支并非癸酉,而是甲戌。如上文考辨,承圣二年真谛还未至衡州始兴,因此正确的应该是梁承圣三年岁次甲戌。值得注意的是,智昇注意到了这个错误,但他却改错了。《开元释教录》卷六记载:

> 《大乘起信论》一卷,初出,与唐实叉难陀出者同本。承圣二年癸酉九月十日,于衡州始兴郡建兴寺出,月婆首那等传语,沙门智恺等执笔并制序,见《论序》。①

反倒是法藏所记是正确的。《大乘起信论义记》卷一记载:

> 即以太清二年,讫承圣三年岁次甲戌,于正观寺等,译《金光明经》、《弥勒下生经》、《大乘起信论》等,总一十一部合二十卷。此论乃是其年九月十日,与京邑英贤慧显、智恺、昙振、慧旻等,并黄钺大将军大保萧公勃等,于衡州建兴寺所译,沙门智恺笔授,月婆首那等译语。②

上引法藏原文之上还有根据《译经纪》等字样,经核对《古今译经图记》原文,发现"此论乃是其年九月十日"之前的文句是由《古今译经图记》卷四③的文字改作的。因此,不能确定此干支是法藏所改还是沿袭《译经图记》的,或者是法藏所见的《大乘起信论序》的干支是正确的,现在的错误是法藏之后至智昇之间不幸发生传抄错误所致。

综上所述,我们的新发现是,现存的《大乘起信论序》是唐代法藏之前的某个时候,某人凭借当时流通的《起信论》抄本上的一个"题记"而敷

---

① 唐智昇《开元释教录》卷六,《大正藏》第55卷,第538页中。
② 唐法藏《大乘起信论义记》卷上,《大正藏》第44卷,第246页上。
③ 唐靖迈《古今译经图记》卷四,《大正藏》第55卷,第364页下。

衍成文的。这一发现,正好解释了何以如陈寅恪先生所揭示出的,错误甚多的序文中会包含非当时人所不能伪造的真史料的问题。

然而,如此也带来了一个新问题,如果认同这一"题记"的正确,那费长房所记载的太清四年翻译出《大乘起信论》岂不就是错误的了?本著认为二者从表面看是有矛盾的,但如前所说,对于真谛的翻译活动,特别是记录其翻译活动的经录的记载,不能过分拘泥。因为:其一,战乱中的资料的遗失;其二,真谛时常是经论本文与自己的疏解都作的;其三,真谛后期曾经修改过自己前期的部分译本。这三方面的原因叠加,便会出现四个可用之描述真谛译经过程的时间段:一是开始翻译的时间,二是结束的时间,三是翻译经或论的时间,四是确定《本记》或《义疏》的时间,甚至还会有第五——最终修订的时间。从如此复杂的情况考虑,关于真谛翻译《大乘起信论》的记载,出现两个不同的时间,也并不十分奇怪。因而,在笔者看来,费长房等依据《曹毗别历》的记载,而此文依据当时抄本上的"题记",二者不存在谁对谁错的问题。也许正因为如此,智昇在编定《开元释教录》时虽然未采用费长房的说法,但也没有指责费长房搞错了。

(三)转引《四论玄义》之说质疑

依照我们的分析,在近代以前的中国根本不存在对于《大乘起信论》的真正的"怀疑",备受学者所重视的隋代法经将其列入"疑惑"部,怀疑的是译者是否为真谛,而不是说暗示其为中土撰述。而费长房与智昇所提供的也只是关于此论翻译的具体时间的不同说法而已。真正说《大乘起信论》为中土撰述的是风传出自于唐代均正《四论玄义》的一段文字。

关于慧均及其所撰《四论玄义》,中国方面没有任何资料可资参考。而《东域传灯目录》卷一则记载:

《四论玄义记》十二卷,均正又云均僧正,十四卷。又云《无依无得大乘四论玄义记》。①

---

① [日]永超编述《东域传灯目录》,《大正藏》第55卷,第1159页下。

而《三论宗章疏》卷一也记载说："《四论玄义》十二卷,均正述。"①可见,均正确实写过这样的著述,并且传入了日本。而中土散佚此著的原因可能是会昌法难或者唐末五代的战乱。

"均正"又云"均僧正"、"惠均僧正"。如此,则其可能是唐代中期(安史之乱)之后的僧人。因为僧正是唐代地方僧官的名称,现存最早例证出现于大历二年(767)。根据《宋高僧传·严峻传》记载:释严峻"大历元年思往清凉山。……二年春,宜春太守俾僧正驰疏请召。"②这是唐代僧正首次见于史籍。传中提到的僧正应为袁州僧正。此文义看,该僧正之职,在大历二年之前已经设立,严峻只是其继任者。唐代的州级僧正是在安史之乱以后,中央权力下降,方镇位高权重的情况下,由方镇牧伯(节度使、州刺史)自行任命产生的。除上述材料所作的暗示外,还有许多材料可以予以证实。

不过可惜的是,均正此著现今在日本也已经散佚不全,仅有残本。日本12世纪的珍海所撰《三论玄疏文义要》,在提到《大乘起信论》时,引用了均正《四论玄义》之说。其文曰:

> 《四论玄义》第五卷:《起信》是虏鲁人作,借马鸣菩萨名。
>
> 《四论玄》第十详《起信论》云:北地诸论师云非马鸣造。昔日地论师造(论),借菩萨名目之故。寻觅翻经论目录中无有也。未知定是不也?③

这一引文日本贤宝《宝册钞》卷八及湛睿《起信论决疑钞》、快道的《起信论义记悬谈》都作了引用。但是,珍海等人引用的文句,在现存《续藏经》所收《大乘四论玄义》十卷之中并未出现。另外,据日本14世纪的杲宝所口述而由弟子贤宝增订的《宝册钞》(1350)所记载,新罗珍嵩在他的

---

① [日]安远《三论宗章疏》卷一,《大正藏》第55卷,第1138页上。
② 宋赞宁《宋高僧传》卷一二,《大正藏》第50卷,第798页上。
③ [日]珍海《三论玄疏文义要》卷二,《大正藏》第70卷,第320页上。

《探玄记私记》说道：

> 马鸣《起信论》一卷，依《渐刹经》二卷造此论。而道迹师《目录》中云"此经是伪经"。故依此经造《起信论》，是伪论也。①

现《私记》已佚，此文仅见于《宝册钞》所引，《渐刹经》在经录上也无记载。后来日本另一真言宗学僧快道猜测"渐刹"音近"占察"，《渐判经》恐系《占察经》之误。

以上几种资料是引起近代以来怀疑《起信论》为"伪论"或曰"中土撰述"的主要根据，也可以说是《大乘起信论》真伪之争的导火索。论者以为均正为唐代僧人，《四论玄义》为日本从唐代取回的撰述，由此推理，在隋唐僧人中已经展开了对于《大乘起信论》真伪的争论。

其实，日本学者也已经有人看到上述资料的不可靠，如东北帝国大学教授铃木宗忠评述②就是如此。1928年，铃木宗忠就认为，《四论玄义》的史料是由日本三论家珍海所引，既属于他本宗的著作，当然不会错误。但现存的《四论玄义》并无上述这几句，用来作史料就不免减低价值了。再说那一段文字的内容，只讲到寻觅经录没有马鸣作此论的记载，这只可作为消极的证据，并不能积极地证明究为何人所作。就说是地论师作的吧，他们为什么要假造此书？象论者说的是用来调和当时地论南北派之争（因地论北派主张"黎耶"为一切法的依持，南派主张以"法性、真如"为依持，北派说"黎耶"是妄，南派说"黎耶"是真，这都是相反的，《起信》把两说综合起来，意在调和），这也不失为一种解释，但与传说的本身就不是一回事了。所以《四论玄义》的说法，不能成为《起信》是中国撰述的史料。其次，青丘珍嵩的《探玄记私记》亦属这一类的史料。它说《起信》是依着《渐刹经》二卷写的。据引用其文的《宝册钞》作者贤宝的

---

① ［日］杲宝记、贤宝补《宝册钞》卷八，《大正藏》第77卷，第826页中。
② 铃木宗忠《就起信论的成立有关的史料》一文原刊于《宗教研究》新五卷十二号。本段采纳了吕澂先生对此文的概括，见吕澂《大乘起信论考证》，《吕澂佛学论著选集》（一），第326—327页，济南：齐鲁书社，1990年版。

意见，《渐刹经》就是《起世经》，而《起世经》却不是伪经，所以珍嵩说依伪经造伪论的话就靠不住，要说《渐刹经》是《占察经》，那么它与《起信》的关系尚待讨论。所以即使认为珍嵩的话不错，也只可作为关于《起信》成立的一个意见，并无史料价值。真正的史料应当表明时间的关系，这里只泛说《占察经》同《起信论》有关，完全是一种超时间的说法，所以不成为史料。

对于以上资料的应用，近代以来学者在"自由研究"①的风气影响下，以"疑古"的精神，优先采信了在日本传播的"二手资料"的说法。但是，无论是与法经的说法相比，还是与费长房、智昇的说法相比，均正的说法都只能算一个在私下流传的小道消息，或者说属于古代所谓的"小说家"之言。但是，就这一"小说家"言竟然取得了决定性证据的地位，连国学大师陈寅恪自己已经考证出来《论序》关于《起信论》翻译情况的陈述中有非当事人无法知晓的"真史料"，陈先生仍然抱定《论序》为伪托的观念不放。由于这种顽固的"疑古"心理以及民族主义情怀，人们甚至相信出自于"均正"著作的这一"小说家"之言竟然是隋唐时期佛教界的共同秘密，而丝毫不注意连对于真谛唯识学大力抨击的玄奘门下弟子也未曾提出《起信论》为中土伪撰来打倒对方，从而为自己宗派张目。这样的现象，如果不将其纳入"自由研究"的风气和弥漫于近代中国的"疑古"甚至民族主义精神，确实是难以解释清楚的。而下文将要述及的对于实叉难陀翻译《大乘起信论》的否定，如果抛开上述背景，确实会使人莫名其妙。

（四）确定《起信论》"真伪"的方法及其结论

综合起来，关于《大乘起信论》真伪的争论是由日本学者引起的，争论几十年，毫无定论。关于其功过，我们可以从同样持中土撰述的吕澂的评论把握其实质：

---

① 吕澂语。参见吕澂《大乘起信论考证》，《吕澂佛学论著选集》（一），第 305 页，济南：齐鲁书社，1990 年版。

第五章 如来藏论典的思想及其影响

我们从上面叙说的经过看,日本人对《起信》真伪问题虽争论了很多年,收获并不大。苛刻一点说,问题是从否定印度撰述说开始,绕了一个大圈子,仍旧回到印度撰述说上面。在论战中,除望月一人外,几乎都站在印度撰述说一边。村上专精开头是支持望月的,但经过几个回合,他也闹糊涂了,不敢坚持其说,就退出战场。其次,关于否定真谛翻译的一层,似乎得着多数的赞同,但在真谛外找不出旁的译者,也就无妨归之于真谛。所以后来持论比较稳重的一些学者如宇井伯寿,仍旧承认为真谛所译。至于作者马鸣,他的年代决定是在龙树以前,但《起信论》中所表现的思想,固然是龙树时代不能有的,就连无著世亲时代也还不会有,那么,作者似乎不应是马鸣了。可是印度佛学历史的记载相当紊乱,马鸣一名,前后即有好几个人。这样一来,《起信》也就无妨说是马鸣的著作。不过他应是无著世亲以后的人,谓之为后马鸣也可,谓之为小马鸣也可。所以,这一场争论的结果,各方面都可说回转到原来的位置上去了:马鸣作,真谛译。至于望月坚持中国撰述之说,所举各种理由,虽不如林屋所攻击的那样一文不值,平心论之,也实在有些牵强支离,成立不了他那种主张。况且望月与别人一样,根本上肯定了《起信》的学说思想价值,不过从学说思想全体历史上去替它找个适当的位置。这样来考定它的作者译者是谁,出之印度或出之中国,并无多大意义。我们是在一九四〇年,即距离这一场争论十年之后,来重新否定《起信》本身的价值的,考证它是出于中国人所伪托。这自然不会也不能再走日本人的老路,更不会抄袭他们的成说。以上我们所以详叙日本人争论的经过,即表明我们的考证,完全是另一回事。①

吕澂先生属于力主《起信论》为中土"伪撰"最为坚定、最为激烈的学者,

---

① 吕澂《大乘起信论考证》,《吕澂佛学论著选集》(一),第331—333页。

当然其基本立场和态度是从乃师欧阳渐继承下来的。最应该注意的是，作为严谨的遵循考据规范的佛学大师，尽管从观点上，甚至感情上，比谁都想证明《起信论》为地地道道的"中土伪撰"，但为什么吕先生最后只能承认"至于望月坚持中国撰述之说，所举各种理由，虽不如林屋所攻击的那样一文不值，平心论之，也实在有些牵强支离，成立不了他那种主张"呢？最后，吕澂先生另辟蹊径，从义理上想竭力证明《起信论》之"伪"。但是，尽管吕先生将文献考据方法当做"枝末"，而将自己义理的辨析方法称之为"根本"方法，但从一般学术标准看来，义理方法的局限性更大，因为佛学博大精深、流派众多，依据什么样的标准作参照会影响到其得出的研究结论，因此，试图以义理的辨析方法来否定《起信论》之"伪"，同样是困难重重。

耐人寻味的是，吕澂先生标举"义理辨析"方法的大旗，是为了证明《起信论》是中土人士伪撰因而是"错误"的。吕澂先生明确地说：

> 中国隋唐的佛学，受了《起信论》似是而非的学说影响，不觉变了质，成为一种消极的保守的见解，并且将宇宙发生的原理，笼统地联系到"真心"上面，而有"如来藏缘起"之说，又加深了唯心的色彩。这些都丧失了佛学的真精神，成为统治者利用的工具。后来义学家更变本加厉，将《起信》思想看成印度佛学最后进展的一阶段，以为马鸣之传，由坚慧等发扬，自成一系，还超越了无著世亲之说。这是虚构历史（坚慧说与无著贯通，原属一系，而误会为两事），抹煞了学说变迁的真相。今天，如果要认识我国过去佛学的实质，判明它的价值，并撇开蔽障去辨别佛学的真面目，都非先了解《起信论》思想的错误不可。我们用考证方法，揭露了《起信论》的伪书、似说，并始终坚持这样的论断，其用意就在于此。①

但是，出自于吕先生门下的杜继文、高振农二位先生接受了"中土撰述"

---

① 吕澂《大乘起信论考证》，《吕澂佛学论著选集》（一），第369页。

结论,特别是杜先生在其《〈大乘起信论〉述评》一文中,将中日此前在文献考据方面对于此论的评破作了一个集大成式的概括论证,但其运用"意理辨析"方法的结论却与乃师相反。

关于杜先生对《大乘起信论》研究的贡献,正如黄夏年先生所评论的:"杜继文先生对《起信论》的研究是非常全面的,而且里面有很多新意,特别是从中国思想整体来看待《起信论》,从佛教发展的脉络来看《起信论》,指出了《起信论》在中国哲学史和中国佛教史的重大历史作用和重要贡献。"① 杜先生的结论是:"我的意见,《起信论》是佛教在中国历史上的产物,在一定程度上表达了社会特定阶层在特定时代中的一种特殊心态和追求,反映了我们民族文化心理的某个侧面,其产生的社会根源和作用,同中国禅宗产生的根源和作用大体相当,是佛教研究中,需要继续探索的重要课题。"② 综观杜先生此文,他对于《起信论》的思想及其价值方面的分析是深刻的,然评价方面的语句赞叹性的语句并不多。但从此文后面一大部分的整体意蕴观之,说其肯定了此论的思想价值应该是符合事实的。

高振农先生著有《大乘起信论校释》一书,书前有一长篇导言。在此文中,他说:

> 《起信论》的真伪问题,经过近代学者七八十年的考证、研究和论争,至今仍没有取得完全一致的看法。但是,从近期一些学者所发表的文章看,似乎多数人已倾向于是中国人的撰述。我个人也认为,它应该是一部中国人撰述的著作。③

在文献考据方面,高先生仍然超不出日本学者已经提出的几点,值得注意的倒是他从思想方面对此论的评论:

---

① 黄夏年《〈大乘起信论〉研究百年之路》,《普门学报》。
② 杜继文《〈大乘起信论〉述评》,《中国佛教与中国文化》,第335页。
③ 高振农《大乘起信论校释》,第21页,北京:中华书局,1992年版。

> 我认为,它在融会中、印佛教文化,发展佛学思想,创立具有中国特色的佛学理论方面,可以与禅宗的基本经典《坛经》相媲美。它对其他各派的影响,也和《坛经》不相上下。而在整个佛教界所起的影响方面,则大大地超过了其他一切佛教论著。①

与杜先生的隐晦相比,高振农先生对于《起信论》的思想价值是高度肯定的。

由日本学者对义理辨析方法的运用,到吕澂先生自己认为的"创新"与另辟蹊径,再到吕先生的高足以同样的义理辨析方法却得出了与日本证伪的学者及乃师绝然不同的结论,这样的历程说明什么问题呢?我们以为,这充分说明义理辨析方法的最大局限就是立场、态度,特别是参照对象,决定其结论。佛学很复杂,流派众多,以印度佛学的不同流派,如中观学、瑜伽行派以及如来藏思想,去衡量,所得出的结论自然会有所不同。此外,对于佛教中国化以及中国化佛教的态度不同,得出的结论自然也大异其趣。

如果我们将这些研究者参照的对象以及对于中国化佛教的态度搞清楚,他们在从事文献考据之时对于资料的采信及其解释,就很清楚问题在什么地方。譬如,力主"中土撰述"说的学者有一个重要观点,即费长房、《〈大乘起信论〉序》的作者等都是有意的作伪者,特别是后者简直是历代造假文献者的典型。再譬如,有学者认定隋初甚至北朝末期的地论师对于伪撰《起信论》之事心知肚明,甚至有些地论师以半遮半掩的心态既想维持现有的署名又想曲折地将所谓作者的真相暗示出来。这样的观点,其实缺乏基本的文献依据,仅凭12世纪之后流传于日本的几句话,而全然忽略了还有相反的事实或者证据,即在唐代初中期法相唯识宗在激烈批评古唯识学时也未提出此论是伪造的。——如此等等,其内在原因其实在于,以义理辨析方法先得出结论,然后再回头以隐含的先

---

① 高振农《大乘起信论校释》,第25页。

在结论来分析文献资料,如上文所论述的,"疑伪"论者对经录有关记载的质疑以及对《论序》"有意作伪"的判定等,都是如此。这种结论后之研究,很类似于古代关于偷斧之邻居的寓言所表达,只能愈看愈伪。

值得注意的是,正如高振农、黄夏年先生所归纳的,现在学者认同《大乘起信论》为中土撰述者愈来愈多,几乎完全占据了上风,甚至佛教界也开始有认同者。这是为什么呢?个中缘由确实耐人寻味。但笔者以为,并不是上述文献考据方法打动了大家,因为以文献考据方法得出的"中土伪撰"的结论,连最坚定的"伪撰"派吕澂先生都认为不充分,而四十年过去了,并无新的资料加以补充证明,为何现今的学者大多数又认同了"中土撰述"的结论呢?仔细揣摩认同者的心态,朝过去说,是梁启超的心态成为普遍变形态:"一旦忽证明其出于我先民之手,吾之欢喜勇跃乃不可言矣"[①];以当下言之,是佛教中国化的研究更为深入、全面所带来的必然的形态转变。

在认定《大乘起信论》为中土撰述之后,近百年来学者对作者问题作了不懈的探索。这些探索,由于本著的立论是印度撰述,而现今所有的考辨《起信论》的中国作者的方法,都无任何直接的文献依据,都是从模拟与猜测出发的。因此,不准备逐一去质疑。在此可借用吕澂文章评论望月信亨之《起信论》研究的一段话说明笔者的态度:

> 至于断定了《起信》非真谛译,也不去研究是否别人所译,即直接揣测到中国人撰述,并认为是昙遵口授、昙迁笔录,这种论断方法也是极不合理的。望月特别注重《起信论》的翻译问题,略加分析,疏漏百出如此,那末,他由此得出的断案,可说毫无价值可言了。

综上所述,本著的鲜明观点是:《大乘起信论》确实是真谛所翻译的,绝对不可能是中土人士的撰述。至于具体的翻译时间、地点,古代经录的记

---

① 梁启超《大乘起信论考证》,载《佛学研究十八篇》,第331页,上海世纪出版集团、上海古籍出版社,2009年7月。

载有两说。从上文的考证结果看,二说都有依据,因此,笔者认为,太清四年(550)是真谛最初翻译《大乘起信论》的时间,而承圣三年(554)九月是真谛重译《大乘起信论》的时间。此外,需要强调一点:那种仅仅依据日本晚近的"二手资料"就大胆断言隋初的地论师知晓"伪造"《大乘起信论》的所谓"秘密",以及唐代佛教界曾经展开过此论为"伪撰"或"译籍"的争论,是缺乏文献依据的以讹传讹。

(五)唐译《大乘起信论》考辨

关于《大乘起信论》的翻译问题,还有两件事必须辨析一番:一是传说玄奘曾经将真谛所汉译的《起信论》倒译为梵语,二是唐实叉难陀翻译《起信论》的问题。

关于玄奘将《大乘起信论》从汉语译本倒译为梵语之事,是道宣《续高僧传·玄奘传》说出来的。其文曰:

> 又以《起信》一论,文出马鸣。彼土诸僧,思承其本,奘乃译唐为梵,通布五天。斯则法化之缘,东西互举。①

这一记载,首见于道宣《续高僧传》,后来的《开元释教录》、《贞元录》都沿袭此说。

而玄奘弟子所作有关玄奘的传记只字不提此事,因而受到现代学者的普遍怀疑。朝前说,受到人们对梁译《大乘起信论》怀疑的影响;朝后说,则牵涉出唐译《起信论》的梵本来源问题。两重怀疑叠加,与对于道宣记而奘门弟子不记所致的对道宣的怀疑,构成第三重怀疑,因此,学术界对于此事的否定之声压倒了一切。唯一可以勉强支撑此论的力量,仅仅剩下了对于道宣写作的严谨态度的信任。道宣在《玄奘传》中说:"余以暗昧,滥沾斯席。与之对晤,屡展炎凉。听言观行,名实相守。"②可见道宣与玄奘及其弟子有直接来往的事实。从这个角度说,道宣一定是从玄奘译场获得的信息。而此信息的唯一可能来源也只能是玄奘自己说

---

①② 唐道宣《续高僧传》卷四,《大正藏》第50卷,第458页中。

出。至于当代学人所质疑的,为何玄奘弟子所写的传记等著述中未透露一字的问题,只要从奘门弟子将真谛译籍斥为"旧译"就可推知其缘由了。从另一角度观之,如果道宣所说毫无根据,为何时人特别是奘门弟子没有人出面否认呢?这是不是从反面证明,道宣所言不虚呢?

唐译本《大乘起信论》的主译者是实叉难陀(652—710)。实叉难陀,华言学喜,于阗(今新疆和田)人,以通大小乘学和外论著名。武周时,则天后听说于阗有完备的《华严经》梵本,即遣使访求并骋请译人,实叉难陀便以此因缘,带着《华严》梵本来华。他于证圣元年(695)到达洛阳,住在内廷大遍空寺,重译《华严》。武后很重视,开始还亲自参加。难陀后来又在洛阳三阳宫、佛授记寺、长安清禅寺等处续译诸经。长安四年(704),他以母亲年老请求归省,朝廷特派御史霍嗣光送他回归于阗。唐中宗即位,再度邀请他到长安,住大荐福寺。未遑翻译,即患病,睿宗景云元年(710)十月卒,年五十九。他的遗体于死后一个月焚化,骨灰由他的门人悲智和唐使哥舒道元护归原籍。后人在长安焚化难陀的遗体处建起七层浮图以为纪念,号称华严三藏塔。

实叉难陀来华的主要工作,就是翻译于阗所传的大本《华严》。他在大遍空寺主译《华严经》时,由菩提流志和义净同读梵本,参加笔受、证义的有弘景、圆测、神英、法宝、法藏等,缀文的为复礼,至圣历二年(699)完毕,共计八十卷。接着又于久视元年(700)在洛阳三阳宫重译《大乘入楞伽经》七卷,由沙门复礼、法藏等笔受、缀文,至长安四年(704)厘定。以上两经,武后都亲制序文弘扬。在此期间,他还译出属于华严部的《入如来智德不思议经》、《如来不思议境界经》和《普贤菩萨所说经》各一卷,属于宝积部的《文殊师利授记经》三卷,属于大乘律部的《十善业道经》一卷,属于秘密部的《观世音菩萨秘密藏神咒经》等陀罗尼经四种、四卷;另有《右绕佛塔功德经》和《大乘四法经》各一卷。参加笔受的还有沙门波仑、玄轨等,监护译事的是太子中舍人贾膺福。据《开元录》载,他译的经共计十九部,一百零七卷。

关于实叉难陀翻译《大乘起信论》的经过,现存《起信论》唐译本有一序,其文曰:

> 此本即于阗国三藏法师实叉难陀赍梵文至此,又于西京慈恩塔内获旧梵本。与义学沙门荆州弘景、崇福法藏等,以大周圣历三年岁次癸亥十月壬午朔八日己丑,于授记寺,与《花严经》相次而译,沙门复礼笔受,开为两卷。然与旧翻时有出没,盖译者之意,又梵文非一也。①

上述引文将实叉难陀翻译《大乘起信论》使用的梵本的来源、翻译的时间、地点、助译者等都作了记载。依照此文的说法,《大乘起信论》是实叉难陀在完成《华严经》的翻译之后进行的。《开元释教录》卷九说:

> 《大方广佛华严经》八十卷,第二出。与东晋觉贤译者同本。证圣元年三月十四日,于东都大内大遍空寺译,天后亲受笔削;至圣历二年十月八日,于佛授记寺功毕。②

唐译《华严经》是从武周证圣元年(695)三月十四日开始翻译,到圣历二年(699)十月八日完成。而经录又记载:"《大乘入楞伽经》七卷,第四出与宋功德贤等出者同本。久视元年五月五日,于东都三阳宫内初出,至长安四年正月五日缮写功毕。"③武周久视元年为公元700年。查考各种经录的记载,在圣历二年十月至久视元年五月五日之间没有实叉难陀翻译其他经典的记载。因此,上引《起信论序》所说与《华严经》"相次而译",从时间上说是完全没有疑点的。

不过,近代的学者还是从此论序中找出两大疑点:第一,梵本的来源问题。论序说一个梵本是实叉难陀从于阗带来,另一个梵本则是从长安的慈恩寺塔内取出的。后一个来源被今人解读为暗示此梵本是玄奘从

---

① 《大正藏》第32卷,第583页下。
②③ 唐智昇《开元释教录》卷九,《大正藏》第55卷,第565页下。

天竺带回的自己的译本。第二,为何作为实叉难陀译场的参与者,也是序论所列的《大乘起信论》的参译者的法藏,首先,为何没有在自己所写的《华严经传记》中的实叉难陀传中提及翻译《起信论》的事情;其次,为何在自己撰述的《大乘起信论义记》中没有以唐译本为诠释对象,甚至只字未提。这些疑点,导致今人对于此论序的真实性产生极大的怀疑。

对于这两个疑点,也有一些疏解疑点的方法。譬如,近人从论序所交代的梵本的来源问题中引申出,梵本无论是从于阗带来,还是从慈恩塔中取出,都被认为可能与玄奘的梵语译本有关。既然如此,应该深知内情的法藏完全应该提醒实叉难陀没有必要再翻译了。但是,在此我们要说,这一说法或者质疑,完完全全是奠定在假设之上的,没有任何文献的依据,而从上引论序中也读不出这些内容。而这一假设,其实奠定于两个估计:

其一,假定或者估计玄奘的梵语译本一经流通就传遍五印,尽管道宣在《玄奘传》中是如此说的,但这只能看做文学笔法所常常使用的溢美之词,不能当真说此译本已经传至于阗。至于玄奘翻译此论的动机,大概是出于自己所去的那难陀寺缺乏此论本,因而翻译出一本以之补缺。玄奘回国后说,戒贤严厉地指示他回国之后不能宣扬"一性皆成"的佛性思想。可见,戒贤的宗派意识是很强烈的。可以想象,如果戒贤看了玄奘译的《起信论》之后,恐怕一定会严令玄奘忘掉此论所说,更不会听任其进一步流传。从这个角度也可以更好地理解,为什么这一记载仅仅见于道宣笔下而在奘门弟子笔下只字不提①。

其二,持此论者认定慈恩塔中所藏的梵文写本都是玄奘从印度带来的,没有也不可能有其他从外域带来的梵语写本保存于此。这两个估计尽管也是有可能的,但概率相当小。

关于大慈恩寺的藏经塔之事,史籍记载很明确,是为玄奘专门修的。

---

① 道宣记载的玄奘在皇帝的诏令下不情愿地翻译《老子》为梵文之事,恐怕也可作如此理解。

《大唐故三藏玄奘法师行状》卷一等史籍都记载，玄奘回国所带经论共六百五十七部，先保存在弘福寺。后来，"有令造慈恩寺。于寺西北角造翻经院，敕法师移就翻译，给弟子五十人。弘福旧处，仍给弟子十人看守。至永徽二年，请造梵本经台。蒙敕施物，遂得成就。至五年六月，迎法师入内"①。可见，玄奘请求在慈恩寺专门修造的藏经台，始修于永徽二年（651），修成年月不详。而玄奘至永徽五年六月迁入此院翻经，至显庆四年（659）之前，玄奘大多数时间在此寺译经。显庆五年之后，玄奘最后转移至位于长安之北的坊州（今陕西铜川市）玉华寺从事翻译活动。麟德元年（664）二月五日，玄奘在玉华寺圆寂。高宗于是下令"自余未翻本，付慈恩寺，好掌勿令损失"②。玄奘从慈恩寺带走的未翻译出的梵文抄本，被送回慈恩寺安置。

笔者在检索查考现存史籍中，找到一条资料，完全可以证实慈恩寺的梵本并非全部都是由玄奘从天竺带回。《续高僧传》卷四有一篇《那提传》，其文曰：

> 那提三藏，唐曰"福生"，具依梵言则云"布如乌伐邪"，以言烦多故，此但讹略而云"那提"也。本中印度人，少出家，名师开悟，志气雄远，弘道为怀。历游诸国，务在开物，而善达声明，通诸诂训。大夏召为文士，拟此土兰台著作者。性泛爱好奇，尚闻有涉悟，不惮远夷。曾往执师子国，又东南上楞伽山，南海诸国随缘达化。善解书语，至即敷演。度人立寺，所在扬扇。承脂那东国盛转大乘佛法，崇盛赡洲称最，乃搜集大小乘经律论五百余夹，合一千五百余部，以永徽六年创达京师。有敕令于慈恩安置，所司供给。时玄奘法师当途翻译，声华腾蔚，无有克彰，掩抑萧条。般若是难，既不蒙引，返充给使。显庆元年，敕往昆仑诸国，采取异药。既至南海，诸王归敬，为

---

① 《大唐故三藏玄奘法师行状》卷一，《大正藏》第50卷，第218页中。
② 同上书，第219页下。

别立寺,度人授法,弘化之广,又倍于前。以昔被敕往,理须返命。慈恩梵本,拟重寻研。龙朔三年,还返旧寺。所赍诸经,并为奘将北出。意欲翻度,莫有依凭。惟译《八曼荼罗》、《礼佛法》、《阿咤那智》等三经。要约精最,可常行学。其年,南海、真腊国为那提素所化者,奉敬无已,思见其人,合国宗师假涂远请,乃云:"国有好药,唯提识之。请自采取。"下敕听往。返亦未由。

余自博访大夏行人云:"那提三藏乃龙树之门人也。所解无相,与奘颇返。"西梵僧云:"大师隐后,斯人第一,深解实相,善达方便。小乘五部毘尼、外道四韦陀论,莫不洞达源底,通明言义,词出珠联,理畅霞举。所著《大乘集义论》,可有四十余卷。将事译之,被遣遂阙。"①

此段引文中,与此处主旨有关的要点如下:其一,那提带来梵本大小乘经律论五百余夹,合一千五百余部,而且是有备而来,并不偏于一端。其二,唐高宗将其安置在慈恩寺,而当时玄奘正在此寺译经。其三,那提于永徽六年(655)到达长安,显庆元年(656)就被敕往外国为皇帝求取"异药"。其中的原因,道宣说得很明白,就是那提的译经想法朝廷并不支持。而朝廷让其入住慈恩寺的动因,恐怕也是想让其与玄奘合作。其四,那提属于龙树的"弟子"(注意应理解为龙树学派的传承者,而并非是中土语言中所受的入门弟子),所学所传与玄奘不同,自然难以获得崇信玄奘的朝廷的支持。其五,那提在南海(今广东一带)数年,一直操心放于慈恩寺的梵本,于是于龙朔三年(663)还返长安慈恩寺。但是他发现

---

① 唐道宣《续高僧传》卷四,《大正藏》第50卷,第458页下—459页上。也有学者质疑此条资料的真实性,认为并非道宣所作。参见熊十力《唐世佛学旧派反对玄奘之暗潮》、张建木《读〈续高僧传·那提传〉质疑》,并参见杨廷福《玄奘年谱》第262页。总观这些质疑,无非是从对玄奘的崇拜出发而产生的"圣化"玄奘的思维所致。由于不便怀疑道宣的史学品格,只能归结为后人的"伪托"。这样的结论的得出,并非是学术方法以及贯彻历史真实性原则所致,而是从"宗派性"出发的武断怀疑,绝对不能成立。其实,这一记载也未直接指责玄奘有意压制对方,只是从客观效果上讲,玄奘的光辉确实掩蔽了一些于此时来华的僧人的光辉。太宗朝至高宗朝的译经活动主要是玄奘的译场承担,其他人尽管也有翻译经文的,但都寥寥数部而已。

自己所带来的诸经大多被玄奘带走，大概是转移到玉华寺。其六，那提至慈恩寺只翻译出了三部小经，从内容看，应该属于密咒之类。其七，那提于龙朔三年又离开了长安，而玄奘在第二年二月就圆寂了，而玄奘带走的梵本又重回了慈恩寺塔。

道宣在《那提传》中透露，自己与那提相识而且交谈过，而《续古今译经图纪》卷一则直接说："惟译：《师子庄严王菩萨请问经》一卷，一名《八曼茶罗经》。《离垢慧菩萨所问礼佛法经》一卷，《阿咤那智咒经》一卷。凡三部三卷，要约精最，可常行学。禅林寺沙门慧泽译语，丰德寺沙门道宣缀文并制序。"①可见，道宣所记是完全可靠的。

由上文考辨可以明确地见出，所谓"慈恩寺塔"所藏的梵文写本并非全是玄奘所带回，至少包括了那提所带来的大小乘经律论五百余夹，合一千五百余部。玄奘带回国的经论共六百五十七部，而那提所带来的是玄奘所带的二点二八倍。此外，可以肯定，至实叉难陀译经之时，慈恩寺塔中所保存的梵文抄本仍然是完好的，因为法藏在《华严经探玄记》卷一中讲到《华严经》的译本时说：

> 六略本者，即此土所传六十卷本，是彼十万颂中前分三万六千颂要略所出也。近于大慈恩寺塔上见梵本《华严》有三部。略勘并与此汉本大同，颂数亦相似。②

根据法藏所述，慈恩塔上保存的梵文本《华严经》有三部，其中至少应该有一部是那提所带来。而在那提所带来的一千五百余部大小乘经律论中发现一部《大乘起信论》梵本来，不是很正常的吗？

至于有关法藏对《起信论》的使用问题，其原因很多，最主要的是现有的法藏《起信论》注释都是在唐译本完成之前就已经编定好了，而新译本出来法藏也以为没有重新修改的必要。而法藏正是如此处理其有关

---

① 《续古今译经图纪》卷一，《大正藏》第 55 卷，第 368 页中。
② 唐法藏《华严经探玄记》卷一，《大正藏》第 35 卷，第 122 页中。

《华严经》的著述的。还有,也可能法藏认为新译本未必好于旧本,更可能,法藏以为旧本的译法已经融入到自己的思想体系之中了,所以没有必要改变原先的说法。

另外,唐译《大乘起信论序》中也记载奘门弟子以《成唯识论》为标准对《起信论》作了批评,其文说:

> 夫理幽则信难,道尊则魔盛,况当劫浊,尤更倍增,故使偏见之流,执《成唯识》诽毁此论:"真妄互熏,既形于言,遂彰时听;方等甘露,翻为毒药。"故经云"唯佛与佛乃能究尽诸法实相",岂可辄以凡心贬量圣旨?①

"方等甘露,翻为毒药"等二句似乎应该是当时唯识宗对实叉难陀这一译籍的批评。从这个角度看,实叉难陀翻译《起信论》可能引起了当时仍然活跃并且受到朝廷重视的奘门弟子的极大不满,也许有一些不愉快的事情发生。如此序文的作者就说:

> 余少小以来,专心斯论。玩味不已,讽诵忘疲,课拙传扬二十余遍。虽未究深旨,而粗识文意,以为大乘明镜,莫过于此。幸希宗心之士,时览斯文,庶日进有功,聊为序引云尔。②

最后,需要强调的是,实叉难陀翻译《大乘起信论》这件事情,现存的经录的记载是明明白白的。因为首先记载此事的唐智昇《开元释教录》与实叉难陀圆寂的景云元年(710)相距不过二十六七年,几乎可说是同一时代的记录,难道还不足凭信吗?另外,也有学者质疑说,法藏说"实叉难陀'译经'十九部,也没有提他还译过什么'论'"③。法藏的《华严经传记》原文是这样的:"前后总译一十九部,沙门波仑、玄执等笔受,沙门

---

① 《大正藏》第32卷,第583页下。
② 同上书,第584页上。
③ 杜继文《〈大乘起信论〉述评》,《中国佛教与中国文化》,第303页。

复礼缀文,沙门法宝、弘景等证义。"①法藏在此著中为实叉难陀所作的传记很短,仅仅提到三部经的名称及简要的翻译过程。三部经是《华严经》、《大乘入楞伽经》、《文殊授记经》。而《华严经传记》属于与《华严经》有关的内容的专门史籍,其写作体例决定其不可能全部列出其所有经论的目录,而后来的智昇以及宋代的赞宁写的《实叉难陀传》都基本照抄法藏的文字。由于传记的要求与经录不同,再详细的传记也不可能将译者所译的经录都写上去。因此,从他们三人所写传记不能确定这三人,特别是法藏、赞宁认为实叉难陀未曾翻译过《大乘起信论》。还有,智昇所记载的实叉难陀翻译的经论中包含了《大乘起信论》二卷,如不包括此论,则其译籍便不足十九部。

二、《大乘起信论》的结构

《大乘起信论》结构严谨,符合印度佛教论典的一般格式。全论共分"因缘分"、"立义分"、"解释分"、"修行信心分"、"劝修利益分"五部分,其中"解释分"和"修行信心分"为论点的核心,占据篇幅也最大。

"因缘分"说明撰写本论的八种因缘,也可称之为"序分"。论中说由八种因缘而造此论。"一者,因缘总相,所谓为令众生离一切苦,得究竟乐,非求世间名利恭敬故。二者,为欲解释如来根本之义,令诸众生正解不谬故。三者,为令善根成熟众生,于摩诃衍法堪任不退信故。四者,为令善根微少众生修习信心故。五者,为示方便,消恶业障,善护其心,远离痴慢,出邪网故。六者,为示修习止观,对治凡夫、二乘心过故。七者,为示专念方便,生于佛前,必定不退信心故。八者,为示利益劝修行故。"②而且尽管佛经中已经有这些法义的说明,但由于"以众生根行不等,受解缘别"等原因,理解接受不同,因而"为欲总摄如来广大深法无边

---

① 唐法藏《华严经传记》卷一,《大正藏》第51卷,第155页上。
② 梁真谛译《大乘起信论》,《大正藏》第32卷,第575页中—下。

义故,应说此论"①。

"立义分"列出了此论的大纲,提示大乘佛法一心、二门、三大的要义。"解释分"则对其进行详细解释。而"解释分"又分为三部分:"一者,显示正义。二者,对治邪执。三者,分别发趣道相。"②其中,"显示正义"部分详细论述"一心"、"二门"、"三大"的义理;"对治邪执"部分发挥真正的义理;"分别发趣道相"则说明进趣的相状。关于"立义分"和"解释分"的具体内容下文专门分析说明,此从略。

"修行信心分"的内容,如论中所说"是中依未入正定众生故,说修行信心"③,目的是以此激发未进入正法的众生相信大乘佛教的道理,如法修行。

论中讲了四种"信心":"一者,信根本,所谓乐念真如法故。二者,信佛有无量功德,常念亲近,供养恭敬,发起善根,愿求一切智故。三者,信法有大利益,常念修行诸波罗蜜故。四者,信僧能正修行自利利他,常乐亲近诸菩萨众,求学如实行故。"④简言之,就是信仰"真如"和三宝。

关于"如何修行",论中讲了五门:"一者施门,二者戒门,三者忍门,四者进门,五者止观门。"⑤其中,"施门"即布施,"戒门"则是指持戒,"忍门"则是指忍辱,"进门"是指精进。

关于"修行止观门","止"指禅定,"观"则指智慧波罗蜜。论中着重强调的是"一行三昧"。论中说:"依如是三昧故,则知法界一相。谓一切诸佛法身与众生身平等无二,即名一行三昧,当知真如是三昧根本。若人修行,渐渐能生无量三昧。"⑥而且"应知外道所有三昧,皆不离见、爱、我慢之心,贪著世间名利恭敬故。真如三昧者,不住见相,不住得相,乃至出定,亦无懈慢。所有烦恼,渐渐微薄。若诸凡夫不习此三昧法,得入

---

① 梁真谛译《大乘起信论》,《大正藏》第32卷,第575页下。
② 同上书,第576页上。
③④⑤ 同上书,第581页下。
⑥ 同上书,第582页中。

如来种性,无有是处。以修世间诸禅三昧,多起味著,依于我见,系属三界,与外道共。若离善知识所护,则起外道见故"①。在此强调"一行三昧"是对于"真如"的契悟。论中又说"精勤专心修学此三昧者,现世当得十种利益。云何为十？一者常为十方诸佛、菩萨之所护念；二者不为诸魔、恶鬼所能恐怖；三者不为九十五种外道鬼神之所惑乱；四者远离诽谤甚深之法,重罪业障渐渐微薄；五者灭一切疑诸恶觉观；六者于如来境界信得增长；七者远离忧悔,于生死中勇猛不怯；八者其心柔和,舍于憍慢,不为他人所恼；九者虽未得定,于一切时、一切境界处则能减损烦恼,不乐世间；十者若得三昧,不为外缘一切音声之所惊动。"②

上述"五门"相当于大乘佛教的六波罗蜜。

上述四部分内容属于三分说的"正宗分"。而最后一部分"劝修利益分"则属于"流通分"。

论最后说:"如是摩诃衍诸佛秘藏,我已总说。若有众生,欲于如来甚深境界得生正信,远离诽谤,入大乘道,当持此论,思量修习,究竟能至无上之道。若人闻是法已,不生怯弱,当知此人定绍佛种,必为诸佛之所授记。……"③如此等等,从略。

三、一心·二门·三大

《大乘起信论》的核心是"一心二门"说,而成立一心二门的理论基础则是体、相、用相即不离的"三大"说,用此论的术语讲则是"法"与"义"的统一构成大乘法。

《大乘起信论》在"立义分"说:

> 摩诃衍者,总说有二种。云何为二？一者法,二者义。所言法

---

① 梁真谛译《大乘起信论》,《大正藏》第32卷,第582页中—下。
② 同上书,第582页下。
③ 同上书,第583页上。

者,谓众生心。是心则摄一切世间法、出世间法,依于此心显示摩诃衍义。何以故?是心真如相,即示摩诃衍体故。是心生灭因缘相,能示摩诃衍自体相、用故。所言义,则有三种。云何为三?一者体大,谓一切法真如平等不增减故。二者相大,谓如来藏具足无量性功德故。三者用大,能生一切世间、出世间善因果故,一切诸佛本所乘故,一切菩萨皆乘此法到如来地故。①

此中"摩诃衍"即"大乘佛法"之义。此段落是全论的纲领,用图表示就是:

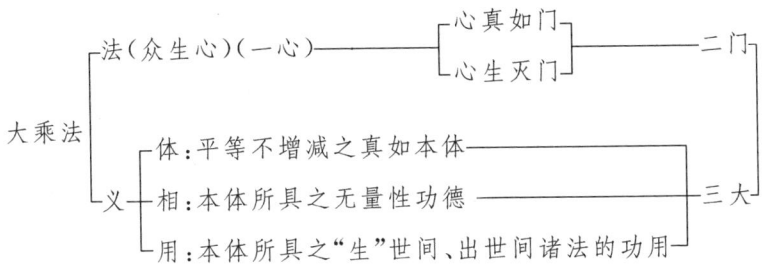

此中,"众生心"泛指众生所涵摄的不变的法体及众生的心性,诸如实相、真如、法性、如来藏自性清净心等。从其作为世间、出世间诸法的绝对本体而言,"众生心"又可称为"一心"。此中之"一",并不是和二、三相连并提的数目字,它乃唯一、绝对之义。此中之"心"亦非如唯识学所言之集起心或思虑、知觉、了别之识,此"心"乃真如心、本体心。这一本体乃绝对平等而非相对差别,故称"一心"。《大乘起信论》从"二门"即心真如门、心生灭门两方面说明"一心"的本体性质和现象界之所以生成的本体论根据,然后再依体、相、用三大相即不离来说明本体与现象的关系。经过这样的演绎,"众生心"或"一心"便既是世间法的所依,也是出世间法的本体。心真如门总摄一切清净无漏之佛法,是为众生成佛的本体论根据,心生灭门则总摄一切烦恼有为有漏之染法,是为世间及现象界的

---

① 梁真谛译《大乘起信论》,《大正藏》第32卷,第575页下—576页上。

总貌。

所谓"心真如者,即是一法界大总相法门体,所谓心性不生不灭"①。"一法界"指一切现象得以产生的共因;"大总相"指一切现象的共性;"心真如"即不生不灭的心性,也即真如心。此真如心是一切现象得以产生的根本,亦是一切现象的共相。因为依照佛学的见解,世间的真相是平等而无差别的真如空理,由于众生之心的起妄功能而使万物有了差别之相。正如《起信论》所说:"一切诸法唯依妄念而有差别。若离心念,则无一切境界之相。"②由于众生之心的起念造意功能,使得森罗万象的现象世界得以生成,实际上,"一切法从本已来,离言说相,离名字相,离心缘相,毕竟平等,无有变异,不可破坏"③。总之一句话,世间、出世间一切诸法唯依妄念,若离却妄念,则"唯是一心,故名真如"。《起信论》以"不生不灭"的心性即"一心"作为万法的本体,实乃此论影响中国佛学之大且深者之所在。"心性"者,即心之真实性,此"心"离一切言说分别,离一切妄想境界,既"无有可遣",亦"无有可立",乃湛然常净的圆明心体。它既是作为众生本体的心体,又是佛界、法界及众生界的真如理体,是心体与理体的合一。这就是《起信论》贡献于中国佛学的本体之性与主体之心合一,亦即心性合一的理论模式。

真如心既是"一法界大总相法门体",因此有空与不空两义。"所言空者,从本已来,一切染法不相应故。谓离一切法差别之相,以无虚妄心念故。"④这就是说,真如心体从来是与三界所有的一切染法相离相异的,因为真如不具有任何虚妄心念,因而断离一切法的差别相即可证得清净常一的真如空理。真如理体是平等一味,超越有、无、非有非无、亦有亦无四句四相的,因而心真如"依一切众生,以有妄心,念念分别,皆不相应,故说为空"⑤。众生若离妄心,则真如心湛然自显,故说"实无可

---

① 梁真谛译《大乘起信论》,《大正藏》第32卷,第575页下—576页上。
②③④ 同上书,第576页上。
⑤ 同上书,第576页中。

空"。由"如实空"故而有"如实不空"。"所言如实不空者,已显法体空无妄故,即是真心;常恒不变,净法满足,则名不空。"①因显法体无虚妄杂染而证得真如心,因为此真心又是常恒不变,具足无漏性功德,故说"净法满足,名为不空"②。合此空与不空二义,则此真如心实乃真如之体与主体所具功德相的统一,是为"三大"之前"二大"。

《大乘起信论》是这样说明心生灭门的:"心生灭者,依如来藏,故有生灭心。所谓不生不灭与生灭和合,非一非异,名为阿黎耶识。"③此处有两层含义:其一,生灭心依存于如来藏真如心;其二,生灭心的自体为蕴含真如理体(不生不灭)与妄念心识(生灭)的阿黎耶识。合此二义,则可得出一个结论:阿黎耶识由于生起无明功用从而生起世间诸法,这是真如心体的功能之一,此下当详论。至于真如心体的另一功能,《起信论》言:"真如用者,所谓诸佛如来,本在因地,发大慈悲,修诸波罗蜜,摄化众生,立大誓愿,尽欲度脱等众生界。亦不限劫数,尽于未来,以取一切众生如己身故,而亦不取众生相。"④《起信论》在此所讲的真如之"用"指成功佛果的如来复至因地即三界,发大慈悲,应机对根摄化众生,发大誓愿而尽欲度脱众生。当此之"用",如来"取一切众生如己身",以众生的痛苦为自己的痛苦,但却并不著众生相,因为如来"如实知一切众生及与己身,真如平等无别异故"。如来"以有如是大方便智,除灭无明,见本法身,自然而有不思议业种种之用,即与真如等遍一切处"⑤。真如有如此之用,但"亦无有用相可得。何以故?谓诸佛如来,唯是法身智相之身"⑥。也就是说,以真如起业用的如来佛身唯有"第一义谛,无有世谛境界,离于施作,但随众生见闻得益,故说为用"⑦。《大乘起信论》通过这样一套理论统一了法身、应身、报身的如来"三身说"。

在《起信论》中,体、相、用的"三大"是为称颂、论证"一心"的本体地

---

① ② ③ 梁真谛译《大乘起信论》,《大正藏》第32卷,第576页中。
④ ⑤ ⑥ ⑦ 同上书,第579页中。

位及其作用、功能而提出的,因而其"立义分"明确地以"法"——"一心二门"与"义"——"三大"相统一来概括全论。经上述引证分析,可将上图简化如下:

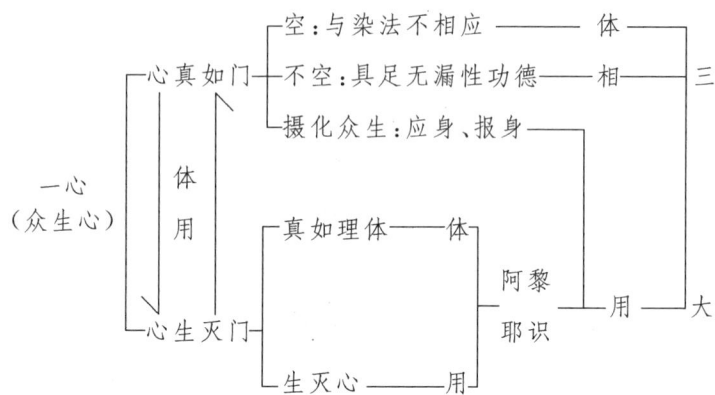

如图所示,可有三层体、相、用关系。第一层为二门中,心真如门与心生灭门之体、用关系;第二层为心真如门内部之体、相、用关系;第三层为心生灭门内部之体、相、用关系。这里,第二层论证了法身佛、应身佛、报身佛三佛之间的关系,阐明如来于三界应机摄化众生的功德相、用;第三层是用"一心"之不生不灭与生灭和合构成阿黎耶识说明世间染法生起与还灭的依据和过程。此处先就"二门"之体用合一稍作申论,至于第三层含义留待下文再分析。

《大乘起信论》由"众生心"开出"二门"以说明一切法。所谓"众生心",从本体而言则为"一心";从本体与现象两分角度而言,则开为"二门",即心真如门和心生灭门。这是将"一心"开为体、用(包含相)两方面来说明的。心真如门是"一心"之体,是从绝对的、无限的本体方面来说明"一心";心生灭门是"一心"的用,是从相对差别的现象方面来说明"一心"。心真如门之本体界,无染、净之别,无真、妄之分,无佛、凡之别,亦无心、物之分,它是平等而无差别的;心生灭门之现象界,截然地具染净、真妄、佛凡、心物的差别。然而,此二门又不是截然分开的,二门的相即相入方可统一标立"一心"之本体地位。这可从三方面去诠释：其一，"一心"为本体，为真实法，心真如门亦然，而此真如心乃众生之本性、本质；心生灭门则为众生之现象存在，是虚假的存在，是妄法。从前者言之，"众生心"就等同、约化于"一心"。其二，依体、用而论，真如心为生灭心之体，生灭心为真如心之用或相，二者相互随顺而不相离。"相"相当于"功能"、"属性"之义，一方面它是绝对本体真如心的功能和属性，因而具有本体意义；另一方面它又表现于心的生灭变化之中，已不完全是绝对静止的本体存在了，因而亦可属于"生灭心"范围。"用"则是"效果"、"结果"，《起信论》在阐述"心生灭门"时大量使用这一概念，下文当再论。其三，本论之所以安立此"二门"，并不完全在于理论之辨析，更重要的是为了其宗教实践。因此之故，"二门"亦可于修习解脱中求得动态的统一，如《起信论》所言"显示从生灭门即入真如门，所谓推求五阴，色之与心、六尘境界，毕竟无念"，"若能观察知心无念，即得随顺入真如门故"①。如此等等，就是此义。

《起信论》以体、相、用的"三大"说作为其本体论原理的核心内容，确立了"众生心"即"一心"的本体论地位。然而，这一本体论原理仍然未能完满解释世间有漏法如何可能依止于"一心"而"生"的问题。"一心"即如来藏自性清净心，它作为本体是无漏、清净的。但是，由这一无漏、清净的本体如何"生"出异质的有漏的世间法，遂成一个问题。因为依照唯识学的"种子生现行"之说，所谓无漏种子只能"生"无漏法，并不能"生"有漏法。由此看来，此本体论原理尚需寻找另外的理论加以补充。这一理论便是"心生灭门"部分所隐含的"主体性"原理。

四、本觉与本不觉

《大乘起信论》将不生不灭的真如理体与无明妄念的和合叫阿黎耶

---

① 梁真谛译《大乘起信论》，《大正藏》第32卷，第579页下。

识。真如理体是净,是不生不灭的;无明是染,是有生有灭的。生灭之心依从不生不灭的真如心而起;不生不灭之心则不能离开生灭的现象而独存。由此可以说在不生不灭的真如之外没有生灭变化的现象,换言之,生灭变化的现象之外也没有不生不灭的真如。或者可以直接言之,不生不灭的真如就是生灭变化的现象,生灭变化的现象就是不生不灭的真如,两者"不异"。另一方面,真如虽起动而为生灭的现象,但其真性不变,所以不生不灭的真如与有生有灭的现象,划然有别,两者"不一"。总而言之,不生不灭的真如理体与有生有灭的妄识是"不一不异"的关系,相顺不离而又有区别。这也就是上文所言的第三层"体"、"用"关系。《起信论》正是通过对这一层体、用关系的论述来说明心生灭门的。这样,在《起信论》中,阿黎耶识就有不生不灭和有生有灭两方面的性质,前者的状态为"觉",后者的状态则为"不觉"。

《起信论》这样定义"觉":"所言觉义者,谓心体离念。离念相者,等虚空界,无所不遍,法界一相,即是如来平等法身。"①"觉"为"觉照"、"觉明"之义,也就是能照见万事万物的真理,觉解了悟真如自体的智能(觉性)。"觉"的状态就是心体离念,不与妄染法相应。这种离念的心体如同虚空境界,无所不包,无处不周遍,这便是遍满法界的如来平等法身。《起信论》认为此净镜"觉体"具有四种性质:其一,"如实空镜,远离一切心境界相,无法可现,非觉照义故。"②此即心真如门中的"如实空"义,即心体离所有妄念染法。其二,"因熏习镜,谓如实不空。一切世间境界,悉于中现,不出不入,不失不坏,常住一心,以一切法即真实性故。"③这是说,觉体如镜,世界一切无不显现于内,因为世间一切无不以"一心"为其本性。正因为这一原由,"一切染法所不能染,智体不动,具足无漏,熏众生故"④。此觉体虽然不动唯静,却具足一切无漏法,成为众生成佛的

————————
① 梁真谛译《大乘起信论》,《大正藏》第32卷,第576页中。
②③④ 同上书,第576页下。

内在根据。众生之所以厌生死、乐涅槃,就在于它对众生自身起内因熏习的作用。其三,"法出离镜,谓不空法,出烦恼碍、智碍,离和合相,淳净明故。"①这即是说,真如觉体是不空之法,它出离一切"烦恼障"和"智障",远离一切生灭不生灭和合之相,因而是无限的清净相。其四,"缘熏习镜,谓依法出离故,遍照众生之心,令修善根,随念示现故。"②这是说,觉体不再受障碍,亦即自身的出离会成为其他众生解脱的一种外缘之力,使其他众生发心修习而显现清净相。上述状如净镜的觉性心体的四种性质,第一从"如实空"义言之,后三从"如实不空"义言之,合之则与真如门所言"一心"的二种属性相当。概括四种性质释觉性心体,则可以说,此心体既能寂然不动地蕴含一切世间法,又是出离生死,由染转净的全部因与缘。这种作用,在心真如门中已经存在,但只有作为"觉性"而存在,于生灭之心相中才具有现实的品格和修行的实践意义。

"觉"的反面则为"不觉"。所谓"不觉义者,谓不如实知真如法一故。不觉心起,而有其念,念无自相,不离本觉"③。所谓"不觉",亦即心的迷妄状态,指众生因不了解真如自体的清净唯静而忽生妄念。此"念"之起便成无明,它由细转粗,千变万化,显现出世间一切妄染的境界。在此,《起信论》特别强调不觉依于"觉"而现,其根本原因在于"迷","犹如迷人,依方故迷。若离于方,则无有迷。众生亦尔,依觉故迷。若离觉性,则无不觉。以有不觉,妄想心故,能知名义,为说真觉。若离不觉之心,则无真觉之自相可说"④。"真觉"即众生觉悟之心体,是无形无相、无动无静的,但众生却误其为真实的实体存在而去修证,这也是一种迷妄,因有此"迷"而有"不觉",是故离却不觉之心,真觉也就无有自相可说。这就是"不觉"依于"觉"而有的原因。相对于"不觉",此"觉"可称为"本觉"。《起信论》以为,众生是本来觉悟的,但由于众生不知其体性的"本

---

①② 梁真谛译《大乘起信论》,《大正藏》第32卷,第576页下。
③④ 同上书,第577页上。

觉"而显现"不觉"状态。虽从现象存在看,众生是"不觉"的,但其实质仍是"觉"的。

欲阐明"觉"与"不觉"的关系,《起信论》又说"觉与不觉有二种相",即同相、异相。所谓"同相"是指"如是无漏、无明种种业幻,皆同真如性相"①。这是说,无漏之觉与无明之不觉,一真一妄,虽然表面看是有差别的,但这不过是在生灭门可如此言之,若从真如起用的角度看,二者都是以真如为体性的。无漏法当体是真如性;虚妄分别相,也不离真如性。真如是绝对的,在真如界内,一切无差别。从此角度言之,以真如性为体的众生虽未离弃"不觉",但从本体言之,众生本来是佛,与佛无二。所谓异相是指"如是无漏、无明,随染幻差别,性染幻差别故"②。这是说,再从生灭门言之,无漏与无明,虽本体无别,但众生具体情况不同,其所具无漏净法的相状自然各别,同时,其所生的无明染法自然也是千差万别的。从此角度言之,众生本性是佛而毕竟未是佛。

"不觉"又可分为根本不觉和枝末不觉。前者指无明之体,即对真如清净的迷执。所谓枝末无明是指无明之相,是对虚妄现象的执著。《起信论》将枝末无明分为九相言之,即"三细"及"六粗"。所谓"三细"为:

> 一者,无明业相,以依不觉故心动,说名为业。觉则不动,动则有苦,果不离因故。二者,能见相,以依动故能见,不动则无见。三者,境界相,以依能见故境界妄现,离见则无境界。③

此中,"业相"是指真如初依不觉无明而动心的相状,已开始形成生灭,但主、客仍然未分,状极微细,又因它是众生之心依于真如理体而起不觉之动的最初一念,故亦可称之为"业识"。第二位之"能见相"指依前一位业识的起动,转展而起能见之相,此相主、客稍分,其状渐显。妄心既起,转而生起了主观的见照分别一切现象的作用,故亦可称之为"转识"。第三

---

①③ 梁真谛译《大乘起信论》,《大正藏》第32卷,第577页上。
② 同上书,第577页中。

位是境界相,指依前转识之见,起此能见之客观境界,因其能"妄现"境界,故亦可称之为"现识"。《起信论》所言之"六粗相"①是指接续于"境界相"而起的显现妄染世间的意识活动;第一"智相"指心的分别作用,即感觉、知觉活动;第二"相续相"指对感觉、知觉所生之喜乐忧惧等感情活动的现起接续;第三"执取相"指对于情感等意识活动的执取执著;第四"计名字相"是指心的感受、思维活动的符号化、概念化;第五"起业相"是指对前述诸"相"的更深执著贪恋;第六"业系苦相"指所造之业招来的果报。上述三细、六粗涵盖了一切妄染境界。

《大乘起信论》关于"不觉"的生成有其独特的说法。此论认为,真如不守自性,忽然起念而使众生之心生起动相,由动而起妄,由妄而有主、客之分立及染法之生起。《起信论》这样说:

> 一切心识之相皆是无明。无明之相不离觉性,非可坏,非不可坏。如大海水,因风波动,水相风相不相舍离,而水非动性;若风止灭,动相则灭,湿性不坏故。如是众生自性清净心,因无明风动,心与无明俱无形相,不相舍离。而心非动性;若无明灭,相续则灭,智性不坏故。②

心之本体是不动的,因为"智性"即觉性是永恒的。心之所以由不动到动,是由于无明风动的结果。《起信论》说:"心性常无念故,名为不变。以不达一法界故,心不相应,忽然念起,名为无明。"③据此,《起信论》把"离念"和"有念"同"觉则不动"和"不觉故心动"联系起来,突出地强调"无念"是"觉"的本质属性,"妄念"则是"不觉"的一般表现。由"不觉"到生诸"相",等于是由心动起念而生世界。这是一条由净到染的妄染生起之路。反之,由"不觉"经"始觉"到"究竟觉",这是一条解脱还灭之路。

《起信论》这样说:"如二乘观智,初发意菩萨等,觉与念异,念无异相,以舍粗分别执著相故,名相似觉。如法身菩萨等,觉于念住,念无住

---

① 参见高振农校释《大乘起信论》,第48页,北京:中华书局,1992年4月。
②③ 梁真谛译《大乘起信论》,《大正藏》第32卷,第576页下。

相,以离分别粗念相故,名随分觉。如菩萨地尽,满足方便,一念相应觉心初起,心无初相,以远离微细念故,得见心性,心即常住,名究竟觉。"①这样,从"动心"到"不动心",从妄念诸相到念无异相、念无住相,再至"远离微细念"而得显"究竟觉",众生便可循顺此修习历程而由染转净,达到解脱成佛的目的。《大乘起信论》在此将"心动"作为世间染法之所以生起的原因,"动"之所以产生是因为"无明风"吹的结果。那么,"无明风"是由何推动而起的呢?对此,《起信论》未能明确地予以说明。不过,细致考究此论对"一心"与"众生心"两个范畴的使用,便可略见其奥妙所在。论者向来均以"一心"与真如为同义范畴,实际上《起信论》又将"一心"等同于"众生心",这样,"一心"与"众生心"是否严格等同便是此中关键。其实,作为本体的"众生心"为"一心",但作为主体的"众生心"则包含真如心与生灭心两方面,《起信论》在文中的巧妙置换使其近于阿黎耶识。这样。"众生心"的主体性方面便可合理地予以强调。由此出发,《起信论》便形成了由两条原则组成的主体性原理:其一,染法之所以生起与还灭,成佛之所以可能,主要在于心之本觉与不觉两方面间的依存、消亡状态如何;其二,由于作为主体的众生心所具有的觉知功能,真如与无明便可互熏互成。

五、真如无明互熏与体用合一

《大乘起信论》最具争议性的是,真如与无明的相互熏习义及由众生"本觉"的判断而导致的不同于法相唯识宗的修行解脱之道——返本还源。近代以来的佛学界,尽管以印度佛教为正统者纷纷将批评的矛头指向《大乘起信论》,但是,不可否认,此论正是影响中国佛学最为巨大而且最为深刻的经典。在我们看来,单单以唯识学,特别是玄奘所传护法系的唯识学来判定《大乘起信论》的是非,有失客观和公允。《大乘起信论》

---

① 梁真谛译《大乘起信论》,《大正藏》第32卷,第576页中。

的思想,一方面受早期唯识学欲统合如来藏系思想于一体的思潮之影响,另一方面也可能受到中国传统思想的某些影响。因此,与其将它看做唯识系经典而批评其不纯粹①,毋宁将其看做一个独创性的思想系统。这样的思路,或许有助于公正地评价《大乘起信论》以及受其深刻影响的天台、华严、禅宗等中国佛学宗派。

所谓"熏习"是指通过一种事物的连续熏发染的影响作用,而使另一事物的性质发生某些变化。这正如"世间衣服,实无于香;若人以香而熏习故,则有香气"②。真如与无明之间亦可如此而相互熏习使对方发生变化。《起信论》言:"真如净法,实无于染,但以无明而熏习故,则有染相;无明染法,实无净业,但以真如而熏习故,则有净用。"③净的真如受无明熏习而有染法,无明则因真如熏习而有净业,前者是众生流转三界的原因,后者是众生解脱出离的原因。《起信论》详细分析了真如与无明互熏的各种相状。它先将"互熏"分为两种情况——染法熏习与净法熏习,再将二者各各分类而加以辨析。此中"染法熏习"有三种情况:无明熏习、妄心熏习、妄境界熏习;净法熏习又分两种:真如熏习和妄心熏习。由于这些熏习的相互作用,才使得染法和净法相续不断。由于无明对真如的熏习,才使得有漏世间法得以生成;由于真如对无明的熏习,同样也使得解脱成佛有了内在的、超越的根据。

真如与无明互熏何以可能?依照唯识学的正统教义,真如理体不但不能受到无明之熏,而且真如理体亦不具备熏习无明的条件。也就是说,真如非能熏,亦非所熏,能所不备,熏习义实难成立。这里,唯识宗以

---

① 唐君毅在《中国哲学原论·原性篇》中将此种批评归结为四点,颇为简明,录之以供参考:"近人宗唯识宗之说者,则谓《起信论》之误,首在将真如与正智不分;不知真如之不生。并谓此以真如能生万法者,乃同于外道之梵天自性能化生万物之论。更谓依《起信论》之说,则本觉即可以不觉而有无明,则在其始觉之后,应亦可更不觉,再起无明,则人生永无觉期。再或谓依《起信论》言本觉之不觉,与由自觉成始觉,皆由自不由他,即皆无因缘,而悖缘生之正理。再或复谓《起信论》由本觉之不觉而起无明,更能与其真如相熏,即为染净相熏,淆乱法相,非熏习正义。"(新亚研究所1974年修订版第234页。)
②③ 梁真谛译《大乘起信论》,《大正藏》第32卷,第578页上。

无漏种子解释佛性,而无漏种子作为净种只能以法界为所缘,此种子尽管暂时存在于阿黎耶识内,但并不与其中的有漏种子相混杂。唯识宗严格遵循同类种方可相"生"、相互为缘的逻辑规则。因此《起信论》讲真如与无明之染净、觉与不觉之互熏,自然难以得到此宗的认可。其实,《起信论》使用的是另外一套思维规则,这是其一;其二,《起信论》所言之真如已非般若空性之理体,而是已经落定于众生心中并且与其合为一体的"一心"。正是这些不同,使得真如与无明之互熏成为可能。第一条即本体论原理,第二条即主体性原理。此二原理合一,为真如与无明互熏提供了可能。由于主体性原理的补充,"一心"即众生心便兼具本体之性与主体之心而为一,此"真如"便包含于"正智"之内。正如印顺法师所论,《起信论》之心——"众生心",不但含摄了色,而且统有理性与事象,即无为与有为。① 这样的"一心"便具可入性和能动性。由于可入性而可能被无明熏染,由于能动性便可以熏习无明而使之转染成净。

六、《起信论》与中国佛学

《起信论》对于"心"的这种阐释,对中国佛教心性论产生了重大影响,其最显著者有三:第一,众生心性本觉说的确立,最大限度地提升了众生之心清净的一面,从而使佛学对众生之心从过多的否定转向了较多的肯定。这就为众生自心作佛的"即心即佛"说提供了理论基础。第二,心性本觉、真如可熏无明而使之转净的理论,极大地改变了中国佛教的修行路向。众生既然本来觉悟,那么返观心源、明心见性便成为题中应有之义;众生既然内具觉性,那么开发自家宝藏,自力成佛,顿悟成佛,便成为可能。第三,《起信论》体、相、用合一的思想,对后来天台、华严、禅宗以体用关系论证"心性合一"给予了诸多思想资源。天台宗用体、宗、用三者合一解释"一念无明法性心",华严宗用理事圆融解释其"自性清

---

① 印顺《大乘起信论讲记》第21页。《妙云集》上编之七,正闻出版社1992年版。

净圆明体"之真心,禅宗则径直以心体为依止而使"心"起正用、生正相,是为无相、无念、无住之意旨所在。

天台心性论的关键在于将"一心"解释为"一念无明法性心",由此而建立了其独特的性具善恶、一念三千、一心三观的心性论体系。智𫖮大师认为,"心"既是"无明",又是法性;"无明"具三千诸法,法性因之亦具三千诸法。而将无明与法性统一起来的是"一念心",此"一念心"即为心的瞬时起念。从学说源流考虑,这一见解可能得之于地论师,此"一念心"之"念"是"心"的显现起用,即由心体而起"现行"之"念"。从此角度言,这是天台学对于唯识学"种子起现行"学说的独特解释。然而,天台宗将此"一念无明"之心与佛性、法性结合起来,在"性体"上为善恶、染净找妥根源,这与唯识学大有区别,而与《大乘起信论》很接近。智𫖮在《法华玄义》卷一说:"苦心即法身,是心体;烦恼心即般若,是心宗;业心即解脱,是心用。"①这里用体、宗、用三者之结合说明"心"②,与《起信论》之体、相、用并没有大的区别。

华严宗更为直接地沿用了《起信论》的如来藏真心缘起说,但将此论的体、相、用和天台宗智𫖮的体、宗、用简化为理事、体用,用更抽象、简明的二分法代替了三分法。法藏以法界为体,缘起为用。法藏在《华严策林》中说:"以诸界为体,缘起为用,体用全收,圆通一际。"③澄观对法藏这一说法作了许多阐述,他说:"法界者,是总相也。包事包理及无障碍,皆可轨持,具于性分。缘起者,称体之大用也。"④这里所说的法界即清净佛智、如来藏自性清净心等,故缘起在唯心起现的意义上也可称为"体之大用也"。从"体为用本、用依体起"⑤的原则出发,华严宗吸纳了《起信论》"不变随缘、随缘不变"的思想,建构了与天台宗不同的真心观。

---

① 隋智𫖮《法华玄义》卷一下,《大正藏》第33卷,第686页上。
② 这里主要以智𫖮的著述为例。至少在湛然起,天台宗已经以体、用代替了体、宗、用的说法。
③ 唐法藏《华严策林》,《大正藏》第45卷,第597页上。
④ 唐澄观《大华严经略策》,《大正藏》第36卷,第702页上。
⑤ 唐法藏《华严经义海百门》,《大正藏》第45卷,第635页中。

禅宗心性论确实是以《起信论》心性思想为理论基础的,但变化、改造较多。《起信论》言:"所言灭者,唯心相灭,非心体灭。"①因心体不灭,心得相续。唯痴心灭,心相随灭。这是因为心体乃真如理体,心相乃生灭变化之相状。"以因缘俱灭故,心相皆尽,名得涅槃。"②《起信论》在此明显强调涅槃境界之中,所有心相皆不存在。这样,心相全灭,心体以何种方式证明自己的存在遂成问题。而禅宗以般若智慧对于心相之存在提供了支撑的理由。《坛经》之"无念为宗,无相为体,无住为本","无相"指湛然本净之心体;"无念"指心虽起念而不执著,"于念而无念";"无住"指念而不住、无执无著之状态。在禅宗中,涅槃境界中净相并非不存在,但也不是实体性存在,而是非有非无之"无相"之相。与此点相应,《坛经》之"于念上不执著"之"无念",也与《起信论》之"离念归于真如"大异其趣。从这一表述可知,"无念"、"无住"均指心用言之,"无相"则指心体,故三者为体用关系。当然,也可套用《起信论》模式,将"无相"当做清净的心体,"无住"为本性无缚、心无所住的心相,"无念"是真如起用、不染万境的作用。通过"无相"、"无住"、"无念"三者的合一,禅宗主张内不著空、外不著相,将"性"通于心用,即贯注于日用修行之中而显现心性之大机大用。是为南宗禅活泼自在之禅风形成的深层原因。

大乘观行以不废心思活动为其特色,此乃区别于小乘观法的最大之处。小乘之"定"拘于形式,所用方法不外乎逐渐消灭寻思、防止散乱的一套,范围狭窄,自不待言。大乘佛教扩大了"定"的范围,只要心思随顺实相,不拘动与静,都可视为"定"的一类。所以和"定"相续的散心,顺理成章地也能发挥定力。中国佛教心性论受《大乘起信论》影响,特别强调心相、心用于修行中的积极作用,并不拘于消极防止心相的显露及心用的发挥。尽管从实质而言,心相、心用不如心体纯净,并且呈现净染、善

---

① 梁真谛译《大乘起信论》,《大正藏》第 32 卷,第 578 页上。
② 同上书,第 578 页中。

恶、真妄的二元混合相状。但是，修行体证佛性的关键在于以"无分别"的智慧断除不应分别的"分别"，而并非废除一切寻思活动。相反，以智能之剑斩除妄识、妄相以从根本上伏灭心的妄用，这样就可还心相、心用以净、真、善的纯粹一元世界。从台、贤、禅等受《起信论》影响最深的中国化佛教宗派的心性思想看，以"性体"统合心相、心用，将三者于证会真如实相之时，合三为一，进而生起纯净无染、随心自任的大机大用，这是诸宗心性论之大要。当然，三宗将其结合的紧密程度不同，以禅宗更妥贴一些。

结语：如来藏思想与"本体"论

在将如来藏经典的汉译历程及其十一部经、三部论的结构、基本内容以及如来藏思想等问题作了较为详尽的分析之后，本研究的结语其实已经很清楚：首先，上述如来藏经典全部不存在"伪经"或"伪论"的问题。其次，如来藏经典并非可与中观、瑜伽行派并列的大乘佛教独立的派系，而是在般若类经典出现之后，力图在"空"义背景下重新对于如来法身以及众生成佛的依据等问题作的新诠释，尤其是，后期如来藏经典已经被瑜伽行派所吸收摄取。最后，在思想层面，如来藏并不存在近代以来学术界所指责的与"大梵"说没有区别等问题；宣称如来藏是"基体"，因而如来藏思想不是佛教，如此等等说法都是没有经典根据的。这三大结论，第二方面的内容也在第一章第一节作了简略分析，在此也姑且省略；第一个结论已经在第一章第二节之后的部分逐次作了论说考证，在此无必要重复。在此，仅仅对第三个层面的结论再作一总结陈词。

一、如来藏经典的主要论题

从上述分析可知，每一部如来藏经典都有自身的特色，也有自己独特的论域。譬如现今一直认可的最早流通的如来藏经典《大方广如来藏经》就是以九种譬喻来说明如来藏的奥义的。而其后的《央掘魔罗经》则稍显复杂一些。

如前文所论,《央掘魔罗经》除"一切众生皆有如来藏"这种一般性判断表述之外,最重要的恐怕是强调"众生界"与"佛界"的平等以及"如来藏我"的概念。尤其是,在与文殊师利菩萨讨论时,央掘魔罗说,主张偏空与有"我"者,两种人都颠覆正法。解脱实在不空,如来也不空,只因离一切烦恼及诸天人障蔽故说名空。从特定的角度说,此说接近于"不空如来藏"的理念。其次,《央掘魔罗经》还将是否信受如来藏作为大乘佛教与小乘佛教的区别性标志,其核心命题就是:"道有两种:谓声闻道及菩萨道,彼声闻道者,谓八圣道;菩萨道者,谓一切众生皆有如来藏我,次第断诸烦恼得佛性。"[①]关于这一问题的论述,在经中有几处,具体分析见前文。最后,此经也以相当的篇幅论及了如来藏与佛"法身"的关系。

《不增不减经》最核心的观念即是"一法界"即第一义谛、即众生界、即如来藏、即法身。此经说,轮回于六道三界四生中的众生界是无增无减的,而其基本依据则是众生界即如来藏即"法身","一法界"是如来智慧境界、"第一义谛"、"法身";"法身"被烦恼所缠、往来于生死海之时,名之为"众生";厌世间苦而修菩提行之时,名之为"菩萨";远离一切烦恼、住于彼岸清净法中之时,名之为"如来"。而从如来藏思想言之,《不增不减经》提出的"众生界三种法"最为独特,也最为重要。三法是:"一者,如来藏本际相应体及清净法。二者,如来藏本际不相应体及烦恼缠不清净法。三者,如来藏未来际平等恒及有法。"[②]即便从概念上判断,此中的核心即是如来藏。

《大法鼓经》畅论了"无为"、"无起"、"无作"的功德,以直指玄机的方法,说明它是趣入涅槃的法门。此经的思想核心为"涅槃"与"我"的关

---

① 宋求那跋陀罗译《央掘魔罗经》卷四,《大正藏》第2卷,第539页下。
② 《大正藏》第16卷,第467页中。

系,经中多次宣说了涅槃"常住安乐"的教义,譬如在论述"涅槃"与"妙色"以及"三乘"与"一乘"的关系等层次的义理时,都涉及了这一问题。

《胜鬘经》的如来藏思想更为系统,也更具思辨性。此经的第五章说明"涅槃一乘法"的修证,从第六章到第十二章解释三乘必归于佛乘而为一乘所摄的道理,第十三章说"入一乘道"之因,解释佛说"心性本净、客尘所染"密意是指的"如来藏心"。第十四章说净信为本,仍指归于涅槃。在论述"入一乘"时,此经强调以"真如法身"为"一乘体"。其次,此经的"法身章"集中解释如来藏与法身的关系,经中说,信知"无量烦恼藏所缠如来藏"及"出无量烦恼藏法身"能信得"圣谛"。而"空义隐覆真实章"则说如来藏为"隐","法身"为如来藏的"显现"。"自性清净章"的主旨是佛性即"自性清净心"。"如来真子章"则总举"五藏"之名:"如来藏者,是法界藏,法身藏,出世间上上藏,自性清净藏。"①此五名解释出了如来藏思想的要义以及重要性,很受重视。署名世亲的《佛性论》作了引用和解释,使其影响更为广大。

在如来藏经典中,《无上依经》最为独特的地方在于以"佛舍利"崇拜切入。此经在第一品指出为佛舍利建塔供养的无上功德之后,第二《如来界品》又从四个方面来叙说如来不可思议:其一是"界"与"性",其二是"菩提"与"证得",其三是"功德"与"法",其四是宣说"利益"与"作事"的。全经即是围绕这一纲要而展开的。尽管有些命题是前述如来藏经典已经叙述过的,如"众生界自性清净,客尘烦恼之所污浊",但此经于短小篇幅中勾勒的如来藏思想体系,很值得当今的学术界深思。作为早期如来藏经典,此经已经揭示出,如来藏思想并不是简单的思想体系,而是修证成佛之道。

昙无谶翻译的《无想经》的宗旨是阐述诸"三昧"法门及如来常住不灭之义。经的核心思想命题如下:其一,如来常恒不变,终不毕竟入于涅

---

① 刘宋求那跋陀罗译《胜鬘经》,《藏要》第2册,第311页。

槃。其二,如来具有常、乐、我、净的无上不可思议的功德。而可构成此经特色的,则是其三,"此经复有诸佛菩萨陀罗尼藏法门,此经复有诸佛菩萨如来微密宝藏法门"①,如此等等。这些"法门"都是悟入或者"证入"涅槃境界常乐我净的途径和方法。而从实质言之,也就是成佛的方法。经中特别指出,依"诸佛菩萨甚深净水大海三昧"、"甚深净水大海所入三昧"以及"深进大海水潮三昧"才能获得如来常乐我净之法身。

作为如来藏经典的集大成者,举凡前期如来藏经典讨论的问题、命题,在《大般涅槃经》中都得到了充分的展开。此经典具有三大融合性特征:一是将如来藏、佛性思想与作为"果位"的涅槃思想紧密地结合在一起;二是充分地将如来藏、涅槃思想坚实地奠基于般若中观思想的基石之上;三是将早期如来藏经典已经开显出来的"修证"特质发展到新的高度。

从具体命题的角度说,《大般涅槃经》下述思想最为重要:其一,如来常住不变,尤其是解释了佛陀"色身"的"可灭"与如来常住之间如何融通的疑难。如法显等翻译的《佛说大般泥洹经》卷二《长寿品》的宗旨是回答"何因得长寿,金刚不坏身?"的问题,简要答案是如来之所以"长寿"也是因为如此修行而致,其结语是:"是故当知,菩萨摩诃萨等视众生如一子想,修习如是平等三昧,心不怀害,是为菩萨长寿之业智慧自在。"②而《金刚身品》宗旨就是宣说如来法身常住、金刚不坏以及所成就的无量微妙功德,并说明之所以成就此金刚身是由于护持正法的因缘,核心命题是:"如来身者是常住身、不可坏身、金刚之身,非杂食身,即是法身。"③其二,如来之"大涅槃"具有"常乐我净"四德。其三,"佛性者,名为第一义空。第一义空,名为智慧。所言空者,不见空与不空。智者见空及与不空,常与无常,苦之与乐,我与无我。空者,一切生死。不空者,谓大涅

---

① 北凉昙无谶译《大方等无想经》卷三,《大正藏》第12卷,第1084页上。
② 东晋法显译《大般泥洹经》卷二,《大正藏》第12卷,第864页下。
③ 北凉昙无谶译《大般涅槃经》卷三,《大正藏》第12卷,第382页下。

槃。乃至无我者,即是生死。我者,谓大涅槃。见一切空,不见不空,不名中道。乃至见一切无我、不见我者,不名中道。中道者,名为佛性。以是义故,佛性常恒,无有变易。"①此中最为关键的一句话是:佛性是中道,而此中道之法是常恒不变的。

《圆觉经》的核心是"如来本起清净因地法行"②,因此,以修行成佛达到"圆觉"是此经的鲜明特色。唐宗密说,《圆觉经》是以"信"、"解"、"行"、"证"为教相的。此经的核心,如经中说:"无上法王有大陀罗尼门,名为圆觉,流出一切清净真如、菩提、涅槃及波罗密,教授菩萨。一切如来本起因地,皆依圆照清净觉相,永断无明,方成佛道。"③这一句是全经的总纲。一切如来本起之"因地",此都是依此"圆明普照"之"清净觉相"为"境"。菩萨欲达佛果,也必须依此"总持"一切清净功德的"圆觉陀罗尼门"之"理"为"境相"。由此"流出"清净真如、菩提因此而获得涅槃等。此经的"圆觉法门"宗趣即是如此。

在如来藏思想发展史上,《楞伽经》是中期如来藏思想与后期如来藏思想的一个分界。这部经大量而较为系统地涉及唯识思想,属于本著所竭力主张如来藏思想被融会进入早期唯识思想之中而不具备独立系统的直接证据。经首大慧菩萨一百零八问就涵盖了"五法"、"三自性"、"八识"、"二无我"等如来藏及唯识学的基本教义。经文说:"诸识有三种相,谓:转相、业相、真相。大慧!略说有三种识,广说有八相。何等为三?谓真识、现识及分别事识。大慧!譬如明镜,持诸色像,现识处现,亦复如是。"④尽管四卷译本对八识的解释后来存在一些歧义,但以八识来统摄如来藏在几种版本上是一致的。如大慧菩萨所说:"世尊!所说心意意识、五法、自性、相,一切诸佛菩萨所行,自心见等所缘境界不和合,显示一切说成真实相,一切佛语心。为楞伽国摩罗耶山海中住处诸大菩

---

① 北凉昙无谶译《大般涅槃经》卷二七,《大正藏》第12卷,第523页中。
②③ 唐佛陀多罗译《大方广圆觉修多罗了义经》,《大正藏》第17卷,第913页中。
④ 宋求那跋陀罗译《楞伽阿跋多罗宝经》卷一,《大正藏》第16卷,第483页上。

萨,说如来所叹海浪藏识境界法身。"①这是此经的总纲。至于就五法相辨三自性等内容,在此不再赘述。

《楞伽经》说,如来显"常不思议",唯修大乘行、证如来智者可得证成,非凡夫、外道及二乘所有。其原因就在于初发心修行者有五性差别,即"声闻乘无间种性"、"缘觉乘无间种性"、"如来乘无间种性"、"不定种性"。此外,以唯识思想来解释大涅槃也是此经的特色。如经所说,"一切自性习气,藏意意识见习转变,名为涅槃"②,"藏、意、意识"分别指第八识、第七识和前六识。"见习"指"我见习气"和"法见习气",须将此"我执习气"及"有支习气"转舍为清净无漏,即成就大涅槃。佛"圣智自觉境界"非常非断,非有性非无性。因为断绝了对于自相、共相的妄想,因而"非常";因为远离妄想而为圣智能亲证第一义,因而"非断"。涅槃"不坏不死",因为其无生死相续,非有为相,所以无成住坏空。

作为后期的佛典,《楞严经》以"理"、"行"、"果"为框架,几乎将大乘佛学的重要理论都囊括其中。从如来藏思想言之,此经至少有三点是非常突出的:其一是对"如来藏真心"的说明和强调;其二就是借助于此"如来藏真心"建构了一个对世间之成因的说明;其三是从这一"如来藏真心"引申出其独具特色的修行观。而作为众生解脱成佛根据的"无始菩提涅槃元清净体",是《楞严经》较为独特的提法。一般的如来藏系经典都用"如来藏自性清净心"的名称。而此经的这一提法,包含了三方面的含义:菩提、涅槃、识精。"识精"是指众生心识之中原本清净、不生不灭的常住真心。将上述三方面含义合于一体,"无始菩提涅槃元清净体"就成为《楞严经》将佛性论、心性论、修行解脱论合于一体的中心名相。这样,一切众生所具的此"无始菩提涅槃元清净体"就成为众生"色身"和"识心"的依据或本体。在此经中,"二决定义"和"六解一亡"两个环节既

---

① 宋求那跋陀罗译《楞伽阿跋多罗宝经》卷一,《大正藏》第16卷,第484页上。
② 宋求那跋陀罗译《楞伽阿跋多罗宝经》卷二,《大正藏》第16卷,第492页中。

是连接"理"和"行"的关键,也是将佛性论、心性论落实于修行层面的典范。

上述十二部如来藏经所关注的核心略有差别,而将上述内容融为一炉就是本著已经论说过的《宝性论》、《佛性论》和《大乘起信论》三部如来藏论典。

《宝性论》的内容由"七种金刚句"构成,即"佛、法、僧宝、性、菩提、功德、业"。"僧宝意义"中,《宝性论》论及众生本来清净,"正觉正知者,见一切众生,清净无有我,寂静真实际故"①。这是对于"自性清净法身"的说明,有两方面的含义,一是"见性本来自性清净",二是"见诸烦恼本来寂灭","自性清净心本来清净,又本来常为烦恼所染。此二种法于彼无漏真如,法界中善心不善心俱,更无第三心"②。第四句义"性"即佛性,也称为"众生义",核心是一切众生皆有如来藏,有三种义,一是"如来法身遍在一切诸众生身",二是"如来真如无差别",三是"一切众生皆悉实有真如佛性"。③ 概括言之,《宝性论》的核心内容是:一切众生皆有如来藏以及如来藏是法身藏,如来藏乃诸佛如来体证所得。

《佛性论》具有鲜明的融汇如来藏于瑜伽行派之中的特色。"破执分"就佛性问题,对小乘、外道、大乘所存在的谬执,进行了逐一破斥。"显体分"从佛性之"体"来说明佛性,即"三因三种佛性"。所谓"三因",即"应得因"、"加行因"、"圆满因"。由此三因中的"应得因"细分出三种佛性,即"住自性佛性"、"引出性佛性"、"至得性佛性"。此后又以瑜伽行派的"三性"来解释佛性。"三性"即"三自性"和"三无性"。尤其是,此论所说的"所摄藏"、"隐覆藏"、"能摄藏"如来藏三义在如来藏思想体系中具有十分重要的地位。此外,此论的"辩相分"从"相"和"果"上来叙说佛性,篇幅最大,内容很丰富,如佛性的"果相"也就是"法身四德"——常波

---

①② 北魏勒那摩提等译《宝性论》卷二,《大正藏》第 31 卷,第 824 页下。
③ 参见北魏勒那摩提等译《宝性论》卷三,《大正藏》第 31 卷,第 828 页中。

罗蜜、乐波罗蜜、我波罗蜜、净波罗蜜。如此等等,俱见前文,兹从略。

《大乘起信论》大纲是"一心"、"二门"、"三大"、"四信"。"一心"即"众生心","二门"即"心真如门"和"心生灭门","三大"即"体大"、"相大"、"用大","四信"即"信根本"、"信佛有无量功德"、"信法有大利益"、"信僧能正修行自利利他",而"根本"就是指的"真如佛性"。具体内容见前文,从略。

二、"佛性我"与"大梵"

经过对汉译如来经典的详尽考察,我们愈来愈明确,如来藏思想从其"本意"而言,竭力反驳的就是将如来藏与"梵我"混淆的说法。

首先从如来藏经论中对立如来藏的必要性的论证说起。

对此问题,在如来藏类佛经中数《楞伽经》说得最集中。四卷本《楞伽经》卷一中,针对大慧菩萨所问"云何世尊同外道说我,言有如来藏耶?"①,世尊分三层次来解释立如来藏的必要性:

第一,断"无我畏"故说如来藏。佛告诉大慧菩萨说:"我说如来藏,不同外道所说之我。大慧!有时说空、无相、无愿、如、实际、法性、法身、涅槃、离自性、不生不灭、本来寂静、自性涅槃,如是等句说如来藏已,如来应供等正觉为断愚夫畏无我句,故说离妄想无所有境界如来藏门。"②由此可知,大乘佛教所立之如来藏与外道所言的"神我"不同,"如来藏"是佛智自证之第一义心,也即经中所说的"无所有境界"。与如来藏处于同一层面的概念则有"空"、"无相"、"无愿"等"三解脱门"以及"如"、"实际"、"法性"、法身、自性涅槃等句。佛之所以如此说如来藏,是为了消解凡夫闻"无我"句之后以之作为"断灭义"而妄生的恐怖畏惧。

第二,方便善巧故说如来藏。

---

① 宋求那跋陀罗译《楞伽阿跋多罗宝经》卷二,《大正藏》第16卷,第489页上。
② 同上书,第489页中。

此经中又说:"未来现在菩萨摩诃萨,不应作我见计著。譬如陶家,于一泥聚,以人工、水、木、轮绳方便,作种种器。如来亦复如是,于法无我离一切妄想相,以种种智慧善巧方便,或说如来藏,或说无我。以是因缘故,说如来藏不同外道所说之我;是名说如来藏。"①此中,佛告诫大慧等菩萨,对于如来藏法门,一定不应该以"我见"来计著。就如陶工以聚泥及种种器具为方便因缘制成种种器具。佛也是依于种种方便悉檀因缘,应种种机,立种种名,或说"如来藏",或说"无我",如此等等,无非破其妄执。简言之,佛立如来藏法门是为修行者产生"正智"确立一个方便而已。此不能理解为如同外道所说的存在于"心"之外的"实体性"的"我"。

第三,令离我见故说如来藏。

此经又说:"开引计我诸外道故,说如来藏,令离不实我见妄想,入三解脱门境界,希望疾得阿耨多罗三藐三菩提,是故如来应供等正觉作如是说如来之藏。若不如是,则同外道。是故大慧!为离外道见故,当依无我如来之藏。"②此中说,佛说如来藏,正为开导指引"执我"、"执法"的外道,使其能够远离于"我见"的妄想。

《佛性论》也有专门的文字集中论证为何佛说佛性。《佛性论》说:"如来为除五种过失,生五功德故,说一切众生悉有佛性。"③

第一,"为令众生离下劣心"而说佛性。对此,论中解释说:"有诸众生未闻佛说有佛性理,不知自身必当有得佛义故,于此身起下劣想,不能发菩提心。今欲令其发心,舍下劣意故,说众生悉有佛性。"④

第二,"为离高慢心"而说佛性。对此,论中解释说:"若有人曾闻佛说众生有佛性故,因此发心。既发心已,便谓我有佛性故能发心,作轻慢意,谓他不能。为破此执故。佛说一切众生皆有佛性。"⑤

---

①② 宋求那跋陀罗译《楞伽阿跋多罗宝经》卷二,《大正藏》第16卷,第489页中。
③④⑤ 陈真谛译《佛性论》卷一,《大正藏》第31卷,第787页上。

第三,"为离虚妄执"而说佛性。对此,论中解释说:"若人有此慢心,则于如理如量正智不得生显故起虚妄。虚妄者,是众生过失。过失有二:一本无,二是客。一本无者,如如理中,本无人我,作人我执。此执无本,由无本执故,起无明等。由无明起业,由业起果报。如此三种,无实根本。所执是无,故知能执皆成虚妄故。由于此执所起无明诸业果报,并是虚妄故,无受者、作者。而于中执有,是虚妄故言本无。二是客者,有为诸法皆念念灭,无停住义,则能骂所骂二无所有,但初刹那为旧,次刹那为客,能骂所骂起而即谢。是则初刹那是怨,次则非怨。以于客中作于旧执,此执不实,故名虚妄。若起此执,正智不生,为除此执,故说佛性。佛性者,即是人、法二空所显真如。由真如故,无能骂所骂,通达此理,离虚妄执。"①

第四,"为除诽谤真实法"而说佛性。对此,论中解释说:"一切众生过失之事,并是二空。由解此空故,所起清净智慧功德,是名真实。言诽谤者,若不说佛性,则不了空,便执实有,违谤真如净智功德,皆不成就。"②

第五,"离我执"而说佛性。对此,论中解释说:"若不见虚妄过失真实功德,于众生中不起大悲。由闻佛说佛性故,知虚妄过失真实功德,则于众生中起大悲心。无有彼此,故除我执。"③

论中说,"为此五义因缘,佛说佛性生五种功德。"五功德是"起正勤心"、"生恭敬事"、"生般若"、"生阇那"、"生大悲"。而"由五功德,能翻五失。由正勤故,翻下劣心。由恭敬故,翻轻慢意。由般若故,翻妄想执。由生阇那俗智,能显实智及诸功德故,翻谤真法。由大悲心,慈念平等,故翻我执。翻我执者,由佛性故,观一切众生,二无所有。息自爱念,观诸众生二空所摄,一切功德而得成就"④。

---

① 陈真谛译《佛性论》卷一,《大正藏》第31卷,第787页上—中。
②③④ 同上书,第787页中。

总之,"灭五过失,生五功德,是故佛说一切众生皆有佛性"①。

作为早期如来藏经的《央掘魔罗经》即有专门文字说明佛性之"我"与"空"是统一的。此经先说,主张偏空与有"我"者,二种人都颠覆正法。解脱实在不空,如来也不空,只因离一切烦恼及诸天人障蔽故说名空。如经中说:"如来真解脱,不空亦如是。出离一切过,故说解脱空。如来实不空,离一切烦恼。及诸天人阴,是故说名空。呜呼蚊蚋行,不知真空义。"②对照中观学所讲的"真空"义,《央掘魔罗经》力主的是"空"与"我"的统一,持绝对的"空"与简单地说有"我"都是颠覆佛法的行为。而对于力主"空"、"无常"的缘由,《大法鼓经》也有类似的议论:"为破世间我,故说无我义。"③其后,经中又说,进入佛法之后,在"信心增长、勤修精进、善学空法"④的基础上,世尊会接着为其"说常住安乐有色解脱"⑤之法。特别是对于那些将解脱境界理解为"趣向灭尽"的"无慧人",世尊特别以"百千因缘说解脱是'有'"的教义。但是,如来是"不灭"的,但如来的"有我"不是凡夫所理解的"我",是"无我非无我"。经中说:"如来是天中之天,若般涅槃悉磨灭者,世间应灭;若不灭者,则常住安乐。常住安乐,则必有我,如烟有火。若复无我而有我者,世间应满;实有我,非无我亦不坏;若实无我,我则不成。"⑥

其实,如来藏类佛经中有大量的批驳外道对"我"的计执。如《大般涅槃经》中罗列了外道定执有"我"的根据:

第一,据造作。经中说:"有诸外道复言有我。有所睹见,能造作故。譬如有人入陶师家,虽复不见陶师之身,以见轮绳,定知其家必是陶师。我亦如是,眼见色已,必知有我。若无我者,谁能见色?闻声,乃至触法,亦复如是。"⑦

---

① 陈真谛译《佛性论》卷一,《大正藏》第31卷,第787页中。
② 宋求那跋陀罗译《央掘魔罗经》卷二,《大正藏》第2卷,第527页下。
③ 宋求那跋陀罗译《大法鼓经》卷下,《大正藏》第9卷,第296页中。
④ 同上书,第296页中—下。
⑤⑥ 同上书,第296页下。
⑦ 北凉昙无谶译《大般涅槃经》卷一三,《大正藏》第12卷,第444页下。

第二,据相貌。经中归纳说:"有我。云何得知?因相故知。何等为相?喘息视眴,寿命役心,受诸苦、乐,贪求瞋恚。如是等法,悉是我相。是故当知,必定有我。"①

第三,据别味。经中归纳说:"复次,有我。能别味故。有人食果,见已知味。是故当知,必定有我。"②

第四,据作业。经中归纳说:"有我。云何知耶?执作业故。执镰能刈,执斧能斫,执瓶盛水,执车能御。如是等事,我执能作。是故当知,必定有我。"③

第五,据求乳。经中归纳说:"有我。云何知耶?即于生时,欲得乳哺,乘宿习故。已是当知,必定有我。"④这是一个譬喻。

第六,据名字。经中归纳说:"有我。云何知耶?和合利益他众生故。譬如瓶、衣、车乘、田宅、山林、树木、象、马、牛、羊。如是等物,若和合者,则有利益。此内五阴,亦复如是。眼等诸根,有和合故,则利益我。是故当知,必定有我。"⑤这是通过日常生活经验来推论的。

第七,据有遮。经中归纳说:"有我。云何知耶?有遮法故。如有物故,则有遮阂。物若无者,则无有遮。若有遮者,则知有我。是故当知,必定有我。"⑥此中所说"遮"即现在一版所说的"窒碍"。

第八,据伴类。经中归纳说:"有我。云何知耶?伴、非伴故。亲与非亲,非是伴侣。正法、邪法,亦非伴侣。智与非智,亦非伴侣。沙门、非沙门,婆罗门、非婆罗门,子、非子,昼、非昼,夜、非夜,我、非我。如是等法,为伴非伴。是故当知,必定有我。"⑦这一证据大致相当于今日所说的"事物"的内在规定性。

世尊在此经中较为详细地批驳了上述观点。首先,以"色"、"非色"两分法来说明"无我"。世尊说:"诸行无我。善男子,总一切法谓色、非

---

① 北凉昙无谶译《大般涅槃经》卷一三,《大正藏》第12卷,第444页下。
② 同上书,第444页下—445页上。
③④⑤⑥⑦ 同上书,第445页上。

色。色非我也。何以故？可破,可坏,可打,可裂,生增长故。我者,不可破、坏、打、裂、生长。以是义故,知色非我。非色之法,亦复非我。何以故？因缘生故。"①此中说,"色法"是可变化的,可增长或可坏灭的,因而是"无我"的;而"非色法"则是由因缘所生的,因而也是"无我"的。其后,则针对上述八个方面的错误理由作批驳。由于第一"造作"、第四"作业"的理由,在别处世尊多次批驳,此处未再论及。

第一,批驳"有专念":"若诸外道以专念故,知有我者,专念之性,实非我也。若以专念为我性者,过去之事,则有忘失。有忘失故,定知无我。"②

第二,批驳有"忆想":"若诸外道以忆想故,知有我者,无忆想故,定知无我。如说见人手有六指,即复问言:'我先何处共相见耶？'若有我者,不应复问。以相问故,定知无我。"③

第三,批驳"有遮":"若诸外道有遮故,知有我者,善男子,以有遮故,定知无我。如言调达终不发言,非调达也。我亦如是。若定是我,终不遮我。以遮我故,定知无我。若以遮故,知有我者,汝今不遮,定应无我。"④

第四,批驳"伴类":"若诸外道以伴非伴,知有我者,以无伴故,应无有我。有法无伴,所谓如来、虚空、佛性。我亦如是,实无有伴。以是义故,定知无我。"⑤

第五,批驳"有名字":"若诸外道以名字故,知有我者,无我法中,亦有我名。如贫贱人,名字富贵;如言我死,若我死者,我则杀我,而我实不可杀,假名杀我;亦如矬人,名为长者。以是义故,定知无我。"⑥

第六,批驳"求乳":"若诸外道以生已求乳,知有我者,善男子,若有我者,一切婴儿不应执持不净、火蛇、毒药。以是义故,定知无我。"⑦

---

①②③ 北凉昙无谶译《大般涅槃经》卷一三,《大正藏》第12卷,第446页中。
④ 同上书,第446页中—下。
⑤⑥⑦ 同上书,第446页下。

第七,批驳"有相貌":"若诸外道以相貌故,知有我者,善男子,相故无我,无相故亦无我。若人睡时,不能进止、俯仰、视眴,不觉苦、乐,不应有我。若以进止、俯仰、视眴知有我者,机关木人亦应有我。善男子,如来亦尔,不进不止,不俯不仰,不视不眴,不苦不乐,不贪不恚,不痴不行,如来如是真实有我。"①

第八,批驳"别味":"若诸外道以见他食果,口中生涎,知有我者,善男子,以忆念故,见则生涎;涎非我也,我亦非涎,非喜非悲,非哭非笑,非卧非起,非饥非饱。以是义故,定知无我。"②

在最后,世尊指出,涅槃之"常乐我净"并非一般人所能理解,因为"是诸外道痴如小儿,无慧方便,不能了达常与无常、苦乐、净不净、我无我、寿命非寿命、众生非众生、实非实、有非有,于佛法中取少许分,虚妄计有常、乐、净、我,而实不知常、乐、净、我。"③这些确信"有为法"有常乐我净者,"如生盲人,不识乳色,便问他言:乳色何似?他人答言:色白如贝。盲人复问:是乳色者,如贝声耶?答言:不也。复问:贝色为何似耶?答言:犹稻米粖。盲人复问:乳色柔耎,如稻米粖耶?稻米粖者,复何所似?答言:如雪。盲人复言:彼稻米末,冷如雪耶?雪复何似?答言:犹如白鹤。是生盲人,虽闻如是四种譬喻,终不能得识乳真色。是诸外道亦复如是,终不能识常、乐、净、我。善男子,以是义故,我佛法中有真实谛,非于外道"④。

在批驳了外道错误见解之后,《大般涅槃经》也正面说了"佛性我"的含义。《大般涅槃经》卷七说:"我者即是如来藏义,一切众生悉有佛性,即是我义。如是我义从本已来,常为无量烦恼所覆,是故众生不能得见。"⑤这是此品的核心观念。此中明确地说"我"即如来藏,即佛性。一切众生皆有此佛性,不过从本以来被无量烦恼所覆盖,不能得见而已。

---

① ② ③ 北凉昙无谶译《大般涅槃经》卷一三,《大正藏》第12卷,第446页下。
④ 同上书,第446页下—447页上。
⑤ 北凉昙无谶译《大般涅槃经》卷七,《大正藏》第12卷,第407页中。

此经中提出了两种角度,即"凡夫"和"有智之人"。依前者,只言"苦"、"一切无常"、"无我"、如来藏空寂、解脱犹如幻化,而依后者则应是"乐"、"常"、"我"、"清净"。

由此可见,佛教经论中屡屡说及的如来藏、佛性与外道所说的"梵我"以及凡夫所执持的"实我"是不容混淆的。

譬如《佛性论》"我德"的论证,此品先说:"由一切外道色等五阴无我性类计执为我。而是色等法,与汝执我相,相违故,恒常无我。诸佛、菩萨由真如智,至得一切法无我波罗蜜,是无我波罗蜜。与汝所见无我相,不相违故。如来说是相,恒常无我,是一切法真体性故,故说无我波罗蜜是我。"①这是说,一切外道将色等五阴计执为我,而其实此"色等法"与其所界定的"我相"是不符合的,因而应该是"恒常无我"的。而诸佛菩萨由"真如智"证入一切法的无我性而获得"无我波罗蜜",此"无我波罗蜜"与你们所界定的"无我相"不相违背,如来说此"相"恒常无我,是一切法真体性故,故说"无我波罗蜜"是"我"。为何将"无我"又称之为"我"呢?论中引用了其他经论中的偈颂:"二空已清净,得无我胜我,佛得净性故。"②此后《佛性论》解释说:"无我转成我,诸外道等于五取阴中,执见有我,为翻其我执虚妄故,修习般若波罗蜜,至得最胜无我,即我波罗蜜,是其果。"③依据此中所说,当菩萨证入人法二空之时所获得的"最胜无我"即为"我波罗蜜"。此品还有一解释:"复有二种因缘,说如来法身有大我波罗蜜:一、由远离外道边见执故,无有我执。二、由远离二乘所执无我边故,则无无我、妄执,两执灭息,故说大我波罗蜜。"④这是说,"我波罗蜜"首先是超越凡夫、外道所执之"我"而得的,尤其重要的是,它也是超越远

---

① ③陈真谛译《佛性论》卷二,《大正藏》第31卷,第798页下。
②《佛性论》卷二,《大正藏》第31卷,第798页下。根据学者研究,《宝性论》卷三也引用同样的偈颂:"知清净真空,得第一无我。诸佛得净体,是名very大。"(《大正藏》第31卷,第829页下)。而此偈二论皆引自《大乘庄严经论》:"清净空无我,佛说第一我;诸佛我净故,故佛名大我。"(《大正藏》第31卷,第603页下)。此说法转引自恒清《佛性思想》,第177页批注。
④陈真谛译《佛性论》卷二,《大正藏》第31卷,第799页中。

离声闻、缘觉所执持的"无我边见"而获得。总之,此"我波罗蜜"既是超越"我执",又是超越"无我"之见的。此两种"执见"灭息,"大我"即显现证得。

三、"批判佛教"的"基体"说

"批判佛教"反对如来藏、性觉思想的一个重要依据是"基体"(dhatu—vada)说,这是松本史朗多年研究如来藏思想所得出的结论。松本认为,将"基体"观落实于实践层面时,很容易误导人们无视个体所存在的差别,反而从根本上将现象世界的种种分别与差异统统视为相同而无分别。袴谷宪昭也从这个角度认定本觉思想。他认为,本觉思想"就其本质而言,乃是指一切法的根底皆以单一的'体'或'真如'的'本觉'作为其基础。"①袴谷宪昭所理解的"本觉"侧重以"基体"来解释"心体",因而与松本所言基本一致。这里便蕴涵着三个问题:一是佛教的"心性本体"是否等同于"基体";二是如何看待佛教本体论所蕴涵的"生成论"的"实体化"倾向;三是本觉思想是否会导致社会批判功能的丧失。以下对此三点作一简单回应。

松本史朗所说的"基体"也就是"单一"、"普遍永恒的实在",它包含六个特征:其一,L 是 S 的基体;其二,L 是 S 生起的原因;其三,L 是单一,S 是多数;其四,L 是实在,S 非是实在;其五,L 是 S 之本质;其六,S 是非实在,但是因为它是从 L 生起,又以 L 作为本质,因此,S 也就具有某种程度的实在性或具有实在性的根据。② 由以上界定,松本、袴谷认为如来藏自性清净心、《起信论》的"本觉"之心以及华严宗的真心等都是这

---

① 见袴谷宪昭《本觉思想批判》第 7—8 页。转引自吕凯文《当代日本"批判佛教"思潮》一文,台湾《正观杂志》第 10 期第 29 页。
② 参见松本史朗撰、吕凯文译《如来藏思想不是佛教》一文,台湾《法光月刊》第 101 期,1998 年出版。又参见杰米·霍巴德等主编《修剪菩提树:"批判佛教"的风暴》,龚隽、冯焕珍等译,上海古籍出版社,2004 年 11 月版。

样的"基体"。以此"基体"为根底的传统佛教都是"非佛教",因为它们违反了无我、缘起的基本教理。对于这些指责,我们认为:第一,松本上述的界定用之于如来藏思想是不妥当的,因为《胜鬘经》已经说过,如来藏不是单纯的"实在"或实有,而是"空如来藏"与"不空如来藏"的统一。松本先生仅承认其"实在"的一面,而对其"空"的一面视而不见,显然不妥。第二,《起信论》的"本觉思想"并不是言"众生之心"是一实体。袴谷宪昭在解读《起信论》的"本觉"概念时说,"心真如"不外是"体"的别称,它与"法界"、"法身"等概念实同名异。依照"依此法身说明本觉"的字面设想,显然"本觉"一词与"体"、"真如"等概念全然无异。[①] "依此法身说明本觉"是指《起信论》中"所言觉者,谓心体离念"一段中的文字[②]。袴谷宪昭认为,《起信论》的立场是在"心"的背后有着"心之体"作为恒常不变的"真如"支配一切法。其实,"觉"并不能简单地等同于"真如"、"法身","觉"是众生之心的本来状态,它与真如一样不与妄染法相应,但"觉"之体是"众生心"而非"真如"本身。"真如"、"空性"是众生之心的本质,但世间诸法并不是依于真如而生起,而是依于"心生灭门"即"无明风"而生起。"真如"是"心"之本质或曰本来面目,但并不是世间诸法的生成者。《起信论》对此言之不详,后来的台、贤、禅宗正是顺着《起信论》所蕴涵的这一向度而建构出各自心性本体论的。这就引出了我们对松本史朗、袴谷宪昭"基体"说的第三点反驳——隋唐佛教心性本体并非如二位所说的"基体",而这一点早在净影慧远思想中就已经很明确了。

在《心性与佛性——中国佛教心性论及其相关问题研究》[③]中,笔者已经分析了隋唐佛教心性论的四种范式。这四种范式的共同特点就是在心体与理体密切关联的框架之下建立各自的心性(心)本体。在天台

[①] 见袴谷宪昭《本觉思想批判》第6页。参见吕凯文《当代日本"批判佛教"思潮》一文,台湾《正观杂志》第10期第31—32页。
[②] 参见高振农校释《大乘起信论》,第27页。
[③] 《心性与佛性——中国佛教心性论及其相关问题研究》,《中国佛教学术论典》第12册,高雄:佛光出版社,2001年。又见《中国佛教心性论研究》,北京:宗教文化出版社,2007年。

宗的"一念无明法性心"本体、华严宗的"自性清净圆明体"、禅宗的"自心"之中,心体是与理体合一的。在这些本体之中,充当诸法之本体的不再单纯是理体,而是这种理体与心体合一的整体形态的"心"。学术界惯常以"真如缘起论"来看待中国化佛教诸宗,故而难免"基体"之讥。本文的分析表明,充当诸法生起与还灭的"本体"并非"实相"、"法性"、"真如",而是蕴涵理体于其内的"心体",而"心体"的现证又是一个动态的过程。"心"是无有"自性"和固定的"自相"的,它并非通常所说的"实体",而是"动态"本体。至于蕴涵于心体之中的理体——"实相"、"法性"、"真如",其基本的规定是"空性",只是从"最高真理"的角度姑且(即"方便")称之为"不变",何谈一般意义上的"真常"呢?① 至于"真心"是与"妄心"相对而言的,此"真"并非"不变"义,而是"本来清净"之义,"真常"也就是"本来长久地清净"的意思。因此,将中国化佛教诸宗称之为以"实体"或"基体"为特质的"真常唯心论"并不见得恰当。法相唯识宗心性论范式的特征是心体与理体的两分,其真正意义上的"本体"是藏识,而不是有人所说的"真如"②,真如只是"转依"完成之后的所证而已。藏识即第八识是可转舍和必须转舍的,这怎么能说"藏识本体"具有不变的"基体"的含义呢?

"如来藏"思想揭示了众生皆具解脱成佛的根据和可能,而本觉思想则在此基础上将其发展成为一种"乐观的人性论"③。从前者言之,它奠定了众生在成佛的可能性上的平等地位,符合佛陀创教的本怀;从后者

---

① 可见,中国化佛教诸宗心性论绝对不与"无我"、"缘起法"相矛盾。
② 熊十力之所以将唯识宗称之为二重本体论正是出于这种误解。而龚隽以本体论与创生论二分来分析欧阳竟无的佛学思想恰恰与熊十力的解读有异曲同工之妙。在中国哲学中,"创生论"即"本根论"是一种特殊形态的"本体论"。龚先生所说"正智向上与真如构成一本体论的关联",这不是玄奘一系唯识学的说法,恰恰是欧阳作了抑评的古唯识学的观念。在玄奘一系唯识学中,真如即圆成实性是转依智之所证得,它与正智是"能证"与"所证"的关系。龚隽的分析见其所撰《严于染净真俗之界:欧阳竟无思想三论》,《佛学研究》第8期第34—44页,1999年北京出版。
③ 释恒清《〈佛性论〉研究》,见《中印佛学泛论》第99页,台湾东大图书公司1993年版。

言之,它抬升了众生心中清净向善的一面,从而使其有了更强有力的追求解脱的自信。而中国化佛教诸宗心性论则进一步完善了印度如来藏和本觉思想,并将其发展至理体与心体合一的深度。这才是如来藏和本觉思想的真正意蕴。不过,毋庸讳言,任何完善的思想体系在实际运用之中都存在着失当的可能性,中国佛教心性论也不例外。前述支那内学院诸师担心"性觉论"混同体用染净,过分强调当下圆成,容易产生满街都是圣人和狂禅的流弊,这是有道理的。但由此而如吕澂所说,从性觉上说来,众生"现实的"、"已然的"等同于"佛"①,显系夸大之辞。后期禅宗走的是顿悟不废渐修的修证路径;天台宗尽管言说"性具恶",但却发展出了最为完备的止观修证方法。这些都是言本觉并不必然地意味着众生现实地就是"佛"的明证。当然,也毋庸讳言,本觉的判定也蕴藏着使用失当的根由,就如任何真理性认识若超越了其可以运用的限度都将导致谬误一样。宋元以后的狂禅作风,不能说与本觉思想隐藏的使用限度无关。支那内学院诸师的担心以及"批判佛教"者对于本觉思想容易导致批判功能的丧失的指责,应该成为我们在新的情势下研究、诠释隋唐佛教心性论的反动力。

---

① 《吕澂佛学论著选集》(三),第1418页。

主要参考文献

一、佛教经论

《佛说鸯掘摩经》一卷,西晋竺法护译,《大正藏》第2卷。
《佛说鸯崛髻经》一卷,西晋法炬译,《大正藏》第2卷。
《央掘魔罗经》四卷,刘宋求那跋陀罗译,《大正藏》第2卷。
《大庄严论经》,后秦鸠摩罗什译,《大正藏》第4卷。
《妙法莲华经》七卷,姚秦鸠摩罗什译,《大正藏》第9卷。
《正法华经》十卷,西晋竺法护译,《大正藏》第9卷。
《大法鼓经》二卷,刘宋求那跋陀罗译,《大正藏》第9卷。
《大方广佛华严经》六十卷,东晋佛驮跋陀罗译,《大正藏》第9卷。
《大方广佛华严经》八十卷,唐实叉难陀译,《大正藏》第10卷。
《佛说如来兴显经》四卷,西晋竺法护译,《大正藏》第10卷。
《大宝积经》一百二十卷,唐菩提流志译,《大正藏》第11卷。
《胜鬘师子吼一乘大方便方广经》一卷,刘宋求那跋陀罗译,《藏要》第2册。
《大般涅槃经》四十卷,北凉昙无谶译,《大正藏》第12卷。
《大般涅槃经》三十六卷,宋慧严等改编,《大正藏》第12卷。
《佛说大般泥洹经》六卷,东晋法显等译《大正藏》第12卷。
《大般涅槃经后分》二卷,唐若那跋陀罗译,《大正藏》第2卷。
《大方等如来藏经》一卷,东晋佛陀跋陀罗译,《大正藏》第16卷。
《大方广如来藏经》一卷,唐不空译,《大正藏》第16卷。
《佛说不增不减经》一卷,元魏菩提流支译,《大正藏》第16卷。

999

《佛说无上依经》二卷，梁真谛译，《大正藏》第16卷。
《楞伽阿跋多罗宝经》四卷，刘宋求那跋陀罗译，《大正藏》第16卷。
《入楞伽经》十卷，元魏菩提流支译，《大正藏》第16卷。
《大乘入楞伽经》七卷，唐实叉难陀译，《大正藏》第16卷。
《解深密经》五卷，唐玄奘译，《大正藏》第16卷。
《佛说解节经》一卷，陈真谛译，《大正藏》第16卷。
《佛说佛地经》一卷，唐玄奘译，《大正藏》第16卷。
《大乘密严经》三卷，唐地婆诃罗译，《大正藏》第16卷。
《大乘密严经》三卷，唐不空译，《大正藏》第16卷。
《佛说未曾有经》一卷，失译，《大正藏》第16卷。
《甚希有经》一卷，唐玄奘译，《大正藏》第16卷。
《大方广圆觉修多罗了义经》一卷，唐佛陀多罗译，《大正藏》第17卷。
《涅槃经本有今无偈论》一卷，陈真谛译，《大正藏》第26卷。
《佛地经论》七卷，唐玄奘译，《大正藏》第26卷。
《中边分别论》二卷，陈真谛译，《大正藏》第31卷。
《辩中边论》三卷，唐玄奘译，《大正藏》第31卷。
《大乘庄严经论》十三卷，唐波罗颇蜜多罗译，《大正藏》第31卷。
《佛性论》四卷，陈真谛译，《大正藏》第31卷。
《究竟一乘宝性论》四卷，后魏勒那摩提译，《大正藏》第31卷。
《大乘五蕴论》一卷，唐玄奘译，《大正藏》第31卷。
《大乘广五蕴论》一卷，唐地婆诃罗译，《大正藏》第31卷。
《三无性论》二卷，陈真谛译，《大正藏》第31卷。
《大乘法界无差别论》一卷，唐提云般若等译，《大正藏》第31卷。
《大乘法界无差别论》一卷，唐提云般若译，《大正藏》第31卷。
《大乘起信论》一卷，梁真谛译，《大正藏》第32卷。
《大乘起信论》二卷，唐实叉难陀译，《大正藏》第32卷。
《楞严经》十卷，唐般剌密帝等译《大正藏》第19卷。

二、古代著述

《胜鬘宝窟》六卷，隋吉藏撰，《大正藏》第37卷。
《大般涅槃经集解》七十一卷，梁宝亮等集，《大正藏》第37卷。
《大般涅槃经义记》十卷，隋慧远述，《大正藏》第37卷。
《大般涅槃经玄义》二卷，隋灌顶撰，《大正藏》第38卷。
《涅槃玄义发源机要》四卷，宋智圆述，《大正藏》第38卷。
《大般涅槃经疏》三十三卷，隋灌顶撰，《大正藏》第38卷。
《涅槃经游意》一卷，隋吉藏撰，《大正藏》第38卷。
《涅槃宗要》一卷，新罗元晓撰，《大正藏》第38卷。
《楞伽阿跋多罗宝经批注》八卷，明宗泐、如玘同注，《大正藏》第39卷。

《入楞伽心玄义》一卷,唐法藏撰,《大正藏》第39卷。
《注大乘入楞伽经》十卷,宋宝臣述,《大正藏》第39卷。
《大方广圆觉修多罗了义经略疏》四卷,唐宗密述,《大正藏》第39卷。
《圆觉经大疏》十二卷,唐宗密述,《新纂卍续藏》第9册。
《圆觉经大疏释义钞》二十六卷,唐宗密撰,《新纂卍续藏》第9册。
《首楞严义疏注经》二十卷,宋子璇集,《大正藏》第39卷。
《大乘起信论义疏》四卷,隋慧远撰,《大正藏》第44卷。
《起信论疏》二卷,新罗元晓撰,《大正藏》第44卷。
《大乘起信论别记》二卷,新罗元晓撰,《大正藏》第44卷。
《大乘起信论义记》五卷,唐法藏撰,《大正藏》第44卷。
《大乘起信论义记别记》一卷,唐法藏撰,《大正藏》第44卷。
《起信论疏笔削记》二十卷,宋子璇录,《大正藏》第44卷。
《大乘起信论内义略探记》一卷,新罗太贤作,《大正藏》第44卷。
《大乘起信论裂网疏》六卷,明智旭述,《大正藏》第44卷。
《高僧传》十四卷,梁慧皎撰,《大正藏》第50卷。
《续高僧传》三十卷,唐道宣撰,《大正藏》第50卷。
《宋高僧传》三十卷,宋赞宁等撰,《大正藏》第50卷。
《高僧法显传》一卷,东晋法显记,《大正藏》第51卷。
《洛阳伽蓝记》五卷,元魏杨衒之撰,《大正藏》第51卷。
《弘明集》十四卷,梁僧祐撰,《大正藏》第52卷。
《广弘明集》三十卷,唐道宣撰,《大正藏》第52卷。
《出三藏记集》十五卷,梁僧祐撰,《大正藏》第55卷。
《众经目录》七卷,隋法经等撰,《大正藏》第55卷。
《历代三宝纪》十五卷,随费长房撰,《大正藏》第49卷。
《众经目录》五卷,隋彦琮撰,《大正藏》第55卷。
《众经目录》五卷,唐静泰撰,《大正藏》第55卷。
《大唐内典录》十卷,唐道宣撰,《大正藏》第55卷。
《古今译经图纪》四卷,唐靖迈撰,《大正藏》第55卷。
《续古今译经图纪》一卷,唐智昇撰,《大正藏》第55卷。
《大周刊定众经目录》十五卷,唐明佺等撰,《大正藏》第55卷。
《开元释教录》二十卷,唐智昇撰,《大正藏》第55卷。
《开元释教录略出》五卷,唐智昇撰,《大正藏》第55卷。
《大唐贞元续开元释教录》三卷,唐圆照集,《大正藏》第55卷。
《贞元新定释教目录》三十卷,唐圆照撰,《大正藏》第55卷。
《胜鬘经疏》一卷,昭法师撰,《大正藏》第85卷。
《挟注胜鬘经》一卷,《大正藏》第85卷。
《涅槃经义记》一卷,《大正藏》第85卷。
《大涅槃经义记》卷第四,《大正藏》第85卷。

三、现代相关研究著作

印顺法师《妙云集》,台北:正闻出版社,1994年版。
印顺法师《印度之佛教》,台北:正闻出版社,1985年版。
印顺法师《印度佛教思想史》,台北:正闻出版社,1988版。
印顺法师《如来藏之研究》,台北:正闻出版社,1981年版。
印顺法师《初期大乘佛教起源与开展》,台北:正闻出版社,1989年版。
《吕澂佛学论著选集》,济南:齐鲁书社,1990年版。
郭朋《印顺佛学思想研究》,北京:中国社会科学出版社,1991年版。
赖永海《中国佛性论》,上海人民出版社,1988年版。
蓝吉富主编《印顺导师的思想与学问》,台北:正闻出版社,1992年版。
释恒清《佛性思想》,台北:东大图书公司,1997年版。
周志煌《唯识与如来藏》,台北:文津出版社,1998年版。
黄夏年主编《近现代著名学者佛学文集·欧阳竟无集》,北京:中国社会科学出版社,1996年版。
杜继文《〈大乘起信论〉全译》,成都:巴蜀书社,1992年版。
龚隽《〈大乘起信论〉与佛教中国化》,《中国佛教学术论典》第31册,高雄:佛光出版社,2001年版。
高振农《大乘起信论校释》,北京:中华书局,1992年版。
智谕法师《〈大方等如来藏经〉探源》,《智谕法师全集》网络版。
周广荣《梵语〈悉昙章〉在中国的传播与影响》,北京:宗教文化出版社,2004年版。
太虚《〈圆觉经〉略释》,《太虚大师全书》第14册。
太虚《大佛顶首楞严经研究》,《太虚大师全书》第14册。
赖永海《楞伽经释译》,高雄:佛光出版社,1996年版。
李富华《楞严经释译》,高雄:佛光出版社,1996年版。
龚隽《佛性论释译》,高雄:佛光出版社,1996年版。
杨维中《中国佛教心性论研究》,北京:宗教文化出版社,2007年版。
赖永海、杨维中《新译〈楞严经〉》,台北:三民书局,2004年版。
杨维中《新译〈佛国记〉》,台北:三民书局,2004年版。
杨维中《新译〈华严经入法界品〉》,台北:三民书局,2004年版。
杨维中《经典诠释与中国佛学》,北京:宗教文化出版社,2006年版。
杨维中《唯识无境:佛教唯识观》,北京:宗教文化出版社,2006年11月出版。
杨维中《中国唯识宗通史》,南京:凤凰出版社,2008年版。
周贵华《唯心与了别》,北京:中国社会科学出版社,1995年版。
周贵华《唯识、心性与如来藏》,北京:宗教文化出版社,2006年版。
高崎直道等《如来藏思想》,李世杰译《世界佛学名著译丛》第68册,台北:华宇出版社,1985年版。

袴谷宪昭《本觉思想批判》,日本:大藏出版社,1989年版。
袴谷宪昭《批判佛教》,日本:大藏出版社,1990年版。
松本史朗《缘起性空:如来藏思想批判》,日本:大藏出版社,1989年版。
松本史朗《禅思想的批判研究》,日本:大藏出版社,1994年版。
杰米·霍巴德等主编《修剪菩提树:"批判佛教"的风暴》,上海古籍出版社,2004年版。

四、相关研究论文略目

傅伟勋《关于缘起思想形成与发展的诠释学考察》,台湾《中华佛学学报》第4期。

蓝吉富《现代中国佛教的反传统倾向》,北京:《世界宗教研究》,1990年第2期。

蓝吉富《台湾佛教思想史上的后印顺时代》,弘誓网站。

霍韬晦《如来藏与阿赖耶识》,载《绝对与圆融》,台北:东大图书公司,1986年版。

李志夫《如来藏之初期及其思想之研究》,《佛教的思想与文化——印顺导师八秩晋六寿庆论文集》,台湾:正闻出版社,2000年版。

杨惠南《人间佛教的经典诠释——是"援儒入佛"或是回归印度?》,《中华佛学学报》第13期,2000年。

恒清法师《"批判佛教"驳议》,台湾大学:《哲学论评》第24期。

杜正民《当代如来藏学的开展与问题》,《国立台湾大学佛学研究中心学报》,1998年7月版。

周志煌《近代中国佛教改革思想中"回溯原典"之意涵及其实践进路——以太虚、印顺、欧阳竟无之论点为核心的开展》,《中华佛学研究》第1期,1997年3月出版。

赖贤宗《当代台湾如来藏思想的诤议与响应——迈向"后印顺时代"的如来藏学》,《印顺导师思想之与实践:人间佛教与当代对话》,第三届祝寿论文集,弘誓网站。

赖贤宗《如来藏与唯识的交涉——以〈佛性论〉为中心的比较研究》,台湾:《国际佛学研究》创刊号,1991年12月出版。

赖贤宗《如来藏与唯识的交涉〈中边分别论〉〈相品〉及〈佛性论〉〈显体分〉所呈现的"境的思路"》,台湾:《国际佛学研究》第2期,1992年12月出版。

林镇国《佛教哲学可以是一种批判哲学吗?——现代东亚"批判佛教"思潮的思想史省察》,《佛教思想的传承与发展——印顺导师九秩华诞祝寿文集》,正闻出版社,1995年版。

杜正明《如来藏学研究小史——如来藏学书目简介与导读》(上、下),台湾:《佛教图书馆馆讯》第10、11、12期,1997年6、9、12月出版。

凤凰文库
宗教研究系列

如来藏经典与中国佛教

RULAIZANGJINGDIANYUZHONGGUOFOJIAO

（上）

杨维中 著

江苏人民出版社

图书在版编目(CIP)数据

如来藏经典与中国佛教/杨维中著. --南京:江苏人民出版社,2011.10
(凤凰文库·宗教研究系列)
ISBN 978-7-214-07518-5

Ⅰ.①如… Ⅱ.①杨… Ⅲ.①唯识宗-佛经-研究 Ⅳ.①B946.3

中国版本图书馆 CIP 数据核字(2011)第 204574 号

书　　　名	如来藏经典与中国佛教
著　　　者	杨维中
责 任 编 辑	朱晓莹
装 帧 设 计	刘葶葶
责 任 监 制	王　娟
出 版 发 行	江苏人民出版社
地　　　址	南京市湖南路1号A楼,邮编:210009
网　　　址	http://www.jspph.com
照　　　排	江苏凤凰制版有限公司
印　　　刷	江苏凤凰扬州鑫华印刷有限公司
开　　　本	652毫米×960毫米　1/16
印　　　张	64　插页4
字　　　数	820千字
版　　　次	2012年1月第1版
印　　　次	2021年6月第2次印刷
标 准 书 号	ISBN 978-7-214-07518-5
定　　　价	98.00元(上下册)

(江苏人民出版社图书凡印装错误可向承印厂调换)

目　录

作者序　1

导　言　1

第一章　如来藏经典的形成　9

  第一节　如来藏经典的形成过程　10

    一、"如来藏"一语的起源　10

    二、"佛身"观与如来藏观念的起源　15

    三、"种姓"、"心性"观念与如来藏思想的形成　16

    四、如来藏经论的出现　21

  第二节　如来藏经典与大乘"三系判教"　28

    一、"三系"说的提出及其背景　29

    二、"三系"说的内在意图　37

    三、如来藏思想是否为印度大乘佛教的独立派系？　44

第二章　早期如来藏经的思想及其在中土的影响　49

  第一节　《如来藏经》的思想及其在中土的影响　49

    一、《如来藏经》的汉译版本考　50

    二、《如来藏经》的结构　52

    三、如来藏"九喻"及其象征含义　58

    四、《如来藏经》在中土的影响　77

  第二节　《央掘魔罗经》的思想及其在中土的影响　92

    一、《央掘魔罗经》的汉译版本考　92

二、《央掘魔罗经》的结构及主要内容　95
　　（一）序分　97
　　（二）央掘魔罗与十六位会众辩论法义　99
　　（三）佛为央掘魔罗及大弟子授记　105
　　（四）祇陀林会之一　109
　　（五）祇陀林会之二　126
　　（六）祇陀林会之三　131
　　（七）流通分　132

三、如来藏思想　134
　　（一）一切众生皆有如来藏　134
　　（二）空与如来藏　136
　　（三）如来藏是菩萨乘区别于声闻乘的标志　138
　　（四）"一身"与"多身"　143
　　（五）弘扬如来藏思想　149

四、《央掘魔罗经》在中土的影响　152
　　（一）作为佛学思想经典的影响　152
　　（二）作为恶人转善之范例的影响　157
　　（三）作为素食制度之依据的《央掘魔罗经》　161

第三节　《不增不减经》的如来藏思想　165
　一、《不增不减经》的汉译　165
　二、《不增不减经》的结构　167
　三、众生界不增不减　169
　　（一）持"增减"见的危害　169
　　（二）后世众生起"增减"见　170
　　（三）依"减见"诸"见"　170
　　（四）依"增见"起诸"见"　172
　四、众生界即如来藏即法身　173
　　（一）如实知"一界"　173
　　（二）法身　174
　　（三）众生界"三种法"　176
　　（四）依"三种法"不起"二邪见"　177

第四节　《大法鼓经》的如来藏思想　178
　一、《大法鼓经》的结构及其基本内容　179
　　（一）序分　179
　　（二）佛世尊与阿难的对话　181
　　（三）佛世尊与大迦叶的对话　182

（四）阿难、迦叶与佛的对话　187
　　（五）迦叶再次提问　190
　　（六）流通分　190
二、涅槃与"妙色"　193
三、众生与世间　199
四、"三乘涅槃"与"一乘涅槃"　202
五、涅槃、"我"与"法身"　209

第五节　《胜鬘经》的如来藏思想　216
一、《胜鬘经》汉译本考　216
二、《胜鬘经》的结构及其基本内容　221
　　（一）经名含义　221
　　（二）全经结构　226
　　（三）序分　228
　　（四）正宗分的结构　229
　　（五）叹如来真实第一义功德章　231
　　（六）大乘行愿　235
　　（七）胜鬘夫人师子吼章　251
　　（八）流通分　253

三、说入一乘章　256
　　（一）章名之含义　256
　　（二）摄受正法即摩诃衍　258
　　（三）会小因以入一乘　259
　　（四）二乘所获四智、涅槃不究竟　260
　　（五）如来获究竟四智、究竟涅槃　270
　　（六）会小果入一乘　273

四、无量四谛　277
　　（一）无边圣谛章　278
　　（二）四谛章　281
　　（三）法身章　283
　　（四）空义隐覆真实章　287

五、如来藏性　294
　　（一）一谛章　295
　　（二）一依章　303
　　（三）颠倒真实章　306
　　（四）自性清净章　314
　　（五）如来真子章　317

第六节 《无上依经》的如来藏思想 320
　　一、《无上依经》汉译本考 320
　　二、真谛译《无上依经》的结构及其主要内容 329
　　三、《无上依经》的如来藏思想 335
　　　　（一）如来界 337
　　　　（二）菩提 341
　　　　（三）如来功德 351
　　　　（四）如来事 353

第七节 《大方等无想经》的如来藏思想 355
　　一、《大方等无想经》汉译本考 356
　　二、《大方等无想经》的结构及其基本内容 360
　　　　（一）序分 360
　　　　（二）一百个问题 361
　　　　（三）四百不可思议解脱法门 364
　　　　（四）回应一百个问题 366
　　　　（五）如来涅槃健度 381
　　　　（六）流通分：增长健度 385
　　三、"净光天女" 394
　　四、《大方等无想经》的如来藏思想 399
　　　　（一）《无想经》的宗旨 400
　　　　（二）涅槃之"常乐我净"与"三昧" 402
　　　　（三）法身与化身 410
　　　　（四）提婆达多 412

第三章 《大般涅槃经》的主要内容及其如来藏思想 415

第一节 《涅槃经》的汉译 415
　　一、《大般泥洹经》的翻译 416
　　二、昙无谶翻译《大般涅槃经》 416

第二节 《大般涅槃经》的汉译本及其结构 421
　　一、"北本"与"南本" 422
　　二、《大般涅槃经荼毘分》 423
　　三、古注疏的"诸分"说 425

第三节 招请涅槃众及开演涅槃施 431
　　一、序分 431
　　二、《纯陀品》、《哀叹品》 432

三、《长寿品》《金刚身品》《名字功德品》 435
　　（一）迦叶三十四问 435
　　（二）问金刚身 437
　　（三）名字功德 439

四、《四相品》 439
　　（一）"自正"及"正他" 440
　　（二）"能随问答"、"善解因缘义" 441
　　（三）料简涅槃 442
　　（四）一阐提、涅槃、解脱 446

五、《四依品》 450

六、《邪正品》《四谛品》《四倒品》 455
　　（一）邪、正三宝 455
　　（二）"佛性"、"过人"、"梦觉" 458
　　（三）四谛 460
　　（四）四倒 462

七、《如来性品》《文字品》《鸟喻品》 463
　　（一）"二十五有"悉有"佛性"之我 464
　　（二）佛性能起善业 469
　　（三）能见难见性 475
　　（四）十四音 476
　　（五）鸟喻 484

八、《月喻品》《菩萨品》《一切大众所问品》 488
　　（一）月、日、星喻 489
　　（二）菩萨之"自行" 492
　　（三）菩萨之化他行 499
　　（四）一切大众所问 503

第四节　示现涅槃行 507

一、现病明病为示现而非真 507
二、《圣行品》 510
　　（一）解说"圣行" 511
　　（二）总结"圣行" 518
　　（三）"五味"说 521
　　（四）佛为迦叶授记 522
三、《梵行品》《婴儿行品》 524
　　（一）七善 524
　　（二）四心 526

5

    （三）持戒　537
    （四）叹经并说阿阇世王的因缘　542
    （五）婴儿行　547
  四、《光明遍照高贵德王菩萨品》　550
    （一）第一功德　551
    （二）第二功德　562
    （三）第三功德　564
    （四）第四功德　565
    （五）第五功德　570
    （六）第六功德　571
    （七）第七功德　572
    （八）第八功德　576
    （九）第九功德　583
    （十）第十功德　587

 第五节　问答涅槃义　587
  一、明佛性　588
  二、明缚解　588
  三、明修道　592
    （一）道可修　592
    （二）正明修道　593
    （三）明修道力用　595

 第六节　折摄涅槃用　599
  一、明生善　601
  二、破邪　602

 第七节　《大般涅槃经》的涅槃佛性思想要义　604
  一、如来常住不变　604
  二、涅槃四德——常乐我净　609
  三、涅槃常乐我净与外道学说的区别　617
    （一）外道计执"常"与世尊的反驳　618
    （二）外道计执"乐、净"与世尊的反驳　621
  四、佛性思想　623
    （一）"佛性"之"我"　623
    （二）回答师子吼菩萨"佛性"之问　625
    （三）回答狮子吼菩萨"中道佛性"之问　638
    （四）回答迦叶菩萨"中道生善"之问　649

五、一阐提与佛性 *655*
    （一）一阐提的界定 *655*
    （二）"前分"关于一阐提有无佛性的说法 *657*
    （三）断善根者名一阐提 *660*
    （四）断善种种 *662*

第四章　后期如来藏经的思想及其在中土的影响 *667*
第一节　《圆觉经》的如来藏思想 *667*
一、《圆觉经》的汉译及其真伪之争 *668*
二、《圆觉经》的宗旨及结构 *675*
    （一）经题含义及结构、宗旨 *675*
    （二）序分 *679*
    （三）流通分 *680*

三、如来之境 *682*

四、依境起行 *684*
    （一）普贤章 *684*
    （二）普眼章 *686*
    （三）金刚藏章 *693*
    （四）弥勒章 *697*
    （五）清净慧章 *700*

五、行法 *704*
    （一）威德自在章 *704*
    （二）辩音章 *706*
    （三）净诸业障章 *709*
    （四）普觉章 *713*

六、圆觉法门 *715*

第二节　《楞伽经》的如来藏思想 *717*
一、《楞伽经》的汉译本 *717*
二、《楞伽经》的经题含义及结构 *720*
三、大慧一百零八问 *725*
四、入胜解行地 *727*
    （一）诸识生灭门 *728*
    （二）藏识境界门 *733*
    （三）有无妄计门 *737*
    （四）净除现流门 *738*
    （五）常不思议门 *741*

　　　　（六）建立诽谤门　749
　　　　（七）空无生性门　751
　　　　（八）如来藏心门　753
　　　　（九）四大修行门　754
　　　　（十）诸法因缘门　756
　　　　（十一）言说妄相门　757
　五、入心量地　759
　　　　（一）远离四句门　760
　　　　（二）分别缘起门　764
　　　　（三）常声如幻门　766
　　　　（四）四果差别门　769
　　　　（五）圣智一乘门　773
　　　　（六）意生身相门　774
　　　　（七）五无间业门　775
　　　　（八）诸佛知觉门　776
　　　　（九）四等密意门　777
　　　　（十）依二密法门　778
　　　　（十一）法离有无门　778
　　　　（十二）宗通说通门　780
　六、入无所有地　780
　　　　（一）虚妄分别门　780
　　　　（二）善于语义门　782
　　　　（三）相续解脱门　784
　　　　（四）智不得境门　786
　　　　（五）勿习世论门　787
　七、入最胜地门　788
　　　　（一）涅槃差别门　788
　　　　（二）如来觉性门　788
　　　　（三）不生不灭门　791
　　　　（四）拣别无常门　793
　　　　（五）入灭现证门　796
　　　　（六）常无常义门　797
　　　　（七）蕴处生灭门　797
　　　　（八）四法差别门　797
　　　　（九）佛如恒沙门　800
　　　　（十）诸法刹那门　801

　　　　（十一）如来变化门 803
　　　　（十二）遮断肉食门 805
　　八、《楞伽经》的如来藏思想 805
　　　　（一）立如来藏的必要性 806
　　　　（二）关于涅槃 806
　　　　（三）关于"常" 809
　　　　（四）佛性 813

　第三节　《楞严经》的佛学思想及其意义 815
　　一、《楞严经》的传译与真伪之争 815
　　二、《楞严经》的结构及其主要内容 822
　　三、《楞严经》佛学思想的特色 830
　　四、《楞严经》对中国佛教的影响 838

第五章　如来藏论典的思想及其影响 844
　第一节　《宝性论》 844
　　一、《宝性论》的汉译 844
　　二、《宝性论》的结构及其基本内容 847
　　三、佛法僧三宝 850
　　　　（一）佛宝 850
　　　　（二）法宝 852
　　　　（三）僧宝 854
　　四、如来藏佛性 855
　　　　（一）《一切众生有如来藏》 856
　　　　（二）《无量烦恼所缠品》 866
　　　　（三）《为何义说品》 869
　　五、菩提、功德、业 870
　　　　（一）《身转清净成菩提品》 870
　　　　（二）《如来功德品》 873
　　　　（三）《自然不休息佛业品》 874

　第二节　《佛性论》 875
　　一、《佛性论》的翻译 875
　　二、《佛性论》的结构及其基本内容 878
　　三、破执分 879
　　　　（一）《破小乘执品》 879
　　　　（二）《破外道品》 886
　　　　（三）《破大乘见品》 888

三、显体分 *889*
　　（一）《三因品》 *889*
　　（二）《三性品》 *890*
　　（三）《如来藏品》 *893*

四、辩相分 *895*
　　（一）《自体相品》 *896*
　　（二）《明因品》 *899*
　　（三）《显果品》 *900*
　　（四）《事能品》 *902*
　　（五）《总摄品》 *904*
　　（六）分别相、阶位相、遍满相 *913*
　　（七）《无变异品》 *915*
　　（八）《无差别品》 *921*

第三节 《大乘起信论》的如来藏思想 *923*
一、《大乘起信论》汉译考辨 *924*
　　（一）隋唐经录关于《起信论》译者的记载考辨 *926*
　　（二）《大乘起信论·序》的真伪 *934*
　　（三）转引《四论玄义》之说质疑 *945*
　　（四）确定《起信论》"真伪"的方法及其结论 *948*
　　（五）唐译《大乘起信论》考辨 *954*
二、《大乘起信论》的结构 *962*
三、一心·二门·三大 *964*
四、本觉与本不觉 *969*
五、真如无明互熏与体用合一 *974*
六、《起信论》与中国佛学 *976*

结语：如来藏思想与"本体"论 *980*
一、如来藏经典的主要论题 *980*
二、"佛性我"与"大梵" *987*
三、"批判佛教"的"基体"说 *995*

主要参考文献 *999*
一、佛教经论 *999*
二、古代著述 *1000*
三、现代相关研究著作 *1002*
四、相关研究论文略目 *1003*

作者序

近代以来的日本和中国佛学研究,最主要的特色就在于引进了西方社会科学的研究方法和诠释方式。譬如佛学研究中,对于古人"疑伪"标准的现代解释以及"疑伪"范围的无限的扩大,造就出了一个又一个佛教学术"问题",对于中土所流行的如来藏重要经典的怀疑以及由此所生发的如来藏思想批判,都是这一方法的必然结果。本著的研究表明,无论是中国本土的反传统阵营,还是日本的"批判佛教"的干将,对于如来藏经典的"疑伪"以及对于"本觉思想"非佛教的判定,从理据上看,其实都是"言之有自"、"查无实据"的。因此,如果从近代以来西方社会科学方法对于证据的要求来看,判定"疑伪"的一方恐怕永远都是振振有词,大声疾呼,但维护传统认识者恐怕对其的呼吁依然是置若罔闻,无动于衷。

具体地说,近代以来针对如来藏经典的反思或"批判",在方法上显现为"文献考据"与"义理辨析"的交替使用。一般而言,文献考据着力于从古代史籍,特别是经录的记载中,寻找文献中的混乱和漏洞,然后依据这样的原则作出"伪经"或"伪论"的结论:大凡记载有混乱者,肯定是其事情本身就是不清不楚的,基本上是虚构的"翻译事件";凡是说法有漏洞者,都是有意识的"作伪者"。因为事情本身是虚构的,因而关于此"事"的言说,则肯定只能走"作伪"的道路,而大凡"作伪"都是内心发虚而欲盖弥彰,因此,今人透过对于文献的对勘,即可发现"作伪"者欲掩盖却不能取得全功而遗留下来的蛛丝马迹。而"义理辨析"则往往以佛教发展中的某一些学派的特定学说为参照,凡是符合者就是"真佛教"、"真经论",凡是不符合者则是"伪经论"、"非佛教"。

抽象地说,这两种方法是很合理的,符合现代社会所流行的"理性思维"或者"科学方法"的要求。但是,当研究者将这些方法应用于具体的佛教史或佛学史的研究之中时,其局限性便立刻显露无遗。

以"文献考据"方法言之,最大的弊端是:以如此整齐划一的标准严格甚至难免机械地比对评判历史文献中所显现出来的"漏洞"或"混乱"时,往往有意无意地忽略了这些"混乱"、"漏洞"形成的背后所曾经存在的各种各样的复杂的"客观"原因,或者由于资料匮乏而轻信"道听途说"所致误的可能,转而强调或者扩大"伪妄"的比例,甚至有时也难免"诬枉"古人为有意的"作伪者",由此直接宣判这些辛辛苦苦记载历史的人为"道德败坏者"。以"义理辨析"方法言之,最大的弊端是不能克服"学派偏见",并且将"真佛教"仅仅局限于自己所认可的"一隅",而有意无意地忽略佛教实际上首先是一个历史的存在,有意忽略佛教所特别突出的"应机说法"作派所形成的众说并陈显著的合理性。一言以蔽之,在什么是"真佛教"难于定于一尊的情况下,任何人,哪怕是佛学大师,仅仅凭借"义理辨析"便想将某一部经论宣布为"伪经论",都是难以服众的。

其实,在方法论选择的背后隐藏的是研究的目的。研究目的决定了方法的选择,而某种方法又深层次地决定了部分研究结论。纵观中国的"反传统"阵营以及日本"批判佛教"的诸位干将,其一致的观念是都认为中国古代佛教后期的衰败以及佛教在当今世界存在的问题,均与如来藏或"本觉"思想占据主流有密切的关系。尽管其回归印度佛学的归结点略有不同，但只有以"批判"传统思想的方式才能开出现代佛教发展的新路的意旨是昭然若揭的。可惜的是，这样的药方，很大可能是纸上谈兵，没有什么可操作性。中国近代以来佛教的发展不是顺着"反传统"一派的预期前行，而是遵从以"革新"的面目接续"传统"、在某种程度上恢复"传统"的太虚大师的设定而"复兴"，现当代中国佛教的发展其实已经替学者作出了选择。而日本的"批判佛教"一开始就是一种纯粹的学术思辨，与佛教的现实发展还未曾产生直接关联，其日后可能也不大会产生大的关联。从这样的角度观察问题，又一次印证了一位名人的话语——"态度决定一切"。对于如来藏思想的"批评"尽管并非毫无道理，但将其上升到"批判"的高度，恐怕是将对传统佛教的正当"反思"的"态度"强化为"厌恶"的"态度"的结果。同样，出于对中国传统佛教的珍惜以及推崇中国传统佛学思想的"态度"，我们认为有必要对于处在"反传统"与"批判佛教"旋涡中的如来藏思想作一番分析研究，特别需要对于那几部备受争议但对中国佛学产生了深远影响的如来藏经典作些正本清源式的剖析。

从上述设想出发，本著的内容主要是如来藏系经典的汉译以及重要的如来藏经典文本所包含的思想之研究。本项目重点研究分析的如来藏类佛经和论典如下：

1.《如来藏经》。

2.《央掘魔罗经》。

3.《不增不减经》。

4.《大法鼓经》。

5.《胜鬘经》。

6.《无上依经》。

7.《大云经》。

8.《大般涅槃经》。

9.《圆觉经》。

10.《楞伽经》。

11.《楞严经》。

12.《究竟一乘宝性论》。

13.《佛性论》。

14.《大乘起信论》。

在研究方法上,本著特别着力于全面的文本解读与文本诠释方法的应用。尽管目标是研究经论中的如来藏思想,但并不直奔重点,因为这样的研究方法最容易导致寻章摘句式的分析与结论。本著有意识采用四层面的考辨分析:其一,通过对于汉译的历史事实的考辨研究,以见其传入中土的过程。其二,通过对于经论的结构以及基本内容的文本分析,力图揭示出经论的基本主题,特别是与如来藏思想有关的论述的出现语境。其三,通过对于经论中与如来藏思想有关的章句的集中分析,凸现研究对象所显现出的内在理路以及在整个如来藏经典和思想体系中的独特地位与理论贡献。其四,通过对于中土文献对本经论的引用情况的考辨,凸现研究对象对于中国佛学的影响状况。这样的编排,似乎有些刻板,而第二部分的内容,往往会与研究主题呈现游离的倾向。但之所以坚持这样的一种研究方法,是因为本人以为只有将研究对象(如来藏思想)置入其原本的存在环境(文本)之中,才能较为完整地把握其真正的内涵。在上述几层面特别是结构分析以及思想分析等方面的研究中,如果有古代注疏可以参照,一般都会以古注疏为基本依据作分析。在本研究所涉及的十四部经论中,大多数有一种以上的古代注疏可以参照,而《央掘魔罗经》《大法鼓经》《不增不减经》等没有任何古代注疏存世,对于这类经典的研究,颇感困难,但仍然依照本著的体例、方法,作出自己的分析研究。

在将如来藏经典的汉译历程及其十一部经、三部论的结构、基本内容以及如来藏思想等问题作了较为详尽的分析之后,本研究的结语其实已经很清楚：首先，上述如来藏经典全部不存在"伪经"或"伪论"的问题。其次，如来藏经典并非可与中观、瑜伽行派并列的大乘佛教独立的派系，而是在般若类经典出现之后，力图在"空"义背景下重新对于如来法身以及众生成佛的依据等等问题作的新诠释，尤其是，后期如来藏经典已经被瑜伽行派所吸收摄取。最后，在思想层面，如来藏思想并不存在近代以来学术界所指责的与"大梵"说没有区别等问题；宣称如来藏是"基体"，因而如来藏思想不是佛教，如此等等说法都是没有经典根据的。

本项目的突出目标是力图推翻近代以来对于如来藏思想的"恶意"攻击。笔者以为，对《大乘起信论》《楞严经》《圆觉经》等近代以来被质疑的佛典的翻译过程的考据，具有重要的理论价值，对于重新界定佛教的中国化甚至重新思考印度大乘佛教的面貌，都应该有相当的裨益。

本项目的缺陷是，由于笔者的语言能力的限制，未能直接使用梵文、藏文、日文原始材料以及研究成果，仅仅参考译文以及翻译作品，因而在牵涉印度佛教自身的思想时显得捉襟见肘。因此，从这个意义上来说，尽管本著有在汉语佛学界重树如来藏研究大旗的意图，在一定程度上也有扭转"批判"方向为"中立"甚至赞许立场的企图，但从达到的水平看，只是勉强算做抛砖引玉了。从这个意义上，这一研究仍然有待完成。

此著作为国家社科基金青年项目研究成果，完成于2007年。结项时的文本第一章是如来藏经典的汉译和流通史研究，提交出版社时将其并入相关部分并作了大幅度的压缩。其他部分一仍其旧。之所以能完成这一研究，首先要感谢国家社科基金评审组的先生们的垂顾，其次，也须衷心感谢一贯支持我的学术研究的赖永海、洪修平、徐小跃三位先生以及时时关心、指点此课题研究的方广锠先生和陈兵先生。最后，须郑重感谢为此著以此面貌出版而竭尽全力的府建明先生和王保顶先生。

导　言

目前的学术界公认,如来藏思想是中国化佛教宗派建构自己教义体系的最主要的思想来源。大而言之,中国哲学之所以以"心性"思想为其核心,更重要的是,中国哲学之所以能够以"心性"哲学的面目为自己获得存在的证明,不能不说与如来藏思想有密切的关联。然而,遗憾的是,在上个世纪近百年的佛学研究中,如来藏思想一方面获得了包括欧美、日本在内的佛教研究者的高度重视和较为充分的研究,其热门的程度,如有些学者所评述的那样,也许存在一个具有独立的学科品格的"如来藏学"①;另一方面,如来藏思想也遭遇到了前所未有的"合法性"的危机。近代中国有以支那内学院为中心的反传统派,日本学界也一直有一批学者对《大乘起信论》等"疑伪经论"持一定程度的怀疑态度,其批评焦点其实就是如来藏思想。20世纪80年代后期,日本有学者撰文宣称"如来藏思想不是佛教"、"本觉思想不是佛教",认为以此为基础的汉化佛教思想是"伪佛教",这一思潮被概括为"批判佛教"。"批判佛教"所提出的问题又波及欧美佛学界,得到了广泛讨论。从整体而言,持"批判"立场的学

---

① 参见杜正民《如来藏学研究小史——如来藏学书目简介与导读》(上、下),台湾《佛教图书馆馆讯》,第10—11期,1997年9月。

者只是少数,但其倡导的观念对中国佛教以及受中国佛教影响而形成的东亚传统佛教却具有较大的颠覆性。因此,不能不引起我们的重视。

"如来藏"也被更广泛地称为"佛性",因此,"如来藏思想"也被称为"佛性思想"。近十几年来,在以"心性论"或者"心性本体论"来概括中国古代哲学的大潮下,如来藏思想、佛性思想也被径直称为"佛教心性论"。这其实并不准确,因而是不恰当的。

佛教所言的"心性",简单而言,就是指众生的本性或称之为心的本性。在大乘佛教看来,在六道轮回之中沉沦的众生,唯一的希望和要求应该是成就佛果。因此,佛学的首要目标就应该是为众生寻找成佛的根据,而此根据必然要落实于众生之心体中方才符合佛教的解脱论原则。这样,围绕着心、佛、众生三者,以"心体"与"理体"的关系为核心,佛教的心性论体系便由此展开。在中国佛教心性论中,以中观学之"实相"与如来藏系的"真如"来诠释"理体"是各家各宗的通义,分歧不大。而中国佛教心性论之所以丰富而略显繁杂,很大程度上是因为诸家诸宗依据不同的经典,对于"心"及"性"赋予各不相同的意义,并且在此基础上建构起各具特色的心性论体系。从这一简单论述中,可以见出,佛教心性思想无论是从渊源上,还是从理论核心上说,都离不开如来藏或佛性思想,但其论题的切入点以及所涉及的"哲学问题"都是不同的,因此,准确地说,印度的大乘佛教以及汉传佛教、藏传佛教,包括以汉传佛教为根柢的整个东亚佛教的心性思想都是以如来藏思想为根本渊源和核心的,但佛性思想不一定在任何时候都等同于心性思想。譬如,原始佛教、部派佛教以及南传佛教都有丰富的心性思想,但没有如来藏思想或佛性思想。

"如来藏"与"佛性"意思相近,但略有区别,佛性一词使用范围略宽一些。如来藏是"如来"和"藏"的复合词。"如来"又含有"如去"和"如来"两种意义。前者意指修"如"实法而"去"(由生死去涅槃),后者指乘"如"实法而"来"(由涅槃来生死)。"藏"亦有二义:胎藏、母胎。因此,如来藏意指如来的母胎或胎儿"如来"。前者指如来的"因性",后者指如来的"果性"。"佛性"一词并不是译自"如来藏",而是译自"佛界"。① 佛界含有二义:佛之体性,佛之因性。以前者言,佛性是众生之所以成佛的先验依据,后者则是众生具有的成佛的能力。简言之,"佛性"是众生成佛的根据即"因",也是佛与众生共同的"体性"——真识心、佛果法身、觉性。不过,作为成佛的依据的"佛性",其内涵与外延有时与"心性"(包括如来藏)并不完全重合。如著名的"三因佛性"说以及中国古代大量的有关佛性问题的解释②等就是如此。

"如来藏"的意思是,如来之所以成为如来,是因为原来就在胎里孕育着,后来功德圆满而成就为如来。也就是说,如来藏是指在一切众生的烦恼身中隐藏着的自性清净的如来法身。如来藏也称为如来藏心,即众生本来具有的自性清净心、真实心。从佛典汉译史角度考察,似乎"如来藏"一语出现得要早一些,但在后来的使用中,"佛性"一语却更为流行。在近代佛学研究中,大多数学者习惯以"佛性"一语来代替"如来藏",本著如不加特别说明,也遵从这一习惯。

尽管如来藏经典的出现要早于唯识经典,但是,如来藏系经典在印度并未如中观、唯识系一样发展为相应的学派。在中国,情况则完全不同。

众所周知,如来藏经典的孕育者是《华严经》和《法华经》,而后期如来藏经典又被瑜伽行派所融摄。从前者言之,如来藏经典的汉译及其在

---

① 参见日本学者以及印顺《如来藏之研究》(正闻出版社 1988 年版)、释恒清《〈佛性论〉研究》(载《中印佛学泛论》,东大图书公司 1993 年版)等论著。上述语词相应的梵文姑且省略。
② 如隋吉藏《大乘玄论》卷三中列有十二家关于正因佛性的见解:"然十一家,大明不出三意。何者? 第一家以众生为正因,第二以六法为正因,此之两释,不出假实二义,明众生即是假人,六法即是五阴及假人也。次以心为正因及冥传不朽、避苦求乐及以真神、阿黎耶识,此之五解,虽复体用、真伪不同,并以心识为正因也。次有当果与得佛理及以真谛、第一义空,此四之家,并以理为正因也。"(《大正藏》第 45 卷,第 35 页下—36 页上。)此引文只提到三类。除此之外,吉藏将他所赞成的以"中道"为正因佛性列为第四类。其中的第一、二家显然不属于"心性"或"如来藏"范畴。而中土佛学对于"正因"、"缘因"、"了因"佛性的解释则更为宽泛。

中土的传播便与"华严类"经典以及《法华经》的汉译、传播紧密地联系在一起。从后者言之,如来藏经典的汉译及其在中土的传播,便与唯识学特别是"古唯识学"经典的汉译和传播紧密地联系在一起。而从如来藏思想在中国佛学占据主流的过程言之,《大涅槃经》的翻译和"涅槃学派"的兴起显得尤其重要。依照中国古代佛教发展的线索,如来藏经典的汉译历程可从四个阶段去叙述:一是西晋时期,如来藏经典的初步引进;二是以《大般泥洹经》六卷本的翻译为标志的"大乘涅槃经"的汉译及其"涅槃学派"的形成;三是以《楞伽经》以及《宝性论》、《佛性论》、《大乘起信论》等经论的翻译为标志的"古唯识学"如来藏经典的翻译与传播;四是隋唐时期,特别是所谓"唐代三大如来藏疑经"的翻译及其传播。

随着《大涅槃经》的传译以及竺道生等佛学大师的弘扬,心性问题随即成为中国佛学的中心论题。随后,围绕菩提流支、真谛译籍所形成的"地论学派"和"摄论学派"以唯识学理论将心性问题的讨论推向一个新的高度,而流行于此时的《大乘起信论》更是集中阐明了心性论思想。可以这样说,尽管心性问题并不是南北朝佛学的唯一热点,但是,这一问题无疑是当时最有理论深度的佛学课题。作为中国佛学巅峰的隋唐佛教诸宗,特别是天台、法相唯识、华严宗和禅宗,心性思想成为其立宗的根基所在。上述四宗各自建构的相当完备且独具特色的心性论体系,标志着中国佛学心性思想的最终成熟。

尽管中国佛教心性论的主体部分是由如来藏思想及其"性觉"说而来,但是近代佛学界对其却难以达成共识。实际上,中国化佛教宗派教义的最大奥秘就在于其所受唯识古学的影响。现在的国际佛学界围绕着如来藏思想在印度是否有独立的地位争论不休,一时难有确论。本人以为,如来藏思想是在中观思想日益成熟的情况下,将小乘"心性本净"说与大乘佛陀观相结合而出现的。如《胜鬘经》等经论所示,"如来藏"、"佛性"与"空性"、"法性"有相当密切的关系。在瑜伽行派出现以后,如来藏思想便逐渐被唯识学所吸收,失去了独立的地位。印度佛教后来又出现了综合如来藏思想与阿赖耶识思想之《楞伽经》和《密严经》便是顺理成章的了。本著的研究将着力证明这一点。

众所周知,关于如来藏经典及其思想的研究,近百年来的国际佛学界取得了令人瞩目的成果。① 但也不可否认,在许多方面不是随着研究的深入消除或者弥合分歧,而是扩大了分歧,也同时导致了更多的更大的问题。譬如中国的"反传统"思潮和日本的"批判佛教"所作出的某些结论,实际上是对于几千年来的中国佛教的合法性的彻底颠覆。这不能不引起我们的重视。此著的分析研究将证明,与其说他们对于如来藏思想的评破是客观的、正确的,倒不如说他们的评破是从特定的立场出发的充满了"派别意识"和"方法意识"之预设的结论后之研究,因而其积极意义是有限的。

从目前的研究成果看,对于印度如来藏经典及其思想的编年史的研究,尚有很多文献资料上的困难。由于这些缺憾,中土如来藏经典的传译以及思想诠释到底在多大程度上符合印度佛学的原貌,学术界争论激烈,难于取得共识。这里面涉及的问题很多,我以为最重要的其实是"方法"和"态度"问题。

近代以来的日本和中国佛学研究,最主要的特色就在于引进了西方社会科学的研究方法和诠释方式。譬如佛学研究中,对于古人"疑伪"标准的现代解释以及"疑伪"范围的无限的扩大,造就出了一个又一个佛教学术"问题",对于中土所流行的如来藏重要经典的怀疑以及由此所生发的如来藏思想批判,都是这一方法的必然结果。本著的研究表明,无论是中国本土的反传统阵营,还是日本的"批判佛教"的干将,对于如来藏经典的"疑伪"以及对于"本觉思想"非佛教的判定,从理据上看,其实都是"言之有自"、"查无实据"的。因此,如果从近代以来西方社会科学方

---

① 具体的评述可参见台湾学者杜正民的评述:(一)杜正民《如来藏学研究小史——如来藏学书目简介与导读》(上、下),台湾《佛教图书馆馆讯》,第10—11期,1997年9月出版。(二)杜正民《当代如来藏学的开展与问题》,台湾大学《佛学研究中心学报》第3期,1998年7月出版。

法对于证据的要求来看,判定"疑伪"的一方恐怕永远都是振振有词,大声疾呼,但维护传统认识者恐怕对其的呼吁依然是置若罔闻,无动于衷。

具体地说,近代以来针对如来藏经典的反思或"批判",在方法上显现为"文献考据"与"义理辨析"的交替使用。一般而言,文献考据着力于从古代史籍,特别是经录的记载中,寻找文献中的混乱和漏洞,然后依据这样的原则作出"伪经"或"伪论"的结论:大凡记载有混乱者,肯定是其事情本身就是不清不楚的,基本上是虚构的"翻译事件";凡是说法有漏洞者,都是有意识的"作伪者"。因为事情本身是虚构的,因而关于此"事"的言说,则肯定只能走"作伪"的道路,而大凡"作伪"都是内心发虚而欲盖弥彰,因此,今人透过对于文献的对勘,即可发现"作伪"者欲掩盖而不能取得全功而遗留下来的蛛丝马迹。而"义理辨析"则往往以佛教发展中的某一些学派的特定学说为参照,凡是符合者就是"真佛教"、"真经论",凡是不符合者则是"伪经论"、"非佛教"。

抽象地说,这两种方法是很合理的,符合现代社会所流行的"理性思维"或者"科学方法"的要求。但是,当研究者将这些方法应用于具体的佛教史或佛学史的研究之中时,其局限性便立刻显露无遗。

以"文献考据"方法言之,最大的弊端是:以如此整齐划一的标准严格甚至难免机械地比对评判历史文献中所显现出来的"漏洞"或"混乱"时,往往有意无意地忽略了这些"混乱"、"漏洞"形成的背后所曾经存在的各种各样的复杂的"客观"原因,或者由于资料匮乏而轻信"道听途说"所致误的可能,转而强调或者扩大"伪妄"的比例,甚至有时也难免"诬枉"古人为有意的"作伪者",由此直接宣判这些辛辛苦苦记载历史的人为"道德败坏者"。以"义理辨析"方法言之,最大的弊端是不能克服"学派偏见",并且将"真佛教"仅仅局限于自己所认可的"一隅",而有意无意地忽略佛教实际上首先是一个历史的存在,有意忽略佛教所特别突出的"应机说法"作派所形成的众说并陈所具有的显著的合理性。一言以蔽之,在什么是"真佛教"难于定于一尊的情况下,任何人,哪怕是佛学大师,仅仅凭借"义理辨析"便想将某一部经论宣布为"伪经论",都是难以服众的。

其实,在方法论选择的背后隐藏的是研究的目的。研究目的决定了方法的选择,而某种方法又深层次地决定了部分研究结论。纵观中国的"反传统"阵营以及日本"批判佛教"的诸位干将,其一致的观念是都认为中国古代佛教后期的衰败以及佛教在当今世界存在的问题,都与如来藏或"本觉"思想占据主流有密切的关系。尽管其回归印度佛学的归结点略有不同,但只有以"批判"传统思想的方式才能开出现代佛教发展的新路的意旨是昭然若揭的。可惜的是,这样的药方,很大可能是纸上谈兵,没有什么可操作性。中国近代以来佛教的发展不是顺着"反传统"一派的预期前行,而是遵从以"革新"的面目接续"传统"、在某种程度上恢复"传统"的太虚大师的设定而"复兴",现当代中国佛教的发展其实已经替学者作出了选择。而日本的"批判佛教"一开始就是一种纯粹的学术思辨,与佛教的现实发展还未曾产生直接关联,其日后可能也不大会产生大的关联。从这样的角度观察问题,又一次印证了一位名人的话语——"态度决定一切"。对于如来藏思想的"批评"尽管并非毫无道理,但将其上升到"批判"的高度,恐怕是将对传统佛教的正当"反思"的"态度"强化为"厌恶"的"态度"的结果。同样,出于对中国传统佛教的珍惜以及推崇中国传统佛学思想的"态度",我们认为有必要对于处在"反传统"与"批判佛教"漩涡中的如来藏思想作一番分析研究,特别需要对于那几部备受争议但对中国佛学产生了深远影响的如来藏经典作些正本清源式的剖析。

从上述设想出发,本著的内容主要是如来藏系经典的汉译(特别是对于影响中国佛教最深的《大乘起信论》、《楞伽经》、《楞严经》、《圆觉经》等经典真伪问题的考辨)以及重要的如来藏经典文本所包含的思想之研究。

在研究方法上,本著特别着力于全面的文本解读与文本诠释方法的应用。尽管目标是研究经论中的如来藏思想,但并不直奔重点,因为这样的研究方法最容易导致寻章摘句式的分析与结论。本著有意识采用四层面的考辨分析：其一，通过对于汉译的历史事实的考辨研究，以见其传入中土的过程。其二，通过对于经论的结构以及基本内容的文本分析，力图揭示出经论的基本主题，特别是与如来藏思想有关的论述的出现语境。其三，通过对于经论中与如来藏思想有关的章句的集中分析，凸现研究对象所显现出的内在理路以及在整个如来藏经典和思想体系中的独特地位与理论贡献。其四，通过对于中土文献对于本经论的引用情况的考辨，凸现研究对象对于中国佛学的影响状况。这样的编排，似乎有些刻板，而第二部分的内容，往往会与研究主题呈现游离的倾向。但之所以坚持这样的一种研究方法，是因为本人以为只有将研究对象（如来藏思想）置入其原本的存在环境（文本）之中，才能较为完整地把握其真正的内涵。在上述几层面特别是结构分析以及思想分析等方面的研究中，如果有古代注疏可以参照，一般都会按照古注疏为基本依据作分析。在本研究所涉及的十四部经论中，大多数有一种以上的古代注疏可以参照，而《央掘魔罗经》《大法鼓经》《不增不减经》等没有任何古代注疏存世，对于这类经典的研究，颇感困难，但仍然依照本著的体例、方法，作出自己的分析研究。如此，失误甚至谬误之处，可能更多，请读者不吝指正。

  应该说明的是，本书还不足以构成对中国"反传统"思潮以及日本"批判佛教"关于如来藏思想的严厉批判的直接反驳。本人自忖语言工具的储备以及理论的学养等都不完全具备承当全面的反驳重任，因此，本著的重点在于描述如来藏经典汉译及其在中土传播的大致历程，特别是着力于比较系统地分析汉译如来藏经典的思想内容，在此基础上，试图在力所能及的范围内响应若干对如来藏思想的批评。即便是这样的目标恐怕也近乎奢望，是否可能达到目的并且能够得到学界及读者的少许认可，确实也有些缺乏自信，只能尽吾所能勉力为之而已。

第一章　如来藏经典的形成

依照佛教自身的说法，佛经是由佛陀亲口讲授而在其涅槃之后由其弟子集诵出来的，因此，佛经应该说是在佛陀传道的过程中就已经形成了。这当然是从信仰角度而言的。如果换一个角度去考察，就会发现，佛经的面世并非"一时"，而是经过了一个较为漫长的历史过程，有些人将其称之为不断"集成"的历史。现今学术界比较一致的看法是，佛经的面世是与佛教的某些思想、观念甚至流派的形成、发展相辅相成的。从这个角度出发，某一些佛经的面世其实就是佛教的某些观念、思想形成以及传播的历史过程。由于印度的历史观念不强，缺乏关于佛教文献形成、流行的历史记载，因而对于佛经以及佛教论典的形成、流行的历史之考证，往往缺乏最直接的证据，很多结论往往只是一些似乎有若干根据的推论。这一缺憾，在有关如来藏经典的形成、流行甚至是否存在一个独立的如来藏系等问题上表现尤其突出。

佛教初传中土，安世高和支娄迦谶分别侧重于翻译介绍小乘禅数学和大乘般若学经典，而从竺法护开始，如来藏经典的翻译也逐渐得到重视。在西晋时期，这仅仅是涓涓溪流。然而，至法显从印度带回的《大般泥洹经》翻译完成，特别是竺道生孤明先发，首倡阐提成佛之说，如来藏思想逐渐成为中国佛教的主流。此后不断有重要的如来藏经典被传译到中土,对于中国佛教,特别是隋唐佛教宗派产生了深远的影响。

本章先对如来藏经典的形成略作概括分析,然后重点分析考辨围绕如来藏经典在佛教思想中的地位所发生的争论。

第一节 如来藏经典的形成过程

在印度,大乘佛教的兴起并未导致部派佛教的消失,相反,部派佛教仍然在进一步发展。大乘佛教的兴起自然需借助佛陀声教的权威,早期般若类佛经的出现,自然希望达成这样的效果。然而般若类经典却未能完全满足大乘信仰的需求,也未能解决义理层面所有的问题,于是,如来藏类经典便应运而生了。关于如来藏经典的形成时间,学术界大致认可的看法就是"中期大乘"时期,即公元3至5世纪之间,也就是在中观学发达之后,瑜伽行派繁荣之前。探讨如来藏思想的渊源,大致有两种主要的思路:一是从语词的形成和使用着眼,二是从观念演变的角度去分析。本节首先从词源学以及观念变迁的角度来描述分析如来藏思想的起源以及发展,然后则较为具体地探讨如来藏类佛经和论典的形成以及在印度流行的情形。由于本人对印度佛教缺乏专门的研究,以下仅结合学术界的一般结论作些综合分析。

一、"如来藏"一语的起源

如导言所说,"如来藏"一语与"佛性"一语含意接近而后者使用更为广泛,并且有证据表明,"佛性"一词实际涵盖了"如来藏"一语的含义。如印顺法师在《如来藏之研究》中说:"如来藏(tathāgata-garbha),如来界——如来性(tathāgata-dhātu),佛性——佛界(buddha-dhātu)等,这一类名词,在意义上虽有多少的差别,然作为成佛的可能性,众生与佛的本性不二来说,有着一致的意义。"①因此缘由,在此将"如来藏"一语与"佛

---

① 印顺《如来藏之研究》,第1页,台北:正闻出版社,1981年12月版。

性"一语的来源合并叙述。

一般认为,"如来藏"一语的梵文复合词是 tathāgata-garbha。在此复合词中,tathāgata 是"如来"的意思,garbha 是"胎"的意思,意指如来孕育于胎儿状态之中。对如来藏之语作根源性的研究,最大的难点在于现存的梵文原典的时代比较靠后。从汉语翻译来说,现存资料显示,最先使用如来藏观念的应该是《如来藏经》。然其最早的译本是西晋时的法炬等所译,大致在公元290年至311年之间,可惜未留存下来。不过值得注意的是,与法炬同时代的竺法护译籍中,多次出现了"如来藏"一语,但这些都不属于严格意义上的如来藏经典。后来,东晋时期的佛陀跋陀罗于420年重译的《如来藏经》虽然留存,但此时与如来藏思想有关的经典汉译已经较多了。

另外,汉译本《增一阿含经》卷一中有偈颂说:"如是阿含增一法,三乘教化无差别。佛经微妙极甚深,能除结使如流河。然此增一最在上,能净三眼除三垢。其有专心持增一,便为总持如来藏。正使今身不尽结,后生便得高才智。"[①]日本学者如胜又俊教及《佛光大辞典》等将其解释为:"如按文中'佛经……能除结使如河流'、'然此增一最为上'、'便为总持如来藏'之'如来藏'解释为经(Sūtra)、律(Vinya)、论(Abhidarma)三藏,前后文是极为相洽的。如然,这段文字,我们就可以这样解释:增一阿含的教法是通三乘的,虽然佛所说的其他经典也很高深,能使众生得到三种清净眼以消除贪、瞋、痴三毒。但是,如能专持'增一阿含',即使不能即身消除业力之纠缠,来生便可以得到很高的智慧。"[②]但李志夫先生并不同意上引观点:"除非有原文为证,否则,将增一阿含的'如来藏'仅解做三藏教,是值得商榷的。因为这样解释是'空前绝后'的见解,在常识上,在常情上,都无法使人想得通。""且就在同经序品里说:'契经

---

① 东晋僧伽提婆译《增一阿含经》卷一,《大正藏》第2卷,第550页中一下。
② 李志夫《如来藏之初期及其思想之研究》,载《佛教的思想与文化——印顺导师八秩晋六寿庆论文集》,第41页。

一藏,律二藏,阿毗昙经为三藏。方等大乘义玄邃,及诸契经为杂藏。'经、律、论合称为'三藏'已属通例,并将以后一切方广经称之为'杂藏'。增一阿含是'三乘教法无差别'、'义丰深广不可尽'的。所以才称之为'如来藏'。'其能专心持增一,便为总持如来藏'了。因此,我们可说:增一阿含经含有'通三藏'、'通三乘教法',也就是通一切教法的'法藏',而形成'如来藏'一词,发展而成如来藏思想的。"①正如李先生所引用的,东晋僧伽提婆译《增一阿含经》卷一中有两处使用"三藏"的例子,除上文所引外,还有一例在"如来藏"的用例之前:"契经一分律二分,阿毗昙经复三分。过去三佛皆三分,契经律法为三藏。"②同处已经使用过将经、律、阿毗昙经称为"三藏"的说法,因而认为无需再以"如来藏"称"三藏教"。但是,仔细考究这一大段译文,似乎也存在将"契经一藏,律二藏,阿毗昙经为三藏。方等大乘义玄邃,及诸契经为杂藏"③综合起来称之为"如来之藏"的可能。可见,这一用例,不能算"如来藏"一语的用例,完全有可能是译者的临时组合,梵文不必为"胎藏"之"藏"。

由于梵文原本的缺乏,现今国际学术界对于"如来藏"一语的梵文用法的最早的例子只能是《究竟一乘宝性论》,而此论典已经将"如来藏"之语统摄在"佛性"之中了。因此,综合各方面证据,笔者不赞成将"如来藏"一语的使用推得过早。

"佛性"一语的梵语原文,若是根据1950年出版的《究竟一乘宝性论》的梵文抄本来对照的话,则"佛性"一词的梵语原文应该是:buddha 及 tathāgata 各自分别加上 dhātu、gotra 及 garbha 的复合字④:

---

① 李志夫《如来藏之初期及其思想之研究》,载《佛教的思想与文化——印顺导师八秩晋六寿庆论文集》,第41—42页,标点依照大陆用法酌有改动。
② 《大正藏》第2卷,第549页下。
③ 同上书,第550页下。
④ 小川一乘《佛性思想》分析了《宝性论》中"佛性"的三种梵语,并且统计其各自在《宝性论》中所使用的次数,以及和汉译的对应语。原文见京都文荣堂,1992年一刷,第24—27页。转引自台湾郭朝顺《湛然与澄观佛性思想之研究》第三章,本文关于"如来藏"梵语的考据,引述的就是郭朝顺此文的概括。而郭文主要依据的是日本学者的观点。

buddha-dhātu(直译是佛界)、buddhā-gotra(佛种性)、buddha-garbha(佛藏,即如来藏,tathāgata-garbha);而用得最广泛的,是 tathāgata-dhātu,著名的《大般涅槃经》中所说的"一切众生悉有佛性"中的"佛性"原语,可能就是它。

关于 dhātu(界性),依据高崎直道的考证,dhātu 这个字原本是遗骨(旧音译为驮都)的意思,在《般若经》中有 dhātugardha 一字,即指供奉佛骨的佛塔。高崎直道说:"佛塔(dhātugardha)在大乘初期,代表佛的生身而成为崇拜的对象,但此种对佛生身的崇拜,在诸《般若经》中,则为经典崇拜所取代。但是当对永恒的佛陀之崇拜兴起时,佛塔(dhātugardha)以其他的意思复活。它以法身塔、法身舍利塔为媒介,将法身从经典转变而为人格化的佛陀而成立。而那个保存佛法身的地方,就是如来藏,众生也不在此之外。舍利塔崇拜与如来藏思想的结合,可见诸《涅槃经》及稍后的《无上依经》。"[①]从这段话中,郭朝顺整理出了佛陀崇拜的演进过程的图示:

佛生身的崇拜→佛塔崇拜→经典崇拜→法身舍利塔崇拜→如来藏思想

日本学者高崎直道在《如来藏思想的形成》一书中对于 dhātu 一词的用法作了简洁的归纳:第一,dhātu 指特质、本质(svabhāva)或者类概念的意思,如十八界、四大界等。第二,dhātu 指能生之本(ākara)或者因的意思,如金界、银界。第三,dhātu 指放东西的地方、基座、依据的意思,也就是在其中、其上可以放置东西的意思,如虚空界一词。虚空乃指整个存在的领域,因此也可以说它是遍在一切之中的存在。[②] 上述三种说

---

① 原文见高崎直道《如来藏思想历史文献》,收于《讲座大乘佛教 6.如来藏思想》,第 19 页,东京春秋社,1982 年版。
② 高崎直道《如来藏思想的形成》,第 660—662 页,东京春秋社,1978 年三刷。高崎直道《讲座大乘佛教 6.如来藏思想》,东京春秋社,1982 年版一刷,注 47。参见蓝吉富主编《世界佛学名著译丛》第 68 册《如来藏思想》,台北:华宇出版社,1978 年版。

法中,以第三种为最具形上意涵。虚空界,广大不可思量,同时虚空能够容纳一切东西,而且是无所不在的,因此 dhātu 一语可以衍生出,意指形成万物的最终根源。也可说是接近西方哲学"本体"(Being)的概念。

根据日本学者小川一乘的统计,梵本《宝性论》中使用 buddhā-dhātu 共有六次,其中只有一次勒摩那提译为如来性,其余均译为佛性。使用 tathāgata-garbha 的有三十三次,其中译为佛性、如来藏、如来性的都有,但以译为如来性的最多。至于将这两个梵文字译为佛界或者如来界的,则一次也没有。由此可知,《宝性论》的汉译本大多数是将 dhātu 这个字译为"性"的。①

关于 garbha(胎)的来源,一般认为与印度吠陀时期用来说明万物创生根源的金胎(hiranyagarbha)一词有直接关联。因此,将 tathāgata-garbha、buddhā-garbha 译为"如来藏"是十分恰当的。《大方等如来藏经》多次从孕育如来的胎藏这个意义上使用此语。现存梵本《宝性论》中,buddhā-garbha 出现的次数有三次,译为佛性或如来藏。tathāgata-garbha 出现的次数则有四十六次,一律译为"如来藏"。② 由此可知,garbha 一字的确是以"胎藏"之义为主的,较少歧义。

关于 gotra(种姓),此字有两个意思:第一,指家族姓氏,亦即种姓的意思,印度种姓制度"种姓"一词即是 gotra;第二则指藏有宝石的宝山,这一个意思与"界藏"有些类似。如果是前者,则像是引用印度种姓阶级制度,而说佛种姓为一切种姓中的最上者。若是后者,则可以推想出佛界为众生界中之一界,"佛界"和"他界"是有所区别的。不论是何种意思,佛之 gotra 均带有区别众生与佛的意思。gotra 一词,在《宝性论》中出现的次数只有两三次而已,其中有两次被译为佛性,而它的原文是 tathāgata-gotra。③

---

① 小川一乘《佛性思想》,第 26 页,京都文荣堂,1982 年版。转引自郭朝顺《湛然与澄观佛性思想之研究》第 3 章。
② 同上书,第 26—27 页。转引自郭朝顺《湛然与澄观佛性思想之研究》第 3 章。
③ 同上书,第 27 页。转引自郭朝顺《湛然与澄观佛性思想之研究》第 3 章。

从上述所引日本学者对于梵文《宝性论》的研究考据资料来看，汉译"佛性"一语的"性"字，是以 dhātu 为主，指 garbha 及 gotra 者则较少，但 garbha 及 gotra 二字的意思多多少少会影响到"佛性"一词的内涵。而高崎直道《如来藏思想的形成》则直接考证出，"佛性"的观念便是由 gotra 及 garbha 逐渐向 dhātu 演进的，也就是由具体迈向抽象观念的展现。

二、"佛身"观与如来藏观念的起源

上述是从语源学的角度对于"如来藏"（佛性）概念的考察，下面我们再从思想观念史的角度，对如来藏思想的出现作些考察说明。根据现在学术界的研究，如来藏思想至少有三个方面的观念渊源：一是"佛身"观念；二是佛之"种性"观念；三是"心性本净"观念。在此先考察"佛身"观念对于如来藏思想的影响。

对于"佛身"的谈论，有可能在佛陀涅槃之后不久就开始了。当时的信仰者以佛陀非为常人，其身超越常人而圆满、清净，有"三十二相"、"八十种好"，并且具有"十力"、"四无所畏"等殊胜的能力。此后至部派佛教时代，"分别论者"与"大众部"主张佛身无漏之说，其寿量、威力皆具有无限性。而"有部"则提出不同看法，主张佛之"生身"亦为烦恼之果，故仍属有漏；但承认佛所成就的"十力"、"四无所畏"等功德法，或者说佛之教法属于无漏，并且称其为"法身"。这样便有了"生身"与"法身"的分立。"有部"等称戒、定、慧、解脱、解脱知见等五者为"五分法身"，如此之功德法亦称为"法身"。

大乘佛教兴起后，佛身论随之急速开展。在部派佛学讨论的基础上，大乘佛教结合法身遍在的观念和性空观念，对法身思想作了几乎是崭新的发展。法身之"身"是聚集的意思。法身的含义，在部派佛教通常是指佛所推行的教法及所成就教法的聚集，即佛之所以为佛的真理性根据。大乘佛教强调佛的真实自性，佛之内在本质即是法身，而且这种自

15

性、本质也就是万物的真实面目即"客观真理"。此"真理"也就是"空性"、"法性",它是清净的、遍在的、无生无灭的。这样的"法身"就是一般所说的"真如法身",更进而称佛的"生身"为"应身",并在两者之间别立"报身"。由此便构成了"佛"的"三身"说。

在大乘佛教的"法身"说中,"真如"、"理体"无疑是其概念的核心内容。我们完全可以说,中观学的"空"义是如来藏思想的最直接来源,特别是其"真如观"对如来藏思想的建构和完善起了相当大的作用。如来藏类经典首先须竭力证明的是,如来之藏如何可能与"空"观内在地一致甚至是统一的,譬如《胜鬘经》就竭力阐释如来藏是"空如来藏"与"不空如来藏"的统一。而作为佛之法身、佛之体性的"真如"之"理",无可选择地成为如来藏思想的核心。从这角度观之,我们甚至可以说,如来藏思想是接续中观学所蕴含的"哲学问题"、"信仰问题"而发展出来的;在某种程度上说,如来藏思想不仅仅是符合中观之"空"义的,甚至是对于"中观学"的有机补充。也许,我们还可以说,如来藏就是中观学所孕育出来的。可以推断,如果没有中观学的"空"的观念以及"中道"的方法,如果没有中观学所竭力证明的以"真如"理体为"体性"的佛的"法身"观念的支撑,如来藏思想确实难以避免外道"神我"的覆辙。——这一判断,将贯穿于本书的论证过程之中。

三、"种姓"、"心性"观念与如来藏思想的形成

与"佛身"观对于如来藏思想的影响相比,"种姓"观念和"心性本净"思想对于如来藏思想的形成更为重要,也更为直接些。

在佛陀传教过程中,其实就已经在僧团内部存在一个"佛"与"弟子"的关系问题,这一组关系扩大一点就构成了"佛"与"众生"的关系。在印度本有的思想资源中,实力强大的婆罗门教是种姓有别制度的维护者,而佛教一开始实行的是"种姓平等"的理念。

"种姓"原是印度古来根深蒂固的种属或族姓制度,用以区别阶级类

别,其归属是以血统来决定的。属于某种族必有某种族之性质,因此"种性"和"性质"二词便有相通之处。但是印度的种姓制度的"种姓"一词却非 gotra 而是 varna,而后者是"肤色"义。也就是说,印度婆罗门教所说的"种姓"更多的是从"血统"角度确定的。早期佛教僧团吸收社会各阶层的人入教,既没有种姓出身限制,也不管先前有什么信仰。相传佛陀在赴摩揭陀的途中,吸收了三个"事火外道"的婆罗门,这是初创时期佛教对婆罗门教斗争的首次胜利。此后,许多其他沙门派别的成员也陆续改信佛教,加入僧团。传说佛陀有十大弟子,排在前两位的舍利弗与目犍连,曾是不可知论的信徒;而优婆离则出身于首陀罗种姓。佛教僧团向各种姓、各教派敞开大门,促进了僧团的壮大。然而,一个现实的问题是,每一个人都是一个独特的个体,用佛教自身的说法就是"根机"不会完全同一。因此,既照顾到众生的不同,启用"类型"的概念来解释佛与众生的关系,又不失去佛教存在之本的"种姓平等"的特质,便是佛教从理论上需要解决的一个重大问题。大乘佛教的早期经典实际上已经着手解决这一问题。

现在有证据表明,在佛陀亲自传教之时,阿罗汉就已经被称为"佛子"或"圣者之子"。《杂阿含经》中,佛称阿罗汉为其子,其文曰:

> 尔时,世尊临十五日月食受时,于大众前敷座而坐。坐已,告诸比丘:"我为婆罗门,得般涅槃,持后边身,为大医师,拔诸剑刺。我为婆罗门,得般涅槃,持此后边身,无上医师,能拔剑刺。汝等为子,从我口生,从法化生,得法余财。当怀受我,莫令我若身若口若心有可嫌责事。"①

这段文字中,佛陀说其弟子"从我口生"、"从法化生",象征性地表达出其弟子具有与佛同样的"圣性"、秉承同样的"法"。佛在此特别叮咛弟子不要由于不当行为而使为师蒙羞,这也表明此处的"佛子",在境界方面与

---

① 《杂阿含经》卷四五,《大正藏》第 2 卷,第 330 页上。

佛陀还是有一定差距的。在本卷经的下文,佛陀又称赞舍利弗为佛的"长子",其文曰:

> 佛告舍利弗:"我不见汝有见闻疑、身口心可嫌责事。所以者何?汝舍利弗持戒多闻,少欲知足,修行远离,精勤方便,正念正受,捷疾智慧,明利智慧,出要智慧,厌离智慧、大智慧、广智慧、深智慧、无比智慧,智宝成就,示教照喜,亦常赞叹。示教照喜,为众说法,未曾疲倦。譬如转轮圣王第一长子,应受灌顶而未灌顶,已住灌顶仪法,如父之法,所可转者,亦当随转。汝今如是,为我长子,邻受灌顶,而未灌顶。"①

高崎直道从巴利语佛典中的 gotrabhu 一词,指出此词表示"比丘在修行过程中,将成为圣人之前一位(以及在其位者)"。也就是说,舍凡夫种性而得圣人种性之义,可以理解为"成为种性"。与汉译经论中所称"种姓地"同义。② 这些证据已经表明,在原始佛教和部派佛教时期,已经借用了"佛子"和"种性"的概念来说明佛弟子的特质。

然而,依据《异部宗轮论》所说,大众系认为"乃至性地法皆可说有退"③。因此,"种性"并不一定具备佛的境界。正如印顺法师所说:"如以世俗的种性来说,在入胎、诞生后,可能有夭折的;大乘所说的生在佛家,也有退与不退二类。所以发心趣求佛道的,都是佛种性所摄,不过起初还可能退失的。在佛种性中的菩萨,修行、成佛,以王子的一生为比喻。种性,住胎,诞生等,都是引发如来藏说的助缘。种性,是从发心修行进趣而说的;如来藏说是约本有说的,所以没有发心以前,如来已具足在胎藏中了。"④可见,部派佛教时期的"佛子",与大乘佛教将菩萨称为"佛子"的含义,是不一样的。前者是有可能退转的,而后者在初期大乘佛教经

---

① 《杂阿含经》卷四五,《大正藏》第 2 卷,第 330 页上—中。
② 高崎直道著《如来藏思想》第 3 章"如来藏的思想历史与文献",李世杰译,第 20—21 页。
③ 世友菩萨造、玄奘大师译《异部宗轮论》,《大正藏》第 49 卷,第 15 页下。
④ 印顺《如来藏之研究》,第 65 页。

典之中就具有了不退转的品格，菩萨便因而被列入成佛的优先者，而成为大乘经典所说的"生于如来之家"的"佛子"。大乘佛教中，因为菩萨未来必定要继位作佛，不断佛种，因此称菩萨为"佛子"。学术界已经注意到，《法华经》所提出的"佛子"概念和"一佛乘"的理念，特别是《华严经》所详细论说的"华藏世界海"模式所蕴含的佛与众生关系的新解释，对于如来藏思想的形成有直接促进作用。实际上，我们也可以说，《法华经》、《华严经》就是如来藏思想的直接孕育者。

尽管如来藏思想属于大乘佛教的独特思想，是在大乘佛教发展到一定阶段之后才出现的，但其确实内在地沿袭了部派佛教所讨论的诠释"心性"问题的理路。佛陀悟道后所确定的一个不同于其他宗教的方法就是解脱的关键在于"心"之去染显净，因此，对于解脱主体染净状况的判定，便是确立修行解脱法门的理论前提。作为解脱主体的心，其本性是净还是不净？如何理解净与不净？围绕着这些问题，印度部派佛教提出了两种不同的说法：即心性本净和心性本不净。这两种不同的价值判断影响了印度大乘佛教，而"心性本净"说深深地渗透进了如来藏思想之中，它实际上构成了如来藏思想的一个重要来源。

玄奘译的《异部宗轮论》将大众系的"大众部"、"一说部"、"说出世部"、"鸡胤部"视为"本宗同义者"①，并说这些部派在心性问题上的主张是："心性本净，客尘随烦恼之所杂染，说为不净。"②汉译《顺正理论》、汉译世亲《佛性论》、汉译《舍利弗阿毗昙》等典籍均记载"分别论者"亦主张心性本净说。如《顺正理论》说："分别论者作如是言：唯有贪心今得解脱，如有垢器后除其垢，如颇胝迦由所依处，显色差别有异色生。如是净心贪等所染，名有贪等后还解脱。"③世亲在《佛性论》中说："若依分别部说，一切凡圣众生，并以空为其本，所以，凡圣众生皆从空出，故'空'是佛

---

① 唐玄奘译《异部宗轮论》，《藏要》第 4 册，第 943 页。
② 同上书，第 944 页。
③ 唐玄奘译《顺正理论》卷七二，《大正藏》第 29 卷，第 733 页上。

性,佛性者即大涅槃。"①此中,"分别说部"到底属于上座系还是大众系,单纯依据汉传资料难于遽断。吕澂先生经与南传佛教资料对比研究,认为《舍利弗阿毗昙》属于上座系,因而他以为"分别说部"属于上座部。吕澂先生曾断言:"过去一般认为心性本净是大众部的主张,上座系无此观点,以致有许多地方讲不通。现从各方资料综合研究,上座系也讲心性本净,南方上座就明显地具有这一论点。"②依吕澂先生之说,上座系分别说部及大众系大多数部派都持"心性本净"之说,不过立论略有不同。

上座部有关此问题的典据保存在汉译《舍利弗阿毗昙》和南方《增一部》经文中。南方上座《增一部·一法品》的第六节有对举体裁的两段,大意是:"心性本净,为客尘染。凡夫未闻故,不如实知,亦无修心。""心性本净,离客尘垢,圣人闻知,如实知见,亦有修心。"③这样几段材料互参,大致可以看出上座部心性说的面目。他们在此回答了两个问题:心可以解脱,其方法是去掉客尘。这大概是与大众部相同的部分。至于净心,立论各有不同。上座部主张净心是心所固有的,解脱之主体是净心。大众系也讲心性本净,但它不讲心原来就净,而是指其未来的可能之净,即未来可能达到的境界,而且一旦达到净位即不再退回到染位去。这样,大众系强调的是染心得解脱,如衣有污垢,未洗时脏,洗后即净,先后并非两衣,而是一衣。化地部认为心性本净,去掉染污就会出现净心,主张也有不同。④关于本净与客尘之关系,窥基撰《异部宗轮论疏述记》有云:

无始以来心体自净,由起烦恼染,故名染烦恼。非心无始本性,故立客名。问:有情无始有心称本性净,心性本无染,宁非本是圣?答:有情无始心性亦然,有心即染,故非是圣。问:有心即染,何故今

---

① 梁真谛译《佛性论》卷一,《大正藏》第31卷,第787页下。
② 吕澂《印度佛学源流略讲》,第77页,上海人民出版社,1979年版。
③ 转引自吕澂《印度佛学源流略讲》,第268页。
④ 参见吕澂《印度佛学源流略讲》,第77页。

言心性本净,说染为客?客、主齐故。答:后修道时,染乃离灭,唯性净在,故称染客。①

这里,本净的心性与客尘是主、客关系,持心性本净论者将"主"看得比"客"重要,而反对者则认为应该"主、客齐",即均等看待各方。从此段引文看,"心性本净、客尘所染"包含如下含义:其一,从时间上言,众生从"无始以来性体自净",而染烦恼乃为后起。其二,尽管心性本净,但众生仍不是"圣",因为众生之心仍天然地含有"染"的可能性,即"有心即染"是也。其三,染、净在性质上是不相同的,染是暂时的、可断除的,即修道时"染乃离灭";而"净"是恒久的、不可断灭的,即"唯性净在"是也。

大乘佛教佛陀观的变化带来了心性本净说的深化。在部派佛教"心性本净"与"心性本不净"两种理论的对峙中,如来藏思想系统采纳了"心性本净"的说法。大乘佛教结合法身遍在的观念和佛陀的大悲精神,对心性思想作了进一步探求。既然"法身"或"法性"遍在于世间,那么,有情众生之心性自然本净。大乘佛教以尽度众生相号召,这种大悲思想必然要求肯定认可众生之苦可拔,众生之乐可得,也就是众生可以普遍得到拯救,获得解脱,成就佛果。而这一目标的最佳理论依据就是如来藏及佛性思想。

四、如来藏经论的出现

现有的研究结果表明,如来藏经典由孕育到被瑜伽行派吸收,经历了三四个世纪。遗憾的是,由于印度本土资料的缺失以及现存的梵文原典数量极其有限,仅仅依靠藏文和汉译如来藏经典的情形来确定如来藏经典在印度的形成和流行情况,局限性是显而易见的。在此,我们在总结概括中外学术界研究成果的基础上,分三个阶段大致描述如来藏经典在印度的出现及流行情况。

严格意义上的如来藏经典出现于中期大乘佛教时期。但从汉传佛教

---

① 唐窥基《异部宗轮论疏述记》,《新纂卍续藏》第83册,第450—451页。

发展史的角度观察,《华严》类经典以及《法华经》与如来藏思想的渊源很深。现今的学术研究表明,大乘佛教是从公元前1世纪开始的,最先出现的佛经一般认为是《般若》类经典,一种观点认为《金刚经》为最早,一种观点认为《道行般若经》为最早,其集大成者则为《摩诃般若蜜多经》。其次,则是《法华》类经典的出现,时间约在公元1世纪或2世纪。关于《华严》类经典的形成时间,一般也认为是在公元1世纪之后。此外,早期的大乘经典尚有在中土影响巨大的《维摩诘经》和净土类经典,以及《宝积经》等。

学术界一般都认为,随着初期大乘佛经的出现,中观学随之兴起。但仔细对比上述佛典的主要内容就会发现,与《般若经》相比较,《法华经》和《华严经》的内容无疑已经超出了般若性空的思想范围。其中,《法华经》所讲的"一佛乘"思想,特别是《华严经》所讲的"三界唯心"思想,其所着力弘扬的"华严世界海"之境界所蕴含的"佛"与"众生"的"融摄"关系,对于中期大乘佛教所出现的如来藏经典无疑有着明显的先导作用。本著的研究将强化已经由一些学者所提出的这一观点。而中土佛教实际上是将《法华经》、《华严经》当做"妙有"类经典看待的。这两类经典在中土的传播,实际上为如来藏思想的普及打下了思想基础。

从上述意义上言之,初期大乘佛教实际上是如来藏思想的孕育阶段。换言之,如来藏思想是在初期大乘佛教经典的基础上孕育发展而来的,特别是有接续《法华》类、《华严》类经典之思想倾向而光大之的内在脉络。这一路向,印顺法师将其论说得已经很明白了:"如来藏(tathāgata-garbha)说,不是直承'原始佛教'的法流,而是继承'初期大乘',适应世俗,有了独到的发展——不共大乘。初期的大乘经,可以'般若'、'华严'为二大流。'般若经'与'华严经',现存的都是大部,这是不断地传出,而再组集为一部的。在发展而次第集出中,'般若'的传出早一些,但彼此都互相影响,而又表现出独特的风格。"① 印顺法师在其所著

---

① 印顺《如来藏之研究》,第89页。

《如来藏之研究》中设立专节研究分析"华严经含蓄的如来藏说",其结论是:"如来藏思想,隐约地出现于《华严经》中,以譬喻的、象征的而表示出来。"①印顺法师的这一研究结论,需要充分注意。

关于如来藏类佛经的具体书目,各种研究著作所列并不一致,有的仅仅列出八九种,而印顺法师《如来藏之研究》列得稍多一些,共十六种,其中有几种属于"华严经类"和"大集经类",而国际学术公认的严格意义上的如来藏类佛经共有如下几种:

1.《如来藏经》。

2.《央掘魔罗经》。

3.《不增不减经》。

4.《大法鼓经》。

5.《胜鬘经》。

6.《无上依经》。

7.《大云经》。

8.《大般涅槃经》。

9.《圆觉经》。

10.《楞伽经》。

11.《楞严经》。

对于上述如来藏经典的具体出现时间作编年式的说明,是绝对不可能的,甚至是简单地划分出现的先后顺序,也面临一些具体困难。一般主要依据经论本身的思想内容,参照汉语译本和藏文译本的最早完成时间,作一大致的推定。

学术界一般仿照初期大乘、中期大乘和后期大乘的分段原则,将如来藏经典分为初期、中期和后期三个时期来分析说明。而这三期的确定,具体言之,应有两个标志:第一,系统的、大部头的《大般涅槃经》的集

---

① 印顺《如来藏之研究》,第98页。

成;第二,融合如来藏思想于瑜伽行派(即唯识学)之中的《楞伽经》等经典的出现。以这两个坐标,早于《大般涅槃经》出现的就属于早期如来藏经典,与其接近或同一阶段的就是中期如来藏经典,而晚期的如来藏经典的明显特征就是如来藏思想融入唯识学之中。根据目前的研究,"《大般涅槃经》的成立年代大约在3至5世纪间,这种推论可从经中所引用的经典的成立时期得知。《涅槃经》引用过《首楞严经》、《摩诃般若波罗蜜多经》、《如来藏经》、《法华经》、《华严经》"①。可见,因为其未涉及唯识思想而又引用过《如来藏经》等被判定为早期如来藏思想的经典,《大涅槃经》应该是出现于如来藏经典的中期。

学者一般都认为,初期如来藏经典的突出特点是短小。关于哪些经典是属于这一时期之内的,学者所持观点略有差别,但共同点很多。学术界较为一致的看法是,《如来藏经》的集出为最早者。如印顺法师所说:"《如来藏经》传入中国,与竺法护之译华严部的《如来兴显经》、《渐备一切智德经》、'大集部'之《大哀经》等同时。可见《如来藏经》的集出,约这几部经同时,可能多少迟一些,成立于公元二五〇年以前。"②印顺法师在《如来藏之研究》以及《印度佛教思想史》中,将《如来藏经》、《大云经》(又称《大方广无想经》)、《大法鼓经》、《央掘魔罗经》、《胜鬘师子吼一乘大方便方广经》、《不增不灭经》等列入初期如来藏经典。③ 印顺法师对于《无上依经》的看法颇为独特,因而未将《无上依经》列入初期如来藏经典之内。而如果将《无上依经》列入的话,初期如来藏佛经就有七部。

关于初期如来藏经典的出现,古代教界曾经有一个传说,净影慧远记载说:

---

① 释恒清《〈大般涅槃经〉的佛性论》,台湾大学《佛学研究中心学报》第1期,第36页,1996年。
② 印顺《如来藏之研究》,第110—111页。
③ 同上书,第115—116页。印顺法师仅将如来藏经典的形成分为早期和晚期两个阶段,因此在其著述中也将《大般涅槃经》同时列入早期如来藏经典之中。

> 如双林前,宣说《胜鬘》、《楞伽》、《法鼓》、《如来藏经》、《鸯掘摩罗》、《宝女经》等,皆是圆满究竟了义。何独《涅槃》偏是了义? 如佛初年说《宝女经》及《尼捷子》,二年宣说《广博严净》,五年宣说《摩诃般若》,七年宣说《般周三昧》,九年宣说《鸯掘摩罗》及《法鼓经》,十年宣说《如来藏经》。如是等经,皆是圆满究竟了义,何独《涅槃》偏是了义?①

这一说法,在唐代仍然有人坚持。如窥基在《大乘法苑义林章》、《妙法莲华经玄赞》卷一中,都提到当时流行的对如来藏经典的判释,其文曰:

> 又第九年说《鸯掘摩罗》、《三昧经》②,第十年中说《如来藏经》,皆明涅槃佛性深理。③

如果依据上述记载所暗示,《央掘魔罗经》、《大法鼓经》的出现应该要早于《如来藏经》,但从中土传译的情形看,仍然是以《如来藏经》为最早。

李志夫先生在前人研究的基础上,将上述七部如来藏类经典的出现又分为两期。他说:"我个人认为初期如来藏思想,以下列原则判定为宜:篇幅短,而无理论系统;思想素朴,没有深入之思辨;介于大小乘之间,具有过度阶层色彩。能被锁定在此三原则之中的,为《央掘魔罗经》、《大法鼓经》、《如来藏经》、《不增不减经》。"④笔者不大赞同李先生以"介于大小乘之间"来界定这四部佛经,但赞成将其当做最早的一批如来藏经典看待的判断。"至于《胜鬘经》、《无上依经》、《无想经》应属以上如来

---

① 隋慧远《大乘义章》卷一,《大正藏》第 44 卷,第 466 页中—下。
② 窥基文中所说的《三昧经》应该是指《金刚三昧经》,当代佛学界因为其与《大乘起信论》"过于"相近,几乎"一致"将其列入"伪经"之列,为陷于枝蔓,本著暂不论及。但本人并不赞成这种判定。现存的《金刚三昧经》在古代几乎从未被怀疑过,如不大赞成其所信奉的"本觉"思想的窥基也未如此说。当代学者仅仅依凭自己设定的"党同伐异"的所谓"义理"标准,就判定其并非翻译作品,而是中土人士的"伪撰",显得过分随意。
③ 唐窥基《妙法莲华经玄赞》卷一本,《大正藏》第 34 卷,第 655 页中。
④ 李志夫《如来藏之初期及其思想之研究》,载《佛教的思想与文化——印顺导师八秩晋六寿庆论文集》,第 47 页。

藏思想稍后之经典了。"①李先生的证据就是这三部经典对于如来藏思想的论说已经较为系统,思辨性也较强。这一说法,也是可以成立的。

而从起源而论,国际学术界非常重视"三经"——《大方等如来藏经》、《佛说不增不减经》、《胜鬘师子吼一乘大方便方广经》。《大方等如来藏经》据《华严经·性起品》的佛智周遍圆满和法身遍在的思想,强调一切众生均为如来所摄、都有如来藏。《佛说不增不减经》说,众生与佛是"一界"——众生、如来藏和法身三者是不异的,同为"一界",并且说此义为"甚深义",二乘难于理解。《胜鬘经》则对如来藏思想作了充分的论述。经中将如来藏定义为"如来法身不离烦恼藏",它既是自性清净又不离烦恼,不为烦恼所染,这是一种不可思议的境界,唯如来智慧才能了知。此经文又用"空"与"不空"、"所缠"与"出缠"的统一来论说如来藏,对中国佛教影响深远。

此外,还有《圆觉经》的时序问题。此经在经录中被列于大乘修多罗藏,后世又将其收入"华严部"。唐代宗密认为此经"分同华严圆教",后世学人因而大都将其列之于华严部类。由于现代学者喜好将其列入"伪经",加之其迟至唐代方才传入中土,所以,在当代研究如来藏思想的学者中,未见到其明确的时序定位。本著则从其思想内容角度,参照古代的判释,将其当做《华严》类经典的延伸类看待。也就是说,姑且列为《大涅槃经》出现之前不久的时段出现的经典。

接续《胜鬘经》等三经而出的《涅槃经》则把如来藏发展为佛性观念,以佛性代替了如来藏。与前述"三经"略有区别,大乘《涅槃经》代表了如来藏思想与涅槃佛性说的合流,在印度如来藏思想发展中占据着最为重要的地位。《大般涅槃经》"以至极妙有为指南,常住佛性为宗致"②,集中阐释了众生成佛的先验根据和原动力问题。全经"前分"以如来藏说明

---

① 李志夫《如来藏之初期及其思想之研究》,载《佛教的思想与文化——印顺导师八秩晋六寿庆论文集》,第50页。
② 梁宝亮集《大般涅槃经集解》卷一所载智秀注文,《大正藏》第37册,第379页中。

佛性,"后分"则将佛性归之于"法性"、"胜义空",充分反映了如来藏思想的进一步发展。可以将大乘《涅槃经》当做一个分界,稍早于其前以及自身,可归之于中期如来藏经典,稍晚于其后的如来藏经典其实已经被瑜伽行学派所融摄,具有了明显的转型特点。

如此,可以明确列入中期如来藏类经典的,以汉语系列言之,即大乘类《涅槃经》等数部。

属于后期如来藏思想的佛经主要是《楞伽经》和《大乘密严经》。《楞伽经》具有一个明显的特点,就是把"如来藏"与"阿赖耶识"巧妙地统一起来。《楞伽经》中屡屡言及"如来藏名藏识与七识俱起"①,并且认为:"此如来藏藏识本性清净,客尘所染而为不净",如来藏"为无始虚伪恶习所熏,名为藏识"②。而《大乘密严经》的要旨是阐发一切现象及事物都是心识所变,其中既强调如来藏不生不灭,又突出阿赖耶识有染净二分,随着迷悟不同、因缘有别而有凡圣的差别。此经从众生的本性与修持两方面来统一如来藏与阿赖耶识,经文言:"心性本净不可思议,是诸如来微妙之藏,如金在矿……阿赖耶识,虽与能熏及诸心法,乃至一切染净种子而同止住,性恒明洁。如来种性应知亦然。"③显然,《大乘密严经》确实将两种看似对立的学说综合了起来。

如来藏类的论典不多,主要有:

(一)《究竟一乘宝性论》。

(二)《佛性论》。

(三)《大乘起信论》。

相对于前、中期,后期如来藏思想的一个鲜明特点就是论典较为丰富,《究竟一乘宝性论》、《大乘法界无差别论》、《佛性论》、《大乘起信论》等都出现在这一时期。应该特别指出的是,《究竟一乘宝性论》梵文本现

---

① 唐实叉难陀译《大乘入楞伽经》卷五,《大正藏》第 16 卷,第 620 页上。
② 同上书,第 619 页下。
③ 唐日照译《大乘密严经》,《大正藏》第 16 卷,第 727 页中。

今尚存,所以极受国际佛学界注意。印顺法师认为,它只是"曾受到瑜伽学派的影响,但不是属于瑜伽学的"①。但更多的学者则认为即便它不是坚慧所造,也应该是"瑜伽行派吸收如来藏思想而完成的"②。这反映了一个重大问题,即后期如来藏思想究竟与瑜伽行派是何种关系,这是学术界目前面临的难题。由于佛学界的一部分学者,不大愿意接受如来藏思想融入瑜伽行派者的事实,因此,或者竭力否认《究竟一乘宝性论》、《大乘法界无差别论》与瑜伽行派的关联,或者更彻底将明显融摄如来藏观念于其中的瑜伽行派典籍说成是误译或"伪经论"。《宝性论》的梵文本已经发现,否定其为印度佛教产物是不可能了,于是转而将其摒出瑜伽行派的范围之内。而由于《佛性论》、《大乘起信论》没有梵文原本和藏译本可以参照,中土伪撰说便甚嚣尘上。但是,这仅仅是学界的判定,东亚佛教界的主流拒绝接受这样的说法。

此外,对中国佛学影响巨大的另外两部如来藏经典——《圆觉经》和《楞严经》,情况很特殊。一方面因为这两部经仅有汉语译本,另一方面也由于其传译很晚,关于其传译过程的记述也颇多疑点,因此,近代以来学术界很多人将其看做最典型的中土伪撰。其实,这两部经的最特殊之处更在于其内容的综合性。本著认为,这两部经不会是中土伪撰,而是如来藏思想的集大成者,是后期如来藏经典的成熟之作。——此在下文当详细考证论述。

第二节　如来藏经典与大乘"三系判教"

从上节的分析叙述中,已经可以看出,如来藏思想是接续般若类经典而出现的具有独特内容的大乘佛教经典所着力弘扬的内容。从时间上说,如来藏经典是从公元 3 世纪开始流出,止于瑜伽行派典籍的大规

---

① 印顺《如来藏之研究》,第 166 页,台湾正闻出版社,1981 年 12 月版。
② 高崎直道等著《如来藏思想》,第 5 页,李世杰译,《世界佛学名著译丛》第 68 册。

模出现。这样的描述很容易引起一个在中观学派与瑜伽行派之间可能存在一个独立的或者过渡性质的佛学流派的联想。这样的联想,曾经隐隐约约地存留在中土的个别佛学思想家的"判教"思想之中。殆止上个世纪,中国学者以及欧美、日本学者几乎不约而同地明确提出将如来藏经典当做印度大乘佛教独立的一个派系的看法,使得这样一个想法由"暗流"走向前台,并且被许多人当做一个存在于印度佛教中的"事实"来看待。如来藏思想真的是印度佛教史中真正地存在过的"独立思想"流派吗?本著的看法是否定的。其实仅仅具有中土"判教"的意义,尽管提出和赞成这一"判教"理论者的意图并不相同。

笔者之所以强烈反对将如来藏经典、如来藏思想单独列为一个与中观学、唯识学并立的独立系统的说法,首先是因为这个观点是近代佛学研究的产物,而与在密教兴起之前的印度大乘佛教仅有两大学派的历史记载不相吻合。其次,这一观点的直接依据实际上是中国佛教源远流长的"判教"方法的现代使用。更何况,得出这种观点的更内在意蕴在于对待如来藏思想的合法性的态度之差别。本节将从如来藏思想作为独立的第三系之学说的提出及其背景入手,分析叙说此论的不能成立。

一、"三系"说的提出及其背景

对于如来藏思想的怀疑、批判是与对印度佛教的特殊理解分不开的。印度大乘佛教包含如来藏系经典,本应没有任何疑问。但是,由于唐代玄奘未曾语及印度有如来藏系经典,之后,义净也说印度大乘佛教"无过二种:一则中观,二乃瑜伽"[1],所以,中国佛教界一贯相信印度大乘佛教仅有空、有二宗。在传统的"二宗"框架之下,如来藏思想难有独立的"派系"地位。但是,在20世纪中叶,中国和欧美、日本都有学者不约而同地提出了将"如来藏思想"列为大乘佛教独立派系的说法。

---

[1] 唐义净《南海寄归内法传》卷一,王邦维校注本,第20页,中华书局,1995年4月版。

1931年，奥伯米勒(E. Obermiller)将藏文《宝性论》编译成英文出版，后来巴利(H. W. Barley)和约翰斯顿(E. H. Johnston)发现梵文残卷，并将其整理出版，国际学术界开始重视对如来藏思想的研究。1932年，日本人宇井伯寿在其所撰《印度哲学史》中，以汉传资料为依据，将《涅槃经》、《胜鬘经》、《佛性论》等作为独立于中观学、瑜伽行派之外的另一系统处理。1947年，宇井伯寿在《佛教泛论》中正式提出了如来藏缘起说。

在中国，太虚大师早在1922年就提出了"般若宗"、"唯识宗"、"真如宗"三系判释，但未提及如来藏思想。印顺法师后来在《印度之佛教》中将其修正为"性空唯名论"、"虚妄唯识论"、"真常唯心论"三系，明确将如来藏系思想视为印度大乘佛教的独立派系。在欧美方面，约翰斯顿将《宝性论》归为瑜伽行派，而清田实(Minoru Kiyota)以及弗劳沃尔纳(E. Frauwallner)则提出了如来藏思想为"第三系"的说法。从这一简单叙述可以看出，对于如来藏系经典在印度佛教中是否具有独立地位，古代以否定意见占据上风，而近代则有两种意见。太虚大师之所以将如来藏系经典独立列出，是为了在评破性觉思想之说甚嚣尘上的情形下维护中国化佛教诸宗的合法地位。印顺法师虽然继承并改造了太虚的三系判定，但却对如来藏及其性觉思想持温和的批评态度。

金陵刻经处的开创者杨文会是传统中国佛教的积极维护者，其高足欧阳竟无将其学历总结为"学贤首，宗《起信论》"①。显然，杨文会对于如来藏思想以及中国传统佛教宗派持圆融并弘的立场。太虚大师也曾经短暂出入杨氏门下，因而也可以将太虚大师对于传统佛教教理的维护看做是对于杨文会思想的继承。但是，接续杨文会主持金陵刻经处并且在1918年筹备、1922年正式创立支那内学院的欧阳竟无，早年虽然是认同其师的观念与主张的，但在其研究了唯识思想之后，却举起了批判中国传统佛教的大旗。1922年，欧阳竟无在南京支那内学院向其弟子宣讲

---

① 欧阳竟无《内学杂著·杨仁山居士传》。

《唯识抉择谈》,开启了近代中国佛学批判思潮。在《唯识抉择谈》一文中,欧阳竟无提出中国佛教的"五蔽"说:

第一蔽直指禅宗。欧阳竟无认为:"自禅宗入中国后,盲修之徒以为佛法本属直指本心,不立文字,见性即可成佛,何必拘拘名言?殊不知禅家绝高境界,系在利根上智道理凑泊之时,甚于无量劫前,文字般若熏种极久;即见道以后,亦不废诸佛语言,见诸载籍,非可臆说。而盲者不知,徒拾禅家一二公案为口头禅,作野狐参,漫谓佛性不在文字之中。于是前圣典籍,先德至言,废而不用,而佛法之真义浸以微矣!"①

第三蔽则指向天台、华严等宗派。欧阳竟无明确地宣称:"自天台、贤首等宗兴盛而后,佛法之光愈晦。诸创教者,本未入圣位(如智者即自谓系圆品位),所见自有不及西土大士之处。而奉行者以为世尊再世,畛域自封,得少为足,佛法之不明,宜矣!"②

第五蔽则是:"学人全无研究方法。徘徊歧路,望门投止,非视学佛为一大难途,如今之言净土者即是。如此安望佛法之能全显露耶?且今之学者,视世、出世智截然异辙,不可助成,于是一切新方法皆排斥不用,徒逞玄谈,失人正信。"③欧阳竟无以为,"执一行一门以为究竟"的净土宗,即是第五蔽的实例。而他同时也认为,"欲祛上五蔽,非先入唯识、法相之门不可"④。

在此讲演之中,欧阳竟无将批评之矛头直指如来藏思想的基本经典《大乘起信论》与《楞伽经》。欧阳竟无说:"《起信》作者马鸣,学出小宗,首宏大乘,过渡时论,义不两牵,谁能信会?故立说粗疏,远逊后世,时为之也。"⑤

太虚大师不同意欧阳竟无的这些看法,撰写《佛法总抉择谈》,对欧

---

①② 欧阳竟无《唯识抉择谈》,载黄夏年主编《近现代著名学者佛学文集·欧阳竟无集》,第90页,北京:中国社会科学出版社,1995年12月版。
③④ 同上书,第91页。
⑤ 同上书,第105页。

阳竟无关于《起信论》以及据此立宗的天台、贤首、禅宗的批评提出反驳意见,并以"大乘佛教三系"说为如来藏思想辩护。其后,太虚大师又在庐山、厦门针对欧阳竟无关于法相与唯识两分的观点,作《论法相必宗唯识》、《再论法相必宗唯识》。在此之前,章太炎撰《〈大乘起信论〉辨》指出此论确为马鸣所撰,时间在龙树之前。梁启超受日本学者之考证的影响撰写发表《〈大乘起信论〉考证》,不同意章太炎的说法,认为《起信论》为中国所撰写,并且说"一旦忽证明其出于我先民之手,吾之欢喜踊跃乃不可言矣"①！非心撰写《评〈大乘起信论考证〉》,对于梁启超的观点一一加以驳斥。随后,"法相"与"唯识"是否两分的问题与《大乘起信论》的真伪之辨结合在一起,在支那内学院师生与太虚大师及其弟子之间产生了几乎完全对立的论辩双方。而这两个问题都与如来藏思想有着内在的关联。当时,支那内学院一方,王恩洋则撰写《〈大乘起信论〉料简》,指斥《大乘起信论》为"外道论,非佛法也"②。"夫斯论之作,固出于梁陈小儿,无知徧计亦何深罪！"③陈维东撰写《料简〈起信论料简〉》,坚决反对王恩洋对《起信论》的评判。支持太虚大师观点的唐大圆撰写《〈起信论〉解惑》、《真如证诠》、《〈起信论料简〉之忠告》,常惺法师撰《〈大乘起信论料简〉驳议》,反驳王恩洋。王恩洋后来又针对太虚大师的《〈起信论〉唯识释》撰写了《〈起信论唯识释〉质疑》,重申先前的观点。这一场大争论,无论是从持续的时间上,还是从提出的问题的深度上,在中国近现代佛教史上,都是空前的。

在支那内学院与太虚大师的争论中,对于佛法的总抉择是一个重要的问题。欧阳竟无坚持大乘佛教只有"空"、"有"二宗的传统判定,并在此基础上将不合于中观与唯识(仅仅指玄奘所传唯识学)的如来藏思想

---

① 梁启超《〈大乘起信论〉考证》,张曼涛主编《现代佛教学术丛刊》第35册,第16页,台北:大乘文化出版社,1978年11月初版。
② 王恩洋《〈大乘起信论〉料简》,张曼涛主编《现代佛教学术丛刊》第35册,第104页。
③ 同上书,第116页。

判为中土伪说。太虚大师为了替以如来藏思想为基础的传统中国佛教宗派辩护,立"大乘佛教三系"的判教理论,希望以此为如来藏系经典在印度佛教中确定一个位置。在这两种完全对立的看法中,印顺法师起先是赞同内学院的大乘二宗判教的,后来在阅《藏》过程中接受了太虚大师的"大乘佛教三系"判教的说法。印顺法师说过:

> 在二十九年,读到虚大师所讲的:《我怎样判摄一切佛教》,《我的佛教改进运动略史》,《从巴利语系佛教说到今菩萨行》,每篇都引起我深深的思惟。大师分佛教为三期,所说的"依天乘行果趣获得大乘果的像法时期"、"依天乘行果",不就是大师所说:"融摄魔梵(天),渐丧佛真之泛神(天)秘密乘"(《致常惺法师书》)吗?"中国所说的是大乘教,但所修的却是小乘行",为什么会如此?思想与行为,真可以毫无关联吗?在大师的讲说中,得到了一些新的启发,也引起了一些新的思考。①

而印顺法师思考的结果便是其对于如来藏思想与"真常唯心论"所蕴含的可能导致"天神化"、"梵天化"以及"真常化"之理解的反思与批判。前文我们说过,印顺法师对于太虚大师"大乘佛教三系"说的接受仅仅是从形式上接受,而从实质上则大受支那内学院之批判立场的影响。

印顺法师对于印度佛教的判定有"三系"(或者叫"三期")、"四期"与"五期"的不同,并且明确将大乘佛教分为"性空唯名论"、"虚妄唯识论"、"真常唯心论"三系。尽管具体说法不同,但对于如来藏思想或曰"真常唯心论"的看法则是一致的。

印顺法师"三系"之说最先出于1941年写的《法海探珍》,此处的"三系"是指整个印度佛教。在《法海探珍》一文中,印顺法师在吸收太虚大师三系判教思想的基础上,以"诸行无常"、"诸法无我"、"涅槃寂静"等"三法印"与之相匹配。印顺法师说:

---

① 印顺《游心法海六十年》,《华雨集》第5册,第12页。

从凡夫立足处的无常出发,通过空无我的实践,踏入无生寂灭的圣境,这缘起三法印,是佛法一贯的坦道。佛法不能离三法印,佛教的演变,不外适应众生的机感,给以某一法印的特深解释罢了!不同的深刻发挥,不免有侧重某一法印的倾向,这使佛教分流出三个不同体系。这三个体系,虽然彻始彻终都存在,但特别在印度三期佛教中成为次第代起的三期思潮的主流。就是说这三个体系,适应思想发展的程序,从三藏教——小乘的无常中心时代,演进到共大乘教——大乘的性空时代,再演进到不共大乘——一乘的真常中心时代。①

从引文中可以清楚地看出,印顺法师所说的印度佛教三类体系是:第一,以"诸行无常"法印为主要教义的小乘"三藏教";第二,以"诸法无我"法印为主要教义的"共大乘教";第三,以"涅槃寂静"法印为主要教义的"不共大乘"。其中,第一期实际上是指包括释迦入灭之后到部派分裂时的佛教,即现今通称的"原始佛教"与"部派佛教";而第二期又称为"性空中心时代",是指以《般若经》乃至龙树、提婆所撰写之论典为主的早期大乘佛教;而最后的第三,印顺法师将其又称为"一乘的真常中心时代",即印顺法师后来所常说的印度"后期佛教"。印顺法师对于印度第三阶段佛教发展的描述是,释迦牟尼佛涅槃后的第七个世纪,印度教开始重新兴盛,至第九个世纪,印度教大为兴盛,而此时佛教内部真常论代替性空论而流行。至第八、九世纪中,无著、世亲等倡导的学说是"虚妄唯心论",其与性空论有相同也有不同。至第十世纪,佛护、清辨等挑起空、有二宗的争辩,反而引起了真常论的更高发展,也就是秘密佛教与真常论结合,是佛教"发达到几乎与印度教浑然一体的地步"。这最后一个阶段就是印顺法师所称呼的"秘密大乘教"。这里,有两个要点属于印顺法师自己对于印度佛教的独特理解:第一,以龙树为代表的"性空论"流行时期是

---

① 印顺《法海探珍》,《华雨集》第 4 册,第 77—78 页。

佛教发展的巅峰,此后佛教便逐渐走向衰落。而现今,包括唐代的佛教界都认为,玄奘、义净大师至印度求法之时,佛教在印度都呈现兴盛之势,甚至在金刚智来华传播密教之时,佛教在印度也是非常兴盛的。当然,现今学术界依据佛教经籍,特别是唐代去印求法僧以及来华的印度僧人之所见、所描述的,公元11世纪之前,佛教在印度社会呈现出的是兴盛的面貌,主要的依据或曰标准是历史的事实层面,也就是信仰者的人数、佛教思想的社会影响,等等方面。而印顺法师上述描述主要侧重的是思想的纯洁性,而对于大乘佛教中、后期的整体发展面貌则未能充分注意。第二,在上述描述的基础上,印顺法师认为,对于佛灭之后第九个世纪开始的印度佛教的衰落,如来藏思想也就是"真常唯心"思想要负最为重要的责任。

在《印度之佛教》中,印顺法师又将整个印度佛教的发展,划分为五个阶段:第一,"声闻为本之解脱同归"阶段;第二,"倾向菩萨之声闻分流"阶段;第三,"菩萨为本之大小兼畅"阶段;第四,"倾向如来之菩萨分流"阶段;第五,"如来为本之梵佛一体"阶段。① 印顺法师所说的第一阶段就是一般佛教史中所说的"根本佛教"或"原始佛教",第二阶段也就是"部派佛教",第三阶段也就是以龙树为主的"中观派"佛教,第四阶段是指印顺法师后来所称呼的以无著、世亲为代表的"虚妄唯识学"与"真常唯心论"的流行,第五阶段就是大乘密教的兴起。

在《契理契机之人间佛教》一文中,印顺法师又提出了"四期"的说法:"也可分三期的'大乘佛法'为'初期大乘佛法','后期大乘佛法',成为四期说。"为何要将"三期"变为"四期",推测言之,仍然是为了将"初期大乘"即"性空论"与"真常唯心论"、"虚妄唯识论"区分开来。

对于自己关于整个印度佛教之判释的几种不同说法,印顺法师在

---

① 参见印顺《印度之佛教·自序》。

《契理契机之人间佛教》中曾经作过一个简明的说明①。他所列的表格如下：

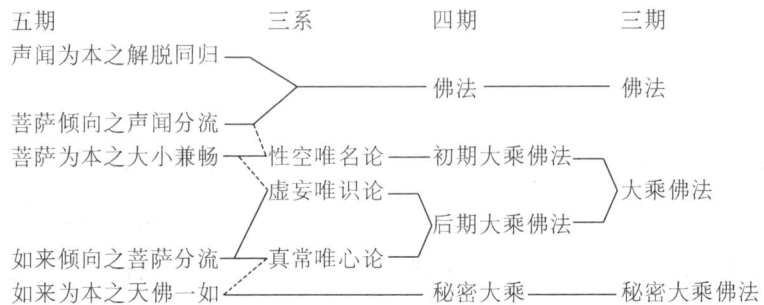

尽管印顺法师在不同时期、不同著作中的判教之名目略有差别，但将大乘佛教判为三系是一贯的立场。在撰写于1989年的《契理契机之人间佛教》一文中，印顺法师对于自己的判教体系进行了总结。他说：

> 在"大乘佛法"中，我在三十年所写的《法海探珍》中，说到了三系："性空唯名"、"虚妄唯识"、"真常唯心"，后来也称之为三论。"后期大乘"是真常本有的"如来藏，我，自性清净心"，与说一切法自性空的"初期大乘"，都是起源于南印度而流传北方的。公元三、四世纪间兴起的"虚妄唯识论"，却是渊源于北方的。真常——"如来藏，我，自性清净心"法门，融摄"虚妄唯识"而大成于中（南）印度，完成"真常唯心论"的思想系（如《楞伽》与《密严经》），所以叙列这样的次第三系。向后看，"真常唯心"是佛德本有论，正是"秘密大乘"的理论基础：众生本有如来功德，才有成立即生成佛——"易行乘"的可能。向前看，声闻部派的所以分流，主要是一、释尊前生的事迹，以"本生"、"譬喻"、"因缘"而流传出来，也就是佛的因行——菩萨大行的成立。②

---

① 印顺《契理契机之人间佛教》，《华雨集》第4册，第9页。
② 同上书，第7—8页。

与《法海探珍》中所说的"大乘佛教三系"说相比,此处所言没有实质性的不同。不过,在此文中,印顺法师将印度佛教第五期的名称又作了些补充:"第五期的'梵佛一如',应改正为'天佛一如'。因为'秘密大乘'所重的,不是离欲的梵行,而是欲界的忉利天,四大王众天式的'具贪行'。而且,'天'可以含摄一切天,所以改名为'天佛一如',要更为恰当些。"①将"梵佛一如"改为"天佛一如",对于"密教"的批评态度未曾改变。

总体言之,支那内学院师生借着驳斥如来藏说之谬误,以彰显唯识学说之纯正。在这一派看来,印度佛学的两大系统空、有二宗之思想是可信的,而中国所传的本觉思想(即印顺法师所说的"真常唯心"思想)是中土误传,而受此影响而形成的台、贤、禅宗等当然是错上加错了。而太虚大师为首的武昌佛学院师生则针锋相对,坚决捍卫如来藏本觉思想的合法性,太虚大师提出的"大乘佛教三系"说的重要动机之一就是替作为中国佛教之依据的如来藏思想找到稳固的依据。在这两种观念的碰撞中,印顺法师的佛学思想逐渐酝酿成熟,而其对待如来藏思想既没有取支那内学院的排斥态度,也没有取太虚大师的赞美态度,而是将其当做佛教内部的"不了义",其态度是温和的。以"方便"和"不了义"来判定如来藏思想,与支那内学院的如来藏本觉思想为"中土伪说"以及日本"批判佛教"思潮所说的"如来藏思想不是佛教"相比较,显然是温和得多了。

二、"三系"说的内在意图

在近现代中国,由太虚大师首倡的"大乘佛教三系"说,经由印顺法师的改变,重新成为当今中国佛学界关注的问题之一,特别是牵扯到如来藏思想的地位问题时,这一说法又颇受重视。但值得回味的是,在《印度之佛教》出版之后,太虚大师并未能够同意印顺法师的判教以及对于"真常唯心论"的评价。可见,同样主张如来藏思想为独立的"派系",但

---

① 印顺《契理契机之人间佛教》,《华雨集》第4册,第8—9页。

其初衷和目的可能大相径庭。

关于太虚与印顺法师对待如来藏思想的不同的原因,如昭慧法师、杨惠南教授、江灿腾教授的研究所表明的,印顺法师尽管与太虚大师在许多方面有共同点,但却在不少方面有重要的不同。特别是在教理上:"对太虚而言,他本身常年受的丛林教育,就是读《大乘起信论》、《楞严经》和《圆觉经》等属于'如来藏系'的佛教思想;又受传统天台和华严两宗的'判教'影响极深。因此,他一直把这种思想,当做源出释迦佛亲授的最高义理,而把般若系和唯识系,都当做次一等的。他的整个见解,可以很清楚地看出,他的佛学核心思想,是在'大乘以佛为本'→'佛性'→'法界圆觉'→'菩萨道'→天人乘→声闻乘→'人间'→'一切有情界'的这一系统上;'法相唯识'和'法性空慧',则虽并称'三系'之列,却非主流地位。而印顺认为'性空唯名'、'虚妄唯识'、'真常唯心'的三系思想中,以'性空唯名'一系,最接近佛教根本思想的'缘起说'。他以后甚至有'《中论》是《阿含经》的通论'这一见解;《空之探究》一书即是据此看法写成的。至于'如来藏系'的地位,印顺认为融入了'印度教'的'梵我论',是他极力要排斥的。换句话说,这是印顺接受西藏月称一系'中观思想'后对中国传统重视'心性论'的佛教思想,所展开的无情批判!"① 简言之,印顺法师在佛教教理上是以《阿含》以及作为《阿含》之"通论"的"性空唯名论"作为"真实佛教"的样板的,因此,从根底上属于"反思"或"批判"中国佛教(仅仅限于其弊端)之思想阵营,而太虚大师则以中国传统佛教教理的维护者名世,这一点可以从武昌佛学院与支那内学院的争论中见出。

支那内学院之所以坚持大乘佛教只有空、有二宗,实际上是为了将如来藏思想判定为中土伪说。而太虚大师之所以力倡"大乘佛教三系"

---

① 江灿腾《继承乎?批判乎?——论战前虚、印两师对人间佛教的争辩》,现代禅网站"江灿腾专集"。

说,就是为了反对内学院的主张,并且为如来藏思想及其在中土的传承与发展建立合法化的理由。在上述两派对峙之时,印顺法师则独辟蹊径,赞同印度"大乘佛教三系"的判教,但却仅仅说"性空论"为了义,对于如来藏思想其实是取了温和的批评态度。综合言之,印顺法师的这一结论尽管有部分事实作依据,但更多地应该将其看做一种从思想的创造发展出发而对于古代中印佛教所作的创造性诠释。

印顺法师对于如来藏独立流派的判定,不仅与其所处的时代以及时代所赋予的任务有关,而且与其所持的理论意图密切相关。这是我们首先应该指出的。印顺法师在其早期著作《法海探珍》中就说过:"史的研究,不是为了考证,应有探索佛陀本怀的动机。它的最后目的,在发现演变中的共通点与发展中的因果递嬗,去把握佛教的核心,把它的真义开发出来。"①这实际上,与中国古代佛教的判教原则与方法是一致的。直白地说,太虚大师、印顺法师以及欧阳竟无对于佛教的"判释",都并非是单纯从历史学研究出发的,无论从意图,还是从方法上,都属于中国古代判教传统的一种现代延续。"判教是中国佛教基本特征之一,它实际上是中国佛教发展过程中,南北朝各学派、隋唐各宗派普遍采用的一种认识和批判的思想结构,也可以说,它是支撑整个中国佛教教理思想的内在的价值评价体系。"②这也就是说,中国佛教的判教并非现代学术意义上的对于历史真相的追究,而是带有创立宗派性质的创造性诠释活动。在此,判教是一种方法,更是一种手段,真正的目的其实在于替各类佛教思想安排一个位置并在此基础上将己宗视为最究竟的佛法流派。对于太虚大师、欧阳竟无、吕澂先生之判教应该如此观之,对于印顺法师的"大乘佛教三系"说也应该如此看待。

当然,印顺法师与欧阳竟无、吕澂先生等人都是以追究真实之佛教

---

① 印顺《法海探珍》,《华雨集》第4册,第82页。
② 王仲尧《隋唐佛教判教思想研究》,《中国佛教学术论典·法藏文库硕博士学位论文》第34册,第1页,高雄:佛光出版社,2002年6月初版。

为其生命之所在的,他们自己绝对不会接受如此的判定。印顺法师在早年所撰写的《法海探珍》一文中,就曾经说过:

> 印度的经论或我国古德的判教,大抵根据经典的先后与理致的浅深;本文却是依据论师的弘扬与经典流布人间的先后。判教者,从一切经都是佛陀一代所说的观念出发,它的判教,自然会遭遇困难。但经典的次第流布,古人也不否认。后出的经典,往往提到前出的;就在这一点上,古人据经判教,与史的发展,有了合一的可能性。①

印顺法师认为,古德之判教大多是首先相信所有的佛经都是佛所说,然后再行判定佛说法的先后。这样的一种判定,并不能作为于历史中出现的先后来看待。不过,也有一部分古德在前者的基础上,以经典流布人间的先后来判定,因此就有了历史学的考虑,有了与真实的历史状态合一的可能。印顺法师认为,自己的判教,是将论师的弘扬情形与经典流布人间的前后结合起来考虑的,因此,自己对于"三期佛教史的发展,承认三大思想系的始终存在,理解它的错综复杂性,在时代思潮的主流上去分判;这与偏执一经一论一句或洞观大势的不同"②。这是超越于古德判教的地方,因此,印顺法师相信自己对于如来藏思想独立地位的判定是有充分的历史根据的。

尽管如此,大概是鉴于佛教界内部仍然流行以"圣言量"以及"古德"的判教为既定权威,所以,印顺法师一直说自己的判教不但有经典依据,而且与古德是一致的。为了证成自己的说法,印顺法师追溯了佛教经典中关于佛法的判释:

> 《解深密经》三时教,初说无常令厌,第二时说一切空,第三时要从空却遍计性去体证因空所显的真实(不空),这与三期佛教的见解

---

① 印顺《法海探珍》,《华雨集》第 4 册,第 81 页。
② 同上书,第 81—82 页。

一致。还有《千钵经》的三时教,《金光明经》的转、照、持三教,前二时是同的,第三时是更明显的真常论与一乘。十世纪以后,空宗复兴,反映在经典上,就有《大乘妙智经》的三时教,它暗示了后期空宗的复兴,是在唯识以后,但不能符合佛教思想开展的全貌。《大乘理趣六波罗蜜多经》,说到三藏、般若波罗蜜多藏、秘密陀罗尼藏。这是密教盛行后的见解,传后期佛教的西藏,大都这样分判。它们之所以不能尽同,不外因后期佛教有各派错综的发达。从全体上看,《深密》三时,不能适合后代空宗与密教盛行的史实,它是后期中比较初出的。《妙智》三时,不但不能收摄后期大盛的密教,也忽略了瑜伽以前的中观;它只是空有诤论中的一个剪影而已。《理趣经》的判法,可以摄一切佛教;但忽略了大乘显教从三乘共大到大乘不共的划时代的不同,后期佛教,除复兴的空宗("也不纯粹")以外,都在唱道不空("妙有")。现在把它综合为第三期,同时承认它的复杂性,与各种三教说达到吻合。①

这里是说,自己对于"大乘佛教三系"的判定首先在"三教"的数目上是与经典所说相吻合的,而且更具涵盖性。这是对的。但问题的关键不在于此,而在于上述经典之中,其实没有任何一种经典明确将如来藏思想作为独立于"空"、"有"以及密教之外的派系看待。只是《解深密经》的"三时教"比较复杂。一般指的是《阿含》小乘教、《般若》中观和瑜伽唯识学。传承印度瑜伽行派而在中土形成的法相唯识宗就是依据此经而作判教的。至于《金光明经》所说的"转法轮"、"照法轮"、"持法轮",真谛在《〈解节经〉疏》中说:佛成道后七年中于鹿野苑讲说四谛之理,称为"转法轮"。七年后在舍卫国说《般若》等,以"空"照"有",此时具有"转"、"照"二轮。三十年后入涅槃前,在毗舍离国为"真常菩萨"说《解节经》等,"空"、"有"

---

① 印顺《法海探珍》,《华雨集》第4册,第82—83页。

双照,此时具有"转"、"照"、"持"三轮。① 现在的问题是,《金光明经》中有佛于第三时是向"真常菩萨"说法的记载,而印顺判大乘佛教第三系的特征主要就是"如来藏心"、"真常心"以及一乘教。正是从这一证据出发,印顺法师说《金光明经》的第三时是指"真常唯心论"。

从南北朝开始的判教理论,至隋唐时期已经成熟,各宗都有自己特色的判教体系。唯识宗与三论宗均主"三时"说,名目接近,也都仅仅将己宗当做了义。唐代以后,中国佛教普遍接受的是法相唯识宗的"三时"教,也就是主大乘佛教除密教之外只有"空"、"有"二宗。然而,印顺法师认为,天台、华严宗的判教最为接近真实。印顺法师在晚年所写的《契理契机之人间佛教》一文中就曾经说过:"古德的判教,以天台、贤首二家为最完善。但古德是以一切经为佛说,依佛说的先后而判的,如古代的五时教,《华严经》的三照,如作为出现于历史的先后,那是不符实况的!然天台所判的化法四教,贤首所判的五教(十宗),从义理上说,与印度佛教思想史的发展,倒是相当接近的。"②因此,印顺法师对于天台、华严宗的判教,表示了相当的赞许,并且在此文中列表以表明自己的"大乘佛教三系"判教与天台、华严宗相当一致。③ 尤其重要的是,印顺法师引用唐代的贤首法藏、圭峰宗密以及宋代的永明延寿之说法作为自己的同调。印顺法师说:"我分'大乘佛法'为三系:性空唯名,虚妄唯识,真常唯心,与太虚所判的法性空慧宗,法相唯识宗,法界圆觉宗——三宗的次第相同。其实,在唐圭峰宗密的教判中,已有法相宗,破相宗,法性宗(总摄终,顿,圆)的安立;永明延寿是称为相宗,空宗,性宗的。这可见,在'大乘佛法'发展中的三系说,也与古德所说相通。次第的前后差异,是由于圭峰等是依贤首宗说的;真正差别的,那是抉择取舍不同了。"④下文我们不妨追

---

① 参见圆测《〈解深密经〉疏》卷五、法藏《〈华严经〉疏》卷一。
② 印顺《契理契机之人间佛教》,《华雨集》第4册,第10页。
③ 参见《华雨集》第4册,第10页。
④ 印顺《契理契机之人间佛教》,《华雨集》第4册,第16—17页。

溯一下古德的判教说。

在法相唯识宗所倡的"三时"判教系统中,如来藏思想难于具有独立的"派系"地位。因此,法藏在《〈大乘起信论〉义记》中将印度佛教判为四宗,即小乘、大乘空宗、有宗以及"如来藏缘起宗",其文曰:

> 第二随教辨宗者,现今东流一切经论,通大、小乘,宗途有四:一、随相法执宗,即小乘诸部是也。二、真空无相宗,即《般若》等经、《中观》等论所说是也。三、唯识法相宗,即《解深密》等经、《瑜伽》等论所说是也。四、如来藏缘起宗,即《楞伽》、《密严》等经,《起信》、《宝性》等论所说是也。此四之中,初则随事执相说,二则会事显理说,三则依理起事差别说,四则理事融通无碍说。以此宗中许如来藏随缘成阿赖耶识,此则理彻于事也。亦许依他缘起无性同如,此则事彻于理也。又此四宗,初则小乘诸师所立,二则龙树提婆所立,三是无著世亲所立,四是马鸣、坚慧所立。然此四宗亦无前后时限差别,于诸经论亦有交参之处,宜可准知。①

后来的宗密则更进一步将"教"判定为"密意依性说相教"、"密意破相显性教"、"显示真心即性教"等三种,并且以此与禅宗会通。② 宋代的延寿则在宗密判教的基础上,进一步向融合的判教方向发展,将宗密的判释作了更简洁的概括:"宗密禅师释云,大乘经教,统唯三宗:一法相宗,二破相宗,三法性宗。"③永明延寿所界定的"性宗"确实与印顺法师所说的"真常唯心论"很接近。印顺法师在寻找到古德的判教作为自己的旁证之后,很是高兴地说:"三期佛教的发展,与古德的判教,现出一致的倾向,这是很可注意的。"④

---

① 唐法藏《大乘起信论义记》卷上,《大正藏》第44卷,第243页中—下。
② 参见宗密《禅源诸诠集都序》卷上之一,《大正藏》第48卷,第402页中。
③ 宋延寿《宗镜录》卷五,《大正藏》第48卷,第440页中。
④ 印顺《法海探珍》,《华雨集》第4册,第81页。

三、如来藏思想是否为印度大乘佛教的独立派系？

从现代学术研究之方法而言，将大乘密教包含在内的"大乘佛教三系"，即"空"、"有"、密教，是可信的。而印顺法师所说的"真常唯心论"即如来藏思想为印度大乘佛教之独立派别的"判教"，是否真的符合历史事实，在我看来，还是可以再行研究的。至少在现有资料下，至多只能说，有一定理由但却未必能够成为定论。

那么，历史的真相到底如何呢？印度大乘佛教究竟有无在中观宗与瑜伽唯识宗之外独立存在的如来藏派系呢？笔者认为，在印度佛教中只存在如来藏系经典之流传，而并不存在独立的、可以与"空"、"有"二宗并立为三的如来藏流派。理由何在呢？

其实很简单，从历史上看，在密教产生之前去印度求法的中国僧人以及来华的印度、西域僧人没有任何一个留下资料说，印度之大乘佛教还有一个独立的如来藏思想流派。法显在公元 4 世纪去印度求法归来，带回了《大般泥洹经》，后来被翻译成六卷，也就是著名的《大涅槃经》的前分。但法显在《佛国记》中只字未提如来藏派系的发展情况。尤其是，唐代的玄奘也未曾语及印度佛教中存在独立的如来藏流派。之后，义净在《南海寄归内法传》一书中说："若礼菩萨，读大乘经，名之为'大'；不行斯事，号之为'小'。所云大乘无过二种：一则中观，二乃瑜伽。中观则俗有真空，体虚如幻；瑜伽则外无内有，事皆唯识。"①因为上述理由，中国佛教界一贯相信印度大乘佛教仅有"空"、"有"二宗。这庶几是近于事实的。

古来相传均无印度"大乘佛教三系"的说法，今人从学理分析角度提出来这一判定，缺乏起码的事实根据，实际上难以服人。欲为受如来藏思想深厚影响的中国化佛教诸宗的心性思想辩护，也不一定非从三系来

---

① 唐义净《南海寄归内法传》卷一，王邦维校注本，第 20 页，中华书局，1995 年 4 月版。

立论。我们以为,早期如来藏、佛性思想与中观学有密切的关联,如《胜鬘经》以"空"与"不空"的统一来界定如来藏,显然与中道有关,而"如来藏所展示出来的佛性观念,原是从法性转出"①。而后期如来藏思想则逐渐消融于唯识思想之中了。南北朝时期菩提流支、真谛等人所传译的唯识思想并非空穴来风,肯定是有所本的。《大乘法界无差别论》、《究竟一乘宝性论》以及《佛性论》、《大庄严经论》等论典同样吸收了如来藏思想于其内。然而,印顺法师在《如来藏之研究》中对于这一过程作了另外的解释:

> 公元三世纪起,如来藏经典,次第流传出来。成立于三世纪的中观论典,还没有提到如来藏说,但提婆弟子罗㬋罗跋陀罗传说已以常乐我净解释八不了。四世纪中,推崇为未来佛——弥勒菩萨的教学,称为瑜伽派的,深受经部思想的影响,但面对流行的如来藏说,也不能不给以解说会通。从四世纪以来,大乘佛教界的论书或经典,都不能不对如来藏有所说明。在这些解说中,《究竟一乘宝性论》,在中国是被看做代表如来藏学的。《宝性论》比较地接近初期的如来藏说,但受到瑜伽学派的影响,也可能从瑜伽派脱出而自成体系的,所以解说的方法,近于瑜伽派,而初期的神我色采,也大为淡化了。从如来常住、遍在,引出众生本有如来藏或佛性,起初是真我论,又与真心论合流的。印度的大乘佛教界,也许觉得这过分与梵我论类似,所以论师们(及经典),都给以方便的会通。因为这样,西藏等传说,印度大乘佛法,唯有瑜伽与中观二大流;其实,真我与真心系的如来藏说,有独到的立场,在印度是真实存在的!②

然而,支那内学院之欧阳竟无、吕澂以及近现代许多专治唯识学的佛教界、佛学界人士坚持以玄奘所传的唯识学为正宗,并且以此来界定如来

---

① 霍韬晦《如来藏与阿赖耶识》,载《绝对与圆融》,第154页,台北:东大图书公司,1986年版。
② 印顺《如来藏之研究》,第147—148页。

藏思想的地位。本人以为,如来藏思想只是印度佛教在中观学与唯识学之间流传的一类经典中宣讲的理论,在实际流传中,并未形成可以与中观、唯识并立为三的"真常唯心论"。而印顺法师所确定的"虚妄唯识论",实际上仅仅概括了玄奘所传唯识学,而将所谓"古唯识学"排除在外。

　　印度瑜伽行派理论复杂,典籍繁多。就一般所列"六经十一论"而言,其心性思想并非单一"妄心"所能概括,如《大乘庄严经论》、《辨中边论》明显地持心性本净说,而《瑜伽师地论》及《解深密经》似乎两可。此外,由于预设了瑜伽行派单纯持"妄心"的立场,由之对坚慧的《究竟一乘宝性论》和《大乘法界无差别论》以及弥勒的著作及世亲的《佛性论》发生疑问,几乎一致否定其理论价值。这一偏向,反映在中国佛教研究上就是以玄奘所传唯识学为正宗而否认南北朝时期唯识古学的独特价值而将真谛等人的译籍目为误译。然而,就上述典籍研究,可以发现瑜伽行派内部存在着一条与如来藏思想相贯通的学说走向,即"净识派"或说"真心派"。实际上,中国化佛教心性论的最大奥秘就在于其所受唯识古学的影响。本人以为,如来藏思想是在中观思想日益成熟的情况下,将小乘"心性本净"说与大乘佛陀观相结合而出现的。如《胜鬘经》等经论所示,如来藏、佛性与空性、法性有相当密切的关系。在瑜伽行派出现以后,如来藏思想便逐渐被唯识学所吸收,失去了独立的地位。印度佛教后来又出现综合如来藏思想与阿赖耶识思想之《楞伽经》和《密严经》就是顺理成章的了。

　　至于玄奘从印度归来未曾语及如来藏思想,这不能作为此系思想不存在的证据,恰好说明如来藏思想已经融入了唯识学之中。依照汉地所传,古唯识学主九识,而唯识今学主八识。唯识古学所立第九识是以真如为其体的,而"阿摩罗识"实际是"转依"的"误译"。① 这里,可能存在着

---

① 印顺法师在《论真谛三藏所传的阿摩罗识》一文中说:"真谛所译的阿摩罗识,即是奘译的转依。"(《妙云集》第 16 册,第 277 页)吕澂也有同样的观点。

这样一种发展线索:早期唯识学实际上并未完全将"正智"与真如分开,反映在心性问题上就有了"真如心"的提法,并以"真如心"为第九"无垢识"。后期唯识学则走的是真如与"心识"两分的理路,并且以无漏种子解释佛性。尽管这是不同的两种路向,但佛性内在于众生之心的原则是没有改变的。这一问题,不仅仅涉及如来藏思想的独立地位问题,而且涉及真谛所传唯识思想的性质问题。关于这一问题,印顺法师也有自己独特的看法。

印顺法师在《如来藏之研究》中说:"从《佛性论》的《显体分》可以明确的看出,真谛是以瑜伽学所说的,去解说、比附、充实如来藏学。而在无著、世亲论,如《摄大乘论释》中,处处引入如来藏说,这是比对异译而可以明白的。真谛所传述的,只有把握这一特色,才能得出正确的见解。如以为真谛所传,代表唯识古学,那是不能免于误解的!"①在晚年总结性著作《游心法海六十年》一文中,印顺法师说:"瑜伽唯识学者,以'真如无差别',解说如来藏。这一系的真谛三藏,将瑜伽学融入如来藏说,又将如来藏说附入《摄大乘论》等中,显然有融会二系的企图。"②

印顺明确指出,真谛所传之学是以如来藏学为主体对于瑜伽学的融合,反对将真谛唯识学作为安慧派的唯识古学。印顺法师说:"真谛在《佛性论》中,虽多少引入瑜伽学,而关于如来藏、转依的说明,还是与《宝性论》一致的。在《摄大乘论释》及《决定藏论》中,虽多少引入如来藏学,而大义还是顺于无著、世亲《论》的。"③印顺法师认为,《宝性论》属于如来藏系,因此,真谛翻译的《佛性论》自然不属于唯识学了。唯《摄大乘论释》及《决定藏论》大致还是与无著、世亲之《摄大乘论释》相顺的。但"顺"并不等于"就是"。正是出于这些考虑,印顺法师以为,是如来藏思想融汇了中观与瑜伽,而不是相反。这样,印顺对于如来藏思想与唯识

---

① 印顺《如来藏之研究》,第211页,台湾正闻出版社,1981年版。
② 印顺《游心法海六十年》,《华雨集》第5册,第38页。
③ 印顺《如来藏之研究》,第222页。

学之关系的描述就是:

>《胜鬘经》说如来藏为空性智,所以后起的中观者,有的也附和而不自觉了。说如来藏是自性清净心,六识等七法刹那,开始了如来藏与生灭识的关联,发展成后起的"真常唯心论"。总之,如来藏者以空性智融摄"空"义,以如来藏心融摄"唯识"义。印度的大乘论义,中观与唯识,被融摄在如来藏说中,为印度大乘学的又一大系统。如来藏说比附于中观、瑜伽而发展,一般还以为大乘只有中观、瑜伽二家,那是受到专重论议的影响了!①

印顺法师的上述看法与本人所持的观点,在目前的学术界都有拥护者与反对者。本人则坚持如来藏思想在印度佛教中并非独立的第三系,而是消失在后期的瑜伽行派之中了。写作此著的目的之一就是为了支持如来藏思想融入唯识学之中的见解。

---

① 印顺《印度佛教思想史》,第176页,台北:正闻出版社,1988年版。

第二章 早期如来藏经的思想及其在中土的影响

从印度佛教发展史的角度言之,早期如来藏经典包括《大方等如来藏经》、《大方广无想经》、《大法鼓经》、《央掘魔罗经》、《胜鬘师子吼一乘大方便方广经》、《不增不减经》、《无上依经》。这七部经典在两晋南北朝时期陆续译成汉语,对于中国佛学的发展产生了深远影响。从时间上判定,《如来藏经》是与"华严经类"的《渐备一切德智经》、《如来兴显经》以及《法华经》一同于西晋时期传入中土的,而《大法鼓经》、《央掘魔罗经》、《胜鬘师子吼一乘大方便方广经》等三部重要如来藏经典于刘宋时期于建康译出;《大方广无想经》、《不增不减经》则在北方译出,前者由翻译出《大般涅槃经》的昙无谶在北凉译出,后者则由翻译《十地经论》的菩提流支于北魏译出。这七部如来藏经典在《大涅槃经》已经深入人心的情况下,对于如来藏思想在中土最终占据佛学的主流,起了重大的作用。本章将集中对于这七部佛经的汉译、佛教思想以及对于中国佛教的影响作些分析论述。

第一节 《如来藏经》的思想及其在中土的影响

《大方等如来藏经》是现在已知的最早翻译成汉语的如来藏经典,也是由汉译推理而知的最早出现的如来藏佛经。此经只有一卷,与后期的如来藏经典相比较,无论是篇幅,还是思想的系统性、思辨性等方面,都显得简单而质朴,完全符合一般依照进化论方法所设定的"早期思想史"的特征。尽管如此,此经在如来藏思想于中土的传播上具有十分重要的地位。此经的译出与流通,与当时所译出并且获得中土人士重视的"华严类"经典以及《法华经》等一起,构成了如来藏思想在中土大普及的思想背景。在一定程度上说,是译成于西晋的《如来藏经》以及《渐备一切德智经》、《如来兴显经》的流通,引起了中土人士对于佛性问题以及法身问题的关注和思考,由此引发了南北朝时期佛性问题的大讨论,并且最终使得如来藏思想占据了中国佛学的主流。本节拟从《如来藏经》的汉译及其此经的佛学思想的剖析入手,重点归纳分析此经汉译本在中土的流行情况,特别是着力于彰显此经在如来藏于中土早期传播中的特殊贡献。

一、《如来藏经》的汉译版本考

《如来藏经》现存三个版本,其中两个汉译本,一个藏译本。而从中国经录的记载可知,曾存在过四个汉译本。由于各种经录记载略有差别,因而现今的各种书籍或仅言三种。在此,有必要先从《如来藏经》译本的著录入手,进而考察这四种汉译本的译者以及翻译过程。

关于《如来藏经》的前三种汉译本,数唐代中叶的智昇在其编写的《开元释教录》中的记载明确而有条理:《大方等如来藏经》"同本前后三译,一存二阙"[①]。第一种汉译本,《开元释教录》卷二记载的是:"《方等如来藏经》一卷,旧录云《佛藏方等经》,初出,见《僧祐录》。"这一种,智昇指的是"沙门释法立""于惠帝代,共法炬等于洛阳译《诸德福田等经》四

---

① 唐智昇《开元释教录》卷一四,《大正藏》第 55 卷,第 631 页中。

部"。① 第二种汉译本,《开元释教录》卷一四记载说:"《大方等如来藏经》一卷,西晋河内沙门帛法祖译,第二译。"②第三种汉译本,《开元释教录》卷三记载说:"《大方等如来藏经》一卷,或直云《如来藏经》,第三出,元熙二年于道场寺译,见竺道祖《晋世杂录》及《僧祐录》。"③智昇所记载的是对的,不过依照时间顺序,帛法祖的译本应该是第一出。

唐代不空翻译的《如来藏经》是在《开元释教录》完成之后,此版本现存,史籍记载并无分歧,所以,四种《如来藏经》汉译本的说法便因此而组成了。但这是否是历史事实的反映,当今学术界就存在不同看法。最有争议的是第二种是否曾经存在过。如上文所引文字可知,智昇仅仅看到第三种汉译本《如来藏经》。对于前两种汉译本的记载,智昇也只能是承袭前人的记载。查阅现存的经录可知,至少远至隋代,《如来藏经》就已仅仅留存一种汉译本了。而隋代之前,甚至包括唐代初期的经录,对于历史上到底存在过几种《如来藏经》的汉译本,说法已经有差异了。让我们从现存最早的经录《出三藏记集》开始考察。

如果说前两种《如来藏经》的汉译本的译者、译时还存在一些不明了之处的话,第三种、第四种译本由于文本俱在,因而较为清楚。在此仅对译者以及翻译此经的有关记载,略作考辨说明。

《如来藏经》的第三个汉语译本的译者佛陀跋陀罗在魏晋南北朝佛教史上可以算做一位境遇颇为独特的印度来华僧人。关于佛陀跋陀罗翻译《如来藏经》的时间,慧皎、僧祐都没有记载,隋代法经编订的《众经目录》卷一记载:"《大方等如来藏经》一卷,晋义熙年佛陀跋陀罗译。"④但是费长房却记录为:"《大方等如来藏经》一卷,元熙二年于道场寺出。"⑤后世经录大多都沿袭了费长房的说法。义熙为东晋安帝的年号,恭帝义

---

① 唐智昇《开元释教录》卷二,《大正藏》第55卷,第499页上—中。
② 唐智昇《开元释教录》卷一四,《大正藏》第55卷,第631页中。
③ 同上书,第505页中。
④ 隋法经《众经目录》卷一,《大正藏》第55卷,第117页下。
⑤ 隋费长房《历代三宝纪》卷七,《大正藏》第49卷,第71页上。

熙十四年十二月登基改元,第二年正月使用元熙年号,元熙二年即420年。

《如来藏经》的第四次汉译是由不空完成的。此本现存,但却无从知晓具体的翻译时间,然通过不空在圆寂之前不久给皇帝的遗书推测,此经是在其晚年完成的。不空在《遗书》中说:"吾后翻得《文殊经》一卷、《宝楼阁念诵法》一卷、《如来藏经》一卷。翻译虽终,未及进奉。勾当写出为吾进都。"① 这封信是大历九年(774)五月七日不空写给唐代宗的,六月十五日不空就圆寂了。从文中看,《如来藏经》在不空圆寂之前,已经翻译完成,但未曾进奉皇帝。如此,只需确定与此书信最接近的进奉译经的时间即可确知此经的翻译时间。经过查对,不空在大历六年十月十二日曾经上表进奉所译佛典,总共77部101卷。② 在大历八年十月十三日不空又进奉《大圣文殊师利菩萨佛刹功德庄严经》一部三卷。这是目前可查知的与上述《遗书》最近的一次进奉译经之表。由此可知,《如来藏经》的翻译一定是不空于大历八年(773)十月至大历九年五月之间完成的。

二、《如来藏经》的结构

说到《如来藏经》的结构,由于此经没有古代经疏留存下来,因此,我们只能依据古代僧人科判佛经的一般作法,对《如来藏经》的结构作一说明。中国古德对于佛经结构的判释,一般分为"序分"、"正宗分"、"流通分"三部分。

"序分"也称之为"经序分",起自经首"如是我闻"至"与无央数天龙

---

① 唐圆照集《代宗朝赠司空大辨正广智三藏和上表制集》卷三,《大正藏》第52卷,第844页中。
② 不空在《三朝所翻经论请入目录流行表一首》中说:"谨缵集前后所翻译讫者,自开元至今大历六年,凡一百一卷七十七部并目录一卷,及笔受僧俗名字缮写已讫。谨因降诞之辰谨具进奉。"(唐圆照集《代宗朝赠司空大辨正广智三藏和上表制集》卷三,《大正藏》第52卷,第840页中。)

夜叉干闼婆阿修罗迦楼罗紧那罗摩罗伽俱,悉皆来集尊重供养"①。这是全经的序言,说明了佛讲说此经集合大众的基本情况。此经"序分"中的一个重要内容是佛宣说此经的时间。此经一开头即说:"一时,佛在王舍城耆阇崛山中宝月讲堂栴檀重阁,成佛十年,与大比丘众百千人俱。"②这里点出了佛说此经的地点——耆阇崛山中宝月讲堂栴檀重阁,并且说此经是如来成道十年时所说,暗示此经比佛成道时所说的《华严经》要迟些,但比《大涅槃经》要早些。

此外,需要指出,现存的两种译本,晋译本只出现了与会菩萨的部分名号,而唐译本则在出现菩萨名号之前,先标出了佛陀大弟子的名号,其文曰:

> 成等正觉十年之后,当热时际,与大苾刍众千人俱,有学无学、声闻罗汉,诸漏已尽,无复烦恼,皆得自在,心善解脱,慧善解脱,获得正智,犹如大龙所作已办,舍弃重担,逮得已利,尽诸有结,到于彼岸。所谓具寿大迦叶波、具寿沤楼频蠡迦叶波、具寿那提迦叶波、具寿伽耶迦叶波、具寿大迦旃延、具寿俱郗罗、具寿薄俱罗、具寿离波多、具寿须菩提、具寿满慈子、具寿语自在、具寿舍利子、具寿大目揵连、具寿憍陈如、具寿乌陀夷、具寿罗呼罗、具寿难陀、具寿邬波难陀、具寿阿难陀,与如是等上首苾刍一千人俱。③

此中所出现的"具寿"是对佛弟子、阿罗汉等之尊称,又作贤者、圣者、尊者、净命、长老、慧命等,音译阿瑜率满。旧译以"惠命"最为常见,而新译则流行"具寿"。

《如来藏经》的"正宗分"起首于"尔时,世尊于栴檀重阁正坐三昧而现神变,有千叶莲华大如车轮,其数无量"④,结束于"开发如来藏,如真金

---

① ② 东晋佛陀跋陀罗译《如来藏经》,《大正藏》第16卷,第457页上。
③ 唐不空译《如来藏经》,《大正藏》第16卷,第460页下。
④ 东晋佛陀跋陀罗译《如来藏经》,《大正藏》第16卷,第457页上—中。

显现。如我所观察,示语诸菩萨。汝等善受持,转化诸群生"①。著名的如来藏"九喻",是"正宗分"的核心。——此留待下文专门分析解释。

关于《如来藏经》的修行意义,是《如来藏经》"流通分"的内容。此经的"流通分"起首于"尔时,世尊告金刚慧菩萨摩诃萨:'若出家若在家善男子、善女人,受持、读诵、书写、供养、广为人说如来藏经,所获功德不可计量'"②,直至此经结尾。

在此经的"流通分"的开首,佛陀首先告诉会众,"若出家若在家善男子、善女人,受持、读诵、书写、供养、广为人说如来藏经,所获功德不可计量。金刚慧,若有菩萨为佛道故,勤行精进,修习神通,入诸三昧,欲殖德本,供养过恒河沙现在诸佛,造过恒河沙七宝台阁,高十由旬,纵、广、正等各一由旬,设七宝床敷以天缯,为一一佛日日造立过恒河沙七宝台阁,以用奉献一一如来及诸菩萨声闻大众,以如是事普为一切过恒河沙现在诸佛。如是次第乃至过五十恒沙众宝台阁,以用供养过五十恒沙现在诸佛及诸菩萨、声闻大众,乃至无量百千万劫,金刚慧,不如有人乐喜菩提,于《如来藏经》受持、读诵、书写、供养乃至一譬喻者。"③尽管在许多佛经中都有类似的说法,但在此明确地以菩萨修行中许多重要的内容作为比照,以明确的语言说明弘扬此经的如来藏思想远远地超过上述那些修行的内容所获得的功德,从一个侧面说明,如来藏思想作为在般若类经典流行一定时期之后新出现的经典,迫切需要得到认可和重视。

此外,在此经的"流通分",佛陀向金刚慧菩萨等会众宣说了此经在过去所受到的重视及其发挥的功用。佛陀告诉金刚慧菩萨:

> 过去久远无量无边不可思议阿僧祇劫复过是数,尔时有佛,号"常放光明王如来应供等正觉明行足善逝世间解无上士调御丈夫天人师佛世尊"。金刚慧,何故名曰"常放光明王"? 彼佛本行菩萨道时,降神母胎,常放光明,彻照十方千佛世界微尘等刹。若有众生见

---

①②③ 东晋佛陀跋陀罗译《如来藏经》,《大正藏》第16卷,第459页中。

> 斯光者，一切欢喜，烦恼悉灭，色力具足，念智成就，得无碍辩，若地狱、饿鬼、畜生、阎罗王、阿修罗等见光明者，皆离恶道生天人中。若诸天人见光明者，于无上道得不退转，具五神通；若不退转者，皆得无生法忍五十功德旋陀罗尼。金刚慧，彼光明所照国土，皆悉严净如天琉璃，黄金为绳以界八道，种种宝树，花果茂盛，香气芬馨，微风吹动，出微妙音，演畅三宝。菩萨功德根、力、觉道、禅定、解脱，众生闻者，皆得法喜，信乐坚固，永离恶道。金刚慧，彼十方刹一切众生蒙光明故，昼夜六时，合掌恭敬。金刚慧，彼菩萨处胎出生，乃至成佛，无余泥洹，常放光明。般泥洹后，舍利塔庙亦常放光。以是因缘，诸天世人号曰"常放光明王"。金刚慧，常放光明王如来应供等正觉初成佛时，于其法中有一菩萨名"无边光"，与二十亿菩萨以为眷属。无边光菩萨摩诃萨于彼佛所问《如来藏经》，佛为演说，在于一坐经五十大劫护念一切诸菩萨故，其音普告十佛世界微尘等百千佛刹，为诸菩萨无数因缘百千譬喻，说如来藏大乘经典。诸菩萨等闻说此经受持读诵，如说修行，除四菩萨，皆已成佛。金刚慧，汝莫异观，彼无边光菩萨岂异人乎？即汝身是。彼四菩萨未成佛者，文殊师利、观世音、大势至、汝金刚慧是。金刚慧，如来藏经能大饶益，若有闻者皆成佛道。①

上文所引的佛陀跋陀罗这一段译文中，有两个不大明确的地方：一是"常放光明王"与佛陀的关系，二是"无边光菩萨"与金刚慧菩萨的关系。由于目前流行的一些经解对这两个问题有一些误解②，因此，在此略作辨析。

对于这两个问题，现存的《大正藏》以高丽藏本为依据，将"金刚慧，

---

① 东晋佛陀跋陀罗译《如来藏经》，《大正藏》第16卷，第459页下—第460页上。
② 如智谕法师《〈大方等如来藏经〉探源》中说："佛说本生，昔为无边光菩萨时，从常放光明王如来处，闻说如来藏经。此暗示以闻如来藏故，得成佛道。所以宣示大众，诸菩萨等，闻说此经，受持读诵如说修行，皆成佛道。"（见《智谕法师全集》网络版。）

汝莫异观,彼无边光菩萨岂异人乎?即汝身是"一句中的"汝"确定为"我",使得许多人在引用时将"无边光菩萨"解释为释迦牟尼佛。其实,《大正藏》在其下加了一个注,称日本藏的宋、元、明版大藏经都作"汝"。而晋译下文的偈语明确说:"金刚慧为彼,第一神通子,时号无边光,已曾闻此经。"①另外,唐译本明确说:"当彼之时,无量光菩萨岂异人乎?即汝身是。何以故?汝金刚慧于彼往昔为菩萨时名无量光。"②因此,晋译的"无边光菩萨"或唐译的"无量光菩萨"即指金刚慧菩萨。

关于"常放光明王"(佛)与释迦牟尼佛的关系,晋译和唐译均未明确如此说。佛陀跋陀罗译本中有曰:

> 金刚慧,常放光明王如来应供等正觉初成佛时,于其法中有一菩萨名无边光,与二十亿菩萨以为眷属。无边光菩萨摩诃萨于彼佛所,问《如来藏经》,佛为演说。在于一坐经五十大劫,护念一切诸菩萨故,其音普告十佛世界微尘等百千佛刹,为诸菩萨无数因缘百千譬喻,说如来藏大乘经典。③

上文是说,无边光菩萨也于昔日向"常放光明佛世尊"请教如来藏的问题,"常放光明佛"向包括无边光菩萨在内的会众讲解此经。经中还说"诸菩萨等闻说此经,受持、读诵,如说修行,除四菩萨皆已成佛。"④这四位未成佛的菩萨就是文殊师利菩萨、观世音菩萨、大势至菩萨和金刚慧菩萨的前身无边光菩萨。这四位菩萨之所以没有成佛,"非是因功德不具足,而是菩萨慈悲心切,住世度生,故不取果证也。虽云四菩萨未成佛,实际是说凡闻经者,皆成佛道也。"⑤唐译本也有类似的说法,同样未说"常放光明佛"就是释迦牟尼佛,相反,两种译本中都有类似的偈语说

---

① 东晋佛陀跋陀罗译《如来藏经》,《大正藏》第16卷,第460页中。
② 唐不空译《如来藏经》,《大正藏》第16卷,第465页中。
③ 东晋佛陀跋陀罗译《如来藏经》,《大正藏》第16卷,第460页上。
④ 同上书,第460页上。
⑤ 智谕法师《〈大方等如来藏经〉探源》网络版。

到释迦牟尼佛是在昔日师子幢佛所听闻此佛宣说《如来藏经》而成佛的。佛陀跋陀罗译本说："我本求道时,师子幢佛所,亦曾受斯经。如闻说修行,我因此善根,疾得成佛道。是故诸菩萨,应持说此经。"①唐译本也说："我曾于先行胜行,闻此妙经之名号。从师子幢如来所,恭敬合掌闻此经。我昔由此善根业,速得最胜菩提位。"②这样的说法,同样是说明如来藏思想是诸佛所同宣,每一位佛所说都是相同的。释迦佛也是因此善根,疾得成佛道的。因此,你们这些菩萨,皆因受持宣说此经,使得更多的众生因此而成佛。

值得注意的是,晋译本到此就结束了,而唐译本又多出一大段,其文曰:

> 尔时,具寿庆喜白佛言:"世尊,若有善男子善女人缠缚业障,彼得几佛世尊加持说法,获得多闻,得与如是法要相应?"
>
> 佛言:"庆喜,若善男子善女人,于百佛所得加持说法,或有二百或三四五百,或千或二千,或三四五六七八九,或十千佛所加持说法,或有二百千,或有俱胝那庾多百千佛所,得说法闻持。庆喜,若有菩萨得此如来藏法,书写经卷读诵受持,思惟其义,为他广说,而彼菩萨应作是念:'我今获得无上菩提,其人应受人天阿苏罗供养恭敬。'佛说是已唯然欢喜。"
>
> 尔时,世尊复说伽他曰:
> "菩萨闻此修多罗,作是思惟获胜觉。
> 若有人手得此经,人天礼拜应恭敬。
> 诸佛世尊大导师,称赞彼人人中最。
> 亦名最胜之法王,若经入于彼人手。
> 是人照曜如满月,应受礼敬如世尊。

---

① 东晋佛陀跋陀罗译《如来藏经》,《大正藏》第 16 卷,第 460 页中。
② 唐不空译《如来藏经》,《大正藏》第 16 卷,第 465 页下。

能持法炬为世雄,由入此经于彼手。"

　　尔时,世尊说是经已,金刚慧菩萨摩诃萨等并诸菩萨诸大声闻众,人天阿苏罗等,闻佛所说欢喜奉行。①

文中的"庆喜"即阿难、阿难陀,为佛陀十大弟子之一。唐译本的这一段落是与"序分"中介绍临会的佛弟子的段落对应的。而晋译本缺少这两段。

三、如来藏"九喻"及其象征含义

　　尽管《如来藏经》质朴而短小,但在如来藏思想发展史上非常重要,如印顺法师所说:"这是对以后的大乘佛教,有极深远影响的譬喻集。"②在某种程度上说,《如来藏经》的主题,特别是其中有关如来藏的几种譬喻是所有后期的如来藏经论的源头。从思想角度分析概括,《如来藏经》有两大宗旨或贡献:其一,"清净如来藏即佛",一切有情众生都具有如来藏。其二,以九种譬喻来论说如来藏的存在及其状态。下文我们先将此经的结构作一大致说明,然后依据世亲在《佛性论》中的解释重点分析说明如来藏"九喻"的具体内容。

　　在"正宗分"的开头,佛以三昧之力显示出无数莲花中有无数化佛的神变,就在会众都感到疑惑的时候,会中有一位名为金刚慧的菩萨代表大众向佛陀请求决疑。佛陀告诉大众显现这样的瑞相,是将要演说名为《如来藏》的大乘经典。然后,佛陀告诉会众:

　　善男子,我以佛眼观一切众生,贪欲、恚、痴诸烦恼中有如来智、如来眼、如来身,结加趺坐,俨然不动。善男子,一切众生,虽在诸趣烦恼身中,有如来藏,常无染污,德相备足,如我无异。③

---

① 唐不空译《如来藏经》,《大正藏》第16卷,第465页下—466页上。
② 印顺《如来藏之研究》,第110页。
③ 东晋佛陀跋陀罗译《如来藏经》,《大正藏》第16卷,第457页中—下。

这就是《如来藏经》的核心意旨,用佛陀跋陀罗的译文言之就是"一切众生有如来藏"。而这一段落,唐代不空的译文如下:

> 善男子,如来应正等觉,以佛自己智慧光明眼见,一切有情欲、瞋、痴贪无明烦恼。彼善男子善女人,为于烦恼之所凌没,于胎藏中有俱胝百千诸佛悉皆如我。如来智眼观察彼等有佛法体,结跏趺坐,寂不动摇。于一切烦恼染污之中,如来法藏本无摇动,诸有趣见所不能染。是故我今作如是言,彼等一切如来如我无异。①

两相比较,不空的译文稍长些,个别关键词也有不同,但二者意思没有任何差别。这一段经文的主旨可以作如下概括:其一,一切众生都包含"如来智、如来眼、如来身";其二,众生所包含的"如来藏"虽处于烦恼污染之中,但却与佛无异。值得充分注意的是,这两种汉译本所选用的语词的差异,从汉语本身的要求来看,不空的译本无论是文字表达的简洁,还是语句的流畅等方面,都远远不如佛陀跋陀罗的译本。这里可能有两种原因:一是各自所依据的梵文原本略有差别;二是译者翻译环节所导致的差异。从两种译文的大义几乎完全相同这一角度考虑,前者的可能性有,但主要应该是后者,其原因可能如上文所说,此经是不空在圆寂之前一年前后翻译的,未经过严格的修饰程序。

在向会众宣示了众生与如来同样具有如来藏之后,佛又向会众解释了宣说这一教义的目的。佛陀跋陀罗的译文为:

> 善男子,佛见众生如来藏已,欲令开敷,为说经法,除灭烦恼,显现佛性。善男子,诸佛法尔,若佛出世,若不出世,一切众生如来之藏常住不变,但彼众生烦恼覆故。如来出世广为说法,除灭尘劳净一切智。善男子,若有菩萨信乐此法,专心修学,便得解脱,成等正觉,普为世间施作佛事。②

---

① 唐不空译《如来藏经》,《大正藏》第 16 卷,第 461 页下。
② 东晋佛陀跋陀罗译《如来藏经》,《大正藏》第 16 卷,第 457 页下。

唐不空的相应译文是：

"如是如来以佛智眼，见一切有情如来藏。善男子，譬如以天妙眼，见于如是恶色恶香诸莲花叶缠裹逼迫，是以天眼见彼花中，佛真实体结跏趺坐。既知是已，欲见如来，应须除去臭秽恶业，为令显于佛形相故。"

"如是如是。"

"善男子，如来以佛眼观察一切有情如来藏，令彼有情欲、瞋、痴贪无明烦恼藏，悉除遣故，而为说法。由闻法故，则正修行，即得清净如来实体。善男子，如来出世，若不出世，法性法界一切有情，如来藏常恒不变。复次，善男子，若诸有情可厌烦恼藏缠，为彼除害烦恼藏故，净如来智故，如来应正等觉为于菩萨而说法要。作如是事，令彼胜解。既胜解已，于法坚持，则于一切烦恼随烦恼而得解脱。当于是时，如来应正等觉，于其世间而得其数，是能作于如来佛事。"①

上述引文中，两种译文大致相同的含义是：其一，佛以如来智眼观见众生具有如来藏，此如来藏"常住不变"或曰"常恒不变"。其二，众生所具的如来藏被烦恼等所覆盖。其三，诸佛为众生说法，使其因闻法而修行，得以最终解脱。在文字表述方面，不空的译文更繁复些，并且有以金刚藏菩萨"如是如是"的应答将不同层面的含义隔开。

在宣示了上述两层义理之后，佛陀又以八个譬喻来阐述众生与佛同具如来藏的道理。不过，中土的传统解释都是将此八个譬喻与经首佛所显现的"三昧神变"联系起来构成如来藏"九譬"。关于"九譬"的含义，由于没有专门的古代注疏流传下来，目前可见的文献中，数真谛译的《佛性论》的分析最为深刻完满。

印度世亲著的《佛性论》卷四在说明众生具有的"九种烦恼"时引用

---

① 唐不空译《如来藏经》，《大正藏》第16卷，第461页下。

了《如来藏经》。《佛性论》说：

> 若略说一切烦恼客尘，凡有九种：一者，随眠贪欲烦恼。二、随眠瞋。三、随眠痴。四、贪瞋痴等极重上心惑。五、无明住地。六、见谛所灭。七、修习所灭。八、不净地。九、净地惑。①

《佛性论》说"为现此九种烦恼故，立九譬"②，将此九种烦恼与《如来藏经》的"九喻"对应起来。以下我们在首先引述了《如来藏经》的两种译本的相应文字之后，再参照《佛性论》的文字分别解释"九譬"内涵。

在此经开首，介绍了诸位菩萨及其余会众之后，佛陀突然进入三昧而显现神变：

> 尔时，世尊于栴檀藏大楼阁中，食时后入佛神力故，从栴檀藏忽然涌出俱胝那庾多百千莲花，一一莲花有俱胝那庾多百千叶，量如车轮，色香具足。是诸莲花上升虚空，遍覆一切诸佛刹土，共相合成，如宝宫殿安住虚空。彼一切俱胝那庾多百千莲花，皆悉开敷，于一一花中皆有如来结跏趺坐，具三十二大丈夫相，放百千光。是时以佛威神力故，诸莲花叶忽然萎瘁，形色臭秽而可厌恶，皆不悦意，于花胎中诸如来等，各放无量百千光明，普现一切诸佛刹土，皆悉端严。③

这是不空的译本，佛陀跋陀罗的译本则简略一些：

> 尔时，世尊于栴檀重阁正坐三昧而现神变。有千叶莲华，大如车轮，其数无量，色香具足，而未开敷。一切花内，皆有化佛，上升虚空，弥覆世界，犹如宝帐。一一莲花，放无量光，一切莲花，同时舒荣。佛神力故，须臾之间，皆悉萎变。其诸花内，一切化佛，结加趺坐，各放无数百千光明；于时此刹，庄严殊特。④

---

① 梁真谛译《佛性论》卷四，《大正藏》第31卷，第806页下。
② 同上书，第807页下。
③ 唐不空译《如来藏经》，《大正藏》第16卷，第461页上。
④ 东晋佛陀跋陀罗译《如来藏经》，《大正藏》第16卷，第457页上—中。

这里实际上是两个场景。第一个场景是佛以三昧力显示出无数无量的莲花,莲花之上坐着无数无量的如来,第二个场景是这无数无量的莲花突然之间枯萎败落了,但是,莲花之中的佛却依然结加趺坐,端严壮丽。这一譬喻一般概括为"萎华有佛"。《佛性论》解释说:"为显贪欲烦恼故,立莲花化佛譬。譬如莲花初开之时,甚可爱乐;后时萎悴,人厌恶之。贪欲亦尔,初依尘成,后依尘坏。故以华譬贪,而华坏时,化佛出世,如贪覆法身。"①可见,这一譬喻,"萎华"象征"烦恼",莲花中的"化佛"象征如来藏、法身。佛通过这一"变化"来启示众生,使其除灭烦恼,显现出蕴含于烦恼之中的佛性。这就是中国佛教后来经常所说的"见性成佛"的最早隐喻之一。

第二譬为"蜂群绕蜜"。佛陀跋陀罗的译文如下:

"譬如淳蜜在岩树中,无数群蜂围绕守护。时有一人巧智方便,先除彼蜂,乃取其蜜,随意食用,惠及远近。"

"如是。"

"善男子,一切众生有如来藏,如彼淳蜜在于岩树,为诸烦恼之所覆蔽,亦如彼蜜群蜂守护,我以佛眼如实观之,以善方便随应说法,灭除烦恼,开佛知见,普为世间施作佛事。"②

不空的译文为:

"譬如蜜房悬于大树,其状团圆,有百千蜂遮护其蜜。求蜜丈夫以巧方便,驱逐其蜂而取其蜜,随蜜所用。"

"如是如是。"

"善男子,一切有情犹如蜜房,为俱胝百千烦恼随烦恼之所藏护,以佛智见能知此已,则成正觉。善男子,如是蜜房,智者丈夫既知其蜜,亦复了知于俱胝百千众烦恼蜂之所守护。如是一切有情,以如来

---

① 梁真谛译《佛性论》卷四,《大正藏》第31卷,第807页下。
② 东晋佛陀跋陀罗译《如来藏经》,《大正藏》第16卷,第457页下。

智见知已成佛,于彼为俱胝百千烦恼、随烦恼之所遮覆。善男子,如来以巧方便力,为害蜂者教诸有情驱逐欲、瞋、痴、慢、憍、覆、忿、怒、嫉、悭,烦恼、随烦恼故。如是说法,令诸有情不为烦恼之所染污,无复逼恼,亦不附近。善男子,云何此等有情,我以如来智见为净,除故于诸世间而作佛事。善男子,以清净眼见诸有情如是清净。"①

这一譬喻,如经中所说,"淳蜜"喻如来藏,"岩树"喻众生烦恼身,"群蜂"则指"俱胝百千烦恼、随烦恼喻";"巧智方便人"则指佛,"随意食用"并且"惠及远近"则指自利、利他的行德。《佛性论》解释说:"为瞋烦恼故以蜂为譬者,如蜂若为他所触,放毒螫人。瞋亦如是,若心起瞋,即能自害,复能害他。而有甘蜜,即譬法身,为瞋所覆故。"②可见,综合言之,这一譬喻是说:所有众生所蕴藏的纯净如同蜂蜜的如来藏被如同高大茂密的树木的烦恼所覆盖,如来就如同寻找蜂蜜的伟丈夫,知晓那些大树之中蕴藏有蜂蜜,于是他轰走了蜜蜂,采集蜂蜜,不仅自己食用,而且惠及远近的众生一同分享。

第三譬称为"粳粮"譬。佛陀跋陀罗译文如下:

"譬如粳粮,未离皮糩,贫愚轻贱谓为可弃。除荡既精,常为御用。"

"如是。"

"善男子,我以佛眼观诸众生,烦恼糠糩覆蔽如来无量知见。故以方便如应说法,令除烦恼净一切智,于诸世间为最正觉。"③

不空的译文则为:

"譬如稻、麦、粟、豆所有精实为糠所裹。若不去糠,不堪食用。善男子,求食之人,若男若女,以其杵臼舂去其糠而充于食。"

---

① 唐不空译《如来藏经》,《大正藏》第 16 卷,第 462 页上。
② 梁真谛译《佛性论》卷四,《大正藏》第 31 卷,第 807 页下。
③ 东晋佛陀跋陀罗译《如来藏经》,《大正藏》第 16 卷,第 458 页上。

> "如是如是。"
>
> "善男子,如来应供正遍知以如来眼观见一切有情具如来体,为烦恼皮之所苞裹。若能悟解,则成正觉,坚固安住自然之智。善男子,彼如来藏处在一切烦恼之中。如来为彼有情除烦恼皮,令其清净而成于佛。为说于法:常作是念,何时有情㪍去一切烦恼藏皮,得成如来,出现于世。"①

这一譬喻的具体描述,两译本略有差别。晋译所说"粳粮"即粳米,指不黏之米;"襘"者糠也,亦作皮。唐译则扩大了范围,将稻、麦、粟、豆都包含在内。《佛性论》解释说:"为无明惑故,立谷中粳粮譬。譬如白米,为糠所覆,不得受用。法身亦尔,为无明㲉所隐覆,故不得现。"②这里,"粳粮"或稻、麦、粟、豆喻指如来藏,糠皮则喻指所有烦恼。这一譬喻是说,所有众生就如同被糠皮所包裹的粳米一样,也被烦恼之糠所包裹;众生自己并不知晓这一情形,而如来则以方便为其说法,使其去除烦恼之皮,显露出清净的如来藏而得以成佛。

第四譬称为"不净处真金"譬。佛陀跋陀罗译文如下:

> "譬如真金堕不净处,隐没不现,经历年载,真金不坏而莫能知。有天眼者语众人言:'此不净中有真金宝,汝等出之随意受用。'"
>
> "如是。"
>
> "善男子,不净处者,无量烦恼是。真金宝者,如来藏是。有天眼者,谓如来是。是故如来广为说法,令诸众生除灭烦恼,悉成正觉施作佛事。"③

不空的译文则为:

> 譬如臭秽诸恶积聚,或有丈夫怀挟金砖于傍而过,忽然俣落坠

---

① 唐不空译《如来藏经》,《大正藏》第16卷,第462页中。
② 梁真谛译《佛性论》卷四,《大正藏》第31卷,第807页下。
③ 东晋佛陀跋陀罗译《如来藏经》,《大正藏》第16卷,第458页上—中。

于秽中,而是金宝沉没臭秽。或经十年,或二十年,或五十年,或百千年处于粪秽,是其本体不坏不染,亦不于人能作利益。善男子,有天眼者见彼金砖在于臭秽,告余人言:"丈夫汝往于彼粪秽之中有金胜宝。"其人闻已,则便取之,得已净洗,随金所用。善男子,臭秽积聚者,是名种种烦恼及随烦恼。彼金砖者,是名不坏法。有天眼者,则是如来应正遍知。善男子,一切有情如来法性真实胜宝没于烦恼臭秽之中,是故如来应正等觉为于有情除诸烦恼臭秽不净而说妙法,当令成佛,出现世间而作佛事。①

这一譬喻,晋译称"真金",唐译称"金砖"。《佛性论》解释说:"为上心三种烦恼,立金堕不净譬。譬如净洁金宝为粪所涂,违逆人心。离欲之人亦复如是,为上心烦恼违逆其意,故说此譬,法身本净为上心惑所覆,故言不净。"②可见,"真金"或"金砖"喻指如来藏;"不净处"喻指无量烦恼,唐译细化为"烦恼"、"随烦恼"。这一譬喻,唐译细致而又具有故事性,特别是说"金砖"的"本体不坏不染",是隋唐时期最为流行的描述如来藏之体的术语。

第五譬称为"贫家宝藏"譬。佛陀跋陀罗译文如下:

"譬如贫家有珍宝藏,宝不能言我在于此。既不自知,又无语者,不能开发此珍宝藏。一切众生亦复如是,如来知见、力、无所畏大法宝藏在其身内,不闻不知,耽惑五欲,轮转生死,受苦无量。是故诸佛出兴于世,为开身内如来法藏,彼即信受净一切智,普为众生开如来藏,无碍辩才,为大施主。"

"如是。"

"善男子,我以佛眼观诸众生有如来藏故,为诸菩萨而说此法。"③

---

① 唐不空译《如来藏经》,《大正藏》第 16 卷,第 462 页中—下。
② 梁真谛译《佛性论》卷四,《大正藏》第 31 卷,第 807 页下。
③ 东晋佛陀跋陀罗译《如来藏经》,《大正藏》第 16 卷,第 458 页中。

不空的译文则为:

"譬如贫穷丈夫宅内地中有大伏藏,纵广正等一俱卢舍,满中盛金。其金下深七丈大量,以地覆故,其大金藏曾不有言语:'彼丈夫丈夫,我在于此,名大伏藏。'彼贫丈夫心怀穷匮,愁忧苦恼,日夜思惟,于上往来,都不知觉,不闻不见彼大伏藏在于地中。"

"如是如是。"

"善男子,一切有情住于执取作意舍中,而有如来智慧、力、无所畏诸佛法藏,于色、声、香、味、触耽著受苦,由此不闻大法宝藏,况有所获?若灭彼五欲,则得清净。复次,善男子如来出兴于世,于菩萨大众之中,开示大法种种宝藏。彼胜解已,则便穿掘,入菩萨住。如来应供正遍知为世间法藏,见一切有情未曾有因相,是故譬喻说大法藏为大施主,无碍辩才无量智慧、力、无所畏不共佛法藏。"

"如是。"

"善男子,如来以清净眼见一切有情具如来藏,是以为于菩萨宣说妙法。"①

上文中所说的"力"指佛具有的十种智力:知是处非处智力、知三世业报智力、知诸禅解脱三昧智力、知诸根胜劣智力、知种种解智力、知种种界智力、知一切至所道智力、知天眼无碍智力、知宿命无漏智力、知永断习气智力。"无所畏"即指"四无所畏":一切智无所畏、漏尽无所畏、说障道无所畏、说尽苦道无所畏。《佛性论》解释说:"为显无明住地故,立贫女宝藏譬,譬如贫女宅中地下有金宝藏,为地覆故,受贫穷苦。二乘亦尔,为无明所覆,不见佛果故,受四种生死之苦。"②这一譬喻中的"珍宝藏"即指如来藏。如经中所说,珍宝不能言我在于此,既不自知,又无语者,不能开发此珍宝藏。一切众生,其如来知见、十力、四无所畏等等大法宝藏

---

① 唐不空译《如来藏经》,《大正藏》第 16 卷,第 462 页下—463 页上。
② 梁真谛译《佛性论》卷四,《大正藏》第 31 卷,第 807 页下。

都蕴藏在其身内,但不闻不知,耽惑五欲,轮转生死,受苦无量。概言之,如来藏不能自明,须待诸佛开示启发方能显现。因此,众生虽具佛性,不得名佛。何以故?以无修治功德故。须待修行功德圆满,福慧两足,方得成佛。

第六譬称为"谷内果种"譬。佛陀跋陀罗译文如下:

"譬如庵罗果内实不坏,种之于地,成大树王。"

"如是。"

"善男子,我以佛眼观诸众生,如来宝藏在无明壳,犹如果种在于核内。善男子,彼如来藏清凉无热,大智慧聚,妙寂泥洹,名为如来应供等正觉。善男子,如来如是观众生已,为菩萨摩诃萨净佛智故,显现此义。"①

不空的译文则为:

"譬如藤子多罗子、赡部果子、阿摩罗果子,由其子芽展转相生,成不坏法。若遇地缘种植,于其久后,成大树王。"

"如是如是。"

"善男子,如来以如来眼见一切有情欲瞋痴贪无明烦恼乃至皮肤边际,彼欲瞋痴无明烦恼藏中有如来藏性,以此名为有性;若能止息名为清凉,则名涅槃;若能净除无明烦恼是有情界,是则名为大智聚体。彼之有情名大智聚,若佛出现于天世间说微妙法,若见此者则名如来。善男子,若彼见如来应正等觉,令诸菩萨摩诃萨,咸皆悟解如来智慧,令显现故。"②

关于这一譬喻,晋译本仅仅说"庵罗果内实不坏",而唐译本则提到三种,即"藤子多罗子、赡部果子、阿摩罗果子"。文中的"内实"、"子",都是指

---

① 东晋佛陀跋陀罗译《如来藏经》,《大正藏》第16卷,第458页中—下。
② 唐不空译《如来藏经》,《大正藏》第16卷,第463页上。

的"果内种子"。《佛性论》解释说:"为显见谛惑,立庵罗树子譬,譬如庵罗子生芽之时,必破其皮,然后得出。皮譬见谛,芽譬法身,见谛亦尔,初见真理,即破此惑,法身显现故。"①可见,以"果"譬喻烦恼,以"内实"譬喻如来藏性。如来藏在无明壳内,犹果种在核内。

第七譬称为"弊物裹金像"譬。佛陀跋陀罗译文如下:

"譬如有人持真金像,行诣他国,经由险路,惧遭劫夺,裹以弊物,令无识者。此人于道忽便命终,于是金像弃捐旷野,行人践蹈,咸谓不净。得天眼者,见弊物中有真金像,即为出之,一切礼敬。"

"如是。"

"善男子,我见众生种种烦恼,长夜流转,生死无量。如来妙藏在其身内,俨然清净,如我无异。是故佛为众生说法,断除烦恼净如来智,转复化导一切世间。"②

不空的译文则为:

"譬如贫人以一切宝作如来像,长可肘量。是贫丈夫欲将宝像经过险路,恐其盗却,即取臭秽故破弊帛以缠其像,不令人测。善男子,是贫丈夫在于旷野,忽然命终。如来宝像在于臭秽弊恶帛中,弃掷于地,流转旷野。行路之人,往来过去践踏跳蓦,不知中有如来形像,由彼裹在臭秽帛中弃之在地,而皆厌恶岂生佛想。是时居住旷野诸天以天眼见,即告行路余人而言:'汝等丈夫,此秽帛中有如来像,应当速解,一切世间宜应礼敬。'"

"如是如是。"

"善男子,如来以如来眼见一切有情如彼臭秽故帛烦恼,长于生死险道旷野之所流转,受于无量傍生之身。彼一切有情烦恼臭秽故弊帛中有如来体,如我无异。如来为解烦恼秽帛所缠裹故,为诸菩

---

① 梁真谛译《佛性论》卷四,《大正藏》第31卷,第807页下。
② 东晋佛陀跋陀罗译《如来藏经》,《大正藏》第16卷,第458页下。

萨而说妙法：云何得净如来智见，去离烦恼，得一切世间之所礼故犹如于我。"①

从上述引文可见，晋译、唐译对"喻体"的描述略有差别：其一，关于"金像"，晋译未曾明确说为佛教造像，只是说"真金像"，而唐译则直接成为"如来宝像"，其质料是"一切宝"，"像"则是如来像。其二，关于"金像"被破弊之帛包裹的因缘，晋译说是恐怕遭到抢劫，唐译说是恐怕遭到"盗却"。《佛性论》解释说："为显思惟惑故，立弊帛裹金宝譬，譬如败衣，不堪服用。身见真实，先来已破，圣道对治数数习故，思惟烦恼无复势力。譬彼败衣，金如法身，为思惑所障。"②可见，这一譬喻，"金像"、"宝像"喻指如来藏，"弊物"则喻指众生的烦恼之身。

第八个譬称为"贫女怀轮王"譬。佛陀跋陀罗译文如下：

"譬如女人贫贱丑陋，众人所恶，而怀贵子，当为圣王，王四天下。此人不知经历时节，常作下劣生贱子想。"

"如是。"

"善男子，如来观察一切众生，轮转生死，受诸苦毒，其身皆有如来宝藏，如彼女人而不觉知，是故如来普为说法，言：'善男子，莫自轻鄙，汝等自身皆有佛性。若勤精进，灭众过恶，则受菩萨及世尊号，化导济度无量众生。'"③

不空的译文则为：

"或有孤独女人，恶形臭秽，容貌丑陋，如毕舍支，人所见者，厌恶恐怖，止于下劣弊恶之家，偶然交通，腹中怀姙，决定是为转轮王胎。然彼女人虽复怀姙，亦曾无有如是思念，唯怀贫匮下劣之心。由心羸劣，常作是念：'我形丑陋，寄于下劣弊恶之家，而过时日，亦

---

① 唐不空译《如来藏经》，《大正藏》第16卷，第463页中。
② 梁真谛译《佛性论》卷四，《大正藏》第31卷，第807页下—第808页上。
③ 东晋佛陀跋陀罗译《如来藏经》，《大正藏》第16卷，第459页上。

不足知是何人类生于我腹?'"

"如是如是。"

"善男子,一切有情,无主无依,生三有中,寄于下劣弊恶之舍,为生死苦之所逼迫,然一一有情,有如来界、具如来藏,是彼有情不觉不知。善男子,如来不令一切有情而自欺诳,佛为说法:'善男子,汝等莫自欺诳,发大坚固精进之心,汝等身中皆有佛体,于其后时,毕成正觉。汝今已入于菩萨数,即非凡夫;久后亦堕于如来数,即非菩萨。'"①

关于这一譬喻的表述,两种译本大致相同。这一譬喻中,胎胞中的"转轮王"喻指如来藏,形貌丑陋的妇女譬喻烦恼。值得注意的是,晋译本中所说的"莫自轻鄙,汝等自身皆有佛性"等语句所蕴含的特殊信息。——下文当较为详细地说明。《佛性论》解释说:"为显不净地惑,立贫女怀王子譬。譬如转轮王子在贫女腹中,胎不能污。七地以还,烦恼亦尔,虽名烦恼,而有三德:一者无染浊,智慧慈悲所含养故。二者无过失,以不损自他故。三者无量功德,能成熟佛法及众生故。若长烦恼即成凡夫,不能成熟佛法。若断烦恼,即成二乘,不能成熟众生。"②

第九个譬称为"铸模内金像"譬。佛陀跋陀罗译文如下:

"譬如铸师铸真金像,既铸成已,倒置于地,外虽焦黑,内像不变,开摸出像,金色晃曜。"

"如是。"

"善男子,如来观察一切众生,佛藏在身,众相具足。如是观已,广为显说。彼诸众生得息清凉,以金刚慧捶破烦恼,开净佛身,如出金像。"③

---

① 唐不空译《如来藏经》,《大正藏》第 16 卷,第 463 页下。
② 梁真谛译《佛性论》卷四,《大正藏》第 31 卷,第 808 页上。
③ 东晋佛陀跋陀罗译《如来藏经》,《大正藏》第 16 卷,第 459 页上—中。

不空的译文则为:

"譬如以蜡作模,或作马形、象形、男形、女形,泥裹其上,而用火炙,销炼真金,铸于模内。候其冷已,是其工匠将归舍宅,其模外为黑泥覆弊,形状燋恶,内有金像。或工匠及工匠弟子,知其模冷,即坏其泥,既净持已,于须臾顷,是金宝像则便清净。"

"如是如是。"

"善男子,如来以如来眠观见一切有情,如金像模外为烦恼泥所覆裹,于内虚冲满有佛法无漏知宝。善男子,我今观见一切有情悉皆如是。在菩萨众而说妙法,若菩萨摩诃萨,若得寂静清凉,如来为彼有情,以金刚器仗净其法眼,除其烦恼及随烦恼。为净如来智宝藏故。善男子,如来犹如持宝像者善男子,而破彼色及随烦恼,令得解脱,是名如来。善男子,如来应正等觉见一切有情如来藏,为无边俱胝烦恼藏中之所沉没,为彼有情破烦恼藏,于佛智见安立无上正等菩提。"①

《佛性论》解释说:"为显净地惑故,立摸中金像譬。譬如铸金像未开摸时,像已成熟。水等诸物不能破,唯斧等乃能破故。"②可见,这一譬喻,"模具"譬喻众生的烦恼之身,模具中的金像譬喻如来藏。

在对于上述"九譬"作了分别解释之后,《佛性论》对其作了概括性的分析。总体上说,《佛性论》是以"九譬"来说明"菩萨修行"的"十地阶位"的:"八地以上惑亦如是,唯金刚心能破究竟故,因三种自性为显心清净界,名如来藏,故说九种如莲花等譬。三种自性者:一者法身,二如如,三佛性。"③这是说,"八地"以上的"烦恼"只有"金刚心"才能使其伏灭,而此"九譬"恰好是佛用来说明这一修行过程的。"九譬"修得"法身、如如、佛

---

① 唐不空译《如来藏经》,《大正藏》第 16 卷,第 464 页上。
② 梁真谛译《佛性论》卷四,《大正藏》第 31 卷,第 807 页下—808 页上。
③ 同上书,第 808 页上。

性"三种"自性"即可显现出清净的如来藏,因此,"合此九譬为三:初三,譬法身。次一,譬如如。后五,譬佛性"。以下我们依据《佛性论》的解释,分三层再行诠释"九喻"的意义。

《佛性论》将"法身"分为两种,其文曰:

> 云何如此明?诸佛法身有二种:一、正得。二、正说。言正得法身者,最清净法界是无分别智境;诸佛当体,是自所得法。二、正说法身者,为得此法身,清净法界正流从如所化众生识生,名为正说法身。正说法身又有二种:一、深妙。二、粗浅。为安立此二道理。一、深妙者,为安大乘道理。二、粗浅,为二乘人说此道理。复次,第一义谛为安立菩萨甚深法藏,约真俗二谛安立二乘十二部等种种法藏。①

两种法身中,"正得法身"是指最清净法界,此法身唯有通过无分别智才能证契,是诸佛的本来之体。所谓"正说法身"是指能够化导众生之识的"清净法界","正说法身"又分为"深妙"和"粗浅"两种。所谓"深妙"者是指安立各种大乘教理的经典,所谓"粗浅"者是指为二乘人所说各种教理的经典。此外,大乘佛教的经典,为了说真俗二谛之理,才说二乘十二部经等经典。在此释义的基础上,《佛性论》又说:

> 一、正得法身者,体是真如,世间无物可为譬者,故还取花中佛像为譬。二、正说深妙法身者,以真如一味故,故取蜂家蜜为譬。三、粗浅正说法身者,以显真、俗种种义味故,故取糠中米为譬。由此三譬显诸佛正得法身、正说法身。是三法身遍满摄藏一切众生界无余故,故《经》说"无一众生出如来法身外"者,如无一色出虚空外者故。②

---

① 梁真谛译《佛性论》卷四,《大正藏》第31卷,第808页上。
② 同上书,第808页上—中。

《佛性论》说,因为"正得法身"即是真如,世间无有一物可以比譬其妙,所以勉强以莲华化佛为譬。所谓"正说深妙法身",是为了显现大乘佛法的真、俗不二,所以以取蜂家蜜为譬。所谓"正说粗浅法身",是为了显现真、俗等种种不同之法及其义涵,所以以糠中之米为譬。由上述三种譬喻,可以显现诸佛"正得法身"、"正说法身"的意义,而此三种法身遍摄藏一切众生。

关于"如如"与第四譬的关联,《佛性论》解释说:

> 次,金堕不净一譬譬如如者,如如有三义故,取金为譬:一者,性无变异。二者,功德无穷。三者,清净无二。自性亦如,无变异故。功德亦如,无增减故。清净亦如,无染污故。故曰如如是真如,如在一切邪定聚及一阐提诸众生中本无差别,若至客尘灭后,说名如来藏。故说一切众生为如来藏,能藏如来不得显现。为显此清净无二故,佛说此经,文殊师利诸佛已出离于我取根本。由此自性清净,应一切众生清净。是自性清净与众生清净无有二故,为显此如故说金宝譬。①

第二层,以"金堕不净"一譬来比譬"如如"。所谓"如如"有本性没有变异、具有无穷无量之功德以及本性清净、没有差别等三层含义。"如如"即是真如,其遍满于一切善恶众生心中,本来没有差别。如果断灭一切烦恼障蔽,即称为如来藏。因此,一切众生都有如来藏,只是众生被烦恼所障碍,不得显现而已。为了显现此清净自性本来没有差别,所以佛说此经,并且说因为听闻此经,文殊师利等已经出离"我取根本"。总之,此譬喻是为了说明佛、菩萨之自性清净与众生所具的清净之心是无有差别的,无二平等的。

关于"佛性"与后五譬的关联,《佛性论》解释说:"后五譬佛性者,佛性有二种:一者,住自性性。二者,引出性。诸佛三身因此二性故得成就。"② 而"地中宝藏譬"的含义就是为显现"住自性佛性"的。《佛性论》解释说:

---

①② 梁真谛译《佛性论》卷四,《大正藏》第31卷,第808页中。

> 为显住自性故,说地中宝藏譬。此住自性佛性者,有六种德故如宝藏:一者,最难得。佛性亦尔,于无数时节,起正勤心,因福德智慧满足庄严,方始显现故。譬如意宝藏,由胜因乃感。二者,清净无垢。由佛性与烦恼不相染故,是故譬如意宝,不为不净所污。三者,威神无穷。明六神通等功德圆满故,如意宝亦尔。随意能办故,说宝藏譬。四者,能庄严一切世间功德善根,于一切处相称可故。如意宝亦尔,能为世间种种庄严具。五者,最胜。于一切法中无与等故,亦如如意宝,物中最胜故,说宝藏为譬。六者,八种世法中无有变异,为十种常住因故。真宝亦尔,虽烧打磨,不能改其自性故。取宝藏以譬住自性佛性。①

依照《佛性论》的说法,为了说明"住自性佛性"才说贫女宅中地下宝藏譬。而此"住自性佛性"的六种功德与"地中宝藏喻"相对应。六功德是:第一,"最难得",是说如同如意宝藏,必须假借各种殊胜善妙之因才能获得一样,要证契佛性,必须经历无数时节的精进修习,到福慧圆满,方可证得。第二,"清净无垢",就如同如意宝藏不为不净之物所污损一样,于佛性也不为烦恼所杂染。第三,"威神无穷",如同如意宝可以随愿办各种事情一样,证契佛性将具足身通、天眼通、天耳通、他心通、宿命通和漏尽智证通等六神通。第四,如同如意宝能使世间种种之物更加富丽庄严一样,契证佛性也能使世间一切功德善根圆满庄严。第五,"最胜",如同如意宝为一切物中最胜妙之物一样,佛性无上胜,无有一法可以与其媲美。第六,如同真宝,虽经烧打磨而不能改其本性,佛性也没有生、住、异、灭等八种变灭之相,为一切常住法的根本。此中所说的"十种常住"分别指"七种常住果"和"三种常"。"七种常住果"是指菩提、涅槃、真如、佛性、庵摩罗识、空如来藏、大圆镜智。"三种常"是指本性常、不断常、相续常,这分别指法身、报身、化身"三佛身"的常住义。"住自性佛性"是此

---

① 梁真谛译《佛性论》卷四,《大正藏》第31卷,第808页中—下。

"十常"的根本,因此称其为"十常住因"。

《佛性论》所说佛性的第二层"引出佛性",其含义是"从初发意至金刚心,此中佛性名为引出。言引出者,凡有五位:一、能出阐提位。二、能出外道位。三、出声闻位。四、出独觉位。五、出菩萨无明住地位。此法身能破烦恼觳,其体显现故"①。可见,所谓"引出佛性"就是从上述四种"凡位"和菩萨之"无明住地"中导引出来。而"第六说庵罗树芽为譬,如彼树芽能破皮肉得出,生为大树王故,说引出佛性,如庵罗树芽,能生大树王故"②。

《佛性论》又从"三身果"来说明"住自性佛性"和"引出佛性"。《佛性论》卷四说:"为约此两因故,佛说三身果。"③此"三身"即"法身"、"应身"、"化身"。

关于"法身"与《如来藏经》所说譬喻的关联,《佛性论》解释说:

> 一者,因住自性佛性故说法身。法身有四种功德,是故第七说败帛裹真金譬。四功德者,一、自性有,如金本有,非所造作。二、清净,如金本净,尘垢不能染污。三、为一切功德所依处,如金能感种种贵物故。四、平等所得,谓一切众生并同应得,如金无的主众人共有,随其功力,修者即得。故说法身犹如真金。④

《佛性论》说,因"住自性佛性"而说有法身的存在。此法身有四种功德,恰好与此经所说的败帛里真金譬喻的含义对应。所谓"法身"的四种功德分别指:第一,自性本有,法身如同真金,本来是有,非假造作而成。第二,清净,法身清净如同真金本来干净,不为尘垢所染污。第三,法身为一切功德所依止之处,如同真金,能生成种种贵重之物。第四,平等所得,如同真金无有归主,众人共有,随各人修习之功即可得之。总之,依据《佛性论》的分析,佛陀就是透过真金之譬来说明"法身"的四种功德的。

---

①②③④ 梁真谛译《佛性论》卷四,《大正藏》第31卷,第808页下。

关于"应身"与《如来藏经》所说譬喻的关联,《佛性论》解释说:

> 二者,因引出佛性故说应身。应身有四种功德,是故第八说如贫贱女人有转轮王胎。四功德者:一,依止。依止者,三十七道品是所依止。二者,正生,谓欲得应得即是未知欲知根。三者,正住。谓正得即是知根。四、正受用,即知已根。合此四义,名为应身。如胎中转轮王子,亦有四义:一、以宿业为依止。二、未得王位欲得如初生。三、正得王位如住。四、得已不失如受用。是故应身以胎中转轮王为譬。①

《佛性论》说,因"引出佛性"而说有应身的存在。"应身"有四种功德:第一,依止,即"三十七道品"。第二,正生,指"三无漏根"之一的"未知欲知根",也即指"见道"的"无漏智"。第三,正住,即指"三无漏根"之一的"知根",也就是修道之无漏智。第四,正受用,即三无漏根之一的"知已根",指无学圣人的无漏智。具足此四义,即名之为"应身"。《如来藏经》中的"贫女胎中怀有转轮王子"也有四义:第一,以过去世的善因为依止。第二,虽未得王位,但必得王位,这如同应身之正生义。第三,能正得王位,这就如同应身之正住义。第四,既得王位不再失去,这就如同应身之正受用义。总之,依据《佛性论》的分析,佛陀就是透过胎中转轮王的譬喻来说明"应身"的四种功德的。

关于"化身"与《如来藏经》所说譬喻的关联,《佛性论》解释说:

> 三者,因引出佛性复出化身。化身者,有三事:一、有相。如水中月,以影相为体故。二、由功力,以宿愿所作故。三、有始有终故。第九立摸中佛像为譬。
>
> 释曰:三义者,一、有相貌,譬如月影,但似而不真实。化身亦尔,非实体故。二、由人工造作者,譬化身宿愿所起。三、明有始有

---

① 梁真谛译《佛性论》卷四,《大正藏》第31卷,第808页下。

终者,譬化身随缘变化,故能有始有终。①

因"引出佛性"又能说有化身的存在。所谓化身有三种特征:第一,有相,指摸中佛像有相可见,譬如水中月影,影虽似月,但并非真实之月。化身也是如此,其虽似法身,但并非法身之体。第二,同功力,指由过去发愿之力所形成,如佛像由人工造作而成,此可譬比化身由过去世所发愿力而成之义。第三,有始有终,如摸中佛像有始有终,而化身也随缘变化,故有始有终之义。总之,依据《佛性论》的分析,佛陀就是透过摸中佛像的譬喻来说明"化身"的"三事"的。

四、《如来藏经》在中土的影响

如上所述可以见出,与后期大部头的如来藏类经典相比较,《如来藏经》在思想的深度上显得简单而朴素,但并不能因为如此而低估它在中土的影响,特别是两晋时期,作用尤其独特。学者以往常常会对竺道生天才独悟提出"一切众生都有佛性,一阐提亦然"的命题颇感突然,但是,如果将《如来藏经》和"华严"类经典(单品本)的翻译与传播纳入考察的视野,这一困惑即便不能完全消失,恐怕也会减轻许多。

《如来藏经》的宗旨之一——一切众生都有"如来身",来源于《华严经》,是对于《华严》类经典佛与众生的融摄关系的进一步引申。从印度佛教思想上说是如此,在如来藏思想在中土的传播上说,也是如此。从两晋南北朝时期《如来藏经》的翻译和流传过程来看,此经是和《华严经》的翻译、传播史紧密地联系在一起的。而《华严经》中讲"如来身"最集中的部分就是《如来出现品》(唐译),这一品的最早译者就是西晋的竺法护,译名为《如来兴显经》。关于《如来兴显经》,僧祐记载说:"《如来兴显经》四卷,一本云《兴显如幻经》,元康元年十二月二十五日出。"②

---

① 梁真谛译《佛性论》卷四,《大正藏》第31卷,第808页下—第809页上。
② 梁僧祐《出三藏记集》卷二,《大正藏》第55卷,第7页下。

现存的竺法护翻译的《如来兴显经》中有两个方面凸现了"佛性"或如来藏思想,即出现了"如来种性"、"如来藏"的概念,尽管与后来翻译的《华严经》相对照,很大程度是出于"误译",但此译本的传播仍然可能引起时人对于"如来藏"思想的关注。

《如来兴显经》出现了数例"如来种性"的用语:

其一,《如来兴显经》卷一在讲到如来显现的"第二事"时说:

> 譬如喻于三千世界自然兴盛,起大阴云名"不可坏",应时而雨。其余地者,不能堪任受于此水,唯有三千世界遭水变时。如是仁者,佛之法界,有弘法泽名曰"无坏",合集如来不断佛种,及诸圣士、一切声闻及与缘觉,所不堪任受持奉行。唯有菩萨,承大势力,心无恐惧,誓被德铠。是为二事。①

此中的"合集"是集合会众宣说佛法的意思,而关于"如来不断佛种"一句,六十卷《华严经》翻译为"如来应供等正觉,亦复如是,出兴于世,演说如来性起法雨。一切声闻缘觉不能受持"②。唐译八十卷《华严经》则是:"佛子,如来应正等觉。亦复如是。兴大法云,雨大法雨,名成就如来出现。一切二乘心志狭劣,所不能受,所不能持。"③可见,竺法护所译的"如来不断佛种"一语应该是"如来出现"的意思。

其二,《如来兴显经》卷一在讲到如来显现的"第八事"时说:

> 分别了知三千世界如来至真等正觉者,所以怀来一切德本,成就诸法,积累无上无极之慧,为世面首而不断绝如来种性,显耀无极威神光明,普晖世间,靡不周遍。其见光明,皆以至心,向于如来。又是大圣,无所罣碍,及诸菩萨各自念言:今者如来所以兴显化诸菩萨,是故现身于斯世矣。分别演说诸佛种性清净离垢平等之慧,奋

---

① 西晋竺法护译《如来兴显经》,《大正藏》第10卷,第595页上。
② 东晋佛陀跋陀罗译《华严经》卷三三,《大正藏》第9卷,第613页上。
③ 唐实叉难陀译《华严经》卷五〇,《大正藏》第10卷,第263页中—下。

> 此光明,如来所可咏怀,合集无漏之慧道。光明名曰普照,令致如来不可思议法界之慧<u>正觉种性</u>。又有光明,名曰总持,以故如来力不可动,怀来兴显,无能胜者。①

此处所出现的三个与佛种性相关的语词中,第一用例"无上无极之慧,为世面首而不断绝如来种性"②,六十卷《华严经》将其翻译成"无上大智、不断如来性起不思议智"③,八十卷《华严经》则译为"不断如来种不思议智"④;第二用例"诸佛种性清净离垢平等之慧",六十卷《华严经》、八十卷《华严经》的相应位置无此语词;而第三用例"普照,令致如来不可思议法界之慧正觉种性",六十卷《华严经》将其翻译成"名普照,能成如来普入法界不思议智"⑤,八十卷《华严经》则译为"名普照,能成如来普入法界不思议智"⑥。这一段文字,<u>竺法护</u>译本与其他两个中译本的最大不同在于,前者强调佛出兴于世是为了"演说诸佛种性清净离垢平等之慧"。

更应该注意的是,竺法护译《如来兴显经》已经使用了"如来藏"的概念,出处如下:

> 则复以此四大之慧,求<u>如来藏</u>,入道府库,不与众生,而同尘垢,在于世间,逮开士慧,令诸菩萨游诣四方,所可玩习无上正真而令坚住立不退转。是为第四。⑦

佛陀跋陀罗译《华严经》则为:"此四种智慧大宝安置如来微密法宝藏故,

---

① 西晋竺法护译《如来兴显经》卷一,《大正藏》第10卷,第597页上。
② 这一句的句读很费思量,单纯看竺法护的译文,似乎与下句"显耀无极威神光明"连起来构成"光明"的名称也是可以的,甚至读起来更合适一些,但与晋译、唐译《华严经》对照可知,此句中应该有一"智慧"名称,可见,"不断绝如来种性"应该是"无上无极之慧"的修饰语,应该连缀于上句。
③ 东晋佛陀跋陀罗译《华严经》卷三三,《大正藏》第9卷,第613页下。
④ 唐实叉难陀译《华严经》卷五〇,《大正藏》第10卷,第264页中。
⑤ 东晋佛陀跋陀罗译《华严经》卷三三,《大正藏》第9卷,第613页下。
⑥ 唐实叉难陀译《华严经》卷五〇,《大正藏》第10卷,第264页中。
⑦ 西晋竺法护译《如来兴显经》卷三,《大正藏》第10卷,第605页下。

菩萨慧光端严殊特。佛子,是为菩萨摩诃萨第四胜行知见如来应供等正觉心。"①而实叉难陀译《华严经》则为:"此四智宝,薄福众生所不能见。何以故?置于如来深密藏故。此四智宝,平均正直,端洁妙好,普能利益诸菩萨众,令其悉得智慧光明。佛子,是为如来心第四相。"②从这一对照来看,竺法护是将"如来秘密藏"的含义译为"如来藏",这与作为"胎藏"含义的"如来藏"并不是同一含义。

另外,印顺法师在《如来藏之研究》中特别论及的六十卷《华严经》所说的"众生身具足如来智慧"的说法,《如来兴显经》的相应段落为:

> 复次,佛子,如来之慧游入一切,圣智巍巍,靡不周遍一切黎庶终始之界。所以者何?若有欲想世尊之慧欲及达者,未之有也。又如来慧悉离诸相,自在之慧,则游自然,无所罣碍。……若此仁者,如来至真以无量慧不可计明,悉入一切众生江海心之所行,而普晓了群萌志操。如来之慧,不可限量,靡不周达,不可穷极;正觉之智,不可计会,观察一切萌类境界,怪未曾有。斯众生类,愚骏乃尔,不能分别如来圣慧世尊普入,而自念曰:吾宁可宣显示大道,使诸想缚自然蠲除。如佛法身圣涂力势,当令舍离一切著念,设使晓了正真之慧,谊所归趣,获致无极三昧之定,畅说正道,去一切想,诲令使念无上道慧,化诸黎庶,在五趣者令达无极。③

六十卷《华严经》的相应译文是:

> 复次,佛子,如来智慧无处不至。何以故?无有众生。无众生身如来智慧不具足者,但众生颠倒不知如来智。远离颠倒,起一切智、无师智、无碍智。……佛子,如来智慧、无相智慧、无碍智慧具足在于众生身中,但愚痴众生颠倒想覆,不知不见,不生信心。尔时如

---

① 东晋佛陀跋陀罗译《华严经》卷三五,《大正藏》第9卷,第622页下。
② 唐实叉难陀译《华严经》卷五一,《大正藏》第10卷,第271页中。
③ 西晋竺法护译《如来兴显经》卷三,《大正藏》第10卷,第607页下—第608页上。

来以无障碍清净天眼,观察一切众生。观已作如是言:"奇哉!奇哉!云何如来具足智慧在于身中而不知见?我当教彼众生觉悟圣道,悉令永离妄想颠倒垢缚,具见如来智慧在其身内,与佛无异。"如来即时教彼众生修八圣道,舍离虚妄颠倒。离颠倒已,具如来智,与如来等饶益众生。①

《如来兴显经》的"如来之慧游入一切,圣智巍巍,靡不周遍一切黎庶终始之界"一句,在八十卷《华严经》的译文为"如来智慧无处不至。何以故?无一众生而不具有如来智慧,但以妄想颠倒执著而不证得。若离妄想,一切智、自然智、无碍智,则得现前"②。关于这一命题的重要意义,印顺法师说得很明白:"三千大千世界经卷在一微尘内,譬如如来智慧在众生身内;一切微尘都是这样,就是一切众生都有如来智慧。约佛说,佛的智慧,遍入一切众生身中;约众生说,众生具足如来智慧。'众生身',依《宝性论》所引,原文为 sattva-citta-smtāna,应译为'众生心相续'。这一段文,在《如来性起品》的'如来应供等正觉心'段中,表示了众生具有如来智慧说,是众生心的本具如来智德。这一经文,被看做如来藏说,为后代如来藏学者所一再引述。"③

从上文对于《如来兴显经》所使用的"如来种性"、"如来藏"以及"如来之慧靡不周遍一切黎庶"等命题之含义的分析可知,竺法护翻译的、后来集入《华严经》的《如来兴显经》在当时很可能被当做"如来藏"思想典籍去理解的。或者说,这一译本的某些提法,会引发佛教界对于"佛种性"以及众生是否具足佛之智慧等问题的探寻。似乎与此对应,六十卷《华严经》和八十卷《华严经》"如来藏"一语使用得更多④。这种译法更进

---

① 东晋佛陀跋陀罗译《华严经》卷三五,《大正藏》第 9 卷,第 623 页下—第 624 页上。
② 唐实叉难陀译《华严经》卷五一,《大正藏》第 10 卷,第 272 页下。
③ 印顺《如来藏之研究》,第 99 页。
④ 连同菩萨名的用例算在内,六十卷《华严经》出现 7 次、八十卷《华严经》出现 10 次"如来藏"之语。

一步为中国佛教界将此经当做如来藏类经典来理解提供了空间和可能。

竺法护翻译《如来兴显经》的元康元年即291年,早于两种《如来藏经》的翻译时间十余年。依据上文对于《如来兴显经》的分析引证,从某种意义上可以说,正是《如来兴显经》的翻译与传播为《如来藏经》在较短时间内的多次翻译提供了契机。以下我们直接分析《如来藏经》引用和注疏情况。

《如来藏经》尽管篇幅短小,但中土一旦谈及如来藏思想,其引用的频度还是颇高的。在此略作引证,以见其流通情况。

根据吉藏的记载,灵味宝亮以《如来藏经》中的譬喻来证明"佛性本有"说。

> 今第一明本有用,但前已略明本有义,此义未显,今更广明之也。然古来有三解。第一灵味:高高生死之中已有真神之法,但未显现,如蔽黄金。《如来藏经》云:"如人弊帛裹黄金像,堕泥中,无人知者。有得天眼者,提净洗,则金像宛然。"真神亦尔。本来已有常住佛体,万德宛然,但为烦恼所覆。若断烦恼,佛体则现也。①

而《大乘玄论》也有一段记述:

> 问:佛性为是本有?为是始有?
>
> 答:经有两文:一云,众生佛性,譬如暗室瓶瓮、力士额珠、贫女宝藏、雪山甜药,本自有之,非适今也。所以《如来藏经》明有九种法身义。二云,佛果从妙因生,责骥马直不责驹直也,明当服苏今已臀臭,食中已有不净,麻中已有油,则是因中言有之过。故知佛生是始有。经既有两文,人释亦成两种。一师云,众生佛性本来自有,理性、真神、阿梨耶识故。涅槃亦有二种:性净涅槃本来清净,方便净涅槃从修始成也。第二解云,经既说佛果从妙因而生,何容食中已

---

① 隋吉藏《涅槃经游义》,《大正藏》第38卷,第237页下。

有不净？故知佛性始有。复有人言：本有于当，故名本有。①

从上引文字可知，在南北朝佛性问题的大讨论中，《如来藏经》是"佛性本有"派的基本依据，如吉藏所说："彼若如本有，应如《如来藏经》诸喻。若言始有，应是无常。而言本有于当，此是何语？定本定当耶？无量世界无边佛智，应不圆耶？若言如无边而照可自破之，何劳更难？照若穷尽，即是有边。照若不尽，智则不圆。此难那得去。本有、始有义亦如是。一切有所得义，无不自死，而人不觉耳。故一切诸人莫不网罗于其中矣。若执本有则非始有，若执始有则非本有，各执一文，不得会通经意，是非诤竞，作灭佛法轮。不可具陈。"②吉藏对上述本有、始有以及"本有于当"等三种说法都作了批驳，因为他自己是主张"非本非始"之说的。

不仅南北朝时期的僧人在引用《如来藏经》，隋唐时期也是如此。隋代三大家——智𫖮、净影慧远、吉藏等都在引用此经的说法。吉藏的引用已见前述。智𫖮的引用，如《佛说观无量寿佛经疏》中说：

初释佛者，佛是觉义，有六种。即《涅槃经》云：一切众生即是佛，如贫女舍宝，众物具存；力士额珠，圆明顿在。《如来藏经》举十喻，弊帛裹黄金、土模内像。③

智𫖮的《观音玄义》、《摩诃止观》等著述中也多次引用了此经。隋代净影慧远《维摩义记》中说：

言不空者，如来藏中法虽无量，略要唯二：一、如实色。二、如实心。如实色者，如《涅槃》说"佛性亦色"，亦是色故，可以眼见。又复如彼《如来藏经》说"众生中具足如来眼、耳等根"，如"横中

---

① 隋吉藏《大乘玄论》卷三，《大正藏》第45卷，第39页上—中。
② 同上书，第39页中。此书根据日本学者望月信亨的考证，为伪作，是唐人抄写净影慧远的著作而成。但这一条不见于慧远的著作，加之以其他证据，本人认为，伪作的判断不一定能够成立。具体理由当另行撰文陈述。在此姑且跟从传统的说法。
③ 隋智𫖮《佛说观无量寿佛经疏》，《大正藏》第37卷，第187页上。

像"。——此等名为如实色也。此乃是其色性法门而非色事。相状如何？似此比丘无作戒法，亦如阴阳五行等法，体虽是色，而无色相。无色相故，不可青黄赤白已取真色，似彼体虽是色而无色相，无色相故圣人证得。法身无形体是色故，圣人证得具足诸根。又是色性缘起门故圣人证得，无缘不现。如实心者，如经中说，真心是也。……①

慧远在此引用了《大般涅槃经》和《如来藏经》的相关说法来说明"如来藏"的"不空"义中的"如实色"义。慧远《大乘义章》等著述中也多次引用《如来藏经》，不赘述。

华严宗诸师引用《如来藏经》的情况更多，似乎有其传统。唐智俨《华严五十要问答》中，关于"如来藏"义，即引用了《如来藏经》给予说明，其文曰：

> 如来藏义者，依《大方等如来藏经》：我以佛眼观一切众生，诸烦恼中有如来智、如来眼、如来身，结跏趺坐，俨然不动。一、举彼天眼观未敷华内有如来身，结跏趺坐，明如来藏本性具德喻。二譬，如淳蜜在严树中无数群峰围绕守护，有人巧智除蜂取蜜，明本德去染成净喻。三譬，如粳粮米未离皮糩贫愚轻贱，谓为可弃除荡既精，常为御用，明藏在染同愚异净喻。四譬，如真金堕不净处，隐没不现，经历年载，真金不坏，明藏在染难坏喻。五譬，如贫家有珍宝藏，宝不能言我在于此；又无语者不能开发。明藏在染阙缘喻。六譬，如庵罗菓，内种不坏，种之于地，成大树王。明藏德会缘成果喻。七譬，如有人持真金像行诸他国，经于险路惧遭劫夺，裹以弊物令无识者，弃捐旷野，人谓不净。有天眼者，知有真像，即为出之，令他礼敬。明真德除染生信喻。八譬，如女人贫贱丑陋而怀贵子，经历多时，人谓贱想。明转想会真成智喻。九譬，如铸师铸真金像，既铸成已，外

---

① 隋慧远《维摩义记》，《大正藏》第38卷，第509页上。

虽燋黑，内像不变，开摸出像，金色见曜。明反染归真应体喻。①

此文中先简略地概括了《如来藏经》所说的"九喻"的大意，然后以更精炼的语言，对于此"九喻"的内涵作了诠释，颇为独特精致。

唐代法藏在《〈大乘法界无差别论〉疏》中引用《如来藏经》来解释《大乘法界无差别论》之文：

> 即实有此功德，而不异真如。然有三说：一云："谓如来藏实无如此差别功德，但与佛果修生万德为依为性，从彼能依说有功德。"若尔，在缠与染为依，何不说为过失性耶？以是离脱不证故，修德不尔，证此真如不离脱故。一云"如来藏实有如此恒沙法性德，以圣所说故"。《如来藏经》云："我以佛眼观众生贪欲恚痴诸烦恼中，有如来智、如来眼，如来身结跏趺坐，俨然不动。"乃至云"如我无异"，又如"模中像"等，乃至广说九喻。②

文中，法藏是赞成第二说的，他对于《如来藏经》的引用一时还难以断定是法藏转引还是自己引用，文中暂时按照自引标点。法藏的《华严经探玄记》等著述也引用了《如来藏经》的内容。

也许因为法藏重视《如来藏经》并且在其著述中屡引此经的缘故，澄观的著述中也有大段对《如来藏经》"九喻"的引用、解释："后然《如来藏经》等下引例释者，言九喻者，《如来藏经》具有九喻，一、二不同余经。或有一二三四，多少不定故致等言。言《如来藏经》者，即如来在王舍城耆阇崛山，成佛十年后方说之。……"③其后则逐次引用"九喻"的具体内容并且作了解释。

直至宋代，《如来藏经》仍然有引用者，如宝臣撰《注〈大乘入楞伽经〉》即是一例，其在注解"尔时，大慧菩萨摩诃萨（至）如无价宝在垢衣

---

① 唐智俨《华严五十要问答》后卷，《大正藏》第45卷，第534页上—中。
② 唐法藏《〈大乘法界无差别论〉疏》，《大正藏》第44卷，第71页中。
③ 唐澄观《大方广佛华严经随疏演义钞》卷八〇，《大正藏》第36卷，第623页中。

中"时说:"《如来藏经》亦云'一切众生贪瞋痴诸烦恼中,有如来身,常无染污,德相具足,如我无异。'"①此中引文与佛陀跋陀罗的译文略有差别,属于大意式引用。而天台四明知礼也几乎完全引用了《如来藏经》的内容,而且引用的是较为流行的"十喻"的解释。永明延寿《宗镜录》中也多次引用此经,如卷七在回答"言无师自证者,即堕自然之计。执从他解者,仍涉因缘之门。且大道之性,非是自然,亦非因缘,云何开示而乖道体?"②时,最后即引用《如来藏经》来说明禅门既讲自悟,也在讲读经,其文曰:

> 所以《如来藏经》中,校量功德:"受持此经,供养过去恒河沙现在诸佛,造恒河沙七宝台,高十由旬,日日如是,乃至五十恒河沙七宝台,供养恒河沙如来,不如有人喜乐菩提,受持此经,乃至算数譬喻所不能及。"释曰:七宝是限量之财。供养乃有为之福。若持此经者,则一乘常住之宝,真如无尽之福,如法界比微尘,岂可校量乎?③

也许由于《如来藏经》篇幅不大长,古代的注疏没有保存下来,而且文献记载中仅仅查到唐代曾经出现过三种《如来藏经》的注疏。《东域传灯目录》曾经著录曰:"《大方等如来藏经》一卷,圆光师。"④这里的文义有些模糊,而从上下文而言似乎应该是《大方等如来藏经疏》,否则只能解释为"圆光师"从日本带回,但考虑到这本目录中只有一处提到"圆光师",因此,滤掉一个"疏"字的可能性很大。在《大正藏》中检索,仅仅检索到南朝末期至隋代入中土的新罗僧圆光。唐道宣《续高僧传》卷一三《圆光传》载:

> 释圆光,俗姓朴,本住三韩(卞韩、马韩、辰韩)。光即辰韩新罗

---

① 宋宝臣撰《注〈大乘入楞伽经〉》卷三,《大正藏》第39卷,第456页中。
② 宋延寿《宗镜录》卷七,《大正藏》第48卷,第463页中。
③ 宋延寿《宗镜录》卷九,《大正藏》第48卷,第467页下—第468页上。
④ 日本永超集《东域传灯目录》,《大正藏》第55卷,第1152页下。

人也,家世海东,祖习绵远……年二十五乘舶造于金陵,有陈之世,号称文国,故得谘考先疑,询猷了义。初听庄严旻公弟子讲,素沾世典,谓理穷神。及闻释宗反,同腐芥,虚寻名教,实惧生涯。乃上启陈主请归道法,有敕许焉。既爱初落采即禀具戒,游历讲肆,具尽嘉谋,领牒微言,不谢光景。故得《成实》、《涅槃》,蕴括心府。三藏数论,偏所披寻。末又投吴之虎丘山,念定相沿,无忘觉观,息心之众,云结林泉,并以综涉"四含",功流八定,明善易拟,简直难亏,深副凤心,遂有终焉之虑。于即顿绝人事,盘游圣踪,摄想青霄,缅谢终古。时有信士宅居山下,请光出讲,固辞不许。苦事邀延,遂从其志。创通《成论》,末讲《般若》,皆思解俊彻,嘉问飞移,兼糅以绚采,织综词义,听者欣欣,会其心府。从此因循旧章,开化成任,每法轮一动,辄倾注江湖,虽是异域通传而沐道,顿除嫌郄,故名望横流,播于岭表,披榛负橐而至者相接如鳞。①

从上述记述看,圆光在南朝陈时前来中土,精通了《成实论》、《大涅槃经》以及《般若经》等,并且综涉四《阿含经》以及禅观,后来应邀宣讲《成实论》和《般若经》。陈灭之后,"光学通吴越,便欲观化周秦。开皇九年,来游帝宇,值佛法初会,《摄论》肇兴,奉佩文言,振绩徽绪,又驰慧解,宣誉京皋"②。其后,"本国远闻,上启频请。有敕厚加劳问,放归桑梓。光往还累纪,老幼相欣。新罗王金氏,面申虔敬,仰若圣人。……以彼建福五十八年,少觉不悆,经于七日,遗诫清切,端坐终于所住皇隆寺中,春秋九十有九,即唐贞观四年也"③。《海东高僧传》、《三国遗事》卷四根据道宣的记述为其作传,不过《三国遗事》卷四又根据"东京安逸户长贞孝家在古本殊异传载圆光法师传"④的记载作了"附传",与前述记载有了不少分

---

① 唐道宣《续高僧传》卷一三,《大正藏》第50卷,第523页下。
② 同上书,第523页下—524页上。
③ 同上书,第524页上。
④ 高丽僧一然撰《三国遗事》卷四,《大正藏》第49卷,第1002页中。

歧。道宣还记叙说，圆光"有弟子圆安，神志机颖，性希历览，慕仰幽求，遂北趣九都。东观不耐，又西燕魏，后展帝京，备通方俗，寻诸经论，跨轹大纲，洞清纤旨，晚归心学，高轨光尘。初住京寺，以道素有闻，特进萧瑀，奏请住于蓝田所造津梁寺。四事供给，无替六时矣"①。从这些记载看，圆安应该是中土人士。

由于道宣的传记中没有记载圆光的著述情况，隋唐的经录中也没有相关的线索，因此，尚难以立刻断定传入日本的《如来藏经疏》属于道宣《续高僧传》中的这位圆光。另外，从隋至宋的佛教文献征引的情形看，关于《如来藏经》的诠释存在一个"九喻"和"十喻"的诠释差别，而这一差别最早在智𫖮的著作中就已有了。

如前文所分析，世亲在《佛性论》中将《如来藏经》的内容以"九喻"来概括，并且作了很深刻的解释。应该说，《佛性论》一经流通，在当时以及隋唐影响很大，但与此同时，中土从隋至北宋一直存在对于《如来藏经》的另外一种解释，即"十喻"或曰"十譬"的说法。现在能查找到的最早的《如来藏经》"十譬"的说法出自于智𫖮的《佛说观无量寿佛经疏》，其文说："《如来藏经》举十喻，弊帛裹黄金、土模内像。"②《摩诃止观》卷六，其文曰：

> 言四门者，观幻化，见思虚妄，色尽别有妙色，名为佛性。《大经》云："空空者即是外道，解脱者即是不空"，即是真善妙色，如来秘藏不得不有。又我者即如来藏，如来藏者即是佛性。《如来藏经》云：币帛裹金、土摸内像，凡有十譬等，即是有门也。空门者，《大经》云，迦毗城空、如来藏空、大涅槃空。③

此中所说的"四门"即"有门"、"空门"、"亦空亦有门"、"非有非无门"。上

---

① 唐道宣《续高僧传》卷一三，《大正藏》第50卷，第524页上。
② 隋智𫖮《佛说观无量寿佛经疏》，《大正藏》第37卷，第187页上。
③ 隋智𫖮《摩诃止观》卷六上，《大正藏》第46卷，第75页上。

文,智𫖮是将如来藏、佛性作为"有门",并用《如来藏经》的"十譬"来作为"圣言量"之证明。

值得注意的是,《如来藏经》"十喻"的说法,在湛然《止观辅行传弘决》卷六中得到更详细的解释,其文曰:

> 如来藏十喻者,二文不同。诸文引用,或云佛藏者随语便耳,文在《方等如来藏经》中。彼经一卷,佛为金刚藏菩萨说,文虽有十义,但似九。以初、二文同一义故。初文云:"我以佛眼观一切众生,诸烦恼中有佛智眼、有如来身,结跏趺坐,俨然不动。善男子,譬如天眼观未敷华中有如来,除却华已,便得显现。佛见众生,亦复如是。"已下九譬,总有九番长行,偈颂各四五行。今略从要各取一行,令知喻相。①

这一段落是解释上引智𫖮《摩诃止观》中所说的《如来藏经》"十譬"的。湛然又说:"《尼楗经》中虽亦有于如来藏名,十喻亦与今文大同。然既引'弊帛',《萨遮》中无,故知应是引《方等经》也。"②可知,湛然所说"二文不同"就是指《如来藏经》和《尼楗经》。

与湛然的做法相仿,北宋四明知礼在《观无量寿佛经疏妙宗钞》卷一中也对于智𫖮的《佛说观无量寿佛经疏》所说作了解释,其文曰:

> 《如来藏经》十喻者,彼经十文,一法九喻。一是所喻,九是能喻,以所从能,故云十喻。一法者,经云:"佛告金刚慧菩萨:'我以佛眼观一切众生贪瞋痴诸烦恼中,有如来智、如来眼,如来身,结跏趺坐,俨然不动。善男子,一切众生虽在诸趣烦恼身中,有如来藏,常无染污,德相具足,如我无异。'"于此文后,即举九事以喻其法,各有长行、重颂。一、萎华佛身喻。二、岩蜂淳蜜喻。三、糠糩粳米喻。四、粪秽真金喻。五、贫家宝藏喻。六、庵罗内实喻。七、弊衣金像

---

① 唐湛然《止观辅行传弘决》卷六之一,《大正藏》第46卷,第338页上。
② 同上书,第338页中。

喻。八、贫女贵胎喻。九、焦模铸像喻。①

此后,知礼还对于智𫖮上文提到的第七、第九譬作了引述。

值得注意的是,《如来藏经》"十喻"的说法,根据查到的资料考察,仅仅见于天台宗的著述中,其他的引文都作"九喻"。而南宋法云《翻译名义集》卷五则以"一法九喻"作说明:"《方等如来藏经》,佛为金刚藏菩萨说一法九喻,具有十文。"②这是一种妥当的做法。然而现在的问题是,如果从现有可查考的文献出发,认定这一独特的对于《如来藏经》的判释最早出自于智𫖮,那么,它是否真的是出自智𫖮呢?智𫖮是否有所本呢?而智𫖮的判释,与传入日本的圆光师的《如来藏经疏》是否有某种关联呢?——所有这些仍然有待于查考,特别是新资料的发掘。

如果说对于传入日本的《如来藏经疏》的作者尚不能完全肯定的话,从《宋高僧传》得知,唐代中后期,确实曾经存在过两种《如来藏经疏》。《宋高僧传·知玄传》载,知玄曾经撰述了《如来藏经疏》,其文曰:

> 释知玄,字后觉,姓陈氏,眉州洪雅人也。……七岁,果遇法泰法师在宁夷寺讲《涅槃经》,寺与居邻,玄日就讲集所,一聆法语若睹前因。是夕梦其寺殿佛手摩其顶,寤启祖父乞为勤策。亲党观其必不可抑夺,故听之。年十一,遂其削发。乃随师诣唐兴邑四安寺,授《大经》四十二卷、远公义疏,辩空师圆旨,共一百二十五万言,皆囊括深奥矣。方年十三,指擿缁徒,露老成之气。时丞相杜公元颖作镇西蜀,闻玄名命升堂讲谈于大慈寺普贤阁下,黑白众日计万许人,注听倾心骇叹无已。自此蜀人弗斥其名,号陈菩萨耳。……玄于净众寺辩贞律师所受具戒,才听毗尼,续通《俱舍》,则长十山固律师之付授焉。复从本师下三峡,历荆襄抵于神京资圣寺。此寺四海三学之人会要之地。玄敷演经论,僧俗仰观,户外之屦日其多矣。文宗

---

① 宋知礼《观无量寿佛经疏妙宗钞》卷一,《大正藏》第 37 卷,第 200 页下。
② 宋法云《翻译名义集》卷五,《大正藏》第 54 卷,第 1143 页下。

皇帝闻之，宣入顾问。甚惬皇情，后学《唯识论》于安国信法师。又研习外典，经籍百家之言，无不该综。①

在唐武宗灭法期间，知玄作了不少抗争，后来"即归巴岷旧山，例施巾栉而存戒检愈更甄明。方扁舟入湖湘间，时杨给事汉公廉问桂岭，延止开元佛寺。属宣宗龙飞……玄复挂坏衣归上国宝应寺，属寿昌节讲赞赐紫袈裟，署为三教首座。帝以旧藩邸造法干寺，诏玄居寺之玉虚亭。大中三年诞节，诏谏议李贻孙、给事杨汉公缁黄鼎列论义，大悦帝情。因奏天下废寺基，各敕重建，大兴梵刹玄有力焉。……八年，上章乞归故山，大行利济，受益者多。广明二年春，僖宗违难西蜀，后遣郭遵泰赍玺书，肩舆诏赴行在，帝接谈论颇解上心"②。僖宗亲自选定"悟达国师"为号。广明二年(881)七月圆寂，年七十三，僧腊五十四。关于知玄的著述，《宋高僧传·知玄传》记载说：

> 玄生常著《如来藏经会释疏》二卷，命僧彻撰《法鉴》，以照像若十翼焉；《大无量寿经疏》二卷，僧彻着《法灯类章指》焉；《胜鬘经疏》四卷，僧彻著《法苑》以错综，犹纬书焉。又《般若心经》、《金刚经》各有《疏义》。此外秦蜀之间，作释氏杂文、外篇、箴论、碑志、歌诗，录成二十余卷；《礼忏文》六卷。通计三十万言。③

释僧彻为知玄的高足，"敏利天资，高迈逸类。稚岁聪颖，而慕悟达国师，若颜回之肖仲尼也。既而时亲函丈，颇见幽微，随侍翼从，未尝少厌，窥其门墙，其殆庶几乎。悟达凡有新义别章，咸嘱付彻畅衍之。为《如来藏经疏》著《法鉴》四卷，《大无量寿经疏》著《法灯》二卷，《胜鬘师子吼经疏》著《法苑》十卷。观乎悟达为疏，若左丘明之传也。彻述三法钞，犹杜服

---

① 宋赞宁《宋高僧传》卷六，《大正藏》第50卷，第743页中—下。
② 同上书，第744页上。
③ 同上书，第744页中—下。

之集解欤"①。

参照《宋高僧传》卷六《知玄传》、《僧彻传》可以得出三条结论:其一,知玄与僧彻关于《如来藏经》的著述是两本独立的著作,然二者存在紧密的关系,僧彻所著类似于"集解"。其二,知玄的著述称为《如来藏经会释疏》,可见,其性质属于汇集此前的各种注疏而成,由此可见,唐末之前,仍然流通的有关《如来藏经》的著述不在少数。其三,从赞宁对于知玄、僧彻著述的评语看,有可能这些著述在北宋初年仍然可以看到。

第二节 《央掘魔罗经》的思想及其在中土的影响

依照如来藏思想在印度发展的情况,一般将《央掘魔罗经》归结为早期如来藏经典之一,而从具体的传出时间看,此经可能要略晚于《如来藏经》。此经在中土的翻译和流传,对于推动如来藏思想的普及起了一定的作用,但从实际效果来看,与其说此经中的如来藏思想影响巨大,倒不如说此经中所突出宣扬的央掘魔罗的身世所蕴含的道德劝诫以及此经对于中国佛教徒素食制度的形成的推动作用,更显著一些。以下我们从《央掘魔罗经》的汉译、结构及其佛学思想等方面对此经的内容以及对中国佛教所产生的影响等作些分析说明。

一、《央掘魔罗经》的汉译版本考

研究《央掘魔罗经》的汉译,首先必须区分出其属于大乘还是小乘经典,前者属于如来藏系统,后者则与如来藏思想无关。

《大周刊定众经目录》卷五记载了八种译本并且称"以前八经同本别译"②,其文曰:

---

① 宋赞宁《宋高僧传》卷六,《大正藏》第 50 卷,第 744 页下。
② 唐明佺《大周刊定众经目录》卷五,《大正藏》第 55 卷,第 398 页下。

《鸯崛摩罗经》一卷,一名《指鬘经》,一名《鸯崛髻经》,右晋武帝竺法护译。出《长房录》。

《鸯掘魔悔过经》一卷,右道安云"竺法护所出"。出《僧祐录》。

《佛说鸯掘魔罗母因缘经》一卷,右道安云"晋代竺法护"所出。出《僧祐录》。

《无量乐国土经》一卷,右道安云"竺法护译",出《僧祐录》。

《帝释施央崛魔罗法服经》一卷,右道安云"晋代竺法护所出"。出《僧祐录》。

《佛降央崛魔罗人民欢喜经》一卷;《央崛魔罗归化经》一卷,一名《央崛摩妇死经》,右并西晋惠帝法炬、法立译。出《长房录》。

《央崛魔罗经》一部四卷,九十二纸,右宋文帝元嘉年求那跋陀罗于道场寺译。出《长房录》。①

上述八种译本中,竺法护有五种。遍查《出三藏记集》未见到僧祐将上述《鸯掘魔悔过经》、《佛说鸯掘魔罗母因缘经》、《无量乐国土经》、《帝释央崛魔罗法服经》列为竺法护译籍的文字。相反,在《出三藏记集》卷四"新集续撰失译杂经录"项下记载:"《央掘魔罗归化经》一卷,抄;《佛降央掘魔人民欢喜经》一卷,抄;《央掘魔悔过法经》一卷,抄;《帝释施央掘魔法服经》一卷,抄;《鸯掘髻经》一卷,《鸯掘魔母因缘经》一卷,抄。"②对于这六部经抄,僧祐未列出出自何种译本。而《开元释教录》则记载说:

《央崛魔罗母因缘经》一卷,抄第一卷新编上。《无量乐佛土经》一卷,抄第三卷;或云《国土央崛魔罗母因缘经》一卷,抄第一卷新编上。《无量乐佛土经》一卷,抄第三卷;或云《国土有称十方佛名得多福经》一卷,《祐录》云"抄",《陈录》云"抄"《央崛经》第三卷新编上。《佛降央崛魔罗人民欢喜经》一卷,抄第四卷。《帝释施央崛魔罗法

---

① 唐明佺《大周刊定众经目录》卷五,《大正藏》第 55 卷,第 398 页中—下。
② 梁僧祐《出三藏记集》卷四,《大正藏》第 55 卷,第 23 页下。

服经》一卷。《央崛魔罗归化经》一卷,或云《妇死应》,误。《央崛魔罗悔过法经》一卷,或无"法"字。《波斯匿王欲伐央崛魔罗经》一卷,《祐录》云"抄"新编上。《央崛魔罗母》下八部八卷,并出《央崛魔罗经》。①

与《出三藏记集》不同,《开元释教录》列出了抄经的出处,而从"《无量乐佛土经》一卷,抄第三卷;或云《国土有称十方佛名得多福经》一卷,《祐录》云'抄',《陈录》云'抄'《央崛经》第三卷新编上"的说法可以推测,智昇的说法是有所本的。从智昇的记载看,从《出三藏记集》的记载开始,不断有新的此经的抄本出现,但这些抄本大多应该是出自四卷本的《央掘魔罗经》。

从上述辨析可见,《大周刊定众经目录》的记载错误很严重,其说法主要出自于对僧祐《出三藏记集》所言的误解。《出三藏记集》卷二记载竺法护所译、当时"并有其经"的"九十部凡二百六卷"之目录时说:"《鸯掘摩经》一卷,或云《指鬘经》,或云《指髻经》"②,同卷又有"《鸯掘魔经》,竺法护出《鸯掘魔经》一卷,求那跋陀罗出《鸯掘魔罗经》四卷,右一经。二人异出"③。可见,竺法护所翻译的《鸯掘魔经》是一卷本,且译本就一种,此本现存,吕澂先生经过考辨认定:"今勘,出《杂阿含》第三十八卷。"④吕先生的这一说法是正确的。现存的另一种《鸯崛髻经》的译本署名西晋法炬翻译,智昇在《开元释教录》中记载:

> 《鸯崛摩经》一卷,或有作"魔"字,一名《指髻经》,西晋三藏竺法护译。《拾遗》编入,上三十二经三十二卷同帙。
>
> 《鸯崛髻经》一卷,西晋沙门释法炬译。

---

① 唐智昇《开元释教录》卷一六,《大正藏》第 55 卷,第 654 页中。
② 梁僧祐《出三藏记集》卷二,《大正藏》第 55 卷,第 8 页中。
③ 同上书,第 14 页下。
④ 《吕澂佛学论著选集》卷三,第 1709 页,济南:齐鲁书社,1996 年版。

> 右二经同本异译,出《增壹阿含经》第三十一卷《力品》,此文稍广。①

由这些材料可以断定,竺法护、法炬曾经分别翻译出两种《鸯掘魔经》,属于同本异译,且均为一卷。由于这两种译本尚存,对勘可知其均出自于《杂阿含经》,属于小乘佛教经典,与如来藏思想无关。

现存的《央掘魔罗经》四卷本,各种经录一致记载为南朝刘宋求那跋陀罗翻译于建康道场寺,这是现存的唯一与如来藏思想有关的《央掘魔罗经》。《央掘魔罗经》的翻译时间应该在元嘉十三年(436)至元嘉二十一年之间,具体时间则难得其详。

二、《央掘魔罗经》的结构及主要内容

"央掘魔罗"意译为"指髻"、"指鬘",或"一切世间现"。若梵、汉并举,则称"鸯崛鬘"、"鸯崛髻"。央掘魔罗是佛陀时代之拘萨罗国舍卫城人,聪慧才辩,力超壮士。初为婆罗门摩尼跋陀罗五百名弟子中之上首,后来,其师母先以通奸引诱,被其拒绝,其师母反而以凌辱之罪诬告他。其师信以为真,自忖其雄霸非力所伏,乃设奸计构陷他,使其陷入滥杀无辜之罪恶。其师命其出游修行,并嘱杀害千人,各取一指作鬘,始得授以涅槃之法。央掘魔罗闻言,踌躇懊恼,致心神迷乱,遂执利刃出城杀人,每杀一人则将所得之指串为鬘状而戴于身上。杀至第九百九十九人时,欲弑其母以成一千之数。佛陀遥知而怜悯之,遂前往度化。央掘魔罗见佛陀前来,执剑趋前,意欲加害。佛陀为其演说正法,乃改过忏悔而入佛门,热心修法,后证得阿罗汉果。

由于央掘摩罗出家前劣行昭彰,因此,虽然已改过迁善,出家为沙门,但仍颇为时人所怨恨。小乘佛典中这方面的记载很多,如《增一阿含经》就有这样的记载:

---

① 唐智昇《开元释教录》卷一三,《大正藏》第55卷,第613页下—614页上。

> 是时,鸯掘魔城中乞食,诸男女、大小见之,各各自相谓言:"此名鸯掘魔,杀害众生,不可称计,今复在城中乞食。"是时,城中人民各各以瓦石打者,或有以刀斫者,伤坏头目,衣裳裂尽,流血污体。即出舍卫城,至如来所。是时,世尊遥见鸯掘魔,头目伤破、流血污衣而来。见已,便作是说:"汝今忍之。所以然者,此罪乃应永劫受之。"①

而《增一阿含经》中又记载说:

> 尔时,鸯掘魔白世尊言:"我向著衣持钵,入舍卫城乞食。见一妇人,身体重妊。是时,我便作是念:'众生受苦何至于斯?'"世尊告曰:"汝今往彼妇人所,而作是说:'我从贤圣生已来,未曾杀生。'持此至诚之言,使此母人胎得无他。"鸯掘魔对曰:"如是,世尊。"是时,鸯掘魔即其日,著衣持钵,入舍卫城,往至彼母人所,语彼母人曰:"我从贤圣生已来,更不杀生。"持此至诚之言,使胎得解脱。②

这一故事属于正面称赞央掘魔罗的例子。但这种称赞与佛陀跋陀罗翻译的大乘《央掘魔罗经》相比较,颂词高度不够。

如果将小乘经典中的这些记载与四卷本大乘《央掘魔罗经》的内容进行一番比较,即可发现,大乘《央掘魔罗经》确实十分独特。在此经中,佛陀诸大弟子及帝释、四天王、诸神等无一不遭到央掘的训斥,只有文殊师利才具备与之论辩的资格,经中突出的人物是央掘魔罗,佛陀也只能算是陪衬。在诸多大乘经典中,这样的安排,仅有《维摩经》与其相似。在《维摩诘经》中,诸大弟子、诸菩萨都曾遭到维摩的讥嘲,只有文殊菩萨才被赋予了问疾的资格,经中突出的人物是维摩诘,佛陀同样是配角。尤其《佛国品》所说"若菩萨行于非道,是为通达佛道"、"示入于魔"、"示入邪济"云云,更显出了此经与《央掘魔罗经》思想的相通。天台智顗曾

---

①② 东晋僧伽提婆译《增一阿含经》卷三一,《大正藏》第2卷,第721页上。

指出二经的相同之处,他在《维摩经略疏》卷五说:"《净名》、《鸯掘》没权用实,辅成实教。"①在《妙法莲华经玄义》卷一〇中,智𫖮又说:"《维摩》、《思益》、《殃掘摩罗》,弹诃小乘保果之僻,讥刺三藏断灭之非,故身子、善吉齐教专小,初不曾闻大乘威德,或茫然弃钵,或怖畏却华。"②不过仔细揣摩文句,这两部经的语态也是有些区别的。《维摩诘经》对小乘的批判较为缓和而富于讽刺性,而《央掘魔罗经》则嘻笑怒骂更甚。印顺法师即根据《央掘魔罗经》呵责了文殊法门来说明此经出世的年代可能略晚于《维摩诘经》③。

佛陀跋陀罗所翻译的大乘《央掘魔罗经》共分四卷。由于此经没有留下来古代注疏,准确的科判不大容易作出。本文则大致依据古德科判经文的两种方法——以说法地点判"会"以及参照"序分"、"正宗分"、"流通分"等"三分"说,对此经的内容进行分析说明。

(一)序分

关于佛说此经的地点,《央掘魔罗经》中有两个线索:(1)经文说"去舍卫国十由旬少一丈,于彼有树名阿输迦"④,佛就在此树下度化央掘魔罗,并且宣讲法义。(2)卷三说:"佛又告言:'汝来,祇陀林广度众生也。'尔时,世尊犹如鴈王,与央掘魔罗、舍利弗、大目连、文殊师利等大众翼从,如盛满月众星围绕,从无忧树下上升虚空,去地七多罗树,至舍卫城四十牛鸣。"⑤依据这些记载,从说法地点来科判,上述卷三引文之前的部分可称之为"阿输迦树下"会,后者则可称为"祇陀林"会。

《央掘魔罗经》第一卷主要叙述央掘魔罗杀人成魔的缘由以及佛陀教化使其改恶从善的经过。经文将佛陀度化央掘魔罗之事安排在佛陀在舍卫国祇树给孤独园宣说《执剑大方广经》之后。经文曰:"尔时,世尊

---

① 唐湛然《维摩经略疏》卷五,《大正藏》第38卷,第635页上。
② 隋智𫖮《法华玄义》卷一〇下,《大正藏》第33卷,第807页下。
③ 参见印顺《初期大乘佛教之起源与开展》,第941页。
④ 宋求那跋陀罗译《央掘魔罗经》卷一,《大正藏》第2卷,第512页下。
⑤ 宋求那跋陀罗译《央掘魔罗经》卷三,《大正藏》第2卷,第532页中。

广说妙法度脱众生,名曰《执剑大方广经》。初中后善,究竟显示,善义善味纯一清净,具足清白梵行之相。"①在"说斯经已"以下,则开始追叙央掘魔罗杀人的因缘。

恶人央掘魔罗受婆罗门邪师摩尼跋陀罗的指示,欲杀掉千人做成指鬘,希望由此得成婆罗门。"即杀千人少一。尔时,央掘魔母念子当饥,自持四种美食送往与之。子见母已,作是思惟:'当令我母得生天上。'即便执剑欲前断命。"而"尔时世尊以一切智如是知时,如鴈王来。央掘魔罗见世尊来,执剑疾往,作是念言:'我今复当杀是沙门瞿昙。'尔时,世尊示现避去"②。这时,央掘魔罗以很长的一段偈颂向佛陀倾诉自己陷入杀人魔圈的经过以及内心的煎熬。"尔时,世尊告央掘魔罗:'此树下者是汝之母,生育之恩深重难报,云何欲害令其生天?央掘魔罗,非法谓法,如春时焰,渴鹿迷惑,汝亦如是,随恶师教而生迷惑。若诸众生非法谓法,命终当堕无择地狱。央掘魔罗,汝今疾来归依如来。……'"③在佛陀的劝说之下,央掘魔罗随即抛弃利剑,顶礼佛足而忏悔,"世尊告央掘魔罗:'汝今可起速往母所,至诚悔过求听出家。'尔时,央掘魔罗从佛足起,往至母所,围旋多匝,五体投地,至诚忏悔,悲感大叫"④,以偈颂请求其母允诺其出家,其母答应了儿子的请求,并且请求佛陀允许自己出家,"尔时,世尊以偈答言:'善哉善女人,当得无间乐。今可听汝子,于我前出家。汝今年衰老,出家时已过。但当深信乐,以法自稣息'"⑤。至此,关于央掘魔罗出家的因缘叙述完毕。以下则进入此经主体部分。

依据古代经文科判的一般原理,本文此前叙述的部分可以划定为"序分",此后的部分则可以划定为"正宗分"和"流通分"。

---

① 宋求那跋陀罗译《央掘魔罗经》卷一,《大正藏》第2卷,第512页中。
② 同上书,第512页下。
③ 同上书,第520页中。
④ 同上书,第520页下。
⑤ 同上书,第520页下—第521页上。

(二) 央掘魔罗与十六位会众辩论法义

"正宗分"的第一部分内容是央掘魔罗在佛陀在场的情况下与会众就佛法进行辩论。先后出场的有天帝释、梵王、护世四王、波旬、摩醯首罗神、树神、佛陀的诸位声闻弟子大目犍连等以及文殊菩萨等十六位。

第一位出场的是天帝释。"尔时,天帝释将诸天众婇女眷属,放身光明照舍卫国,见央掘魔罗与佛相抗,力屈心变,摧伏归悔,发大欢喜","帝释白央掘魔罗言:'唯愿大士受此天衣以为法服……'。"①应该注意的是,对于天帝释的称赞和善意,央掘魔罗严词拒绝,经文说:"汝是何等蚊蚋小虫,我岂当受不信之施?汝是何等贪欲之驴,未度生死,众苦长流,自性羸形,何能施衣?当知汝是自性羸形,何能施人无价之衣?……我当断除无量烦恼,如佛所叹,十二头陀沙门行法,我应当学。"②在此,央掘魔罗说自己只愿行十二头陀苦行,并且用了尖刻的言辞指责天帝释不懂得"正法",其中有一段为自己辩解的言辞:

> 汝非天王,无异生盲。汝天帝释,不知差别。何等名为凶暴恶业?汝是蚊蚋,安能知我是凶恶人耶?呜呼!帝释。汝知央掘魔罗是凶恶人,又能解知佛法正义。何等沙门初始出家,习无价衣耶?汝都不知出家净法。呜呼!帝释。汝是如来正法外人。……汝大愚痴聚,如是等辈今当调伏,如治稊稗害善苗者。我之所杀作指鬘者,彼等悉是坏法众生,无有一人是比丘、比丘尼、优婆塞、优婆夷者。③

接着,央掘魔罗举出"害"与"不害"的差别的问题:

> 害与不害差别之相,汝云何知?如幻士方便,他所不知。如是菩萨如幻境界,汝佛法外人,云何能知?害与不害各有二种,有声闻

---

① 宋求那跋陀罗译《央掘魔罗经》卷一,《大正藏》第2卷,第521页上。
② 同上书,第521页上—中。
③ 同上书,第521页中。

不害,有菩萨不害。汝小蚊蚋,云何能知二种不害?汝之境界及菩萨境界差别之相,犹如蚊翼覆于虚空。①

这段文字似乎暗示,天帝释代表的是声闻的观点,而央掘魔罗自己则是大乘菩萨的观点。关于大乘菩萨所持的"不害"的观点,央掘魔罗举了例子来说服天帝释:

"譬如沙门非人所持,尔时大众应守护不?"

帝释答言:"应当守护?"

问言:"若因护死,谁应得罪?"

帝释答言:"净除害心,无得罪者。"

央掘魔罗言:"如是调伏诸恶象类,若令彼死,守护之人无得罪者,当得无量殊胜功德。如是害、不害相差别难知,是名菩萨不害。"②

在此之后,还有"良医疗治病人以钩钩舌"致人死亡、"调伏诸恶象类"致象死亡、"弟子从师受学因教而死"等三个例子。在上述四例之后,央掘魔罗接着问:"如是威德众生、明显众生、恶象类者,见之而死,有遮罪不?"天帝释回答说:"无也,除有害心。"在此基础上,央掘魔罗得出结论:"是故帝释,汝不知善业、恶业差别之相,不知沙门、非沙门差别之相,诸恶象类坏正法者,应当调伏。"③至此,央掘魔罗似乎在说自己从前杀人属于帮助他者调伏诸恶的。在讲完这席话之后,央掘魔罗又回到了与天帝释对话的主题,拒绝接受"天衣":"比丘何须习无价衣?"④

第二卷是从梵王出场与央掘魔罗对话开始的。经中说"尔时,娑婆世界主梵天王,放大光明,照舍卫国,一心合掌,顶礼佛足,供养如来及央掘魔罗已,而说偈"⑤称赞央掘魔罗。对于梵天的称赞,央掘魔罗严词斥责:"汝是何人多言两舌?……汝小蚊蚋亦复如是,往受梵乐还来堕此,不知菩萨受生真实功德,非法为法。如汝等辈,不觉生死迷惑轮转。呜

---

①②③④ 宋求那跋陀罗译《央掘魔罗经》卷一,《大正藏》第2卷,第521页下。

⑤ 同上书,第522页上。

呼！梵天，汝真知善恶，言'央掘魔罗大作恶业'，汝蚊蚋恶梵，为何所知？应当修学菩萨所行。"①对于央掘魔罗的这番辩解，梵王回答说："汝现杀人一千少一，今犹见汝强梁不息，乃至雕鹫不敢近。汝此非强梁者，何处更有真强梁耶？此非恶魔者，何处更有真恶魔耶？央掘魔罗，汝莫放逸，所作恶业方便除灭。善哉！如来真为大悲，乃能度此央掘魔罗等凶暴众生。"②面对这一番指责，央掘魔罗反驳说："恶梵蚊蚋，汝将何去？汝复当于何处迷转？不知善恶众生死堕恶道。……今汝恶梵亦复如是。唱言我痴，而自欺诳及欺余人。……汝及余人后自当知善及不善，亦自当知是幻积聚，莫复更出此不实言，汝当默然，勿学妄语。"③

第三位出场的是"护世四王"。护世三天王向如来及央掘魔罗说："我今归依佛，一心请所愿。当令央掘魔，受用我等钵。央掘魔今好，犹如空中月；央掘魔庄严，净戒光圆满。"④与前两位相同，四天王也遭到了央掘魔罗的指责。不过，指责的言辞语调略有节制。

第四位出场的是恶魔波旬。波旬"来诣佛所。供养佛已，却住一面，向央掘魔罗而说偈言：'汝今速出家，欺诳入我城。我亦不念汝，且令出泥犁'"⑤。"泥犁"即地狱，恶魔向央掘魔罗所说的话显然是恶意的，自然遭到了央掘魔罗怒斥。

第五位出场的是摩醯首罗神。摩醯首罗神先赞美如来，其后赞扬央掘魔罗，"奇哉！央掘魔，殊胜甚希有！住在凡夫地，而能降伏魔。当速成正觉，普救诸世间。"⑥而央掘魔罗对其所说作了激烈反驳："汝是何卑趣，妄称摩醯罗！假名为自在，非真自在王。汝今云何知，我住凡夫地？"⑦显然，央掘魔罗反驳的是其所说的自己处于"凡夫地"的言词。

接下来，"如来所依坐树，其树有神，见央掘魔罗，心生敬信"，"树神"

---

① 宋求那跋陀罗译《央掘魔罗经》卷二，《大正藏》第 2 卷，第 522 页上—中。
②③ 同上书，第 522 页中。
④⑤ 同上书，第 522 页下。
⑥⑦ 同上书，第 523 页上。

以偈赞叹央掘魔:"今请服法衣,供施汝初饭,施汝及如来,当得第一果。"①这一赞叹,同样遭到央掘魔罗的批驳。央掘魔罗告诫"树神":"汝以卑陋性,暂游方便法。还复处女身,纵心五欲乐。汝今应方便,速舍女狗身,莫取男女相,当修空寂法。修习空法已,疾得男子性。"②由经文可知,央掘魔罗以"树神"之"女身"以及未曾出家作为批评的焦点。

第七位出场的是声闻弟子大目犍连。面对以神通著称的大目犍连,央掘魔罗直接提问:"云何世神通?云何神通本?神力第一尊,速说断我疑。"③而大目犍连回答说:"若人修净舍,常施履屣乘。比丘持净戒,远离不习近。如是二因缘,疾获神通力。"④对于这一回答,央掘魔罗仍然作了批评:"呜呼大目连,修习蚊蚋行。不能分别知,第一真实通。蚊蚋乘虚来,无知宜默然。常行自他利,愿速安众生。如是修方便,疾获上神通。安慰说法者,或时遭苦难。舍身为救护,疾获上神通。我今当速行,广度诸群生。至于祇陀林,当得大神通。如是无限量,所谓摩诃衍,无量复无边,所谓诸如来。"⑤"摩诃衍"即大乘,显然,央掘魔罗是以大乘菩萨"利他行"来批评声闻弟子的。

央掘魔罗接着将批评的锋芒指向了舍利弗。他说:"云何舍利弗,世间大智慧?智慧从何生?速说决所疑。"舍利弗回答说:"善护持五戒,能成大智慧。命终更受身,智慧常俱生。名闻远流布,智慧不倾动。"而央掘魔罗反驳说:"佛说常不灭,从是生大慧。佛说大智慧,从是说法生。呜呼舍利弗,修习蚊蚋行。不能分别知,真实智慧义。"⑥这里,舍利弗以"戒"作为智慧产生的源泉。而央掘魔罗则以佛所说的常不灭之法作为智慧的源泉。

央掘魔罗反驳的第九位人物是佛陀的弟子阿难。他向阿难提出的问题是:"如来称叹汝,多闻最第一。云何世多闻?多闻从何生?"⑦阿难

---

① 宋求那跋陀罗译《央掘魔罗经》卷二,《大正藏》第2卷,第523页中。
②③ 同上书,第523页下。
④ 同上书,第523页下—524页上。
⑤⑥ 同上书,第524页上。
⑦ 同上书,第524页中。

则以偈回答说:"诵习九部经,离悭为人说。从是获多闻,总持不思议。"而央掘魔罗批评阿难:"叹说诸如来,毕竟常不灭。是名为世间,第一最多闻。呜呼阿难陀,修习蚊蚋行。不能分别知,多闻所入闻。"①这一则问答,阿难强调诵习佛经,而央掘魔罗强调如来的常住不灭性为"多闻"的来源。

央掘魔罗反驳的第十位人物是佛陀的弟子罗睺罗。央掘魔罗向罗睺罗提出的问题是:"如来称叹汝,恭敬戒第一。云何为世间,恭敬于净戒?"而罗睺罗则回答说:"一切佛所说,专心恭敬持。是则为世间,第一恭敬戒。"对此,央掘魔罗则批评说:"若说诸如来,世间第一常。是名为世间,最上恭敬戒。呜呼罗睺罗,修习蚊蚋行。不能知第一,真实恭敬戒。"②

央掘魔罗反驳的第十一位人物是佛陀的弟子阿那律。央掘魔罗向阿那律提出的问题是:"如来称叹汝,天眼最第一。云何世天眼?天眼云何生?"③阿那律回答说:"常好施灯明,说法闻化人。由是获天眼,洞视无障碍。"而央掘魔罗则反驳说:"如来深法藏,精勤方便说。显示不隐覆,究竟最胜眼。呜呼阿那律,修习蚊蚋行。不能知出生,天眼胜方便。"④在此,央掘魔罗是将"如来深法藏"作为获得"天眼"的依据。

央掘魔罗反驳的第十二位人物是沙门陀娑。央掘魔罗向陀娑提出的问题是:"云何为世间,成就第一忍?云何生忍辱?"⑤而陀娑则回答说:"栴檀涂右臂,利刀斩左手。等心不倾动,能生最上忍。是则名世间,堪忍上调伏。"⑥对此回答,央掘魔罗反驳说:"若说如来藏,显示诸世间。无知恶邪见,舍我须无我。言是佛正法,闻彼说不怖。离慢舍身命,广说如来藏。是名为世间,堪忍上调伏。呜呼沙门陀,修习蚊蚋行。不能知出生,最上忍方便。"⑦在此,央掘魔罗直接提出,忍辱的基础是如来藏。

---

①② 宋求那跋陀罗译《央掘魔罗经》卷二,《大正藏》第 2 卷,第 524 页中。
③④⑤⑥ 同上书,第 524 页下。
⑦ 同上书,第 524 页下—525 页上。

央掘魔罗反驳的第十三位人物是佛陀的弟子满愿子。央掘魔罗向满愿子提出的问题是:"如来称叹汝,说法中第一。云何说法者?云何为知义?"①满愿子则先以偈颂回答:"诸佛及声闻,圣所不得法。正觉善通达,广为众生说。"其后又以长行作解释:"此说有何义?谓过去一切诸佛于一切法中极方便求,不得众生界及我人寿命。现在、未来一切诸佛及三世一切声闻、缘觉于一切法中极方便求亦悉不得。我亦如是为众生说,离众生界我人寿命,说无我法,说空法,如是说法。"②在此,满愿子以"无我法"和"空法"来概括佛法,应该说已经属于大乘佛教的范畴了。但是,央掘魔罗仍然指责满愿子:"呜呼!满愿修蚊蚋行,不知说法。哀哉!蚊蚋无知默然,不知如来隐覆之说。谓法无我,堕愚痴灯,如蛾投火。"③这一段译文中的"如来隐覆之说"应该是指其后较为详细给予说明的如来藏思想。——这一段文字较长,属于此经集中论说如来藏思想的段落,留待下文专门分析。

央掘魔罗反驳的第十四位人物是孙陀罗难陀。孙陀罗难陀以偈颂赞叹央掘魔罗:"善哉央掘魔,已修殊胜业。宜应方便求,如来妙色身。"④对于孙陀罗难陀提及的"如来色身"的问题,央掘魔罗问言:"世尊称叹汝,端正最第一。云何为世间,端正最殊特?何因得端正?"而孙陀罗难陀回答说:"澡手合十指,顶礼佛舍利。常供养病人,从是致端正。"⑤依照佛典记载,佛陀涅槃之后,时人收取佛的遗物和遗骨加以供奉。这就是在部派佛教时期很流行的舍利崇拜。一般而言,在佛陀涅槃之前,应该不会存在舍利崇拜,因此,这一段经文所言显然是针对小乘佛教而言的。央掘魔罗反驳说:"佛身无筋骨,云何有舍利?如来离舍利,胜方便法身。如来不思议,未信令信乐,故以巧方便,示现有舍利。方便留舍利,是则诸佛法,世间从本来,供养梵自在,天子及天女,种种诸形像。以

---

① ② ③ 宋求那跋陀罗译《央掘魔罗经》卷二,《大正藏》第 2 卷,第 525 页上。
④ ⑤ 同上书,第 526 页下。

彼非归依,建立舍利塔。若有诸众生,解知是方便。因此方便智,获致端正色。非如汝先说,妄想正政因。"①

央掘魔罗反驳的第十五位人物是佛陀的弟子优波离。央掘魔罗向优波离提出的问题是:"如来称叹汝,持律中第一。云何善持律?"②优波离回答说:"一切恶莫作,诸善悉奉行。方便修净心,是则善持律。"对于这一回答,央掘魔罗批驳说:"坏法毁禁戒,非律恶比丘。应当夺六物,一切资生具,逼迫加罚黜,方便令调伏。梵行所应用,斯非破戒物。譬如大国王,所宝护身刀,若在屠脍舍,法应强夺取。帝王所珍器,不应属恶人。如是梵行者,所应受畜物。不属坏法人,是故还摄取。是则名世间,第一善持律。"③这是说,对于破戒的比丘,应该收回他的衣钵等,再加以惩罚,调伏他们,就像屠夫如果拥有国王所使用的宝器,国王会依法收回。这才是世间第一善于持律的人。你根本不懂,不要再多说!

央掘魔罗反驳的第十六位人物是文殊菩萨。针对文殊师利的建议"今当修大空,诸法无所有"④,央掘魔罗与文殊菩萨展开了讨论,而从下文佛陀对文殊菩萨所说的话看,央掘魔罗比文殊说的更确切。——此中所蕴含的对于"空"义的新解释,留待下文再作详细分析。其后,世尊以偈语向文殊师利赞叹央掘魔罗所说法义。

(三)佛为央掘魔罗及大弟子授记

"正宗分"第二部分内容是佛陀与央掘魔罗以及在场的佛陀大弟子就法义的问答。

1. 授记

这时,舍利弗白佛言:"世尊,唯愿哀愍一切众生,为我演说,将欲疾成阿罗汉者,以何功德、何业、何精进,饶益安乐一切众生?"⑤佛陀的回答

---

① 宋求那跋陀罗译《央掘魔罗经》卷二,《大正藏》第 2 卷,第 526 页下。
②③ 同上书,第 527 页上。
④ 同上书,第 527 页中。
⑤ 同上书,第 528 页下。

分为两部分,前一部分是对于舍利弗修行因缘的称赞以及授记:"父母和合时,子来入母胎……施敬善周急,子爱诸苦人,诚恶知惭愧,常慕修正法,不习戏幻术,常乐见诸佛,务诵诸经律,善学诸明处,远酒离博奕,恭敬诸最胜,眠食知止足,不乐诸不净。天人所爱念,一切悉欣敬。如是大功德,无量不可譬,是将成正觉,功德业精进。"①不过,从语气看,此处所说应该是指舍利弗,但也有一些细节与通常对于舍利弗的叙述不大符合。在授记舍利弗将"成正觉"之后,佛陀接着说:"舍利弗当知:是央掘魔罗,有如是像类,当疾成正觉。云何如是人,当复有诸恶?彼更有无量,奇特诸功德,雄杰如文殊,超绝非常类;视一切众生,犹如一子想。当知央掘魔,菩萨摩诃萨,誓度诸未度,世间是我有。若欲发胜愿,普济诸世间,而作不善行,则无有是处。"②值得注意的是,在此记载,佛陀授记央掘魔罗"当疾成正觉",并且对于他显现于世间的"不善行"作了"圆融"的解释。

2. 正定、邪定与"不定"

在佛授记央掘魔罗将"成正觉"之后,大目犍连以偈叹言:"奇哉!央掘魔,如是大功德,暂见佛世尊,超度一切有。"③而央掘魔罗则直接提出:"云何大目连,颇有诸众生,不见佛世尊,能知正法耶?"④此中所说的这一类众生即"缘觉乘"。由此,开始了对于"一乘"和"三乘"问题的讨论。——此处的内容见下文的分析。

3. 佛为央掘授三归、五戒,央掘魔罗后来成为比丘

接续前文,世尊向央掘魔罗而说偈言:"汝来,央掘魔,出家受三归。"⑤而央掘魔罗下文的回答则透露出对于三归依的较为独特的理解。经中说:"此乘是大乘,说名无碍智。一乘一归依,佛第一义依。佛、法是一义,如来妙法身。僧者说如来,如来即是僧。法及比丘僧,二是方便依。如来非方便,是第一义依。是故我今日,归依于如来。于诸归依中,

---

① 宋求那跋陀罗译《央掘魔罗经》卷二,《大正藏》第2卷,第528页下—529页上。
②③④ 同上书,第529页上。
⑤ 同上书,第530页上。

如来真实依。"①此中说,"佛"、"法"意为"法身","僧"意为如来,因为如来即是僧。三归依中,如来是真实依,而"法"、"僧"是方便依。因此,央掘魔罗强调说,自己归依于如来,而"如是舍一依,修习方便依。是则群痴众,千佛不能救"②。

值得注意的是,此经中说,央掘魔罗接受的是沙弥五戒,而央掘魔罗对于五戒的解释也与其他经典颇有不同。

当时,世尊告央掘魔罗:"汝当受持不杀生戒。"③央掘魔罗以偈答言:"我今定不能,受持不杀戒。我当常受持,断绝众生命。所言众生者,无量诸烦恼。若能常害彼,是名持杀戒。"④这里对于"杀生"之"众生"作了特殊的界定,"断绝"的是众生的"烦恼身"。

世尊又告诉央掘魔罗说:"汝当受持不妄语戒。"⑤央掘魔罗以偈答言:"我今定不能,受持不妄语。常于一切法,受持妄说句,受持虚妄说,是则诸佛法。所言为妄者,一切诸法空。复有虚妄法,声闻及缘觉,菩萨之所行,随顺世间事。复有虚妄法,我出于世间,受持具足戒,得成阿罗汉,我受诸饮食,建立他施事。……我当般涅槃,如薪尽火灭。如是等一切,诸余虚伪法,乃至我方便,周行于世间。常于尔所时,不净此妄语。"⑥列举出的这些被称之为"虚妄"说的,大多属于佛教的基本教义。央掘魔罗说,这些都是方便教化。至于佛教的最真实义理,下文说:"今说实及谛,目连宜善听。若实若谛者,所谓如来藏,第一义常身,佛不思议身。第一不变易,恒身亦复然。第一义净身,妙法身真实。如是不思议,彼身云何现?是故伪法生,则是诸佛教,离一切虚伪,是故说名佛。"⑦这一段解释就是如来藏思想的内核。央掘魔罗通过数个譬喻说明:"如来亦如是,若现自性身,一切诸世间,其谁堪任见,故以巧方便,示现随世间,普令得解脱,是则诸佛法。是故我从今,当行虚伪事,乃至杀众生,一切虚

---

①② 宋求那跋陀罗译《央掘魔罗经》卷二,《大正藏》第2卷,第530页上。
③④⑤ 同上书,第530页中。
⑥⑦ 同上书,第530页中—下。

107

妄际,不受离虚妄,则我戒清净。"①可见,此经是将如来藏思想判为究竟说,但并未将其他方面排除在外,而是当做"巧方便"。在此,央掘魔罗所说的"行虚伪事"其实是指在明知如来藏思想为究竟的情形之下,仍然向众生宣说"方便"法。

当时,世尊又告诉央掘魔罗说:"汝今当受不饮酒戒。"②央掘魔罗以偈答言:"我今亦不能,受持不饮酒。常受饮酒戒,长夜恒纵逸,由是大叫呼,宛转遍五道。一向极快乐,是则名为酒。从彼大乘生,无上佛藏酒。是酒我今饮,自足劝众生。常住不变易,欢喜叹善哉!八声大宣唱,酣醉无终极。"③此中所说的"酒"并非世俗所说的酒,而是指"一向极快乐"的"无上佛藏酒"。

当时世尊又告诉央掘魔罗说:"汝今当受不淫净戒。"④而央掘魔罗以偈答言:"我今亦不能,受持不淫戒。我当常受持,贪著他所爱,恒游淫女舍,与彼相娱乐。三昧乐为妻,真谛法为子。慈悲心为女,以空为舍宅。无量波罗蜜,以为高广床。侍卫诸烦恼,隐覆说为食。总持为园苑,七觉华庄严。法语为林树,解脱智为菓。是等名世间,第一胜娱乐。慧者自性法,非是愚境界。"⑤同上述对于"酒"的特殊解释一样,都是以譬喻来说明的。

当时世尊又告诉央掘魔罗说:"汝今当受离不与取戒。"⑥而央掘魔罗以偈答言:"我今亦不能,受持不盗戒。常受不与取,劫盗他财物。不与者菩提,无有授与者;不与而自取,故我不与取。佛坐菩提树,不得亦不失。此是自性法,最胜无有上。"⑦央掘魔罗是说,所谓"不与取"就是劫盗他人财物。而佛在菩提树下所证的真如、佛性,无得无失,佛所证的大般涅槃境界,都是自心自性本身所具有的"自性法",不是从外界得来的法。我只是经过修行,显发这些自心、自性所具有的功能而已,根本用不

---

① 宋求那跋陀罗译《央掘魔罗经》卷二,《大正藏》第 2 卷,第 530 页下。
②③④⑤⑥ 同上书,第 531 页上。
⑦ 同上书,第 531 页上—中。

着去向心外去取,所以,我也不需要持这个"离不与取戒"。

当时佛告诉央掘魔罗说:"汝今当受不歌舞戒。"①而央掘魔罗以偈答言:"我常习舞乐,歌干闼婆偈,宣示如来藏,嗟叹称善哉。于彼诸佛所,闻如来常住,恒以妙音诵,大乘修多罗。犹如紧那罗,干闼婆伎乐。无量众妙音,供养诸经卷。若彼诸众生,常兴是供养。诸佛悉受记,未来同一号。"②此处央掘魔罗是从弘宣如来藏思想以及经典的角度来解释自己不受"不歌舞戒"限制的。

以下进入到第三卷。

4. 大乘与声闻乘的差别

佛又问以一学之义,央掘以偈答,从一增至十法,说明大乘与声闻乘的差别,得到佛的赞许。——其具体内容见下文的分析。

(四)祇陀林会之一

在此之后,进入"祇陀林会"的内容。

佛陀又告诉央掘魔罗言:"汝来祇陀林广度众生也。"③于是世尊带领央掘魔罗、舍利弗、大目连、文殊师利等大众,入祇陀林给孤独园升师子座,当时一切诸方诸大菩萨都欲来见央掘魔罗。——"祇陀林会"由此开始。《央掘魔罗经》描述了集会的过程:"彼诸菩萨从诸方来者,皆雨莲华大如车轮,此诸众生闻莲华香悉离烦恼。尔时,天龙、夜叉、干闼婆、阿修罗、紧那罗、摩睺罗伽及诸天女设天供养,雨种种宝,一心同声而说偈"④赞叹佛和央掘魔罗。——这部分内容可看做此会的"序分。

从义理的角度看,"正宗分"的核心是:"云何如来身住实际而复生?"⑤——这一问题是此经如来藏思想的重要内容,下文还要详细分析,在此仅仅罗列原经中叙述此问题的本来顺序。

---

①② 宋求那跋陀罗译《央掘魔罗经》卷二,《大正藏》第 2 卷,第 531 页中。
③ 宋求那跋陀罗译《央掘魔罗经》卷三,《大正藏》第 2 卷,第 532 页中。
④ 同上书,第 532 页中—下。
⑤ 同上书,第 533 页中。

当时央掘魔罗白佛言:"世尊,世尊说言'我住无生际',此说有何义?云何世尊住无生际、住解脱地,而复住此?谁能信者,愿说因缘。"①这问题的实质是佛为何既住于"无生际",又住于此世间。佛告央掘魔罗,可与文殊师利一起至北方的"无量乐国"中向"无量慧功德积聚地自在王如来应供等正觉佛"请教。文殊师利、央掘魔罗于是前往此国至无量慧功德积聚地自在王如来所,此位佛又让他们二位返回请求释迦牟尼佛回答。佛告文殊师利等说:

> 我云何住无量乐世界,为无量慧功德积聚地自在王佛,而复住此?莫作是说"住无生际云何住彼而复住此"。如来身无边,所为亦无边。如来不可称,所为亦不可称。如来身无量,所为亦无量。②

至于为何而生不生之身的问题,佛告央掘魔罗:"我于无量百千亿劫,具足修行十波罗蜜,摄取众生,无量众生未发菩提心者开化令发。我于无量阿僧祇劫,具足修行无量波罗蜜诸善根故,生不生身。"③

央掘魔罗又问佛:"世尊,云何如来身住实际而复生耶?"④这一问题是佛陀为何住于实际而又住于娑婆世界,与前一问相同。佛又告央掘魔罗与文殊师利一起至北方"不实电光鬘国"向"毗楼遮那如来应供等正觉佛"请教,文殊师利、央掘魔罗于是前往此国至"毗楼遮那如来应供等正觉佛"所,此位佛又让他们二位返回请求释迦牟尼佛回答。佛告文殊师利等言:"我于无量百千亿劫,具足修行十波罗蜜摄取众生,建立令住,未曾有乐。我从彼无量百千亿劫阿僧祇波罗蜜,生实际身。"⑤

央掘魔罗又问佛言:"世尊,云何如来住无为际?"⑥这一提问与前述含义一致。佛又告央掘魔罗与文殊师利一起至北方"意取"向"无量意如来应供等正觉佛"请教,文殊师利、央掘魔罗于是前往此国至"无量意如

---

① 参见宋求那跋陀罗译《央掘魔罗经》卷三,《大正藏》第 2 卷,第 533 页上。
②③④ 同上书,第 533 页中。
⑤ 参见上书,第 533 页中—下。
⑥ 同上书,第 533 页下。

来应供等正觉佛"所,此位佛又让他们二位返回请求释迦牟尼佛回答。

此后,佛又推荐央掘魔罗与文殊师利一起至北方向"众色庄严国"的"最胜降伏佛"、"深尘国"的"深上佛"、"风国"的"如风佛"、"金刚意国"的"金刚上佛"、"离垢光国"的"离垢上佛"、"月主国"的"月上佛"、"日初出国"的"日初出佛"等请教。——这是北方十国十佛。①

佛又分别推荐央掘魔罗与文殊师利一起至东方向"善味国"的"善味上佛"、"盘头耆婆国"的"盘头耆婆光佛"、"鬘熏国"的"鬘香佛"、"多摩罗钵多罗国"的"多摩罗钵多罗清凉香佛"、"月主国"的"月藏佛"、"沈香主国"的"沈香上佛"、"末香熏国"的"末香佛"、"明照国"的"光明佛"、"海主国"的"海德佛"、"龙主国"的"龙藏佛"等十佛请教。②

佛又分别推荐央掘魔罗与文殊师利一起至南方向"朱沙国"的"朱沙光佛"、"大云国"的"大云藏佛"、"电鬘国"的"电得佛"、"金刚慧国"的"金刚藏佛"、"轮转国"的"持轮转佛"、"宝地国"的"宝地持佛"、"虚空慧国"的"虚空等佛"、"调伏国"的"调伏上佛"、"胜鬘国"的"胜藏佛"、"师子慧国"的"师子藏佛"等十佛请教。③

佛又分别推荐央掘魔罗与文殊师利一起至西方向"恬国"的"恬味佛"、"恒鬘国"的"恒德佛"、"普贤国"的"普贤慧佛"、"华鬘国"的"华鬘上佛"、"无边国"的"无边华鬘佛"、"贤主国"的"贤藏佛"、"眼国"的"眼王佛"、"幢主国"的"幢藏佛"、"鼓音国"的"鼓自在佛"、"乐见国"的"乐见上佛"等十佛请教。④

佛又分别推荐央掘魔罗与文殊师利一起至西北方向"欢喜进国"的"欢喜进佛"、"严饰国"的"严饰藏佛"、"应慧国"的"应慧藏佛"、"行意乐国"的"行意乐上佛"、"众生聚国"的"众生上佛"、"聪明国"的"明上佛"、

---

① 参见宋求那跋陀罗译《央掘魔罗经》卷三,《大正藏》第 2 卷,第 533 页下。
② 同上书,第 533 页下—534 页上。
③ 同上书,第 534 页上。
④ 同上书,第 534 页中。

"意乐国"的"意乐声佛"、"无量国"的"无量寿佛"、"住国"的"安住上佛"、"水国"的"水味上佛"等十佛请教。①

佛又分别推荐央掘魔罗与文殊师利一起至东北方向"宝主国"的"宝幢佛"、"摩尼陀国"的"摩尼清凉藏佛"、"宝慧国"的"宝慧上佛"、"金色国"的"金色光音佛"、"金主国"的"阎浮檀上佛"、"网国"的"网光佛"、"慧国"的"师子藏佛"、"净水国"的"水王佛"、"玉洲国"的"玉藏佛"、"宝洲国"的"宝地佛"等十佛请教。②

佛又分别推荐央掘魔罗与文殊师利一起至东南方向"金刚积国"的"金刚慧佛"、"一切觉国"的"一切觉幢佛"、"悉檀主国"的"悉檀义胜佛"、"无垢国"的"无垢琉璃佛"、"不那味国"的"不那聚佛"、"香味国"的"香严佛"、"香主国"的"香藏佛"、"直行国"的"直胜佛"、"无价国"的"无价上佛"、"无边周罗国"的"无边王佛"等十佛请教。③

佛又分别推荐央掘魔罗与文殊师利一起至西南方向"无量光国"的"无量寿佛"、"勿量眼国"的"无量自在佛"、"火炎国"的"火炎光佛"、"坏暗国"的"坏暗王佛"、"调伏主国"的"调伏藏佛"、"无生国"的"无生自在佛"、"香主国"的"香象游戏佛"、"香箧国"的"香箧王佛"、"乐赞国"的"龙乐佛"、"胜鬘国"的"胜调伏上佛"等十佛请教。④

佛又分别推荐央掘魔罗与文殊师利一起至上方向"忍见国"的"一切世间乐见高显王神力严净大誓庄严地自在王一切光明积聚门佛"、"分陀利国"的"妙法分陀利佛"、"水笑华国"的"笑华王佛"、"无忧国"的"离一切忧佛"、"青莲华国"的"宝华胜佛"、"波头摩主国"的"波头摩藏佛"、"鸠牟陀国"的"鸠牟陀藏佛"、"竹国"的"竹香佛"、"拘迦尼国"的"一切胜王胜王佛"、"功德河国"的"一切世间河王自在佛"等十佛请教。⑤

---

① 参见宋求那跋陀罗译《央掘魔罗经》卷三,《大正藏》第 2 卷,第 534 页中。
② 同上书,第 534 页中—下。
③ 同上书,第 534 页下。
④ 同上书,第 534 页下—535 页上。
⑤ 同上书,第 535 页上。

佛又分别推荐央掘魔罗与文殊师利一起至下方向"师子积聚国"的"师子游戏佛"、"师子窟国"的"师子吼佛"、"忍作国"的"忍作华佛"、"胜国"的"一切生胜佛"、"无碍积聚国"的"大乘游戏王佛"、"频陀国"的"频陀山顶佛"、"尊重难见国"的"一切恭敬王佛"、"持慧国"的"持慧王佛"、"地慧国"的"地慧王佛"、"常欢喜王国"的"断一切疑佛"等十佛请教。①

应该特别说明,现存的这一《央掘魔罗经》的译本在此有所节略。十方十国十佛的名号如上文所述,排列的方式是:每一方向以"某方过一恒河沙刹"距离为次序依次至"过十恒河沙刹"。而只有关于央掘魔罗及文殊菩萨向北方的第一、第二位佛以及下方最后一位佛请教以及返回之后释迦牟尼佛的回答,是完整叙述的。三者之中,数最后一部分叙述最详细。

根据《央掘魔罗经》卷三的记载,佛对央掘魔罗、文殊师利菩萨说:"下方去此十恒河沙刹,有国名'常欢喜王',佛名'断一切疑',在世教化。汝等当往问彼佛言:'云何释迦牟尼佛住广说庄严际,而住娑婆世界,不般涅槃?'汝央掘魔罗与文殊师利俱往诣彼,问如是义,彼'决一切疑如来'当为汝说,以能决断一切疑故名'断一切疑佛'。"②当时文殊师利与央掘魔罗俱白佛言:"世尊,善哉!善哉!唯然受教。"二位顶礼佛足,至"常欢喜王刹",礼"断一切疑如来"足,却坐一面白彼佛言:

> 我等从娑婆世界释迦牟尼佛所,普诣十方各十世界诸如来所,问如是义:"云何释迦牟尼佛住娑婆世界不般涅槃解脱之际。"彼诸如来悉答我言:"释迦牟尼佛即我等身,彼佛自当决汝所疑。"释迦牟尼佛复遣我来至世尊所,言:"断一切疑如来当为汝说。"是故我今谘问所疑"云何释迦牟尼佛住娑婆世界而不般涅槃?"③

对于央掘魔罗、文殊菩萨的询问,"断一切疑佛"回答说:"汝等还去,彼佛

---

① 参见宋求那跋陀罗译《央掘魔罗经》卷三,《大正藏》第2卷,第535页上—中。
②③ 同上书,第535页中。

自当决断汝等一切所疑。"①这一回答与其他佛的回答没有区别。二人都回答说:"善哉!善哉!唯然受教。"②

央掘魔罗、文殊菩萨"礼彼佛足奉辞而还,至释迦牟尼佛所,稽首作礼",然后这样说:"奇哉!世尊,释迦牟尼如来持无量阿僧祇身,悉告我言'汝等还去,释迦牟尼佛当决汝疑,彼佛世尊即是我身'。"尔时,世尊告文殊菩萨等言:"彼诸如来告汝等言'我即是彼如来身'耶?"文殊菩萨等言:"如是。世尊,一切如来皆作是说。"③世尊又问文殊等:"彼诸如来世界云何?"文殊菩萨等言:"彼诸世界无诸沙砾,平如澄水;柔软乐触,犹如绵纩,如安乐国,无诸五浊;亦无女人、声闻、缘觉,唯有一乘,无有余乘。"④——这一段问答的意图是说明,上述十方佛国世界的殊胜。尔后,释迦牟尼佛为央掘魔罗以及在座的会众较为详细地说明,为什么"释迦牟尼佛住娑婆世界而不般涅槃"。

对于佛的回答,田光烈先生将其判释为"佛为广说多次舍身来此世间的七十九句原因"⑤。尽管不知晓田先生这样解释的依据,但仔细分析下述经文,似乎很有道理。兹依照田先生的指引分述如下:

(1)"若善男子善女人,称彼一切诸佛名号。若读若书若闻,乃至戏笑言说,或顺他人,或欲自显,若有一切恐怖事至,悉皆消灭;一切诸天龙、夜叉、干闼婆、阿修罗、迦楼罗、紧那罗、摩睺罗伽等不能恼乱,闻则拥护闭四趣门。我说未发心者得菩提因,况清净心若读若诵若书若闻。"⑥——这里似乎讲的是念诵佛号的功效,但念诵的是十方诸佛的名号。

(2)"央掘魔罗,如来复有奇特大威德力,方广惣持大修多罗说,八十亿佛皆是一佛,即是我身。如是广说。"⑦——这是说,所有佛都是一佛,即释迦牟尼佛。

---

① 宋求那跋陀罗译《央掘魔罗经》卷三,《大正藏》第 2 卷,第 535 页中一下。
②③④ 同上书,第 535 页下。
⑤ 中国佛教协会编《中国佛教》(三),第 78 页,北京:知识出版社,1989 年版。
⑥⑦ 参见宋求那跋陀罗译《央掘魔罗经》卷三,《大正藏》第 2 卷,第 535 页下。

(3)"如是无量佛刹,如是无量如来,如是如来色身无量无边,如来成就如是无量功德。云何当有若无常若疾病?如来常住无边之身。"①——这是说,佛国无量,如来无量,如来之身无边无量。

(4)"我今当复广说。有根本,有因有缘,一切佛一切因,悉皆不乐生此世界,以此众生不可治故。"②——尽管有如此无量无边的佛,因为此世间的众生不可救治,所以,诸佛不乐住于此世间。

(5)"以是义故,我于此世界治不可治众生,数数舍身,故生'不生身'。"③——释迦牟尼佛立志救度这一世间的众生,数度舍身而进入世间,最后得以形成"不生身"。

(6)"我于无量阿僧祇劫,为护法故舍恒河沙身,一一身若伤若打若坏故,生此'不坏无为之身'。"④——"我"在无量阿僧祇劫之中,为了保护佛法的缘故,无数次"舍弃生命",但却在此情形下,生成"不可毁坏之身"。

(7)"我于无量阿僧祇劫众多住处,精进舍身恒河沙数,一一身住无量劫精进苦行故,生'不老身'。"⑤——"我"在无量阿僧祇劫之中进入世间,在许多住处精进修习苦行,但却在此情形下,生成"不老之身"。

(8)"我于无量阿僧祇劫,生疾疫劫为作良药,一一身趣恒河沙劫故,生'无病身'。"⑥——"我"在无量阿僧祇劫之中进入世间,以身体所生疾病作为良药,每一身都在恒河沙劫中转生,因此而生成"无病之身"。

(9)"我于无量阿僧祇劫恒河沙生,为断无量众生饥饿之病施大乘味故,生'不死身'。"⑦——"我"在无量阿僧祇劫恒河沙之中进入世间,由于无量的饥饿患病众生施予大乘佛法的缘故,生"不死之身"。

(10)"我于无量阿僧祇劫恒河沙生,除无量众生烦恼垢污,为诸难事示如来藏故,生'无染污身'。"⑧——"我"因为在无量阿僧祇劫恒河沙之中进入世间,为烦恼众生显示如来藏的缘故,得以生成"无染污之生"。

---

①②③ 宋求那跋陀罗译《央掘魔罗经》卷三,《大正藏》第2卷,第535页下。
④⑤⑥⑦⑧ 同上书,第536页上。

这里明确地提出"如来藏义"在大乘法义中的重要性。

(11)"我于无量阿僧祇劫恒河沙生,为除无量饿鬼饥渴之病,以一乘味令其饱满故,生'无漏身'。"①——"我"因为在无量阿僧祇劫恒河沙之中进入世间,为无量饥渴的众生宣示一乘之法的缘故,生成"无漏之身"。

(12)"我于无量阿僧祇劫恒河沙生,于一切众生等心爱念,如父如母如子如兄如弟故,生'无罪身'。"②——"我"在无量阿僧祇劫恒河沙之中进入世间,因为无差别地"爱护"一切众生而生"无罪之身"。

(13)"我于无量阿僧祇劫恒河沙生,无量众生诸天及人不实语者,安立大乘谛故,生'谛常身'。"③——"实语"即真实之语,"不实语"即"妄语"的意思。"我"在无数大劫之中进入世间,由于面对无量妄语众生而宣说大乘的真理的缘故,因而生成"谛常身"("常住真理之身")。

(14)"我于无量阿僧祇劫恒河沙生,无量众生诸天及人诸非法众,安立出世间法故,生此'法身'。"④——这里强调为无量的"非法"(不遵从世间的各种规定)众生安立世间之法的缘故生"法身"。不过,从上下文看,这里的"法身"概念似乎不应该是一般所说的"真如之体"的"法身"。

(15)"我于无量阿僧祇劫恒河沙生,无量众生诸天及人随邪见者,安立正见故,生此'第一寂静之身'。"⑤——这里强调为无量的"邪见"(不遵从佛法之理)众生安立"正见"的缘故生"第一寂静之身"。从上下文看,这里的"第一寂静之身"应该是与"空"理相应的"清净之身"。

(16)"我于无量阿僧祇劫恒河沙生,无量众生诸天及人有恐怖者,安立无畏故,生'安隐身'。"⑥——"我"在无量阿僧祇劫恒河沙之中进入世间,因为无量的恐怖众生安立使其"无畏"的"法"的缘故而生"安隐之身"。

(17)"我于无量阿僧祇劫恒河沙生,无量众生诸天及人多忧恼者,安立无忧恼法故,生此'无忧离忧之身'。"⑦——"我"在无量阿僧祇劫恒河沙之中进入世间,为无量的多忧虑的众生安立使其"无忧虑"的"法"的缘

---

①②③④⑤⑥⑦ 宋求那跋陀罗译《央掘魔罗经》卷三,《大正藏》第2卷,第536页上。

故而生"无忧离忧之身"。

(18)"我于无量阿僧祇劫恒河沙生,一切天人乐他淫者,安立大尸罗威仪故,生此'无尘离尘之身'。"①——"大尸罗"即"持戒",在大乘佛教中指"十度"之一的"戒度"。"我"在无量阿僧祇劫恒河沙之中进入世间,为无量的乐于淫欲的众生安立"戒度"的缘故而生"无尘离尘之身"。

(19)"我于无量阿僧祇劫恒河沙生,无量众生恶像类者,摄令清净安立正法故,生此无羸离羸离法身。"②——"我"在无量阿僧祇劫恒河沙之中进入世间,因为无量的"恶像类"(参照下文用法,此中"像"其实是形象的意思,"恶像"可能是作恶之众生的意思)众生安立使其"清净"的"正法"的缘故而生"无羸离羸离之法身"("羸",瘦弱,即健康饱满之身)。

(20)"我于无量阿僧祇劫恒河沙生,无量众生诸天及人诸贫穷者,施财法二藏安立菩提故,生'无灾法身'。"③——"我"在无量阿僧祇劫恒河沙之中进入世间,因为无量的贫穷众生布施"财"、"法"两种宝藏并由此而安立菩提的缘故,生"无灾法身"。

(21)"我于无量阿僧祇劫恒河沙生,无量众生诸天及人随爱欲者,安立离欲故,生此'无量无恼之身'。"④——"我"在无量阿僧祇劫恒河沙之中进入世间,因为无量的"被爱欲所控制"的众生安立远离爱欲的"法"的缘故而生"无量无恼之身"。

(22)"我于无量阿僧祇劫恒河沙生,拂除无量众生诸天及人一切烦恼,如除蛇毒故,生此'无患离患法身'。"⑤——"我"在无量阿僧祇劫恒河沙之中进入世间,扫除无量众生的所有烦恼的缘故而生"无患离患法身"。

(23)"我于无量阿僧祇劫恒河沙生,与无量众生诸天及人结法亲属世间亲厚无过法亲故,生'无作法明显妙身'。"⑥——"我"在无量阿僧祇劫恒河沙之中进入世间,与无量众生诸天及人结成以"法"为纽带的亲密

---

① 宋求那跋陀罗译《央掘魔罗经》卷三,《大正藏》第2卷,第536页上。
② 同上书,第536页上—中。
③④⑤⑥ 同上书,第536页中。

关系,因而生"无作法明显妙身"。

(24)"我于无量阿僧祇劫恒河沙生,为无量众生诸天及人,如法演说清净如来藏法故,生此'无所有身'。"①——"我"在无量阿僧祇劫恒河沙之中进入世间,因为无量演说如来藏之法的缘故而生"无所有之身"。

(25)"我于无量阿僧祇劫恒河沙生,安立一切诸天世人令住如来希有秘密故,生'希有身'。"②——"我"在无量阿僧祇劫恒河沙之中进入世间,安立一切诸天世人使其进入如来希有秘密的缘故而生"希有身"。

(26)"我于无量阿僧祇劫恒河沙生,以佛成就无量众生诸天及人故,生'无量无边尊胜之身'。"③——"我"在无量阿僧祇劫恒河沙之中进入世间,因为佛成就了无量众生而生"无量无边尊胜之身"。

(27)"我于无量阿僧祇劫恒河沙生,为度无量众生,于处处杂姓示现受生故,生此'高身'。"④——此处的"杂姓",在印度的背景下,应该是指低等种姓。如此看来,此句的意思是:"我"在无量阿僧祇劫恒河沙之中进入世间,为了救度无量众生而处处示现于杂姓之中,因而生"高身"。

(28)"我于无量阿僧祇劫恒河沙生,令无量众生度一切有,安立菩提故,生'无上身'。"⑤——"我"在无量阿僧祇劫恒河沙之中进入世间,使无量的众生得到济度并且为他们安立菩提,由于这些缘故而生"无上身"。

(29)"我于无量阿僧祇劫恒河沙生,现随世间支节不具,令无量众生安立菩提故,生'无上法身'。"⑥——"我"在无量阿僧祇劫恒河沙之中进入世间,显现出肢节不具备(似乎是残疾人)的形象,为无量众生安立菩提,由于这些缘故而生"无上法身"。

(30)"我于无量阿僧祇劫恒河沙生,不隐恒性如来之藏,为一切众生安慰说故,生此'恒身'。"⑦——"我"在无量阿僧祇劫恒河沙之中进入世间,由于不隐匿永恒的如来之藏而给众生以安慰的缘故生此"恒身"。

(31)"我于无量阿僧祇劫恒河沙生,护持净戒,见天女、魔女及世间

---

①②③④⑤⑥⑦ 宋求那跋陀罗译《央掘魔罗经》卷三,《大正藏》第2卷,第536页中。

女不起染心故,生'不危脆身'。"①——"我"在无量阿僧祇劫恒河沙之中进入世间,严格遵守戒律,由于看见天女、魔女、世间的美女而不产生染爱之心的缘故,生"不危脆之身"。

(32)"我于无量阿僧祇劫恒河沙生,一切世间尊长女人所不起染心故,生'不崩坠身'。"②——"我"在无量阿僧祇劫恒河沙之中进入世间,由于看见世间所有尊贵的女人而不产生染爱之心的缘故,生"不崩坠之身"。

(33)"我于无量阿僧祇劫恒河沙生,为无量众生诸天及人除诸病患故,生此'无边无比之身'。"③——"我"在无量阿僧祇劫恒河沙之中进入世间,由于为无量的众生去除病患的缘故,生"无边无比之身"。

(34)"我于无量阿僧祇劫恒河沙生,令无量众生乃至畜生安立深法故,生'深远身'。"④——"我"在无量阿僧祇劫恒河沙之中进入世间,使无量众生安立于深法的缘故,生"深远之身"。

(35)"我于无量阿僧祇劫恒河沙生,为一切天人说如来藏如虚空鸟迹,令佛性显现故,生'不可见身'。"⑤——"我"在无量阿僧祇劫恒河沙之中进入世间,为一切天人说如来藏使其佛性得以显现的缘故而生"不可见身"。

(36)"我于无量阿僧祇劫恒河沙生,转无量众生诸天及人执无我见,示以难见如来藏故,生'一切众生难见之身'。"⑥——"我"在无量阿僧祇劫恒河沙之中进入世间,使无量执持"无我见"的众生显示难见的如来藏,因此而生"一切众生难见之身"。

(37)"我于无量阿僧祇劫恒河沙生,令一切天人不害众生,安立正法故,生'微细身'。"⑦——"我"在无量阿僧祇劫恒河沙之中进入世间,使一切天人不危害众生并且使其安立于正法的缘故,生"微细之身"。

(38)"我于无量阿僧祇劫恒河沙生,令一切天人生法乐故,生'圆满身'。"⑧——"法乐"即对于佛法的喜乐。

---

①② 宋求那跋陀罗译《央掘魔罗经》卷三,《大正藏》第2卷,第536页中。
③ 同上书,第536页中—下。
④⑤⑥⑦⑧ 同上书,第536页下。

(39)"我于无量阿僧祇劫恒河沙生,普示天人如来之藏,如今所见文殊师利故,生'不难见身'。"①这也与如来藏有关,含义见下文,不过这里的"如今所见文殊师利"一句,不大好理解。

(40)"我于无量阿僧祇劫恒河沙生,解一切众生缚,安立解脱故,生'极难见身'。"②——"我"在无量阿僧祇劫恒河沙之中进入世间,解除一切众生的系缚,将其安立在解脱之道上,因而生"极难见之身"。

(41)"我于无量阿僧祇劫恒河沙生,天人恶趣一切诸有普于中住,悉令安立真实解脱故,生'无分身'。"③——"我"在无量阿僧祇劫恒河沙之中进入世间,与所有恶道众生住在一起,为他们全部安立真实的解脱之道,因而生"无分之身"。

(42)"我于无量阿僧祇劫恒河沙生,令一切天人净持五戒故,生'无筋骨身'。"④——这里强调是所有善道中众生遵守五戒。

(43)"我于无量阿僧祇劫恒河沙生,善发大愿度一切众生故,生'一切处解脱之身'。"⑤

(44)"我于无量阿僧祇劫恒河沙生,拔一切众生诸恶见箭,安立真实法故,生此'寂静不变易身'。"⑥——"我"在无量阿僧祇劫恒河沙之中进入世间,拔一切众生所具有的恶见之箭的缘故,为他们安立真实法,因而生此"寂静不变易身"。

(45)"我于无量阿僧祇劫恒河沙生,等视一切众生如罗睺罗,亦令他等故,生'寂止身'。"⑦——"我"在无量阿僧祇劫恒河沙之中进入世间,将一切众生看做罗睺罗而生"寂止之身"。

(46)"我于无量阿僧祇劫恒河沙生,自修知足,令他知足故,生'上止身'。"⑧——"我"在无量阿僧祇劫恒河沙之中进入世间,自己修行而常知足,并且是他人知足,而生"上止之身"。

(47)"我于无量阿僧祇劫恒河沙生,为诸声闻说离食知足故,生'断

---

①②③④⑤⑥⑦⑧ 宋求那跋陀罗译《央掘魔罗经》卷三,《大正藏》第2卷,第536页下。

一切求波罗蜜身'。"①——此有两个应该注意的方面：一是"离食知足"，大概是指不贪各种饮食，当然佛教中的"食"有时包含范围很广，也许在此也是广义的"食"，超出现代的饮食范围；二是"断一切求波罗蜜"，大乘佛教有"六波罗蜜"、"十波罗蜜"的说法，但都不包含此处的"断一切求波罗蜜"。

（48）"我于无量阿僧祇劫恒河沙生，舍离一切鱼肉美食，亦教众生令舍离故，生'美妙身'。"②——"我"在无量阿僧祇劫恒河沙之中进入世间，舍离一切鱼肉美食，也教化众生使他们也如此舍离肉食，由此而生"美妙身"。这一条在中土影响很大，被当做佛教素食制度的渊源之一。

（49）"我于无量阿僧祇劫恒河沙生，令无量众生诸天及人吐一切烦恼故，生'离虚伪身'。"③

（50）"我于无量阿僧祇劫恒河沙生，无量众生恶像类者，坏其住处，驱出人众，犹如火雹故，生'破宅身'。"④——"我"在无量阿僧祇劫恒河沙之中进入世间，为了无量的喜欢不大"健康"的"神"像的众生而毁坏安放这些"恶像"的地方，驱出崇拜这些"恶像"的人众，由此而生"破宅之身"。

（51）"我于无量阿僧祇劫恒河沙生，无量众生迷惑四倒，饮以法味故，生'离慢梵身'。"⑤——"四倒"指凡夫所具有的四种颠倒性的认识：一、"常颠倒"，"无常"认为有常；二、"乐颠倒"，以苦当做乐；三、"净颠倒"，以不净为净；四、"我颠倒"，"无我"认为有我。"真如智"即佛、菩萨所具有的智慧。"法味"，又作"佛法味"、"法智味"，即佛所说的妙法之滋味。佛所说之法门，其义趣甚深，须细细咀嚼体得，方生快乐，故以美味譬之，称为"法味"。

（52）"我于无量阿僧祇劫恒河沙生，无量众生如来之藏，寂静恒道，离乱过恶，极令正真故，生'寂静舍身'。"⑥

（53）"我于无量阿僧祇劫恒河沙生，无量众生'无我'佛语者，建立有

---

① 宋求那跋陀罗译《央掘魔罗经》卷三，《大正藏》第 2 卷，第 536 页下。
② 同上书，第 536 页下—537 页上。
③④⑤⑥ 同上书，第 537 页上。

'我',如指指月故,生'舍离身'。"①

(54)"我于无量阿僧祇劫恒河沙生,无量般涅槃般涅槃而不般涅槃般涅槃故,生'如法法身'。"②

(55)"我于无量阿僧祇劫恒河沙生,尽无量众生际,极方便求如来藏垢不可得故,生此'界身'。一切众生悉有此界。"③

(56)"我于无量阿僧祇劫恒河沙生,演说大乘无碍智无我我所真实门故,生'无入处身'。"④——"我"在无量阿僧祇劫恒河沙之中进入世间,演说大乘无碍智、无我和我所的真实法门,以是因缘,得以成就"无入处之身"。

(57)"我于无量阿僧祇劫恒河沙生,成就无量众生令畏烦恼故,生'善出世间上上之身'。"⑤——"我"在无量阿僧祇劫恒河沙之中进入世间,教化无量众生,使得他们畏惧烦恼,产生出离心,以是因缘,得以成就"善出世间上上之佛身"。

(58)"我于无量阿僧祇劫恒河沙生,为一切众生而作归趣,无依作依,无亲作亲故,生'如万流趣大海身'。"⑥——"我"在无量阿僧祇劫恒河沙之中进入世间,作为一切众生的皈依,以是因缘,得以成就"如万流趣大海之身"。

(59)"我于无量阿僧祇劫恒河沙生,以无畏心说如来藏经故,生'安住身'。"⑦——"我"在无量阿僧祇劫恒河沙之中进入世间,以无畏之心为众生宣说如来藏经,因此而成就"安住之身"。这一条中,"如来藏经"可能有两种所指:一是《大方广佛说如来藏经》,二是指宣说如来藏思想的有关经典。二者之中,后者可能性最大。

(60)"我于无量阿僧祇劫恒河沙生,舍上宫殿转轮王位无量快乐,入山学道故,生'宫殿身',安乐不动。"⑧——"我"在无量阿僧祇劫恒河沙之中进入世间,舍弃最上等的宫殿以及转轮王位等世间的无量快乐,入山学道,因此缘故而成就"宫殿之身",安乐不动。

(61)"我于无量阿僧祇劫恒河沙生,离慢绥众如避栴陀罗,于净戒

---

①②③④⑤⑥⑦⑧ 宋求那跋陀罗译《央掘魔罗经》卷三,《大正藏》第2卷,第537页上。

者,乃至不同水器故,生'不悔身'。"①——"我"在无量阿僧祇劫恒河沙之中进入世间,远离傲慢之众就如同避开旃陀罗一样,坚守清净戒律,与犯戒之人不用同一水器。由于如此,得以成就"不悔之身"。旃陀罗,又作"旃荼罗"、"栴荼罗",意译为严炽、暴厉、执恶、险恶人、执暴恶人、主杀人、治狗人等。印度社会阶级种姓制度中,居于首陀罗阶级之下位者,为最下级的种族,彼等专事狱卒、贩卖、屠宰、渔猎等职。

(62)"我于无量阿僧祇劫恒河沙生,轻无量众生烦恼重担故,生'休息身',照然明显。"②——"我"在无量阿僧祇劫恒河沙之中进入世间,不以教化无量众生使其舍离烦恼的重担为不可承受者,以此因缘,得以成就"休息之身"。此中的"照然"是以灯作譬喻的,"照"就是照明,"然"就是点燃。

(63)"我于无量阿僧祇劫恒河沙生,毁呰在家,如处牢狱故,生'一切众生所求之身'。"③——"我"在无量阿僧祇劫恒河沙之中进入世间,为众生演说在家生活就如同给关闭在牢狱一样,因而成就"一切众生所求之身"。

(64)"我于无量阿僧祇劫恒河沙生,令无量众生断贪恚痴故,生'无病无畏无我所身'。"④——此中的"无我所"即指"无心"及"无心所"。

(65)"我于无量阿僧祇劫恒河沙生,令无量众生诸天及人毁呰女人、娱乐、烦恼,犹如毒蛇故,生此'灭身'。"⑤——"我"在无量阿僧祇劫恒河沙之中进入世间,教化无量众生诸天及人,让他们把女人、娱乐、烦恼当做毒蛇一样远离,以是因缘,得以成就"灭身"。

(66)"我于无量阿僧祇劫恒河沙生,于灯光如来所修菩萨行闻自受记,随顺于如,不谤经故,生'舍宅身'。"⑥——"我"在无量阿僧祇劫恒河沙之中进入世间,修菩萨行,在灯光如来所,得到灯光如来的授记,一直随顺诸佛说法,不诽谤佛经,以是因缘,得以成就"舍宅身"。这是佛陀的本生故事之一。灯光如来,也称"定光佛"、"锭光佛"、"燃灯佛"。《大智

---

① 宋求那跋陀罗译《央掘魔罗经》卷三,《大正藏》第2卷,第537页上。
② 同上书,第537页上—中。
③④⑤⑥ 同上书,第537页中。

度论》卷九说:"生时一切身边如灯,故名然灯太子,作佛亦名然灯。"①据《佛说太子瑞应本起经》卷上说:定光佛之时,释迦是一名儒童(学童)。此儒童菩萨遇见燃灯佛时,花了五百钱从一位卖花少女处买来五茎青莲花奉献给燃灯佛。定光佛预言儒童:"汝自是后九十一劫,劫号为贤,汝当做佛,名释迦文。"儒童菩萨"稽首佛足。见地濯湿,即解皮衣,欲以覆之。不足掩泥,乃解发布地,令佛蹈而过"②。此处所述正是此事。

(67)"我于无量阿僧祇劫恒河沙生,闻如来藏,一切众生断诸烦恼,便得成佛。因其信乐覆护众生故,生'覆护身'。"③

(68)"我为菩萨时,无量阿僧祇劫恒河沙生,作忍辱仙人,行四无量故,生'一切众生依怙之身'。"④——"我"为菩萨时在无量阿僧祇劫恒河沙之中进入世间,作忍辱仙人,行四无量心(慈、悲、喜、舍),得以成就"一切众生依怙之身"。"依怙"即"依恃"之意。

(69)"我于无量阿僧祇劫恒河沙生,常为无量诸天世人演说——大乘、一乘、无上乘无碍之智,极大照明,一切众生所趣向乘。彼闻说已,以是大乘破阿僧祇恶故,生'趣向身'。"⑤——此句的核心是"无碍之智",而"大乘、一乘、无上乘"都是对"无碍之智"的修饰,而"极大照明"则是指此"智"的光芒,"一切众生所趣向乘"则说明此智是所有众生的归趣。

(70)"我于无量阿僧祇劫恒河沙生,赞叹界、安隐界、一切众生第一界无垢如来藏无合会故,生'无合会身'。"⑥

(71)"我于无量阿僧祇劫恒河沙生,令无量众生诸天及人入白净解脱天舍宅故,生'虚旷无限容受胜身'。"⑦——"我"在无量阿僧祇劫恒河沙之中进入世间,教化无量的众生、诸天及人,使其进入清净的解脱天的舍宅,因此因缘,得以成就"虚旷无限容受胜身"。

(72)"我于无量阿僧祇劫恒河沙生,无量众生若男若女,作父母兄弟

---

① 《大正藏》第 25 卷,第 124 页中。
② 《大正藏》第 3 卷,第 473 页上。
③④⑤⑥⑦ 宋求那跋陀罗译《央掘魔罗经》卷三,《大正藏》第 2 卷,第 537 页中。

姊妹想故,生'一切处无上父身'。"①——"我"在无量阿僧祇劫恒河沙之中进入世间,将无量的众生,不论是男是女,都当做父母、兄弟、姊妹一样,由此而生"一切处无上父身"。

(73)"我于无量阿僧祇劫恒河沙生,于饥馑劫以无量身施彼食故,生'一切处离饥渴病身'。"②——"我"在无量阿僧祇劫恒河沙之中进入世间,在饥馑劫之时,以自己的无量身布施给饥饿的众生食用,使他们能够存活,以是因缘,得以成就"于一切处远离饥渴病之身"。

(74)"我于无量阿僧祇劫恒河沙生,为无量众生毁呰一阐提恶,令生怖畏故,生此'舍离一切有身'。"③——"我"在无量阿僧祇劫恒河沙之中进入世间,为了无量众生而抨击一阐提所犯的罪恶,使其产生怖畏,因此而生此"舍离一切有之身"。

(75)"我于无量阿僧祇劫恒河沙生,示现无量方便身、法身、胜药树身,不增不善因故,生'一切无行寂止之身'。"④——"我"在无量阿僧祇劫恒河沙之中进入世间,示现出无量的"方便身"、"法身"、"胜药树身",不增加恶因缘,由此而得以成就"一切无行寂止之身"。

(76)"我于无量阿僧祇劫恒河沙生,度无量众生,令灭烦恼,示其自性,如于掌中视庵罗果故,生'断道身'。"⑤

(77)"我于无量阿僧祇劫恒河沙生,为无量众生毁呰一切有,如四毒蛇,如空瓶故,生'离津溜筋脉之身'。"⑥——"我"在无量阿僧祇劫恒河沙之中进入世间,为了破除众生的执著,批判一切执五蕴、十八界是"有"的观点,教导众生要像避开毒蛇一样远离它,要像对待空瓶一样抛弃它,由此而生"离津溜筋脉之身"。

(78)"我于无量阿僧祇劫恒河沙生,为无量众生,灭一切有无量烦恼,离欲灭尽,涅槃故,生'涅槃不动快乐之身'。"⑦

---

①②③宋求那跋陀罗译《央掘魔罗经》卷三,《大正藏》第2卷,第537页中。
④同上书,第537页中—下。
⑤⑥⑦同上书,第537页下。

(79)"央掘魔罗,我于无量阿僧祇劫,一切无际处,住而复住此。央掘魔罗,涅槃即是解脱,解脱即是如来。"①——"我"在无量阿僧祇劫恒河沙之中进入世间,虽然自住于大般涅槃的境界中,却能以圆满的报身、以无量无数的应化身,住在十方世界里面来利乐有情,救护众生。因此,涅槃就是解脱,解脱就是如来啊!

以下进入到第四卷。

(五)祇陀林会之二

此部分的核心是宣说"如来藏"与"八相四十功德"。

1. 宣说如来藏思想的艰难

央掘魔罗赞叹说"哀愍一切众生为第一难事"②。佛告央掘魔罗:"非是如来为第一难事。更有第一难事,谓于未来正法住世余八十年,安慰说此摩诃衍经常恒不变如来之藏。是为甚难,若有众生持诸同类,是亦甚难。若有众生闻说如来常恒不变如来之藏,随顺如实,是亦甚难。"③这里将如来藏思想弘传的重要性与艰巨性说得十分明白。——具体分析见下文。

2. "八相四十功德"

央掘魔罗又请教佛言"成就几相名非新学?"④佛则以五个"八相"来回答,合称为"八相四十功德"。

第一个"八相":"一者,知法。二者,知思量持。三者,供养父母。四者,知师恩。五者,厌诸恶见。六者,离一切相轻慢,不调伏不善不净之物。七者,不思欲,乃至梦中亦不起想。八者,敬重于戒。"⑤

第二个"八相":"一者,说摩诃衍。二者,分明演说如来之藏而不厌舍。三者,不贪财物。四者,慈悲喜舍忍。五者,视一切众生犹如一子。六者,近善知识。七者,离恶知识。八者,世利知足。"⑥

---

① 宋求那跋陀罗译《央掘魔罗经》卷三,《大正藏》第 2 卷,第 537 页下。
②③ 宋求那跋陀罗译《央掘魔罗经》卷四,《大正藏》第 2 卷,第 537 页下。
④⑤⑥ 同上书,第 538 页下。

第三个"八相":"一者,安慰知量美说。二者,不嬉戏。三者,烦恼微薄忍。四者,闻一切经忍。五者,降伏睡眠。六者,不懒惰。七者,精勤不放逸。八者,常乐求戒。"①

第四个"八相":"一者,真实。二者,鲜净乐习净事。三者,光泽。四者,端政。五者,远离女人。六者,远离亲族。七者,闻恶恐怖彼彼恼乱,身毛皆竖。八者,愍念众生。"②

第五个"八相":"一者,善知佛说魔说差别。二者,恭敬知经者。三者,知律非律差别二隐覆。四者,善知如来隐覆之说。五者,知如来秘密。六者,善知随顺世闻事。七者,善知如来常恒不变。八者,善知菩萨恶非恶事。善知时方自能。"③

关于"四十相"的重要性,经中说:"成就如是四十相身念法,是菩萨非为新学。若无四十功德,若半减半,当知善男子善女人不住摩诃衍,亦不入诸菩萨数。是故菩萨行则为甚难。彼何等胜功德?谓无欲想,乃至梦中亦不起心,当知是人有一切觉支殊胜功德。"④

3. 如来藏与不善业

此部分的核心是众生悉有如来藏与"不善业迹"的关系。这一部分重点讨论,众生既然有如来藏,为何又有烦恼以及"杀、盗、邪淫、妄语、饮酒等不善业迹"⑤?对于中国佛教影响巨大的是关于不食肉问题的说明。

尔时文殊师利语央掘魔罗言:"如来藏者有何义?若一切众生悉有如来藏者,一切众生皆当做佛,一切众生皆当杀盗、邪淫、妄语、饮酒等不善业迹。何以故?一切众生悉有佛性,当一时得度。若有佛性者,当做逆罪及一阐提。若有我者我界,当度一切有。是故世间无有我无有界,一切法无我,是诸佛教。"⑥文殊菩萨这一段话,是从如来藏佛性与"不善业"二元对立的角度看待问题的,当然,这并不一定代表文殊菩萨自己的

---

① 宋求那跋陀罗译《央掘魔罗经》卷四,《大正藏》第2卷,第538页下。
② 同上书,第538页上—539页上。
③④⑤⑥ 同上书,第539页上。

127

见解,佛经中有一种代为众生提问的做法,此处也是如此。

佛告文殊师利:"一切众生有如来藏,为无量烦恼覆,如瓶中灯。复次,文殊师利,譬如有一调伏子,迦叶如来为授记言:'却后七年,当为转轮圣王,正法治化。我亦却后七日当般涅槃。'时调伏子闻授记已,欢喜踊跃。作是念言:'一切智记我当得转轮圣王,我今不疑。'即白母言:'与我鱼肉奶酪麻豆种种美食,我当有力。'彼并食杂食肉故,不能自活,非时而死。云何文殊师利,彼佛为妄语耶?为非一切智耶?为彼实无转轮圣王善根果报耶?"文殊师利白佛言:"世尊,彼本恶业故,致此死。"①佛说,并非如此,他是非时死的,不是本恶业报,而是在佛授记之后自作过恶以致失命。佛以此为例向会众说明,有如来藏仍然需要遵守戒律如法修行的道理:"如是,文殊师利,若男子女人作是念言,我身中有如来之藏,自当得度,我当做恶。若如是作恶者,为佛性得度耶?不得度耶?如上所说彼调伏子实有王性而不得度。所以者何?以多放逸故。佛性不度,亦复如是。以彼众生多放逸故,一切众生为无佛性耶?实有佛性,如转轮王报。为佛妄语耶?众生妄语作诸放逸,以闻法放逸故,自过恶故不得成佛。"②众生虽有佛性,但只要放逸而不修行,照样不能得度。反之,众生只要"少闻此经,无量阿僧祇罪皆悉除灭。……于如来常恒不变如来之藏,若戏笑说,若随顺他,此及道外,若波罗夷无间恶业,僧祇罪须臾悉灭。所以者何?闻释迦牟尼如来名号,虽未发心已是菩萨。所以者何?以如来胜愿,一切世间是我有故。诸未度者,当令得度。化以正法,悉令觉悟。是故,文殊师利,闻如来名者皆为菩萨。非但自能速除烦恼,亦复当得我所得身"③。

4. 声闻道与菩萨道——具体内容见下文的分析

5. 关于"梵行"

佛在讲如来藏的时候,提到"梵行",于是文殊菩萨就此发问:"世尊,

---

① 宋求那跋陀罗译《央掘魔罗经》卷四,《大正藏》第 2 卷,第 539 页上—中。
② 同上书,第 539 页中。
③ 同上书,第 539 页中—下。

梵行有何义?何故如来舍五欲乐?"①而央掘魔罗抢先回答:"无量天人常知堕法,故离诸欲想。"②这是说,天、人都知道沉溺五欲之乐会堕入恶道,因而远离欲想。

佛告央掘魔罗:"勿作是说。一切众生有如来藏,一切男子皆为兄弟,一切女人皆为姊妹。"③佛从众生均有如来藏因而平等的角度否定了央掘魔罗的说法。央掘魔罗很疑惑地问佛言:"世尊,云何净饭王、摩耶夫人兄弟姊妹而作父母?"④净饭王和摩耶夫人既然是你的兄弟姊妹,怎么会又成了你的父母呢?佛告诉央掘魔罗:"是方便示现,度脱众生。若不如是,则不能度。"⑤诸佛世尊以"种种变现以度众生,而彼众生莫能知者。譬如幻师于大众中自断身分,以悦众人,而实于身无所伤损。诸佛世尊亦复如是,如彼幻师种种变现以度众生。文殊师利,如来一切智知一切,观察世间一切众生,无始已来无非父母、兄弟、姊妹,升降无常,迭为尊卑,如彼伎儿,数数转变。是故如来净修梵行"⑥。这里牵涉到释迦牟尼佛在成佛之前的生活以及曾经发生过的修行问题,依照这里所说,诸佛以种种变现救度众生,而数数转变,以不同的身份出现于世,包含"如来净修梵行",都是为了救度众生而方便示现。即"是故如来净修梵行,住于自地,不退转地,得如来地"⑦。

6. 关于戒律以及杀生、"食肉"的问题

文殊师利提出一个问题:"世尊,何故如来不以一切梵行建立优婆塞、优婆夷?何故世尊说比丘、比丘尼、优婆塞、优婆夷正法因故如堂四柱?而今优婆塞、优婆夷现有大恶,何故建立于正法律中?"⑧这一问题的含义颇令人深思。文殊菩萨问的是:何故如来不用一切梵行(所有清净行为)来要求优婆塞、优婆夷,而是强调比丘、比丘尼、优婆塞、优婆夷都是"正法之因",如同支撑房屋的四根大柱子。现在看来,优婆塞、优婆

---

①② 宋求那跋陀罗译《央掘魔罗经》卷四,《大正藏》第 2 卷,第 540 页上。
③ 同上书,第 540 页上—中。
④⑤⑥⑧ 同上书,第 540 页中。

夷都会显现出大恶,而佛又以"戒律"来试图约束他们。佛告诉文殊师利说:"此异想名世俗想。如来视一切众生如罗睺罗,常欲安立,令住佛地,无此阶渐。佛想异此俗想,异此名非问论。"①这是说尽管在家二众有不少缺陷,但诸佛仍以平等心来看待他们,常常想让其进入佛地。

文殊师利这时白佛言:"世尊,以一切众生界是界故,诸佛离杀生耶?"②佛回答说:"如是。世间杀生如人自杀,杀自界故。"③文殊师利追问说:"世尊,何故视一切众生如罗睺罗,而复教人调伏杀罚有自界诸恶像类者。"④这是说,佛为什么有时又教人可以杀罚自己"界"内的作恶者呢?对于这一反问,佛回答说:"莫作是说。如来如是视一切众生如罗睺罗。譬如士夫常日再食,爱乐法故,日唯一食,则杀八万户虫。如是者,应名杀生,而非杀生不净。"⑤这是说,俗人每日的食品中就有许多"虫"(即现在所有的生物),日食一餐即杀生无数。因此,佛所说的可以杀罚"自界诸恶像类者"一定是有特殊含义的。对此,佛解释说:"文殊师利,无边欲乐圣所背舍,圣人为害欲故自害。若如是者,圣人则有自害过恶,谓爱欲心盛,至他所言'我起欲心,愿见教诫,令生惭愧。我存亡无在,则方便自害。'如是者为害自界耶?"⑥从这一解释可以见出,"自害"针对的其实是自己的欲望,为了驱逐欲望,在特定情况下,也许会请求"圣者"杀罚自己。这样的情况,如文殊菩萨所说的"彼乃因是功德增积"。佛陀于是说:"如是,文殊师利,何故诸圣自害?以是烦恼毒蛇因故,而况他身。佛所说法'诸恶像类坏正法'者,如自烦恼盛而教诫彼。为作诸难,则为供养自界,如自求毕竟乐,弃舍欲乐,衣食命乐。如自害身而调伏彼,是名善知如来之藏。"⑦

由"杀生"以及如来藏问题引伸出了禁食肉的说法。——此当在下文详细分析。

---

① 宋求那跋陀罗译《央掘魔罗经》卷四,《大正藏》第 2 卷,第 540 页中—下。
②③④⑤⑥⑦ 同上书,第 540 页下。

(六) 祇陀林会之三

"正宗分"的第六部分是关于外道之"邪见"。这一内容与前述不同，是佛自己提出来告诉会众的。经中说："佛告文殊师利：'汝欲闻世间建立外道因不？当为汝说。'"①——这属于"十二分教"中的"自说"。

佛于是告诉文殊师利等会众说：

> 乃往过去无量阿僧祇劫时世有佛名拘孙陀跋陀罗，出兴于世在此城中。时彼世界无诸沙砾，无外道，名唯一大乘，彼诸众生一向快乐。尔时，如来久住于世乃般涅槃，般涅槃后正法久住。法欲灭时，持戒者减，非法者增。有一阿兰若比丘名曰佛慧，有一善人施无价衣，比丘愍彼即为受之。比丘受已，示诸猎师。诸猎师众见此好衣，生劫盗心。即于其夜将是比丘至深山中坏身裸形，悬手系树。尔时，其夜有采花婆罗门至阿兰若处，见虎恐怖向山驰走，见彼比丘坏身裸形悬手系树，见已惊叹："呜呼！沙门先著袈裟而今裸形，必知袈裟非解脱因。自悬苦行是真学道。彼人岂当舍离善法，当知分明是解脱道因，坏正法故。"即舍衣拔发作裸形沙门。裸形沙门从是而起。
>
> 尔时，比丘自得解缚已，即取树皮赤石涂染以自障蔽，结草作拂用拂蚊虫。更有采花婆罗门见已念言："是比丘舍先好衣，著如是衣，捉如是拂。彼人岂当舍离善法，当知分明是解脱道。"即学彼法。出家婆罗门从是而起。
>
> 时彼比丘暮入水浴，因洗头疮，即取水衣以覆疮上，取牧牛人所弃弊衣以自覆身。时有樵者，见已念言："是比丘先著袈裟而今悉舍，必知袈裟非解脱因。故被发弊衣日夜三浴修习苦行，彼人岂当舍离善法，当知分明是解脱道。"即学彼法。苦行婆罗门从是而起。
>
> 比丘浴已，身体多疮，蝇蜂唼食，即以白灰处处涂疮，以水衣覆

---

① 宋求那跋陀罗译《央掘魔罗经》卷四，《大正藏》第 2 卷，第 541 页上。

身。时有见者谓言是道,即学彼法。灰涂婆罗门从是而起。

时彼比丘然火炙疮,疮转苦痛,不能堪忍,投岩自害。时有见者作是念言:"是比丘先著好衣,今乃如是。彼人岂当舍离善法,当知投岩是解脱道。"投岩事火从是而起。

如是九十六种,皆因是比丘种种形类,起诸妄想,各自生见。譬如有国一一相视而起粗想,粗想生已,各各相杀。九十六种道各生异想,亦复如是。①

仔细揣摩此经谈到外道因缘的用意,可能是为了强调这一结论:"如是,文殊师利,于真实我世间如是。如是邪见诸异妄想,谓解脱如是。谓我如是出世间者,亦不知如来隐覆之教,谓言无我是佛所说。彼随说思量如外道因,起彼诸世间随顺愚痴。出世间者,亦复迷失隐覆说智。是故如来说一乘中道离于二边,我真实、佛真实、法真实、僧真实,是故说中道名摩诃衍。"②结论又回到如来藏思想。"无我"确实是佛说,但"真实我"、"如来隐覆之教"也是佛说。那些只知道"无我"而迷失"隐覆说智"者,其思路和做法等同于"外道"。

(七) 流通分

关于此经流传的授记,下文当再分析,此从略。

"流通分"的第二部分内容是会众发愿护持此经。

尔时,释提桓因与三十三天诸眷属俱稽首佛足,兴大供养已,白佛言:"世尊,我等当共护持此经,愿见付授,唯愿哀愍一切众生说此经名。"③佛告天帝释言:"憍尸迦,此经名为《央掘魔罗》,如是受持。憍尸迦,此经难得如优昙钵华。"④

这时,帝释的长子阿毗漫柔在佛前发誓在未来护持宣讲如来藏思想者:"于未来世正法欲灭八十年时,菩萨摩诃萨说如来常恒不变如来之

---

① 宋求那跋陀罗译《央掘魔罗经》卷四,《大正藏》第 2 卷,第 541 页上一下。
② 同上书,第 541 页下。
③④ 同上书,第 542 页中。

藏。复作是念：'我说法时多有众生不能堪忍，我当不说。'尔时，莫令诸善男子闻彼诸难生退转心。当知善驭庄严法乘如如来藏，如来常恒寂静不变，广宣世间。彼善男子说如来常恒不变如来之藏，我于尔时，当做比丘弃舍身命而为作护。尔时众多帝释子，若男若女及余诸天，顶礼佛足而发誓言：'我当做比丘、比丘尼、优婆塞、优婆夷弃舍身命而为作护。'时佛叹言：'善哉！善哉！善男子，汝等皆是求正法者，我亦当为诸乐法者而作覆护，我亦常当于彼前行如善驭者。汝等常当坚固知恩，于如来常处、恒处、寂静处、不变易处、如来藏处，当广宣说。'"①注意此处对于如来藏思想的概括为"如来常处、恒处、寂静处、不变易处、如来藏处"，这与"常、乐、我、净"的概括很接近。由于原梵本已失，不知二者的原文是否相同？

第三部分是波斯匿王兴兵来至佛所，佛为王说央掘与文殊过去本事。

波斯匿王知晓央掘魔罗杀害九百九十九人，以指为鬘以血涂身，勇健骁捷纵暴此境，将四种兵前来灭除央掘魔罗。结果遇到佛陀，遂稽首佛足，才知央掘魔罗已经被世尊所伏。

佛陀告诉波斯匿王说："大王，当知彼非恶人，是则菩萨善方便耳。"②

佛告大王："彼不辱师妇，彼亦非师，现为彼师及妇色像变易其心，习乐师法，言常清净。……南方去此过六十二恒河沙刹有国，名'一切宝庄严'，佛名'一切世间乐见上大精进如来应供等正觉'，在世教化，无有声闻、缘觉之乘，纯一大乘，无余乘名。彼诸众生无有老病及不可意苦，纯一快乐，寿命无量，光明无量，纯一妙色，一切世间无可为譬故，国名'一切宝庄严'，佛名'一切世间乐见上大精进'。王当随喜，合掌恭敬。彼如来者岂异人乎？央掘魔罗即是彼佛，诸佛境界不可思议。"③

世尊又告波斯匿王言："北方去此过四十二恒河沙刹，有国名'常喜'，

---

① 宋求那跋陀罗译《央掘魔罗经》卷四，《大正藏》第2卷，第542页中。
②③ 同上书，第543页上。

佛名'欢喜藏摩尼宝积如来应供等正觉'，在世教化。彼土无有声闻、缘觉，纯一大乘，无余乘名，亦无老病众苦之名，纯一快乐，寿命无量，光明无量，无有譬类故，国名'常喜'，佛名'欢喜藏摩尼宝积如来应供等正觉'。王当随喜，合掌恭敬。彼如来者，岂异人乎？文殊师利即是彼佛。"①

世尊告波斯匿王："如来所说有如是大威德，菩萨所行有如是大威德。文殊师利及央掘魔罗有如是大威德，于此二龙发随喜心，能起菩萨无量之行。大王，汝当给养央掘魔母，勿得遗忘。此央掘魔罗母是我方便之所守护。"②

佛言："大王，如彼师及师妇、央掘魔罗母，彼三人者悉是我幻。我示幻化不可思议，因我教化央掘魔罗，度无量众生。"③其后，邪师摩尼跋陀罗及其妇，乃至诸天龙神说偈赞佛，皆发无上菩提心。

三、如来藏思想

从上述依照《央掘魔罗经》本身的顺序和结构对于此经内容的介绍已经可以见出，此经确实是以如来藏思想为核心的大乘经典。尽管在阿含类经典中，也多次涉及央掘魔罗之事，但此经却借助于央掘魔罗的事情，相当集中地阐述了如来藏思想的许多要义。以下我们从几个方面对此经的如来藏思想集中作一诠释。

（一）一切众生皆有如来藏

《央掘魔罗经》中关于这一问题的文句比比皆是，其涉及的层次除"一切众生皆有如来藏"这种一般性判断表述之外，最重要的是强调"众生界"与"佛界"的平等以及"如来藏我"的概念。

譬如卷二中，满愿子与央掘魔罗的对话就较为集中地讨论了这些问题。满愿子说："我亦如是为众生说，离众生界我人寿命，说无我法说空

---

① 宋求那跋陀罗译《央掘魔罗经》卷四，《大正藏》第 2 卷，第 543 页中。
② 同上书，第 543 页中—下。
③ 同上书，第 544 页上。

法,如是说法。"①满愿子是说,我一直以佛说的"无我"、"空"的道理来说法。而央掘魔罗却明确地说:"诸佛如来所不得者,谓过去一切诸佛世尊,于一切众生所极方便求无如来藏不可得。现在一切诸佛世尊,于一切众生所极方便求无我性不可得。未来一切诸佛世尊,于一切众生所极方便求无自性不可得。三世一切声闻、缘觉,于一切众生所极方便求无如来藏亦不可得。此是如来偈之正义。"②这里用非常坚定的语言说:"无如来藏"、"无我性""无自性"是不可能的,这才是如来说法之偈语的正义。央掘魔罗接着再区分了"世间之我"与"如来藏之我"。"世间之我":"或言在心,或脐上下,或言头目及诸身分,或言遍身犹如津液"③,这些都是"无量种种妄想"之所成。而"谓过去一切诸佛世尊极方便求如来之藏作不可得,如来性是无作"④。这里区分了"作"与"无作","无作"是"如来性",因而在属于"作"的世间之心中寻求如来藏是不可得的。在此处,央掘魔罗特别强调如来藏是过去诸如来"久修习"而证得的,而众生则"去、来、现在心常轻躁,闻如来藏不生信乐"⑤,"若诸众生历事诸佛亲近供养,乃能得闻如来之藏信乐听受,不起诽谤。若能如实安慰说者,当如是人即是如来。若诸众生多背诸佛者,闻如来藏则生诽谤,彼诸众生自烧种子。"⑥可见,证得如来藏的前提是必须"信乐听受"。

最后,央掘魔罗对满愿子及其会众集中阐述了如来藏的十二个属性:"一切诸佛极方便求如来之藏生不可得,不生是佛性。于一切众生所,无量相好清净庄严,一切诸佛极方便求自性不实不可得,真实性是佛性。"⑦此后,以前述句式和理路连续指出:

---

① 宋求那跋陀罗译《央掘魔罗经》卷二,《大正藏》第2卷,第525页上—中。
② 同上书,第525页上。
③④ 同上书,第525页中。
⑤ 同上书,第525页下。
⑥ 同上书,第526页上。
⑦ 同上书,第526页上—中。

常性是佛性。

恒性是佛性。

不变易性是佛性。

寂静性是佛性。

不坏性是佛性。

不破性是佛性。

无病性是佛性。

不老死性是佛性。

无垢性是佛性。①

关于"无垢性"有一个简短的论证:"于一切众生所无量相好清净庄严,如油杂水不可得。如是无量烦恼覆如来性,佛性杂烦恼者,无有是处。而是佛性烦恼中住,如瓶中灯,瓶破则现。瓶者谓烦恼,灯者谓如来藏。"②这里有三个譬喻,一是"油杂水","油"不能改变"水"。二是"瓶"与"灯",灯为如来藏,瓶为烦恼,瓶与灯不能分离,但烦恼之瓶并不能改变灯的清净性质。三是"譬如日月,密云所覆,光明不现。云翳既除,光明显照,如来之藏亦复如是。烦恼所覆,性不明显。出离烦恼,大明普照。佛性明净,犹如日月。"③

（二）空与如来藏

在与文殊师利菩萨讨论时,央掘魔罗说,主张偏空与有"我"者,两种人都颠覆正法。解脱实在不空,如来也不空,只因离一切烦恼及诸天人障蔽故说名空。从特定的角度说,此说接近于"不空如来藏"的理念。

文殊菩萨说:"诸佛如虚空,虚空无有相。诸佛如虚空,虚空无生相。诸佛如虚空,虚空无色相;法犹如虚空,如来妙法身。智慧如虚空,如来大智身,如来无碍智,不执不可触。解脱如虚空,虚空无有相。解脱则如

---

①② 宋求那跋陀罗译《央掘魔罗经》卷二,《大正藏》第 2 卷,第 526 页中。
③ 同上书,第 526 页中—下。

来,空寂无所有。汝央掘魔罗,云何能了知?"①央掘魔罗以偈回应说:"文殊亦如是,修习极空寂。常作空思惟,破坏一切法。解脱实不空,而作极空想。……见于空法已,不空亦谓空。有异法是空,有异法不空。一切诸烦恼,譬如彼雨雹,一切不善坏,犹如雹融消。如真琉璃宝,谓如来常住,如真琉璃宝,谓是佛解脱。虚空色是佛,非色是二乘。解脱色是佛,非色是二乘。云何极空相,而言真解脱?……如来真解脱,不空亦如是。出离一切过,故说解脱空。如来实不空,离一切烦恼。及诸天人阴,是故说名空。呜呼蚊蚋行,不知真空义。"②

对照中观学所讲的"真空"义,央掘魔罗实际上力主的是"空"与"我"的统一。央掘魔罗说:"呜呼,今世人,二人坏正法。谓说唯极空,或复说有我。如是二种人,倾覆佛正法。呜呼汝文殊,不知恶非恶。不知菩萨行,蚊蚋师子异。"③这里明确说,持绝对的"空"与简单地说有"我"都是颠覆佛法的行为。而对于力主"空"、"无常"的缘由,央掘魔罗说:"奇哉我能知,无畏诸菩萨。文殊今谛听,佛叹菩萨行。譬如善幻师,造作诸幻业。断截食众生,以示诸大众。诸佛及菩萨,所作皆如幻,示现变自身,若生若涅槃,于疾疫劫,施身令服食。或见作火劫,大地悉洞然。众生有常想,示令知无常。……我今亦如是,现杀化众生。为调诸毁法,而实无所伤。如彼佛世尊,化现刀兵劫。我今亦如是,善修菩萨行。呜呼汝文殊,修习蚊蚋行。而不志龙象,世雄大智慧。"④这是说,由于众生常作"常"想,因而佛、菩萨才主"空"、"无我"。

尔后,世尊向文殊师利以偈叹言:"如央掘魔说,菩萨行如是。当知彼非凡,为度众生故,彼则大菩萨,雄猛如汝等。善哉汝文殊,当知彼功德。"⑤从这些赞语看,佛陀是同意央掘魔罗上述解释的。而在此后,《央

---

① 宋求那跋陀罗译《央掘魔罗经》卷二,《大正藏》第 2 卷,第 527 页中。
② 同上书,第 527 页下。
③ 同上书,第 528 页上。
④ 同上书,第 528 页上一中。
⑤ 同上书,第 528 页中。

掘魔罗经》更将这一法义当做声闻乘与菩萨乘的最重要的区别。

（三）如来藏是菩萨乘区别于声闻乘的标志

《央掘魔罗经》的一个突出特点就是将是否信受如来藏作为大乘佛教与小乘佛教的区别性标志，其核心命题就是："道有两种：谓声闻道，谓八圣道；菩萨道者，谓一切众生皆有如来藏我，次第断诸烦恼得佛性。"①关于这一问题的论述，在经中有几处，现在集中作一分析。

卷二关于"正定"、"邪定"、"不定"的讨论尽管显得分散，但贯穿其中的核心仍然是以如来藏作为大乘佛教的标志。

卷二中，大目犍连以偈答言："如佛世尊说，病人有三种。云何名为三？邪、正定、不定。云何为邪定？谓佛不能化。云何为正定？谓大迦叶等，如来未出世，依佛入实法。"②大目犍连以大迦叶为例说明，在如来未出世的情况下，"依佛"进入真实之法。对于大目犍连的回答，央掘魔罗说偈言："汝莫作是说，上座大迦叶，如来未出世，能入真实法。所以然者何？如来当住世，若人依正法，佛常住其舍。……如是大目连，世间出世间，一切诸胜法，斯皆从佛流。是故大迦叶，依佛得出家。"③这里提出了"佛常住"的概念，而从一切法都从佛流出因而大迦叶是依佛得出家的理路推测，此处的"佛常住"多指"佛法"之体。

对此理念，大目犍连以偈问言："若有诸如来，常住于世间，我及余众生，何故此不见？"④央掘魔罗则以偈答言："但令迦叶知，犹如余处雨，是故世无佛，众生不自度。面睹诸如来，然后得解脱。譬如有士夫，入于暗室禅，日月光来照，而彼不睹见。如是大目连，莫言世无佛。一切诸如来，常住于世间，济度诸群生，出家受具足，是故唯邪、正，无有不定聚。"⑤此中所说的"不定聚"在后来翻译的经典中被称为"不定种性"。

---

① 宋求那跋陀罗译《央掘魔罗经》卷四，《大正藏》第 2 卷，第 539 页下。
② 宋求那跋陀罗译《央掘魔罗经》卷二，《大正藏》第 2 卷，第 529 页上。
③ 同上书，第 529 页上—中。
④⑤ 同上书，第 529 页中。

当时,大目犍连以偈问言:"云何世间病,分别说三种?或有医治差,或不得医差。或复有病人,虽得医不差。是故诸病人,分别有三种。"①这一譬喻"或复有病人,虽得医不差"隐含了一阐提不能成佛的思想,而后来流行的经典所说的"不定种性"也将"一阐提"包含在内。

央掘魔罗不同意大目犍连所持的观念,他以偈答言:"是义则不然,不应说三种。可治、不可治,唯二无有三。若作三分别,亦是声闻乘。若诸声闻乘,佛说蚊蚋乘。以彼无知故,分别有三种。"②这里将作"三分别"者斥责为"声闻乘",也即"小乘"。央掘魔罗说:"所言邪定者,谓彼一阐提,正定谓如来、菩萨及二乘。目连应当知,二种甚希有,所谓佛世尊,及与一阐提。如来最上处,于上更无余。第一极卑鄙,所谓一阐提。譬如大菩萨,满十波罗蜜。阐提亦如是,具足十恶行。"③其最后的结论是:"邪定是阐提,正定是如来,住地诸菩萨,及声闻、缘觉。"④此中,所谓"正定",包括如来、菩萨、声闻、缘觉道,所谓"邪定"就是不行佛道而行邪道的人,修邪定之众生就是一阐提。

在"正宗分"的第四部分,通过佛与央掘魔罗的问答,从一增至十法,说明大乘与声闻乘的差别。

佛告央掘魔罗:"云何为一学?"⑤央掘魔罗以偈答言:"一切众生命,皆由饮食住,是则声闻乘,斯非摩诃衍。所谓摩诃衍,离食常坚固。"⑥这十种差别如下:

云何名为一?谓一切众生,皆以如来藏,毕竟恒安住。

云何名为二?所谓名与色,是则声闻乘,斯非摩诃衍。名及色异种,声闻、缘觉乘,解脱唯有名,不说有妙色。一切诸如来,解脱有妙色。犹如于掌中,观察庵罗果。

云何名为三?所谓三种受。是则声闻乘,斯非摩诃衍。如来第

---

①②③ 宋求那跋陀罗译《央掘魔罗经》卷二,《大正藏》第2卷,第529页下。
④ 同上书,第530页上。
⑤⑥ 宋求那跋陀罗译《央掘魔罗经》卷三,《大正藏》第2卷,第531页中。

一常,闻无常生受,若闻法僧灭,是二俱受生。是名摩诃衍,所说三受义。

云何名为四？所谓四圣谛,是则声闻乘,斯非摩诃衍。一切诸如来,第一毕竟常。是则大乘谛,非苦是真谛。一切诸如来,第一毕竟恒。是则大乘谛,非集是真谛。一切诸如来,第一不变易,是则大乘谛,非灭是真谛。一切诸如来,第一毕竟静。是则大乘谛,非道是真谛。是大乘四谛,非苦事是谛。若苦事是谛,四趣应有谛,谓地狱、畜生、饿鬼、阿修罗。

云何名为五？所谓彼五根,是则声闻乘,斯非摩诃衍。所谓彼眼根,于诸如来常,决定分别见,具足无减损。所谓彼耳根,于诸如来常,决定分明闻,具足无减损。所谓彼鼻根,于诸如来常,决定分明齅,具足无减损。所谓彼舌根,于诸如来常,决定分明尝,具足无减损。所谓彼身根,于诸如来常,决定分明触,具足无减损。

云何名为六？所谓六入处,是则声闻乘,斯非摩诃衍。所谓眼入处,于诸如来常,明见来入门,具足无减损。所谓耳入处,于诸如来常。明闻来入门,具足无减损。所谓鼻入处,于诸如来常,明齅来入门,具足无减损。所谓舌入处,于诸如来常。明尝来入门,具足无减损。所谓身入处,于诸如来常。明触来入门,具足无减损。所谓意入处,明说如来藏。不起违逆心,净信来入门。

云何名为七？所谓七觉分,是则声闻乘,斯非摩诃衍。大乘七觉分,犹如优昙钵,于如来常住,七觉妙花开。

云何名为八？所谓八圣道,是则声闻乘,斯非摩诃衍。大乘八圣道,闻说如来常。经耳因缘力,终到涅槃城。如来常及恒,第一不变易,清净极寂静,正觉妙法身。甚深如来藏,毕竟无衰老。是则摩诃衍,具足八圣道。

云何名为九？所谓九部经,是则声闻乘,斯非摩诃衍。摩诃衍一乘,如来无碍智。

云何名为十？所谓十种力，是则声闻乘，斯非摩诃衍。大乘无量力，故佛不思议。方便隐覆说，无量修多罗。

云何为一道？一乘及一归，一谛与一依，一界亦一生，一色谓如来，是故说一乘。唯一究竟乘，余悉是方便。

世尊叹言宣告，央掘魔罗"即成沙门，威仪具足，如旧比丘"。而央掘魔罗稽首佛足白佛言："世尊，我今已来，寻声即得阿罗汉果。"①

《央掘魔罗经》卷四用了较长篇幅强调了声闻乘与菩萨乘的区别。

佛先以偈语形式对文殊师利等说："我已称说道，忧悲毒刺拔。汝等应当做，如来之所说。"②然后再以长行形式对此进行解释：

道有二种，谓声闻道及菩萨道。彼声闻道者，谓八圣道。菩萨道者，谓一切众生皆有如来藏。我次第断诸烦恼，得佛性，不动快乐，甚可爱乐。若不断者，恒轮转生死。"我已称说道，忧悲毒刺拔。""忧悲"者，谓烦恼义。"拔刺"者，谓如来。我断除无量烦恼，为大医王。汝等当从我受，我当示汝如来之藏。"汝等应当做"者，隐覆说义。"如来之所说"者，此生欺诳汝，欺诳汝。佛出世间如优昙钵华，得信犹如恒沙金粟，亦如盲龟值浮木孔。如是遇如来，应供等正觉如来藏经，不以生死寿果欺诳汝等，自度一切有及一切烦恼病，是故"言如来之所说"。③

第二个偈语是"精勤诸善法，折伏诸恶心。修福迟缓者，意乐著诸恶"④。以下是对此偈语的解释和发挥：

此偈我为声闻说。又如来藏者极为难得，世间无有如是难得譬类如来之藏。当疾观察，如是如是。"意乐著诸恶"者，比丘自性净，心心习恶知识过。五垢为首，众多烦恼前后围绕。云何五垢为本，诸烦恼围绕？所谓贪欲、瞋恚、睡眠、掉、疑，此五垢坏心。欲净除五

---

① 宋求那跋陀罗译《央掘魔罗经》卷三，《大正藏》第2卷，第532页中。
② 宋求那跋陀罗译《央掘魔罗经》卷四，《大正藏》第2卷，第539页下。
③④ 同上书，第539页下。

垢本及诸烦恼者,当勤方便自性清净心力,当勤方便。及未谤修多罗未成一阐提,当勤方便修习自度。以是义故,说彼心无量客尘烦恼,应当疾疾拔其根本。①

第三个偈语是:"意法前行,意胜法生,意法净信。若说若作,快乐自追,如影随形。"②以下是对此偈语的解释和发挥:

  我为声闻乘说。此偈意者,谓如来藏义若自性清净意,是如来藏胜一切法,一切法是如来藏。所作及净信意法,断一切烦恼故,见我界故。若自净信有如来藏,然后若说若作,得成佛时若说若作,度一切世间如人见影,见如来藏亦复如是。是故说如影随形。③

第四个偈语是:"意法前行,意胜意生。意法为恶,若说若作,众苦自追。如轮随迹。"④以下是对此偈语的解释和发挥:

  此偈说烦恼义。"意法恶"者,为无量烦恼所覆造作诸恶,故名为恶。不知自性心如来藏,入无量烦恼义,如是躁浊不息故,"若说若作",一切众苦常随不绝。"如轮随迹"者,诸恶积聚,生死轮回,转一切众生于三恶趣中,"如轮随迹"。⑤

这一句:"是故说于福迟缓者,心乐于恶法。"⑥是对于上引第二个偈语中"修福迟缓者,意乐著诸恶"的解释。在这一段文中,佛明确地说,菩萨道是以信仰如来藏为基础的,而声闻道则是以八圣道的修行为核心的。上述偈语及其解释说明,如来藏义、自性清净义是一切法,凭借此如来藏可断一切烦恼。

在讲完如来藏思想与修行的关系之后,佛告诉文殊菩萨:"文殊师利,如知乳有酥故方便钻求而不钻水,以无酥故。如是,文殊师利,众生知有如来藏故,精勤持戒净修梵行。复次,文殊师利,如知山有金故,凿

---

① 宋求那跋陀罗译《央掘魔罗经》卷四,《大正藏》第 2 卷,第 539 页下。
②③④⑤⑥ 同上书,第 540 页上。

山求金而不凿树,以无金故。如是,文殊师利,众生知有如来藏故,精勤持戒净修梵行,言我必当得成佛道。复次,文殊师利,若无如来藏者空修梵行,如穷劫钻水终不得酥。"①在此,佛以三个譬喻来说明如来藏对于众生修行的指引作用,众生知晓有如来藏才能精进修行求取佛道,若无如来藏则会"空修梵行"而不得要领。

卷四所讲的"八相四十功德"主要是从菩萨修行的角度立论的,但弘扬如来藏为菩萨修行的关键之一的思想也赫然在列。第二个"八相"的第二功德:"二者,分明演说如来之藏而不厌舍。"②第五个"八相"中的第四、五、七功德:"四者,善知如来隐覆之说。五者,知如来秘密。……七者,善知如来常恒不变。"③如此等等,号召菩萨修行当以弘扬如来藏思想为己任的个别文句在此经中比比皆是,兹不再列举。

(四)"一身"与"多身"

如来藏思想从起源来说,与佛的"法身"观念的演进有关。这一点,在《央掘魔罗经》中也能找到证据。在此经卷三,央掘魔罗问佛说:"世尊,世尊说言'我住无生际',此说有何义?云何世尊住无生际、住解脱地,而复住此?谁能信者,愿说因缘。"④这问题的实质是佛为何既住于"无生际",又住于此世间。对这一问题的详细回答其实牵涉到佛的"法身"(即此处的"住无生际")与应身、化身的关系问题。将此经的理路加以整理,可以发现有以下几方面:

第一,佛告文殊师利等言:"我云何住无量乐世界,为无量慧功德积聚地自在王佛,而复住此?莫作是说'住无生际,云何住彼而复住此'。如来身无边,所为亦无边。如来不可称,所为亦不可称。如来身无量,所为亦无量。"⑤这是说,如来之身是无边无量,不可思议,这样的提问其实

---

① 宋求那跋陀罗译《央掘魔罗经》卷四,《大正藏》第 2 卷,第 540 页上。
② 同上书,第 538 页下。
③ 同上书,第 539 页上。
④ 宋求那跋陀罗译《央掘魔罗经》卷三,《大正藏》第 2 卷,第 533 页上。
⑤ 同上书,第 533 页中。

是不必要的,是凡夫之见。

第二,鉴于凡夫对这一问题的执著,佛也作了回答。佛告央掘魔罗:"我于无量百千亿劫,具足修行十波罗蜜,摄取众生,无量众生未发菩提心者开化令发。我于无量阿僧祇劫,具足修行无量波罗蜜诸善根故,生'不生身'。"①

第三,对于"云何如来身住实际而复生耶?"这一问题的详细答案,佛告诉央掘魔罗,让他与文殊师利一起先后至十方各十佛之处请教,但这些佛都让他们返回向释迦牟尼佛请教。以下省略细节,仅就其义理作些分析。

其一,"实际身"与"一身"

"实际身":佛告文殊师利等言:"我于无量百千亿劫,具足修行十波罗蜜摄取众生,建立令住,未曾有乐。我从彼无量百千亿劫阿僧祇波罗蜜,生实际身。"②

"央掘魔罗,如来复有奇特大威德力,方广惣持大修多罗说,八十亿佛皆是一佛,即是我身。如是广说。"③——这是说,所有佛都是一佛,即释迦牟尼佛。

"如是无量佛刹,如是无量如来,如是如来色身无量无边,如来成就如是无量功德。云何当有若无常若疾病?如来常住无边之身。"④——这是说,佛国无量,如来无量,如来之身无边无量。

从此经的总体表述言之,"实际身"似乎应该是后来流行的"法身",而"一身"与"法身"的关系则颇费思量。单纯看此经是无法得到确切理解的,如果参照《华严经》则会豁然开朗。此处不赘述。

其二,在"一身"或"实际身"的统帅之下,释迦牟尼佛则无数次舍身深入世间而证得无数"分身"。经中说:"我今当复广说。有根本,有因有缘,一切佛一切因,悉皆不乐生此世界,以此众生不可治故。"⑤——尽管

---

① 宋求那跋陀罗译《央掘魔罗经》卷三,《大正藏》第2卷,第533页中。
② 同上书,第533页中—下。
③④⑤ 同上书,第535页下。

有如此无量无边的佛,因为此世间的众生不可救治,所以,诸佛不乐住于此世间。而"我于此世界治不可治众生,数数舍身,故生'不生身'"①。释迦牟尼佛说,自己立志救度这一世间的众生,数度舍身而进入世间,最后得以形成"不生身"。

此后,此经依照这种句式,宣布释迦牟尼佛曾经成就了六十四身,具体名目如下:"不坏无为之身"、"不老之身"、"无病之身"、"不死之身"、"无染污之身"、"无漏身"、"无罪之身"、"谛常身"、"法身"、"无作法明显妙身"、"无所有身"、"希有身"、"无量无边尊胜之身"、"高身"、"无上身"、"无上法身"、"恒身"、"不危脆之身"、"不崩坠之身"、"无边无比之身"、"深远身"、"不可见身"、"一切众生难见之身"、"微细身"、"圆满身"、"不难见身"、"极难见身"、"无分身"、"无筋骨身"、"一切处解脱之身"、"寂静不变易身"、"寂止身"、"上止身"、"断一切求波罗蜜身"、"美妙身"、"离虚伪身"、"破宅身"、"离慢梵身"、"寂静舍身舍离身"、"如法法身"、"界身"、"无入处身"、"善出世间上上之身"、"如万流趣大海身"、"安住身"、"宫殿身"、"不悔身"、"休息身"、"一切众生所求之身"、"无病无畏无我所身"、"灭身"、"舍宅身"、"覆护身"、"一切众生依怙之身"、"趣向身"、"无合会身"、"虚旷无限容受胜身"、"一切处无上父身"、"一切处离饥渴病身"、"舍离一切有身"、"一切无行寂止之身"、"断道身"、"离津溜筋脉之身"、"涅槃不动快乐之身"。②

其三,在上述诸身之中,直接与如来藏有关的如下:

1."无染污身":"我于无量阿僧祇劫恒河沙生,除无量众生烦恼垢污,为诸难事示如来藏故,生'无染污身'。"③这里明确地提出"如来藏义"在大乘法义中的重要性。

2."无漏身":"我于无量阿僧祇劫恒河沙生,为除无量饿鬼饥渴之病,以一乘味令其饱满故,生'无漏身'。"④——这里的"为除无量饿鬼饥

---

① 宋求那跋陀罗译《央掘魔罗经》卷三,《大正藏》第2卷,第535页下。
② 同上书,第536页上—第537页下。
③④ 同上书,第536页上。

渴之病"的含义可能有二:一是"饿鬼饥渴之病"属于生理范围,二是因为无"法"可学可修而"饥渴"。二者之中,从"以一乘味令其饱满"的表述来看,后者涉及"一乘"与"三乘"的关系问题。"无漏"即"无烦恼"的意思。这是说,"我"因为在无量阿僧祇劫恒河沙之中进入世间,为无量饥渴的众生宣示一乘之法的缘故,生成"无漏之身"。

3. "法身":"我于无量阿僧祇劫恒河沙生,无量众生诸天及人诸非法众,安立出世间法故,生此'法身'。"①——这里强调为无量的"非法"(不遵从世间的各种规定)众生安立世间之法的缘故生"法身"。不过,从上下文看,这里的"法身"概念似乎不应该是一般所说的"真如之体"的"法身"。

4. "希有身":"我于无量阿僧祇劫恒河沙生,安立一切诸天世人令住如来希有秘密故,生'希有身'。"②

5. "恒身":"我于无量阿僧祇劫恒河沙生,不隐恒性如来之藏,为一切众生安慰说故,生此'恒身'。"③——"我"在无量阿僧祇劫恒河沙之中进入世间,不隐藏"恒定"的如来之藏作为对于一切众生的安慰,由于这些缘故,生"恒身"。

6. "不可见身":"我于无量阿僧祇劫恒河沙生,为一切天人说如来藏如虚空鸟迹,令佛性显现故,生'不可见身'。"④——"我"在无量阿僧祇劫恒河沙之中进入世间,为一切天人宣说如来藏使其佛性得以显现,由于这些缘故,生"不可见身"。

7. "一切众生难见之身":"我于无量阿僧祇劫恒河沙生,转无量众生诸天及人执无我见,示以难见如来藏故,生'一切众生难见之身'。"⑤——"我"在无量阿僧祇劫恒河沙之中进入世间,扭转了无量众生所执持的"无我"之见,给他们宣示了难以显现的如来藏,由于这些缘

---

① 宋求那跋陀罗译《央掘魔罗经》卷三,《大正藏》第2卷,第536页上。
②③ 同上书,第536页中。
④⑤ 同上书,第536页下。

故,生"一切众生难见之身"。

8."我于无量阿僧祇劫恒河沙生,普示天人如来之藏,如今所见文殊师利故,生'不难见身'。"①——"我"在无量阿僧祇劫恒河沙之中进入世间,为众生显示如来之藏,因而生"不难见之身"。

9."寂静舍身":"我于无量阿僧祇劫恒河沙生,无量众生如来之藏,寂静恒道,离乱过恶,极令正真故,生'寂静舍身'。"②——"我"在无量阿僧祇劫恒河沙之中进入世间,教化无量众生,使其相信众生本有的如来之藏,亦是寂静、恒不坏灭、清净无染的,以是因缘,得以成就"寂静舍身"("清净无我之身")。

10."舍离身":"我于无量阿僧祇劫恒河沙生,无量众生'无我'佛语者,建立有'我',如指指月故,生'舍离身'。"③——"我"在无量阿僧祇劫恒河沙之中进入世间,对于那些仅仅相信"无我"是佛语的众生,宣说建立有"我"的教义,由于此而生"舍离之身"。这一条对于如来藏思想尤为重要,特别是将"我"与"无我"以手指指月作譬喻,涉及如来藏说是"了义"还是"究竟义"的问题。

11."如法法身":"我于无量阿僧祇劫恒河沙生,无量般涅槃般涅槃而不般涅槃般涅槃故,生'如法法身'。"④——"我"在无量阿僧祇劫恒河沙之中进入世间,有无量证入无上涅槃的情形而不入涅槃,因而生"如法法身"。

12."界身":"我于无量阿僧祇劫恒河沙生,尽无量众生际,极方便求如来藏垢不可得故,生此'界身'。一切众生悉有此界。"⑤——"我"在无量阿僧祇劫恒河沙之中进入世间,尽无量众生际,以各种方便寻求如来藏垢而不可得,因此而生"界身"。一切众生都拥有此"界身"。这一句,实际上是说如来藏是纯粹清净的,每一众生都具有此清净的如来藏。

---

① 宋求那跋陀罗译《央掘魔罗经》卷三,《大正藏》第 2 卷,第 536 页下。
②③④⑤ 同上书,第 537 页上。

13."安住身":"我于无量阿僧祇劫恒河沙生,以无畏心说如来藏经故,生'安住身'。"①——"我"在无量阿僧祇劫恒河沙之中进入世间,以无畏之心为众生宣说如来藏经故,因此而成就"安住之身"。这一条中,"如来藏经"可能有两种所指:一是《大方广佛说如来藏经》,二是指宣说如来藏思想的有关经典。二者之中,后者可能性最大。

14."覆护身":"我于无量阿僧祇劫恒河沙生,闻如来藏,一切众生断诸烦恼,便得成佛。因其信乐覆护众生故,生'覆护身'。"②——"我"在无量阿僧祇劫恒河沙之中进入世间,闻诸佛如来说一切众生都有如来藏,只要断除一切烦恼,便可成佛。我因为乐于信受这些学说,并以此覆护众生而得以成就"覆护身"。

15."无合会身":"我于无量阿僧祇劫恒河沙生,赞叹界、安隐界、一切众生第一界无垢如来藏无合会故,生'无合会身'。"③——"我"在无量阿僧祇劫恒河沙之中进入世间,赞叹一真法界、安隐界、一切众生第一界的无垢的如来藏是"无和会"的,以是因缘,得以成就"无合会之身"。这里的"界"、"安隐界"、"一切众生第一界"、"无垢"等语词都是修饰"如来藏"的,而"无合会"的含义大概是说如来藏是"非缘起"的。

16."断道身":"我于无量阿僧祇劫恒河沙生,度无量众生,令灭烦恼,示其自性,如于掌中视庵罗果故,生'断道身'。"④——"我"在无量阿僧祇劫恒河沙之中进入世间,教化他们断除烦恼,为他们开示本有的"自性",使得他们观察自性犹如观察手掌中的庵罗果一样清清楚楚,由此而得以成就"断道之身"。这一条很重要。其中,"自性"的概念似乎可能等同于"如来藏",引导众生"观"其"自性"而追求解脱,这在中土传播的佛经中也应该算是较早的了。

17."涅槃不动快乐之身":"我于无量阿僧祇劫恒河沙生,为无量众

---

① 宋求那跋陀罗译《央掘魔罗经》卷三,《大正藏》第 2 卷,第 537 页上。
②③ 同上书,第 537 页中。
④ 同上书,第 537 页下。

生,灭一切有无量烦恼,离欲灭尽,涅槃故,生'涅槃不动快乐之身'。"①——"我"在无量阿僧祇劫恒河沙之中进入世间,度化无量众生,为他们灭除因为执著诸法"实有"而带来的无量的烦恼,使其远离欲望而取证涅槃,以是因缘而得以成就"涅槃不动快乐之身"。

在宣说完上述"分身"之后,释迦牟尼佛说:"央掘魔罗,我于无量阿僧祇劫,一切无际处,住而复住此。央掘魔罗,涅槃即是解脱,解脱即是如来。"②——"我"在无量阿僧祇劫恒河沙之中进入世间,虽然自住在大般涅槃的境界中,却能以圆满的报身、以无量无数的应化身,住在十方世界里面来利乐有情,救护众生。因此,涅槃就是解脱,解脱就是如来啊!

(五)弘扬如来藏思想

与《如来藏经》相比,《央掘魔罗经》的一个突出内容就是非常明确地强调"乐受"如来藏思想的重要性,特别是暗示了在如来藏思想被当做"非佛说"的背景之下所受到的阻击,进而号召信众坚忍不拔地信奉如来藏思想对于大乘佛教的关键作用。

首先,我们应该充分注意此经"流通分"中关于此经流传的授记。佛陀告诉央掘魔罗等会众说:"少有众生闻此经信,未来众生多谤此经。"③至于诽谤的地点也有预记:"未来世中,中国当有九十八百千亿众生谤毁此经,七十亿众生作一阐提。东方九十八千亿众生谤毁此经,六十亿众生作一阐提。西方九十八百亿众生谤毁此经,五十亿众生作一阐提。南方九十八亿众生谤毁此经,四十亿众生作一阐提。"④这里说的"中国"是指中印度。如果依照现在历史学研究的方法可以得出,在公元一二世纪时,上述预言所对应的地区应该是反对如来藏思想的佛教派别占据上风的。

此经是将如来藏作为大乘佛教的标志来说的,因此下文预记在未来

---

①② 宋求那跋陀罗译《央掘魔罗经》卷三,《大正藏》第2卷,第537页下。
③④ 宋求那跋陀罗译《央掘魔罗经》卷四,《大正藏》第2卷,第541页下。

世中大乘佛教以及如来藏思想的传播地区:"罽宾国中有我余法,婆楼迦车国余名不灭,频陀山国亦复如是。罽宾比丘半半行摩诃衍,半半乐摩诃衍说摩诃衍。南方当有行坚固道行如来行,离八大事,说如来常恒不变如来之藏,菩萨摩诃萨、比丘、比丘尼、优婆塞、优婆夷行坚固道,任荷我法。"①从这一材料推测,如来藏思想可能最先流传于古印度的南方。如经中佛说:"我法当住南方少时。如汝等苦行菩萨摩诃萨不惜身命,安慰一切众生故,说如来常恒不变如来之藏,如一切诸佛。"②这一暗示也受到了现代学者的注意。

第二,这部经充分地展现了宣说如来藏思想的艰难。

卷四中,央掘魔罗赞叹说"哀愍一切众生为第一难事"③。佛告央掘魔罗:"非是如来为第一难事。更有第一难事,谓于未来正法住世余八十年,安慰说此摩诃衍经常恒不变如来之藏。是为甚难,若有众生持诸同类,是亦甚难。若有众生闻说如来常恒不变如来之藏,随顺如实,是亦甚难。"④这里将如来藏思想弘传的重要性与艰巨性说得十分明白。

佛并且以"大地荷四重担(大水、大山、草木、众生)"⑤来譬喻宣说如来藏思想比其更难。佛告诉央掘魔罗说:"正法住世余八十年,菩萨摩诃萨为一切众生演说如来常恒不变如来之藏。当荷四担。何等为四?谓凶恶像类常欲加害,而不顾存亡,弃舍身命,要说如来常恒不变如来之藏,是名初担,重于一切众山积聚。凶恶像类非优婆塞,以一阐提而毁骂之,闻悉能忍。是第二担,重于一切大水积聚。无缘得为国王、大臣、大力勇将及其眷属说如来藏,为下劣、形残、贫乞堪忍演说。是第三担,重于一切众生大聚。穷守边地多恼之处,衣食汤药众具粗弊,一切苦触无一可乐,男悉邪谤,女人少信,域郭丘聚,丰乐之处,不得止住。是第四

---

① 宋求那跋陀罗译《央掘魔罗经》卷四,《大正藏》第2卷,第541页下。
② 同上书,第542页上。
③④⑤ 同上书,第537页下。

担,重于一切草木积聚。"①这里的要点有五:其一,宣说如来藏思想的时间,即"正法住世八十年"。其二,宣说如来藏思想遭到了"凶恶像类"的威胁而仍然不顾性命而宣说不懈。这就是"第一担"。其三,受到一阐提的毁骂而能忍受,这就是"第二担"。其四,"为下劣、形残、贫乞堪忍"者演说如来藏思想,这是"第三担"。其五,"穷守边地多恼之处"而不废讲如来藏思想,这是"第四担"。其后,佛总结说:"若能荷此四重担者,是名能荷大担菩萨摩诃萨。"

总之,"若菩萨摩诃萨,于正法欲灭余八十年,弃舍身命,演说如来常恒不变如来之藏,是为甚难。若能维持彼诸众生,是亦甚难。彼诸众生闻说如来常恒不变如来之藏,能起信乐是亦甚难"②。以下用数个譬喻来说明宣说如来藏思想的艰难:

其一,"譬如士夫其寿无量,过无量百千亿岁,以一毛端渧大海水。复过是数以一毛渧乃至将竭余如牛迹"③。此事甚难,但佛说这不算最难的事情,佛告央掘魔罗:"正法住世八十年,若有菩萨摩诃萨弃舍身命,演说如来常恒不变如来之藏,是为甚难。"④

其二,"譬如士夫担须弥山王及大地大海经百亿岁,此为大力第一难"⑤。但佛告央掘魔罗:"彼非大力,非为甚难。若以大海一尘为百千亿分百千亿劫持一尘去,乃至将竭余如牛迹,复能担负须弥山王大地河海,百千亿劫。而彼不能于正法住世余八十年时,演说如来常恒不变如来之藏。唯有菩萨,人中之雄,能说如来常恒不变如来之藏,护持正法。我说此人第一甚难。"⑥

其三,"譬如士夫能以水灭三千大千世界炽然盛火,如是士夫为甚难"⑦,而"未来世中持戒众减,犯戒众僧,正法住世余八十年,菩萨摩诃萨弃舍身命奴婢牛羊非法财物,种种清净,宣说正法,演说如来常恒不变

---

①②③ 宋求那跋陀罗译《央掘魔罗经》卷四,《大正藏》第2卷,第538页上。
④ 同上书,第538页上—中。
⑤⑥⑦ 同上书,第538页中。

如来之藏,此何士夫?"①而"若于未来正法住世余八十年,菩萨摩诃萨弃舍身命演说如来常恒不变如来之藏。当知彼人即是如来"②。这一条很明确地说,如来藏思想是"佛说"。

其四,"譬如百川入于大海别流不现,如是士夫所得智慧,一切士夫来入其中,悉皆不现"③。又"譬如大海不受死尸,如是士夫无诸戏行家爱家病杂乱非法,谤如来藏者不与同止。如是士夫极为甚难,持彼众及听法者,是亦甚难"④。这一条记载暗示,当时有不少诽谤如来藏思想的人士,而宣说如来藏思想并且要将这些诽谤者争取过来非常不容易。

四、《央掘魔罗经》在中土的影响

如前所述,现存唯一文本的汉译大乘《央掘魔罗经》在性质上属于专弘如来藏思想的经典,但与几乎同时传译而来的《大般涅槃经》等经论相比较,此经的影响不算太大。最明显的标志就是没有经疏流传下来,而见之于史籍中曾经存在过的经疏也是寥寥无几。现今查到的唯有隋代僧人灵裕曾经撰写过《央掘魔罗经疏》,但已经失传。不过,此经虽说未能大红大紫,其影响却一直绵延不息,直至现在佛教界、佛学界都会有人提到乃至引用它。在此,我们从佛学思想、央掘魔罗个人的典型性以及中土禁食肉类等三方面来大致说明此经的影响。

(一)作为佛学思想经典的影响

《央掘魔罗经》的佛学思想如前文所述,虽说其对于中国佛教的思想影响,即便是在如来藏类经典中也不是很突出,但在中国佛教发展高峰时期的隋唐至两宋,现存的有限资料已经表明,佛教义学家在论述自己宗派的思想甚至谈论修行问题时,都有引用此经的例证。从目前所查阅的资料看,隋唐时期的天台、华严宗、法相唯识宗、密宗、律宗等佛学大家

---

①② 宋求那跋陀罗译《央掘魔罗经》卷四,《大正藏》第2卷,第538页中。
③④ 同上书,第538页下。

都有引用此经的例子,以天台、华严宗稍多一些。

隋代"三大师"智𫖮、吉藏、慧远都曾经引用过《央掘魔罗经》。净影慧远在《大乘义章》卷一中说:

> 如《胜鬘》中明如来藏,有其二种:一者,空藏即是不真。二,不空藏即是显实。又如《鸯掘摩罗经》中,彼诃文殊不知真法,妄取法空,所取妄空即是不真。其所不知真实法者,即是显实。①

同书卷二〇则说:"故《鸯掘魔罗》云:'说佛十种力,是则声闻乘,斯非摩诃衍。'大乘无量力,故佛不思议。"②这两条材料,前者是引证此经来说明"不空如来藏"之义,后者则是用来论说大乘与声闻乘的区别。

隋代智𫖮在《维摩经玄疏》中引用此经:"六识、七识灭已,八识真修,为不思议解脱。所以者何?如《鸯掘经》云:'所谓彼眼根于诸如来常,具足无减修,了了分明见,乃至意根亦复如是。'"③智𫖮《金光明经文句》中也有引用:

> 央掘云:我誓断阴界入,不能持不杀戒。一切尘劳是如来种,断此种尽乃名为佛。成就金刚微妙法身,湛然应一切,唯杀唯慈,垂形九道。随其所宜,示长短命。任其所见,用缺具根而化度之。前诸戒行,浅近隘塞,非是通途。圆戒宏远,径异会同,故名究竟持不杀戒也。不杀之戒,人天已上,极佛已还,旷大纵横,其义如是。云何而谓是小乘数耶。④

这是对于"杀戒"的解释。另外,智𫖮在《法华经文句》中说过:"根利遮重障,亦不能障,央掘是也。"⑤

---

① 隋慧远《大乘义章》卷一,《大正藏》第44卷,第483页中。
② 隋慧远《大乘义章》卷二〇末,《大正藏》第44卷,第865页中。
③ 隋智𫖮《维摩经玄疏》卷五,《大正藏》第38卷,第552页上。
④ 隋智𫖮《金光明经文句》卷一,《大正藏》第31卷,第51页上。
⑤ 隋智𫖮《法华经文句》卷四上,《大正藏》第34卷,第53页上。

也许由于其祖师多次使用《央掘魔罗经》作经证，唐代中期中兴天台的湛然也多次引用此经。如《法华文句记》卷二说："又如有婆罗门名曰不害，以杀无量诸众生故，故名央掘，以见佛故，发菩提心。"①湛然在《维摩诘经略疏》中说："如空中鸟迹者，肉眼不见，说言无迹。《鸯掘经》云：'天眼之人见空中鸟迹'，如石女儿者此终不生。女报若转，亦可生也。如身子为女，女为身子，一切女身皆无定相。如化人烦恼者，此无烦恼。"②在《法华玄义释签》卷四中，湛然说："《央掘经》中如来说偈问，央掘偈答。佛命：'善来，成阿罗汉。'即地狱人成声闻界。若依大乘得无生忍，即成佛界。"③

华严宗也较为重视《央掘魔罗经》。唐代澄观在《华严经疏》中引用了智顗曾经引过的经文："《央掘经》云：'摩诃衍者，所谓彼眼根于诸如来常了了分明，见具足，无减修'等。又云：'所谓眼入处，于诸如来，常明见来入门具足无减修'等。"④这是为了证成"若圆修者触目对境穷尽法源，不取不舍故"而使用经证的。澄观又引用《央掘魔罗经》中的"分身"说来证成本宗学说。《华严经疏》说：

> 今更以文理证，此诸佛皆遮那之身，谓此文言，此三十界阿閦在中。阿閦本在东方，今云在此明不异此。又无量寿佛、月觉如来皆遍十方，岂容隔此？又皆言或见，则知一佛随见不同。若言别赞余佛，直言阿閦在此，何成赞德？况华藏刹海，皆遮那化境，无量寿等未出刹种之中，岂非是此佛耶？《法华》、《央掘》并说十方分身，故知法藏别缘十六王子皆，方便说，以理推之，皆是如来海印所现。⑤

这是引用《央掘魔罗经》的说法来证明，诸佛遍满十方，诸佛都是毗卢遮

---

① 唐湛然《法华文句记》卷二，《大正藏》第34卷，第188页上。
② 唐湛然《维摩诘经略疏》卷八，《大正藏》第38卷，第674页上。
③ 唐湛然《法华玄义释签》卷四，《大正藏》第33卷，第840页中。
④ 唐澄观《华严经疏》卷五九，《大正藏》第35卷，第951页下。
⑤ 唐澄观《华严经疏》卷六〇，《大正藏》第35卷，第962页中。

那佛的化身。另外,在《华严经随疏演义钞》卷二八中有四百五十余字的对《央掘魔罗经》要义的介绍,其着力于说明"纯说一乘,即《央掘》是。由前文殊广与对扬,后显文殊之迹云:大王北方去此,过四十二恒河沙刹,有国名常欢喜,佛名欢喜藏摩尼宝积,纯一大乘无余乘名,即文殊师利是。故云现证菩提"①。

唐代唯识宗大师窥基在《阿弥陀经疏》中也引用了《央掘魔罗经》:

> 无有众苦者,《无量寿经》云:彼无苦难之名,亦无三恶道,但有自然快乐之事,亦无少苦故。《央掘魔经》云:无有少苦,纯一快乐,故名极乐。又无八苦故,莲华化生,即无生苦,国无老病,无有病苦。年寿欲尽,愿生十方净土,随意往生,离念念灭,名无死苦。喜乐相随,无怨憎会苦,心皆平等,亦无怨憎。虽为去留,无爱别离苦。所欲如意,无求不得苦及贫穷苦。又身金色,端正如天,神通自在,香风拂钵,天味自盈,无五盛阴苦。目观诸佛,显爀耳听,树网风铃,水流天乐,随意闻见,故名极乐。②

这是将《央掘魔罗经》对于佛国世界的描述与净土信仰经典对照来说明"极乐"的含义。

唐代唯识宗惠沼在其所著《能显中边慧日论》有文:

> 广为开示。又云:《央掘摩罗经》第二云:"云何名邪定?诸佛不能化。"又次下云:"所言邪定,谓一阐提。"正定谓二乘菩萨,断善根者名一阐提。善根续已,即非一阐提。断时名不可治,续已可治。《涅槃》三十三云:"一阐提人而不能救地狱之苦,名不可治;作后世种,还名可治,故一切众生皆有佛性。"故不可治说近非远,亦不应然。《央掘摩经》云"邪定聚佛不能化",是无种性。与《涅槃经》三十三别。《涅槃》为作后世因者,即是能化。又第十说,如白羊角等。

---

① 唐澄观《华严经随疏演义钞》卷二八,《大正藏》第36卷,第214页中。
② 唐窥基《阿弥陀经疏》,《大正藏》第37卷,第319页中。

> 阐提同《央掘经》。又一阐提非唯断善，但将续善说为可治。此说有余。又一阐提虽有当善，而不能救地狱之苦，未来可救，现在之世无如之何，名不可救。①

这是将《央掘魔罗经》与《大般涅槃经》对于一阐提的说法对勘而确定一阐提的概念。

唐代密宗大师一行在其《大毗卢遮那成佛经疏》中也引用了此经："上有一点是大空也。已破诸障，当得大空之生，即是诸佛生也。金刚智生，即是诸佛法身之生。如《央掘经》生此不生之身，即其义也。"②同书卷一二又有一处引用：

> 此阿字者，即是一切诸佛之心，从心轮净故能现阿字。由入阿字门故，即是成大果报相，故知此果亦心得，其实无人能授与者，此自觉了而得之也。当引央掘不盗戒义。然此心源微妙寂绝，无名无相不可示现。以何方便而能得见耶？今诸佛为化真言行菩萨故，直从凡夫心处之心而作方便，亦不作余对治行等也。此心之处，即是凡夫内心，最在于中，是汙栗驮心也。将学观者，亦于是处思莲花之形。③

僧一行在此是阐述"阿字"观心法。上述引文中，"央掘不盗戒义"正是大乘《央掘魔罗经》所阐述过的。一行引用它似乎是为了说明佛陀度化凡人（甚至是大恶人）是从"凡夫心处之心而作方便"的。也就是通过央掘魔罗的典范性来说明密宗"阿字观法"的要义。

至宋代，此经仍然受到一定程度的重视，引用者不乏其人。北宋延寿《宗镜录》中多次引用《央掘魔罗经》或央掘魔罗之事，其中与义理有关者，如卷一三中说："鸯掘持刀于释氏，岂非佛事乎？若心外见法，而生分

---

① 唐惠沼《能显中边慧日论》卷一，《大正藏》第 45 卷，第 415 页下。
② 唐一行《大毗卢遮那成佛经疏》卷一○，《大正藏》第 39 卷，第 683 页上。
③ 唐一行《大毗卢遮那成佛经疏》卷一二，《大正藏》第 39 卷，第 705 页下。

别,直饶广作胜妙之事,亦非究竟。"①北宋天台智圆在《维摩经略疏垂裕记》中说:"《央掘经》第二文殊说偈云:'诸佛如虚空,虚空无有相。'央掘诃云:'如来真不空,离一切烦恼,及诸天人阴,是故说名空。呜呼蚊蚋行,不知真空义,外道亦修空,尼干且默然。'"②

宋代天台四明知礼在《金光明经文句记》中引用了《央掘魔罗经》中的"四重担"说,其文说:"四重担者,《鸯掘经》云:'譬如大地荷负重担:一者,大水。二者,大山。三者,草木。四者,众生。菩萨亦尔,正法住世余八十年。为一切众生说如来藏,是名初担。重于大山,恶人毁骂闻悉能忍,是第二担。重于大水,无缘得为国王大臣说如来藏,唯为下劣堪忍演说,是第三担。重于众生穷守边地恶处丰乐之处不得止住,是第四担。重于草木。'彼经四担谕于四事。观今文意,似喻四弘。"③

(二)作为恶人转善之范例的影响

在中国佛教史提及的极恶之人转恶成善的例子最常见的有三个:一是阿阇世王,二是阿育王,三是央掘魔罗。而此经是以央掘魔罗为主要角色的,特别是在经中他不但直截了当地呵斥佛陀的大弟子,甚至连文殊菩萨都敢斥责。经中的许多正确的思想都是以央掘魔罗的名义说出来的,换言之,央掘魔罗在经中俨然是正确路线的代表,佛陀并且授记他当成佛,而且在世间杀九百九十九人的事件,也被说成传法度化众生的方便。这样的身世以及所获得的果位,在中国佛教产生重大影响是必然的。因此,与其说《央掘魔罗经》是以如来藏思想而得到中土的重视而连绵不断地流通于教界,还不如说是由于央掘魔罗的缘故来得更确切。也就是说,此经在中国教界所受到的重视很大程度上得益于央掘魔罗的典型意义,当然也与下文将分析的禁食肉对于中国佛教素食制度的深刻影响密切相关。

---

① 宋延寿《宗镜录》卷一三,《大正藏》第48卷,第488页上。
② 宋智圆《维摩经略疏垂裕记》卷二,《大正藏》第38卷,第732页上。
③ 宋知礼《金光明经文句记》卷二上,《大正藏》第39卷,第98页中。

央掘魔罗的故事,在中土佛教界可以说众人皆知。当然这不能完全归结于此经的翻译、流通,二者可能构成了互相促进的关系。东晋法显至天竺曾经礼拜过央掘魔罗的遗址,《佛国记》记载:

> 从此南行八由延到拘萨罗国舍卫城。城内人民希旷,都有二百余家,即波斯匿王所治城也。大爱道故精舍处、须达长者井壁及鸯掘魔得道、般泥洹、烧身处。后人起塔皆在此城中。①

唐玄奘在《大唐西域记》中则记载:

> 善施长者宅侧有大窣堵波,是鸯窭利摩罗(唐言指鬘,旧曰央掘摩罗,讹也)舍邪之处。鸯窭利摩罗者,室罗伐悉底之凶人也,作害生灵,为暴城国,杀人取指,冠首为鬘,将欲害母,以充指数,世尊悲愍,方行导化。遥见世尊,窃自喜曰:"我今生天必矣,先师有教遗言在兹,害佛杀母当生梵天。"谓其母曰:"老今且止,先当害彼大沙门。"寻即杖剑,往逆世尊。如来于是徐行而退,凶人指鬘疾驱不逮。世尊谓曰:"何守鄙志舍善,本激恶源。"时,指鬘闻诲,悟所行非,因即归命,求入法中,精勤不怠,证罗汉果。②

可见,中土西行至天竺的僧人大多对于央掘魔罗是清楚的。

不过,仔细地辨析《阿含经》等小乘典籍与大乘《央掘魔罗经》,其关于央掘魔罗的"果位"评价是不同的。如吉藏在《法华玄论》卷五中说:"又约大、小乘各有四句。小乘四句者:一、根利障轻,如身子等。二、根利障重,如鸯掘摩罗等。三、根钝障轻,如蛇奴等。四、根钝障重,如凡夫不得圣道者也。大乘四句:一、根利障轻,多生他方佛土闻大乘。二、根利障重。三、根钝障轻,此二多值佛初成道说《华严》得了悟也。四、根钝障重者,为此人初说三藏,乃至终闻《法华》也。"③在此,吉藏将央掘魔罗

---

① 东晋法显《佛国记》,《大正藏》第51卷,第860页中。
② 唐玄奘《大唐西域记》卷六,《大正藏》第51卷,第899页上—中。
③ 隋吉藏《法华玄论》卷五,《大正藏》第34卷,第405页中。

当做小乘根机的代表之一。值得注意的是，类似的一段话，在智颛的《法华文句》中也出现过，这是针对"五浊障小不？"的提问而回答的："此就小乘，应四句分别。小乘根利遮轻障不能障，身子是也。根利遮重障亦不能障，央掘是也。根钝遮轻亦不为障，盘特是也。根钝遮重，此则成障不闻小乘。不得度者是。"①从时间上言，智颛的这一说法在前，因此很有可能吉藏是借鉴智颛的说法。但也不排除此并非智颛首创，而是当时流行的常识性解释，有一个现今已经不能知晓的来源。

与此不同，天台宗从智颛以来，大多将央掘魔罗当做大乘佛教的典范。关于央掘魔罗的典范意义，智颛在《摩诃止观》卷二说："央掘摩罗弥杀弥慈。"②对此，《金光明经文句》有详细解释：

> 又圆教人何但持之是戒，唯杀唯慈。亦作事杀，亦作理杀。如仙豫大王杀五百婆罗门，与其见佛之眼，与其十劫之寿。又作法门杀者，析荡累著，净诸烦恼，如树神折枝不受怨鸟，如劫火烧木，灰炭双亡。故央掘云："我誓断阴界入，不能持不杀戒。"一切尘劳是如来种，断此种尽乃名为佛，成就金刚微妙法身，湛然应一切。唯杀唯慈，垂形九道。随其所宜，示长短命。任其所见，用缺具根，而化度之。前诸戒行，浅近隘塞，非是通途。圆戒宏远，径异会同。故名究竟持不杀戒也。不杀之戒，人天已上，极佛已还。旷大纵横，其义如是。云何而谓是小乘数耶？③

其后又有对"不盗之戒"的解释，也与《央掘魔罗经》所言有密切联系，恐繁不赘述。这一解释尽管与常识相反，但却与《央掘魔罗经》中的叙述一致。

智颛在《摩诃止观》中还有另外的解释：

---

① 隋智颛《法华文句》卷四上，《大正藏》第34卷，第53页上。
② 隋智颛《摩诃止观》卷二上，《大正藏》第46卷，第17页下。
③ 隋智颛《金光明经文句》卷一，《大正藏》第39卷，第51页上。

> 得道根利而罪积障重，佛世之时阇王、央掘，示其人也。逆罪遮重，应入地狱，见佛闻法，豁尔成圣，以根利故，遮不能障。今时行人于恶法中修止观者，即此意也。以起恶故，未来有遮；修止观故，后世根利。若遇知识，鞭入正道。云何而言恶法乖理，不肯修止观耶？①

这是将央掘魔罗的身世用来论说天台教义。作为"于恶法中修止观"甚至解脱的一个范例，央掘魔罗正好可以为天台建立在"性具善恶"思想基础上的修行法门如"烦恼即菩提"等提供事实支撑。

北宋永明延寿是以融合诸宗为特色的，对于央掘魔罗之事的解释也体现了融会的理路。在《心赋注》中，延寿说：

> 业由心造，罪是心生。若了自他唯心，即无逆顺对治，无复结业。如阿阇世王及央掘魔罗比丘等，遇佛悟罪性空，得入圣位，故云得道业亡。又云心生即是罪生时，今若悟境是心，心即不起，心灭即是罪消时，自然罪山摧而业海枯，镬汤息而铜柱冷矣。②

这种解释具有较为鲜明的禅宗特色，但也有一些天台的色彩。但关于"心灭则罪消"的解释，与《央掘魔罗经》的解释颇为不同。

应该指出，在央掘魔罗的典范意义上，智𫖮富有自宗特色的解释，直到明代仍然获得了回响。如明代天台大师传灯在《性善恶论》中就是如此解释的：

> 众生机缘，入道不同。有从善缘入道者，此如常途所说。有从恶缘入道者，盖由此人，宿世虽有值三宝缘，而兴道念，中间被恶缘牵引，而多造恶业。由此多劫堕苦，果报将尽，而宿根成熟。以恶缘故，今生仍复有种种恶事。以根熟故，得值三宝，翻邪归正，速得悟

---

① 隋智𫖮《摩诃止观》卷二上，《大正藏》第46卷，第20页上。
② 宋延寿《心赋注》卷三，《新纂卍续藏》第63册，第137页下。

入。今略引二缘。以证其义。①

下文所讲的就是央掘魔罗和阿阇世王。"央掘魔罗缘"部分实际上是《央掘魔罗经》的摘抄本。在叙述了央掘魔罗缘之后,传灯有一个解释:

> 释曰:央掘魔罗者,一切世间乐见上大精进如来之所示现者也。若母若师若师母,又皆释迦如来之所变化。若其所杀九百九十九人,未闻开权,应是实杀,乃于世间蠹国害民,妨道惧众,必杀而有益,而然后杀之。虽曰杀之,其实度之。何也?未有具慈善根力者,视蝼蚁等于赤子,而妄有所杀也。以是故知,迎其刃而截其指者,莫不杀烦恼贼,而捐标月指也。若仙豫之诛五百婆罗门,因而堕狱,知悔敬信大乘,得生甘露鼓王佛国,又获延其劫寿。非将欲与其长寿,而必固夺其短命。将欲反其正见,而必固惩其邪见乎?至于佛示以童真之戒,则皆反其名,而广其义。其于性恶法门,则确然揭而言之,莫不令闻者。顾名而思义,且复密示如来、菩萨大人示现境界,固不可得而思议也。②

上述解释一方面确实合于天台教义,另一方面对于被央掘魔罗杀死的人的解释比之于《央掘魔罗经》的如"幻"说更进了一步。

明末的智旭在《大乘止观法门释要》中依然坚持智𫖮的解释,其文说:"天台性恶法门正本于此。若能即事恶而达性恶,性恶性善体元无二,则大贪大瞋大痴法门,便可向现行日用无明烦恼中荐取矣。央掘、广额即其标榜也。"③这可谓得智𫖮思想之精髓矣。

(三) 作为素食制度之依据的《央掘魔罗经》

《央掘魔罗经》对于中国佛教的最重大影响应该是作为禁止食肉的经典依据方面。中国佛教在制度层面独一无二的传统就是素食制度,而

---

① 明传灯《性善恶论》卷六,《新纂卍续藏》第 57 册,第 424 页下。
② 同上书,第 428 页中—下。
③ 明智旭在《大乘止观法门释要》卷三,《新纂卍续藏》第 55 册,第 618 页中—下。

这一制度的形成得益于古德在佛经中找到的经典依据。而《央掘魔罗经》正是素食制度形成时期被常常引用的三四部经典之一。

《央掘魔罗经》关于禁食肉的说法,主要集中在卷四。在卷四,文殊师利提出这样一个问题:"因如来藏故,诸佛不食肉耶?"①这是说,因为每一众生都具有如来藏,因此,诸佛是否应该不食肉呢?佛回答说:"如是,一切众生无始生死生生轮转,无非父母兄弟姊妹,犹如伎儿,变易无常。自肉他肉,则是一肉,是故诸佛悉不食肉。复次,文殊师利,一切众生界、我界即是一界,所宅之肉即是一肉,是故诸佛悉不食肉。"②这一回答很明确,核心是"自肉他肉,则是一肉,是故诸佛悉不食肉"③。

文殊师利又问佛说:"世尊,珂贝、蜡、蜜、皮革、缯绵,非自界肉耶?"④上述物品是否来源于动物呢?佛告诉文殊师利:"勿作是语。如来远离一切世间,如来不食。若言习近世间物者,无有是处。"⑤文殊菩萨的问话中,其实透露出诸佛有时也在使用上述物品,譬如蜜等。佛立即回答说,没有这回事情。"若习近者是方便法。若物展转来者,则可习近。若物所出处,不可习近。若展转来离杀者,手则可习近。"⑥不过,佛又对上述回答作了补充,佛说,如果某些与动物有关的物品是"展转来"的话,则可以接近或使用。

对于"展转来"的概念,文殊师利又举例追问:"今此城中有一皮师能作革屣,有人买施。是展转来,佛当受不?复次,世尊,若自死牛牛主,从旃陀罗取皮,持付皮师,使作革屣,施持戒人。此展转来,可习近不?"⑦这是说,有人将用动物的皮做成的鞋子奉献给佛或者"持戒人"(佛教修行者),诸佛应该怎么办呢?

佛告文殊师利:"若自死牛,牛主持皮,用作革屣,施持戒人,为应受不?若不受者,是比丘法。若受者,非悲然不破戒。"⑧这是说,不接受是

---

① ② ③ ④ 宋求那跋陀罗译《央掘魔罗经》卷四,《大正藏》第 2 卷,第 540 页下。
⑤ 同上书,第 540 页下—541 页上。
⑥ ⑦ ⑧ 同上书,第 541 页上。

最好的,而接受虽然不大好但也不算做破戒。

文殊师利白佛言:"世尊,亦不得用不净水熟食,比丘不应受。若如是者,如是现。"①佛告文殊师利:"此名世间想。若有优婆塞者,以净水作食,而不得作用。若无优婆塞者,诸佛其如之何?陆虫水虫,虚空亦虫。若如是者,于净宗为恶。世间云何得修净宗?此名非问论。"②

文殊师利白佛言:"世尊,世间久来,亦自立不食肉。"③

佛告文殊师利:"若世间有随顺佛语者,当知皆是佛语。"④文殊师利白佛言:"世尊,世间亦说有解脱。然彼解脱非解脱,唯佛法是解脱。亦有出家而非出家,唯有佛法是出家。世尊,世间亦说我不食肉,彼等无我亦无不食肉。唯世尊法中,有我决定不食肉。"⑤

除上述集中的论述之外,《央掘魔罗经》还有几处也涉及这一问题。

当佛教从汉代开始传入中国时,初传来的经典大都是小乘经典,由于戒律里并没有明文规定,不许僧人食肉,而且由于在印度的僧人就不以素食为主,来到中国弘法的印度高僧大德自然也是非素食者。所以起初,中国的僧人与他们来自印度的师父一样,也是非素食者。但是由于儒家仁慈思想与孝道的影响,这时在中国僧人当中也有不少是蔬食布衣者。如《孟子·梁惠王上》说:"君子之于禽兽也,见其生,不忍见其死,闻其声,不忍食其肉,是以君子远庖厨也。"这是表示仁慈。第二,根据儒家的孝道,当父亲或母亲去世后,子女要服丧。服丧期间断一切肉,蔬食布衣,以表孝道。佛教受儒家的影响很大,所以这时已有许多僧尼是素食者,如道安、慧远等高僧都是素食者。这主要是出自个人的自愿,并且他们把蔬食看成一种苦行。据统计,《高僧传》正续中总共记载四百九十七名高僧,其中有六十八名是素食者,占总数的百分之十三多。在此六十八名素食者中,有外籍僧人三位,印度中天竺译师求那跋陀罗、高昌僧遵、月支经师支昙龠。有意思的是求那跋陀罗在出家前就已是素食者,

---

① ② ③ ④ ⑤ 宋求那跋陀罗译《央掘魔罗经》卷四,《大正藏》第2卷,第541页上。

而另外两位是在出家后食素的。《比丘尼传》中共记载九十五位比丘尼，其中素食者三十，占总数的百分之三十二。

但是后来，以菩萨思想慈悲为本之大乘佛教经典传来得越来越多，如《央掘魔罗经》、《涅槃经》、《楞伽阿跋多罗宝经》等，还有《梵网经》与《首楞严经》。这些经典当中都有明文指出不得食一切众生肉。《涅槃经》卷四有文曰：

> 迦叶菩萨复白佛言："世尊，云何如来不听食肉？"
>
> "夫食肉者，断大慈种。"
>
> 迦叶又言："如来何故先听比丘食三种净肉？"
>
> "迦叶，是三种净肉随事渐制。"
>
> 迦叶菩萨复白佛言："世尊，何因缘故十种不净乃至九种清净而复不听？"
>
> 佛告迦叶："亦是因事渐次而制。当知即是现断肉义。"
>
> 迦叶菩萨复白佛言："云何如来称赞鱼肉为美食耶？"
>
> "我亦不说鱼肉之属为美食也。"①

《梵网经》卷下说："若佛子，故食肉一切肉不得食，断大慈悲性种子，一切众生见而舍去。是故一切菩萨不得食一切众生肉，食肉得无量罪。若故食者，犯轻垢罪。"②《大乘入楞伽经》更进一步从因果转回的理论上阐明了食肉的过失。经中指出，众生从无量劫以来，流转于六道轮回，生生死死，轮转不息，曾经都是父母兄弟，男女眷属，乃至朋友亲戚，如何忍心取而食之。至此素食的经典根据理论已经完备。

在中国素食制度的形成中，梁武帝萧衍（464—549）的推动是不可忽视的。他于天监元年（502）四月初八佛诞日即位，于天监十八年（519）四月八日从戒行精严的慧约法师受在家菩萨戒，并常自称菩萨戒弟子。梁

---

① 北凉昙无谶译《大般涅槃经》卷四，《大正藏》第12卷，第386页上。
② 后秦鸠摩罗什译《梵网经》卷下，《大正藏》第24卷，第1005页中。

164

武帝有感于大乘佛教的菩萨慈悲思想,积极提倡素食,于天监十年(511)颁布《断酒肉文》,令天下所有僧尼不得食肉。在此文中就直接援引了《央掘魔罗经》的文句。《央掘魔罗经》在其中所起的作用由此可见一斑。

第三节 《不增不减经》的如来藏思想

关于《不增不减经》的汉译本,现存的各种经录等文献都只记载了一种,即北魏菩提流支于正光元年(520)在洛阳译出。现梵本不存,但由于其大部分被《究竟一乘宝性论》所引用,因赖此而留存了部分梵语经文可资对勘。本节则主要依据汉语译本对《不增不减经》的结构及其主要内容,特别是如来藏思想,作一较为详细的分析。

一、《不增不减经》的汉译

关于《不增不减经》的翻译,隋费长房《历代三宝纪》卷三在梁普通元年(520)、北魏正光元年(520)条目下记载:"《大萨遮尼乾子经》十卷、《佛名经》十二卷、《不增不减经》二卷、《差摩经》二卷等,并菩提流支,为司州牧汝南王于第出。"[1]这一记载很清楚,应该不会有争议。然而,《长房录》卷九对于上述三经作了略为简单的记录:

> 《大萨遮尼乾子受记经》十卷,正光元年于洛阳为司州牧汝南王于第二出,或七卷。
>
> 《不增不减经》二卷,正光年于洛阳译,或一卷。[2]
>
> 《差摩波帝受记经》一卷,正光年于洛阳出。[3]

不知何故,费长房在卷九漏掉了《不增不减经》以及《差摩波帝受记经》的准确翻译时间,实际上仅仅漏掉一个字"元"。而对于《大萨遮尼乾子受

---

[1] 隋费长房《历代三宝纪》卷三,《大正藏》第49卷,第45页上。
[2] 隋费长房《历代三宝纪》卷九,《大正藏》第49卷,第85页下。
[3] 同上书,第86页上。

记经》的著录则与卷三一致。而从唐代道宣《大唐内典录》、智昇《开元释教录》等都沿袭了费长房卷九的著录而忽略了其在卷三的记载。然而至圆照《贞元录》卷九却出现了新情况：

《差摩婆帝受记经》一卷，正光六年于洛阳出。

《不增不减经》一卷，正光六年于洛阳出，七纸。云"二卷"者，误。①

如果将《贞元录》与《开元释教录》对照即可知，《贞元录》中凡是智昇之前的部分大多数都照抄自《开元释教录》，有时只是变化一下顺序。但这一次的抄写却多出一个字，尽管也许是后来的传抄错误，而不一定是圆照之误。但这一错误，特别是《大正藏》的《贞元录》本将其采写入正文，仍然误导了一些学者。如释印顺《如来藏之研究》中就采用了此说，文中说："《不增不减经》一卷，元魏孝昌元年（525），菩提流支译。"②北魏孝明帝于正光六年（525）六月改元为孝昌元年。印顺法师所依据的大概也应该是上引《贞元录》的文字。尔后，蔡耀明先生等学者也沿用了这一说。③

现在还有一个问题，即现存的《佛说不增不减经》是一卷本，而《历代三宝纪》卷九也记载说："《不增不减经》二卷，正光年于洛阳译，或一卷。"④唐智昇《开元释教录》则明确地说："《不增不减经》一卷，正光年于洛阳出，七纸。《录》云'二卷'者，误。"⑤这几条资料对勘，可得出如下结论：在隋代曾经流行一卷和二卷两种本子，但内容可能没有差别，至智昇时代则统一为一卷本。

---

① 唐圆照《贞元新定释教目录》卷九，《大正藏》第55卷，第839页中。
② 印顺《如来藏之研究》，第7页。当然，以《贞元录》的这一说法为准而未核对更早的资料的错误，可能最先来源于日本。印顺法师可能只是沿袭而已。
③ 参见蔡耀明《〈佛说不增不减经〉"众生界不增不减"的修学原理》，《台大哲学评论》第28期，第97页，2005。
④ 隋费长房《历代三宝纪》卷九，《大正藏》第49卷，第85页下。
⑤ 唐智昇《开元释教录》卷六，《大正藏》第55卷，第541页上。

二、《不增不减经》的结构

菩提流支译《佛说不增不减经》只有一卷。现代学者依据现存《究竟一乘宝性论》梵本引用此经时所提及的此经名的梵文词 Anūnatvâpūrṇatva-nirdeśa 中所包含的 pūrṇatva 一词,就是"品"的含义之意。因此,学者推测说,此经可能是某一部大经的一品。此看法可以参考。

此经译出之后,很受中土喜爱,引用者不少。根据日本求法僧传至日本的经疏目录可知,唐代至少有元晓和荣业的注疏①流行,但早已散失不存。由于此经没有古代注疏流传下来,准确的科判不大容易作出。本文则大致依据古德科判经文的两种方法——以说法地点判"会"以及依照内容分判"序分"、"正宗分"、"流通分",来叙说此经的内容。

此经短小,仅仅一卷,依"会"科判,则为"王舍城耆阇崛山会"。而经文虽短,"三分"是齐全的。下文依照顺序简单介绍"三分"的内容梗概。

《不增不减经》的"序分"依照惯例介绍了佛说此经的时、地以及参加人员,文字简短:

> 一时,婆伽婆住王舍城耆阇崛山中,与大比丘众千二百五十人俱,诸菩萨摩诃萨无量无边不可称计。②

此经汉译本使用了"婆伽婆"这一佛陀之尊号。"婆伽婆",为诸佛通号之一,又作"薄伽梵"、"婆伽梵"、"婆伽伴"、"薄阿梵"等,意译为"有德"、"有大功德"等。《佛地经论》卷一曾经举出"薄伽梵"六义,其文曰:"薄伽梵者,谓薄伽声依六义转:一自在义,二炽盛义,三端严义,四名称义,五吉祥义,六尊贵义。如有颂言:'自在炽盛与端严,名称吉祥及尊贵,如是六

---

① 日本永超编《东域传灯目录》记载:"《不增不减经疏》一卷,元晓。同《经疏》一卷,荣业。"(《大正藏》第55卷,第1152页下。)
② 北魏菩提流支译《不增不减经》,《大正藏》第16卷,第466页上。

种义差别,应知总名为薄伽。'"① 此外,昙无谶《大涅槃经》卷一八,也列举出"婆伽婆"所具的七义,不赘述。

接续"序分"者即是此经的"正宗分"。这一回是舍利弗代表大众向佛请教宣讲甚深大乘法义,佛陀亲自作了回答。

在"正宗分"起首,舍利弗首先问及由无始以来轮回于六道、流转于三界的众生是否有所增减。对于此问,佛陀首先断定"众生界有增、有减"均是错误的说法,接着,佛陀较为详尽地向舍利弗等会众指出,此说产生的根源及其危害。——这是此经的第一层思想含义。

此经"正宗分"的第二部分则集中论说了如来藏思想。最核心的观念即是"一法界",即第一义谛、即众生界、即如来藏、即法身。

——关于佛陀在"正宗分"所宣讲的教义,在下文一一分析,此兹从略。

此经译本只有一卷,因而"流通分"也很简洁,其文曰:

> 舍利弗,若有比丘、比丘尼、优婆塞、优婆夷若起一见,若起二见,诸佛如来非彼世尊,如是等人非我弟子。舍利弗,此人以起二见因缘故,从冥入冥,从暗入暗,我说是等名一阐提。是故,舍利弗,汝今应学此法,化彼众生,令离二见,住正道中。舍利弗,如是等法,汝亦应学,离彼二见,住正道中。
>
> 佛说此经已,慧命舍利弗,比丘、比丘尼、优婆塞、优婆夷,菩萨摩诃萨,及诸天龙、夜叉、干闼婆、阿修罗、迦楼罗、紧那罗、摩睺罗伽、人非人等一切大众,皆大欢喜,信受奉行。②

这里叮嘱舍利弗等会众悉心弘扬此经所说法义,如果仍然执持增减二见就不是佛弟子。舍利弗等会众恭敬从命,告辞而去。全经至此结束。

---

① 唐玄奘译《佛地经论》卷一,《大正藏》第 26 卷,第 292 页上。
② 北魏菩提流支译《不增不减经》,《大正藏》第 16 卷,第 467 页下—468 页上。

三、众生界不增不减

此经的名称叫《佛说不增不减经》，其主题就自然是以"众生界不增不减"作为宗旨的。"正宗分"一开始，舍利弗于大众中即从坐起，向佛请教一个问题：

> 世尊，一切众生从无始世来周旋六道，往来三界，于四生中轮回生死，受苦无穷。世尊，此众生聚众生海，为有增减？为无增减？①

这一问题，从中国传统思想来看，似乎不成问题，众生界生生死死，甚至说众生皆有佛性，皆可成佛，如此等等，众生界自然会有增加，也会有减少。但是，如果从佛教，甚至印度文化的大背景下考虑，说众生界不增加也不减少，更符合佛教的因果律。而从佛教的最终目标成佛来说，成佛似乎应该意味着众生界之数量的减少；还有，佛、菩萨济度众生，似乎也意味着沉沦三界六道中的众生的数量也可能在减少。如此一来，两种可能的趋势便在世俗经验层面产生矛盾。因此，佛世尊称赞说，舍利弗代表会众所提出的问题，对于佛教信仰还是很重要的，如果不能正确地解释这一问题，"于现在世及未来世，诸天人等一切众生，长受衰恼损害之事，永失一切利益安乐"②。

（一）持"增减"见的危害

面对从一般经验层面出发对于众生界应该有增有减的判定，佛世尊严肃地指出："大邪见者，所谓见众生界增，见众生界减。舍利弗，此大邪见诸众生等，以是见故，生盲无目。是故长夜妄行邪道，以是因缘于现在世堕诸恶趣。"③可见，从佛教信仰而言，执持众生界有增有减，是"大邪见"。由于执持此"邪见"，众生甚至会堕入三恶道。

其次，如果长时期执持此"增减"之见，众生就会陷入"大险难"之中，

---

① ② 北魏菩提流支译《不增不减经》，《大正藏》第 16 卷，第 466 页上。
③ 同上书，第 466 页上—中。

如经中所说:"舍利弗,大险难者,所谓取众生界增,坚著妄执;取众生界减,坚著妄执。舍利弗,此诸众生坚著妄执,是故长夜妄行邪道。以是因缘,于未来世堕诸恶趣。"①

(二)后世众生起"增减"见

在此经中,佛世尊对于会众明确说:"如来在世,我诸弟子不起此见。若我灭后,过五百岁,多有众生愚无智慧,于佛法中,虽除须发,服三法衣,现沙门像,然其内无沙门德行,如是等辈实非沙门自谓沙门,非佛弟子谓佛弟子,而自说言'我是沙门真佛弟子',如是等人起增减见。"②关于此经中所说的世尊涅槃之后五百岁的众生之根机的描述,如果参照此经翻译流通之后传入中土的有关"末法"的描述,佛于此经所说的执持"增减见"的众生仍然属于"正法"时期的众生。

至于在佛世尊入灭之后,众生为何会有如此错误的"增减见",经中说:

何以故?此诸众生以依如来不了义经;无慧眼故;远离如实空见故;不如实知如来所证初发心故,不如实知修集无量菩提功德行故,不如实知如来所得无量法故,不如实知如来无量力故,不如实知如来无量境界故,不信如来无量行处故,不如实知如来不思议无量法自在故,不如实知如来不思议无量方便故,不能如实分别如来无量差别境界故,不能善入如来不可思议大悲故,不如实知如来大涅槃故。③

归纳上述经文的要点,可有四层:其一,世尊涅槃之后,众生"依不了义经"之说。其二,众生缺乏智慧。其三,众生远离如实空见,即不能以般若之"空"来看待诸法。其四,由于前述几项原因而导致众生"不如实"知种种与佛有关的修行、境界特别是大涅槃之深意,等等。

(三)依"减见"诸"见"

在此经中,佛世尊告诉会众,执持众生界减少的见解会辗转产生三

---

①②③ 北魏菩提流支译《不增不减经》,《大正藏》第16卷,第466页中。

层次十三种不正确的见解。

对于众生执持"增减见"的原因作了说明之后,佛世尊告诉会众,此诸众生"依于减见"会产生"三见"。这"三种见"与众生界会减少之见纠合在一起,犹如罗网,使众生痛苦烦恼。这"三见"是:"一者,断见,谓毕竟尽。二者,灭见,谓即涅槃。三者,无涅槃见,谓此涅槃毕竟空寂。"①

一般而言,凡是偏执世间及我终归断灭之邪见以及认为无有因果相续之理,如此等等观点,都叫"断见"。而"灭见"指的是将"涅槃"当做寂灭来解释的错误观点,而前述第三见"无涅槃见"则是说,既然涅槃就是寂灭,也应该可以将其看做"无",这就是"无涅槃见"。

其次,佛世尊又告诉舍利弗等会众,上述"三种见"缚执众生,又辗转产生"二见:一者,无欲见;二者,毕竟无涅槃见"②。从下文看,"无欲见"是指将众生当做无贪欲的存在,而后者则是说归根到底不存在涅槃境界。

而"依'无欲见'复起二见,此二种见与'无欲见'不相舍离,犹如罗网。何谓二见?一者,戒取见,二者,于不净中起净颠倒见"③。"戒取见"又称"戒盗见",指就戒禁(戒律、禁制)等而起之谬见,以非因为因,非道为道。如见牛狗死后生天,乃学牛狗之所为,食草啖粪,修非因非道之行,执迷此即生天解脱之因,此等妄见称为"戒取见"。众生本不净,但却将其当做清净的,这就是"于不净中起净颠倒见"。

而"依'毕竟无涅槃见'复起六种见。此六种见与无涅槃见不相舍离,犹如罗网。何谓六见?一者,世间有始见;二者,世间有终见;三者,众生幻化所作见;四者,无苦无乐见;五者,无众生事见;六者,无圣谛见"④。此中的"六种见",前两种是指世间在时间上是有开始有结束的见解,第三种是指将世间看做由众生幻化所作的见解,第四种是说世间无苦也无乐,第五种是指世间根本没有众生存在等事,第六种是说没有关于世间的真理性认识。可见,这六种"见"都与世间有关。

---

①②③④ 北魏菩提流支译《不增不减经》,《大正藏》第16卷,第466页下。

上述三层次十三种错误的见解纠合在一起,使众生烦恼痛苦,不堪忍受。

(四)依"增见"起诸"见"

在此经中,佛世尊告诉会众,执持众生界增加的见解会"复起'二见'。此二见与彼增见不相舍离,犹如罗网"①。这"二种见"与众生界会增加之见纠合在一起,犹如罗网,使众生痛苦烦恼。

这"二见"是:"一者,涅槃始生见;二者,无因无缘忽然而有见。"②仔细分析比照,此中所用的"涅槃"一词,大概是指"寂灭"的意思。"涅槃始生见"可能是指众生在寂灭之后又复生,因而众生界的数量增加了。而"无因无缘忽然而有见"则是说,众生界数量的增加是没有因缘,忽然增加的。

对于上述"二种见"的危害,《不增不减经》说:

> 舍利弗,此二种见令诸众生,于善法中无愿欲心、勤精进心。舍利弗,是诸众生以起如是二种见故,正使七佛如来应正遍知,次第出世,为其说法:于善法中若生欲心、勤精进心,无有是处。③

这是说,"涅槃始生见"和"无因无缘忽然而有见"会使众生对于"善法"(其实是指佛法)产生懈怠之心(无愿欲心、不勤精进心)。面对这一错误见解,过去七佛次第出世对众生说:以这些见解,在面对"善法"之时,欲产生喜爱心和勤奋精进之心是不可能的。

经中强调说:"此二种见乃是无明诸惑根本,所谓涅槃始生见,无因无缘忽然而有见。舍利弗,此二种见乃是极恶根本大患之法。舍利弗,依此二见起一切见。此一切见与彼二见不相舍离,犹如罗网。一切见者,所谓若内,若外,若粗,若细,若中种种诸见。"④可见,此经认为,此"二见"是无明诸惑产生的根本原因,它们也是其他所有错误的见解产生的根源。而此"二见"及其依附其上派生的其他各种"见"纠合在一切,使众生痛苦烦恼,不能脱离苦海。

---

①②③④ 北魏菩提流支译《不增不减经》,《大正藏》第16卷,第466页下。

最后，需要强调指出，《不增不减经》明确指出，所有凡夫是由于不如实知"法界"为"一"以及佛界、众生界"非二"的原因，而产生错误的众生界或增加或减少的见解。《不增不减经》在"正宗分"第一大层次起首和结尾两次得出这样的结论：

> 舍利弗，一切愚痴凡夫不如实知"一法界"故。不如实见"一法界"故，起邪见心，谓众生界增、众生界减。①

> 所谓增见、减见，舍利弗，此二种见依止一界，同一界，合一界。一切愚痴凡夫，不如实知彼一界故，不如实见彼一界故，起于极恶大邪见心，谓众生界增。谓众生界减。②

要"如实知"众生界则须知晓"众生界即如来藏即法身"。如此，便进入此经的核心教义如来藏思想部分。

四、众生界即如来藏即法身

《不增不减经》"正宗分"第二层次的核心思想可以概括如下：从根本上说，轮回于六道三界四生中的众生界是无增无减的，而其基本依据则是众生界即如来藏即"法身"，"一法界"是如来智慧境界、"第一义谛"、"法身"；"法身"被烦恼所缠、往来于生死海之时，名之为"众生"；厌世间苦而修菩提行之时，名之为"菩萨"；远离一切烦恼、住于彼岸清净法中之时，名之为"如来"。以下则分而论之。

（一）如实知"一界"

会众面对这样复杂的问题，一时未能理解。舍利弗则代表大众向佛请教：何者是一界？为何说一切凡夫不如实知"一界"而说众生界增或者众生界减？

佛世尊则告诉舍利弗等大众："此甚深义，乃是如来智慧境界，亦是如来心所行处。舍利弗，如是深义，一切声闻、缘觉智慧所不能知，所不

---

① 北魏菩提流支译《不增不减经》，《大正藏》第 16 卷，第 466 页中。
② 同上书，第 466 页下—467 页上。

能见,不能观察。何况一切愚痴凡夫而能测量?唯有诸佛如来智慧,乃能观察知见此义。舍利弗,一切声闻、缘觉所有智慧,于此义中唯可仰信,不能如实知见观察。"① 这是说,真正如实知"一界"者唯有如来,就连二乘都不能知晓,何况愚痴的凡夫呢?

在会众的期待中,世尊说出《不增不减经》的核心观念:

> 舍利弗,甚深义者,即是第一义谛;第一义谛者,即是众生界;众生界者,即是如来藏;如来藏者,即是法身。②

这里的几个概念便构成了一个逻辑上置换而成的命题。从第一谛即真谛言之:

> 众生界=如来藏=法身

这就是此经如来藏思想的核心观念。

(二) 法身

"法身"是大乘佛教所言佛的三身之一,又名"自性身"、"法性身",即诸佛所证的真如法性之身。如导言所论,"法身"是如来藏思想的关键之一。

《不增不减经》关于"法身"的叙述有以下几个重要层面:

第一,"法身"是不离不脱、不断不异的。经中说:"如我所说法身义者,过于恒沙不离不脱,不断不异,不思议佛法如来功德智慧。"③ 这是说,法身所具有的如来功德智慧是永远不会离开(即失去)也不会发生断灭和变化的。经中并且举了灯与摩尼宝珠的例子给予了说明。"如世间灯所有明色及触,不离不脱。又如摩尼宝珠所有明色、形相不离不脱。"④ 这是说,世间的灯所具有的灯光以及灯光与众生的感觉器官的接触所产生的效应,是不离不脱的;同样,摩尼宝珠所具有的明亮的颜色以及眩目的形相是不离不脱的。理解这两个譬喻的关键还在于,在此例

---

①②③④ 北魏菩提流支译《不增不减经》,《大正藏》第 16 卷,第 467 页上。

中,灯是由其发光的功能所决定的,一旦失去这一功能,尽管其可能仍然具有"灯"的外形,但已经不能算做"灯"了。引用这一譬喻是说明,如来的"法身"所具有的功德和智慧是不离不脱的,"法身"之所以是"法身",就是因为其具有如来的功德和智慧,这是永远不可改变的。

第二,"法身"是不生不灭法。在此,以五层次来说明"法身"。经中说:"此法身者是不生不灭法。非过去际非未来际,离二边故。舍利弗,非过去际者,离生时故;非未来际者,离灭时故。"①这是从过去、未来的时间角度来说明,法身是不生不灭的。接着则说"法身"是"常"、"恒"、"清凉"、"不变"的,其文说:

> 舍利弗,如来法身常,以不异法故,以不尽法故。舍利弗,如来法身恒,以常可归依故,以未来际平等故。舍利弗,如来法身清凉,以不二法故,以无分别法故。舍利弗。如来法身不变,以非灭法故,以非作法故。②

说其"常",是因为其与"法"不异,不"尽"于"法"。说其"恒",是因为其常常可作为众生的归依之处,并且在未来际是平等的。说其"清凉",是因为其属于"无分别"之法。说其"不变",是因为其并不是可灭之法,也不是可"作"(即造作)之法。

第三,"法身"在"缠"为众生。经中说:"舍利弗,即此法身过于恒沙无边烦恼所缠,从无始世来随顺世间,波浪漂流,往来生死,名为众生。"③这也可反过来理解,众生虽为烦恼所纠缠,但其内在地蕴含"法身"。

第四,"法身"离"缠"为菩萨、为佛。经中说:"舍利弗,即此法身厌离世间生死苦恼,弃舍一切诸有欲求,行十波罗蜜,摄八万四千法门,修菩提行,名为菩萨。"④即于蕴含"法身"之身而厌离世间生死苦恼,如法修

---

① 北魏菩提流支译《不增不减经》,《大正藏》第 16 卷,第 467 页上。
② 同上书,第 467 页上—中。
③④ 同上书,第 467 页中。

行,即可成为菩萨。而从此角度理解,"法身佛"就是:

> 即此法身离一切世间烦恼使缠,过一切苦,离一切烦恼垢,得净得清净,住于彼岸清净法中,到一切众生所愿之地,于一切境界中究竟通达,更无胜者,离一切障,离一切碍,于一切法中得自在力,名为如来应正遍知。①

通过上述对"法身"之含义的解释,《不增不减经》的结论是:

> 是故舍利弗,不离众生界有法身,不离法身有众生界。众生界即法身,法身即众生界。舍利弗,此二法者,义一名异。②

原来,众生界即"一界"同样是通过佛教所特有的不即不离的逻辑得出的。众生界有"法身",众生皆不离"法身",因而也可以说,众生界即法身,法身即众生界。

(三) 众生界"三种法"

从如来藏思想言之,《不增不减经》提出的"众生界三种法"最为独特,也最为重要。经中说:

> 复次,舍利弗,如我上说,众生界中亦三种法,皆真实如不异不差。何谓三法?一者,如来藏本际相应体及清净法。二者,如来藏本际不相应体及烦恼缠不清净法。三者,如来藏未来际平等恒及有法。③

上述"三法"名称很长,分别从三个不同层次阐述了众生与如来藏的关系。

关于第一种,此经的解释是:"如来藏本际相应体及清净法者,此法如实不虚妄,不离不脱。智慧清净,真如法界,不思议法。无始本际来,有此清净相应法体。舍利弗,我依此清净真如法界,为众生故说为不可思议法自性清净心。"④

---

①②③④ 北魏菩提流支译《不增不减经》,《大正藏》第16卷,第467页中。

关于第二种,此经的解释是:"如来藏本际不相应体及烦恼缠不清净法者,此本际来离脱不相应烦恼所缠不清净法,唯有如来菩提智之所能断。舍利弗,我依此烦恼所缠不相应不思议法界,为众生故说为客尘烦恼所染自性清净心不可思议法。"①

关于第三种,此经解释说:"如来藏未来际平等恒及有法者,即是一切诸法根本,备一切法,具一切法,于世法中不离不脱,真实一切法;住持一切法,摄一切法。舍利弗,我依此不生不灭,常恒清凉,不变归依,不可思议清净法界,说名众生。所以者何?言众生者,即是不生不灭、常恒清凉、不变归依,不可思议清净法界等异名。以是义故,我依彼法说名众生。"②

(四)依"三种法"不起"二邪见"

依于如此诠释的"如来藏",不起"减见"、"增见"两种"邪见"。经中说:

> 舍利弗,此三种法皆真实如,不异不差。于此真实如不异不差法中,毕竟不起极恶、不善二种邪见。何以故?以如实见故,所谓减见、增见,舍利弗,此二邪见诸佛如来毕竟远离,诸佛如来之所呵责。③

依照此中所说,常住于此"三种法"之中,就不会产生众生界或者增加或者减少的见解。这两种见解是诸佛所永恒远离的,也是诸佛呵责众生不可执持的错误见解。

为了使众生彻底放弃这一种错误见解,经中说:"若有比丘、比丘尼、优婆塞、优婆夷若起一见,若起二见,诸佛如来非彼世尊,如是等人非我弟子。舍利弗,此人以起二见因缘故,从冥入冥,从暗入暗,我说是等名一阐提。"④这是说,凡是佛弟子,信仰佛法,必须无条件相信众生界是非增非减的,应该远离二见,住于"中道"。

---

①②③④ 北魏菩提流支译《不增不减经》,《大正藏》第16卷,第467页下。

总体而言,与其他早期的小部如来藏经典相比较,《不增不减经》的特色和进展在于,将如来藏的"形相"分为三方面来探讨,并详细地说明了如来藏的出没、迷悟等种种相状:第一,"如来藏根本相应体及清净法",是指如来藏之体是自体本净的。第二,"如来藏本际不相应体及烦恼缠不清净法",是指与如来藏根本不相应的妄法及妄心,是被客尘烦恼所污染的自性清净心,这个不清净法的妄法,唯有如来的菩提智能断。第三,"如来藏未来际平等恒及有法",是综合前二者立场,第一的"法界"及第二的"妄法",均在如来藏名下而统合,即为一切诸法根本的不生不灭、恒常不变、不可思议的清净法界以及依之所成立的众生,二者和合并存。由此三方面则可获得"众生"即"法界"异名的结论,因而"众生界"随即也就不增不减了。

第四节 《大法鼓经》的如来藏思想

《大法鼓经》于元嘉十三年(436)至元嘉二十一年之间由求那跋陀罗在建康东安寺译出。此经见于经录记载的,只有一个汉语译本。但日本学者又有《佛说菩萨行方便境界神通变化经》三卷是其异译的说法,不知所本。二者在文字、内容方面差异很大,而且古代经录也都将二者当做独立的经典看待,因此,日本学者的看法恐怕是误传。

关于《大法鼓经》的翻译,《出三藏记集》卷二记载:"《大法鼓经》二卷,东安寺译出。"①而《历代三宝纪》卷一〇记载:"《大法鼓经》二卷,于东安寺译。见道慧、僧祐、李廓及别录等。"②可见,此经是在建康东安寺译出的。而根据《出三藏记集》③等的记载,求那跋陀罗在东安寺译出的经典有《大法鼓经》二卷、《相续解脱经》二卷、《第一义五相略》一卷。由于求那跋陀罗在元嘉二十一年(444)八月就随谯王刘义宣至荆州

---

① ③ 梁僧祐《出三藏记集》卷二,《大正藏》第55卷,第12页下。
② 隋费长房《历代三宝纪》卷一〇,《大正藏》第49卷,第91页中。

了,考虑到他在东安寺译场出经不算太多,因此,尚难以轻易断定求那跋陀罗在东安寺设立译场就在道场寺之前,但从翻译时间上考虑,他在东安寺译经应该在丹阳译场之后。如此一来,《央崛魔罗经》的翻译时间应该在元嘉十三年(436)至元嘉二十一年之间,具体时间则难得其详。

作为如来藏思想的早期重要经典,《大法鼓经》在中土也颇受重视,译出不久就有讲习者①。尽管未见到有关注疏的记载,也未有这方面的著作流传下来,但在古代文献中,引用者不在少数。在当代,此经仍然受到一定程度的重视。本节先从《大法鼓经》本身的结构角度叙述分析其基本内容,然后分涅槃与"我"、众生与世间、三乘与一乘等三方面,对于此经所蕴含的如来藏思想作较为详细的分析。

一、《大法鼓经》的结构及其基本内容

由于没有古代注疏可以参考,因此本文则大致依据古德科判经文的两种方法——以说法地点判"会"以及依照内容分判"序分"、"正宗分"、"流通分",来叙说《大法鼓经》的内容。

此经短小,仅仅一卷,依"会"科判,则为"王舍城耆阇崛山会"。而经文虽短,"三分"是齐全的。下文依照顺序简单介绍"三分"的内容梗概。

(一)序分

《大法鼓经》的"序分"依照惯例介绍了佛说此经的时、地以及参加人员,文字不算太长,但也比《不增不减经》要长一些:

---

① 《高僧传·超进传》卷七:"释超进,本姓颛顼氏,长安人。笃志精勤,幼而教学,大小诸经,并加综采,神性和敏,戒行严洁。……至宋太始中,被征出都,讲《大法鼓经》,俄而旋于会稽,还绍法化。以《大涅槃》是穷理之教,每留思踟蹰,累加讲说。凡结斋会者,无不必请。若值他许,则为移日。后有衰脚疾,不堪外赴,并送食于房,以希冥益。进为性笃,好经典,看寻苦至。及年老失明,犹使弟子唱《涅槃经》,旬中一遍。其耽好若此。以宋元徽中卒,春秋九十有四。"(梁慧皎《高僧传》卷七,《大正藏》第50卷,第374页中。)这位僧人以宣讲《大涅槃经》为特长,也兼讲《大法鼓经》。

> 一时,佛住舍卫国祇树给孤独园,与大比丘众五百人俱,复有百千大菩萨众……文殊师利菩萨及大力菩萨、观世音菩萨、弥勒菩萨摩诃萨,如是上首菩萨摩诃萨无量阿僧祇众,譬如大地所生草木,从诸方来诸菩萨众,亦复如是,不可称数。复有差摩比丘尼,与比丘尼众俱;毗舍佉鹿子母及末利夫人,各与无量大眷属俱,须达长者与诸优婆塞俱。尔时世尊,于大众中说有非有法门。①

从地点来说,此经仅此一"会",可称之为"舍卫国祇树给孤独园会"。而参加的会众,除一般佛经都叙述的之外,特别的听法会众有:文殊师利菩萨、观世音菩萨、弥勒菩萨摩诃萨以及差摩比丘尼、毗舍佉鹿子母及末利夫人等。

关于佛世尊宣说此经的时间,现存的译本中没有直接透露,只是用了一个惯用的词"一时"来表达。但古代有一传说:佛成道"九年宣说《鸯掘摩罗》及《法鼓经》,十年宣说《如来藏经》"②。而有现代学者依据经中处处提到涅槃问题,以及屡屡出现"涅槃后"之语,可推知应是在释尊的晚年。而如经初所云:"离苦乐,有涅槃第一乐"及"有、非有法门"等,含有类似"般若空"的思想,因此可推定是位于《般若经》之后的经典。此外,由所谓"如来常住不灭"等语所显现的涅槃思想来看,本经应该是位于《涅槃经》之前的,约与《法华经》同时。不仅如此,由经中随处散见的"分别说三"或"开示三乘,现二涅槃,又说一乘"等文字,也可知本经的大旨是在"三乘开会"、"开三显一"。其余如"长者穷子之譬"或"化城之譬"、"父少子老之譬"等,虽与《法华》有粗密之差,却也是"开三显一"的譬喻。由其不乏类似《法华经》的思想或文句的情形看来,可以判定此经是属于"法华部"的。甚至可推断,本经是《法华经》的前驱。然从另一角度观之,由其中存在着《涅槃经》的"法身常住"的思想,或"五味之譬"等看来,也未尝不可推断其为《法华》、《涅槃》两经未分之前的母经。

---

① 宋求那跋陀罗译《大法鼓经》卷上,《大正藏》第9卷,第290页中—下。
② 隋慧远《大乘义章》卷一,《大正藏》第44卷,第466页中—下。

此经分为两卷,"正宗分"内容相对较为复杂一些,分层线索也比较多,笔者在此采用以对话者的不同来区分层次的方法。如此,下文将"正宗分"分为四大层次来叙述。

(二)佛世尊与阿难的对话

这部分是由阿难提问,佛世尊回答组成的,又可再分为以下两层:

1. 宣说此经的缘由

佛陀宣说此经的缘起,是因为波斯匿王准备前往拜访佛陀,而"击鼓吹贝"引发佛世尊与阿难之间的对话。经中说:

> 尔时波斯匿王从卧而起,作是思惟:我今应往至世尊所。念已即行,击鼓吹贝,往诣佛所。尔时,世尊知而故问阿难:"以何等故有鼓贝声?"阿难白佛言:"波斯匿王来诣佛所,是其击鼓吹贝之声。"佛告阿难:"汝今亦应击大法鼓,我今当说《大法鼓经》。"①

可见,此经是因为击鼓而引发佛说法的,而以大法鼓命名应该是有深意的。

在经中,佛说此《大法鼓经》如同优昙钵华一般,世间希有。而对于如此"三世诸佛悉有此法"之经,阿难提出:"彼诸菩萨人中之雄,何故悉来,普集于此?彼诸如来,何故自于其国不演说耶?"②这是说,既然是三世诸佛都有之法,其他诸佛为何不在其国开演,这些菩萨等要集聚于此听您演说呢?对于这一问题,佛陀回答说:

> 如有一阿练比丘隐居山窟,至时入村,方欲乞食,道见人兽诸杂死尸,见已生厌,断食而还。呜呼苦哉!吾亦当然。彼于异时,心得快乐,作是思惟:"我当更往观察死尸,令增厌离。"复向聚落,求见死尸,修不净想。见已观察,得阿罗汉果。如是他方诸佛,不说无常、苦、空、不净。所以者何?诸佛国土,法应如是。彼诸如来,为诸菩萨作如

---

①② 宋求那跋陀罗译《大法鼓经》卷上,《大正藏》第9卷,第290页下。

是说。奇哉难行!释迦牟尼世尊于五浊国土出兴于世,为苦恼众生,种种方便,说《大法鼓经》。是故诸善男子,当如是学。彼诸菩萨,咸欲见我,恭敬礼拜,故来会此。既来会已,或得初住,乃至十住。是故《大法鼓经》,甚难值遇。是故十方大菩萨众,为闻法故,普皆来集。①

上述文句,仍然是强调佛世尊所要宣说的《大法鼓经》是为五浊世间的苦恼众生求得解脱而为之的,而无数的他方菩萨为了表达对于此间释迦牟尼佛的崇敬而纷纷前来此地听闻世尊宣说此经。

2.《大法鼓经》是如来秘密之藏

对于将要宣讲的内容,佛世尊明确说:"如是深经,非一切共。"②并非每一位众生都能理解,更遑论接受了。"此经典者,是诸如来秘密法藏,甚深微妙,难解难信。"③对于这一问题,《大法鼓经》以波斯匿王所击战鼓为譬来说明:

> 阿难白佛言:"非如波斯匿王临阵斗时,击大战鼓,其闻声者一切箭落耶?"
>
> 佛告阿难:"波斯匿王击鼓战时,非彼一切闻鼓声喜。有怯弱者闻而恐怖,若死近死。如是阿难,此《大法鼓经》名是二乘之人不信法门。是故阿难,譬如彼王,至斗战时,击王大鼓。此《大法鼓》,诸佛秘密,佛出世时,尔乃演说。"④

上述文字突出了波斯匿王击战鼓所显现的不同效应,怯弱者和勇敢者感受不同。而《大法鼓经》也是声闻、缘觉所不能理解、接受的。

(三)佛世尊与大迦叶的对话

1. 勘问听法者的根机

在正式宣讲之前,佛世尊告诫大迦叶验证会众是否"真实强力"而"堪任闻此《大法鼓经》"⑤。在迦叶禀告佛世尊此栴檀林中的会众都"清

---

① 宋求那跋陀罗译《大法鼓经》卷上,《大正藏》第 9 卷,第 290 页下—291 页上。
②③④⑤ 同上书,第 291 页上。

净纯一",佛世尊仍然说:"今此会众,虽复一切清净纯一,然于隐覆之说有不善解。"①

迦叶于是询问佛世尊说:"云何名为隐覆之说?"佛告诉迦叶等说:

> 隐覆说者,谓言如来毕竟涅槃,而实如来常住不灭。般涅槃者,非毁坏法。此修多罗离覆清净,明显音声,百千因缘,分别开示。是故迦叶,当更观察此诸大众。②

此经所说的"隐覆"之说即是"如来毕竟涅槃而实如来常住不灭"。这一难解之说,需要特别的根机方才能够听闻,因此,佛叮嘱迦叶再多多观察会众。

大迦叶于是又观察彼诸来者,此时"下信众生及声闻、缘觉、初业菩萨自惟不堪,生退舍心"③。经中说:"如是下劣众生及声闻、缘觉、初业菩萨,作是念言:'我不堪任听受,如来已般涅槃,而复说言常住不灭。'于大众中,闻所未闻,从坐而去。所以者何? 彼人长夜于般涅槃,修习空见。闻离隐覆清净经故,从坐而去。"④

《大法鼓经》中又说,并非所有声闻、缘觉以及初业菩萨都离开了,而有很少一部分仍然留在会中。"彼十方来声闻、缘觉、初业菩萨,百千万亿阿僧祇分余一分住,谓彼菩萨摩诃萨信解法身常住不变者,尔乃安住受持一切如来藏经,亦能解说安慰世间解知一切隐覆之说,善观一切了义不了义经,悉能降伏毁禁众生,尊敬承顺,清净有德,于摩诃衍得大净信,不于二乘起奇特想,如是等方广大经,不说余经。唯说如来常住及有如来藏,而不舍空,亦非身见空,空彼一切有为自性。"⑤

佛告诉迦叶,让其反复追问会众是否真的愿意听闻此经,如是者三次。大众都说愿意听闻。迦叶赞叹说:"善哉! 善哉! 诸贤汝等,堪任听

---

① 宋求那跋陀罗译《大法鼓经》卷上,《大正藏》第9卷,第291页上。
② 同上书,第291页上—中。
③④⑤ 同上书,第291页中。

《大法鼓经》,若持若说。"①

2. 佛世尊付嘱迦叶护持此经

大迦叶代表会众请求佛世尊宣说《大法鼓经》,佛言:"善哉!善哉!迦叶,汝今听说《大法鼓经》。"②迦叶向佛表示自己能够受教此经,而佛也叮嘱迦叶护持此经。经中说:

> 迦叶白佛言:"唯然受教。何以故?是我境界故,是故如来大见敬待。云何为敬?曾告我言:'汝来共坐。'以是因缘,我应知恩。"
> 佛言:"善哉!迦叶,以是义故,我敬待汝。迦叶,譬如波斯匿王善养四兵。若斗战时,击大战鼓,吹大战蠡,对敌坚住,缘斯恩养,战无遗力,能胜怨敌,国境安宁。如是比丘,我般涅槃后,摩诃迦叶,当护持此《大法鼓经》。以是义故,我分半坐。是故彼当行我所行,于我灭后,堪任广宣《大法鼓经》。"
> 迦叶白佛言:"我是世尊口生长子。"
> 佛告比丘:"譬如波斯匿王教诸王子,学诸明处,彼于后世,堪绍王种。如是,比丘,于我灭后,迦叶比丘,护持此经,亦复如是。……"③

佛世尊如此殷勤叮嘱迦叶护持此经,暗示了此经所讲义理在佛世尊涅槃之后会遭到某种程度的怀疑。

3. 击鼓说法

在叮嘱迦叶弘传此经之后,佛告迦叶:"善哉!善哉!今当为汝说《大法鼓经》。"④这时,虚空中,诸天龙众同声叹言:"善哉!善哉!迦叶,今日诸天大雨天华,诸龙王众雨甘露水及细末香,安慰悦乐一切众生,应为世尊之所,建立为法长子。"⑤时天龙众同声说偈:"王于舍卫城,伐鼓吹战蠡,法王祇洹林,击于大法鼓。"⑥

在如此庄严的氛围之中,佛告诉迦叶;"汝今当以问难之桴,击大法

---

①②③ 宋求那跋陀罗译《大法鼓经》卷上,《大正藏》第 9 卷,第 291 页下。
④⑤⑥ 同上书,第 292 页上。

鼓。如来法王,当为汝说天中之天,当决汝疑。"①——至此,开始进入此经的核心义理部分。

4. 信大方广比丘

在开始宣讲有关涅槃、如来藏思想之前,佛世尊给迦叶等会众讲了一位名叫"信大方广"的比丘的故事。经中说:"有比丘名信大方广,若有四众闻其名者,贪、恚、痴箭悉皆拔出。"②只是因为"彼因此经增广正法,以彼现法成就故,得此大果。大迦叶,汝当观彼无心凡鼓,以无心药,若涂若熏若打,有如是力,饶益众生。况复闻彼菩萨摩诃萨信方广比丘名,而不能除众生三毒?"③在此处,佛世尊还以波斯匿王军中击战鼓作譬喻来说明这位专信大乘佛典的比丘如何以"无心"之鼓来将众生的三毒之箭拔出的。譬喻的原文是:

> 譬如波斯匿王有耆婆子名曰"上药"。若波斯匿王与敌国战时,告上药言:"汝今速持能为众生拔箭药来。"尔时上药即持消毒药,王以涂战鼓,若涂若熏若打。若彼众生被毒箭者,闻其鼓声,若一由旬,若二由旬,箭悉拔出。④

在听了世尊所讲的这一譬喻以及"信大方广"比丘的故事之后,迦叶对佛说:"若闻菩萨名者能除众生三种毒箭,况称世尊名号功德、言'南无释迦牟尼'?若称叹释迦牟尼名号功德,能拔众生三种毒箭。况复闻此《大法鼓经》,安慰演说若偈若句,况复广说而不能拔三种毒箭?"⑤这里,迦叶突出了称世尊名号、言说"南无释迦牟尼"以及闻此《大法鼓经》、念诵此经偈句、广说此经法义所具有的拔出三种毒箭的功能。

而佛则顺势对迦叶及会众说:"是故,迦叶,汝于来世,亦当如我。所以者何?若有四众闻汝名者,三种毒箭悉得拔出。是故迦叶,汝今当问

---

①②③ 宋求那跋陀罗译《大法鼓经》卷上,《大正藏》第 9 卷,第 292 页上。
④ 同上书,第 292 页上—中。
⑤ 同上书,第 292 页中。

185

《大法鼓经》,于我灭后,久于世间,护持宣布。"①在此,佛世尊又一次强调了大迦叶于佛涅槃之后护持弘扬此经的使命。

5. 迦叶代会众提问

于此,迦叶开始代会众提问。迦叶所提的问题如下:

第一,"若有'有',则有苦乐。无'有',则无苦乐。此有何义?"②

第二,"云何言色而复常住?"③

第三,"世尊,若如是得解脱者,复应受苦乐?"④这是在第二个问题基础上的追问,与第一个问题呼应。

第四,"世尊,一切众生谁之所作?"⑤

第五,"一切无始佛,谁化谁教?"⑥

第六,"世间为有尽耶?为无尽乎?"⑦

第七,"众生般涅槃者,为有尽耶?为无尽耶?"⑧

第八,"云何诸佛般涅槃,不毕竟灭?"⑨

第九,"声闻、辟支佛、一切种智大乘般涅槃为何不同?"⑩

第十,"如来云何说有三乘?"⑪

第十一,"世尊,云何如来不般涅槃示般涅槃,不生示生?"⑫

第十二,"世尊,若有我者,云何生彼烦恼诸垢?"⑬

第十三,"世尊,若一切众生有如来藏一性一乘者,如来何故说'有三乘——声闻乘、缘觉乘、佛乘'?"⑭

---

①② 宋求那跋陀罗译《大法鼓经》卷上,《大正藏》第 9 卷,第 292 页中。
③ 同上书,第 292 页下。
④ 同上书,第 293 页下。
⑤⑥⑦ 同上书,第 294 页上。
⑧ 同上书,第 294 页下。
⑨ 同上书,第 294 页上。
⑩ 宋求那跋陀罗译《大法鼓经》卷下,《大正藏》第 9 卷,第 295 页下。
⑪ 同上书,第 296 页上。
⑫ 同上书,第 296 页下。
⑬ 同上书,第 297 页上。
⑭ 同上书,第 297 页中。

上述十三个问题，是此经如来藏思想的核心内容，在下文集中分析综述，此处从略。

（四）阿难、迦叶与佛的对话

佛世尊在宣讲完上述义理之时，会众出现了一阵骚动。经中说："尔时，众中有持比丘色像仪式者，或持优婆塞色像仪式者，或持非优婆塞色像仪式者，倾侧低仰，一切皆是魔之所为。"①这是说，有魔假扮比丘、优婆塞以及非优婆塞的面貌，在会众中交头接耳、议论纷纷。

这时，阿难向佛请教："今此大众，离诸糟糠，坚固真实，如栴檀林，如是众中，彼云何住？"②而佛没有直接回答阿难，而是让他问大迦叶。阿难则奉佛之命询问迦叶："于此众中，彼云何住？"迦叶回答说：

> 彼愚痴人是魔眷属，与魔俱来。是故阿难，我先说言"不能堪任于如来灭后善巧方便护持正法，如善守田"。是故先言"宁负大地"。广说如上。尔时世尊，即告我言："于我灭后，汝当堪忍护持正法至于法尽。"我时白佛："我当堪能四十年中护持正法。"时佛责言："何以懈怠，不能护法至于法尽也？"③

这一回答的要点是：不能理解接受《大法鼓经》者是魔眷属。而迦叶自己陈述仅仅能在佛涅槃之后四十年之内护持正法。

佛告诉迦叶："汝且求魔，若能得者堪任护法。"迦叶即以天眼观察而不能见，于是禀告佛世尊："我不堪任求觅恶魔。"④于是，佛又要求八十诸大声闻、贤护等四百九十九位菩萨推觅恶魔，都无法找到。

这时，佛世尊又告诉迦叶："汝不堪任法欲灭时余八十年护持正法。南方菩萨当能护持，汝当于贤护菩萨五百众中最后求之。"⑤佛世尊说，迦叶只能在佛涅槃之后四十年之内护持正法，而在座的五百菩萨之中有一位南方来的菩萨能够在佛涅槃之后八十年护持正法。迦叶于是在其中寻找。迦叶回答说："善哉！当求求得'一切世间乐见离车童子'。世

---

①②③④⑤ 宋求那跋陀罗译《大法鼓经》卷下，《大正藏》第 9 卷，第 298 页中。

187

尊,'一切世间乐见离车童子'则是其人。"①迦叶知晓这位南方菩萨的名字叫"一切世间乐见离车童子"。

关于这位"一切世间乐见离车童子",在此之前,佛世尊已经给会众讲过了。佛世尊说:

> 乃往过去无量阿僧祇大劫时,有佛名鸡罗婆,出兴于世,广说法教。尔时,城中有离车童子,名一切世间乐见,作转轮圣王,正法治化,王与百千大眷属俱往诣佛所,顶礼佛足,右绕三匝,供养毕已,而白佛言:"我当久如得菩萨道。"佛告大王:"转轮圣王即是菩萨,更无有异。所以者何?无有余人作帝释、梵王及转轮圣王。若菩萨者,即是释、梵、转轮圣王。先作众多帝释、梵王,然后乃作转轮圣王,正法治化。汝已曾作恒沙阿僧祇帝释梵王,今作转轮圣王。"时王白言:"帝释梵王,何所像类?"佛告大王:"释梵天王,亦如汝今首著天冠,而彼端严则不及汝。如佛色像端严殊特,非声闻、缘觉、菩萨所及。如佛端严,汝亦如是。"
>
> 迦叶,尔时圣王复问佛言:"我于久如当得成佛?"佛言大王:"凡得佛者,时大久远。所以者何?假令大王舍其福德,还为凡人。而以一毛渧大海水,乃至将竭,余如牛迹,当有如来出兴于世,名曰灯光如来应供等正觉。时有国王,名地自在。灯光如来为王授记当得作佛,汝于尔时,当为彼王第一长子,亦俱授记。时彼如来,当如是说:'大王,汝此长子,从昔暨今,大海将尽,生为汝子。于其中间,不为小王。或为释、梵、转轮圣王,正法治化。汝此长子,勇猛精进,如是地自在,菩提难得。以是因缘故说此譬,地自在。汝此长子,有六万婇女,端正姝好,璎珞庄严,状如天女,弃之如唾,知欲无常,危脆不坚,我当出家。作是语已。信家非家,舍家学道,是故彼佛记此童子,当来有佛,名释迦牟尼,世界名忍。汝童子,名一切世间乐见离

---

① 宋求那跋陀罗译《大法鼓经》卷下,《大正藏》第9卷,第298页下。

车童子。佛涅槃后,正法欲灭,余八十年,作比丘持佛名,宣扬此经,不顾身命,百年寿终,生安乐国,得大神力,住第八地。一身住兜率天,一身住安乐国,复化一身问阿逸多佛。此修多罗时地自在王闻子授记。欢喜踊跃,今日如来记说我子,得八住地。时彼童子,闻授记声,勤加精进。"①

这是此经前文,佛世尊为迦叶解释"如以一毛渧大海水,唯然能尽"的道理时所讲的故事。

在此,佛陀告诫迦叶等前往劝请"一切世间乐见离车童子",请求其寻觅诽谤如来藏经典的恶魔。经文又有一叙述:

尔时,童子于大众中白迦叶言:"我今堪任推觅恶魔。然有八十诸大声闻、贤护等五百菩萨摩诃萨及文殊师利、观世音、得大势,灭诸恶趣,弥勒菩萨等,何故不觅,令我觅耶?宜令彼先,然后及我。"

迦叶谓言:"降伏恶魔为无福耶?"

答言:"迦叶,汝知有福,宜自为之,我今不能。"

尔时,迦叶以此白佛。佛告迦叶:"此童子语为何所说?"

迦叶白佛:"童子说言先诸大德,然后及我。我是俗人,性复下劣。是诸大德,八十声闻及贤护等五百上首,彼悉在先,然后次我。"时诸声闻及贤护等,一切推觅悉不能得。如彼野人求子不获,皆曰不堪,于一面立。

尔时,世尊复告迦叶:"汝今闻此《大法鼓经》,于我灭后四十年中,当善护持如今正法。当击大法鼓,吹大法蠡,设大法会,建大法幢。然后一切世间乐见离车童子,于正法欲灭余八十年,当以五系缚彼恶魔及其眷属,如缚小兔,广当宣唱《大法鼓经》,当击大法鼓,吹大法蠡,设大法会,建大法幢。"②

---

① 宋求那跋陀罗译《大法鼓经》卷上,《大正藏》第9卷,第294页上—下。
② 宋求那跋陀罗译《大法鼓经》卷下,《大正藏》第9卷,第298页下。

依据佛世尊所说，迦叶在佛涅槃之后四十年之内护持此经，而"一切世间乐见离车童子"则于佛涅槃之后八十年护持此经。

佛陀又当众授记给"一切世间乐见离车童子"，经中说：

> 尔时，世尊复告大迦叶言："今汝迦叶，如守田夫，无善方便，不能堪任护持此经。今此童子闻此经已，能善诵读，现前护持，为人演说，常能示现为凡夫身，住于七地。正法欲灭余八十年，在于南方文荼罗国大波利村，善方便河边，迦耶梨姓中生。当做比丘持我名，如善方便，守护田苗，于我慢缓懈怠众中离俗出家，以四摄法而摄彼众，得此深经，诵读通利，令僧清净。舍先所受本不净物，为说《大法鼓经》。第二，为说《大乘空经》。第三，为说《众生界如来常住大法鼓经》，击大法鼓，吹大法蠡，设大法会，建大法幢。当于我前，被弘誓铠，尽百年寿，常雨法雨，演说此经。满百年已，现大神力，示般涅槃。"①

值得注意的是，上述文字暗示有两种不同的《法鼓经》，一是《大法鼓经》，一是《众生界如来常住大法鼓经》。而且，从文中暗示这位童子出生于南方文荼罗来看，《大法鼓经》很可能是从南方首先流传出来的。

（五）迦叶再次提问

正宗分第四层，迦叶再次提问，核心是"成就八功德"之事，构成了此经如来藏思想的核心之一，为了与此著的体例一致，特别置于下文集中论述，兹从略。

（六）流通分

在为迦叶等会众宣讲完"成就八功德"之后，佛陀先告诫会众在佛涅槃之后，"持我名比丘常令僧净"，并且又一次对于此经的弘扬问题作出授记。

---

① 宋求那跋陀罗译《大法鼓经》卷下，《大正藏》第9卷，第299页上。

佛世尊说:"迦叶,持我名比丘常令僧净。"①其具体解释为:

> 行摄取时,满足犯戒贪鸟之众,如彼巧便,守护四法。贤护等五百菩萨,先不堪任。是等今者,犹故不堪,于我灭后最后护法。持我名比丘行摄法时,摄诸宽纵懈怠比丘,习近供养,与其经卷,消息将护,如养牛法,知可伏时,然后调伏。若摄取调伏而不改者,则便弃舍,不令毒箭涂伤善净。彼复当做如是思惟:莫令净行比丘因彼犯戒,彼说非法行恶行者,不应致敬,共同法集布萨自恣、羯磨僧事,悉不应同。如王摧敌,彼亦如是。如是方便调伏彼已,于百年中常雨法雨,击大法鼓,吹大法蠡,设大法会,建大法幢,示大神力。命终涅槃,过千佛已六十二劫,经百千缘觉及八如来般涅槃后,乃成佛道,名智积光明如来应供等正觉。彼时持我名比丘者,即是一切世间乐见离车童子,当于此土成等正觉。②

这里授记了"持我名比丘"与"一切世间乐见离车童子"之间的关系。

此后佛又告诉迦叶等会众:"此一世界耆阇崛山中,有释迦牟尼佛。即于此中,有阿逸多佛,于此世界,或现劫烧,或现说法。如是奇特,甚为希有。复有何等最上奇特,谓一切世间乐见童子,不于凡俗家生。其所生家,悉是菩萨。迦叶,当知,彼供养给侍者,悉皆欢喜,宗亲爱念,皆作是言:'我种姓中,有如是人生。'此诸人等,一切皆是我之所遣。迦叶,当知,彼菩萨摩诃萨,若余四众为作眷属,悉闻说此《大法鼓经》,一切皆当得无上菩提。"③

佛世尊在此又告诉会众,昔日在毗舍离城作转轮王时弘扬《大法鼓经》的情形:"迦叶,我于过去久远世时,在毗舍离城作转轮王,名难提斯那。尔时,毗舍离城如四天王下阎浮提,如忍世界,其余天下亦复如是,如是三千大千世界。我时寿命不可思议,我作如是转轮圣王,行阿僧祇

---

① 宋求那跋陀罗译《大法鼓经》卷下,《大正藏》第9卷,第299页中。
②③ 同上书,第299页下。

殊胜布施及诸功德,持戒清净,修诸善行,合集如是无量福德。若善男子、善女人,闻说《一乘大法鼓经》,戏笑而往,乃至一念,所得功德胜前福业,不可称记算数譬喻,所不能计。如有呪王,名曰焰照,一说此呪,四月善护。迦叶当知,世间凡呪势力如是,何况一读《大法鼓经》而力不能尽寿为护。是故有能供养此经者,是诸众生,为无上菩提作决定因,乃至究竟菩提不离是经。时诸大众,同声唱言:'善哉!善哉!甚奇,世尊。'今此童子,当为持佛名比丘。若般涅槃者,祇洹林神无所依怙。所以者何?彼从南方来至佛所,而般涅槃。佛告大众:'彼亦不来,我自往彼。示现其身,先遣此经,然后乃往。所以者何?若此经不往至彼手中,则彼生退心。若彼有众生应调伏者,我与大众往住其前。彼见我已,当即还往迎彼已,便般涅槃。随其所欲,度众生处而般涅槃。'"①此中,又提及了"持佛名比丘"。

这时,又出现一个经中未曾出现的弘扬者,即天帝释之子阿毘曼儒。经中说:

> 尔时,天帝释子名阿毘曼儒,当乘神通而来至此。彼虽幼少,真心清净,信乐大乘,唯独一人无有俦匹。于天人中,持此大乘甚深经典。是故彼为说解脱因,得授佛记。时诸大众,同声说偈:"奇哉一切,世间乐见。为比丘像,击大法鼓,护持佛法,令得久住,般涅槃后,世间虚空。彼灭度后,无与等者,如是比丘,世间难得,能为世间,说究竟道。"
>
> 尔时,迦叶、阿难、贤护菩萨等无量大众,闻佛所说,欢喜奉行。②

全经至此结束。

---

① 宋求那跋陀罗译《大法鼓经》卷下,《大正藏》第 9 卷,第 299 页下—300 页上。
② 同上书,第 300 页上—中。

二、涅槃与"妙色"

关于《大法鼓经》的性质,其实经中多次都提到,它是不同于早期主"空"的般若类经典,而属于偏"有"的如来藏类经典。在此经中,释迦牟尼佛畅论了无为、无起、无作的功德,以直指玄机的方法,说明它是趣入涅槃的法门。尽管同属早期如来藏经典,但它与《如来藏经》《央掘魔罗经》《不增不减经》的显著不同在于,其思想核心为"涅槃"与"我"的关系。

《大法鼓经》的思想核心是涅槃问题,所以,此会中,迦叶代会众提的第一个问题就是与此相关的。经中说:

> 尔时迦叶即白佛言:"善哉!世尊,当请所疑。如世尊所说,若有'有',则有苦乐。无有,则无苦乐。此有何义?"
>
> 佛告迦叶:"若无'有'者,谓般涅槃第一之乐,是故离苦、乐,得般涅槃第一之乐。若苦,若乐,彼则是'有'。若无'有'者,则无苦、乐。是故欲得般涅槃者,当求断有。"①

这段文字的关键是"有"的含义。在当代思想、语言背景之下,一般是将"有"理解为"存在"的意思。而在佛教修行角度言之,则应该是指身心所引起的一切善恶因缘。就修证大涅槃的境界而说,如果"心"仍然产生缘取作用(即文中所说的"若有'有'"),则自然会有苦乐的感受。反之,如果无"有",则无苦乐的感受。此正如文中所说的,"若无'有'者,谓般涅槃第一之乐",想进入涅槃境界,应当断除"有"。对于世尊的解释,迦叶的总结可谓言简意赅:"众生不为有,涅槃第一乐。彼则名字乐,无有受乐者。"②这里隐含了一个"受者"(即"主体")的概念,在下文,迦叶又要提出这一问题,此处算是一个"伏笔"。

---

① 宋求跋陀罗译《大法鼓经》卷上,《大正藏》第 9 卷,第 292 页中。
② 同上书,第 292 页下。

这时,佛世尊又说出一偈,遂引起了此经的重点,即解脱之境(涅槃)中的"色"的问题。偈语为:"常解脱非名,妙色湛然住。非声闻、缘觉,菩萨之境界。"① 于是,迦叶提出了第二个问题:"云何言色而复常住?"这一问题牵涉面甚广,层次也很多,以下稍作分析。

对于这一问题,佛世尊首要的回答是,这是一个纯粹"信仰"问题。佛世尊举了一个譬喻来说明。"今当说譬。譬如士夫从南方摩头逻来。有人问彼:'汝从何来?'士夫答言:'从摩头逻来。'即复问言:'摩头逻为在何方?'时彼士夫即指南方。迦叶,非为彼人于此得信耶?所以者何?以是士夫自见彼来故。如是迦叶,以我见故,汝当信我。"② 这一譬喻的深意就是教导在座会众,佛所说都是从其所证得的境界中来的,即经中所说的:"我今亦如是,名字说解脱。譬如彼士夫,远自南方来。今我亦如是,从彼涅槃出。"③ 这里明确地说,佛关于涅槃的文字言说,都是从其自身的"涅槃"中"出"的,自然须以信仰的态度相信之才是。

如此,这一问题便被适时地转换成佛教信仰者的"信仰"、"因缘"问题。对此,佛世尊又说:"然彼迦叶,若见义者,则不须因缘。若不见义,则须因缘。如是迦叶,诸佛世尊常以无量因缘显示解脱。"④ 这是说,诸佛为了那些不具备佛的境界的众生相信涅槃境界,便必须以各种因缘显示解脱境界。

于是,迦叶又追问道:"云何为因?"佛告诉迦叶:"因者是事。"迦叶又问:"云何为缘?"佛告迦叶:"缘者是依。"⑤ 这一回答颇为简要,迦叶要求佛给以详细解释。佛世尊于是解释说:"如由父母而生其子。母则是因,父则是缘,是故父母因缘生子。如是说因缘住法,是名为成。"⑥ 由此开始了一系列颇具思辨特性的叙说。

佛世尊说,由于"因缘"而有"法"的"成"。迦叶接着追问:"成者,有

---

①②③④⑤ 宋求那跋陀罗译《大法鼓经》卷上,《大正藏》第 9 卷,第 292 页下。
⑥ 同上书,第 292 页下—293 页上。

何义？"①佛回答说："成者，世间成。"②而"世间"则是"众生和合施设"，"众生"则是"法集施设"。由此，便需要界定"法"的含义。关于"法"，佛世尊说："非法亦法，法亦非法。法者，复有二种。何等为二？有为及无为。色及非色，更无第三法。"③于此又回到了迦叶所提的问题——"云何言色而复常住"上面来了。可见，"色"的含义尤其重要。

迦叶问佛言："法何像类？"佛告诉迦叶："法者，非色。"④迦叶又问佛言："非法何类？"佛告诉迦叶说："非法者亦非色。"如此，便有了两个命题："法"是"非色"，"非法"也是"非色"。迦叶是如此询问佛的："若法非法非色无相，云何是法？云何非法？"佛告诉迦叶："法者是涅槃，非法者是有。"⑤如此一来，核心命题便直接推出了：涅槃非色，"有"也是非色。

于是，迦叶代表会众追问佛说："若法非法非色无相者，彼慧者，云何知？何所知？何故知彼相耶？"⑥这是说，如果涅槃"非色"，"有"也是"非色"，那些智慧者如何知之呢？又"知"了什么内容呢？佛告诉迦叶说：

> 众生生生死中，习种种福德，清净善根是其正行。若彼行如是法，一切净相生。若行此法者，是法众生。众生生生死中，行种种非福恶不善业。若彼行如是非法，一切恶不净相生。若行此非法者，是非法众生。⑦

这是说，众生生于生死轮回之中，如果习种种福德，凡事都是依凭清净善根所发，一切净相就依此而生。如果行此法者，就是趋向"法"（即涅槃）的众生。反之，如果习种种非福德，产生不善之"业"，一切恶的不净之事相就产生了。如果行此法者，就是趋向"非法"（即"有"）的众生。

关于"众生"，经中也有一个解释："众生者，四界摄施设，谓内地界、水界、火界、风界，及入处五根，乃至十三缘起支⑧，受想思心意识，是名众

---

①②③④⑤⑥⑦ 宋求那跋陀罗译《大法鼓经》卷上，《大正藏》第 9 卷，第 293 页上。
⑧ 关于此"十三支"，现存经中有一夹注："《无尽意经》中云'从不正思惟生无明'故十三支。"

生法。迦叶当知,是名一切法。"①这一解释与一般经文解释一致,也就是"四大"、根、识以及十二因缘等。对于迦叶所问"是中何等法是众生?"佛回答说:"是中非一法名为众生。"正如波斯匿王之鼓,"皮、木及抒三法和合是名为鼓",同理,"如是和合施设名为众生"。②

从"鼓"的譬喻引出了"鼓者非法非非法"的命题,由此"非法非非法"又引出了"无记"的概念。于此,迦叶对佛说:"有无记法者,世间应有三法。"③而"无记相者,如非男非女。非男非女,名为不男。彼亦如是"④。此处的"不男"又构成一个譬喻。对此,下文有一解释:

> 迦叶白佛言:"如世尊说,父母和合而生其子。若父母无众生种子者,不为父母因缘。"
>
> 佛告迦叶:"彼无众生种子者,名为涅槃。大常不男,亦复如是。所以者何?譬如波斯匿王与敌国战时,彼诸战士食丈夫禄。不勇猛者,不名丈夫。如是无众生种子者,不名父母。常不男者,亦复如是。"⑤

由此可见,此处所说的"不男"实际上是"不生"概念。如此推理,"非法非非法"就是"无记法",也就是"不生"之法。

下文又涉及"善法"、"不善法"、"无记法"的概念界定。佛告诉迦叶:"乐受是善法,苦受是不善法,不苦不乐受是无记法。此三法众生常触。乐受者,谓天人五欲功德。苦受者,谓地狱、畜生、饿鬼、阿修罗。不苦不乐受者,谓白癣等。"⑥此中所言的"白癣"构成一个譬喻,从这一解释推测,"白癣"大概是用来治病的药。迦叶说,如果苦因生乐,或乐因生苦是无记法,那么新生的婴孩,不知父母生而得子的苦与乐,也应当是"无记"。但佛陀说:"从乐生苦,从苦生苦,彼为无记。"⑦佛又说:"因食生

---

①② 宋求那跋陀罗译《大法鼓经》卷上,《大正藏》第9卷,第293页上。
③④⑤⑥⑦ 同上书,第293页中。

病,食则是乐,病则是苦。彼白癣等,名为无记。"①这种情况,和以上所作的比喻不吻合。佛陀又以非想非非想天的境界加以解释,说明非想非非想的法门就如新生婴孩一样,处于启蒙未开的境界,善业还未成就。

在此后,又讨论到"非想非非想等天乃至无想天"与"众生"的关系问题。迦叶问佛说:"世尊,如佛所说,受想是众生。是故非想非非想处应非众生。"②这是说,如果从"受想"的角度考虑,"非想非非想处"应该是"非众生"。而佛则告诉迦叶:"彼有'行'分。我说此众生法者,除无想天。"③这是说,"非想非非想处"有"五蕴"之"行蕴",因此,"非想非非想处"应该属于"众生法",而"无想天"则属于"非众生法"。这里所说的"非想非非想处"是指"非有想"与"非无想"均不可尽言的状态,或者称为识性若存非存、若尽若不尽的状态,即"无色界"之第四处"有顶天"的生命存在。生于此处的众生没有如同下地众生所具有的粗想烦恼,因此既是"非有想"又是"非想"。而"无想天"是指"色界"第四禅中的境界,因其"心想"不"行",如同冰鱼蛰虫,因而被称之为"无想",据说,印度外道修行者多生其处。"非想非非想处"应该是"众生法",而"无想天"则除外。"非想非非想天"是若有想若无想的境界,既然若有若无,应当是众生界以外的非众生,但佛陀却指出"非想非非想天"是住在"子法"的天界,这说明"非想非非想天"也不能离开六道。修这一法门并不能断除"烦恼"和"习气",而"烦恼"和"习气"仍然在修行者处于静寂的状态时,潜伏在他们心性中,一旦心量运行的时候,就会被"烦恼"和"习气"牵动欲念而随业轮回。因此,这个境界也不是究竟的涅槃境界。

在此,迦叶又追问佛说:"众生为是色为非色耶?"佛告迦叶:"众生亦非色亦非非色,然成就彼法名为众生。"④这是从中观逻辑去看待"众生"与"色"的关系的。迦叶又说:"若如是,非众生成就法,更有异众生者,不

---

①② 宋求那跋陀罗译《大法鼓经》卷上,《大正藏》第 9 卷,第 293 页中。
③④ 同上书,第 293 页中一下。

应有无色天。若然者,无二法世间色及无色。"①这是说,如果众生是"非色非非色"的,众生修行"成就"便有困难,应该有与"众生"不同者,特别是不应该有"无色天"。对此,佛告诉迦叶:"法亦非色,非法亦非色。"②众生需要"成就"的"法"是"非色"的。

此处涉及一个重大问题,修行解脱中的"色"的问题。"有色"指"欲界"与"色界"中具有色身的众生。而"无色界"是无一可为色法之物质的世界,此中的众生亦无身体,无宫殿,仅仅存有"识心",而住居于深妙之禅定,因此就叫"无色界"。依照世亲《十地经论》的解释,三界中的"意色身"为"粗色",三界中的"意识身"为"细色"。澄观则解释说:"'有色'为'粗','无色界'为'细'。于'有色'中,'有想天'为'粗','无想天'为'细'。就'无色'中,'非有想'为'细',谓第四'空非无想'为'粗'。"③而《大法鼓经》中,迦叶较为集中地向佛请教了如何理解涅槃中的"色"的问题。

迦叶向佛请教说:"云何为法与解脱俱,为非法与解脱俱,无色天亦有解脱?"④佛回答说:"不然。唯有为法、无为法。是故无色天是有为数,解脱是无为,无色天有色性耳。"⑤这是说,"解脱"属于"无为法",而"无色天"仍然属于"有为法"之列,因为"无色天"仍然是有"色性"的。于是,迦叶总结道:"世尊,一切有为是色,非色是无为。无色天有色者,是佛境界,非我等境界。"⑥这里说,"无为"是"非色"的,而"无色天"是"有色"的,是佛境界,并非一般众生所能够理解。正如佛所说的:"善哉!善哉!是我境界,非汝等境界。如是诸佛世尊到解脱者,彼悉有色解脱亦有色。"⑦由此可见,"解脱"境界之"有色",是确定无疑的,但只有"身处其境"的佛世尊才能够知晓。对于佛询问迦叶,是否知晓"无色天"于"天处"的"所作"以及"有色天名无色数",迦叶回答说:"非我等境界。"⑧也就是,声闻、二乘都是无法知晓的。佛于是告诉迦叶:"如是,诸佛世尊到

---

①②④⑤⑥⑦⑧ 宋求那跋陀罗译《大法鼓经》卷上,《大正藏》第 9 卷,第 293 页下。
③ 唐澄观《华严经疏》卷三四,《大正藏》第 35 卷,第 763 页上。

解脱者皆有色,汝当观察。"①

总而言之,依据此经所说,诸佛世尊的解脱境界都有"色",而这与前面的结论合观,就构成了"涅槃非色非非色"的结论。对于这样的结论,迦叶又代表会众提出了新的疑问:"世尊,若如是得解脱者,复应受苦乐?"②这就是《大法鼓经》"正宗分"迦叶十三问的第三问,如果解脱境界"有色",则应该"受苦乐",即有"苦乐"等感受存在。

对于这一问题,佛世尊则以得病众生病愈作譬喻来说明。佛告诉迦叶:"如有病众生,服药离病已,还复病耶?"③迦叶回答说:"若有业者,则必有病。"④而"无业"者则无病。因此,佛告诉迦叶:"如是离苦乐是解脱","世间乐者彼则是苦,于彼出离,如是业尽,得解脱。"⑤由此可见,正如众生病愈,当初得病之"业"就不存在一样,而获得解脱者,既然已经脱离苦乐之感受,自然不会再有这种感受存在了。在此,此经强调,这一"解脱"境界非是声闻、缘觉境界,因此,只有解脱者才能够真正地知晓。

三、众生与世间

《大法鼓经》的"正宗分"迦叶十三问中的第四至第七问涉及的是众生及其与世间的关系问题。

迦叶第四问是:"世尊,一切众生谁之所作?"⑥佛陀的回答是:"众生自作。"以下是具体论说。

佛告诉迦叶等:"作福者佛,作恶者众生。"而迦叶又问佛:"最初众生谁之所作?"这是追问众生的最初来源。佛则反问迦叶说:"非想非非想等无色天谁之所作?云何活?云何住?"迦叶则回答说,尽管对于"非想非非想等无色天"之"诸业"不能完全知晓,但从原则上推测,仍然应该是

---

①②③④⑤ 宋求那跋陀罗译《大法鼓经》卷上,《大正藏》第9卷,第293页下。
⑥ 同上书,第294页上。

"唯业作"。① 而迦叶仍然问佛:"如是众生,生死黑及涅槃白,谁之所作?"②这是在问,轮回于生死以及解脱而获得涅槃,其原因是什么?

佛告诉迦叶:"业之所作,业起无量法。善起无量法。"③ 这是说,轮回生死以及解脱而获得涅槃的原因是"业"。而对于"何者业起?何者善起?"④的问题,佛告诉迦叶:"业起者有,善起者解脱。"⑤此中的"有"则是世间万事万物的总称。佛教看来,世间一切都是众生所作之业的产物,诸有可分"三有"、"四有"、"七有"、"九有"、"二十五有"等类,"二十五有"的概念后文还要提及。此外,"诸有"是凡夫众生浮沉其中的生死海,故称"诸有海"。这里是说,众生沉沦生死之海的原因是"业",而"善业"生起则可解脱。

这时,迦叶提出一个重大问题:"无生处云何善起?"⑥ 这是说,涅槃是"无生"法,而"无生"如何能够使其"善业"生起呢?佛告诉迦叶说:"如如不异。"⑦此中的"如如"是指佛教的最高真理"真如"。因为法性之理体不二平等,故云"如",诸法的本性都是"如",因此叫"如如",它是正智所契之理体。

迦叶于是又问佛言:"若善起者,云何到无生处?"⑧佛告诉迦叶:"行善业。"迦叶又问:"谁之所教?"佛告迦叶:"无始佛教。"⑨这里出现一个"无始佛"的提法。此中所说,众生是由"无始佛"所教诲而修行寻求解脱的。

如此就带出了第五个问题,即迦叶所问:"一切无始佛,谁化谁教?"⑩对于"无始佛"的成佛缘由,佛世尊解释说:

> 无始者,非一切声闻、缘觉思量所知。若有士夫出于世间,智慧多闻,如舍利弗,长夜思惟,终不能知:佛之无始,谁最为先?乃至涅槃中间,亦不能知。
>
> 复次,迦叶,如大目连以神通力,求最初佛世界,无始终,不能

---

① 参见宋求那跋陀罗译《大法鼓经》卷上,《大正藏》第9卷,第294页上。
②③④⑤⑥⑦⑧⑨⑩ 宋求那跋陀罗译《大法鼓经》卷上,《大正藏》第9卷,第294页上。

得。如是一切声闻、缘觉、十地菩萨,如弥勒等,悉不能知。如佛元起,难可得知。众生元起,亦复如是。①

在此,《大法鼓经》明确地说,"求最初佛世界"的想法是不能获得任何结果的。这是一切声闻、缘觉、十地菩萨甚至弥勒等,都不能知晓的。总之,"如佛元起,难可得知。众生元起,亦复如是"②。这就是结论。在此结论下,迦叶归结为"无有作者,无有受者"。

迦叶所问的第六个问题是:"世间为有尽耶?为无尽乎?"③对于此问题,佛世尊告诉迦叶:"世间未曾尽,无所尽,无尽时。"于此,佛又反问迦叶:"如以一毛渧大海水,能令尽不?"迦叶回答说:"唯然能尽。"④在此,佛世尊则为迦叶等会众讲了"一切世间乐见离车童子"的故事,文中有"以一毛渧大海水,乃至将竭,余如牛迹,当有如来出兴于世,名曰灯光如来应供等正觉"⑤的字句。听完这一授记,迦叶说:"是故,世尊,毛渧大海,犹尚可尽。"⑥迦叶随后叙说了自己的理解,其文说:

> 譬如商人计数金钱,置一器中。其子啼时,授与一钱。彼器中钱,日日损减。如是菩萨摩诃萨,于大海水渧渧损减,悉能知之,亦知余在,况复世尊,于众生大聚尽而不知?但诸众生无有减尽,一切声闻、缘觉所不能知,唯佛世尊乃能知耳。⑦

这是说,大海水渧渧损减,佛世尊都能完全知晓,何况众生、世间有尽还是无尽的问题呢?因为"众生大聚,无有尽时"。也即如《不增不减经》所说的,众生界是不增不减的。

由众生界无有尽时,迦叶又提出了第七个问题:"众生般涅槃者,为有尽耶?为无尽耶?"⑧佛告诉迦叶:"众生无有尽也。"对于其缘由,佛解释说:

---

① ② ③ ④ 宋求那跋陀罗译《大法鼓经》卷上,《大正藏》第9卷,第294页上。
⑤ 同上书,第294页中。
⑥ ⑦ ⑧ 同上书,第294页下。

> 若众生尽者,应有损减。此修多罗,则为无义。是故,迦叶,诸佛世尊般涅槃者,悉皆常住。以是义故,诸佛世尊般涅槃者,然不磨灭。①

如此,由众生无尽,也类推出诸佛般涅槃悉皆常住的结论。

四、"三乘涅槃"与"一乘涅槃"

《大法鼓经》明确区分了声闻、缘觉与究竟涅槃之间的区别,并以之作为三乘方便与一乘究竟的重大区别。

《大法鼓经》中,迦叶向佛请教的第八个问题是:"云何诸佛般涅槃,不毕竟灭?"②对于这一问题的直接回答很简要:"如是如是,舍坏则为虚空。如是如是,诸佛涅槃,即是解脱。"③而在讲完这句话之后,佛世尊又主动讲起如来藏类经典的信仰、护持问题,而实际可能是借此回答说,关于"诸佛般涅槃而不毕竟灭"的教义,后世信仰者甚为困难。

《大法鼓经》罗列了两种情形,一种是如来藏类经典获得崇信的情况,如经中说:

> 如是,迦叶,大方便菩萨广为众生说甚深法宝故,得此甚深离非法经,谓空无相无作相应经,复得如是如来常住及有如来藏经。迦叶,如欝单越自然之食,众共取之,无有损减。所以者何?以彼尽寿,无我所想及悭贪想。如是,迦叶,此阎浮提比丘、比丘尼、优婆塞、优婆夷得此深经,书持读诵,究竟通利,广为人说,终不疲厌,不疑不谤;以佛神力,常得自然,如意供养,乃至菩提,无乏无尽,除定报业;如持戒比丘,不缓持戒,终身天神,随侍供养。若彼能于如是深经,乃至不起一念谤想,当得如来藏如来常住,常见诸佛,亲近供养。如转轮圣王,凡所游行七宝常随,如是安慰说者所住之处,如是比经常与彼俱。④

---

① ② ③ 宋求那跋陀罗译《大法鼓经》卷上,《大正藏》第 9 卷,第 294 页下。
④ 宋求那跋陀罗译《大法鼓经》卷下,《大正藏》第 9 卷,第 295 页上。

另外一种则相反,如来藏类经典不被崇信,反获诽谤,如经所说:

> 如转轮圣王不出世时,诸余小王力转轮王和合诸王各现于世,如是诸方无人演说此深经处。余杂说者,说诸杂经,所谓正不正杂经,彼诸众生亦如是随学。彼随学时,闻此如来藏如来常住究竟深经,心生疑惑,于安慰说者,生患害心,轻贱嗤笑,不生爱念,骂辱不忍。①

在此,迦叶再次表示愿在此世弘扬此类经典。

在插入叙述了上述有关如来藏经典的弘扬问题之后,迦叶代表会众向佛请教,这是"正宗分"迦叶十三问的第九问的内容:

> 迦叶白佛言:"若声闻、缘觉般涅槃非究竟者,世尊何故说有三乘——声闻乘、辟支佛乘、佛乘?世尊云何已般涅槃复般涅槃耶?"
>
> 佛告迦叶:"声闻以声闻般涅槃,而般涅槃非为究竟。辟支佛以辟支佛般涅槃,而般涅槃亦非究竟,乃至得一切种功德、一切种智、大乘般涅槃,然后究竟,无异究竟。"②

佛世尊在此又一次重申三乘同样可称之为涅槃,但并不完全相同,唯有佛乘才是究竟涅槃。接着,佛为迦叶等会众宣讲其缘由,其文曰:

> 譬如从乳出酪,酪出生酥,生酥出熟酥,熟酥出醍醐。凡夫邪见如初生乳,乳血共杂。受三归者,犹如纯乳,随信行等。及初发心菩萨,住解行地,犹如成酪。七种学人及七地住菩萨,犹如生酥,意生身阿罗汉、辟支佛得自在力,及九住、十住菩萨,犹如熟酥。如来应供等正觉,犹如醍醐。③

这是以乳、酪、生酥、熟酥、醍醐五种层级不同而又以其为原料精细加工

---

① 宋求那跋陀罗译《大法鼓经》卷下,《大正藏》第 9 卷,第 295 页中。
② 同上书,第 295 页下。
③ 同上书,第 295 页下—296 页上。

而成的食品,来比喻不同层级的果位。如文中所说,凡夫邪见众生如初生乳,受三归的优婆塞、优婆夷犹如纯乳,初发心菩萨如成酪,七种学人及七地住菩萨如生酥,意生身阿罗汉、辟支佛及九住、十住菩萨如熟酥,如来如醍醐。

面对上述以譬喻作的简略回答,迦叶代表会众进一步追问说:"世尊,如来云何说有三乘?"①这是此经"正宗分"迦叶十三问的第十问的内容。

佛这次的回答较为详细,其文曰:

譬如导师,勇猛雄杰,将诸亲属及余人众从其所住欲至他方,经由旷野崄难恶道,作是思惟:"此众疲乏,将恐退还,为令诸人得止息故,于其前路化作大城。"遥以指示,语诸大众:"前有大城,当速至彼。"诸众悉见渐近彼城,各相谓言:"是我息处。"即共入城,休息快乐,乐于中住,不欲前进。尔时,导师作是思惟:"此诸大众得此小乐,便以为足,羸劣休懈,无前进意。"尔时,导师即灭化城。彼诸大众见城灭已,白导师言:"此为何等?为幻?为梦?为真实耶?"导师闻已,即告大众:"向者大城,为止息故,我化作耳。更有余城,今所应往,宜速至彼,快乐安隐。"大众答言:"唯然受教。何缘乐此鄙陋小处,当共前进安乐大城?"导师告言:"善哉!当行。"即共前进,复告大众:"所往大城,先相已现。汝当观察,彼前大城极甚丰乐。"以渐前行,见彼大城。尔时,导师告诸大众:"诸仁当知,此是大城。"时诸大众,遥见大城,安隐丰乐,心得欢喜,各共相视,生希有心:"此城为实,为复虚妄?"导师答言:"此城真实,一切奇特,安隐丰乐。"即告彼众,入此大城。此则第一究竟大城。过此处已,更无余城。彼诸大众俱入城已,生希有心,心得欢喜,叹彼导师:"善哉!善哉!真实大智,大悲方便,哀愍我等。"迦叶当知,彼初化城,谓声闻、缘觉乘清

---

① 宋求那跋陀罗译《大法鼓经》卷下,《大正藏》第9卷,第296页上。

净智慧,空、无相、无作解脱之智。真实大城,是如来解脱。是故如来,开示三乘,现二涅槃,又说一乘。①

此中所言就是著名的"化城"之喻,以《法华经》所言最为闻名。"三乘"为"方便","一乘"为"真实",为究竟之目的。

在此,佛又一次强调,"若有说言无此经者,非我弟子,我非彼师"②。也就是说,《大法鼓经》在此所说之法,是佛的究竟之说,来不得半点怀疑。

然后,迦叶提出了"世尊,诸摩诃衍经,多说空义",而说如来常住的经典不多。对此,佛告诉迦叶等会众说:"一切空经是有余说,唯有此经是无上说,非有余说。"也就是,如来藏经典是"无上说",而般若类经典与其相比则是"有余说"。对于这一判定,佛又解释说:

> 复次,迦叶,如波斯匿王常十一月设大施会。先食饿鬼、孤独、贫乞,次施沙门及婆罗门,甘馔众味,随其所欲。诸佛世尊亦复如是。随顺众生种种欲乐,而为演说种种经法。若有众生懈怠、犯戒、不勤修习,舍如来藏常住妙典,好乐修学种种空经,或随句字说,或增异句字。所以者何?彼如是言,一切佛经皆说无我,而彼不知空无我义。彼无慧人趣向灭尽,然空无我说亦是佛语。所以者何?无量尘垢诸烦恼藏;常空涅槃。如是涅槃是一切句,彼常住安乐,是佛所得大般涅槃句。③

此中,以波斯匿王施食种种不同作譬喻来说明,佛宣讲一切皆空类经典与涅槃"常住安乐"妙典所针对的是不同根机的众生。

这时,迦叶又请教佛言:"世尊,云何离于断常?"佛告诉迦叶说:"乃至众生轮回生死,我不自在,是故我为说无我义。然诸佛所得大般涅槃

---

① 宋求那跋陀罗译《大法鼓经》卷下,《大正藏》第 9 卷,第 296 页上—中。
②③ 同上书,第 296 页中。

常住安乐,以是义故,坏彼断常。"①这是说,由于众生轮回于生死之中有"我"而不能自在,因此,佛世尊才对这类众生宣说"无我"(空)的教义,而诸佛所获得大涅槃境界确实是"常住安乐"的,以此"大涅槃义"可以破除"断常"之义。

在此,《大法鼓经》解释了当初佛世尊宣说"无我"义的动因,其文曰:

> 为破世间我,故说无我义。若不如是说者,云何令彼受大师法?佛说无我,彼诸众生生奇特想,闻所未闻,来诣佛所,然后以百千因缘,令入佛法。入佛法已,信心增长,勤修精进,善学空法。然后为说常住安乐有色解脱。复次,或有世俗说有是解脱,为坏彼故,说言解脱悉无所有。若不如是说,云何令彼受大师法?是故百千因缘,为说解脱灭尽无我,然后我复见彼众生,见毕竟灭,以为解脱。彼无慧人趣向灭尽,然后我复百千因缘,说解脱是有。②

这里从两个方面说明了"无我"义与"常住安乐"义是为了破除世间众生一贯所持的有"我"的错误见解而宣说的。修行者进入佛法之后,在"信心增长、勤修精进、善学空法"的基础上,世尊会接着为其"说常住安乐有色解脱"之法。特别是对于那些将解脱境界理解为"趣向灭尽"的"无慧人",世尊特别以"百千因缘说解脱是'有'"的教义。

《大法鼓经》中,迦叶十三问的最后一问是:"世尊,若一切众生有如来藏一性一乘者,如来何故说'有三乘——声闻乘、缘觉乘、佛乘'?"③佛告诉迦叶等会众:

> 今当说譬。如巨富长者唯有一子,随乳母行,于大众中亡失所在。长者临终作是思惟:我唯一子,久已亡失,更无余子、父母、亲属。若我一旦终没之后,一切财物王悉取去。于思惟顷,本所失子

---

① 宋求那跋陀罗译《大法鼓经》卷下,《大正藏》第 9 卷,第 296 页中。
② 同上书,第 296 页中—下。
③ 同上书,第 297 页中。

游行乞求,到其本家,而不自知是其父舍。所以者何?幼少失故。父见识之,而不言子。所以者何?虑怖走故。多与财物,而语之言:"我无子息,为我作子,勿复余行。"彼子答言:"不堪住此。所以者何?住此常苦,如被系缚。"长者谓言:"汝欲何作?"子复答言:"宁除众秽,放牧田作。"长者念言:"此子薄福,我当知时,且随彼意。"即令除粪。其子久后,见大长者五欲自娱,心生欣乐。作是思惟:愿大长者,时见哀纳,多赐财宝,以我为子。作是念已,不勤作务。长者见已,作是思惟:如是不久,必为我子。是时长者,寻告之曰:"汝今云何起异心想,不勤作务?"彼即答言:"愿欲作子,生如是心。"长者言:"善!我是汝父,汝是我子。我实汝父,而汝不知。所有库藏悉以付汝。"于大众中唱如是言:"此是我子,我失来久,今遇还家而不自知。我命为子,而复不肯。今日自求为我作子。"①

这一故事,在其他佛典中也能见到。其含义,如经中所总结的:

  迦叶,如彼长者,方便诱引志意下劣子,先令除粪,然后付财。于大众中唱如是言:"此本我子,亡失来久,今幸自来,为我作子。"

  迦叶,如是不乐一乘者,为说三乘。所以者何?此是如来善巧方便,是诸声闻悉是我子,如除粪者今始自知。②

"三乘"是善巧方便,而"一佛乘"则是究竟。应该注意的是,此经对于"一佛乘"的界定是"一切众生有如来藏一性一乘",而不是大乘"空宗"。

在此,佛世尊又一次叮嘱迦叶等,不要舍弃哪些毁谤、不信此经的众生。经中说:

  迦叶,声闻、大乘常相违反,世俗、无漏,愚痴、黠慧。复次,迦叶,若谤此经者,应当摄取。所以者何?彼以谤故,舍身当堕无边黑

---

① 宋求那跋陀罗译《大法鼓经》卷下,《大正藏》第9卷,第297页中—下。
② 同上书,第297页下。

> 暗。哀愍彼故,当设方便,以大乘法而成熟之。若不可治者,当堕地狱。若有信者,彼自当信。其余众生,应以摄事摄令解脱。复次,迦叶,若有士夫,初得热病,不应与药及余众治。所以者何?时未至故,要待时至,然后乃治。二处不知是,则败医。是故病熟,然后应治。若未熟者,要待时至。如是众生谤此经者,过患熟时,深自悔责:"呜呼!苦哉!我之所作,今始觉知。"至于尔时。应以摄事而救摄之。①

摄取这类众生是菩萨的职责所在,因为这些众生因为诽谤此经的缘故而遭受恶报,如果不可治的话,当堕地狱。但是,经中强调,一定要注意时机,讲究方法。

应该重视的是,《大法鼓经》以对比的手法来说明,力主"有我"的如来藏类经典是最究竟的,其文曰:

> 复次,迦叶,如有士夫,度大旷野,闻合群鸟鸣。时彼士夫思是鸟声,谓有劫贼,异道而去,入空泽中,至虎狼处,为虎所食。如是,迦叶,彼当来世比丘、比丘尼、优婆塞、优婆夷,于有我、无我声,畏有我声,入于大空断见,修习无我,于如是如来藏诸佛常住甚深经典,不生信乐。复次,迦叶,汝所问我,为阿难说有"有",有苦乐,无"有"无苦乐。汝今谛听,迦叶,如来者,非有非众生亦不坏。②

这里说,在未来有四众弟子"入于大空断见,修习无我,于如是如来藏诸佛常住甚深经典,不生信乐"③。因此,佛告诉迦叶等会众说:

> 如雪山下有出净光摩尼宝性,有人善知摩尼宝相,见相则知,即取持去。如炼金法,消除滓秽,离垢清净,随所著处,本垢不污。所以者何?譬如士夫持灯而行,随所至处,暗冥悉除,灯光特明。彼摩

---

① 宋求那跋陀罗译《大法鼓经》卷下,《大正藏》第9卷,第297页下—298页上。
②③ 同上书,第298页上。

尼宝,亦复如是。如炼真金,尘垢不污,星月光照,则雨净水;日光所照,寻即出火。

　　如是,迦叶,如来应供等正觉出兴于世,永离一切生老病死,烦恼习垢一切悉灭,常大照明。如彼明珠,一切不污。如净莲华,尘水不著。

　　复次,迦叶,如来如是如是时,如是如是像类,出于世间,随其所应,示现凡身,不为彼彼凡品生处垢秽所染,亦复不受世间苦乐。乐者,人天五欲功德,彼即是苦。唯有解脱究竟常乐。①

此文所举的几个譬喻,也是如来藏思想中常见的。总之,"一佛乘"是"解脱究竟常乐"的,与单讲"空"的经典不同,如来藏经典是主"解脱境界"中有"我"的。

五、涅槃、"我"与"法身"

《大法鼓经》的特色和核心就在于宣说涅槃"常住安乐"的教义,在前述迦叶的几个提问中,分别从不同角度涉及了"涅槃"与"我"的关系。譬如,"涅槃"与"妙色"以及"三乘"与"一乘"的关系等层次的义理,实际上都涉及这一问题。如上文所分析叙述,迦叶代表会众向佛请教的第九个问题的最终结论是:

　　世尊,得解脱自在者,当知众生必应有常。譬如见烟必知有火。若有我者,必有解脱。若说有我,则为已说解脱有色。非世俗身见,亦非说断常。②

这里说,"解脱"境界有"色",涅槃不离"我"。这绝不是世俗所称的"身见",也不是一般所说的"断常之见"。

具体到此经迦叶十三问中,直接论述涅槃与"我"的关系的是第十一

---

① 宋求那跋陀罗译《大法鼓经》卷下,《大正藏》第9卷,第298页上。
② 同上书,第296页下。

问和第十二问。此外,《大法鼓经》在讲到如来法身之时,提出了一个菩萨在临命终时显见如来法身之力的修证条件,即"八功德"、"四事"。这也是此经的重要思想,在此也略作叙述分析。

"正宗分"迦叶第十一问是:"世尊,云何如来不般涅槃示般涅槃,不生示生?"①这是说,为什么说如来涅槃实际上是"不生"而示现出"生"相的?

佛告诉迦叶说:"为坏众生计常想故,如来不般涅槃示般涅槃,不生示生。"②这是说,为了帮助众生去除"常想",如来不般涅槃而示现般涅槃,"不生"而示现"生"。具体论述如下:

第一层,如果将如来的涅槃理解为真正的"灭",会产生许多危害:"所以者何?众生谓佛尚有终没,不得自在,何况我等有我、我所?譬如有王,为邻国所执,系缚枷锁,作是思惟:我今复是王是主耶?我今非王非主。"③可见,如果将佛的涅槃理解为真正的"寂灭"的话,会使得众生感到连佛都有"终没"之时,何况有"我"(即"心")以及"我所"("心"的功能)的"我们"呢?此中以昔日小国的国王被强国所关押而不自由作譬喻,尤其显现出众生对于不能主宰自己之生死的无奈。

第二层,由于众生不自在而说"无我"义:"何缘乃致如是诸难?由放逸故。如是众生,乃至生死轮回,我不自在。不自在故,说无我义。"④

第三层,如来为了破除外道影响下的众生对于死后成为"不死"的帝释、梵王的想法,而示现出"有死"。经中说:"譬如有人为贼所逐,举刀欲害,作是思惟:我今无力,当得免此死难。以不如是生老病死种种众苦成就众生思想,愿作帝释、梵王。如来为坏彼思想故,示现有死。"⑤

第四,如来实际上是"不灭"的,但如来的"有我"不是凡夫所理解的"我",是"无我非无我"。经中说:"如来是天中之天,若般涅槃悉磨灭者,世间应灭;若不灭者,则常住安乐。常住安乐,则必有我,如烟有火。若

---

①②③④⑤ 宋求那跋陀罗译《大法鼓经》卷下,《大正藏》第 9 卷,第 296 页下。

复无我而有我者,世间应满;实有我,非无我亦不坏;若实无我,我则不成。"①

听完世尊如此解释之后,迦叶对佛说:"世尊,'有'者何耶?"②这是对上文所涉及的"有"的概念的重新确认。佛告诉迦叶等说:

> 有者,二十五有,众生行。非有者,无思之物。若非有是众生者,应从他来。设有思之物坏者,众生当减。若非有是众生者,则应充满。以众生不生不坏故,不减不满。③

"有"的概念,前文已经简略地界定过,简言之,"有"指迷界之万象差别,可分"三有"乃至"二十五有"等类,总称"诸有"。此处的"二十五有"所指如下:(1) 地狱有。(2) 畜生有。(3) 饿鬼有。(4) 阿修罗有。上述"四有"是"六道"中的四道。(5) 弗婆提有。(6) 瞿耶尼有。(7) 郁单越有。(8) 阎浮提有。由第五至第八乃开人所居之四洲为四有。(9) 四天处有。(10) 三十三天处有。(11) 炎摩天有。(12) 兜率天有。(13) 化乐天有。(14) 他化自在天有。(15) 初禅有。(16) 大梵天有。(17) 二禅有。(18) 三禅有。(19) 四禅有。(20) 无想有。(21) 净居阿那含有。(22) 空处有。(23) 识处有。(24) 不用处有。(25) 非想非非想处有。"天趣"中,"六欲天"、"四禅"及"四无色"各为一"有",别开"初禅"之"大梵"以及"四禅"之"无想"、"净居",各为一有。如此,总计"欲界"十四种,"色界"七种,"无色界"四种,总共"二十五有"。上引《大法鼓经》的文字,其实是对众生的存在("有")的一种叙述,但也有些其他经所无的新意。其理论核心是"非有不是众生",而"非有"是"无思之物",即没有思虑的存在。如果"非有"是众生的话,众生应该从他物出来。但假设有思之物会坏灭的话,众生就应当减。如果"非有"是众生的话,宇宙则应充满"众生"。因此,从因果律的角度,"众生"是"不生不坏"的,所以,众生不增不

---

①② 宋求那跋陀罗译《大法鼓经》卷下,《大正藏》第9卷,第296页下。
③ 同上书,第296页下—297页上。

减而宇宙中不会充满众生。

在对众生之"有"的概念界定明白之后,迦叶又代表会众提出了他的第十二个问题:"世尊,若有我者,云何生彼烦恼诸垢?"① 这里所言的"我"的语义难于骤明,而从下文使用的"我"的概念来推测,此处的"我"相当于"本来的我"的含义,在佛教中的相应表达应该是"佛性"意义上的"我"。虽然此经中还没有"佛性我"这一语词,但下文的佛对迦叶的宣讲,很类似于这一概念。

佛世尊首先说:"譬如金师见彼金性,作是思惟:如此金性,何由生垢?今当推寻生垢之本。"② 从已经有污垢的金制品上追究其金性如何被污染。而对于那些力图追寻推究金性生垢之"本"的人来说,是不能达到目的的。依照这一譬喻,"若尽寿思惟,寻初因相,乃至无始得本际不?"③ 此中的"本际"即本来之际,"际"为"边际"、"界限"的意思。追寻自己的本来之际,就如同金的最初相状一样,都是不能随意的。"既不得本,亦不得金。若巧方便,精勤不懈,除彼金垢,尔乃得金。"④ 正如可以凭借去除粘于金器上的污垢的方法来获得纯粹的"金"一样,众生可以通过修行追寻到自己的"本来之我"。

佛于是询问迦叶:"如是'我'者,生客烦恼。欲见'我'者,作是思惟:今当推寻'我'及垢。彼人云何为得本不?"⑤ 这是指纯粹从思维层面的"推寻",迦叶回答佛说:"不也。世尊。"如此是无法达到目的的。佛直接告诉迦叶等会众说:"若勤方便,除烦恼垢,尔乃得我。谓闻如是比经,深心信乐,不缓不急,善巧方便,专精三业。以是因缘,尔乃得我。"⑥ 这里,强调依照此经修行,即可"得我"。

迦叶又追问说:"世尊,若有我者,何故不见?"⑦ 如果真的有一个"我",何故又不可见呢?佛于是用五个譬喻来说明这一问题。

第一个譬喻与学习语言有关。佛告诉迦叶说:"今当说譬。譬如初

---

①②③④⑤⑥⑦ 宋求那跋陀罗译《大法鼓经》卷下,《大正藏》第9卷,第297页上。

学,学五字句,界成句偈。欲先知义,然后乃学。当得知不?要当先学,然后乃知。彼善学已,然后师教。界成句义,譬示之,彼能听受。缘师得解界成句义故,则能信乐。"①此处,以"初学五字句"为例,如果没有老师的教诲,以及学习者的体会练习,是无法理解、信乐句子的含义的。与此类同,"如是我今为烦恼藏所覆,众生说言'善男子,如来藏如是如是',彼便欲见,当得见不?"②正如五字句非得学习训练方才能理解一样,佛说众生所具的被烦恼所覆盖如来藏,也不是随便说"见"就能"见"的。"如彼不知界成句义,当缘师信如是。迦叶,当知,如来是诚实语者,以诚实语说有众生。汝后当知,如彼学成。"③如同学习者相信老师的教诲方知句义一样,对于如来藏,也许要相信佛世尊所说为究竟真理方才有可能"见"到它。

接着,佛世尊以四种譬喻来说明这些道理。四种譬喻是:"如四种众生界隐覆譬喻。所谓肤翳覆眼,重云隐月,如人穿井,瓶中灯焰。当知此四有佛藏因缘。"④对于这四种譬喻,《大法鼓经》有较为详细的说明。

第一种譬喻,"肤翳覆眼"。经中说:"一切众生悉有佛性,无量相好庄严照明,以彼性故,一切众生得般涅槃。如彼眼翳,是可治病,未遇良医,其目常冥。既遇良医,疾得见色。如是无量烦恼藏翳,障如来性,乃至未遇诸佛,声闻、缘觉计我非我、我所为我。若遇诸佛,声闻、缘觉乃知真我。如治病愈,其目开明。翳者谓诸烦恼,眼者谓如来性。"⑤这里所说的眼病,相当于现今医学所说的白内障。此病经过医生治疗,去除视网膜上的"障膜",即可重见光明。而佛性具有"无量相好庄严照明",只是由于声闻、缘觉等计执"我"为"非我"、"我所"为"我"而遮蔽了其光明。如果能够遇见诸佛,声闻、缘觉能够由此知晓"真我",即可见到"佛性"。

第二种譬喻,"重云隐月"。经中说:"如云覆月,月不明净。诸烦恼

---

① 宋求那跋陀罗译《大法鼓经》卷下,《大正藏》第 9 卷,第 297 页上。
②③④⑤ 同上书,第 297 页中。

藏覆如来性,性不明净。若离一切烦恼云覆,如来之性净如满月。"①重重云彩覆盖了明亮的月光,而烦恼就如重重云彩,覆盖了众生所具的"如来性"。如果驱散云彩,净如满月的如来性便会显现出来。

第三种譬喻,"如人穿井"。经中说:"如人穿井,若得干土,知水尚远。得湿土泥,知水渐近。若得水者,则为究竟。如是值遇诸佛,声闻、缘觉修习善行,掘烦恼土,得如来性水。"②此中是说,掘井取水,遇到湿土甚至泥水,说明离"水"不远了,但并非"究竟",而最终获得(大)"水",可谓究竟。以此模拟,值遇诸佛,仅仅相当于遇到湿土甚至泥水,只有在佛的如来藏思想指导下,觉修习善行,掘去烦恼土,才能获得"如来性"之水。

第四种譬喻,"瓶中灯焰"。经中说:"如瓶中灯焰,其明不现,于众生无用。若坏去瓶,其光普照。如是诸烦恼瓶,覆如来藏灯相好庄严,则不明净,于众生无用。若离一切诸烦恼藏,彼如来性烦恼永尽,相好照明施作佛事。如破瓶灯,众生受用。"③所谓"瓶中灯焰"是指被瓶子所遮盖的灯焰,由于其光明未普照,于众生是没有用处的。如果去掉瓶子,其光普照,作用才会发挥出来。以此模拟,诸烦恼瓶覆盖了众生所具的"如来藏之灯"而去除"一切诸烦恼藏",则"如来性"所具的"相好照明"都会发扬光大,以此"施作佛事",便可成就修行功德。

通过上述四种譬喻,最后得出这样的结论:"如此四种譬喻因缘,如我有众生界,当知一切众生皆亦如是,彼众生界无边明净。"④简言之,"众生界"有"无边明净"的"如来性",不过与诸佛相比较,处于待显状态而已。

《大法鼓经》在讲到如来法身之时,提出了一个菩萨在临命终时显见如来法身之力的修证条件,即"八功德"、"四事"。这也是此经的重要思想,在此略作叙述分析。

问题仍然是由迦叶代表会众提出来的。迦叶白佛言:"世尊,菩萨成

---

①②③④ 宋求那跋陀罗译《大法鼓经》卷下,《大正藏》第9卷,第297页中。

就几德,能见如来常住不坏法身,临命终时,现大神力?"①佛告诉迦叶菩萨等会众说:"成就八功德者,能现前见如来常住不坏法身。"②从文中的字面意思看,是指修行者如此修行在命终之时,能见到如来常住不坏法身,而并非"见"自己的"佛性"。这是需要特别强调的。

"八功德"如下:"一者,说此深经心不懈怠。二者,说彼三乘三种之说亦不懈倦。三者,所应化者终不弃舍。四者,若僧坏者和合一味。五者,终不亲近比丘尼女人黄门。六者,远离亲近国王及大力者。七者,常乐禅定。八者,思惟观察不净、无我。"③此中,除第一条与此经有关,其余则属于对大乘信仰者的一般性要求。

又有"四事",具体如下:"一者,善能持法。二者,常自欣庆'善哉!我今所作快乐大善'。三者,能自归依,作是思惟,我得善利。四者,于如来常住决定无疑,日夜常念如来功德。"④这里,第四条与此经所弘扬的思想有关。

在《大法鼓经》中,佛总结说:"以是因缘,现前得见常住法身,现大神力,然后命终。"⑤可见,依照上述"四种功德"、"四事"修行,在命终之前可以见到佛的法身。关于此,经中还有一段论说:

> 迦叶,如是善男子、善女人,随所住处城邑聚落,我为是等示现法身,而说是言:"善男子、善女人,如来常住。汝从今日,常应受持、读诵此经,为人解说。作如是语:当知如来常住安乐,正心悕望,勿为谄曲。当知世尊如是常住,净悕望者,我当现身。"汝大迦叶,当信当审,若不如是修行法者,何由见我?云何能得神通示现?如我为声闻乘说,比丘能舍一法者,我为保任得阿那含果,谓彼所行功德成就,亦复如是。如我先说,持戒比丘终身天神,常随供事。是故汝等,勿贪利养,当修厌离,住身念处。⑥

从上文佛谆谆教诲的"当知如来常住安乐"、"当知世尊如是常住"等不难

---

①②③④⑤⑥ 宋求那跋陀罗译《大法鼓经》卷下,《大正藏》第9卷,第299页中。

215

看出,《大法鼓经》的核心教义就是"如来常住安乐"。而这也正是作为早期小部如来藏经典的《大法鼓经》所具有的独特品格,可以说,它是涅槃类经典的先声。

第五节 《胜鬘经》的如来藏思想

本节要诠释叙述的《胜鬘经》不仅在如来藏思想发展史上占据重要的地位,而且更重要的是,此经在中国古代极受重视,不仅历代讲授者绵延不绝,而且现代仍然如此。尽管与《大涅槃经》以及《楞伽经》、《圆觉经》、《楞严经》等稍晚一些的如来藏类经典的影响无法相提并论,但在早期如来藏经典中,这是最受中土佛教界重视、自然也是影响最大的一部。这与《不增不减经》、《大法鼓经》、《央掘魔罗经》等某种程度的"落寞",形成鲜明对比。本节依照本著的惯例,在对其汉译本略作说明考辨之后,依照佛典的"三分"结构对其主要内容作一些罗列分析,最后集中起来重点分析本经的如来藏思想。

一、《胜鬘经》汉译本考

《胜鬘经》的梵本早已散佚,但在其他梵文论书中还存在断片,日人宇井伯寿已收集成书。藏译有胜友等译本二卷,也编入藏译《大宝积经》里。日译本有宝幢会所编《藏汉和三译合璧:胜鬘经·宝月童子所问经》,英译本见韦曼等所著《胜鬘皇后狮子吼——佛典如来藏学说》。

《胜鬘经》在历史上有三个汉译本,两个现存,一个散佚。如《开元释教录》卷一三所归纳"《胜鬘经》一卷,亦云《胜鬘师子吼一乘大方便经》,北凉天竺三藏昙无谶译,第一译。右一经与《第四十八胜鬘夫人会》同本。前后三译,二存一阙"[①]。

[①] 唐智昇《开元释教录》卷一三,《大正藏》第55卷,第627页下。

《胜鬘经》第一个汉译本是北凉昙无谶翻译的。最早在昙无谶译籍中列入《胜鬘经》的,是隋费长房的《历代三宝纪》。费长房的记载是:"《胜鬘经》一卷,亦云《胜鬘师子吼大乘大方便经》。"①此中经名中的"大乘"在有些版本中也写做"一乘",可见,费长房和智昇的记载是一致的。昙无谶翻译此经的具体时间不详,然从他从事翻译的时间推定,应该在公元421年至433年之间。此译本智昇列为"阙本",当时已经散佚。

《胜鬘经》的第二个汉译本全名为《胜鬘师子吼一乘大方便方广经》一卷,是由刘宋时期来华的求那跋陀罗翻译的,时间是元嘉十三年(436)八月十四日至八月末,地点在距离建康不远的丹阳。我们姑且先分析《胜鬘经》的翻译时间、地点。《出三藏记集》卷二记载:"《胜鬘经》一卷,丹阳郡译出。"②而更重要的是《出三藏记集》保存了慧观法师和慈法师分别撰写的《胜鬘经序》。其中,慧观《出三藏记集》卷九《〈胜鬘经〉序》记载:

> 司徒彭城王,殖根退劫,龙现兹生,依迹上台,协赞皇极,而神澄世表,志光玄猷。闻斯幽典,诚期愈旷,凡厥道俗,莫不响悦,请外国沙门求那跋陀罗,手执正本,口宣梵音,山居苦节,通悟息心;释宝云译为宋语,德行诸僧慧严等一百余人考音详义,以定厥文。大宋元嘉十三年岁次玄枵八月十四日,初转梵轮,讫于月终。公乃广写云布,以泽未洽。③

此文中说,《胜鬘经》是在彭城王刘义康的请求下,于元嘉十三年八月十四日开始翻译,至八月末完成。然慧观此文却未曾提及翻译的地点。

而同书同卷收录的慈法师所撰《〈胜鬘经〉序》则记载:

---

① 隋费长房《历代三宝纪》卷九,《大正藏》第49卷,第84页上一中。
② 梁僧祐《出三藏记集》卷二,《大正藏》第55卷,第12页下。
③ 梁僧祐《出三藏记集》卷九,《大正藏》第55卷,第67页中。

> 以元嘉十二年岁在乙亥,有天竺沙门名功德贤,业素敦尚,贯统大乘,远载胡本,来游上京。庇迹祇洹,招学钻访,才虽不精绝,义粗辉扬,遂播斯旨,乃上简帝主。于时有优婆塞何尚之居丹杨尹,为佛法檀越,登集京辇敏德名望,便于郡内请出此经。既会贤本心,又谨传译字句,虽质而理妙渊博,殆非常情所可庖虑。①

上述两篇经序,第一篇的撰写者慧观法师是《胜鬘经》翻译的参与者,圆寂于元嘉年末。尽管后面一篇文章的作者慈法师具体情况不详,但从此文中看,这篇文章的缘起是:《胜鬘经》译出之后,竺道生义学弟子竺道攸撰写了《胜鬘经注》五卷,其后慈法师依据此书作两卷《撮要》,而慈法师上述序文是为《撮要》所写,作文时间不会早于大明四年(460),因为文中说:"大明四年,孝武皇帝以其师习有承,敕出为都邑。法师慈因得谘觐,粗问此经首尾,又寻其注意,窃谓义然。今聊撮其要解,撰为二卷。庶使后贤,共见其旨焉。"②此外,慈法师文中只提到求那跋陀罗来建康的时间,而未提及《胜鬘经》的翻译时间。不过,此文中所提及的"时有优婆塞何尚之居丹杨尹"却可与《宋书》相关记载印证。《宋书·何尚之传》记载:"十三年,彭城王义康欲以司徒左长史刘斌为丹阳尹,上不许,乃以尚之为尹。"③此中的"十三年"即指元嘉十三年(436)。传中还说,何尚之"立宅南郭外,置玄学,聚生徒。东海徐秀、庐江何昙、黄回、颍川荀子华、太原孙宗昌、王延秀、鲁郡孔惠宣,并慕道来游,谓之南学"④。而从《弘明集》卷一一《答宋文帝赞扬佛教事》来看,何尚之是崇信佛教的官员,在其支持下翻译佛经也是可信的⑤。

综上所述,求那跋陀罗翻译《胜鬘经》的时间是元嘉十三年八月十四

---

① 梁僧祐《出三藏记集》卷九,《大正藏》第55卷,第67页中。
② 同上书,第67页中—下。
③④《宋书》卷六六《何尚之传》。
⑤ 不过,根据《宋书》中的记载,何尚之与彭城王刘义康关系不大好,但也许不会妨碍二人一起襄助求那跋陀罗翻译佛典。

日至八月末,地点在距离建康不远的丹阳。此译本保存至今,且从古以来最为流行。

《胜鬘经》的第三个译本不是单译经,而是被编入《大宝积经》第四十八会的《胜鬘夫人会》,主要翻译者是唐代的菩提流志。

关于菩提流志(572—727),最早的传记是《续古今译经图纪》卷一《菩提流志传》。根据此传等文献资料记载,菩提流志,原名达摩流支,意译"法希",南印度人,出身婆罗门,姓迦叶。他十二岁从外道出家,熟悉数论学说,并通晓声明、术数等。直到六十岁,遇着大乘上座部三藏耶舍瞿沙(称音),辩论屈服,才改信佛教,注意实践,"未越五年,通达三藏。天皇远闻,雅誉遣使往邀。未及使还,白云遽驾。暨天后御极,方赴帝京,以长寿二年癸巳创达都邑"①。这是说,唐高宗于永淳二年(863)曾经派人去印度邀请菩提流志来华,然等到十年之后即武周长寿二年(693),他才到达东都洛阳。当年,就在佛授记寺开始"译《宝雨经》一部十卷,中印度王使沙门梵摩同宣梵本。又于大周东寺及佛授记寺译《文殊师利所说不思议佛境界经》"②。关于他的卒年,《宋高僧传·菩提流志传》记载:"开元十二年,随驾居洛京长寿寺。十五年十一月四日,嘱诫弟子五日斋时,令侍人散去,右胁安卧,奄然而卒,春秋一百五十六。帝闻轸悼,敕试鸿胪卿谥曰:'开元一切遍知三藏',遣内侍杜怀信监护丧事,出内库物务令优赡,用卤簿羽仪幡幢花盖阗塞衢路。十二月一日,迁窆于洛南龙门西北原起塔,勒石志之。"③从武周长寿二年开始,至圆寂之前,菩提流志前后总译二十八部一百九十二卷经论。

菩提流志最重要的译籍是《大宝积经》一百二十卷,而《胜鬘夫人会》为其中的第四十八会。这一大部,玄奘在临圆寂前一年(663)曾试译过几行,感觉气力衰竭而辍笔。这样一搁数十年,无人问津。流志携来新

---

① 唐智昇《续古今译经图纪》卷一,《大正藏》第55卷,第371页上。
② 同上书,第371页中。
③ 宋赞宁《宋高僧传》卷三,《大正藏》第50卷,第720页下。

的梵本,重新引起注意,中宗复位之后,就加强了译场组织,令流志主译来完成玄奘未尽的伟业。从神龙二年(706)起,菩提流志开始翻译《大宝积经》,历时七年,到睿宗先天二年(713)完毕。流志利用《宝积经》独有的丛书体裁,尽量勘同从前译过的零本编入大部,遇到旧本文义不全或旧无译本的,才出新译。因此全经四十九会几乎一半用了旧本,仅有二十六会新译,其中还多数是参酌旧本重出,纯粹的初译本仅十一会。

关于《大宝积经》的翻译过程,唐睿宗所撰《大宝积经序》中说:菩提流志,"高宗天皇大帝,闻其远誉,挹其道风,永淳二年,遣使迎接。天后圣帝,应干司契,当宇披图,令住东都居福先寺,译《佛境界》、《宝雨》、《花严》等经一十一部。中宗孝和皇帝,循机履运,配永登枢。神龙二年,令住京下于崇福寺翻译此经"①。开始翻译之日,中宗皇帝"于大内佛光殿,和帝亲御法筵,笔受经旨。百僚侍坐,妃后同观,求之古人无以加也。逮睿宗嗣历,复于北苑白莲花亭及大内甘露等殿别开会首,亦亲笔受。并沙门思忠及东印度大首领伊舍罗、直中书度颇具等译梵文,北印度沙门达摩、南印度沙门波若丘多等证梵义,沙门慧觉、宗一、普敬、履方等笔受,沙门胜庄、法藏、尘外、无著等证义,沙门复礼、神暕、云观、道本等次文"②。翻译完成之后"以先天二年六月三十日进太上皇,八月二十一日进皇帝"③。先天元年(712)八月,玄宗已经登基,因而此中所说"太上皇"是指唐睿宗,"皇帝"是指唐玄宗。尔后,唐睿宗为其撰写了《序》,后来置于经首流通。

作为《胜鬘经》的异译本的《大宝积经·胜鬘夫人会》为流行本的第一百一十九卷。依照菩提流志翻译《大宝积经》的一贯做法,此会的翻译应该是在旧译单本《胜鬘经》基础上的改译本。在下文对《胜鬘经》思想进行分析时,会较为详细地辨析新旧译本的异同。

---

① 唐睿宗《大宝积经序》,《大正藏》第 11 卷,第 1 页中。
② 唐智昇《续古今译经图纪》卷一,《大正藏》第 55 卷,第 371 页上—下。
③ 唐徐锷《大宝积经述》,《大正藏》第八卷,第 2 页上。

二、《胜鬘经》的结构及其基本内容

如前所论述,《胜鬘经》有两个版本,考虑到求那跋陀罗翻译的《胜鬘经》的广泛影响,下文以此译本为依据介绍分析《胜鬘经》的结构及其基本内容。在此,先从经题,然后再从经文结构的角度,对此经的主要内容作一概括。

(一) 经名含义

求那跋陀罗翻译的《胜鬘经》全名为《胜鬘师子吼一乘大方便方广经》。关于这一经题的含义,吉藏在《胜鬘宝窟》中从多方面作了诠释。在此先采用其所说的"五双十义"对经题的含义作些解释,其文说:

> 初人、法一双:题"胜鬘",谓能说之人也。"师子吼"已下,明所说之法。谓人法一双,"师子吼"者,譬也。"一乘大方便方广"者,法也。
>
> 谓法、譬一双:"一乘"者,谓体实也。"大方便"者,谓权用也。①
>
> 谓体、用一双:从"胜鬘师子吼"至"一乘大乘大方便",谓一经之别名也。"方广"者,谓大乘经之通称也。②
>
> 谓通、别一双:从"胜鬘"至"方广",谓所诠之理也。"经"者,能诠之教。
>
> 谓理、故一双:盖是不二而二,故开五双。若二而不二,则十义无别。故下章云:"无异摄受,无异正法也。"③

吉藏上文从"人"与"法"、"法"与"譬"、"体"与"用"、"通"与"别"、"理"与"故"五个角度对于"胜鬘"、"师子吼"、"一乘"、"大方便"、"方广"、"经"等六个语词每一个的含义以及组合成为完整的经名之后的含义作了分析。所谓"人"指所"能说之人"胜鬘夫人,所谓"法"则指"一乘"、"大方便"、

---

① 隋吉藏《胜鬘宝窟》卷上之本,《大正藏》第 37 卷,第 2 页上。
②③ 同上书,第 2 页中。

"方广"以及所包含的大乘、一乘究竟、方便权用等对于此经所说的具体经义的总概括,所谓"譬"则指"师子吼"。而"通、别一双"则从"能诠之教"(佛教之总体,"通")与此经所解释之理("别")来分析经题。而"理、故一双"之"理"是指此经所诠释的佛教义理,"故"则是指引发此经之义的具体缘由。由此可见,"人"、"法"、"譬"三方面是此经题的核心。下文再作些解释。

胜鬘夫人是波斯匿王和末利王后唯一的掌上明珠,也是阿逾阇国友称王的妃子。她因受父母熏陶,皈信佛法。胜鬘夫人皈信佛陀后,对佛陀的敬礼赞叹,无以复加,并影响阿逾阇国友称王皈信佛教,二人共同以佛法教化人民。在此经中,胜鬘夫人在世尊在场的情况下,向会众宣讲佛教之理,并且获得佛的印可。由此可见,胜鬘夫人的表面身份是优婆夷,但对于佛教的理解和证悟却非同一般,在一定程度上与维摩诘相似。对于其中的缘由,吉藏解释说:

> 斯乃法身大士,托质女形,隐迹后宫,和光同俗,欲弘风靡之化,故现妃后之形,仰请于佛,阐扬大教。是以须题胜鬘之人也。①

所谓"大士"是菩萨的另外一种称呼。关于胜鬘夫人所获得的"果位",吉藏也有较为具体的解释,其文曰:

> 次论胜鬘住。旧说皆云是法身菩萨,但解法身不同。若依《智度论》,六地为肉身,七地已上为法身。什、肇注《净名》,大意亦尔。有人言:依《地经》及此经义,七地已前为色身,八地已上为法身,则胜鬘应是八地已上法身。又如《净名》天女辨屈身子,旧多云是八地法身。今胜鬘盛说,不愧于此,故知是八地法身。②

可见,较为一致的说法是,胜鬘夫人是证入七地或八地的菩萨。至于为

---

① 隋吉藏《胜鬘宝窟》卷上之本,《大正藏》第37卷,第2页中。
② 同上书,第3页上。

何示现为女身,吉藏解释说:"若依《涅槃经》,其名曰德鬘优婆夷,位阶十地,安住不动,为众生故,现受女身。为王后者,欲母仪四海,德范六宫。先导之以俗礼,后引之入佛慧,即五生中,谓胜生身也。"①这是说,胜鬘夫人与《大涅槃经》中所说的德鬘优婆夷类似,都是以入地菩萨而显现女身,胜鬘夫人显现了王后之身以母仪天下。吉藏文中的"五生"是指菩萨受生的五种方法:第一,息苦生,又称"除灾生",如于饥馑之世受大鱼等身,以肉救济一切众生;于疾病之世,为大医王救治众病。第二,随类生,菩萨从一切众生类受生,以度彼等。第三,胜生,又称大势生,菩萨以性受生,胜于世间寿色等报。第四,增上生,由初地至十地作诸王。第五,最后生,菩萨于生死轮回为最后身。② 而胜鬘夫人所示现之身属于第三"胜生身"。

关于"胜鬘"的含义,简单言之,指以"殊胜"的花鬘装饰头颅。也有较为复杂的解释,如吉藏解释说:

> 言"胜鬘"者,外国名为"尸利摩罗"。"尸利"此翻名之为"胜","摩罗"名"鬘"。"鬘"谓"华鬘"。而言"胜"者,一释云:鬘中之上,故云"胜鬘"。胜鬘父母借彼世间殊胜之鬘以美其女,故号"胜鬘"也。又其人生时,人献首饰之华,故因事立称。波斯匿王为无儿息,祈神请福,后忽生一女,国民群寮,皆悉欢喜,各贡上宝华,雕丽珍饰。即从此事立名,故号"胜鬘"也。二云:以女比华鬘,女胜于鬘,故曰"胜鬘"。凡有二胜,一形胜,二德胜。形胜者,女貌绝伦,华鬘不并,如世云将华比面,则面胜于华也。德胜者,其女聪慧利根,通敏易悟,有胜世人,故云德胜。又波斯匿王唯生此女,王之爱惜,为光饰种胤,是女聪敏爱重,胜世宝雕饰于体,故云"胜鬘"。虽因世事为子立名,冥与德合……内备诸德而自庄严,如世华鬘用为首饰,故云"胜鬘"。③

---

① 隋吉藏《胜鬘宝窟》卷上之本,《大正藏》第37卷,第3页上。
② 参见《菩萨地持经》卷一〇等。
③ 隋吉藏《胜鬘宝窟》卷上之本,《大正藏》第37卷,第2页中—下。

依据此文所说,"胜鬘"的起名有其出生时以及其父母的因缘,更重要的是有"形胜"和"德胜"等方面的缘由。

而"德胜"方面,尤其为经疏注家所强调。《大涅槃经》中有一位"德鬘优婆夷"起名意为"以众德为鬘",据此,吉藏引用"古注"解释说:"盖法身同事之美名,摄物之丽称也。征之以事,四体唯首为尊,饰严首唯鬘为贵;比般若则证鉴居宗,晖照则备德兼美,斯乃借喻显实,故独标'胜鬘'者也。"①这一解释不明出处,大概来源于散佚的《胜鬘经》之注疏。而吉藏对此又作了发挥:

> 此释意明"外譬"有三:一者,四体。二者,有头。三者,有鬘庄严于头。合中,以因中诸行为"四体";果地平等大慧为众德之最,故名为"头"。自平等大慧以外,余果地一切诸德庄严此慧,故名为"鬘"也。②

此处所说的"平等大慧"指唯有一乘之佛慧,此智是诸佛之"实智",因为此智慧证平等之理性,而且众生皆可齐得此智慧,因而称之为"平等大慧"。上述解释是说,"胜鬘"是从"因行"、"果德"两方面来说明此大士的殊胜的。更具象征意味的解释则是吉藏引用的馥法师的解释:"馥法师云:胜鬘者,云大士以三乘为法身,二乘冠其首饰。此意明三乘之解,犹未端严;一乘之慧,方为妙极故也。"③这是以"三乘"、"一乘"来解释其名。

吉藏又引用道生对于《维摩诘经》的解释来说明"胜鬘"与"深心"的关系。其文说:

> 《维摩经》云:"深心为华鬘。"竺道生注云:鬘既为首鬘,束发使不乱也。又释深心者,深入实相之心也。所入实相既其妙微,则彻理之心,心亦端严。端严之慧,居众善之先,犹鬘之在首。④

---

①②③④ 隋吉藏《胜鬘宝窟》卷上之本,《大正藏》第37卷,第2页下。

吉藏上述解释来源于罗什、僧肇、道生对于《维摩经》云："深心为华鬘"①的解释。《注维摩诘经》卷七："什曰：'深心信乐故，能修善处善之先，犹鬘之在首。'又云：'深心发明众善，亦如华鬘饰形服也。'肇曰：'深心法身之上饰，犹华鬘之在首。'生曰：'华鬘者既为首饰，而束发使不乱也。深心是检行之初，故以谕焉。'"②依据这些解释，吉藏说，胜鬘之头饰（鬘）其意是，以"彻理之心"即"端严之慧"为头之装饰。

一般而言，佛经之名"题人"有五种情形，"一佛自说，二弟子说，三诸天说，四仙人说，五化人说。今欲简异佛说，故题'胜鬘'也。又众经标题，大明二种：一者，佛所说经，多从法为称。弟子所说者，多从人立名"③。而此经则是"从人立名"，而在"从人立名"的四类情形（从能说人以受名、从所说人而立称、从能问人以立名、从所为人以立名）中，"今此经从能说之人立名"④。这是说，此经中的胜鬘夫人是"能说法之人"，也即此经宣说佛法者主要是胜鬘夫人，而世尊是印可者。

此经题中的"师子吼"是一个譬喻。在印度文化中，师子为兽中之王。佛经中每每以此譬喻佛菩萨说法如同师子之吼。吉藏在《胜鬘宝窟》中引用前人解释，对其作了详细解释：

> 馥法师引《思益经》解师子吼，有其多义，略说三种：一如说修行，二无畏说，三决定说。所说如所行，所行如所说，无有虚说，故名师子吼。二、无畏说者：世俗云，小圣见大圣，神气尽矣。而胜鬘亲于佛前，对于胜众，纵任辨才，阐扬妙法，无所畏惧。故《净名》云：演法无畏如师子吼。又无畏有二：一不畏他。二能令他畏。兽王震吼亦复如是，一不畏于百兽，二令百兽生畏。大士演法，义亦同然。不畏他者，胜人临座而弘道绰然，谓不畏他也。能令外道惊愧，天魔慑惧，谓令他畏也。师子吼名决定说者，此借师子性情为喻。如师子

---

① 后秦鸠摩罗什译《维摩诘经》卷中，《大正藏》第14卷，第549页下。
② 后秦僧肇等《注维摩诘经》卷七，《大正藏》第38卷，第25页中—下。
③④ 隋吉藏《胜鬘宝窟》卷上之本，《大正藏》第37卷，第2页中。

度河,望直而过。若使邪曲,即是回还。菩萨演教义亦如是,依究竟理说究竟教。若不究竟,即便不说。故下文云:师子吼者,一向记说,一向记说,犹是决定说也。又菩萨说法,能上弘大道,下利群生,邪无不摧,正无不显,故下文云:决定宣唱一乘了义;又能摧伏非法恶人,是故名为师子吼也。①

此中"师子吼"三义,颇为精当。

此外,在解释此经《师子吼品》时,吉藏又以十一事来解释此譬喻。其文说:"世间师子嗷吼之时,为十一事:一、为破坏实非师子诈师子。二、自试身力。三、自净住处。四、令诸子知其处所。五、令群辈无怖畏心。六、眠者得悟。七、为一切放逸诸兽使不放逸。八、令诸兽咸来依附。九、为调伏大香象等。十、为诸子。十一、庄严诸眷属故。诸佛菩萨为师子吼,事亦同然:一、为摧魔军。二、示众十力。三、开佛行处。四、为邪见作归依处。五、为安抚怖畏众生。六、觉悟无明睡眠众生。七、恶法者为作悔心。八、开示邪见令诸众生知六师等不正师子。九、为破坏富兰那等。十、令二乘生反悔心。十一、为令五住菩萨生大力心,习种性种合为一,住解行为二,净心为三,二地已上行迹为四,八地已上决定为五,胜鬘今日为师子吼。"②吉藏说,全面地解释胜鬘之所以作"师子吼"的缘由应从此十一个层面去解释,而且这十一个方面恰好与此经的内容可对应起来。

以上解释了经题中的"人"、"譬",至于经题中的"法"之所指,下文的分析都可包含在内,在此不必赘言。

(二)全经结构

关于《胜鬘经》的结构,吉藏说,前人有三种主要分法:"一、分为七分。二、开为二章。三、开为三段。"③吉藏自己是使用"三分"法来解

---

① 隋吉藏《胜鬘宝窟》卷上之本,《大正藏》第37卷,第3页上—中。
② 同上书,第3页中。
③ 同上书,第6页中。

释的。

所谓"七分",具体如下:

> 第一,初五句,结集缘起幽宗分。第二,"信法未久"已下,寿量所解接化分。第三,"而说偈言"已下,方便显德起信分。第四,"说调伏大愿"已下,契理之行修成分。第五,"初观圣谛"已下,明行所契理非作分。第六,"胜鬘夫人"已下,真子胜鬘必堪绍继圣踪分。第七,"祇洹"已下,付嘱流通奉行分。①

这一分法,颇显繁琐,但其分段的原则还是清楚的,即以胜鬘夫人自身的修行所证、所说法、佛之印可、经之流通等为逻辑线索来划分。方法独特,颇合此经的内在信仰线索。不过,从另外一方面说,则不合一般科判经文的惯例。

所谓"二章"说是依据传统的以"处"、"会"为线索分判。吉藏记载说:

> 有人言:此经二处二会。言二处者,一舍卫处,二瑜阇处。舍卫处,谓出家人处。瑜阇,在家人处。又舍卫是佛住处,瑜阇是菩萨住处。又舍卫是他业所起处,谓须达为佛造也,瑜阇是自业所感处。约此二处说法,即成二会。②

在每一会中又各有序分、正宗分、流通分。

吉藏赞成并采用的是以传统的三分法来划分结构。其文说:

> 古旧相传多开三分,谓序、正、流通。从初至"咸以清净心叹佛实功德",名序分。从"如来妙色"已下十五章经,为正说分。从"放胜光明"以下,为流通分。③

本节对此经的分析也采用这一方法,具体对应关系见于下文。

---

① 隋吉藏《胜鬘宝窟》卷上之本,《大正藏》第37卷,第6页中—下。
②③ 同上书,第6页下。

227

（三）序分

佛教经疏一般将"序分"分为"证信序"和"发起序"。前者指佛经的开首"如是我闻，一时，佛住舍卫国祇树给孤独园"①数句。一般经的"证信序"以下或简略或详细地叙述在场的听众，然此经是在阿踰阇国宣说的，当时的听法众，也不在祇园内。

由"时，波斯匿王及末利夫人信法未久，共相谓言"②开始为全经的"发起序"。关于"发起序"，吉藏分其为二："释发起序，就文为二：第一，明外缘发起。第二，明内因感悟。"③所谓"外缘发起"，是指由波斯匿王及夫人的助缘引发。所谓"内因感悟"是指由胜鬘夫人自己过去的善根而得以见佛闻法。

"外缘发起"经文如下："时，波斯匿王及末利夫人信法未久，共相谓言：'胜鬘夫人是我之女，聪慧利根，通敏易悟。若见佛者，必速解法，心得无疑。宜时遣信，发其道意。'夫人白言：'今正是时。'王及夫人与胜鬘书，略赞如来无量功德。即遣内人名旃提罗，使人奉书至阿踰阇国，入其宫内，敬授胜鬘。"④吉藏分其为"一、总明信法未久。二、别叙王问夫人。三、末利训答。四者，作书叹佛。五、遣使送书，敬授胜鬘"⑤。此段落简略交代了事情的起因，即波斯匿王及其夫人给其女儿写书信，告诉胜鬘夫人速来见佛。

此下叙说胜鬘夫人的内因感悟，其经文稍长，其文如下："胜鬘得书，欢喜顶受，读诵受持，生希有心。向旃提罗而说偈言：'我闻佛音声，世所未曾有，所言真实者，应当修供养。仰惟佛世尊，普为世间出，亦应垂哀愍，必令我得见。即生此念时，佛于空中现，普放净光明，显示无比身。胜鬘及眷属，头面接足礼，咸以清净心，叹佛实功德。'"⑥吉藏分其为五层

---

① ② ④ 刘宋求那跋陀罗译《胜鬘经》，《藏要》第 2 册，第 293 页。
③ 隋吉藏《胜鬘宝窟》卷上之本，《大正藏》第 37 卷，第 9 页下—10 页上。
⑤ 同上书，第 10 页上。
⑥ 刘宋求那跋陀罗译《胜鬘经》，《藏要》第 2 册，第 293 页。

次:"第一,明胜鬘欢喜。二、明述书叹佛,欲申供养。三、明兴请感佛。第四,辨于佛应。第五,三业敬叹。"①胜鬘在过去生中,深植善根,所以一遇波斯匿王与末利夫人的外缘引发,即能见佛开悟。胜鬘见佛,因胜鬘根熟,诚信求见,于是祇园的如来,即于定中,以无作神通力,来阿踰阇国的王宫上空。等到法会圆满,佛又放光,"足步虚空,还舍卫国"②,可见这是如来乘神通而来的。这样的见佛,不但是胜鬘一人见,宫女们也是见到的,这都是生在佛世的。"胜鬘及眷属",如宫女等,同时见到空中显现的无比身,都一致地向佛行"头面接足礼",即是顶礼。对此,针对有人所持"胜鬘在地,如来处空,云何得接?"的疑问,吉藏回答说:"此举内心运想言接耳。"③

关于"发起序"两层次的关系,吉藏解释说:"由外缘发起故,内因感悟。故此二章,通名发起序也。"④依照吉藏的划分,从胜鬘偈语的后半段,就进入了正宗分。

(四)正宗分的结构

关于《胜鬘经》的"正宗分",大多数注疏都依照此经自身的线索提示分其为十五章。吉藏在《胜鬘宝窟》中说:

> 第二正说,依经下文,凡有十六名字。一、叹如来第一义真实功德。二、不思议大受。三、一切愿摄大愿。四、说不思议摄受正法。五、说入一乘。六、说无边圣谛。七、说如来藏。八、说法身。九、说空义隐覆真实。十、说一谛。十一、说常住安隐一依。十二、说颠倒真实。十三、说自性清净心隐覆。十四、说如来真子。十五、说胜鬘夫人师子吼。此十五并有别章解释。第十六云:"复次,憍尸迦,此经所说,断一切疑决定了义,入一乘道。"今谓前十五有别章解释,后之一章,总贯前之十五,故章虽十六,不出总别二也。⑤

---

① 隋吉藏《胜鬘宝窟》卷上之本,《大正藏》第37卷,第11页中。
② 刘宋求那跋陀罗译《胜鬘经》,《藏要》第2册,第33页。
③ 隋吉藏《胜鬘宝窟》卷上之本,《大正藏》第37卷,第11页中。
④⑤ 同上书,第13页上。

上述文字已经将此经所宣说的核心内容标示得非常清楚。

关于上述十五章之间的内在联系,吉藏以"钩锁相生"来概括,颇形象而精当。其文曰:

> 前叹佛发心愿求也。叹佛既发菩提心,次明修菩萨行。菩萨之行以止恶为本,故次明受十大受。十受辨其止善,故次明行善,是以兴于大愿。十受之终云"不忘失正法",三愿之末明"摄受护持正法"。今欲广释摄受正法成前愿行,故次明摄受正法。摄受正法虽是一乘,但欲转名示义,明摄受从一生多。一乘则摄多归一,故次明一乘。一乘所以究竟,由究竟谛成,故次明无边圣谛。无边圣谛说如来藏,故次明如来藏。藏显成身,故次明法身。法身不离如来藏,佛知所藏是其真实,能藏是空。以空义隐覆真实,故次明其义。所覆即是一谛,故次明一谛。此之一谛可以依凭,故明一依。接此一依,即明依藏有生死,故是真实;不依藏有生死,名为颠倒;故有颠倒真实章。生死依藏所依是深,今欲明此义,故有自性清净烦恼隐覆。始从叹佛,终竟自性清净。能信此法,堪绍佛业,为佛真子,故有真子章。若不信此法,则是外道种子非法恶人,宜须降伏,故有胜鬘师子吼章也。①

可以将上引吉藏的文字简化为下述图标:

叹佛→大受→大愿→摄受正法→一乘→无边圣谛→如来藏→法身→空义隐覆真实→一谛→一依→颠倒真实→自性清净心→如来真→师子吼

其中,从第五"说入一乘"至第十四"说如来真子"都属于如来藏思想的范围。

关于《胜鬘经》的如来藏思想,吉藏有一个概括:"此经始终明如来

---

① 隋吉藏《胜鬘宝窟》卷上之本,《大正藏》第37卷,第13页中。

藏,凡有六处:一、如来藏章,明如来藏甚深,非三慧境竟。此明谛处说藏深,以藏深类谛深。二、空义隐覆章,明佛知能藏是空,所藏非空,佛具空、不空二智。此就一灭谛中辨空、不空,为成'一灭谛义'。三、颠倒真实章,明如来藏为一切染净作依持用义。四、颠倒真实章未明如来藏绝一切相,即是明所藏是空义,于缘不了,故成颠倒,即是能藏不空。五、明如来藏有五藏义,六、明如来藏自性清净为烦恼染,此明佛性有六条义乃圆足。"①

第五章说关于涅槃一乘法的修证。从第六章到第十二章,解释三乘必归于佛乘而为一乘所摄,经文详说入于一乘之道。第十三章说入一乘道之因,解释佛说"心性本净、客尘所染"密意是指的"如来藏心"。第十四章说净信为本,仍指归于涅槃。印顺法师说:"正说中有三大科,初一乘章,总明佛果的功德——菩提涅槃,也即是明一乘。自第六无边圣谛章到第十一谛章明如来境智,即佛知见的境界,也即是明一谛。自第十一依章以下明如来藏性。如来智境的一谛,即正法性,一切众生本自具足,而为佛果功德的因依;也即是明一依。于如来果德中有二:一、大乘出生会诸善,二、如来究竟会三乘。"②本文依照吉藏等古德的注疏为基本依据,再参照印顺法师的分析,对此经的如来藏思想作一较为详细的分析。为行文方便,将上述七部分依照印顺法师的分析单独列出标题。

依照本著的惯例,上述有关如来藏的内容在下文集中论述,在此仅仅将其余的内容作些叙说。

(五)叹如来真实第一义功德章

此章指胜鬘夫人以偈语赞叹如来的功德,共有八偈。在此之后,世尊为胜鬘授记。依据这一线索,此章可大致分为"叹佛"和"授记"两部分。就"叹佛"章,吉藏《胜鬘宝窟》解释说:"就此一章,大开为二:第一,

---

① 隋吉藏《胜鬘宝窟》卷下之末,《大正藏》第37卷,第85页中。
② 印顺《胜鬘经讲记》,《妙云集》第3册,第127页。

叹佛功德。第二,请护。所以有此二者,佛有胜德,是故揄扬。欲发心愿求,是以请护。"①据此,可将此八偈语分为两个层次,前五个偈颂属于第一层次"叹佛功德",后三个偈颂属于第二个层次"请护"。

第一偈:"如来妙色身,世间无与等,无比不思议,是故今敬礼。"②吉藏解释说:"'如来妙色身'者,既面睹金容,故前叹妙色。一从妙因所生,二由妙本所垂,是故称'妙'也。'世间无与等'者,无物与之齐,故言'无等'。无物可比,故言'无比';出情识之外,故言'不思';超言说之境,称为'不议'。此皆自近之远,有五叹也。"③这一偈语,古德都认为赞叹的是如来的"应身"。如现存敦煌本南北朝时期的《胜鬘经疏》就如此解释:"'如来妙色身'者,先叹应身。应身如法佛,应现化物而来。……'妙色身'者,此色从真处而现,故言'妙色';揽色成体,言'妙色身'也。"④所说的"应身",又作"化身"、"变易身",这是诸佛为欲利益安乐地前菩萨、二乘及六趣等众生而由"成所作智"变现出无量随类化身,以便使众生脱离恶趣,出离三界,而入于初地。

第二偈:"如来色无尽,智慧亦复然。一切法常住,是故我归依。"⑤对此偈,吉藏解释说:"'如来色无尽'一句,叹色报身。'智慧亦复然',叹智慧身。'一切法常住',叹如如身。"⑥又引用古德之言解释说:"'如来色无尽'者,此叹报身。报身其有常色,常故'无尽'。'智慧亦复然'者,此叹智慧报身之中不出功德智慧,以智慧同色常住,故言亦复然。"⑦

如此,上述两偈合起来赞叹佛之三身。"三身"即"法身"、"报身"、"应身"。"法身"是由真如理体所证显;"报身"是酬报因位无量愿行的相

---

① 隋吉藏《胜鬘宝窟》卷上之末,《大正藏》第 37 卷,第 14 页中。
② 刘宋求那跋陀罗译《胜鬘经》,《藏要》第 2 册,第 293 页。上海书店影印本,1991 年 6 月。
③ 隋吉藏《胜鬘宝窟》卷上之末,《大正藏》第 37 卷,第 15 页上。
④ 照江师疏《胜鬘经疏》,《大正藏》第 85 卷,第 262 页上—中。
⑤ 刘宋求那跋陀罗译《胜鬘经》,《藏要》第 2 册,第 294 页。
⑥ 隋吉藏《胜鬘宝窟》卷上之末,《大正藏》第 37 卷,第 14 页下。
⑦ 同上书,第 15 页中。

好庄严身;"应身"则是应所化众生之机感而化现的佛身。在此,世间众生所见的"报身"、"应身"都是依止于"法身"而应机变现出来的,所以如同影子一样,而"法身"则是"常住"的。"如来"法身具有微妙的"色"相,而且是"无尽"的。此经在此对于佛的"法身"之"妙色"的说明,与前节所述《大法鼓经》所说"常解脱非名,妙色湛然住"等说法是一致的。

第三个偈语:"降伏心过恶,及与身四种,已到难伏地,是故礼法王。"①《胜鬘经疏》卷一解释说:"'降伏心过恶'者,此叹解脱。上明法身常住径劫不谢,而此常果得必有由。由于果尽,次叹解脱。"②吉藏的解释与此一致,第一句的意思是"断意地烦恼,除其因患,谓心解脱也。'及以身四种',叹离果患,身有生、老、病、死四种之缚,佛悉断尽,故言身四种,色难已穷,心滞复尽,便到佛果难伏之地。如来生不能生,老不能老,病不能病,死不能死,故云'难伏地'。佛能伏于众累,不为众累所伏。以能伏众累,不为众累所伏。便是自在法王,是故致敬"③。在赞叹佛的法身之后,接着赞叹解脱。"降伏"是使烦恼与染业不起,除去了内心的一切过恶,又降伏了依身的四种过恶(生、老、病、死四种之缚),达到了"难伏地",也就是佛地。佛有"十力"、"四无所畏"等大功德,所以能降伏一切,而不为一切所降伏,因此,胜鬘夫人礼敬诸佛。

第四偈:"知一切尔炎,智慧身自在。摄持一切法,是故今敬礼。"④这一偈颂是赞颂般若的。吉藏解释说:"第三叹般若。障累得除,功由般若,故次叹之。又叹法身无感不应,赞解脱则无累不除,美般若则无境不照。"⑤吉藏在此解释的是前述三赞叹与此次赞叹的关系。此偈语中,"尔焰"是梵语音译,意思为"所知",佛智对于一切境界无不圆满通达,因而"知一切尔焰。""揽智慧以成身,纵任达观,故言'智慧身自在'也。一切

---

① 刘宋求那跋陀罗译《胜鬘经》,《藏要》第2册,第294页。
② 照江师疏《胜鬘经疏》,《大正藏》第85卷,第262页中。
③ 隋吉藏《胜鬘宝窟》卷上之末,《大正藏》第37卷,第16页上。
④ 刘宋求那跋陀罗译《胜鬘经》,《藏要》第2册,第294页。
⑤ 隋吉藏《胜鬘宝窟》卷上之末,《大正藏》第37卷,第16页上。

万境,秉在佛心,无不练知,故言'摄持一切法'。妙德过人,堪可致敬,言'是故今敬礼'。"①

第五偈:"敬礼过称量,敬礼无譬类,敬礼无边法,敬礼难思议!"②这一颂,是总结赞叹佛德。"过称量"、"无譬类"、"无边法"、"难思议",都是形容佛德广大。

胜鬘夫人以上述五偈颂赞叹佛的功德,然后请求佛的摄持护佑。关于其宗旨,吉藏说:"第二,明请护。上叹如来累无不尽,德无不圆,有堪护之德,是故今请佛覆护。又上来叹佛德,今发菩提心。佛既有胜德,故发心求佛也。又上通叹佛德,今欲请佛为师。已为弟子,结师徒也。又胜鬘将欲请佛为师,就佛受戒,故请护也。"③

第六偈:"哀愍覆护我,令法种增长,此世及后生,愿佛常摄受。"④胜鬘夫人,在赞过佛德之后,接着就求佛摄受,这即是大乘的归信。"覆护我",即求佛护庇的意思。为什么请佛加被慈护呢?"令"我的"法种"(成就法身的种子),能得以"增长"。希望佛不但在此世,在未来世也能够常常地摄受我。

第七偈:"我久安立汝,前世已开觉,今复摄受汝,未来生亦然。"⑤佛认可胜鬘夫人的归信,所以佛就对胜鬘说:"我"很"久"就已经"安立"你了。"安立"与施设义同,佛以佛法教化众生,引导众生,使众生安立于佛法之中。胜鬘也不是现生才悟解如来的甚深义,"前世"也早已经开悟过了。佛说,过去既摄受了你,现在又请求我,我当然"今"世"复摄受汝",就是"未来生"也还是这样。

第八偈:"我已作功德,现在及余世,如是众善本,惟愿见摄受。"⑥胜鬘夫人对佛说:"我"在过去生中,确实已作了种种功德,在现在以及未来

---

① 隋吉藏《胜鬘宝窟》卷上之末,《大正藏》第37卷,第16页中。
② 刘宋求那跋陀罗译《胜鬘经》,《藏要》第2册,第294页。
③ 隋吉藏《胜鬘宝窟》卷上之末,《大正藏》第37卷,第17页上。
④⑤⑥ 刘宋求那跋陀罗译《胜鬘经》,《藏要》第2册,第294页。

余世,还要在佛法中精进修学。我以如此多的功德善本,不断地熏修增进,因此非常希望佛陀"摄受"! 吉藏对此解释说:胜鬘所言自己"过去已生善、现生善、当生善",希望"摄此三善,一者令莫向三有,二者令莫向二乘,三者令莫取相。次,将此众善亦有三事:一者,令此善与众生共。二者,令我与众生共成佛。三者,以此善同入实相。今请佛摄受如此之善,故言唯愿见摄受也"①。

这时,佛于众中即为胜鬘授记:汝叹如来真实功德,以此善根,当于无量阿僧祇劫,天人之中,为自在王,一切生处,常得见我,现前赞叹,如今无异。当复供养无量阿僧祇佛,过二万阿僧祇劫,佛号为"普光如来应正遍知"。"彼佛国土,无诸恶趣、老病衰恼、不适意苦,亦无不善恶业道名。彼国众生色力寿命,五欲众具,皆悉快乐,胜于他化自在诸天。彼诸众生纯一大乘,诸有修习善根众生,皆集于彼。"②

(六) 大乘行愿

归依佛以后,应当发愿修行,立志大乘归依,应受大乘戒,发大乘愿,修大乘行。因此,此后的胜鬘"十受"、"三愿"、"摄受正法"三章,即是大乘行愿。

1. 十大受章

如经中所说:胜鬘夫人在获得世尊的授记时,无量众生诸天及人希望生于彼国,而佛都给予授记,称其都当往生。经文至此,进入正宗分十五章的第二章"胜鬘十大受"的内容。

"十受"是指胜鬘夫人在佛前发誓接受"菩萨戒"。"菩萨戒"的内容为"三聚净戒",即"摄律仪戒"、"摄善法戒"、"饶益有情戒"等三项,亦即聚集了"持律仪"、"修善法"、"度众生"等三大门,作为禁戒以持守之。此处的顺序为"摄律仪戒"、"饶益有情戒"、"摄善法戒"。

---

① 隋吉藏《胜鬘宝窟》卷上之末,《大正藏》第37卷,第17页下。
② 刘宋求那跋陀罗译《胜鬘经》,《藏要》第2册,第294页。

第一至第五"受",归结为"摄律仪戒"。"世尊！我从今日乃至菩提,于所受戒不起犯心。"①胜鬘对佛发誓说:世尊！我从今日起,一直到成佛为止,在这长期修学中间,对"于所受"的一切"戒",决不起一念的毁犯之心。这第一受是言"摄律仪戒"的总相,以下"四受"则为"摄律仪戒"的"别相"。

"世尊！我从今日乃至菩提,于诸尊长不起慢心。"这第二受是胜鬘在佛前发誓:从今日起,一直到成佛为止,对于所有的"尊长"不产生"慢心"。"世尊！我从今日乃至菩提,于诸众生不起恚心。"②这第三受是胜鬘在佛前发誓:从今日起,一直到成佛为止,对于所有的众生不产生"恚心"(瞋心)。对此,吉藏解释说:"于诸众生不起瞋心,亦得前于上不慢,此于下不瞋。又前别明于上不慢,今总辨于诸众生不起瞋心。此总、别互得通二文也。菩萨以化物为首,若起瞋心,则于物隔碍。是故除之。"③也就是,"慢心"针对的是"上位"之长者尊者,"瞋心"针对的是"下位卑者"。"世尊！我从今日乃至菩提,于他身色及外众具,不起嫉心。"④这第四受是胜鬘在佛前发誓:从今日起,一直到成佛为止,对于所有的众生之色身(指众生所具的强健俊美的身体以及上好的衣服、饮食、住宅以及种种物品等)都不起嫉妒心。"世尊！我从今日乃至菩提,于内、外法不起悭心。"⑤第五受中所说的"内外法",根据古德的解释,有两种理解:其一,"内法"指自己的身体,"外法"则指身外财物等;其二,"内法"指佛法,"外法"则指世间各种学说。"悭心"即吝啬之心。

此处所说的四条"摄律仪戒",第一是于尊长起慢心,第二是于一般的众生起恚心,第三是于他人的起嫉心,第四是于自己的起悭心。吉藏说:"今摄此四或为两双詺之,谓敬上不慢,悲下不瞋。于他不嫉,于自不悭也。"⑥

---

①② 刘宋求那跋陀罗译《胜鬘经》,《藏要》第 2 册,第 295 页。
③ 隋吉藏《胜鬘宝窟》卷上之末,《大正藏》第 37 卷,第 22 页中。
④⑤ 刘宋求那跋陀罗译《胜鬘经》,《藏要》第 2 册,第 295 页。
⑥ 隋吉藏《胜鬘宝窟》卷上之末,《大正藏》第 37 卷,第 22 页下。

第六至第九受包含的是"摄众生戒"("饶益有情戒")。如吉藏解释说:"此下第二明有四戒,谓摄众生戒也。所言四戒者,第一戒别明以财摄众生,第二戒通明四摄法摄取众生,第三戒拔众生现世苦果,第四戒断众生苦因。四戒两双,初二止自为之恶。后二止弃他之恶。"①

"世尊,我从今日乃至菩提,不自为己受畜财物,凡有所受,悉为成熟贫苦众生。世尊,我从今日乃至菩提,不自为己行四摄法,为一切众生故,以不爱染心、无厌足心、无罣碍心,摄受众生。世尊,我从今日乃至菩提,若见孤独、幽系、疾病、种种厄难困苦众生,终不暂舍,必欲安隐。以义饶益,令脱众苦,然后乃舍。世尊,我从今日乃至菩提,若见捕养众恶律仪及诸犯戒,终不弃舍。我得力时,于彼彼处,见此众生,应折伏者而折伏之,应摄受者而摄受之。何以故?以折伏摄受故,令法久住。法久住者,天、人充满,恶道减少,能于如来所转法轮而得随转,见是利故救摄不舍。"②此中,胜鬘夫人在佛前发誓:从今日起,一直到成佛为止,遵从"四摄法"济度众生。

"四摄"即"布施摄"、"爱语摄"、"利行摄"、"同事摄",是菩萨应该修行的法门。"布施摄"是对于钱财心重的人,用财施;对于求知心重的人,用法施,使双方情谊逐渐深厚,而达到我度化对方的目的。"爱语摄"是随着众生的根性,以温和慈爱的言语相对,使他生欢喜心,感到我和蔼可亲而与我接近,以达到我度化对方的目的。"利行摄"是修菩萨道者,以身口意诸行都有利于人,以损己利人的行为,感化众生共修佛道,以达到我度人的目的。"同事摄"是修菩萨道者,要深入社会各阶层中,与各行各业的人相接近,做其朋友,与其同事,在契机契缘的情况下,而度化之。菩萨济度众生,必须先行此四摄法,使众生爱我敬我信我,然后方能听我劝导,修行佛道。菩萨行四摄法,是为了利济众生,因此要以"不爱染

---

① 隋吉藏《胜鬘宝窟》卷上之末,《大正藏》第37卷,第22页下。
② 刘宋求那跋陀罗译《胜鬘经》,《藏要》第2册,第295页。

心"、"无厌足心"、"无罣碍心"去"摄受众生"。如上文所说,菩萨应以"无爱染心摄受众生","无厌足心摄受众生","无罣碍心摄受众生"。以此三心而行四摄,是菩萨"摄众生戒"的要义。

胜鬘夫人第十大受属于"摄善法戒"的内容。经文说:"世尊!我从今日乃至菩提,摄受正法终不忘失。何以故?忘失法者,则忘大乘;忘大乘者,则忘波罗密;忘波罗密者,则不欲大乘。若菩萨不决定大乘者,则不能得摄受正法欲,随所乐入,永不堪任越凡夫地。"①"摄善法戒"的含义是誓愿实践一切善法之戒,又作"受善法戒"、"摄持一切菩提道戒"、"接善戒",即修习诸善,以一切善法为戒。此经中,胜鬘所标示的"摄正法戒"的"戒体"是"摄受正法,终不忘失"。对于何谓"正法"则很关键。吉藏对此解释说:

  有人言:正法者,即六度行也。摄者,摄六度也。故言摄受正法者,只以摄受正法不忘失故,六度便得成也。有人言:诸法实相理,名为正法。证法在心,名为摄受。一证常然,名不忘失。然正法语通,若理若行,皆是正法,故备取此二现于后文。②

上述解释,将经中所说的"大乘法"解释为"六度"菩萨行以及证入般若实相之理。

关于"十大受章"与前述内容的关联以及此章的重要意义,吉藏以"来意门"的名目分七方面分析叙说。其文说:其一,"前章叹佛,明发菩提心。今次明修菩萨行,菩萨之行以止恶为本,故前明受戒,即菩提心、菩萨行一双也"③。这是从前章发菩提心,其后即应修菩萨行的角度来说明"十受"的重要性。其二,"上叹佛真实功德及以请护,此明就佛受于三归。归依既竟,次明受戒。即归、戒一双"④。这是从胜鬘先前皈依佛为

---

① 刘宋求那跋陀罗译《胜鬘经》,《藏要》第 2 册,第 295—296 页。
② 隋吉藏《胜鬘宝窟》卷上之末,《大正藏》第 37 卷,第 20 页上。
③④ 同上书,第 24 页中。

弟子,其后随即应该受戒的角度来突出"十受"的意义。其三,"上叹佛真实功德,此福既树,必招当果。故佛即授成佛之记。佛既记,果在当。此之当果,非行不得。行者无恶不止,无善不行,无人不度。上明当果,今辨行因。则因、果一双"①。这是说,佛对胜鬘的授记是"当来"之"佛果","当果"之实现应以修行作为"因",而"十受"正是"行因"。其四,"上明净土有三:一无秽,二有净,三纯善。众生来生其国,息一切恶,得土无秽果,修一切善,得土有净果,度一切人,得纯善众生,来生其国也。以成上净土有三义,故明受三戒"②。这是说,众生未来往生胜鬘成佛之后的佛国净土,须以接受菩萨戒为起点。其五,"依《璎珞经》明有二本:一切众生初入三宝海,以信为本。住在佛家,以戒为本。上叹佛归依,即是信本。今欲生佛家,以戒为本,是故受戒"③。这是说,前者言"信",在此言"戒",以成众生住于"佛家"的根本。其六,"《涅槃经》云:一切众生皆有佛性,悉当成佛。要令持戒,然后见性。戒即是引出佛性,是故受戒也"④。这是说,成佛见性,当以"受戒"为"引出佛性"。其七,"上请护中云:'令法种增长',今'受十大受'等,即是法种增长之义,故有此章之义"⑤。这是说,胜鬘"十大受"照应前述"法种子增长"之义,"十大受"是增长"法种"的具体例证。

在佛前接受上述"三净聚戒"之后,胜鬘夫人请求世尊为其作证,吉藏等注疏家将其标示为"请证除疑"。这一段经文分为两部分,第一部分主题是"请证"。吉藏解释说:"所以须请证者,十戒难行,恐胜鬘有言无事,是故请证。佛既现前证我,必能行此十事,即是如说而行。"⑥经文曰:"我见如是无量大过,又见未来摄受正法,菩萨摩诃萨无量福利故,受此大受。"⑦胜鬘自己说,她之所以"受此大受",即由于"见"到忘失正法有如

---

① 隋吉藏《胜鬘宝窟》卷上之末,《大正藏》第37卷,第20页上—中。
②③④⑤ 同上书,第20页中。
⑥ 同上书,第25页中。
⑦ 刘宋求那跋陀罗译《胜鬘经》,《藏要》第2册,第296页。

此无量大过,又"见"到了未来摄受正法的菩萨以及"无量福利"等缘由。这是总结前述"十大受"的句子。尔后,胜鬘夫人请求道:"法主世尊,现为我证。惟佛世尊,现前证知。"①请求佛世尊显现于大众之前,为其证明。

胜鬘夫人知晓,"而诸众生善根微薄,或起疑网,以十大受极难度故。彼或长夜非义饶益,不得安乐"②。关于众生起疑的内容,吉藏解释说:"恐胜鬘但有十受之初言,未能究竟到度彼岸,是故疑也。"③而胜鬘夫人为了使这些多疑的众生安宁的缘故,请求佛降临瑞相:"今于佛前,说诚实誓:我受此十大受如说行者,以此誓故,于大众中,当雨天花,出天妙音。"④

在胜鬘夫人说完上述请求之后,"于虚空中,雨众天花,出妙声言:'如是,如是,如汝所说,真实无异'"。而这些多疑的众生,"见妙华及闻音声,一切众会疑惑悉除,喜跃无量,而发愿言:'恒与胜鬘常共俱会,同其所行'"⑤。而世尊印可胜鬘的眷属等,为他们授记:一切大众发愿与胜鬘同住同行,将来一定能"如其所愿"而成就。

2. 三大愿章

在"十受"之后,胜鬘夫人在佛前又发三大愿。关于"三大愿"的含义,吉藏解释说:"名'一切愿摄大愿章',好体应云'三大愿摄一切愿也'。于出世道悕求名'愿',亦是期心名'愿'。故《地论》云:'愿者,发心期大菩提故也。'此愿义广,故称为'大'。此三大愿,总收一切诸愿,故言'摄大愿'也。又此三愿能得大果,能大利益,又是大人所发。故名为'大'。"⑥胜鬘夫人说:"以此实愿,安慰无量无边众生。"⑦胜鬘夫人发愿,希望以此真实的大愿安慰众生,真能使众生得到实利,所以称为"实愿"。

---

①②④⑤ 刘宋求那跋陀罗译《胜鬘经》,《藏要》第2册,第296页。
③ 隋吉藏《胜鬘宝窟》卷上之末,《大正藏》第37卷,第25页中。
⑥ 同上书,第26页上。
⑦ 刘宋求那跋陀罗译《胜鬘经》,《藏要》第2册,第296页。

第一愿是:"以此善根,于一切生得正法智,是名第一大愿。"①吉藏解释说:"初一愿自行,成上摄律仪戒。"②胜鬘夫人希望以此先来所修积的称赞佛德、受持大戒等"善根",于一切生中,能"得正法智"。"正法智"也就是《法华经》的"佛之知见",属于自得的"正智",所以吉藏说其"自行愿"。

第二愿是:"我得正法智已,以无厌心为众生说。是名第二大愿。"③本为安慰众生而愿得正法智,那么得了正智,自然要随时随地为众生宣说此成佛的正法。这"第二大愿",吉藏解释说:"第二外化愿,成上摄众生戒。"④也就是,以所获得的"正法智"而为其说法以摄护众生。

第三愿是:"我于摄受正法,舍身命财护持正法,是名第三大愿。"⑤胜鬘说:我在摄受正法时,或为自己受持体悟,或教众生摄取受持,并且在危难时期舍弃自己的身体、生命、财产等以护持正法。吉藏解释说:"第三护法愿,成上摄善法戒也。"⑥

在胜鬘发三大愿之后,佛世尊随即为胜鬘授记说:"三大誓愿,如一切色悉入空界,如是菩萨恒沙诸愿,皆悉入此三大愿中。此三愿者,真实广大!"⑦这数句,古代注疏家称之为"如来叹印",而之"所以叹印者,一合理,二称物机,三可圣意。又上受十大受,空中有于瑞证,以释物疑。今乃无瑞证,正为大圣印述,即知其愿不虚,令人信受。又欲使一切众生,同此胜鬘发此三愿,故须叹述也。又胜鬘虽发三愿而不明大义,佛述中举圣,即是释其大义也"⑧。

3. 摄受正法章

"摄受正法章"内容很丰富,是连接前述胜鬘愿行与后文如来藏思想的中介。吉藏等古德对其结构判释如下:"就'摄受'一章,大开为二:一者,略说。二者,广说。前略后广,解义法然。又略说明'收入义',谓摄一切诸愿,悉入一愿。广说辨'出生义',明摄受正法出生八万法藏恒沙

---

①③⑤⑦ 刘宋求那跋陀罗译《胜鬘经》,《藏要》第2册,第296页。
②④⑥ 隋吉藏《胜鬘宝窟》卷上之末,《大正藏》第37卷,第26页上。
⑧ 同上书,第27页上。

法门。又初明摄受正法体,正体外更无有法。次明摄受正法用,更无有出正法用。又前明摄受正法愿,后明摄受正法行,欲显摄受正法总摄一切愿行也。"①可见,"略说"与"广说"之间是有分工的。

先分析"略说"部分。此经第三"三大愿章"将大乘菩萨修行的"十受"誓愿概括为"三大愿",而本章又将前章的"三大愿"总括为一大愿即"摄受正法",然后胜鬘夫人承佛之命展开对"摄受正法"内涵的阐释。吉藏将此部分又分为四层次:"初章四者,第一请说,第二许说,第三正说,第四如来赞述。"②以下分而论之。

前两部分,是胜鬘请求佛允许其宣说"摄受正法",而佛概然允许。其经文说:

> 尔时,胜鬘白佛言:"我今当复承佛威神,说调伏大愿,真实无异。"
>
> 佛告胜鬘:"恣听汝说。"③

一般的佛经都是佛世尊自说,而"弟子说法,大圣在座,要假佛威神,方乃得说,不蒙教辄尔而言即是慢相,故言当承佛力说也。又解:前三愿是胜鬘自力能辨,不假佛威。今欲说上地深法,非己分力所能,要假如来神力加被,然后得说也"。而且,"胜鬘欲令听众生信故,言'承佛神力'。既'承佛神力',则解如佛解,说如佛说。时众闻胜鬘说,即便信受也"④。上述三层解释,一方面说明胜鬘说法的态度很谦虚,另一方面则说明,由于有佛的"神力"的加持,胜鬘所说一如佛说。佛允诺、印可胜鬘说法。于是进入了"胜鬘正说"部分。

"略说"部分的"胜鬘正说"很简要:"菩萨所有恒沙诸愿,一切皆入一大愿中,所谓摄受正法。摄受正法真为大愿。"⑤这是说,菩萨所有的大

---

① 隋吉藏《胜鬘宝窟》卷中之本,《大正藏》第 37 卷,第 27 页下—28 页上。
②④ 同上书,第 28 页上。
③ 刘宋求那跋陀罗译《胜鬘经》,《藏要》第 2 册,第 296 页。
⑤ 同上书,第 297 页。

愿,包括上述胜鬘自己所发的三大愿,都可归结为一大愿,即摄受正法。关于此中的奥义,吉藏引用前人的解释说:"人言:七地已前,随事立愿,随起行。今入八地,一心现前,具得前愿,为愿波罗蜜。是为一切入一大愿,谓'摄受正法真为大愿'。"①这是从"入地"菩萨修行的果位来说明的。

胜鬘的见解获得了佛的高度称赞:"善哉!善哉!智慧方便,甚深微妙。汝已长夜殖诸善本,来世众生久种善根者,乃能解汝所说。汝之所说摄受正法,皆是过去、未来、现在诸佛已说,今说,当说。我今得无上菩提,亦常说此摄受正法。如是我说摄受正法所有功德不得边际,如来智慧辩才亦无边际。何以故?是摄受正法有大功德,有大利益。"②

由此进入了"摄受正法章"的"广说"部分。"此下文广义深,而主要在说明(一乘)大乘的广大义。一般说大乘与一乘,唯知高推玄妙,不知一乘与大乘的所以究竟,应先知它的广大义。一乘与大乘,有二要义:一、出生,从大乘中,引生无边的佛法;虽法门无量,而一切佛法以大乘(一乘)为根本。二、收入,虽流出一切佛法,而在佛陀本怀,无非使众生渐入佛乘;即一切佛法以一乘(大乘)为究竟。法华重于说一乘,而佛先入无量义处三昧,说无量义经,明出生无量法门义。如不知大乘的出生,广无量义,即不能知会归一乘的究竟义。本经的摄受正法章,显示出生广大义;次一乘章,即显示究竟收入义。广大义是什么?即大乘的大。上面说摄受正法有三:正法、大乘、波罗密。忘失正法即忘大乘,忘失大乘即忘波罗密。现从摄受正法的广大义——大乘义,而论摄受正法即正法,即波罗密,即摄受正法者。"③可见,此后胜鬘夫人所讲的"正法"属于大乘佛教的精义和关键。

"广说"部分"就文亦四:第一,胜鬘请说。第二,许说。第三,正说。

---

① 隋吉藏《胜鬘宝窟》卷中之本,《大正藏》第37卷,第28页中。
② 刘宋求那跋陀罗译《胜鬘经》,《藏要》第2册,第297页。
③ 印顺《胜鬘经讲记》,《妙云集》第3册,第85—86页。

第四,称叹"①。胜鬘夫人简略地宣说了"摄受正法"的内容并且受到佛的赞誉,她倍受鼓舞,于是又对佛说:"我当承佛神力,更复演说摄受正法广大之义。"②这就是第一层次"胜鬘请说"的内容,"佛言:'便说'"。——此即第二层次"许说"的内容。

"广说"部分的第三层次"正说,就文为二:第一,正明摄受正法。第二,从'世尊我见摄受正法有如是力'下,仰推于佛,请佛证知"③。关于此章的名称为"摄受正法"的意义,吉藏有一解释:

> 标章门者,通唯是一"正法",别有四义不同:一、广大。二、无量。三、得一切佛法。四、八万四千。此四门可具二义,初句为"总",后三句为"别"。以别释成于总,所以称"广大"者。以无量得一切佛法及八万四千,故称"广大"也。④

这是说,"正法"之广大为"总"句,后面所说的"无量"、"得一切佛法"、"八万四千"是"别"句。而吉藏依据这一线索,将"正明摄受正法"又可分为四层次。

这时,胜鬘对佛说:"摄受正法广大义者,则是无量,得一切佛法,摄八万四千法门。"⑤这是从总体上说"摄受正法"是"广大"的,而其后的"无量"、"得一切法"、"八万四千法门"则是"广大"义的具体展开。而对于"广大之义",胜鬘又分为两方面来解释。第一方面由四个譬喻构成,第二方面则正面解释"摄受正法"的含义。

第一,兴云注雨譬:"譬如劫初成时,普兴大云雨、众色雨及种种宝,如是摄受正法,雨无量福报及无量善根之雨。"⑥

第二,大水出生世界譬:"又如劫初成时,有大水聚,出生三千大千界藏及四百亿种种类洲。如是摄受正法出生大乘无量界藏,一切菩萨神通

---

①③ 隋吉藏《胜鬘宝窟》卷中之本,《大正藏》第37卷,第29页中。
②⑤⑥ 刘宋求那跋陀罗译《胜鬘经》,《藏要》第2册,第297页。
④ 隋吉藏《胜鬘宝窟》卷中之本,《大正藏》第37卷,第29页下。

之力,一切世间安隐快乐,一切世间如意自在,及出世间安乐。劫成乃至天、人本所未得,皆于中出。"①

第三,大地能持重担譬:"世尊,又如大地持四重担,何等为四?一者大海,二者诸山,三者草木,四者众生。如是摄受正法善男子、善女人,建立大地堪能荷负四种重任,喻彼大地。何等为四?谓离善知识无闻非法众生,以人、天善根而成熟之,求声闻者授声闻乘,求缘觉者授缘觉乘,求大乘者授以大乘,是名摄受正法善男子、善女人建立大地堪能荷负四种重任。世尊,如是摄受正法善男子、善女人建立大地堪能荷负四种重任,普为众生作不请之友。大悲安慰哀愍众生,为世法母。"②

第四,大地有宝藏譬:"又如大地有四种宝藏,何等为四?一者无价,二者上价,三者中价,四者下价,是名大地四种宝藏。如是摄受正法善男子善女人建立大地得众生四种最上大宝。何等为四?摄受正法善男子、善女人无闻非法众生,以人、天功德善根而授与之,求声闻者授声闻乘,求缘觉者授缘觉乘,求大乘者授以大乘。如是得大宝众生,皆由摄受正法善男子、善女人得此奇特希有功德。世尊,大宝藏者,即是摄受正法。"③

依据吉藏的解释,上述四譬可以以"次第门"、"不同门"、"释广大门"三个不同角度去解释。关于"次第门",吉藏解释说:

> 次第门者,云为水本,故前明云譬,水从云生;故次明水譬,地成由水,故有地譬。宝由地生,故有宝譬。合譬次第者,由实相理,出生于教,如云生于水。教由理成,如水由于云。禀教成人,故有地譬。由人有宝,故有宝譬。又初以云譬实相正法,次以水譬实相正法,第三以正法成人,第四得实相正法人,能生出世大宝,故并以理

---

① 刘宋求那跋陀罗译《胜鬘经》,《藏要》第 2 册,第 297 页。
② 同上书,第 297—298 页。
③ 同上书,第 298 页。

正法为四譬,未论教也。至后释八万法藏,方明于教。①

上述解释讲了三层含义:首先从四个譬喻的顺序来说明,即由云生水、地成由水、宝由地生而构成环环相扣的四譬。其次,四譬的象征含义则是:"云"象征"实相"之"理","水"则象征"教",而"禀教成人"则是地譬的意义所在,而"由人有宝"则是宝譬要象征的意义。另外一种解释则是将此四譬都解释为"实相"而不言其论及"教",如此其意就是:云、水都譬"实相正法",而地譬"以正法成人",以宝譬"得实相正法"之人。

从"不同门"解释上述四譬,则"虽有四譬,合成二章。前之二譬,明成人之法。后之两譬,辨法所成人。又前两譬明自行,后两譬辨化他。又前二譬明本出生,后两譬明末利益"②。此中从三个不同角度解释上述四譬。

从"释广大门"解释四譬,则"四譬即成四大。谓大云、大雨、大地、大宝。次合四大为二大。前二辨法大,后二明人大。次合二为一,虽有人、法,总譬一正法。又一义者,即人是法,即法是人,如后章说也。次泯一归无,即人是法人,人非定人;即法是人法,法非定法,故非人非法,虑绝言忘"③。可见,从解释"广大"之含义的角度言之,上述四譬涉及的是"法大"和"人大"及其关系问题,云、水二譬譬喻"法大",地、宝二譬譬喻"人大"。

在以四譬对"摄受正法"的"广大义"作了一番解释之后,胜鬘又正面解释了"摄受正法"的含义。经文曰:"世尊,摄受正法,摄受正法者,无异正法。无异摄受正法,正法即是摄受正法。"④此段落是承上而结显四喻,经文不长,但含义丰富。文中言,从根本上,"摄受正法者"无有别"异"的"正法",也"无"有别"异"的"摄受正法",因而说"正法即是摄受正法",

---

① 隋吉藏《胜鬘宝窟》卷中之本,《大正藏》第37卷,第30页中。
② 同上书,第30页中—下。
③ 同上书,第30页下。
④ 刘宋求那跋陀罗译《胜鬘经》,《藏要》第2册,第298页。

"摄受正法"即"正法"。"摄受正法"之"广大义",其实就是大乘之义,即大乘与"正法"不二;"正法"即大乘,大乘即"正法"。对此,吉藏解释说:

> 摄受者,若智证于理,理生于智,则是境、智二见,不名摄受。若能、所并冥,境、智俱寂,乃名摄受正法也。盖是佛法之大宗,证悟之渊府。又有此文来者,智证于理,有不二二义,二不二义。不二二义者,智为能证,理为所证;理为能生,智为所生。二不二者,不见智为能照,理为所照。①

由此可见,"正法"也是"诸法实相"的异名,是一切无差别的空性。依此明大乘义,所以即正法而无差别。从这一角度逆推上述四譬的含义,可以得知,云譬、水譬是约"理摄"以明"摄受",地譬、宝譬则是约"行摄"以明摄受。

依据吉藏的划分,"摄受正法章"之"正明摄受正法"的第二层次的主旨为"无量因行章门"。吉藏解释说:"第二无量因行章门,由理成行,故次理明行也。又正法语通,非但理是正法,行亦是正法,故有此文来也。就文亦二:初,明摄受。次,明正法。"②这是说,此段经文是从"因行"来说明"摄受正法"的内涵的,而这一段文字又可分为解释"摄受"和解释"正法"两个层次去理解。

对于大乘佛教来说,修行的基本方法就是六度,此经中胜鬘所说的菩萨"因行"也是如此。胜鬘说:"世尊,无异波罗蜜。无异摄受正法,摄受正法即是波罗蜜。"③此后有一段文字具体解释六度的内容。对此,吉藏所说:"所言摄受正法者,六度即是因行正法。录六度之法在心,名之为'摄';如六度法而顿证,故名为'受'。顿证之时,不见能摄、所摄、能证、所证,不知何以目之,强名'摄受'。此即是今文明'相即义'。又'摄

---

① 隋吉藏《胜鬘宝窟》卷中之本,《大正藏》第37卷,第33页中。
② 同上书,第33页下。
③ 刘宋求那跋陀罗译《胜鬘经》,《藏要》第2册,第298页。

受'有'不二二义'、'二不二义'。不二而二,故有能摄所摄、能证所证了;二而不二,则能所宛然而常寂灭。又约位明之,地前未得真证,故犹有能、所。登地已上,永得于真证,故缘观俱寂。若破病者,众生谓能摄、所摄异,破彼二见,故明不二。此是破二明不二,二病若去,不二亦除。"①此解释很确切。依据此解释,此经的"摄受正法",若从"因行"言之,就是"六度",因为六度之法在于心而称之为"摄","如六度法"须顿证而称之为"受"。

依据吉藏的划分,"摄受正法章"之"正明摄受正法"的第三层次的主旨为"得一切佛法果德章门"。吉藏解释说:"释得一切佛法章门者,下明舍'三不坚',得于'三坚','三坚'即是果地佛法,故知是释上'果德门'也。又接六度文生,上明行于六度,即下利众生。今行六度,上求佛道,故以六度之因,得三坚之果。而文且据檀因,得于檀果。余行类之,故有此文来。"②可见,此中胜鬘所说,是以六度中的"檀度"为例来说明修六度行所能获得的"果"。此层次也可分为三部分,其中"请说"和"许说"部分就是胜鬘请求佛允许其再说大义,佛欣然同意。而"正说"部分则是重点所在。

"正说"的核心是"舍三得三",其文曰:"若摄受正法,善男子、善女人,为摄受正法,舍三种分。何等为三:谓身、命、财。"③此段文字是说明修行"檀度"所获得的"摄受果"。上文所说的"舍三种分"即是"摄受正法"。"分"可译为"种"或"事类"。"身"指头目脑髓等一切身分,"命"即寿命,"财"指一切身外的财产物品。菩萨为了摄受正法,不惜牺牲一切身、命、财。此分三方面解释。

关于"舍身",经文曰:"舍身者,生死后际等离老病死,得不坏常住、

---

① 隋吉藏《胜鬘宝窟》卷中之本,《大正藏》第37卷,第33页下。
② 同上书,第36页上。
③ 刘宋求那跋陀罗译《胜鬘经》,《藏要》第2册,第299页。

无有变易、不可思议功德如来法身。"①这是说,舍弃具有"生死后际"之身,离弃老病死,而获得"不坏常住"、"无有变易"、"不可思议功德"之如来法身。关于此种对于"法身"的表述,吉藏分三方面作解释:"就文有三:一所得常,二所得深,三所得体。体是常故,名为法身,亦无诸非法,妙法斯满,是法身义。既为身舍身,故得法身之报。此约相似因为论,不可破坏,故名常住,谓离分段也。无有变易,离变易也。又'无有变易'释上'常住'。'不思议功德'者,第二明所得深,道出三乘十地,故无人能思也。'如来法身'者,第三明所得体,以功德法成身,故云'功德身'也。"②

关于"舍命",经文曰:"舍命者,生死后际等,毕竟离死,得无边常住、不可思议功德,通达一切甚深佛法。"③这是说,菩萨修行应该以自己的生命作为布施。文中"生死后际等"是说明布施的时间长短。"毕竟离死"以下的文字是说明这一布施所获得之"果"。"'离死'者,谓所离也。舍命是为他取死,故以离死为果。无常寿命要必有死,今明无有死,故云离死也。'得无边常住'下,明所得也。亦三:一所得常,二所得深,三所得体。'无边'者,生死之命有其分限,名之为边。常命异之,故言'无边'。以无边故,所以'常住'。'不可思议功德'者,明所得深。一切众生无有能思议如来寿命,知其齐限,名不思议。此常命是修功所得,故名功德。'通达'已下,第三所得体。'功德',总明其体。'通达一切甚深佛法'者,此别出命体,正用慧为命"④。

关于"舍财",经文曰:"舍财者,生死后际等,得不共一切众生无尽无减、毕竟常住、不可思议具足功德,得一切众生殊胜供养。"⑤对此中所说的"财",不同于现代人的一般理解。吉藏解释说:"于中有二:一得自报财,二得他供财。自报财中亦三:一所得常,二所得深,三所得体。言'得

---

① 刘宋求那跋陀罗译《胜鬘经》,《藏要》第2册,第299—300页。
② 隋吉藏《胜鬘宝窟》卷中之本,《大正藏》第37卷,第37页上。
③⑤ 刘宋求那跋陀罗译《胜鬘经》,《藏要》第2册,第300页。
④ 隋吉藏《胜鬘宝窟》卷中之本,《大正藏》第37卷,第37页上—中。

不共'者,世财五家共有,今舍世财,得不共财。世财或尽或减,常财无尽无减。'毕竟常住'者,前辨异无常财,今显常住财也。……'不可思议'下,第二显所得深。'具足功德'下,第三显所得体,即以功德为财也。又上'毕竟常住',成前无尽;'具足功德',成上无减。"①

依据吉藏的划分,"摄受正法章"之"正明摄受正法"的第四层次的主旨为"八万四千教法章门"。经文曰:"世尊,又善男子、善女人摄受正法者,法欲灭时,比丘、比丘尼、优婆塞、优婆夷朋党诤讼,破坏离散,以不谄曲、不欺诳、不幻伪,爱乐正法,摄受正法,入法朋中。入法朋者,必为诸佛之所授记。"②这一段落是说"护法行"。在佛法将灭时,四众弟子党同伐异,由相诤而相讼,由诤讼而"破坏离散"。这时候,摄受正法的菩萨,发大精进心,本着"不谄曲,不欺诳,不幻伪"的立场来护法。"'入法朋'者,此明护法行成,决定得佛,故为佛所记也。"③

胜鬘夫人在"广说"完上述"摄受正法"之后,对佛说:"世尊,我见摄受正法如是大力,佛为实眼实智,为法根本,为通达法,为正法依,亦悉知见。"④胜鬘先总结了"我见摄受正法如是大力"——舍身命财,建立正法。其次,即"仰推"如来——"佛为实眼实智",能通达一切法;因为通达一切法,所以为法根本,为正法依。因此,胜鬘含蓄地请求佛对其说作印可。

佛世尊于胜鬘所说"摄受正法"大为赞叹,其赞语"就文为二:一者,印定。二者,称叹劝修。初印定者,令一切众生生信心故。又欲成于经,夫佛所说者,方得称经,自外所说,须佛印定。又佛欲使物信受无疑,故须印定"⑤。在此佛"印定"了胜鬘所说的上述"摄受正法"的内容,并且"一举力士对魔称叹,二举牛王对二乘叹,三举山王对菩萨叹,四明有大

---

① 隋吉藏《胜鬘宝窟》卷中之本,《大正藏》第 37 卷,第 37 页中。
②④ 刘宋求那跋陀罗译《胜鬘经》,《藏要》第 2 册,第 300 页。
③ 隋吉藏《胜鬘宝窟》卷中之本,《大正藏》第 37 卷,第 38 页中。
⑤ 同上书,第 38 页下。

利益是故劝修。"①佛如此说:"如是大乘舍身、命、财,以摄取心摄受正法,胜不舍、身、命财初住大乘一切善根,何况二乘?以广大故。是故胜鬘,当以摄受正法开示众生、教化众生、建立众生。如是胜鬘,摄受正法,如是大利,如是大福,如是大果。胜鬘,我于阿僧祇阿僧祇劫说摄受正法功德义利,不得边际。是故摄受正法,有无量无边功德。"②如此等等,佛赞叹激励会众相信胜鬘所说合于佛说。

(七)胜鬘夫人师子吼章

《胜鬘经》第五章至第十四章属于此经的主体部分——如来藏思想的内容,在下文当集中分析叙述,在此从略,直接进入最后一章。

关于"正宗分"十五章的最后一章"胜鬘夫人师子吼"的主旨,吉藏有恰当的解释:"上十四章明说法,今明护法。又'真子章'末云有大利益不谤深法。此章明谤者有大衰损,无大利益故。今明救摄谤者是大利益,故《涅槃》云:虽能如是种种说法,然不能作师子吼,不能降伏非法恶人。今日始能,故名师子吼。"③可见,此章的主要意义在于明确诽谤此经所说的如来藏之义,有大的衰损而无任何利益。

此章说法的主角是胜鬘夫人。其章名题"胜鬘者,举能说之人也;师子吼者,美其所说也"④。至于为何仅仅举出胜鬘之名而不提佛名,原因是:"以此外化之益在人,故偏举之。"之所以称此章为"师子吼",其用意在于:"如师子吼,有所摧伏。胜鬘如是外化之德,能摧恶人,是故就喻名师子吼。"⑤

吉藏将此章的内容分为五部分,第一、二部分很简短。其一,"胜鬘承力请说",其经文为:"尔时,胜鬘白佛言:'更有余大利益,我当承佛威神,复说斯义。'"⑥其二,"如来听许",其经文为:"佛言:'便说。'"⑦对于

---

① 隋吉藏《胜鬘宝窟》卷中之本,《大正藏》第37卷,第38页下。
② 刘宋求那跋陀罗译《胜鬘经》,《藏要》第2册,第300—301页。
③ 隋吉藏《胜鬘宝窟》卷下之末,《大正藏》第37卷,第88页中。
④⑤ 同上书,第88页下。
⑥⑦ 刘宋求那跋陀罗译《胜鬘经》,《藏要》第2册,第312页。

此中所说的"更有余大利益",吉藏解释说"又对前佛说信者利益,今更摧不信者令信,故言'更余益利'"①。可见,此后胜鬘将要说的是不信仰此经义理会出现的损失。

第三部分是"胜鬘正说"。这一部分又为两层次,第一层次为"总举善人",因为这一部分针对的是不信者,所以须将"善人"除去。经文如下:"三种善男子、善女人于甚深义,离自毁伤,生大功德,入大乘道。何等为三? 谓若善男子、善女人自成就甚深法智,若善男子、善女人成就随顺法智,若善男子、善女人于诸深法不自了知,仰推世尊,非我境界,唯佛所知。是名善男子、善女人仰推如来。"②对于上述"善人"的界定,吉藏解释说:"'于义不谤',名'离毁';复第二能出生正道,名'生功德';第三能入诸佛果德,名'入大乘'。"③此外,吉藏还引用"江南有人"的注疏说:"'离自毁伤',即信忍,谓三地。生大功德,谓前五种巧便,为顺忍,四地至六地。入大乘道,谓无生忍,七地至十地。"④依据后一解释,被此经简别为"真正信仰大乘"者实际上是入"地"菩萨。此后的几句是"别列善人,从上至下,次第列之。前明四人,从劣至胜,谓修行次第也⑤。今明说门次第,故从胜至劣者行相邻次摧恶人故,从胜向劣也。又佛说真子,从始至终。胜鬘所说,从终至始,此是相成之道。互文现意也。男子、女人成深法智,是初地上究竟成也。随顺法智,是解行地随顺法智。于诸深法不自了下,是解行前随信信增。"⑥可见,无论是"总说"还是"别列",都是指"地上"菩萨。

在"总举善人"之后,胜鬘夫人说:"除此诸善男子、善女人已,诸余众生于诸深法,坚著妄说、违背正法、习诸外道、腐败种子者,当以王力及天龙、鬼神力而调伏之。"⑦吉藏解释说:这是"偏就恶人以明化益。'除此'

---

① ③ ④ ⑥ 隋吉藏《胜鬘宝窟》卷下之末,《大正藏》第37卷,第89页上。
② 刘宋求那跋陀罗译《胜鬘经》,《藏要》第2册,第312—313页。
⑤ 这是指第十四章"如来真子章"的内容。
⑦ 刘宋求那跋陀罗译《胜鬘经》,《藏要》第2册,第313页。

已下,总以简之。下'对恶人明化益'中,'除此'者,除上三善人也。'诸余众生'明'三善人'外总举恶人。'于诸深'下,别列恶人。'于诸深法坚著妄说'者,'坚著',心邪也;'妄说',谓口邪。'违背正法',上明'起邪',今明'违正'。'习诸外道'下,然恶人有二:一于佛法中起过,二于外道法中起过。上明佛法中起有所得过,今明于外道中起诸过失。既能损正增邪,不堪绍继,如'腐种子'也。'当以王力'者,降邪有二法:一以说法,二以威势力。'说法力'有二:一用濡语,二以苦言。'威势力'有二:一以显力,谓王力等;二以幽力,谓天龙力等。然降内邪,多用说力;降伏外邪,多以威力。今此恶人,难以理从,宜以威伏也"①。在此,吉藏详细地解释了上述经文中的关键词语的准确含义,将这些解释连缀起来,经文的微言大义自明矣。

"胜鬘夫人师子吼章"的第四、五部分为"胜鬘说竟礼佛"以及"如来述赞"。胜鬘夫人说完了经,即与诸眷属一起顶礼佛足,向佛辞行。佛随即印证她方才所说,并赞叹说:"善哉! 善哉! 胜鬘,于甚深法方便守护,降伏非法,善得其宜。汝已亲近百千亿佛,能说此义。"②

(八)流通分

关于《胜鬘经》的流通分,吉藏罗列了两类分法:"一、明如来为化既周,还归舍卫。二、'时胜鬘'下,明胜鬘瞻睹,起恋仰心。三、'还入城'下,胜鬘以法传化流通。四、'入祇洹'下,如来以法付属流通。又合四以为二:初一,胜鬘流通。次,佛流通也。胜鬘流通一国,佛流通十方。"③可见,四部分是按照行文的顺序,两部分是按照流通的承当者来划分的,二者可并行。在此,以四部分为主参照二分法来解释分析其内容。

第一层,如来还归舍卫城。经文说:"尔时,世尊放胜光明普照大众,

---

① 隋吉藏《胜鬘宝窟》卷下之末,《大正藏》第37卷,第89页上。
② 刘宋求那跋陀罗译《胜鬘经》,《藏要》第2册,第313页。
③ 隋吉藏《胜鬘宝窟》卷下之末,《大正藏》第37卷,第89页中。

身升虚空,高七多罗树,足步虚空,还舍卫国。"①这里主要是说,佛世尊在回舍卫城之时,显现出不可思议的瑞相:放光、升空、足步虚空,以此种方式还舍卫。

第二层,胜鬘瞻睹,起恋仰心。经文说:"时,胜鬘夫人与诸眷属合掌向佛,观无厌足,目不暂舍。过眼境已,踊跃欢喜,各各称叹如来功德,具足念佛还入城中。"②胜鬘夫人等会众瞻睹了如此不可思议之事,产生了无限信仰,各自称叹如来功德,具足感念佛而进城归家。而关于胜鬘入城的缘由,吉藏解释说:"胜鬘住宫,与王别城。今欲化王,须诣王所,故入城中。有又解:胜鬘出城送佛,今送佛竟,还归入城。"③

第三层,胜鬘以法传化流通。经文曰:"向友称王,称叹大乘。城中女人七岁已上,化以大乘,友称大王。亦以大乘化诸男子七岁已上,举国人民皆向大乘。"④胜鬘入城,回到王宫中,首先向她的丈夫友称王称叹大乘。友称王听了,也就信佛而且奉行大乘。从此,国王夫妇共弘大乘法。城中女人凡七岁以上者,由胜鬘去化度使其奉行大乘。而友称王也以大乘法去化度七岁以上的诸男子,使其都信学佛法,奉行大乘。总之,阿踰阇国的举国人民,无论男女老少,都趣向大乘,奉行大乘了。——这就是二分法所说的"胜鬘流通"部分的内容。

第四层,如来以法付嘱流通。吉藏分其为四段。第一段,"佛入祇洹,告念所付"⑤。其经文曰:"尔时,世尊入祇洹林告长老阿难及念天帝释。"⑥这是说,佛一入祇洹就告诉长老阿难等,及念天帝释。第二段,"所付皆至"⑦,经文说:"时帝释与诸眷属忽然而至,住于佛前。"⑧这是说,天帝释及其眷属因佛世尊之念而至祇洹。

第三段,比较长一些,其宗旨为"佛为说经,以法付属"⑨。佛先向天帝释等演说此经:"尔时,世尊向天帝释及长老阿难广说此经。"⑩佛在说

---

①②④⑥⑧ 刘宋求那跋陀罗译《胜鬘经》,《藏要》第 2 册,第 313 页。
③⑤⑦⑨⑩ 隋吉藏《胜鬘宝窟》卷下之末,《大正藏》第 37 卷,第 89 页下。

完此经之后,直呼天帝释的名字(憍尸迦)而嘱咐其流通此经:"汝当受持读诵此经,憍尸迦!善男子善女人,于恒沙劫修菩提行,行六波罗密,若复善男子善女人,听受读诵,乃至执持经卷,福多于彼,何况广为人说?是故,憍尸迦!当读诵此经,为三十三天分别广说。"①然后,佛告诉阿难说:"汝亦受持读诵,为四众广说。"②

尤其需要注意的是,佛与天帝释就此经之名所进行的问答。当天帝释问佛说:"世尊!当何名斯经?云何奉持?",佛告诉天帝释等会众:

"此经成就无量无边功德,一切声闻缘觉,不能究竟观察知见。憍尸迦!当知此经,甚深微妙,大功德聚,今当为汝略说其名,谛听谛听,善思念之。"时天帝释及长老阿难白佛言:"善哉,世尊!唯然受教。"佛言:"此经叹如来真实第一义功德,如是受持。不思议大受,如是受持。一切愿摄大愿,如是受持。说不思议摄受正法,如是受持。说入一乘,如是受持。说无边圣谛,如是受持。说如来藏,如是受持。说如来法身,如是受持。说空义隐覆真实,如是受持。说一谛,如是受持。说常住安隐一依,如是受持。说颠倒真实,如是受持。说自性清净心隐覆,如是受持。说如来真子,如是受持。说胜鬘夫人师子吼,如是受持。"③

这一付嘱流通的方式,被称为"题列经名,劝持付属"④。接着,佛说有十五个经名,这也就是一般将此经的"正宗分"分为十五章的来源。名目如上,至于具体含义分别见于本节的各个部分,此从略。

帝释等听闻佛如此付嘱,就向佛保证:"善哉!世尊,顶受尊教。"而当时,"天帝释、长老阿难及诸大会天、人、阿修罗、干闼婆等,闻佛所说,欢喜奉行"⑤。这就是"奉教传持"和"大众闻法喜行"⑥的内容。

---

① 刘宋求那跋陀罗译《胜鬘经》,《藏要》第2册,第313—314页。
②③⑤ 同上书,第314页。
④⑥ 隋吉藏《胜鬘宝窟》卷下之末,《大正藏》第37卷,第90页下。

三、说入一乘章

尽管大乘佛教的经典大多会讲到"一乘"及其与"三乘"的关系,但在如来藏类经典中,大凡论及"一乘"几乎都与如来藏或"涅槃"相关联。此经也不例外,因而对于此经如来藏思想的分析首先须从"入一乘章"开始。

(一)章名之含义

首先,需要说明的是,古德关于此章顺序的说明。吉藏说:"若就修行次第,胜鬘初叹佛请摄,发菩提心。发菩提心竟,次修菩萨。修菩萨行以止恶为本,故自誓受戒。既竟,次须发愿。愿行既成,便得证悟正法。故次明摄受,摄受从初地已上乃至佛地。但摄受多明因行,因行既成,次得一乘佛果。是故至此,乃得辨于一乘。"①由此解释可知,此章的宗旨是说,依照此前所说的修行次第而获得的"一乘佛果"。

其次,关于此章的名称,吉藏解释说:"此章名为'说入一乘章',交言曰论,直言名说,今无人论义,胜鬘直言演之,故言'说'也;会权入实,故名为'入',亦得说于四乘为大乘方便,故名为'入'。"②在此,须注意吉藏对于"说"的解释。这一解释确定了胜鬘在此章所说的为"直言演说",即如同"一言堂"之讲演。这体现了某种"权威"的意味。正如吉藏就此章前两层经文所分析的,"就此一章开为二别:一佛命说。二受命说。所以命说者,以前善说摄受正法,深称圣心,如来赞述,因即劝之说于一乘。又复一乘是佛果德,惧彼胜鬘不敢宣说,故命令说。又前请事多,不敢复请,更有所说,须命乃说。汝更说者,已说因,今更说果,故云更说"③。对应的经文是:"佛告胜鬘:'汝今更说一切诸佛所说摄受正法。'"而胜鬘回

---

① 隋吉藏《胜鬘宝窟》卷中之本,《大正藏》第 37 卷,第 39 页下—40 页上。
② 同上书,第 40 页下。
③ 同上书,第 42 页上。

答说:"善哉!世尊,唯然受教。"①——这一句及其以下内容即属于吉藏所划定的"受命说"的范围。

至于"一乘"的含义,吉藏结合此经的内容从"体"与"相"等方面作了解释。吉藏将佛教对于"乘体"的解释归纳为以下四种:

> 第四明乘体门。乘体不同,略明四种:一、依《法华》论云何体法者,谓真如法身,为一乘体也。此就根本释体,根本即是真如法身,真如法身是佛性,故说为本,然后方有终因得果。二者,亦如《法华》论云以无上菩提为一乘体。此据显时究竟果乘体也。三者,以万行为体。如《智度论》云六波罗蜜以为乘体。此就因乘。四者,以慧为乘体。如《摄论》云,乘以智为体。此就主为言,乘虽具万行万德,而慧为其主。②

这一归纳甚为精辟。第一种,以真如法身为乘体,是如来藏系经典的基本特质之一。尽管吉藏在行文中似乎认为此经的"一乘"是将第一种和第四种"乘体"包含在内的,但仍然认同此经所言"一乘"的如来藏系性质。如下文的问答:

> 问:此经文正用何法为一乘体?答:若会二乘因果悉入一乘因,得用因行为体。若因未究竟,果乃究竟,则以果德为一乘体。就果德中,对二乘无涅槃,佛有涅槃。对二乘无四智,佛有四智,则以涅槃四智为一乘体。又下文明"一乘普摄众德",故云无边不断,无德不摄,故称无边。体是常住,目为不断。③

上述从三个角度说明此经所言的"一乘体",而"涅槃四智为一乘体"显然为此经确定了归属。此外,关于此经所言"一乘相"的问题,吉藏引用了《楞伽经》的说法:"《楞伽》第四卷云:'何者一乘相?谓如实觉知一乘道

---

① 刘宋求那跋陀罗译《胜鬘经》,《藏要》第2册,第301页。
②③ 隋吉藏《胜鬘宝窟》卷中之本,《大正藏》第37卷,第41页上。

故,不分别所取能取境界,不生如是诸法相住,以不分别一切诸法,故名一乘道相。'此是内外并冥、缘观俱寂为一乘相也。此即泯上体门,谓非因非果,乃至非智非愚,始是一乘真体、一乘妙相也。"①

在解释了此章的来由及其章名的含义之后,我们依据吉藏的科判来分析此章的具体内容。

(二)摄受正法即摩诃衍

此章的核心观点是:"摄受正法者,是摩诃衍。"②以下文字则是对此的详细解释。对于其中解释此观点的文字,吉藏说:"就文为二:一者,就法略释。二,约喻广释。"③其中,"略释"对应的经文仅仅一句:"摩诃衍者,出生一切声闻、缘觉、世间、出世间善法。"④摩诃衍名为大乘,凡大乘经典都会言及,在此需注意由"摄受正法章"引申递进出的"摄受正法"是出生一切声闻、缘觉、世间、出世间善法的结论。而如前所论,此中的"摄受正法"尽管蕴含了大乘佛教的诸多内容,但确实突出的是如来藏以及涅槃思想。

"约喻广释"部分,胜鬘以两个譬喻来说明:"世尊,如阿耨大池出八大河。如是摩诃衍,出生一切声闻、缘觉、世间、出世间善法。世尊,又如一切种子,皆依于地而得生长。"⑤阿耨大池意译为"无热恼池"、"无热池"、"清凉池",是印度古代相传之阎浮洲四大河的发源地。依《大毗婆沙论》卷五、《俱舍论》卷一一等所述,此池位于大雪山之北,香醉山之南,名为"无热恼",周围有八百里,以金、银、琉璃、颇梨等四宝装饰岸边,池中金沙弥漫,清澈明净。有八地菩萨以愿力化成龙王,潜居其中,出清冷之水,以供给赡部洲。即从池东面银牛之口出恒河,从南面金象之口出信度河,从西面琉璃马之口出缚刍河,从北面颇胝师子之口出徙多河,各绕池一匝而入海。对这两个譬喻在此经中的含义,吉藏解释说:"初,池

---

① 隋吉藏《胜鬘宝窟》卷中之本,《大正藏》第37卷,第41页上—中。
②④⑤ 刘宋求那跋陀罗译《胜鬘经》,《藏要》第2册,第301页。
③ 隋吉藏《胜鬘宝窟》卷中之本,《大正藏》第37卷,第42页下。

譬,明大乘出生多乘,故名为'大'。二、种子譬,明其多乘同依一乘,故得称'大'。又池譬明其始出生,种子譬辨其终,谓小乘依大乘得增长。又初譬本生于末,第二譬末依于本。又从池出河,河在池外。从大乘出小乘,小乘应在大乘外,为释此疑,故说种子依地,而种子不离地。"①通过譬喻,胜鬘的初步结语是:"如是一切声闻、缘觉、世间、出世间善法,依于大乘而得增长。是故世尊,住于大乘,摄受大乘,即是住于二乘、摄受二乘一切世间、出世间善法。"②

譬喻及其结语之后,是吉藏所科判的"广说"部分,"广说"又可分为两部分。其中,第一部分主题是"会小因以入一乘",第二部分是"会彼小果以入一乘"。对于这一宗旨,吉藏解释为:"小因小果,皆入一乘之法。因人果人,皆成菩萨之人。"③

(三) 会小因以入一乘

在"会小因以入一乘"部分,胜鬘举出世尊曾经说过的"六处"。"何等为六? 谓正法住、正法灭、波罗提木叉、毗尼、出家、受具足。为大乘故说此六处。"④此处所说的"六处"是小乘经中曾经说过的,"将欲会小入大,故前说小也。此六法是起行之所,故名为'处'"⑤。依据吉藏等人的解释,六处分为三对:正法住与正法灭、波罗提木叉与毗尼、出家与受具足。如吉藏说:"释六不同,今且为三双:一、法住法灭一双。二、约戒法得离一双。三、约人始终一双。"⑥

经文中,胜鬘解释说:

> 正法住者,为大乘故说。大乘住者,即正法住。正法灭者,为大乘故说。大乘灭者,即正法灭。波罗提木叉、毗尼,此二法者,义一名异。毗尼者即大乘学。何以故? 以依佛出家而受具足。是故说

---

① 隋吉藏《胜鬘宝窟》卷中之末,《大正藏》第37卷,第43页上。
②④ 刘宋求那跋陀罗译《胜鬘经》,《藏要》第2册,第301页。
③ 隋吉藏《胜鬘宝窟》卷中之末,《大正藏》第37卷,第43页下。
⑤⑥ 同上书,第43页中—下。

> 大乘威仪戒是毗尼,是出家,是受具足。是故阿罗汉,无别出家受具足。何以故?阿罗汉依如来出家受具足故。①

此可分为三层去理解:

其一,从"正法住"、"正法灭"言之,依照此经的说法,正法的住世与灭尽是为了大乘而说的,世间有大乘法以及修学者,就是"大乘住"世,也即是"正法住"世。反之,"正法灭",也是如此,世间没有依大乘而修行的,"大乘"法即"灭",也就是"正法灭"。

其二,从"波罗提木叉"与"毗尼"言之,这"二法",是同"义"异"名"的关系。如吉藏解释说:"'波罗提木叉',此云'报解脱'。持戒之因得解脱报,故云'报解脱'。故经言戒是正顺解脱之本,故木叉从德立名也。'毗尼'者,此翻为'灭',谓灭现在身口七非,离过为称。'木叉'从未来受名,'毗尼'以现在为目。又解脱出于三界,毗尼灭于三涂。此一戒法,有期功能,是故如来立于两称,律名通上二义。"②可见,"波罗提木叉"与"毗尼"共同构成佛教的律法。

其三,"出家"与"受具足"。佛教信众,始则出家,其后受具足,而诸"阿罗汉"是"依如来出家"、依如来"受具足"戒的。如离了如来,即没有出家与受具足。所以声闻经律中,称他们为随佛出家。从"六处"说明的结果最后都归结为大乘。

(四)二乘所获四智、涅槃不究竟

关于"会彼小果以入一乘"一段经文的宗旨,吉藏说:"会果者,无有小乘究竟果。小乘究竟果,还是大乘因。故小乘因果并属大乘因。又上夺因,今夺果也。又举果释成夺因,若得果满足,因便满足。果既非究竟,所行因宁得满耶?又上来会其世间善入一乘,今会出世善以入一乘

---

① 刘宋求那跋陀罗译《胜鬘经》,《藏要》第2册,第301页。
② 隋吉藏《胜鬘宝窟》卷中之末,《大正藏》第37卷,第44页上。

也。"①在这一部分,胜鬘夫人指出了"阿罗汉归依于佛,阿罗汉有恐怖"②,从而说明了小乘之果非究竟,最终仍须归结为大乘。

关于阿罗汉有恐怖的原因,胜鬘夫人作了较长的解释,其文曰:"阿罗汉于一切无行怖畏想住,如人执剑,欲来害己。是故阿罗汉无究竟乐。"③此句可作二释:其一,罗汉虽说已了生死,于涅槃中住,但还有怖畏心。所以经中举喻说:如有人执剑,欲来伤害自己,虽自己已到达安全区,但还是心有余怖,战兢不已。因此,阿罗汉虽说证涅槃,但无究竟的安乐。关于这一譬喻的含义,吉藏引用了两种解释:"初师云:变易之因,喻之为'人'。能招未来变易之果,名为'执剑'。当果临至,故云'欲来'。以必切身,名为'害己'。第二师云:'如人'者,喻五阴也。'执剑'者,喻阴体生灭也。'欲来害己',譬生灭相逼切也。"④其二,阿罗汉虽已修道,而没有一切道行,没有修集断无明住地而证得的种种功德智慧,还有变易生死,不能通达生死、涅槃的平等性,仍不免有恐怖,不得究竟安乐。

由于阿罗汉有怖畏,因而须归依于佛,"何以故?世尊,依不求依,如众生无依,彼彼恐怖。以恐怖故,则求归依。如是阿罗汉有恐畏,以怖畏故依于如来"⑤。——这是解释阿罗汉归依的原因。"于中初'法',次'喻',后'合'。'依不求依'者,是法说也。如来是不求依人,罗汉依彼不求依人,名'依不求依'。'如众生无依'下,第二譬说。如世间众生无所依凭,故多有怖畏。缘境生怖非一,名为'彼彼'。'以怖畏故则求归依'者,正明须依,求依大力,防所畏也。'如是'下,第三合譬。'如是罗汉',合前众生;有恐怖,合'彼彼怖';'以恐怖故依如来'者,合以恐怖求归依也。"⑥一言以蔽之,阿罗汉有怖畏心,需要归依,而如来是"不求依人",可以成为"能归依",所以,阿罗汉归依于如来。

---

① 隋吉藏《胜鬘宝窟》卷中之末,《大正藏》第371卷,第44页下—45页上。
② 刘宋求那跋陀罗译《胜鬘经》,《藏要》第2册,第301页。
③⑤ 同上书,第302页。
④⑥ 隋吉藏《胜鬘宝窟》卷中之末,《大正藏》第37卷,第45页下。

上述一段文字是胜鬘简略地对于罗汉有怖畏、须归依如来的解释，此后，胜鬘又详细地解释了这一问题。前者一般称之为"略释"，后者则称之为"广释"。同"略释"一样，"广释"也分为"广释怖畏"、"广释归依"两部分。

为何在前文已经解释了罗汉有怖畏，此处还要再行解释，因为"前言'罗汉于一切无行怖畏想住'，未知此等无何等行，故须广释"①。也就是说，前文未曾明确说明罗汉确信什么样的"智"与"行"，在此需要具体给以说明。

胜鬘的"广释怖畏"也分为两个层次，第一层次"正明罗汉、辟支有畏所以"②，其文曰："世尊，阿罗汉、辟支佛有怖畏，是故阿罗汉、辟支佛有余生法，不尽故。有生有余，梵行不成故；不纯事，不究竟故；当有所作，不度彼故；当有所断。"③此中的主旨有两层，一是罗汉（包括缘觉）"四智"未满，二是罗汉、缘觉功德不圆。正如吉藏的解释所言："谓无智及涅槃行。无四智故，智行不成。无涅槃故，断行不足。又无四智，道行不圆。无涅槃故，灭行不足。又无四智，菩提不圆。无涅槃故，涅槃不极。又无四智故，有为功德不满。无涅槃故，无为功德不圆。"④可见，二乘有怖畏，是由于智德、断德的不究竟，依《阿含》等的说法，证阿罗汉果的圣者，能自记"我生已尽，梵行已立，所作已办，不受后有"⑤。一般而言，"我生已尽"是指烦恼已断，这是"断集智"；而"梵行已立"是指道已修成，是"修道智"；"所作已办"是指证涅槃灭谛说，是"证灭智"；"不受后有"，是"知苦智"，现在生死是本有，未来生死是后有，苦果断尽无余，这一生死了，不再起未来生死，故名"不受后有"。然而，《胜鬘经》在此说，二乘对于四谛的知、断、证、修，并非究竟。二乘还有生死怖畏，故知阿罗汉、辟支佛有

---

①④ 隋吉藏《胜鬘宝窟》卷中之末，《大正藏》第37卷，第46页上。
② 同上书，第45页下。
③ 刘宋求那跋陀罗译《胜鬘经》，《藏要》第2册，第302页。
⑤ 后秦佛陀耶舍，竺佛念译《长阿含经》卷二，《大正藏》第1卷，第12页上。

余变易生死法不尽,仍有生,不能说我生已尽。同样,也不能说梵行已成等。二乘为了证涅槃灭,但还不是真正涅槃。也正因为二乘在这些方面有缺憾,所以他们还有怖畏,需要归依于佛。

胜鬘"广释怖畏"的第二层次"明涅槃不满"①,主题是论述二乘所证得的涅槃是不圆满的。在此部分,胜鬘首先说:"以不断故,去涅槃界远。"②这里所说的"去涅槃界远"的意思就是"涅槃不满足"③。此后,胜鬘详细地解释了二乘所得"涅槃不满足"的具体原因。经文曰:

> 何以故?惟有如来应正等觉得般涅槃,成就一切功德故。阿罗汉、辟支佛不成就一切功德。言得涅槃者,是佛方便。
>
> 惟有如来得般涅槃,成就无量功德故。阿罗汉、辟支佛成就有量功德。言得涅槃者,是佛方便。
>
> 惟有如来得般涅槃,成就不可思议功德故。阿罗汉、辟支佛成就思议功德。言得涅槃者,是佛方便。
>
> 惟有如来得般涅槃,一切所应断过皆悉断灭,成就第一清净故。阿罗汉、辟支佛有余过,非第一清净。言得涅槃者,是佛方便。
>
> 惟有如来得般涅槃,为一切众生之所瞻仰,出过阿罗汉、辟支佛、菩萨境界。是故阿罗汉、辟支佛去涅槃界远。④

上述经文分为五"句"(句群),以如来与二乘对比手法显示了如来的涅槃是"究竟",二乘的涅槃是"方便"。吉藏解释说:"初三句明般若,第四句明解脱,第五句明法身。所以明此三者,摄三德成总涅槃故也。"⑤如来能得究竟涅槃,因为他"成就一切功德"。而"阿罗汉、辟支佛,不成就一切功德",所以说去涅槃界远。二乘实不能得般涅槃,而《阿含经》等说阿罗汉得涅槃,这是佛的方便说,不是究竟的真实说。这是上述经文的前四

---

① ③ 隋吉藏《胜鬘宝窟》卷中之末,《大正藏》第 37 卷,第 46 页下。
② ④ 刘宋求那跋陀罗译《胜鬘经》,《藏要》第 2 册,第 302 页。
⑤ 隋吉藏《胜鬘宝窟》卷中之末,《大正藏》第 37 卷,第 47 页上。

句的基本理路,文字句式大致相同,只是第一句是"成就一切功德",第二句是"成就无量功德",第三句是"成就不可思议功德",第四是"成就第一清净"功德。吉藏引用《佛性论》对其作了解释:"《佛性论》中,约位辨此四德。'一切功德'在第八地,'无量功德'在第九地,'不思议功德'在第十地,'第一清净功德'在佛地。"①此说可以参考。上述引文的第五句是对前述四句之含义的总结,"言'瞻仰'者,降金刚已还,是众生位。如来居宗体极,道出三乘十地行外,为三乘十地众生之所瞻仰也"②。

接续二乘涅槃不圆满的话题,胜鬘夫人又详细地解释了二乘所获得的"四智"也是不圆满的。吉藏将其分为四部分,第一部分"显二乘不得",甚为简要,其实是一个总命题:"言阿罗汉、辟支佛观察解脱四智,究竟得苏息处者,亦是如来方便、有余、不了义说。"③此中的"究竟得苏息处"是指"得涅槃究竟,离分段死,故名为'苏'。六道之中不得往来,称之为'息'也"。④ 也就是指从生死中得解脱而有的自在,也即是涅槃。这里强调,如来在某些时候说阿罗汉、辟支佛观察解脱四智究竟得苏息处,这是如来的"方便说"而非"真实说";是"有余意说"而非"无余意说",是"不了义说"而非"了义说"。此后的三部分则详细解释二乘与如来涅槃的不同。

胜鬘接着解释了二乘所得涅槃为何不究竟,吉藏将其分为"别释"、"通释"两个层次。"别释"又依据上文已说过的"四智"的线索将其分为四个层次:

第一,二乘所得尽智(我生已尽)是方便。经中曰:"何以故?有二种死。何等为二?谓分段死,不思议变易死。分段死者,谓虚伪众生。不思议变易死者,谓阿罗汉、辟支佛、大力菩萨意生身乃至究竟无上菩提。二种死中,以分段死故,说阿罗汉、辟支佛智,我生已尽。"⑤此中的要点是

---

① 隋吉藏《胜鬘宝窟》卷中之末,《大正藏》第37卷,第47页中。
② 同上书,第47页下。
③ 刘宋求那跋陀罗译《胜鬘经》,《藏要》第2册,第302页。
④ 隋吉藏《胜鬘宝窟》卷中之末,《大正藏》第37卷,第48页上。
⑤ 刘宋求那跋陀罗译《胜鬘经》,《藏要》第2册,第302—303页。

"二种死"。"二种死",一般都称为"二种生死"。所谓"分段生死","寿"、"暖"、"识"三事和合结生名"生",生了以后经数十百年,前述三事离灭名"死"。由于众生是死了又生,生了又死,一期一期的生死,也就是分为一段一段的,因而称之为"分段生死"。佛教认为,凡夫、二乘中未证得无余依涅槃者,都属于分段生死。所谓"变易生死",是指前后延续而无分段的生灭相,并且在刹那不住的生灭变化着的生命的生死。此经所说"分段死者,谓虚伪众生","虚伪"即虚妄,也即不真实之义。上文所讲,"不思议变易死",是"阿罗汉、辟支佛、大力菩萨意生身"。"意生身",又称"意成"身,因无碍自在、如心如意,因此名之"意生身"。阿罗汉、辟支佛、大力菩萨获得微妙的"意生身",但"意生身"还是生灭变化的,因此,"二乘"以及"大力菩萨"不能说"我生已尽"。另外,关于"意生身"以及"大力菩萨"的解释,印度经论中的不同说法很多,中土更是莫衷一是,此从略不释。

第二,"梵行已立"是方便。经文说:"得有余果证故,说梵行已立。"①吉藏解释说:"依《涅槃经》有二种:一、所修梵行已毕竟故,说已立。二、又舍学道,且名为立。今文明'梵行已立'是证灭智。若就有余、无余论者,分段尽处名曰'有余',变易尽处说为'无余',二乘但得分段尽处,名为'有余证'。如来就此说其'梵行已立故是方便'也。"②这是说,二乘仅仅获得"分段生死"之得尽处,所以称之为"有余果",不能说是"究竟",只能说是"方便"。

第三,"所作已办"是方便。经文说:"凡夫人、天所不能办,七种学人先所未作,虚伪烦恼断故,说所作已办。"③这是说:"若对凡夫及七种学人。说言所作已办。若对诸佛菩萨,则所作未办。'虚伪烦恼断故,说所作已办'者,第二句对障显也。一切烦恼无非虚伪,于中分别妄爱受生,

---

①③ 刘宋求那跋陀罗译《胜鬘经》,《藏要》第 2 册,第 303 页。
② 隋吉藏《胜鬘宝窟》卷中之末,《大正藏》第 37 卷,第 49 页下。

虚妄中极，故偏名'虚伪'。如来以其所修正道，能断如是虚伪烦恼，是故说言'所作已办'。望于无明，故是'方便'，又显虚伪粗烦恼断，未能断细。"①此中所言的"七种学人"含义如下：小乘众有"学人"、"无学人"两种，得阿罗汉果名"无学"；"初果向"、"初果"、"二果向"、"二果"、"三果向"、"三果"、"四果向"名为"学人"。吉藏又解释说："'所作已办'是'修道智'。'道'有二种：一、分段对治。二、变易对治。二乘但修分段对治，如来就此说其'所作已办'，故是方便。"②这是说，二乘仅仅修行"分段对治"，如来因此而说其"所作已办"只能是"方便"，并非"究竟"。

第四，"不受后有"是方便。经文曰："阿罗汉、辟支佛所断烦恼更不能受后有故，说不受后有，非尽一切烦恼，亦非尽一切受生故，说不受后有。"③这是说，阿罗汉、辟支佛断除了"四住烦恼"，因此不会受后有即转生，所以说其"不受后有"。"不受后有"之智是"断集智"。不过，阿罗汉所断的烦恼，只是一分，还有没有断除的烦恼，还有力量再受生死。因此，如来说其"不受后有"只能是"方便"，并非"究竟"。

依照吉藏的科判，其后的一段文字是"通释"二乘所得"四智"为何是不究竟的，其根本原因在于："有烦恼，是阿罗汉、辟支佛所不能断。"④

下文首先具体说明了二乘所具"烦恼"的类型。一般而言，有二种烦恼，即"谓住地烦恼及起烦恼"。而"住地有四种。何等为四？谓见一处住地、欲爱住地、色爱住地、有爱住地。此四种住地，生一切起烦恼。起者，刹那心刹那相应"⑤。"四住"中的"见一处住地"是将三界的"见惑"汇集为一地，故名"见一切"。"欲爱住地"是欲界的"思惑"。"色爱住地"是色界的"思惑"。"有爱住地"是无色界的"思惑"。依持于"四住烦恼"而生起并且与刹那心刹那相应的烦恼称之为"起烦恼"。

其次，则指出"无明"的"住地"，即经文所说的："世尊，心不相应无始

---

① 隋吉藏《胜鬘宝窟》卷中之末，《大正藏》第37卷，第50页上。
② 同上书，第49页下。
③④⑤ 刘宋求那跋陀罗译《胜鬘经》，《藏要》第2册，第303页。

无明住地。"①此处所说的"无明住地"也就是"无明"之所在的意思,以吉藏的语言解释就是:"此'无明住地'即指妄想心体以为无明,不别心外有数法共心相应,是故说为'心不相应'。"②依照此经所讲,"四住地"之外,应别有"无始无明住地"。因此,此经所言的"起烦恼"便有两种:其一是四住地所起的恒沙上烦恼,其二是"无始无明住地"所起的过恒沙上烦恼。"住地烦恼"也有两类——"四住地"、"无始无明住地"。

对于"四住烦恼"和"无明"作了一番解释之后,胜鬘接着为会众辨析"四住"与"无明"的优劣,其目的在于彰显二乘对于这些,有断除的,也有不断除的。

首先,说明"无明"之力是巨大的。胜鬘说:"世尊!此四住地力,一切上烦恼依种,比无明住地,算数譬喻所不能及。世尊,如是无明住地力,于有爱数四住地,无明住地其力最大。"③"无明住地"比之于"四住烦恼",力量要大得多。一切"起烦恼",以四住地烦恼为"种",以四住烦恼为"所依"。一切起烦恼依"四住地"而生起,"四住地"的力量是很大了,但是比"无明住地"的力量,是"算数譬喻所不能及"的。

其次,胜鬘以譬喻来说明这一观点:"譬如恶魔波旬,于他化自在天,色、力、寿命、眷属、众具、自在殊胜。如是无明住地力,于有爱数四住地,其力最胜,恒沙等数上烦恼依,亦令四种烦恼久住。"④波旬专门伤害众生的善法,"恶魔波旬"是四魔中的天魔,危害最大。

第三,胜鬘总结说:"阿罗汉辟支佛智所不能断,唯如来菩提智之所能断,如是世尊!无明住地最为大力。"⑤"无明住地"是阿罗汉、辟支佛智所不能断的,而只有如来才能够断除。

其四,解释"无明住地"的作用不同。经文曰"世尊,又如取缘有漏业因而生三有,如是无明住地缘无漏业因生阿罗汉、辟支佛、大力菩萨三种

---

①③⑤ 刘宋求那跋陀罗译《胜鬘经》,《藏要》第 2 册,第 303 页。
② 隋吉藏《胜鬘宝窟》卷中之末,《大正藏》第 37 卷,第 52 页上。

意生身。此三地,彼三种意生身生,及无漏业生,依无明住地有缘非无缘,是故三种意生及无漏业缘无明住地。世尊,如是有爱住地,数四住地,不与无明住地业同,无明住地异离四住地。佛地所断,佛菩提智所断"①。这是说,阿罗汉、辟支佛、大力菩萨的随意变化身的变易生死是由于如取着为缘,以身、口、意所造作为因,并由此因缘而导致三界中的生死果报。阿罗汉、辟支佛、大力菩萨的"意生身"也是如此变化出来的。如此种种,都是依凭无明烦恼而生起来的。上文所说"无明住地异离四住地"的意思是:"无明受生,离在如来。四住受生,离在二乘。故云'异离',即是离无明住地,异于离四住。"②"四住地"助有漏业而感"三有身","无明住地"助无漏业而感"意生身",因此,"无明住地异离四住地"而别有。"无明住地"是"佛地所断",而不是阿罗汉、辟支佛大力菩萨所能断的。最后的结论就是:"阿罗汉、辟支佛断四种住地,无漏不尽,不得自在力,亦不作证。无漏不尽者,即是无明住地。"③

以上分析了吉藏所科判的"通释"二乘所得"四智"不究竟之原因的第一层次,下面的一段文字是其第二层次:"初是明'二乘不得四智',次明'二乘不得四智功德',即成四别。"④可见,第二层次是言二乘未获得"四智"功德,与此"四智"相应,经文可分为四方面理解。

第一方面,"断过有余"。二乘"无漏不尽即是无明住地,故前明'断过有余'。以不断无明故,但得有余解脱"⑤。经文曰:"世尊,阿罗汉、辟支佛、最后身菩萨为无明住地之所覆障故,于彼彼法不知不觉,以不知见故。所应断者不断,不究竟。"⑥这是说,阿罗汉、辟支佛断除了分段生死,自以为是涅槃,其实未得真灭。菩萨是以成佛为究竟的,未得成佛之时,当然是不究竟的。所以二乘及"最后身菩萨",直到成佛的前一刹那,

---

① 刘宋求那跋陀罗译《胜鬘经》,《藏要》第 2 册,第 303—304 页。
② 隋吉藏《胜鬘宝窟》卷中之末,《大正藏》第 37 卷,第 54 页下。
③⑥ 刘宋求那跋陀罗译《胜鬘经》,《藏要》第 2 册,第 304 页。
④ 隋吉藏《胜鬘宝窟》卷中之末,《大正藏》第 37 卷,第 48 页下。
⑤ 同上书,第 55 页上。

都被"无明住地"所覆盖所障碍。由于"无明住地"遮蔽真实,不能彻见一切法的如实性相,即"不知不觉",应该断除的而未能断除,因此是"不究竟"的。

第二方面,"三事有余"。二乘由于未能断除"无明住地",因而在下述三方面是"有余"的:"名有余过解脱,非离一切过解脱;名有余清净,非一切清净;名成就有余功德,非一切功德。"①对此,如吉藏的解释:"'名有余解脱'者,离四住之因分段之果也。'非离一切解脱'者,未离无明之因变易之果。……'有余净非一切',此明法身有余也。二乘所得五分法身,名'有余净',未得真如法身,非一切清净。"②另外,"'有余德非一切功德',此明般若有余也。若福智分别,般若非功德。若通论之,则般若亦是功德。慧有断障照法之功,故名为功。此功是慧家之德,故云功德也。二乘但得戒定慧功德,名'有余功德'。"③ 上述"三事"中,"解脱"是约"解脱德"言之的,"清净"是约"法身德"言之的,"功德"是约"般若德"言之的。从此看,阿罗汉、辟支佛、最后身菩萨三圣都是"有余"而非"究竟"的。

第三方面,约"四事"说明"有余"。经文说:"以成就有余解脱,有余清净,有余功德故,知有余苦,断有余集,证有余灭,修有余道。"④这是说,阿罗汉、辟支佛及大力菩萨成就了"有余解脱"、"有余清净"以及"有余功德",虽知"四谛"中的"苦谛",然只能知"有余苦",虽能断烦恼(集谛)然只能断"有余集",虽能证涅槃(灭谛)然只能证"有余灭",虽修圣道然只能修"有余道"。二乘及大力菩萨,于"知"、"断"、"证"、"修"的四谛事中,都是"有余",即根源于无明住地的不断,而并非"无量"。如吉藏所说:"二乘知谛有余,但知有量,不知无量,故曰'有余'。"⑤

---

①④ 刘宋求那跋陀罗译《胜鬘经》,《藏要》第2册,第304页。
② 隋吉藏《胜鬘宝窟》卷中之末,《大正藏》第37卷,第55页中—下。
③⑤ 同上书,第55页下。

第四方面,结语:"是名得少分涅槃;得少分涅槃者,名向涅槃界。"①从上述三个方面可以得出结论,阿罗汉、辟支佛所证得的"涅槃",仅"得少分涅槃",其意思是"名向涅槃界",不是到达究竟涅槃,不过走向"涅槃界"而已。如吉藏解释说:"涅槃云'灭',但'灭'分段因果,故名'少分'。又'少分'者,三德不备,故言'少分',得身智时,未有解时,无复身智。'向涅槃'者,向大涅槃。良以二乘不成此等,故四智不究竟。"②

(五) 如来获究竟四智、究竟涅槃

胜鬘夫人在指出二乘以及大力菩萨所获得"四智"、所证得涅槃是"有余"、"不究竟"的之后,向会众明确指出如来所获得"四智"是究竟的。这与前文恰成对照:

第一,如来"知谛无余"。经文曰:"若知一切苦,断一切集,证一切灭,修一切道。"③上文说,二乘以及大力菩萨不知不见不断,所以涅槃三德、四谛智都是"有余"的,不是"究竟"的。而若能遍知三界内外的一切苦,断四住及无明住的一切烦恼,证三界内外的一切有漏离系,修三乘共及大乘不共的一切圣道,才能获得究竟常住的涅槃。

第二,如来得"涅槃无余"。经文曰:"于无常坏世间,无常病世间,得常住涅槃;于无覆护世间,无依世间,为护为依。"④此可分为两层含义:"一显自利德,二'无覆护世间',明利他德。自德中又二:'于无常坏世间',明其所离。'得常住涅槃',明其所得。分段世间名'无常坏',变易世间名'无常病'。分段以五阴离散为死,变易犹有生灭之患为'病',通称生死以为世间。"⑤而后面两句则是说明佛所具的"化他德"的:"一举无护无依,二为护依者,显涅槃德作护作依。'无覆护世间'者,分段世间也,离佛更无余人覆护。'无依'是变易出世间,离佛更无余人可依。以变易人觉生死过,求归依处,故就彼人说其无依。言'为护'者,如来为彼

―――――――――
① ③ ④ 刘宋求那跋陀罗译《胜鬘经》,《藏要》第 2 册,第 304 页。
② 隋吉藏《胜鬘宝窟》卷中之末,《大正藏》第 37 卷,第 55 页下。
⑤ 同上书,第 56 页上。

无覆护世,作覆护也。言'为依'者,为无依世间作归依也,使外恶不侵'为护',令物始终凭附为依。"①

第三,"三事无余"。经文曰:"何以故?法无优劣故,得涅槃;智慧等故,得涅槃;解脱等故,得涅槃;清净等故,得涅槃。是故涅槃一味等味,谓解脱味。"②这是从"法"、"智慧"、"清净"等"三事"中去说明,唯有如来获得常住究竟的涅槃。从"法"言之,"如来三事平等也。于一心中随义互分,故'无优劣'。如无累边名'解脱',照义边名'波若';又复同是究竟穷满,故'无优劣'"③。文中所说的"涅槃一味等味","法所言味者,从喻为名。如彼大海,虽复广大,同一醎味。涅槃如是,三德虽广,体同一味,是故言'味'"④。而一般而言,佛教所说的"出世法"中有三种味,即法味、禅悦味、解脱味。而此中所说的"解脱味,此乃是共通名'解脱';一切诸德,出离垢障,故名'解脱'。如《地论》云:法身、所解脱及般若等。通皆名为净相解脱。"而"一切诸佛同一清净,是故涅槃一味者,谓同一涅槃味也。'等味谓解脱味'者,如《法华》云:为大众说甘露净法,其法一味解脱涅槃"⑤。涅槃三德平等,涅槃的一味等味,显示出究竟常住的涅槃,非二乘所见的灰身泯智之涅槃可比。

第四,"断过无余"。此段落比前三者详细不少,分为两大层次。

第一个层次是从"反面"去说明:"由不断无明故,不得一切佛法。……无明生一切烦恼,障一切佛法。"⑥如胜鬘所说:"世尊,若无明住地,不断不究竟者,不得一味等味,谓明解脱味。何以故?无明住地不断不究竟者,过恒沙等所应断法,不断不究竟。过恒沙等所应断法不断故,过恒沙等法应得不得,应证不证。"⑦这是说,不断除"无明住地",就不

---

① 隋吉藏《胜鬘宝窟》卷中之末,《大正藏》第37卷,第56页上—中。
② 刘宋求那跋陀罗译《胜鬘经》,《藏要》第2册,第304页。
③ 隋吉藏《胜鬘宝窟》卷中之末,《大正藏》第37卷,第56页中。
④ 同上书,第56页中—下。
⑤⑥ 同上书,第56页下。
⑦ 刘宋求那跋陀罗译《胜鬘经》,《藏要》第2册,第304—305页。

能得"一味等味"的"明解脱味"。"无明住地"如不断不究竟,过恒河沙等烦恼也就不能断除,如此则过恒河沙数的一切功德法,应得的也就不能得,应证不能"证"。"是故无明住地积聚生一切修道断烦恼上烦恼。彼生心上烦恼,止上烦恼。观上烦恼,禅上烦恼,正受上烦恼,方便上烦恼,智上烦恼,果上烦恼,得上烦恼,力上烦恼,无畏上烦恼。如是过恒沙等上烦恼,如来菩提智所断。一切皆依无明住地之所建立,一切上烦恼起,皆因无明住地缘无明住地。"①由于"无明住地"含摄一切微细的"所知障种",烦恼习气,故称为"积聚"。过失聚集的"无明住地"出生"一切修道断烦恼上烦恼"。因为"所生烦恼,应为道治,是故名为'修断烦恼'"②。此后的十一句,都是描述"无明住地"所产生的"烦恼"的。其中,"上烦恼"是随烦恼,"心上烦恼"是障心的烦恼。这是说一切随烦恼,都是随逐心而为烦动恼乱的,其后的十句分别从不同方面对此进行了说明。

第二个层次,是正面说明如来断除了上述一切烦恼。经中先说如来断除了无明,因此恒沙数的随烦恼也断除了。"若复过于恒沙如来菩提智所应断法,一切皆是无明住地所持所建立。譬如一切种子皆依地生,建立增长;若地坏者,彼亦随坏。如是过恒沙等如来菩提智所应断法,一切皆依无明住地生,建立增长。"③为如来菩提智所应断除的过于恒河沙的烦恼法都是依持于"无明住地"而建立的。因此,胜鬘向大众说:"若无明住地断者,过恒沙等如来菩提智所应断法,皆亦随断。如是一切烦恼上烦恼断,过恒沙等如来所得一切诸法通达无碍,一切智见,离一切过恶,得一切功德法王法主而得自在,证一切法自在之地。"④如来"由断恒沙惑故,得恒沙佛法"⑤,获得"三事"即"'一切智见',得般若也。'离一切恶',得一切功德法身也。'法王'已下,得解脱也"⑥。

---

①③④ 刘宋求那跋陀罗译《胜鬘经》,《藏要》第 2 册,第 305 页。
② 隋吉藏《胜鬘宝窟》卷中之末,《大正藏》第 37 卷,第 57 页中。
⑤ 同上书,第 57 页下。
⑥ 同上书,第 58 页中。

在将二乘在断、证等方面的局限性与如来作了详细对照之后,胜鬘对会众宣告:"如来应等正觉正师子吼,我生已尽,梵行已立,所作已办,不受后有。是故,世尊,以师子吼依于了义,一切记说。"①这就是一切苦尽、一切集断、一切道修、一切灭证的四事圆满。总之,上文广明二乘的"三事"、"四事"不究竟,佛的"三事"、"四事"究竟,突出"佛乘"即"一乘"是最殊胜最具超越性的。

(六)会小果入一乘

在向会众点明"一乘"最为殊胜之后,胜鬘向会众指出"会小果如一乘"的必要性和方法。

根据吉藏的判释:"'不受后有智'下,会小入大,以有畏故,终须入大。"②前面已经说了"我生已尽,梵行已立,所作已办,不受后有"四种智,如来所得与二乘所得是不同的。在此,胜鬘则以"不受后有智"为例再作说明。

如经中所说,"不受后有智"有如来智与二乘智的区别。胜鬘说:"如来以无上调御,降伏四魔,出一切世间,为一切众生之所瞻仰,得不思议法身,于一切尔焰地得无碍法自在,于上更无所作,无所得地。十力勇猛,升于第一无上无畏之地,一切尔炎无碍智观不由于他,不受后有智师子吼。"③——这是如来所得的"不受后有智"。四魔即"烦恼魔"、"五蕴魔"、"死魔"、"天魔"。佛于因地广大修行,故果得成就无边智慧,达到究竟,住于佛果的"无所得地"。佛所证的功德中,有"十力",升于"第一无上无畏之地"即远离一切生死怖畏的涅槃地。于"一切尔焰"境,以"无碍智"去观察,"不由于他",而起自知自证的"不受后有智"。由于自证知五住烦恼断尽,再不能感二种生死,因此,佛能作"师子吼"而说"我生已尽,梵行已立,所作已办,不受后有"。

---

① 刘宋求那跋陀罗译《胜鬘经》,《藏要》第 2 册,第 305 页。
② 隋吉藏《胜鬘宝窟》卷中之末,《大正藏》第 37 卷,第 45 页下。
③ 刘宋求那跋陀罗译《胜鬘经》,《藏要》第 2 册,第 305—306 页。

二乘的"不受后有智"与佛不同。胜鬘说:"世尊,阿罗汉辟支佛,度生死畏,次第得解脱乐,作是念:我离生死恐怖,不受生死苦。世尊,阿罗汉辟支佛观察时,得不受后有观第一苏息处涅槃地。"①——这恰好与上述如来所得构成对照。

从上述对照中可见,二乘所得"四智"、"涅槃"是不究竟的,因此,胜鬘向会众说明必须以小乘入大乘。胜鬘说:"声闻、缘觉乘皆入大乘,大乘者即是佛乘,是故三乘即是一乘。得一乘者,得阿耨多罗三藐三菩提。阿耨多罗三藐三菩提者,即是涅槃界,涅槃界者即是如来法身。得究竟法身者,则究竟一乘。无异如来无异法身,如来即法身。得究竟法身者,则究竟一乘,究竟者即是无边不断。"②因为声闻、缘觉乘不究竟,终须回归大乘,因而虽说有三乘,其实"即是一乘","得一乘"即得阿耨多罗三藐三菩提,得阿耨多罗三藐三菩提即是"涅槃界",得涅槃界即是如来法身。

上文已经说明二乘有生死怖畏,因此,下文则宣说如来为常住归依,二乘归依于佛则可以去除怖畏。依据吉藏等人的判释,此段经文可分为"二:一、正明会入。二、'何以故'下,明会入所以"③。而第一部分又可分为两层去解释。

"正明入一乘"的第一层是"佛依是究竟"。胜鬘所说的"如来无有限齐时住,如来应等正觉后际等住。如来无限齐,大悲亦无限齐,安慰世间"④两句,是佛之"自德",其后的两句是佛"化他"之德。如来是无有过去、现在、未来"限齐时住"的。"限齐"是分限有界限的意思。如来没有时限可说,即是"常住"之义。而说"'如来等觉后际等住'者,明证涅槃常住义也。涅槃后际是所得,彼是法常,如来等之,故曰常住"⑤。如来是"后际等住"的,即尽未来际住的,因而如来是"常住"的。从"化他"之德言之,如来"无限大悲,无限安慰世间。作是说者,是名善说如来。若复

---

①②④ 刘宋求那跋陀罗译《胜鬘经》,《藏要》第2册,第306页。
③ 隋吉藏《胜鬘宝窟》卷下之本,《大正藏》第37卷,第61页中。
⑤ 同上书,第61页下。

说言,无尽法、常住法一切世间之所归依者,亦名善说如来"①。这是说,如来有"无限"的大悲心,于一切众生起大悲,以无限的悲心与悲行安慰世间众生。关于此中所说的"作是说者是名善说如来"含义,吉藏解释说:"言称佛德名'善说'也。又举说者是'善',显所说得是实非虚也。"②这似乎是指胜鬘善于言说如来的所证及其功德。而对于后面一句,吉藏解释说:"佛具前德,为世归趣,亦名'善说'。显于自德,义善同前,故言是名'善说'。"③这又似乎是说,如来显现出自己之"德",为世间、众生之所归,因而称之为"善说如来"。在宣说了如来的"自德"和"化他"之德后,胜鬘总结说:"是故于未度世间、无依世间,与后际等作无尽归依、常住归依者,谓如来应等正觉也。"④此中,"分段世间,名为'未度'。变易世间,名为'无依'"⑤。在未度、无依无护的世间,能尽未来际"作无尽归依"以及"常住归依者",就是"如来应等正觉"。

"正明入一乘"的第二层是"显法、僧二归有究竟非究竟"之别,"若即佛果辨二归,便是究竟;不即佛果辨二归,不究竟"。如此言说,"只欲显二乘人是不究竟僧归。以不究竟故,归依如来,趣入究竟,远释成前阿罗汉归依佛也"⑥。这一部分内容也分为两个方面,第一是说明"法"、"僧"二归是"权",是不究竟。胜鬘首先说:"法者即是说一乘道,僧者是三乘众,此二归依,非究竟归依,名少分归依。"⑦"法"即是佛所说的"一乘道",为佛所说的修行方法,是"道谛"。如同《法华经》所讲,佛说道法的目的是为众生"开示悟入佛之知见",虽然针对众生的根机,佛有时说"三乘道",但这是方便说,实际只有"一乘道"。而作为佛开示的对象,众生则有声闻、缘觉、菩萨三类。因此,法、僧"二归依"非是究竟归依,只可名为

---

① 刘宋求那跋陀罗译《胜鬘经》,《藏要》第2册,第306页。
② 隋吉藏《胜鬘宝窟》卷下之本,《大正藏》第37卷,第61页下。
③⑤ 同上书,第62页上。
④ 刘宋求那跋陀罗译《胜鬘经》,《藏要》第2册,第306—307页。
⑥ 隋吉藏《胜鬘宝窟》卷下之本,《大正藏》第37卷,第61页中。
⑦ 刘宋求那跋陀罗译《胜鬘经》,《藏要》第2册,第307页。

相对的归依。之所以如此，是因为佛"说一乘道法，得究竟法身，于上更无说一乘法事。三乘众者，有恐怖，归依如来，求出修学，向阿耨多罗三藐三菩提。是故二依，非究竟依，是有限依"①。

关于此中所讲的"三归"的意义，吉藏解释说："此经意，昔日以罗汉为僧宝，为他作归依处。今明罗汉犹自有怖，须归依他，不能为他作究竟归。唯佛究竟，不依于他，为他作依。小乘法义亦尔，非究竟。若究竟之法，则堪为物归也。是故今教亦明三归。"②如经中胜鬘所说："若有众生，如来调伏，归依如来，得法津泽，生信乐心，归依法僧，是二归依，非此二归依，是归依如来。"③这是说，如果有众生因如来的教化，而对佛生起尊敬心，不生我慢固执，即被"调伏"。被调伏的众生归依如来，听佛说法，得到佛法的润泽，生起信仰爱乐之心。如此则可知，归依于"法"以及依法而修的僧是"二归依"，是从根本的归依如来而来。如此以来，说其归依于"法"、"僧"，实际上是归依于如来的。

"三归"之中，归依如来是究竟，归依法、僧则非究竟。胜鬘说："归依第一义者，是归依如来。此二归依第一义，是究竟归依如来。何以故？无异如来。无异二归依，如来即三归依。"④在此，胜鬘明确地宣布，归依最胜第一义谛即是归依如来。此处所说的"第一义谛，是指如来不可思议微妙常住的真体，所以也不是归依世俗的如来。从如来即第一义说，'此'法僧'二归依'的'第一义'谛，也即'是究竟归依如来'了。就世俗相说，三乘众有恐怖，不是究竟归依处。然约第一义说，三乘众同有如来藏性，与如来不二。一乘道法也如此，法法不离法性，不离第一义如来藏性。这可见，法僧二归依的第一义，就是归依如来，法僧也即有可归依的真义了。如来是圆满成就第一义的；法道，是不离第一义，而还在修行的过程中；三乘众虽没有究竟成就，而不离第一义如来藏性"③。如果从归

---

① ③ ④ 刘宋求那跋陀罗译《胜鬘经》，《藏要》第 2 册，第 307 页。
② 隋吉藏《胜鬘宝窟》卷下之本，《大正藏》第 37 卷，第 61 页中。
③ 印顺《胜鬘经讲记》，《妙云集》第三册，第 200 页。

依第一义说,无别异所归的如来,也无别异的法、僧二归依,二在第一义谛中,是平等无别的,所以胜鬘说归依如来即是"三归依"。

依照吉藏的科判解释,在讲完上述内容之后,胜鬘以简短的语言,总结了会三乘入一乘的最核心的理由:"何以故?说一乘道,如来四无畏成就师子吼说,若如来随彼所欲而方便说,即是大乘,无有三乘,三乘者,入于一乘;一乘者,即第一义乘。"①吉藏解释这一部分的主旨是:"明一乘道是佛实说,余二方便非实说,故会入一。"②这是说,"一乘"是如来所说的究竟之教,但因众生不能接受,不能一概地宣说一乘,所以如来不能不从"权"而说"三乘"。从一乘的教义说,一乘即是大乘,无有"三乘"。"三乘"是从唯一大乘所出生,所以又会入于一乘。《胜鬘经》所强调的"一乘"即是"第一义乘",即法身如来藏甚深不可思议的常德。如此一来,此经便通过强调三乘归一的方法,突出了如来藏思想。

四、无量四谛

吉藏将《胜鬘经》"正宗分"十五章中的第六至第十三章分为一个大的义理单元。吉藏解释说:"初四章经,总明有量无量,显无量是究竟,有量非究竟。'一谛'、'一依'已下,重就无量谛中分别取舍,前三谛是虚妄非究竟,一苦灭谛是真实,为究竟。"③这是说,第六至第十章是从总体上说明佛乘有无量四谛,第十一至第十三章则是在"无量四谛"中再作取舍以说明前三谛非究竟,"苦灭谛"是真实,是究竟。

对于此八章经的主旨,吉藏在分析第六"一依章"时分析道:"凡六章经,言并涉'谛',知谛是解行之本,宜以'谛'为其正宗。虽六章辨谛,有四义不同。初圣谛章,明二乘无知圣谛,佛则有之,叹谛甚深。出二种谛名体章,一释无作谛虚实。一依章,明一灭谛是可依。三处言并涉于谛,

---

① 刘宋求那跋陀罗译《胜鬘经》,《藏要》第2册,第307页。
② 隋吉藏《胜鬘宝窟》卷下之本,《大正藏》第37卷,第63页上。
③ 同上书,第63页中。

而此义不同。下二章,虽言不涉谛,并是论灭谛事。"①可见,现代佛学界习惯于将其归结为如来藏经典,似乎此经的精华就是语涉如来藏的那几句。而古德的解释则与此大异其趣。这是值得学术界深思的。

关于第六至第九章的主旨,吉藏解释说:此四章"就文为二:初一章,明二乘依有量谛,若无智无圣无谛,佛依无量谛,故有此三法。次三章,于无量中说如来藏、法身空义、隐覆,故无量甚深,即显有量谛不说此三法,故有量非甚深。始终论之,有量无六法故,佛依无量谛故究竟,二乘依有量故不究竟"②。这是从"四谛"的角度来解释此四章的含义,而文中所讲的"无量谛"则属于"如来境智"即佛之知见的境界的范畴。以下依次分析之。

(一)无边圣谛章

关于此章与前述第五章的联系,吉藏解释说:"从'一乘章'至此,凡夺四种四法:初明佛有四种功德,故有涅槃;二乘无四种功德,故无涅槃。次,明二乘无四智,佛有四智。次,明二乘无四无余,佛有四无余。今明二乘无四谛,有四谛。又一乘是佛果德,四谛是佛所证。前已明果,今次辨证,故有此章来也。又一乘依如来藏,要由见佛性,故得成一乘。如来藏由四谛而显,故须明谛也。"③这说的是前章所讲的内容与此章主题的联系。而从整个《胜鬘经》来分析,"从经初五章始叹佛发心,终一乘之果,并是明大乘行。行不孤生,起必托境,故今明无边圣谛,出行境也"④。这就是从"无边圣谛章"开始叙说的"如来境智"的内容。

关于此章名称的含义,吉藏解释说:"此章名为'说无边圣谛',无分别中,善巧分别,故名为'说';苦集灭道,审实不虚,故名为'谛';又能生不颠倒实解,故名为'谛'。'圣'谓诸佛,就圣辨谛,故云'圣谛'。又此'谛'能生无漏圣解,目之为'圣',故云'圣谛'。有量之谛,名曰有边。无

---

① 隋吉藏《胜鬘宝窟》卷下之末,《大正藏》第37卷,第79页中。
② 同上书,第64页中。
③④ 同上书,第63页下。

量之谛,名曰'无边',故云'无边圣谛'。"①

关于此章的结构,吉藏分其为两部分:"又为二:前明有圣无圣,次明有谛无谛。"②这是依据章名的线索对其作的层次划分,即先言"圣"再言"谛"。

关于胜鬘论说"有圣无圣"的部分,吉藏又解释说:"初又二:初明有圣法无圣法,次明有圣人无圣人。"③依据这一判释,可知胜鬘对此的说明分"圣法"和"圣人"两层次。以下依次论列之。

关于胜鬘在此所说的"圣法",吉藏解释说:"圣法乃多,今正论慧。"④也就是说,胜鬘在此仅仅以"慧"法来代表所有"圣法"。上述文字可分为四层:第一层,显示"谛"有渐至非渐至的区别:"世尊,声闻、缘觉初观圣谛,以一智断诸住地,以一智四断知功德作证,亦善知此四法义。世尊,无有出世间上上智,四智渐至及四缘渐至,无渐至法,是出世间上上智。"⑤此中,"圣谛"即"真谛"、"第一义谛",声闻、缘觉初观的"圣谛",与如来的第二类观圣谛智不同。"二乘人单用初一有作谛智断四住地,不用无作断无明地,故名'一智'。"⑥"一智"即"一切智",二乘是以其所具有的"一智"断除"四住地"烦恼,又以"一智"成就"四事"即"四断知",指前述二乘把握"我生已尽,梵行已立,所作已办,不受后有"的智慧。二乘没有如来所独具的"出世间上上智",因而只能"四智渐至"。如吉藏所说:"'渐至'、'无渐至',即是渐见四谛、顿见四谛。二乘人渐见四谛,大乘顿见四谛。今欲明大、小二种见谛不同,是故今初论'有渐至'、'无渐至'义。"⑦又"一切境界于佛心内显现,故言无四缘渐至也。以佛顿得四智。顿见四境故也。无渐至法者,总结一切诸佛同无渐至法。如是出世间上上智者。此出无渐至智断也"⑧。

---

① 隋吉藏《胜鬘宝窟》卷下之本,《大正藏》第37卷,第63页下。
②③④ 同上书,第64页中。
⑤ 刘宋求那跋陀罗译《胜鬘经》,《藏要》第2册,第307页。
⑥⑦ 隋吉藏《胜鬘宝窟》卷下之本,《大正藏》第37卷,第64页下。
⑧ 同上书,第65页中。

第二层,显示"第一、非第一":"世尊,金刚喻者是第一义智。世尊,非声闻、缘觉不断无明住地,初圣谛智是第一义智。"①"金刚喻定"(金刚喻智)即是"第一义智",金刚喻智慧能破一切烦恼,断尽无余。"今明佛智是常,不为生灭所坏,类同金刚坚固,不为物坏,故云'金刚喻'者。又金刚无惑不摧,如云无明住地佛菩提智断;又彻穷际,本非际不停,佛智亦然,彻穷无作谛理,非住有作四谛而停也。能灭无明,见第一义,故名'第一义智'。"②二乘"初圣谛智"仅仅断"四住地"而不能断"无明住地",所以不应该名为"金刚喻智",也就不配称为"第一义智"。

第三层,说明"思识、不思议":"世尊,以无二圣谛智,断诸住地。世尊,如来应等正觉非一切声闻、缘觉境界,不思议空智,断一切烦恼藏。"③接续前句,"前明二乘断障不穷,是可思议。第二明佛断尽,是不可思议"④。

第四层,说明"究竟、不究竟":"世尊,若坏一切烦恼藏究竟智,是名第一义智。初圣谛智,非究竟智,向阿耨多罗三藐三菩提智。世尊,圣义者,非一切声闻、缘觉。声闻、缘觉成就有量功德,声闻、缘觉成就少分功德,故名之为圣。"⑤接续前说,"前明如来果德究竟,后明二乘果德不究竟。"⑥此中的第一句是说由于佛智能"坏一切烦恼",是"究竟智",因此是"第一义智"。第二句是说,二乘智非究竟,因而须向菩提,这显示二乘之果亦非究竟。

关于"圣人",经中只有两句:"世尊,圣义者,非一切声闻、缘觉。声闻、缘觉成就有量功德,声闻、缘觉成就少分功德,故名之为圣。"⑦吉藏对此解释说:"自上已来第一明有圣法、无圣法,此下第二明有圣人、无圣人。上二乘无圣法,佛有圣法。今亦应明二乘非圣人,佛是圣人。而文

---

①③ 刘宋求那跋陀罗译《胜鬘经》,《藏要》第 2 册,第 307 页。
② 隋吉藏《胜鬘宝窟》卷下之本,《大正藏》第 37 卷,第 65 页中—下。
④⑥ 同上书,第 66 页上。
⑤ 刘宋求那跋陀罗译《胜鬘经》,《藏要》第 2 册,第 307—308 页。
⑦ 同上书,第 308 页。

但明二乘无,即显佛是有。故不别明佛是圣人。就文有二:一、明实无。二、辨权有。初言圣义者,总以标举,穷极大圣义也,即是明佛有圣义也。圣者,正也。以理正物,名为圣义。"①吉藏在此关于"圣"之含义的界定,以"正"来界定"圣",使其与儒学区分开来,很精当。

关于"有谛无谛"部分,也只有简短数句:"圣谛者,非声闻、缘觉谛,亦非声闻、缘觉功德。世尊,此谛如来应等正觉初始觉知,然后为无明㲉藏世间开现演说。是故名圣谛。"②这是说,二乘无"谛",佛有"谛"。此中的"圣谛"是指"无作谛","是无量谛,佛圣所知,故名圣谛。良以此谛,是佛大圣所觉所说,故名圣谛也"③。此"谛"是如实不颠倒性,即"诸法实相"、"法性"的异名,唯佛能圆满证觉,所以称为"圣谛"。

(二) 四谛章

关于这一章的内容,吉藏有一独特的说法。他说:"'圣谛者说甚深义'下,晚讲人从此是如来藏章,次此后明法身章。今不同也。依古旧犹是四谛。上正明佛有圣谛,此下第二举藏及法身叹谛甚深义,所以非别章者,此章名'四谛章'。"④依据吉藏的说法,关于此后的一段经文,较为古旧的解释是"四谛章",而较近的主张是"如来藏章"。而之所以名之为"如来藏章"的依据是此经的"流通分"的一个总说明。而之所以名之为"四谛章"的原因在于"释四谛义犹未竟,而复明如来藏及法身章者,则义成杂乱,是故举藏及身叹谛甚深,犹属圣谛章也"⑤。这是说,前述"无边圣谛章"对于"四谛"的说明未曾充足,如果将这一段经文直接命名为"如来藏章"则会造成经义的杂乱,因而此章的主旨是以四谛说明如来藏、以如来藏说明四谛。

吉藏对此作了详细解释:"就叹谛甚深,更开三别:一、举藏甚深叹谛甚深。二、举藏类法身。三、总举身、藏权实劝信解二谛。此章既言涉于

---

① 隋吉藏《胜鬘宝窟》卷下之本,《大正藏》第37卷,第66页上。
② 刘宋求那跋陀罗译《胜鬘经》,《藏要》第2册,第308页。
③④⑤ 隋吉藏《胜鬘宝窟》卷下之本,《大正藏》第37卷,第66页下。

藏,即得释如来藏义。"①关于"四谛"与如来藏的关系,吉藏解释说:"上已明佛有圣谛,今就谛说藏深,欲举藏深叹谛深义,是故说如来藏也。又一乘由于藏成,故须藏。远而言之,由如来藏故,一切颠倒及不颠倒其义得成。言由如来藏颠倒成者,众生失佛性故,轮转苦海。如《涅槃》云:是一味药,随其流处成六道味。又如来藏为生死作依持建立,是故颠倒由藏而成。言不颠倒由藏成者,若无佛性,虽起大行大愿,不得成佛。……故不颠倒法由藏而成。又颠倒由藏而成,故有苦集,不颠倒由藏而成,故有灭道。故四谛义成由如来藏,故就四谛明藏义也。"②以下依据吉藏的解释对此作一分析。

被吉藏列入第一层面"就谛明藏"的经文是:"圣谛者,说甚深义,微细难知,非思量境界,是智者所知,一切世间所不能信。何以故?此说甚深如来之藏。如来藏者,是如来境界,非一切声闻、缘觉所知。"③依据吉藏的解释可知,此中之所以言"圣谛甚深",是因为如上文所说"佛有圣谛,二乘无圣谛",而佛所具的"圣谛甚深"的原因在于,"此藏中出如来法身,微妙难知,又如来藏为烦恼所隐,非二乘所知,故言'甚深'也"。吉藏特别点出:"斯则四谛俱深,原由佛性,故将明八谛,举之致叹。"④至于经中所说的"微细难知,非思量境界"的含义是:"非闻慧境,故言'微细'。非思慧境,故言难知。非世间修慧境界,故言非思量。"⑤佛教有四种慧的说法,即"闻慧"、"思慧"、"修慧"、"证慧",此中所说"智者所知"即是指"证慧",此慧唯佛能知。"何以故"之后的几句是解释"甚深"的含义的。吉藏解释说,因为此经所说的"圣谛"是以如来藏以及如来法身为"体"的,因而为"深"。因此,胜鬘说"如来藏者,是如来境界",非二乘所知。

---

① 隋吉藏《胜鬘宝窟》卷下之本,《大正藏》第37卷,第66页下—67页上。
② 同上书,第67页上。
③ 刘宋求那跋陀罗译《胜鬘经》,《藏要》第2册,第308页。
④⑤ 隋吉藏《胜鬘宝窟》卷下之本,《大正藏》第37卷,第67页下。

被吉藏列入第二层面"就藏明谛"的经文是:"如来藏处,说圣谛义。如来藏处甚深故,说圣谛亦甚深。微细难知,非思量境界,是智者所知,一切世间所不能信。"①依据吉藏的解释,上述第一句的含义是:"言'藏处说圣谛'者,如来藏不染而染,为苦集谛;非净而净,为灭道谛。故就'藏处说圣谛'矣。"②第二句,"以藏甚深,类显谛亦深,显就藏说谛之意也。将谛摄藏,藏即谛实,故谛深也。藏即谛实者,四谛通虚实,佛性即灭谛,故言藏即谛实。"③第三句则与上文相同,是说"圣谛"非二乘所知。

(三) 法身章

此章一般命名为"法身章",然吉藏仍认为与"圣谛"相关,他说"若于无量烦恼藏烦恼所缠"以下的一大段经文,"若钩锁相生者,即是第二举'藏'类'身',欲将'身'、'藏'类'谛',故有此章来也。"④这是说,这一章是举如来藏类"法身",其目的是将"法身"、如来藏类"圣谛"。对于此章的宗旨,吉藏解释为"总举身、藏劝信二谛"⑤。而关于如来藏与法身的关系,吉藏解释说:"前明如来藏,藏义则隐,法身是显。藏义既隐,此则难明。法身居显,斯则易辨。欲以出缠易显之身,显彼隐时难明之藏,此则为成藏义,故辨法身也。……然如来藏之与法身,更无有二,只是隐显之名。隐法身故名如来藏,显如来藏故名法身。"⑥

在此章,胜鬘首先说:"若于无量烦恼藏所缠如来藏不疑惑者,于出无量烦恼藏法身亦无疑惑。于说如来藏、如来法身、不思议佛境界及方便说心得决定者,此则信解说二圣谛。"⑦这是说,对那些信仰、理解如来

---

① ⑦ 刘宋求那跋陀罗译《胜鬘经》,《藏要》第 2 册,第 308 页。
② ③ 隋吉藏《胜鬘宝窟》卷下之本,《大正藏》第 37 卷,第 68 页上。
④ 同上书,第 68 页上一中。
⑤ 同上书,第 68 页下。
⑥ 同上书,第 68 页中。

藏思想以及如来法身、佛的境界以及一乘是实、三乘是权①的说法者,可以给他们解说关于"二圣谛"的学说。这是说,信知"无量烦恼藏所缠如来藏"及"出无量烦恼藏法身"能信得"圣谛"。由此引出了此章的核心——"如是难知难解者,谓说二圣谛义。"②《胜鬘经》在此所说的"二圣谛义"即"作圣谛义"、"无作圣谛义"。以下依据经文及吉藏等古德的解释对其作一分析说明。

胜鬘说:"说作圣谛义者,是说有量四圣谛。何以故?非因他能知一切苦,断一切集,证一切灭,修一切道。是故,世尊,有有为生死、无为生死;涅槃亦如是,有余及无余。"③此处的"说作圣谛义"就是说"有量"的"四圣谛义"。"有量"是有限的意思,即仅仅得一部分,如知少分苦,修少分道等。因为并非能知一切苦、断一切集、证一切灭、能修一切道。同时,"生死"有"有为生死"和"无为生死"两种。"有为生死"即"分段生死","无为生死"即"变易生死"。一般而言,二乘已证入"无为"但却为"变易生死",这是因为二乘虽证入"无为"而不尽,证入"无为"而还有"有为生死"。此经前文已经提及的"大力菩萨"也是如此。"生死"有此二种,涅槃也有"有余涅槃"、"无余涅槃"两种。"有余"是二乘所证的,"无余"是佛所证的。从而言之,"有量四谛"中所说的"断生死"、"证涅槃",其实不过是"断有为生死"、"证有余涅槃"而已。

胜鬘说:"说无作圣谛义者,说无量四圣谛义。何以故?能以自力知

---

① 吉藏列举了数种关于"佛境界及方便说"的解释。如:"问:何者是藏身权实?答:藏实者,谓真如佛性。藏权者,如说生死以为藏等。又说如来藏明众生有佛性者,此是真实。说有三乘等性者,此是方便。身实者,所谓诸佛法身。身权者,所谓化身。又如来藏及法身,有佛无佛,性相常住,非是说时便有,不说便无,故是身藏实也。及方便者,昔说无常教也。有人言:明佛善巧,能为众生说如来藏以为作、无作二谛,名方便说。此师以所说身藏为真实,巧方便说名方便也。今谓不然,正以身权实,类谛亦有权实。有作为权谛,无作为实谛。"(《胜鬘宝窟》卷下之本,《大正藏》第37卷,第38页下—69页上。)此可以参考。吉藏以及所引的观点属于挖掘"微言大义"的解经方法所致,笔者上文采取的是最宽泛的说法。
②③ 刘宋求那跋陀罗译《胜鬘经》,《藏要》第2册,第308页。

一切受苦,断一切受集,证一切受灭,修一切受灭道。"①此处"说无作圣谛义"就是"说无量"的"四圣谛义"。"无量"是无有限量即究竟圆满的意思。为何佛谛是"无作无量"的呢?因为如来"能以自力知一切受苦、断一切受集、证一切受灭、修一切受灭道"②,所以是无量的。这是与二乘不同的。

关于此"二圣谛"的对比,吉藏分四门给予解释:"一、粗细门。若说分段因果,及能治灭道,称为有量。若说变易因果,及能治灭道,称曰无量。二、广狭门。若说苦集唯其分段因果,灭道唯是分段对治,故名有量。若说苦集该通分段、变易两种因果,灭道该摄分段、变易二种对治,故名无量。三、浅深门。小乘所愿。唯知染净因果法相,此毘昙宗也。又说极深,唯知四谛,因缘假有,无性之空,此成论宗也。故名有量也。大乘所观,明空则本性寂灭,辨有则穷如来藏。故名无量。四、总别门。小乘法中,虽观四谛,总相粗知,名为有量。大乘法中,随别细知,名为无量,知一苦中,具知法界微尘数苦;集等亦然。"③

在解说了"二圣谛"之后的一段经文被吉藏解释为"开权显实"。吉藏说,"作圣谛"和"无作圣谛"各分为四谛,构成"八谛",前者是"权谛",后者是"实谛",而文中偏于解释"实谛"。④ 八谛之中,"无作四谛"是佛所知,因此,胜鬘说:"如是八圣谛,如来说四圣谛。如是四无作圣谛义,惟如来应等正觉事究竟,非阿罗汉、辟支佛事究竟。"⑤对于为何二乘只能把握"作四谛",《胜鬘经》的解释是"非下中上法得涅槃"⑥。对此,吉藏解释说:"所言事者,谛有三种:一者,解究竟,所谓一切染净法相,自身染净因果,究竟解知一切四谛法相。二、行究竟,于己谛事——苦集断尽,灭道修满。三、说究竟,既如实悟,还如实说。佛具此三也,故云事究竟。二

---

①② 刘宋求那跋陀罗译《胜鬘经》,《藏要》第 2 册,第 308 页。
③ 隋吉藏《胜鬘宝窟》卷下之本,《大正藏》第 37 卷,第 69 页中。
④ 参见上书,第 71 页中。
⑤ 刘宋求那跋陀罗译《胜鬘经》,《藏要》第 2 册,第 308—309 页。
⑥ 同上书,第 309 页。

乘事不究竟亦有三义：一、解不究竟，于四谛法知之不穷。二、行不究竟，于己苦集断之不尽，于己灭道证之未圆。三、说不究竟，既不如实悟，亦不如实说。是故二乘事不究竟也。"①

此后，胜鬘对为何如来"于无作四圣谛义事究竟"进行了解释："以一切如来应等正觉，知一切未来苦断，一切烦恼上烦恼所摄受一切集灭，一切意生身除，一切苦灭作证。"②如来能知一切"未来苦断"，佛能断一切烦恼上烦恼所摄受，不但灭除分段身，而且灭一切"意生身"，除一切苦而得于"灭作证"。这可与上引吉藏对佛之"四事究竟"的解释对照得以理解。

如来也是"知灭究竟"的，如胜鬘所说："世尊，非坏法故，名为苦灭。所言苦灭者，名无始、无作、无起、无尽，离尽常住自性清净，离一切烦恼藏。"③在此首先"简非"，"二乘得灭，名'坏法灭'也。昔教以身灰智断，是坏法之灭。今则妙有常住，无累湛然，非同此灭"④。经文"所言苦灭"之后的一句则是正面叙述如来之究竟。文中的"无始"的意思是"理灭本有也。非生因造，故云'无作'。若为生因造作，则是本无今有，故名为'起'。既非本无今有，故'无起'。若本无今有，则已有还无，故名'灭尽'。既非本无今有，则非已有还无，是故'无尽'。有尽故则是无常，今既离尽是故'常住'。'自性清净'者，未现之时，名为'性净'；显现之时，为'方便净'，故云'自性清净'。'离一切烦恼藏'者，本隐之时，有惑不能染；显现之时，无惑之可染，故云'离烦恼藏'也"⑤。在如来藏思想中，《胜鬘经》的这一说法非常重要。佛所言的"苦灭谛"，是不可思议的微妙的，是"无始无作"的，也是"无起无尽"的。"无始"故"无作"，若有所作性，即有始起可说。涅槃"非作法"，也非始有，因此，灭谛无有生起，也无有灭尽，是不生不灭的无为法。涅槃是"得"而非新"起"，未得而不失的，涅槃

---

① 隋吉藏《胜鬘宝窟》卷下之本，《大正藏》第37卷，第71页上。
②③ 刘宋求那跋陀罗译《胜鬘经》，《藏要》第2册，第309页。
④ 隋吉藏《胜鬘宝窟》卷下之本，《大正藏》第37卷，第71页下。
⑤ 同上书，第71页下—72页上。

是离一切烦恼的。

(四) 空义隐覆真实章

关于此章在本经中的结构意义,吉藏解释说:"所以次明'空义隐覆真实'者,前明如来法身不离如来藏,但如来藏有其能藏、所藏。所藏即是真实,能藏即是虚妄烦恼。今欲论能藏之法成所藏义,故有此章来。"① 吉藏在《胜鬘宝窟》中始终坚持一个说法,即如来藏为"隐","法身"为如来藏的"显现"。而此章则具体说明如来藏何以被遮蔽,此章的名称也是如此。

对于此章名称的含义,吉藏也有一解释:"释章名者,妄法非有,名之为'空'。有空所以,故目之为'义'。空覆佛性,名'隐真实'。又虚妄之法,情有理无。以理无故,名为'空义'。以情有故,障覆实性,故名为'空义隐覆真实'。"② 其实,章名的几个字已经包含此章经文的基本思想内容。

关于此章的划分,古来有不同说法。胜鬘在宣说了上述有关"法身"的内容之后,有一段结论性的话语:"世尊,过于恒沙不离、不脱、不异、不思议佛法,成就说如来法身。世尊,如是如来法身不离烦恼藏,名如来藏。"③这一段经文,吉藏依据"古德"的解释,将其单独命名为"如来藏章"。前文我们已经依据吉藏的判释,将一般归为"如来藏章"的内容命名为"四谛章"。对于此段,吉藏解释说:"释此一章不同,凡有□□。一古旧释云:上来所说虽有藏、身,并为成圣谛。此文'如是法身'章下'不离烦恼藏',是如来藏章。"④吉藏赞同这一"古旧"的解释,并自设一问答解释原因:

问:依后立名次第,前"如来藏",后"法身"。今乃前明"法身",后"如来藏",何故尔耶?

---

①② 隋吉藏《胜鬘宝窟》卷下之本,《大正藏》第37卷,第72页下。
③ 刘宋求那跋陀罗译《胜鬘经》,《藏要》第2册,第309页。
④ 隋吉藏《胜鬘宝窟》卷下之本,《大正藏》第37卷,第72页上。

答：上已论藏身次第竟，今直说身藏体，故不相违。

问：今何故不依章名次第，前藏后身，而前身后藏？

答：谛是果，法身亦是果。欲接果故，灭果明法身果。却明此果本由于藏，故次明于藏。故前章前藏后身，是一种次第。今前身后藏，复是一种次第。①

吉藏之所以如此考虑：一是缘于对上文已经论述过的对"四谛章"主旨的不同诠释。二是如上引文字所说的，法身是果，而此"果"本于如来藏而成，因而谈了"果"之后再追溯"因"，也在情理之中。

仔细解读吉藏的解释可知，他实际上是将上述两句经文分为两部分，第一句"世尊，过于恒沙不离、不脱、不异、不思议佛法，成就说如来法身"被归入对"灭谛"的解释中。吉藏说："灭谛法身、如来藏，体一义异。约苦灭义，称为灭谛，即此苦出缠之义，名为法身。即此法身为烦恼所藏，名如来藏。"②对于作为"灭谛体"的"法身"所具的"不离、不脱、不异、不思议佛法"的属性的理解，吉藏解释说："是诸佛同体义分，非今别体，故言'不离'。又对生死五阴成身，其体各别，故云'不离'。体真常住，不可因缘易脱使失，故云'不脱'。对众生五阴成身前后易脱，始终不变，名为'不异'。对众生身十时之异，故云'不异'。妙出情外，名'不思议'也。"③而被吉藏列为此经"正宗分"第八"如来藏章"的仅仅一句经文，即"世尊，如是如来法身不离烦恼藏，名如来藏"④。吉藏说："此第八如来藏章，约法身显藏。显时法身，本为烦恼所隐，名如来藏也。"⑤

不过，吉藏也在文中引述了"江南旻师等"人的看法。吉藏先转述说："从此文即明空义隐覆成上如来藏及法身章者，上举身藏，为明圣谛甚深，故在圣谛章内。今明在昔，所以未说。由于众生常我病重，出世之

---

①② 隋吉藏《胜鬘宝窟》卷下之本，《大正藏》第37卷，第72页上。
③ 同上书，第72页中。
④ 刘宋求那跋陀罗译《胜鬘经》，《藏要》第2册，第309页。
⑤ 隋吉藏《胜鬘宝窟》卷下之本，《大正藏》第37卷，第72页中。

始,须说苦空,破物常我,未得早明甚深之理,是为空义隐覆于理。又是空教隐覆真智,故名空义隐覆真实。略同涅槃涂乳之譬。"①吉藏也引用了江南旻师等人的解释。《胜鬘宝窟》有文曰:"彼释文云:'过于恒沙'者,谓五住烦恼数过恒沙,法身理隐在众惑之内,故云'不离不脱'。与惑识混然未得相异,故云'不异'。二乘不能思议,故名'不思议'。以是大觉真性,故云'佛法'。了因具足,烦恼断除,真性显现,是'法身成就'。"②吉藏反对这一解释,他说:"亦不同此说,凡有三意:一者,此中未有空义隐覆之文。二者,此文亦无'无常隐覆'之说。三者,此文乃明'法身不离不脱',不应就佛性释之。"③比较上述诸说,吉藏所说最全面。但考虑到吉藏所划定的作为此经"正宗分"第八章的内容仅仅一句话,有些太单薄,所以,为了叙述方便,将此段姑且归入"空义隐覆真实章"。但吉藏所强调的此段经文的核心是如来藏思想以及一些古注疏将上述"四谛章"命名为"如来藏章"都充分说明了一个事实,即作为此经核心旨意的如来藏思想在经中是反复出现的。

《胜鬘经》中的下述文字在如来藏思想体系之中有特殊的意义,其文曰:

> 世尊,如来藏智是如来空智。世尊,如来藏者,一切阿罗汉、辟支佛、大力菩萨,本所不见,本所不得。世尊,有二种如来藏空智。世尊,空如来藏,若离,若脱,若异,一切烦恼藏。世尊,不空如来藏,过于恒沙不离、不脱、不异、不思议佛法。世尊,此二空智,诸大声闻能信如来,一切阿罗汉、辟支佛空智于四不颠倒境界转。是故一切阿罗汉、辟支佛,本所不见,本所不得。一切苦灭,惟佛得证,坏一切烦恼藏,修一切灭苦道。④

---

① 隋吉藏《胜鬘宝窟》卷下之本,《大正藏》第37卷,第72页上。
② 同上书,第72页上—中。
③ 同上书,第72页中。
④ 刘宋求那跋陀罗译《胜鬘经》,《藏要》第2册,第309页。

上述文字，吉藏将其分为四层次："一、略明如来有能知二藏之智。二、从'一切阿罗汉'下，略明二乘及大力菩萨无二智。三、'有二种'下，广释如来有二智。四、从'此二空智'下，广释二乘大力菩萨无二智。"①依据这一解释，此章的核心是说明如来有"能知二藏"的"如来空智"，而二乘无此"二智"。此段经文中所提及的"空如来藏"、"不空如来藏"的概念，在如来藏思想发展史中占据特殊的地位，因而此段文字显得特别重要。在此，我们依据吉藏等古德的解释，先从解释"二智"的含义入手对上述文字作一稍微详细的分析。

对于《胜鬘经》中的"二智"概念，吉藏解释说："上云'不离烦恼藏名如来藏'，如来藏即是所知。今对所知，故明能知。知所藏义，名'不空智'。知能藏义，名为'空智'。"②此中有两方面的要义：一是上引经文中所说的"如来藏智"是以"如来藏"为"所知"而言的"能知"之智。二是此"如来藏智"有"不空智"和"空智"两个方面，从"能知"言为"空智"，从"所知"言为"不空智"。因为"知藏之智，绝离取相，故名'空智'，故言'如来藏智是如来空智'也"③。

在上述吉藏对"如来藏智"的解释之外，吉藏在其所著《胜鬘宝窟》中也记载了当时流传的其他解释，其文曰：

> 江南二释：一云：此文举智显境。如来藏智是如来空智，隐名如来藏，显名如来空智。谓众累脱尽，隐显不同，理常无二，随义生知，而同一常解，故云"藏智是如来空智"。又释：法身具万德，从此生解，是如来藏智。隐时未有万德，照此生解，为如来空智。④

尽管吉藏未曾采纳上述二说，特别指出"今不同此解"，但上文两种解释共同指出的"如来藏智"之所以成立是"举智显境"、"隐名如来藏，显名如来空智"以及它与法身的关系等，是需要充分重视的。关于上引宋译本《胜鬘经》"如来藏智是如来空智"一句，唐菩提流志译《大宝积经》卷一一

---

①②③④ 隋吉藏《胜鬘宝窟》卷下之本，《大正藏》第37卷，第73页上。

九《胜鬘夫人会》翻译为:"如来藏者,即是如来空性之智。"①此译本去掉一个"智"字,变成"如来藏是如来空性之智"。由此可见,吉藏所引"江南二释"也是符合经文原意的。

关于"空如来藏",宋译本《胜鬘经》的定义为:"世尊,空如来藏,若离,若脱,若异,一切烦恼藏。"②唐译本则为:"谓空如来藏,所谓离于不解脱智、一切烦恼。"③吉藏首先指出:"空如来藏即是妄,不空如来藏即是真也。"④然后,吉藏对宋译本作了逐字逐句的解释。关于"空如来藏"一句,吉藏解释说:

> 释有二种。一、妄法中空,无真实如来藏。此是互无空也。二、妄法虚诳,故名为空。此当体明空。以此空义,能藏如来,故名空如来藏。"若离若脱",此辨释其相。妄法别起,其体不一,是故言"离"。可以对治,因缘易脱,故名为"脱"。始终变改,目之为"异"。"一切烦恼"者,指示其体。烦恼业苦,皆是空藏,就本以说,偏言"烦恼"。⑤

吉藏的解释是说,"空如来藏"是与"染法"有关的,也就是吉藏所理解的遮蔽如来藏的"一切烦恼"是"空如来藏"之"体",因为本来为"空"的"烦恼"能够"孕育"如来(即吉藏所说的"能藏如来"之义),因此,名之为"空如来藏"。

关于"不空如来藏",宋译本《胜鬘经》的定义为:"世尊,不空如来藏,过于恒沙不离、不脱、不异、不思议佛法。"⑥唐译本则为:"世尊,不空如来藏,具过恒沙佛解脱智、不思议法。"⑦对宋译本"不空如来藏"一句,吉藏解释说:

> "世尊,不空如来藏"者,牒也。恒沙佛法体有不空,故名不空。

---

① ③ ⑦ 唐菩提流志译《大宝积经》卷一一九,《大正藏》第 11 卷,第 677 页上。
② ⑥ 刘宋求那跋陀罗译《胜鬘经》,《藏要》第 2 册,第 309 页。
④ ⑤ 隋吉藏《胜鬘宝窟》卷下之本,《大正藏》第 37 卷,第 74 页上。

"过恒河沙",列其数也。"不离脱"等,辨其相也。言"佛法"者,指示其体。此佛本法,非果法矣。①

吉藏的解释是说,"不空如来藏"是与"真法"有关的,也就是吉藏所理解的"恒沙佛法"之体是"不空"的。此"不空如来藏"是佛之"本法",而不是"果法"。

总之,吉藏对于"空如来藏"与"不空如来藏"的解释,前者是就其与"烦恼"不一不异而言的,后者是就其所具的"功德"而言的。如此理解,则《胜鬘经》所说的"空如来藏"是说,从无始来,为一切烦恼垢所缠缚,虽为烦恼所缠,但并不因此而与烦恼合一。约如来藏的"若离若脱若异一切烦恼藏"说,称为"空如来藏"。然而,此"如来藏自体"又具有"过于恒沙不离不脱不异不思议佛法",即具足过恒河沙不思议佛功德法,此可称之为"不空如来藏"。

吉藏在其所著的《胜鬘宝窟》中记载了被其称之为"江南师"的另外解释。其文曰:

"二种如来藏空智"者,一是照隐,二者照显也。下两句,还释隐显。从"世尊空如来藏若离若脱",此释空如来藏,谓脱离众惑烦恼藏,无累故云"空",蕴万德故云"藏"。此则法身也。此大意明法身显时,空无诸果,故言"空如来藏"。"世尊不空如来藏"者,此明隐时之藏。隐时未脱离,异于烦恼,为"不空如来藏"。以其深隐,故云"不思议佛法"。以未脱众累,故云"不空";隐而未彰,名之为"藏"。大意明,随时佛性,为烦恼所覆,故云"不空"。②

这一解释正好与上引吉藏的解释相反,因而吉藏反驳说:"今谓此释二事不可:一者,正明如来藏空,云何乃明法身及如来藏空不空耶? 二者,文云'一切烦恼',此乃明烦恼为如来藏,不应取于法身。次明不空如来藏,

---

① 隋吉藏《胜鬘宝窟》卷下之本,《大正藏》第37卷,第74页上。
② 同上书,第74页上—中。

此明佛性具于万德,不应言具于众累。"①由于在《胜鬘经》之后翻译流通的《大乘起信论》的解释与吉藏的观点一致,因此,吉藏对"江南师"的反驳是正确的。

最后,对照分析《胜鬘经》对于二乘无"二智"以及唯有如来有"二智"的解释。关于前者,两种译本分别为:

宋译本:世尊,如来藏者,一切阿罗汉、辟支佛、大力菩萨,本所不见,本所不得。②

唐译本:如来藏者,一切声闻、独觉所未曾见,亦未曾得。③

宋译本:世尊,此二空智,诸大声闻能信如来,一切阿罗汉、辟支佛空智于四不颠倒境界转。是故一切阿罗汉、辟支佛,本所不见,本所不得。④

唐译本:世尊,此二空智,诸大声闻由信能入,世尊,如是一切声闻、独觉空性之智,于四倒境攀缘而转。是故一切声闻、独觉,所未曾见,亦未曾证。⑤

两种译本稍有差别,唐译本稍显清晰。最大的差别是此中是否包含"大力菩萨",宋译本第一句有,第二句无。这一点,也在古注家中引起争论。吉藏《胜鬘宝窟》记载:"有人言:诸大声闻,犹是前大力菩萨,受教得智,故名声闻。前据不见不得处同,故三人通举。今就不起转倒,能信有异,故别举也。有人言:地前菩萨,阿含行成,名大声闻。依教信佛,能知二藏,名信如来。"⑥此中解释的是为何上引第一句中提及"大力菩萨",而后面一句则没有提及。吉藏不认同这两种解释。他说:"今谓不同此二释。上来明大力菩萨乃是初地,不应称声闻。故不同第一。经自言是声闻,不应言地前菩萨。今明如身子等大利根声闻,闻佛说教,则信佛

---

①⑥ 隋吉藏《胜鬘宝窟》卷下之本,《大正藏》第37卷,第74页中。
②④ 刘宋求那跋陀罗译《胜鬘经》,《藏要》第2册,第309页。
③⑤ 唐菩提流志译《大宝积经》卷一一九,《大正藏》第11卷,第677页上。

也。"① 这是对于第一种解释(大力菩萨属于声闻)的批评。对于为何第二句没有提及"大力菩萨",吉藏解释说:"凡夫二乘、地前菩萨,智不见得。今偏说二乘者,二乘尚不见,何况凡夫?又二乘于如来藏起四转倒,过障深重,是故偏说。地前菩萨信佛语故,起常乐相,无四转倒。"②如果对照唐译本,则基本可以肯定,宋译本前述第一句中的"大力菩萨"四字应该删去。

关于上述经文的理解,吉藏针对宋译本作了解释。他对"一切阿罗汉、辟支佛空智于四不颠倒境界转"③一句的解释是这样的:

"于四不转倒境界转"者,正明覆真也。如来藏性,常、乐、我、净,说为四种不转倒境,二乘妄谓无常、苦、无我、不净,目之为"转"。又于常等四境,转为无常等四,故名为"转"。又"转"之言起,于常起无常倒也。④

这是说,"如来藏性"是"常、乐、我、净"的,而二乘错误地以之为"常、苦、无我、不净"。这就是"转",也就是将其"转"为"无常"等"四境",因此,二乘不能证入"如来藏智",如经中所说"是故一切阿罗汉辟支佛,本所不见,本所不得"⑤。而"一切苦灭"的"灭谛"只有佛才够"得证"。如来得证如来藏而成就法身,是由"坏一切烦恼藏"而得的。而坏一切烦恼藏,又从"修一切灭苦道"而来。

五、如来藏性

如前文所述,隋吉藏在《胜鬘宝窟》中,将《胜鬘经》"正宗分"十五章的第六至第十三章分归为一个大义理单元。他说:"上来前四章,通明量无量、究竟非究竟。此下四章,就无量谛中更明取舍,谓三谛不究竟,一

---

① 隋吉藏《胜鬘宝窟》卷下之本,《大正藏》第37卷,第74页中。
② 同上书,第74页下。
③⑤ 刘宋求那跋陀罗译《胜鬘经》,《藏要》第2册,第309页。
④ 隋吉藏《胜鬘宝窟》卷下之本,《大正藏》第37卷,第74页中—下。

灭谛究竟。上四章为二，初明无量谛，次三章辨如来藏、法身、空义隐覆。今四章亦开为二章：正论谛究竟非究竟、非究竟。次两章，谓如来藏依持及清净隐覆。初二章，论谛即二：第一，对三谛非究竟，明灭谛是究竟。第二，对昔依非究竟，今一灭谛依是究竟。"①由此可见，第十一至第十三章则是在"无量四谛"中再作取舍以说明前三谛非究竟，"苦灭谛"是真实，是究竟。

(一) 一谛章

在前述数章中，胜鬘夫人已经就"四圣谛"作了多方面的论述，在此章，胜鬘又就"四谛"作了进一步的阐释。其主旨，如吉藏的归纳："今就无量谛中，自简三非究竟，一是究竟。故有'一谛章'来。又欲明佛教大宗舒卷之，佛法广说则八万四千，摄八万四千在于八谛，次摄八谛唯成一四谛，虽有四谛终归一谛。唯此一谛，是其真实。"②而"言'一谛'者，四谛之中其唯简取一'苦灭谛'，故名为'一'。此'一'非虚妄及异，故名为'谛'也"③。由此可见，此章的主题是于"无作四谛"之中突出"苦灭谛"。

依据吉藏的解释，此章可分为两部分："一、对虚明实。二、'不思议'下，对情显深。"④于两部分中，又可分为数层次去理解诠释。以下主要依据吉藏的解释对此章的内容作一分析说明。

在此章起首，胜鬘说："世尊，此四圣谛，三是无常，一是常。"⑤这是这一章的主题句。此中所说的"四圣谛"是指上文所分析说明的"四无作谛"。"三是无常"者，"谓苦、集、道也。此之三谛，四义故无常：一、相各异故。二、因缘生故。三、本无今有故。四、已有还无故。'灭谛'翻此四，故名为'常'"⑥。总之，凡是有生、住、异、灭等相的，称为"无常"，反之即是常。从这个角度考察，四谛中唯有"灭谛"是"常"。

---

① 隋吉藏《胜鬘宝窟》卷下之末，《大正藏》第37卷，第75页上。
② 同上书，第75页上—中。
③④⑥ 同上书，第75页中。
⑤ 刘宋求那跋陀罗译《胜鬘经》，《藏要》第2册，第309页。

为何如此说呢？胜鬘接着解释说："何以故？三谛入有为相，入有为相者是无常。无常者是虚妄法，虚妄法者非谛非常非依。是故苦谛、集谛、道谛非第一义谛，非常非依。"①因为合于生、住、异、灭相的，如苦谛、集谛，是生死杂染法，自然属于"有为法"。"道谛"是修习所生起的，也属于"有为法"。因此，胜鬘说"三谛入有为相"。"本无今有，已有还无，故是'无常'。实无有法，倒有情所起，故名'虚妄'。言'非谛'者，非是真谛。言'非常'者，非是真常。言'非依'者，非是真依。有为刹那不住，不能作染净依持，故言'非依'。"②早期佛教说"苦"等为"四谛"，而此经又说"苦、集、道"三谛是"非谛"，这不是前后不一吗？大乘佛教的解释是，说"苦、集、道"是"谛"，这是从世俗法非究竟而言的，而说"苦、集、道"是"非谛"，是从第一义究竟而言的。从"究竟真实"而言，唯有"一苦灭谛"才是"离有为相"的，是"常住"之法。如经中所说："一苦灭谛离有为相，离有为相者是常，常者非虚妄法。非虚妄法者，是谛是常是依，是故灭谛是第一义。"③与"苦、集、道"三谛的"虚妄非是依"不同，"灭谛"则是"真依"。因为"灭谛""乃是金刚心外众苦尽处，离有为相，常住不变"。④可见，灭谛之所以被称之为"实谛"，是因为其是成佛之时所亲证。

吉藏将上述内容归纳为"对虚明实"，"虚"就是指作为"虚妄法"之"三谛"，"实"就是指作为"真依"和"一实谛"的"灭谛"。对于此说的意义，印顺法师分析得很精辟："约四谛辨二谛，声闻乘学者中，有不同的论说。如《毗婆沙论》（七七）有四家说；《顺正理论》（五八）有五说。也有立苦集道三谛是世俗，灭谛是第一义的，与本经一致。《般若经》说，四谛都是假名说，是世俗谛，而四谛的法空性，是第一义谛，这是因灭谛也通假名施设，而难言寂灭，是第一义，也即与本经的灭谛说相近。三谛是世

---

① 刘宋求那跋陀罗译《胜鬘经》，《藏要》第 2 册，第 309—310 页。
② 隋吉藏《胜鬘宝窟》卷下之末，《大正藏》第 37 卷，第 75 页中—下。
③ 刘宋求那跋陀罗译《胜鬘经》，《藏要》第 2 册，第 310 页。
④ 隋吉藏《胜鬘宝窟》卷下之末，《大正藏》第 37 卷，第 75 页下。

俗,灭谛是第一义,古有此说,本经也依此作论。"①

对于此章的后半部分,吉藏归结为"对情显深"。"情"指"有情众生",因为此后的经文不仅涉及二乘,也以"一切众生"来对比如来所证入的"一灭谛"。胜鬘说:"不思议是灭谛,过一切众生心识所缘,亦非一切阿罗汉、辟支佛智慧境界。"②这是说,"不思议是灭谛"超过一切众生心识所缘,也不是一切阿罗汉、辟支佛的"智慧境界"。此后,胜鬘以二譬喻来说明此点:"譬如生盲不见众色,七日婴儿不见日轮。"③对于此二譬的象征含义,吉藏解释说:"如盲喻,见众色譬过众生心所缘也。'色'譬灭谛,'盲'喻凡夫也。七日婴儿不见日轮,第二譬过二乘境界。'日'喻灭谛,'七日婴儿'喻二乘也。七日婴儿但见余色,不见日轮,二乘能观苦空。日轮既盛,翻有损眼之义,以譬常住,二乘所未宜知。凡夫全不见,如生盲。二乘分见,如婴儿。婴儿有眼而眼弱,日轮强,故不明了。又婴儿但见光,全不见轮,喻二乘但得事灭,不体法身本性寂灭。"④此中,"生盲"即现在所说的先天性目盲,而"七日婴儿"则指出生刚过七日的婴儿,前者指凡夫,后者则指二乘。正如"生盲不见众色,七日婴儿不见日轮"⑤,而"一切凡夫"以及二乘对于"苦灭谛者,亦复如是。非一切凡夫心识所缘,亦非二乘智慧境界。凡夫识者,二见、颠倒。"⑥此后胜鬘又对"二见"、"颠倒"作了论说。

关于此处的"二见、颠倒",胜鬘随后又作了较为详细的解释。吉藏将经中的解释分为"凡夫章"和"二乘章",这两个层次内部都是先解释"二见",其后解释"颠倒"之义的。以下依次论述之。

所谓"二见",简言之就是两种"见",佛教中两两相对有多种说法。在此,胜鬘针对凡夫在大乘佛教方面的错误或者非究竟的见解,作出了说明。《胜鬘经》说:"边见者,凡夫于五受阴,我见妄想计著,生二见,是

---

① 印顺《胜鬘经讲记》,《妙云集》第 3 册,第 228 页。
②③⑤⑥ 刘宋求那跋陀罗译《胜鬘经》,《藏要》第 2 册,第 310 页。
④ 隋吉藏《胜鬘宝窟》卷下之末,《大正藏》第 37 卷,第 76 页上。

名边见,所谓常见、断见。见诸行无常,是断见,非正见;见涅槃常,是常见,非正见,妄想见故,作如是见。"①在此是以"边见"来概括凡夫的"二见",即"二边见"。"凡夫于五受阴"境,以"我见"为本;依此我见而起种种"妄想"和"计著",产生"二见",在此以"常见"、"断见"来代表各种"边见"。"于五受阴前起我身中有我,则是身见,经言六十二见以身见为本。身见为本,身见即是断、常之因。"②而"起我见所由,无我计我,所云'妄想'。执实有我,起决定心,名为'计著'"③。上述经文说明了"从'我见'生'边见'。计即'阴我','阴'灭'我'灭,而生'断见'。离'阴'计'我','阴'灭'我'存,而生'常见'"④。经中说:"见诸行无常,是断见,非正见;见涅槃常,是常见,非正见。"⑤这是说,凡夫于"生死法"产生"断见",于"涅槃法"产生"常见"。凡夫"于身诸根,分别思惟,现法见坏,于有相续不见,起于断见,妄想见故"⑥。凡夫于众生的"五根"作"分别思惟",于现法中体味或者"现见"它"坏"了。诸根一旦"坏"了就不能起作用,或者失去部分功能。凡夫见此就以为"有情"不再存在,于是产生"断灭之见"。这就是"断见"。而凡夫"于心相续愚暗不解,不知刹那间意识境界,起于常见,妄想见故"⑦。这是说,凡夫依持于自己的"心"的存在,只知心法相续而起,但不知其意识是刹那间存在的,错误地以之为常然如此,于是便产生"常见"。

尤其重要的是,上述"二见"牵涉到凡夫对于涅槃的不确切看法。对此,吉藏自设问答给予解释:"问:涅槃实常,还见为常。应是正见,何故言是边见?答:涅槃虽复是常,是因缘常,非定性常。取为性常,故是边见。"⑧这里强调的"因缘常"与"定性常"的区分很重要。

由于"二见"的存在,凡夫于之产生了"颠倒"。吉藏说:"若望正道。凡夫有三重颠倒。本来无阴,而计有阴,一颠倒也。二、于阴上复计为

---

① ⑤ ⑥ ⑦ 刘宋求那跋陀罗译《胜鬘经》,《藏要》第2册,第310页。
② ③ ④ ⑧ 隋吉藏《胜鬘宝窟》卷下之末,《大正藏》第37卷,第76页中。

我,二重倒也。三、而于我上复起断、常,谓三重倒也。"①吉藏揭示出凡夫颠倒的根源在于对于"五阴"的错误认识。此正如《胜鬘经》于此所说:"颠倒众生,于五受阴,无常常想,苦有乐想,无我我想,不净净想。"②凡夫错解"五阴",明明是"诸行无常"而作"常想",明明"一切皆苦"却起"乐想",明明是"诸法无我"却生起"我想",明明是"一切有漏法非清净"却起"清净想"。

值得注意的是,吉藏在其著作中自设问答,对"我"与"无我"义作了四重辨析。以下据此略观隋唐时期的佛学家对于"佛性我"的理解。

第一问是:"凡夫起我倒,是何等我?"③吉藏回答说:"是人我也。今明无我者,人无我也。"④第二问:"无我理通染、净,今此何故偏说生死,以为无我,翻为倒?"⑤这是问,"无我"的道理贯通"染法"和"净法",这里为何仅仅以"生死"偏说执"无我"为"我"的颠倒? 吉藏回答说:"然我、无我,通局不定,凡有四种:一、就解惑二情相对,生死有我,涅槃无我。以著我故,世间受生,故说有我。离我不生,使证涅槃,故说无我。故《地经》言:'世间受生,皆以著我。若离著我,则无有生。'斯文显矣。二、就法相虚实相对。生死无我,涅槃有我,生死之法虚诳不实,又不自在,故名无我。涅槃真实,具八自在,故说有我。故经说言:生死无常,无我、乐、净,涅槃之法常、乐、我、净。三、据如理二俱无我。故经言:凡夫我空,乃至诸佛,生死法空,乃至涅槃者。四、就假用及实以论生死、涅槃二俱有我。生死我者有其二种:一者,世谛假名之我,谓五阴、法和合为人。故经说言:众生佛性不离六法。六法者,所谓五阴及我。二、实性之我。故经说言:二十五有有我不耶? 佛言:有我。我者,所谓如来藏性。生死之中具斯二我,涅槃亦尔。诸德和合,名之为佛,是其假我;穷其体实即是性我。我、无我义,通局如是。今据第二,故说生死一向无我,翻之宣

---

① ③ ④ ⑤ 隋吉藏《胜鬘宝窟》卷下之末,《大正藏》第37卷,第76页中。
② 刘宋求那跋陀罗译《胜鬘经》,《藏要》第2册,第310页。

说取我为倒也。"①吉藏在此说,《胜鬘经》的上述经文是以第二"就法相虚实相对"来谈论"我"和"无我"的含义的。

在解释了凡夫所具的"二见"以及"颠倒"之后,胜鬘接着指出,二乘虽有"净智",但却不能"见真实",如经中所说:"一切阿罗汉、辟支佛净智者,于一切智境界及如来法身本所不见。"②对此句,吉藏解释说:"'净智'者,对前凡夫二见及颠倒之垢,故名'净智'。'于一切智境界'者,一谛理是一切智之境界。'及如来法身'者,是佛界德。二乘虽有'净智',本不见此二也。"③尽管与凡夫相比,二乘有其"净智",但对于佛的"一切智境界"以及"如来法身"不能"如实知见"。

在这一章的最后,胜鬘夫人告诉大众,究竟的"真知正见"唯有如来才能证得。然而,凡夫、二乘、菩萨如果信佛所说或者回二乘入大乘等,也有可能最后证入。如经中所说:"或有众生,信佛语故,起常想、乐想、我想、净想,非颠倒见,是名正见。"④这一句经文的意思是,初发菩萨心"众生",佛为他们说如来藏法身一乘法,即能"信佛"的"语"言,于如来藏法身,生起"常想、乐想、我想、净想",这不是"颠倒见",而是"正见"。但若参照修行阶位去解释,则甚为复杂。如吉藏解释说这一句的含义是"明地前以为正见","地前"即"入地"之前的菩萨。吉藏解释说:"初句言'或有众生'者,泛举正见人也。能信者希,故言'或有',所谓种性解行众生,亦通发心已上也。'信佛语故'者,正见所由,自未证法,依教生信,名'信佛语'。'起常'等'想',是正见心。未有真智,故名为'想'。'非颠倒见',辨正异邪,异前凡夫所起四倒。"⑤

胜鬘对于"正见"的上述解释,也涉及"常想"等,而前文已言凡夫等起此等"想"则为"颠倒",而为何此中言如此如此的"或有众生"能够步入此呢?经中有一解释:"何以故?如来法身是常波罗蜜、乐波罗蜜、我波

---

① ③ 隋吉藏《胜鬘宝窟》卷下之末,《大正藏》第37卷,第77页下。
② ④ 刘宋求那跋陀罗译《胜鬘经》,《藏要》第2册,第310页。
⑤ 隋吉藏《胜鬘宝窟》卷下之末,《大正藏》第37卷,第78页上。

罗蜜、净波罗蜜。于佛法身作是见者,是名正见。"①此中,涉及了一般所说的涅槃的"常"、"乐"、"我"、"净",不过此经所用的是"法身"以及"常波罗蜜、乐波罗蜜、我波罗蜜、净波罗蜜"的概念。对此,吉藏解释说:"'如来法身是常',举境显心。以法身既常,如常而解,是故非倒。"②而至于以波罗蜜来说明此四,吉藏说是"良以如来到常住彼岸,故称波罗蜜"③。而对"佛德无量,何故偏举四耶?"④的疑问,吉藏解释说:

> 佛德虽众,盖乃且据一门为言耳。于中略以七义释之:一、简异凡夫。于"有为"中妄谓常、乐、我、净,是故今就"佛果德"说真"常、乐、我、净"。故经言:世间常、乐、我、净有字无义,出世常、乐、我、净有字有义。二、治患不同。生死法中有四种患,谓无常、苦、无我、不净。翻对彼故,宣说如来常、乐、我、净。三、翻倒不同。声闻闻说生死之法无常、苦等,谓佛亦然,起四颠倒。翻对彼故,说佛常等。四、除障不同,故立四种。言四障者,如《宝性论》说:一者,缘相,谓无明地,障佛真净,对除彼故,说佛真净。二者,因相,谓无漏业,障佛真我,对除彼故,说佛真我。三者,生相,谓意生身,以此意生苦阴身故,障佛真乐,对治彼故,说佛真乐。四者,坏相,谓变易死,障佛真常,对除彼故,说佛真常。⑤

> 五、对治阐提等四种过故,果德佛说常、乐、我、净。如《宝性论》说:一、阐提谤法,对治彼故,说佛真净。二、外道著我,对治彼故,说佛真我。三、声闻畏苦,对治彼故,说佛真乐。四、辟支舍心,舍诸众生,对治彼故,说佛真常。⑥

> 六、酬因不同,故立四种。言四因者,如《宝性论》说:一者,信

---

① 刘宋求那跋陀罗译《胜鬘经》,《藏要》第2册,第310页。唐译本与此是一致的:"何以故? 如来法身是常波罗蜜、乐波罗蜜、我波罗蜜、净波罗蜜。若诸有情作如是见,是名正见。"(《大正藏》第11卷,第667页中。)
②③④⑤ 隋吉藏《胜鬘宝窟》卷下之末,《大正藏》第37卷,第78页上。
⑥ 同上书,第78页上—中。

心,除阐提谤法,得佛真净。二者,波若,除外道著我,得佛真我。三者,三昧,以空三昧,除声闻畏苦,得佛真乐。四者,大悲常随众生,除辟支舍心,得佛真常。以斯四义,故立四种也。①

七、《摄论》云"四种生死":一、方便生死。二、因缘生死。三、有有生死。四、无有生死。方便生死者,即是《宝性论》中缘相也。无明为感生之缘,故名为缘。即此缘是感生死家之方便,果从缘作,名方便生死。对治方便生死,故说于净德。因缘生死者,即《宝性论》中因相也。无漏业因缘,能感变易生死,果从因立名,故云因缘生死。对治彼故,说于我德。有有生死者,有生复有死,故言有有生死。即是《宝性论》中生相。此是当体立名,故言有有生死。对治彼故,说于乐德。无有生死者,金刚心唯有于死,无复有生,故言无有生死。亦当体詺,即《宝性论》中坏相,坏相即是有死无生。对治此故,说佛真常。②

由此可见,此经之所以以"常、乐、我、净"来说明作为"佛果"的如来法身,是有多方面的缘由的。

正因为对于法身之"常乐我净"非凡夫以及二乘之智所能理解,因此,胜鬘以下述语句赞叹能持此"正见者":"正见者,是佛真子,从佛口生,从正法生,从法化生,得法余财。"③首先,有此正见,定能绍继佛位,故名"真子"。至于"正见"后的四句话,吉藏的解释如下:

如《佛性论》言:以四义释成佛子。一者,因,谓是信心。二是缘,谓是波若。三是依止,谓三昧。四者,成就,谓大悲。又彼《论》云:信因如父,般若母,三昧依止如胞胎,大悲成就如乳母。菩萨由此四义名为佛子。此从佛口生等四种,应是彼四义也。"从佛口生"者,应是信心,从佛口教生信故。"从正法生"者,应是般若,证正法

---

①② 隋吉藏《胜鬘宝窟》卷下之末,《大正藏》第37卷,第78页中。
③ 刘宋求跋陀罗译《胜鬘经》,《藏要》第2册,第310—311页。

故。"从化生"者,应是三昧,以三昧修生,本无今有故。"得余财"者,应是大悲,以大悲功德财故。得之未尽,故名"余财"也。①

这是以《佛性论》的说法来诠释经义,有"后设逆推"的意味。而下文,吉藏直接解释说:"'从佛口生',是闻慧也。教出佛口,依之生解,名'从佛口生'。'从正法生',是思慧也。思从理起,名'正法生'。'从法化生',是修慧也。行德先无,今时忽起,名为'化生'。'得法余财',是法宝也。地上得理,是为'正财'。今得教资,说为'余财'。"②

现代人以印顺法师的解释最为典型。印顺法师说:"此下,约父子喻说。印度婆罗门,自称为梵子,从梵生,从梵口中生,得到梵的一分。现在也作类似的赞叹:能于佛法得正见的,是如来的真子。二乘弟子,虽都可说佛子,但大乘经中,讥二乘为婢子,不是如来嫡子。佛的真子,是趣向佛乘的菩萨。因佛口说法,依佛音声,得法气分,所以说:'从佛口生,从正法生,从法化生。'世间子,得父家财:有的但得父亲的房屋田产,有的能得父的道德、智慧。学佛法的也如此:有不得佛的法分,但以行布施、持戒,而得福报。有的于佛法修证解脱,即名为'得法'分——'余财'。"③

（二）一依章

关于"一依章"与前述内容的联系及其主旨,吉藏有很全面的阐述。吉藏说:"上来对三谛非究竟,明一灭谛究竟。今对昔依非究竟,一依是究竟。具如前辨。又上明一谛究竟,今显此一谛是究竟故,可以依凭。"④这一章的立意宗旨是说明"昔日"的所依非究竟,而"一依是究竟"。具体地分析,《胜鬘经》上文说过:"虚妄法者非谛非常非依"⑤,"非虚妄法者是谛是常是依"⑥。而生死与涅槃都应该有"依止"。在此,则着力论说解脱之"所依"。依据胜鬘在此章所说,"如来藏"就是"所依"。

---

① 隋吉藏《胜鬘宝窟》卷下之末,《大正藏》第37卷,第78页下—79页上。
②④ 同上书,第79页上。
③ 印顺《胜鬘经讲记》,《妙云集》第3册,第236—237页。
⑤⑥ 刘宋求那跋陀罗译《胜鬘经》,《藏要》第2册,第310页。

关于章名的含义，吉藏解释说："此章名为'常住安隐一依'。非生灭故，名为'常住'；体离危崄，故云'安隐'。至理无二，目之为一，可以依凭，故称为'依'。"①这是从字面解释的，至于具体的含义，吉藏引用了《摄大乘论》所言的"能依"、"所依"与此经所说进行对比，"今此中明'一灭谛'，为至人所依，故名'一依'"②。将上述论述联系起来可知，此章的主旨是阐述"一灭谛"为"所依"。

此章的经文很短，吉藏将其分为两大层次。其中，第一层次名为"明昔四依"，经文如下："世尊，净智者，一切阿罗汉、辟支佛智波罗蜜。此净智者，虽曰净智，于彼灭谛，尚非境界，况四依智？何以故？三乘初业不愚于法，于彼义当觉当得，为彼故世尊说四依。世尊此四依者，是世间法。"③此中所言，单看字面，许多概念以及基本观点大多已经出现过，如二乘的"净智"及其局限性等，在前文也已经作过分析，但有几个问题，不光重要，也众说纷纭。在此需费些文字依据吉藏的记载及其观点作些引证分析。

第一个概念是"四依"和"四依智"。依据吉藏的归纳，对此处胜鬘所说的"四依智"主要有两种解释。第一种是："有人言：因中依四谛生智，故云四依智。所以因中称'四依智'者，至罗汉果唯正观'一灭谛'故。对果观'一灭'故，以因中为'四依智'。"④第二种是："有人言：即是依法不依人四依智。求法之始，凭理生智。法即四谛之法，了义是四谛之教，义是四谛之义，智四真之解，返于识著，起自外凡，来入内凡，为四依智。今以况之，极果不知无边之灭，况四依智能知灭耶？"⑤吉藏认为："依四谛而生智，名为'四依'。此文无所出，故不用之。又依四谛而生智，名为'四依'，有滥上果，是故不用。"而吉藏在联系下文之义后，认为"宜以依法不依人四依为正意也"⑥。在此是说，"四依智""稚劣，因此得值诸佛、菩萨

---

①② 隋吉藏《胜鬘宝窟》卷下之末，《大正藏》第37卷，第79页上。
③ 刘宋求那跋陀罗译《胜鬘经》，《藏要》第2册，第311页。
④ 隋吉藏《胜鬘宝窟》卷下之末，《大正藏》第37卷，第79页中—下。
⑤⑥ 同上书，第79页下。

说一乘经,为悟入一乘由渐"①。由此可见,此处所说的"四依"即《维摩诘经》所言"维摩四依":"依于义不依语,依于智不依识,依了义经不依不了义经,依于法不依人。"②

然而,唐译《大宝积经·胜鬘夫人会》则翻译为"入流智"。其文曰:

> 世尊,言净智者,则是一切声闻、独觉智波罗蜜。此之净智,于苦灭谛尚非境界,况苦灭谛,是四入流智之所行。何以故?三乘初业不愚法者,能于彼义当证当了。世尊,为何义故说四入流?世尊,此四入流是世间法。③

此中的"入流"意指四预流支。可见,此经中的"四依"与"四预流支",本为一事的转说或者不同翻译。也由此可证,吉藏的解释是对的。

此外,宋译《胜鬘经》中的"四依智"又与"三乘初业不愚于法"一句之理解紧密相关。如吉藏所说:"又若用依四谛而生智为四依智者,此非释'初业'义。依《毘昙》前三方便,未作谛观。后四方便,方作谛观。依《成实》念处,亦未作谛观。今文明'三乘初业'义,云何偏取谛观已上方为初业?又举罗汉之终果况罗汉之始因,故不应偏取谛观已上。"④从吉藏的记述看,这一句的理解歧义最多。吉藏记载了多种说法,在此不再赘述,仅将吉藏自己认可的解释论列如下。

吉藏先引用了成实论师的解释:"若就道理,'三乘人初业'即自知作佛。'初业'者,从四念处已上即是三乘初业。此时已自知作佛,罗汉故自能知也。"⑤而吉藏赞成的是:"若就教中明义,三乘初业乃至罗汉,不自知作佛,要待闻《法华》自方知作佛。故此经据其不愚,《法华》据其教,故明其愚也。理是实说,教是方便说。"⑥此中有三个要点:一是从修行而言,修至"四念处"之上就算"三乘初业"。其二,"三乘初业"的标志是自

---

①④ 隋吉藏《胜鬘宝窟》卷下之末,《大正藏》第37卷,第79页下。
② 后秦鸠摩罗什译《维摩诘所说经》卷下,《大正藏》第14卷,第556页下。
③ 唐菩提流志译《大宝积经》卷一一九,《大正藏》第11册,第677页中—下。
⑤⑥ 隋吉藏《胜鬘宝窟》卷下之末,《大正藏》第37卷,第80页上。

知"作佛"为最终目标。其三,"不愚于法"的标志是闻《法华经》。此正如吉藏下文所说:"虽有二文,并是'初业已自知作佛'。今不尔。有二种不愚:一者,后业不愚。二者,初业不愚。后业不愚,得罗汉果竟,值善友闻一乘经,回心信大,故不愚大法。故前文云'得不受后有智',彼前所得地不愚于法。二者,初业不愚,即四依之人名为'初业',闻一乘经,回小信大。"①这里特别强调成佛的机缘是闻大乘经。

被吉藏划分为此章第二大层次的仅有一句经文,即胜鬘所说:"世尊,一依者,一切依上出世间上上第一义依,所谓灭谛。"②吉藏解释说:"'一依'已下,简真异伪。"③也就是明确指出何为"真依",何为"伪依"。其主题如吉藏所归纳:"一灭谛真依,过彼小乘有作四依,亦过大乘无作三依。"④此上所说的"四依""是世间法",是随顺"四预流支"而说为"四依"。究竟而言,实只有"一依"。这"一依"是"一切依"中的最上等"依",即"无作四谛"中的"灭谛"。

(三)颠倒真实章

关于此章与前述数章的关系以及章名的含义,吉藏解释说:"'世尊生死依如来藏',江南诸师从此下是'颠倒真实章'。'颠倒'是生死,'真实'是一依。明本在因中,能为生死依作持建立,是为'颠倒依于真实',今但存略故云'颠倒真实'。"可见,此章的全名应该是"颠倒依于真实章"。此章的主旨是"言生死是颠倒,如来藏是真实"。与上述"空义隐覆章"所言有直接联系。"'空义隐覆',亦明能覆是虚妄不实,所覆是实。"⑤而此章的内容又直接导引出下章"自性清净心章"的内容。

至于此章与"一依章"的关联,吉藏解释说:"上是'境'为'智依',今明'染净依'。又前亦得是'显'为'显依';今亦得是'隐为显依'。'境'为

---

①③ 隋吉藏《胜鬘宝窟》卷下之末,《大正藏》第37卷,第80页下。
② 刘宋求那跋陀罗译《胜鬘经》,《藏要》第2册,第311页。
④ 隋吉藏《胜鬘宝窟》卷下之末,《大正藏》第37卷,第80页下—81页上。
⑤ 同上书,第81页中。

'智依',一实谛境能生一实智,故'境为智依'。"①这是第一层关联。尤其重要的是第二层关联。吉藏解释说:

> 上明"二乘四依智",乃至二乘果智,依"有量灭谛境",既非究竟,故智亦非究竟。为对彼故,明"无作灭谛"是究竟,能生究竟智故。故"境为智依"。又前明"显法为依"者,"灭谛"显现为如来所证。故前云"一切智境界及如来法身"。②

与前述数章所言之"依"是以"依凭"为"依"不同,此章所言之"依"是以"依持"为依。下述此章的具体内容正是阐发这一要义的。

吉藏将此章分为两大层次:第一层说明"真实",第二层说明"颠倒"。第一层的经文又分为概括与详细说明两大部分。

在概括说明"真实"部分,胜鬘说:"世尊,生死者依如来藏。以如来藏故,说本际不可知。世尊,有如来藏故说生死,是名善说。"③这里的关键语句是"生死者依如来藏",现代学者对此多有误解,并将其解释为由"如来藏"而"有"生死众生。吉藏对此有明确的解释。在《胜鬘宝窟》中,他明确指出,《胜鬘经》所说的"无作灭谛"能"生"如来属于"能生依",因为"以境能生智故"。而此处所说的"生死者依如来藏"以及"有如来藏故说生死";其含义是"依持名依"。这两句经文的真正含义是:

> 非佛性能生"生死"。就前释"依",以"依凭"为"依"。就后释"依",以"依持"为依。后以隐法为显依者,如来藏即是"隐",能为生死显法作依。"生死依如来藏"者,为对外道、小乘人及余大乘人,不依如来藏有生死故。④

吉藏在此除过前文强调的"依持"之"依"外,尤其重要的是,他说此命题

---

①② 隋吉藏《胜鬘宝窟》卷下之末,《大正藏》第37卷,第81页中。
③ 刘宋求那跋陀罗译《胜鬘经》,《藏要》第2册,第311页。
④ 隋吉藏《胜鬘宝窟》卷下之末,《大正藏》第37卷,第81页下。

是有具体针对性的。依据吉藏的解释,首先针对的是"外道":"外道有二人:一执邪因,二执无因。执邪因中,一计人为因,次计法为因。计人为因者有二种,一计自在天为生死之因,二计神我为生死因。计法为因,或计世性,或计尘微,为生死因。言无因者,谓自然而有生死。今为对彼邪因、无因,故说'生死依如来藏',故如来藏为其本因。"①可见,"有如来藏故说生死"的提出,是直接针对"外道"关于"众生"之生死问题的两类错误解释的。其中,也包括被当代部分佛教学者加在如来藏思想之上的"神我"说。同时,此说也针对小乘和部分大乘人,因为"小乘及余大乘人,但知依结业而有生死。此但得末,未穷本。今为对彼故,明'依如来藏故有生死'"②。

关于"以如来藏故,说本际不可知"一句的含义,吉藏解释说:

> "以如来藏故说本际不可知"者,此是第二句释上"依"义。既明由如来藏有生死,如来藏本际无始不可知,依藏有生死,生死亦无始,本际不可知。若不依藏有生死,则不可无始来有生死也。③

> 又释佛性无始,生死有始,背佛性故有生死。须见佛性,方了生死之始。唯佛能见其始,十地亦不知其始,故云"本际不可知"。④

此处的"本际"与"后际"相对应的"前际",即"过去世",准确地讲是指生死的最初状态。《胜鬘经》的这一句是从如来藏的角度来解释生死,而从如来藏的角度言之,"本际"是不可知的。

在对于"真实"之"所依"作了概括说明之后,《胜鬘经》有一段对此问题的较为详细的说明。吉藏分其为三个层次进行解释。第一层次是"明能依、所依不二",其文曰:"世尊,生死生死者,诸受根没,次第不受根起,是名生死。世尊,死生者,此二法是如来藏。"⑤此中首先解释"生死"的含义,"'诸受根没'者,释生死也。眼、耳等六根生识,领纳六尘,故云'诸

---

① ② ③ ④ 隋吉藏《胜鬘宝窟》卷下之末,《大正藏》第37卷,第81页下。
⑤ 刘宋求那跋陀罗译《胜鬘经》,《藏要》第2册,第311页。

受'。又此六根,能容受识住,故名为'受'。此六能生识,故名'根'。'没'者死也,生分已谢,死分次起,故云'次第'也。'不受根起'者,虽有根相,不能生识,领纳前尘,故云'不受根'"①。简言之,依据此处的解释,刹那生灭的六根相续而起用名为"生"。而刹那灭了的受根不再次第生起就是"死"。

对于"死生者,此二法是如来藏"这一句经文的理解,吉藏引述了两种解释。第一种解释是:"'生死二法也是如来藏'者,明生死即是如来藏也。就理而言,若体性者,知生死即是涅槃。"②吉藏然后引用了《仁王经》、《华严经》、《中论》以及僧肇的论述,说明众生界与佛界相即不离,其结论是:"众生界即涅槃界。不离众生界有如来藏性也。"③另外一种解释是:

> 有人言:此"二法是如来藏"者,此空如来藏耳。前明生死,此明死生也。若生便归死者,众生便成灰灭,谁得成佛?正以生者死,死者生,相续不断,至菩提乃尽,故得修行求于佛果。生死烦恼隐藏法身,有成之理,故名如来藏;亦能生如来,故名藏。④

对于这一诠释,吉藏说"今谓道理难知,且用前解"⑤也就是"诸取根起灭的'生死''二法',有起有灭,是虚妄有为;但究论体性,实即'是如来藏'。如眼病而见到空中的花生花灭,切勿以为虚空外,别有空花的生灭,空花的起灭,实即是虚空性,并不离了虚空而有花的生灭体。生死依如来藏,即是如来藏而不可说异,也是这样。"⑥

"真实"之"所依"的第二层次是"明能依、所依不一义",其宗旨是:

---

① 隋吉藏《胜鬘宝窟》卷下之末,《大正藏》第37卷,第82页上。
②③ 同上书,第82页中。
④ 同上书,第82页中—下。
⑤ 同上书,第82页下。
⑥ 印顺《胜鬘经讲记》,《妙云集》第3册,第242页。

"明于颠倒众生故有生死,佛随颠倒故说有生死。"①其经文曰:"世间言说故,有死有生。死者谓根坏,生者新诸根起,非如来藏有生有死。如来藏离有为相,如来藏常住不变,是故如来藏是依,是持,是建立。"②众生生生死死不断地流转,《胜鬘经》前文说,如来藏与生死不异,而在此处说"非如来藏有生有死"者,"此正明不一义。颠倒故有生死,非如来藏体有生死"。③吉藏如此分析如来藏与生死不一不异的关系:"于佛未始二,六道常法身。于缘未始一,法身常六道。譬如病眼人,于空常见华,是故空成华。如不病眼人,知华常是空,以有此二义。故明'二不二,不二二'义也。"④

对于"如来藏离有为相,如来藏常住不变,是故如来藏是依,是持,是建立"一句,吉藏逐句解释说:"离有为相"是对于"不一"含义的具体解释,因为如来藏离有为因此而"非死",因而是"常住不变"的。特别应该注意的是,吉藏对于"如来藏常住不变"的具体含义的三层次解释:

> 约凡夫,有三不变:一、不为烦恼水渍变。二、不为业风吹变。三、不为生老死火烧变故。菩萨不变有二:一、不为变易阴生所变。二、不为变易阴灭所变。佛不变有四:以常故不生,以悼相故不死,清净故不病,不变故不老也。⑤

关于如来藏是"依"、"持"、"建立"的理解,吉藏解释说:因为如来藏"体是无为常住故,能为众生作依、持、建立。是所依处名'依'。'持'者,连持令不断绝。'建立'者,始终令得成佛"⑥。特别是吉藏所引的"三藏师"对于这三个语词的解释:

> 三藏师意:依者,即自性住佛性,不从缘有,名为自性;体是常法,故名为住。以是常住,为生死作依也。持者,即引出佛性,由有

---

①③④ 隋吉藏《胜鬘宝窟》卷下之末,《大正藏》第37卷,第82页下。
② 刘宋求那跋陀罗译《胜鬘经》,《藏要》第2册,第311页。
⑤⑥ 隋吉藏《胜鬘宝窟》卷下之末,《大正藏》第37卷,第83页上。

佛性,故得修行,显出本有之法,故名为持。建立者,即至得果性,以有佛性,故成果德,名为建立。①

依照吉藏著述的习惯称呼,此中的三藏师大概是指真谛三藏。此处所引应该是真谛三藏对于《佛性论》的解释。

此后的一句经文一般认为是对于"不一"含义的重新解释。胜鬘说:"世尊,不离、不断、不脱、不异、不思议佛法。世尊,断脱异外,有为法依持建立者,是如来藏。"②吉藏对此逐字解释道:"'不离'者,体是无为,不可离也。非烦恼系缚之法,不可断。非是有为,不可脱也。千变万化,其体不改,故言不异也。出三乘地行外,故云'不可思议'。'世尊断脱异外'者,生死是断脱异法也。藏体异之,是故言'外'。而能为妄本,名'有为法依持建立'。"③总之,如来藏不但是"生死杂染法"之所依,也是"清净功德法"之所依。据唐译及《宝性论》引文,宋译本"不离"下多出"不离智"一语,"断脱异"下多出"离智"一语。如以此本解释,"不离智慧性的一切功德法,与如来藏不离不异,依于如来藏而有;非智慧性的一切虚妄杂染法,与如来藏别异,也是依如来藏而有"④。

"颠倒真实章"的第二部分内容是说明何谓"颠倒"。吉藏分其为三层次。第一层次是"破二乘及空乱意二种颠倒,明不颠倒"⑤。对于这一层含义,首先,胜鬘说:"世尊,若无如来藏者,不得厌苦,乐求涅槃。"⑥这是说,如果不立"如来藏为依持",众生就不会有厌恶世间之苦而乐求涅槃的想法。受此经文影响,南朝的淳师等则"用此厌苦求乐之心为正因佛性,由之得佛。于时犹有光宅师,以厌苦求乐为正因"⑦。对此,吉藏正确地指出:"厌苦求乐是功德性,极至金刚心得佛时则无。今谓文意悉不尔,但明有佛性。故得厌苦求乐。无佛性,不得厌苦求乐。不用厌乐以

---

①③⑤ 隋吉藏《胜鬘宝窟》卷下之末,《大正藏》第37卷,第83页上。
②⑥ 刘宋求那跋陀罗译《胜鬘经》,《藏要》第2册,第311页。
④ 印顺《胜鬘经讲记》,《妙云集》第3册,第244页。
⑦ 隋吉藏《胜鬘宝窟》卷下之末,《大正藏》第37卷,第83页中。

为佛性也。"①

其次,"破其七法自能作依持之义"②,胜鬘说:"何以故?于此六识及心法智,此七法刹那不住,不种众苦,不得厌苦,乐求涅槃。"③对于这一句经文所针对的批驳对象,吉藏解释说:"小乘及余大乘人云:妄心自能造于善恶,何须依藏?"④这是对的。但是对于文中的"七法"引证众多,但均以唯识学论典为根据,今不赘述。一般而言,此中的"七法"是指众生的有漏识——眼、耳、鼻、舌、身、意六识以及"心法智"。"心法智",地论师解说为第七识,吉藏解释为六识的相应心所,而唐译本作"所知"境。印顺法师依据吉藏的解释引申说:"依《楞伽经》义,即第七末那识,如说:'其余诸识,有生有灭,意意识等念念有七'。'七识不流转,不受苦乐,非涅槃因'。末那,译为意;真谛三藏每译为心;本经的心法智,实即第七末那的异名。"⑤吉藏对于后面的一句如此解释:"所以举此七法者,举六识,明不能起染净及以种苦。举'心法智',明不能厌苦乐涅槃。故《楞伽》说:六、七不受苦乐,非涅槃因也。六、七不受苦乐者,犹是不种苦。非涅槃因,犹是不厌苦求涅槃也。"⑥

"颠倒真实章"的第二部分的第二层次是"对邪显正,即是对颠倒明真实。举如来藏,明有如来藏故得厌苦乐求涅槃"⑦。对于这一层含义,首先,胜鬘说:"世尊,如来藏者,无前际不起不灭法,种诸苦得厌苦,乐求涅槃。世尊,如来藏者,非我非众生,非命非人。"⑧这里的难解之处是,若如来藏"种诸苦"者,"岂非佛性力故令众生种生死苦?若言不由佛性力种生死苦,亦应不由佛性力乐求涅槃。又若不由佛性力种众苦者,即是七法种苦。云何言'七法一念不住,不得种众苦'耶?"⑨更进一步,"若

---

①②④ 隋吉藏《胜鬘宝窟》卷下之末,《大正藏》第37卷,第83页中。
③⑧ 刘宋求那跋陀罗译《胜鬘经》,《藏要》第2册,第311页。
⑤ 印顺《胜鬘经讲记》,《妙云集》第3册,第246页。
⑥ 隋吉藏《胜鬘宝窟》卷下之末,《大正藏》第37卷,第83页下。
⑦⑨ 同上书,第84页上。

由佛性得种众苦,即是佛性令物受苦,此乃是同于魔性,何名佛性?"①对这一尖锐的反诘,吉藏破解说:

> 此乃明有佛性众生,故得种众苦,非是佛性令其种苦;亦明佛性众生令其厌苦,非是佛性令其厌苦。如有海水,风吹成浪,非是海水令其成浪者。②

> 虽因风成浪,终由有海。虽因妄心种苦及厌苦,终由有佛性,故说佛性为本。故说由佛性故种苦厌苦也。③

可见,吉藏竭力要说明的是,并非是如来藏"造成"众生之苦,而是有佛性之众生成此"苦"并且进而有厌苦求涅槃之愿想。

"颠倒真实章"的第二部分的第三层次是:"总结颠倒人,明不知如来藏。"④经文说:"世尊,如来藏者,非我非众生,非命非人。如来藏者,堕身见众生,颠倒众生,空乱意众生,非其境界。"⑤此中的"众生"、"命"、"人"都是"我"的异名,"我"即"主宰"、"自在"的意思,"众生"即五蕴和合而有生命,"命"即寿命。说"如来藏者,非我非众生,非命非人"也就是如来藏是"非我"的。在此,《胜鬘经》明确地说:"如来藏非三种众生境界。三种众生者:一、'堕身见众生',此是凡夫外道,于五阴身内而见有我,明'名身见众生'。颠倒众生者,二乘人也,于法身常乐我净,起无常等四颠倒也。'空乱意众生'者,初学大乘人,多习空观,妨乱真解,名'空乱意众生'。"⑥吉藏总结说:"如来藏非我人众生,横计我人众生不识如来藏。如来藏非是无常无我,计无常无我者不识如来藏。如来藏非空非有,若计空有者,亦不识如来藏。是故如来藏言亡虑绝,不可思议。"⑦

---

①② 隋吉藏《胜鬘宝窟》卷下之末,《大正藏》第37卷,第84页上。
③ 同上书,第84页中。
④ 同上书,第83页中。
⑤ 刘宋求那跋陀罗译《胜鬘经》,《藏要》第2册,第311页。
⑥⑦ 隋吉藏《胜鬘宝窟》卷下之末,《大正藏》第37卷,第84页下。

(四) 自性清净章

关于此章与前述数章的关系,吉藏解释说:"所以有此一章来者,上'颠倒真实章',明依如来藏说有生死,是真实说;三种众生不依如来藏说有生死,是颠倒。今次论能依、所依染净之义,能依生死,此即是染;所依之藏,此即是净。净不应有染,染不应有净,此事难明,唯佛能了。今欲论此义,有此章来也。又前如来藏章中,但云不离烦恼藏是如来藏,未知云何不离,今此中正明如来藏客尘烦恼染,名为不离。故有此章来也。又近从颠倒章来。生疑者云:三种众生有如来藏,何因缘故非其境界?为释此疑,言三种众生虽皆有藏,以诸烦恼覆故,非其境界也。"①可见,这一章是在上一章的基础上对于如来藏思想的总结和高度概括。

关于此章章名的含义,吉藏解释说:"藏体无垢,名'自性清净',随缘相染,故云'隐覆'。"②"又上释如来藏一名一义,此章明多名多义。所以然者,其此章明如来藏究竟,故其此广辨。又论佛法根本大事,大事谓佛性,佛性即自性清净心。"③可见,此章所言"自性清净"是指如来藏之体性是清净的,用现在的哲学术语言之就是如来藏之体是本来清净的。

这一章的结构不同于前述几章,先是"胜鬘正说",其后则是"如来述成"。而吉藏又将前者分为"第一总明五藏。二、从'此自性清净'下,别释"④两部分。"总名五藏"部分是对于如来藏的五个不同名称的说明。经文说:"世尊,如来藏者,是法界藏,法身藏,出世间上上藏,自性清净藏。"⑤由于这五个名称对我们理解如来藏思想很重要,下文依据吉藏的解释对其逐一作分析说明。

真谛翻译的《佛性论》引用了此五名,并且作了解释。吉藏在其《胜鬘宝窟》中引述《佛性论》的解释之后说:"'如来藏'自性义者,辨是藏此一切诸法体性也。'法界藏'以因为义者,辨此藏是圣人行境界,名为因

---

①③ 隋吉藏《胜鬘宝窟》卷下之末,《大正藏》第37卷,第85页上。
②④ 同上书,第85页中。
⑤ 刘宋求那跋陀罗译《胜鬘经》,《藏要》第2册,第311页。

也。'法身藏'以至得为义者,通辨依此藏能修因至得佛果,故名至得义。'出世上上藏'真实义者,辨此藏性不因缘相,故名真实也。'自性清净藏'秘密义者,甚深也,辨此藏无一相可取,而顺之大益,违之极损,故名秘密。"①这是对《佛性论》之解释的简要评析。

在标示出如来藏的五个异名之后,胜鬘对其作了较为详细的解释。吉藏分其文为三层次。第一层略释部分只有一句:"此自性清净如来藏,而客尘烦恼、上烦恼所染,不思议如来境界。"②吉藏对其中的关键词解释如下:

> "客尘烦恼"者,是"性成烦恼",望推本性净心之旧,故说之为"客"。又无始无明自心分别所作,无有真实,故名为"客",坌污称"尘"。"上烦恼"者,"现起烦恼"也。"净心"为此二烦恼所染也。"不思议"者,性净而染,明下情不及也。"如来境界"者,辨唯上智能知也。③

吉藏将经文中的"客尘烦恼"界定为"性成烦恼",将"上烦恼"界定为"现起烦恼",应该给予特别注意。

在上述一句经文之后,胜鬘解释说:"何以故?刹那善心,非烦恼所染。刹那不善心,亦非烦恼所染。烦恼不触心,心不触烦恼。"④此中的要义是:

其一,关于"清净"的含义的解释语——"刹那善心,非烦恼所染。刹那不善心,亦非烦恼所染",吉藏解释说:"'刹那'是念,念'善心'体,念'恶心'体,烦恼俱不能染,不能染故'净'。"⑤更具体的解释如下:

> "善心"是净,"不善心"是垢。善心之中无有贪、瞋、痴,是为"净"中无垢,无有染义也。"刹那不善心亦非烦恼所染"者,"不善心"者,即是贪、瞋、痴心也。当起贪、瞋、痴时,善心已谢,不善心既

---

① ③ 隋吉藏《胜鬘宝窟》卷下之末,《大正藏》第37卷,第85页下。
② 刘宋求那跋陀罗译《胜鬘经》,《藏要》第2册,第311—312页。
④ 同上书,第312页。
⑤ 隋吉藏《胜鬘宝窟》卷下之末,《大正藏》第37卷,第86页上。

即是烦恼,是则唯垢无净,唯能染无所染,亦无染义。前句有净无垢,有所染无能染,不成染义。后句有垢无净,有能染无所染,亦不成染义。①

其二,"烦恼不触心,心不触烦恼"是对于"不染"的解释。"烦恼出自妄情,不及真识,故'不触心'。据真无妄,故'不触烦恼'。其犹世人见绳为蛇,蛇出妄情,故不触绳。绳体常净,亦不触蛇。"②吉藏又详细解释说:

> 善心、不善心,通名为"心",此二种心并不触烦恼。有善心时则无烦恼,一切无相触,如指端不自触。烦恼不触心者,善心、不善心家二种烦恼并不触。有烦恼时无有善心,故烦恼不触善心。烦恼即是不善心,一体之法亦无相触,故烦恼不触不善心也。③

其三,胜鬘自设一个问题:"云何不触法而能得染心?"④然后又作了回答。本来,顺应前文的含义,应该正面说明"触善心无染,云何亦举不善心耶?"⑤胜鬘的回答是:"然有烦恼,有烦恼染心,自性清净心而有染者,难可了知。"⑥此中的核心义理,被吉藏归纳为:既然"求烦恼染心义不可得,即是染无所染。而于众生宛然有烦恼、烦恼染心,此是不染而染"⑦。而"前心是净,后心是垢。垢心起时障于净心,故名为'染'"⑧。

由于这一如来藏自性清净的义理非常深奥,难以了知。因此,胜鬘"仰推于佛":"惟佛世尊,实眼实智,为法根本,为通达法,为正法依。"⑨只有佛能知此深意。文中所言"'实眼'者,佛有实眼,见此自性清净心为烦恼所染,了了分明,故如眼见,实知照于此理。一切善法皆从佛出,故'为法根本'。佛知一切法"⑩,而因惟佛才能"扠持此法,法由人弘,故为

---

①② 隋吉藏《胜鬘宝窟》卷下之末,《大正藏》第37卷,第86页上。
③⑤⑦ 同上书,第86页中。
④⑥⑨ 刘宋求那跋陀罗译《胜鬘经》,《藏要》第2册,第312页。
⑧ 隋吉藏《胜鬘宝窟》卷下之末,《大正藏》第37卷,第86页中—下。
⑩ 同上书,第86页下。

'正法依'"①。

此章的最后一部分是"如来述可",即佛随喜认可胜鬘所阐述的上述道理。佛说:"如是,如是。自性清净心而有染污,难可了知。有二法难可了知,谓自性清净心难可了知,彼心为烦恼所染亦难可了知。如此二法,汝及成就大法菩萨摩诃萨乃能听受。诸余声闻,惟信佛语。"②——此甚为清楚,兹不赘解。

(五)如来真子章

关于此章与前述数章的关系,吉藏解释说:"前十三章经,明一乘法,今明于法信顺,有大利益,故次论之。又乘有三种:一、乘体。二、乘境。三、御乘人。从初至一乘章,谓乘体。无边圣谛,谓乘境。今明真子,谓御乘人。约大品是乘乘人,约信受是行乘人,故有此章来也。又近从上'自性清净章'来,然子本从生为义。若能解行相资,必得成佛,故名真子。然若有能解上十三章经理,若行,悉名真子。但今就自性清净心明真子者,以自性清净心最甚深难解,故偏就此以明真子。"③

关于此章章名的含义,吉藏解释说:"于法信顺,堪绍佛业,故名'真子'。又行解非妄名'真',从佛口生,从正法生,故名'如来真子'。"④此外,这一章与其他部分最大的不同在于,此章全部是佛自己所说。对此,吉藏解释说:"此章佛自说,余皆胜鬘说。所以然者,信解深法,要须佛明,故须佛说。又胜鬘问佛,佛即随喜,因明能信之人,是故佛说。又胜鬘亲信人,自彰信益,义中不便。是故佛说。"⑤

吉藏将此章分为三部分,第一部分是说明信仰此经所说的义理所能够获得的"利益",此部分也分为三层次。

佛对会众说:"若我弟子随信、信增上者,依明信已,随顺法智,而得

---

① 隋吉藏《胜鬘宝窟》卷下之末,《大正藏》第37卷,第86页下。
② 刘宋求那跋陀罗译《胜鬘经》,《藏要》第2册,第312页。
③④⑤ 隋吉藏《胜鬘宝窟》卷下之末,《大正藏》第37卷,第87页上。

究竟。"①此中说"有四信",分别为"信位"和"解位"。"信位有二:言'随信'者,是十信位,随教生信,故名'随信'。又此'信心',随顺种性已上增上之信,故名'随信'。又随所有事皆'信',叹信广也。"而"信增上"一语的含义是:"十解菩萨得证法明,信根坚固,名为'增上'。又上叹信广,今叹信深。如《维摩》云:深信坚固,犹若金刚,故名'增上'。"②这就是两种"信"即"随信"和"信增上"的含义。上引经中"依明信已,随顺法智"一句是说明"二种解"的,这是于"解行地"所成就的利益。"依彼信已,起解行中观解方便。此观顺于初地已上,成就法智,名'随法智。'"③而"仰顺彼法智而观,故名'随顺法智'也。又'顺法成智',名'随顺法智而得究竟'"④。一般认为它是指"初地"之上之所证,"然初地未究竟,但望前三种,故说为'究竟'耳"⑤。

在对"四信"作了解释之后,佛世尊向会众重点解释了"随顺法智"。这是"明利益"部分第二层次的内容。其文曰:"随顺法智者,观察施设根意解境界,观察业报,观察阿罗汉眼,观察心自在乐、禅乐,观察阿罗汉、辟支佛大力菩萨圣自在通。"⑥此中讲的是获得"随顺法智"的五种方法:"一观十八界,二观业报,三观罗汉眠,四观禅定,五观神通。"⑦以下依据吉藏等的解释稍作疏解。

其一,对于"观十八界"的描述中,"观察施设根"的含义是:"'根'谓六根。根无定性,因缘故有,名为'施设'。"⑧而"意解境界"的含义是:"'意解'者,观察中间六识。'境界'者,观察外六尘。此十八界,皆是因缘和合故有,无生故空。取上'施设'之言,通贯十八界也。"⑨简言之,观"十八界"之因缘性而领悟"空"。

其二,"观察业报"的核心是"观因果"也。"诸法虽空,而不失因

---

①⑥ 刘宋求那跋陀罗译《胜鬘经》,《藏要》第2册,第312页。
②③④ 隋吉藏《胜鬘宝窟》卷下之末,《大正藏》第37卷,第87页中。
⑤⑦⑧⑨ 同上书,第87页下。

果。"①具体言之,"观有漏业为'观',观无漏业得变易之报"②。

其三,"观罗汉眠"最难解。首先是文字上的不同。吉藏记述说:"有外国僧字法智云:依梵本,此文不正。应言'阿罗汉明',谓三明也。今此经本不同。有经本云'阿罗汉眠',有经本'阿罗汉眼'也。"③其次,诸家解释差异颇大。此处依从吉藏所记载的"馥师"之说作一般性解释:"罗汉四住已尽,犹如觉。余无明住地不了,名'眠'。此'眠'若'觉'便成大觉,是故观之。"④

其四,"观察心自在乐、禅乐"说的是禅定。对此,吉藏解释说:"名'心自在禅乐',此是定体。有人言:'观察心自在乐'者,总显也。'禅乐'者,重以简别。谓前心是禅,心自在乐,非余心也。"⑤

其五,"观神通","观察阿罗汉、辟支佛大力菩萨圣自在通所"。对此,吉藏解释说:"上一观'定',今观'慧'也。圣智自在,通解诸法,名'圣自在通'。又解,神通转变,名'圣自在'。"⑥

吉藏所划分的"明利益"部分第三层次只有一句话:"此五种巧便观成就。"⑦这是对于前述五种"观"的总结。"此五观皆能离相。故名巧方便观。"⑧

此章的第二部分内容是"叹信益"。经文曰:"于我灭后未来世中,我弟子随信信增上,依于明信,随顺法智自性清净心,彼为烦恼染污而得究竟,是究竟者入大乘道因。"⑨

此章第三部分的内容是"结信利益"。经文曰:"信如来者,有如是大利益。不谤深义。"⑩吉藏解释说:"'信如来'者,是第三结信利益。既言信如来,亦信胜鬘。但佛述胜鬘,故言如来耳。'不谤深义'者,既信佛所说,离阐提障,故不谤深义。"⑪

---

① 隋吉藏《胜鬘宝窟》卷下之末,《大正藏》第37卷,第87页下。
② 同上书,第87页下—88页上。
③④⑤ 同上书,第88页上。
⑥⑧⑪ 同上书,第88页中。
⑦⑨⑩ 刘宋求那跋陀罗译《胜鬘经》,《藏要》第2册,第312页。

第六节 《无上依经》的如来藏思想

作为早期如来藏思想代表性经典的《无上依经》,尽管有三个汉语译本,但却未能发挥更重要的作用。与《胜鬘经》相比较,《无上依经》在思想的重要性和深刻性方面都不相上下,但无论在古代还是现代,其影响都远远不能和《胜鬘经》相比。尽管如此,鉴于此经的重要性以及当代汉语学界研究成果的罕见,本著辟专节对此经的结构和思想作一研究。

一、《无上依经》汉译本考

智昇在《开元释教录》说《无上依经》总共有三个汉语译本。

《开元释教录》卷一二先是记载:"《无上依经》二卷,梁天竺三藏真谛译,全本,第二译,《出经后记》。"①其后,智昇记载说:

> 《未曾有经》一卷,后汉失译。旧录在小乘单本中,误也。第一译。
>
> 《甚希有经》一卷,大唐三藏玄奘译,出《内典录》。第三译。
>
> 右二经同本异译,是前《无上依经》初品出,第一卷。②

智昇在此提出,《无上依经》有三个汉语译本。而现代学者也有沿袭其说的,如台湾编写的《中华佛教百科全书》"无上依经"辞条说:"本经之梵文原典未明,汉译有三:(1)梁绍泰三年(或言陈·永定元年)所译之本经;(2)《佛说未曾有经》一卷,译出年代为东汉,然译者不详;(3)《甚希有经》一卷,唐贞观二十三年(649)由玄奘三藏所译。此中,第二、三两译本之内容,几乎完全相同,均与本经的序说相应,且极简洁。"第一种是真谛译本,第三种是玄奘译本,基本没有争议,而第二种在历代经录的著录显

---

① 唐智昇《开元释教录》卷一二,《大正藏》第55卷,第596页下。
② 同上书,第597页上。

得较复杂,上引智昇所说的"旧录在小乘单本中,误也"是有所指的。为了更清晰地说明历史上被称为《未曾有经》之佛典的著录情形,在此不避累赘,对此作一说明。

现有藏经中保存了三类被称之为《未曾有经》的佛典,一种是标名为《未曾有因缘经》的两卷本佛经,另一种则是标名为《未曾有经》的一卷本佛经,还有一种标明为《佛说四未曾有法经》的一卷本佛经。尽管现存藏经中的名称略有区别,但它们在传播流通过程中,三种经名常常混用,特别是常常被简称为《未曾有经》。这三种佛经现在都存世,但经过比对,三者的内容基本上没有相关性,第一种主要内容是叙述佛陀之子罗睺罗出家的因缘和过程,第二种即智昇所说的与真谛所译《无上依经》第一卷相当的失译本《未曾有经》,第三种的主要内容是叙述四种"未曾法"。尽管如此,但古代经录的著录却含混不清。

先看梁代僧祐《出三藏记集》的记载。僧祐在《出三藏记集》卷四的"新集续撰失译杂经录第一"中记载了三种《未曾有经》:其一,"《未曾有因(缘)经》二卷,或云《未曾有经》。"①其二,"《未曾有经》一卷,异出本。"②其三,"《四未曾有法经》一卷,抄《阿含》。"③对于"新集续撰失译杂经录"的缘由,僧祐有一说明:"其两卷以上凡二十六部,虽阙译人,悉是全典。其一卷以还五百余部,率抄众经全典,盖寡观其所抄,多出《四含》、《六度》、《地道》、《大集》、《出曜》、《贤愚》及《譬喻生经》,并割品截揭,撮略取义,强制名号,仍成卷轴。至有题目浅拙,名与实乖,虽欲启学,实芜正典。其为愆谬,良足深诫,今悉标出本经,注之目下。抄略既分,全部自显。"④应该注意的是,《出三藏记集》在一卷本下注出"异出本"而不属于前文所说的"其一卷以还五百余部,率抄众经全典"之内,可见,

---

① 梁僧祐《出三藏记集》卷四,《大正藏》第55卷,第21页下。
② 同上书,第28页下。
③ 同上书,第30页上。
④ 同上书,第21页中—下。

一卷本并非抄自二卷本，而应是一独立的本子。另外，僧祐《出三藏记集》卷五中有载录："《抄未曾有因缘经》一卷。"在其后，僧祐有一说明："从《华严经》至《贫女为国王夫人》凡三十六部，并齐竟陵文宣王所抄。凡'抄'字在经题上者，皆文宣所抄也。"①考虑到僧祐在同书卷四中所著录的《未曾有因（缘）经》是二卷本，因而萧子良等人所抄的应该是记载罗睺罗出家因缘的这一种《未曾有经》。而《出三藏记集》卷一二又著录了他自己所撰《释迦谱》的第十三篇《释迦子罗云出家缘记》，并且注出"出《未曾有经》。"②此中所说的《未曾有经》是指两卷本的《未曾有因缘经》。

经过如此梳理，僧祐的著录尽管从《未曾有经》之经名的使用方面颇使人容易混淆，但可能是由于僧祐翻阅过这三种佛经，所以至少在他心中是清楚的。至隋代，法经和费长房对于此经翻译的不同记载，使得后人大感疑惑。

法经在《众经目录》的记载与僧祐大致相同，但也有细节的补充：其一，《众经目录》卷一："《未曾有因缘经》二卷，沙门昙景译。"③同书同卷又记载："《未曾有因缘经》二卷，萧齐沙门昙景译。"④在此补充了译者及其时代。其二，同书卷三记载："《四未曾有法经》一卷……《长者子六过出家经》一卷。右十八经并是《增一阿含》别品异译。"⑤对于此处所著录的佛经，法经有一说明："前一百经并是重译，或全本别翻，或割品殊译。然而世变风移，质文迭举，既无梵本校雠，自宜俱入定录。"⑥由此可见，法经认定，上述《四未曾有法经》一卷是《杂阿含经》的"割品殊译"。这不同于僧祐将其当做"抄"经。其三，法经在《众经目录》卷三"众经失译"项下记

---

① 梁僧祐《出三藏记集》卷五，《大正藏》第55卷，第38页上。
② 梁僧祐《出三藏记集》卷一二，《大正藏》第55卷，第87页下。
③ 隋法经《众经目录》卷一，《大正藏》第55卷，第115页下。
④ 同上书，第123页上。
⑤ 隋法经《众经目录》卷三，《大正藏》第55卷，第129页中。
⑥ 同上书，第130页中。

载有"《未曾有经》一卷"①,而这一项下的"二百五十经并是众经失译。虽复遗落译人、时事,而古录备有,且义理无违,亦为定录"②。其四,僧祐所记载的萧子良的抄本,法经也作了著录。③

隋代费长房对于《未曾有经》的记载要点如下:其一,费长房在竺法护译经录中列入了"《四未曾有经》一卷,亦云《四未(曾)有(法)经》"④。关于其中的原因,费长房直接指出,"《高僧传》唯云护出一百六十五部,僧祐《出三藏集记》止录一百五十四部三百九卷。……所以《杂录》及诸别记,多注竺法护出,故知今之所获,审是护公翻译不疑。故聂承远子道真与竺法首、陈士伦、孙伯虎、虞世等,前后并是笔受之人,已见别传,不复委载。又《李廓录》及《杂别录》,并云支菩萨译经六部一十六卷"⑤,如此等等。可见,费长房是将曾经做过竺法护助手者所译的经典都算在竺法护名下,因此,数字比其他人所记要多出六十余部,《四未曾有经》也在其中。其二,与法经所记相比较,费长房列出了二卷本《未曾有经》译者之著录根据。《历代三宝纪》卷一一记载:"《未曾有因缘经》二卷,亦直云《未曾有经》,见《始兴录》。《摩诃摩耶经》二卷,亦名《摩耶经》,并见王宗、宝唱、法上等三录。右二部合四卷,群录直云:齐世沙门释昙景出。既不显年,未详何帝。"⑥其三,与僧祐《出三藏记集》一致,在"小乘修多罗失译录"项下著录了"《未曾有经》一卷"。⑦

在费长房之后以彦琮为主编订的《众经目录》对于《未曾有经》的著录于前大同,但出现了两大纰漏。其一,同书卷四也同样著录齐萧子良《抄未曾有经》一卷本。⑧ 但编者却将其编入"疑伪"即"名虽似正,义涉人

---

① 隋法经《众经目录》卷三,《大正藏》第55卷,第131页下。
② 同上书,第133页中。
③ 同上书,第127页中。
④ 隋费长房《历代三宝纪》卷六,《大正藏》第49卷,第64页中。
⑤ 同上书,第64页下—65页上。
⑥ 隋费长房《历代三宝纪》卷一一,《大正藏》第49卷,第96页上。
⑦ 隋费长房《历代三宝纪》卷一四,《大正藏》第49卷,第117页下。
⑧ 隋彦琮等《众经目录》卷四,《大正藏》第55卷,第174页下。

造"栏目下,并且说:"右自《华严》下三十五经,并是萧子良造。"①说"抄"为"造",极不严谨。其二,同书卷五"阙本"即"旧录有目而无经本"栏目下列出"《未曾有经》一卷"②。这一记载也是疑点重重:将所著录之经说成是"无经本",即阙本。仔细考究,倒有可能是误解僧祐的记载所致。而这一所谓"阙本"在现今藏经中都有收载。此可作为彦琮经录之粗疏的又一例证。

《开元释教录》在此经的著录方面也堪称典范,特别是将属于《无上依经》系统的《未曾有经》的译本与属于小乘系统的《未曾有经》的区分,很是准确。——此已经在前文作过引述,在此不再赘述。不过,应该指出,智昇对《未曾有因缘经》的著录也出现了费长房等人未曾著录的内容。他在《开元释教录》卷一四中记载:"《未曾有因缘经》二卷,姚秦三藏鸠摩罗什译,出《法上录》,第一译。右一经前后两译,一存一阙。"③同样的内容也见于此著卷四。经过查证,长房录中并未有此内容。而智昇所标出的根据也是费长房在叙述昙景译籍时所注出的根据。可见,《法上录》中是有这一内容的。

《开元释教录》卷八记载了玄奘翻译《甚希有经》的时间、地点。其文曰:

> 《甚希有经》一卷,见《内典录》。第三出,与《未曾有经》等同本。贞观二十三年五月十八日,于终南山翠微宫译,沙门大乘钦笔受。④

玄奘所翻译的《甚希有经》非常简短。这便引出了一个问题,这一部由真谛所"全译"的被称之为《无上依经》的佛经,其梵文原貌到底如何?从现存的后汉失译的《未曾有经》与玄奘翻译的《甚希有经》相似性来判断,智昇将这两部当做"异译"来看待是正确的。而从内容上看,玄奘的这一译

---

① 隋彦琮等《众经目录》卷四,《大正藏》第55卷,第175页上。
② 隋彦琮等《众经目录》卷五,《大正藏》第55卷,第178页下。
③ 唐智昇《开元释教录》卷一四,《大正藏》第55卷,第632页中。
④ 唐智昇《开元释教录》卷八,《大正藏》第55卷,第555页下。

本与真谛的《无上依经》确实有些相似,但是否同出于一种梵文原典是值得考虑的。如果真的是出于同一种梵文原典,就会引出一个结论,那就是玄奘的译本是节译。而联系到失译本《未曾有经》的译出时间,则作为如来藏经典的《无上依经》的产生时间也要相应地提前了。也许这也可以作为将此经作为初期如来藏经典的根据之一吧!

下文拟对梁陈之际来华的真谛三藏翻译《无上依经》的时间、地点、基本过程以及其著有或译有《无上依经疏》四卷等事实作一考辨。

关于《无上依经》的翻译,有三种不同的记载。第一种,隋代法经编写的《众经目录》记载:"《无上依经》二卷,陈世沙门真谛于广州译。"[1]第二种,隋费长房《历代三宝记》卷九记载:"《无上依经》二卷,永定二年于南康净土寺出。"[2]永定二年即公元558年。第三种则是《开元释教录》的记载。

《开元释教录》卷六则记载为:

> 《无上依经》二卷,梁绍泰三年丁丑九月八日,于平固县南康内史刘文陀请令译出,见《经后记》。房云"陈代出"者,非也。诸家年历并无绍泰三年,如"别录"中会。[3]

对于这一记载,有一大问题,绍泰二年(556)九月已经改元为太平元年,因而正确的纪年应为梁太平二年(557)丁丑九月八日。上述引文中的平固县属于南康郡,如《晋书》卷一五《地理志下》所载:"南康郡,太康三年置,统县五,户一千四百,赣、雩都、平固、南康、揭阳。"[4]隋开皇九年(589),改南康郡为虔州,隶洪州总管府,而平固则并入赣县。《长房录》中所说的南康净土寺,不见于记载。也不能排除此净土寺位于南康郡平固县境内的可能。由此可见,《经后记》所说的译经地点与《长房录》所记

---

[1] 隋法经《众经目录》卷一,《大正藏》第55卷,第115页下。
[2] 隋费长房《历代三宝纪》卷九,《大正藏》第49卷,第87页下。
[3] 唐智昇《开元释教录》卷六,《大正藏》第55卷,第538页中。
[4]《晋书》卷一五,第462页,中华书局校本,1974年版。

是一致的。至于为什么会有这样的纪年,上文说见于"别录"。

《开元释教录》卷一二则是上文所称的"别录",其文曰:

> 《无上依经》二卷,梁天竺三藏真谛译,全本第二译。《出经后记》。
> 右此《无上依经》,谨按《长房》等录并云:"陈永定二年丁丑真谛三藏于南康郡净土寺出其经。"《后记》乃云:"梁绍泰三年太岁丁丑九月八日,三藏真谛于平固县南康内史刘文陀请令译出。"今寻诸家年历,差互不同。长房年历但至承圣五年丙子,梁国即绝。甄鸾及王道珪年纪至绍泰二年丙子改为太平元年,太平二年丁丑改为永定元年,陈霸先立号为陈国。又有年纪,不知何人所撰。彼云:"承圣三年甲戌改为大定元年。逮于后梁,凡经八载方改年号。"然四家年历并无绍泰三年。四本既并不同,未详孰为正说。或可梁绍泰三年丁丑即是陈初永定元年也。历中但纪后号,不载前名。今者且依《经记》,为梁代译也。①

智昇的这一段解释很重要,有几个要点需要强调:

其一,他所引的《长房录》等并云"陈永定二年丁丑真谛三藏于南康郡净土寺出其经"一句中,现存的《大正藏》版本中,《长房录》以及沿袭《长房录》的《大唐内典录》、《大周录》等书中都无"丁丑"二字。

其二,智昇罗列的自己看到的包括《长房录》在内的四种经录所用的纪年的对应关系,现代的学者已经研究清楚,丁丑年为公元577年。当时梁代朝廷很复杂,凡是承认梁元帝的合法性而不承认此后分别由西魏和陈霸先扶持的皇帝的一方,继续沿用承圣年号,如襄助真谛译经的广州刺史萧勃即是如此。而承认梁敬帝的合法性者,则使用太平年号。太平二年十月,陈霸先正式受禅让建立陈朝,改年号为"永定",这是"永定"年号的来由。而"大定"年号为西魏扶持的皇帝萧詧使用的年号,大定八年,萧詧被陈所灭。这样一来,丁丑年即可标为:承圣五年,太平二年,永

---

① 唐智昇《开元释教录》卷六,《大正藏》第55卷,第596页下。

定元年,大定三年。

其三,最重要的是,为什么此《译经后记》独独标为绍泰三年呢?经过查考,陈霸先立萧方智为帝是在杀掉王僧辩并废掉王僧辩所拥护的皇帝萧渊明的前提下完成的,而正史在记述萧勃起兵的时候,都说陈霸先于绍泰二年(556)废梁之心已露,其于此年九月改元是一个暗示,《梁书·敬帝本纪》记载:"九月壬寅,改元大赦,孝悌力田赐爵一级,殊才异行所在奏闻;饥难流移勒归本土。进新除司徒陈霸先为丞相、录尚书事、镇卫大将军、扬州牧,封义兴郡公。"①而第二年,萧勃随即起兵。如果从萧勃的角度思考,则极有可能不承认陈霸先所改的年号,而继续使用绍泰三年的年号。当然,也有另外的两种可能:一是纯粹由于作者无知而发生的纪年错误,二是传抄错误。但笔者反复考虑,觉得以有意为之的可能性最大。如果真如此,说明此序文乃当时参与翻译者在陈霸先未曾称帝之前所撰写的。

智昇所说的《〈无上依经〉译经后记》已经不存,而费长房、道宣也未曾交代其是否看到这一文章。但如果假定他们没有看到,而仅仅是智昇(仅指编经录者)看到的话,依照现在的标准,此文便有可能被当做"伪文"。智昇依据此文说出了费长房等人所未曾提到的翻译细节,而且有些细节似乎应该出自当事者之口,因此,《译经后记》的可信度相当大。而如前文所叙述考辨,真谛是在陈永定二年(558年)七月到达豫章的,而南康距离豫章不太远,因此,真谛离开南康的时间也不会距离七月太久。

从罗列的上述材料以及简单的考辨中,可以得出这样的初步结论:第一,说此经翻译于广州的可能性最低,因为第二说与第三说尽管有细节的差别,但共同点还是多于差别之处。第二,从智昇的引述看,费长房的叙述有干支纪年的错误问题,但如上所说的理由,也许是智昇所看到的文本的抄写错误所致。再加之我们不能轻易否认费长房没有看到《译

---

① 《梁书》卷六,第 147 页,中华书局校本,1973 年 5 月。

经后记》,当然也存在此文当时已经随经编排,而费长房、道宣未曾翻检经本。但基本上,费长房的说法也不能说无所依傍。第三,鉴于智昇看到了《译经后记》,并且说出了此文所蕴含的此前的经录未曾记录的细节,而我们又不能否认《译经后记》的真实性,所以,三说之中,智昇的说法可能更接近真相。当然也存在这样的情况,智昇所记的是开始翻译此经的时间,即太平二年(557)九月八日,而费长房记录的是写定的时间,即陈永定二年(558)。还有,如果相信法经所说一定是有所本的话,也许真谛在广州曾经应弟子之请求重新修订了其早期的这一译本。

此外,《历代三宝纪》卷九记载,真谛还有"《无上依经疏》四卷"①。由于此疏早已不存,现代有一些学者怀疑其是否真的存在过。但我们检索藏经,发现了隋代吉藏引用过真谛对于《无上依经》的解释。吉藏《中观论疏》卷二最末有文曰:"真谛三藏用《无上依经》及《摄大乘论》意释八不,甚广。今略取大意耳。初为各四人,次破四障,次行四因,后得四果。八不之要义显于斯,与上诸解释无相违背也。"②吉藏的引文很长,兹引述其第一层次对于"四人"与"八不"的关系的解释亦见其一斑。吉藏其文曰:

> 余至关内,得三藏师用《无上依经》意释八不,今略述之:
> 八不为四人说,亦得为八人说。
> 为四人说者,为阐提说不生不灭中道。阐提有二:一、邪见阐提,拨一切法,言诸法皆灭,即虽未灭,必当归灭。二、婴儿阐提,执诸法决定有,故名为生。所以名婴儿者,其见诸法生,不敢言无,故执诸法有生,名为婴儿。为治此二阐提,说不生不灭,以诸法本来未曾生,故不生,破婴儿阐提。诸法今亦无灭,故破邪见执灭阐提。
> 次,不常不断,为破声闻人。声闻人,亦有二执,即名二人。其人既怖畏生死,急欲断之,名为断见。欲住无为寂静涅槃,故是常

---

① 隋费长房《历代三宝纪》卷九,《大正藏》第49册,第88页上。
② 隋吉藏《中观论疏》卷二末,《大正藏》第42卷,第34页上。

见。为破此二执,故云不常不断。

次,不一不异,治外道。外道有二:一、计我与阴一。二、计我与阴异。为破此二人故,明不一不异。

次,明不来不出,为破独觉及初发心菩萨。此二人异者,独觉一向乐观因缘,不乐观利他事。始行菩萨一向求利他行,不乐观因缘。此二人所行乃异,而并谓乘因至果为来,从三界出为出,故来有所从,去有所至。为此二人故,明诸法不来不出也。所以束八,不为四对,为对四人亦为八人也。①

对于上述引文的出处,尽管吉藏没有明确地讲其来自于真谛的《无上依经疏》,但从情理推测,其来源于《无上依经疏》的可能性最大。如此,则可证实真谛确实曾经翻译或者讲述而由弟子编订而成《无上依经疏》四卷。而吉藏很有可能见到过此《无上依经疏》的全部或者"片断"。而隋代的费长房在其著作中著录此疏,应该是有充分根据的,是可信的。

二、真谛译《无上依经》的结构及其主要内容

真谛翻译出《无上依经》并且自己著述或者编述一部四卷本的《无上依经疏》,然而遗憾的是,此后不但没有后续的经疏出现,而且真谛的经疏已经失传。因此,下文对于《无上依经》结构及其内容的分析说明,只能依照古德科判佛经的一般方法,以笔者自己的理解进行了。

《无上依经》总共七品,其名目为:第一《校量功德品》,第二《如来界品》,第三《菩提品》,第四《如来功德品》,第五《如来事品》,第六《赞叹品》,第七《嘱累品》。以下依"三分法"对此经的结构及其主要内容作简要说明。

《无上依经》的"序分"即《校量功德品》的前半段。佛教经疏一般将"序分"分为"证信序"和"发起序"。而"证信序"又分为"传经序"和"说经

---

① 隋吉藏《中观论疏》卷二末,《大正藏》第42卷,第33页上一中。

序"两大层次。经首的"如是我闻"一般称之为"传经序"。而此经"一时,佛婆伽婆住王舍城迦兰陀竹林,与大比丘众千二百五十人俱,悉是罗汉"①之后的一大段文字,属于"说经序"的内容,即交代了佛说此经的时间、地点以及会众等事项。

"发起序"则是指宣说此经的具体由头。《无上依经》的"发起序"如下:"尔时,世尊为诸天人恭敬尊重随从供养。于是净命阿难,在大众中承佛神力,即从座起,偏袒右肩,右膝著地,顶礼佛足,向佛合掌而作是言:'世尊,我于今日著衣持钵,入王舍城,次第乞食。我见一处大高重阁,庄严新成,雕饰装画,内外宛密。见此事已,即生心念:若清信善男子、善女人造此大高重阁,布施四方众僧并具四事,若如来灭后,取佛舍利如芥子大,安立塔中,起塔如阿摩罗子大,戴刹如针大,露盘如枣叶大,造佛如麦子大。此二功德,何者为胜?今问世尊,惟愿解说。'"②这一段说明,佛宣说此经是由阿难在王舍城看见城中一大高重阁之后所产生的一个想法,即是否可以修建高大的重阁,在如来灭度之后装藏供养舍利。于是,阿难在佛的默示下,于众中向佛提出修建塔阁、供养舍利的功德如何的问题。

以下进入"正宗分"。由于缺乏古代注疏参考,下文姑且依照本经自身之品名来划分"正宗分"的层次。

"正宗分"的第一部分是《校量功德品》的后面一部分,即佛对阿难所提问题的回答。

佛先赞叹阿难"能问如来如此大事,汝能修行众多利益,怜愍世间作归依处,能令人天得道安乐,能拔众生不住苦地。是故阿难,汝今谛听,专思念之,敬心信受"③。——这是佛世尊回答这一问题的前奏,其意思是说,阿难这一提问所引出的回答会使无量的众生获得功德。

---

① 陈真谛译《无上依经》卷上,《大正藏》第16卷,第468页上。
②③ 同上书,第468页中。

佛世尊是通过譬喻来说明供养舍利的功德的。下述四个譬喻,依照现在的修辞学原理看,应该属于模拟。

第一个譬喻,真谛的译本如下:"阿难,此阎浮提世界纵广七千由旬,其洲北边广大,南方如车,人面亦尔。其中悉满须陀洹、斯陀含、阿那含、阿罗汉、辟支佛等。譬如蔗林、竹林、荻林,若麻田,若稻田,稠密不空,无间缺处。如是阿难,此阎浮提满须陀洹乃至辟支佛。若有一人尽形寿,供养衣服、饮食、汤药、卧具,入涅槃后,悉起大塔,供养然灯、烧香、涂香、末香、华鬘、衣服、伞盖、幢幡等。"①佛陀问阿难:"是人以是因缘生功德多不?"阿难则回答:"是人以是因缘生功德多。"②

唐玄奘翻译的《甚希有经》的文字如下:"即于此方南赡部洲,纵广周匝七千踰缮那,北阔南狭,形如车箱,人面亦尔。假使于中合为一段,或甘蔗林或芦苇林或竹林等,或复稻田胡麻田等,侧塞充满,无有间隙。如是假使遍赡部洲,或预流果,或一来果,或不还果,或阿罗汉,或诸独觉,侧塞充满,亦无间隙,如甘蔗等。若有一家于彼圣众尽形恭敬承事供养,奉施上妙衣服、饮食、卧具、医药及诸资缘,于彼一一般涅槃后,如法焚身,收其遗骨,起窣堵波,高广严饰,涂香、末香、熏香、花鬘,上妙幡盖、宝幢、音乐,灯炬光明,赞叹供养,汝意云何?由是因缘彼所生福宁为多不?"③

对照分析,还是玄奘的译本清晰一些。如上述引文看,佛在此是说,在赡部洲,有一家长期恭敬承事供养预流果、一来果、不还果、阿罗汉以及诸独觉等众圣,为他们"奉施上妙衣服、饮食、卧具、医药及诸资缘",并且在他们涅槃之后,"如法焚身,收其遗骨",这一家人或获得无上功德。

此后的三个譬喻内容甚至语言结构都是相似的,不过第二个是以"西瞿耶尼,纵广八千由旬,其洲作半月形,人面亦尔"④为地点,第三个

---

① 陈真谛译《无上依经》卷上,《大正藏》第16卷,第468页中—下。
②④ 同上书,第468页下。
③ 唐玄奘译《甚希有经》,《大正藏》第16卷,第782页上。

是以"东弗于逮,纵广九千由旬,其洲圆如满月,人面亦尔"①为地点,第四个是以"北郁单越,纵广十千由旬,其洲方,人面亦尔"②为地点。佛叙说上述四者的目的,是以"四大洲"即"四天下"中的一家人供养其间所有的"圣众"所获得的功德,来引出下文所强调的建塔供养舍利能获得巨大功德的说法。

佛世尊接着说:"天帝释天宫住处有大飞阁名'常胜殿',八万四千高楼围绕,八万四千青琉璃柱,真金宝网罗覆其上,金绳铃网四面张施,金银宝砂、栴檀、香水、杂种天华洒布其地,八万四千绮饰窗牖,毗琉璃宝、因陀尼罗宝、颇梨宝、莲华色宝等间错庄严,八万四千扶栏阶道纯青琉璃之所合成。阿难,若有清信善男子、善女人造作如帝释天宫飞阁高楼、常胜宝殿,百千拘胝施与四方众僧。"③此处描述的是,假设由善男子、善女人为帝释天造出美妙无比的帝释天宫飞阁高楼、常胜宝殿所得的巨大功德。

在上述五个例子所昭示的巨大功德的背景下,佛世尊直接为阿难以及其他会众指出:"若复有人如来般涅槃后,取舍利如芥子大,造塔如摩罗子大,戴刹如针大,露盘如枣叶大,造佛形像如麦子大。此功德于前所说,百分不及一,千万亿分乃至僧祇数分所不及一,分分不相及,譬喻所不能及。何以故?如来无量故。"④与上述五个譬喻所说的事例相比较,即便是在如来涅槃之后,造出很小很小的塔供养佛舍利,前述行为所获得的功德也不及此行为的"百分不及一,千万亿分乃至僧祇数分所不及一,分分不相及,譬喻所不能及"⑤。由此可见,造塔供养舍利所获得的功德是巨大的、无可比拟的。

然后,佛世尊又起一个事例以资比较:"阿难,且置如是功德,此阎浮提、西瞿耶尼、东弗于逮、北郁单越、大海须弥及铁围山,并娑诃世界碎为

---

①② 陈真谛译《无上依经》卷上,《大正藏》第16卷,第468页下。
③④⑤ 同上书,第469页上。

微尘,以此次第数,悉是须陀洹、斯陀含、阿那含、阿罗汉、辟支佛。若有清信善男子、善女人,尽形寿供养,若灭度后起塔供养。"①这是说,善男子、善女人尽形寿供养四天下中所有的须陀洹、斯陀含、阿那含、阿罗汉、辟支佛,并且在他们灭度之后起塔供养,也会获得巨大的功德。但是,佛告诉阿难以及会众:"若有善男子、善女人,佛涅槃后取舍利如芥子大,造塔如阿摩罗子大,戴刹如针大,露盘如枣叶大,造佛如麦子大,此功德于前所说,百分不及一,千万亿分不及一,乃至算数譬喻所不能及。"②这是说,前述供养四天下中的所有圣者并且在他们入灭后造塔,其所获得的功德根本无法与造佛舍利塔相比较。

在这一品经中,佛世尊告诫阿难及其会众:"阿难,若此功德不回向阿耨多罗三藐三菩提,此功德聚所获福报,尽娑诃世界微尘数,作他化自在天王、化乐天王、兜率陀天王、夜摩天王、三十三天王,况复转轮圣王!"③——这就是造佛舍利塔供养佛舍利所能够获得的巨大功德。

《无上依经》第一品指出了为佛舍利建塔供养的无上功德之后,于第二《如来界品》开头,佛告诉阿难:"佛婆伽婆般涅槃后,起刹立塔造像供养,功德福报不可称量,微尘算数所不能知。云何如此?阿难,如来希有,不可思议。所以者何?为界为性不可思议,为菩提为证得不可思议,为功德为法不可思议,为利益为作事不可思议。"④在此,从四个方面来叙说如来不可思议:其一是"界"与"性",其二是"菩提"与"证得",其三是"功德"与"法",其四是宣说"利益"与"作事"。

综观此经的结构及其内容可知,第二《如来界品》是宣说第一"如来界"与"如来性",第三《菩提品》是宣说"菩提"与"证得"的,第四《如来功德品》是宣说"功德"与"法"的,第五《如来事品》是宣说"利益"与"作事"的。这四部分属于广义的如来藏思想范围。依照本著体例,这四品的内

---

①② 陈真谛译《无上依经》卷上,《大正藏》第 16 卷,第 469 页上。
③ 同上书,第 469 页上—中。
④ 同上书,第 469 页中。

容留待下文专门论述,此处从略。

第五《如来事品》的最后一部分应该是"正宗分"的第六部分,即叙述世尊宣说完毕上述内容之后,与会大众所获得的"果"。经中说:"是此大会中七万五千菩萨摩诃萨即得证见圆满法身,复有七万五千菩萨摩诃萨即得大乘妙光三昧,复有七万五千菩萨摩诃萨于一切法得无生忍,无数阿僧祇众生于无上菩提起不退心,无量阿僧祇众生远尘离垢得法眼净,复有无量众生得增上果。"①

《无上依经》第六《赞叹品》是阿难于众会中闻佛说之后,"从坐而起,偏袒右肩,右膝著地,顶礼佛足,恭敬合掌,瞻仰尊颜,以清净心,说偈赞叹"②。全文共三十一偈余半偈。为节省篇幅此处从略。

《无上依经》的第七《嘱累品》为全经的"流通分"。

佛于此告诉阿难:"汝可受持此正法门。"③而阿难当时长跪白佛:"我今从佛闻此深法,得未曾有,顶戴奉持。"④然后在阿难的请求下,佛世尊告诉阿难及其会众:"此经名《无上依》,亦名《未曾有》,亦名《摄善法》,亦名《清净行》,亦名《行究竟》。"⑤

最后,佛告诉阿难及其会众十种受持此经的方法。佛说:"阿难,有十种法受持此经。何等为十?一者书写。二者供养。三者传流。四者谛听。五者自读。六者忆持。七者广说。八者自诵。九者思惟。十者修行。阿难,此十种法能持此经,真功德聚无量无尽。"⑥

佛还告诉阿难及其会众受持此经会获得的功德:"阿难,譬如如意珠王所在之处,一切众宝悉皆出现。持此经人亦复如是,一切善法皆悉得成。阿难,譬如一切树林药草,悉依于地而得生长。善法亦尔,皆因此经而得增长。阿难,譬如一切善法已生、现生、当生,是不放逸之所摄持。不放逸行最为第一,若经说声闻法,若经说缘觉法,若经说菩萨法,此经

---

①② 陈真谛译《无上依经》卷下,《大正藏》第16卷,第476页下。
③④⑤⑥ 同上书,第477页中。

所摄最为第一。阿难,譬如转轮圣王,若王在世,七宝常随。此经亦尔,若住于世,佛宝、法宝、僧宝种性相续不绝。"①

最后,佛告诫广为大众宣说此经:"阿难,汝可展转广为比丘、比丘尼、优婆塞、优婆夷、天龙、夜叉、干闼婆、阿修罗、迦楼罗、紧那罗、摩睺罗伽、人非人等演说此经。何以故?欲令一切诸众生类于如来处种善根故。"②

此经最后的结语,与大多数相似:"佛说此经已,阿难及大会菩萨摩诃萨、帝释、梵众、护世天等,闻佛所说希有法门,欢喜踊跃,信受奉行。"③全经至此结束。

三、《无上依经》的如来藏思想

在如来藏经典中,《无上依经》最为独特的地方在于以"佛舍利"崇拜切入。如前文已经分析的,此经的第一品就是佛应阿难的提问向阿难以及会众指出,建塔供奉佛舍利其功德是不可思议的。这一内容,真谛两卷本如此,东汉失译的一卷本《未曾有经》如此,即便是唐玄奘所译的《甚希有经》也是如此。尤其是,玄奘是最晚翻译此经的,但却仅仅翻译出了此经的第一品。这也许反映了玄奘对佛舍利崇拜的信仰以及推动其信仰传播的态度,而对于此经在此内容之后所宣说的如来藏思想则采取了与真谛不同的态度。当然,也不排除在印度,《无上依经》的这一部分内容是单独流行的。

不论此经在印度的流行本的形态如何,此经所昭示的如来藏与佛舍利的关系是应该引起关注的一个问题。"佛舍利,是如来的遗体。造塔供养的如来舍利,是荼毗以后所留下来的,粒形的舍利。如来舍利,也名为佛驮都,如来驮都,就是佛界与如来界,或译作佛性与如来性,这是部

---

① 陈真谛译《无上依经》卷下,《大正藏》第16卷,第477页中—下。
②③ 同上书,第477页下。

派佛教熟习的名词。如来舍利与如来藏的或名如来界,名称竟完全相同!一向流传于佛教界的'如来驮都'——如来界,对或名如来界的如来藏说,不能说没有关系的。"①

"古代的造塔供养舍利,与念佛有关。佛弟子崇敬怀念如来,归依如来,而佛涅槃以后,缺乏崇敬的具体对象,适应一般人的需要,所以崇敬如来的舍利。如来舍利,是如来遗体的一分,所以佛舍利名佛驮都,'界'是'性'的意义。古人恭敬供养舍利,依舍利而直觉地想见如来,如亲见如来一样。供养舍利,不止是形式的礼敬,虔信而怀念于佛的,可能有深一层的意义。还有,荼毗留下来的如来舍利,只是遗体物质,然在佛教的传说中,不论是南传、北传、印度、中国,舍利有放光、动地等瑞应。在一般信众的心目中,舍利是充满神秘性的。舍利的神妙,与信仰中的如来,在宗教的意境中,是可能合一的。开塔(见舍利而)见佛,就是这一宗教事实的说明。"②因此,"从舍利(如来界)而现见如来,与从如来藏(界)而显出如来,思想是一脉相通的,都以'不般涅槃'的理念为前提。如来界(藏)说的兴起,与如来舍利有关,'无上依经'的结合,是不无理由的!"③

《无上依经》第一品指出了为佛舍利建塔供养的无上功德之后,于第二《如来界品》开头,佛告诉阿难:"佛婆伽婆般涅槃后,起刹立塔造像供养,功德福报不可称量,微尘算数所不能知。云何如此?阿难,如来希有,不可思议。所以者何?为界为性不可思议,为菩提为证得不可思议,为功德为法不可思议,为利益为作事不可思议。"④在此,从四个方面来叙说如来不可思议:其一是"界"与"性",其二是"菩提"与"证得",其三是"功德"与"法",其四是宣说"利益"与"作事"。以下连续四品就是对这一问题的具体回答。这也是广义的如来藏思想的内容。

---

① 印顺《如来藏之研究》,第37页。
② 同上书,第38页。
③ 同上书,第39页。
④ 陈真谛译《无上依经》卷上,《大正藏》第16卷,第469页中。

以下依次论之。

(一) 如来界

《如来界品》主要内容是对于第一层次的原因"为界为性不可思议"的回答。

关于第一层面"界"与"性",佛提出的问题是:"何者是如来界?云何如来为界不可思议?"①然后对此问题进行层层剥笋式的解析。

第一层,"众生"之流转与还灭。《如来界品》所载佛对阿难等会众说:"一切众生有阴、入、界,胜相种类,内外所现,无始时节相续流来,法尔所得,至明妙善。此处若心意识不能缘起,觉观分别不能缘起,不正思惟不能缘起;若与不正思惟相离,是法不起无明;若不起无明,是法非十二有分起缘;若非十二有分起缘,是法无相;若无相者,是法非所作,无生无灭,无减无尽,是常是恒,是寂是住,本性清净,无所染著,远离无垢,从烦恼壳,超出解脱;与如来法正顺相应,过恒沙数不相离,不舍智,不可思量。"②这是说,所有众生都是以"十八界"为生命的流动存在体的,如果众生的"心意识"不缘起,"觉观"就因此而不缘起,"不正思惟"就因此而不能缘起,如此一来,就不会有"无明",不起"无明"即不会有十二因缘的缘起,因而"法"就是无相的,也就是"本性清净"的。最终也就是与"如来法正顺相应,过恒沙数不相离,不舍智,不可思量"。

第二层次,"众生界自性清净,客尘烦恼之所污浊"③。《如来界品》所载佛对阿难等会众说:"阿难,譬如无价如意宝珠,庄严莹治,可爱明净。其体圆洁,无有垢污;弃之秽泥,经百千劫。过是已后,有人拾取,取已洗净,守护保持,不令堕坠。是如意宝既被洗持,还得清净,不舍宝种。"④这一譬喻在《如来藏经》中也有,此处也是以此说明众生是自性清净的,只是被如同"客尘"的"烦恼"所遮蔽。"一切如来昔在因地,知众生界自性清净,客尘烦恼之所污浊。诸佛如来作是思惟:客尘烦恼不入众

---

①②③④ 陈真谛译《无上依经》卷上,《大正藏》第16卷,第469页中。

生清净界中,此烦恼垢为外障覆,虚妄思惟之所构起。"①此中最后一句非常重要,这是说,"客尘"是"外障覆",并不能进入"众生清净界"之中,而作为"外在遮蔽"者(即"客尘")的"烦恼"是众生"虚妄思惟"所建构的。

第三层次,菩萨示现除去烦恼的方法。《如来界品》记载佛对阿难等会众说:"我等能为一切众生说深妙法除烦恼障,不应生下劣心,以大量故,于诸众生生尊重心,起大师敬,起般若,起阇那,起大悲。依此五法,菩萨得入阿鞞跋致位。是诸菩萨复更思惟:此烦恼垢无力无能,不与根本相应,无真实本,无依处本,最清净本,是故无本。虚妄思惟,颠倒习起,如地、水、风依本得住,是本者无所依。烦恼亦如是,无真实依,若如实知正思惟观,是诸烦恼不起违逆。我今应观,令诸烦恼不染著。我若有烦恼,不能染著,是名善哉。若使我等著烦恼染,云何能为众生说法解烦恼缚?是故我今应舍烦恼,应说正法解众生缚。若有烦恼令生死相续,与善根相应,如此烦恼我应摄受。为成熟众生,成熟佛法。如是,阿难,如来在因地中,依如实知,依如量修,达如来界,无染无著,能入生死轮转生死,非烦恼缚证大方便,住无住处,寂静涅槃,速得阿耨多罗三藐三菩提。"②

第四层次,由众生界出离。《如来界品》记载佛对阿难等会众说:"是如来界无量无边,诸烦恼㲉之所隐蔽。随生死流,漂没六道,无始轮转,我说名众生界。阿难,是众生界于生死苦,而起厌离,除六尘欲,依八万四千法门十波罗蜜所摄,修菩提道。我说名菩萨。阿难,是众生界已得出离诸烦恼㲉,过一切苦,洗除垢秽,究竟淡然,清净澄洁,为诸众生之所愿见,微妙上地一切智地,一切无碍。入此中住,至无比能已,得法王大自在力。我说名多陀阿伽度阿罗诃三藐三佛陀。"③

第五层次,如来界为大自在。《如来界品》记载佛对阿难等会众说:

---

① 陈真谛译《无上依经》卷上,《大正藏》第 16 卷,第 469 页中。
② 同上书,第 469 页中—下。
③ 同上书,第 469 页下。

"阿难,是如来界于三位中一切处等,悉无罣碍,本来寂静。譬如虚空,一切色种不能覆,不能满,不能塞,若土器,若银器,若金器,虚空处等。如来界者,亦复如是。于三位中,一切处等悉无罣碍。"①

第六层,如来界与众生界无二。《如来界品》记载佛对阿难等会众说:"阿难,一切如来在因地时,依如实知,依如量修,观如来界五种功德,不可说无二相,过一异,过觉观境界,一切处一味。菩萨见已,除众生相,除法异相,除大结相,依无碍智,于众生相续中,观如来界兴奇异意。咄哉!众生。如来即在众生身内,如理不见如来,是故我说具分圣道。开解无始相结覆障,令诸众生因圣道力破除相结,自能证见如理如来真实平等。何因如此?一切众生执相所缚,不识如来,不得如来,不见如来。"②

第七层,如来利益众生。《如来界品》记载佛对阿难等会众说:"阿难,如来昔在因地,观如来界通达明了,正觉众法悉平等如,正转无上微妙法轮,正直成熟圣弟子众,无量无边恭敬围绕,住于无余清凉涅槃,乃至世界穷尽不舍众生,为利益事。"③

第八层,"如来界"自性清净而入三界利益众生。《如来界品》记载佛对阿难等会众说:"阿难,是如来界自性净故,于众生处无异相故,无差别故,极随平等,清亮润滑,最妙柔贤与其相应。阿难,譬如水界,自性清润,能摄能润,能长一切药草树木。如是,阿难,一切诸佛在因地中,依如来界修行善根,利益众生。为此事故,来入三界,现生老病死,是诸菩萨生老等苦,非真实有。何以故?已如实见如来界故。"④进入三界的如来,尽管显现出生老等生死之相,但并非实有。

第九层,以一譬喻来说明菩萨入世济度众生的功德。《如来界品》记载佛对阿难等会众说:"阿难。譬如豪富长者,惟有一男,端正聪黠,保念

---

① 陈真谛译《无上依经》卷上,《大正藏》第16卷,第469页下—470页上。
②③④ 同上书,第470页上。

爱惜,瞻视养护,情无暂舍。是儿稚小,贪乐舞戏,不悟脚跌堕大深坑粪秽死尸膖烂臭处。其儿母亲及余眷属,见子堕坑,惊唤大叫。呜呼痛哉,烦冤懊恼。是诸亲属,虽复悲号,而身无力,怯弱不能入此深坑,救拔子苦。是时长者,速疾驰还,念子心重,不厌臭秽,自入坑中,捉子牵出。如是,阿难,我作此喻,以显实义。所言死尸粪坑,譬于三界;其一子者,譬凡夫众生;母及眷属,譬声闻、缘觉,是二乘人见诸众生漂没有流,沈溺生死,虽复忧念,伤叹慈愍,无力无能,济拔令出。豪富长者,即是菩萨,清净无垢,无秽浊心,已能证见未曾习法,来入生死臭恶之处,而现受身,济拔众生。阿难,当知,如是菩萨大悲希有,不可言说,超出三界,脱诸累缚,更入三界,受三有生,因沤和拘舍罗,摄持波若波罗蜜。虽有烦恼,不能点污,演说正法,灭众生苦。阿难,是如来界大威神无变异柔润故。"①

第十层,总结众生界,众生也具"圣性"。《如来界品》记载佛对阿难等会众说:"汝应知,阿难,是众生界是诸圣性,无修无不修,无行无不行,无心无心法,无业无果报,无苦无乐,得入是处。是性平等,是性无异相,是性远离,是性随从,是性广大,是性无我所,是性无高下,是性真实,是性无尽,是性常住,是性明净。阿难,云何是性是诸圣性,一切圣法缘此得成,一切圣人依因此性而得显现,故我说之为诸圣性。"②

第十一层,总结如来性。《如来界品》记载佛对阿难等会众说:"阿难,我今说如来性,过恒沙数一切如来不共真实,从此法出而得显现名如来界,信乐正说,深味爱重,一切圣贤人戒定慧身即得成就,是故此法名为法身。是法者,相摄不相离,不舍智,非有解,是依是持是处。若法不相摄相离,舍智有解,亦是依是持是处。是故我说,一切法藏无变异故,名为如如,无颠倒故名为实际,过一切相名为寂灭,圣人行处无分别智之境界故名第一义。阿难,是如来界,非有非无,不染不净,自性无垢,清净

---

① 陈真谛译《无上依经》卷上,《大正藏》第 16 卷,第 470 页上—中。
② 同上书,第 470 页中。

相应。"①

在《如来界品》的最后,总括回答"如来界不可思议"的问题。佛对阿难等会众说:"阿难,云何如来为界不可思议?阿难,是如来界在有垢地,净不净法俱在一时,是处不可思惟,依甚深理而得解脱,成阿罗汉,成辟支佛,非其境界。阿难,有二种法不可通达:一者自性清净法界,不可通达。二者烦恼垢障,不可通达。惟阿毘跋致菩萨与大法相应,能听能受能持,诸菩萨、声闻、缘觉信佛语故,得知此法。阿难,如来为此界性不可思议。"②

(二) 菩提

《无上依经·菩提品》主旨是宣说"菩提"与"证得"的。它是对于《如来界品》"起刹立塔造像供养佛舍利,功德福报不可称量"③之四层原因的第二层"为菩提为证得不可思议"④的直接响应。

此品开头提出"无上菩提与十种分相应",经中佛对阿难说:"何者,如来阿耨多罗三藐三菩提?诸佛婆伽婆在无漏界,一切障永尽,转依寂静明净,是无上菩提与十种分相应。汝当知,何等为十?一者,自性。二者,因缘。三者,惑障。四者,至果。五者,作事。六者,相摄。七者,行处。八者,常住。九者,不共。十者,不可思惟。"⑤此品下文则依次对上述十门作出或详或略的解释。

1. 菩提之"自性"

经中概括性定义是:"阿难,何者名为菩提自性?十地十波罗蜜,如理如量,修出离道,所得转依,寂静明净,声闻、缘觉非其境界,是即名为'菩提自性'。"⑥简言之,"菩提自性"就是在"十地"修行中通过十种波罗蜜而获得的"转依法"。而"是界未除烦恼䴗,我说名如来藏,至极清净,

---

① 陈真谛译《无上依经》卷上,《大正藏》第 16 卷,第 470 页中—下。
②⑤⑥ 同上书,第 470 页下。
③④ 同上书,第 469 页中。

是名转依法"①。这是说,未除去烦恼的如来藏由此途径转为至极清净,这就是"转依法"。

此经中说,菩提自性有"有四种相:一者,生起缘故。二者,灭尽缘故。三者,正熟思量所知法果故。四者,最清净法界体故。何者名'生起缘'?出一切世如来相续,是菩提道生起缘处。何者名'灭尽缘'?三品烦恼根本种类,依因此法,永灭尽故。何者'所知法果'?已正通达,所知真如证得果故。何者名'法界体'?灭诸相结,最净法界所显现故。阿难,是转依相,是转依者,则佛婆伽婆无上菩提故名菩提性"②。依照此中所言,"菩提自性"分为四相,"生起缘"是说,这是"出生"如来、"如来相续"的缘起之处;"灭尽缘"则是说依于此根本烦恼得以尽灭;"所知法果"则是指已知"将证入"的"法果";"法界体"则指为清净法界所显现。

2. 菩提因缘

此条讲得很简要。此品中,佛说:"阿难,有四种法为得无上菩提作因。何者为四?一者,愿乐修习摩诃衍法。二者,修习般若波罗蜜。三者,修习破虚空三昧门。四者,修习如来大悲。"③可见,"菩提因缘"是指的证成"无上菩提"的依据或者依靠。

3. 菩提惑障

此品中的简要定义是:"阿难,有四种惑障菩提果。何者为四?一者,弃背大乘法。二者,邪执我见。三者,畏生死苦。四者,不行利益他众生事。"④下文则较为详细地论述了各类众生所具的"惑障"。

对此问题,佛首先告诉阿难:"世间中有三品众生:一者著有,二者著无,三者不著有无。"⑤其中,"不著有无者,最上利根修行大乘,是人不著生死……观于生死及涅槃界平等一相,至得正道,其心安止;住无住处,

---

① 陈真谛译《无上依经》卷上,《大正藏》第16卷,第470页下。
② 同上书,第470页下—471页上。
③④⑤ 同上书,第471页上。

清净涅槃;游行生死,不被染污;修大悲心,以为根本;志力高强,坚住不动"①。这是指菩萨,没有菩提惑障。而前述三种又可分为四种,此四种众生则具有四种"惑障"。

关于"著有众生",此品中佛对阿难等说:"著有者复有二种:一者,背涅槃道,无涅槃性,不求涅槃,愿乐生死。二者,于我法中,不生渴仰,诽谤大乘。阿难,是等众生非佛弟子,'佛非大师,非归依处'。如是人等,已住愚盲,必堕崄怖大暗之中,于旷野地更入黑秽棘刺稠林,以生死缚作于后际,落阐提网,不能自出。"②此文中的"佛非大师,非归依处"是这一类众生所持的观点。

关于"著断无众生",此经也分其为二种:一是"行无方便",二是"行有方便"。"行无方便,复有二人:一者,在佛法外九十六种异学外道,如支罗歌波育婆等。二者,在佛法中能生信心,坚著我见,不爱正理,我说此人同彼外道。复有增上慢人,在正法中观空,生于有无二见。是真空者,直向无上菩提一道净解脱门,如来显了开示正说,于中生空见,我说不可治。阿难,若有人执我见,如须弥山大,我不惊怪,亦不毁呰。增上慢人执著空见,如一毛发作十六分,我不许可。"③此中,第一种"行无方便者"指外道,第二种是指佛教内部执持"我见"者以及执持"空见"者。"行有方便"的众生"亦有二人:一声闻乘,唯修自利,而不能为利益他事。二缘觉乘,少能利他,少事而住,少得云足。"经中在此指出,"如阐提不行无方便,如外道不行有方便",而声闻、缘觉二乘则属于"行有方便"。关于前者,经中说:"若人贪著三有,诽谤大乘,名一阐提,堕邪定聚。若人著无,行无方便,堕不定聚。复有著无,行有方便;不著有无,行平等道,名正定聚。"④一阐提属于"邪定聚",而二乘、菩萨属于"正定聚"。

经中除去"不著有无,修行平等"的菩萨之外,"余有四人:一者,一阐

---

① ③ ④ 陈真谛译《无上依经》卷上,《大正藏》第16卷,第471页中。
② 同上书,第471页上。

提。二者,外道。三者,声闻。四者,缘觉。有四惑障,不能证得如来法身无上菩提。何者为四?弃舍大乘,是阐提障;为除此障,我说菩萨修行信乐大乘真法。于一切处谬执我见,是外道障;为除此障,我说菩萨修行般若波罗蜜法。于生死中厌畏疲极,是声闻障;为除此障,我说菩萨修行破虚空三昧门。背利益他,小事为足,是缘觉障;为除此障,我说菩萨修行大悲。是四种人,有四种惑。为除此惑说四圣道,因此胜道治四颠倒,能证如来无上最妙法身四德波罗蜜果"①。由此可见,"菩提惑障"有四类,一是舍弃大乘,二是执持"我见",三是厌畏生死,四是不为利他。

4. 菩提至果。

此品中,佛为阿难等会众指出:"有四种菩提无上胜果。何者为四?一者,最净。二者,真我。三者,妙乐。四者,常住。"②而此四者也是"如来法身四德。何者为四?一者,常住波罗蜜。二者,安乐波罗蜜。三者,真我波罗蜜。四者,清净波罗蜜阿难"③。上述两种说法,语词、顺序略有不同,实际内容是一致的。此后,佛世尊对阿难等会众较为详细地作了解释。

首先,"一切凡夫执内五阴起颠倒见,于无常中而生常见,于实苦中而生乐见,于无我中而生我见,于不净中而生净见。阿难,如来法身是一切种智之境界故,声闻、缘觉不能观察如来法身,颠倒修习不可拔断"④。这是说,对于具有上述四"至果"的如来法身,声闻、缘觉不能"正观"。

其次,尽管这一"至果"是如来境界,但却可以以修行而获得。"云何如此?如来法身最胜常住,应当修习背常住修住无常修。如来法身最上妙乐,应当修习背妙乐修住于苦修。如来法身最胜真我,应当修习背真我修住无我修。如来法身最极清净,应当修习背清净修住不清净修。"⑤这一说,应当通过修行使其由"无常修"而转于"常住修"、由"苦修"转入

---

① 陈真谛译《无上依经》卷上,《大正藏》第16卷,第471页中—下。
② 同上书,第471页上。
③④⑤ 同上书,第471页下。

"妙乐修"、由"无我修"转入"真我修"、由"不清净修"转入"清净修"。因为前述四种颠倒是"修声闻、缘觉所住之道,非是如来法身四德道所至处。是故法身常、乐、我、净非其境界"①。因为上述"四倒"是二乘所住境界,并非如来法身四德之所至处,因而需要修行使其转化。

其三,在此,佛对阿难及其会众宣说了"转入至果"的方法。经中说:"阿难,若有众生信如来语,能见法身常乐我净。是众生者,无颠倒心,生真正见。云何如此?阿难,如来法身是真常乐我净波罗蜜,若有众生因胜妙道观如来身,是等众生从明入明,从安隐处至胜乐处。是佛真子佛心爱念,从佛口出,得佛成就;从法化生,得法财分。"②此处所说的方法就是"信如来语"并且能通过胜妙之道观见如来之身,即可获得如同佛的成就。——这是从总体上言之的,以下则分别言之。

关于"一阐提"的修行问题,经中说:"阿难,一阐提人弃背正法,生死臭秽,深心贪乐;为除此惑,我说修行愿乐大乘,依因此法得最净果。"③佛为一阐提宣示的修行方法是"愿乐大乘法",依此方法可获得"最净果"。

关于"外道"的修行问题,经中说:"阿难,一切外道邪执我见而生取著色等诸法,是无我相无净故,三世佛一切处。及我说乃名真我,是诸外道执内五阴,而起我见,心安快乐。为破此惑,是故我说修习般若波罗蜜,依因此法得真我果。"④佛为外道宣示的修行方法是"般若波罗蜜多法",依此方法可获得"真我果"。

关于"声闻"的修行问题,经中说:"阿难,声闻人者怖畏生死,于苦灭处而生欣乐。为除此执,我说修习破虚空三昧门,依因此法得具足分世出世乐波罗蜜果。"⑤佛为声闻宣示的修行方法是"破虚空三昧门",依此方法可获得"具足分世出世乐波罗蜜果"。

---

① 陈真谛译《无上依经》卷上,《大正藏》第16卷,第471页下。
②③④⑤ 陈真谛《无上依经》卷上,《大正藏》第16卷,第472页上。

关于"缘觉"的修行问题，经中说："阿难，缘觉人者不能观察利益他事，与诸众生不和合住，独处思惟，心安快乐。为除此执，我说修习菩萨大悲，依因此法恒遍十方，为诸众生作利益事所留住故，得于常住波罗蜜果。"①佛为一阐提宣示的修行方法是"菩萨大悲法"，依此方法可获得"常住波罗蜜果"。

究极而言，上述"四德"是"一切如来实称法界，不著有无，如大虚空，修空界最究竟，过三际永安住"②之境界，因此，上述四类修行者仅仅获得其中一"德"。

其四，对于为何"一切阿罗汉、辟支佛、大地菩萨"不能获得如来法身四德的问题，经中从"四惑"的角度作了解释。经中说："一切阿罗汉、辟支佛、大地菩萨，为四种障，不得如来法身四德波罗蜜。何者为四？一者，生缘惑。二者，生因惑。三者，有有。四者，无有。"③下文对此分别作了解释。

关于"生缘惑"，经中解释说："即是无明住生一切行，如无明生业。"④关于"生因惑"，经中解释说："是无明住地所生诸行，譬如无明所生诸业。"⑤关于"有有"，经中解释说："缘无明住地，因无明住地所起无漏行。三种意生身，譬如四取为缘，三有漏业为因，起三种有。"⑥这三种"因"综合起来则生成"三有"。"意生身"本是指初地以上的菩萨所成之身，因无碍自在、如心如意故，名之"意生身"。此处的"意生身"可能是指"中有"之身、劫初之人、色界、无色界、变化身、界外之"变易身"等。"三有"也有两种含义，在此指三界之"有"。

关于"无有"，经中解释说："缘三种意生身，不可觉知微细堕灭，譬如缘三有中生，念念老死，无明住地一切烦恼是其依处，未断除故，诸阿罗汉及辟支佛、自在菩萨，不得至见烦恼垢浊习气臭秽究竟灭尽大净波罗

---

①②③④⑤ 陈真谛译《无上依经》卷上，《大正藏》第16卷，第472页上。
⑥ 同上书，第472页中。

蜜;因无明住地起轻相惑,有虚妄行未灭除故,不得至见无作无行极寂大我波罗蜜;缘无明住地因微细虚妄起无漏业,意生诸阴未除尽故,不得至见极灭远离大乐波罗蜜;若未能得一切烦恼诸业生难永尽无余,是诸如来为甘露界,则变易死断流灭无量,不得至见极无变异大常波罗蜜。"①由此描述可见,所谓"无有"之障是指诸"阿罗汉及辟支佛、自在菩萨"未能"见""大净波罗蜜"、"大我波罗蜜"、"大乐波罗蜜"、"大常波罗蜜"。

经中又说:"于三界中有四种难:一者,烦恼难。二者,业难。三者,生报难。四者,过失难。无明住地所起方便生死,如三界内烦恼难。无明住地所起因缘生死,如三界内业难。无明住地所起有有生死,如三界内生报难。无明住地所起无有生死,如三界内过失难。应如是知,阿难,四种生死未除灭故,三种意生身无有常乐我净波罗蜜果,惟佛法身是常是乐是我是净波罗蜜。"②这里强调说,三界众生具有"四难",因此,未除生死,其"意生身"无有"常乐我净波罗蜜果"。

其五,总结"真果"。经中说:"阿难,如来法身大净波罗蜜,应知有二种:自性清净是其通相,无垢清净是其别相。大我波罗蜜,应知有二种:远离一切外道邪执,出过我见虚妄故。远离二乘计理谬执,出过无我虚妄故。大乐波罗蜜,应知有二种:断苦集本解习气缚,则能证得一切苦灭,意生诸阴拔除尽故。大常波罗蜜,应知有二种:既不损减无常诸行出过断见故,亦不增益常住涅槃。出过常见故,若计诸行无常,是名断见。若计涅槃常住,是名常见。治四惑障,翻四颠倒,常乐我净为其真果。"③此中分别以两方面叙说了如来法身常乐我净的"四德"。

5. 菩提作事

"菩提作事"即菩提所具有的"利益",经中解释时的全称是"菩提利益事",其内容概括言之,则是"自利"、"利他"。经中说:"有二种事:一

---

①② 译陈真谛《无上依经》卷上,《大正藏》第16卷,第472页中。
③ 同上书,第472页中—下。

347

者,无分别智。二者,无分别后智。是二种智有二种事:一者,为成就自利。二者,为成就利他。"①

"自利"就是"圆满解脱身,持净法身,灭烦恼障、一切智障,是名自利。无分别智能成此法"。而"自利与三功德分不相离,一者无漏,二者遍满,三者无为"②。

"利他"是"从无分别后智,乃至尽生死际不作思量,显二种身,说法无穷,无间无量,为脱生死三恶道苦,为欲安立一切众生,置于善道,住三乘处。是名利他"。而"利他与四功德分不相离,拔济众生不堕四处:一者,妄见痴迷疑惑。二者,苦道恶道堕道。三者,以嫉妒心以怨结心破坏正教。四者,以下劣心贪乐小乘"③。

6. "菩提相摄"或称"菩提相应"

经中对此的解释是:"何者名菩提相应法?无上菩提是真实相,十九种法与其相应。一者,不可思量。二者,微细。三者,真实。四者,道理甚深。五者,不可见。六者,难通达。七者,常。八者,在。九者,寂。十者,恒。十一,清凉。十二,遍满。十三,无分别。十四,无著。十五,无碍。十六,随顺。十七,不可执。十八,大净。十九,澄清。此十九法与无上菩提恒不相离,故名菩提相应之法。"④从其表述看,应该是指菩提自身的"属性"。

7. 菩提行处

关于"菩提行处",经中的解释是:"何者是菩提行处?三种道理显现三身:一者,甚深道理。二者,广大道理。三者,万德道理。"⑤在此,以"三身"作为菩提显现之"行处",而"行处"可简称为"存在"或者"活动"的状态。而"无上菩提摄三身尽,是故名为菩提行处"⑥。也就是说,"菩萨行处"分而言之显现"三身",合而言之则为"无上菩提"。

关于"第一甚深道理"之身,经中解释说:"第一身者,与五种相、五种

---

①②③④ 陈真谛译《无上依经》卷上,《大正藏》第 16 卷,第 472 页下。
⑤ 同上书,第 472 页下—473 页上。
⑥ 同上书,第 473 页上。

功德相应。何者五种相？一者无为。二者不相离。三者离二边。四者脱一切障。五者自性清净。何者五种功德？一者不可量。二者不可数。三者难思。四者不共。五者究竟清净。"①

关于"第二广大道理"之身，经中解释说："第二身者，法身净流之所显现，一切无量如来功德，摩诃般若大悲为体。与五种功德相应：一者无分别相。二者无功用心。三者称众生意作利益。四者与法身不相离。五者恒遍一时不舍众生。"②

关于"第三万德道理"之身，经中解释说："第三身者，般若大悲净流所显，色种为体，与四分功德相应：一者三十二相。二者八十种好。三者威德。四者力。能于诸众生根欲性行相摄相应，于秽佛土示现种种本生之事。或复示现升兜率天，或复示现从彼天下，或复示现降神母胎，或现初生出胎，或现俱摩罗位，或现受学十八明处，或现诸戏游于后园，或现出家或现苦行，或诣道场或成佛道，或波罗捺转妙法轮或坚固林般涅槃那。示现如是种种之事，乃至尽于生死后际。"③

8. 菩提常住

"菩提常住"是对"无上菩提"之属性的描述："何者无上菩提常住法？而此常住有二种法为作因缘：一者，不生不灭。二者，无穷无尽。是名菩提常住法。"④这是说，"无上菩提"是"常住"的，因为其有"不生不灭"、"无穷无尽"作为依据。

9. 菩提不共相

"无上菩提不共相"即指"无上菩提"所具有而其他"法"所不具备的特殊之处。经中解释说："何者是无上菩提不共相？不共有二种：一者，不可知，若诸凡夫、声闻、缘觉不能通达，非其境界。二者，不可得，除佛一人余无得者。是不共法有五种：一者，如如理甚深故。二者，自在不可动故。三者，清净无漏界所摄故。四者，一切所知处无碍故。五者，为众

---

①②③④ 陈真谛译《无上依经》卷上，《大正藏》第 16 卷，第 473 页上。

生利益事圆满故。是名菩提不共相。"①

10. 菩提不可思惟

关于"无上菩提不可思惟"的原因,经中举出六种因:"一者,过语言境界。二者,第一义谛所摄。三者,已过觉观分别思惟。四者,譬类所不能得。五者,于一切法最上品故。六者,生死涅槃处不可安立故。"②经中指出:"一切如来住无上菩提处,有五种因缘不可思议。何者为五？一者,自性。二者,处。三者,住。四者为一异。五者为利益。"③

对于"如来为菩提自性不可思议",经中解释说:"即色是如来不可得,离色是如来不可得,受、想、行、识亦如是。即地界是如来不可得,离地界是如来不可得,水、火、风界亦如是。即眼入是如来不可得,离眼入是如来不可得,耳、鼻、舌、身、意亦如是。即有法是如来不可得,无法亦如是,是名菩提性不可思议。"④

对于"如来为菩提处不可思议",经中解释说:"如来在欲界不可思议,离欲界亦不可思议,色、无色界亦如是。如来在人中不可思议,离人中亦不可思议,六道亦如是。如来在东方不可思议,离东方亦不可思议,十方亦如是,是名为处不可思议。"⑤

对于"如来为菩提住不可思议",经中解释说:"安乐住如来住不可思议,寂静住如来住不可思议,有心住如来住不可思议,无心住如来住不可思议。如是梵住圣住如来住不可思议,是名为住不可思议。"⑥

对于"如来为一异不可思议",经中的解释是:"三世如来在一处住。何者一处？自性清净无漏法界。是诸如来若一若异不可思议,是名一异不可思议。"⑦

对于"如来为利益事不可思议",经中解释说:"如是如来等一法界,智慧、神力、正勤、威德悉皆平等,住于无漏清净法界。诸如来等因此转

---

① 陈真谛译《无上依经》卷上,《大正藏》第16卷,第473页上—中。
②③④⑤⑥ 同上书,第473页中。
⑦ 陈真谛译《无上依经》卷下,《大正藏》第16卷,第473页中—下。

依,能为众生无量利益,是名利益不可思议。"①

于此品的最后,经中对于"不可思议"作了解释:"不可思议有二种:一者,不可言说,过语言境界故。二者,出一切世,于世间中无譬类故。是名不可思议。复次,真如本不被染末无垢污不可思议。阿难,是名菩提不可思议。"②

(三) 如来功德

《无上依经》的第四《如来功德品》阐述如来有一百八十不共之法。他是对于《如来界品》所提出的关于"起刹立塔造像供养佛舍利,功德福报不可称量"③之四层原因的第三层"为功德为法不可思议"④的直接响应。如经中所说:"有百八十不共之法,此是如来胜妙功德。一者三十二相,二者八十种好,三者六十八法。"⑤

关于"三十二相",此经说:"菩萨修四因缘,一持戒,二禅定,三者忍辱,四者舍财及诸烦恼。修此四因坚固不动,以此业缘得二种相。"⑥"三十二相"的具体内容从略。此后,佛告诉阿难等:"是三十二相有三因缘不可思议。一者,时节不可思议,修行数满三阿僧祇劫。二者,心乐不可思议,为安乐利益一切众生故。三者,品类不可思议,修一切善离一切恶。是种类无穷故,是故如来身具相好不可思议。"⑦

关于"如来八十种好",此经也作了逐条说明。此从略。

以下此经于此品依次说明"十力"、"四无所畏"、"三念处"、"大悲"、"十八不共法"、"三十二种如来独得",如此构成"六十八法"。

如来有"十力":"一者,处非处智力。二者,随业智力。三者,定类智力。四者,根品智力。五者,欲乐智力。六者,性类智力。七者,至一切处智力。八者,宿生智力。九者,死生智力。十者,漏尽智力。"⑧

---

①②⑤ 陈真谛译《无上依经》卷下,《大正藏》第16卷,第473页下。
③④ 陈真谛译《无上依经》卷上,《大正藏》第16卷,第469页中。
⑥ 同上书,第474页下。
⑦⑧ 陈真谛译《无上依经》卷下,《大正藏》第16卷,第475页中。

如来有"四种无畏":"一、一切智无畏。二、漏尽无畏。三、说障道无畏。四、说尽苦道无畏。"①

如来有"三种念处":"一者,正行正念。二者,邪行正念。三者,杂行正念。"②

如来又有"大悲之法"。对于此,此经没有作解释。

如来"十八不共法"如下:"一、身无过。二、口无过。三、意无过。四、无不定心。五、无异相执。六、无非知舍。七、无欲乐无减失。八、无正精进无减失。九、无念无减失。十、无智无减失。十一、解脱无减。十二、解脱知见无减。十三、身随智慧行。十四、口随智慧行。十五、意随智慧行。十六、穷过去智圆满。十七、穷现在智圆满。十八、穷未来智圆满。"③

"三十二种如来独得"如下:"如来独得如意自在捷疾神通。如来独得无有边际变化神通。如来独得无量无尽圣神通处。如来独得心自在法。如来独得自在无边知他心通。如来独得自在无阂天耳神通。如来独得知无色界众生种别。如来独得通达圣众般涅槃后。如来独得智慧明了有不定答。如来独得大波罗蜜善能答问。如来独得分别说法无有过失。如来独得开化众生无有空过。如来独得第一导首。如来独得不可害灭。如来独得金刚三昧。如来独得一切诸法非色非心心不相应如来至知。如来独得无阂解脱。如来独得三不护法。如来独得断灭习气。如来独得一切种智。如来独得金刚聚身。如来独得未曾作意一切事成。如来独得一切诸相与处相应明净具足。如来独得所授记莂无有不定。如来独得于胜负心佛不许可不得见佛。如来独得转一切种胜妙法轮。如来独得荷负众生能舍重担。如来独得入般涅槃复更起心。如来独得修因圆满无余。如来独得至果圆满无余。如来独得利益他事圆满无余。如来独得辩才无尽。如来独得说一切法悉皆如理。"④

---

① ② ③ 陈真谛译《无上依经》卷下,《大正藏》第 16 卷,第 475 页中。
④ 同上书,第 475 页下。

在此品的最后,佛又将如来所获得的功德总结为六种:"一者具足。二者无垢。三者不动。四者无阂。五者利他。六者自在巧能。"①

对于为何如来具有的功德不可思议,此经解释说:"一切如来恒河沙劫无边功德,在于惑地及于净地,相摄相应,未曾相离,无垢无净,不可思议。"②

(四)如来事

《无上依经》第五《如来事品》主要阐述如来所具有的"十八事",最妙最上,因一百八十法而成。它是对于《如来界品》"起刹立塔造像供养佛舍利,功德福报不可称量"③之四层次原因的第四层原因"为利益为作事不可思议"④的直接响应。

"如来十八事"如下:

第一事:"如来无比最妙最上无有及者,令诸众生起奇特心,恭敬供养。此第一事,因三十二相、八十种好而得成就。"⑤

第二事:"如来如理,通达因果。若沙门、婆罗门说无因果、说不平等因果之法,我即制伏,令堕负处。此第二事,因是处非处智力得成。"⑥这是由"十力"的第一力"处非处智力"所成就。

第三事:"如来知见自业自受,无有自作他受果者。若沙门、婆罗门邪说邪教度业度受,便能制伏,令堕负处。此第三事,因业类智力得成。"⑦这是由"十力"的第二力"随业智力"所成就。

第四事:"如来教化显三种轮,一者神通轮,二者记心轮,三者示教轮,训导弟子以成圣众。若沙门、婆罗门有胜负心,说违逆法,对治正典,便能制伏,令堕负处。此第四事,因禅定智力得成。"⑧这是由"十力"的第三力"定类智力"所成就。

第五事:"如来了达上中下根,如理为说,令其下种成熟解脱。此第

---

①② 陈真谛译《无上依经》卷下,《大正藏》第16卷,第475页下。
③④ 陈真谛译《无上依经》卷上,《大正藏》第16卷,第469页中。
⑤⑥⑦⑧ 陈真谛译《无上依经》卷下,《大正藏》第16卷,第476页上。

五事,因根种智力得成。"① 这是由"十力"的第四力"根品智力"所成就。

第六事:"如来知见三品众生,邪正欲乐,如实见已,拔断恶欲,增长善欲。此第六事,因欲乐智力得成。"② 这是由"十力"的第五力"欲乐智力"所成就。

第七事:"如来观知众生三种,一者粗,二者中,三者妙。令此三人,如理得入种种法门。此第七事,因性界智力得成。"③ 这是由"十力"的第六力"性类智力"所成就。

第八事:"如来明见出离道法得解脱果,障阂道法得生死果,令灭障阂道,修出离道。此第八事,因至一切处智力得成。"④ 这是由"十力"的第七力"至一切处智力"所成就。

第九事:"如来明了见宿命事,说过去事,为令众生起厌畏心。若执常见沙门、婆罗门,便能制伏,令堕负处。此第九事,因宿生智力得成。"⑤ 这是由"十力"的第八力"宿生智力"所成就。

第十事:"如来明见一切众生死此生彼,如理受记。若执断见沙门、婆罗门,便能制伏,令堕负处。此第十事,因生死智力得成。"⑥ 这是由"十力"的第九力"死生智力"所成就。

第十一事:"如来自知解脱,通达无阂。若增上慢沙门、婆罗门未得罗汉谓言已得,即能制伏,令堕负处。此第十一事,因漏尽智力得成。"⑦ 这是由"十力"的第十力"漏尽智力"所成就。

第十二事:"如来为利益事,最上善巧。若有人问如来十力,如实答难,除决彼疑,能立自正说,能破他邪说。此第十二事,因四无畏得成。"⑧

第十三事:"如来正教,有能修者,有不修者,亦修不修者,如来于此三人无染浊心。此第十三事,因三念处得成。"⑨

第十四事:"如来佛眼昼夜恒观一切众生在胜负处,救护济拔。此第

---

①②③④⑤⑥ 陈真谛译《无上依经》卷下,《大正藏》第 16 卷,第 476 页上。
⑦ 同上书,第 476 页上—中。
⑧⑨ 同上书,第 476 页中。

十四事,因大悲得成。"①

第十五事:"如来如说而行,能行能说。此第十五事,因三不护法得成。"②

第十六事:"如来于诸众生为利益事,悉皆圆满,无有损减。此第十六事,因念无忘失得成。"③

第十七事:"如来四威仪中,随从于理,无有失误。此第十七事,因灭除习气得成。"④

第十八事:"如来观三种法,一者行法得利,二者行法减损,三者行法亦利亦损。离余二法,如来宣说得利益行。此第十八事,因一切种智及诸不共法得成。"⑤

在这一品的最后,如来为阿难解释"云何如来为事不可思议"。经中说:"诸如来事无数无量世间众生不能觉知。虽依语言不能显现,不可示人,令他悟解。一切佛土处无所阂,一切如来随顺平等,过于意境,无分别相,犹如虚空无有分别,与法界相称故。诸善男子,是故佛说如来之事不可思议,行遍一切处,一切处无失,随行三世处,不灭三宝性。如来住是事中,如来身相不舍虚空性,一切佛土显现自身,如来言说非音声性,同其类音而说正法,如来不取心为境界,诸众生心、根、性、欲乐皆悉通达。"⑥这就是"如来为事不可思议。"

第七节 《大方等无想经》的如来藏思想

在中国佛教史上,《大云经》的地位非常特殊。由于唐代的武则天曾经利用其中的有关记载为其登基大造舆论,所以,在唐以后一直有"伪经"的名声。如《旧唐书》说:"有沙门十人伪撰《大云经》,盛言神皇受命之事。"⑦现存敦煌写本《〈大云经〉神皇授记义疏》有云:"经曰:'今以女身

---

①②③④⑤ 陈真谛译《无上依经》卷下,《大正藏》第16卷,第476页中。
⑦《旧唐书》卷六《则天皇后本纪》,第121页,中华书局校本,1975年5月。

当王国土,得转轮王,所统领处四分之一……者',今神皇王南阎浮提一天下也。"①几乎是明确说此经所言就是当时的"神皇"武曌。武皇在《大云经》颁布之后,立即令诸州都要修建大云寺,当时有三百五十八州,建造大云寺三百五十八座,总度僧上千人。规模自然是空前绝后的。然据今人研究,②武则天登基所借用的《大云经》并非重译或者伪撰,而是薛怀义等人袭用昙无谶的旧译本,辅以新疏,巧以附会。《大周刊定众经目录》即可为证。下文的译本考部分将充分证明此经有许多译本,不存在"伪经"的可能性。

一、《大方等无想经》汉译本考

关于此经的翻译,古代经录的记载差异颇大,而现存全本仅有一种,另有敦煌本一种,但仅有第九卷。而关于此经的别行本则有六种。在此依据隋唐经录对《大云经》的汉译情况作一考辨归纳。

先从最早的经录《出三藏记集》说起。僧祐在《出三藏记集》卷二昙无谶译经录下记载:"《方等大云经》四卷,或云《方等无想大云经》,或为六卷。"③僧祐的这一记载被后世经录所沿袭,同时,昙无谶的译本现今仍然存世,所以,昙无谶译出过四卷或六卷本的《方等无想大云经》应该没有任何问题。《方等大云经》,更普遍的名称为《大方等无想经》,由于武则天时期的狂热崇奉,关于昙无谶是否翻译过此经也变成了问题。《出三藏记集》卷二在罗列昙无谶所翻译的佛经时,赫然列入了《大方等无想经》。不过,如前所说,在现在流行的一些宋元明藏经版本中其后以小字标注的"玄始六年九月出",这一标注不可信。

隋初编定的《历代三宝纪》卷九记载:"《方等大云经》六卷,一名《方等

---

① S.2056《大云经疏》,黄永武主编《敦煌宝藏》第47册,第498页下、第499页下,台北:新文丰出版社,1986。
② 参见陈寅恪《武曌与佛教》,《金明馆丛稿二编》,上海古籍出版社,1986。
③ 梁僧祐《出三藏记集》卷二,《大正藏》第55卷,第11页中。

无相大云经》,一名《大云无相经》,一名《大云密藏经》,于凉州内苑寺出。见僧叡《二秦》及李廓《录》,《吴录》亦载。"①同代的法经编的《众经目录》卷三在昙无谶所译经典中也记载说:"《大方等无相经》五卷,或四卷,亦《大云经》。"②而唐智昇的《开元释教录》卷四则将昙无谶翻译本称之为第二出:

> 《大方等大云经》六卷,一名《大方等无相大云经》,一名《大云无相经》,一名《大云密藏经》,或云《方等大云经》,或四卷或五卷,于内苑寺译,第二出。见僧叡、李廓、僧祐三录。③

在此,智昇还明确地说,昙无谶的译本仍然见在。

由上述材料可以证实,昙无谶确实曾经翻译过《大云经》,而且现在署名昙无谶译的《大方等无想经》确实不是伪经。由于武则天对于《大云经》的政治使用而导致的"伪经说",是由李唐王朝复辟之后以政治原因而臆造出来的,不应该以这种后起的说法而否定昙无谶曾经翻译《大云经》的历史真实性。现在的问题是,唐智昇《开元释教录》卷四将昙无谶译本称之为第二出④,而在卷一四则记载说:"《大方等无相经》五卷,一名《大方等大云经》,亦云《大云经》,或四卷。姚秦凉州沙门竺佛念译,第一译。右一经,前后两译,一存一阙。"⑤参照前述记载可知,至智昇时,竺佛念的译本已经散失了。

由于僧祐仅仅记载了一种多卷本的《大云经》译本,然在敦煌遗书中又发现一卷《大云经》残本,标为第九卷,且与昙无谶的译本有些不同,应该为另外的译本。这样便又产生了一个问题,竺佛念是否翻译过《大云经》以及敦煌本残卷是否就是竺佛念的译本。

经过查对,僧祐《出三藏记集》没有竺佛念翻译《大云经》的记录。《出三藏记集·竺佛念法师传》文曰:

---

① 隋费长房《历代三宝纪》卷九,《大正藏》第 49 卷,第 84 页中。
② 隋法经《众经目录》卷三,《大正藏》第 55 卷,第 252 页上。
③④ 唐智昇《开元释教录》卷四,《大正藏》第 55 卷,第 519 页下。
⑤ 唐智昇《开元释教录》卷一四,《大正藏》第 55 卷,第 629 页中。

> 竺佛念，凉州人也。弱年出家，志业坚精，外和内朗，有通敏之鉴。讽习众经，粗涉外学，其仓雅诂训，尤所明练。少好游方，备贯风俗，家世西河，洞晓方语，华戎音义，莫不兼解，故义学之徒虽阙，而洽闻之声甚著。符坚伪建元之中，外国沙门僧伽跋澄及昙摩难提入长安，坚秘书郎赵政请跋澄出《婆须蜜经》胡本。当时名德莫能传译，众咸推念，于是澄执梵文，念译胡汉，质断疑义，音字方明。昙摩难提又出《王子法益坏目因缘经》，念为宣译，并作经序。至建元二十年，政复请昙摩难提出《增一阿含》及《中阿含》，于长安城内集义学沙门请念为译，敷析研核，二载乃讫。二《含》光显，念之力也。至姚兴弘始之初，经学甚盛，念续出《菩萨璎珞》、《十住断结》及出《曜胎经》、《中阴经》。于符姚二代，为译人之宗，自世高、支谦以后，莫踰于念。关中僧众，咸共嘉焉。后卒于长安，远近白黑莫不叹惜。①

慧皎《高僧传》卷一也有传文，与僧祐上文大同，可见来源一致。从上文看，竺佛念译经，一开始是作为外籍僧人的助手出现的，因而《出三藏记集》在其名下单独列出的仅有六部经典，"《出曜经》十九卷，《菩萨璎珞经》十二卷，《十住断结经》十一卷，《菩萨处胎经》五卷（一名《胎经》，或为四卷），《中阴经》二卷（阙），《王子法益坏目因缘经》一卷（或云《阿育王息坏目因缘经》）。右六部，凡五十卷，晋孝武时，凉州沙门竺佛念，以符坚时于关中译出"②。参与翻译的共计十部。

僧祐记载竺佛念独立翻译六部，而隋费长房《历代三宝纪》卷八则记载："《大方等无相经》五卷，或四卷，亦名《大云经》。"③费长房著录竺佛念译籍共十三部合八十六卷。而对其依据，费长房也有说明："晋孝武帝世，凉州沙门竺佛念，识朗通敏，少好游方，家世西河，洞华戎语。前秦符氏建元年初来入长安，时秘书郎赵正请僧伽跋澄及昙摩难提等，出众经

---

① 梁僧祐《出三藏记集》卷一五，《大正藏》第 55 卷，第 111 页中。
② 梁僧祐《出三藏记集》卷二，《大正藏》第 55 卷，第 10 页中—下。
③ 隋费长房《历代三宝纪》卷八，《大正藏》第 49 卷，第 77 页上。

论,当世名僧,莫能传译,众咸推念。二合文显,念之译功。自汉世来安高、支谦之后,莫踰于念。故符姚二代为译人之宗,关内名僧咸共嘉尚。其后自出,所件如前。《高僧传》中唯载五部,其外八部彰别杂录,故备列之。"①对于费长房的记载,智昇指出:"《长房录》中别存《十地断结经》十卷者,非也。《住》之与《地》二义无别,今存《十住》,《十地》删之。"②智昇的说法是正确的,而费长房可能只看到了不同版本的经录的记载,而简单地将其综合汇总在一起。

在竺佛念独译的经律目录中,智昇列入了《大云经》。《开元释教录》卷四记载:"《大方等无相经》五卷,亦名《大云经》,或四卷。与昙无谶《方等大云》同本,初出。见《长房录》。"③不过,智昇所说并不全面,其实在《长房录》之前的法经《众经目录》已经对此作了记载,此著卷一载:"《大方等无相经》五卷,一名《大云经》,前秦世竺佛念于长安译。"④由此可见,将当时可能还在流通的一种多卷本《大云经》标示为竺佛念所译,在隋代时期是惯常的做法。法经没有标出具体的依据,费长房则如上文所引,说其关于竺佛念所译的其他八部见于各种"杂录"。

综上所述,隋代之后的经录著录竺法念翻译过《大云经》是有根据的,然而这些经录说其译本为四卷或五卷本,现存的敦煌本残卷《大云经》为第九卷,其文则专说陀罗尼,因而还不能肯定就是竺佛念的译本。

另外,隋代《众经目录》卷二记载:"《人弘法经》一卷,《善德婆罗门求舍利经》一卷,《善德婆罗门问提婆达经》一卷,《大云密藏菩萨问大海三昧经》一卷,《大云密藏菩萨请雨经》一卷,《四百三昧名经》一卷,右六经出《大云经》。"⑤这六部早在《出三藏记集》已经注明为"抄本",不应作为独立译本看待。

---

① 隋费长房《历代三宝纪》卷八,《大正藏》第49卷,第77页上—中。
② 唐智昇《开元释教录》卷四,《大正藏》第55卷,第512页中。
③ 同上书,第512页上。
④ 隋法经《众经目录》卷一,《大正藏》第55卷,第115页中。
⑤ 隋法经《众经目录》卷二,《大正藏》第55卷,第124页下。

二、《大方等无想经》的结构及其基本内容

昙无谶翻译的《大方等无想经》,在古代应该有注疏出现,特别是武后时期朝廷崇奉《大云经》,应该有官方认可的经疏流通,也许由于政治方面的"殃及池鱼"原因,在李唐复辟之后,将这些经疏一并灭绝了。由于这一原因,下文对于《大方等无想经》结构及其内容的分析说明,只能依照古德科判佛经的一般方法,主要依据笔者自己的理解进行了。

《大方等无想经》的全经分"大云初分大众犍度第一"至"增长犍度第三十七"等三十七品。"犍度"为分别篇章之名目,意译应为"蕴"、"聚"等。在佛典中,将同类之法聚为一处,即为"一犍度",相当于"品"。

（一）序分

《无想经》的"序分"即《大云初分大众犍度第一》的前半段。经首的"如是我闻"一般称之为"传经序"。而此经"一时,佛在王舍城耆阇崛山中,与大比丘僧九万八千,大迦叶等而为上首"①之后的一大段文字,属于"说经序"的内容,即交代了佛说此经的时间、地点以及会众等事项。与前述几部早期如来藏经典相比,此经的"说经序"部分较为详细,叙述佛在王舍城耆阇崛山中,与比丘、比丘尼、菩萨、梨车童子、天龙、夜叉及四天王、十六大国王等无量大众在一起。这时,会中的"大云密藏菩萨"从座起,向如来提出一百个问题,请求佛为会众解答。《无想经》的"发起序"如下：

> 尔时,大云密藏菩萨摩诃萨,即从坐起,偏袒右肩,为佛作礼,长跪合掌,白佛言:"世尊,此诸大众咸有疑心。我今欲问,唯愿听许。"佛言:"善哉！善哉！善男子,我今能破此众疑心,恣汝所问。"②

依照古德佛经科判的惯例,此后的内容即属于"正宗分"。

---

① 北凉昙无谶译《大方等无想经》卷一,《大正藏》第12卷,第1077页下。
② 同上书,第1081页上。

(二)一百个问题

昙无谶译《大方等无想经》"正宗分"第一部分内容是大云密藏菩萨代表会众向佛提问请求佛再转法轮,得到佛的褒奖。

大云密藏菩萨提出的问题总共一百个,其内容从略。在大云密藏菩萨讲完之后,佛世尊告诉大云密藏菩萨及其会众:"善哉!善哉!善男子,汝今所问,甚为快善,为欲安乐世间众生故发斯问。一切众生无明所盲,而不能知诸佛所有真实功德。善男子,汝今欲令一切众生,悉得智慧眼,常眼常光,永度生死烦恼大河,了知诸佛菩提之行,欲坏众生无明结縠,示导无上菩提之行。"①此段话语是对大云密藏菩萨代为众生提问的褒奖。

在此之后,佛告诉会众大云密藏菩萨为何会提出这样的问题。这一段经文,如果依照"一切众生"和"二乘"所具的局限为线索,可将其分为三大层次:

第一层次,因为"一切众生"常具有的"弱点",将要开讲的如来藏秘密教义未曾对其开示。经文说:"一切众生,常乐演说无常无我无乐无净,而今欲开常乐我净,如来毕竟入于涅槃,无常无我无乐无净。而今欲开诸佛世尊不毕竟灭,常住不变。善男子,一切众生,常于法界妄生分别,而法界性实无分别。汝今欲问无分别义,是故发问。"②这是说,"一切众生"常常乐于听闻"无常、无我、无乐、无净"之义,而今"欲开诸佛世尊不毕竟灭,常住不变"之义,大云密藏菩萨了解众生和佛的意愿,因而代为众生发问。

经文又说:"一切众生,常为邪毒之所涂染,如来世尊为大良医,汝意欲令如来医王说呪授药疗其所苦。善男子,如遮罗迦梵志及尼干子诸婆罗门,实非罗汉作罗汉想,非圣圣想,非天天想,实非常乐我净之法,而作常乐我净之想。汝今欲为如是众生拔邪毒箭,解邪缚破邪狱出邪网,施

---

①② 北凉昙无谶译《大方等无想经》卷一,《大正藏》第12卷,第1082页上。

法味食甘露,安寝四禅,涂净戒香,四等为华,惭愧为衣,故发此问。"①此中从对治颠倒的角度说明大云密藏菩萨发问的意义。

于此,有一段很长的文字罗列了大乘佛教的基本教义,明确指出,如此如此都是"一切众生"所不能够明了的。如经文所说:"一切众生不知总相,不知别相;相无相,非相非无相,非相相非无相相;不可知非不可知,非此非彼,非手非指,非此彼中,非作非不作,非示非不示;非因非不因,非瞬非不瞬;非知非智知,非识非识识,非住非不住,非暗非明,非相非名;非轻非重,非羸非力,非处非不处;非净非不净,非有为非无为,非有非无,非可说非不可说;非取非舍,不生不退,非实非虚,非正非邪,非毕竟非不毕竟,非福田非不福田;非时非不时,非可净非不可净,非作非能作,非生非灭;非冷非热,非阴入界,非结因非业因,非生非堕,非长非增长,非有堕落毕竟无堕,非是有法永断诸有,非过去非未来非现在;非实非不实,非性非不性,非色非受想行识,非尽非不尽亦不可尽,非等非无等亦无与等,非地水火风。"②而实际上,"一切法界实无有身,实相之相毕竟真实,是名如来。无量无边不可思议,诸大功德之所成就,如是身者,即是诸佛真法身也"③。而这一"义甚深不可思议,如来法界深邃幽远,不移本处宣说正法,十方诸佛皆得闻知。所以者何?如来自在神力行故。如是深语,声闻、缘觉所不得闻"④。在此,即过渡到法身思想上,由于这一教义甚为深邃,声闻、缘觉无有可能听闻。

第二层次,解释为何声闻、缘觉不能听闻如来藏教义:"诸佛何故不为彼说,令彼得闻?善男子,声闻、缘觉乃至不解一字之义,犹如生盲饮毒狂人,如蚕处茧,如被毒箭,如病痰饮,是故诸佛不为说之。"⑤

第三层次,佛为了救治众生而决定演说此奥秘之义,大云密藏菩萨才有此问。经中说:"一切众生常为诸结烦恼所病,诸佛如来能施法药,

---

① 北凉昙无谶译《大方等无想经》卷一,《大正藏》第12卷,第1082页上—中。
②③④⑤ 同上书,第1082页中。

以妙咒术,拔其毒箭,除其肤翳。众生真实不知如来常住不变,如来为然智慧法灯,悉令得见常乐我净。譬如日出,悉令众生普见大地高下等相,如来亦尔。一切众生,不知方等,亦不能得总持三昧,不知佛时,不知佛财,不见佛身,不解如来涅槃之相,不知佛法灭与不灭,而言如来无常无乐无我无净,有烦恼箭是杂毒食。是故我为如是等人,演说诸佛常乐我净,欲除此人无明黑暗。善男子,善哉!善哉!声闻、缘觉未曾得闻是一字义,汝今欲令彼得闻故,故发是问。"①

在《无想经》卷一的最后,世尊叮嘱大云密藏菩萨以及会众:"谛听!谛听!善思念之,吾今为汝分别解说。有大方等甘露经王,开大宝藏,赈给贫穷,启发诸佛功德之藏,一切众生皆有佛性,其性无尽。昔来隐蔽,今欲显示,诸佛如来然大慧灯,令诸众生,了了明见。"②在此明确概括此经的宗旨是"一切众生皆有佛性"。

在上文之后,佛答应了大云密藏菩萨的请求。在此,大云密藏菩萨叙述其之所以于此代为众生提问,不是其"昔来所发誓愿"推动的结果,而是如来大慈之力加持的结果。大云密藏菩萨摩诃萨于是说:"世尊,我从昔来实无此愿,乃是世尊大慈愍事神通力故,为度众生令我发问,欲破众生贫穷困苦,令诸众生意无尽故,如来今说。则能消灭一切众生无明大暗得智慧宝。令诸众生明见佛性。得见如来常乐我净。"③佛称赞说:"善哉!善哉!善男子汝今所问其义甚深,为度众生生死海故,为广流布方等经故,为常法故,惠施一切甘露法味,除断众生贫穷苦故。谛听!谛听!吾当为汝分别解说,令诸众生得安乐故。汝今当为一切众生善持是义。"④

此卷的最后一项内容是,佛为大云密藏菩萨加持让其服"甘露味",叮嘱其弘扬此经所说。经文如下:"一切如来应供、正遍知、明行足、善

---

① 北凉昙无谶译《大方等无想经》卷一,《大正藏》第12卷,第1082页中—下。
②③④ 同上书,第1082页下。

逝、世间解、无上士、调御丈夫、天人师、佛世尊等,有一法名曰法界。以此法界,诸佛世尊等有常慧。以常慧水净自洗浴,服甘露味,并以惠施一切众生,修集一切诸佛所行。汝今当服是甘露味。汝既服已,复当转施。我今当说,汝便善听。初语亦善,中语亦善,后语亦善。其义真实,言辞巧妙,其音清净,纯一无杂,具足清白梵行之相。"①

(三)四百不可思议解脱法门

上文之后,进入此经的第二卷。第二卷在"品第"上仍然属于"大云初分大众健度",因此称之为"大云初分大众健度余"。

综观本卷的内容,仍然是接续前卷的内容,赞扬此经将要宣说的义理的殊胜性。

首先,宣说弘扬此经会获得的功德。经中说:"有《大云经》总持大海三昧大海,如来法印,诸佛法城,法界甚深,常住不变,不可思议,常乐我净。善男子,若有受持、书写、读诵、解说之者,则能破坏众生烦恼,断除一切贫穷困苦。"②如此等等。

经中特别指出:"当知是经即是诸经转轮圣王。何以故?是经典中宣说众生实性佛性常住法藏,众生不解乃至一句一字。汝今当听,听已,即当为汝法藏,汝复当观是经境界。"③接着,经中称赞说"此经中有诸佛菩萨四百不可思议解脱法门,善男子,此经中有诸法宝藏神通王三昧门"。此后,经中还介绍了四百不可思议解脱法门的名称④,具体名目从略。

其后,此经又说:"汝观是经不可思议,功德境界亦不可思议,乃是诸佛菩萨不可思议不可量法藏,亦是众生不可思议无尽宝藏。复次,善男子,此经境界不可思议。善男子,此经复有诸佛菩萨陀罗尼藏法门,此经

---

① 北凉昙无谶译《大方等无想经》卷一,《大正藏》第12卷,第1082页下—1083页上。
② 北凉昙无谶译《大方等无想经》卷二,《大正藏》第12卷,第1083页上。
③ 同上书,第1083页中。
④ 参见上书,第1083页中—1084页上。

复有诸佛菩萨如来微密宝藏法门,此经复有诸佛菩萨如来大海法门,此经复有诸佛菩萨如来时藏法门,此经复有诸佛菩萨如来世藏法门,此经复有诸佛菩萨如来日藏法门,此经复有诸佛菩萨如来月藏法门,此经复有诸佛菩萨如来境界法门,此经复有诸佛菩萨甚深法门,此经复有诸佛菩萨如来无所畏法门,此经复有诸佛菩萨如来勇捷法门,此经复有诸佛菩萨如来地法门,此经复有诸佛菩萨如来法门,此经复有诸佛菩萨阿梨呵法门,此经复有诸佛菩萨如来聚法门。"①

在上述赞誉之后,佛告诉大云密藏菩萨说:"汝观此经大法陀罗尼,即是一切众生无尽福藏,是即诸佛不可思议解脱三昧陀罗尼门,非是汝等所知境界。诸佛世尊随世故说,其义甚深,难可消服,唯是如来之所知见,我今当说如来如是甚深境界,至心谛听。汝从昔来于是事中,乃至未闻一字一句。"②这是说,此经所讲法义是大云密藏菩萨过去世从未听闻过的。大云密藏菩萨摩诃萨称是,并且请求"惟愿如来,为我等故及诸众生,开阐如是秘密之藏,乃至一字一句之义,令我等辈及诸众生知见如来常恒不变"③。

佛又一次称赞此经义理的殊胜,特别是对此经义理的"五字概括",尤其深刻精当。经中说:"是经典中有五文字其义甚深:一者如来,二常,三乐,四我,五净,是名如来无上功德不可思议。"④又说:"汝若欲知诸佛如来常恒不变,应当受持如是经典,读诵、书写、解说其义。何以故?是经所说不可思议,如来常恒无有变易,终不毕竟入于涅槃。汝当广为一切众生,敷扬解说常乐我净,诸佛如来无有毕竟入涅槃者,法僧常住亦无灭尽。"⑤

佛讲完这些话语之后,"毘蓝大毘蓝风王所受乐报,如天无别,放清凉风,六时无变,华果常有,无时暂替。赍持供具,来至佛所,头面作礼,

---

①② 北凉昙无谶译《大方等无想经》卷二,《大正藏》第12卷,第1084页上。
③④⑤ 同上书,第1084页中。

合掌恭敬,右绕三匝,却坐一面"①。而佛则以"神通力故,起四黑云,甘水俱遍,兴三种雷谓下中上,发甘露声如天伎乐,一切众生之所乐闻"②。佛并且说咒。由此,诸佛世界产生六种震动。对于如此种种瑞应,佛对大众说:"此经乃是无量功德之所成就,是故能致如是瑞应。"③大众于是同声赞佛,赞语的最后说:"世尊,我亦无知无明所障,不知如来常乐我净。一切众生无明覆故,妄说如来无常无我无乐无净,是故流转三恶道中。若言如来永灭涅槃,当知是人必堕地狱。世尊,我今始知诸佛如来不毕竟灭,知已则得无上大宝,以佛力故复令我知诸佛实性,得服无上甘露法味,永断一切诸结烦恼,昔来所有狂聋喑哑,今悉除愈。"④——此经的第一犍度至此结束。

(四)回应一百个问题

从"大云三昧犍度第二"至"如来涅槃犍度第三十六之初"等三十五个犍度,乃顺次应答一百个问题。这就是《大方等无想经》正宗分的第二部分,佛正式开始回答大云密藏菩萨的提问。

此经的"大云初分三昧犍度第二"的主要内容是宣说"四百三昧"。

首先,大云密藏菩萨称赞此经"境界不可思议,乃为一切无量众生现大神通,雨诸宝味。众生闻者,得遇无上甘露法雨,是故如来不可思议,是经境界亦不可思议,一切众生成大功德乃得值遇。众生业报不可思议。世尊,今日众生所受快乐如第三禅,形貌瓌玮,如天无别。如来今日说此经藏,即是众生无尽之藏,降大法雨,所谓如来常住不变三昧总持"⑤。然后,大云密藏菩萨对于此会所显现的瑞相的象征意义作了解释:"所言云者,谓诸菩萨摩诃萨也。震大雷者,谓破烦恼诸结业等。电光明者,谓诸众生皆有佛性。声者,谓诸菩萨为众生故,说有为法无常无

---

① 北凉昙无谶译《大方等无想经》卷二,《大正藏》第12卷,第1084页中—下。
② 同上书,第1084页下。
③ 同上书,第1084页下—1085页上。
④⑤ 同上书,第1085页下。

乐无我无净。雹者,谓八圣道分,能坏一切诸结烦恼。又有雹者,所谓此经能坏声闻、辟支佛心。是即名为雨大法雨,充饱众生饥虚渴乏。所谓如来常住不变,是名甘雨。"①

于是,佛先称赞大云密藏菩萨的解释,然后对会众说:"谛听!谛听!如是经典不可思议中有解脱住入宝藏神足法王四百三昧,我今当说。"②此后的解释则构成"四百种三昧"。经中较为详细地解释了前三种三昧,经文说:"此经复有诸佛菩萨深猛大海眼目三昧。若有菩萨成就具足是三昧者,得具菩萨多闻大海多闻宝藏,于阿耨多罗三藐三菩提心无疑碍。"③这是第一种三昧,经中有较为详细的解释,此从略。其后又说:"是经复有第一甚深解脱宝幢三昧。若有菩萨具是三昧,则得名为多闻大海多闻宝藏心无疑碍,乃至幻化不动不住。善男子,此经复有净智甚深法门三昧。若有菩萨能具足者,则得名为多闻大海多闻宝藏心无疑碍,乃至幻化不动不住。"④

在解释了上述三种三昧之后,经中罗列了其余三昧的名称⑤,名目从略。

随后,经中说:"若有菩萨具足如是诸三昧门,则得菩萨多闻大海多闻宝藏,于阿耨多罗三藐三菩提心无疑碍……是则名为初三昧门。善男子,若有成就具足如是四百三昧,当知是人善护法藏。"⑥这里有一大段文字叙述获得上述四百种三昧即能获得的功德。

这时,会众中"有一天子名曰净密,与万八千诸天子俱来至佛所,头面作礼,合掌恭敬,雨天华香幢幡伎乐以供养佛,右绕三匝,即说赞曰:'如来不思议,法、僧亦复然。我见三昧雨,如世睹甘露'"⑦。——此健度

---

① 北凉昙无谶译《大方等无想经》卷二,《大正藏》第 12 卷,第 1085 页下。
② 同上书,第 1085 页下—1086 页上。
③ 同上书,第 1086 页上。
④ 同上书,第 1086 页上—中。
⑤ 同上书,第 1086 页中—1088 页上。
⑥ 同上书,第 1088 页上—中。
⑦ 同上书,第 1088 页中。

至此结束。

此经的"大云初分陀罗尼健度第三"的主要内容是宣说"三十六种陀罗尼"。

大云密藏菩萨又对佛说:"世尊,若有众生未入如是方等经者,当知是辈犹如盲聋,此经中有三十六种不退智宝,无边心行意入陀罗尼门,即是一切诸法初门。唯愿如来,为是等故广宣分别。"①

于是,佛对会众说:"此经中有诸佛菩萨不退宝轮藏陀罗尼门,此经复有诸佛菩萨大云不退清净密水陀罗尼……复有诸佛菩萨大云不退不可思议大海王陀罗尼。善男子,是名三十六种不退智宝无边心行意入陀罗尼。"②此中的"陀罗尼"意译为"总持",持善不失,持恶不使起,以"念"与"定"、"慧"为其体。这是菩萨所修之"念"、"定"、"慧"所具有的功德。

这时,"众中有一天女名曰宝髻,上升虚空,高七多罗树,雨种种华、涂香、末香、幡盖、伎乐以供养佛。说偈赞曰:'如来大医王,金刚身不坏。意等慧殊胜,戒净愍众生。除断诸烦恼,犹如日破暗。今说陀罗尼,如云降大雨。'"③——此健度至此结束。

昙无谶所译《大方等无想经》的"大云初分密语健度第四"的主要内容是佛向会众宣讲"二十三种密语"。

大云密藏菩萨请求佛:"唯愿如来,广开显示诸佛密语,然深智灯,作大明导。"④佛于是说:"吾当为汝然大法灯。此经中有诸佛菩萨二十三种密语道迹:入不狂行大法方便解脱门、断我所密语所入行解脱门、可畏色不可畏色下色密语所入解脱门、贪求不得密语所入解脱门、断界有界无界密语门、有无明无无明有无无明密语门、有贪无贪者断贪密语门、有爱无爱者断爱密语门、有系无系者断系密语门、有瞋无瞋者断瞋密语门、有

---

① 北凉昙无谶译《大方等无想经》卷三,《大正藏》第12卷,第1088页中。
② 同上书,第1088页中—下。
③ 同上书,第1088页下—1089页上。
④ 同上书,第1089页上。

暗无暗有光密语门、有钝无钝有利大利密语门、有破有析有坏密语门、有苦有乐无有受者密语门、有慈无慈无憨密语门、有施无受者有大施主密语门、有骂无受者断骂密语门、有净无净断一切净密语门、有等无等断一切等密语门、有放逸无放逸断放逸不放逸密语门、空不空非空非不空如来密语门、常无常非常非无常如来密语门、我无我非我非无我如来密语门、爱无爱非爱非无爱如来密语门。善男子,是名二十三种密语道迹,入不狂行大法方便解脱门。"①

这时,"众中有一天子名曰众爱,与无量天子,上升虚空,高十七多罗树,雨诸华香、幡盖、伎乐以供养佛。说偈赞曰:'如来深密语,二乘所不解。为众故宣说,悉令得安乐。'"②——此健度至此结束。

《无想经》"大云初分转生有藏健度第五"的主要内容是佛向会众宣说"十神通行入有生行藏微妙光王法门"。

大云密藏菩萨说:"世尊,有十神通行入有生行藏微妙光王法门。唯愿如来,分别广说。"于是佛向会众说:"此经中有诸佛菩萨十有生乐王法门。复有有生求喜法门,复有有生虚渴法门,复有有生乐说法门,复有有生安法门,复有有生愿法门,复有有生称法门,复有有生体王法门,复有有生善王法门,复有有生无善不染行藏微妙法王法门。善男子,是名十神通行入有生行藏微妙光王法门。"③

这时,"大众中有一天女名曰爱光,以诸天华、种种杂香、幡盖、伎乐以供养佛。而赞叹曰:'我今稽首礼,不生于诸有。方便行诸趣,普为一切众。如来心自在,是故其身常。为众转生死,如华无所染。'"④——此健度至此结束。

《无想经》"大云初分得转生死业烦恼健度第六"的主要内容是佛向会众宣说"十生死烦恼业田得心定愿藏法门"。

---

① 北凉昙无谶译《大方等无想经》卷三,《大正藏》第12卷,第1089页上—中。
②③④ 同上书,第1089页中。

大云密藏菩萨说:"世尊,有十生死烦恼业田得心定愿藏法门。唯愿如来,广为众生分别解说。"①佛于是向会众说:"此经中有得生死烦恼田果实法门,复有生死田乐王法门,复有生死庄严住心法门,复有生死喜地法门,复有生死期地法门,复有生死正见法门,复有生死昀法门,复有生死衣法门,复有生死久住法门,复有生死光明法门。善男子,是名十生死烦恼业田得心定愿藏法门。"②

这时,"众中有龙王名曰无毒,以诸杂香上妙诸花、幡盖、伎乐供养于佛。即说赞曰:'为诸众生故,显示生死义。佛无烦恼业,为众故处之。'"③——此健度至此结束。

《无想经》"大云初分智狂入健度第七"的主要内容是佛向会众宣说"十种智狂不可思议神通王所入法门"。

大云密藏菩萨请求佛:"世尊,有十种智狂不可思议神通王所入法门。唯愿如来,广开分别。"佛于是告诉会众:"此经中有得大安隐法门、无胜胜神通王法门、无称称光所入法门、无量量光所入法门、菩提时法门、期光法门、高梯法门、宽腹法门、持一切众生法门、现在光法门。善男子,是名十种智狂不可思议神通王所入法门。"④

这时,"众中有一天女名曰善鬘,以种种杂华、上妙诸香、幡盖、伎乐以供养佛。即说赞曰:'佛心难思议,智身亦复然。为化众生故,广开此法门。'"⑤——此健度至此结束。

《无想经》"大云初分解脱转福德藏法门健度第八"的主要内容是佛向会众宣说"十智甚深入无畏行法王法门"。

大云密藏菩萨请求佛:"世尊,有十智甚深入无畏行法王法门。唯愿如来,广分别说。"佛于是向会众说:"有解脱一切恶法法门、虚空藏法门、甚深安入法门、细针法门、海不动法门、智灯法门、身口法门、断入一

---

① 北凉昙无谶译《大方等无想经》卷三,《大正藏》第12卷,第1089页中。
② 同上书,第1089页中—下。
③④⑤ 同上书,第1089页下。

切烦恼法门、坚意入法门、净意无碍法门。善男子,是名十智甚深入无畏行法王法门。"①

这时,"大众中有一天女名金光明,以种种杂华、上妙诸香、幡盖、伎乐以供养佛。即说赞曰:'如来金色身,智宝为璎珞。善法之宝聚,犹须弥草木。'"②——此健度至此结束。

《无想经》"大云初分解脱有德转藏健度第九"的主要内容是佛向会众宣说"十种大云见流不可思议功德宝藏法门"。

大云密藏菩萨请求佛说:"世尊,有十种大云见流不可思议功德宝藏法门。唯愿如来,分别解说。"佛于是对大众说:"有乐慈藏法门、乐悲藏法门、乐喜藏法门、乐舍藏法门、宝水流藏法门、大海行法门、如来所说法流法门、时入藏法门、想意宝藏入法门、一切大法聚法门。善男子,是名十种大云见流不可思议功德宝藏法门。"③

这时,"大众中有一天子名智爱乐,以种种杂华、上妙诸香、幡盖、伎乐以供养佛。即说赞曰:'如来无生灭,佛法难测量。众生无明覆,广演于法界。'"④——此健度至此结束。

《无想经》"大云初分转功德行健度第十"的主要内容是佛向会众宣说"十种雨流不可思议功德藏法门"。

大云密藏菩萨请求佛说:"世尊,有十种雨流不可思议功德藏法门。唯愿如来,分别解说。"⑤佛于是告诉会众说:"有雨网法门,有宝王法门,有雨大海王法门,有雨尘法门,有雨断毒法门,有雨满安乐法门,有雨体法门,有雨种种正见法门,有雨功德法门,有雨凉药法门。善男子,是名十种雨流不可思议功德藏法门。"⑥

这时,"大众中有一天子名虚空雷,持诸华香、幡盖、伎乐以供养

---

① 北凉昙无谶译《大方等无想经》卷三,《大正藏》第 12 卷,第 1089 页下—1090 页上。
②③④⑤ 同上书,第 1090 页上。
⑥ 同上书,第 1090 页上—中。

佛。"①随即以偈颂赞佛。——此健度至此结束。

《无想经》"大云初分云虚空生健度第十一"的主要内容是佛向会众宣说"十种大云得虚空定法门"。

大云密藏菩萨请求佛为会众演说"十种大云得虚空定法门",佛于是对大众说:"有善法王法门、见性法门、智无胜王法门、无憍慢法门、无尽意法门、不可思议法门、无碍法门、甚深法门、质直法门、虚空相法门。善男子,是名十种法门。"②

这时,"大众中有一天女名妙族姓,持诸香华、幡盖、伎乐以供养佛。即说赞曰:'如来深密藏,众生所不解。唯愿为一切,分别令浅易'。"③——此健度至此结束。

《无想经》"大云初分电光转健度第十二"的主要内容是佛向会众宣说"十种大云电光法门"。

大云密藏菩萨言请求世尊为会众演说"十种大云电光法门",佛于是告诉会众说:"有六通法门、功德法门、宝光法门、虚空精进法门、藏法门、戒调法门、功德藏法门、断疑法门、琉璃意法门、清净法门、功德甚深大海法门、坏一切结法门、金垢法门。善男子,是名十法门。"④

这时,"大众中有一天女名曰善喜,持诸花香、幡盖、伎乐以供养佛。而赞叹曰:'如来大医王,无身方便身。无碍如虚空,广说大云经。'"⑤——此健度至此结束。

《无想经》"大云初分电转健度第十三"的主要内容是佛向会众宣说"十种宝电行法门"。

大云密藏菩萨请求世尊为会众宣说"十种宝电行法门",佛于是告诉会众说:"有电光宝王法门、利智慧法门、智慧能坏法门、初智法门、智海法门、法疑法门、吉祥法门、法鼓法门、须弥山法门、能坏暗法门、风等行

---

①②③ 北凉昙无谶译《大方等无想经》卷三,《大正藏》第12卷,第1090页中。
④ 同上书,第1090页中—下。
⑤ 同上书,第1090页下。

法门。善男子。是名十法门。"①

这时,"众中有一天女名恒河神,持诸香华、幡盖、伎乐以供养佛。而赞叹曰:'无畏无我心,无贪愍众生。以大方便故,而为一切世。如来功德力,故令我得知。无上无边身,不可得思议。我闻是经已,永断诸烦恼。'"②——此健度至此结束。

《无想经》"大云初分神通健度第十四"的主要内容是佛向会众宣说"十种大云电光幻法门"。

大云密藏菩萨请求佛为会众宣说"十种大云电光幻法门",佛于是告诉会众说:"有调幻法门、调藏法门、乐法法门、求法法门、烧结法门、生一切法法门、断诸诤讼法门、能消烦恼法门、上高法门、念无尽法门、度一切众生法门。善男子,是名十法门。"③

这时,"大众中有一天女名曰大喜,持诸华香、幡盖、伎乐以供养佛。以偈赞曰:'如来大神通,其身无动转。为众断生死,故说大云经。'"④——此健度至此结束。

《无想经》"大云初分宝鼋健度第十五"的主要内容是佛向会众宣说"十种大神通法门"。

大云密藏菩萨请求佛为大众宣说"十种大神通法门",佛于是对大众说:"有宝鼋法门、鼋等法门、鼋庄严王法门、鼋灯法门、鼋药法门、鼋同法门、鼋无尽意法门、鼋上上法门、鼋上容法门、鼋甚深法门。善男子,是名十种法门。"⑤

这时,"众中有一天女名曰严饰自喜,持诸香华、幡盖、伎乐以供养佛"⑥。并且随即以偈颂赞颂佛。——此健度至此结束。

《无想经》"大云初分金刚智健度第十六"的内容是佛向会众宣说"十智金刚行入智法门"。

---

①② 北凉昙无谶译《大方等无想经》卷三,《大正藏》第12卷,第1090页下。
③ 同上书,第1090页下—1091页上。
④⑤⑥ 同上书,第1091页上。

大云密藏菩萨请求世尊为会众宣说"十智金刚行入智法门",佛于是告诉会众说:"有神通宝聚法门、喜王法门、神通平等法门、白鹅声法门、虚空无碍法门、药王法门、法幢法门、甚深大海法门、不动法门、无边光法门、不可思议法门、无量劫法门。善男子,是名十法门。"①

这时,"大众中有一天女名深智爱,持诸香华、幡盖、伎乐以供养佛。即说赞曰:'如来无上王,无生亦无灭。为诸众生故,示现于生灭。真实常不变,为众说无我。其身如金刚,不可得沮坏。'"②——此健度至此结束。

《无想经》"大云初分无尽健度第十七"的主要内容是佛向会众宣说"十无尽意入神通法门"。

大云密藏菩萨请求世尊为会众宣说"十无尽意入神通法门",佛于是对大众说:"吾当为汝分别解说。有甘露意入法门、安宝法门、乐法门、喜法门、甚深精进法门、意行法门、无尽乐法门、常喜乐法门。善男子,是名十法门。"③

这时,"众中有一天女名大宝轮,持诸香华、幡盖、伎乐以供养佛"④。并且以偈颂称赞佛。——此健度至此结束。

"大云初分正行健度第十八"的主要内容是佛向会众宣说"十正道法门"。

大云密藏菩萨请求世尊为会众宣说"十正道法门",佛于是告诉会众说:"吾当为汝分别宣说。有深广行法门、健行法门、现力法门、健胜法门、一切天人法门、入一切时法门、不染一切时法门、一切道喜法门、断一切恶道法门、大海常潮法门、大海神通法门。善男子,是名十法门。"⑤

这时,"众中有一天女名曰善得,持诸香华、幡盖、伎乐以供养佛"⑥。并且以偈颂称赞佛。——此健度至此结束。

---

① 北凉昙无谶译《大方等无想经》卷三,《大正藏》第12卷,第1091页上。
② 同上书,第1091页上—中。
③④⑤⑥ 同上书,第1091页中。

"大云初分师子吼健度第十九"的主要内容是佛向会众宣说"十种甚深师子吼行法门"。

大云密藏菩萨请求世尊为会众宣说"十种甚深师子吼行法门",于是佛告诉会众说:"吾当为汝分别解说。有一切味吼法门、一切味喜法门、时神通王法门、莲华法门、喜地法门、大喜地法门、四威仪法门、圣行法门、净法门、一切法体法门。善男子,是名十法门。"①

这时,"大众中有一天女名微妙声,持诸香华、幡盖、伎乐以供养佛。"②并且以偈颂称赞佛。——此健度至此结束。

"大云初分师子吼神通健度第二十"的主要内容是佛向会众宣说"十师子吼神通法门"。

大云密藏菩萨请求世尊为会众宣说"十师子吼神通法门",佛于是告诉会众说:"吾当为汝分别解说。有光法门、法蜂法门、法鼓法门、法宝法门、法藏法门、法力法门、法动法门、三匝法门、大地法门、难近法门、一切璎络法门。善男子,是名十法门。"③

这时,"大众中有一天子名师子吼,持诸香华、幡盖、伎乐以供养佛。"④并且以偈颂称赞佛。——此健度至此结束。

"大云初分善方便健度第二十一"的主要内容是佛向会众宣说"十入世间方便法门"。

大云密藏菩萨请求世尊为会众宣说"十入世间方便法门",佛于是告诉大众说:"吾当为汝分别解说。有生王入法门、毕竟多方便入法门、信心入法门、师子神通法门、世界非世界法门、时一入法门善不善法门、能调恶人法门、有德王入法门、得一切恭敬法门、下业行法门。善男子,是名十法门。"⑤

这时,"众中有一天子名婆罗呵迦,持诸华香、幡盖、伎乐以供养佛。

---

①②③④ 北凉昙无谶译《大方等无想经》卷三,《大正藏》第12卷,第1091页下。
⑤ 同上书,第1092页上。

而说赞曰：'如来方便入涅槃，其身不动亦不灭。所入禅定难思议，众生不解谓永灭。'"①——此健度至此结束。

"大云初分神通健度第二十二"的主要内容是佛向会众宣说"十神通宝藏入法门"。

大云密藏菩萨请求世尊为会众宣说"十神通宝藏入法门"，佛于是告诉会众说："吾当为汝分别解说。有法周罗法门、大神通法门、宝香藏法门、师子吼入聚法门、破法相法门、栴檀凉法门、无相法门、无语法门、莲华法门、称法门。善男子，是名十法门。"②

这时，"众中有一天子名增长有德，持诸华香、幡盖、伎乐以供养佛。即说赞曰：'三千大千界，佛于法自在。法身不可见，为众现相好。'"③——此健度至此结束。

"大云初分金翅鸟健度第二十三"的主要内容是佛向会众宣说"十金翅鸟神通所入法门"。

大云密藏菩萨请求佛为会众宣说"十金翅鸟神通所入法门"，于是佛告诉大众说："吾当为汝分别宣示。有能坏婆修吉龙王力神通王法门、自在力入法门、喜入法门、开勇入法门、大海时入法门、能坏大山法门、能坏风力法门、长见法门、能坏一切毒法门、得宝鸣法门。善男子，是名十法门。"④

这时，"众中有一天子名深净行，持诸华香、幡盖、伎乐以供养佛"⑤。并且以偈颂称赞佛。——此健度至此结束。

"大云初分大舍健度第二十四"的内容是佛为大众宣说"十大舍时微妙神通王法门"。

大云密藏菩萨请求世尊为会众宣说"十大舍时微妙神通王法门"，佛于是告诉会众说："吾当为汝分别解说。有无碍力甚深法门、戒住法门、

---

①②③ 北凉昙无谶译《大方等无想经》卷三，《大正藏》第12卷，第1092页上。
④ 同上书，第1092页上—中。
⑤ 同上书，第1092页中。

戒广王法门、戒界王法门、宝乳流法门、功德流微妙法门、慈力流法门、忍辱流法门、喜力流法门、舍力流法门。善男子,是名十法门。"①

这时,"众中有一天子名宝贵德,持诸花香、幡幢、伎乐以供养佛。即说赞曰:'礼佛无量力,常住不坏身。为诸众生故,说种种法界。'"②——此健度至此结束。

"大云初分无畏健度第二十五"的内容是佛为会众宣说"十无所畏大力神通所入法门"。

大云密藏菩萨请求世尊为会众宣说"十无所畏大力神通所入法门",佛于是告诉大众说:"有无所畏力神通法门、不惮乐根法门、宝聚法门、十有德法门、净浣法门、净光行法门、净宝光法门、喜入法门、净等法门、电光法门。善男子,是名十法门。"③

这时,"众中有一天子名宝彗星,持诸华香、幡盖、伎乐以供养佛。即说赞曰:'如来秘密藏,甚深如大海。为诸众生故,净行于法界。'"④——此健度至此结束。

"大云初分入行健度第二十六"的内容是佛为大众宣说"十入行法门"。

大云密藏菩萨请求世尊为大众宣说"十入行法门",佛于是告诉会众说:"吾当为汝分别解说。有入藏法门、正行法门、正实法门、吉称法门、称法门、常喜法门、日须法门、悲力法门、忍辱法门、常净法门。善男子,是名十法门。"⑤

这时,"众中有一天子名宝正光,持诸华香、幡盖、伎乐以供养佛"⑥。并且以偈颂称赞佛。——此健度至此结束。

"大云初分至心健度第二十七"的内容是佛为大众宣说"十种至心所入法门"。

---

①②③④ 北凉昙无谶译《大方等无想经》卷三,《大正藏》第12卷,第1092页中。
⑤⑥ 同上书,第1092页下。

大云密藏菩萨请求世尊为大众宣说"十种至心所入法门",佛于是告诉会众说:"吾当为汝分别解说。有住善界法门、大海智法门、智潮法门、神通行法门、虚空神通法门、无热法门、初成法门、随行法门、施喜法门、善至心法门。善男子,是名十法门。"①

这时,"众中有一天子名波头摩智,持诸华香、幡盖、伎乐以供养佛"②。并且以偈颂称赞佛。——此健度至此结束。

"大云初分勇力健度第二十八"的内容是佛为大众宣说"十勇王大力微妙法门"。

大云密藏菩萨请求佛为大众宣说"十勇王大力微妙法门",佛于是告诉会众说:"吾当为汝分别宣说。有健胜田行法门、首楞严法门、勇健神通法门、健力法门、健归法门、众生具足法门、智坚健行法门、坏懒堕法门、广力法门、健调光法门、健意法门。善男子,是名十法门。"③

这时,"众中有一天子名曰勇武,持诸花香、幡幢、伎乐以供养佛"④。并且以偈颂称赞佛。——此健度至此结束。

"大云初分善健度第二十九"的内容是佛为大众宣说"十种善行大神通王所入法门"。

大云密藏菩萨请求世尊为大众宣说"十种善行大神通王所入法门",佛于是告诉会众说:"吾当为汝分别说之。有善宝调法门、善聚法门、善堂法门、善行法门、善意法门、善德法门、善净法门、善调光法门、一切善行璎珞法门。善男子,是名十法门。"⑤

这时,"众中有一天女名曰善护,持诸香华、幡盖、伎乐以供养佛"⑥。并且以偈颂称赞佛。——此健度至此结束。

"大云初分神通健度第三十"的内容是佛为大众宣说"十三神通藏得开示法门"。

---

① ② 北凉昙无谶译《大方等无想经》卷三,《大正藏》第 12 卷,第 1092 页下。
③ 同上书,第 1092 页下—1093 页上。
④ ⑤ ⑥ 同上书,第 1093 页上。

大云密藏菩萨请求世尊为大众宣说"十三神通藏得开示法门",佛于是告诉会众说:"吾当为汝分别宣示。有乐神通窟法门、喜神通窟法门、大喜神通窟法门、行神通窟法门、师子神通窟法门、等神通窟法门、示神通窟法门、悲神通窟法门、舍神通窟法门。善男子,是名十三法门。"①

这时,"众中有一天女名大海意,持诸华香、幡盖、伎乐以供养佛。即说赞曰:'菩提树常住,弟子乐依止。安根不动摇,故得生定牙。获果常不变,是故稽首礼。'"②——此健度至此结束。

"大云初分智健度第三十一"的内容是佛为大众宣说"十智初行法门"。

大云密藏菩萨请求世尊为大众宣讲"十智初行法门",于是佛告诉会众说:"吾当为汝分别解说。有法增长法门、喜食法门、无尽意法门、贪神通法门、施舟法门、不乐世间法门、庄严地法门、庄严界法门、乐调法门、住时法门。善男子,是名十法门。"③

这时,"众中有一天女名须曼那华,持诸华香、幡盖、伎乐以供养佛"④。并且以偈颂称赞佛。——此健度至此结束。

"大云初分智宝藏健度第三十二"的内容是佛为大众宣说"十智宝藏法门"。

大云密藏菩萨请求世尊为大众宣说"十智宝藏法门",于是佛告诉会众说:"吾当为汝分别宣示。有善持宝藏法门、法持法门、恭敬法门、心持法门、调王法门、正精进法门、大海宝藏法门、乐吉法门、智果法门、大吉法门、成就功德法门、端正法门、持戒精进法门。善男子。是名十法门。"⑤

这时,"众中有一天女字连华鬘,持诸华香、幡盖、伎乐以供养佛。即说赞曰:'如来大智海,我今至心礼。深定秘密藏,大悲故宣说。如来既

---

① 北凉昙无谶译《大方等无想经》卷三,《大正藏》第 12 卷,第 1093 页上。
② 同上书,第 1093 页上—中。
③④⑤ 同上书,第 1093 页中。

自获,常乐我净等。亦复令众生,同己之所得。'"①此健度至此结束。

"大云初分施健度第三十三"的内容是佛为大众宣说"十正知微妙宝藏法门"。

大云密藏菩萨请求世尊为大众宣说"十正知微妙宝藏法门",佛于是告诉会众说:"吾当为汝分别解说。有宝藏法门、净藏法门、净乐法门、施乐法门、施目法门、深藏法门、深法庄严法门、正见法门、愍一切众生法门。善男子,是名十法门。"②

这时,"众中有一天女字法宝乐,持诸花香、幡盖、伎乐以供养佛"③。并且以偈颂称赞佛。——此健度至此结束。

"大云初分福田健度第三十四"的内容是佛为大众宣说"十种福田种子法门"。

大云密藏菩萨请求世尊为大众宣说"十种福田种子法门",佛于是告诉会众说:"吾当为汝分别解说。有宝行胜法门、宝流雨法门、宝行聚法门、宝功德聚法门、宝正意法门、宝目法门、宝意法门、宝光法门、宝灯法门、宝电法门、无尽意法门、宝住法门、一切宝田法门。善男子,是名十法门。"④

这时,"众中有一天子名曰宝雨,持诸香华、幡盖、伎乐以供养佛"⑤。并且以偈颂称赞佛。——此健度至此结束。

"大云初分正法健度第三十五"的内容是佛为大众宣说"十种真实神通安乐乐王所入法门"。

大云密藏菩萨请求世尊为大众宣说"十种真实神通安乐乐王所入法门",佛于是告诉会众说:"吾当为汝分别解说。有不动法门、住貌法门、不动乐法门、深住法门、不可思议聚法门、不可思议聚解脱法门、乐意法门、不可思议住法门、如来智印法门、一切大海无尽意法门。善男子,是

---

① 北凉昙无谶译《大方等无想经》卷三,《大正藏》第12卷,第1093页中。
②③④⑤ 同上书,第1093页下。

名十法门。"①

这时,"众中有一天子名曰大光,持诸香华、幡盖、伎乐以供养佛"②。并且以偈颂称赞佛。——此健度至此结束。

(五)如来涅槃健度

《无想经》"大云初分如来涅槃健度第三十六"的内容,与前述内容相比较,较为复杂,也较长,独占一卷篇幅。此卷中出现了几位新的人物,与大云密藏菩萨对话,向佛请教问题。从问者及其蕴含的义理角度,可分为九大层次去叙说分析。

第一层,"无尽意"天子回答"健行"大梵王关于大乘经种数的询问。

经中说:"于是众中有大梵王名曰健行,持诸供具,供养于佛,合掌恭敬,右绕三匝,上升虚空,高七多罗树,白佛言:'世尊,大乘经典凡有几种三昧总持、所修行道秘密之藏乐说无碍如来境界?国土世间复有几种?如来大慈怜愍一切,故我今日敢生此问,愿二足尊哀矜宣说。说已,我当顶戴受持。'"③对于这一提问,当时在场的天子名"无尽意"先以偈语其后又以长行的形式代佛作了回答。其文曰:"大梵,大乘经义非惟一种,乃至万种。假使有人智如阿难,所得寿命如恒河沙,不能受持,知其义理。复使是人,其舌辩利,数如恒沙,说亦不尽。何以故?是大乘经,其义深邃,不可思议,不可称量,境界难知,过去、未来、现在诸佛,说其句义,犹不可尽……"④

第二层,佛回答大云密藏菩萨关于"四百三昧"的询问。

经中说:"若有国土城邑聚落四部之众,受持、读诵、书写、解说如是经者,时旱则雨,雨过则止。善男子,随有国土,其中众生受持、读诵、书写、解说、听此经者,当知是人得金刚身。何以故?是经典中,有神咒故。

---

① 北凉昙无谶译《大方等无想经》卷三,《大正藏》第 12 卷,第 1093 页下—1094 页上。
② 同上书,第 1094 页上。
③ 北凉昙无谶译《大方等无想经》卷四,《大正藏》第 12 卷,第 1094 页上。
④ 同上书,第 1094 页中。

为众生故,三世诸佛悉共宣说:'郁究隶　牟究隶　头坻　比头坻　陀尼羯坻　陀那赖坻　陀那僧塔兮。'若有四众读诵此咒,则为诸佛之所称赞。若有国土欲祈雨者,六斋之日其王应当净自洗浴,供养三宝,尊重赞叹,称龙王名。善男子,四大之性可令变易,诵持此咒天不降雨,无有是处。"①——这是用来祈雨的咒语。

其后,佛为大云密藏菩萨等解释了"四百三昧"之义。经中说:"汝先所问四百三昧义,至心谛听,当为汝说。善男子,此经中有诸佛菩萨甚深净水大海三昧。"②在此,将前述仅仅标出名称的四百种三昧"简化"或者"合并"为"诸佛菩萨甚深净水大海三昧",并且说依此三昧才能获得如来常乐我净之法身。——此在下文专论如来藏思想时再分析说明。

第三层,善德婆罗门询问提婆达多的相关事情。

此先是大云密藏菩萨回答,其后佛以赞叹形式给以认可:"善哉!善哉!汝今快说提婆达多真实功德,一切声闻、辟支佛等不能解了大乘方等功德势力。汝将欲坏一切众生所有疑心,是故开显提婆达多菩萨功德。"③——具体内容下文当详。

第四层,佛在赞叹大云密藏菩萨所言提婆达多事之后,重又论及"诸佛菩萨深进大海水潮三昧"。——此从略,见于下文论述。

第五层,一切众生乐见童子回答善德婆罗门的"启请"专论舍利崇拜的功德。

当时,善德婆罗门供养于佛,有所启请,世尊默然不答,而"是时众中有梨车童子,名曰一切众生乐见,语善德言:'如来默然,已不相许。我今当答,随疑致问'"④。因此,这一层次的内容是"一切众生乐见童子"回答而佛赞叹认可。

---

① 北凉昙无谶译《大方等无想经》卷四,《大正藏》第12卷,第1094页中。
② 同上书,第1094页中——下。
③ 同上书,第1096页中。
④ 同上书,第1096页下。

善德婆罗门说:"梨车,我曾从他闻如是义:若能供养如来舍利如芥子许,福报应得忉利天主。梨车,是《大云经》其义甚深,如来密语难可得解,非诸声闻、缘觉所知,何况我等边地之人。我今欲得如来舍利如芥子许,恭敬礼拜,冀处忉利为彼天主。我从昔来常有此愿。"①而一切众生乐见梨车随即以偈语作了回答:"假使恒河中,驶流生莲花,拘扠罗乌白,舍利乃可得。假使龟生毛,任作僧伽梨,冬日能消冰,舍利乃可得。假使蚊子脚,堪任作桥梁,能度一切众,舍利乃可得……"②如此等等,均是以譬喻来说明如来舍利之难得。

善德婆罗门随即以偈颂回答梨车说:"善哉梨车子,能知深方便。今当至心听,我说佛功德,佛境难思议,所得已毕竟。诸佛常无变,是故无生处。诸佛色平等,是名佛法界。如来非作法,亦复非有生。如来金刚身,不可得破坏。以是故舍利,真实不可得。如来无舍利,乃至如芥子。无有血肉骨,云何有舍利?如来为众生,现受方便身。诸佛身常住,法界亦复然。随应诸众生,方便为说法。亦随其所宜,而现种种身。若佛有慈愍,普及诸众生,何故不见为,分身施舍利?"③——依照此中所说,如来之色身是方便,而从究竟言之,舍利是不可得的。

第六层,佛为"净光天女"讲述善德婆罗门、一切众生乐见梨车子、大云密藏菩萨以及净光天女自身的因缘。考虑到此经所说的净光天女对于武周政权的影响,此后当专列小标题论之,此处从略。

第七层,在佛为净光天女将毕善德婆罗门、一切众生乐见梨车子、大云密藏菩萨以及净光天女之因缘后,"尔时,众中有一天子字曰'奇才',与千天子即起向佛,以诸华香、幡盖、伎乐供养于佛,合掌恭敬,以偈赞佛:'大海可度量,须弥可称知。如来法境界,难可得思议。'说是法时,无数千人发阿耨多罗三藐三菩提心"④。

---

①② 北凉昙无谶译《大方等无想经》卷四,《大正藏》第 12 卷,第 1096 页下。
③ 同上书,第 1097 页上。
④ 同上书,第 1098 页上。

第八层,佛又告诉善德婆罗门,此经的弘扬流行情况。

首先,从此去一直向南依次有"净光秘密如来"、"法藏如来"、"师子吼神足王如来"、"高须弥"分别在各自的世界转法轮。经中有曰:"大婆罗门,从是南去,度三十万恒河沙等世界,彼有世界名'须曼那',有佛世尊号'净光秘密如来应正遍知明行足善逝世间解无上士调御丈夫天人师佛世尊',常住在世为化众生转正法轮。从彼南去,复度五十万恒河沙等世界,彼有世界名'法喜宝',佛号'法藏如来应正遍知明行足善逝世间解无上士调御丈夫天人师佛世尊',常住在世为化众生转正法轮。从彼南去,复过六十万恒河沙世界,彼有世界名'一切池',佛号'师子吼神足王如来应正遍知明行足善逝世间解无上士调御丈夫天人师佛世尊',常住在世为化众生转正法轮。从彼南去,复过三十六万恒河沙等世界,彼有世界名曰'华幡',佛号'高须弥',十号具足,乃至转正法轮。从彼南去,复过八十万恒河沙等世界,彼有世界名曰'宝手',佛号'法护',十号具足,乃至转正法轮。"①

其后,佛告诉大众,此经当首先在南方流行。经中有文曰:"大婆罗门,如是诸佛世界严净其土,无有山陵、堆埠、石沙、秽恶,其地柔软如迦陵伽衣,世无五浊,亦无女身、二乘之人,乃至无有二乘之名、女人名字,纯诸菩萨摩诃萨等,甘乐大乘,护持大乘,乐说大乘。大婆罗门,若有善男子、善女人,受持如是诸佛名号,堕三恶道者无有是处,必定当得阿耨多罗三藐三菩提。大婆罗门,以是义故,我涅槃后,是经当于南方国土广行流布。"②

其次,佛告诉大众,正法灭后四十年此经当流行于北方。经中曰:"正法欲灭余四十年当至北方。北方有王名曰'安乐',见有受持、书写经卷、读诵、说者,随时给施,四事无乏。尔时,北方当有八万四千众生受持

---

① 北凉昙无谶译《大方等无想经》卷四,《大正藏》第 12 卷,第 1098 页上—中。
② 同上书,第 1098 页中。

是经卷。善男子,若有人闻如是经已,舍放远离,无有是处。若有善男子善女人,顶戴受持诸佛名号,若中兵毒水火盗贼无有是处,除其宿业。复次,大婆罗门,若内四部,若外众生,为供养故,为怖畏故,为坏法故,奉持如是诸佛名号,终不堕于三恶道中。若至三恶无有是处。"①

其后,善德又说:"世尊,若有众生闻是经名,尚得如是无量善利,况有受持、读诵、书写、解说之者。若得闻彼诸佛名号,则为已得无上大宝,阿耨多罗三藐三菩提已在其手,诸佛如来已到其舍,其地金刚,其身亦尔,心坚不动,不可移转。世尊,我今亦当恭敬供养如是之人。"佛回答说:"善哉!善哉!大婆罗门,汝今善知善解如来功德之力。若有众生闻彼佛名,敬信不疑,无诸怖畏。所谓王怖、人怖、鬼怖,无诸疾病,常为诸佛学道弟子八部鬼神及其眷属之所守护,诸佛所念。"②

第九层,大迦叶为喜见干闼婆王演说如来法身之真实义。——此义留待下文专论如来藏思想之时再分析。此从略。

迦叶强调说:"一切众生悉有佛性得菩提心。"在迦叶"说是法时,二万二千天子发阿耨多罗三藐三菩提心,异口同音而说偈言:'如来不涅槃,真法无有灭。为诸众生故,示现有灭度。如来常不灭,为众方便说。如来不思议,法僧亦复然。'"③——"大云初分如来涅槃犍度第三十六"至此结束。

(六) 流通分:增长犍度

与前述第一至第三十五犍度相比较,《无想经》"增长犍度第三十七"的篇幅较长,内容层次也多。为眉目清晰,下文的叙述分析特标出序号。

第一,叙述本经的名称。

根据经文本身的说明,本经有《大云》、《大般涅槃》、《无想》三种名称。经中说,南方有诸天子问佛言:"世尊,如来今日说是经典,南方世界

---

① 北凉昙无谶译《大方等无想经》卷四,《大正藏》第12卷,第1098页中—下。
② 同上书,第1098页下。
③ 同上书,第1099页上。

无量无边恒河沙等诸佛世尊亦说是经。世尊,如是经典名字何等?"佛回答说:"如是经典凡有三名:一名《大云》,二名《大般涅槃》,三名《无想》。大云密藏菩萨所问,故名《大云》。如来常住,无有毕竟入涅槃者,一切众生悉有佛性,故得名为《大般涅槃》。受持读诵如是经典,断一切想,故名《无想》。"①此义甚为明确,而中土惯以《大云经》和《无想经》称呼之,并且将其归之于"涅槃类"经典,根据也在这里。

第二,叙述本经的流布时代。

关于此经的际遇,佛对会众说:"正法欲灭,是经当于阎浮提中具足流布。佛涅槃后,初四十年亦当流布;正法垂灭,余四十年,复当流布。行恶之时,谤方等时,恶王治时,我诸弟子毁禁戒时,遭值荒乱世人轻时,四部弟子不修身、不修戒、不修心、不修慧,无明狂痴,习放逸时,凡所造作同畜生时,不随和上师长教时,违反上座耆宿长老。当尔之时,我诸弟子于是经中不能信受,轻笑讥呵,互相呰篾。"②此中说,此经所言义理定会遭受诽谤。这里出现两个时间,一是佛涅槃之后四十年,二是"正法"快要灭的四十年,而"正法"之后是"像法"。因此,这似乎是暗示,此经在"像法"初期仍然流行。

此经并且预言说,在佛涅槃后的一千二百年,在南方有一位佛弟子不惜身命,护持此经,此经又得以流通。

第三,经中讲了三位弘扬者。

第一位,娑多婆呵那国王。佛告诉会众说:"如是恶世恶比丘时,尔时我当有一弟子,持戒清净,少欲知足,如大迦叶,善能教化阎浮提内我弟子中习行恶者,说真正语不惜身命,广开如来深密秘藏,赞叹持戒行头陀者,成就具足波罗提木叉,称美知足粪扫衣服,广为恶人说如是言:'诸大德,世尊不听受畜一切不净之物,贪味食肉。如来常赞持净戒者,呵责

---

① 北凉昙无谶译《大方等无想经》卷五,《大正藏》第 12 卷,第 1099 页上—中。
② 同上书,第 1099 页中。

毁禁。大德,汝今若不受我语者,我有大力势能相降伏。'我此弟子福德力故,咸令一切信伏无违。何以故?是人已曾亲近无量诸佛世尊,广修慈悲贪乐大乘护正法故。"①此时,会众中的"天众",即经中的"一切南方天子"问佛说:"世尊,如是弟子,何时当出?在何国土?名字何等?"②佛于是告诉会众说:"我涅槃后千二百年,南天竺地有大国王,名娑多婆呵那,法垂欲灭,余四十年,是人尔时当于中出,讲宣大乘方等经典,拯拔兴起垂灭之法,广令是经流布于世,教人具足执持、读诵、书写、解说、听受其义。尔时,若有不能如是受持解说是经典者,当知是人非我弟子,魔之眷属。"③

第二位,"一切众生乐见梨车"。佛说:"是南天竺有小国土名须赖咤,其土有河名善方便,其河有村名曰华鬘。华鬘村中有婆罗门产一童子,即是今之'一切众生乐见梨车',后时复名'众生乐见'。是大菩萨大香象王,常为一切恭敬供养尊重赞叹。其年二十,出家修道,多有徒众,修持净戒,称咏诸佛大乘经典,为护正法不惜身命。其诸弟子亦复如是。若有比丘、比丘尼、优婆塞、优婆夷闻是比丘所说正法,必定当得阿耨多罗三藐三菩提。尔时,国王、大臣、长者及一切人,为此经故供养恭敬是持法者。是经力故,令彼国王得大势力,所有国土无能侵陵。我此弟子魔不得便。"④又有言曰:"是持法比丘不可思议,已于过去同然灯佛发大誓愿:'未来之世释迦如来法垂欲灭,我当于中出家修道,为护正法不惜身命。'时王精进龙王者,即今乐见梨车。是乐见梨车,即是未来护法比丘。"⑤

佛在此经中授记"一切众生乐见比丘"在未来弘扬《大云经》之时会受到破戒、自造自说《大云经》等诽谤,佛于此告诫会众说:"若有随顺是恶语者,是魔眷属。若不随顺,真我弟子。"⑥

---

① ② ③ 北凉昙无谶译《大方等无想经》卷五,《大正藏》第12卷,第1099页下。
④ 同上书,第1100页上。
⑤ 同上书,第1100页中。
⑥ 同上书,第1100页下。

在此经中，佛又授记这位在未来弘扬《大云经》的"持法者"，"舍是身已，当得佛身无边之身"①。佛在乾闼婆王的请求下，为会众言说"是比丘云何舍身而得佛身"之事。其文曰："过此贤劫千佛灭后，具满六万二千劫中空过无佛。尔时，当有无量亿那由他诸辟支佛在世教化。过是劫已有七佛出，是七如来般涅槃已，此国尔时转名'喜光'。是'喜光国'当有佛出，号智聚光如来、应供、正遍知、明行足、善逝、世间解、无上士、调御丈夫、天人师、佛世尊。是佛世界所有人民，颜貌端正，信心成就。若有人能于我法中没命护持，悉当生于彼佛世界，而为彼佛作大弟子。大弟子者，即是菩萨摩诃萨也，真大丈夫大香象王。彼界人民一切无有贪欲恚痴，皆悉成就清净信心。智聚光佛寿十五中劫，为诸弟子开三乘教。虽开三乘多说菩萨一乘之行。尔时虽有魔王魔子，悉发阿耨多罗三藐三菩提心，一切众生悉得大慈大悲之心，皆得远离三恶道苦无有八难，世界常净犹如北方欝单越土，天魔波旬不得其便，永断邪见。彼佛如来入涅槃已，法住千亿，然后灭尽。"②

第三位弘扬者是"净光天女"，而时间则在佛灭七百年后。鉴于这一描述被当做武则天称帝的"瑞相"之一，下文将详述之。

第四，在此健度讲了弘扬此经的世相，特别是很详细地论说了获得"深进大海水潮三昧"的重要性。

佛世尊告诉大众，在那时若有受持、读诵、书写这部经的，"则得名为大菩萨也，名为福田，在净僧数"。而且，"若有人能成就四事，则能受持如是经典：一者，得闻深进大海水潮三昧。二者，得闻南方佛名。三者，亲近于善知识。四者，至心信佛、法、僧"③。此后，经中较为详细地解释了这四方面的内容，特别是对于"深进大海水潮三昧"的解释尤其详尽。这一段中所言的四项实际上是此经其后内容的纲要。

---

①② 北凉昙无谶译《大方等无想经》卷五，《大正藏》第12卷，第1101页上。
③ 同上书，第1100页上。

下文首先涉及的是第四项,即"至心信佛、法、僧"。经中说:"未来之世有信心者,名为亲近诸佛世尊。何以故?如是经典诸佛封印。所谓印者,一切众生悉有佛性,如来常住无有变易。善男子,若有人能信是经者,当知是人真佛弟子。有能恭敬是持法者,是人当为未来诸佛徒众眷属。何以故?无量诸佛已于是人生已有心故。"①此后,经文称赞了"一切众生乐见梨车"即"众生乐见比丘"。经中特别说"是持法比丘不可思议,已于过去同然灯佛发大誓愿:未来之世释迦如来法垂欲灭,我当于中出家修道,为护正法不惜身命。时王精进龙王者,即今乐见梨车。是乐见梨车,即是未来护法比丘。善男子,汝善观察我此弟子未来功德。若有人能恭敬供养我此弟子,当知是人即为十方三世诸佛之所恭敬,若未来世比丘、比丘尼、优婆塞、优婆夷信受如是持法比丘所可演说,即是信受十方诸佛所有言说。若有比丘、比丘尼、优婆塞、优婆夷爱敬如是持法比丘不惜身命,即为十方三世诸佛之所爱念增长寿命。若未来世比丘、比丘尼、优婆塞、优婆夷恭敬供养是持法者,专心系念,听其所说,不求其短,当为十方三世诸佛之所推觅"②。由此,则可知"法"指《大云经》,"僧"即指"一切众生乐见比丘"。

在讲毕"一切众生乐见比丘"之事后,在大云密藏菩萨的请求下,佛向大众宣说"深进大海水潮三昧"。

大云密藏菩萨称赞此三昧说:"世尊,若有菩萨安住如是深进大海水潮三昧,成就无量无边功德,非是声闻、缘觉所知。"③而佛说:"善哉!善哉!善男子,住是三昧诸菩萨等深不可测,譬如大海众流所归不可量数。善男子,如是大海犹可量数,而诸菩萨不可量数。何以故?安住如是深三昧故。复次,善男子,若有菩萨住是三昧,能以足指一毛,举此恒河沙等三千大千诸大世界,高至上方无量世界,令诸众生无有怖畏往反之想,

---

① 北凉昙无谶译《大方等无想经》卷五,《大正藏》第12卷,第1100页上—中。
②③ 同上书,第1100页中。

而今他方一切悉见为化度故,乃至十方亦复如是。"①而正如大云密藏菩萨所说:"如是三昧乃为无量无边功德之所成就。"

这一内容出现在此健度是为了说明这一部《大云经》只有具备了这一"深进大海水潮三昧"的菩萨才可以受持。如经中所说的:"譬如大海总摄一切诸河泉流,此《大云经》亦复如是,总摄一切无量经典。复次,善男子。若诸经典有如是等无著三昧,当知彼经已为摄在此经典中,一切声闻、辟支佛等所得三昧比此三昧不可为喻。何以故?声闻、缘觉无常无我无乐无净,无著三昧广开如来常乐我净,无有变易。是故此二不得相喻。"②这是说,由于声闻、缘觉二乘所获得的三昧无法与此三昧相比,因为他们是无常、无我、无乐、无净的,其不能把握这一能够"广开如来常乐我净无有变易"之"深进大海水潮三昧",所以,他们不能理解受持《大云经》。

第五,在此健度中,佛又向会众指出了弘扬此经中所说的义理,才是"真佛子"。

此经指出:"若闻如来常不变易,信心清净,当知是人得阿耨多罗三藐三菩提心修菩提道。善男子,若男若女欲得常住无有变易,应当受持、读诵、书写、演说是经。若能如是受持演说是经典者,当知是人不久当得阿耨多罗三藐三菩提。若有人闻如来常住无有变易心生疑怖,当知是人不见如来真实之相。真实相者,所谓如来常恒不变湛然安住。是故闻者不应疑怖,应当受持广为人说。如是说者,当知佛法常住无灭。"③此中是说,如来的"真实相"是"常恒不变,湛然安住",如果有人听闻这一说法产生疑虑恐怖,可知这种人是不见如来真实之相的。

此后,经中以几个譬喻说明弘持此经所产生的功德:其一,"譬如秋月无诸云雾,虚空清净,日初出时,光明端严,人所爱乐,除破一切幽暗黑

---

① 北凉昙无谶译《大方等无想经》卷五,《大正藏》第12卷,第1101页中。
②③ 同上书,第1101页下。

冥。是《大云经》亦复如是,演出如来常恒不变猛盛之日,处在清净密语虚空,破除众生无常无我无乐无净一切暗障。'端严爱乐'者,喻于如来终不毕竟入于涅槃"①。其二,"譬如有人身轻行疾,喻四风王,寿命满足天数千年,飞行周游十方世界,遍已还到本所住处。如是行处满中七宝,并以己身供养三宝,复满无数千年之中"②。这样的人"福德不比有人一念之中念如来常法僧不灭"。其三,"譬如药树,若有众生取枝、取茎、取叶、取华、取果、取皮,是树亦不生念取枝莫取茎,取茎莫取叶,取叶莫取华,取华莫取果,取果莫取皮,而令一切众病除愈,随上中下众生所用。若以合水若以合苏,若末若丸,若涂若服,悉能愈病。是《大云经》亦复如是,不观众生若举一偈若半偈,一名一义,一句半句,信受二字言如来常,亦不观察众生有修深进大海水潮三昧,大慈大悲及不修行,悉能令断三恶道病。如来亦不观察众生取一偈不取半偈,取半偈不取名,取名不取义,取义不取句,取句不取半句,取半句乃至二字,皆悉能令四部之众离三恶道"③。其四,"如日出时能消冰雪,是《大云经》亦复如是。说如来常,能消一切无常冰雪"④。其五,"譬如虚空,猛风起时,吹众生身入诸毛孔,能令热病一切除愈,身得清凉。虚空者,喻《大云经》。猛风起者,喻如来常。风入毛孔者,喻诸众生悉有佛性。除热病者,喻断声闻、辟支佛心"⑤。

第六,经中于此又讲到"真持护戒"的问题。

经中提出的结论是:"护持禁戒若为向佛取无上果,是则名为真持禁戒。"⑥其后从"正"、"反"两方面作了说明:"非为三十二相、八十种好护持禁戒。若为如来不可思议,乃名护戒,如来非为住心修集无量三昧,亦复不为住心修集与诸佛等,亦复不为住心修集无量因果,不为住心修集诸佛无量功德。如来住于无所住者,是为实相。若欺如来无上印者,不名

---

① 北凉昙无谶译《大方等无想经》卷五,《大正藏》第 12 卷,第 1101 页下—1102 页上。
②③④ 同上书,第 1102 页上。
⑤ 同上书,第 1102 页上—中。
⑥ 同上书,第 1102 页中。

护戒。若言如来为是印故,名护戒者,汝于此中慎勿生疑……为令众生不断如来圣种姓故名为护戒,为令众生一切不断法僧种故名为护戒,为令众生一切悉得三昧禅定智慧解脱故名为护戒,为令众生悉得净戒具足无缺故名为护戒,如来无戒故名护戒,断一切戒故名护戒,如来非有此戒故名护戒,非无此戒故名护戒。"①

第七,此健度的最后,又回到了只有具有"深进大海水潮三昧"才能了知如来常住不变这一前文已经讲过的义理。

经中说:"菩萨摩诃萨自从住是三昧已来,初不曾住有为法中,具足成就一切佛法。何以故?如是三昧悉已摄取一切佛法故。善男子,如大宝聚有青琉璃,其色清净。人见之者,不生疑心。菩萨摩诃萨从得住是三昧已来,即见佛性了了无疑。何以故?见了了故,若有疑者无有是处,如来境界不可思议。"②

经中明确地说:"汝今观是安住三昧诸菩萨等,能知如来常恒不变。若有不能住是三昧,则不能知如来常恒无有变易。菩萨摩诃萨为众生故,受持读诵如是三昧,则得具足檀波罗蜜。"③而且,"菩萨摩诃萨住是三昧已,则能少知一切众生悉有佛性,如来常恒无有变易。住是三昧菩萨摩诃萨常作是观:我今此身空无所有,已得无上大利益事。我今以此支节手足头目髓脑肌皮血肉,布施于人,未来当得阿耨多罗三藐三菩提"④。

第八,应特别指出,《大云经》"大云初分增长健度第三十七"的末尾在讲到安住于"深进大海水潮三昧"之中菩萨证得"空观"之时,又论及了如来的"三身"问题。昙无谶译本第五卷的末尾,在大云密藏菩萨问及"菩萨摩诃萨住是三昧,云何而作如是观身?"⑤之时,佛给大众解释了菩萨所成就的法身与"化身"的关系。此现存的六卷本的编排中,此内容被分割编入第五卷和第六卷,而第六卷又取名"大云初分增长健度第三十

---

① 北凉昙无谶译《大方等无想经》卷五,《大正藏》第 12 卷,第 1102 页中—下。
② 同上书,第 1102 页下。
③④⑤ 同上书,第 1103 页上。

七之余"。——关于此问题留待下文专论如来藏思想时再作分析讨论,此处从略。在此需要强调的是,这一讨论未曾游离于"深进大海水潮三昧"的主线之外,经中的结论是:"住是三昧菩萨摩诃萨作变化身,为断一切诸恶鸟兽及三恶道,犹如药树。若有人言诸恶鸟兽遇菩萨身到三恶道,无有是处。若言舍身转至人天见诸佛者,斯有是处。"①

第九,获得"深进大海水潮三昧",才能"见如来常乐我净终,不毕竟入于涅槃"②,这才是"所见真正"。

此经明确指出:"若有成就是三昧者,见于如来无常无乐无我无净毕竟涅槃,则不得名所见真正。若见如来常乐我净终不毕竟入于涅槃,如是乃名所见真正。"于此,大云密藏菩萨询问"如佛所说若见如来常乐我净,其义云何?"③佛明确回答说:"常乐我净即是如来真实之性。"④大云密藏菩萨于是又问:"世尊,若如是者,一切凡夫亦得成就如是实性?何以故?凡夫之人亦复计于常乐我净。"⑤在佛教教义中经常说,凡夫之所以是凡夫是因为无常计常、无我计我等,如来涅槃的常乐我净于此区别何在就很关键。对此,佛的回答是:"汝今不应作如是说。我言具是三昧菩萨,乃能见于常乐我净,不说凡夫所计颠倒常乐我净。"⑥而针对世俗众生,"谬见诸法常乐我净,是故我说无常、无我、无乐、无净"⑦。在此,佛接着以"一者谷子,二者树子,三者肥味,四者伏藏,五者蛇蜕"⑧五事"演说如来常乐我净,能说我人寿命众生士夫,能如是见名为正见"⑨。——此义在下文专论如来藏思想时再详细分析说明。

在佛为会众宣说完毕上述内容之后,在聚会者的右边出现大光明,"其光金色,遍照三千大千世界,悉蔽日月、梵天之明,惟不能障佛之光明,其余光明黤黮不现,大小须弥草木丛林,二国中间幽暗之处,无不大

---

①②③ 北凉昙无谶译《大方等无想经》卷六,《大正藏》第12卷,第1103页下。
④ 同上书,第1103页下—1104页上。
⑤ 同上书,第1104页上。
⑥⑦ 同上书,第1104页中。
⑧⑨ 同上书,第1105页上。

明。地狱众生遇斯光已,苦痛休息,身得安乐"①。这时,在"一切大众之前,即时出生六万亿莲华,其华微妙色香具足,千叶盛满,四宝为质,一一莲华出微妙香,遍满三千大千世界。其中所有天龙、鬼神、干闼婆、阿修罗、迦楼罗、紧那罗、摩睺罗伽、释梵、魔天、沙门、婆罗门,一切众生闻香气已,皆得爱法心,乐大乘,乐欲听法,断诸烦恼,是华成就如是功德微妙之香"②。这一背景如此后的经文所揭示的,正是净光天女出现的瑞相。鉴于这一描述被当做武则天称帝的"瑞相"之一,下文将详述之。其内容属于此经流通分的范围。然为了醒目,另加一小标题。

现存的昙无谶所译六卷本《无想经》在叙述完毕有关净光天女的上述内容之后,仅仅有一句话:"说是经已,无量众生得阿毗跋致。"③这一结尾过于突然和简单,因而从大乘经的一般结构考察,此后应该还有内容。对此,有两种可能,一是现存的译本不全,二是昙无谶的译本亦非全本。

三、"净光天女"

昙无谶翻译的六卷本《无想经》分别在第三十六健度以及第三十七健度叙述了净光天女的因缘。

在"大云初分如来涅槃健度第三十六"净光天女向佛请教此会中"二贤"的因缘,佛于是逐次为净光天女等会众叙述了此会中四位"贤士"的因缘。

此经如此说:"天女,过去无量亿那由他阿僧祇劫,尔时有佛号'同性灯如来应正遍知明行足善逝世间解无上士调御丈夫天人师佛世尊',时阎浮提多有众生,无量无边不可算数,悉皆成就安隐快乐,无诸饥渴苦恼等患。其地广博清净严事,广纵六万八千由旬,多有诸城七万八千,一一大城七宝所作,其城四壁有九万却敌。尔时,大城名曰宝聚,即是今之王

---

① 北凉昙无谶译《大方等无想经》卷六,《大正藏》第12卷,第1105页下。
② 同上书,第1105页下—1106页上。
③ 同上书,第1107页中。

舍城也。时宝聚城有八万千亿人,同姓灯佛,出生彼城。彼城所有无量众生悉发阿耨多罗三藐三菩提心,成就神通人中象王。天女,尔时如来在大众中作师子吼,宣说如是大云经典。时彼城中有王名曰'大精进龙王',王有夫人名曰'护法',有一大臣名'法林聚'。尔时,国王与其夫人及其大臣往彼佛所,供养恭敬,合掌作礼,右绕三匝,却坐一面。尔时,同姓灯佛知大精进龙王心中所念,放大光明名无所畏。王遇此光,心得法喜。尔时,大臣承佛神力,白佛言:'世尊,如来舍利为可得不?'尔时,世尊默然不答。天女,尔时大王为正法故,即共大臣翻覆往反论讲舍利。时,佛闻已,即赞叹言:'善哉!善哉!'彼佛众中有大弟子,字摩诃男,心生善欲,而作是念:'善哉!大王,善解如来甚深法界。'时佛即为时会大众说王所解深法妙义。大众已闻,皆生惊疑。时佛即告诸大众言:'此王功德不可思议,深不可测,非是汝等所能得解。'尔时大王闻佛称赞己之功德,心大欢喜即起供养,右绕千匝,以采宝华用散佛上,而复赞叹即发愿言:'未来当有释迦如来兴出于世,以大方便示法灭时。我当于中出家修道,受持净戒具大势力,见有破戒行恶比丘,我当驱摈至于边方无佛法处,为正法故不惜身命。'尔时大臣复作是愿:'释迦如来以大方便现涅槃已,我当于中作大国王,护持如来无上正法,见恶比丘唱令驱出,有持法者恭敬供养。'是时夫人复作是愿:'释迦如来出现之时,令我势力能伏邪见。'时摩诃男复作是愿:'使我尔时为彼如来,作大弟子得大神通,于佛功德能师子吼。'天女,如是四人今于我世为法重任,不但今日方于未来,复当护持我之正法。"①

根据此经所说,当时的大臣就是此会中的善德婆罗门。经中说:"尔时大臣,即今善德婆罗门是,是婆罗门于我灭后百二十年,王阎浮提,字阿叔迦,住于波梨弗罗城中,姓'无邪'氏,得转轮王,所有福德二分之一,于阎浮提得大自在,护持正法,大师子吼,为法流布大得舍利,供养恭敬,

---

① 北凉昙无谶译《大方等无想经》卷四,《大正藏》第12卷,第1097页中—下。

尊重赞叹,见恶比丘治令修善。"①——这就是此会中善德婆罗门的因缘。

而当时的国王"即今一切众生乐见梨车子,是深达正法甚深之义,能开如来微密法藏,护持佛法无所亏损。时摩诃男者,即今大云密藏菩萨是,得我真身二分之一,知恩报恩护持正法,能答深义无所滞碍。天女,我今此众虽有上智大迦叶等,不能宣辩甚深之义,如大云密藏菩萨摩诃萨也"②。

而当时国王的夫人就是今日会中的净光天女。在此经第三十六健度,佛告诉天女"我今先当说汝因缘"。佛说:"天女,时王夫人即汝身是。汝于彼佛暂得一闻《大涅槃经》,以是因缘今得天身。值我出世,复闻深义,舍是天形,即以女身,当王国土,得转轮王所统领处四分之一,得大自在,受持五戒,作优婆夷,教化所属城邑聚落男子女人大小受持五戒、守护正法,摧伏外道诸邪异见。汝于尔时,实是菩萨,为化众生,现受女身。"③——这就是净光天女的因缘。

《无想经》在第三十七健度叙述了净光天女在佛涅槃之后弘扬此经以及成为国王的授记。综合言之,净光天女出现的时间是在佛灭七百年后。她出生于南天竺无明国,为等乘王之女,名增长,继王位,崇佛敬法,尊信本经,寿尽往生无量寿佛国,复蒙授记为净实增长佛。此经第六卷是如此叙述的:

当时,"大云密藏菩萨摩诃萨在大会中见是神变,即从座起,合掌恭敬白佛言:'世尊,是何相貌?谁之德力?'是大众中有是妙华出无量香,于是净光天女语大云密藏菩萨言:'善男子,一切诸法皆悉无相,云何问言是何相貌?诸法如梦,何故颠倒如狂所问?'"④——这就是净光天女出场的情形。此后有一段大云密藏菩萨与净光天女的对话。大云密藏对天女说:"善哉!善哉!天女,我非不见诸法如梦,为欲断彼著相故问。"

---

① 北凉昙无谶译《大方等无想经》卷四,《大正藏》第12卷,第1097页下。
②③ 同上书,第1098页上。
④ 北凉昙无谶译《大方等无想经》卷六,《大正藏》第12卷,第1106页上。

天女回答说:"大德,何故见于著相而生此问?"此时,佛告诉大云密藏菩萨:"善哉!善哉!善男子,实如天女之所宣说。菩萨摩诃萨住是三昧,惟见无相。善男子,若男若女欲见无相,应当精勤修是三昧。菩萨摩诃萨住是三昧,能于三千大千世界现种种身。"①在此经的义理结构上言之,此处所言是为了说明"菩萨摩诃萨住是三昧惟见无相"的道理,并且告诉大众,菩萨住于这一三昧能够在三千大千世界中显现出种种身,但此身是"无相"的。

对此,大云密藏菩萨问佛说:"世尊,云何菩萨住是三昧,能于三千大千世界现种种身?"②佛回答说:"若有幻师若幻弟子,于大众中能作种种若男若女,若大若小,若生若死,若去若来,若舍若林,若象若马,若断若折,若破若坏,若续若绝。大众见已,不生惊怪。何以故?了知幻故。菩萨摩诃萨亦复如是,住是三昧修习正道,于此三千大千世界化种种身,为度众生故住是三昧。诸菩萨等见是化已,不生惊怪,无有疑心,随顺于义,无有违逆。何以故?定知即是三昧力故。"③另外,"菩萨摩诃萨住是三昧,能于三千大千世界,随诸众生种种所行处处现身。"④此处涉及两种情况,第一种是三千大千世界中菩萨处现身,第二种是说,菩萨能够针对、因应众生的所愿而现身。

菩萨尽管有上述功德,但却从不执著于此。经中说:"菩萨摩诃萨虽作如是随顺世间种种诸行,为欲度脱,终不生于众生之相常修法相。何以故?是三昧力故。菩萨摩诃萨无有著处,不著声闻,不著缘觉,为欲怜愍一切世间度众生故,在在处处随其所乐,而现其身。是故菩萨修习无相,见于无相。若人能见如是无相,是名正见。净光天女亦修无相,诸佛世尊住是三昧,故不可思议。"⑤——可见,此经之所以说及净光天女是将

---

① ② 北凉昙无谶译《大方等无想经》卷六,《大正藏》第 12 卷,第 1106 页上。
③ 同上书,第 1106 页上—中。
④ 同上书,第 1106 页中。
⑤ 同上书,第 1106 页中—下。

其当做修习"五相"的典型来看待的。

大云密藏菩萨于是称赞净光天女:"是净光天女,成就具足甚深智慧。若无相境界不可思议,其修习者亦不可思议。"①这时,世尊熙怡微笑,从佛的面门出无量光,"其光五色,遍照无量无边世界,上至梵世一切周遍,绕身三匝,还从口入。尔时,大地六种震动,庄严清净,如欝单越;三千大千世界亦复如是;一切众生佛神力故悉得睹见"②。

大云密藏菩萨请求佛宣说此中的缘由,佛于是告诉大众说:"于此西方有一世界,名曰安乐。其土有佛,号无量寿。今现在世常为众生讲宣正法,告一菩萨:'汝善男子,娑婆世界释迦牟尼佛为诸少福钝根众生说《大云经》,汝可往彼,至心听受。'是彼菩萨欲来至此,故先现瑞。善男子,汝观彼土诸菩萨身,满足五万六千由旬。"③世尊又告诉大众说:"彼土菩萨欲闻净光授记别事,并欲供养如是三昧是故而来。善男子,是菩萨名无边光,通达方便善能教导。"④

此时,大云密藏菩萨又问佛:"世尊,惟愿如来说是天女,在何佛所,发阿耨多罗三藐三菩提心?何时当得转此女身?"⑤对此问题,佛首先指出大云密藏菩萨的提问有些不妥:"善男子,汝今不应问转女身。是天女者,常于无量阿僧祇劫为众生故,现受女身。当知乃是方便之身,非实女身。云何当言'何时当得转此女身'。"⑥此中说,净光天女所现的女身是方便,因此不能问何时转得此女身这样的问题。佛向会众指出:"菩萨摩诃萨住是三昧,其身自在,能作种种随宜方便。虽受女像,心无贪著,欲结不污。"⑦

此后,应大云密藏菩萨的请求,佛为大众宣说了此净光天女的未来之事。经文说:"以方便故我涅槃已七百年后,是南天竺有一小国名曰'无明'。彼国有河,名曰'黑暗'。南岸有城,名曰'熟谷'。其城有王,名

---

①②③④⑤ 北凉昙无谶译《大方等无想经》卷六,《大正藏》第12卷,第1106页下。
⑥ 同上书,第1106页下—1107页上。
⑦ 同上书,第1107页上。

曰'等乘'。其王夫人产育一女,名曰'增长',其形端严,人所爱敬,护持禁戒,精进不倦。其王国土以生此女故,谷米丰熟,快乐无极,人民炽盛,无有衰耗,病苦忧恼,恐怖祸难,成就具足一切吉事。邻比诸王,咸来归属。有为之法,无常迁代。其王未免,忽然崩亡。尔时诸臣即奉此女以继王嗣,女既承正威伏天下,阎浮提中所有国土悉来承奉,无拒违者。女王自在摧伏邪见,为欲供养佛舍利故,遍阎浮提起七宝塔,赍持杂彩上妙幡盖、栴檀妙香周遍供养。见有护法持净戒者,供养恭敬。见有破戒毁正法者,呵责毁辱,令灭无余。具足修习十波罗蜜,受持五戒,拯济贫穷,教导无量一切众生。说《大云经》以调其心。若闻大乘方等经者,恭敬供养,尊重赞叹,满二十年受持读诵书写解说是《大云经》,然后寿尽。是时乃当转此女身,为众生故示大神通,为欲供养无量寿佛故,故生彼界。"①

最后,佛授记此净光女王未来当得作佛。经中说:"如是女王,未来之世过无量劫当得作佛,号'净实增长如来、应正遍知明行足善逝世间解无上士调御丈夫天人师佛世尊'。此娑婆世界尔时转名净洁浣濯,有城名曰清净妙香,其城纯以七宝庄严,最胜无上,犹忉利宫。其城凡有九万亿人,土地平正,无有荆棘、土沙、砾石,其土人民不生邪见,爱重大乘,无有声闻、缘觉之名,一切纯是菩萨大士,修习慈悲喜舍之心,成就忍辱,寿命无量。善男子,若有众生得闻彼佛如来名号,不堕三恶,转生人天。"②

四、《大方等无想经》的如来藏思想

即便是不与前面已经分析过的《胜鬘经》相比较,即使与《法鼓经》、《不增不减经》等相比,现存的昙无谶译六卷本《大方等无想经》无论是从如来藏或曰涅槃思想的系统性、集中度以及思辨性等方面都显得略微单薄。此经中有数段文字直接将其称之为《涅槃经》,从上述角度看,古代

---

① 北凉昙无谶译《大方等无想经》卷六,《大正藏》第12卷,第1107页上。
② 同上书,第1107页上—中。

的经录编撰者将其归之于"涅槃类"是有道理的。笔者最初也有将其直接归之于《大涅槃经》项下给以分析讨论的打算。但与现存的严格意义上的《涅槃经》相比,此经仅仅限于讨论作为佛果的涅槃之"常乐我净",而与以释迦牟尼佛进入涅槃为背景演绎涅槃思想的《涅槃经》还是略有不同。从这个角度考虑,笔者认为将此经归之于早期如来藏经典之中恐怕更为合适些。上文我们已经依照《无想经》本身的结构,较为详尽地分析了此经的内容。从此著体例的严整出发,我们再归纳出下述四个方面的内容来概括论述此经所蕴涵的如来藏思想。

(一)《无想经》的宗旨

关于昙无谶翻译的《无想经》六卷的宗旨,如果一言以蔽之,则是阐述诸"三昧"法门及如来常住不灭之义。如前所述,全经三十七品,可分为三大主题:其一,从第二健度至度第三十五健度,则简略地说明了"四百三昧"、"三十六种陀罗尼"、"二十三种密语"、"十神通行入有生行藏微妙光王法门"、"十生死烦恼业田得心定愿藏法门"、"十种智狂不可思议神通王所入法门"、"十智甚深入无畏行法王法门",以及"十种真实神通安乐乐王所入法门"等。其二,宣说如来常住、无有毕竟入涅槃以及一切众生悉有佛性等等如来藏思想的核心命题。其三,受持、读诵此经所能够获得的功德以及对于此经的弘持者以及时间作出"授记"。从篇幅言之,第三方面所占的分量更大一些。而作为如来藏思想核心的第二方面的内容则大为简略,论述得也颇为零散,远不及《胜鬘经》之严整和全面。

关于此经的主题,在昙无谶翻译的《无想经》第一健度就有开宗明义的一段话:

> 汝观是经不可思议,功德境界亦不可思议,乃是诸佛、菩萨不可思议不可量法藏,亦是众生不可思议无尽宝藏。复次,善男子,此经境界不可思议。善男子,此经复有诸佛、菩萨陀罗尼藏法门,此经复有诸佛、菩萨如来微密宝藏法门,此经复有诸佛、菩萨如来大海法门,此经复有诸佛、菩萨如来时藏法门,此经复有诸佛、菩萨如来世

藏法门,此经复有诸佛、菩萨如来日藏法门,此经复有诸佛、菩萨如来月藏法门,此经复有诸佛、菩萨如来境界法门,此经复有诸佛、菩萨甚深法门,此经复有诸佛、菩萨如来无所畏法门,此经复有诸佛、菩萨如来勇捷法门,此经复有诸佛、菩萨如来地法门,此经复有诸佛、菩萨如来法门,此经复有诸佛、菩萨阿梨呵法门,此经复有诸佛、菩萨如来聚法门。①

应该注意的是,上述引文中的这些语词:"如来微密宝藏"、"如来时藏"、"如来世藏"、"如来日藏"、"如来月藏"、"如来地"等。由于梵文本不存,无从比对。众所周知,如来藏最初的语意是成就如来的"胎藏",是以譬喻命名的。而此中所用的"微密宝藏"、"时藏"、"日藏"、"月藏"、"如来地"等词,显然也是以譬喻来说明佛于此经中所说的"法"是成就诸佛的"法门"。这与如来藏的构词原则和语义是一致的。

关于此经宗旨的另外一种概括是:"汝观此经大法陀罗尼,即是一切众生无尽福藏,是即诸佛不可思议解脱三昧陀罗尼门,非是汝等所知境界。诸佛世尊随世故说,其义甚深,难可消服,唯是如来之所知见,我今当说如来如是甚深境界,至心谛听。汝从昔来于是事中,乃至未闻一字一句。"②这是佛告诉大云密藏菩萨等会众的。而大云密藏菩萨对佛的请求也揭示出此经的核心之所在:"惟愿如来,为我等故及诸众生,开阐如是秘密之藏,乃至一字一句之义,令我等辈及诸生知见如来常恒不变。"③这一句尤其关键,一语道破了此经的核心是使众生"知见如来常恒不变"。

在第一健度,记载了佛对会众说的这样一句话:"是经典中有五文字其义甚深:一者如来,二常,三乐,四我,五净,是名如来无上功德不可思议。"④这五个字(注意"五字"是以梵文言之的)合起来就是"如来常乐我净"。经中又说:"汝若欲知诸佛如来常恒不变,应当受持如是经典,读

---

①② 北凉昙无谶译《大方等无想经》卷二,《大正藏》第 12 卷,第 1084 页上。
③④ 同上书,第 1084 页中。

诵、书写、解说其义。何以故？是经所说不可思议，如来常恒无有变易，终不毕竟入于涅槃。汝当广为一切众生，敷扬解说常乐我净，诸佛如来无有毕竟入涅槃者，法僧常住亦无灭尽。"①此中所说的"如来常恒无有变易，终不毕竟入于涅槃"也是此经的核心思想之一。

综上所述，此经的核心思想命题如下：其一，如来常恒不变，终不毕竟入于涅槃。其二，如来具有常、乐、我、净的无上不可思议的功德。而可构成此经特色的，则是其三，"此经复有诸佛菩萨陀罗尼藏法门，此经复有诸佛菩萨如来微密宝藏法门"②，如此等等。这些"法门"都是悟入或者"证入"涅槃境界常乐我净的途径和方法。而从实质言之，也就是成佛的方法。

（二）涅槃之"常乐我净"与"三昧"

《无想经》的核心教义当然是涅槃"常乐我净"之"四德"。与此前的早期如来藏经典相比较，更应该重视的是，此经不是普泛地谈论之，而是明确地说，这一涅槃境界只有证入"深进大海水潮"等"三昧"的菩萨才能够真正地领悟。经中的下述语句可看做其最精粹的表达：

> 善男子，声闻、缘觉不解如是三昧力故，说言如来无常、无乐、无我、无净、空无所有，不知如来常恒不变轮转生死。菩萨摩诃萨住是三昧，善解如来所有密语，是故以此无价宝珠喻于三昧。善男子，若男若女欲见如来常恒不变，应当修习如是三昧。菩萨摩诃萨住是三昧，则见如来常恒不变。解脱亦尔。③

在第三十六、三十七健度中又将前述仅仅标出名称的四百种三昧"简化"或者"合并"为"诸佛菩萨甚深净水大海三昧"、"甚深净水大海所入三昧"以及"深进大海水潮三昧"，并且说依此三种"三昧"才能获得如来常乐我

---

① 北凉昙无谶译《大方等无想经》卷二，《大正藏》第12卷，第1084页中。
② 同上书，1084页上。
③ 北凉昙无谶译《大方等无想经》卷六，《大正藏》第12卷，第1105页下。

净之法身。

在第三十六健度中,佛对大云密藏菩萨等会众说:"此经中有诸佛菩萨甚深净水大海三昧。"①关于"甚深净水大海三昧"名称的含义,经中有一解释:诸佛菩萨甚深净水大海三昧"非诸声闻、缘觉所知,故名'甚深';能断一切生死渴乏,故名'净水';边不可得,故名'大海';诸佛世尊同平等故,故名'三昧'。若有菩萨具是三昧,则得常乐我净之身,得多闻海,多闻宝藏,于菩提心无有动转,不退佛慧常住之身,无有变易,心无疑碍,不离法雨,常遇三宝,值善知识,成就一切真正福德。善男子,汝当受持如是三昧。持已,则得具足成就无量功德"②。

另外还有"甚深净水大海所入三昧",其解释如下:"复有甚深净水大海所入三昧,无有三昧而能宣说是三昧相,故名'甚深';洗濯生死,故名为'水';无能得底,故曰'大海';得不动身常乐我净,故名为'入';毕竟故,故名'三昧'。"③至于这一"三昧"的功德,经中说:

> 若有菩萨具是三昧,则能变为诸天形像,见事梵者即作梵像,为破梵事而心不著;见事自在天作自在天像,见事八臂作八臂像,见事建驮作建驮像,见事天母作天母像,见事鬼者即作鬼像。虽示如是种种形像,为坏彼见心,实无著。见有屠者即现屠像,为欲化彼令不杀生。酒家乃至旃陀罗像,亦复如是。见有博弈戏笑之处,悉现其像为断贫穷,现畜妻息奴婢仆从,而其内心常修梵行。虽服宝饰,心常清净,示现服食甘美众膳,内常法喜,以自充润;入诸淫舍,为化欲恶诸不善者,博士卜噬鸟鹫之身,乃至一切畜生杂类。亦复现入一切形残身不具足,为欲宣说身过患故,乃至九十五种邪道,随示其像破彼见故,示现自身四百四病。为治众生内外病故,读诵外书,解种种语。示现奴婢仆从男女老少之像,及示生老病死等像,为欲调伏

---

① 北凉昙无谶译《大方等无想经》卷四,《大正藏》第12卷,第1094页中—下。
②③ 同上书,第1094页下。

诸众生故。能解一切鸟兽等语,现作香华药草果蓏。或示王身王子大臣长者身像,或示沙门婆罗门像,帝释天王、转轮圣王、日月等像。所以示现四大天王,为欲拥护四天下故,示现诸佛自在神通,终不毕竟入于涅槃。变作众色不坏色性,虽得往生诸佛净土,终不分别国土之相。获得诸佛甚深三昧,而于法界无所分别,为人天主心无憍慢。虽说梦事不见梦相,外现魔事实无魔业,行于世间世法不污,犹如莲华处污不染。善男子。如是之果,名为成就甚深大海所入三昧。①

从上述解释看,诸佛菩萨所成就的这一"甚深大海所入三昧"是其深入世间救度众生的"三昧"。它与前述"诸佛菩萨甚深净水大海三昧"恰好构成"权"与"实"的关系。

第三个名称"深进大海水潮三昧"。这一"三昧"在此经的第三十六健度和三十七健度都出现过,两次的解释略有差别。

第三十六健度的解释如下:"此经复有诸佛菩萨深进大海水潮三昧,若有菩萨成就具足是三昧者,须弥山王高大坚鞭,能以口吹令其碎破,犹如微尘入葶苈檜,而亭历檜亦不增长,四大天王亦不惊怖不破不坏,不自觉知所安之处,三十三天亦复如是。善男子,是名菩萨成就具足深进大海水潮三昧。复次,善男子,若有菩萨成就具足是三昧者,以四大海水入一毛孔,不娆鼋鼍、龟龙、鱼鳖水性之属,寿命如常,无有损夭,诸龙王、阿修罗、干闼婆不自觉知所至之处。能以三千大千世界安置右掌,断取大地如陶家轮,掷置他方恒沙界外,其中众生都不觉有往来之想,取彼世界安置此土亦复如是。"②

而在此经三十七健度,佛又宣说:"若有人能成就四事,则能受持如是经典:一者,得闻深进大海水潮三昧……"③依据这里所说,这一"三昧"

---

① 北凉昙无谶译《大方等无想经》卷四,《大正藏》第 12 卷,第 1094 页下—1095 页上。
② 同上书,第 1096 页中—下。
③ 同上书,第 1100 页上。

是诸佛菩萨授持弘扬此经时之所凭依。在三十七健度中,似乎也提到与第三十六健度所说近似的文字,大云密藏菩萨称赞说:"世尊,若有菩萨安住如是深进大海水潮三昧,成就无量无边功德,非是声闻、缘觉所知。"①而佛说:"善哉! 善哉! 善男子,住是三昧诸菩萨等深不可测,譬如大海众流所归不可量数。善男子,如是大海犹可量数,而诸菩萨不可量数。何以故? 安住如是深三昧故。复次,善男子,若有菩萨住是三昧,能以足指一毛,举此恒河沙等三千大千诸大世界,高至上方无量世界,令诸众生无有怖畏往反之想,而今他方一切悉见为化度故,乃至十方亦复如是。"②而正如大云密藏菩萨所说:"如是三昧乃为无量无边功德之所成就。"③

《大云经》第三十七健度中有一段文字明确说,只有具备了这一"深进大海水潮三昧"的菩萨才可以受持此经:"譬如大海总摄一切诸河泉流,此《大云经》亦复如是,总摄一切无量经典。复次,善男子,若诸经典有如是等无著三昧,当知彼经已为摄在此经典中,一切声闻、辟支佛等所得三昧比此三昧不可为喻。何以故。声闻、缘觉无常无我无乐无净,无著三昧广开如来常乐我净无有变易。是故此二不得相喻。"④这是说,由于声闻、缘觉二乘所获得的三昧无法与此三昧相比,因为他们是无常、无我、无乐、无净的,其不能把握这一能够"广开如来常乐我净无有变易"之"深进大海水潮三昧",所以,他们不能理解受持《大云经》。

此经明确指出:"若有成就是三昧者,见于如来无常无乐无我无净毕竟涅槃,则不得名所见真正。若见如来常乐我净终不毕竟入于涅槃,如是乃名所见真正。"⑤于此,大云密藏菩萨询问:"如佛所说若见如来常乐我净,其义云何?"⑥佛明确回答说:"常乐我净即是如来真实之性。"⑦大

---

①②③ 北凉昙无谶译《大方等无想经》卷五,《大正藏》第12卷,第1101页中。
④ 同上书,第1101页下。
⑤⑥ 北凉昙无谶译《大方等无想经》卷六,《大正藏》第12卷,第1103页下。
⑦ 同上书,第1103页下—1104页上。

云密藏菩萨于是又问:"世尊,若如是者,一切凡夫亦得成就如是实性?何以故?凡夫之人亦复计于常乐我净。"①在佛教教义中经常说,凡夫之所以是凡夫是因为无常计常、无我计我等,如来涅槃的常乐我净与此的区别就很关键。对此,佛的回答是:"汝今不应作如是说。我言具是三昧菩萨,乃能见于常乐我净,不说凡夫所计颠倒常乐我净。"②而针对世俗众生,"谬见诸法常乐我净,是故我说无常、无我、无乐、无净"③。在此,佛接着以"谷子"、"树子"、"肥味"、"伏藏"、"蛇蜕"五事"演说如来常乐我净,能说我人寿命众生士夫,能如是见名为正见"④。

《无想经》第三十七健度文曰:"若有菩萨住是三昧,欲说'我'时,先说五事。何等为五?一者谷子。二者树子。三者肥味。四者伏藏。五者蛇蜕。"⑤此中是说,如果面对众生宣说涅槃境界之"我",可以借助这些譬喻去说明。

第一"谷子"譬。经中说:"如谷子者,芽时茎时叶时华时,名为无常。若收果实众生受用,则名为常。菩萨摩诃萨若未成就是三昧者,无常无我无乐无净。若已成就,则得名为常乐我净。未能度脱一切众生,名无常无我无乐无净。若能度脱,则得名为常乐我净。不能破坏一切邪见,名无常无乐无我无净。若能破坏,则得名为常乐我净。不能永断诸烦恼故,名无常无乐无我无净。若能永断,是则名为常乐我净。"⑥

第二"树子"譬。经中说:"如庵罗树未得果时,名无常无乐无我无净。若得果实,众生受用,是则名为常乐我净。菩萨摩诃萨未得成就是三昧者,名无常无我无乐无净。若成就已,则得名为常乐我净。未能度脱诸众生故,名无常无乐无我无净。若能度脱,则得名为常乐我净。不能破坏一切邪见,名无常无乐无我无净。若能破坏,则得名为常乐我净。

---

①② 北凉昙无谶译《大方等无想经》卷六,《大正藏》第12卷,第1104页上。
③⑤⑥ 同上书,第1104页中。
④ 同上书,第1105页上。

不能永断诸烦恼故,名无常无乐无我无净。若能永断,则得名为常乐我净。"①

第三"肥昧"譬。经中说:"如胡麻子未成油时,不能消除众生病苦,名无常无乐无我无净。若成油已,能除众生所有病苦,是故得名常乐我净。菩萨摩诃萨未得成就是三昧者,无常无乐无我无净。若成就已,则得名为常乐我净。未能度脱诸众生故,名无常无乐无我无净。若能度脱,则得名为常乐我净。不能破坏一切邪见,名无常无乐无我无净。若能破坏,是则名为常乐我净。不能永断诸烦恼故,名无常无乐无我无净。若能永断,是则名为常乐我净。善男子,是名肥昧。"②

第四"伏藏"譬。经中说:"如有宝藏隐伏地中,不能润益一切众生,故名无常无乐无我无净。若出地已,众生受用,为大利益,是则名为常乐我净。菩萨摩诃萨若未成就是三昧者,名无常无乐无我无净。若成就已,则得名为常乐我净。未能度脱诸众生故,名无常无乐无我无净。若能度脱,则得名为常乐我净。若不能坏一切邪见,名无常无乐无我无净。若能破坏,是则名为常乐我净。不能永断诸烦恼故,名无常无我无乐无净。若能永断,则得名为常乐我净。"③

第五"蛇蜕"譬。经中说:"如蛇脱皮,未脱皮时,名无常无乐无我无净。若脱皮已,则得名为常乐我净。菩萨摩诃萨未得成就是三昧者,名无常无乐无我无净。若成就已,则得名为常乐我净。未能度脱一切众生,名无常无乐无我无净。若能度脱,则得名为常乐我净。若不能坏一切邪见,名无常无乐无我无净。若能破坏,则得名为常乐我净。不能永断诸烦恼故,名无常无乐无我无净。若能永断,则得名为常乐我净。又断众生于佛所起四种疑,心常乐我净。善男子,是名蛇蜕。"④

然而,如此言之,与此前佛教的观点差异过大,大云密藏菩萨代表会

---

① 北凉昙无谶译《大方等无想经》卷六,《大正藏》第 12 卷,第 1104 页中—下。
②③ 同上书,第 1104 页下。
④ 同上书,第 1104 页下—1105 页上。

众提出了疑问:"世尊,如来所说如是五事,是义不然。何以故?如来常于诸经中说,诸法无常如向五事。因亦无常,果亦无常。若使菩萨住是三昧如五事者,亦应无常。以是义故,一切诸法无非无常。世尊,有因必有果,有果必有因。一切众生及诸菩萨亦复如是,有生必有死,有死必有生。若如是者常亦无常,无常亦常。以是义故,一切诸法悉有二性——'常'与'无常'。不应定言世法无常、出世法常。如来实语,云何出是虚妄之言?"①这一疑问是涅槃思想最难于理解的地方。

对此,佛对大众解释说:"汝今何故如蚕自裹?善男子,若有人言端正之人犹如满月,香象姝白,犹如雪山。人实非月,象非雪山,少有相似,故引为喻。善男子,世间五事亦复如是。有少常故,故以为喻。诸佛如来实不可喻,犹引喻为喻。"②这里所说"世间五事"是指上述五种譬喻。此中说,上述"五喻"是暂时借用来说明如来的境界的。

其后,大云密藏菩萨又反问世尊:"若如来常者,何故复于余经中说,犹如灯灭,解脱亦尔。世尊,如来若常,云何得灭? 如其灭者,云何言常? 如来若言亦常亦灭,如是之言非虚妄耶? 又如佛言,一切诸法犹如水月。诸法若常,云何复言犹如水月?"③这里的几个反问针对的正是其他经典中所说的如来最终"入灭"之事。佛回答说:

> 善男子,我说有为如水中月,是故我说,余法有常,余法无常。若有众生未得解脱,未断烦恼,未断名相,未断众生相,不得法相,未得修习如是三昧,是名无常。若有众生已得解脱,永断烦恼,名相众生相,得于法相修习三昧,是名为常。是故我说,余法有常,余法无常。④

上述回答的要义在于,佛在其他类型的经典中说"无常"是针对未曾解脱的凡夫而言的,而对于已经获得解脱者言之,则"得于法相修习三昧,是

---

①②③ 北凉昙无谶译《大方等无想经》卷六,《大正藏》第 12 卷,第 1105 页上。
④ 同上书,第 1105 页上—中。

名为常"。

此后,大云密藏菩萨联系到其他经典曾经说到过的"涅槃如灯灭"的譬喻寻求新的解释。大云密藏菩萨问佛说:"世尊,若尔者,如来何故说'佛涅槃犹如灯灭'?如灯灭者,为喻身灭?为喻结灭?如膏不离灯,灯不离膏。众生亦尔,身不离结,结不离身,云何言灭?"①对此,佛回答说:

> 善男子,身有二种:一者烦恼身,二者法身。烦恼身灭,犹如灯灭,是故我说"余法无常"。法身无灭,犹如虚空,是故我说"余法是常"。断烦恼器,名为解脱。得解脱已无常身者,诸佛世尊则是断见。若烦恼气常不灭者,诸佛世尊则是常见。诸佛世尊定无有此断、常二见。诸佛世尊已于无量阿僧祇劫断此二见,如来若有众生相者,则应无常;如来已于无量劫中断众生相,若言如来有众生相无有是处。②

此中的要义在于如来的"法身"已经无"众生相",因而已经超越了"无常"。在此,经中有一譬喻:"譬如大王出入游巡,若在外时,内则不见。内虽不见,不得言无。外亦如是。"③依这一譬喻试图说明,如来法身之"常"是内在于如来的,由于是"内在"的,凡夫是不能见到的。凡夫不能因为自己见不到,就怀疑其真实存在。

最后,关于如来法身之"常"的解释又回到了"三昧"上来了。经中说:"菩萨摩诃萨住是三昧无常已断,为众生故受无常身。若言如来身无常者,无有是处。是故我说常与无常,说我无我,说众生非众生,说人非人,说命非命,说士夫非士夫。如来常说,有为之法皆是无常,终不言常。若言常者,无有是处。"④这里仍然强调说如来之身是常,而有为之法则是无常的。

在此,经中尽管仅仅讨论到"常",但实际上已经将如来法身是"乐、我、净"的道理包含在内。因此,在上述解释之后,佛为会众作了总结:"菩萨摩诃萨住是三昧,则得断除世见命见、声闻缘觉见,无有贪爱,无取

---

①②③④ 北凉昙无谶译《大方等无想经》卷六,《大正藏》第12卷,第1105页中。

无求,常不变易,成就安住,得无所畏。无有憍慢,垢不能污,是故我说常乐我净。"①

(三) 法身与化身

在上述分析涅槃之"常乐我净"与"三昧"的关系时,已经涉及法身问题。昙无谶翻译的六卷本《无想经》中有一段文字较为集中地论及"法身"与"化身"的关系问题,在此特专门列出以作分析。

在《无想经》第三十六健度中,喜见乾闼婆王问佛:"世尊,如来灭后何等众生能受持是经,广令流布?何等众生不能受持,令法毁灭?"②这一提问方式,如果依照小乘佛教的教义来看,似乎没有什么大问题,但当时在场的大迦叶却对喜见说:"如来真实,无有涅槃,法无灭尽,云何而言'如来灭后谁受是经'?"③——这里面蕴含的是作为"涅槃类"经典核心思想的如来毕竟不入涅槃之义。

对大迦叶的反诘,喜见王感到很疑惑,遂向迦叶请教。大迦叶于是向大众讲了如来法身的道理。

大迦叶说:"如来法身不名肉身。佛身金刚非破坏身,成就具足无量功德,方便之身不名食身,如是之身云何言灭。"④这里强调说,佛的法身与世俗社会所说的"肉身"、"食身"是不同的。如来法身如同金刚,是不灭的。

喜见王于是回答迦叶说:"大德,我今定知如来世尊方便涅槃,非毕竟灭。"⑤这是说,释迦牟尼佛的涅槃是方便示现,而非真正的寂灭。喜见王又问迦叶:"如来何时当毕竟灭?"大迦叶说:"假使一切所有众生乃至蚊蚁,悉得阿耨多罗三藐三菩提,入于涅槃,如来尔时乃当涅槃。"⑥

此外,通过喜见王的感叹,此经特别强调:"众生薄福,不知如来常住

---

① 北凉昙无谶译《大方等无想经》卷六,《大正藏》第 12 卷,第 1105 页中。
②③④⑤ 北凉昙无谶译《大方等无想经》卷四,《大正藏》第 12 卷,第 1098 页下。
⑥ 同上书,第 1098 页下—1099 页上。

不变金刚之身非杂食身。大德,如是之身惟佛能知,非诸声闻、缘觉所及。"①这也就是说,如来法身常恒不变只有佛才能知晓,并非二乘、凡夫所能知。

在健度第三十七中,论及了法身与化身的问题。

大云密藏菩萨问佛说:"世尊,菩萨摩诃萨住是三昧,云何而作如是观身?"②佛的回答是:"是菩萨摩诃萨不见是身去来坐卧,犹如空瓶。是故菩萨观身空寂,血肉骨髓名为空身。住是三昧诸菩萨等,得非血肉骨髓之身,成就法身不名食身。"③

大云密藏菩萨又问佛:"世尊,如来法身不名食身。其义云何?法身无像,不可睹见,云何而得教化众生?如来常于诸经中说,如鸟飞空无有足迹,如来法身亦复如是,无有去来,无转无说,不可破坏。"④而佛回答说:"勿作是语。如来常所化众生身,是名化身。"⑤

大云密藏菩萨又问:"世尊,其义云何?世尊,如佛所说住是三昧则得法身,云何复言是变化身?如来法身,若为教化作杂食身,云何此身非虚妄耶?真法身者,云何复作杂食之身?若作食身,是义不然。"⑥佛言:"止止勿作是语。住是三昧菩萨摩诃萨,若有化身,是名幻身。"⑦这里佛向大云密藏菩萨指出,住于"深进大海水潮三昧"的菩萨如果有"化身"的话,应是"幻身"。

大云密藏菩萨问佛:"世尊,何故颠倒以此非身而名为身?无物者名之为幻。若是幻身,云何而得不诳众生?"⑧佛言:"莫作是观。住是三昧菩萨摩诃萨无有住身。虽无住身,如药树王,如草木瓦砾。我身亦尔。何以故?我身无我,无有我所,无命无语,无心无实,无阴界入,犹如药树能除众生一切病苦。我身亦尔,除灭众生无量病苦。何以故?身如

---

① 北凉昙无谶译《大方等无想经》卷四,《大正藏》第12卷,第1099页上。
②③ 北凉昙无谶译《大方等无想经》卷五,《大正藏》第12卷,第1103页上。
④ 同上书,第1103页上—中。
⑤⑥⑦⑧ 北凉昙无谶译《大方等无想经》卷六,《大正藏》第12卷,第1103页中。

幻故。"①

（四）提婆达多

提婆达多,一般以之为释尊叔父斛饭王之子,阿难之兄弟。他幼时与释尊、难陀共习诸艺,其技优异,常与释尊竞争。佛陀成道后,随佛陀出家,于十二年间善心修行,精勤不懈。后因未能得圣果而退转其心,渐生恶念,欲学神通而得利养,佛陀不许,遂至十力迦叶处习得神通力,受摩揭陀国阿阇世太子之供养。由是,提婆愈加憍慢,欲代佛陀领导僧团,然未得佛陀允许。此后提婆率五百徒众脱离僧团,自称大师,制定五法,以此为速得涅槃之道,遂破僧伽之和合。后提婆教唆阿阇世弑父,并谋借新王之威势,为教法之王,阿阇世遂幽禁其父频婆沙罗王,而自登王位。提婆亦欲迫害佛陀,以五百人投石器击杀佛陀而未果。又于耆阇崛山投下大石,虽为金毗罗神接阻,然碎片伤佛足而出血。又趁佛陀入王舍城时,放狂象加害之,然象遇佛陀即归服,事亦不成。其时,舍利弗及目犍连劝谕提婆之徒众重归佛陀之僧团,阿阇世王亦受佛陀之教化,忏悔皈依。提婆仍不舍恶念,扑打莲华色比丘尼至死,又于十指爪中置毒,欲由礼佛足而伤佛陀,但佛足坚固如岩,提婆反自破手指,乃于其地命终。古来以破和合僧、出佛身血、放狂象、杀莲华色比丘尼、十爪毒手等五事为提婆之五逆,又特称破僧、伤佛、杀比丘尼三事为三逆。由于这些,被当做犯五逆罪破坏僧团与佛陀敌对之恶比丘的典型。

此经中善德婆罗门的提问也是从上述内容出发的。善德婆罗门对佛说:"世尊,如来之法甚深秘密,为诸众生分别演说。而是薄福钝根愚痴提婆达多,不听不受,不知恩分,纯与六群弊恶比丘同其所行,增长地狱,出佛身血,破坏众僧,生于释种增长憍慢,实非人类强名为人。察其行迹,畜生无别,复从无量阿僧祇世,常于如来生恶逆心,其有施者无有

---

① 北凉昙无谶译《大方等无想经》卷六,《大正藏》第12卷,第1103页中。

果报,自所修善亦不成就。"①如此等等,"世尊,如来若是一切智者,何故听此弊恶之人,出家剃发,受具足戒?如来所说普令众生生于善根,是人何故独不得生?如来慈哀,常以乐说,为诸众生广宣正法,闻者蒙润善根开敷。提婆达多,何故不得预斯利益?如来性净,身净心净,眷属应净。何故众中而有此辈?"②

对于这一问题,大云密藏菩萨承佛神力代佛作了回答。其文曰:"汝不应言提婆达多不知恩分。是人知恩,非不知也。虽与六群同其所行,不名为恶。提婆达多不可思议,所修业行皆同如来,如来业行即是提婆达多业行,一切众生不能开显如来世尊真实功德,提婆达多能开示人,令阿僧祇无量众生安住善根。如来业行非地狱种,云何而言提婆达多是地狱人?汝言同于六群所行,汝今当知六群比丘,实非弊恶所行之法,亦同佛行。大婆罗门,如来身血实无有出,提婆达多亦不能出。若言树影有出血者,无有是处。如来之身亦复如是,若言出血,当知即是善权方便不可思议。大婆罗门,释迦如来种性清净如绀琉璃,所有弟子无有毁禁。我亦不见如来弟子有破戒者。如来所说无上正法,实令闻者生于善根,非不生也。如来大众成就持戒悉入佛境,徒众眷属如栴檀林,纯以栴檀而为围绕,不可沮坏如金刚山,亦不见有能得坏者。有怖畏者则可破坏,如来弟子永无忧怖。若无忧怖,云何可坏?不可破坏如师子群,如来法王如师子王,纯以师子而为眷属,如是眷属难可测度,非是声闻、缘觉境界,不可毁灭,如灰覆火。如来无上一切智人,若听剃发受具戒者,终无毁禁一切众生,皆入如来所知境界,是故如来名一切智。提婆达多具足如是不名坏僧。"③

总之,此经对于提婆达多所犯五逆大罪采取了不同于一般早期佛教经典的解释。其结论是:"若言弊恶提婆达多坏众僧者,当知即是善方便

---

① 北凉昙无谶译《大方等无想经》卷四,《大正藏》第12卷,第1095页上。
② 同上书,第1095页上—中。
③ 同上书,第1095页中—下。

也。云何而言行同畜生？提婆达多，真实生于释迦如来净种姓中，不生畜生。若言释种作诸恶者，无有是处。提婆达多所行恶行，为欲显示释迦如来功德力故。释种中生名秃人者，亦无是处。提婆达多善能护持解脱净戒，云何而言尼干子耶？有恶欲者乃名恶人，提婆达多心无恶欲，云何而言恶比丘耶？修行如来善方便者，提婆达多即其人也。大婆罗门，若有人言提婆达多集地狱业，当知即是菩萨业也。菩萨业者即是神通，为化众生故在地狱，当知实亦不处地狱。"①

早期佛教经典中说，提婆达多"出佛身血"等，此经也一并作了新解释："如来成就无量微妙真实功德，云何而言提婆达多能坏佛身？实无量世中，于如来所生恶逆心，提婆达多实无害心。何以故？是人真实决定了知善恶报故，知一念恶无量世中地狱受报。以是义故，提婆达多终不造恶。"②

提婆达多不但从未犯上述恶逆大罪，而且是真正的佛子。此经中大云密藏菩萨向会众宣示说："提婆达多所有功德，一切众生所不能知。如来功德所有境界，一切众生亦不能知，复不能见如来法身。大婆罗门，提婆达多真实能知如来所有微妙功德，声闻、缘觉实所不知，惟有提婆达多了了不疑，亦能示现如来所现无量神通，能示众生如来所行，知佛如来所有国土。提婆达多是大丈夫，如来所游在在处处，提婆达多亦随逐行。以是义故，名大丈夫。诸佛如来境界甚深，秘密之言不可思议，惟有提婆达多比丘能得了知。"③

为什么此经要如此解释，如果从一般的宗教学原理出发，依照世俗逻辑去臆测，则与"一切众生包括一阐提都有佛性"的思想的普遍性有关。此经凭借这一解释说明，大乘佛教所信仰的如来一定是如同金刚般不可毁坏的，一个提婆达多又能奈佛何呢？

---

①② 北凉昙无谶译《大方等无想经》卷四，《大正藏》第 12 卷，第 1095 页下。
③ 同上书，第 1096 页上—中。

第三章 《大般涅槃经》的主要内容及其如来藏思想

如第一章所论,我们划定中期如来藏经典的标准是涅槃思想系统化及其在此之后所出现而早于唯识学的阐述如来藏思想者。依照这一标准,列入其中的就是《大乘涅槃经》等经典。现今学术界,一般认为"大乘涅槃类"经典的出现(或者称之为书写文本的形成)有一个较长的历史过程,而其现今可见的"最后"成果就是汉译四十卷本《大般涅槃经》。对于这一历史过程的文献学、历史学的研究,非本人所能及,也并非本著的研究目标。本章拟对六卷本《佛说大般泥洹经》和四十卷本的《大般涅槃经》的结构、基本内容,特别是涅槃佛性思想作一分析。鉴于此经篇幅较长,为了让基本内容部分眉目更清楚,依照灌顶的判释单独设节。

第一节 《涅槃经》的汉译

在佛教经典中,"涅槃类"经典可以分为大乘《涅槃经》和小乘《涅槃经》两大类。属于大乘系列的汉译别本有东汉支娄迦谶译《梵般泥洹经》二卷、三国魏安法贤译《大般涅槃经》二卷及吴支谦译《大般泥洹经》二卷。现存异译本有东晋法显和佛陀跋陀罗译《大般泥洹经》六卷和北凉昙无谶译《涅槃经》四十卷。

一、《大般泥洹经》的翻译

　　法显自撰的《佛国记》讲,法显在中天竺巴连弗邑寻得许多经典,其中就有"一卷《方等般泥洹经》,可五千偈"①。法显赴印求法,是在东晋隆安三年(399),返回中国是在义熙八年(412),因此,他得到这部梵本是在5世纪初。梵本带回不久,就被译成汉文。

　　关于《大般泥洹经》翻译的经过,《六卷泥洹经记》这样说:

> 摩揭提国巴连弗邑阿育王塔天王精舍优婆塞伽罗先,见晋土道人释法显远游此土,为求法故,深感其人,即为写此《大般泥洹经》如来秘藏。愿令此经流布晋土。一切众生悉成如来平等法身。义熙十三年十月一日于谢司空石所立道场寺出此《方等大般泥洹经》,至十四年正月一日校定尽讫。禅师佛大跋陀手执胡本,宝云传译。于时在座有二百五十人。②

　　依据上文记载,《大般泥洹经》是"禅师佛大跋陀手执胡本,宝云传译",于东晋义熙十三年(417)十月一日最终完成。上述引文虽未明言法显在翻译《大般泥洹经》之中的贡献,但在《出三藏记集》卷二"法显译经携回经律"项下注曰:"右十一部,定出六部,凡六十三卷。"③沙门释法显"归京都,住道场寺,就天竺禅师佛驮跋陀共译出"④。而在同书同卷"《般泥洹经》"项下则释为"释法显出《大般泥洹经》六卷"⑤。可见,此经的译出,法显的功劳非小,因此现今流传的版本均署名"东晋平阳沙门法显译"。

二、昙无谶翻译《大般涅槃经》

　　关于昙无谶翻译《大般涅槃经》之事,现存的几种资料在细节上说法

---

① 《大正藏》第51卷,第864页中。
② 梁僧祐《出三藏记集》卷八,《大正藏》第55卷,第60页中。
③④ 梁僧祐《出三藏记集》卷二,《大正藏》第55卷,第12页上。
⑤ 同上书,第14页上。

不一。首先是梵本的来源问题。

《出三藏记集·昙无谶传》记载说：昙无谶"后遇白头禅师，共谶论议，习业既异，交争十旬，谶虽攻难锋起，而禅师终不肯屈。谶服其精理，乃谓禅师曰：'颇有经典可得见不？'禅师即授以树皮《涅槃经》本"①。关于这一记载的含义，王邦维先生解释说："树皮抄书，在古代印度西北，尤其是克什米尔一带最多，这说明昙无谶可能是在印度西北或中亚开始学习这部经典的。"②昙无谶后来"乃赍《大涅槃经》本前分十二卷并《菩萨戒经》、《菩萨戒本》奔龟兹。龟兹国多小乘学不信涅槃，遂至姑臧"③。姑臧即今甘肃武威。昙无谶在凉沮渠蒙逊的支持下翻译出自己带来的《大般涅槃经》梵语本。然《出三藏记集》又说，昙无谶这次带来的只是《大般涅槃经》的"前分"，"谶以《涅槃经》本品数未足，还国寻求。值其母亡，遂留岁余。后于于阗更得经本，复还姑臧译之，续为三十六卷焉"④。此文所说，昙无谶直接从龟兹带来的《大般涅槃经》仅仅是其"前分十二卷"，而昙无谶后来又重回于阗寻得经本，于是翻译成现在看到的昙无谶署名翻译的《大般涅槃经》文本。

《出三藏记集》卷八收录了两篇与此《大般涅槃经》相关的文章，其一是署名凉州释道朗的《大涅槃经序》，其文中说昙无谶译本的梵文本是其自带："天竺沙门昙摩谶者，中天竺人婆罗门种，天怀秀拔，领鉴明邃，机辩清胜，内外兼综，将乘运流化，先至燉煌，停止数载。大沮渠河西王者，至德潜著，建隆王业，虽形处万机，每思弘大道，为法城堑，会开定西夏，经与谶自远而至，自非至感先期，孰有若兹之遇哉？"⑤但是，道朗文中又说："此经梵本正文三万五千偈，于此方言数减百万言。今数出者一万余偈。如来去世，后人不量愚浅，抄略此经，分作数分，随意增损，杂以世语，缘使违失本正，如乳之投水下，章言虽然，犹胜余经，足满千倍。"⑥与

---

① 梁僧祐《出三藏记集》卷一四，《大正藏》第55卷，第102页下。
② 王邦维《略论大乘〈大般涅槃经〉的传译》，《中华佛学学报》第6期，第118页，1993年。
③④ 梁僧祐《出三藏记集》卷一四，《大正藏》第55卷，第103页中。
⑤ 梁僧祐《出三藏记集》卷八，《大正藏》第55卷，第59页下。
⑥ 同上书，第59页下—第60页上。

前引僧祐《昙无谶传》相比，此文未曾提及昙无谶重回于阗寻回经本之事。

《出三藏记集》卷八收载有未详作者的《大涅槃经记》一文则提供了另外一种说法，其文有曰："此《大涅槃经》初十卷有五品，其胡本是东方道人智猛从天竺将来，暂憩高昌。有天竺沙门昙无谶广学博见，道俗兼综，游方观化。先在燉煌，河西王宿植洪业，素心冥契，契应王公，躬统士众，西定炖煌，会遇其人，神解悟识，请迎诣州，安止内苑，遣使高昌取此胡本，命谶译出。此经初分唯有五品，次六品已后，其本久在燉煌。谶因出经下际，知部党不足，寻访慕余残。有胡道人应期送到此经，胡本都二万五千偈。后来胡本想亦近具足，但顷来国家殷猥，未暇更译，遂少停滞。诸可流布者，经中大意，宗涂悉举，无所少也。今现已有十三品，作四十卷。"①此文说，昙无谶所翻译的《大般涅槃经》的"初分五品"是智猛从天竺带回暂留高昌，而由河西王遣使取回，昙无谶翻译的。至于六品以后的部分，本来就在敦煌，在昙无谶寻访之下，由"胡道人应期送到此经"，由昙无谶等译成十三品四十卷。

在记述《大般涅槃经》梵本的来源方面，同为梁代的慧皎《高僧传·昙无谶传》的文字大半与僧祐《出三藏记集·昙无谶传》相同，只是说在于阗取经本有两次。其文说："谶以涅槃经本品数未足，还外国究寻。值其母亡，遂留岁余。后于于阗更得经本中分，复还姑臧译之。后又遣使于阗寻得后分。于是续译为三十三卷。"②此中"三十三卷本"应为三十六卷，属于抄写错误。依据慧皎的说法，昙无谶自己前往于阗取经本取得"中分"，后来又派遣使者取得"后分"。这里暗示，昙无谶所翻译成的四十卷《大般涅槃经》分为前、中、后分。

综观上述四种文献可知，在昙无谶翻译所依据的梵本，细节方面差

---

① 梁僧祐《出三藏记集》卷八，《大正藏》第55卷，第60页上。
② 梁慧皎《高僧传》卷二，《大正藏》第50卷，第336页中。

异颇多,正如僧祐所加的注说:"祐寻此序,与朗法师序及忏法传,小小不同,未详孰正,故复两出。"①尽管如此,对勘这些记载,参之以其他材料,基本事实还是清楚的。首先,昙无谶翻译《大般涅槃经》所依据的梵文前五品确定无疑地应该是昙无谶自己从印度带回来的。至于《出三藏记集·大涅槃经记》一文所说《大般涅槃经》是僧人智猛从天竺带到高昌之事,汤用彤先生说过:"僧祐、慧皎均言智猛于宋元嘉元年(424)发于天竺,已在谶到姑臧之后"②,因此,这一记载是不确切的。在下文我们将再行考辨,智猛所携回的梵文本,被翻译成二十卷本的《大泥洹经》。其次,关于昙无谶译本的后八品,最可信的说法则是昙无谶自己回到于阗所获得。第三,昙无谶从姑臧前往于阗,成功者仅仅一次,获得《大般涅槃经》的后八品。而第二次于路途被杀。第四,从刘宋时期的僧人仍然前去天竺寻求《大涅槃经》的"后分"的情况③看,昙无谶所翻译的《大般涅槃经》不包含"后分"。

对于《大般涅槃经》的翻译时间,目前的几种资料说法也不一致,甚至可以说很混乱。现存早期文献中,明确讲到昙无谶翻译时间的是《出三藏记集》卷八所载道朗的《大般涅槃经序》以及《高僧传》卷二《昙无谶传》。道朗《大般涅槃经序》中说:"谶既达此,以玄始十年岁次大梁十月二十三日,河西王劝请令译。"④其二,《高僧传·昙无谶传》则说:"以伪玄始三年初就翻译,至玄始十年十月二十三日三袠方竟,即宋武永初二年也。"⑤这两种资料的共同点就是玄始十年(421)十月二十三日,但是这一时间究竟是翻译的起始还是译竣之时,上述资料则不一致。前者似乎是

---

① 梁僧祐《出三藏记集》卷八,《大正藏》第 55 卷,第 60 页上。
② 汤用彤《汉魏两晋南北朝佛教史》,第 282 页,北京:中华书局,1983 年版。
③ 《出三藏记集·昙无谶传》说:"后道场寺慧观志欲重求后品,以高昌沙门道普常游外国,善能胡书,解六国语。宋元嘉中,启文帝资遣道普将书吏十人西行寻经。至长广郡,舶破伤足,因疾遂卒。普临终叹曰:'《涅槃》后分,与宋地无缘矣。'"(《大正藏》第 55 卷,第 103 页中。)
④ 梁僧祐《出三藏记集》卷八,《大正藏》第 55 卷,第 59 页下。
⑤ 梁慧皎《高僧传》卷二,《大正藏》第 50 卷,第 336 页中。

将其作为开始翻译的时间,后者则明确说为译竣之时。

除这两条资料的说法之外,还有一些含混的信息可供考辨。《出三藏记集》的相关三文以及《高僧传·昙无谶传》都说《大般涅槃经》是在昙无谶至北凉姑臧翻译的,因此,确定他初至姑臧的时间就很重要。上引资料都说,昙无谶是在河西王沮渠蒙逊灭掉盘踞敦煌的西凉李氏政权之后跟随河西王至姑臧的。参照相关史书记载,刘宋永初元年(420)沮渠蒙逊灭掉西凉政权,占据酒泉、敦煌,然不久李恂复入敦煌。第二年三月,沮渠蒙逊率兵又攻克敦煌,并且屠灭敦煌城。昙无谶大概是在这一年随沮渠蒙逊至姑臧的。而此年即西凉玄始十年(421)。现在的疑难之处在于《出三藏记集·昙无谶传》记载:"蒙逊素奉大法,志在弘通,请令出其经本。谶以未参土言,又无传译,恐言舛于理不许。于是学语三年,翻为汉言,方共译写。"①依据这一说法,昙无谶在姑臧译经的起始年应在西凉玄始十二年或十三年。还有,昙无谶在住于姑臧之前有无译经活动,也有不同说法。由于现存的宋元明刊刻的《出三藏记集》本卷二在罗列昙无谶所翻译的十一部经典之后加注了具体的年月,对此,汤用彤先生指出:"而《长房录》、《开元录》均无三板所注十年以前年月,则费氏及智昇所见之《祐录》,均无此项年月可知②。不知何时,经伧人羼入宋元明版因之而误,实无根据也。"③这一证据是强有力的,而现存的数种《昙无谶传》也未提及昙无谶在敦煌有译经活动。慧皎一方面说昙无谶译经开始于玄始三年,一方面又说在姑臧前三年未译经,显见的疏忽说明,慧皎未曾仔细地坐实昙无谶至姑臧的时间。也许,慧皎以及僧祐《昙无谶传》所讲的昙无谶在姑臧学习话语三年方才译经,应该是指敦煌时期。现存的几种《昙无谶传》

---

① 梁僧祐《出三藏记集》卷一四,《大正藏》第55卷,第103页上。
② 此是指《优婆塞戒》七卷而言。智昇《开元释教录》卷四确实没有标注昙无谶所译佛典的具体年月,然对于《大般涅槃经》的译时,沿袭了慧皎《高僧传》的说法,并且批驳了玄始十年译竣之说。智昇说,昙无谶在玄始三年开始翻译《大般涅槃经》,玄始十年完成,而至玄始十五年仍然在译经。(《大正藏》第55卷,第520页下。)
③ 汤用彤《汉魏两晋南北朝佛教史》,第281页,北京:中华书局,1983年版。

在这一问题上的记载连同语言都一致,恐怕是来源文献同一且表达含混而引起了误解,当然也有可能是原文献本身表达明确而与事实不符。

综上所述,我们相信道朗《大般涅槃经序》中所说的"以玄始十年岁次大梁十月二十三日,河西王劝请令译"《大般涅槃经》的记载的正确性。同时,从上引文献中已可见出,昙无谶翻译《大般涅槃经》是一个持续的过程,而玄始十年(421)十月二十三日为开始翻译的时间,至于译竟抄写流通,只能知晓其下限,这就是《大般涅槃经》流传至南方的时间。隋吉藏《三论游义》中说:"晋末初宋,元嘉七年,《涅槃》至阳州。"① 刘宋元嘉七年(430)即北凉承玄三年,此时现在流传的昙译《大般涅槃经》已经完成。在这一时间区间内,还发生了昙无谶翻译完成前六品后又去取经之事。如史籍记载:"谶以《涅槃经》本品数未足,还外国究寻。值其母亡,遂留岁余。后于于阗更得经本中分,复还姑臧译之。"②

上述两种译本《大涅槃经》的出现,在中国佛教史上引起的震动,不啻一场"革命",史书昭昭,研究论著汗牛充栋。兹不赘述。

第二节 《大般涅槃经》的汉译本及其结构

关于"涅槃"类经典历代有大、小乘之分,其分野就是看是否涉及"佛身常住"、"众生悉有佛性"、"阐提成佛"等观点。凡是涉及这几项的,就属于如来藏经典的范围。如学界所研究的,综合现存的大乘《大涅槃经》可以发现,《大般涅槃经》的形成或者说流传有一个较为长期的过程,现存的昙无谶的四十卷本虽说还不是全本,但也是历史上最完整的汉译本了。由于《大涅槃经》的梵本未完整保存下来,仅存少数残叶,已经不足以了解其全貌,因而现存的汉译本更显得弥足珍贵。

---

① 隋吉藏《三论游意》,《大正藏》第45卷,第122页中。
② 梁慧皎《高僧传》卷二,《大正藏》第50卷,第336页中。

一、"北本"与"南本"

中土首次出现"涅槃"或"泥洹"一词,同时也可算做是第一部以"泥洹"为名的经典,是东汉末年支娄迦谶所译的《胡般泥洹经》,由于其早已失传,因此难于判定是否为大乘经典。依据古代经录的记载考察,明确为大乘类的《涅槃经》主要有三种:第一种即《佛说大般泥洹经》六卷,现在的藏经中标明为东晋法显译,一般将这一译本称之为"六卷泥洹"。第二种《大般涅槃经》四十卷,北凉昙无谶译。一般将这一译本称之为"大本涅槃"或《北本涅槃经》。第三种《大般涅槃经后分》二卷,唐若那跋陀罗译。此外,昙无谶翻译的四十卷本《大般涅槃经》传至建康之后,南朝刘宋的慧严、慧观以及谢灵运等,将其改定为三十六卷二十五品,此即一般所称的《南本涅槃经》。

关于《大涅槃经》在印度的流传,一直有"前分"和"后分"的说法。法显等所译的六卷本《佛说大般泥洹经》属于所谓的"前分"(也称之为"初分"),它相当于昙无谶译本的前十卷,即从《寿命品》至《一切大众所问品》。至于其"后分"则有些不同的说法,有一些史籍将昙无谶译本的后三十卷作为其"后分"。如僧祐《出三藏记集》卷一四《昙无谶传》末尾讲:

> 初,谶译出《涅槃》,卷数已定,而外国沙门昙无发云:"此经品未尽。"谶常慨然,誓必重寻。蒙逊因其行志,乃伪资发遣,厚赠宝货。未发数日,乃流涕告众曰:"谶业对将至,众圣不能救也!以本有心誓,义不容停。"行四十里,逊密遣刺客害之。时年四十九。众咸恸惜焉。后道场寺慧观志欲重求后品,以高昌沙门道普,常游外国,善能胡书,解六国语,宋元嘉中,启文帝,资遣道普,将书吏十人,西行寻经。至长广郡,舶破伤足,因疾遂卒。普临终叹曰:《涅槃》后分,与宋地无缘矣。"①

---

① 梁僧祐《出三藏记集》卷一四,《大正藏》第 55 卷,第 103 页中。

由此可见，即便在当时，昙无谶已经知晓其所译并不是完璧。

二、《大般涅槃经荼毗分》

至唐初，又出现一种新译本，即上述已经提到的第三种译本。武周明佺等编撰的《大周刊定众经目录》卷二记载：

> 《大般涅槃经荼毗分》二卷，一名《阇维分》。
>
> 右唐麟德年中，南天竺僧若那跋陀共唐国僧会宁，于日南波陵国译。仪凤年初，交州都督梁难敌附经入京。至三年，大慈恩寺主僧灵会于东宫三司受启所陈闻，请乞施行。三司牒报，逐利益行用。长安西太原寺僧慧立作序，至天册万岁元年十月二十四日奉敕编行。①

这一译本的完成时间大概在公元664至665年间，而在678年传入长安。这一译本的内容与前述两种译本略有不同，主要记述佛涅槃之后焚身等事，适可与四十卷本内容连接。但义净在其撰写的《大唐西域求法高僧·会宁传》中又有一新说法：

> （会宁）爰以麟德中杖锡南海，泛舶至诃陵州。停住三载，遂共诃陵国多闻僧若那跋陀罗于《阿笈摩经》内译出如来涅槃焚身之事，斯与大乘《涅槃》颇不相涉。然大乘《涅槃》西国净亲见目云其大数有二十五千颂，翻译可成六十余卷。检其全部，竟而不获，但得初《大众问品》一夹，有四千余颂。②

由这一记载可知，义净曾经在印度看到过《大涅槃经》原本，篇幅很长，翻译成汉语估计在六十卷。而现有的四十卷加唐译两卷，当然不如义净所见的本子完整。上引义净的文字中，最引人注意的是关于会宁两卷译文

---

① 唐明佺等编《大周刊定众经目录》卷二，《大正藏》第55卷，第385页中。
② 唐义净《大唐西域求法高僧》卷上，《大正藏》第51卷，第4页上。

的对应梵本是否是《大涅槃经》的一部分的问题。由于义净与会宁等是同时代的人,也列名了《大周录》的编订,因而他的说法也有相当的权威性。后来的经录学权威智昇在《开元释教录》中著录会宁的这一译本之后,首先就引述了义净的上述一段话。尔后,智昇评论道:

> 今寻此经,与《长阿含》初分《游行经》少分相似,而不全同。经中复言法身长存,常乐我净,佛菩萨境界,非二乘所知,与《大涅槃》义理相涉。经初复题《陈如品末》,文势相接。且编于此,后诸博识者详而定之。①

上述文献所揭示出来的关于会宁所翻译的"后分"的疑义,由于资料缺乏,难以准确解释。"在没有更多的材料以前,我们也无法作出更新的结论。只是如果我们相信会宁等的译本,又相信义净的话,是否有这样一种可能:在义净当时,也就是公元7世纪后期,在南海地区流行的一种《阿笈摩》,其中关于佛涅槃诸事一部分,已经搀进了相当多的大乘的思想内容,以至于与大乘相接近或一样,因此会宁等会把它看做大乘《大般涅槃经》的一部分,而义净却认为它仍属于《阿笈摩》。而义净在印度及南海前后二十余年,广求经本,他在印度也只见到一个'前分',既未见到昙无谶本的'后分',也不认为会宁等所译属于《大般涅槃经》,以及前后分在汉地及西藏传译的历史,说明《大般涅槃经》本身就是分别流行,流行的时间、地区,甚至前后的内容上也不同。《阿笈摩》传统上属于小乘的经典,大乘的思想渗入其中,是否又说明当时在印度和南海一带佛教中大小乘在互相混融?从印度佛教发展的历史和其他的史料看,作这样的推论,似乎不是不可能的事情。"②

---

① 唐智昇《开元释教录》卷一一,《大正藏》第55卷,第591页上。
② 王邦维《略论大乘〈大般涅槃经〉的传译》,《中华佛学学报》第6期,第127页,1993年7月。

三、古注疏的"诸分"说

此经四十卷本(即北本)共计十三品,而南本是依法显译六卷《泥洹经》增加品目:《寿命品》分出为《序》、《纯陀》、《哀叹》、《长寿》四品,又由原本《如来名品》分出为《四相》、《四依》、《邪正》、《四谛》、《四倒》、《如来性》、《文字》、《鸟喻》、《月喻》、《菩萨》十品,改为二十五品,三十六卷。两种本子都在流通,并产生了不少注疏,而从现存注疏看,采用南本的为多。

由隋代灌顶撰述、唐代湛然再治的《大般涅槃经疏》卷一有文曰:

> 分章段,起小山瑶、关内凭等,因兹成则。此经文句,盈缩非一,有二、三、四、五、七、八。梁武但制中前、中后,开善唯序、正,光宅足流通,灵味问有缘起、答有余势,河西五门,婆薮七分,兴皇八门。虽兰菊各美,而经遮论开。牧女添水,遮也;派深析重,开也。①

此中提及对《大涅槃经》的科判有六类不同的说法。其中,梁武帝萧衍的"两段"(中前、中后)说,开善寺智藏以为只有"序分"和"正宗分",这两种属于"二分"说;光宅寺法云主"序"、"正宗"、"流通"之"三分"说;而文中所言的灵味宝亮"问有缘起、答有余势"属于"四分说";而"五门"是指凉州僧朗或称"河西朗",至于"婆薮七分"是指印度婆薮盘豆(世亲)的《涅槃论》(元魏达摩菩提译)中所说。

而早于灌顶《大般涅槃经疏》的梁代《大般涅槃经集解》卷一中,记载了十二位涅槃师对于《大般涅槃经》的科判。如果将两种资料结合起来即会发现其科判种类共有二分、三分、四分、五分、七分、八分、十分等七类说法。

持"二分"说者,除前述梁武帝和开善智藏之外,还有更复杂的说法,见于记载的有如下四家之说:

---

① 隋灌顶撰述、唐湛然再治《大般涅槃经疏》卷一,《大正藏》第38卷,第42页上—中。

第一家,昙纤曰:"大分此经为两别,前略后广。就略门中,分为五段:第一序品也。第二开宗,明常住因果,从《陀品》讫《哀叹品》。第三问,从《长寿品》讫问也。第四答,从赞迦叶入《大众问品》后也。第五付嘱,从'尔时大众白佛'讫品也。就广门中,分为五段:第一广果,即《现病品》也。第二广因,即《五行》也。第三广流通,即《十功德品》也。所以流离光远来,正为明弘通故也。第四广佛性,即《师子吼》、《迦叶》两品也。第五广付嘱,从《憍陈如品》讫经文也。"①——此说实际上可归结为"十分"说。

第二家,法安曰:"此经分为二别:初讫《大众问品》,为前说也。末从《现病品》讫经,为后说也。就前说中,有五段:第一,经之由序。从《序品》讫卅五问。第二,正明经体。从答问始,讫《名字功德》也。第三,明流通人法。从《四相品》讫《四倒品》也。第四,明佛性。从《佛性品》讫《月喻品》也。第五,叹经嘱累。从《菩萨品》讫《大众问品》也。就后说中,分为五分:第一,由序,即《现病品》也。第二,重明涅槃因果,即《五行》也。第三,明流通功德,即《十功德》也。第四,重明佛性,即《师子吼》、《迦叶》也。第五,重更嘱累,《憍陈如品》竟经也。"②——此说亦同前可归结为"十分"说。

第三家,智秀曰:"此经广略有二别:第一,略门,从《序品》讫《大众问品》也。第二,广门。从《现病品》讫《憍陈如品》。就略门中有三段:第一,由序,即《序品》也。第二,正说,从《纯陀》入《大众问品》也。第三,付嘱,从《大众问品》中'尔时大众白佛'讫品也。就广门中,有两段:第一,广前正说,从《现病品》讫《迦叶品》也。第二,广前付嘱,从《憍陈如品》讫经也。"③——此科判实际上可归结为"五分"说。

第四家,法智曰:"此经大判有两别:第一,经家序说,即《序品》也。

---

① 梁宝亮等撰《大般涅槃经集解》卷一,《大正藏》第37卷,第382页上。
②③ 同上书,第382页下。

第二，正说，从《纯陀品》讫经也。所以无付嘱者，传译未尽。就正说中，分为六段：第一，《纯陀》、《哀叹》两品，为开宗。第二，从《长寿品》讫《现病品》，可为随问说也。第三，说《五行》，示闻经人修行之法也。第四，说《十功德》，明行人所得之功德也。第五，《师子吼》、《迦叶》，明因果佛性也。第六，《憍陈如》，化外道说也。"①——此科判可归结为"七分说"。

持"三分"说可得如下四家：第一家，光宅寺法云主"序"、"正宗"、"流通"之"三分"说。第二家，昙济曰："大判凡有三段：第一劝分，第二问分，第三答分。从'如是我闻'至'迦叶发问'，劝分也。从'答问'讫《憍陈如》，答分也。"②第三家，昙准曰："此经不出三别：第一，序，即《序品》也。第二，正说，从《纯陀品》至'阿难何在'也。第三，流通，从'顾命阿难'讫经也。"③此外，昙准还有一种"八分"说，见下文的叙述。

明骏也分此经为"三别"，具体说法如下："第一，叙述，即《序品》也。第二，略说，从《纯陀》讫《大众问品》也。第三，广说，从《现病品》讫经文也。就略说中，有三段：第一，开宗劝问，从《纯陀》讫老少二人譬。第二，问答，从'多罗聚落迦叶发问'入《大众问品》也。第三，略付嘱，从《大众问品》中'尔时大众白佛'讫品也。就广说中，有三段：第一，广前开宗，即《现病品》也。夫食为生本，病为灭因。前《纯陀品》因食以明现生，此品因病以明示灭。第二，广前问答之旨，从《五行》讫《憍陈如品》也。此经所明常住因果境之与行。今以《五行》、《十功德》，广行广因也。《师子吼》、《迦叶》广境也。《憍陈如》以广常果。故云因灭无常色，获得解脱常乐之色也。广略所明因果境行粗已周悉，将欲教洽未来，化传永劫。若不摧彼异学，挫伏迷元，千载之下终为流通之病，是以第三度诸外道以灭邪群，使弘通大士身心无碍，故曰广前付嘱，从'尔时诸外道'以下讫经文

---

① 梁宝亮等撰《大般涅槃经集解》卷一，《大正藏》第 37 卷，第 382 页下。
② 同上书，第 382 页上。
③ 同上书，第 382 页下—383 页上。

也。"①这一种说法大的纲目是"三分",实际上是"七分"。

持"四分"说的如下:第一家,僧亮曰:"经出未尽,现分可为四别:第一劝问,第二发问,第三答问,第四法轮证也。"②第二家,宝亮曰:"此经大致有四别,有:一、从此讫老少二人譬,劝问也。第二,从'多罗聚落迦叶'以下,发问也。第三,从'佛赞迦叶'以下,竟迦叶答问也。第四,从憍陈如讫经,付嘱流通也。所以第一通为劝问者,此经正以问答为宗。自双树以前所说半字,皆不了义,欲令众生有疑应问也。"③

持"五分"说的有:第一家,河西道朗。根据灌顶的记载:"若河西,以初两卷为引接今昔有缘门……以第三卷至《大众问》,为略广门……以《五行》为涅槃行门,《十功德》为菩萨功德门……以《师子吼》尽经,为不可思议中道佛性门。"④第二家,僧宗曰:"经之始末,凡有五别:第一由序,即《序品》也。第二略开常宗,从《纯陀品》讫新旧医也。第三广明常住,从《长寿品》讫《迦叶品》也。所明因果境行粗已周矣。将欲付嘱,第四先破外道,从《憍陈如品》至'阿难何在'也。文旨既毕,应须付嘱,是以第五顾命受持之人,从'阿难比丘今何在'讫经也。"⑤此外,隋灌顶也是持"五分"说的。在其著作中说明,是在河西之科判的基础上作的调整。——此见下文的论述。

"七分"科判出自于元魏达摩菩提译翻译的署名世亲的《涅槃论》,其具体内容如下:其一,不思议神通反示分(指南本《序品》,以下同);其二,成就种性遣执分(《纯陀》、《哀叹》二品);其三,正法实义分(《长寿品》至《大众问品》);其四,方便修成分(《现病品》至《高贵德王品》);其五,离诸放逸入证分(《师子吼品》);其六,慈光善巧住持分(《迦叶品》);其七,显相分(《憍陈如品》)。对于这一说法的影响,灌顶说:"地师以第一卷为

---

① 梁宝亮等撰《大般涅槃经集解》卷一,《大正藏》第37卷,第383页上。
② 同上书,第382页上。
③ 同上书,第382页中。
④ 隋灌顶撰述、唐湛然再治《大般涅槃经疏》卷一,《大正藏》第38卷,第43页上—中。
⑤ 梁宝亮等撰《大般涅槃经集解》卷一,《大正藏》第37卷,第382页上—中。

'神通反示分'，此得权失实，今言'召请'，即无所偏。彼以第二卷为'种性破疑除执分'，第三卷至《大众问》为'正法实义分'。今为一'涅槃施'，则兼其二分。彼以《五行》、《十功德》为'方便修成分'，彼以《师子吼》为'不放逸入证分'。前之修成已是入证，证又入证，可非烦重？今为'义章'。彼以《迦叶》为'慈悲住持分'，《陈如》为'显相分'，持恶向善，显邪还正，合为'用章'。"①灌顶文中的议论说明了他未完全采取这一科判的想法。

持"八分"说的主要有兴皇法朗以及昙准。关于兴皇法朗的"八门"说，灌顶说："兴皇：初，为'引接今昔有缘门'，此用朗意。二、'破疑除执门'，此用地人意。三、'略广门'。四、'行门'。五、'位门'。六、'行中道门'。——皆用朗意。'方便用门'，'邪正不二门'，与河西开合之殊，名味不异。"②昙准的"八分"说如下："此经有八别，第一序，即《序品》也。第二，开宗，即《纯陀》、《哀叹》二品也。第三，明缘因境及经功德，从《长寿品》讫《四倒品》也。第四，明正因佛性，从《如来性品》讫《现病品》也。第五，广缘因行，从《五行》讫《十功德》也。第六，广正因性，从《师子吼》讫《迦叶品》也。第七，广明果相，即《憍陈如品》也，故云因灭无常色，获得常住解脱色也。第八，付嘱，从'阿难何在'竟经也。"③

持"十分"说的有：第一家，昙爱曰："大分有十别：第一序说，即《序品》也。第二正说，从《纯陀品》讫《金刚身品》也。第三流通说，从《名字功德品》讫《四倒品》也。第四佛性说，从《如来性品》讫《月喻品》也。第五叹经功能，从《菩萨品》讫《现病品》也。第六明依经修行，即《五行》也。第七出行体，有功德之义，以向佛果为行义，由功而德为功德义也。第八料简，上所明佛性，即《师子吼品》也。第九犹是料简佛性，广辨树王下以来及今日所明之旨，举彼善星断根之事，即《迦叶品》也。第十，明流通，

---

①② 隋灌顶撰述、唐湛然再治《大般涅槃经疏》卷一，《大正藏》第38卷，第43页中。
③ 梁宝亮等撰《大般涅槃经集解》卷一，《大正藏》第37卷，第383页上。

命憍陈如度十外道,从《憍陈如品》讫经也。"①第二家,道慧有二说。第一种为:"大判此经有十别:第一,序说,即《序品》也。第二,正说,从《纯陀》讫《金刚身》也。第三,流通说,从《名字功德》讫《四倒》也。第四,佛性说,从《如来性》讫《月喻》也,明所以得常者,以本有佛性故也。第五,叹经,即《菩萨》一品也。第六,证成常住,明不食而现食,不病而现病,不灭而现灭,即《现病品》也。第七,明所得,无病者由行故也,即《五行》、《十功德》也。第八,境界明义,为成于行,即《师子吼》、《迦叶》也。第九,破外道说,即《憍陈如品》也。第十,嘱累说,从'阿难何在'竟经文也。"②道慧又说:"此经有十别:第一,《序品》也。第二,开宗,即《纯陀品》也。第三,会通,即《哀叹品》也。第四,流通,从《长寿品》讫《现病品》也。第五,明因,即《五行》也。第六,明果,即《十功德》也。第七,明佛性,即《师子吼品》也。第八,辨始终,即《迦叶品》也。第九,破外道,即《憍陈如品》也。第十,嘱累,即顾问阿难也。"③——此外,如上所述,大类非为"十分",而实际上可归结为"十分"的有昙纤、法安等。

上述种种科判都各有根据和道理,但后世传播较广的则为章安灌顶的"五门分科"说,即"召请涅槃众"、"开演涅槃施"、"示现涅槃行"、"问答涅槃义"、"折摄涅槃用"。灌顶的"五分"科判,以名称可大致见出其大意。关于五部分的起止,灌顶在其《涅槃经疏》卷一中有一交待:"初从'如是'讫'流血洒地',是'请';从《纯陀》讫《大众问》,是'施';从《现病讫德王》,是'行';从《师子吼》讫品,是'义';从《迦叶》讫经,是'用'。"④依照这一划分,北本、南本的第一卷为"招请涅槃众"部分,这一部分属于北本的《寿命品》的一部分,南本则改为《序品》;由南本第二《纯陀品》至第十七《一切大众所问品》为第二"开演涅槃施"部分,然品名不同;其三,由北

---

① 梁宝亮等撰《大般涅槃经集解》卷一,《大正藏》第37卷,第382页上。
② 同上书,第382页中。
③ 同上书,第382页中—下。
④ 隋灌顶撰述、唐湛然再治《大般涅槃经疏》卷一,《大正藏》第38卷,第42页中。

本《现病品》至《高贵德王品》为"示现涅槃行"部分,品名亦有不同;《师子吼品》为"问答涅槃义"部分,北本、南本品名相同;《迦叶品》、《憍陈如品》"折摄涅槃用",品名亦同。本著下文也依照此说叙述分析此经的内容。鉴于昙无谶的译本早出,且刘宋朝的改治有背离原译之处,本节的诠释经文采用四十卷本,考虑到流行经疏的科判一般采用南本,因而下文的品第、名称则参照南本给以标明。

第三节　招请涅槃众及开演涅槃施

出于章节平衡考虑,本节先叙述分析"序分"即"招请涅槃众"的内容,再分析叙说"开演涅槃施"的内容。

一、序分

关于这一部分的宗旨,灌顶概括说:"佛于无量阿僧祇劫修习难得大涅槃藏,本无秘悋,但不尽能受,所以初用毒涂,后以水洗。前同末异,伺机待时。因纯陀献供,施常色力;因比丘请住,斥伪谈真;殷懃劝问,迦叶承旨,随问施与,使无遗滞,法雨充溢,满拘尸城。故名'开演涅槃施'也。"①

依据灌顶的划分,这一部分即为此经的"序分"。在北本中为《寿命品》的第一部分,南本单列为《序品》,倒也颇为贴切。关于其主旨,灌顶有一概括,其文曰:"今涅槃时到,而面门启照,随类发声,骇悟感动,会此拘尸。缘牵曰'召',招致曰'请'。众有权、实,实者可名,权者宜请,五十二众十方奔集,咸为显发大般涅槃,故名'召请涅槃众'也。"②直白言之,也就是佛在临近涅槃之时,招请二十五众前来拘尸那城聚会,为其宣讲大涅槃之义。

---

①② 隋灌顶撰述、唐湛然再治《大般涅槃经疏》卷一,《大正藏》第38卷,第42页中。

当时,佛在拘尸那国力士生地阿利罗跋提河边娑罗双树间,与大比丘八十亿百千人俱,前后围绕。在二月十五日临近涅槃时,佛普告众生:"大觉世尊将欲涅槃,一切众生若有所疑,今悉可问,为最后问。"①那时众生悲啼号哭,声闻、菩萨四众、天龙八部人非人等都来集会。当时大众各相谓言:"苦哉!苦哉!世间空虚,如来不久当般涅槃。"②

无边身菩萨与无量菩萨周匝围绕,示现种种神通之力,持种种无量供具以及妙香美饮食,"来至佛所,稽首佛足,合掌恭敬,白佛言:'世尊,唯愿哀愍受我等食。'如来知时,默然不受。如是三请,悉亦不受"③。当时"十方如微尘等诸佛世界诸大菩萨悉来集会,及阎浮提一切大众亦悉来集,唯除尊者摩诃迦叶阿难二众"。会众"举手搥胸,悲号啼哭,支节战动,不能自持,身诸毛孔,流血洒地"④。

《大般涅槃经》第一部分"序分"的大致内容即是如此。

二、《纯陀品》、《哀叹品》

依据灌顶的划分,"开演涅槃施"部分由南本第二《纯陀品》至第十七《一切大众所问品》为止,北本、南本均为卷二至卷一〇。北本的卷二是《寿命品》之二,南本则改为《纯陀品》、《哀叹品》。北本的卷三包括《寿命品》之三、《金刚身品》和《名字功德品》,而南本则包括《长寿品》、《金刚身品》和《名字功德品》。北本的卷四至卷一〇(前卷)分别为《如来性品》之一至之七,而南本则分《如来性品》为《四相品》、《四依品》、《邪正》、《四谛》、《四倒》、《如来性品》、《文字品》、《鸟喻品》、《月喻品》、《菩萨品》等十品,且编订为卷四至卷九。此部分的最后一品《一切大众所问品》在北本位于卷一〇的后半,而在南本则为卷一〇的前半。

---

① 北凉昙无谶译《大般涅槃经》卷一,《大正藏》第 12 卷,第 365 页上。
② 同上书,第 370 页下。
③ 同上书,第 371 页中。
④ 同上书,第 371 页下。

此经北本《寿命品》之二的前半部分也即南本的《纯陀品》。此一部分的内容如下:佛接受了优婆塞纯陀的最后供养,并为其宣说施食的果报。纯陀请佛住世,佛为其说法,并令他去再办供养。在此,应该特别强调纯陀与文殊菩萨就佛陀涅槃等事所进行的讨论。

当时纯陀请求佛:"我今欲令如来久住于世,不入涅槃。譬如饥人终无变吐,愿使世尊亦复如是,常住于世,不入涅槃。"①而文殊师利菩萨则告诉纯陀说:"纯陀,汝今不应发如是言:'欲使如来常住于世,不般涅槃,如彼饥人无所变吐。'汝今当观诸行性相,如是观行具空三昧,欲求正法,应如是学。"②

纯陀问文殊师利菩萨:"夫如来者,天上人中最尊最胜。如是如来岂是行耶?若是行者,为生灭法,譬如水泡速起速灭,往来流转犹如车轮,一切诸行亦复如是。我闻诸天寿命极长,云何世尊是天中天,寿命更促不满百年?……"③——这一疑问是世俗之人对于佛陀涅槃的最一般反应。

文殊师利菩萨赞扬了纯陀的提问:"善哉!善哉!善男子,汝今已作长寿因缘,能知如来是常住法、不变异法、无为之法。汝今如是善覆如来有为之相,如彼火人,为惭愧故,以衣覆身。"④而对于纯陀的疑问,文殊菩萨仅仅说"如来次后自当广说",文殊菩萨且催促纯陀赶快为如来准备饭食,"汝可随时速施饭食。……纯陀,若有最后施佛及僧,若多若少,若足不足,宜速及时,如来正尔当般涅槃。"⑤然而,纯陀又产生了新的疑问:"文殊师利,如来昔日苦行六年尚自支持,况于今日须臾间耶?文殊师利,汝今实谓如来正觉受斯食耶?然我定知如来身者,即是法身,非为食身。"⑥对于纯陀的这一说法,佛大加赞扬:"如是,如是,如纯陀言。善哉!

---

① ② ③ 北凉昙无谶译《大般涅槃经》卷二,《大正藏》第12卷,第373页下。
④ ⑤ 同上书,第374页中。
⑥ 同上书,第374页下。

纯陀,汝已成就微妙大智,善入甚深大乘经典。"①此后便有一段文殊菩萨就此问题与纯陀的对话。这一大段对话的结语即是文殊师利对纯陀所说的"如是如是,如汝所说。我于此事非为不达,直欲试汝诸菩萨事"②。——由此可见,《纯陀品》的核心其实是确立作为最后一位为佛陀施食者,纯陀的境界已经达到了如文殊菩萨般的层次。

此时,世尊"从其面门出种种光,其光明曜照文殊身。文殊师利遇斯光已即知是事,寻告纯陀:'如来今者现是瑞相,不久必当入于涅槃,汝先所设最后供养,宜时奉献佛及大众。纯陀当知,如来放是种种光明非无因缘'"③。纯陀闻已,再次请求世尊久住于世,不要入大涅槃。佛于是告诉纯陀等会众:"汝今不应发如是言'怜愍我故,久住于世'。我以怜愍汝及一切,是故今欲入于涅槃。何以故?诸佛法尔,有为亦然。是故诸佛,而说偈言:有为之法,其性无常。生已不住,寂灭为乐。纯陀,汝今当观一切行杂诸法,无我无常不住。此身多有无量过患,犹如水泡,是故汝今不应啼泣。"④佛又告诉纯陀:"我今受汝所献供养,为欲令汝度于生死诸有流故。"⑤于是,纯陀遵嘱与文殊从座而去,为佛供办餐具。

此经北本《寿命品》之二的后半部分也即南本的《哀叹品》。其主要内容是,在纯陀和文殊菩萨离开不久,此地发生六种震动,乃至梵世亦复如是。"今日如来将入涅槃,是故此地如是大动。时诸天龙、干闼婆、阿修罗、迦楼罗、紧那罗、摩睺罗伽、人及非人闻是语已,身毛皆竖,同声哀泣"⑥,请求如来久住于世,勿入涅槃。而佛则告诉这些会众:"汝等比丘莫如凡夫诸天人等,愁忧啼哭,当勤精进,系心正念。"⑦

在这些会众停止哭泣之后,佛又告诉大众:"如是等种种法中有所疑

---

① 北凉昙无谶译《大般涅槃经》卷二,《大正藏》第12卷,第374页中。
②③ 同上书,第375页上。
④ 同上书,第375页上—中。
⑤ 同上书,第375页中。
⑥ 同上书,第375页下。
⑦ 同上书,第376页上—中。

者,今应谘问。我当随顺为汝断之。亦当为汝先说甘露,然后乃当入于涅槃。"①在这一段话语中,佛陀特别强调说:"我今当令一切众生及以我子四部之众,悉皆安住秘密藏中。我亦复当安住是中,入于涅槃。何等名为秘密之藏?犹如伊字三点,若并则不成伊,纵亦不成,如摩醯首罗面上三目,乃得成伊三点,若别亦不得成。我亦如是,解脱之法亦非涅槃。如来之身亦非涅槃,摩诃般若亦非涅槃,三法各异亦非涅槃,我今安住如是三法。为众生故,名入涅槃,如世伊字。"②——此处所言,是《大般涅槃经》的主题所在。

当时与会的这些大众也提出了一个疑问:"世尊,快说无常苦空无我。世尊,譬如一切众生迹中象迹为上,是无常想亦复如是,于诸想中最为第一。若有精勤修习之者,能除一切欲界欲爱、色无色爱、无明憍慢及无常想。世尊,如来若离无常想者,今则不应入于涅槃。若不离者,云何说言修无常想、离三界爱无明憍慢及无常想?……如来今者亦应如是,度诸众生一切无知无明系闭,皆令解脱,然后乃入于般涅槃。我等今者皆未得度,云何如来便欲放舍入于涅槃?"③——这些问题在此经中将得到回答。

三、《长寿品》、《金刚身品》、《名字功德品》

昙无谶译本的第三卷包括《寿命品》之三以及《金刚身品》、《名字功德品》,南本则将《寿命品》之三改名为《长寿品》,其后两品名称未变。

(一) 迦叶三十四问

南本《长寿品》是接续《哀叹品》而来的。此品的开头,佛启发会众请教戒律方面的问题,但与会的大众都觉得"我今无智于诸戒律当何所

---

① 北凉昙无谶译《大般涅槃经》卷二,《大正藏》第12卷,第376页中。
② 同上书,第376页下。
③ 同上书,第376页下—377页上。

问"①。而大迦叶则礼拜如来,欲代与会大众提问。在得到佛的允许之后,他以偈颂的形式提问:"云何得长寿,金刚不坏身?复以何因缘,得大坚固力?……云何复示现,究竟于涅槃?……云何为众生,演说于秘密?云何说毕竟,及与不毕竟?……"②如此等等,共三十二偈颂,灌顶解释说:"于问中分二十三偈为两,前十九偈正作三十四问,后四偈请答。"③根据古代注疏,这里的三十四问贯穿全经。

关于问数,各家划分略有不同,灌顶《涅槃经疏》中沿袭了河西道朗的划分,其文曰:"'云何得长寿',凡四问,此品下文及《金刚身品》答。'云何于此经,究竟到彼岸?'《名字功德品》答。'愿佛开微密',《四相品》答。'云何得广大,为众作依止,实非罗汉'等?《四依品》答。'云何知天魔',凡两问,《邪正品》答。'云何诸调御,心喜说真谛?'《四谛品》答。'演说四颠倒',《四倒品》答。'云何作善业,能见难见性?'并《如来性品》答。'云何解满字?'《文字品》答。'云何共圣行?'《鸟喻品》答。'云何如日月,太白与岁星?'《月喻品》答。十五问竟。"④

"'云何未发心'下,有十二问,皆《菩萨品》答。'云何未发心?'梦见罗刹逼令发心答。'云何于大众,而得无所畏?'三偈答。'云何处浊世?'四华喻答。'云何处烦恼?'医师等十四譬答。'生死大海中,云何作船师?'风、王四譬答。'云何舍生死,如蛇脱故皮?'金师两譬答。龙能脱骨,可譬涅槃。'云何观三宝?'庵罗阎浮树答。三乘若无性,文殊腾疑,本无偈答。'云何诸菩萨而得不坏众?'举护法因缘答。'云何为生盲,而作眼目导?'如人口爽,不知六味答。'云何示多头?'常为众生而作父母答。'云何说法者,增长如月初?'如人有子,始生六月答。'云何复示现,究竟于涅槃',凡七问,皆《大众问品》答。'云何复示现,究竟于涅槃?'放

---

① 北凉昙无谶译《大般涅槃经》卷三,《大正藏》第12卷,第379页下—380页中。
② 同上书,第380页中—下。
③ 隋灌顶撰述、唐湛然再治《大般涅槃经疏》卷七,《大正藏》第38卷,第76页中。
④ 同上书,第77页下—78页上。

光奉供答。'云何勇进者,示人天魔道?'若有比丘能以如来誓愿而发愿者,于世最胜,不能观了常者,是旃陀罗答。'云何知法性,而受于法乐?'说二十一行偈答。'云何诸菩萨,远离一切病?'三病人答。'云何为众生,演说于秘密?'广释诸有余偈以无余答。'云何说毕竟,及与不毕竟用?云何名为无余义耶?云何复名一切义乎?'唯除助道常、乐、我、净善法,其余一切皆名有余,答。'云何而得近,最胜无上道?'亦取前诸菩萨远离一切病答。上三种病人得灭罪,后近无上道,兼答此问。若有病人,若遇不遇,悉得差者,此去佛最近。若遇即差,不遇不差,此则次近。若遇不遇,皆不差者,此去佛远。又云:取大众发心,如来授记以答此问。"①

佛告迦叶菩萨:"欲得长寿应当护念一切众生同于子想,生大慈大悲,大喜大舍,授不杀戒,教修善法,亦当安止一切众生于五戒十善。……涅槃义者,即是诸佛之法性也。"又说:"汝今不应作如是说灭是法性,夫法性者无有灭也。……不应说言'如来身者是灭法也'。善男子,如是灭法是佛境界,非诸声闻缘觉所及。"②"……如来亦尔,有常法故则有归依,非是无常。若言如来是无常者,如来则非诸天世人所归依处。"③在此,佛说及了"佛、法、众僧三事常住"的问题。其详细内容见下文分析。

(二)问金刚身

昙无谶译本卷三的第二部分《金刚身品》的宗旨是,佛为迦叶等会众宣说如来法身常住、金刚不坏以及所成就的无量微妙功德,并说明之所以成就此金刚身是由于护持正法的因缘。对此,灌顶解释说:"'金刚'能譬,'身'是所譬。'金刚'四义:一、紫磨金精,世界基本。二、其体坚牢,无能侵毁。三、其用劲利,所拟无前。四、其色不定,焴爚难视。金精,譬法身至极,摄一切法。体坚牢固,譬常住不动,离百绝四。劲利,譬寂而常照,大觉大明。不定,譬无碍自在,遍一切处。然法身具足无量功德,

---

① 隋灌顶撰述、唐湛然再治《大般涅槃经疏》卷七,《大正藏》第38卷,第77页下—78页上。
② 北凉昙无谶译《大般涅槃经》卷三,《大正藏》第12卷,第382页中。
③ 同上书,第382页下。

此中正明离百绝四,坚牢常住,答上金刚之问。若从能譬言《金刚品》,若从所譬应言《法身品》。此则法、譬双题,故言《金刚身品》。"①

对于此品的内容,灌顶解释说:"虽三十四问,通用一意,只长寿故。金刚之身,即坚固力而不可坏,法身常身,非杂食身,圆通无隔。若解长寿,即解金刚之身,乃至诸问皆悉通达。若不解长寿,亦不解金刚之身乃至诸句为不解者,更分别说。若以通,当名非无别义。若以别,当名非无通义,通不当名,则通非通。别不当名,则别非别。非通非别,而通而别。今从别意明金刚身,答第二问。"②这是说,此品是回答前述迦叶三十四问中的第二问的。

在此品的起首,佛明确地告诉会众:"如来身者是常住身、不可坏身、金刚之身,非杂食身,即是法身。"③迦叶菩萨代表会众对此提出疑问:"如佛所说如是等身我悉不见,唯见无常破坏、微尘杂食等身。何以故?如来当入于涅槃故。"④对此,经中有一较长的解释。

对此这一颇长的回答,灌顶总结说:"正答中,具百非者,然此百非,若单数,则一百六十句;若复数,则一百句。既言百非,理应复数。然百非之中,或有双非两舍,或一存一亡。虽不常住,非念念灭,即双非之意。非身是身,即一存一亡。然古旧相承,不解百非,唯释非身是身一句。"⑤这是说,这一回答,准确统计共有一百六十句,简称为一百句。

此品的最后,佛通过赞扬迦叶的方式总结此品的内容:"善哉!善哉!如来身者,即是金刚不可坏身。菩萨应当如是善学正见正知。若能如是了了知见,即是见佛金刚之身、不可坏身,如于镜中见诸色像。"⑥

---

① 隋灌顶撰述、唐湛然再治《大般涅槃经疏》卷八,《大正藏》第38卷,第82页中。
② 同上书,第82页中—下。
③ 北凉昙无谶译《大般涅槃经》卷三,《大正藏》第12卷,第382页下。
④ 同上书,第382页下—383页上。
⑤ 隋灌顶撰述、唐湛然再治《大般涅槃经疏》卷八,《大正藏》第38卷,第83页上。
⑥ 北凉昙无谶译《大般涅槃经》卷三,《大正藏》第12卷,第384页下。

（三）名字功德

在《名字功德品》，佛更为宣说此《大般涅槃经》的名义和所具的功德等。经分为两层，先分别经名之功德，"初譬，明'大'，是广义，所谓八河入海；又是深义，所谓一方，深奥秘密；又大是极义，所谓悕望永断；又是第一义，所谓象迹为最；又大是胜义，所谓秋耕为胜；又大是寂义，所谓善治乱心；又大是具足义，所谓八味具足。皆一一叙之，名大般涅槃。此即名功德。"①其次，称叹字之功德。"功德有三：一、是诸佛之师。文云：'无量无边诸佛世尊之所修习'。二、是菩萨之门。文云：'菩萨修是大般涅槃，得正法门，能为良医。'三、杜众生四恶之趣。文云：'众生闻此经名，堕四趣者，无有是处。'"②

上述引文已经很清楚，无须再解释，经文从略。

四、《四相品》

昙无谶译本的第四卷至第十卷的前半部分都属于《如来性品》。尽管与北本相比，南本对于《如来性品》的分置略嫌琐碎，然而不能否认其品名的确揭示出了《如来性品》的内容线索，很值得重视。

昙无谶译本第四、五两卷属于南本《四相品》的内容。关于此品品名的含义，灌顶解释说："'四'者，数也。'相'者，如《经》以四种相开示分别大般涅槃。显然可见，从此立名。前诸问答皆含三德，义略不彰。此品答其愿佛开微密，广为众生说之问，明四相，解般若；明三密，解法身；明百句，解解脱。今解般若，从此当名，故言四相问，愿佛开微密。"③可见，这一品的核心是解释般若，即开示大般涅槃的"自正"、"正他"、"能随问答"、"善解因缘义"等四义，这"四义"即是"一义"、"空义"。

---

①② 隋灌顶撰述、唐湛然再治《大般涅槃经疏》卷八，《大正藏》第38卷，第85页下。
③ 隋灌顶撰述、唐湛然再治《大般涅槃经疏》卷九，《大正藏》第38卷，第86页中。

（一）"自正"及"正他"

关于"自正"，《大般涅槃经》卷四说："云何自正？若佛如来见诸因缘而有所说，譬如比丘见大火聚便作是言：我宁抱是炽燃火聚，终不敢于如来所说十二部经及秘密藏谤言云是波旬所说。若言如来、法、僧无常，如是说者为自侵欺，亦欺于人，宁以利刀自断其舌，终不说言如来法僧是无常也。若闻他说亦不信受，于此说者应生怜愍。如来法僧不可思议，应如是持。自观己身犹如火聚，是名自正。"①简言之，"自正"也即从己身而言，信仰大乘，特别是信仰关于如来是"常"的教义，不说"如来、法、僧是无常"。

关于"正他"，经文分为四层次："初，以'欢喜'正他。二、以'无我'正他。三、以'常乐'正他。四、以'第一义'正他。"②而这一层含义，经中是通过"佛说法时"与一位乳养婴儿的女人之间的对话来说明的。经中这一说法，过去有四释："一云：正说法时，此女人来。二云：不尔。佛于于时，已季八十，呼女为姊，岂有老姊乳养婴儿？盖引昔事。三云：佛化为女，例如化童。四云：都无此女，假设寓言。"③从现代人常有的思路看，第二、第四种说法较妥当。

所谓"欢喜正他"是指以"欢喜其心"的方式使其对佛法产生信仰之心，如经中所说，由于此女之子多食不化，佛对他说："汝儿所食寻即消化，增益寿命。"此女听后很是高兴，随即说："如来实说故我欢喜。"④所谓"无我正他"是指"如是为欲调伏诸众生故，善能分别说消、不消，亦说诸法无我、无常。若佛世尊先说常者，受化之徒当言此法与外道同，即便舍去。复告女人：若儿长大能自行来，凡所食噉能消难消，本所与苏则不供足。我之所有声闻弟子亦复如是，如汝婴儿，不能消是常住之法，是故我

---

① 北凉昙无谶译《大般涅槃经》卷四，《大正藏》第12卷，第385页中。
② 隋灌顶撰述、唐湛然再治《大般涅槃经疏》卷九，《大正藏》第38卷，第87页中。
③ 同上书，第87页下。
④ 参见北凉昙无谶译《大般涅槃经》卷四，《大正藏》第12卷，第385页下。

先说苦、无常"①。

所谓"常乐正他"则是"若我声闻诸弟子等,功德已备堪任修习大乘经典,我于是经为说六味。云何六味?说苦醋味、无常醶味、无我苦味、乐如甜味、我如辛味、常如淡味。彼世间中有三种味,所谓无常、无我、无乐。烦恼为薪,智慧为火,以是因缘,成涅槃饭,谓常乐我,令诸弟子悉皆甘嗜"②。

所谓"第一义正他"是指如来"般涅槃时,如来微密无上法藏不与声闻诸弟子等,如汝宝藏不示恶子,要当付嘱诸菩萨等,如汝宝藏委付善子。何以故?声闻弟子生变异想,谓佛如来真实灭度,然我真实不灭度也。……以是义故,我以无上秘密之藏付诸菩萨。善男子,若有众生谓佛常住不变异者,当知是家则为有佛,是名正他"③。此中的含义,是"第一义名为善子,即付宝藏。不付声闻故,不以真谛为第一义。又取声闻为生善者,既非独大乘,此乃小、大、通、共以为四悉。当知是家则为有佛者,佛是常义,又是觉义,觉即解义,此人解常,故其家有佛"④。

(二)"能随问答"、"善解因缘义"

所谓"能随问答者,若有人来问佛世尊:'我当云何不舍钱财,而得名为大施檀越?'佛言:'若有沙门婆罗门等,少欲知足,不受不畜不净物者,当施其人奴婢仆使,修梵行者施与女人,断酒肉者施以酒肉,不过中食施过中食,不著花香施以花香,如是施者施名流布,遍至他方,财宝之费,不失毫厘。'是则名为能随问答"⑤。对于这一段话,灌顶等解释说:"答有五句,例为两释。一、初不知彼不食鱼肉,以鱼肉施,彼既不受,于我无损而成大施。二云:先知不食,欲显彼德,故以施之,于我无损,于彼著名。又见作福,随喜不障,亦是大施。又见苦者,方便解之,不损一毫而名大施。"⑥这是说上述五个事例都可从两个层面去解释。依照古代的注疏,

---

①② 北凉昙无谶译《大般涅槃经》卷四,《大正藏》第12卷,第385页下。
③ 同上书,第385页下—386页上。
④⑥ 隋灌顶撰述、唐湛然再治《大般涅槃经疏》卷九,《大正藏》第38卷,第88页上。
⑤ 北凉昙无谶译《大般涅槃经》卷四,《大正藏》第12卷,第386页上。

经中于此是"但约一施为端,余事例尔。若不施名施,应不持戒名尸,乃至不智名般若,云云"①。也推广至"六度"的其他五个方面。在此处,穿插进了关于禁止食肉的规定。文繁,兹不论之。

"善解因缘义"即《四相品》所说的第四相。因缘义是佛教的基本教义,内容甚广,而此品之文"偏指戒律者,如欲制戒,先须缘起,次明戒体,后广出相,故名为因缘"②。在此品,仅仅是以佛陀制戒作为"善解因缘义"的例证。经中有言:"如王国内有纳衣者,见衣有孔,然后方补。如来亦尔,见诸众生有入阿鼻地狱因缘,即以戒善而为补之。善男子,譬如转轮圣王,先为众生说十善法,其后渐渐有行恶者,王即随事渐渐而断,断诸恶已,然后自行圣王之法。善男子,我亦如是,虽有所说,不得先制,要因比丘渐行非法,然后方乃随事制之。乐法众生随教修行,如是等众乃能得见如来法身。如转轮王所有轮宝不可思议,如来亦尔不可思议,法、僧二宝亦不可思议,能说法者及闻法者皆不可思议。是名善解因缘义也。"③

在分别宣示上述"四相"之后,佛又为会众宣说"四相一相。前分别显示大般涅槃故,明一相四相。今明是一一相即大涅槃,等无有异故,明四相一相"④。对应的经文是:"自正者,所谓得是大般涅槃。正他者,我为比丘说言如来常存不变。随问答者,迦叶,因汝所问故,得广为菩萨摩诃萨、比丘、比丘尼、优婆塞、优婆夷说是甚深微妙义理。因缘义者,声闻、缘觉不解如是甚深之义,不闻伊字三点而成解脱、涅槃、摩诃般若成秘密藏。"其结论是:"如是诸句即是一义,所谓空义。自正、正他、能随问答、解因缘义,亦复如是,即大涅槃等无有异。"⑤

(三)料简涅槃

《四相品》第二大层次是"料简涅槃"。对此,灌顶解释说:"'佛告迦

---

① 隋灌顶撰述、唐湛然再治《大般涅槃经疏》卷九,《大正藏》第38卷,第88页上。
② 同上书,第88页下。
③ 北凉昙无谶译《大般涅槃经》卷四,《大正藏》第12卷,第387页上—中。
④ 隋灌顶撰述、唐湛然再治《大般涅槃经疏》卷九,《大正藏》第38卷,第89页上。
⑤ 同上书,第387页中。

叶'去,第二,料简。若涅槃即四相,等无有异,何故料简涅槃,不料简四相?四相名异,于昔涅槃名与前同。昔灭因缚,无依无正,名为涅槃,故灭烦恼已,无别涅槃。今涅槃灭烦恼已,有常住法。昔涅槃灭诸有,今涅槃有妙有。昔涅槃无有依报,今涅槃有所师法,昔涅槃无正报,今涅槃有如来。若不料简,无以取异。"①这一部分的宗旨是"如来常住不变"。

此品中,佛对于涅槃的料简分为两个层次,先是以假设的形式提出"五难",然后佛逐次对此"五难"作出反驳。

"五难"如下:其一,"灭惑"。经文是:"迦叶,若有善男子、善女人作如是言,如来无常,云何当知是无常耶?如佛所言,灭诸烦恼名为涅槃,犹如火灭,悉无所有。灭诸烦恼,亦复如是,故名涅槃。云何如来为常住法,不变易耶?"②其二,"灭有"。经文是:"离诸有者,乃名涅槃。是涅槃中,无有诸有,云何如来为常住法,不变易耶?"③其三,"灭依"。经文是:"如衣坏尽,不名为物。涅槃亦尔,灭诸烦恼,不名为物,云何如来为常住法,不变易耶?"其四,"灭正"。经文是:"离欲寂灭,名曰涅槃。如人斩首,则无有首。离欲寂灭,亦复如是。空无所有,故名涅槃,云何如来为常住法,不变易耶?"④其五,"灭有"。经文是:"如佛言曰:譬如热铁,椎打星流,散已寻灭,莫知所在。得正解脱,亦复如是。已度淫欲,诸有淤泥,得无动处,不知所至,云何如来为常住法,不变易耶?"⑤

上述"五难"是不正确的。佛先解答"灭惑"、"灭依"两难。经文说:"迦叶,灭烦恼者,不名为物。何以故?永毕竟故,是故名常。是句寂静,为无有上。"⑥然后回答"灭有"、"灭正"两难。经文是:"灭尽诸相,无有遗余,是句鲜白,常住无退,是故涅槃名曰常住。如来亦尔,常住无变。"⑦此后则是回答"灭有"之难:"言星流者,谓烦恼也。散已寻灭,莫知所在

---

① 隋灌顶撰述、唐湛然再治《大般涅槃经疏》卷九,《大正藏》第38卷,第89页中。
②③④ 北凉昙无谶译《大般涅槃经》卷四,《大正藏》第12卷,第387页中。
⑤ 同上书,第387页中—下。
⑥⑦ 同上书,第387页下。

者,谓诸如来烦恼灭已,不在五趣,是故如来是常住法,无有变易。"①在反驳"五难"之后,佛总结说:"迦叶,诸佛所师,所谓法也。是故如来恭敬供养,以法常故,诸佛亦常。"②此中所言,"法常故而佛常"非常重要,其含义如灌顶的解释:"昔涅槃中无正报人,今涅槃中有于诸佛。昔涅槃中无有依报,今涅槃中有法为师。昔涅槃中无有诸有,今涅槃中而有妙有。所谓恭敬,昔涅槃灭烦恼已,无复有法;今涅槃中有常住法,以法常故诸佛亦常。此仍略语,若具言之,以法乐、我、净、常故,佛亦复然。"③可见,由于"法"具"常乐我净",因此佛亦为"常乐我净"。

其后,迦叶又与佛之间就涅槃有两番议论。

依据灌顶等的解释,第一番中,迦叶"似作三难,似约烦恼业有"④。第一难如下:"若烦恼火灭,如来亦灭,是则如来无常住处。"⑤第二难是:"如彼迸铁,赤色灭已,莫知所至;如来烦恼,亦复如是,灭无所至。"⑥这是以铁匠打制铁器作为譬喻来说明,烦恼如同打制铁器时所迸溅出的火花,火花灭后无莫知所至。云何而言如来有常、乐、我、净呢?第三难:"又如彼铁,热与赤色灭已无有。如来亦尔,灭已无常。灭烦恼火,便入涅槃。当知如来即是无常。"⑦如同打制铁器之时所产生的热以及红色灭后就不存在了,如来也应是如此,一入涅槃便是"无常"。对这些问难,佛回答说:"所言铁者,名诸凡夫。凡夫之人,虽灭烦恼,灭已复生,故名无常。如来不尔,灭不复生,是故名常。"⑧这是说,譬喻中所说的"铁"是指凡夫,如来并不如此。

于是,迦叶与佛又有一番问答。迦叶又说:"如铁色灭已,还置火中,赤色复生。如来若尔,应还生结。若结还生,即是无常。"⑨这是说,凡夫烦恼灭除之后,还能复生,因此,凡夫是无常。而如来入灭如果"还生",也应是无常。对此,佛回答说:"迦叶,汝今不应作如是言,如来无常。何

---

①②⑤⑥⑦⑧⑨ 北凉昙无谶译《大般涅槃经》卷四,《大正藏》第12卷,第387页下。
③④ 隋灌顶撰述、唐湛然再治《大般涅槃经疏》卷九,《大正藏》第38卷,第89页下。

以故？如来是常。"①至于其原因，经中也以譬喻来说明："如彼然木，灭已有灰。烦恼灭已，便有涅槃。坏衣、斩首、破瓶等譬，亦复如是。如是等物，各有名字，名曰坏衣、斩首、破瓶。迦叶，如铁冷已，可使还热。如来不尔，断烦恼已，毕竟清凉。烦恼炽火，更不复生。迦叶，当知，无量众生犹如彼铁，我以无漏智慧炽火，烧彼众生诸烦恼结。"②这里所讲的理由，归纳起来即是："佛智猛盛，如火然木。灭已有灰，灭烦恼已，则有涅槃。坏衣、斩首、破瓶，物谢于前，名生于后。烦恼灭已，获得涅槃。"③烦恼灭除，即有涅槃存在，如同火燃烧木之后就有灰留存。如此就是：如来"虽不现于阎浮提界，入涅槃中，不名无常。如来出于无量烦恼，入于涅槃安乐之处"④。

在与迦叶两番议论之后，佛又为会众宣讲了如来随顺世间的神通变化，释迦牟尼已于无量劫中成佛，更示现种种色相化众。这一部分，灌顶等解释为"广开身密"。其意思是："今皆开显法身之密，前开般若为四相，合四相为涅槃，涅槃即是法身、解脱。此已一周。开口密已，今更开法身，出种种身，合种种身只是涅槃、般若、解脱。"⑤简单言之，释迦佛于此就己身成佛的相关问题作了解释。恐文繁，从略。

昙无谶译本卷四的结语是："迦叶，善男子，汝今不应作如是言'灯灭尽已，无有方所。如来亦尔，既灭度已，无有方所。'善男子，譬如男女然灯之时，灯炉大小悉满中油，随有油在，其明犹存。若油尽已，明亦俱尽。其明灭者，喻烦恼灭。明虽灭尽，灯炉犹存。如来亦尔。烦恼虽灭，法身常存。"⑥"一切法中，涅槃为常。如来体之，故名为常。"⑦

---

① 北凉昙无谶译《大般涅槃经》卷四，《大正藏》第12卷，第387页下。
② 同上书，第387页下—388页上。
③ 隋灌顶撰述、唐湛然再治《大般涅槃经疏》卷九，《大正藏》第38卷，第89页下。
④ 北凉昙无谶译《大般涅槃经》卷四，《大正藏》第12卷，第388页上。
⑤ 隋灌顶撰述、唐湛然再治《大般涅槃经疏》卷九，《大正藏》第38卷，第90页上。
⑥⑦ 北凉昙无谶译《大般涅槃经》卷四，《大正藏》第12卷，第390页上。

(四) 一阐提、涅槃、解脱

昙无谶《大般涅槃经》第五卷,南本标为《四相品》之余。此卷概言之,有三大要义:

其一,"诸佛世尊唯有密语,无有密藏"①。如经中所说:"如来实无秘密之藏。何以故?如秋满月处空显露,清净无翳人皆睹见。如来之言亦复如是,开发显露清净无翳,愚人不解谓之秘藏,智者了达则不名藏。"②特别是经中说:"彼大长者谓如来也。所言一子者,谓一切众生。如来视于一切众生犹如一子,教一子者谓声闻弟子,半字者谓九部经,毘伽罗论者所谓方等大乘经典。以诸声闻无有慧力,是故如来为说半字九部经典,而不为说毘伽罗论方等大乘。"③从如来藏经典中可以看到,有将如来常住不变当做"密藏"来看待的说法,而此经明确地说如来无有"密藏",不过是由于声闻不堪听闻如来藏义,佛因而不给他们演说"毘伽罗论",佛"为诸弟子说于半字九部经已;次为演说毘伽罗论,所谓如来常存不变"④。

其二,一阐提为"无信之人"⑤。经中有文曰:"世间疮疣凡有二种,一者可治,二不可治。凡可治者,医则能治。不可治者,则不能治。"⑥而"阎浮提内众生有二:一者有信,二者无信。有信之人则名可治。何以故?定得涅槃,无疮疣故。是故我说治阎浮提诸众生已。无信之人,名一阐提。一阐提者,名不可治。除一阐提余悉治已,是故涅槃名无疮疣"⑦。

其三,"涅槃者名为解脱"⑧,"解脱"是"色"还是"非色"?经中说:"或有是色或非是色。言非色者即是声闻、缘觉解脱,言是色者即是诸佛如来解脱。善男子,是故解脱亦色非色,如来为诸声闻弟子说为非色。"⑨而对于迦叶提出的"声闻、缘觉若非色者,云何得住?"⑩的疑问,经中回答说:"如非想非非想天亦色非色,我亦说为非色。若人难言:非想非非

---

①② 北凉昙无谶译《大般涅槃经》卷五,《大正藏》第12卷,第390页中。
③ 同上书,第390页下—391页上。
④ 同上书,第391页上。
⑤⑥⑦⑧ 同上书,第391页下。
⑨⑩ 同上书,第392页上。

想天若非色者,云何得住去来进止?如是之义诸佛境界,非诸声闻、缘觉所知。解脱亦尔,亦色非色说为非色,亦想非想说为非想。如是之义诸佛境界,非诸声闻、缘觉所知。"①这一段经文涉及很重要的问题,即涅槃与"色"的关系问题,对其含义,灌顶解释说:"解脱之体,何曾是色及与非色?下文云:不可说色及以非色,不可说空及与不空,为两缘故,言色非色,非色亦色,色亦非色,非色非色,不可思议。"②灌顶是以中观学的逻辑来界说的,应该是最合适的解释。

其四,什么是"真解脱",一般称之为"大般涅槃百句解脱义"。关于此段,灌顶有一解释:"答中,相传有百句。招提云:就头首数,止有八十四五。若大小合数,有九十七八。极细为言,有一百余。但一百是数之圆名,故言百句。"③以下数义与本著研究主题密切相关:

第一,"真解脱者,名曰远离一切系缚。若真解脱离诸系缚,则无有生亦无和合,譬如父母和合生子。真解脱者则不如是,是故解脱名曰不生。真解脱者,不生不灭,是故解脱即是如来。如来亦尔,不生不灭,不老不死,不破不坏,非有为法。以是义故,名曰如来入大涅槃。"④

第二,如来非"无常":"云何当言如来无常?若言无常无有是处。是金刚身云何无常?是故如来不名命终。"⑤

第三,解脱即清净:"如来清净无有垢秽,如来之身非胎所污,如分陀利本性清净。如来解脱亦复如是,如是解脱即是如来,是故如来清净无垢。"⑥又曰:"又解脱者名曰清净,如水无泥澄静清净。解脱亦尔,澄静清净,澄静清净即真解脱,真解脱者即是如来。又解脱者名曰一味,如空中雨,一味清净。一味清净喻真解脱,真解脱者即是如来。"⑦又曰:"又解脱者名曰究竟,如被系者从系得脱,洗浴清净,然后还家。解脱亦尔,毕

---

①④ 北凉昙无谶译《大般涅槃经》卷五,《大正藏》第12卷,第392页上。
② 隋灌顶撰述、唐湛然再治《大般涅槃经疏》卷九,《大正藏》第38卷,第92页中—下。
③ 同上书,《大正藏》第38卷,第92页下。
⑤⑥ 北凉昙无谶译《大般涅槃经》卷五,《大正藏》第12卷,第392页中。
⑦ 同上书,第394页上。

竟清净。毕竟清净即真解脱,真解脱者即是如来。"①

第四,"我见者即佛性":"又解脱者名断一切有为之法,出生一切无漏善法。断塞诸道所谓若我无我、非我非无我。唯断取著不断我见,我见者名为佛性。佛性者即真解脱,真解脱者即是如来。"②

第五,解脱即空不空等:"又解脱者名不空空。空空者,名无所有;无所有者,即是外道尼犍子等所计解脱,而是尼犍实无解脱,故名空空。真解脱者则不如是,故不空空。不空空者即真解脱,真解脱者即是如来。……又解脱者名空不空。如水酒酪酥蜜等瓶,虽无水酒酪酥蜜时,犹故得名为水等瓶,而是瓶等不可说空及以不空。若言空者,则不得有色、香、味、触。若言不空而复无有水酒等实。解脱亦尔,不可说色及以非色;不可说空及以不空。若言空者则不得有常、乐、我、净。若言不空谁受是常、乐、我、净者?以是义故,不可说空及以不空。空者谓无二十五有及诸烦恼,一切苦、一切相、一切有为行,如瓶,无酪则名为空。不空者,谓真实善色常乐我净,不动不变;犹如彼瓶,色香味触,故名不空。是故解脱喻如彼瓶。彼瓶遇缘,则有破坏。解脱不尔,不可破坏。不可破坏,即真解脱;真解脱者即是如来。"③

关于"解脱义"的结语如下:"一切众生怖畏生死诸烦恼故,故受三归。譬如群鹿怖畏猎师,既得免离。若得一跳,则譬一归;如是三跳,则譬三归;以三跳故,得受安乐。众生亦尔,怖畏四魔恶猎师故,受三归依。三归依故,则得安乐。受安乐者,即真解脱。真解脱者,即是如来。如来者,即是涅槃。涅槃者,即是无尽。无尽者,即是佛性。佛性者,即是决定。决定者,即是阿耨多罗三藐三菩提。"④

此品的最后,是迦叶与佛之间就上述所言"解脱"的句义再作议论,

---

① 北凉昙无谶译《大般涅槃经》卷五,《大正藏》第12卷,第395页上—中。
② 同上书,第395页中。
③ 同上书,第395页中—下。
④ 同上书,第395页下。

如灌顶所解释:"'迦叶白佛若涅槃佛性'下,举三事论义:一、问三归。二、问无作乐。三、问不生不灭。百句既广,略举三问。"①对于其重要性,湛然强调说:"私云:于解脱后,设此三问,信此三问摄万法门。"②

第一问:"若涅槃佛性决定如来是一义者,云何说言有三归依?"③这一问题是佛教信仰中的重大问题,也是维系僧团的核心之一。而"三归"之间的关系,如此经中所说:"一切众生怖畏生死故求三归。以三归故,则知佛性决定涅槃。善男子,有法名一义异,有法名义俱异。名一义异者,佛常、法常、比丘僧常,涅槃、虚空皆亦是常,是名名一义异。名、义俱异者,佛名为觉,法名不觉,僧名和合,涅槃名解脱,虚空名非善亦名无碍,是为名、义俱异。善男子,三归依者,亦复如是。"④在此品,佛为会众讲了他曾经为摩诃波阇波提所说的话:"莫供养我,当供养僧。若供养僧,则得具足供养三归。摩诃波阇波提即答我言:'众僧之中无佛无法,云何说言供养众僧则得具足供养三归?'我复告言:'汝随我语则供养佛,为解脱故即供养法,众僧受者则供养僧。'善男子,是故三归不得为一。善男子,如来或时说一为三,说三为一。如是之义,诸佛境界,非是声闻、缘觉所知。"⑤

第二问:"如佛所说'毕竟安乐名涅槃'者,是义云何?夫涅槃者,舍身舍智。若舍身智,谁当受乐?"⑥这一问题所蕴含的是一个修行解脱的"主体"问题。此品的答案是:"譬如有人食已心闷,出外欲吐。既得吐已,而复回还。同伴问之:'汝今所患竟为差不?'而复来还答言:'已差,身得安乐。'如来亦尔,毕竟远离二十五有,永得涅槃安乐之处,不可动转,无有尽灭,断一切受,名无受乐。如是无受,名为常乐。若言如来有受乐者,无有是处。是故毕竟乐者即是涅槃,涅槃者即真解脱,真解脱者

---

①② 隋灌顶撰述、唐湛然再治《大般涅槃经疏》卷九,《大正藏》第38卷,第93页中。
③④ 北凉昙无谶译《大般涅槃经》卷五,《大正藏》第12卷,第395页下。
⑤ 同上书,第395页下—396页上。
⑥ 同上书,第396页上。

即是如来。"①——贯穿于此的理路就是涅槃之境界无受无乐,而其并非声闻、缘觉所知。

第三问:"不生不灭是解脱耶?"②佛回答说:"如是如是,善男子,不生不灭即是解脱。如是解脱即是如来。"③迦叶又追问说:"若不生不灭是解脱者,虚空之性亦无生灭,应是如来。如如来性即是解脱。"④佛告诉迦叶:"是事不然。"⑤此后,佛与迦叶以五个问答讨论"不生灭"的含义。前四个问答是以迦兰伽鸟及命命鸟作譬喻来说明"佛与虚空亦复如是,迦兰伽声可喻佛声,不可以喻乌鹊之音。"⑥其结论是:"如来有时以因缘故引彼虚空以喻解脱,如是解脱即是如来,真解脱者一切人天无能为匹,而此虚空实非其喻。为化众生故以虚空非喻为喻。当知解脱即是如来,如来之性即是解脱,解脱、如来无二无别。……不可以喻喻真解脱,为化众生故作喻耳。以诸譬喻知诸法性皆亦如是。"⑦最后,迦叶又问:"云何如来作二种说?"⑧此中的两种"说"是指"实说"(即现在所常说的"正面说明")与譬喻说,佛以"以是因缘引诸譬喻,得知实法"⑨。佛称赞迦叶的正确理解:"善哉!善哉!善男子,以是因缘,我说种种方便譬喻,以喻解脱。虽以无量阿僧祇喻,而实不可以喻为比。或有因缘亦可喻说,或有因缘不可喻说。是故解脱成就如是无量功德,趣涅槃者,涅槃、如来亦有如是无量功德。以如是等无量功德成就满,故名大涅槃。"⑩

五、《四依品》

昙无谶译本第六卷属于南本《四依品》的内容。关于此品品名的含义,灌顶解释说:"'四'者,数也。'依'者,凭也。一切世间凭之得益,故言'四依'。凭有二种:一、凭自法取益。二、凭他取益。若唯凭法不兼凭人,不名为依。若凭人者,兼得于法。文云:四人出世,护持建立,利益义

---

①②③④⑤⑥ 北凉昙无谶译《大般涅槃经》卷五,《大正藏》第12卷,第396页上。
⑦⑧⑨ 同上书,第396页中。
⑩ 同上书,第396页中—下。

强,故立四依。"①此品的核心是言四种人应持此经为世间依,并且告诫比丘当依法不依人等四依,经中明言这四种人是未来弘扬涅槃佛性说的主力。

此品起首,佛为大众说:"是大涅槃微妙经中有四种人,能护正法,建立正法,忆念正法,能多利益,怜愍世间,为世间依,安乐人天。何等为四? 有人出世具烦恼性,是名第一须陀洹人,斯陀含人是名第二,阿那含人是名第三,阿罗汉人是名第四。是四种人出现于世,能多利益,怜愍世间,为世间依,安乐人天。"②此中所言的四人是小乘小果,而"大涅槃中,有四种人。此四皆得涅槃法,故名涅槃中人"③。

此后,佛于经中回答了为何此四种人能够成为世间依的原因。根据经中所说,在佛"涅槃后,当有百千无量众生诽谤不信是大涅槃微妙经典"④。至于具体时间,此经亦说为佛"般涅槃后四十年中,于阎浮提广行流布,然后乃当隐没于地"⑤。而上述四种人则成为弘扬涅槃经典的主力。佛为迦叶等会众说:"是四种人亦复如是,为此无上大法之将。是四种中,或有一人见于他方无量菩萨虽学如是大乘经典,若自书写,若令他书,为利养故,为称誉故,为了法故,为依止故,为用博易其余经故,不能广为他人宣说,是故持是微妙经典,送至彼方,与彼菩萨,令发无上菩提之心,安住菩提。而是菩萨得是经已,即便广为他人演说,令无量众得受如是大乘法味。"⑥

此时,迦叶询问"如来灭后四十年中,是大乘典《大涅槃经》于阎浮提广行流布,过是已后没于地者。却后久近,复当还出?"⑦佛回答说:"若我正法余八十年前四十年,是经复当于阎浮提雨大法雨。"⑧而于此时"若有众生于八恒河沙等佛所发菩提心,然后乃能于恶世中不谤是法,受

---

① 隋灌顶撰述、唐湛然再治《大般涅槃经疏》卷一〇,《大正藏》第 38 卷,第 93 页下。
② 北凉昙无谶译《大般涅槃经》卷六,《大正藏》第 12 卷,第 369 页下。
③ 隋灌顶撰述、唐湛然再治《大般涅槃经疏》卷一〇,《大正藏》第 38 卷,第 94 页中。
④⑤ 北凉昙无谶译《大般涅槃经》卷六,《大正藏》第 12 卷,第 398 页上。
⑥⑦⑧ 同上书,第 398 页中。

持读诵，书写经卷，亦劝他人令得书写，自能听受，复劝他人，令得听受、读诵通利；拥护坚持，怜愍世间诸众生故供养是经，亦劝他人令其供养恭敬尊重读诵礼拜，亦复如是。具足能解，尽其义味，所谓如来常住不变，毕竟安乐；广说众生悉有佛性，善知如来所有法藏，供养如是诸佛等已，建立如是无上正法，受持拥护。若有始发阿耨多罗三藐三菩提心，当知是人未来之世必能建立如是正法受持拥护。"①应该注意的是，"众生悉有佛性"这一重要命题就是在此背景下出现的。

总之，"以是因缘，我说四人为世间依。善男子，如是四人若以佛说言非佛说，无有是处。是故我说如是四人为世间依"②。

此后，佛应迦叶所请，讲了戒律方面的"方便"等问题。如经中所说："我涅槃后护持正法诸菩萨等亦复如是。以方便力与彼破戒假名，受畜一切不净物僧同其事业。……尔时菩萨虽复恭敬礼拜是人受畜八种不净之物悉无有罪。何以故？以是菩萨为欲摈治诸恶比丘，令清净僧得安隐住，流布方等大乘经典利益一切诸天人故。"③此外，"若有人见护法之人与破戒者同其事业，说有罪者，当知其人自受其殃，是护法者实无有罪。善男子，若有比丘犯禁戒已，憍慢心故，覆藏不悔，当知是人名真破戒。菩萨摩诃萨为护法故，虽有所犯，不名破戒。何以故？以无憍慢发露悔故"④。此中所说的"八不净物"是指八种戒律上不允许僧侣贮藏或从事的事物。《大般涅槃经疏》卷一〇解释说："八不净者，谓畜金银、奴婢、牛羊、仓库、贩卖、耕种、手自作食、不受而啖，污道污威仪，损妨处多，故名不净。"⑤此经于此明确地说，如果为弘传此大乘经典的缘故，即便是接受积蓄了"八不净物"，仍然可不算犯戒。

此品对于中国佛教影响最大的内容是"四依"："如佛所说，是诸比丘

---

① 北凉昙无谶译《大般涅槃经》卷六，《大正藏》第12卷，第398页下—399页上。
② 同上书，第399页中。
③ 同上书，第400页中。
④ 同上书，第400页下。
⑤ 隋灌顶撰述、唐湛然再治《大般涅槃经疏》卷一〇，《大正藏》第38卷，第98页中。

当依四法。何等为四?依法不依人,依义不依语,依智不依识,依了义经不依不了义经。"①对于此"四依",经中有一较为详细的解释。

关于"依法不依人"的含义,经中说:"依法者,即是如来大般涅槃,一切佛法即是法性,是法性者即是如来。是故如来常住不变。若复有言如来无常,是人不知不见法性。若不知见是法性者,不应依止。如上所说四人出世护持法者,应当证知而为依止。何以故?是人善解如来微密深奥藏故,能知如来常住不变,若言如来无常变易无有是处,如是四人即名如来。"②——这是"依法"的含义,所言"法"指"如来大般涅槃"以及"如来常住不变",等等。总之,"依法者即是法性,不依人者即是声闻。法性者即是如来,声闻者即是有为。如来者,即是常住;有为者,即是无常"③。此中特别强调所不能"依"之人是声闻,因为声闻、缘觉不能理解涅槃佛性思想。此外,与前述有关"戒律"问题的论述对应,在此,经中特别强调:"若人破戒为利养故说言'如来无常变易',如是之人所不应依。"④

关于"依义不依语"的含义,经中解释说:"依义不依语者,义者名曰觉了。觉了义者,名不羸劣。不羸劣者,名曰满足。满足义者,名曰如来常住不变。如来常住不变义者,即是法常。法常义者,即是僧常。是名依义不依语也。"⑤可见,归根究底,所依之"义"仍然是如来常住不变。至于所不应依之"语",如"所谓诸论绮饰文辞"⑥等等。

关于"依智不依识"的含义,经中解释说:"依智不依识者,所言智者即是如来。若有声闻不能善知如来功德,如是之识不应依止。若知如来即是法身,如是真智所应依止。若见如来方便之身,言是阴界诸入所摄,食所长养,亦不应依。是故知,识不可依止。若复有人作是说者,及其经书,亦不应依。"⑦

关于"依了义经不依不了义经"的含义,经中解释说:"依了义经不依

---

① 北凉昙无谶译《大般涅槃经》卷六,《大正藏》第 12 卷,第 401 页中。
②③④⑤⑥ 同上书,第 401 页下。
⑦ 同上书,第 402 页上。

453

不了义经,不了义经者,谓声闻乘闻佛如来深密藏处,悉生疑怪,不知是藏出大智海,犹如婴儿,无所别知,是则名为不了义也。了义者,名为菩萨,真实智慧,随于自心,无碍大智,犹如大人,无所不知,是名了义。又声闻乘,名不了义;无上大乘,乃名了义。若言如来无常变易,名不了义。若言如来常住不变,是名了义。声闻所说应证知者,名不了义。菩萨所说应证知者,名为了义。若言如来食所长养,是不了义;若言常住不变易者,是名了义。若言如来入于涅槃,如薪尽火灭,名不了义;若言如来入法性者,是名了义。声闻乘法,则不应依。何以故?如来为欲度众生故,以方便力说声闻乘,犹如长者教子半字。善男子,声闻乘者犹如初耕未得果实,如是名为不了义也,是故不应依声闻乘。大乘之法则应依止,何以故?如来为欲度众生故,以方便力说于大乘,是故应依,是名了义。"①

在分别对"四依"作了解释之后,经中又对其作了综合解释:其一,关于"依"的含义:"依义者,义名质直。质直者,名曰光明。光明者,名不羸劣。不羸劣者,名曰如来。又光明者,名为智慧。质直者,名为常住。"②其二,关于"依法"的含义:"如来常者,名为依法。法者,名常,亦名无边,不可思议,不可执持,不可系缚,而亦可见。"③其三,关于"不依人"的所指:"若有说言不可见者,如是之人所不应依,是故依法不依于人。"④其五,关于"不依语":"若有人以微妙之语宣说无常,如是之言所不应依。是故依义不依于语。"⑤其五,关于"依智不依识":"依智者,众僧是常,无为不变,不畜八种不净之物,是故依智不依于识。若有说言,识作识受,无和合僧。何以故?夫和合者,名无所有。无所有者,云何言常?是故此识不可依止。"⑥其六,关于"依了义经"的含义:"了义者,名为知足,终不诈现威仪清白,憍慢自高,贪求利养;亦于如来随宜方便所说法中不生执著,是名了义。若有能住如是等中,当知是人则为已得住第一义。是

---

①② 北凉昙无谶译《大般涅槃经》卷六,《大正藏》第12卷,第402页上。
③④⑤⑥ 同上书,第402页中。

故名为依了义经不依不了义。不了义者如经中说：一切烧燃，一切无常，一切皆苦，一切皆空，一切无我，是名不了义。何以故？以不能了如是义故，令诸众生堕阿鼻狱。所以者何？以取著故，于义不了。一切烧者，谓如来说涅槃亦烧；一切无常者，涅槃亦无常；苦、空、无我亦复如是。是故名为不了义经，不应依止。"①

此品关于"四依"的总体概括为："我为肉眼诸众生等说是四依，终不为有慧眼者。是故我今说是四依，法者即是法性，义者即是如来常住不变，智者了知一切众生悉有佛性。"②关于此句中的"肉眼诸众生"的含义，灌顶等解释说："或时肉、天两眼相对，则是障内、外。或法、慧相对，此论照真俗异。今以肉、慧相对者，此论凡、圣之殊。"③可见，"肉眼众生"是指凡夫。也就是说，此"四依"是针对凡夫而言的。

六、《邪正品》《四谛品》《四倒品》

昙无谶译本第七卷的内容在南本中变动较大，此卷被分为《邪正品》、《四谛品》和《四倒品》，而昙无谶译本卷七最后一小部分讨论佛性的部分被归入南本的卷八《如来性品》。以下依据南本的品目和北本的文字对此卷的内容作些述评。

（一）邪、正三宝

属于南本《邪正品》的内容，灌顶等有一解释。如果大致言之，此品的内容可分为两部分。第一部分，迦叶向佛询问如何区别"邪"、"正"三宝，佛则以天魔会以"形乱"和"声乱"两方面来扰乱"正法"来回答。④ 此后则是迦叶与佛围绕着佛性等问题展开三番"议论"，以强化上述"邪正"之区分。在此，我们就依照这一判释来论述此品的内容。

---

① 北凉昙无谶译《大般涅槃经》卷六，《大正藏》第12卷，第402页中。
② 同上书，第402页下。
③ 隋灌顶撰述、唐湛然再治《大般涅槃经疏》卷一〇，《大正藏》第38卷，第99页下。
④ 参见隋灌顶撰述、唐湛然再治《大般涅槃经疏》卷一一，《大正藏》第38卷，第100页中。

被判释为"形乱"的经文甚短,其文曰:"我般涅槃七百岁后,是魔波旬渐当坏乱我之正法。譬如猎师身服法衣,魔王波旬亦复如是,作比丘像、比丘尼像、优婆塞像、优婆夷像,亦复化作须陀洹身,乃至化作阿罗汉身及佛色身。魔王以此有漏之形,作无漏身,坏我正法。"① 这是说,在释迦牟尼佛涅槃期百年之后,有魔王作比丘、比丘尼、优婆塞、优婆夷像并且化为须陀洹身、阿罗汉身及佛的色身来祸乱佛教。

而说明"声乱"的部分,内容较"身乱"复杂些:"文为五:一、乱佛身。二、乱结戒。三、乱佛德。四、乱经律。五、乱罪福。"②

第一,"乱佛身"。又分为四层次:

其一,乱生。经文为:"是魔波旬坏正法时,当做是言:菩萨昔于兜率天上没来,在此迦毘罗城白净王宫,依因父母爱欲和合生育是身。若言有人生于人中,为诸世间天人大众所恭敬者,无有是处。……"③这是对释迦出生之事的诬罔解释,即"邪见"。而"正见"则是:"如来正觉久已成佛,方示现成佛道者,为欲度脱诸众生故,示有父母依因爱欲和合而生,随顺世间作是示现。……"④

其二,乱行。经文为:"若有说言如来生时于十方面各行七步不可信者,是魔所说。若复有说如来出世于十方面各行七步,此是如来方便示现,是名如来所说经律。若有随顺魔所说者是魔眷属,若能随顺佛所说者即是菩萨。"⑤

其三,乱入庙。经文为:"若有说言,菩萨生已,父王使人将诣天祠,诸天见已,悉下礼敬,是故名佛。复有难言:天者先出,佛在于后,云何诸天礼敬于佛?作是难者,当知即是波旬所说。若有经言,佛到天祠,是诸天等摩醯首罗大梵天王释提桓因,皆悉合掌,敬礼其足。——如是经律

---

① 北凉昙无谶译《大般涅槃经》卷七,《大正藏》第12卷,第402页下。
② 隋灌顶撰述、唐湛然再治《大般涅槃经疏》卷一一,《大正藏》第38卷,第100页中。
③④⑤ 北凉昙无谶译《大般涅槃经》卷七,《大正藏》第12卷,第403页上。

是佛所说。"①这是有关佛出生之后的修行境界的"正邪"之见。

其四,乱纳妃。经文为:"若有经律说言,菩萨为太子时,以贪心故四方娉妻,处在深宫,五欲自娱,欢悦受乐。如是经律波旬所说。若有说言,菩萨久已舍离贪心、妻息之属,乃至不受三十三天上妙五欲如弃涕唾,何况人欲?剃除须发,出家修道。如是经律是佛所说。"②这是有关释迦太子娶妻生子的"正邪"之见。

第二,乱结戒。也即有关佛所制戒律方面的"正邪"之见,具体内容从略。

第三,乱佛德。对应的经文如下:"若有说言:菩萨为欲供养天神故入天祠,所谓梵天、大自在天、韦陀天、迦旃延天。所以入者,为欲调伏诸天、人故。若言不尔,无有是处。若言菩萨不能入于外道邪论,知其威仪、文章、技艺,仆使鬭争,不能和合,不为男女、国王、大臣之所恭敬,又亦不知和合诸药,以不知故,乃名如来。如其知者,是邪见辈。又复如来于怨亲中,其心平等,如以刀割及香涂身,于此二人不生增益损减之心,唯能处中,故名如来。如是经律,当知是魔之所说也。若有说言:菩萨如是示入天祠、外学法中出家修道,示现知其威仪、礼节、能解一切文章、技艺,示入书堂、技巧之处,能善和合仆使鬭争,于诸大众童男童女、后宫妃后、人民、长者、婆罗门等、王及大臣、贫穷等中,最尊最上。复为是等之所恭敬,亦能示现如是等事。虽处诸见,不生爱心,犹如莲华不受尘垢。为度一切诸众生故,善行如是种种方便,随顺世法。如是经律,当知即是如来所说。"③这是有关佛所具"功德"的"正邪"之见,前者是魔说,后者则是佛所说。

第四,乱经律。依据灌顶等的解释:"初,通就经律作乱。后,就常、无常作乱。"④这是说,第一层是就经律本身来区别魔说和佛说,第二层则是就如来"常"与"无常"的"正邪"之见。前者从略,后者对应的经文如下:

---

① 北凉昙无谶译《大般涅槃经》卷七,《大正藏》第 12 卷,第 403 页上。
② 同上书,第 403 页中。
③ 同上书,第 403 页下。
④ 隋灌顶撰述、唐湛然再治《大般涅槃经》卷一一,《大正藏》第 38 卷,第 100 页中。

"若有说言:如来不为无量功德之所成就,无常变异,以得空法,宣说无我,不顺世间。如是经律,名魔所说。若有人言:如来正觉不可思议,亦为无量阿僧祇等功德所成,是故常住,无有变异。如是经律是佛所说。"①

第五,乱罪福,即围绕犯戒所具之"罪"以及坚信佛性等说法所获之"福"的区别。前者从略,对后者则略作引述。如经中说:"复有比丘说佛秘藏甚深经典,一切众生皆有佛性,以是性故,断无量亿诸烦恼结,即得成于阿耨多罗三藐三菩提,除一阐提。若王大臣,作如是言:比丘,汝当做佛、不作佛耶?有佛性不?比丘答言:我今身中,定有佛性,成与不成,未能审之。王言:大德,如其不作一阐提者,必成无疑。比丘言:尔实如王言。是人虽言定有佛性,亦复不犯波罗夷罪。复有比丘,即出家时,作是思惟:我今必定成阿耨多罗三藐三菩提。如是之人,虽未得成无上道果,已为得福无量无边,不可称计。假使有人当言,是人犯波罗夷,一切比丘无不犯者。何以故?我于往昔八十亿劫,常离一切不净之物,少欲知足,威仪成就,善修如来无上法藏,亦自定知身有佛性,是故我今得成阿耨多罗三藐三菩提,得名为佛,有大慈悲。如是经律,是佛所说。若有不能随顺是者,是魔眷属。若能随顺,是大菩萨。"②

(二)"佛性"、"过人"、"梦觉"

《邪正品》的第二部分,是迦叶与佛之间就"佛性"、"过人"、"梦觉"等问题的三番"议论"。③

第一番,对于迦叶所询问的"一切众生有佛性者,九部经中所未曾闻。如其说有,云何不犯波罗夷耶?"④的问题,佛明确回答说:"如汝所说,实不毁犯波罗夷罪。善男子,譬如有人说言大海唯有七宝,无八种者,是人无罪。若有说言,九部经中无佛性者,亦复无罪。何以故?我于

---

① 北凉昙无谶译《大般涅槃经》卷七,《大正藏》第12卷,第404页中。
② 同上书,第404页下。
③ 参见隋灌顶撰述、唐湛然再治《大般涅槃经疏》卷一一,《大正藏》第38卷,第100页下。
④ 北凉昙无谶译《大般涅槃经》卷七,《大正藏》第12卷,第405页上。

大乘大智海中，说有佛性，二乘之人所不知见。佛故说无，无有罪也。如是境界，诸佛所知，非是声闻、缘觉所及。善男子，若人不闻如来甚深秘密藏者，云何当知有佛性耶？何等名为秘密之藏？所谓方等大乘经典。善男子，有诸外道，或说我常，或说我断。如来不尔。亦说有我，亦说无我，是名中道。若有说言：佛说中道，一切众生悉有佛性，烦恼覆故，不知不见。是故应当勤修方便，断坏烦恼。若有能作如是说者，当知是人不犯四重。若有不作如是说者，是则名为犯波罗夷。若有说言：我已成就阿耨多罗三藐三菩提。何以故？以有佛性故。有佛性者，必定当成阿耨多罗三藐三菩提，以是因缘，我今已得成就菩提。当知是人，则名为犯波罗夷罪。何以故？虽有佛性，以未修习诸善方便，是故未见。以未见故，不能得成阿耨多罗三藐三菩提。善男子，以是义故，佛法甚深，不可思议。"①此中所强调的仍然属于对"佛性"的正确理解，其核心是："一切众生悉有佛性，烦恼覆故，不知不见。"②

第二番，迦叶菩萨对佛说："世尊，有王问言：'云何比丘堕过人法？'"③佛告诉迦叶说："若有比丘，为利养故，为饮食故，作诸谀谄，奸伪欺诈，云何当令诸世间人定实知我是乞士也？以是因缘，令我大得利养名誉，如是比丘多愚痴故，长夜常念我，实未得四沙门果。……如是思惟：正为求利非为求法，行来出入，进止安详，执持衣钵，不失威仪，独坐空处，如阿罗汉，令世间人咸作是言：如是比丘善好第一，精勤苦行，修寂灭法。以是因缘我当大得门徒弟子。诸人亦当大致供养衣服饮食卧具医药。令多女人敬念爱重。若有比丘及、比丘尼，作如是事堕过人法。"④可见，所谓"过人法"是指犯错，如"非阿罗汉而欲令人谓是罗汉，是好比丘，是善比丘，寂静比丘，令无量人生于信心"⑤等，也属于此类。佛制戒

---

① 北凉昙无谶译《大般涅槃经》卷七，《大正藏》第12卷，第405页上—中。
②③ 同上书，第405页中。
④ 同上书，第405页中—下。
⑤ 同上书，第405页下。

就是为了防止此类"法"。此经的核心是佛性思想,因而在此也提及了这一核心问题:"我今亦有佛性,有经名曰如来秘藏,于是经中,我当必定得成佛道,能尽无量亿烦恼结,广为无量诸优婆塞,说言:'汝等尽有佛性,我之与汝俱当安住如来地道,成阿耨多罗三藐三菩提,尽无量亿诸烦恼结。'作是说者,是人不名堕过人法,名为菩萨。"①

第三番,迦叶菩萨问佛说:"世尊,若有比丘梦行淫欲,是犯戒不?"②佛则回答说:"不也。应于淫欲生臭秽想,乃至不生一念净想,远离女人烦恼爱想。若梦行淫,寤应生悔。比丘乞食受供养时,应如饥世食子肉想。若生淫欲,应疾舍离。"③这就是灌顶所说的"梦觉"的意思,也就是在梦中行淫不算犯戒,但醒来之后则需忏悔。其后,经中还讲到了其他与戒律有关的问题,从略。

(三) 四谛

南本中《四谛品》的内容颇单纯,篇幅不长。根据灌顶的解释,此品是回答上文迦叶所提"云何诸调御,心喜说真谛"④之问题的。这一品所说的"四谛",与其他经典以及此经《圣行品》所言不同。"《圣行》具明四种四谛。今文但明一实四谛。其相云何?佛性实相遍一切处,能于四事明了实相,乃可称谛。若不了者,倒而非谛。经有明文,何须致惑?谓知如来甚深境界,常住不变,微密法身,名之为'谛'。此乃亦举佛果为端,实通一切畜生、地狱、阴界诸入,悉了常住法身不变,名苦圣谛。于不净中,而生真智,不坏正法,名集圣谛。于断灭中,识如来藏,名灭圣谛。明识三宝及正解脱,名道圣谛。谛非四数,约四了谛,故名四谛。如来出世,元为说此覆相。今开涂乳毒洗,故言心喜说真谛。从此立名,故言《四谛品》。"⑤可见,此品是以如来藏思想为核心来说明四谛的。

---

① 北凉昙无谶译《大般涅槃经》卷七,《大正藏》第12卷,第405页下。
②③ 同上书,第406页上。
④ 北凉昙无谶译《大般涅槃经》卷三,《大正藏》第12卷,第379页下。
⑤ 隋灌顶撰述、唐湛然再治《大般涅槃经疏》卷一一,《大正藏》第38卷,第101页上。

关于"苦谛",经中说:"所言苦者不名圣谛。何以故?若言苦是苦圣谛者,一切牛羊驴马及地狱众生应有圣谛。善男子,若复有人不知如来甚深境界、常住不变微密法身,谓是食身,非是法身;不知如来道德威力。是名为苦,何以故?以不知故,法见非法,非法见法。当知是人必堕恶趣,轮转生死,增长诸结,多受苦恼。若有能知如来常住,无有变易,或闻常住二字音声,若一经耳,即生天上。后解脱时,乃能证知如来常住无有变易。既证知已,而作是言:我于往昔曾闻是义,今得解脱,方乃证知。我于本际以不知故,轮转生死,周遍无穷,始于今日,乃得真智。若如是知真,是修苦,多所利益。若不知者,虽复勤修,无所利益。是名知苦名苦圣谛。若人不能如是修习,是名为苦非苦圣谛。"①

关于"集谛",经中说:"苦集谛者,于真法中不生真知,受不净物,所谓奴婢。能以非法言是正法,断灭正法,不令久住。以是因缘,不知法性。以不知故,轮转生死,多受苦恼,不得生天及正解脱。若有深知,不坏正法。以是因缘,得生天上及正解脱。若有不知苦、集谛处,而言正法无有常住,悉是灭法。以是因缘,于无量劫,流转生死,受诸苦恼。若能知法常住不异,是名知集,名集圣谛。若人不能如是修习,是名为集,非集圣谛。"②

关于"灭谛",经中说:"苦灭谛者,若有多修习,学空法,是为不善。何以故?灭一切法故,坏于如来真法藏故,作是修学,是名修空。修苦灭者,逆于一切诸外道等。若言修空是灭谛者,一切外道亦修空法,应有灭谛。若有说言,有如来藏,虽不可见,若能灭除一切烦恼,尔乃得入。若发此心一念因缘,于诸法中而得自在。若有修习如来密藏,无我空寂,如是之人,于无量世,在生死中流转受苦。若有不作如是修者,虽有烦恼,疾能灭除。何以故?因知如来秘密藏故,是名苦灭圣谛。若能如是修习灭者,是我弟子。若有不能作如是修,是名修空,非灭圣谛。"③

---

① 北凉昙无谶译《大般涅槃经》卷七,《大正藏》第 12 卷,第 406 页中。
② 同上书,第 406 页中—下。
③ 同上书,第 406 页下。

关于"道谛",经中说:"道圣谛者,所谓佛、法、僧宝及正解脱,有诸众生颠倒心,言无佛、法、僧及正解脱,生死流转,犹如幻化,修习是见。以此因缘,轮转三有,久受大苦。若能发心见于如来常住无变,法、僧、解脱,亦复如是。乘此一念,于无量世,自在果报随意而得。何以故?我于往昔,以四倒故,非法计法,受于无量恶业果报。我今已灭如是见故,成佛正觉,是名道圣谛。若有人言三宝无常,修习是见,是虚妄修,非道圣谛。若修是法为常住者,是我弟子。"①

(四)四倒

《四倒品》的主题是批驳将如来常、乐、我、净当做非常、非乐、非我、非净的观点。

关于第一颠倒,经中说:"于非苦中生于苦想,名曰颠倒。善男子,谓四倒者,于非苦中生于苦想,名曰颠倒。非苦者,名为如来。生苦想者,谓诸如来无常变异。若说如来是无常者,名大罪苦。若言如来舍此苦身,入于涅槃,如薪尽火灭,是名非苦而生苦想,是名颠倒。我若说言如来常者,即是我见,以我见故有无量罪,是故应说如来无常。如是说者,我则受乐,如来无常即为是苦。若是苦者,云何生乐?以于苦中生乐想故,名为颠倒。乐生苦想,名为颠倒。乐者,即是如来。苦者,如来无常。若说如来是无常者,是名乐中生于苦想。如来常住,是名为乐。若我说言如来是常,云何复得入于涅槃?若言如来非是苦者,云何舍身而取灭度?以于乐中生苦想故,名为颠倒。是名初倒。"②

关于第二颠倒,经中说:"无常常想,常无常想,是名颠倒。无常者,名不修空。不修空故,寿命短促。若有说言,不修空寂得长寿者,是名颠倒。是名第二颠倒。"③

关于第三颠倒,经中说:"无我我想,我无我想,是名颠倒。世间之人

---

① 北凉昙无谶译《大般涅槃经》卷七,《大正藏》第12卷,第406页下。
②③ 同上书,第407页上。

亦说有我,佛法之中亦说有我。世间之人,虽说有我,无有佛性,是则名为于无我中而生我想,是名颠倒。佛法有我,即是佛性。世间之人说佛法无我,是名我中生无我想。若言佛法必定无我,是故如来敕诸弟子,修习无我,名为颠倒。是名第三颠倒。"①

关于第四颠倒,经中说:"净不净想,不净净想,是名颠倒。净者,即是如来常住,非杂食身,非烦恼身,非是肉身,非是筋骨系缚之身。若有说言如来无常是杂食身,乃至筋骨系缚之身,法、僧、解脱是灭尽者,是名颠倒。不净净想,名颠倒者,若有说言,我此身中无有一法是不净者,以无不净,定当得入清净之处。如来所说修不净观,如是之言是虚妄说,是名颠倒。是则名为第四颠倒。"②

七、《如来性品》、《文字品》、《鸟喻品》

本标题下的内容包括北本第七卷卷末的一小部分以及第八卷全文,也就是南本的《如来性品》、《文字品》、《鸟喻品》,南本全在第八卷。以下依据南本的品目和北本的文字对此卷的内容作些述评。

关于《如来性品》的品名及主题,灌顶解释说:"如来是极果之胜号,性是至理之本名,非但极果名曰如来,众生本性亦名如来。又如来拟果,性拟于因。虽因、果双列,意在于因,故言如来性品。又果之本性,性隐难辨,举显以目隐,故言如来性品。又性理含藏,备种种性、善恶、三乘,举胜弃劣,故言如来性品。又如来名通,夫有心者悉未来如来,四依开士犹如如来,十方诸佛同称如来,就一佛之上有化、应、报、法,皆称如来。今文中,正辨如来藏之如来,二十五有悉皆有我,以我同故,故名如;以如示人,故言来。常不可坏,名之为性。从此立名名《如来性品》。当知此如来藏,即佛性也。"③可见,此品的核心是议论"二十五有"悉有"佛性"之

---

①② 北凉昙无谶译《大般涅槃经》卷七,《大正藏》第12卷,第407页上。
③ 隋灌顶撰述、唐湛然再治《大般涅槃经疏》卷一一,《大正藏》第38卷,第102页上。

我,最重要的命题就是"我者即如来藏"①。根据灌顶的说法,"然此一品答上两问。初答云何作善业,次答能见难见性。此两相成,只由善业能见于性,性由善业,业始性终,从终题品"②。这是说,此品是佛回答上述迦叶所提"云何作善业"以及"云何能见难见性"两个问题的。

此品第一大层次答"云何作善业"③的内容是由迦叶的提问开始的:"世尊,二十五有有我不耶?"④此正如灌顶等所解释的:"问近从《四倒品》生,一切世间虽说有我,不名'佛性',出世真我名为佛性,是故兴问。二十五有,若定有我,有则非有;若定无我,谁作善业?故言'二十五有有我不耶?'"⑤此品大致可分为三大层次,佛先为迦叶等回答"云何作善业",其后回答"能见难见性"⑥,在其后,迦叶与佛就此上述内容有十二番"辩难"。以下分而述之。

(一)"二十五有"悉有"佛性"之我

第一部分"就善业,又二:一、明佛性为善业作缘。二、明佛性正起善业"⑦。对于迦叶"二十五有有我不耶?"的提问,"佛以两譬答之。初譬,则明本有不可见。次譬,不即得说以释疑"⑧。经中说:"我者即是如来藏义,一切众生悉有佛性,即是我义。如是我义从本已来,常为无量烦恼所覆,是故众生不能得见。"⑨这是此品的核心观念。

在此品,佛先以"贫女譬"来说明"佛性"。灌顶将此譬分为四层次去解释⑩:第一层"譬本有",经文是:"如贫女人舍内多有真金之藏。"⑪第二层"譬不可见",经文是:"家人大、小,无有知者。"⑫第三层"譬缘感",经文是:"时,有异人善知方便,语贫女言:'我今雇汝,汝可为我耘除草秽。'女人答言:'我今不能。汝若能示我子金藏,然后乃当速为汝作。'是人答

---

① 北京昙无谶译《大般涅槃经》卷七,《大正藏》第12卷,第407页中。
② 隋灌顶撰述、唐湛然再治《大般涅槃经疏》卷一一,《大正藏》第38卷,第102页中—下。
③⑥ 北京昙无谶译《大般涅槃经》卷三,《大正藏》第12卷,第379页下。
④⑨⑪⑫ 北京昙无谶译《大般涅槃经》卷七,《大正藏》第12卷,第407页中。
⑤⑦⑧ 隋灌顶撰述、唐湛然再治《大般涅槃经疏》卷一一,《大正藏》第38卷,第102页下。
⑩ 参见上书,第103页下—104页中。

言:'我知方便,能云汝子。'女人复言:'我家大小,尚自不知,况汝能知?'是人复言:'我今审能。'女人答言:'我亦欲见,并可示我。'"①第四层"譬显说",经文是:"是人即于其家掘出金藏。女人见已,心生欢喜,起奇特想,宗仰是人。"②其后的"合譬"经文是:"众生佛性,亦复如是。一切众生不能得见,如彼宝藏,贫人不知。善男子,我今普示一切众生所有佛性为诸烦恼之所覆蔽,如彼贫人有真金藏不能得见。如来今日普示众生诸觉宝藏,所谓佛性。一切众生见是事已,心生欢喜,归仰如来。善方便者,即是如来。贫女人者,即是一切无量众生。真金藏者,即佛性也。"③

此品第二譬是"女人一子病"譬。灌顶将其分为四个层次去解释,颇为明了:"一、明起有我病。二、说无我药。三、邪我病息。四、真我教兴。"④对于"譬如女人生育一子,婴孩得病"⑤一句,灌顶解释说:"上文贫女譬众生身,此女既不言贫用,譬佛智应胜。'生育一子',譬于众生禀教生解。以解微故,故言'婴孩'。孩著邪常,故言得病。"⑥可见,这是说,众生由于对如来之"常"不能作正确理解,因此而患病。"是女愁恼,求觅良医。良医既至,合三种药,酥、乳、石蜜,与之令服。因告女人:'儿服药已,且莫与乳。须药消已,尔乃与之。'是时,女人即以苦味用涂其乳,语其儿言:'我乳毒涂,不可复触。'其儿渴之,欲得母乳,闻乳毒气,便远舍去,至其药消,母人以水净洗其乳,唤其子言:'来,与汝乳。'是时,小儿虽复饥渴,先闻毒气,是故不来。母复语言:'为汝服药故以毒涂,汝药已消,我已洗竟,汝便可来,饮乳无苦。'是儿闻已,渐渐还饮。"⑦这一譬喻的要义在于突出"无我"与"我"的正确理解。如来"为度一切,教诸众生修无我法。如是修已,永断我心,入于涅槃。为除世间诸妄见故,示现出过世间法故,复示世间计我虚妄非真实故,修无我法,清净身故。譬如女人为其子故,以苦味涂乳。如来亦尔。为修空故,说言诸法悉无有我。如

---

①②③⑤ 北凉昙无谶译《大般涅槃经》卷七,《大正藏》第12卷,第407页中。
④⑥ 隋灌顶撰述、唐湛然再治《大般涅槃经疏》卷一一,《大正藏》第38卷,第103页上。
⑦ 北凉昙无谶译《大般涅槃经》卷七,《大正藏》第12卷,第407页下。

彼女人净洗乳已,而唤其子欲令还饮。我今亦尔,说如来藏。是故比丘不应生怖,如彼小儿闻母唤已,渐还饮乳。比丘亦尔。应自分别如来秘藏,不得不有"①。

此品第二大部分是迦叶与佛就"二十五有有我"所作的"十二难",灌顶将其分为四层②:其一,"四难约果",对应的经文是:"婴儿生时,无所知晓。若有我者,即生之日,寻应有知。以是义故,定知无我。若定有我,受生已后,应无终没。若使一切皆有佛性,是常住者,应无坏相。若无坏相,云何而有刹利、婆罗门、毗舍、首陀及旃陀罗、畜生差别?今见业缘,种种不同,诸趣各异,若定有我,一切众生应无胜负。以是义故,定知佛性非是常法。"③其二,"两难约因"。对应的经文是:"若言佛性定是常者,何缘复说有杀、盗、淫、两舌、恶口、妄言、绮语、贪恚、邪见?若我性常,何故酒后荒醉迷乱?"④其三,四难又约果。灌顶解释说:"重约果四难者:一、据苦果。二、据苦缘。三、据忘失。四、据忆念。"⑤对应的经文是:"若我性常,盲应见色,聋应闻声,瘂应能语,拘躄能行。若我性常,不应避于火坑、大水、毒药、刀剑、恶人、禽兽。若我常者,本所更事,不应忘失。若不忘失,何缘复言我曾何处见是人耶?若我常者,则不应有老少、盛衰、忆念往事。"⑥其四,两难难处。"责处两难。初,难别在何处。次,难遍在身耶。"⑦对应的经文是:"若我常者,止住何处?为在涕唾、青黄赤白诸色中耶?若我常者,应遍身中,如胡麻油,间无空处。若断身时,我亦应断。"⑧

针对迦叶上述"十二难",如来对会众有一较长回答。灌顶对其有一判释:"或可十难难现用,二难难处所,云云。初,举两臂,答觅现用。后,利镢臂,答觅处。所言现用者,其难真我,若常应无生灭。次,差别胜负

---

①③ 北凉昙无谶译《大般涅槃经》卷七,《大正藏》第12卷,第407页下。
② 参见隋灌顶撰述、唐湛然再治《大般涅槃经疏》卷一一,《大正藏》第38卷,第103页中。
④ 北凉昙无谶译《大般涅槃经》卷七,《大正藏》第12卷,第407页下—408页上。
⑤⑦ 隋灌顶撰述、唐湛然再治《大般涅槃经疏》卷一一,《大正藏》第38卷,第103页中。
⑥⑧ 北凉昙无谶译《大般涅槃经》卷七,《大正藏》第12卷,第408页上。

难。佛答意,实有真我,为瞋、痴所覆,不能得见,故有终没升沈。前譬得而失,后譬失而得。但此妙解,凡夫未得,那忽言失?此是理数之言,应得不得,故言得而复失;得无别得,还得于失;失无别失,还失于得;得无所得,失亦无失,云云。"①在此,可简要地将上述"十二难"区分为"难现用"与"难处所"两部分,前"十难"属于前者,最后"二难"则属于后者。针对上述提问("难")中所蕴含的对于"真我"的怀疑,佛先以两譬来说明。

第一譬一般称之为"力士额珠"。经文说:"譬如王家有大力士,其人眉间有金刚珠,与余力士较力相扑,而彼力士以头抵触其额上,珠寻没肤中,都不自知是珠所在。其处有疮,即命良医欲自疗治。时有明医善知方药,即知是疮因珠入体,是珠入皮,即便停住。"②然此力士虽得良医指点,仍然"不信医言:若在皮里,脓血不净,何缘不出?若在筋里,不应可见。汝今云何欺诳于我?时医执镜,以照其面。珠在镜中,明了显现。力士见已,心怀惊怪,生奇特想"③。依照灌顶的解释,佛凭借这一譬喻回应了迦叶的前十难。经文所说,一切众生"不能亲近善知识故,虽有佛性,皆不能见,而为贪、淫、瞋恚、愚痴之所覆蔽故"④等句,说的是"遇缘起惑"⑤。而"故堕地狱"下的数句,"合第三招苦感失"⑥,其经文是:"堕地狱、畜生、饿鬼、阿修罗、旃陀罗、刹利、婆罗门、毗舍、首陀,生如是等种种家中。因心所起种种业缘,虽受人身,聋盲瘖痖,拘躄癃跛,于二十五有受诸果报,贪、淫、瞋恚、愚痴覆心,不知佛性。"⑦灌顶说,这几句是对前十难的总体回答。也就是响应了为什么众生虽有佛性、"真我",仍然会轮回六道。"我诸弟子,亦复如是。不知亲近善知识故,修学无我,亦复不知无我之处,尚自不知无我真性,况复能知有我真性?"⑧此中,如来则如同医治众生疾病的"良医",因此,此譬的真意就是:"如来如是说诸众

---

① 隋灌顶撰述、唐湛然再治《大般涅槃经疏》卷一一,《大正藏》第 38 卷,第 103 页中。
②③④ 北凉昙无谶译《大般涅槃经》卷七,《大正藏》第 12 卷,第 408 页上。
⑤⑥ 隋灌顶撰述、唐湛然再治《大般涅槃经疏》卷一一,《大正藏》第 38 卷,第 103 页下。
⑦ 北凉昙无谶译《大般涅槃经》卷七,《大正藏》第 12 卷,第 408 页上一中。
⑧ 同上书,第 408 页中。

生皆有佛性,喻如良医示彼力士金刚宝珠。是诸众生为诸无量亿烦恼等之所覆蔽,不识佛性。若尽烦恼,尔时乃得证知了了。如彼力士,于明镜中见其宝珠。"①

第二譬一般称之为"雪山譬",这一譬喻的是"失而复得"②。经文说:"譬如雪山有一味药,名曰乐味,其味极甜,在深丛下,人无能见。"③灌顶等的解释是:"'雪山'譬众生身,'一味药'譬中道不二,故云'一味'。此理能除倒惑,故名'药',名曰'乐味'。'其味极甜'者,教、理相称,即是教乐理甜也。'在深丛下'者,明烦恼覆所以失理。烦恼深邃,倒惑交加,致使不见。"④"有人闻香即知其地当有是药。过去往世有转轮王于此雪山为此药故。在在处处造作木筒以接是药。是药熟时,从地流出,集木筒中,其味真正。王既殁已,其后是药或醋或醎,或甜或苦,或辛或淡。如是一味,随其流处,有种种异。是药真味,停留在山,犹如满月。凡人薄福,虽以镢斸,加功困苦而不能得。复有圣王出现于世,以福因缘即得是药真正之味。"⑤由古人的解释可知,这一譬喻模拟的是众生本具的"佛性"的得、失变迁。如经中所说:"如来秘藏其味亦尔。为诸烦恼丛林所覆,无明众生不能得见一味者,譬如佛性。以烦恼故,出种种味。所谓地狱、畜生、饿鬼、天、人,男女非男非女,刹利、婆罗门、毗舍、首陀佛性雄猛,难可毁坏。是故无有能杀害者。若有杀者,则断佛性。如是佛性,终不可断。性若可断,无有是处。如我性者,即是如来秘密之藏。如是秘藏,一切无能毁坏烧灭。虽不可坏,然不可见。若得成就阿耨多罗三藐三菩提,尔乃证知。"⑥根据灌顶等人的解释,这里既回答了"佛性"有"胜负差别"的问题,又回答了"责觅处所之问"⑦。而此中所特别强调的佛性不会被毁坏之义,引出了迦叶与佛的另一番"议论"。

对于佛性得失的问题,自然会引出佛性存在于何处的问题。而如果

---

①③⑤ 北凉昙无谶译《大般涅槃经》卷七,《大正藏》第12卷,第408页中。
②④⑦ 隋灌顶撰述、唐湛然再治《大般涅槃经疏》卷一一,《大正藏》第38卷,第104页上。
⑥ 北凉昙无谶译《大般涅槃经》卷七,《大正藏》第12卷,第408页中—下。

说佛性存在于众生之身中,众生的肉身有生灭,那佛性如何呢?接续前述所说佛性不可断的话题,迦叶提出:"世尊,若无杀者,应当无有不善之业?"①佛告诉迦叶等:"实有杀生。何以故?善男子,众生佛性住五阴中,若坏五阴,名曰杀生。若有杀生,即堕恶趣。以业因缘而有刹利、婆罗门等、毗舍、首陀及旃陀罗,若男若女,非男非女,二十五有,差别之相,流转生死。"②这是说,确实有杀生这样的事情,如果构成众生肉身的"五蕴"被毁灭,即是杀生。众生是以五蕴为生命和报应之体的,所以有流转六道等变化,但蕴含于五蕴之中的佛性是不会变化的。佛性之体没有大小等诸相,"非圣之人横计于我大小诸相,犹如稗子,或如米豆,乃至母指。如是种种妄生忆想,妄想之想无有真实。出世我相名为佛性,如是计我是名最善"③。在此,佛又举两譬来说明。经文说:"譬如有人善知伏藏,即取利钁斸地直下,盘石、沙砾直过无难,唯至金刚不能穿彻。夫金刚者,所有刀斧不能沮坏。"④此中,"云'善知伏藏'者,譬能杀人;'利钁'譬杀具,多杀于盘石、砂卤等。次,'唯至金刚'下,为佛性不可毁作譬"⑤。因而,"众生佛性亦复如是。一切论者天魔、波旬及诸人天所不能坏。五阴之相即是起作,起作之相,喻如石沙可穿可坏;佛性者,喻如金刚,不可沮坏。以是义故,坏五阴者,名为杀生"⑥。

昙无谶译本卷七至此结束进入第八卷,此卷的内容在南本中,前半仍然属于《如来性品》,后一半则属于《文字品》、《鸟喻品》。

(二)佛性能起善业

依照灌顶等的判释,昙无谶译本第八卷中《如来性品》"从'善男子方等经者'下,是第二章,正明佛性能起善业"⑦。这也就是全品的第二大部分,说明佛性能起众生之"善缘",也就是其成佛的根据。此又分为几个层次。

第一部分是讨论有关大乘经的问题。接续上卷的内容,佛对大众

---

①②③④⑥ 北凉昙无谶译《大般涅槃经》卷七,《大正藏》第12卷,第408页下。
⑤⑦ 隋灌顶撰述、唐湛然再治《大般涅槃经疏》卷一一,《大正藏》第38卷,第104页下。

说:"方等经者,犹如甘露,亦如毒药。"①迦叶菩萨就此询问缘由,佛告诉大众说:"或有服甘露,伤命而早夭。或复服甘露,寿命得长存。或有服毒生,有缘服毒死。无碍智甘露,所谓大乘典。如是大乘典,亦名杂毒药。如酥醍醐等,及以诸石蜜,服消则为药,不消则为毒。方等亦如是,智者为甘露。……如是勤精进,依因于大乘,得至于涅槃,成人中象王。众生知佛性,犹如迦叶等。无上甘露味,不生亦不死。"②

第二部分,接续上述偈颂,佛说及"三归依"的问题。经文是:"迦叶汝今当,善分别三归。如是三归性,则是我之性。若能谛观察,我性有佛性。当知如是人,得入秘密藏。知我及我所,是人已出世。佛法三宝性,无上第一尊。如我所说偈,其性义如是。"③对于这一问题,灌顶解释说:"从'迦叶汝今当去',第二,辨一体三宝。然昔初教,举非显是,破邪归正,明'别体三宝',此义易知。前《长寿》中明护法,举法归依诸佛,已成一体三宝,不许归别。归别体者,归戒不具。今文劝归己身,当成一体三宝,显于自体成善业,故又免魔缚,各有所据。"④这是说,此经以前的文字已经说及了"一体三宝"的问题,在此的重点是激励信众归向于佛,亦显示依据佛性成就善业。

此中的要点是:佛告诉迦叶菩萨等说:"汝今不应如诸声闻、凡夫之人分别三宝。于此大乘,无有三归分别之相。所以者何?于佛性中即有法、僧,为欲化度声闻、凡夫故,分别说三归异相。善男子,若欲随顺世间法者,则应分别有三归依。善男子,菩萨应作如是思惟:我今此身归依于佛。若即此身得成佛道,既成佛已,不当恭敬礼拜供养于诸世尊。何以故?诸佛平等,等为众生作归依故。若欲尊重法身舍利,便应礼敬诸佛塔庙。所以者何?为欲化度诸众生故,亦令众生于我身中起塔庙想,礼

---

① 北凉昙无谶译《大般涅槃经》卷八,《大正藏》第12卷,第409页上。
② 同上书,第409页上—中。
③ 同上书,第409页中。
④ 隋灌顶撰述、唐湛然再治《大般涅槃经疏》卷一一,《大正藏》第38卷,第105页上。

拜供养。如是众生以我法身为归依处,一切众生皆依非真邪伪之法,我当次第为说真法。又有归依非真僧者,我当为作依真僧处。若有分别三归依者,我当为作一归依处,无三差别,于生盲众为作眼目。复当为诸声闻、缘觉作真归处。善男子,如是菩萨,为无量恶诸众生等及诸智者而作佛事。"①对于此中所言的"三归依"的含义,灌顶设一问:"身有法、僧可尔,何为有佛?"②其答语是:"身中佛性,佛性即是法身佛宝,能说此法即是法宝,能受持者,即是僧宝。他尚归依我身三宝,我今岂可不自归耶?"③又说:"举体是佛,佛是觉义,举体是法,法是不觉,举体是僧,觉与不觉而不违。"④上述两条材料,前一段解释了为何说众生之身也是"三宝具足"的问题,后者则是对"若有分别三归依者,我当为作一归依处,无三差别"⑤的解释。由此可见,灌顶等的解释已经有了佛性内在于自身而由此可置换出"佛宝"也内在于自身的命题。

依照灌顶的判释,"从'我今当更为汝'下,是第三,明中道圆观"⑥。从现代学者对于《大般涅槃经》核心思想的概括言之,此品此后的内容是以"中道"的观点来看待涅槃之"常乐我净"。关于这一主题,佛对迦叶等说:"若我住者,即是常法,不离于苦。若无我者,修行净行,无所利益。"⑦这是说,如果坚持有一常住不变的"我",则会有不离"苦"的讥嫌,反之,如果坚持说"无我",则所修行的"清净之行"就失去了承担者,等等。因此,"若言诸法皆无有我,是即断见。若言我住,即是常见。若言一切行无常者,即是断见。诸行常者,复是常见。若言苦者,即是断见。若言乐者,复是常见。修一切法常者堕于断见,修一切法断者堕于常见"⑧。这些都是在此问题上容易出现的疑惑。那么,如何破除这些疑惑呢?经中说:"以是义故,修余法苦者,皆名不善。修余法乐者,则名为善。修余法

---

① 北凉昙无谶译《大般涅槃经》卷八,《大正藏》第12卷,第409页下—410页上。
②③④ 隋灌顶撰述、唐湛然再治《大般涅槃经疏》卷一一,《大正藏》第38卷,第106页上。
⑤ 北凉昙无谶译《大般涅槃经》卷八,《大正藏》第12卷,第410页上。
⑥ 隋灌顶撰述、唐湛然再治《大般涅槃经疏》卷一一,《大正藏》第38卷,第104页下。
⑦⑧ 北凉昙无谶译《大般涅槃经》卷八,《大正藏》第12卷,第410页中。

无我者,是诸烦恼分。修余法常者,是则名曰如来秘藏。所谓涅槃,无有窟宅。修余无常法者,即是财物。修余常法者,谓佛、法、僧及正解脱。当知如是佛法中道,远离二边而说真法,凡夫愚人于中无疑。"①灌顶解释说:"言'余法'者,中道之外,皆名'余法'。常、乐、我、净即指如来秘藏。佛、法、僧、正解脱等,当知中道只是真法,二边为余。"②由此可见,偏于一边来理解"无常"与"常"、"苦"与"乐"、"无我"与"我"等,都是不正确的,而应该以"中道"来理解之。

此品在上文之后还有一段较长的经文来论说如何来理解"中道",其标志宗旨的经文是:"有无之法,体性不定。如来亦尔,于诸众生犹如良医,知诸烦恼体相差别而为除断,开示如来秘密之藏,清净佛性常住不变。"③在此,就转入对于涅槃思想很关键的如何理解"清净佛性常住不变"之义上。

首先讨论佛性是"有"还是"无"的问题,灌顶解释为"约诸法有无显中道"④。经文说:"若言有者,智不应染。若言无者,即是妄语。若言有者,不应默然。"⑤此三句的含义,灌顶记载说:"初句云'智不应染'者,有二解:一云:智闻佛说,佛性是有,不应染著。愚便责其现用处所,或六根中,或遍身中。若闻佛性是有,应知佛意不定专在于有,有即表无。'无即妄语'者,是第二句破无,亦二意:一云:道理不无,定无乖理,故是妄语。二云:佛性虽有,未有现用,故言是'无'。汝有智人,不应云'妄'。'若言有'者,是第三句,为执有情多故,更重破。'不应默然'者,若有佛性,应能现瑞,何以默然?二云:若定有有者,就汝推捡,何以默然?"⑥依据这一解释,上述三句经文的含义是:若说佛性是"有",智者对此不会产生执著,而愚者则会追问佛性到底存在于何处,是在六根之中还是遍于

---

① 北凉昙无谶译《大般涅槃经》卷八,《大正藏》第12卷,第410页中—下。
② 隋灌顶撰述、唐湛然再治《大般涅槃经疏》卷一一,《大正藏》第38卷,第106页下。
③⑤ 北凉昙无谶译《大般涅槃经》卷八,《大正藏》第12卷,第410页下。
④ 隋灌顶撰述、唐湛然再治《大般涅槃经疏》卷一一,《大正藏》第38卷,第107页上。
⑥ 同上书,第107页上—中。

身中？应该明白,尽管佛说佛性是"有",但此"有"并非可以执实,此"有"也是"表无"。但是,如果因此而说佛性是"无",则是妄语。

究竟应该如何演说佛性呢？经中说:"若说于苦,愚人便谓身是无常。说一切苦,复不能知身有乐性。说无常者,凡夫之人,计一切身皆是无常,譬如瓦坏;有智之人应当分别,不应尽言一切无常。何以故？我身即有佛性种子。若说无我,凡夫当谓一切佛法悉无有我;智者应当分别无我,假名不实,如是知已,不应生疑。若言如来秘藏空寂,凡夫闻之生断灭见;有智之人应当分别如来是常,无有变易。若言解脱譬如幻化,凡夫当谓得真解脱即是磨灭;有智之人应当分别,人中师子虽有去来,常住无变。"①此中提出了两种角度,即"凡夫"和"有智之人"。依前者,只言"苦"、"一切无常"、"无我"、如来藏空寂、解脱犹如幻化,而依后者则应是"乐"、"常"、"我"、"清净"。

此后的内容是"约不二不异明中道"②,经文曰:"若言无明因缘诸行,凡夫之人闻已分别生二法想——'明'与'无明',智者了达其性无二,无二之性即是实性。若言诸行因缘识者,凡夫谓二——'行'之与'识',智者了达其性无二,无二之性即是实性。若言十善、十恶可作不可作,善道、恶道,白法黑法,凡夫谓二,智者了达其性无二,无二之性即是实性。"③此中列举"明"与"无明"、"行"与"识"、"善道"与"恶道"都是"不二"的。以此来说明对于"十二因缘"均须从"中道"的角度去理解。经文又曰:"若言应修一切法苦,凡夫谓二,智者了达其性无二,无二之性即是实性。若言一切行无常者,如来秘藏亦是无常;凡夫谓二,智者了达其性无二,无二之性即是实性。若言一切法无我,如来秘藏亦无有我;凡夫谓二,智者了达其性无二,无二之性即是实性。我与无我性无有二,如来秘藏其义如是。"④由此可知,"智者"了达"苦"与"乐"、"无常"与"常"、"无

---

① ③ 北凉昙无谶译《大般涅槃经》卷八,《大正藏》第 12 卷,第 410 页下。
② 隋灌顶撰述、唐湛然再治《大般涅槃经疏》卷一一,《大正藏》第 38 卷,第 107 页中。
④ 北凉昙无谶译《大般涅槃经》卷八,《大正藏》第 12 卷,第 410 页下—411 页上。

我"与"我"是"无二"的,"无二"之性才是"实性"。

在这一部分的最后,还有一段较长的经文对"我"与"无我"之"性无有二"的含义进行总结。经中并且有一提示:"如我先于《摩诃般若波罗蜜经》中说'我、无我无有二相'"①,其后便是著名的"因乳生酪"譬喻。经文曰:"如因乳生酪,因酪得生酥,因生酥得熟酥,因熟酥得醍醐。如是酪性,为从乳生。为从自生?从他生邪?乃至醍醐,亦复如是。若从他生,即是他作,非是乳生。若非乳生,乳无所为。若自生者,不应相似相续而生。若相续生,则不俱生。若不俱生五种之味,则不一时。虽不一时,定复不从余处来也。当知乳中先有酪相,甘味多故,不能自变。乃至醍醐,亦复如是。是牛食唊草因缘,血脉转变而得成乳。若食甘草,其乳则甜。若食苦草,乳则苦味。雪山有草,名曰肥腻。牛若食者,纯得醍醐,无有青、黄、赤、白、黑色。谷草因缘,其乳则有色味之异。"② 对此,灌顶解释说:因乳生酪,"譬成因缘不二之义。如五味相生,无自、他性,即是因缘。因缘即是中道,其意显然"③。这就是中观学经常使用的逻辑,其结论就是:"是诸众生以明、无明业因缘故,生于二相。若无明转,则变为明。一切诸法善、不善等,亦复如是,无有二相。"④ 关于这一譬喻,经中还有一段较长的对话,其逻辑十分清晰,为节省篇幅,姑且从略。经中通过这一譬喻所要得出的结论是:

> 佛性亦尔,烦恼覆故,众生不见。譬如大海虽同一醎,其中亦有上妙之水,味同于乳。喻如雪山,虽复成就种种功德,多生诸药,亦有毒草。诸众生身亦复如是,虽有四大毒蛇之种,其中亦有妙药大王。所谓佛性,非是作法,但为烦恼客尘所覆。若刹利、婆罗门、毗舍、首陀能断除者,即见佛性,成无上道。众生佛性亦复如是,常为一切烦恼所覆不可得见,是故我说众生无我。……闻是经

---

① ② ④ 北凉昙无谶译《大般涅槃经》卷八,《大正藏》第12卷,第411页上。
③ 隋灌顶撰述、唐湛然再治《大般涅槃经疏》卷一一,《大正藏》第38卷,第107页中—下。

已,即知一切无量众生皆有佛性,以是义故,说大涅槃名为如来秘密之藏,增长法身,犹如雷时象牙上华,以能长养。如是大义故,得名为大般涅槃。①

此引文中加线的部分就是其要义所在。

(三)能见难见性

此《如来性品》第二大层次"答能见难见性"②的内容,是由迦叶与佛的两番问答构成的,如灌顶所判释的:"从迦叶白佛下,品中第二,答能见难见性。文有四问答:初,两番,辨深行证见。后,两番,明浅行闻见。闻见酬其能见,证见酬其难见。"③

所谓"深行证见"的含义是"世尊,所言佛性,甚深!甚深!难见难入,声闻、缘觉所不能服"④。此后,经中列举十譬来说明这一道理。如第一譬是"如百盲人为治目故,造诣良医。是时良医即以金錍决其眼膜,以一指示,问言:'见不?'盲人答言:'我犹未见。'复以二指、三指示之,乃言少见"⑤。以这一譬喻来说明"如是菩萨位阶十地,尚不明了知见佛性,何况声闻、缘觉之人能得见耶?"⑥再如"远观虚空鹅雁譬"、"醉人欲涉远路,朦胧见道譬"、"渴人行于旷野遍行求水譬"、"有人在大海中譬喻"等九个譬喻⑦,都说明同样的问题。

所谓"浅行闻见"是指二乘、外道对于"佛"的不理解或者错误理解。首先是佛针对迦叶所问"佛性如是微细难知,云何肉眼而能得见?"⑧而作的回答:"如彼非想非非想天,亦非二乘所能得知,随顺契经以信故知。善男子,声闻、缘觉信顺如是《大涅槃经》,自知己身有如来性亦复如是。善男子,是故应当精勤修习《大涅槃经》。"⑨因为佛性唯佛能知,非诸声

---

① ④ ⑤ 北凉昙无谶译《大般涅槃经》卷八,《大正藏》第 12 卷,第 411 页下。
② ③ 隋灌顶撰述、唐湛然再治《大般涅槃经疏》卷一一,《大正藏》第 38 卷,第 108 页中。
⑥ 北凉昙无谶译《大般涅槃经》卷八,《大正藏》第 12 卷,第 411 页下—412 页上。
⑦ 参见上书,第 411 页上—中。
⑧ ⑨ 同上书,第 412 页中。

闻、缘觉所及。其后,迦叶又提出一个问题:"世尊,非圣凡夫有众生性,皆说有我。"①对于此中所说的"非圣凡夫",灌顶解释说:"问中云'非圣凡夫'者,即外道也。其自称圣,如来夺之,故言'非圣'。若理内凡夫,即圣凡夫。内道、外道俱云有我、有我之性,两事云何?"②此后,佛又以贫、富二人之譬喻来回答:"是时,贫人见是王子有一好刀,净妙第一,心中贪著。王子后时,执持是刀,逃至他国。贫人于后,寄宿他家,即于眠中寱言刀刀。"③如此等等,其结论是:"菩萨摩诃萨亦复如是。出现于世,说我真相。说已,舍去。譬如王子持净妙刀,逃至他国。凡夫愚人,说言一切有我有我,如彼贫人,止宿他舍,寱言刀刀。声闻、缘觉问诸众生:我有何相? 答言:我见我相,大如拇指。或言如米,或如稗子。有言我相住在心中,炽然如日。如是众生,不知我相。譬如诸臣,不知刀相。菩萨如是说于我法,凡夫不知,种种分别,妄作我相。如问刀相,答似羊角。是诸凡夫,次第相续而起邪见。为断如是诸邪见故,如来示现说于无我。譬如王子,语诸臣言:我库藏中,无如是刀。善男子,今日如来所说真我名曰佛性。如是佛性,我佛法中,譬如净刀。"④

(四)十四音

昙无谶译本卷八中间部分的内容在南本中标名为《文字品》。关于其品名的含义,灌顶解释说:"次第者,上《性品》明字下之理,此品明理上之字。答上问'云何解满字及与半字义'。前品《名字功德》,正论此经,专解出世上上满字。今品通论众教,若半,若满,世间、出世间上上等文字。"⑤而关于此中所言的"半"字和"满"字的含义,是古代判教理论的重要依据,解释很多,梁代兴皇法朗的解释最妥切:"昔说'无常',不名为'满',今教具说'常'与'无常',是故名'满'。……兴皇解,涅槃佛性之体

---

①③ 北凉昙无谶译《大般涅槃经》卷八,《大正藏》第12卷,第412页中。
② 隋灌顶撰述、唐湛然再治《大般涅槃经疏》卷一一,《大正藏》第38卷,第108页下。
④ 北凉昙无谶译《大般涅槃经》卷八,《大正藏》第12卷,第412页下。
⑤ 隋灌顶撰述、唐湛然再治《大般涅槃经疏》卷一二,《大正藏》第38卷,第109页中。

非常非无常,常无常具足,故名为'满'。"①这一解释说明如来藏经典所言的涅槃佛性理论属于"满教",然而这是以南北朝时期及其隋唐盛行的"判教"理论来说明此品的宗旨。而从此品的原本内容出发,还有另外的解释。

关于此品的宗旨,如果以经中的文字表达,即为:"所有种种异论、咒术、言语、文字,皆是佛说,非外道说。"②从此中所言的角度看,此品的宗旨似乎应该是说佛以往所说的"法"都是正确的。而前述灌顶以"半字"和"满字"对于经义的解释,有浓厚的判教色彩。而现代学者的描述则是:"经文先言十四音为一切字根本,世人学是字本,可知法与非法;其次依序列举每一字母的字义,先后共五十字;然后总述这五十个字母发音时的区别;最后所说为学习十四音的意义。"③此中的内容很专门,在此仅仅从十四音的具体内容以及"半满"的含义作一论述。

什么叫"十四音"呢?经中有一界定:"有十四音名为字义。所言字者,名曰涅槃,常故不流。若不流者,则为无尽。夫无尽者,即是如来金刚之身。是十四音,名曰字本。"④此中的"十四音",依据今人的研究,其实"是一种属于《悉昙章》系统的的梵文字母。虽言'十四'实际上包括了梵文的五十字母。从内容上看,此经先明言'十四字为一切字根本',然后依次罗列梵文字母的元音、辅音字母及其教义,其排列顺序与《悉昙章》字母表的顺序基本一致"⑤。

《大般涅槃经·文字品》之五十音如下:

> 阿[短]者,不破坏故。不破坏者,名曰三宝,喻如金刚。又复阿者,不流故。不流者,即是如来。如来九孔无所流故,是故不流。又无九孔,是故不流。不流即常,常即如来,如来无作,是故不流。又

---

① 隋灌顶撰述、唐湛然再治《大般涅槃经疏》卷一二,《大正藏》第38卷,第109页中。
② 北凉昙无谶译《大般涅槃经》卷八,《大正藏》第12卷,第412页下—413页上。
③⑤ 周广荣《梵语〈悉昙章〉在中国的传播与影响》,第83页,北京:宗教文化出版社,2004年11月版。
④ 北凉昙无谶译《大般涅槃经》卷八,《大正藏》第12卷,第413页上。

复阿者,名为功德。功德者,即是三宝,是故名阿。

次,阿[长]者,名阿阇梨。阿阇梨者,义何谓耶?于世间中得名圣者。何谓为圣?圣名无著,少欲知足,亦名清净,能度众生于三有流生死大海,是名为圣。又复阿者,名曰制度,修持净戒,随顺威仪。又复阿者,名依圣人,应学威仪,进止举动,供养恭敬,礼拜三尊,孝养父母及学大乘。善男、女等具持禁戒及诸菩萨摩诃萨等,是名圣人。又复阿者,名曰教诲,如言汝来,如是应作,如是莫作。若有能遮非威仪法,是名圣人。

是故名阿伊[短]者,即是佛法,梵行广大,清净无垢,譬如满月,汝等如是应作,不作是义非义,此是佛说,此是魔说,是故名伊。①

伊[长]者,佛法微妙,甚深难得,如自在天、大梵天王法名自在。若能持者,则名护法。又自在者,名四护世,是四自在,则能摄护大涅槃经,亦能自在敷扬宣说。又复伊者,能为众生自在说法。复次,伊者为自在故,说何等是耶?所谓修习方等经典。复次,伊者,为断嫉妒,如除稗秽,皆悉能令变成吉祥,是故名伊。②

忧[短]者,于诸经中最上最胜,增长上上,谓大涅槃。复次,忧者,如来之性,声闻、缘觉所未曾闻,如一切处,北郁单越最为殊胜。菩萨若能听受是经,得名最上最胜,是故名忧。

忧[长]者,譬如牛乳,诸味中上,如来之性亦复如是,于诸经中最尊最上。若有诽谤,当知是人与牛无别。复次,忧者,是人名为无慧正念,诽谤如来微密秘藏。当知是人甚可怜悯,远离如来秘密之藏,说无我法,是故名忧。

噎者,即是诸佛法性涅槃,是故名噎。

嘢者,如来义。复次,嘢者,如来进止屈伸举动,无不利益一切众

---

① 北凉昙无谶译《大般涅槃经》卷八,《大正藏》第12卷,第413页上。
② 同上书,第413页上—中。

生,是故名黳。

乌者,名烦恼义。烦恼者,名曰诸漏。如来永断一切烦恼,是故名乌。

炮者,谓大乘义,于十四音是究竟义,大乘经典亦复如是,于诸经论最为究竟,是故名炮。

庵者,能遮一切诸不净物,于佛法中能舍一切金银宝物,是故名庵。

痾者,名胜乘义。何以故?此大乘典大涅槃经,于诸经中最为殊胜,是故名痾。

迦者,于诸众生起大慈悲,生于子想,如罗睺罗,作妙善义,是故名迦。①

佉者,名非善友。非善友者,名为杂秽,不信如来秘密之藏,是故名佉。②

伽者,名藏。藏者,即是如来秘藏,一切众生皆有佛性,是故名伽。

伽[重音]者,如来常音。何等名为如来常音?所谓如来常住不变,是故名伽。

俄者,一切诸行破坏之相,是故名俄。

遮者,即是修义,调伏一切诸众生故,名为修义,是故名遮。

车者,如来覆荫一切众生,譬如大盖,是故名车。

阇者,是正解脱,无有老相,是故名阇。

阇[重音]者,烦恼繁茂,譬如稠林,是故名阇。

若者,是智慧义,知真法性,是故名若。

咤者,于阎浮提示现半身而演说法,譬如半月,是故名咤。

---

① 北凉昙无谶译《大般涅槃经》卷八,《大正藏》第12卷,第413页中。
② 同上书,第413页中—下。

侘者,法身具足,譬如满月,是故名侘。

茶者,是愚痴僧,不知常与无常,譬如小儿,是故名茶。

茶[重音]者,不知师恩,譬如羝羊,是故名茶。

拏者,非是圣义,譬如外道,是故名拏。

多者,如来于彼告诸比丘,宜离惊畏,当为汝等说微妙法,是故名多。

他者,名愚痴义,众生流转生死,自缠如蚕蛞蜣,是故名他。

陀者,名曰大施,所谓大乘,是故名陀。

陀[重音]者,称赞功德,所谓三宝,如须弥山,高峻广大,无有倾倒,是故名陀。

那者,三宝安住,无有倾动,譬如门阃,是故名那。

波者,名颠倒义。若言三宝,悉皆灭尽,当知是人为自疑惑,是故名波。

颇者,是世间灾。若言世间灾起之时,三宝亦尽,当知是人愚痴无智,违失圣旨,是故名颇。

婆者,名佛十力,是故名婆。①

滼者,名为重担,堪任荷负无上正法,当知是人是大菩萨,是故名滼。②

摩者,是诸菩萨严峻制度,所谓大乘大般涅槃,是故名摩。

耶者,是诸菩萨在在处处,为诸众生说大乘法,是故名耶。

啰者,能坏贪欲、瞋恚、愚痴,说真实法,是故说啰。

罗[轻]者,名声闻乘,动转不住。大乘安隐,无有倾动。舍声闻乘,精勤修习无上大乘,是故名罗。

和者,如来世尊为诸众生雨大法雨,所谓世间咒术、经书,是故

---

① 北凉昙无谶译《大般涅槃经》卷八,《大正藏》第12卷,第413页下。
② 同上书,第413页下—414页上。

名和。

赊者,远离三箭,是故名赊。

沙者,名具足义。若能听是大涅槃经,则为已得闻持一切大乘经典,是故名沙。

娑者,为诸众生演说正法,令心欢喜,是故名娑。

诃者,名心欢喜。奇哉!世尊离一切行。怪哉!如来入般涅槃,是故名诃。

罗者,名曰魔义。无量诸魔不能毁坏如来秘藏,是故名罗。复次,罗者,乃至示现随顺世间有父母、妻子,是故名罗。

鲁、流、卢、楼,如是四字说有四义,谓佛、法、僧及以对法。言对法者,随顺世间,如提婆达示现坏僧,化作种种形貌色像,为制戒故,智者了达,不应于此而生畏怖。是名随顺世间之行,以是故名鲁、流、卢、楼。①

上引经文的基本格式是将梵文的字母与此经所弘扬的大乘佛教教义特别是涅槃佛性思想联系起来,前面是字母,后面则是教义的内容。

于此就产生了一个问题,上引经文明明是五十个字,为什么又称之为"十四字"或者"十四音"呢?这不仅在历史上是一个重大的问题,而且在当今佛学研究中也是一个非常专业的问题。由于笔者是外行,不应置喙,仅仅再引述周广荣兄的研究成果略作说明。

隋灌顶《大般涅槃经疏》中记载了河西道朗的几种有差别的说法,其文曰:

又河西以前十二即是十二音,取后四字合为二音。古经本云黎楼黎楼,即是四字为二音,足前为十四。

又梵本言字不言音,今十二字,或十六字,随世所用。

---

① 北凉昙无谶译《大般涅槃经》卷八,《大正藏》第12卷,第414页上。

又一解云：初十二是音，后迦、佉下是字。①

河西云：十二字喻之如饭，后二十五字喻之如羹，后九字摄持诸句，如守门人，亦如璎珞，后九字亦字亦音，鲁留下之二字，童朦所不习学。②

周广荣兄在引述了河西道朗关于十四音的几种解释后，解释说："以上四说都出自道朗，但各说之间对十四音的解释却出入很大。其中前二说基本一致，即以前十二字为十二音，鲁流卢楼四字合为二音二者相加即成十四音；第三说则是则是以'肆昙'二字加上前十二字成十四音；第四说则指出梵语当中并没有十四音之说，实际应用中只有十二、十六字。"③周兄从道朗的上述不同说法中，推出这样的论断："道朗出自昙无谶门下，他对十四音的解释也应是继承昙无谶的观点而来的。道朗对十四音的不同理解，说明昙无谶本人对十四音究竟是哪十四个音也不清楚。如果结合十四音在印度的使用情况来看，这一点也就十分清楚了。如本文序言中所言，十四音本出于印度古代的语法著作 Kātantra 一书，指的是 a、ā、i、ī、u、ū、r、r̄、l、ī、e、ai、o、au、am、aḥ 十四个梵文元音字母。此书是摄婆跋摩为教授南印度娑多婆呵那王学习梵语而作，主要流传于印度边鄙之地，于中天梵音并不一样。"④——此论甚精，不但解释了十四音的来源，更重要的是，十四音的流行区域正是如来藏经典屡屡言及此类经典最初的得力弘扬区。这样从一个侧面证明了如来藏经典正是首先从南印度流传出来的。

周兄并且指出："道朗把前十二字称为音，而把迦等字称字，是以音指代元音，以字代表辅音，音字互举可以看出各组字母性质的区别。"⑤而且上述"材料中的妙喻尤为准确，八前十二字比做饭，后二十五字比做羹，羹饭相合方成美食，元音与辅音相拼才能生成文字，表达各种意义。他把后九字比做守门人、璎珞，正与后九字亦字亦音的半元音性质相符，

---

① 隋灌顶撰述、唐湛然再治《大般涅槃经疏》卷一二，《大正藏》第38卷，第110页上。
② 同上书，第110页中。
③ 周广荣《梵语〈悉昙章〉在中国的传播与影响》，第85页。
④⑤ 同上书，第86页。

守门人、璎珞取其装饰义、补充义。在这里,道朗把鲁流卢楼四音并做二音,认为在实际的语言中并不常用"①。

在此品结尾,经文有曰:"吸气舌根随鼻之声,长短超声随音解义,皆因舌齿而有差别。如是字义能令众生口业清净,众生佛性则不如是假于文字然后清净。何以故?性本净故,虽复处在阴、界、入中,则不同于阴、入、界也,是故众生悉应归依诸菩萨等,以佛性故,等视众生无有差别。是故半字于诸经书记论文章而为根本,又半字义皆是烦恼言说之本,故名半字。满字者,乃是一切善法言说之根本也。譬如世间为恶之者名为半人,修善之者名为满人。如是一切经书记论,皆因半字而为根本。若言如来及正解脱入于半字,是事不然。何以故?离文字故。是故如来于一切法无碍无著,真得解脱。何等名为解了字义?有知如来出现于世,能灭半字,是故名为解了字义。若有随逐半字义者,是人不知如来之性。何等名为无字义也?亲近修习不善法者是名无字。又无字者虽能亲近修习善法,不知如来常与无常、恒与非恒,及法、僧二宝律与非律,经与非经,魔说佛说。若有不能如是分别,是名随逐无字义也。"②对于此中所强调的"半字"与"满字"的含义,道朗也有解释:"河西师云:外国不作半满语,而作具足、不具足语。具足、不具足既烦,今存半、满语。不具足则是半,具足则是满。"③他又说:"半字者,世法名半字,佛性名满字。又以九部为半字,大乘为满字。又云:梵本无半、满之言,但以事未成为半,成就为满。"④对于其含义,周兄解释说:"具足、不具足,事成与未成都是就梵文字母表达意义的功能而言的,半字只是单个的字母,意义不'具足';满字则是由单个的字母拼合而成,能完整地表情达意。因此,《涅槃经》用半、满字比喻世法与佛法、小乘法与大乘法的差别。"⑤如上引经文中反复

---

① 周广荣《梵语〈悉昙章〉在中国的传播与影响》,第87页。
② 北凉昙无谶译《大般涅槃经》卷八,《大正藏》第12卷,第414页上—中。
③ 日本安然《悉昙藏》卷七,《大正藏》第84卷,第432页中。
④ 隋灌顶撰述、唐湛然再治《大般涅槃经疏》卷一二,《大正藏》第38卷,第110页中。
⑤ 周广荣《梵语〈悉昙章〉在中国的传播与影响》,第87—88页。

强调的,修善之人名为满人,如来为真正"解了字义者"。

(五)鸟喻

昙无谶译本卷八最后部分的内容在南本中标名为《鸟喻品》。关于此品品名的含义,灌顶解释说:"《鸟喻》者,依教立行,即双流行。二行并观,一行一切行。下文云:复有一行是如来行。次,《文字》之后明二鸟共行,故成次第;亦是依教生智,智望于教,教即成境,由境发智,由智立行,教转成境,智转成行,故为次第。"① 而对于此品在整部经中的结构意义,灌顶解释说:"此品答'云何共圣行'。娑罗迦邻提,此还举鸟以况于行,以为答问。能喻是娑罗迦邻提,所喻是双流共行。"② 而关于两鸟双飞的意义,灌顶如此解释:"言双游者,生死具常、无常,涅槃亦尔。在下在高,双飞双息,即事而理,即理而事,二谛即中,中即二谛,非二中而二中。是则双游义成,雌、雄亦成。事、理双游,其义既成,名字观行,乃至究竟双游皆成,横竖具足,无有缺减。此中备有凡、凡共行,凡、圣共行,非凡非圣共行。约人、法分别俱成。以是义故,故云《鸟喻品》。"③ 依照灌顶等的科判,此品分为两部分:一是"总",二是"别"。前者从总体上说明此品的宗旨,后者条分缕析地分析其含义。

在"总"的部分,佛为会众以并飞鸟作譬喻来说明苦、无常、无我之法也是纠缠在一起的。经文说:"鸟有二种。一名迦邻提,二名鸳鸯。游止共俱,不相舍离。是苦、无常、无我等法,亦复如是,不得相离。"其理由是:"异法是苦,异法是乐;异法是常,异法无常;异法是我,异法无我。譬如稻、米,异于麻、麦,麻、麦复异豆、粟、甘蔗。"④ 关于其含义,灌顶《涅槃经疏》记载:"初,法中,言'异法是苦'、'是乐'者,旧云:生死异涅槃,涅槃异生死,故言'苦'、'乐'。"⑤ 这是说,由于生死异于涅槃,所以生死是苦;

---

① ② 隋灌顶撰述、唐湛然再治《大般涅槃经疏》卷一二,《大正藏》第38卷,第110页中。
③ 同上书,第110页下—111页上。
④ 北凉昙无谶译《大般涅槃经》卷八,《大正藏》第12卷,第414页中。
⑤ 隋灌顶撰述、唐湛然再治《大般涅槃经疏》卷一二,《大正藏》第38卷,第111页上。

涅槃异于生死,所以涅槃是"乐";"无常"与"常"、"无我"与"我"等也是如此。

上文所述是此品的宗旨,其后则是详细阐述,这就是灌顶等人所说的"别说"部分。"别说"部分又分为三层:"一、就生死明无常。二、就涅槃明无我。三、双就生死、涅槃以明苦、乐。"①以下逐次论述之。

"别说"之第一层次"就生死明无常"是从五个譬喻开始的。经文说:"如是诸种,从其萌芽,乃至华、叶,皆是无常,果实成熟,人受用时,乃名为常。何以故?性真实故。"②关于其含义,灌顶等解释说:"'萌芽'譬生死中无常,'熟时'譬生死中常。"③如此一来,就需界定"常"的含义,关键是此"常"与如来之"常"是否有区别。迦叶于是代表会众提问说:"世尊,如是等物,若是常者,同如来耶?"④佛自然是否定的:"汝今不应作如是说。何以故?若言如来如须弥山,劫坏之时须弥崩倒。如来尔时岂同坏耶?善男子,汝今不应受持是义。善男子,一切诸法唯除涅槃,更无一法而是常者,直以世谛言果实常。"⑤这里引入的"世谛"之"常"与"真谛"之"常"是"别"的逻辑,其结论是:"虽修一切契经诸定,乃至未闻大般涅槃,皆言一切悉是无常。闻是经已,虽有烦恼如无烦恼,即能利益一切人、天。何以故?晓了己身有佛性故,是名为常。"⑥此后经中又列举了四个譬喻来说明同样的道理:

> 如庵罗树,其华始敷,名无常相;若成果实,多所利益乃名为常。
> 譬如金矿,消镕之时是无常相;镕已成金,多所利益,乃名为常。
> 譬如胡麻,未被压时,名曰无常;既压成油,多有利益,乃名为常。⑦
> 譬如众流,皆归于海。一切契经诸定三昧,皆归《大乘大涅槃

---

① ③ 隋灌顶撰述、唐湛然再治《大般涅槃经疏》卷一二,《大正藏》第38卷,第111页上。
② 北凉昙无谶译《大般涅槃经》卷八,《大正藏》第12卷,第414页中。
④ 同上书,第414页中—下。
⑤ ⑥ ⑦ 同上书,第414页下。

经》。何以故？究竟善说有佛性故。①

此中，前三个譬喻所蕴含的逻辑是一致的，即原来的"无常"，经过一个加工或者成长的过程，成就为"常"，而之所以说其为"常"的原因是"多所利益故"。而最后一个譬喻则是说明佛所说的一切经最终汇归于《大涅槃经》。

"别说"之第二层次"就涅槃以明无我、我二行"的宗旨是："无忧悲，即有'我'；有忧悲，即'无我'。"②此层是从迦叶的提问开始的："世尊，如来已离忧悲毒箭。忧悲者，名为天。如来非天。忧悲者，名为人。如来非人。忧悲者，二十五有。如来非二十五有。是故如来无有忧悲，何故称言如来忧悲？"③这一提问的实质是："佛说涅槃亦有无常，无常是有为，有为即忧悲。今问忧悲，是问涅槃有无常不。"④可见，迦叶表面问的是如来忧悲的问题，实际上说的是涅槃是"无常"还是"常"的问题。

对上述问题，佛明确回答说："迦叶，如来之性清净无染，犹如化身，云何当有忧悲、苦恼？若言如来无忧悲者，云何能利一切众生，弘广佛法？若言无者，云何而言，等视众生，如罗睺罗？若不等视，如罗睺罗，如是之言，则为虚妄。"⑤这里便出现一个无论是说如来有忧悲还是无忧悲都会产生不利于佛教自身的两难问题。佛经中解决这类问题的惯常办法也就是强调"佛不可思议，法不可思议，众生佛性不可思议，无想天寿不可思议。如来有忧及以无忧，是佛境界，非诸声闻、缘觉所知"⑥。在其后，此品以数个譬喻来进一步说明之：

其一，"空宅譬"，"譬如空中舍宅，微尘不得住立。若言舍宅不因空住，无有是处。以是义故，不可说舍住于虚空、不住虚空。凡夫之人，虽复说言舍住虚空，而是虚空实无所住。何以故，性无住故。善男子，心亦如是，不可说言住阴、界、入及以不住。无想天寿，亦复如是。如来忧悲，亦复如是。若无忧悲，云何说言，等视众生如罗睺罗？若言有者，复云何

---

① 北凉昙无谶译《大般涅槃经》卷八，《大正藏》第 12 卷，第 414 页下—415 页上。
②④ 隋灌顶撰述、唐湛然再治《大般涅槃经疏》卷一二，《大正藏》第 38 卷，第 111 页中。
③⑤⑥ 北凉昙无谶译《大般涅槃经》卷八，《大正藏》第 12 卷，第 415 页上。

言性同虚空?"①此中"心亦如是"之后的一句以及"无想天寿"都属于"为譬作譬"。如此算来,可作双层三譬看待。

其二,"幻师譬","譬如幻师,虽复化作种种宫殿,杀生长养,系缚放舍,及作金银、瑠璃宝物,丛林树木,都无实性。如来亦尔。随顺世间,示现忧悲,无有真实。善男子,如来已入大般涅槃,云何当有忧悲、苦恼?若谓如来入于涅槃,是无常者,当知是人,则有忧悲。若谓如来不入涅槃,常住不变,当知是人无有忧悲。如来有忧及以无忧,无能知者。"②此中的要义在于,如来所示现的忧悲是不真实的。

其三,"下人不知上法譬","譬如下人,能知下法,不知中、上。中者,知中,不知于上。上者,知上及知中、下。声闻、缘觉亦复如是,齐知自地。如来不尔,悉知自地及以他地,是故如来名无阂智,示现幻化,随顺世间。凡夫肉眼谓是真实,而欲尽知如来无阂无上智者,无有是处。有忧无忧,唯佛能知"③。此中的要点在于,具有"我"性的涅槃不是声闻、缘觉及凡夫所能够"知"的。

"别说"之第三层次"双就生死、涅槃以明苦、乐"④。此中,先从譬喻开始:"佛法犹如鸳鸯共行,是迦邻提及鸳鸯鸟,盛夏水长,选择高原安处其子,为长养故,然后随本安隐而游。"⑤对此,灌顶解释说:"'鸟'喻法身,'子'譬众生,'盛夏水涨'譬起倒。'选择高原'者,病无常,即须常药。'常'为高原,'病常'即无常为药;以无常为'高原',即是非常非无常。常、无常具足,能离诸倒。'为长养'者,譬令其解常、无常理。'然后随本安隐而游',譬如来度讫,然后游诸觉华。"⑥经文的结论是:"如来出世,亦复如是。化无量众生,令住正法,如彼鸳鸯、迦邻提鸟,选择高原安置其子。如来亦尔,令诸众生所作办已,即便入于大般涅槃。善男子,是名异

---

① 北凉昙无谶译《大般涅槃经》卷八,《大正藏》第12卷,第415页上—中。
②③⑤ 同上书,第415页中。
④ 隋灌顶撰述·唐湛然再治《大般涅槃经疏》卷一二,《大正藏》第38卷,第111页上。
⑥ 同上书,第111页下。

法是苦,异法是乐。诸行是苦,涅槃是乐,第一微妙坏诸行故。"①

如上文所述以譬喻说明生死是苦、涅槃是乐之后,迦叶与佛就此问题有两番议论。迦叶首先问佛说:"世尊,云何众生得涅槃者,名第一乐?"②佛先以偈颂来回答,其后以长行解释。经文说:"如我所说,诸行和合名为老死。谨慎无放逸,是处名甘露。放逸不谨慎,是名为死句。若不放逸者,则得不死处。如其放逸者,常趣于死路。若放逸者,名有为法,是有为法为第一苦。不放逸者,则名涅槃,彼涅槃者,名为甘露,第一最乐。若趣诸行,是名死处,受第一苦。若至涅槃,则名不死,受最妙乐。若不放逸,虽集诸行,是亦名为常乐不死,不破坏身。"③依照此中所说,"不放逸"即修行清净之法,即入涅槃,则名为"不死",名为"乐"。其原因在于:"非圣凡夫,是名放逸常死之法。出世圣人是不放逸,无有老死。何以故?入于第一常、乐涅槃。"④此后,迦叶与佛还有一番议论,要点仍然是"众生亦尔无有天眼,在烦恼中而不自见有如来性,是故我说无我密教。所以者何。无天眼者不知真我,横计我故。因诸烦恼所造有为即是无常,是故我说异法是常,异法无常"⑤。

此品的最后结论是:"智慧殿者即名涅槃,无忧愁者谓如来也,有忧愁者名凡夫人。以凡夫忧故,如来无忧。……智慧者则名正觉,离有常住故名如来。如来愍念无量众生,常为诸有毒箭所中,是故名为如来有忧。"总之,如来有忧戚者,"皆有因缘,随有众生应受化处,如来于中示现受生了;虽现受生而实无生,是故如来名常住法"⑥。

八、《月喻品》、《菩萨品》、《一切大众所问品》

本标题下的内容包括北本第九卷以及第十卷前半部分,在南本则为第九卷。《月喻品》、《菩萨品》在北本属于《如来性品》。以下依据南本的

---

①② 北凉昙无谶译《大般涅槃经》卷八,《大正藏》第12卷,第415页中。
③④⑤ 同上书,第415页下。
⑥ 同上书,第416页上。

品目和北本的文字对此卷的内容作些述评。

（一）月、日、星喻

关于《月喻品》名称的含义，灌顶等人解释说："今对三光，以立三问，以月喻答之。然其问中，非独问月，备问三光，月取亏盈、日用、长短，星以吉凶。虽有少殊，同况隐显。在先答月，故以标品。"①又说："此品正答'云何如日月、太白与岁星？'既具答三光，而以月喻当名者，如向分别：一者，月在中，从中题品。又月有亏盈，譬隐显易见。又月譬文多从易从多，以用题品。"②依据此处的解释，此品是回答迦叶"迦隣提日月，太白与岁星？"③之问的，具体则是以月、日、星之光的隐现来说明佛性的隐现。

1. 以月作譬

其一，此品的开首以月之出没来譬喻如来之性。经文说："譬如有人见月不现，皆言月没而作没想。而此月性实无没也。转现他方，彼处众生复谓月出。而此月性实无出也。何以故？以须弥山障，故不现。其月常生，性无出没。"④这是对月本身的描述，而这一描述正好用来说明如来涅槃。此品起首在接续上述譬喻之后说："如来、应供、正遍知，亦复如是。出现三千大千世界，或阎浮提，示有父母，众生皆谓生阎浮提。或阎浮提示现涅槃，如来之性实无涅槃，而诸众生皆谓如来实般涅槃。譬如月没。善男子，如来之性实无生灭，为化众生示有生灭。"⑤

其二，以月之亏盈譬喻如来"于阎浮提或现初生，或示涅槃。现始生时，犹如初月。一切皆谓童子初生行于七步，如二日月。或复示现入于书堂，如三日月。示现出家，如八日月。放大智慧微妙光明，能破无量众生魔众，如十五日盛满之月。或复示现三十二相、八十种好以自庄严而现涅槃，譬如月蚀。如是众生所见不同，或见半月，或见满月，或见月蚀。

---

① 隋灌顶撰述、唐湛然再治《大般涅槃经疏》卷一二，《大正藏》第38卷，第112页上。
② 同上书，第112页中。
③ 北凉昙无谶译《大般涅槃经》卷三，《大正藏》第12卷，第379页下。
④⑤ 北凉昙无谶译《大般涅槃经》卷九，《大正藏》第12卷，第416页上。

而此月性实无增减侵蚀之者,常是满月。如来之身,亦复如是,是故名为常住不变"①。

其三,以月之大小来譬喻众生所见如来各有不同。如经文说:"如来亦尔。出现于世,或有人、天而作是念:如来今者,在我前住。复有畜生亦生是念:如来今者,在我前住。或有聋痖亦见如来有聋痖相。众生杂类,言音各异,皆谓如来悉同己语,亦各生念:在我舍宅,受我供养。或有众生见如来身广大无量,或见微小。……如来实性喻如彼月,即是法身,是无生身、方便之身,随顺于世,示现无量本业因缘,在在处处,示现有生,犹如彼月。以是义故,如来常住,无有变异。"②

其四,以月蚀来譬喻佛为众生等示现善恶、制订戒律等。经文说:"如罗睺罗、阿修罗王以手遮月,世间诸人咸谓月蚀。阿修罗王实不能蚀,以阿修罗障其明故。是月团圆,无有亏损。但以手障,故使不现。若摄手时,世间咸谓月复还生,皆言是月多受苦恼。假使百千阿修罗王不能恼之。如来亦尔。示有众生于如来所,生粗恶心,出佛身血,起五逆罪,至一阐提,为未来世诸众生故,如是示现坏僧断法而作留难。假使无量百千亿诸魔不能侵出如来身血。所以者何?如来之身无有血肉、筋脉、骨髓,如来真实,实无恼坏。众生皆谓法、僧毁坏,如来灭尽,而如来性真实无变,无有破坏。随顺世间,如是示现。……"③

其五,以月之长短作譬。经文说:"如来亦尔。天、人咸谓如来短寿。如彼天、人须臾之间,频见月蚀。如来又于须臾之间,示现百千万亿涅槃,断烦恼魔、阴魔、死魔。是故百千万亿天魔,悉知如来入般涅槃。又复示现无量百千先业因缘,随顺世间种种性故,示现如是无量无边不可思议,是故如来常住无变。"④

---

① 北凉昙无谶译《大般涅槃经》卷九,《大正藏》第12卷,第416页中。
② 同上书,第416页中—下。
③ 同上书,第416页下。
④ 同上书,第417页上。

其六,以月之乐厌作譬。经文说:"譬如明月,众生乐见,是故称月号为乐见。众生若有贪恚、愚痴,则不得称为乐见也。来如是,其性纯善,清净无垢,是最可称为乐见也。乐法众生视之无厌,恶心之人不喜瞻睹。以是义故,故言如来譬如明月。"①

2. 举日作譬

经文如此叙述:"譬如日出,有三时异,谓春、夏、冬,冬日则短,春日处中,夏日极长。"②这里是以日照时间的长短来说的,仅言三季而并非中国所熟悉的四季,古代解释很多,而灌顶解释说:"为春秋同,不分为二。"③这大概出于印度的季节变化。以日照与季节来说明如来"于此三千大千世界,为短寿者及诸声闻示现短寿,斯等见已,咸谓如来寿命短促,喻如冬日。为诸菩萨示现中寿,若至一劫若减一劫,喻如春日,唯佛睹佛,其寿无量,喻如夏日"④。以此欲说明,一般所见佛的寿命有长短,源于"示现"以及所见者之所见不同。这是第一层含义。第二层是:"如来所说方等大乘微密之教,示现世间,雨大法雨,于未来世,若有人能护持是典,开示分别,利益众生,当知是辈是真菩萨,譬如盛夏天降甘雨。若有声闻、缘觉之人,闻佛如来微密之教,譬如冬日,多遇冷患。菩萨之人,若闻如是微密教诲,如来常住,性无变易,譬如春日,萌芽开敷。而如来性实无长短,为世间故,示现如是,即是诸佛真实法性。"⑤以此欲说明佛的经教为何会有不同。

3. 举星为譬

其一,举众星为譬。经文说:"譬如众星,昼则不现,而人皆谓昼星灭没,其实不没。所以不现,日光映故。如来亦尔。声闻、缘觉不能得见,犹如世人不见昼星。"⑥其二,以星之"阴暗"为譬。经文说:"譬如阴暗,日月不现,愚人谓言日月失没,而是日月,实无失没。如来正法灭尽之时,

---

① ② ④ ⑤ 北凉昙无谶译《大般涅槃经》卷九,《大正藏》第12卷,第417页上。
③ 隋灌顶撰述、唐湛然再治《大般涅槃经疏》卷一二,《大正藏》第38卷,第112页下。
⑥ 北凉昙无谶译《大般涅槃经》卷九,《大正藏》第12卷,第417页上—中。

三宝现没,亦复如是,非为永灭,是故当知如来常住,无有变易。何以故?三宝真性不为诸垢之所染故。"①星有隐有暗,但星之光明未改,如来也是如此,佛之正法有灭时,但如来之真性不为污垢之遮蔽污染。其三,举彗星为譬。经文说:"譬如黑月,彗星夜现,其明炎炽,暂出还没,众生见已,生不祥想。诸辟支佛,亦复如是。出无佛世,众生见已,皆谓如来真实灭度,生忧悲想。而如来身,实不灭度,如彼日月,无有灭没。"②此以彗星的暂出还没等特性来比喻如来虽灭度,但实际并未灭度。

(二)菩萨之"自行"

昙无谶译本第九卷的第二部分在南本中被划入《菩萨品》,而昙无谶译本卷一〇的一部分也属于南本的《菩萨品》。关于此品品名的含义,灌顶解释说:"此品次第者,上有十三或十五问,是问佛事;佛答已竟,从此品去有十九问,问菩萨事,佛皆答之。诸师或言此品答十二至十七问,今明答十二问。"③经过与原文以及灌顶的总体说法,这里所说的"十二问"实际上是共十二问的意思。具体回答的是迦叶所提以下问题:"云何未发心,而名为菩萨?云何于大众,而得无所畏?犹如阎浮金,无能说其过?云何处浊世,不污如莲华?云何处烦恼,烦恼不能染?如医疗众病,不为病所污?生死大海中,云何作船师?云何舍生死,如蛇脱故皮?云何观三宝,犹如天意树?三乘若无性,云何而得说?犹如乐未生,云何名受乐?云何诸菩萨,而得不坏众?"④

此外,关于此品名称所蕴含的"菩萨"的准确含义,也需要以古德的解释来界定。灌顶说:"释菩萨义,略有四重:一、三藏菩萨,从见释迦佛,三事供养,名初发心;三阿僧祇百劫修相,名为中心;坐菩提树,名为后心。二、通菩萨,从初虚信诸法幻化,未沾理水,名干慧地。理水沾神,伏断见、思,名为中心;游戏神通,净佛国土,余有残习,微烟薄障,是名后心。三、别菩

---

①② 北凉昙无谶译《大般涅槃经》卷九,《大正藏》第12卷,第417页中。
③ 隋灌顶撰述、唐湛然再治《大般涅槃经疏》卷一二,《大正藏》第38卷,第113页上。
④ 北凉昙无谶译《大般涅槃经》卷三,《大正藏》第12卷,第379页下—380页上。

萨,从十信三十心,是初心;十地是中心,等觉是后心。此三菩萨,摄法不尽,退不摄一切众生,进不摄佛根性人。四、圆菩萨,初谓'理性菩萨',名字观行,相似分真究竟,菩萨始自理性,通诸众生,终于妙觉,皆名菩萨。所以迦叶问云'云何未发心而名为菩萨'者,故知不问前三菩萨,正问于圆。就圆菩萨不问五位,正问理性。故从所问得名正,是理性菩萨标品。就如来答中,正答理性,是未发心,称为菩萨。而此理性为因,涅槃教光为缘,从谤而信,转成'名字'。'名字'即是发心菩萨,理性即是未发心者。问答之义,炳然在文,安作余解,岂会经宗?从此题名,故言菩萨品。"①应该注意的是,此品所"问"是"圆教菩萨"的有关的问题。

关于此品的宗旨,古代的解释颇为复杂,然如果着眼于现代的思维习惯,则此品最核心的问题是,成就菩萨的"菩提因"是什么?而此品的内容,在古代影响最大就是一阐提是否有佛性或者说"菩提因"如何的问题。

关于此品的结构,一般分为两大部分。如灌顶解释说:"今就答十二问,为两:先,自行。次,利他。"②第一部分"自行"的意思就是修行者自身境界等,这部分共回答四个问题,而第二"利他"部分回答八个问题。第一"自行"部分又分为两大层次:"先,答生善。次,答灭恶。"③

此品是由《月喻品》的话题引起的。经文说:"大涅槃光,能入众生诸毛孔故。众生虽无菩提之心,而能为作菩提因缘,是故复名大般涅槃。"④关于"涅槃光",灌顶解释说:"涅槃光者,二解:一云:佛放身光,入彼毛孔。佛即涅槃,名涅槃光。二云:以涅槃教,诠理分明,喻之若'光'。阐提无善,光不入心,四重、五逆,善根微少,故言毛孔。'光'譬于'教','毛孔'譬'信'。契经者,修多罗藏,故举三藏以彰劣,显涅槃以为胜。又今经当机,胜余契经。"⑤前者指涅槃光即佛,后者是指涅槃类经教。对此,

---

① 隋灌顶撰述、唐湛然再治《大般涅槃经疏》卷一二,《大正藏》第38卷,第113页上。
②③⑤ 同上书,第113页中。
④ 北凉昙无谶译《大般涅槃经》卷九,《大正藏》第12卷,第417页中—下。

迦叶提出了疑问:如果确实如此,"犯四重禁、作五逆人及一阐提"①一经此光明入身,也产生菩提因,那他们与持净戒、修习诸善者又有什么差别呢?如此等等。此品中,佛对此疑问作了详细回答。

对于南北朝佛教影响最大的一个命题就此引出:"除一阐提。其余众生,闻是经已,悉皆能作菩提因缘。法声光明入毛孔者,必定当得阿耨多罗三藐三菩提。"②而关于其原因,经中解释说:"若有人能供养恭敬无量诸佛,方乃得闻《大涅槃经》。薄福之人,则不得闻。所以者何?大德之人乃能得闻如是大事,凡夫下劣,则不得闻。"③此中所言的"大事"即是"所谓诸佛甚深秘藏如来性是。以是义故,名为大事。"④如此,就又回到如来藏的主题上了。对于这两句经文,灌顶等解释说:"大福大事,乃是秘藏如来佛性,此即不简阐提。阐提宁非秘藏佛性?欲明名字等菩萨,故简阐提,通取其余。欲明理性菩萨,故言秘藏如来性也。"⑤这里是说,为显明"名字菩萨"而除去一阐提"必定当得阿耨多罗三藐三菩提"的可能,而欲再言"理性菩萨"因而说"秘藏如来性"。

依照灌顶等的解释,此后的内容属于佛对发菩提心的回答。经文说:"若有闻是《大涅槃经》,言我不用发菩提心,诽谤正法,是人即于梦中见罗刹像,心中怖惧。罗刹语言:咄!善男子,汝今若不发菩提心,当断汝命。是人惶怖,寤已,即发菩提之心。是人命终,若在三趣及在人、天,续复忆念菩提之心。当知是人是大菩萨摩诃萨也。"⑥对此,灌顶解释说:"初,因经致梦者,即是答四位菩萨,除前置后。但答中四。何者?问菩提因,正答其问,略举四耳。得闻涅槃,是名字菩萨。梦见罗刹,悟已发心,即观行菩萨。不堕三恶,人、天续发,即相似菩萨。是大菩萨,即是分真。"⑦可见,这一段经文回答了四种菩萨发菩提心的问题,四种菩萨即名字菩萨、观行菩萨、相似菩萨、分真菩萨。上述四种菩萨都是"大涅

---

①②③④⑥ 北凉昙无谶译《大般涅槃经》卷九,《大正藏》第12卷,第417页下。
⑤⑦ 隋灌顶撰述、唐湛然再治《大般涅槃经疏》卷一二,《大正藏》第38卷,第113页下。

槃威神之力,能令未发菩提心者,作菩提因。善男子,是名菩萨发心因缘,非无因缘。以是义故,大乘妙典真佛所说"①。简言之,这四类菩萨都能够依据大乘经典而发菩提心,可见,大乘经典特别是如来藏涅槃经典是"真佛所说"。

在其后,佛举十譬说明一阐提不能发此菩提心。

第一"虚空发雨譬":"如虚空中,兴大云雨……是大涅槃微妙经典,亦复如是。雨大法雨,普润众生,唯一阐提,发菩提心,无有是处。"②这里,"'虚空'譬法身,'云'譬报身,'雷雨'譬应身说法。'大地下田'、'陂池'譬四位菩萨。'枯木'、'石山'、'高原'、'堆阜',喻于阐提不受佛教。"③

第二"焦种譬":"譬如焦种,虽遇甘雨,百千万劫,终不生芽。芽若生者,无有是处。一阐提辈,亦复如是。虽闻如是大般涅槃微妙经典,终不能发菩提心芽。若能发者,无有是处。何以故?是人断灭一切善根,如彼焦种,不能复生菩提根芽。"④

第三"明珠譬":"譬如明珠,置浊水中,以珠威德,水即为清;投之淤泥,不能令清。是大涅槃微妙经典,亦复如是。置余众生五无间罪、四重禁法浊水之中,犹可澄清,发菩提心。投一阐提淤泥之中,百千万岁,不能令清,起菩提心。何以故?是一阐提,灭诸善根,非其器故。假使是人百千万岁听受如是大涅槃经,终不能发菩提之心。所以者何?无善心故。"⑤

第四"药树譬",此药王若和乳浆并以之涂创或者"熏身涂目,若见若嗅,能灭众生一切诸病"⑥。而此大涅槃微妙经典,"如彼药树,诸药中王。若有修习是大涅槃及不修者,若闻有是经典名字,闻已敬信,所有一切烦恼重病皆悉除灭,唯不能令一阐提辈安住阿耨多罗三藐三菩提。如彼妙药,虽能疗愈种种重病,而不能治必死之人"⑦。

---

① 北凉昙无谶译《大般涅槃经》卷九,《大正藏》第 12 卷,第 417 页下。
② 同上书,第 417 页下—418 页上。
③ 隋灌顶撰述、唐湛然再治《大般涅槃经疏》卷一二,《大正藏》第 38 卷,第 114 页上。
④⑤⑥ 北凉昙无谶译《大般涅槃经》卷九,《大正藏》第 12 卷,第 418 页上。
⑦ 同上书,第 418 页上—中。

第五"毒药譬":"如人手疮,捉持毒药,毒则随入。若无疮者,毒则不入。一阐提辈,亦复如是。无菩提因,如无疮者,毒不得入。所谓疮者,即是无上菩提因缘。毒者,即是第一妙药。全无疮者,谓一阐提。"①

第六"金刚譬":"譬如金刚,无能坏者,悉能破坏一切之物,唯除龟甲及白羊角。是大涅槃微妙经典,亦复如是。悉能安止无量众生于菩提道,唯不能令一阐提辈立菩提因。"②

第七"草树譬":"如马齿草、娑罗翅树、尼迦罗树,虽断枝茎,续生如故;不如多罗,断已不生。是诸众生,亦复如是。若得闻是大涅槃经,虽犯四禁及五无间,犹故能生菩提因缘。一阐提辈,则不如是,虽得听受是妙经典,而不能生菩提道因。"③

第八"佉陀罗树、镇头迦树譬":"复次,善男子,如佉陀罗树、镇头迦树,断已不生。一阐提辈,亦复如是。虽得闻是大涅槃经,而不能发菩提因缘。"④

第九大雨譬:"譬如大雨,终不住空。是大涅槃微妙经典,亦复如是。普雨法雨,于一阐提,则不能住。"⑤

第十金刚譬:"是一阐提周体密致,犹如金刚,不容外物。"⑥

上述内容是回答"生善之义"⑦,"次答三问,是灭恶之义。生善灭恶,是菩提要路,得佛近因。迦叶为后世开眼,故有斯问。就灭恶三问,即灭三障。初答'云何于大众而得无所畏',是灭业障。次答'云何处浊世不污如莲华',是灭报障。三答'云何处烦恼,烦恼不能染',是灭烦恼障"⑧。这是说,此后的经文是分为三层回答灭除三障而生善的问题。

第一层,"今举三偈以答初问,前二偈明忏悔灭业障,后一偈明护法灭业障,即是改恶修功补过。"⑨此中所说初问是指"云何于大众而得无所畏?"⑩作为回答的组成部分的三偈之一,即迦叶菩萨所引用的佛曾经

---

①②③④⑤⑥ 北凉昙无谶译《大般涅槃经》卷九,《大正藏》第12卷,第418页中。
⑦⑧⑨⑩ 隋灌顶撰述、唐湛然再治《大般涅槃经疏》卷一二,《大正藏》第38卷,第114页上。

说过的偈:"不见善不作,唯见恶可作,是处可怖畏,犹如险恶道。"①对于此偈颂的含义,经中解释说:"'不见'者,谓不见佛性。'善'者,即是阿耨多罗三藐三菩提。'不作'者,所谓不能亲近善友。'唯见'者,见无因果。'恶'者,谓谤方等大乘经典。'可作'者,谓一阐提说无方等。以是义故,一阐提辈无心趣向清净善法。何等善法?谓涅槃也。趣涅槃者,谓能修习贤善之行,而一阐提无贤善行,是故不能趣向涅槃。'是处可畏'者,谓谤正法,谁应怖畏所谓智者?何以故?以谤法者,无有善心及方便故。险恶道者,谓诸行也。"②这一段话的意思是,佛性不显现出来,就不会证得"善"即无上菩提;而一阐提不相信因果,诽谤说没有大乘经,这是最危险的道路。

第二偈是:"云何见所作?云何得善法?何处不怖畏?如王夷坦道。"③经中分三个方面来说明此偈的含义:"'见所作'者,发露诸恶,从生死际,所作诸恶,悉皆发露至无至处。以是义故,是处无畏。"④而"不见所作者,谓一阐提所作众恶而不自见",因此无怖畏而不能得菩提。此外,"又复'不见谁之所作',所谓不见如来所作。佛为众生说有佛性,一阐提辈流转生死,不能知见。以是义故,名为'不见如来所作'。又一阐提见于如来毕竟涅槃,谓真无常。犹如灯灭,膏油俱尽"⑤。

灌顶解释说,上述二偈颂的主题是忏悔灭业障,体现在经文中即是:"是人恶业不亏损故。若有菩萨所作善业、回向阿耨多罗三藐三菩提时,一阐提辈虽复毁呰破坏不信,然诸菩萨犹故施与,欲共成于无上之道。"⑥

第三偈是:"作恶不即受,如乳即成酪。犹灰覆火上,愚者轻蹈之。"⑦这一偈主要是解释一阐提的,经文说:"一阐提者,名为无目,是故不见阿罗汉道。如阿罗汉不行生死险恶之道,以无目故,诽谤方等,不欲修习,如阿罗汉勤修慈心。一阐提辈,不修方等,亦复如是。……其心实不信

---

① 北凉昙无谶译《大般涅槃经》卷九,《大正藏》第12卷,第418页中。
② 同上书,第418中—下。
③④⑤⑥ 同上书,第418页下。
⑦ 同上书,第419页上。

有如来性,为利养故,随文而说。如是说者,名为恶人。如是恶人,不速受果,如乳成酪。……作是宣说邪恶之法,是人作恶,不即受报,如乳成酪,灰覆火上,愚轻蹈之。如是人者谓一阐提。"①

此后,佛为会众回答"云何处浊世,不污如莲华"②,这是灌顶所说"灭报障"或烦恼障的内容。其文分为:"举华喻正答"和"举风喻助答"两部分③。前者是指:"如优钵罗华、钵头摩华、拘物头华、芬陀利华生淤泥中而不为彼淤泥所污,若有众生修大涅槃微妙经典,亦复如是。虽有烦恼,终不为彼烦恼所污。何以故?以知如来性、相、力故。"④后者是指:"譬如有国,多清凉风。若触众生身诸毛孔,能除一切郁蒸之恼。此大乘典《大涅槃经》,亦复如是。遍入一切众生毛孔,为作菩提微妙因缘,除一阐提。何以故?非法器故。"⑤综合言之,此《大涅槃经》可以作为众生成就菩提之因。

其后,佛为会众回答"云何处烦恼,烦恼不能染?"⑥这是正面回答灭除烦恼障的问题,总共十四个譬喻。前十二譬譬喻佛所说之教,最后两譬则譬能说此教之人。其中,前六个譬喻都是从"良医"以及"药"立譬,其基本的理路就是以此《大涅槃经》之良药对治烦恼等,而一阐提则除外。第七譬则是:"譬如暗夜,诸所营作,一切皆息。若未讫者,要待日明。学大乘者,虽修契经一切诸定,要待大乘大涅槃日,闻是如来微密之教,然后乃当造菩提业,安住正法。"⑦第八譬则是以天雨为譬:"犹如天雨,润益增长一切诸种,成就果实,悉除饥馑,多受丰乐。如来秘藏无量法雨,亦复如是。悉能除灭八种热病,是经出世,如彼果实,多所利益,安乐一切,能令众生,见如来性,如法华中八千声闻,得受记莂,成大果实。"⑧第九为秋冬譬:"如秋收冬藏,更无所作。一阐提辈,亦复如是,于诸善法,无所营作。"⑨第十亦为良医譬。第十一聋人譬:"譬如聋人,不

---

① 北凉昙无谶译《大般涅槃经》卷九,《大正藏》第12卷,第419页上。
②⑥ 北凉昙无谶译《大般涅槃经》卷三,《大正藏》第12卷,第380页上。
③ 隋灌顶撰述、唐湛然再治《大般涅槃经》卷一二,《大正藏》第38卷,第114页中。
④⑤ 北凉昙无谶译《大般涅槃经》卷九,《大正藏》第12卷,第419页中。
⑦⑧⑨ 同上书,第420页上。

闻音声。一阐提辈,亦复如是。虽复欲听是妙经典,而不得闻。所以者何?无因缘故。"①第十二譬亦为良医譬,其结语是:"是大乘典大涅槃经,亦复如是。于诸众生有欲无欲,悉能令彼烦恼崩落。是诸众生,乃至梦中梦见是经,恭敬供养。喻如大王恭敬良医,是大良医知必死者,终不治之。是大乘典大涅槃经,亦复如是,终不能治一阐提辈。"②最后两譬譬喻"说教之人"——昔教主、今教主,即佛、菩萨。

(三)菩萨之化他行

此后的内容是回答"生死大海中,云何作船师"③之问,在此品十二问中为第五问。"前答除障但自解缚,今答船师能解他缚。前是因时,借经获自行力,今是果时,借经有化他力;前是法身善逝力,今是应身应来力。"④此中经文举四譬来说明,前二为大船和船师譬:"如来正觉亦复如是,乘大涅槃大乘宝船,周旋往返,济度众生,在在处处,有应度者,悉令得见如来之身。以是义故,如来名曰无上船师。譬如,有船,则有船师。以有船师,则有众生度于大海。如来常住,化度众生,亦复如是。"⑤后二为风及风王譬:"众生如是,在彼愚痴生死大海,若诸行船。若得值遇大般涅槃猛利之风,则能疾到无上道岸。若不值遇,当久流转无量生死。或时破坏,堕于地狱、畜生、饿鬼。"⑥又说:"众生如是,久处愚痴生死大海,困苦穷悴,未遇如是大涅槃风,则应生念:我等必定堕于地狱、畜生、饿鬼。是诸众生思惟是时,忽遇大乘大涅槃风,随顺吹向,入于阿耨多罗三藐三菩提,方知真实。生奇特想,叹言:快哉!我从昔来未曾见闻如是如来微密之藏尔。乃于是《大涅槃经》生清净信。"⑦

---

① 北凉昙无谶译《大般涅槃经》卷九,《大正藏》第12卷,第420页上。
② 同上书,第420页中。
③ 北凉昙无谶译《大般涅槃经》卷三,《大正藏》第12卷,第380页上。
④ 隋灌顶《经疏》卷一二,《大正藏》第38卷,115页中。
⑤ 北凉昙无谶译《大般涅槃经》卷九,《大正藏》第12卷,第420页下。
⑥ 同上书,第420页下—第421页上。
⑦ 同上书,第421页上。

第六问"云何舍生死,如蛇脱故皮"①的回答,有两譬,前蛇喻是正答,后金师譬为助答。前者的结论是:"如来于此阎浮提中,方便舍身,如彼毒蛇,舍于故皮。是故如来名为常住。"②后譬为:"譬如金师,得好真金,随意造作种种诸器。如来亦尔,于二十五有悉能示现种种色身,为化众生拔生死故,是故如来名无边身。虽复示现种种诸身,亦名常住,无有变易。"③这里强调的是如来常住不变的教义。

第七问答是"云何观三宝,犹如天意树?"④问中说的是天界之树,回答则以人间之树为例。经中说:"如庵罗树及阎浮树,一季三变。有时生华,光色敷荣;有时生叶,滋茂蓊郁;有时雕落,状似枯死。"⑤此后,针对此树的几种变化来说明佛身的变化:"如来亦尔。于三界中示三种身,有时初生,有时长大,有时涅槃,而如来身实非无常。"⑥其次言佛的密语,即"法宝":"是大乘经,亦复如是,有四无常。大乘智臣应当善知。若佛出世,为众生说如来涅槃;智臣当知,此是如来为计常者,说无常相,欲令比丘修无常想。或复说言,正法当灭;智臣应知,此是如来为计乐者说于苦相,欲令比丘多修苦想。或复说言,我今病苦,众僧破坏;智臣当知,此是如来为计我者说无我相,欲令比丘修无我想。或复说言,所谓空者是正解脱;智臣当知,此是如来说正解脱,无二十五有,欲令比丘修学空相。"⑦——此即涅槃之常乐我净,其结论是:"以是义故,是正解脱则名为空,亦名不动。谓不动者,是解脱中无有苦故,是故不动。是正解脱为无有相,谓无相者,无有色、声、香、味、触等,故名无相。是正解脱常不变易,是解脱中无有无常、热恼、变易,是故解脱名曰常住不变清凉。"⑧此中的"不动"、"无相"、"常不变"、佛性,四者都是对于涅槃的说明。

最后说明二宝之衰相,即经无威德即"法衰",其次比丘起过,即"僧

---

① 北凉昙无谶译《大般涅槃经》卷三,《大正藏》第12卷,第380页上。
②③⑤⑥ 北凉昙无谶译《大般涅槃经》卷九,《大正藏》第12卷,第421页上。
④ 北凉昙无谶译《大般涅槃经》卷三,《大正藏》第12卷,第380页上。
⑦⑧ 北凉昙无谶译《大般涅槃经》卷九,《大正藏》第12卷,第421页中。

衰"。前者以波罗奢树、迦尼迦树、阿叔迦树在遇到天亢旱时不生华、果实,此《大涅槃经》在佛灭后,有诸众生,不能恭敬,无有威德,对此经的信仰渐渐衰减。"如来正法,将欲灭尽。尔时,多有行恶比丘,不知如来微密之藏,懒堕懈怠,不能读诵、宣扬、分别如来正法。譬如痴贼,弃舍真宝,担负草木。不解如来微密藏故,于是经中懈怠不勤,哀哉! 大险当来之世,甚可怖畏。苦哉! 众生不勤听受是大乘典大涅槃经。唯诸菩萨摩诃萨能于是经,取真实义,不著文字,随顺不逆,为众生说。"①这就是"僧衰"。

第八问答是"三乘若无性"②问。这一问由文殊菩萨报告佛纯陀有疑而引出:"纯陀心疑如来常住,以得知见佛性力故。若见佛性而为常者,本未见时,应是无常。若本无常,后亦应尔。何以故? 如世间物,本无今有,已有还无。如是等物,悉是无常。以是义故,诸佛、菩萨、声闻、缘觉无有差别。"③这里涉及的就是如来如何是"常"的问题。佛随即说一偈言:"本有今无,本无今有。三世有法,无有是处。"④这一偈颂就是著名的"本无今有偈"。这一偈在此经中出现了四次,除此之外,还有《梵行品》一次、《师子吼品》两次。灌顶说,此卷是解释"差、无差别义"⑤,《梵行品》解释"得、无所得义"⑥,《师子吼品》先引用其解释"有不定有、无不定无、非有非无中道之义"⑦,后则以之"破定性、明无性义"⑧。如灌顶所解释的,文殊菩萨随即于此偈颂中引申出"我今始解诸佛、菩萨、声闻、缘觉亦有差别,亦无差别"⑨的结论。

经中先言"无差别",此中有二譬。第一譬为:"譬如长者若长者子多畜乳牛,有种种色,常令一人守护将养,是人有时为祠祀故,尽搆诸牛著一器中,见其乳色,同一白色。寻便惊怪,牛色各异,其乳云何皆同一色? 是人思惟,如此一切,皆是众生业报因缘,令乳色一。善男子,声闻、缘觉、菩萨亦尔,同一佛性,犹如彼乳。所以者何? 同尽漏故。而诸众生言

---

①③ 北凉昙无谶译《大般涅槃经》卷九,《大正藏》第12卷,第421页下。
② 北凉昙无谶译《大般涅槃经》卷三,《大正藏》第12卷,第380页上。
④ 北凉昙无谶译《大般涅槃经》卷一〇,《大正藏》第12卷,第422页下。
⑤⑥⑦⑧ 隋灌顶撰述、唐湛然再治《大般涅槃经疏》卷一二,《大正藏》第38卷,第116页中。
⑨ 北凉昙无谶译《大般涅槃经》卷一〇,《大正藏》第12卷,第422页下。

佛、菩萨、声闻、缘觉而有差别,有诸声闻、凡夫之人,疑于三乘云何无别？是诸众生久后自解,一切三乘同一佛性,犹如彼人悟解乳相由业因缘。"①这一譬喻说明众生尽管形态等有异,但同有佛性,于佛性言之,无有差别。第二譬为金矿譬,经文说："譬如金矿,淘炼滓秽,然后消融,成金之后,价直无量。善男子,声闻、缘觉、菩萨亦尔,皆得成就同一佛性。何以故？除烦恼故,如彼金矿除诸滓秽。以是义故,一切众生同一佛性,无有差别。以其先闻如来密藏,后成佛时,自然得知。如彼长者,知乳一相。何以故？以断无量亿烦恼故。"②这一譬譬众生可证见佛性。

对于由佛性而引出的众生与佛的"无差别",迦叶代会众提出疑问："若一切众生有佛性者,佛与众生有何差别？如是说者,多有过咎。若诸众生皆有佛性,何因缘故,舍利弗等以小涅槃而般涅槃？缘觉之人于中涅槃而般涅槃。菩萨之人于大涅槃而般涅槃。如是等人,若同佛性,何故不同如来涅槃而般涅槃？"③对此,佛回答说："诸佛世尊所得涅槃,非诸声闻、缘觉所得。以是义故,大般涅槃名为善有。"④前一句屡屡见于早期如来藏经典,而大涅槃为"善有"的说法则是涅槃类经典之特色所在。在此,经中又说："诸阿罗汉无有善有,何以故？诸阿罗汉悉当得是大涅槃故,以是义故,大般涅槃有毕竟乐,是故名为大般涅槃。"⑤此处所言的阿罗汉无有"善有"而"当得是大涅槃",也就是中土所说的当有的依据。

关于众生与佛无差别、有差别之说,经中以迦叶之口作了总结："如佛说者,我今始知差别之义,无差别义。何以故？一切菩萨、声闻、缘觉,未来之世皆当归于大般涅槃,譬如众流归于大海。是故声闻、缘觉之人,悉名为常,非是无常。以是义故,亦有差别,亦无差别。"⑥

此品回答的第九个问题是"云何诸菩萨而得不坏众？"⑦佛告诉迦叶：

---

① 北凉昙无谶译《大般涅槃经》卷一〇,《大正藏》第12卷,第422页下—423页上。
②③④⑤ 同上书,第423页上。
⑥ 同上书,第423页上—中。
⑦ 北凉昙无谶译《大般涅槃经》卷三,《大正藏》第12卷,第380页上。

"若诸菩萨勤加精进,欲护正法。以是因缘,所得眷属不可沮坏。"①

此品回答的第十个问题是"云何为生盲而作眼目导?"②经中说:"若有众生不知如来是常住者,当知是人则为生盲。若知如来是常住者,如是之人虽有肉眼,我说是等名为天眼。复次,善男子若有能知如来是常,当知是人久已修习如是经典,我说是等亦名天眼。虽有天眼而不能知如来是常,我说斯等名为肉眼。是人乃至不识自身手脚支节,亦复不能令他识知,以是义故,名为肉眼。"③这里生盲和天眼的区别在于是否知晓如来常住。

此品回答迦叶所提第十一"云何示多头"④之问。佛的回答是:"如来常为一切众生而作父母。所以者何?一切众生种种形类二足、四足、多足、无足,佛以一音而为说法。彼彼异类,各自得解,各各叹言,如来今日为我说法。以是义故,名为父母。"⑤对此,灌顶解释说:"佛答'如来示种种身'即是多头,'说种种法'即是多舌。"⑥

此品回答迦叶所提第十二"云何说法增长"⑦之问。佛的回答是:"如人生子始十六月,虽复语言,未可解了。而彼父母欲教其语,先同其音,渐渐教之。"⑧而尽管父母尽量与子女说话的语气等接近,但父母的语言并不因此而变化。"诸佛如来亦复如是。随诸众生种种音声而为说法,为令安住于正法故,随所应见,而为示现种种形像。如来如是同彼语言"⑨,但如来之语言亦无变化,"何以故?如来所说如师子吼,随顺世间种种音声,而为众生劝说妙法"⑩。——南本的《菩萨品》至此结束。

(四)一切大众所问

关于《一切大众所问品》品名的由来,古代有二解:"文中实无大众相问之言及以大众问佛之事,但有化佛受大众供,即为大众所问之境。二云:如来今

---

① 北凉昙无谶译《大般涅槃经》卷一〇,《大正藏》第12卷,第423页中。
② 北凉昙无谶译《大般涅槃经》卷三,《大正藏》第12卷,第380页上。
③⑤⑧⑨⑩ 北凉昙无谶译《大般涅槃经》卷一〇,《大正藏》第12卷,第423页下。
④⑦ 北凉昙无谶译《大般涅槃经》卷三,《大正藏》第12卷,第380页上。
⑥ 隋灌顶撰述、唐湛然再治《大般涅槃经疏》卷一二,《大正藏》第38卷,第117页下。

日受我供已,当入涅槃,我等当复更供养谁?乃是大众更相慰问。"①这里所说的关键情节是,文中是佛的回答,而并无大众询问之事,而是迦叶发问。对此,灌顶解释说:"今明文中不载问辞,据答显问。上明常住不变,今示涅槃之相,相与说反,众问斯义,佛以偈答,毕竟常住,不入涅槃。从答显问,故言《大众问品》。"②这是说,大众所问已经隐含于其中了,是以答显问的做法。对于此品的内容,河西道朗解释说:"此品答七问,为四章。初章,答示现涅槃问,兼答示人、天魔道问。次,说偈已下,答知法性问。三、释有余偈,正答说秘密问,兼答远离病问及近无上道问。四、云何复名无余义耶?答毕竟问。"③以下依据此说解释经文。

第一层次,从现代人的习惯描述,主要内容就是佛接受纯陀的供养。而古德将此解释为"答'示现涅槃'问"④,其缘由如河西道朗的解释:"示现涅槃有三种:一、言说示现。二、神通示现。三、即事示现。即事者,香木、酥油,受最后食是也。神通者,放光现瑞是也。言说者,告纯陀言:汝欲令我久住世者,宜当速奉,最后供养。即答问意。"⑤这是此品所回答的迦叶"示现涅槃"⑥之问。而"是时天、人、阿修罗等啼泣悲叹,而作是言:'如来今日已受我等最后供养,受供养已,当般涅槃。我等当复更供养谁?我今永离无上调御,盲无眼目"⑦。这一内容古疏将其解释为兼答"示人、天魔道"⑧之问,河西道朗解释说:"世界严净,毛孔化佛。纯陀少供,普充大众。凡此殊胜希有大事,能令时会了了睹见,故是兼答示人、天魔道问。"⑨——这一层次回答了迦叶所提的两个问题。

此品回答的第三个问题是:"云何知法性,而受于法乐?"⑩文中以二十一行偈来回答,其要义是如来不会舍弃众生而入涅槃,其核心经文即:

---

①②③④ 隋灌顶撰述、唐湛然再治《大般涅槃经疏》卷一三,《大正藏》第38卷,第118页上。
⑤⑥ 同上书,第118页上—中。
⑦ 北凉昙无谶译《大般涅槃经》卷一〇,《大正藏》第12卷,第424页上—中。
⑧⑩ 北凉昙无谶译《大般涅槃经》卷三,《大正藏》第12卷,第380页上。
⑨ 隋灌顶撰述、唐湛然再治《大般涅槃经疏》卷一三,《大正藏》第38卷,第118页中。

"以是故汝等,应深乐正法,不应生忧恼,号泣而啼哭。若欲自正行,应修如来常。当观如是法,长存不变易。"①这是此品的第二层次。

此品的第三层次回答两个问题:主要回答"云何为众生演说于秘密"②问,兼答"远离一切病,得近最胜无上道"③之问。前者是指有关涅槃的思想,后者则是指如何理解如来涅槃之时所显示出的"病"状。

此层次的一个核心内容是如来是远离病痛的,佛陀的解释如下:"文殊师利,汝若得病,我亦如是,应得病苦。何以故?诸阿罗汉及辟支佛、菩萨、如来实无所食,但欲化彼,示现受用无量众生所施之物,令其具足檀波罗蜜,拔济地狱、畜生、饿鬼。若言如来六年苦行,身羸瘦者,无有是处。诸佛世尊独拔诸有,不同凡夫,云何而得身羸劣耶?诸佛世尊精勤修习,获金刚身,不同世人危脆之身。我诸弟子亦复如是。不可思议,不依于食,一切大力无嫉妒者,亦有余义。如世间人终身永无嫉妒之心而亦无力,一切病苦因食得者,亦有余义。亦见有人得客病者,所谓刺刺、刀剑、矛槊,一切净行受安乐者,是亦有余。世间亦有外道之人,修于梵行,多受苦恼。以是义故,如来所说一切有余。"④总之,如来是远离一切疾病的,并不会因"食"而得病。

此品的最后一项重要内容是如来接受纯陀的供养并且为其授记。经文说:"尔时大众以种种物供养如来。供养佛已,即发阿耨多罗三藐三菩提心,无量无边恒河沙等诸菩萨辈得住初地。尔时,世尊与文殊师利、迦叶菩萨及以纯陀而受记莂。受记莂已,说如是言:'诸善男子,自修其心,慎莫放逸。我今背疾,举体皆痛,我今欲卧,如彼小儿及常患者。汝等文殊,当为四部广说大法。今以此法付嘱于汝,乃至迦叶、阿难等来,复当付嘱如是正法。'尔时,如来说是语已,为欲调伏诸众生故,现身有疾,右胁而卧,如彼病人。"⑤

------

①②③ 北凉昙无谶译《大般涅槃经》卷一〇,《大正藏》第 12 卷,第 424 页下。
④ 同上书,第 427 页下。
⑤ 同上书,第 428 页中。